Siedler
Deutsche Geschichte

W0053979

Buch

Über den Nationalsozialismus ist unendlich viel geschrieben worden,
aber die wichtigste Frage bleibt offen: Wie konnte es dazu kommen?
Das Ungeheure erklären heißt, den historischen Ort des Nationalsozialismus in der europäischen und deutschen Geschichte zu bestimmen
sowie die Doppelgesichtigkeit und Mehrdeutigkeit der nationalsozialistischen Ideologie und Politik zu erfassen. Der Gegensatz von Kontinuität und Bruch mit der Geschichte des deutschen Nationalstaates,
die Verbindung von Tradition und Revolution, von Modernismus und
Antimodernismus war ein grundlegendes Charakteristikum des Nationalsozialismus. Obwohl rechte Diktaturen überall in Europa auf dem
Vormarsch waren, fiel der Nationalsozialismus aus aller Ordnung der
Dinge und blieb ein einzigartiges Phänomen. Er prägte eine Epoche
der Krisen und Revolutionen, an deren Ende die Zerstörung Europas
stand.

Autor

Hans-Ulrich Thamer, geboren 1943, ist Professor für Neuere und Neueste Geschichte und Direktor des Historischen Seminars der Universität Münster. Veröffentlichungen unter anderem: »Revolution und
Reaktion in der französischen Sozialkritik des 18. Jahrhunderts«
(1973), »Nationalsozialismus – Faschismus« (1983), »Einführung in
die neuere Geschichte« (1998).

Hans-Ulrich Thamer

Verführung und Gewalt

Deutschland 1933 – 1945

Siedler

Inhaltsverzeichnis

Zeitgeschichte an der Epochenschwelle – Die Nationalsozialismusforschung zwischen Historikerstreit und den Umbrüchen von 1989

Knapp fünfzig Jahre nach dem Ende des Zweiten Weltkriegs ist die nationalsozialistische Vergangenheit in Deutschland noch immer gegenwärtig oder besser: sie wurde und wird in kritischen Phasen der Nachkriegsgeschichte immer wieder zur Gegenwart. Die Beschäftigung mit dem Nationalsozialismus intensivierte sich in dem Maße, in dem wir uns von dieser Vergangenheit entfernten, und so gibt es inzwischen keine Epoche der deutschen Geschichte, die so gründlich erforscht wurde wie die NS-Zeit. Auch im öffentlichen Interesse finden die zwölf Jahre nationalsozialistischer Herrschaft mittlerweile eine Aufmerksamkeit wie kaum ein anderer historischer Gegenstand. Trotz der vielen Kontroversen um Hitler und seine Herrschaft, die zumeist auch von politischen Einstellungen und Stellungnahmen begleitet wurden, hat die NS-Forschung ein beachtliches wissenschaftliches Niveau erreicht, wobei ein Ende im Prozeß der stetigen Vertiefung und Differenzierung des historischen Urteils nicht abzusehen ist.

Allein darum ist es notwendig, acht Jahre nach dem Erscheinen dieses Buches einen Blick auf die Entwicklungen und Ergebnisse der jüngsten Forschung zu werfen. Dazu gehören in erster Linie die Ergebnisse einer Sozialgeschichte des Alltags wie des politischen Verhaltens, die unser Bild von der Ambivalenz des »Dritten Reiches« noch weiter nuanciert haben. Dazu gehören auch die Forschungen zu den pseudowissenschaftlichen und ideologischen Hintergründen sowie zu der gesamten Spannbreite der nationalsozialistischen Politik der Ausmerzung und Vernichtung, die unser Wissen von den Opfergruppen wie unsere Erklärungen für die Motivationen der Täter erweitert haben.[1]

Ein wichtiger Grund für ein bilanzierendes Vorwort liegt in der besonderen Zeitgebundenheit von Zeitgeschichtsforschung. Da unsere Fragen an die Vergangenheit immer auch von den Sichtweisen und Erfahrungen der Gegenwart bestimmt sind, verändern sich die Perspektiven und Problemstellungen der Zeitgeschichtsforschung mit dem jeweiligen Zeitgeist. Dies gilt um so mehr bei historischen Umbrüchen, wie dem von 1989, die nicht nur die Wirklichkeit verändern, sondern auch die Kategorien, mit denen wir frühere und gegenwärtige Zustände begreifen. Wie jede Epochenschwelle ist der Umbruch von 1989 darum auch ein intellektuelles und mentales Datum, das Bücher und Meinungen plötzlich altern läßt und sie zu Zeugnissen vergangener Geschichte macht.

Daß vom Zusammenbruch der staatssozialistischen Diktaturen und der Wiederbegründung eines deutschen Nationalstaates vor allem die Deutungen der NS-Zeit berührt werden, ist mehr als wahrscheinlich. Die Konsequenzen dieses Umbruches sind gegenwärtig noch nicht abzusehen, und allenfalls in Ansätzen ist zu erkennen oder zu vermuten, was die Möglichkeit, am Ende einer Epoche auf das gesamte Jahrhundert wie aus der Vogelperspektive zurückzuschauen, für unsere Deutung der Epoche der nationalsozialistischen Herrschaft und ihres historischen Ortes in der Geschichte des 20. Jahrhunderts bedeutet. Gleichwohl sollen diese indirekten Wirkungen, die vom Zusammenbruch der DDR und vom Ende des Staatssozialismus wie von der deutschen Wiedervereinigung möglicherweise auf unsere historischen Forschungen und Interpretationen ausgehen, angesprochen werden, nicht um Zukünftiges zu prognostizieren, sondern um erkennbare Trends zu bestimmen und obsolet Gewordenes zu benennen.

Mit der historischen Wende von 1989 und der Auseinandersetzung mit der Geschichte der zweiten deutschen Diktatur werden Fragen und Probleme des Historikerstreits von 1986 wieder auftauchen, aber hoffentlich ohne jene Emotionen und Unterstellungen behandelt werden, die seinerzeit zu tiefen Gegensätzen und Verletzungen geführt haben. Zu diesen Fragen gehören die sogenannte Historisierung des Nationalsozialismus wie das Problem der Vergleichbarkeit der Diktaturen des 20. Jahrhunderts und ihrer Massenverbrechen; ferner die Geschichte des deutschen Nationalstaates und die Frage nach dem historischen Ort des Nationalsozialismus. Der Umbruch von 1989 hat den Blick freigegeben auf größere Zusammenhänge und Entwicklungslinien, gewährt unmittelbare Einsicht in die Mechanik einer auf Verführung und Gewalt begründeten totalitären Diktatur, in die massenhafte Verstrickung in ein solches System, wo doch subjektiv jeder nur sein privates Glück und seinen persönlichen sozialen Aufstieg im Auge hatte. Das war in der nationalsozialistischen Diktatur nicht anders als in der zweiten, der staatssozialistischen, nur daß Akklamation und Konsens in der zwölfjährigen noch größer waren als in der anderen, der vierzigjährigen Diktatur, deren Terrorsystem sich freilich nicht bis zu Krieg und Genozid radikalisierte. Die unmittelbare Erfahrung der zweiten Diktatur bietet den Deutschen in Ost wie in West die Chance, die totalitäre Versuchung aus nächster Nähe zu begreifen, von der einen Herrschaftsform auf die andere vergleichend zu übertragen und so zu einer »klugen Differenzierung zwischen dem Verstehen und dem Verurteilen einer schockierenden Vergangenheit« (Habermas) zu gelangen. Damit wird diese Vergangenheit nicht vergeben, wohl aber eher verstanden.

Die Erinnerung an die Vergangenheit der ersten deutschen Diktatur wird Erfahrungsmittelpunkt für uns und die Welt bleiben, auch das gehört zur »Singularität« der nationalsozialistischen Diktatur. Denn der Nationalsozialismus und seine Herrschaft sind kein »normaler Gegenstand historischen Fragens« (Martin Broszat), auch wenn die Fragestellungen und Methoden der Forschung zur NS-Zeit sich immer weniger von denen anderer Epochen unterscheiden. Es sind vor allem politisch-ideologische und moralische Aspekte, die die geschichtswissenschaftliche und öffentliche Beschäftigung mit der NS-Zeit in besonderer Weise prägen und die Heftigkeit mancher wissenschaftlicher Kontroverse erklären.

Das »Dritte Reich« belastet bis in die Gegenwart die kollektive Erinnerung der Zeitgenossen wie der Nachgeborenen. Für die politische Kultur im Nachkriegsdeutschland besitzt die Erinnerung an die NS-Zeit eine besondere politisch-legitimatorische Bedeutung, denn beide deutsche Staaten suchten, wenn auch auf sehr unterschiedliche Weise, ihre politische Identität durch die Abgrenzung von der nationalsozialistischen Diktatur und die Identifikation mit unbeschädigten Traditionslinien der Geschichte zu gewinnen. Mit der deutschen Einheit werden diese beiden Linien der »Vergangenheitsbewältigung« zusammengeführt. Auf der westlichen Seite war das die zunächst von einer Tabuisierung, dann von einer Tribunalisierung geleitete Auseinandersetzung mit der nationalsozialistischen Vergangenheit, die schließlich von einer Historisierung abgelöst wurde, zugleich aber in eine Demonstrations- und Betroffenheitskultur mündete. Sie machte die Erinnerung an die NS-Zeit zum Instrument einer ritualisierten politischen Pädagogik, die alle Anlässe zu politischer Kritik auf die eine Ursache, nämlich die Unfähigkeit zu trauern, zurückführen möchte. Auf der östlichen Seite war das ein dogmatischer und verordneter Antifaschismus, der sowohl ein Instrument der Legitimation der Parteidiktatur wie auf seine Weise auch ein Vehikel der Verdrängung der millionenfachen Verstrickung in das NS-Regime war. Da die braune Diktatur zu einer Art »Fremdherrschaft« einer »faschistischen Clique« über das deutsche Volk umgedeutet wurde, blieb wenig Raum zur selbstkritischen Reflexion und differenzierten Auseinandersetzung.

Beide Wege führten auf ihre Weise und mit unterschiedlicher Gültigkeit zu einer »Verinselung« (Broszat) oder negativen Monumentalisierung der NS-Zeit, die die frühe, überwiegend moralische Distanzierung von der nationalsozialistischen Vergangenheit fortführten und verstärkten. Dieser moralische Aspekt, so verständlich und berechtigt er auch ist, hat jedoch dem Streben nach einem Aufbrechen der einfachen Gegenüberstellung von Gut und Böse für lange Zeit enge Grenzen gesetzt. Dies wurde besonders spürbar, als durch das Bemühen um Differenzierung und Historisierung die einst so einfachen Grenzen zwischen Tätern und Opfern teilweise verwischt wurden, als aus der Sicht einer Gesellschaftsgeschichte des politischen und sozialen Verhaltens nicht mehr alles, was in den zwölf Jahren geschah, unter einem moralischen Verdikt zu betrachten, sondern auch im Kontext der gesellschaftlichen Entwicklung anderer westlicher Nachbarn als durchaus normal anzusehen war, freilich immer unter der Einschränkung, daß dies in einen Zusammenhang mit der menschenverachtenden Weltanschauungspolitik gehörte oder geraten konnte.

Was Martin Broszat dann erstmals 1985 zu dem analytischen Konzept einer Historisierung des Nationalsozialismus verband, waren die Fragen und Ergebnisse einer sich immer weiter verfeinernden Politik- und Sozialgeschichte des »Dritten Reichs«, in der dieses nicht nur als politisches Phänomen, sondern aus der Perspektive der Sozial- und Alltagsgeschichte auch als Faktor gesellschafts- und wirtschaftspolitischer Entwicklungen wie als Bezugspunkt sozialer Erwartungen und Erfahrungen betrachtet wurde.

Eine Synthese dieser Forschungsansätze und zahlreicher Detailstudien zur Politik- und Sozialgeschichte des »Dritten Reiches« ist auch das Anliegen dieses Buches, das Teil dieser Entwicklung der Forschung ist und die Ambivalenz des nationalsozialistischen Herrschaftssystems wie seiner Wirkungsgeschichte zum zentralen Thema macht. In der Verschränkung von Verlockung und Zwang, von Normalität und ideologisch begründeter Eroberungs- und Vernichtungspolitik wird das Eigentümliche des nationalsozialistischen Regimes gesehen. Diese Doppeldeutigkeit gilt für den politischen Stil und die Herrschaftsmittel des Nationalsozialismus wie für seine Herrschaftsziele und seine Wirtschafts- und Gesellschaftspolitik, die dem politisch-ideologischen Zweck einer fanatischen Gleichschaltung und willensmäßigen inneren Geschlossenheit der Nation untergeordnet waren. Im Mittelpunkt der braunen Diktatur stand die macht- und verfassungspolitisch unbegrenzte, charismatisch immer wieder abgestützte Führerstellung Adolf Hitlers, die die schrittweise Realisierung der Weltanschauungspolitik erlaubte. Das war nicht möglich ohne eine polykratische Auflösung bürokratischer Strukturen und Verantwortungen, ohne einen auf puren Aktionismus zielenden Ämterdarwinismus, aber auch nicht ohne einen breiten Konsens und ohne die integrationsstiftende Gleichzeitigkeit mit einer scheinbaren gesellschaftlichen Normalität.

Indem in diesem Buch das Neben- und Ineinander von realer und symbolischer Führermacht, von einer sich schrittweise verselbständigenden monokratischen Spitze und einer sich immer weiter aufspaltenden polykratischen Machtbasis beschrieben wurde, zeichnete sich in der lange kontroversen Forschungsdiskussion um die Macht- und Entscheidungsstrukturen eine »mittlere Linie« ab, die seither von mehreren politik- und verwaltungsgeschichtlichen Spezialstudien bekräftigt wurde. Damit wurde die charismatische Führungsstellung Hitlers nachgewiesen, ohne daß die politischen Verantwortlichkeiten der verschiedenen Machtträger aus traditionellen Machtgruppen und der charismatischen Parteigefolgschaft übersehen wurden.

Vorrang in der Analyse des Herrschaftssystems hat die Politik des Nationalsozialismus, ohne daß die sozialen und kulturellen Voraussetzungen und Machtgrundlagen, aber auch die Auswirkungen dieser Herrschaftspolitik auf Gesellschaft und Kultur sowie deren herrschaftstützende Wirkungen übersehen werden. Auf diesem Feld der Gesellschaftspolitik und des Herrschaftsalltags hat die Forschung seither neue Ergebnisse erbracht, die das Gesamtbild, so wie es in diesem Buch entwickelt wird, grundsätzlich nicht korrigieren, wohl aber ergänzen und verfeinern.

Mit einer vertieften Forschung zur Gesellschaftsgeschichte des »Dritten Reiches«, aber auch seiner Herrschaftswirklichkeit während des Krieges stellen sich zugleich die Fragen neu nach den Linien der politischen und gesellschaftlichen Kontinuität und Diskontinuität zwischen dem »Dritten Reich« und der Bundesrepublik wie nach den gesellschaftlichen und wirtschaftlichen Kontinuitätssträngen, die vor dem »Dritten Reich« ihren Anfang nahmen und weit in die Nachkriegsgesellschaft führten. Auch dadurch wird unser Bild von dem historischen Ort des Nationalsozialismus noch komplexer, und die zwanziger und dreißiger Jahre rücken im gesellschaftsgeschichtlichen Rückblick enger zusammen, wie auch in der international vergleichenden politikgeschichtlichen Perspektive die Zwischenkriegszeit unter dem langfristigen Aspekt einer Auseinandersetzung zwischen Demokratie und Diktatur enger zusammengehört. Diese beiden Perspektiven müssen acht Jahre nach Erscheinen der ersten Auflage dieses Buches noch stärker betont werden als damals, und die wissenschaftlichen Befunde decken sich hier mit der Zeiterfahrung von 1989, die zum Rückblick auf das Jahrhundert auffordert. Das ändert nichts daran, daß in der deutschen Geschichte das Jahr 1933 aus politikgeschichtlicher Sicht einen tiefen Einschnitt darstellt, während aus sozial- und wirtschaftsgeschichtlichem Blickwinkel die Übergänge sehr viel länger angelegt sind und das Jahr 1933 dadurch gleichsam überwölbt wird.

Dies gilt auch für die andere dramatische Zäsur, das Jahr 1945, das in der politischen Geschichte Deutschlands wie Europas einen tiefen Einschnitt markiert, während im gesellschaftlichen Bereich die Konturen der Zusammenbruchsgesellschaft schon früher einsetzten und bis in die Zeit der Währungsreform reichten. Auch wenn man über den Stellenwert der einzelnen Zäsuren streiten kann und die beiden politikgeschichtlichen Daten 1933 und 1945, die auch den Rahmen für die vorliegende Darstellung setzen, in der Geschichte des deutschen Nationalstaates immer als tiefer Einschnitt gelten werden, so trägt die Ergänzung dieser Periodisierungs- und Deutungsversuche durch sozial- und wirtschaftsgeschichtlich, aber auch lebens- und erfahrungsgeschichtlich begründete Einschnitte und Wandlungen, wie sie im Augenblick in der Geschichtswissenschaft diskutiert werden, zur Integration der Geschichte des »Dritten Reichs« in die vielschichtigen und widersprüchlichen Entwicklungsabläufe und -zusammenhänge der Geschichte der Moderne bei und behandelt die zwölf Jahre nicht mehr wie ein Stück Geschichte, das aus der allgemeinen Entwicklung ausgeklammert bleibt.

Noch wichtiger als diese Überlegungen zur Periodisierung, mit denen der Historiker sein Terrain absteckt und sich über die Grundmerkmale einer Epoche klar wird, sind die Konsequenzen dieser methodischen und interpretatorischen Differenzierungen für unser Bild vom »Dritten Reich«, das immer komplexer und widersprüchlicher wird. Nicht nur die Stufen der Machteroberung und Gleichschaltung, der Radikalisierung der Herrschaft wie ihrer gleichzeitigen Fragmentierung werden deutlich, sondern auch die Tatsache, daß dies zwar zu einer atemberaubend raschen Etablierung der Diktatur führte, aber längst nicht alle gesellschaftlichen Sektoren gleichmäßig rasch und intensiv erfaßte und sich auch keineswegs nur auf Überrumpelung und Gewalt stützte, sondern ebenso sehr Ergebnis von Verführung und Anpassungsbereitschaft, von Opportunismus und einem erschreckend hohen Maß an Bereitschaft zur Denunziation war. Die Gründe dafür lagen in den sozialkulturellen und mentalen Folgen einer tiefen Modernisierungskrise, in der Auflösung überkommener Wert- und Sozialordnungen, in den verlockenden Angeboten des Regimes zur tatsächlichen oder scheinbaren Befriedigung von sozialen Aufstiegs- und Gleichheitswünschen, von technischen und szientistischen Träumen der Machbarkeit wie von massenkulturellen Verheißungen von Industriegesellschaften, aber auch von völkisch-nationalistischen und kulturpessimistischen Erlösungssehnsüchten.

Mit einer solchen bilanzierenden Betrachtung, die der Summe dieser Darstellung entspricht und diese noch weiter führt, kommen wir der Wirklichkeit einer Krisen- und Umbruchsituation näher, begreifen mehr von der Wahrnehmung und dem Verhalten der Zeitgenossen. Das eröffnet mit wachsender zeitlicher Distanz einen doppelten Zugang und eine tiefere Einsicht: einerseits die »distanzierende, analytisch zu gewinnende Erklärung und Objektivierung, andererseits aber auch die begreifende subjektive Aneignung und den Nachvollzug vergangener Handlungen, Betroffenheiten und Verfehlungen«,[2] was keineswegs die Relativierung oder gar Verharmlosung des Bösen bedeutet, wie Kritiker dieses Konzeptes der Historisierung einwandten.

Schließlich bestätigt ein solches Konzept der Historisierung, das sich auf die Ebene der Sozialgeschichte und einer Herrschaftsgeschichte des Alltags begibt, die entscheidende Bedeutung der Politik für die Deutung des Nationalsozialismus. Denn nirgends ist das grundsätzliche Dilemma einer Alltagsgeschichte, wenn sie das Politische verfehlt, so folgenreich wie im Falle des Nationalsozialismus. Allzu leicht kann, worauf die Kritiker der Historisierung verwiesen haben, die Beschränkung auf das subjektive Moment der individuellen Wahrnehmung zu einer Verharmlosung der ideologischen Verfolgungs- und Vernichtungspolitik des Regimes führen. Denn nicht in der scheinbaren oder tatsächlichen Normalität industriegesellschaftlicher Lebenswelten oder bürgerlicher Kultur, wie sie von der Forschung in jüngster Zeit für die Alltagswirklichkeit gerade außerhalb der Metropolen immer wieder herausgearbeitet und in der aktuellen Diskussion um die modernisierende Wirkung der NS-Herrschaft in vergleichender Perspektive betont werden, liegt das Spezifikum der braunen Diktatur, sondern in ihrer auf Verführung und Gewalt begründeten Machteroberungs- und Behauptungspolitik und vor allem in ihrer stufenweise realisierten Eroberungs- und Vernichtungspolitik.

So sehr das Moment der Selbstzerstörung in der janusköpfigen Moderne angelegt war und auch der Nationalsozialismus darum ein Produkt der Moderne war, nirgends haben die Pathologien der Moderne sich zu einem solchen Konglomerat von Verfolgungs- und Vernichtungsideologemen verdichtet, nirgends haben sie zu einer solchen gewalttätigen Lösungs- und »Rettungs«-Strategie geführt wie in dem krisengeschüttelten Deutschland der Zwischenkriegszeit. Diese Differenz zum nicht-totalitären, pluralistischen Krisenmanagement und Modernisierungsweg liegt in der politischen Kultur und besonderen politischen Entwicklung begründet und kann nicht ohne das Politische erklärt werden. Eine Sozialgeschichte des »Dritten Reiches« kann auf die zentralen Elemente der Weltanschauungspolitik des Regimes nicht verzichten. Denn diese haben seine historische Bedeutung und Wirkung ausgemacht und werfen ihre Schatten auch auf die gesellschaftsgeschichtlichen Kontinuitäten beispielsweise in der Fortentwicklung des Sozial- und Wohlfahrtsstaates und der modernen Industriegesellschaft, an denen das Regime allein um seiner Stabilität willen nicht rüttelte.

Die Diskussion über das Konzept der Historisierung und seine Folgen für Geschichtswissenschaft und öffentliches Geschichtsinteresse wurde freilich bald von dem sogenannten Historikerstreit überlagert und dadurch in politische Grabenkämpfe um den öffentlichen Umgang mit der Geschichte und die kulturelle Hegemonie in der Bundesrepublik gerissen. Die Tatsache, daß die Kontroverse um die Historisierung mitunter quer zu den verhärteten Fronten im Historikerstreit verlief, zeigt den genuinen wissenschaftlichen Charakter dieses Konzepts, das auch dadurch zu Mißverständnissen Anlaß gab, daß es ursprünglich sehr vage formuliert worden war und vielen Deutungen offenstand. Die Einwände der Kritiker, allen voran Saul Friedländer, richteten sich vor allem auf die vermeintliche Gefahr einer Relativierung und Verharmlosung des Nationalsozialismus und auf das entscheidende Problem einer angemessenen Beschreibung und Erklärung der Vernichtungspolitik des Regimes, die sich nicht in das Bild gesellschaftlicher Normalität einfügen lasse. Alltagsgeschichte und Vernichtungspolitik kann man aber nicht klar voneinander trennen, sind doch ihre Verschränkungen in einer industriellen und arbeitsteiligen Massengesellschaft viel zu groß, die Trennlinien zwischen zivilisierter Normalität und Barbarei sehr viel feiner, als oft angenommen wird, und die technisch-wissenschaftlichen Versuchungen und pathologischen Obsessionen der Moderne sind nicht auszuschließen, die den Weg auch zur Politik des Holocaust ebneten.

Ein anderer Einwand gegen die Historisierung, daß nämlich die nationalsozialistische Vergangenheit noch viel zu gegenwärtig sei und nicht so wie andere historische Epochen behandelt werden könne, ist seit den Ereignissen des Jahres 1989 überholt. Durch den Umbruch ist auch der historische Abstand zur NS-Zeit gewachsen, denn nicht nur die Nachkriegszeit ist mit ihm endgültig zu Ende gegangen, sondern auch die Epoche des ideologischen »Weltbürgerkriegs« (Nolte), deren wichtiger Bestandteil der Nationalsozialismus war.

Sieht man von der Debatte um das Konzept der Historisierung des Nationalsozialismus ab, so hat der »Historikerstreit« auf den Gang der wissenschaftlichen Forschung kaum Einfluß genommen und keine neuen und nachhaltigen Erkenntnisse gebracht, die unmittelbar zu einem tieferen oder veränderten Verständnis des »Dritten Reiches« geführt hätten. Allenfalls wurden Fragen aufgeworfen, die dann durch die Erfahrungen von 1989 weiter in den Vordergrund drangen und in Zukunft auf der Tagesordnung der historisch-politischen Diskussion stehen werden. Es sind mindestens drei Themenbereiche, die zwar allesamt nicht neu sind, aber durch die Ereignisse und Veränderungen neue Aktualität gewonnen haben: das Problem der Vergleichbarkeit des NS-Regimes mit anderen Diktaturen, vor allem dem Stalinismus und der SED-Diktatur; die Einordnung des Nationalsozialismus in den Prozeß der Moderne und schließlich die Geschichte des deutschen Nationalstaates und ihre Deutung, nachdem, wie wir nun wissen, 1945 der Nationalstaat nur an sein vorübergehendes Ende gekommen ist.

Es sind nicht allein die aktuellen Erfahrungen, die diese Fragen aufwerfen, sondern auch die veränderten Perspektiven beim Blick zurück auf die Geschichte unseres Jahrhunderts, das einen tiefen Einschnitt und wichtigen Abschluß erlebt hat. Die Einheit der Epoche tritt nun deutlicher hervor, viele politische Herrschaftsformen und wirtschaftlich-soziale Strukturen beziehungsweise Entwicklungen rücken enger zusammen und erscheinen im Lichte der großen Entwicklungslinien und Alternativen, die unser Jahrhundert geprägt haben: der Zusammenhang von Industrialisierung, sozialer Modernisierung und politischer Demokratisierung, der für einen erfolgreichen und langfristig stabilen Weg in die Moderne von entscheidender Bedeutung ist; der fundamentale Gegensatz von Demokratie und Diktatur, der über die Freiheit des Individuums und die langfristige Systemstabilität beziehungsweise Anpassungsfähigkeit entscheidet; Ausbildung und Wandel von Nationalstaaten und Nationalismus samt ihrer Bedeutung für eine politische Integration und Identität wie für Konflikt und Gewalt.

Die Modernisierungsproblematik trifft auf eine aktuelle Diskussion in der Nationalsozialismusforschung. War der Nationalsozialismus eine Revolution gegen die Moderne oder Ausdruck einer Modernitätskrise, hat er selbst den Modernisierungsprozeß willentlich oder unwillentlich vorangetrieben, oder war er Beispiel für die Ambivalenz der Moderne, für die Gleichzeitigkeit von Modernitätsdruck und Modernitätskrise mitsamt ihren Pathologien? Und wenn sich modernisierende Wirkungen der nationalsozialistischen Politik feststellen lassen, was kaum jemand bestreitet, waren sie nur vorgetäuscht oder intendiert, welchen Stellenwert innerhalb der Politik des Regimes hatten sie, und wann kamen sie zum Durchbruch? Waren sie nicht eher Folgen des Krieges und seines desaströsen Endes? Die Debatte darüber ist durch die verstärkte sozialgeschichtliche Forschung des letzten Jahrzehnts neu entfacht und entkrampft worden, und sie ist noch lange nicht abgeschlossen. Doch darf bei allen Beobachtungen von modernisierenden Effekten im sozialpolitischen wie im sozialpsychologischen Bereich nicht übersehen werden, daß alle Adaptionen moderner zivilisatorischer Modelle durch die Nationalsozialisten immer nur für die Angehörigen der deutschen »Volksgemeinschaft« galten, daß hingegen »Gemeinschaftsfremde« ausgegrenzt blieben und nicht wenige der technisch-wissenschaftlichen Fortschritte zugleich der Ausgrenzung und Ausmerzung dienten. Und auch die menschlichen, politischen und kulturellen Kosten der nationalsozialistischen Diktatur und ihrer Modernisierungsstrategien dürfen nicht aus dem Auge verloren werden; sie schrecken von diesem Beispiel einer allenfalls partiellen Modernisierung ebenso ab, wie das gescheiterte sowjetische Experiment bewiesen hat, daß langfristig Modernisierung ohne politische Demokratisierung nicht möglich ist.

Eine noch ältere wissenschaftliche und politisch-publizistische Diskussion wird mit der Diktaturproblematik erneut aufgeworfen, und niemand wird sich ihr entziehen können. Gehört der Nationalsozialismus nicht nur in den Zusammenhang des europäischen Faschismus und stellt dessen radikalste Variante dar, sondern auch in den Zusammenhang des Totalitarismus? Dieser bewertet die systemische Nähe oder Verwandtschaft von Nationalsozialismus und Stalinismus höher als die Affinität zwischen autoritären nationalistischen Herrschaften und nationalsozialistisch-faschistischen Diktaturen, indem er das entscheidende gemeinsame Merkmal in der grundsätzlichen Gefährdung und Auslöschung von Freiheit und Demokratie mit gewaltsamen und gleichzeitig scheindemokratisch-plebiszitären Mitteln sieht. Neue Antworten auf diese Frage werden erst dann möglich sein, wenn wir über die Strukturen der stalinistischen Diktaturen mehr und damit nur annähernd so viel wissen wie über das NS-Regime, denn erst dann verfügen wir über die Voraussetzungen für einen empirisch begründeten Systemvergleich. Vieles spricht dafür, daß es neben grundsätzlichen strukturellen Gemeinsamkeiten im politischen Herrschaftssystem eine Reihe von Unterschieden in der Entstehung der Regime wie in ihren gesellschaftlichen Grundlagen und in ihrer ideologischen Rechtfertigung gibt, die zu Differenzierungen innerhalb der totalitären Diktaturen zwingen, wie sie seit längerer Zeit – so auch in diesem Buch – diskutiert werden.

Um zur dritten und letzten Frage zu kommen: die »nachholenden Revolutionen« im ehemaligen Ostblock und die große Bedeutung, die dabei der nationalen Orientierung zukam, haben ein Thema wiederbelebt, das in Westeuropa durch supranationale Entwicklungen und die Reduktion des Nationalbewußtseins auf eine Art »Verfassungspatriotismus«, das heißt auf den Nationalstaat als Gehäuse für eine politisch-soziale Verfassungsentwicklung überholt schien. Das galt besonders für die politische Kultur der Bundesrepublik, die allenfalls auf eine Binationalität zusteuerte. Zu groß waren die Katastrophen und langfristigen Beschädigungen durch den macht- und ideologiebesessenen radikalen Nationalismus des Nationalsozialismus, dessen Rassenbiologismus recht eigentlich eine Sprengung überkommener nationalstaatlicher Kategorien bedeutete, als daß im Nationalstaat noch ein positives und verbindliches Integrationselement gesehen werden konnte. Auch durch die Erfahrungen von 1989 werden diese Erinnerungen an die »deutsche Katastrophe« und Eroberungspolitik im Namen germanischer Superioritätsansprüche nicht ausgelöscht werden, jedoch wird der Nationalstaat nicht nur als legitime historische Organisations- und Verfassungsform in einem milderen und differenzierteren Lichte erscheinen, sondern es wird sich auch im Falle des Nationproblems die Ambivalenz der Moderne deutlicher herausstellen: zwischen dem Nationalismus als einer aggressiven politischen Integrationsideologie und einem Nationbewußtsein, das mit politischer Demokratie und Freiheit eng verbunden ist und Bezugspunkt politischer Kommunikation ist.

Daß die Formen eines aggressiven Nationalismus nicht unbedingt nur der Vergangenheit angehören, dafür gibt es im Augenblick viele erschreckende Belege. Die Erinnerung an den Nationalismus des Nationalsozialismus wird auch hier Bezugspunkt unserer Erfahrung und der unserer Nachbarn bleiben. Doch hat die »nachholende Revolution« von 1989 den Deutschen eine zweite, zu diesem Zeitpunkt unerwartete Chance zu einer erneuten Nationalstaatsbildung gegeben, deren Voraussetzungen und Merkmale sich von der ersten in vieler Hinsicht gründlich unterscheiden. Das Wissen um die verschlungenen und vieldeutigen, immer abschüssiger werdenden

Wege, die schließlich in die ganz Europa gefährdende Katastrophe des ersten deutschen Nationalstaates führten, kann sicherlich nicht vor neuen Irrtümern und Irrwegen schützen, aber zu politischer Verantwortung und Umsicht ermahnen.

Hans-Ulrich Thamer   Münster, im März 1994

Anmerkungen zum Vorwort

1   Als aktuelle Bilanz des Forschungsstandes Karl Dietrich Bracher / Manfred Funke / Hans-Adolf Jacobsen (Hrsg.), Deutschland 1933 bis 1945. Neue Studien zur nationalsozialistischen Herrschaft, Düsseldorf 1992; sowie Ian Kershaw, Der NS-Staat. Geschichtsinterpretationen und Kontroversen im Überblick, Reinbek bei Hamburg 1988

2   Martin Broszat, Was heißt Historisierung des Nationalsozialismus?, in: Historische Zeitschrift 247 (1988), S. 2

Einleitung: Fehleinschätzungen

Zu keiner Zeit glaubten politische Akteure und Beobachter so wenig an den Erfolg Hitlers wie unmittelbar vor der nationalsozialistischen Machtübernahme. Reichskanzler Kurt von Schleicher gab sich am 15. Januar 1933 sicher: »Herr Hitler bildet kein Problem mehr. Seine Bewegung hat aufgehört, eine politische Gefahr zu sein. Diese ganze Frage ist gelöst und eine Sorge der Vergangenheit.«[1]

Der »politische General« stand mit seiner Fehleinschätzung nicht allein. An der Jahreswende 1932/33 fühlten sich alle bestätigt, die in den nationalsozialistischen Massenerfolgen seit je nur einen kurzen, heftigen Fieberanfall oder eine an ihren inneren Widersprüchen bald zerbrechende Protestbewegung gesehen hatten. Die politische Erfahrung der letzten Monate schien ihre Interpretationen und Prognosen zu bestätigen. Die liberale »Frankfurter Zeitung« sah in ihrer Neujahrsausgabe »deutliche Symptome einer beginnenden Konsolidierung« in Wirtschaft und Politik und einer »Entzauberung der NSDAP«.[2] Der »Simplicissimus« reimte in seinem »Neujahrsgruß«: »Eins nur läßt sich sicher sagen, und das freut uns ringsherum: Hitlern geht es an den Kragen, dieses ›Führers‹ Zeit ist um.«[3]

Die nationalsozialistischen Stimmenverluste bei der Reichstagswahl vom 6. November und die Strasser-Krise im Dezember 1932 schienen tatsächlich zu beweisen, daß die nationalsozialistische Gefahr überwunden war. Die sozialdemokratische Parteiführung triumphierte: »Wir haben im Laufe des Jahres fünf Schlachten geschlagen unter dem Rufe: schlagt Hitler!, und nach der fünften war er geschlagen.«[4]

Als sich der sozialdemokratische Parteivorstand am Vormittag des 30. Januar 1933 zu einer Sitzung traf, gab es zwar Gerüchte über Verhandlungen zwischen Papen, Hugenberg und Hitler, aber man hoffte dennoch auf ein »neutrales Beamtenkabinett« oder eine Neuauflage der Papen-Regierung. Otto Braun, Preußens Ministerpräsident, warnte vor unüberlegten Massenaktionen und riet zum Abwarten. »Ihm scheine doch, daß die ostelbische Herrenklasse, die sehr maßgebenden Einfluß hätte, den Malergesellen nicht an die Macht lassen wolle.«[5]

Nicht zum ersten Mal in der Geschichte bestimmte ideologisches Wunschdenken die politische Diagnose, doch selten mit solchen Erfolgen. Gegner und Verhandlungspartner Hitlers verkannten oder unterschätzten die Stärke und Unbedingtheit des nationalsozialistischen Machtwillens wie die Doppeldeutigkeit der politischen Ziele und Mittel Hitlers und seiner Bewegung. Fehleinschätzungen und Illusionen haben Hitlers Weg zur Macht begleitet und erleichtert. Kein politisches Lager, keine soziale Gruppe, keine Konfession blieb vor solchen Irrtümern und falschen Deutungen bewahrt. Die wenigen Ausnahmen an Einsicht und Weitsicht bestätigen die Regel.

Nicht Mangel an Information war die Ursache dafür, sondern das Unvermögen, die Glaubens- und Protestbewegung ernst zu nehmen und als neuartiges Phänomen zu begreifen, aber auch die

Unfähigkeit, sich das Unvorstellbare vorzustellen. Die Zahl der Veröffentlichungen und Mutmaßungen über Hitler und seine Bewegung wuchs mit deren Wahlerfolgen und der Irritation überkommener politischer Orientierungen. Doch nur wenige sahen hinter dem Vertrauten, das die Nationalsozialisten propagierten, deren radikalen Eroberungs- und Vernichtungswillen, der Staat und Volk in die Katastrophe führen mußte.

Aber woran sollte man das Neuartige und Doppeldeutige der Hitler-Bewegung messen, wenn nicht an eigenen Erfahrungen und Ideologien, und war dann die Versuchung nicht groß, das Neue mit bereits Bekanntem zu identifizieren? Bestärkt wurden solche Voreingenommenheiten durch die Verworrenheit der politischen Entwicklung, durch die Widersprüche und Wechselfälle in der nationalsozialistischen Bewegung selbst. Mußte man »Mein Kampf« und Hitlers Reden wirklich wörtlich nehmen, nachdem dieser und seine Parteigenossen selbst vieles modifizierten und desavouierten? Konnte der Blick auf die eigene Geschichte Charakter und Absichten des Nationalsozialismus erhellen? Oder konnte der Blick über die Grenze auf verwandte politische Bewegungen und Regime, besonders im faschistischen Italien, Aufklärung über Ziele und Entschlossenheit des Nationalsozialismus verschaffen? Aber bewies der eher gemäßigte, autoritäre Charakter des faschistischen Regimes in Italien nicht gerade, daß die Radikalität einer faschistischen Bewegung sich in der Regierungspraxis auch verlieren konnte? Welches Wissen und welches Bewußtsein von Zielen, Charakter und Durchsetzungskraft der Hitler-Bewegung konnte und wollte man 1932 haben?

Seit dem sensationellen nationalsozialistischen Wahlerfolg vom 14. September 1930 hatten liberale, konservative und sozialistische Publizisten und Politiker nach den Gründen für die nationalsozialistischen Massenerfolge und nach politischen Antworten auf diese Herausforderung gesucht. Das verwirrende äußere Erscheinungsbild des Nationalsozialismus erschwerte die Analyse. Es waren meist nur Ausschnitte, die man aus seiner doppeldeutigen Wirklichkeit wahrnahm, Widersprüche, die als unauflösbar galten. Zwar forschte man nach den Ursachen für die Anziehungskraft des Nationalsozialismus, fragte nach Charakter und Zielen Hitlers und seiner Bewegung, nach der sozialen Herkunft und mentalen Verfassung ihrer Anhänger. Doch fast alle Beobachter fanden in der neuartigen, schillernden Bewegung meist nur das, was sie schon immer gesehen, was sie immer schon abgelehnt hatten. Sie sahen nur das, was die eigenen Normen und Denkmuster zu sehen erlaubten, was sie gewohnt waren. Weder Programm noch Führung der NSDAP meinte man ernst nehmen zu müssen.

Hitlers Maximen blieben unbeachtet, weil man sich daran gewöhnt hatte, das Gewicht von Worten gering zu schätzen und die Parolen Hitlers und seiner Bewegung allemal. Sie klangen zwar laut und fanatisch, aber auch dumpf und trivial. Ihre Wirkung und ihre Erfolgsaussichten erschienen gering, lehrte die politische Erfahrung doch in aller Regel, zwischen Worten und Taten, zwischen gedachter und wirklicher Welt zu differenzieren. Warum sollte sich ausgerechnet Hitler von den unzähligen Utopisten und völkischen Wanderpredigern unterscheiden und seine Fiktion wörtlich nehmen, seine Träume und Ängste mit politischem Kalkül und praktischem Machtverstand verbinden? Die intellektuelle Dürftigkeit und der Eklektizismus seiner programmatischen Äußerungen sprachen eher für das Gegenteil. Sie boten dem Betrachter, der Politik meist nach Programmen und deren Originalität und Schlüssigkeit interpretierte, zudem nur wenig Anhaltspunkte für eine ernsthafte Auseinandersetzung, aber um so mehr Grund für eine abschätzige Beurteilung.

Das eigene rationale Politikverständnis verbot es dem liberalen »Berliner Tageblatt«, im Nationalsozialismus mehr als den »gewöhnlichsten, hohlsten, plattesten Scharlatanismus« zu sehen[6], dem die Massen in einem Fieberwahn anheimgefallen waren. Noch gab Chefredakteur Theodor Wolff sich der Hoffnung hin, »daß der Nationalsozialismus späteren Historikern nicht als eine neue Phase, sondern als eine neue Phrase der Geschichte erscheinen möge«.[7] Nicht viel anders die bürgerliche »Frankfurter Zeitung«, die hinter den »radikal negierenden Stimmen« keinen »positiven Willen« zu erkennen vermochte.[8] In der Tat verkündeten die nationalsozialistischen Agitatoren nichts, was man nicht auch schon anderswo hatte hören können, und Theodor Heuss war auf einer richtigen Spur, wenn er die »vollkommene agitatorische Hingabe« und den von Hitler entfesselten »Enthusiasmus« als das »Neue und Eigentümliche« dieser Massenbewegung herausstellte. Doch tröstete er sich damit, daß dies »natürlich übertriebener Unsinn sei« und daß die harten Tatsachen auch einem Hitler ihre Gesetze aufzwingen würden.[9]

Daß gerade dieser Enthusiasmus der Motor der Hitler-Bewegung war, vermochten Linksintellektuelle wie Ossietzky und Tucholsky noch weniger einzusehen. Sie wurden nicht müde, die Dummheit der Menge zu brandmarken, die sich »von einer Handvoll Narren gängeln ließ«.[10] Ossietzky nannte zwar Brutalität und Terror der SA beim Namen. Doch wie er das Phänomen der politischen Gewalt mit dem Treiben von »wildgewordenen Skatbrüdern«[11] erklären zu können meinte, so unterschätzte er auch die Wirkungsmacht der politischen Ideen der NSDAP. »Diese Idee hat keine Idee und kein Prinzip, und deshalb wird sie nicht leben können.«[12] Noch nicht einmal der eigenen Partei könne man den Nationalsozialismus hinreichend erklären, beruhigte sich die »Weltbühne« vor der Septemberwahl 1930. Daß vom Mythos des Retters und Führers Massenwirksamkeit ausgehen könne, konnte man sich ebensowenig vorstellen. »So bleibt nichts übrig als das etwas komische Dogma von der Berufung Adolf Hitlers, die deutsche Nation zu retten. Der Glaube an das Führertum berufener Persönlichkeiten ist überhaupt das einzige, was sich bei dem Nationalsozialismus zu einer Art Theorie verdichtet hat. Aber das ist Mystik, und mit Mystik kann man die Menschen zwar eine Weile benebeln, aber satt machen kann man sie damit nicht.«[13]

Auch nach dem Erdrutsch vom September 1930 ließ die marxistische Dogmatik es nicht zu, die nationalsozialistische Massenwirksamkeit anders denn als Folge eines falschen Bewußtseins zu verstehen und die Eigenständigkeit der NSDAP zu bezweifeln. Hitler war und blieb nicht nur für die »Weltbühne« eine »Kreatur der Industrie«. Darum mußte sich die NSDAP mit ihrem Sozialismus, der ohnehin nur Plagiat und Maskerade bedeutete, am Ende »selbst die Gurgel abschneiden«.[14]

Auch sozialdemokratische Autoren ließen sich von der intellektuellen und moralischen Anspruchslosigkeit des Nationalsozialismus dazu verleiten, die sozialpsychologischen Gründe für die nationalsozialistische Massenwirksamkeit zu unterschätzen, die zudem auf ein falsches Bewußtsein zurückzuführen war. Hinter den sozialistischen Phrasen der Nazis meinte man die Interessen der Schwerindustriellen und ostelbischen Junker entdecken zu können, und nicht wenige sahen »im Rattenfänger von Braunau« den Steigbügelhalter der Monarchie. Mußten solche Widersprüche zwischen Propaganda und sozialer Wirklichkeit nicht nach allen Gesetzen der politischen Vernunft zur Enttäuschung der Anhänger und zur Schwächung der Bewegung führen?

»Es gibt keine illusionäre Ideologie, die auf die Dauer den Realitäten Trotz zu bieten vermöchte.«[15] Diese Prognose Theodor Geigers, der die Panik des Mittelstandes als Ursache des nationalsozialistischen Wahlerfolges von 1930 ausmachte, zeigt die Grenzen, die ein dogmatischer Ansatz auch einem Sozialwissenschaftler setzte, der sich mit seinen sozialpsychologischen Erklärungsversuchen von einer platten Ideologiekritik abzuheben versuchte.

Weiter ging Ernst Bloch, der hinter den Phrasen der nationalsozialistischen Bewegung das Bedürfnis nach Utopie entdeckte und sich von der intellektuellen Armut der Nazi-Ideologie den Blick für die Triebkräfte dieser Bewegung nicht verstellen ließ. »Nicht die Theorie der Nationalsozialisten, wohl aber ihre Energie ist ernst, der fanatisch-religiöse Einschlag, der nicht nur aus Verzweiflung und Dummheit stammt, die seltsam aufgewühlte Glaubenskraft.«[16] Dies mußte aber bedeuten, daß für den Erfolg der Nazis nicht nur die Krise des Bürgertums, sondern auch die des Sozialismus verantwortlich zu machen war, der den Hunger nach Utopie ebensowenig stillen konnte wie die bürgerliche Gesellschaft.

Doch die Selbstkritik sozialistischer Intellektueller und ihre intensive Auseinandersetzung mit der nationalsozialistischen Ideologie fanden wenig Gehör in der sozialdemokratischen Parteiführung, von der kommunistischen ganz zu schweigen. In ihrer antifaschistischen Propaganda ließ sich die KPD von niemandem überbieten, doch hantierte sie mit ihrem Faschismusbegriff völlig wahllos. Jedermann rechts von der ultralinken KPD konnte als Faschist denunziert werden; und die eigentliche Gefahr sah man im »Sozialfaschismus« der Sozialdemokratie und nicht im »Nationalfaschismus«. »Als Diener des Monopolkapitalismus gehören Faschismus und Sozialdemokratie innerlich zusammen«, variierte der marxistische Literaturhistoriker Georg Lukács die Parole, die hundertfach von der Parteiführung ausgegeben wurde.[17] Indem man zum »Vernichtungskampf« gegen den Sozialfaschismus aufrief, meinte man auch dem »Wachsen des Nationalfaschismus einen Damm« entgegenzusetzen. Denn die sozialfaschistische Bewegung habe sich als die »fähigere, stärkere und brutalere und zuverlässigere Bewegung« bei der »Vorbereitung und Durchführung der faschistischen Diktatur der Finanzoligarchie« erwiesen.[18] Da er zwischen Faschismus und bürgerlicher Demokratie als »zwei Formen ein und derselben Sache«, nämlich der Diktatur der Bourgeoisie, keinen großen Unterschied machen wollte, hatte für Ernst Thälmann mit der Regierung Brüning der Faschismus »längst begonnen«,[19] dazu mußte man nicht erst auf Hitler warten.

Das Urteil über solche Verblendungen und ihre selbstmörderischen Konsequenzen fällte Ernst Bloch schon 1932: »Das Problem wird desto größer, je einfacher dem wasserhellen Autor die wasserklare Lösung gelungen ist; nämlich für seine vulgär-marxistischen Bedürfnisse, die ihm genauso alles vereinfachen wie den Nationalsozialisten ihre dumme Begeisterung.«[20] Selbst als die Regierung Hitler ihr Amt angetreten hatte, fuhr man fort, das Unvorhergesehene, das die eigene Orthodoxie in Frage stellte, in eine Bestätigung der vertrauten Entwicklungsgesetze umzudeuten: der Nationalsozialismus konnte nur die letzte Karte im Spiel der Bourgeoisie sein, nach seinem Zusammenbruch mußte dem Sozialismus der Sieg sicher sein.

Auch nach Meinung des sozialdemokratischen Fraktionsvorsitzenden Breitscheid konnte sich Hitler seinen Sieg nur mit seiner völligen Abhängigkeit von »Großkapital« und »Junkern« erkauft haben. Der Trommler werde sich in der Gesellschaft von Junkern und Monopolkapitalisten bald verbrauchen. Nicht Hitler, der Gefangene der Deutschnationalen, galt als die eigentliche Gefahr, sondern Hugenberg, der Mann der Schwerindustrie.[21]

Nicht viel anders sahen die deutschnationalen Partner selbst die Machtverhältnisse, nur unter entgegengesetzten Vorzeichen. Aber bald stellten Terror und Dynamik der nationalsozialistischen Massenbewegung auch solche Einschätzungen als grandiose Fehlrechnungen bloß. Für die eigenen Ziele einer autoritären oder monarchischen Reform des Staates hatten manche Deutschnationalen die plebejische Massenbewegung einsetzen wollen. Vielversprechende Ansatzpunkte schien es dafür genug zu geben, seitdem die radikalen, sozialistischen Töne aus der Nazipropaganda immer mehr verschwanden und der Taktiker Hitler sich zusehends moderater gab. Warum sollte man, so die Überlegung in der konservativen Reichswehrführung und später auch in der Umgebung Hindenburgs, die Nazis nicht zähmen können?

Für die Reichswehr war das »wunderbare Menschenmaterial« in SA und SS nicht minder verlockend als die Affinität, die man in einigen politischen Zielen und in den militärischen Formen der Hitler-Bewegung entdeckte. »Ein bescheidener, ordentlicher Mensch, der bestes will«, urteilte Reichswehrminister Groener nach einem Besuch Hitlers. »Hitlers Ziele sind gut, er ist aber Schwarmgeist, glühend und vielseitig. Nur Auswüchse der Nazis dürfen bekämpft werden, nicht aber die Bewegung als solche ... Es kommt nur darauf an, daß die Bewegung in die richtigen Kanäle kommt.«[22]

Damit war das Stichwort für die Zähmungskonzeption gegeben. Daß vor allem von dem »bescheidenen, strebsamen Autodidakten« Hitler und nicht von der Bewegung selber Gefahr ausgehe, widersprach dem Einrahmungskonzept. Zudem meinten Papen und Hugenberg am 30. Januar genügend Sicherungen in das Bündnis mit dem Trommler und seiner mittlerweile ohnehin von deutlichen

Ermattungserscheinungen gekennzeichneten Bewegung eingebaut zu haben. Im Kabinett hatte man die wenigen Vertreter des bei weitem stärksten Koalitionspartners, der NSDAP, in ganz ungewöhnlicher Weise von einem großen Aufgebot deutschnationaler Minister eingerahmt, und ungewöhnlich war auch die Absprache, daß der Reichskanzler Hitler nicht ohne den Vizekanzler von Papen beim Reichspräsidenten Vortrag halten durfte. Schließlich war ja auch dieses Kabinett wie seine Vorgänger vom Vertrauen des Reichspräsidenten und dessen Notverordnungsvollmacht abhängig. Außerdem hatte Hindenburg als Oberbefehlshaber der Reichswehr für den Notfall noch das entscheidende Mittel der bewaffneten Macht in Händen. Warum sollte Papen dann nicht zufrieden feststellen: »Wir haben ihn uns engagiert«?[23] Einen anderen Warner beruhigte er: »Was wollen Sie denn? Ich habe das Vertrauen Hindenburgs. In zwei Monaten haben wir Hitler in die Ecke gedrückt, daß er quietscht.«[24]

Diejenigen aus dem Lager der nationalen Opposition, die schon mehr Erfahrungen mit Hitler hatten, wußten es besser oder hätten es besser wissen müssen. Der Partner aus den Tagen der Harzburger Front, Alfred Hugenberg, hatte noch im August 1932 den Reichspräsidenten vor Hitlers mangelnder Vertragstreue gewarnt und große Bedenken gegen ein Regierungsamt Hitlers angemeldet. Ein halbes Jahr später wähnte er Hitler offenbar hinreichend geschwächt, um sich mit ihm einzulassen. Ein Putschgenosse Hitlers, aus den frühen zwanziger Jahren, Erich Ludendorff, zeigte sich am 30. Januar 1933 weitsichtiger, als er seinen früheren Chef an der Spitze der Obersten Heeresleitung, den Reichspräsidenten Hindenburg, warnte: »Sie haben durch die Ernennung Hitlers zum Reichskanzler unser heiliges Deutsches Vaterland einem der größten Demagogen aller Zeiten ausgeliefert. Ich prophezeie Ihnen feierlich, daß dieser unselige Mann unser Reich in den Abgrund stürzen und unsere Nation in unfaßbares Elend bringen wird.«[25]

Ludendorffs Warnungen blieben ebenso ungehört wie die eines anderen konservativen Propheten, des pommerschen Adeligen Ewald von Kleist-Schmenzin, der in dem Flugblatt »Der Nationalsozialismus eine Gefahr«[26] die nationalen, christlich-konservativen Kreise vor der Illusion warnte, die NSDAP sei in ihrem Kern eine nationale Partei, die Deutschland retten werde. Kleist-Schmenzin hatte Hitlers »Mein Kampf« nicht nur gelesen, sondern er nahm den revolutionären, sozialdarwinistischen und totalitären Charakter der nationalsozialistischen Weltanschauung ernst. Deutlicher als viele Standesgenossen und Gesinnungsfreunde sah er den Graben zwischen Konservativismus und Nationalsozialismus, der in den Tagen der »nationalen Erhebung« von Illusionen und Geschichtslegenden verdeckt war.

Ihre suggestive Wirkung sollte auch den nationalsozialistischen Terror, der bald nach dem 30. Januar begann, verdecken und legitimieren. Sogar die Opfer von Gewalt und Verfolgung ließen sich von historischen Analogien täuschen. In der Sozialdemokratie konnte man sich unter einem autoritären Staat nur eine Wiederholung des alten Obrigkeitsstaates und seiner Repressionsmaßnahmen vorstellen. Die politische Arbeiterbewegung hatte aber das Sozialistengesetz Bismarcks überstanden und war nur noch stärker geworden. Warum sollte man dann nicht auch einen Hitler überstehen können? »Wir sind mit Bismarck und Wilhelm fertig geworden«, zog der sozialdemokratische Polizeipräsident von Berlin, Grzesinski, seine Lehre aus der Geschichte, »wir werden auch mit der Reaktion von heute fertig«.[27]

Selbst die Distanz schärfte nicht immer den Blick. In London und Paris war man über die Nachrichten aus Berlin irritiert, aber nicht wirklich beunruhigt. Hitlers Machtübernahme löste im Ausland keinen Alarm aus, auch wenn man bald begriff, daß dies mehr als ein einfacher Regierungswechsel war.

Die englische Presse reagierte mit Gelassenheit. Schließlich war Hitler von erfahrenen Männern umgeben, die die wichtigsten Ministerien innehatten und Kontinuität verhießen. Der Wunsch nach Normalität verdrängte überdies warnende Hinweise darauf, daß Hitler wirklich meinte, was er sagte. Während die Deutschen in wachsender Zahl an Hitlers Verheißungen von nationaler Größe glaubten, hielten sich die Engländer an Versprechungen, die Hitler nie gemacht hatte, daß er nämlich ein Politiker wie jeder andere sei. Gerade weil Hitler als mittelmäßig galt, begnügte man sich damit, ihn mit überlieferten Etiketten wie reaktionär oder gemäßigt zu charakterisieren.

Zudem war es für englische Politiker unvorstellbar, daß eine Partei, nachdem sie mit der Regierung eines zivilisierten Landes betraut war, weiterhin die Welt in Begriffen der Rasse, des Kampfes und des Führertums sehen könne und nicht, wie jede andere Regierung auch, den Gesetzen der politischen Vernunft folgen würde. Diese politische Konzeption setzte dem Verstehen Grenzen und machte blind für den ideologischen Charakter des Nationalsozialismus und seiner Politik.

In Frankreich ließ man sich nicht weniger als anderswo von ideologischem Wunschdenken und falschen historischen Analogien leiten. Die Linke schreckten zwar die antidemokratischen und antisozialistischen Tendenzen des Nationalsozialismus, die sie mit dem italienischen Faschismus verglich. Aber Hitlers Erfolge konnten und durften für sie nur Episode sein. Um so befriedigter war man hier – wie in anderen Parteien auch – über den scheinbaren Niedergang der Hitler-Bewegung im Winter 1932/33. Auch die nationalistische Rechte in Frankreich glaubte an einen Rückgang der nationalsozialistischen Welle, in der man nichts anderes wiederentdecken wollte als den alten, ewig lebendigen deutschen Nationalismus und Pangermanismus. Die bürgerliche Mitte rückte den Nationalsozialismus aufgrund seiner antikapitalistischen und sozialrevolutionären Momente in die Nähe des Bolschewismus.

Doch eigentlich galt für die englische wie für die französische Presse, was die »Sunday Times« im Januar 1933 zugab: »Niemand weiß, was Hitler bedeutet.«[28] Nicht nur, daß man Hitler für eine schwache Kopie Mussolinis oder allenfalls für den Vertreter des gemäßigten Flügels der NSDAP hielt, den man gegen die Radikalen in der eigenen Partei unterstützen müsse; man unterschätzte vor allem die Bedeutung der Ideologie für Hitlers Politik.

Sicher, es gab beunruhigende Ahnungen und scharfsinnige Prophetien, doch sie finden erst im Rückblick Aufmerksamkeit. Daß nicht die Konservativen die Oberhand behielten, sondern Hitler, daß der Nationalsozialismus nicht Instrument der preußischen Aristokratie war, sondern am Ende sogar deren Totengräber sein würde, das konnte ahnen, wer hinter Symbolen und Legenden die wahren Machtverhältnisse sah, wer von der sozial nivellierenden Macht von Diktaturen wußte.

Die Mehrheit vertraute der historischen Erfahrung und politischen Vernunft, die noch immer für die Macht der Realität und die Flüchtigkeit ideologischer Phantastereien und Irrationalismen sprach. Darum blieben auch die Hinweise der diplomatischen Vertreter der großen Mächte aus Berlin unbeachtet, fanden die Beobachtungen des scheidenden englischen Botschafters Sir Horace Rumbold kein Gehör, der vor dem »außergewöhnlichen Starrsinn« und der Unbedingtheit Hitlers, dem nationalsozialistischen Antisemitismus und Terrorismus warnte.[29] Noch besorgter waren die Berichte, die sein französischer Kollege François-Poncet nach Paris schickte. Er nannte die Regierung Hitler ein Abenteuer für Deutschland und Europa und machte sich keine Illusionen über den Erfolg des Einrahmungskonzeptes und die Errichtung der Diktatur, die nicht nur Kommunismus, sondern auch Sozialismus und Liberalismus treffen würde.[30]

Die amerikanische Diplomatie suchte ebenfalls nach Ähnlichkeiten mit dem faschistischen Italien, um die Zukunft des Dritten Reiches zu prognostizieren. Während der amerikanische Generalkonsul Dominian mit Blick auf die italienischen Vorgänge hinter dem antikommunistischen Kreuzzug den Anspruch der Nationalsozialisten auf Alleinherrschaft vermutete, ließ sich Botschafter Sackett von dem gemäßigt-autoritären Charakter der Herrschaft Mussolinis täuschen. Indem er in Brünings Präsidialregime schon das deutsche Äquivalent faschistischer Herrschaftspraxis erreicht sah, blieb für ihn eine Regierung Hitler allenfalls als quantitative Steigerung denkbar.[31]

Auch von Deutschland aus warf man Blicke über die Alpen, um Hitlers Ziele und Zukunft zu ergründen. Konnte und mußte die jüngste Geschichte Italiens nicht lehren, was man sich in Deutschland im Winter 1932/33 noch nicht vorstellen konnte? War der Anschauungsunterricht, den Mussolini seit 1922 gegeben hatte, tatsächlich drastisch genug, wie der deutsche Diplomat von Prittwitz und Gaffron meinte, um vor Adolf Hitler zu warnen?[32] Oder verstellte Italien, wie Theodor Heuss wähnte, nur den Blick?[33]

Hitler und seine Parteigänger hatten in der Tat nie einen Hehl daraus gemacht, daß für sie Ideologie und politische Praxis des italienischen Faschismus Vorbild und Ermutigung waren; und die italienischen Vorgänge blieben in der deutschen Öffentlichkeit der zwanziger und dreißiger Jahre keineswegs unbeachtet. Schon 1930 zählte man über 1000 deutschsprachige Publikationen zum italienischen Faschismus.

Der Marsch auf Rom war auch für Hitler ein Wendepunkt in der Geschichte. Das Beispiel Mussolinis gab ihm die Gewißheit, »daß man das machen kann«[34] und zeigte, »was eine Minderheit zu leisten vermag, wenn ihr der heilige nationale Wille innewohne«.[35]

Trotz der Legalitätstaktik, die Hitler als Konsequenz seines 1923 gescheiterten »Marsches auf Berlin« einschlug, behielten auch nach der Neugründung der Partei 1925 die Merkmale des italienischen Faschismus – nämlich einerseits die Gewalt als Mittel der Politik und andererseits der Gedanke des Weltanschauungskampfes – ihre faszinierende Wirkung auf die NSDAP. Mussolinis Weg zur Macht war Vorbild und Anreiz für die schrittweise Machteroberung und den Einsatz der Staatsgewalt bei der Vernichtung der Gegner und der Durchsetzung der eigenen Ziele. »Genauso wie Mussolini in Italien die Marxisten ausgerottet hat, so muß es auch bei uns durch Diktatur und Terror erreicht werden«, verkündete der spätere nationalsozialistische Innenminister Frick 1929 in Thüringen.[36]

Daß solche Drohungen nicht nur Ausdruck politischer Kraftmeierei waren, daß sie sich vielmehr auf ein historisches Vorbild stützen konnten, war dem preußischen Innenministerium bewußt, das in mehreren Denkschriften mit Belegen dieser Art vor der nationalsozialistischen Gefahr warnte. Auch orientierte sich die öffentliche Debatte über Gewalt und Legalität als Mittel der Machteroberung, die innerhalb und außerhalb der NSDAP zwischen 1930 und 1933 geführt wurde, nicht selten am Marsch auf Rom. Der sozialdemokratische »Vorwärts« wurde nicht müde, die Herrschaft Mussolinis als abschreckendes Beispiel für den Verlust von Freiheit und Demokratie darzustellen und am italienischen Beispiel die möglichen Folgen einer nationalsozialistischen Machtübernahme aufzuzeigen. Und dennoch sprach sich der »Vorwärts« noch am 8. Februar 1933 Mut zu und behauptete: »Berlin ist nicht Rom. Hitler ist nicht Mussolini. Berlin wird niemals die Hauptstadt eines Faschistenreiches werden. Berlin bleibt rot.«[37]

So sehr vertraute man auf die Stärke und Erfahrung der deutschen Arbeiterbewegung, so gering achtete man den Charakter des Faschismus als Massenbewegung. Die Machtübernahme durch eine Mobilisierung breiter bürgerlicher und auch proletarischer Schichten hatte im sozialdemokratischen Interpretationsschema einer faschistischen Machtübernahme keinen Platz. Diese konnte man sich nur als putschartige Gewaltaktion und als Tat eines entschlossenen Führers vorstellen. Doch würden Gewalt und Diktatur als Merkmal faschistischer Politik, so hoffte die sozialdemokratische Führung, für das Bürgertum in Deutschland Warnung genug sein, und in einer gemeinsamen Abwehrfront von Bürgertum und Arbeiterbewegung würde der Rechtsstaat geschützt werden. Außerdem galt es von links bis rechts als ausgemacht, daß Hitler nicht die Qualitäten Mussolinis besitze. Ein »Zerrbild Mussolinis« und einen Diktator, »der es nicht wird«, hatte Curzio Malaparte in seinem berühmten Buch »Der Staatsstreich«[38] 1932 Hitler zur Genugtuung aller deutschen Spötter und Kritiker genannt, die Hitler weder das taktische Geschick noch die revolutionäre Entschlossenheit eines Mussolini zutrauten, vom intellektuellen Format ganz zu schweigen.

Der Mussolini-Mythos, dem nicht wenige Zeitgenossen erlegen waren, trug auf eine doppelte Weise zur Unterschätzung des Nationalsozialismus bei. Liberale, Sozialdemokraten und Konservative vermochten in Hitler nichts anderes als eine schlechte Mussolini-

Kopie zu erblicken und gaben ihm schon darum nur wenig politische Chancen. Denn schließlich, so der Staatsrechtler Hermann Heller, stehe und falle die faschistische Diktatur mit der Person Mussolinis,[39] und der Nationalsozialismus galt im Vergleich damit als ideenlos und »unfascistisch«.[40] Hatte es Hitler im Sommer 1932 nicht ganz im Gegensatz zum energischen Mussolini versäumt, die Macht an sich zu reißen? »In Deutschland ist niemand da, der einen echten Fascismus verwirklichen kann oder will.«[41]

Aus Willi Helpachs Prognose vom Herbst 1932 sprach nicht nur Erleichterung. Die Bewunderung für den italienischen Diktator reichte in der krisengeschüttelten Weimarer Republik bis weit in das Lager der Linken. Kurt Hiller pries in der »Weltbühne« 1926 den »Kraftkerl« Mussolini als »lebendige Widerlegung des Demokratismus« und als Mann von »Kultur«.[42] Theodor Wolff verteidigte im »Berliner Tageblatt« nach einem Rom-Besuch den Diktator: »Er schafft ohne Pause, stampft Schöpfungen aus dem Boden, reißt mit seiner ungeheuren Energie unablässig sein Gefolge mit sich – diese Werke müssen doch bleiben, können nicht geleugnet werden.«[43] Wenn sich selbst ein linksliberaler Publizist der Wirkung des zum Willens- und Tatmenschen stilisierten italienischen Duce nicht entziehen konnte, um wieviel mehr mußte das Bild vom Vorkämpfer moderner autoritärer Staatlichkeit das bürgerliche, nationale Deutschland faszinieren. Der Hang zum Irrationalen, zum Aktivismus und Voluntarismus und die verbreitete Sehnsucht nach einem starken Führertum fanden in Mussolinis »schöpferischer Persönlichkeit« einen Fixpunkt. Die deutschnationale Presse berichtete voller Bewunderung vom autoritären Führertum Mussolinis, den liberale wie rechte Intellektuelle als Verkörperung jenes cäsaristischen Zeitalters verklärt hatten, dessen Heraufkunft Oswald Spengler prophezeit hatte. Der Abstand zwischen deutschnationalen, restaurativen und nationalsozialistischen, revolutionären Vorstellungen wurde geringer, je mehr man sich die Rettung der Nation von einer schlagkräftigen Macht versprach, »die gegebenenfalls nach Mussolinischem Muster auftreten kann«.[44] Der Mussolini-Mythos erleichterte den Übergang vom autoritären zum totalitären Ordnungskonzept. Die Idee einer faschistisch-totalitären Herrschaft verlor ihren Schrecken.

Indem der Mussolinismus sich als werbewirksames Modell einer erfolgreichen staatlichen Dynamik und Ordnung präsentierte und das Bild der modernen charismatischen Diktatur popularisierte, verlor die nationalsozialistische Bewegung ihre bedrohlichen Züge. Warum sollte eine Regierung Hitler sich anders entfalten als eine etwas stärker plebejische und weniger kultivierte Variante des Mussolinismus, dessen Herrschaft in Wirklichkeit ja weit weniger totalitär war, als dies die eigene italienische Propaganda behauptete und der statt dessen eher dem ähnelte, was man ein halbes Jahrhundert später Entwicklungsdiktatur nennen sollte.

Gab es ernst zu nehmende Zeichen oder Beweise für eine größere Radikalität und einen entschiedeneren Vernichtungswillen der Nationalsozialisten außer deren eigenen Ankündigungen? Die NSDAP hatte seit 1922 immer wieder neben den Gemeinsamkeiten auch die Unterschiede zwischen Faschismus und Nationalsozialismus herausgestellt und die italienische »Schwesterpartei« wegen ihres fehlenden Antisemitismus kritisiert. Aber warum sollte man gerade auf diese differenzierenden Zwischentöne achten, wenn man das Gerede des »halb verrückten Schlawiners«[45] allgemein nicht ernst nahm, da er ohnehin nicht das Format des »römischen Genius«[46] Mussolini besaß?

Daß sich ausgerechnet in Deutschland eine in ideologischer wie in machtpolitischer Hinsicht ungleich radikalere Variante durchsetzen könnte, vermochte sich niemand vorzustellen. Auch die Sozialdemokratie ging für den schlimmsten aller Fälle von der Annahme eines »Normalfaschismus« aus und zog aus dem italienischen Beispiel die Lehre, daß ein faschistisches Regime nur schrittweise die parlamentarische Opposition und die unabhängige Presse ausschalten könne. Wenn aber die Nationalsozialisten ähnlich wie Mussolini vorzugehen gedachten, beruhigte sich die SPD-Führung nach dem 30. Januar, dann würde sich die deutsche Arbeiterschaft stärker und entschlossener zur Wehr setzen können als die italienische, die schon vor dem Marsch auf Rom zerrieben war.

Daß die deutsche Arbeiterbewegung bereits am 30. Januar eine schwere Niederlage hatte hinnehmen müssen und daß es in Deutschland schlimmer ausgehen würde als in Italien, ahnte die dissidente KPD-Opposition indes schon Mitte Februar; zu dieser Zeit gaben sich SPD und KPD noch der Illusion hin, Hitler sei ein Gefangener oder die Marionette der Reaktion. Ein halbes Jahr später mußte der französische Botschafter feststellen, daß der Nationalsozialismus eine Wegstrecke, für die der italienische Faschismus fünf Jahre benötigt hatte, in fünf Monaten zurückgelegt hatte.[47]

Nicht nur waren Hitlers Maximen unbeachtet geblieben, auch hatte der Vergleich mit Italien den Blick eher verstellt als eröffnet, allen historischen Parallelen zum Trotz. In dieser Perspektive sind Mussolini-Mythos und Faschismus-Rezeption Teil der Geschichte jener Unterschätzung, die Aufstieg und Machtergreifung des Nationalsozialismus begleitet und ermöglicht hat.

Welches waren nun tatsächlich die Ziele Hitlers? Inwiefern stellten sie eine bloße Fortsetzung von Traditionen des preußisch-deutschen Nationalstaats dar? Wo lag der Bruch mit der bisherigen politisch-gesellschaftlichen Entwicklung Deutschlands? Wie läßt sich die Vielfalt und Doppelgesichtigkeit des Nationalsozialismus erklären? Welchen Grad von Verbindlichkeit hatte Hitlers Programm für seine Politik, und wie konnte es realisiert werden? Welche Rolle spielte Hitler innerhalb des Nationalsozialismus und dessen Herrschaft? War und ist der Nationalsozialismus ohne Hitler vorstellbar? Und schließlich, wie war es möglich, daß eine politisch, kulturell und technisch-administrativ hoch entwickelte Nation sich scheinbar freiwillig der Herrschaft einer Partei unterwarf, die ihre auf Verfolgung, Vernichtung und Eroberung gerichteten Ziele immer wieder offen ausgesprochen hatte?

Die Fragen von Hitlers Zeitgenossen haben ihre Gültigkeit nicht verloren. Die zeitgenössischen Fehleinschätzungen bleiben Warnung und Mahnung für den rückblickenden Betrachter.

I.
Voraussetzungen

Wenige Tage nach Mussolinis Machtübernahme in Italien am 28. Oktober 1922 fürchtete der Vorsitzende der Kommunistischen Internationale, Grigorij Sinowjew, »daß wir eine solche Periode mehr oder weniger fascistischer Umwälzungen in ganz Zentral- und Mitteleuropa bekommen«.[1] Elf Jahre später hatte sich die düstere Ahnung erfüllt. Mit dem Sieg Hitlers in Deutschland erlebten auch in anderen europäischen Ländern faschistische Bewegungen einen neuen Auftrieb. Mussolini sah nun, obwohl er anfangs seinen Faschismus nicht als Exportartikel verstanden wissen wollte, die Epoche vom universalen Phänomen des Faschismus bestimmt. Einige Jahre später, am Vorabend des Zweiten Weltkriegs, wollten auch Thomas Mann und Max Horkheimer in tiefer Entmutigung eine Herrschaft des Faschismus auf unabsehbare Zeit nicht ausschließen.

Nicht wenige zeitgenössische Studien gingen, oft unausgesprochen, von der Annahme eines Epochencharakters des Faschismus aus. In der Tat gab es von Pilsudski über Dollfuß bis zu Horthy unübersehbare Parallelen in Ideologie und Herrschaftspraxis unterschiedlichster autoritär-plebiszitärer Bewegungen und Regime, zeichnete sich in der zweiten Hälfte der dreißiger Jahre eine ideologisch motivierte Achse und Expansion der faschistischen Mächte ab. Überall befanden sich parlamentarisch-demokratische Ordnungen auf dem Rückzug oder in der Krise; selbst in den westeuropäischen Demokratien tauchten nun Parteiuniformen, Fahnen, Standarten und Führerfiguren auf, die sich auf das Vorbild Mussolinis und Hitlers beriefen. Einige von ihnen, Quisling wie Mussert, sollten während der Kriegsjahre dann eine chimärenhafte Rolle spielen.

Sicher verdankten viele von ihnen ihre Anfangserfolge einerseits der Attraktivität und andererseits der praktischen Unterstützung der neuen autoritären Ordnungsmächte; und dennoch hatte ihre Existenz auch Wurzeln in den allgemeinen politischen und gesellschaftlichen Spannungslagen der europäischen Zwischenkriegszeit und in besonderen nationalen Strukturen und Entwicklungen. Dies gilt auch für den deutschen Nationalsozialismus, der Teil dieser europäischen Revolte gegen die Demokratie war, aber auch in der Geschichte des deutschen Nationalstaates begründet ist.

Die Ursachen von Entstehung und Aufstieg des Nationalsozialismus sind ebenso in allgemein europäischen wie in deutschen nationalen Bedingtheiten zu suchen. Die Existenz vergleichbarer und ganz unabhängig voneinander entstandener faschistischer Bewegungen in vielen europäischen Staaten lenkt den Blick sowohl auf die allgemeinen, nationenübergreifenden Bedingungen der Faschismen wie auf die besonderen deutschen Voraussetzungen. Denn außer in Italien war nur in Deutschland eine faschistische Massenbewegung an die Macht gekommen, und nirgends, auch nicht in Italien, hat ein faschistisches System ein solches Maß an totalitärer Durchdringung erreicht und eine vergleichbare Vernichtungspolitik betrieben wie in Deutschland.

Die besonderen Merkmale des deutschen Nationalsozialismus, sein Rassenantisemitismus und die Radikalität seiner Herrschaftspraxis, haben nicht wenige Historiker dazu veranlaßt, der These vom Epochencharakter des Faschismus weniger, dem Hinweis auf die nationalen deutschen Bedingungen und Besonderheiten um so mehr Erklärungskraft beizumessen. Es kam hinzu, daß der Faschismusbegriff seit seiner Entstehung auch ein politischer Kampfbegriff geblieben ist, der weniger dem Bemühen um Erkenntnis und Unterscheidung als zur Diffamierung des jeweiligen politischen Gegners diente, so daß es denn am Ende der politischen Demagogie Klerikal- wie Sozialfaschisten gab; das hat die Bedenken gegen einen Gattungs- und Epochenbegriff Faschismus verstärkt. Tatsächlich könnte er jener Unterschätzung, die die Geschichte des Nationalsozialismus begleitet und dessen Erfolge mit verursacht hat, noch nachträglich Vorschub leisten.

Auch wenn man diese Bedenken nicht gering wertet, der Faschismus als übergreifender Gattungsbegriff erweist sich gleichwohl als notwendig und sinnvoll. Denn jeder Vergleich zwischen nationalen politischen Systemen und Kulturen bedarf des übergeordneten Begriffs. Der Vergleich des Nationalsozialismus mit verwandten faschistischen Bewegungen in West-, Süd- und Südosteuropa verdeutlicht die europäischen Gemeinsamkeiten wie die nationalen Besonderheiten. Die Gegenüberstellung der unterschiedlichen Spielarten des Faschismus legt die zeitprägenden allgemeinen Merkmale und sozialpsychologischen Mechanismen frei, die unabhängig von unterschiedlichen nationalen Ausprägungen ein faschistisches Klima erzeugten. Der Vergleich kann aber auch zur Erklärung beitragen, warum die Krise der liberalen Staats- und Gesellschaftsordnung nur in Deutschland und Italien in die Machtübernahme faschistischer Parteien mündete und weshalb gerade der deutsche Nationalsozialismus eine solche Radikalität entfaltete.

Bereits im äußeren Erscheinungsbild faschistischer Bewegungen zeigen sich gemeinsame Merkmale: die Schwarz-, Braun- oder Grünhemden der Parteiarmeen, deren militärische Organisations- und Aktionsformen den Stil der Politik bestimmten; der charismatische Führer und seine entscheidende Bedeutung für die Integration und Mobilisierung der Anhänger; der aktivistische und pseudoreligiöse Stil der Propaganda; das Gewicht der jungen Generation in Apparat und Anhängerschaft und die folgenreiche Betonung von Jugendlichkeit und Aktivismus der Bewegung. Auch in der faschistischen Ideologie zeigen sich bei allen nationalen Unterschieden auffällige Gemeinsamkeiten: die Orientierung an nationaler Vergangenheit und Größe, Haß auf das jeweils Fremde und die Forderung nach Reinigung des Volkskörpers, die fanatische Kampfansage an Internationalismus, Sozialismus und Marxismus, aber auch an Liberalismus und Parlamentarismus; dem allen wird statt dessen die Forderung nach sozialer Erneuerung im nationalen Rahmen gegenübergestellt, nach Volksgemeinschaft und korporativer Wirtschaftsordnung, nach Führertum und einer neuen Elite, begründet auf den Prinzipien von Heroismus und Entschlossenheit zur Tat.

Für sich genommen war keines dieser ideologischen Versatzstücke neu. Sie alle begegnen uns bereits in radikalen Ausformungen des imperialen Nationalismus im späten 19. Jahrhundert in Deutschland so gut wie in Österreich-Ungarn, Italien und Frankreich. Doch existierten diese Vorstellungen oft unverbunden nebeneinander und blieben vor 1914 nur Stoff für radikale Zirkel und politische Grüppchen. Ihre Sprengkraft und Massenwirksamkeit erhielten sie erst durch Weltkrieg und bolschewistische Revolution. Neben den ideengeschichtlichen Wurzeln stehen die politischen und sozialpsychologischen Bedingungen, die die Rezeption und Verbindung von bisher Unverbundenem bestimmen.

1. Der europäische Horizont

Faschismus und Nationalsozialismus waren Produkte der Krise der europäischen bürgerlich-liberalen Ordnung und des Zeitalters der Revolutionen. Ihre Entstehung setzt mithin Ausbildung und Verfestigung der großen politischen Denkströmungen und Parteiungen des 19. Jahrhunderts voraus, nämlich Liberalismus, Demokratie, Sozialismus und Konservativismus wie deren Verformung durch Massenmobilisierung und Massenideologie. Als politische Nachzügler übernahmen und übersteigerten die Faschismen die Entwicklungslinien, Widersprüche und Brüche ihrer Zeit. Sie vereinten bisher scheinbar Unvereinbares oder machten latente Tendenzen der Vorkriegszeit zu Massenströmungen. Ihre historische Verspätung erklärt ihren Eklektizismus wie ihre Vielgesichtigkeit.

Die Faschismen verstanden sich nicht nur als radikale Gegenbewegung zu allen bisherigen Formen der Politik: als Antiliberalismus, Antiparlamentarismus, Antidemokratismus, Antimarxismus und Antikapitalismus; zugleich übernahmen sie bestimmte Elemente des politischen Denkens und Stils der Gegner und formten sie zu einer neuen Synthese. Faschismus und Nationalsozialismus standen damit zur überkommen Staats- und Gesellschaftsordnung sowohl in einem reaktionären als auch in einem revolutionären Verhältnis. Sie waren traditionalistisch und modernistisch, antimarxistisch und antibürgerlich.

Die Ambivalenz der faschistischen Ideologie und Praxis deutet sich bereits in den politisch-ideologischen Grundströmungen an, die im Faschismus zusammenflossen und ihrerseits Momente des Umbruchs aufwiesen. Denn schon die Quellen, aus denen sich die Flut von Faschismus und Nationalsozialismus speiste – Nationalismus und Imperialismus wie auch Konservativismus und Autoritarismus oder Rassismus und nationaler Sozialismus –, trugen in sich bereits jene Doppeldeutigkeit, in der sich die Herausforderung durch neuartige Entwicklungen spiegelt. Alle diese Strömungen besaßen reaktionäre wie revolutionäre Elemente. Sie waren ja nicht bloße Instrumente antidemokratischer und gegenrevolutionärer Kräfte und Strategien, sondern ihrerseits auch Ausdruck des Zeitalters der Revolutionen.

Verstärkt und verbreitet wurden diese Strömungen durch den Weltkrieg und die Revolutionen von 1917/18, mit denen die großen Ideenbewegungen des 19. Jahrhunderts in politische Herrschaft umgeformt wurden. Der Sturz der alten Ordnungen verschärfte die ideologischen Anspannungen und unterminierte das Erbe des bürgerlich-liberalen Zeitalters, da der Wandel ungeheuer beschleunigt wurde, was die Massenmobilisierung wie die Ausbreitung von Massenideologien außerdem begünstigte. Mit dem scheinbaren Sieg der liberalen Demokratien nach 1918 erhoben sich zugleich deren Herausforderer: Bolschewismus, Faschismus und Nationalsozialismus.

Das Ziel der faschistischen Bewegungen war nicht nur die Vernichtung der sozialrevolutionären Herausforderung, die aus den Revolutionen von 1917/18 gestärkt hervorging. Diese Bewegungen stellten auch eine Kampfansage an all diejenigen Kräfte dar, die die sozialrevolutionäre Bedrohung aus Schwäche oder geheimer Sympathie begünstigt oder hatten gewähren lassen, also auch an die liberale Demokratie und die bürgerlich-humanistische Welt. Und dennoch waren Faschismus und Nationalsozialismus keine bloßen Gegenrevolutionen, sondern tatsächliche Revolutionen gegen die Revolution. Zwar schien etwa Joseph Goebbels in einer Rundfunkrede vom 1. April 1933 die nationalsozialistische Machtübernahme völlig in die europäische gegenrevolutionäre Tradition einordnen zu wollen, als er emphatisch verkündete: »Damit wird das Jahr 1789 aus der Geschichte gestrichen.«[2] Doch fast gleichzeitig vertraute er seinem Tagebuch an: »Die deutsche Revolution beginnt.«[3] Was immer der Reichspropagandaleiter der NSDAP unter Revolution verstanden hat, solche Äußerungen zeigen, daß das von Geschichtslegenden verklärte Bild von der nationalen Erhebung des 30. Januar 1933 nur die eine Seite des Nationalsozialismus traf, nicht aber dessen Doppelgesichtigkeit erfaßte.

Zugleich hat jedoch das Bündnis mit den konservativen Machteliten, das in Italien wie in Deutschland die Voraussetzung war für den Weg zur Macht, das Gewicht der einzelnen ideologischen Momente innerhalb der Faschismen verändert. Durch die jeweiligen Bündnispartner verstärkten sich die konservativ-reaktionären Elemente, was das politische Erscheinungsbild der Faschismen noch mehrdeutiger und diffuser machte. Hinzu kam die unterschiedliche nationale Färbung, die die Bedeutung der ideologischen Tendenzen stärkte oder schwächte. So steht im italienischen Faschismus neben den anfänglich besonders heftigen sozial-radikalen Impulsen stets der nationalimperialistische Aspekt im Mittelpunkt von Herrschaftsziel und -praxis, während im Nationalsozialismus die völkisch-rassistische Ideologie das beherrschende Charakteristikum blieb.

Doch trotz solcher unterschiedlichen Ausprägungen blieb der zwiegesichtige Charakter der faschistischen Ideologie und Praxis erhalten; immer hatte er beides im Auge, die Überwindung von Liberalismus und Marxismus und die Ausschaltung des traditionellen Konservativismus. Eben das macht es möglich, den ursprünglich italienischen Begriff des Faschismus zu einem Gattungsbegriff zu erheben.

Der Nationalstaat und das nationalistische Prinzip waren Grundlage und Bedingung aller faschistischen Ideologien und Bewegungen. Ihr radikaler Nationalismus wirkte stets als Klammer, mit der die unterschiedlichen und teilweise widersprüchlichen ideologischen Komponenten zusammengehalten wurden und der Massenanhang zusammengeführt und mobilisiert wurde.

Der Nationalismus hatte im Laufe des 19. Jahrhunderts zuwegegebracht, was nach Überzeugung von Karl Marx der Sozialismus bewirken sollte: eine Idee wurde zur materiellen Gewalt, indem sie die Massen ergriff. Die Nation wurde zum letzten Maßstab allen politischen Denkens und Handelns. Was vor der Entzauberung der Welt durch Aufklärung und Revolution christliche Religion und Kirche bedeuteten, nämlich verbindliche Sinngebung und Rechtfertigung, übernahm nun der Nationalismus. Die Bindung an die Nation beanspruchte eine höhere Qualität als jede andere Bindung und wurde zur Grundlage einer Diesseitsreligion.

Zugleich säkulare Religion und radikalisierte Massenbewegung, prägte der Nationalismus einen eigenen politischen Stil, eine eigene Symbolik und Liturgie, die sich in Bildern, Denkmälern und Festen verwirklichte. Die Nationalisierung der Massen reichte tiefer und weiter als die übernationalen Bewegungen des Liberalismus, Demokratismus und Sozialismus. Durch seine gefühlsmäßige, pseudoreligiöse Intensität war der Nationalismus dem rationalen Diskurs liberal-demokratischer und sozialistischer Prägung überlegen und bestimmte mehr und mehr das Gesicht der Epoche. Nationalismus und Massendemokratie verschränkten sich, doch konnte die Nationalisierung der Massen auch der liberal-demokratischen Emanzipation entgegenwirken. Der Nationalismus wurde aus einer ehemals »linken« zu einer vorwiegend »rechten« Ideologie. War er im frühen 19. Jahrhundert einmal Waffe der bürgerlich-freiheitlichen Emanzipation und gesellschaftlichen Modernisierung gewesen, so wurde er im späten 19. Jahrhundert zum Instrument derer, die den Status quo gegen alle Kräfte der Bewegung und Veränderung verteidigen wollten.

In den politischen Kulturen Westeuropas waren die liberal-demokratischen Leidenschaften und Erfahrungen zu diesem Zeitpunkt bereits so mächtig, daß die nationale Überhöhung die individuelle Emanzipation und Partizipation nicht verdrängen konnte; das galt, wie sich bald zeigen sollte, nicht für die verspäteten Nationen Mittel-, Süd- und Osteuropas. Für die Nationalbewegung der Deutschen und der meisten Völker Ostmittel- und Südosteuropas gab es keine staatliche Organisation, die das Bewußtsein von Gemeinsamkeit vermitteln konnte. Für diese nationalen Einheitsbewegungen war Nation vor allem durch gemeinsame Kultur und Sprache begründet und stand vor jeder nationalstaatlichen Ordnung. Hier bedeutete die Durchsetzung des modernen Nationalstaates Kampf mit anderen Nationen; dieser Nationalismus formulierte sich vor allem außenpolitisch. Der nationale Einheitswille konnte sich leicht mit Fremdenhaß verbinden und Minderheiten zu Feinden stempeln. Die Identifizierung von Volk und Nation führte zur Existenzbedrohung anderer Nationalstaaten und zerstörte die romantische Illusion von jenem »Völkerfrühling«, von dem die Achtundvierziger geträumt hatten. Nationale und ethnische Spannungen verschärften diese Lage und waren Nährboden für internationale Konflikte und Ressentiments nationaler Minderheiten, die sich mitunter einer rücksichtslosen nationalen Assimilierungs- und Unterdrückungspolitik ausgesetzt sahen.

Die Wendung des Nationalismus zum radikalen Imperialismus setzte überall in Europa um die Mitte des 19. Jahrhunderts ein und beschleunigte sich mit der Zuspitzung der sozialen Konflikte in den sich entfaltenden Industriegesellschaften. Der überkommene Nationalismus verband sich mit machtstaatlichen und imperialen Tendenzen zur nationalistischen Sendungsideologie und veränderte mit seinen sozialen Trägerschichten auch seine Funktion. Mit der Mobilisierung des politischen Massenmarktes und mit der zunehmenden Ausweitung und Zentralisierung der staatlichen Macht verschärften sich die Beziehungen der Staaten untereinander, die ihre wachsenden inneren Spannungen durch die Steigerungen ihrer nationalen Machtansprüche nach außen abzulenken versuchten. Das war eine Art der Antwort auf die ökonomische Anpassungskrise und die Verschärfung der sozialen Frage. Zugleich präsentierte sich der neue Nationalismus als Instrument der Abwehr und Abgrenzung: gegen das sozialistische und internationalistische Proletariat ebenso gut wie gegen die »goldene Internationale des Bankkapitals«.

Der Nationalisierung der Massen entsprach die Nationalisierung des Sozialismus. Die Idee eines »nationalen Sozialismus« verhieß nationale Geschlossenheit statt Klassenkampf, bedeutete Mobilisierung nach außen statt Verbrüderung über die Grenzen hinweg. Die Idee einer alles umfassenden nationalen Volksgemeinschaft war auf den ersten Blick eine Kampfansage an den marxistischen Sozialismus; aber von dem so heftig befehdeten Sozialismus hatte sie doch manche egalitären Momente übernommen, die auch gegen das überkommene soziale Ordnungsgefüge gerichtet waren. Die Versöhnung von Sozialismus und Nation im Vorkriegseuropa blieb aber eine vage Formel, und ihre Verfechter agierten eher unbeachtet und wirkungslos: in Deutschland ebenso wie in Österreich und Frankreich.

Fast überall im Europa des ausgehenden 19. Jahrhunderts fand der Rassismus Eingang in Programmatik und Propaganda des neuen Nationalismus. Und das gilt besonders für den an Volk und Kultur orientierten Nationalismus der verspäteten Nationen: Der Haß auf alles Fremde und der Antisemitismus waren um so ausgeprägter, je unsicherer die eigene nationale Identität war. Mit dem Kult der eigenen Rasse und der Perhorreszierung der angeblichen Gegenrasse bot sich die Chance einer Ersatzintegration und Massenmobilisierung.

Dies setzte aber die Verwandlung des traditionellen religiösen Judenhasses in einen politisch-sozialen und biologistischen Antisemitismus voraus, der den alten Fremdenhaß und den traditionellen Sozialneid in das Gewand scheinwissenschaftlicher Gesetzlichkeit hüllte und der Angst vor dem historischen Wandel einen Namen gab.

Hinter dem Haß auf »den Juden« stand der ohnmächtige Protest gegen die Auflösung der alten Gesellschafts- und Werteordnung, der Aufstand gegen Rationalismus, Kapitalismus und Industrialisierung. Auch die Judenemanzipation war ein Aspekt dieses gesellschaftlichen und kulturellen Wandels, und denen, die sich als Opfer der Modernisierung fühlten, war dies Grund genug, die Juden als treibende Kraft dieses Vorgangs zu »entdecken«. Alte Ängste, religiös motivierter Haß, Verschwörungsmotive und naturwissenschaftlich verbrämte Theorien verbanden sich zu einem gefährlichen Gemisch. Aus ihnen gewann die Bewegung gegen die moderne Zivilisation nicht nur ihre Argumente und Motive. Auch die Konsequenzen dieses biologistischen Antisemitismus kündigten sich an: erst wurde ein Ausnahmerecht für die Juden gefordert, dann ihre Ausweisung.

Was diesen Impulsen im wissenschaftsgläubigen Zeitalter an scheinwissenschaftlicher Begründung noch fehlte, fand sich im »Sozialdarwinismus«. Von der Ausschaltung aller Untüchtigen, der Vernichtung unwerten Lebens war die Rede, ebenso von dem Versuch, die Eignung für den Überlebenskampf durch das Messen von Kopfgröße und Nasenlänge zu ermitteln. Auch die Kräfte, die dem natürlichen Ausleseprozeß entgegenstünden, wurden gelegentlich angegriffen: die christliche Moral, der aufgeklärte Rechts- und Toleranzbegriff und die moderne Zivilisation schlechthin, die allein den Schwachen schütze.

Zu einem geschlossenen System hat sich der Sozialdarwinismus freilich nicht entwickelt, und einige seiner Wortführer, wie der Soziologe Gumplowicz, schreckten vor der Konsequenz einer Lehre zurück, die den Menschen und seine staatlich-gesellschaftliche Ordnung auf biologische Voraussetzungen reduzierten. Gumplowicz kam vielmehr zu der Einsicht, daß der Naturzustand der Vererbung, der Auslese und des Kampfes durch die Entwicklung von Zivilisation und Nation überwunden werden könne.

Einstweilen, um die Jahrhundertwende, blieben die sozialdarwinistischen und rassistischen Entwürfe noch bloße Gedankenkonstruktionen, pseudowissenschaftliches Programm von Sektierern und Kulturpessimisten, ohne sichtbare politische Folgen. Die Parolen des rassenantisemitischen integralen Nationalismus klangen während und nach der Dreyfus-Affäre lauter vom Westen über den Rhein als umgekehrt. Doch während das republikanische Frankreich diesem Ansturm widerstand, fanden im wilhelminischen Deutschland die Schriften eines Langbehn und Lagarde, besonders aber des Schwiegersohns von Richard Wagner, des zum Wahldeutschen gewordenen Houston Stewart Chamberlain, immer mehr Leser. Für ihren Erfolg aber bedurften sie der Verbindung mit antidemokratischen Ideologien und der allgemeinen Kulturkrise der Vorkriegszeit. Alle Entwürfe und Parolen hatten eine gemeinsame Stoßrichtung, waren Kampfansage an die Prinzipien von Aufklärung und Toleranz, von Demokratie und Gleichheit. Liberalismus, Parlamentarismus, Internationalismus und Sozialismus waren Verletzungen des Naturgesetzes, Symptom und Folge von Rassenvermischung, Überfremdung und Verfall. Dahinter stand die wachsende Unsicherheit des bürgerlichen Zeitalters, standen Angst vor dem Verlust der überlieferten Kultur- und Gesellschaftsformen, das Bedürfnis nach einer radikalen Antwort auf Rationalismus und Materialismus, die Sehnsucht nach einer Aufhebung der Entfremdung durch die Rückkehr zum Natürlichen und durch die große entschlossene Tat.

Das Schlagwort von der Entwurzelung wurde in unzähligen kulturpessimistischen Schriften variiert, gab heimatlosen Bürgersöhnen und kleinbürgerlichen Intellektuellen Anlaß zur Suche nach neuer Gemeinschaft und zur Beschwörung neuer autoritärer und elitärer Ideologien. In der Kritik an Entfremdung und Entwurzelung berührten sich linkssozialistische und rechtsradikale Kritik. Beide spiegelten das Unbehagen an der Modernität und ihren sozialen und psychologischen Folgen. Beide suchten nach der großen Lösung, die das Uralte mit dem Vorwärtsweisenden vereinte. Während die radikale Linke auf einen revolutionären, diktatorischen Durchbruch zur klassenlosen, nicht entfremdeten Gesellschaft durch die revolutionäre Avantgarde setzte, stellte der neue autoritäre Nationalismus dem die Aufhebung der Entwurzelung als Rückkehr zur Natur, zu Rasse, Boden und völkischer Gemeinschaft entgegen. Die Suche nach der letzten und verborgenen Einheit der Natur – wie die pseudonaturwissenschaftlichen Entwürfe überhaupt – stärkte die Verherrlichung von Rassen und Hierarchien, von Gewalt und Aktion. Die Suche nach organischen Beziehungen in Geschichte und Gesellschaft verbündete sich mit den Prinzipien der Ordnung, Autorität, Disziplin und Auslese.

Einig waren sich die sektiererischen Verkünder neuer Doktrinen darin, daß die innere Ordnung der neuen Gemeinschaft die bürgerlichen Illusionen von Parlamentarismus und Rechtsstaat ebenso hinter sich lassen müsse wie den Reformismus und die Anpassung des demokratischen Sozialismus. Die Kritik an bürokratischer Erstarrung und Routine begleitete den Kulturprotest der Jahrhundertwende und rechtfertigte neue Elitevorstellungen.

Der Weltkrieg und die bolschewistische Revolution bedeuteten das Ende des rationalen und liberalen 19. Jahrhunderts mit seinem Glauben an Fortschritt und bürgerliche Sekurität. Schwerer als die materiellen Schäden wogen die Veränderungen im Bewußtsein und Verhalten. Eine bisher unbekannte Anspannung und Mobilisierung der Gesellschaft durch den totalen Krieg und die Welle revolutionärer Erschütterungen hatten die relative Stabilität der überkommenen wirtschaftlichen und gesellschaftlichen Verhältnisse ins Wanken gebracht und zu sozialen Unruhen und elementaren Massenbewegungen geführt. Mit der Radikalisierung der politischen Ideologien während des Krieges und der folgenden Revolutionen hatten sich zugleich die politischen Verhaltensweisen verändert. Beides zusammen ergab den Resonanzboden für die neuen Heilslehren in einer aufgewühlten Welt.

Der Krieg hatte alles verändert. Er bedeutete Abschied und Aufbruch, Abschluß- und Umschlagpunkt von ökonomischen, gesellschaftlichen und ideologischen Entwicklungen und Konfrontationen der Vorkriegsjahre. Er hatte neue Systeme und Strukturen, neue Probleme und Konflikte geschaffen und neue Energien und Leidenschaften freigesetzt, die die bisherige Geschichte nicht gekannt hatte. Daß in den Augusttagen 1914 eine Epoche zu Ende ging, haben nicht wenige Zeitgenossen empfunden. Ein Vierteljahrhundert später läßt Thomas Mann seinen Tonsetzer Adrian Leverkühn die allgemeine – und wohl auch die eigene – Empfindung der Endzeit aussprechen: »Das Gefühl, daß eine Epoche sich endigte, die nicht nur das neunzehnte Jahrhundert umfaßte, sondern zurückreichte bis zum Ausgang des Mittelalters, bis zur Sprengung scholastischer Bindungen, zur Emanzipation des Individuums, der Geburt der Freiheit ..., kurzum die Epoche des bürgerlichen Humanismus; – das Gefühl, ..., daß ihre Stunde geschlagen hatte, eine Mutation des Lebens sich vollziehen, die Welt in ein neues, noch namenloses Sternzeichen treten wollte, – dieses zu höchstem Aufhorchen anhaltende Gefühl war zwar nicht erst das Erzeugnis des Kriegsendes, es war schon das seines Ausbruchs, vierzehn Jahre nach der Jahrhundertwende, gewesen.«[4]

Nirgends war der Ausbruch der nationalistischen Emotionen so heftig wie im deutschen August 1914 und in den »strahlenden Maitagen« von 1915 in Italien. Die Widersprüche und Ungleichzeitigkeiten der Modernisierung waren ja auch nirgends so spannungsreich wie in diesen beiden verspäteten Nationen. Die begeisterten Massen und die blumengeschmückten Soldaten wähnten die lang ersehnte nationale Geschlossenheit endlich hergestellt und verstanden sich als Teil einer entschiedenen Bewegung, die Erneuerung und Selbstbestätigung versprach.

Überall bei den europäischen Völkern stieß der Krieg zunächst auf ein hohes Maß an Loyalität und Opferbereitschaft. Überall verschwanden für eine Weile die inneren politischen Frontlinien, die am Ende dann um so tiefer aufbrechen sollten. Der Weltkrieg lehrte die späteren Führer und Duces, in welchem Maße die Völker begeisterungsfähig und hingabebereit waren, sich aber auch politisch lenken und radikalisieren ließen. Die Erregung der Leidenschaften durch die Anspannung und die Opfer des Krieges machten die Menschen empfänglicher für radikale, nicht mehr durch Vernunft und Tradition gemäßigte Haltungen. Auch die europäische Intelligenz blieb in ihrer übergroßen Mehrheit davon nicht ausgenommen; sie lieferte und verbreitete die Losungsworte in jenem Kampf der Weltanschauungen, zu dem der große Krieg von Anfang an stilisiert wurde.

Als die Kanonen verstummt waren, hatte das humanistische Menschenbild des bürgerlichen 19. Jahrhunderts schweren Schaden genommen. Das Freund-Feind-Denken des Krieges sollte sich jetzt auf das innere politische Leben der Nationen übertragen. Das Massentöten auf den Schlachtfeldern und der Ausbruch unbekannter Grausamkeit während der revolutionären Umstürze veränderten Einstellungs- und Verhaltensweisen auch der gebildeten Schichten. Der Heroismus des Kriegers und die Entschlossenheit des Stoßtrupps, so lange im Krieg verherrlicht, übertrugen sich auf das politische Denken und Handeln nach dem Krieg und schwächten die Sensibilität für Aggressivität. Auch die bürgerlichen Mittelschichten gingen nun auf die Straße, uniformierten sich und schlossen sich zu militanten Gruppen zusammen.

Der Krieg verlängerte sich vor allem dort in den Frieden hinein, wo das Kriegsende mit nationaler Demütigung verbunden gewesen war, wo die Leidenschaften und Anspannungen des Krieges weder von günstigen ökonomischen und materiellen Bedingungen noch von starken demokratisch-humanitären Traditionen hatten aufgefangen werden können. Die Hoffnung auf nationale Einheit und geistige Erneuerung, die Suche nach neuer Gemeinschaft und Sinnerfüllung schlugen nun um in einen radikalen Nationalismus und militanten Aktionismus; die Gemeinschaft des Schützengrabens wurde zur massenwirksamen Ideologie der Volksgemeinschaft. Die tiefe Enttäuschung über die militärische Niederlage und die in der Atmosphäre von Revolution und Massentod vollzogene Rückkehr ins Zivilleben riefen bei vielen Soldaten eine Verachtung der neuen bürgerlich-liberalen Ordnung hervor und das hilflose Verlangen, den Stil und die Werte des Krieges auch in das politische Leben der Nachkriegszeit zu übertragen.

Das Freikorps Werdenfels beim
Einmarsch in München

Das generelle Chaos, dem sich die heimgekehrten Frontkämpfer
gegenübersahen, ihre individuelle Schwierigkeit, im bürgerlichen
Erwerbsleben wieder Fuß zu fassen, verstärkten das Gefühl der
nationalen Demütigung und führten zur Entstehung von Freiwilli-
genkorps in Deutschland, Italien und Ungarn, die in nationaler und
gegenrevolutionärer Absicht den Krieg auf eigene Faust fortsetzten.
Diese Freikorps bildeten den Erfahrungshorizont und Nährboden
für jene paramilitärischen Organisationen und politischen Privat-
armeen unter charismatischen Führern, die dann zum Vorbild für
Mussolinis Squadren und Hitlers Sturmtruppen werden sollten.
   Nicht nur der Typus des politischen Soldaten, der in den Freikorps den Stil und die Werte des Krieges in die zivile Politik zu
transportieren suchte, war Produkt des Krieges. Auch das Millionenheer der Soldaten sah den Sinn des totalen Krieges mit seinen gewaltigen Opfern ja in der Verwirklichung der erträumten nationalen
Einheit über alle sozialen, konfessionellen und regionalen Differenzen hinweg. Der Krieg hatte sowohl den Prozeß der Nationalisierung der Massen vorangetrieben als auch das Gefühl der Gleichheit
und Gemeinschaft vermittelt; in Schützengraben und Granattrich-
tern war man über die Klassen hinweg füreinander eingestanden.
Eine Art nationaler Sozialismus schien geboren, der in der Organisation der Kriegswirtschaft in der Heimat auch aus den »vaterlands-
losen Gesellen« der Arbeiterbewegung Söhne des Vaterlands
gemacht hatte.
   Mit der unerwarteten Dauer und der Verwandlung des Krieges in
einen totalen Krieg hatten sich neue politische Organisationsformen
und riesenhafte wirtschaftliche Steuerungsapparate entfaltet. In
einer Atmosphäre nationaler Erregung gab die neuartige bürokratische Lenkung von Produktion und Arbeitseinsatz eine Vorstellung
von der Leistungssteigerung, zu der eine effiziente Industriegesellschaft unter höchster Anspannung und ideologischer Motivation
fähig sein würde. Für den Ausnahmezustand des Krieges geschaf-

Revolutionäre Arbeiter und Soldaten Unter den Linden in Berlin

Nach dem Sturz der Monarchie kam es in den ersten Jahren in verschiedenen Teilen des Reiches zu Unruhen, wobei republikanische Arbeiter und königstreue Bauern gleicherweise mobilisiert wurden. Bürgerkriegsähnliche Zustände, wie sie 1918 kurzzeitig geherrscht hatten, waren schnell von Ordnungskräften niedergeworfen worden; sie entsprachen durchaus nicht der Stimmung der Bevölkerung, die keine Revolution, sondern Frieden und Brot wollte. So blieben die Machtergreifungsversuche der Spartakisten so kurzlebig wie die »Diktatur der Guten«, die Münchener Schwarmgeister ausriefen.

fen, sollten die Organisations- und Sozialisationsformen vor allem dort zum Leitbild und Sprengsatz für die Nachkriegsordnung werden, wo militärische Niederlage und politisch-sozialer Umbruch die Ausbildung parlamentarisch-demokratischer Verfassungen ohnehin mehr belasteten als förderten.

Zudem hatte der Krieg überall den Aufstieg herausragender Führerpersönlichkeiten als Symbol des nationalen Widerstandswillens begünstigt. Sie hatten den Parlamenten allenfalls politische Routinearbeit überlassen oder sie, wie in Mitteleuropa, völlig an den Rand der Entscheidungen gedrängt. Doch waren die nationalen Führer Frankreichs und Englands, der »Tiger« Georges Clemenceau und Lloyd George, Zivilisten und, was auch immer an Tendenzen eines charismatischen Führertums sich hier andeutete, ihre Herrschaft blieb an die Ausnahmesituation des Krieges gebunden. In Deutschland hingegen beherrschte das Militärische mehr als je zuvor Politik und politische Kultur. Das Regiment der dritten Obersten Heeresleitung Hindenburg-Ludendorff schließlich, im Ansatz eine Militärdiktatur auf plebiszitärer Basis, belastete bis in das Ende des Krieges hinein die Entwicklung zur parlamentarisch-demokratischen Ordnung.

Die emotionale Nationalisierung der Massen, die der Erste Weltkrieg überall in Europa mit sich brachte, erreichte auch jene Schichten der Bevölkerung, die bisher ein jungfräuliches Verhältnis zur nationalen Kultur und Politik gehabt hatten. Die totale Mobilisierung des Krieges griff in die engen und statischen Lebensformen von Millionen von Bauern und Landarbeitern ein, in Mitteleuropa und mehr noch in Süd- und Südosteuropa. Der Dienst für das Vaterland wurde für sie nicht nur zur beherrschenden Erfahrung ihres Lebens, sondern zwang sie auch in eine Gemeinschaft mit vielen anderen sozialen Gruppen und deren Wert- und Verhaltensformen. Der Krieg bedeutete für sie mithin sozialkulturelle Entgrenzung und nationale Integration zugleich: Aus pommerschen und apulischen Bauern wurden Deutsche und Italiener. Als der Krieg sie in ihre Heimat entließ, fanden viele von ihnen sich selbst und ihre Umwelt verändert wieder. Sie wußten um ihre politische Rolle und ihre sozialen Interessen. In einer Atmosphäre nationaler Leidenschaften und sozialer Konflikte waren sie zugleich empfänglicher geworden für nationalistische Parolen und soziale Verheißungen. Daß sich ihre politische Mobilisierung unter dem Eindruck eines militanten Nationalismus und sozialer Polarisierung vollzog, sollte zu einer schweren politischen Belastung gerade für die jungen und labilen parlamentarisch-demokratischen Verfassungsstaaten werden, in die sie heimkehrten. Es waren dann die entstehenden faschistischen Bewegungen, die dieses nationale und soziale Potential für sich gewinnen sollten, das sich von den alten Mächten emanzipieren, von den linken Massenbewegungen aber distanzieren wollte.

Aber auch die bürgerliche Jugend wurde von dem Ausbruch nationaler Leidenschaften und der politischen Mobilisierung und Radikalisierung während des Krieges und danach erfaßt. Hatte sie vor dem Krieg in ihrem romantischen Protest gegen die erstarrten Lebensformen der älteren Generation Freiräume für sich außerhalb von Politik und Gesellschaft gesucht, so drängte sie, nach dem Erlebnis von Krieg und Revolution, ihr jugendliches Verlangen nach Unbedingtheit und Selbstverwirklichung vorwiegend in jene politischen Bewegungen, deren Radikalismus selbst Produkt der politisch-sozialen Mobilisierung und Umbruchsituation war. Die für die jugendlichen Gesellungsformen charakteristischen Gruppen- und Fraktionsbildungen erhielten plötzlich eine politische Dimension. Nicht mehr in der Suche nach der blauen Blume sahen viele Anhänger des deutschen Wandervogels den Weg zu sich selbst, sondern in dem Bekenntnis zum völkischen Nationalismus oder zum revolutionären Sozialismus. Das jugendliche Verlangen nach der heroischen Tat des einzelnen und nach der Unterwerfung unter die bündische Solidarität der Gruppe oder einen charismatischen Führerjungen entsprach dem politischen Stil besonders der frühen faschistischen Bewegungen; zugleich mobilisierten diese wiederum ihre Begeisterungsfähigkeit. Altersstruktur wie Aktions- und Organisationsformen machten die faschistischen Bewegungen zu jugendlichen Bewegungen. Ihre Aggressivität und ihr Irrationalismus nährten sich zu einem großen Teil von der Rebellion einer jungen Generation, die nach Veränderung und neuer Orientierung suchte.

Der romantisch-irrationale Kulturpessimismus der Vorkriegszeit erfuhr durch den Krieg eine Zuspitzung. Ernst Jünger formulierte, was viele empfanden. Im Kampf hatte er das innere Wesen des Menschen »als geheimnisvolles Ungeheuer entdeckt« und den Krieg als »unwiderstehlichen Taumel« erfahren, der die »Massen berauscht« und alle äußeren Formen hinter sich läßt. Dieses Kriegserlebnis gab allen kulturpessimistischen Empfindungen nicht nur einen aktivistischen Zug, sondern sicherte ihnen auch eine Massengefolgschaft unter denen, die von der großen Bewegung und Unsicherheit der Zeitenwende erfaßt waren. Der heroische Nihilismus der konservativen Revolutionäre wie Jünger, Spengler und Moeller van den Bruck sollte mit der Krise von Demokratie und industrieller Gesellschaft immer mehr Resonanz finden und den Weg bereiten für den Gedanken einer zugleich nationalen und sozialen Diktatur, die sich vor allem durch ihre Antihaltung zu Liberalismus und Rationalismus, Parlamentarismus und Kapitalismus rechtfertigte.

Diese Vertrauenskrise der bürgerlich-liberalen Ordnung wurde durch den revolutionären Kommunismus verstärkt. Er war radikale Kampfansage sowohl an die bürgerliche Gesellschaft als auch an den sozialdemokratischen Reformismus, aber er besaß eine intellektuelle Verführungskraft für alle Kritiker der modernen Zivilisation. Die Erfahrung des Krieges und des Zusammenbruchs der Internationale hatten eine andere mächtige Ideenströmung des 19. Jahrhunderts, den Marxismus, zum leninistischen Kommunismus umgeformt. Aus den quälenden Erlebnissen des Krieges wuchs der Haß gegen die bürgerliche Gesellschaft schlechthin, die Rosa Luxemburg als »reißende Bestie«, als »Hexensabbat der Anarchie«, als »Pesthauch für Kultur und Menschheit« geißelte.[5] Aus der Absage an alle Formen der bürgerlichen und sozialistischen Reform wuchs die Hoffnung auf die große Revolution, die allein den Glauben an die Verheißung der marxistischen Lehre bewahren konnte.

Nichts kann die Polarisierung, die der Krieg auslöste, besser charakterisieren als die Gegensätzlichkeit dieser beiden politischen Menschenbilder, des nationalrevolutionären und des kommunistischen. Beide gaben ideologische Überzeichnungen einer ungleich vielschichtigeren Wirklichkeit aus der Erfahrung von Außenseitern der bürgerlichen Gesellschaft; die Umbrüche, die im Gefolge von Krieg und Revolution gekommen waren, machten sie zum Leitbild radikaler Massenbewegungen, von Kommunismus und Faschismus.

Die Existenz des bolschewistischen Rußland und seiner Drohung mit der Weltrevolution bedeutete für das Deutsche Reich Bedrohung und Stärkung zugleich. Einerseits bewahrten der revolutionäre Nachbar im Osten und mithin die Notwendigkeit starker internationaler Gegenkräfte das besiegte Deutschland vermutlich vor einer nationalen Zerstückelung und werteten seine Stellung im europäischen Staatensystem auf. Auf der anderen Seite belastete die auf Aufstand und Umsturz gerichtete politische Strategie der deutschen Kommunisten, deren Aufstieg von einer Sekte zur Massenbewegung mit der Unterwerfung unter den Willen Moskaus verbunden war, die politische Handlungsfähigkeit des demokratischen Sozialismus und mithin die Integrationskraft der jungen parlamentarischen Demokratie. Statt der Fähigkeit zu Kompromiß und Ausgleich wuchsen die zentrifugalen Kräfte und rechtfertigten ihre Radikalität mit der des Gegners.

So mischten sich in den Sieg der Demokratie am Ende des Krieges bereits die Elemente der Krise und des partiellen Scheiterns. Im Augenblick des größten Triumphes der parlamentarischen Demokratie formierten sich ihre unerbittlichsten Gegner und verstärkten die ohnehin nicht geringen Belastungen, die durch Krieg, gesellschaftlichen Wandel und politische Nationalisierung auf die Nachkriegsordnung kamen.

Zunächst sah es so aus, als sei die liberale Demokratie der wahre Sieger des Krieges. Überall in den alten und neuen Staaten Europas

Wahlpropaganda der Deutschen Volkspartei für die Wahlen zur Nationalversammlung am 19. Januar 1919

entstanden oder festigten sich politische Verfassungen, die dem Verlangen aller Schichten und Gruppen der Bevölkerung nach politischer Mitsprache gerecht zu werden suchten und durch den Ausbau demokratischer Institutionen bis in den sozialen Bereich hinein ihren Wirkungsbereich vertieften. Die Botschaft von Präsident Wilson schien erhört, die amerikanische Intervention in den Krieg gerechtfertigt. »Der Militarismus ist geschwächt, die Demokratie hat die letzte und schrecklichste Prüfung bestanden und triumphiert jetzt in der ganzen Welt, und so werden die unermeßlichen Opfer nicht umsonst gewesen sein.«[6] Nicht viel anders als Giovanni Giolitti, der diese Hoffnung im November 1918 einem Vertrauten gegenüber äußerte, dachten und sprachen die anderen Staatsmänner der siegreichen Mächte.

Neben Sozialismus und Nationalismus hatte der Krieg auch der Demokratie zum Durchbruch verholfen. Es vergingen jedoch kaum fünfzehn Jahre, bis sich die Zahl der demokratischen Staaten in Europa dramatisch verringert hatte. Nur die alten Demokratien in West- und Nordeuropa haben sich in der großen Krise im wesentlichen gegen die totalitäre Versuchung behauptet. In Ostmittel- und Südosteuropa hatte sich ein Netz von »kleinen Diktatoren« entwickelt, in Italien war das liberale System schon in der unmittelbaren Nachkriegskrise zusammengebrochen und schrittweise in ein faschistisches Regime verwandelt worden. In Deutschland hatte die junge Republik zwar der ersten revolutionären Welle und dem dramatischen Krisenjahr 1923 widerstanden, aber in der nächsten großen Krise hatte es zunächst einem autoritären und schließlich einem faschistisch-totalitären Regime Platz gemacht. Der 30. Januar 1933 gehört insofern in den gemein-europäischen Zusammenhang der Krise der Demokratie und ihrer teilweisen Verwandlung in autoritäre oder faschistische Diktaturen. Doch weist er andererseits über diese Epochentendenz hinaus und hat seine Gründe auch in der deutschen Geschichte allein.

Zusammengebrochen waren die jungen parlamentarischen

Wahlpropaganda der USPD zu den preußischen Landtagswahlen am 20. Februar 1921

Die Wahlen vom 19. Januar 1919 hatten »ein Wunder« gebracht: 76 Prozent aller Stimmberechtigten hatten sich in der Atmosphäre von Niederlage, Revolution und Bürgerkrieg zu den Parteien der demokratischen Republik bekannt. Anderthalb Jahre später kam mit den Wahlen vom 6. Juni 1920 der schwarze Tag: die demokratische Koalition sank auf ganze 43 Prozent, während die linken und rechten Flügelparteien zusammen auf 47 Prozent kamen. Die Republik hatte keine Mehrheit mehr.

Demokratien meist unter dem Druck der nationalen und der sozialen Frage, die oft gleichzeitig und eng miteinander verwoben auf dem neuen Verfassungssystem lasteten. Wo die Errichtung einer neuen europäischen Staatenordnung die Ziehung neuer Grenzen erforderte, geschah das nicht gemäß dem von Wilson emphatisch verkündeten Prinzip der Selbstbestimmung; die traditionellen und fast unlösbaren Grenz- und Minderheitenkonflikte waren nach der Friedensordnung nicht beseitigt, sondern eher zugespitzt. Schlimmer noch, es zeigte sich, daß gerade der demokratische Gedanke der Selbstbestimmung auch als Mittel zur Verschärfung und Rechtfertigung der Nationalitätenkämpfe und Revisionsansprüche taugte.

Auch der durch den Krieg gewaltig beförderte gesellschaftliche Wandel stellte die parlamentarische Demokratie vor schwere Belastungsproben. Denn mit der Ausdehnung der Demokratie gewannen die sich verschärfenden sozialen und politischen Strukturprobleme im Parlament und in einer mobilisierten Öffentlichkeit einen weiteren Aktionsraum und damit eine neue politische Qualität. Die veränderten Bedingungen der Massengesellschaft und des politischen Massenmarktes stellten neben die herkömmlichen Formen des liberal-demokratischen Meinungsbildungs- und Entscheidungsprozesses ganz neue Techniken der Meinungsbildung.

Politik war nicht länger nur das Geschäft einer politischen Klasse, sondern mit der gesellschaftlichen Mobilisierung drängten immer mehr Gruppen in die politischen Arenen. Ein Ausdruck dieses Wandels war die Einführung des allgemeinen Wahlrechts auch für Frauen.

Die parlamentarische Demokratie sah sich mehr denn je gezwungen, die in Bewegung geratene Gesellschaft zu integrieren und ihre Existenz zu legitimieren. Dies verlangte neue Techniken der politischen Organisation und Propaganda. Sollten sozialer Friede und Ausgleich gesichert und die wachsenden Ansprüche auf Daseinsvorsorge befriedigt werden, mußten die staatlich-politischen Entscheidungen in die Sphäre von Wirtschaft und Gesellschaft hinein ausgeweitet werden. Institutionell fand dieser Prozeß des Ausgleichs und der Reform Ausdruck im Ausbau der Rechtsstaatlichkeit und des Sozialstaates wie in der Anerkennung konkurrierender gesellschaftlicher Interessengruppen im politischen Entscheidungsprozeß, außerdem in sozialen Verbesserungen und Garantien wie dem Achtstundentag, der Arbeitslosenunterstützung, dem Streikrecht und der Tarifautonomie. All das stärkte Macht und Einfluß vor allem der Gewerkschaften, so daß die alten konservativen Führungsmächte versucht waren, das parlamentarische System mit Sozialstaat und Gewerkschaftsmacht zu identifizieren.

Für den parlamentarischen Entscheidungsprozeß bedeutete dies aber umgekehrt, daß sich in einer zunehmend pluralistischen Gesellschaft die Mehrheitsbildungen immer schwieriger gestalteten und sich dort, wo die politische Mentalität weiter Bevölkerungsgruppen noch an autoritären Entscheidungsstrukturen orientiert war, einer verwirrten Öffentlichkeit lediglich als Parteiengezänk darstellten. Konfrontierten gesellschaftlicher Wandel und Veränderung der überlieferten Sinn- und Funktionszusammenhänge von Staat und Politik auch schon die alten Demokratien mit neuen Spannungen und Anpassungsschwierigkeiten, so galt das um so stärker für die jungen Demokratien.

Doch auch dort, wo schließlich autoritäre oder faschistisch-totalitäre Diktaturen die Oberhand behielten, ließ sich das Rad der Geschichte nicht ganz zurückdrehen, auf die Teilhabe der Massen am Staat ließ sich nicht verzichten.

Der nationalsozialistische Totalitarismus war ein Kind der Politisierung und Nationalisierung dieser Massen und versprach eine Antwort auf das Verlangen nach Einheit und Identität, das das parlamentarische System nicht mehr befriedigen konnte. Nicht durch Zwang allein wurde diese fiktive Einheit hergestellt, sondern durch ideologische Verführung und politische Gewalt. Das unterschied faschistische Regime wie auch kommunistische von älteren Formen der Zwangsherrschaft und charakterisierte ihr ambivalentes Verhältnis zur Demokratie: sie entstanden auf dem Boden der Demokratie und zerstörten diese, indem sie sich ihrer Rhetorik bedienten, ihren freiheitssichernden Kern aber, nämlich Kontrolle und Pluralität, zerstörten. Die Krise der europäischen Demokratien in der Zwischenkriegszeit ist und bleibt ein Lehrstück für die Gefährdungen der Demokratie.

Ein Produkt dieser Krise war das Entstehen faschistischer Bewegungen fast überall in Europa. Begonnen hatten sie meist als kleine Grüppchen, zunächst noch unbeachtet von der politischen Öffentlichkeit in Hinterzimmern und kleinen Sälen. Manche dieser Protestbewegungen sollten nie über das frühe Stadium der Sekte und der in sich zerstrittenen Kampfbewegung hinauskommen. Aufmerksamkeit erregten die frühen Faschisten weniger durch ihre Programme, die ebenso verschwommen wie vielgesichtig waren, als vielmehr durch ihre politischen Aktionen. Politische Gewalt und hemmungslose Propaganda kennzeichneten von Anfang an ihren Weg in die nationale Politik. Überragende Rhetorik und Taktik, propagandistische Unbedingtheit und der Nimbus des Erfolgs wie der Unentbehrlichkeit waren die Qualitäten, die den künftigen faschisti-

schen Führergestalten, Mussolini ebenso wie Hitler, Respekt innerhalb ihrer bunt zusammengewürfelten Splittergruppen von politisch heimatlosen Aktivisten und Resonanz in einer von Spannungen, Ängsten und Erlösungserwartungen bestimmten Öffentlichkeit verschafften. Die Vieldeutigkeit ihres Auftretens entsprach der
Übergangs- und Krisensituation der Nachkriegsjahre. Im italienischen Faschismus wie im deutschen Nationalsozialismus, aber auch
in den anderen, weniger erfolgreichen faschistischen Kampfbünden
im Europa der Zwischenkriegszeit, verbanden sich konservative und
revolutionäre Tendenzen. Ihre Führer waren Traditionalisten und
Revoluzzer zugleich. Ihre Parteiarmeen probten den Bürgerkrieg,
während ihre Führer sich gleichzeitig als Retter der Gesellschaft ausgaben.

Mussolinis »fascio di combattimento«, Keimzelle des italienischen Faschismus, und die Deutsche Arbeiterpartei, Keim der
NSDAP, waren unabhängig voneinander, doch beinahe zur selben
Zeit 1919 in Mailand bzw. in München entstanden. Mussolini gelang
bereits 1922 der Griff nach der Macht, Hitler dagegen mußte mehr
als ein Jahrzehnt darauf warten. Doch in dieser Zeit sollte es ihm
gelingen, die NSDAP von einem lockeren Bündnis personenorien-
tierter Gruppen in eine Führerpartei zu verwandeln, während
Mussolini schon nach drei Jahren zwar die Regierungsgewalt übernommen, nicht aber eine geschlossene, auf ihn eingeschworene
Bewegung hinter sich hatte. Dies kann eine Erklärung sein für die
paradoxe historische Tatsache, daß der italienische Faschismus in
seiner Bewegungsphase eine größere Radikalität und politische
Gewalttätigkeit entwickelte als der deutsche Nationalsozialismus,
daß sich aber die Dinge während der Regimephase genau umgekehrt verhielten. Während der faschistische Staat Mussolinis eher
einem autoritären Polizeistaat und einer persönlichen Diktatur
glich, in der weder die faschistische Partei insgesamt und noch weniger ihr einst so mächtiger extremistischer Flügel über einen besonderen Einfluß verfügten, entwickelte sich das Dritte Reich zu einer
totalitären Führerdiktatur, in der die Durchsetzung des faschistischen Vernichtungswillens mit der Verselbständigung der Partei
gegenüber ihren konservativen Bündnispartnern wuchs.

Die unterschiedliche Stärke und Wirkungskraft der beiden
Faschismen läßt sich nicht mehr aus generalisierender, sondern
allein aus nationalgeschichtlicher Sicht erklären. Dies gilt vor allem
für die Frage, warum gerade in Deutschland eine faschistische
Bewegung die Macht erobern und diese in einer bis dahin unvor-
stellbaren Radikalität und Brutalität durchsetzen und bis in die militärische Niederlage hinein behaupten konnte.

2. Deutschland – das klassische Land der Ungleichzeitigkeit

Nicht die Krise der parlamentarischen Demokratie noch der Aufstieg der nationalsozialistischen Protestbewegung waren im Europa der zwanziger und frühen dreißiger Jahre ungewöhnlich, wohl aber die Tatsache, daß eine faschistische Bewegung in einem kulturell und technisch-administrativ hoch entwickelten Land einen solchen Einfluß und schließlich auch die Macht gewinnen konnte. Völlig präzedenzlos waren aber vor allem die rasche Befestigung und Monopolisierung der Macht durch die Nationalsozialisten und die Radikalität und Vernichtungspraxis von Hitlers Herrschaft.

Weder ein Katalog von vergleichbaren nationalistischen Zeugnissen aus den europäischen Nachbarländern noch der Verweis auf das Scheitern der parlamentarischen Demokratie in Ostmittel- und Südeuropa können die Wirkungs- und Zerstörungskraft des deutschen Nationalsozialismus hinreichend erklären. Sie erhellen nur um so drastischer das Einzigartige an Aufstieg und Herrschaft des Nationalsozialismus.

Die Ursachen dieser spezifisch deutschen Radikalität liegen in der politischen und gesellschaftlichen Entwicklung der deutschen Staaten seit dem 19. Jahrhundert. Es waren die Verwerfungen und Brüche der deutschen Geschichte im Zeitalter des Nationalstaates, die die Widerstandskräfte im Deutschland der Zwischenkriegszeit gegen die autoritäre und faschistische Versuchung schwächten und schneller erlahmen ließen als in anderen europäischen Ländern.

Gab es tatsächlich einen deutschen Sonderweg, der unmittelbar oder auf Umwegen in das »Dritte Reich« führte? Die Sonderwegsformel taucht immer wieder auf, wenn es um Entstehung und Aufstieg des Nationalsozialismus und des »Dritten Reichs« geht. Dabei hatte der Hinweis auf die besondere deutsche, von der westlichen Zivilisation scharf abgegrenzte Entwicklung bis 1945 meist einen positiven Akzent, bis er dann später, in das Gegenteil verkehrt, eine plausible Erklärung für die Irrwege deutscher Geschichte abgab. Sicherlich wird heute niemand mehr ernsthaft die deutsche Geschichte als eine einzige Verfehlung deuten wollen. Dagegen sprechen die Einsicht in die grundsätzliche Offenheit jeder historischen Situation und die Erfahrung, daß die deutsche Geschichte mittlerweile auch über Hitler hinausgegangen ist und andere Erbschaften an Wirkungsmacht gewonnen haben, die in der demokratischen und rechtsstaatlichen Tradition deutscher Geschichte verwurzelt sind. Auch muß jede Sonderwegsformel erst das Säurebad eines interkulturellen Vergleichs bestehen. Denn deren Verfechter neigen nicht nur zur Verengung von Geschichte, indem sie diese ausschließlich von einem Endpunkt, in diesem Falle vom Jahr 1933 her sehen, sondern indem sie den Blick auch ausschließlich auf die nationale Entwicklung richten.

Und dennoch muß man die Frage nach einem deutschen Sonderweg im Zusammenhang mit dem Nationalsozialismus immer wieder stellen. Dies liegt in der Ungeheuerlichkeit der Vorgänge selbst

Essenausgabe in einer Berliner Wärmehalle, 1920

»Im Felde unbesiegt« glaubte das Feldheer in die Heimat zurückmarschiert zu sein, nicht selten empfangen wie nach einem siegreichen Krieg. Das Elend der Nachkriegszeit machte nun die Helden von Tannenberg, Verdun und Flandern zu Arbeits- und oft genug zu Obdachlosen. Statt des Eisernen Kreuzes wurde ihnen der Blechnapf in die Hand gedrückt, damit sie in Notküchen ein wenig warme Suppe in Empfang nehmen konnten.

begründet, auch wenn die Geschichte unseres Jahrhunderts noch andere Beispiele ideologisch motivierter Massenverbrechen kennt. Wenn vom Sonderweg die Rede ist, pflegt man von einem Defizit an Demokratie in Deutschland zu sprechen. Aber Deutschland hat im 19. Jahrhundert hinsichtlich seiner ökonomischen und sozialen Strukturen, seiner Rechtsstaatlichkeit, seiner kulturellen Tradition und bürgerlichen Mentalität den Vergleich mit England und Frankreich nicht zu scheuen; ganz sicherlich waren die deutschen Dinge mit Westeuropa weit eher vergleichbar als mit den weniger entwickelten Ländern Ost- und Südeuropas. Im Gegensatz zu den baltischen Staaten, zu Polen, Jugoslawien, Rumänien, Spanien und Portugal, in denen das parlamentarisch-liberale System schon bald einem autoritären Regime wich, und auch im Unterschied zu Italien, dessen politische Nachkriegskrise gar einer faschistischen Herrschaft Raum gab, schien Deutschland durchaus eine tragfähige Grundlage für eine lebensfähige parlamentarische Demokratie zu besitzen. Denn wenn es sich tatsächlich so verhält, daß die Entfaltung einer industriellen Gesellschaft wie eines breiten Besitz- und Bildungsbürgertums eine unverzichtbare Voraussetzung für parlamentarische und demokratische Verfassungsformen darstellt, dann war Deutschland zumindest in dieser Hinsicht England und Frankreich ebenbürtig. Das Prinzip der Rechtsstaatlichkeit war in der Tradition des preußisch-deutschen Staates fest verwurzelt und hatte dann mit dem Konstitutionalismus des 19. Jahrhunderts eine verfassungsmäßige Absicherung erhalten. Dieser Konstitutionalismus, die parlamentarische Begrenzung und Kontrolle der monarchischen Regierungsgewalt also, war zwar im Unterschied zu den süddeutschen Staaten in Preußen nur mit Verzögerungen und unter heftigen Konflikten eingeführt worden, aber mit Reichsgründung und Reichsverfassung schien der Verfassungsstaat endgültig etabliert. Schließlich konnte er sich auf das allgemeine gleiche und geheime Wahlrecht stützen, das anderswo noch keineswegs durchgesetzt war. Das Kaiserreich entwickelte sich im Laufe der Jahrzehnte zu einer im ganzen bürgerlichen und modernen Gesellschaft, ohne freilich den Charakter eines Obrigkeitsstaates aufzugeben. Denn der preußische Militär- und Beamtenstaat, gestützt auf die Vormachtstellung des preußischen Monarchen über die anderen Souveräne und legitimiert durch den Reichsgründungsakt »von oben«, blieb eine mächtige Bastion der alten gesellschaftlichen Mächte und ein Hindernis auf dem Wege zu einer wirklichen Parlamentarisierung und Austarierung des Obrigkeitsstaates. In dieser zwiespältigen Verfassungsordnung des Bismarckreiches lag eine Ursache für die Spannungen und Verwerfungen des preußisch-deutschen Nationalstaates.

Mit der industriellen Revolution setzten sich aber neue Lebensformen und gesellschaftliche Bewegungen durch, die mit keiner restaurativen Beharrungskonzeption zu bremsen waren. Im traditionellen Gehäuse des monarchischen Obrigkeitsstaates regte sich eine unruhige industrielle Massengesellschaft, entstanden Massenbewegungen und Strömungen, die die politische Kultur des Reiches noch mehr zerklüfteten. Es waren Entwicklungen, die, denen westlicher Staaten durchaus verwandt, diesen zum Teil vorangeeilt waren. Der rapide Fortschritt der Industriegesellschaft löste alte Unterschiede und Vorrechte auf, schuf neuen Reichtum, neue Ansprüche und neue Konflikte. Mit dem Durchbruch industrieller Lebensformen wuchsen die egalisierenden Tendenzen, im materiellen wie im gesellschaftlichen und kulturellen Bereich. Es wuchsen die Vielfalt der Interessen wie die Gegensätze zwischen monarchischem Obrigkeitsstaat und gesellschaftlich-wirtschaftlichem Zustand des Reiches.

Das brachte neue Herausforderungen an den Militär- und Beamtenstaat, der sich nun mit der Tradition Preußens allein nicht mehr rechtfertigen konnte. Doch die neue Legitimität suchte und fand er nicht im Parlament, sondern in einer unvorhergesehenen Fähigkeit zur sozialen Friedenssicherung und politischen Massenmobilisierung. Das bedeutete staatliche Sozialpolitik auf der einen, Stärkung und Steuerung plebiszitärer Tendenzen auf der anderen Seite. Im Deutschen Reich blieb das plebiszitäre Element zwar eine Unterströmung der politischen Kultur, aber es überlagerte die liberaldemokratischen Impulse der bürgerlichen Emanzipationsbewegung. Die schrillen Agitationsformen eines populären »Bismarck-, Kaiser- und Reichs-Nationalismus« und schließlich auch imperialistischer Sendungsideologien drängten die bürgerlich-liberale Nationalbewegung in die politische Minderheit.

Die Nationalisierung der Massen war zwar ein Grundmuster europäischer Politik, doch nirgends vollzog sie sich unter solchen Spannungslagen und Brüchen wie im »ruhelosen Reich« (Stürmer). Nicht die Wendung des deutschen Neubürgertums gegen Revolution und Sozialismus und hin zum neuen Nationalismus ist das Ungewöhnliche, sondern das hohe Maß an Ungleichzeitigkeit und Sonderbewußtsein der Gesellschaft des Kaiserreichs.

Keine andere europäische Nation hat den Durchbruch der Moderne so rasch und gründlich erlebt wie das Deutsche Reich. Innerhalb einer Generation standen die Grundprobleme der modernen Geschichte Europas auf der politischen Tagesordnung. Nationalstaatsbildung, Verfassungsfrage, soziale Frage und die Entfaltung eines imperialen Machtstaates fielen zeitlich fast zusammen. Während diese Vorgänge in England und Frankreich einander folgten und das Werk mehrerer Generationen waren, führte ihre Bündelung in Deutschland zu einer verhängnisvollen Gleichzeitigkeit der Probleme. Die verspätete Nation erlebte einen rasanten Durchbruch industrieller Lebensformen, ohne daß eine stabile liberal-demokratische politische Kultur und Verfassungsordnung die vielfachen Emanzipationsbestrebungen aufsteigender sozialer Gruppen auffangen konnte. Das führte zu einer Überlagerung hochmoderner und uralter Strukturen und Einstellungen. Aus der Gleichzeitigkeit der Probleme folgte eine Ungleichzeitigkeit von Politik und Gesellschaft, die durch die Dynamik der Entwicklung weiter verschärft wurde.

Das Zusammenfallen der verspäteten, aber erfolgreichen Reichsgründung mit einer relativ späten, aber um so dynamischeren industriellen Entwicklung stärkte die Militär- und Industriemacht Preußen und seine traditionellen vormodernen Führungsgruppen. Denn der autoritäre Modernisierungsstaat hatte nicht nur auf den Schlachtfeldern den Traum der Einheit verwirklicht, sondern durch Reform von oben jene Veränderungen ermöglicht und initiiert, die allmählich als Industrialisierungsprozeß begriffen wurden. Das hatte seine Schwungkraft bei der deutschen Einigung und seine Attraktivität für ein auf die nationale Einheit und den wirtschaftlichen Fortschritt hoffendes Bürgertum erhöht, ohne daß die Bastionen der traditionellen, vormodernen Machtgruppen geschleift werden mußten. So lebte man schon in einer technisch-industriellen Welt, während die politischen und sozialen Lebensformen und Mentalitäten noch vom monarchischen Obrigkeitsstaat und seinen feudalen Führungsgruppen bestimmt wurden. Überkommene Einstellungen und Verhaltensformen haben ja oft eine zählebigere Existenz als die sprunghaften Entwicklungen auf dem Felde von Technik und Wirtschaft.

So bot das Reich in den Jahrzehnten vor dem Weltkrieg zwei Ansichten: von außen die Prachtentfaltung eines Militärstaates mit einer Kriegerkaste als einem gesellschaftlichen Fixstern, von innen die dynamische Industriewirtschaft der Hochöfen und des Millionenheers der Industriearbeiterschaft. Je mächtiger die Emanzipationsbewegung des »Vierten Standes« wurde, desto enger lehnte sich das Bürgertum an den identitätsstiftenden Militär- und Beamtenstaat an. Der »General Dr. von Staat« wurde, wie es Thomas Mann nannte, zum Leitbild der bürgerlichen Gesellschaft des deutschen Kaiserreichs. Denn die Verfassung des neuen Reiches gründete nicht in der Idee des mündigen Bürgers, sondern im Kaiser-und Reichs-Nationalismus wilhelminischer Prägung. Der Eintritt der deutschen Gesellschaft in das politische Verfassungs- und Massenzeitalter vollzog sich nicht unter den Auspizien eines bürgerlichen Liberalismus, sondern eines neuen autoritären und plebiszitären Nationalismus. Auf der Suche nach neuer Identität fand eine in Bewegung geratene Gesellschaft ihren Halt nicht in christlich-humanistischen oder liberal-demokratischen Leitbildern, sondern in der Idee eines nationalen Machtstaates.

Die Ambivalenz ist das Merkmal jeder historischen Umbruchszeit; sie prägt das gesamte europäische 19. Jahrhundert. Doch nirgends waren diese Doppelgesichtigkeiten und Doppeldeutigkeiten so ausgebildet wie in dem jungen feudalen Industriestaat unter dem preußischen Adlerhelm. Er hatte mit einem Bein zu einem gewaltigen Sprung in die technisch-industrielle Welt angesetzt, doch mit dem anderen verharrte er noch im Gestern. »Nicht alle sind im selben Jetzt da. Sie sind es nur äußerlich, dadurch, daß sie heute zu sehen sind. Damit leben sie noch nicht mit den anderen zugleich.« Ernst Bloch hat schon früh in der Ungleichzeitigkeit der deutschen Gesellschaft die Ursache von Hitlers Erfolgen gesehen und Deutschland als das klassische Land der Ungleichzeitigkeit bezeichnet, »das ist der unüberwundene Rest älteren ökonomischen Seins und Bewußtseins«.[7]

Die Spannungslagen dieser Ungleichzeitigkeiten und die Schärfe der Modernisierungskrise verstärkten das Bewußtsein von einer deutschen Sonderstellung. Weniger in der politischen Realität als im politisch-sozialen Bewußtsein kam der deutsche Sonderweg zum Ausdruck. Aber auch Ideologien sind historische Realitäten. Seine Wurzeln hatte dieses Sonderbewußtsein im Zeitalter der Befreiungskriege, in der deutschen politischen Romantik, die einen anderen Weg suchte als den der Französischen Revolution und Zivilisation.

Die Abgrenzung zur westlichen Staats- und Geschichtsphilosophie begann, als aus der schönen die häßliche Revolution wurde, die sich mit Terror und kriegerischer Expansion verband. Diese Ablösung von der westeuropäischen Entwicklung verstärkte sich dann ein halbes Jahrhundert später mit dem Scheitern der bürgerlich-liberalen Revolution von 1848. Im bürgerlichen Geschichtsbewußtsein herrschte von nun an die Vorstellung, jede Nation habe das »Recht« und die »Pflicht«, »sich nach eigentümlicher Anlage zu selbständigem, anderen Völkern gleichberechtigtem Leben heraufzuarbeiten«.[8] In dem Maße, in dem die liberale Bewegung in den Bann von Realpolitik und außenpolitisch orientierten Einheitskonzeptionen geriet, wandelte sich endgültig das weltbürgerliche, liberale zum nationalen, etatistischen Denken. Große Teile des Bürgertums waren bereit, sich als Preis für die nationale Einheit mit dem monarchisch-konstitutionellen System und der Vorherrschaft der traditionellen Führungsgruppen aus Bürokratie, Armee und Adel einstweilen abzufinden. So konnte es nicht ausbleiben, daß sich das Bürgertum schließlich auch dem sozialen Stil der militärischen Aristokratie und hohen Bürokratie anpaßte und sich immer mehr dem nationalen Machtstaatsdenken öffnete. Der Erfolg sprach für das Reich Bismarcks und Wilhelms II., warum sollte sich hier nicht ein politischer Weg bestätigen, der auch die neuen brennenden Fragen der Zeit ebenso lösen konnte wie die parlamentarischen Regierungssysteme in Westeuropa? Was ehedem als Zurückgebliebenheit galt, wurde nun zum Vorzug stilisiert. Im Kaiserreich erfüllte sich der deutsche Weg, davon waren die bürgerlichen Zeitgenossen überzeugt.

Man gab sich stolz und zufrieden. Historiker und Staatsrechtler stellten das monarchisch-konstitutionelle System als die angemessene Lösung dar, die sowohl den außenpolitischen Bedürfnissen des jungen Reiches wie seinem Mangel an innerer Einheit und Geschlossenheit am besten gerecht werde. Doch in der scheinbaren Selbstgewißheit und Überheblichkeit, mit der das Wilhelminische Deutschland die »deutsche Sendung« proklamierte, steckte immer eine defensive Komponente.

Denn es blieb die Angst vor einer »destruction totale«. Ein Krieg könne, so ging die Sorge, die nationale Einigung wieder rückgängig machen, und die »Reichsfeinde« im Inneren drohten die besondere Konstruktion des Konstitutionalismus zu zerstören. Das Bewußtsein von der gefährdeten Mittellage steigerte sich mit der Veränderung der außenpolitischen Konstellation seit den neunziger Jahren zur großen Angst, man sei überall von Feinden umstellt.

Je größer die äußeren Bedrohungen und inneren Spannungslagen, um so entschiedener beschworen die Sinnstifter des bürgerlichen Jahrhunderts, Gelehrte und Publizisten, den besonderen deutschen Weg. Die Angst vor einem Rückfall in einen Zustand der Schwäche und Machtlosigkeit bestimmte den trotzigen Chor derer, die den deutschen Weg zu einer deutschen Mission verklärten. Das Sonderbewußtsein weitete sich zu einer politischen Ideologie aus, die die Spannungen und Ungleichzeitigkeiten des »ruhelosen Reiches« überdecken sollte.

Grundlage dieser Ängste und Verdrängungen wurde ein Nationalismus, der sich immer mehr aus der Verbindung zu Liberalismus und Aufklärung löste und sich aus der entschiedenen Abkehr von aller westlichen Zivilisation rechtfertigte. Die Sorge um die Behauptung der Macht verdrängte die politischen Werte der Offenheit und Toleranz. Ein vehementer Illiberalismus schnürte die politische Kultur des Wilhelminischen Deutschlands ein.

Nicht Verfassungs- und Wohlfahrtsstaat, sondern Machtstaat sollte der deutsche Staat nach Meinung seiner Denker und Dichter nun sein. Der Staat galt ihnen als Zweck an sich, als Hort deutscher Gemeinschaft. Die Geschlossenheit dieser Gemeinschaft als Gegenbild zur liberalen westlichen Auffassung von Gesellschaft, das war der Kern des »deutschen Gedankens«. Kein Festredner und Stammtischpolitiker, der von der deutschen Sendung nicht überzeugt war. »Wir müssen immer deutscher werden«, forderten die radikalen Künder dieser nationalistisch-völkischen Sendungsideologie, wie der Göttinger Orientalist Paul Bötticher, der sich Paul de Lagarde nannte, und Julius Langbehn, Autor des Erfolgsbuches »Rembrandt als Erzieher«. Das bedeutete Reinigung des Deutschtums von allen fremden Einflüssen, von westlicher Aufklärung und demokratischer Gleichmacherei, von allen modernistischen Verflachungen in Staat und Gesellschaft, von allen jüdischen Einflüssen selbst in der Religion. Um die innere Geschlossenheit und äußere Stärke der deutschen Nation sorgte sich Lagarde und forderte darum die Verwandlung des Reiches in eine religiöse Gemeinschaft und die Ansiedlung deutscher Bettler und Bauern in Rußland. Das mußte allerdings, um der deutschen Mission und Übervölkerung willen, »einige fünfzig Meilen nach Mittelasien« verschoben werden.[9]

Langbehns Revolte gegen die Moderne war noch radikaler, aber scheinbar so unpolitisch wie die meisten seiner Leser. Um die Hebung der deutschen Kunst ging es ihm, aber das setzte die Hebung des deutschen Volkstums voraus. Die völkische Wiedergeburt konnte nur das Werk eines großen Führers und der Reinigung von den eigentlichen Ursachen deutschen Niedergangs sein, den Juden und ihren natürlichen Brüdern, den Intellektuellen. Denn der Rassencharakter bestimmte den Gang der Geschichte, und die Macht des Blutes hatte eine größere Kraft als das Prinzip der Nation, die nur Menschenschöpfung war. Langbehn entwickelte keine Rassenlehre im umfassenden Sinne, das war ihm vermutlich zu »wissenschaftlich«. Doch er war davon überzeugt, »daß über Deutsche ... nur deutsches Blut herrschen dürfe: das ist das erste und wichtigste unserer Volksrechte«. Und er schloß seinen Bestseller mit der unheilverkündenden Vorhersage: »Die Juden sind für uns nur eine vorübergehende Pest und Cholera.«[10]

Hier waren alle völkisch-nationalistischen Stimmungen und Argumente vereint und vorweggenommen. Doch waren Lagarde, Langbehn und die vielen anderen völkisch-rassischen Kulturpessimisten von der wenige Jahrzehnte später kommenden Massenpsychose und -propaganda der Nationalsozialisten noch um einiges entfernt. Ihre Kritik war eine elitäre Kulturkritik, und sie war grundiert von einer bürgerlich-humanitären Grundstimmung. Noch dachte man nicht in den Dimensionen von Massenbewegungen und -organisationen; das waren ja gerade Merkmale eines industriellen Zeitalters, das es zu bekämpfen galt. Was aber einmal gedacht war, konnte sich weiterentwickeln. Immerhin waren manche moralischen Hemmschwellen schon überschritten. Aber erst als Krieg und Massenmobilisierung das bürgerliche Zeitalter erschütterten, brachen die Dämme.

Auch als das neue Reich ins Mannesalter gekommen war, blieben die Angst um seinen Bestand und der Zwang zur Konformität. Denn zu den alten politischen Ängsten kamen neue Unsicherheiten. Ihre Ursachen waren verwirrender und vielgestaltiger. Unverkennbar wurde der rasante soziale und ökonomische Wandel, und um ihn ging es auch in Gestalt der bedrohlich wachsenden Arbeiterbewegung, die sich freilich revolutionärer gab, als sie es tatsächlich war.

Die verhängnisvolle Gleichzeitigkeit von innerer Konsolidierung der verspäteten Nation und einem unvorhergesehenen Durchbruch zur industriellen Gesellschaft verstärkte das Verlangen nach Abwehr und Geschlossenheit. Der Kampf gegen die »Reichsfeinde«, vor allem die Sozialdemokratie, diente auch der Machterhaltung der alten Eliten. Doch die Furcht vor rascher Veränderung und der Wunsch nach nationaler Solidarität mußten nicht erst durch geschickte Manipulationstechniken geweckt werden, sie hatten sich schon längst des bürgerlichen Mittelstandes bemächtigt und diesen immer mehr den westlich-aufklärerischen Prinzipien von Liberalismus und politischer Toleranz entfremdet. Abweichende Meinungen und Minderheitenpositionen gerieten in den Verdacht der Zersetzung und Zerstörung. Nationaler Zusammenhalt hatte in der politischen Werteskala allemal den Vorrang vor Freiheit und Meinungsvielfalt. »Ein Verständnis von Politik wurde erkennbar, das zwischen hochstilisierter Staatsidee und machtpolitischer Praxis für eine handhabbare politische Alltagsmoral nur Geringschätzung kannte.«[11]

Wer so dachte, den mußten die militärische Niederlage und der Zusammenbruch des Kaiserreichs 1918 in schwere Bewußtseinskrisen stürzen.

Die nationalen Frustrationen über die Niederlage und ihre politischen und wirtschaftlichen Folgen verwandelten die Sonderwegsthese von einer Rechtfertigungsideologie des Kaiserreichs in eine »Anti-Ideologie zu Weimar«.[12] Der besondere deutsche Weg wurde zum Kristallisationspunkt aller illiberalen und antidemokratischen Elemente und Vorstellungen, ohne daß man sich klar darüber war, wohin denn der deutsche Weg eigentlich weiterführen solle. Entscheidend war, daß er den Blick für die Wirklichkeiten der Zeit verstellte und schließlich den Nationalsozialisten die Bühne bereitete, auf der sie agitierten und in deren Kulissen sie ihre wahren Absichten verbargen.

Verbunden mit der Wendung gegen alles Westliche war meist ein heftiger Antisemitismus. »Die Juden« wurden, auch wenn sie aus dem Osten kamen, mit der westlichen Zivilisation identifiziert, denn Aufklärung und Demokratie waren ja tatsächlich die Bedingungen ihrer schrittweisen Gleichberechtigung gewesen.

Die Emanzipation hatte ihnen aber nicht nur die Chance des sozialen Aufstiegs und der politischen Partizipation geboten, sie verlieh auch dem traditionellen Judenhaß neue Sprengkraft. Mit der Einebnung alter Dämme wurde auch längst Zurückgedrängtes freigesetzt, das sich nun, ganz im Geschmack der Zeit, pseudowissenschaftlich verkleidete und sich des historischen Beweises zu bedienen suchte. Darunter steckten die alten Irrationalismen und schauerlichen Legenden. Doch sie waren nun verbunden mit den neuen säkularen Massenbewegungen und -ängsten, mit Nationalismus und Antikapitalismus. Sie unterstellten den Juden jene imperialen Absichten, vor denen man sich fürchtete oder die man selbst insgeheim hegte, nämlich die Beherrschung der Welt. Je größer das Unbehagen am gesellschaftlichen und kulturellen Wandel wurde, um so stärker wurde das Verlangen, alle Dissonanzen des Fortschritts einem Sündenbock aufzuladen, den man schon immer in Verdacht gehabt hatte. Ganz neu aber war, daß sich diese Ängste politisch mobilisieren und manipulieren ließen.

Ausgeprägt und massenwirksam waren diese Ängste und Reaktionen vor allem dort, wo erst der Durchbruch und dann die Anpassungskrisen der Moderne besonders rasch und heftig verliefen. Das gilt vor allem für verspätete Nationen mit ihren gesellschaftlich-politischen Ungleichzeitigkeiten und nationalen Unsicherheiten. Dazu gehörten der feudale Industriestaat Deutschland und das von Minderheiten- und Nationalitätenproblemen zusätzlich belastete Österreich-Ungarn. Wie in einem Brennglas trafen sich in der Hauptstadt des Vielvölkerstaates die nationalen und sozialen Spannungslinien, die Wien zu einer Hochburg des Antisemitismus machten. Als Schule seines Lebens hat Adolf Hitler später seine frühen Wiener Jahre bezeichnet; eine wichtige Lektion, die er dort zweifellos lernte, war ein vehementer Antisemitismus, der zugleich den eigenen Haß- und Abwehrgefühlen ihre Richtung gab.

Der lärmende Antisemitismus blieb eine Unterströmung in der politischen Kultur des Kaiserreiches. In seiner organisierten Form konnte er bis zu den letzten Wahlen des Kaiserreichs 1912 nur eine Minderheit von Protestwählern an sich binden und dies meistens auch nur zeitweilig. Auch blieb der radikale Rassenantisemitismus auf kleinere Zirkel sektiererischer Pamphletisten, Eiferer und »Weltverbesserer« beschränkt. Wichtiger und folgenreicher war die Tatsache, daß antisemitische Strömungen und Einstellungen in den Konservativismus eindrangen und dadurch teilweise hoffähig gemacht wurden. Diese Verbreitung drängte die Juden in die linksbürgerliche und sozialdemokratische Opposition.

»Mit Begeisterung ergriffen die Intellektuellen des Judentums«, schrieb Eduard Bernstein, einer der führenden Theoretiker der SPD, später über diese Zeit, »die Ideen der politischen Freiheit und des Weltbürgertums.«[13] Die Rolle jüdischer Intellektueller in der linksliberalen und sozialdemokratischen Emanzipationsbewegung des Kaiserreiches wie in der Revolution von 1918/19 sollte dem militanten Antisemitismus in der Weimarer Republik neue Belege für die These von der jüdisch-marxistischen Weltverschwörung geben.

Die inneren Widersprüche des kaiserlichen Deutschland sind eine Erklärung dafür, daß der Ausbruch des Krieges 1914 als ein »reinigendes Gewitter« so emphatisch begrüßt wurde. Der Sturmwind der Begeisterung schien plötzlich in fast allen Gruppen der Gesellschaft, und nicht nur im Bürgertum, einen Wandel des Empfindens und des Bewußtseins herbeigeführt zu haben. Nirgends wurde das Gefühl der nationalen Einheit über die Klassen hinweg und der »inneren Einkehr« so enthusiastisch verkündet und empfunden wie im klassischen Land der Ungleichzeitigkeit.

Doch die ökonomische Realität bot bereits nach zweieinhalb Kriegsjahren ein stark verändertes Bild Deutschlands. Hinter den Schlagworten von »Staatssozialismus« oder »Gemeinwirtschaft« stand eine Einheitsorganisation der industriellen Wirtschaft, die unter starken staatlichen Kontrollen und Vorgaben mit Hilfe eigener Verwaltungs- und Lenkungsapparate für die Versorgung mit kriegswirtschaftlich wichtigen Gütern und Nahrungsmitteln sorgte. Damit beschleunigten sich die ökonomischen Konzentrations- und Kartellierungsvorgänge einerseits und der staatliche Eingriff in das Wirtschaftsleben andererseits. Bürokratische Selbstverwaltungsorganisationen der Wirtschaftsverbände und staatliche Kriegswirtschaftsbürokratien bestimmten von der Rohstoffbewirtschaftung über Preisfestsetzungen und Verteilungsfragen bis hin zur Entscheidung über die Stillegung leistungsschwacher Betriebe den Verlauf der Kriegswirtschaft. Das führte bei der Eisen- und Stahlindustrie zu einer Gewinnsteigerung und Expansion, bei der Exportindustrie und bei den Klein- und Mittelbetrieben waren schwere Einbußen die Folge. Überall aber kam es zu einer Verschlechterung der Lage der Arbeiter und Angestellten, bis schließlich von staatlicher Seite auch eine Lohnkontrolle eingeführt wurde. Der Preis für die außerordentlichen Leistungssteigerungen und das politische Stillhalten der industriellen Arbeiterschaft waren die Anerkennung ihrer bisher verteufelten Gewerkschaften als Arbeitnehmervertreter und die Einrichtung von paritätisch besetzten Schiedsstellen und Arbeiterausschüssen.

Auf bürokratischem Wege war so von oben die alte gewerkschaftliche Forderung auf Mitsprache teilweise erfüllt worden, ohne daß diesem Schritt allerdings eine Parlamentarisierung gefolgt wäre. Zugleich entstand mit dieser allmählich gewachsenen Einheitsorganisation der Industriewirtschaft das Vorbild für die spätere nationalsozialistische Kommandowirtschaft unter dem Vierjahresplan, die schon im »Frieden« den Krieg vorbereiten sollte; Albert Speer, drei Jahrzehnte später Hitlers Minister für Kriegsproduktion, berief sich daher in seinen Erinnerungen ganz folgerichtig auf den Juden Rathenau, der die Kriegsanstrengung des Ersten Weltkriegs industriell organisiert hatte, als sein Vorbild. Aus dem Ausnahmezustand des ersten totalen Krieges sollte ein Dauerzustand einer faschistisch-totalitären Ordnung werden. Keinen Platz in der nationalsozialistischen Herrschaftsordnung sollten freilich Gewerkschaften und Sozialdemokratie erhalten, deren Gewicht im »Kriegssozialismus« des Ersten Weltkrieges beträchtlich gewachsen war.

Auch im politischen Bereich hatte die Anstrengung des Krieges Herrschaftsformen hervorgebracht, mit denen man die Fehlstrukturen des Kaiserreiches zu bewältigen suchte; zugleich aber wiesen sie allen Diktaturvorstellungen der krisenhaften Nachkriegsjahre die Richtung. Nicht dem Buchstaben nach, wohl aber in der verfassungspolitischen Wirklichkeit hatte die dritte Oberste Heeresleitung unter Hindenburg und Ludendorff eine Art Militärdiktatur errichtet, die an die plebiszitären, cäsaristischen Elemente des Bismarckreiches anknüpfte und eine ständige Versuchung deutscher Politik in den zwanziger Jahren bleiben sollte.

Erst das Scheitern des autoritären Systems im Herbst 1918 machte den Weg frei für Parlamentarismus und Demokratie. Aber selbst der Übergang zum parlamentarischen System ging auf einen letzten diktatorischen Beschluß der Obersten Heeresleitung zurück, obwohl es seit 1917 auch bei den Parteien der Mitte und der Linken starke und wachsende Tendenzen zur Parlamentarisierung gegeben hatte. Was im Angesicht der drohenden militärischen Niederlage als ein letzter Versuch einer Revolution von oben, wie es sie in der preußischen Geschichte des 19. Jahrhunderts so oft gegeben hatte, angelegt war, erhielt erst durch den Ausbruch der Revolution am 9. November 1918 einen kräftigen Schub und eine neue Legitimation. Gleichwohl sollte die junge Republik an dem Erbe des Bismarckreiches und dessen Grundproblemen schwer zu tragen haben.

Nicht die Ungleichzeitigkeit des Kaiserreichs noch das deutsche Sonderbewußtsein allein erklären den Aufstieg Hitlers und des Nationalsozialismus. Von daher führte kein gerader Weg zur nationalsozialistischen Führerbewegung und -herrschaft; bei einer günstigeren und ruhigeren Konstellation hätten diese inneren Widersprüche und Bewußtseinsspaltungen auch in gemäßigtere Bahnen gelenkt und abgebaut werden können. Zu den lange angestauten und nicht aufgelösten Belastungen durch die Tradition der verspäteten Nation kamen die bedrückenden Ausgangsbedingungen und die sich überstürzenden Krisenfälle in der Geschichte der Weimarer Republik, die Sturzbächen gleich die politische Landschaft der ersten deutschen Demokratie immer tiefer zerklüfteten. Sie verstärkten die überkommenen Brüche und Widersprüche und beschleunigten die Erosion.

3. Weimar – Republik auf Widerruf

Natürlich hat es Kräfte des Ausgleichs und die Bereitschaft zum parlamentarisch-demokratischen Neuanfang gegeben. Die Weimarer Republik war keineswegs von Anfang an eine Republik ohne Republikaner, und einige beträchtliche republikanische Bastionen blieben bis zum Ende erhalten. Doch die glichen schließlich Inseln in einer Sturmflut, deren Charakter zudem nie eindeutig erkennbar war.

Die Gründung der ersten deutschen Republik 1919 gehört in den europäischen Zusammenhang des Siegeszuges der Demokratie nach dem Ersten Weltkrieg. Auch die Tatsache, daß bereits im Augenblick des Triumphes der Demokratie gefährliche Gegenkräfte entstanden, die zur Gefährdung oder schließlich gar zur Zerstörung der liberalen Verfassungsordnung entscheidend beitrugen, war im Europa der Zwischenkriegszeit kein Einzelfall. Aber die Vehemenz dieser Gegenbewegung und ihr schließlicher Erfolg in einem Land mit einer hoch entwickelten industriellen Wirtschafts- und Gesellschaftsordnung und auch einer ausgeprägten politischen Kultur mitsamt einer mächtigen Arbeiterbewegung machte die deutschen Dinge zu einem einzigartigen Phänomen. In der Krise und Auflösung der Weimarer Republik treffen sich gemeineuropäische Probleme und Tendenzen der Zwischenkriegszeit und deutsche Besonderheiten beim Übergang vom monarchischen Obrigkeitsstaat zur demokratischen Republik und dem Eintritt in eine industrielle Massengesellschaft.

Zu den Gefährdungen der Weimarer Republik gehörten wie überall in Europa – einschließlich der westeuropäischen Demokratien – die Erschütterungen der überkommenen Verfassungsinstitutionen durch die Herausforderungen einer Massengesellschaft und durch die sich stärkenden Gruppen- und Klassengegensätze. Verschärfend wirkten die Belastungen der politischen Kultur, das heißt der Normen und Verhaltensformen, die eine politische Ordnung prägen und funktionsfähig erhalten; große Teile der Intelligenz und der bürgerlichen Jugend revoltierten angesichts der offenkundigen Krise der Zivilisation. Aber diese Verweigerung der Realität gegenüber war nicht nur eine Sache der Jugend oder der Intellektuellen; das Unbehagen an der Modernität war allgemein und führte am Ende in allen europäischen Ländern eine Vielzahl politischer Religionen und Irrationalismen herauf.

Nirgends aber waren diese Herausforderungen und Gefährdungen des liberaldemokratischen Systems so stark ausgeprägt wie in Deutschland. Das hatte seine Ursachen in der besonderen Situation, in der die Republik entstand und in den besonderen Belastungen, die sie als Erbschaft übernehmen mußte.

»Versailles und Moskau«, hat der preußische Ministerpräsident und Sozialdemokrat Otto Braun auf die Frage geantwortet, welches die Ursachen für das Scheitern der Weimarer Republik gewesen seien. Heute wissen wir, daß noch andere Faktoren hinzukamen, aber die beiden Stichworte bezeichnen in der Tat wichtige Belastungen, mit denen der neue Verfassungsstaat konfrontiert wurde.

Verlust in v.H.

deutsch geblieben

10 Bewohner
13 Fläche
15,3 Rindvieh
14,6 Weizen
17,7 Roggen
17,2 Kartoffeln
26,0 Steinkohle
68 Zinkerze
75 Eisenerze
90 Handelsflotte

Verluste durch das Versailler Diktat

Schaubild aus einem Schulbuch von 1933

In immer neuen, oft manipulierten Schaubildern wurde den Deutschen und insbesondere der Jugend das »Schanddiktat von Versailles« vor Augen geführt. Dabei war Deutschland als zentraleuropäischer Einheitsstaat und industrielle Großmacht aus dem Krieg hervorgegangen, was den Deutschen erst bewußt wurde, als der Zweite Weltkrieg ein Viertel des Reichsgebiets und die Einheit der Nation gekostet hatte.

Versailles meint die außenpolitischen Belastungen, nämlich die Folgen des Krieges und des Friedensvertrages – bald lernte jeder Schuljunge, daß dieser ein Diktat sei. Alle Parteien waren sich in der Ablehnung des Vertrages und in der Forderung nach Revision der internationalen Friedensregelung und Grenzziehung einig, wobei die Parteien dieses Ziel mit durchaus unterschiedlichen Mitteln zu verwirklichen suchten. Aber die allgemeine Forderung nach einer Revision von Versailles bot der nationalsozialistischen Agitation die Möglichkeit, die eigenen weitergehenden und radikaleren Ziele hinter der populären Revisionsforderung ebenso zu verstecken wie hinter der Sonderwegsthese. Darum wurde die nationalsozialistische Politik von vielen Deutschen auch nach 1933 nicht als einzigartig empfunden, sondern allenfalls als radikaler in ihrem Auftreten – und das konnte nach allgemeiner Meinung angesichts der Haltung der Siegermächte von 1918 nicht schaden.

Darüber hinaus lenkte die Anti-Versailles-Stimmung von zwei wichtigen Tatbeständen ab. Zum einen war trotz der schweren Gebietseinbußen in Versailles das Deutsche Reich als staatliche Einheit erhalten geblieben, und das war keineswegs selbstverständlich gewesen. Denn der Verlauf des Weltkrieges hatte noch einmal vorgeführt, was sich schon bei der imperialen Politik des Wilhelminischen Deutschlands als Dilemma abgezeichnet hatte: Das Reich war zu stark, um sich in das europäische Gleichgewicht einzufügen und zu schwach, um Europa zu beherrschen. Es waren die internationale Konstellation und insbesondere jene andere Herausforderung, die zu einer innenpolitischen Belastung der Republik werden sollte, nämlich Moskau, das heißt die revolutionäre Bedrohung durch den Bolschewismus, gewesen, die Deutschland als ausgleichende und sichernde Macht vor der Auflösung durch die Siegermächte bewahrt hatten.

Noch in einer anderen Hinsicht war Versailles für die junge Republik schädlich. Die äußere Entmachtung und Demütigung lenkte von der innenpolitischen Auseinandersetzung über die Ursachen von Krieg und Niederlage und Revolution ab; das erlaubte es den traditionellen Machteliten, ihre soziale und politische Machtstellung fast ungeschmälert zu behaupten. Auch zu dieser Konsolidierung der gesellschaftlichen Strukturen trug die Revolution der Bolschewiki bei. Die Mehrheitssozialdemokratie, verschreckt durch die Moskauer Ereignisse, suchte die parlamentarische Republik gegen alle rätepolitischen, linksradikalen Herausforderungen zu stabilisieren, und da sie zudem noch die Aufgaben der Demobilisierung von Millionen Soldaten und der Versorgung der Bevölkerung zu lösen hatte, mußte ihr an einer raschen Wiederherstellung von Ordnung und Verwaltung gelegen sein. So begab sie sich notgedrungen in die Abhängigkeit von Armee, Bürokratie und Freikorps. In einem Kompromiß von Sozialdemokratie und Bürgertum wurde die Revolution sozusagen aufgehoben; die entstehende politisch-soziale Ordnung war eher durch die der Revolution abgerungenen Elemente der Kontinuität als durch einen radikalen Bruch charakterisiert. Das aber reichte bald nicht mehr aus, um das Abwandern der verfassungstragenden bürgerlichen Mitte nach rechts zu verhindern und begünstigte zugleich eine politische Polarisierung. Zum einen förderte die Politik der Mehrheitssozialdemokratie das Anschwellen einer linken Protestbewegung, zum anderen verlor sie durch das Bündnis mit Armee und Bürokratie immer mehr Handlungsspielraum für eine Fortsetzung der Demokratisierung von Staat und Gesellschaft.

So blieb es bei einer unvollendeten Revolution. Der Zusammenbruch der alten Ordnung hatte keine einschneidenden Konsequenzen für die alten gesellschaftlichen Mächte, die Neuordnung blieb stecken. Das Bündnis mit Armee und traditioneller Bürokratie, das aus Furcht vor der linken Gefahr der politisch verantwortlichen Mehrheitssozialdemokratie im Übergang von der Monarchie zur Republik 1918/19 als notwendig erschienen war, rührte nicht an der

Sonderstellung dieser beiden Säulen der alten Ordnung. Die Armee suchte sich vom Weimarer Verfassungsstaat abzugrenzen, um ihre Rolle als soziale Elite zu sichern; die Bürokratie verstand es, sich als Preis für ihre Mitarbeit die Unantastbarkeit des Berufsbeamtentums garantieren zu lassen.

Armee und Bürokratie bezogen ihre Loyalität in Zukunft nicht auf die Verfassungsordnung der Weimarer Republik, sondern auf ein abstraktes Staatsgebilde. Dadurch blieb ihr Verhältnis zur Demokratie ungeklärt und der Fortbestand eines obrigkeitsstaatlichen Politikverständnisses gesichert. Das deckte sich mit der Einstellung der Mehrheit des Bürgertums, das sich im Verfassungsgebäude von Weimar nicht so recht einrichten wollte. In der Stunde der Krise wurde das noch einmal ganz deutlich, als angeblich überparteiliche Fachkabinette und Beamtenregierungen die Macht des Staates steuern sollten. So war es 1923 gewesen, und seit 1930 verstärkte sich diese Entwicklung in der Bildung der Präsidialregierungen in verhängnisvoller Weise.

Das Erbe des Sonderweges lastete auch auf der Verfassungsordnung der Weimarer Republik. Ihr Dilemma lag darin, daß der Verfassungstext, der den Gedanken der Demokratie ernster nahm als viele andere Verfassungswerke, nicht der politischen Wirklichkeit entsprach. Das politische Bewußtsein und Verhalten der Deutschen blieb hinter den Geboten und Erwartungen der Verfassungstheorie zurück. So kam es dazu, daß die Möglichkeiten der republikanisch-demokratischen Verfassung gerade gegen sie ausgenutzt werden konnten.

Für die politischen Parteien bedeutete die Revolution von 1918/19 keinen radikalen Bruch. In einem erstaunlichen Maße bewahrten sie nicht nur ihre organisatorische Kontinuität und ihr soziales Profil, sondern auch ihre Einstellung zur politischen Praxis, wenn sich auch unter dem Eindruck von Niederlage und Revolution die Agitations- und Kommunikationsformen der Parteien änderten und auch die Parteinamen teilweise gewechselt wurden.

Hellsichtige Geister wie Friedrich Naumann hatten schon bei der Gründung der Republik gesehen, daß das aus der Monarchie mit ihrer anderen Verfassungsordnung überkommene Parteiengefüge nicht dem parlamentarischen System und seinen Verhaltensformen entsprach. Die Parteien trugen schwer an dem Erbe der politischen Kultur des Wilhelminischen Deutschland. Zunächst einmal hatten sie eine geringe parlamentarische Erfahrung und waren zudem zu stark durch die Praxis des strikten Gegenüber von Parlament und Regierung geprägt; nun neigten sie auch im parlamentarischen System dazu, die eigenen Regierungsmitglieder immer dann zu desavouieren, wenn sie meinten, ein politischer Kompromiß sei mit ihren Interessen und ihrem Bild beim Wähler nicht vereinbar. Dies hatte seinen Grund in der engen Bindung der Parteien an ein bestimmtes sozial-moralisches Milieu, das ihnen zwar Stabilität verlieh, aber sie zugleich auf dieses Lager und dessen Interessen begrenzte. Diese Bindung erschwerte es den Weimarer Parteien insgesamt, sich an den Problemen und Bedürfnissen der Gesamtgesellschaft zu orientieren und auf soziale und politische Veränderungen flexibel zu reagieren.

Der Kampf der politischen Parteien spielt sich auf jeder Ebene ab, und jeder Gebrauchsgegenstand muß als Werbeträger herhalten. Kommunisten, Sozialdemokraten und Nationalsozialisten haben so ihre eigenen Zigarettenmarken, die der gläubige Anhänger zu rauchen hat. Interessant ist, daß die NSDAP als eine sich selbst finanzierende Partei den Anhängern einen ganzen oder halben Pfennig mehr abverlangt als die anderen, wie sie ja auch die einzige Partei ist, die es sich leisten kann, bei Wahlversammlungen Eintritt zu erheben.

Der Nationalsozialist raucht nur

Spezialmarke .... 3½ Pf.
3. Front .... 5 Pf.
Parole .... 6 Pf.

mild – aromatisch

Wertvolle Gutscheine für Ausrüstungsstücke und Sportartikel liegen bei

Nationaler Cigaretten-Vertrieb

Oppitz & Hoffmann GmbH.
Dresden-A. 28
Tharandter Straße 45, Fernruf 15850

Zugleich waren die traditionellen Parteien unfähig, politisch nicht integrierte Gruppen zu binden. Aber gerade diese Gruppen, die sich unter dem Eindruck der politischen, sozialen und mentalen Krise ständig vergrößerten, suchten nach einer politischen Heimat. Sie fanden sie schließlich in den antidemokratischen Programmen und Identifikationsangeboten des Extremismus, besonders im Nationalsozialismus. Denn dieser versprach eine klassenüberwindende Volksgemeinschaft, womit er in einer Zeit zunehmender Auflösung der überkommenen Formen dem Verlangen nach Geschlossenheit und Orientierung entgegenkam wie keine andere Partei. Die NSDAP ist deshalb eine negative Integrationspartei genannt worden; sie konnte zwar politisch und sozial sehr heterogene Schichten ansprechen und organisieren, vermochte es aber nicht, die vorhandenen Gegensätze wirklich aufzuheben, sie ließ sie vielmehr hinter einer Wand von Propagandaformeln und Scheinaktivitäten verschwinden.

Politische Gewalt und Drohung mit dem Bürgerkrieg lasteten auf der politischen Kultur der Republik; im politischen Denken und Handeln der Zeit sollten sie bis in den Untergang hinein ihre verhängnisvollen Spuren hinterlassen. Politik wurde von den unversöhnlichen Kritikern des liberalen Systems immer entschiedener in Kategorien des Konflikts und des Ausnahmezustands gedacht und einer als schwächlich denunzierten Verfassungswirklichkeit gegenübergestellt. Die Radikalisierung der politischen Auseinandersetzung schwächte das Gefühl für Toleranz und Humanität im politischen Alltag und machte zunehmend immun gegen politische Gewalt.

Ein rigoroses Freund-Feind-Denken prägte immer stärker die politische Kultur von Weimar. Die öffentliche Meinung war in republikfreundlich und republikfeindlich gespalten, ohne daß eine Verständigung zwischen den Lagern möglich war. Denn der lebenswichtige Konsens über politische Grundrechte wurde in dem Maße brüchiger, in dem die parlamentarische Republik an Anerkennung und Unterstützung verlor. Statt dessen gehörte die Diffamierung der Republik zur Normalität öffentlicher Diskussion. Nicht die Verfassungsparteien bestimmten die rege politische Publizistik und Diskussion, sondern die große Gruppe ihrer Gegner. Ihre Ablehnung von Grundrechten und Verfassungsnormen rechtfertigten die Feinde der Republik auf der Seite der Rechten mit deren Entstehung, die als Werk von Novemberverbrechern und Verzichtpolitikern, von Sozialdemokraten und Juden denunziert wurde. Während die Rechte mit der besseren Vergangenheit des kaiserlichen Deutschland argumentierte, dessen Verantwortung für Krieg und Niederlage mit der Dolchstoßlegende weggezaubert worden war, orientierte sich die radikale Kritik der Linken an Visionen einer besseren Zukunft, die die Verfassungsordnung von Weimar lediglich als einen ersten Markstein auf dem Weg zum Sozialismus relativierte. »Demokratie, das ist nicht viel, Sozialismus ist das Ziel« hieß es auf der Linken, während die Rechte die Republik überhaupt nicht erst gewollt und nie akzeptiert hat.

Aus solcher Gefühlslage ließ sich nicht zu einer Billigung der parlamentarisch-liberalen Verfassungsordnung kommen, geschweige denn zu deren entschiedener Verteidigung; der grundsätzliche Widerspruch im Ideologischen schwächte auch die Bereitschaft, den politischen Gegner als Menschen mit eigenem Recht zu achten. Nicht selten wurde der politische Gegner zum Volks- und Klassenfeind hypostasiert und ihm wie der politischen Ordnung, mit der er gleichgesetzt wurde, jegliche Daseinsberechtigung abgesprochen. Der Weg von einer solchen Diffamierung der republikanischen Institutionen und ihrer Träger zur Verfolgung des politischen Gegners war nicht weit, wenn man die politische Emotionalisierung und materielle Not der Zeit hinzunimmt.

Von Anfang an war die Republik mit Bewegungen und Denkströmungen konfrontiert gewesen, die ihr feindlich gegenüberstanden. Neu aber waren die Radikalität und die revolutionären Stilelemente, mit denen nun sehr bald die politische Rechte ihre Angriffe gegen den Staat vortrug. Vom Etatismus des traditionellen Konservativismus war im Denken der neuen Rechten der Weimarer Republik nicht mehr viel zu erkennen; er war allenfalls auf einen abstrakten Staat oder ein nebulöses Reich bezogen, die sich um so heftiger von der Wirklichkeit des Staates von Weimar unterschieden.

Die radikale Ablehnung von Liberalismus, Parlamentarismus und Parteienstaat gehörte zu den wichtigsten Denkfiguren im antidemokratischen Denken, das die Weimarer Republik von ihrer Gründung bis zu ihrer Auflösung ebenso vielstimmig wie wirkungsmächtig durchzog. Das antidemokratische Denken wurzelte im Irrationalismus und in der Zivilisationskritik der Vorkriegszeit; doch es war nicht länger Angelegenheit von Weltverbesserern und Esoterikern, sondern erfaßte ganze Parteien und Bevölkerungsgruppen. Ihr Ziel war zunächst die Beseitigung der liberaldemokratischen Ordnung, und dieses Ziel rechtfertigte die Wahl aller Mittel, von der Diffamierung des Gegners bis zum Spielen mit revolutionären Ideen und Mächten.

Die Ausgestaltung der Ordnung der Zukunft orientierte sich an romantischen Vorstellungen der Vergangenheit, die sich in der Formel von der neuen Volksgemeinschaft und der millenarischen Verheißung des Dritten Reiches bündelten. Dergleichen Visionen waren so diffus und vielfältig, daß ein breites Spektrum politischer und sozialer Vorstellungen und Entwürfe darin Platz finden konnte – entscheidend war nur die Unbedingtheit, mit der die Weimarer Republik abgelehnt wurde. Die wirkungsvollste Formel der konservativen Revolution war zweifelsohne Moeller van den Brucks Manifest »Das Dritte Reich«, das mit seinem Erscheinen 1923 diesen Stimmungen eine Richtung gab. »Am Liberalismus gehen die Völker zugrunde«, hatte er auf dem Höhepunkt der ersten großen Krise der Republik gepredigt[14], zehn Jahre später konnte ein anderer nationalrevolutionärer Publizist, Jonas Lesser, zufrieden feststellen: »Jedenfalls hat die Nation den Liberalismus satt. Er hat sich ausgelebt.« Eine große Verachtung habe die junge Generation nur noch für die »liberale Welt übrig, die geistige Unbedingtheit geringschätzig Weltfremdheit nennt; sie [die jungen Menschen] wissen, daß Kompromisse im Geistigen aller Laster und Lügen Anfang sind.«[15]

Der verächtlichste Ort des Kompromisses war für die alte und neue Rechte das Parlament, von Oswald Spengler schon 1919 als

»Biertisch höherer Ordnung«[16] verhöhnt. Diese antiparlamentarischen Positionen fühlten sich durch die Kurzlebigkeit und Labilität der parlamentarischen Regierungen während der gesamten Dauer der Republik bestätigt. Parlamentarismus war die »Herrschaft der Minderwertigen«, die sich des Staates bemächtigt hatten und die Regierung zu einem »Parteiausschuß« herabsetzten.[17] Als Gegenbild entfaltete die konservative Revolution die Formel von der geschlossenen Einheit von Staat und Volk und stellte die Forderung nach einer ungestörten staatlichen Machtentfaltung, auch einer Diktatur. Diese mußte nicht im Gegensatz zum Willen des Volkes stehen, sondern war geradezu als Ausfluß seines politischen Willens gerechtfertigt. Denn ohne einen Tropfen demokratischen Öls konnte auch die neue Rechte nicht mehr auskommen, und schon früh wurde erkannt, daß Demokratie und Diktatur keine Gegensätze sein müssen. Denn wenn Demokratie als »Anteilnahme des Volkes an seinem Schicksal« (Moeller van den Bruck) definiert wurde und nicht an die Zwänge von Verfassungs- und Verfahrensnormen gebunden war, dann konnte auch die Diktatur eine demokratische Staatsform sein, wenn das Volk sie nur wollte.

Zunächst waren dies nur intellektuelle Träumereien und Entwürfe, die sich an der Radikalität des Gedankens berauschten. Auch hatten Moeller van den Bruck, Spengler, Jünger und andere wenig für die plebejische Massenbewegung der NSDAP und anderer Protestbewegungen übrig. Die eigentliche Wirkung des antidemokratischen Denkens bestand darin, daß es die intellektuellen Grundlagen der parlamentarisch-liberalen Ordnung unterspülte und den geistig eher hilflosen Diktaturparteien die Stichworte gab. Nicht die konkrete Ausformung der nationalrevolutionären Visionen vom organischen Ständestaat oder von einem neuen autoritären, mitunter auch totalitären Staat war ausschlaggebend, sondern die Wucht und intellektuelle Entschiedenheit, mit der diese Alternativkonzepte gegen das liberale System vorgetragen wurden. Die intellektuelle Spielerei mit der Diktatur machte schließlich auch die braune Tyrannei hoffähig, die sich als Umsetzung der vertrauten Protesthaltungen in die politische Wirklichkeit und Machtpolitik verstehen ließ und für sich ja in der Tat jenen politischen Willen beanspruchen konnte, der dem intellektuellen Diskurs gefehlt hatte.

Eines hatten die Nationalsozialisten von den nationalrevolutionären Denkern auf jeden Fall gelernt, nämlich die propagandistisch-formelhafte Umwertung politischer Grundbegriffe, die es den Feinden von Verfassung und Demokratie erlaubte, im Gewande des Demokraten die Macht zu erobern. Voraussetzungen für den Erfolg dieser Strategie waren das schrankenlose Freiheitsangebot und der Wertrelativismus der Verfassung – deren Väter stolz darauf waren, »die Bahn für jede gesetzliche friedliche Entwicklung« freigemacht zu haben. Das hatte ganz in der liberal-demokratischen Verfassungstradition des 19. Jahrhunderts gestanden; aber mit einer solchen Position war man wehrlos, als die Gegenrevolution hinter die Maske von Demokratie und Legalität schlüpfte und die Massenängste und -sehnsüchte einer Gesellschaft im Umbruch mobilisierte, die bisher ungekannte oder längst überwunden geglaubte Perversionen und Abgründe eröffneten.

II.
Entstehung und Aufstieg des Nationalsozialismus

1. Anfänge des Nationalsozialismus

Der Nationalsozialismus war ein Kind der Krise. Sein Aufstieg zur Massenbewegung folgte den Fieberkurven des politischen und sozialen Lebens in der Weimarer Republik. Den Krisenjahren der parlamentarischen Demokratie an ihrem Anfang und Ende entsprachen die stürmischen Anfangsjahre der NSDAP bis zum fehlgeschlagenen Putsch vom 9. November 1923 und dann der rasche Neuaufstieg nach 1928 mit dem Durchbruch zur Massenbewegung bis zur Machtergreifung 1933. Dazwischen lagen die wenigen »goldenen« Jahre der Republik und die Jahre der Umgestaltung des Nationalsozialismus von 1924 bis 1928. Ausgangspunkt und Schwerpunkt der frühen NSDAP lagen vor allem in München, wo sich 1923 auch ihr Schicksal entschied. Der Wiederaufstieg und der Weg zur Macht vollzogen sich aber reichsweit und im Zentrum der Macht, in Berlin.

Entstanden war der Nationalsozialismus in München. Völkische Gruppen und Sektierer gab es überall im Reich, aber in der bayerischen Metropole fand der politische Radikalismus einen besonders günstigen Nährboden. Nirgends war der Zusammenhang von Niederlage und Revolution so greifbar, nirgends die Revolution so radikal, nirgends der gegenrevolutionäre Verdacht gegen eine kleine Gruppe von »Drahtziehern« scheinbar so naheliegend wie in München.

Dachorganisation für die vielen alldeutschen, vaterländischen und völkischen Münchener Verbände und Grüppchen war die Thule-Gesellschaft. Dort trafen sich alle Kreise, die sich durch die Revolution und die Nachkriegswirren zunächst an den politischen und auch gesellschaftlichen Rand gedrängt sahen, die aber über genügend Ressourcen verfügten, um sich gegen diese Entwicklung zu stemmen. Man traf sich im eleganten Hotel Vierjahreszeiten, Angehörige angesehener Münchener Familien gehörten dazu wie der Verleger Lehmann, aber auch umtriebige Journalisten und völkische Weltverbesserer wie Gottfried Feder und Dietrich Eckart. Die Thule-Gesellschaft war Diskussionszirkel und Zelle eines Umsturzversuches von rechts zugleich.

Hervorgegangen war die Gesellschaft aus dem vor dem Krieg gegründeten Germanenorden, der seinerseits in Verbindung zum antisemitischen Hammerbund von Fritzsch wie zum Alldeutschen Verband des Justizrates Class stand. Von Anfang an haftete ihr ein Geruch von Geheimbündelei und Verschwörung an. Man organisierte sich nach dem Vorbild der »Freimaurer« und plante vor allem den Kampf gegen Juden und Freimaurer. Nicht zum ersten und auch nicht zum letzten Male bediente sich eine Gruppe der radikalen Rechten der Methoden des Gegners und handelte nach den gleichen Mustern, die man diesem unterstellte. Nur die Zielsetzung war entgegengesetzt. Das verdeutlichten die Symbole und Rituale der »germanischen Loge«: man traf sich unter germanischen Runen und Hakenkreuzen, und wer Aufnahme finden wollte, der mußte Haarwuchs und Fußabdruck als Ausweis arischer Abstammung vorzeigen.

Neuen Auftrieb erhielt der Germanenorden, als Rudolf Freiherr von Sebottendorf 1917 in München auftauchte, eine abenteuerliche Gestalt im völkisch-nationalistischen Lager mit bürgerlicher Herkunft und einem Vorstrafenregister, das er mit seiner Adoption durch einen Österreicher zu tilgen suchte. Im August 1918 wandelte er, der später für sich beanspruchte, vor Hitler dagewesen zu sein, den Orden in die Thule-Gesellschaft um und entfachte eine rege antisemitische und antidemokratische Propaganda. Wichtigstes Mittel im Bemühen um »Volksaufklärung« war der »Münchener Beobachter«. Bald war im Klubraum des Hotels Vierjahreszeiten von Umsturzplänen und einem Staatsstreich von rechts die Rede; schließlich gründete man einen Kampfbund, der am 13. April 1919 an einem gescheiterten Putschversuch gegen die Räterepublik teilnahm. Als Sebottendorf sich um Kontakte mit den anrückenden Freikorps in Bamberg bemühte, wurden die Räume der Gesellschaft von Rätetruppen besetzt, sieben Mitglieder am 26. April verhaftet und schließlich, als Racheakt für die Ermordung von Kommunisten, in den Kellern des Luitpoldgymnasiums erschossen.

Um so hemmungsloser war die Agitation der Thule-Gesellschaft nach der »Befreiung« Münchens. Sie war eine mächtige Stimme im Chor der rechtsradikalen Propaganda, die nicht müde wurde, das Rätesystem als Versuch der jüdischen Weltverschwörung darzustellen. Im »Münchener Beobachter« waren die Spalten voll von »Beweisen« für die jüdische Verschwörung. Die Gesellschaft gab allen völkischen Ideologen und Propheten eine Plattform, wenn sie nur in den Kampfruf gegen »Juda« miteinstimmten. Unter ihnen fanden sich auch Namen, die bald zu den Propagandisten der jungen NSDAP zählen sollten: der Emigrant Alfred Rosenberg wie der Jurastudent Hans Frank, der Publizist Dietrich Eckart und der Laien-Ökonom Gottfried Feder, aber auch der katholische Pater Bernhard Stempfle, der wenige Jahre später Hitler bei der Niederschrift von »Mein Kampf« half und trotzdem oder vielleicht deswegen am 30. Juni 1934 ermordet wurde.

In ihrem Kampf gegen die politische Linke versuchte die Thule-Gesellschaft auch völkische Arbeiterzirkel zu bilden und zu stärken. So hatte sie schon während des Weltkrieges einen antisemitischen »Freien Ausschuß für einen deutschen Arbeiterfrieden« unter Leitung des Eisenbahnschlossers Anton Drexler gefördert, ohne daß dieses Grüppchen bis Kriegsende so recht gedeihen wollte. An den Fäden der Thule-Gesellschaft hing auch ein weiterer Gründungsversuch dieser Art, die »Deutsche Arbeiterpartei«.

Die Partei war eine Schöpfung des Schlossers Anton Drexler und des Journalisten Karl Harrer. Zunächst hatte Harrer das Vereinsleben geprägt, aber bald lenkte Drexler die politischen Aktivitäten in Bahnen, wie er sie sich vorstellte. Er setzte zunächst die Gründung einer Partei durch, die sich am 5. Januar 1919 als Deutsche Arbeiterpartei konstituierte. Doch war damit nicht viel gewonnen, denn die DAP existierte zunächst nur auf dem Papier, während der Politische Arbeiterzirkel weiterhin Bezugspunkt des Vereinslebens blieb. Das änderte sich erst im Sommer und Herbst 1919, als es Drexler gelang, neue Anhänger und Sympathisanten zu erreichen. Auch konnte er Redner gewinnen, die im völkischen Lager schon einen Namen hatten: Gottfried Feder, der zum Kampf gegen die Zinsknechtschaft aufgerufen hatte, und Dietrich Eckart, damals Herausgeber eines entschieden antisemitischen Blättchens »Auf gut deutsch«.

Das politische Programm der DAP, von Drexler entworfen, war weder gedanklich originell noch sprachlich sonderlich ausgefeilt. Es enthielt Allgemeinplätze völkisch-antisemitischer Propaganda und eines nationalistisch bestimmten Sozialismus. Die »Richtlinien« Drexlers nannten Grundsätze, die sich ein Jahr später auch in der »Nationalsozialistischen Deutschen Arbeiterpartei« Adolf Hitlers finden sollten. Die DAP verstand sich als »sozialistische Organisation«, die alle »geistig und körperlich schaffenden Volksgenossen« zu vereinen beanspruchte und die in Abgrenzung von allen bisherigen Parteien eine breit angelegte Sammlungsbewegung anstrebte, die nur »von deutschen Führern geleitet sein darf«. Man wandte sich ebenso gegen die Sozialisierung von Großbetrieben wie gegen eine Führungsübernahme der Arbeiter und verlangte statt dessen eine Gewinnbeteiligung der Arbeiter. Der Antikapitalismus der »Richtlinien« war vor allem gegen »Wucherer und Preistreiber« gerichtet, »die keine Werte schaffen, die ohne jegliche geistige und körperliche Arbeit hohe Gewinne machen«. Zielgruppe der DAP waren jene Arbeiter, die sich eher dem Mittelstand als dem Proletariat zurechneten. Von der »Adelung des deutschen Arbeiters« sprach man, und gemeint war damit der Aufstiegs- und Abgrenzungswille des »gelernten und ansässigen Arbeiters«.[1]

Das klang alles recht unbeholfen, aber es war genuiner Ausdruck eines Verlangens nach Veränderung und Bewahrung zugleich. Darin unterschied sich die DAP auch von dem elitären Diskussionszirkel der völkisch-nationalistischen Thule-Gesellschaft. Bewußt traf man sich dort, wo man Arbeiter anzusprechen hoffte, nicht in Hotelrestaurants, sondern in Bierlokalen. Eine breite Bewegung aller Schichten wollte man schaffen und keinen Zirkel von völkischen Schwärmern und Propheten.

In der unscheinbaren Gruppe um Drexler entdeckte der unbekannte Reichswehragent Hitler ein Instrument seiner politischen Ambitionen. »Diese lächerliche kleine Schöpfung mit ihren paar Mitgliedern schien mir den einen Vorzug zu besitzen, noch nicht zu einer ›Organisation‹ erstarrt zu sein, sondern die Möglichkeit einer wirklichen persönlichen Tätigkeit dem einzelnen freizustellen. Hier konnte man noch arbeiten, und je kleiner die Bewegung war, um so eher war sie noch in die richtige Form zu bringen.«[2]

Die DAP war im Herbst 1919 sicherlich attraktiver für Hitler gewesen, als er es mit seiner Sieben-Mann-Legende im nachhinein wahrhaben wollte. Immerhin war die Gruppe ehrgeizig genug, ihre politischen Aktivitäten auszudehnen, und das kam Hitler entgegen, der als Angehöriger eines Reichswehr-Aufklärungskommandos schon für seine radikalen antisemitisch-nationalistischen Vorstellungen eingetreten war. Nur der organisatorisch-politische Bezugspunkt hatte ihm noch gefehlt. Schon einen Monat nach seinem Beitritt wagten sich die DAP und Hitler in eine breitere Öffentlichkeit. Im Oktober kamen zu einer Versammlung im Hofbräuhaus etwa hundert Besucher; im November waren es schon über dreihundert, und man mußte in größere Säle übersiedeln. Hitler war nun der Hauptredner, und am Ende des Jahres stieg er zum Werbeobmann seiner Partei und Mitglied des Parteiausschusses auf. Hitler wolle »berufs-mäßiger Werberedner«[3] werden, heißt es in einem Bericht über eine Versammlung der DAP im November 1919. Tatsächlich eröffneten ihm seine Erfolge als Versammlungsredner ein weites Arbeitsfeld in einem Augenblick, in dem die gefürchtete Entlassung aus dem Schutz des Militärs in das Zivilleben drohte. Sein Weg in die Politik war keineswegs das Ergebnis einer konsequenten Entscheidung; es spielte auch die Flucht vor einer geregelten bürgerlichen Existenz mit. Auch der grenzenlose Geltungswillen des bislang unschein-baren Adolf Hitler wurde durch den Schritt in Politik und Öffentlich-keit befriedigt. Mit seiner rastlosen Aktivität verband sich der Anspruch auf Macht. Das äußerte sich bereits im engen Wirkungs-feld der kleinen DAP und stürzte diese alsbald in innere Führungs-kämpfe. Den Werbeobmann störten die organisatorischen Mängel wie die Formen innerparteilicher Demokratie. Mit Drexler ent-wickelte er im Dezember einen Entwurf zur Geschäftsordnung der Partei, der mehr über den Willen zur Ausschaltung Harrers als über die politisch-organisatorischen Fähigkeiten und Absichten des Ver-fassers verriet. Detaillierte Organisationsplanungen fehlten völlig. Dafür fällt um so mehr der apodiktische Tenor des Papiers auf. Nicht die bescheidene Wirklichkeit der Partei bestimmte diese Überle-gungen, sondern die weitgesteckten Vorstellungen ihres Propagan-daredners.

»Die Ziele der Partei sind so groß gesteckt, daß sie nur durch eine ebenso straffe als zweckmäßig anpassungsfähige Organisation zu erreichen sind.«[4] Das bedeute, so Hitler weiter, autoritative Füh-rung durch den Ausschuß »als Kopf dieser Organisation« und dessen Ausrichtung auf das Programm der Partei. »In seiner strikten Befolgung muß jedes Ausschußmitglied das Gefühl seines Wertes und seiner Notwendigkeit für die Bewegung erhalten.« Am Rande des Papiers hat Hitler den Zweck des Entwurfs handschriftlich bekräftigt: »zur Ausschaltung Harrers«.

Der Entwurf ist sicher noch kein Beleg für einen zielstrebigen Griff zum Vorsitz der Partei oder gar zur alleinigen Macht. Aber er verrät ein Verhältnis zu Fragen des politischen Handelns und der politischen Organisation, das für den späteren Parteiführer und Dik-tator charakteristisch bleiben sollte. Es sind praktische Erfahrungen und Notwendigkeiten, die zur Formulierung parteiorganisatori-scher und -theoretischer Überlegungen führen, aber sie werden sofort, und daraus spricht der Dogmatiker, mit der Formel »ein für allemal« in den Rang ewiger Gültigkeit erhoben.

Zum endgültigen Bruch mit Harrer kam es im Vorfeld der ersten wirklichen Massenversammlung, die im Januar 1920 stattfinden sollte. Harrer hielt sie für verfrüht. Doch Drexler und Hitler setzten sich durch, und der Erfolg gab ihnen recht. Zwar fand der »Sprung in die Öffentlichkeit« erst am 24. Februar im Hofbräuhaus statt, aber diese Kundgebung sollte zu einem wichtigen Meilenstein in der Ent-wicklung des Nationalsozialismus werden. Grund dafür war nicht die Tatsache, daß Hitler vor gut 2000 Besuchern das 25-Punkte-Pro-gramm der Partei, die sich nun »Nationalsozialistische Deutsche Arbeiterpartei« nannte, feierlich verlas. Auch war Hitler noch nicht einmal erster Hauptredner; diesen Platz überließ er einem Gastredner einer anderen völkischen Gruppe. Immerhin deutete der Umstand, daß er das Parteiprogramm verkündete, darauf hin, daß er sich innerhalb der eigenen Partei als bester Propagandaredner schon durchgesetzt hatte.

Entscheidend aber für die Anziehungskraft, die die junge Partei und ihr Werbeobmann ausüben sollten, wurde die Art und Weise ihres Auftretens. Der aggressive politische Stil, der sich in dieser auch von vielen Gegnern besuchten Massenversammlung unter tumultartigen Umständen herausbildete, machte die Werbewirksamkeit aus. Daß man den Konflikt mit dem propagierten Gegner nicht scheute, gab nicht nur Selbstbestätigung und Schlagzeilen, es vermittelte vor allem das Gefühl, daß diese Partei entschiedener als alle Rivalen im völkisch-nationalistischen Lager für ihre Ziele eintreten würde. Gleich dreimal bekräftigte Hitler im Hofbräuhaus die Entschlossenheit zum Kampf: »Unsere Parole heißt nur Kampf. Wir werden unseren Weg geradeaus unerschütterlich bis zum Ziele gehen.«[5]

Dieser Kampf galt freilich eher einem eingebildeten als einem tatsächlichen Feind. Die NSDAP entfaltete sich vielmehr im Windschatten des Reichswehrregiments, nachdem die Gegenrevolution gesiegt hatte. Ihr Erfolg hing davon ab, ob sie die Furcht vor einer bolschewistischen Revolution wieder wecken und sich den Ordnungskräften als antibolschewistisches Bollwerk andienen konnte; zugleich mußte sie sich denen, die die gegenwärtigen Verhältnisse ablehnten, als der entschiedenere Gegner der parlamentarischen, liberalen Ordnung präsentieren. Je weiter ihr ideologischer Kampf von der politisch-sozialen Realität abhob, um so radikaler waren ihre verbalen Attacken.

Was Hitler einer ständig wachsenden Zahl von Zuhörern und Anhängern zu sagen hatte, war nichts anderes als das, was in anderen völkischen Zirkeln und an vielen nationalistischen Stammtischen auch zu hören war; daß nämlich Niederlage und Revolution Schuld der »Novemberverbrecher«, wirtschaftliche Not und nationale Demütigung ein Anschlag der Entente und des internationalen Kapitals seien. Gegen Marxisten und Demokraten, gegen Juden und alle anderen inneren Feinde richteten sich seine Reden. Beliebtes Angriffsziel war der amerikanische Präsident Wilson, der für die verhaßte Demokratie stand. Einen »Erzlumpen« und »Allerweltsheilapostel« nannte Hitler ihn. Wie er sich den Umgang mit dem Versailler Vertragssystem vorstellte, fand den Beifall der Menge: »Haben wir erst die Macht, dann zerreißen wir den Fetzen.«[6]

Solche verbalen Kraftakte versprachen Entschiedenheit, und das war im Zustand der nationalen Demütigung gefragt. Gefragt waren auch einfache Erklärungen für unbegreifliche Vorgänge wie Niederlage und Revolution. Auch dazu fiel Hitler nichts ein, was nicht schon anderswo zu hören gewesen war. Hinter allem stünden nämlich die Juden. Die Alljuden, nicht die Alldeutschen hätten schon vor dem Krieg die deutsche Politik zu aller Schaden bestimmt, sie hätten den deutschen Staat ganz in ihre Hand gebracht. Der gerade aus Rußland kommende Baltendeutsche Alfred Rosenberg und andere russische Emigranten bestärkten ihn in der Vorstellung von der internationalen Verschwörung des Judentums. Im Bolschewismus fände sich der letzte Beleg dafür, daß das Judentum der eigentliche »Erreger« aller zersetzenden Tendenzen der Geschichte sei.

Das war nicht nur der Glaube des Adolf Hitler, aber keiner trug seinen Haß so fanatisch vor, und keiner machte ihn zur Grundlage einer radikalen Rassenpolitik. »Unsere Partei muß revolutionären Charakter haben«, forderte er unter Beifall auf einer seiner vielen Versammlungen, »denn der Zustand der ›Ruhe und Ordnung‹ heißt nur, den jetzigen Saustall weiterhüten. Wir wollen aber nicht revolutionär sein in dem Sinn, daß wir Deutsche uns gegenseitig den Schädel einschlagen, sondern wir Deutsche wollen revolutionär sein gegen die fremde Rasse, die uns bedrückt und aussaugt, und wir werden nicht eher ruhen und rasten, als bis diese Sippe aus unserem Vaterland draußen ist.«[7]

Dabei hatte er keine Bedenken, sich der politischen Methoden des Gegners zu bedienen. Im Gegenteil, je provozierender, um so besser. In seinen Tischgesprächen während des Rußlandkrieges, gut zwanzig Jahre später, hat Hitler den Zweck seiner Propaganda erläutert und auch die ursprünglichen Zielgruppen charakterisiert. »An den Anfang seiner politischen Arbeit habe er die Parole gestellt, daß es nicht darauf ankomme, das sich ausschließlich nach Ruhe und Ordnung sehnende und in seiner politischen Haltung feige Bürgertum zu gewinnen, sondern die Arbeiterschaft für seine Gedanken zu begeistern. Die ganzen ersten Jahre der Kampfzeit seien darauf abgestellt gewesen, den Arbeiter für die NSDAP zu gewinnen.« Daß diesem Werben insgesamt jedoch nur ein geringer Erfolg beschieden war, hat auch die NSDAP bald zur Kenntnis nehmen müssen und entsprechende Folgerungen daraus gezogen. Die ursprüngliche Ausrichtung der Propaganda und ihre Mittel vor allem zeigen jedoch, wie weit dieser Nationalsozialismus vom traditionellen gegenrevolutionären Lager entfernt und wie nahe er dem frühen Faschismus in Italien stand. »Das Durchrasen der Stadt mit Kraftfahrzeugen zum Zwecke der Verteilung von Flugblättern, wie es am 3. Februar stattfand, hat einen zu revolutionären Einschlag, als daß es gebilligt werden könnte«,[8] mahnte das bayerische Innenministerium die Münchener Polizei, die offenkundig mit den Nationalsozialisten sympathisierte. Nicht zuletzt durch die politische Symbolik war die Nähe zur Revolution angedeutet, die man zugleich vernichten wollte. »Folgender Mittel«, so Hitler weiter im Rückblick, »habe man sich dabei bedient:

1. Ebenso wie die marxistischen Parteien habe er politische Plakate in schreiendstem Rot verbreitet.

2. Er habe Lastkraftwagen-Propaganda betrieben, wobei die Lastkraftwagen über und über mit knallroten Plakaten beklebt, roten Fahnen ausgestattet und mit Sprechchören besetzt waren.

. . .

5. Er habe politische Gegner durch Saalschutz stets so unsanft hinausbefördern lassen, daß die gegnerische Presse – die die Versammlungen sonst totgeschwiegen hätte – über die Körperverletzungen bei unseren Versammlungen berichtete und dadurch auf die Versammlungen der NSDAP aufmerksam machte.«[9]

Symbole waren die wichtigsten Mittel der politischen Integration

Entwurf Hitlers für einen SA-
Fahnenträger

und Organisation. Das war den frühen Propagandisten der NSDAP bei ihrem Fischzug im Bereich konfuser Gefühle, Ängste und Hoffnungen bewußt. Zu dem knalligen Rot als Symbol der Revolution kamen Symbole aus dem Arsenal der völkischen Gruppen. Diese Verbindung signalisierte die eigentümliche Verknüpfung von Veränderung und Bewahrung, die der Nationalsozialismus versprach. Vorrang in der völkischen Symbolwelt hatte das Hakenkreuz, das seit der Jahrhundertwende bei den Völkischen als Sinnbild arischer Erneuerung galt. In der Thule-Gesellschaft fand sich das Hakenkreuz ebenso wie in der Brigade Ehrhardt. Ein Mitglied der Thule-Gesellschaft, der Zahnarzt Friedrich Krohn, empfahl im Sommer 1919 in einer Denkschrift das Hakenkreuz als Symbol der völkischen Erneuerungsbewegung. Von ihm stammt vermutlich auch die von Hitler aufgegriffene Idee, das Hakenkreuz mit den Farben des alten Deutschland, Schwarz-Weiß-Rot, zu verbinden. Bald wurde das Hakenkreuz in den weißen Spiegel der knallroten Fahne gesetzt – die verwirrende Mischung von Tradition und Revolution hatte ihren endgültigen symbolischen Ausdruck gefunden.

Das Programm, das Hitler am 24. Februar 1920 im Hofbräuhaus verkündete und das er für »unabänderlich« erklärte, war daneben nur Beiwerk. Zusammengefügt aus dem »Ideenschutt« (Fest) des späten 19. Jahrhunderts, gab es sich als Leitlinie der völkischen Erneuerung. Es gipfelte in dem Postulat der Einheit der Nation unter den Prämissen eines »nationalen Sozialismus«. Mit der Forderung nach einer in sich geschlossenen Volksgemeinschaft ließen sich antikapitalistische Ressentiments mit einer scharfen antimarxistischen Stoßrichtung verbinden. Dies war ein entscheidender Schritt in Richtung auf das allgemein erstrebte Ziel, die Niederlage von 1918 in einen besseren Sieg zu verwandeln und den nationalistisch-imperialistischen Wunschvorstellungen der Jahrhundertwende zu ihrem Erfolg zu verhelfen.

Hitlers Beitrag ist dabei nur schwer auszumachen, denn seine Vorstellungen unterschieden sich zunächst kaum von denen anderer völkischer Antisemiten. Seine Handschrift wird nur deutlich in der militanten Wendung gegen den Versailler Vertrag und in dem Gewicht, das auf den »unabänderlichen« Charakter des Programms gelegt wurde.

Auch der neue Parteiname war entlehnt. Er orientierte sich an sudetendeutschen und österreichischen Vorbildern.

Aus der Spaltung der böhmischen Gewerkschaften in deutsche und tschechische Gruppen ging 1904 die im böhmischen Trautenau gebildete Deutsche Arbeiterpartei hervor. Bald erhielt sie eine scharfe antimarxistische Stoßrichtung, galt doch die marxistische Doktrin von der internationalen proletarischen Solidarität als Mittel der tschechischen Überfremdung. Im Parteiprogramm von 1913 waren die Angriffe auf Kapitalismus und Marxismus, auf Juden und Slawen noch heftiger, die Ziele der »schöpferischen Reform« jedoch nicht konkreter geworden. Dies galt auch für die Partei nach ihrer Umbenennung im Sommer 1918. Deutsche Nationalsozialistische Arbeiterpartei (DNSAP) nannte man sich nun und wollte alle Schaffenden in einer großen Sammlungsbewegung vereinigen.

Wie weit der Einfluß jenes österreichisch-böhmischen National-

Die Gegenrevolution in Berlin im März 1920
Ein Panzerauto in der Potsdamer Straße

sozialismus vor Hitler reicht, läßt sich schwer bestimmen. Immerhin spricht vieles dafür, daß der junge Hitler in Linz und Wien mit dieser Anti-Bewegung in Berührung gekommen ist.

Nun machte der unermüdliche Agitator in knapp einem Jahr aus dem obskuren Münchener Hinterzimmerverein eine bekannte Größe. Das sollte den Charakter der Partei wie auch Stellung und Selbstbewußtsein Hitlers selbst erheblich beeinflussen. Möglich war die rastlose Agitationstätigkeit aber nur, weil sich der Werbeobmann Hitler ganz der Politik widmen konnte, während der nominelle Parteivorsitzende Drexler weiterhin einem bürgerlichen Broterwerb nachging. Seit seiner Entlassung aus dem Heer am 31. März 1920 übte Hitler keine geregelte Tätigkeit mehr aus, sondern folgte ganz seiner unsteten und umtriebigen Natur. Politik wurde zu seinem Beruf. Hier konnte der Außenseiter alles gewinnen, was ihm bisher verwehrt geblieben war. Bald gab es keine Versammlung, auf der er nicht auftauchte. Seine Stimme und sein Gesicht wurden der Menge vertraut, machten bürgerliche und wohlhabende Kreise auf ihn aufmerksam und animierten diese, ihn materiell zu unterstützen. Die Freistellung vom Erwerbsleben erlaubte es ihm zu lesen, was er wollte, und zu reisen, wohin sein politisches Interesse ihn trieb. Während des Kapp-Putsches im März 1920 war er mit Dietrich Eckart in Berlin, im August nahm er mit Drexler in Salzburg an der Konferenz der österreichischen Nationalsozialisten teil. Im Herbst befand er sich – diesmal allein – für vierzehn Tage auf einer Propagandareise wieder in Österreich.

Langsam und fast unmerklich untergruben diese Aktivitäten Hitlers die Stellung der alten Parteigarde. Der Weg zu einer diktatorischen Stellung Hitlers innerhalb der Partei wie in ihrer Darstellung nach außen zeigt im Rückblick eine Zielstrebigkeit, die einen konsequenten Willen zur Macht vermuten läßt, der in Wirklichkeit nicht vorhanden war. Es waren vielmehr die Umstände, die diesen Weg begünstigten, und die Reaktion des auf Unabhängigkeit und Absicherung bedachten Hitlers, der sich als Propagandist und Agitator freilich für seine Partei unentbehrlich gemacht hatte. Einen Meilenstein in der organisatorisch-politischen Entwicklung der NSDAP

Gepanzerter Lastkraftwagen der Kapp/Lüttwitzschen Putschtruppen mit Hakenkreuz

»Tag der nationalen Arbeit«, 1. Mai in Berlin: ein riesiges Hakenkreuz bezeichnet den Hauptzugang zum Tempelhofer Feld

Das Hakenkreuz, in vielen Kulturen als Feuerrad Symbol von Bewegung und Sonne, beherrscht die Heraldik nationalistischer Gruppen und völkischer Zirkel; schon die Putschisten von 1920 hatten es beim Kapp-Putsch getragen. In den frühen Kampftagen der NSDAP ist es in den verschiedensten Formen vertreten, bis Hitler ihm seine endgültige Prägung gibt. Die Hakenkreuzflagge wird dann nach 1933 die alte schwarz-weiß-rote Reichsflagge immer mehr in den Hintergrund drängen und ist, ab 1935, zehn Jahre deutsche Reichs- und Nationalfahne.

65

Die Weihnachtsnummer des Ende 1920 von der NSDAP übernommenen »Völkischen Beobachters« führt auf der Titelseite vor, welche Mächte sich des Deutschen Hauses bemächtigen – Juden, Schieber, Bolschewiken und Offiziere der Siegerstaaten. Kein Attribut fehlt, mit dem sich die Überwältigungsangst der Deutschvölkischen illustrieren läßt; auffällig ist nur, daß die Erlöserfigur der sich gerade formierenden Partei noch fehlt.

bedeutete der Erwerb des »Völkischen Beobachters« Ende 1920 durch die Partei, da dies dem Propagandachef einen zusätzlichen Gewinn an Einfluß und Macht versprach. Er nutzte häufig die Spalten des Parteiorgans, um politische Ereignisse zu kommentieren und ideologische Standorte klarzustellen. Die Kontrolle über die Zeitung half, die Einheit der Partei in propagandistischer wie organisatorischer Hinsicht zu festigen. Darüber hinaus ließen sich mit einer eigenen Zeitung auch jene Sympathisanten und möglichen Anhänger ansprechen, die durch den lärmenden Stil der Parteiversammlungen eher abgestoßen wurden.

Zum Lebensstil des Trommlers gehörte schon in den Jahren 1920/21 eine persönliche Clique von Getreuen, deren Bewunderung ihm eine wichtige Selbstbestätigung gab und deren Unterstützung die Partei von der unauffälligen Gründung Drexlers in eine organisatorisch und ideologisch gefestigte Bewegung verändern half. Zu den frühen Männern um Hitler gehörten der Offizier Ernst Röhm wie der Publizist Dietrich Eckart, der Weltverbesserer Gottfried Feder wie der Ideologe Alfred Rosenberg und der weltgewandte Ingenieur Max Erwin von Scheubner-Richter, aber auch glühende Anhänger wie der demagogisch talentierte, auch in der eigenen Partei nicht unumstrittene Hermann Esser und der schwärmerisch ergebene Student Rudolf Heß, beide jünger als Hitler. Sie ebneten dem Namenlosen ohne Vergangenheit und ohne Verbindungen den Weg in die Politik, stellten die Kontakte zu vaterländischen Zirkeln, zu Reichswehrgruppen, zur Münchener Gesellschaft wie zu industriellen Kreisen und anderen Geldgebern her oder bestärkten Hitler in seinen ideologischen Vorstellungen wie in seinen Propagandaauftritten.

»Gemacht« haben Röhm und Eckart Hitler. Sie haben den Beginn seiner politischen Karriere gefördert und gedeckt. Ernst Röhm, Hauptmann im Stab von Ritter von Epp und politischer Drahtzieher der militärischen Reaktion in Bayern, gehörte seit November 1919 der DAP an. Wie kein anderer hat er die frühe NSDAP unterstützt. Er besorgte Waffen, Geldmittel, Mitglieder und, wichtig für den Agitator, Verbindungen zu rechtsgerichteten Offizieren und Politikern. Getrieben vom Haß auf die Republik, organisierte der Haudegen Röhm überall nationalrevolutionäre Wehrverbände und antirepublikanische Kampfverbände, bis er schließlich auch die Parteiarmee der NSDAP, die SA, zu einer mächtigen Wehrbewegung und Bürgerkriegstruppe ausbaute. Damit wurde freilich einer der wenigen Duzfreunde, die Hitler besaß, bald auch zum gefährlichen Konkurrenten, dessen mächtiger und ungeduldiger Wehrverband schließlich zu einer Bedrohung von Hitlers Machtanspruch wurde. Einmal, zwischen 1925 und 1930, ließ sich dieser Konflikt noch durch eine Trennung lösen, beim zweiten Mal, 1934, meinte sich Hitler nur noch durch Mord des Rivalen und einstigen politischen Ziehvaters entledigen zu können.

Anders, aber nicht weniger wichtig, waren die Einflüsse und Hilfestellungen, die der völkische Publizist Dietrich Eckart Hitler gewährte. Der gescheiterte Schriftsteller und Ibsen-Übersetzer, der ein leidenschaftlicher Antisemit war, in der Thule-Gesellschaft aus und ein ging und sich wie Röhm mit Hitler duzte, war der erste und wichtigste intellektuelle Mentor, der Hitler die bürgerliche Bildungswelt erschloß und ihn in seinen rassenideologischen Grundüberzeugungen bestärkte und weiterformte. Die Identifizierung von Bolschewismus und Judentum war eine der Lehren Eckarts, die bei Hitler auf fruchtbaren Boden fiel. Ein wenn auch umstrittenes Dokument dieser ideologischen Beeinflussung und Diskussion ist die 1924 postum veröffentlichte Schrift Dietrich Eckarts mit dem kennzeichnenden Titel: »Der Bolschewismus von Moses bis Lenin. Zwiegespräch zwischen Adolf Hitler und mir«. Die Gesprächspartner sahen im Bolschewismus nichts anderes als die jüngste Erscheinungsform der uralten jüdischen Verschwörung, die in unterschiedlicher Gestalt für alle Auflösungserscheinungen, für alle sozialen Ungerechtigkeiten und Umwälzungen verantwortlich sei. In der Diagnose war man sich einig; in der Therapie sollte Hitler über seinen Mentor hinausgehen und das, was für Eckart Metapher war, wörtlich nehmen. Als geistigen Vater des Nationalsozialismus hat Hitler den früh verstorbenen Eckart gerühmt und den zweiten Band der eigenen Rechtfertigungsschrift »Mein Kampf« mit dem gesperrt gedruckten Namen Dietrich Eckarts beschlossen.

Ganz unmittelbar verbunden mit Hitlers Weg in die Politik war Gottfried Feder. Er hatte an jenem 12. September 1919 in der kleinen DAP referiert, als dort der V-Mann Adolf Hitler aufgetaucht war. Nach Hitlers eigenen Aussagen ließ ihn Feders Vortrag eine der wichtigsten Voraussetzungen für die Gründung einer Partei entdecken. Feders Verdienst sah Hitler darin, »mit rücksichtsloser Brutalität den ebenso spekulativen wie volkswirtschaftlichen Charakter des Börsen- und Leihkapitals festgelegt, seine urewige Voraussetzung des Zinses aber bloßgelegt zu haben«.[10] Was immer das bedeuten sollte, Hitler meinte in den fixen Ideen des Ingenieurs eine ökonomische Erklärung für seine antisemitische Weltformel und damit die theoretische Basis gefunden zu haben, auf der man dem Marxismus begegnen könne. Daß Kritiker die »praktische Durchführbarkeit« von Feders Plänen zur Geld- und Kreditreform bezweifelten, störte Hitler nicht. Im Gegenteil, darin sah er ihre Stärke. Mit sektiererischem Eifer hatte der volkswirtschaftliche Autodidakt seine Reformpläne an den Mann zu bringen versucht, bis er schließlich bei der Thule-Gesellschaft und der DAP landete und sein Ideengemenge endlich Eingang in das Parteiprogramm der NSDAP fand. Feders rückwärtsgewandtes Programm sprach die antikapitalistischen Ressentiments mittelständischer Gruppen an, und sie waren es auch, zu denen er in der Frühzeit des Nationalsozialismus Kontakte herstellte. Sein unermüdlicher Kampf für die »Brechung der Zinsknechtschaft« war Hitler und der NSDAP wertvoll, solange der Mittelstand propagandistisch umworben und eingefangen werden mußte. Von der praktischen Politik jedoch hielt Hitler seinen »Parteiökonomen« fern, und schon 1934 fand sich eine Professur, auf die man den überflüssig gewordenen Propagandisten abschieben konnte.

Auch Alfred Rosenberg gehörte zu den frühen Gefolgsmännern, die bald in Vergessenheit gerieten, auch er verstand sich als ideologischer Gralshüter, mehr noch als der Philosoph des Nationalsozialismus. Seit seiner Redakteurstätigkeit im »Völkischen Beobachter«,

Das Programm der NSDAP – Heft 1 in der Reihe »Nationalsozialistische Bibliothek«, erschienen 1927 in München; 1930 wird bereits die 21. Auflage gedruckt.

die 1921 begann, mühte er sich um eine Systematisierung der nationalsozialistischen Weltanschauung, ohne damit je Anerkennung zu finden. Dies nicht nur, weil der grüblerische und pedantische Balte, dessen Architekturstudium ein vorzeitiges Ende gefunden hatte, in der derben Gefolgschaft Hitlers immer Fremdling blieb. Sein Hauptwerk »Der Mythus des 20. Jahrhunderts«, das er 1930 veröffentlichte, stieß auch die Parteiführung durch seine ermüdenden Tiraden, seinen halbwissenschaftlichen Eklektizismus und seinen Mystizismus ab. »Abgeschriebenes, zusammengekleistertes, ungereimtes Zeug«[11] nannte Hitler die Schrift, die neben »Mein Kampf« in einer zeitgenössischen Bibliographie als wichtigstes Buch des Nationalsozialismus galt. Hitler bediente sich des selbsternannten Chefideologen der Partei nur dann, wenn es ihm opportun erschien; den »Mythus« hat er nach eigenem Bekunden nie gelesen. Gleichwohl hat der Auslandsdeutsche Rosenberg im außenpolitischen Denken des Nationalsozialismus deutliche Spuren hinterlassen. Die Lebensraumideologie, mit der Heftigkeit des ressentimentgeladenen Emigranten vorgetragen, machte Rosenberg im frühen Nationalsozialismus heimisch, und die geheimnisumwitterten »Protokolle der Weisen von Zion« wurden durch ihn ein zusätzlicher Beweis für den internationalen, auf Weltherrschaft bedachten Charakter der jüdischen Verschwörung. Doch trotz seiner Rolle als außenpolitischer Berater Hitlers blieb nach der Machtergreifung Rosenbergs Traum von außenpolitischer Verantwortung im NS-Regime unerfüllt. Der starre Verfechter der nationalsozialistischen Lehre mußte mitansehen, wie er politisch an die Seite gedrückt wurde.

Durch Rosenberg war ein anderer Baltendeutscher 1920 zur jungen NSDAP gekommen und für Hitler bald zu einem unersetzlichen Kontaktmann geworden; dies war der promovierte Ingenieur Max Erwin von Scheubner-Richter, der drei Jahre später aus dem Führungskreis – beim Putschversuch an der Münchener Feldherrenhalle – erschossen wurde. Bis dahin hatte Scheubner-Richter Verbindungen zum Weltkriegsheroen Ludendorff, einer der Sym-

Fritz Sauckel
Robert Ley
Hermann Esser
Julius Streicher
Martin Bormann

Das Ganze komme ihm, bemerkte Gottfried Benn im August 1934, wie eine Schmiere vor, die fortwährend »Faust ankündigt, aber die Besetzung langt nur für Husarenfieber«. Die Besetzung des Stückes, das Drittes Reich hieß, war tatsächlich die eines Vorstadttheaters. Nie in seiner Geschichte ist das deutsche Reich von so miserablem Personal regiert worden; die »alten Kämpfer«, mit denen Hitler die Macht eroberte und behauptete, waren auf eine vordem ungekannte Weise medioker und vulgär zugleich, fast alle Berufslose oder Gescheiterte, vom berufslosen »Führer« selbst bis zu seinen Paladinen der Frühzeit – dem Reichsstatthalter von Thüringen Fritz Sauckel (Seemann) über den Führer der Arbeitsfront Robert Ley (Chemiker) bis zum Reichsleiter Martin Bormann (Landwirt) und dem Reichsführer SS Heinrich Himmler (Hühnerzüchter) – eine Versammlung von Figuren, denen nach dem Wort Ernst Jüngers kein halbwegs seriöser Fabrikant Prokura erteilt hätte.

bolfiguren der nationalen Rechten, wie zu Industriellen und auch zur Kirche hergestellt. Der weltläufige ehemalige Diplomat paßte im Grunde nicht so recht in die plebejische und fanatische Entourage Hitlers. Doch die Vielgesichtigkeit der Männer um Hitler ist ebenso ein Merkmal des Nationalsozialismus wie die Vielfalt gegensätzlicher ideologischer Quellströme, die dieser in sich vereinigte, und auch die Widersprüchlichkeit seines politischen Auftretens.

Hitler lernte es bald, sich zwischen diesen verschiedenartigen Welten zu bewegen. Auf der einen Seite standen Freikorpsleute und Landknechtstypen wie Röhm, Esser und der Weltkriegsfeldwebel Amann, daneben die bürgerlichen, gegenrevolutionären Kreise in München um die Thule-Gesellschaft: Eckart und Rosenberg, die Studenten Rudolf Heß und Hans Frank. Erst durch sie erhielt er Zugang zum Münchener Großbürgertum, zu den Verlegern Lehmann und Hanfstaengl und dem Klavier-Fabrikanten Bechstein. Der Historiker Karl Alexander von Müller, dem der »trotzigverlegene« Reichswehrangehörige Adolf Hitler »in einer schlechtsitzenden Uniform« schon 1919 in einem Ausbildungslager begegnet war, beobachtete gut zwei Jahre später im Hause Hanfstaengl, wie der mittlerweile ortsbekannte Agitator »die Gastgeberin fast unterwürfig höflich begrüßte, wie er Reitpeitsche, Velourhut und Trenchcoat ablegte, schließlich einen Gürtel mit Revolver abschnallte und gleichfalls am Kleiderhaken aufhängte . . . Etwas seltsam Linkisches haftete ihm noch immer an, und man hatte das unangenehme Gefühl, er spürte es und nahm es einem übel, daß man es merkte.«[12] Meistens saß er schweigend in den Münchener Salons, hörte aufmerksam zu oder verschlang große Kuchenberge. Dann wieder konnte er plötzlich in einen ungehemmten Redeschwall ausbrechen und stundenlang auf die verblüffte Kaffeegesellschaft einreden.

Bald nannte man ihn den »König von München« und auch: »Faszistenhäuptling«. Die einen belächelten ihn, die anderen meinten ihn für ihre Zwecke einsetzen zu können. Daß man Hitler falsch einschätzte, gehört zu den Merkmalen und Bedingungen seiner politischen Karriere von Anfang an. Wer war dieser Adolf Hitler? Welches sind die Motive seines Dranges in die Politik? In welche politische Schule war er gegangen, als er im Herbst 1919 in der DAP auftauchte?

2. Adolf Hitlers Weg in die Politik

Es gibt kaum eine politische Bewegung und Herrschaft, die so sehr von einer Person geprägt ist wie der Nationalsozialismus. Gleichwohl war sie kein bloßer Hitlerismus. Wenn sich auch Aufstieg, Machteroberung, Triumph, Verbrechen und götterdämmerungsartiger Untergang des Nationalsozialismus nicht ohne Hitler vorstellen lassen, so erklärt der Blick auf Hitler allein nicht Ursachen und Verlauf des historischen Vorgangs, der zu einem bis dahin in der europäischen Geschichte unbekannten Ausmaß an Gewalt, Verbrechen und Zerstörung geführt hat.

Dies gilt vor allem für Hitlers Biographie im engeren Sinne, für die ersten drei Jahrzehnte seines Lebens wie auch für die spätere Entwicklung seiner Persönlichkeit. So unscheinbar und dürftig sein persönliches Leben, so folgenreich sein politisches Erleben und Leben. Nichts prädestinierte den dreißigjährigen, aus dem Krieg als Gefreiter zurückgekehrten berufslosen Adolf Hitler für eine politische Karriere. Sein Leben war bis dahin von Ziel- und Bedeutungslosigkeit, von Anonymität und Mißerfolgen gekennzeichnet. Das Private blieb auch nach dem Beginn seiner politischen Karriere leer und kümmerlich, geradezu unpersönlich. Sebastian Haffner hat auf die ungewöhnliche »Eindimensionalität«[13] dieses Lebens hingewiesen, dem alles fehlte, »was einem Menschenleben normalerweise Wärme und Würde gibt, Bildung und Beruf, Liebe und Freundschaft, Ehe und Vaterschaft«. Der Weg in die Politik war der Ausbruch aus dieser Situation, die Kompensation für die eigene Unstetigkeit, Erfolglosigkeit und Unfähigkeit zu sozialen Kontakten. Der Drang in die Öffentlichkeit versteckte, daß Hitler im Grunde genommen eine »Unperson« war. Dadurch, daß er das Private zu einer öffentlichen Angelegenheit machte, verbarg er die eigene Leere und machte sich zum Medium geschichtlicher Umstände und Einflüsse, die er freilich eingeschmolzen und in einfache Formeln gepreßt hatte. Das gab ihm Selbstsicherheit und sicherte den Erfolg beim Publikum.

Hitlers politisches Leben gewinnt Kontur in der Berührung mit den Tendenzen der Epoche. Er wurde von der Geschichte seiner Zeit geprägt, um ihr dann selbst seinen unverkennbaren Stempel aufzudrücken.

In Hitler vereinigten sich »nahezu exemplarisch« alle »Ängste, Protestgefühle und Hoffnungen der Zeit«, die er dann als Ideologe und Propagandist umsetzte und nutzte, um eine Gesellschaft zu mobilisieren und zu integrieren. Sein Leben ist nur darum von Interesse, weil sich in ihm etwas von den Spannungen und Verwerfungen der Epoche enthüllt. Nicht die Daten und Stationen von Hitlers Biographie allein erklären, wie es zum Nationalsozialismus gekommen ist, sondern ihre Verschränkung mit den Wirkungsmächten, die ihn formten, und mit der Wirkungsgeschichte, die von dem Hitler-Mythos schließlich ausging. Das Zusammentreffen individueller Voraussetzungen mit allgemeinen Bedingungen und Erwartungen machte möglich, was er selbst als »Wunder dieser Zeit« verklärte, »daß ihr mich gefunden habt, daß ihr mich gefunden habt unter so vielen Millionen«.[14]

Zu den Umständen, die ihn formten und die sein Denken und Handeln bestimmten und weitertrieben, gehörten die allgemeinen Ängste und Ressentiments der Zeit, überlagert und überformt von dem Verlangen nach einfachen Lösungen und nach einer starken Hand.

Über Hitlers Leben hängt ein Schleier des Unbekannten und der Ungewißheit. Das liegt im Dunkel seiner Familiengeschichte und noch mehr in Hitlers ständigem Bemühen begründet, das eigene Leben zu verschleiern. Hitler war nicht nur ein Mann ohne Vergangenheit, aus Angst vor der eigenen Herkunft suchte er auch alle Spuren zu verwischen. Spurensucher und Zeugen seiner Vergangenheit beunruhigten ihn zutiefst. Als er 1930 zu einer Person von nationalem Interesse aufgestiegen war, irritierten ihn Versuche, Licht in seine Abstammung zu bringen. »Diese Leute dürfen nicht wissen, wer ich bin. Sie dürfen nicht wissen, woher ich komme und aus welcher Familie ich stamme.«[15] Eine Gedenktafel, die ein übereifriger Gauleiter in Spital an einem Hause anbringen ließ, in dem »der Führer in seiner Jugend gewohnt«[16] habe, löste einen seiner berühmten Wutanfälle aus. Nichts sollte auf die dunklen Familienhintergründe hinweisen und nichts auf die weiteren Stationen seines Lebens, was sich nicht mit der von ihm selbst verbreiteten Legende deckte. Reinhold Hanisch, den er aus den Zeiten im Wiener Männerheim kannte, ließ er nach dem Einmarsch in Österreich umbringen, wie er das auch mit Pater Stempfle getan hatte, seinem Helfer bei der Abfassung von »Mein Kampf«.

Wer in dieser vermeintlichen Autobiographie nach Herkunft und Werdegang Adolf Hitlers sucht, der begegnet nur Legenden und Selbstrechtfertigungen. Dort findet sich wenig Zuverlässiges über den Lebensweg und den Prozeß der politischen Bewußtseinsbildung, aber um so mehr über die pathologischen Züge des Autors. Nichts deutet auf eine Auseinandersetzung mit den geistigen und künstlerischen Strömungen der Zeit hin, nichts auf einen intellektuellen Reifeprozeß. Auf das meiste, was sich vom Glanz und Abgesang einer Epoche im Wien der Jahrhundertwende spiegelte, reagierte Hitler offenbar überhaupt nicht. Auf einiges dann um so extremer und irrationaler. Daher sind nicht, wie im Falle Mussolinis, ideengeschichtliche Betrachtungen über seinen Bildungsgang erforderlich, sondern psychologische Charakterisierungen der beherrschenden Wesenszüge Hitlers. Sie erklären die Heftigkeit der Reaktionen und die Radikalität der Umsetzung und Vereinfachung, die die verschiedensten geschichtlichen Mächte und Erscheinungen in dem Medium Adolf Hitler erfuhren.

Hitlers Familiengeschichte führt in die Enge des österreichischen Waldviertels zwischen Donau und böhmischer Grenze und verliert sich bald in dem Gewirr von Inzucht und unehelicher Herkunft. Er selber wurde am 20. April 1889 im Grenzstädtchen Braunau am Inn als viertes Kind aus dritter Ehe des Zollbeamten Alois Hitler geboren. Name wie Herkunft des Vaters bleiben dunkel. Adolf Hitler, der später von seinen Untertanen Ahnennachweis und arische Abstammung verlangte, wußte nicht, wer sein Großvater und ob dieser nicht möglicherweise »jüdischen Blutes« war.

Der Name Hitler ist möglicherweise tschechischen Ursprungs

und weist in das Waldviertel, wo sich mehrere Hiedlers oder Hüttlers nachweisen lassen. Doch besagt das noch nichts über die Abstammung des Vaters von Adolf Hitler. Denn dieser nahm, als Alois Schickelgruber geboren, erst mit 39 Jahren den Namen Hitler nachträglich an, nachdem seine Mutter, die Magd Maria Anna Schickelgruber, bereits seit 29 Jahren und deren späterer Ehemann, der Müllergeselle Johann Georg Hiedler, seit 19 Jahren tot waren. Beantragt wurde diese nachträgliche Legitimierung von Hiedlers Bruder Johann Nepomuk, der allerdings einem leichtgläubigen oder einsichtigen Dorfpfarrer zu Protokoll gab, daß nicht er, sondern sein Bruder Johann Georg der Vater seines bald vierzigjährigen »Ziehsohnes« sei. Eine solche »Korrektur« glaubte der Zollbeamte Alois Schickelgruber der eigenen Karriere oder doch dem guten Ruf des »Ziehvaters« schuldig zu sein. Maria Schickelgruber hatte Alois vermutlich aus der Stadt mitgebracht und fünf Jahre nach Alois' Geburt 1842 Johann Georg Hiedler geheiratet, ihren Sohn aber im selben Jahr dessen Bruder, dem Bauern Johann Nepomuk Hüttler, anvertraut.

Weder Adolf Hitler noch sein Vater lebten unter ihrem eigentlichen Namen, wenn auch der Müllergeselle Johann Georg Hiedler wie sein Bruder, der Bauer Johann Nepomuk Hüttler, als Väter von Hitlers Vater Alois Schickelgruber in Betracht kommen. Spätere Mutmaßungen brachten noch einen dritten Namen ins Gespräch, einen Grazer Juden namens Frankenberger, in dessen Haushalt Maria Schickelgruber als Magd tätig war, als sie schwanger wurde.

Die Gerüchte über »Judenblut« in Hitlers Adern reichten bis in die hohe NS-Führung, und Hans Frank, Anwalt Hitlers und der NSDAP und späterer Generalgouverneur in Polen, berichtete während der Nürnberger Prozesse von erpresserischen Briefen eines Sohnes von Hitlers Halbbruder Alois, der sich 1930 in Andeutungen über »sehr gewisse Umstände« in der Familiengeschichte Hitlers ausgelassen habe.[17] Die vertraulichen Recherchen, die er im Auftrag Hitlers angestellt habe, hätten auch Anhaltspunkte für eine mögliche Vaterschaft Frankenbergers ergeben. Heinrich Himmler setzte noch 1942 die Gestapo auf diese Fährte, ohne zu einem greifbaren und in den Machtkämpfen des Regimes möglicherweise verwertbaren Ergebnis zu kommen. Neuere Untersuchungen haben die Behauptung Franks erschüttert, aber über die tatsächliche Großvaterschaft konnten nie gesicherte Belege erbracht werden. Doch nicht der endgültige Nachweis über die Abstammung Hitlers ist von Interesse, sondern die Unsicherheit darüber, die er offensichtlich nicht aus der Welt schaffen konnte. Freilich erklärt ein solches mögliches Verdrängungsmotiv noch lange nicht den Radikalismus von Hitlers Antisemitismus; dazu bedurfte es der Eindrücke in Wien und der politischen Sozialisation durch Krieg, Niederlage und Revolution.

Die Schilderung des Vaters bleibt blaß, und was Adolf Hitler über ihn zu berichten hat, ist Teil seiner Legende. Weder war der Vater ein hemmungsloser Trinker noch hinterließ er bei seinem vorzeitigen Tod (1903) eine verarmte Familie. Vielmehr wuchs Adolf Hitler in durchaus gesicherten Verhältnissen eines kleinen Beamtenhaushalts auf. Der Vater hatte es in seinem Beruf zu weit mehr gebracht

Der sechzehnjährige Adolf Hitler
Zeichnung seines Mitschülers Sturmlechner

Die Fixiertheit auf frühe Erfahrungen scheint selbst die Physiognomie Hitlers zu prägen, der noch als Herr Europas erklärte, alle Fundamente seiner Weltanschauung in den frühen österreichischen Jahren gewonnen zu haben. Das Porträt des Sechzehnjährigen scheint schon jene schwärmerische Verzücktheit zu spiegeln, die dann in Hunderten von Aufnahmen des dreißigjährigen Volksredners festgehalten ist.

als alle anderen Mitglieder der Hitler-Sippe. Er hatte am Ende mit dem Rang eines Zollamtsoberoffizials die höchste Stufe erreicht, die ihm aufgrund seiner Vorbildung möglich war. Auch war er ein durchaus fortschrittlich eingestellter Mann. Nach seiner Pensionierung betrieb er zunächst einen Hof im Trauntal und kaufte sich dann 1898 ein eigenes Haus in Leonding bei Linz. Bei seinem Tod hinterließ er Besitz und Pension. Alles spricht für ein ausgeprägtes bürgerliches Bestreben nach Solidität und Sekurität, nichts für Hitlers Legende von den ärmlichen Verhältnissen und der häuslichen Enge. Not und Außenseiterrolle waren nicht den familiären Umständen, sondern Hitlers eigenem Versagen zuzuschreiben. Dem sozialen Aufstieg des Vaters standen des Sohnes Scheitern und Abstieg ins Männerheim gegenüber.

Schon 1892 war die Familie von Braunau nach Passau, zwei Jahre später dann nach Linz umgezogen. Die häufigen Umzüge der Familie – innerhalb von 25 Jahren lassen sich mindestens elf nachweisen – hatten sicherlich häufig dienstliche Gründe. Sie entsprechen freilich auch einer persönlichen Unrast des Vaters, der in seinem Leben insgesamt dreimal verheiratet war und es mit der ehelichen Treue nicht genau nahm. Noch zu Lebzeiten der ersten Frau erwartete er ein Kind von der späteren zweiten Frau und zu Lebzeiten der zweiten eines von der dritten, Klara Pölzl, der Mutter Adolf Hitlers, die schon als Hausgehilfin bei den Hitlers gelebt hatte. Bei ihrer Eheschließung mußte erst kirchlicher Dispens eingeholt werden, denn die 23 Jahre jüngere Klara Pölzl, die auch aus Spital stammte, war nach der Namensänderung von Alois Hitler, zumindest dem Gesetze nach, seine Nichte. Sie versorgte Haus und Familie offenbar unauffällig und mit Hingabe.

Zur Familie gehörten die Kinder aus zweiter Ehe, Alois und Angela, sowie die jüngere Schwester Adolf Hitlers, Paula. Drei ältere Geschwister und ein jüngerer Bruder waren bereits im Kindesalter gestorben.

Den überwiegenden Teil der Kindheit und Jugend verbrachte Adolf Hitler in Linz. Hier erlebte er das Scheitern in der Schule, hier wurde er zum Außenseiter. Gleichwohl hat er die Jahre in Linz später wiederholt die »glücklichste Zeit« seines Lebens genannt und die Stadt immer wieder zum Gegenstand seiner Architektur- und Kunstträume gemacht.

Die Zeugnisse aus der Volksschulzeit weisen ihn noch als guten Schüler aus. Auf der Realschule in Linz freilich versagte er völlig. Ein Klassenlehrer hat ihn als einseitig begabt, unbeherrscht, ohne Ausdauer und herrschsüchtig zugleich charakterisiert. Zweimal wurde er nicht versetzt und einmal nur nach einer Wiederholungsprüfung. Auch die Probeversetzung auf die benachbarte Realschule in Steyr änderte an den schlechten Leistungen nichts. Sein schulischer Fleiß erfuhr regelmäßig die Beurteilung »ungleichmäßig«, ungenügende Leistungen wurden Hitler in Mathematik und Stenographie, aber auch in Deutsch bescheinigt. Selbst in seinen angeblichen »Lieblingsfächern« Geschichte und Geographie weisen die Zeugnisse des Jahres 1905 nur die Note »vier« aus. Nur im Zeichnen und im Turnen lag er über dem Durchschnitt. Doch das reichte nicht aus, und so verließ er schließlich mit Erlaubnis der Mutter im Herbst 1905 die

Entwurf einer Donaubrücke für Linz

Skizze für den Volkswagen, vermutlich nach Porsches Entwurf entstanden

Der Zeichner Hitler macht im Lauf der Jahrzehnte eine bemerkenswerte Wandlung durch: Aus dem unsicheren Strich, mit dem er in den Wiener Jahren Kirchen und Paläste festhält, wird der selbstsichere Entwurf von Kuppelhallen, Siegestoren, Stahlbrücken, Automobilen und ganz am Schluß von Bunkeranlagen am Atlantik. Speer berichtet, daß er mit kräftigen Korrekturen in die Entwürfe der meisten seiner Architekten eingriff, wobei erhaltene Blaupausen zeigen, daß er sie in der Tat mitunter verbesserte.

Schule. Dabei kam ihm, wie er in »Mein Kampf« verräterisch formulierte, »plötzlich eine Krankheit zu Hilfe«.[18]

Eine Erklärung für sein Versagen fand sich auch: es sei eine Trotzreaktion auf den unerbittlichen Vater gewesen, der ihn in eine Beamtenlaufbahn habe zwingen wollen, die jener mit Erfolg erklommen hatte. Doch als sich der launische und unstete Sohn schließlich 1905 mit seinem Drängen durchgesetzt hatte und die Schule aufgab, war der Vater Alois Hitler in Wirklichkeit schon über zwei Jahre tot, und von der kränklichen Mutter wird man kaum annehmen können, daß sie die angebliche Drohung des Vaters so lange hat aufrechterhalten können.

Das bestätigt auch die Nachgiebigkeit, mit der sie dem eigensüchtigen und rechthaberischen Sohn zweieinhalb Jahre lang ein Leben im Müßiggang gestattete. Die stattliche Pension, die der Vater hinterlassen hatte, ermöglichte dem Siebzehnjährigen Nichtstun, Tagträumereien, Theaterbesuche und allerlei Zeichenversuche: so stellte sich Adolf Hitler, einer geregelten Ausbildung entflohen, ein Künstlerleben vor. Ganz der Kunst wollte er sich widmen, und in der Kunst suchte er offenbar jene Erhöhung, die er im Alltag nicht gefunden hatte. Der Schulentlaufene flüchtete sich in Traumwelten, angeregt durch Theaterbesuche und Opernmusik. Bis tief in die Nacht entwarf er voller Erregung Pläne für die städtebauliche Umgestaltung von Linz, für Theaterbauten, Villen und Musentempel oder skizzierte seinem staunenden Freund August Kubizek den Entwurf für eine Brücke über die Donau, die er dann als Fünfzigjähriger, auf dem Höhepunkt seiner Macht, mit infantiler Rechthaberei nach den eigenen Jugendträumen errichten ließ. Daß er schon als fünfzehnjähriger Plänemacher nicht zwischen Traum und Wirklichkeit unterscheiden wollte, dafür gibt August Kubizek mehrere Beispiele: so versetzte ihn der Kauf eines Lotterieloses in einen Zustand vorweggeträumter Wirklichkeit, wie sie später seine Monumentalarchitektur suggerieren sollte. Wochen vor der entscheidenden Ziehung sprach er von der großzügigen Wohnung, die er am Donauufer im zweiten Stock eines herrschaftlichen Hauses beziehen wollte, wählte Möbel, Stoffe und Dekorationen aus und schwärmte dem staunenden Gustl von einem Leben ganz für die Kunst in einem Haushalt vor, der, von einer »älteren, schon etwas grauhaarigen, aber unerhört vornehmen Dame« geführt, Ort festlicher Empfänge für einen »ausgewählten, hochgestimmten Freundeskreis« sein werde. Als eine Niete diesen infantilen großbürgerlichen Traum zerstörte, reagierte Hitler mit einem Tobsuchtsanfall und machte gleich das gesamte »System« für diese Enttäuschung verantwortlich.

In einen geradezu ekstatischen Zustand geriet der Wagner-Verehrer nach einer Aufführung des »Rienzi« im Linzer Stadttheater. Überwältigt von dem Rausch der Musik und dem Schicksal des Opernhelden habe Hitler, so berichtet Kubizek, ihn auf den Freinberg geführt und mit erregter Stimme von dem Auftrag gesprochen, den er einst von seinem Volke empfangen werde, um es in die Freiheit zu führen. Während er in mitreißenden Bildern seine Zukunft und die seines Volkes entwickelte, habe gleichsam ein anderes Ich aus Hitler gesprochen. 30 Jahre später habe ihm Hitler schließlich gestanden: »In jener Stunde begann es.«[19]

Ernst Nolte vermutet, daß solche Stellen von »hinreißender Kraft und faszinierender Glaubwürdigkeit« jene Stellen sind, »wo sein ›Glaube‹ zum Ausdruck kommt«.[20]

Das hat natürlich nichts mit jenen angeblich übernatürlichen Kräften Hitlers zu tun, denen die Zeitgenossen erlegen sein wollten. Solche »infantilen« und »monomanischen« Wesenszüge, die Nolte als Grundzüge der Hitlerschen Persönlichkeit herausgestellt hat,[21] finden sich auch bei anderen jugendlichen Träumern, die es nicht zu historischer Bedeutung gebracht haben. Daß sie politisch wirksam werden konnten, dafür sind die Umstände einer unruhigen Epoche mit ihren Ängsten und Sehnsüchten verantwortlich. In dem halbwüchsigen Müßiggänger Adolf Hitler zeichneten sich jene Wesenszüge schon ab, die dann den politischen Fanatiker und Ideologen ausgemacht haben: die außergewöhnliche Egozentrik, die Flucht in Traumwelten, das hemmungslose Bedürfnis nach Selbstdarstellung und Anerkennung und ein überzogenes Selbstmitleid.

Dieser Hang verstärkte sich mit den weiteren Stationen seines Scheiterns. Verwöhnt setzte er auch in Wien den bisherigen Lebensstil eines ungebundenen Müßiggängers fort. Es war keineswegs

»Mutter Not«, die ihn in die Weltstadt getrieben hatte, sondern wieder die Flucht vor einer geregelten Arbeit oder Berufsausbildung. Jeder Schuljunge in Hitlers Deutschland mußte später die selbstmitleidige Geschichte kennen, wie der »Führer« als Siebzehnjähriger nach dem Tod der Mutter sein Brot selbst habe verdienen und deshalb in diese »Phäakenstadt« habe wandern müssen. Als Jahre des Elends und des Jammers hat er die fünf Jahre ausgemalt, die er in Wien zubrachte. Es sollten die fünf wichtigsten Jahre seiner Formierung werden, denn die Krise, in die ihn das Scheitern seines Traumes führte, verfestigte jene Charakterzüge, die schon in Linz erkennbar wurden.

Die Mutter hatte 1906 den ersten mehrwöchigen Wienaufenthalt bezahlt, den Hitler mit Theaterbesuchen und Stadtbesichtigungen ausfüllte. Überwältigt vom hauptstädtischen Glanz schrieb er an den Freund Kubizek in Linz von diesen Tagen. Dennoch dauerte es noch eineinhalb Jahre, bis es ihn wieder nach Wien zog.

Dort versuchte er nun, vermutlich von den Angehörigen zu einer Berufsentscheidung gedrängt, seiner künstlerischen Berufung ernsthaft nachzugehen. Der Versuch allerdings, die Wiener Kunstakademie zu besuchen, scheiterte im Oktober 1907 beim Probezeichnen. Die »Classifikationsliste« dokumentiert die Ablehnung, die für Hitler zum »jähen Schlag« wurde: »Die Probezeichnung machten mit ungenügendem Erfolg oder wurden zur Probe nicht zugelassen die Herren: ... Adolf Hitler, Braunau a. Inn, 20. April 1889. deutsch, kath. Vt. Oberoffizial, 4 Realsch. Wenig Köpfe, Probez. ungenügend.«[22] Nach der Ablehnung durch die Malerschule der Akademie bewarb sich Hitler für ein Architekturstudium an der Akademie, doch dafür benötigte er die Reifeprüfung. »Was ich aus Trotz in der Realschule versäumt hatte«, so heißt es sechzehn Jahre später in »Mein Kampf«, »sollte sich nun bitter rächen.«[23] Auf den Gedanken, die fehlende Qualifikation nachzuholen, scheint er aber nicht gekommen zu sein. Zwar war sein Künstlertraum nun ausgeträumt, aber Hitler blieb in Wien, um das angenehme Leben eines »Kunststudenten« weiterzuführen und die todkranke Mutter nicht über die Ablehnung der Akademie aufklären zu müssen. Erst kurz vor dem Tode der Mutter, am 21. Dezember 1907, kehrte er nach Linz zurück. Der jüdische Arzt der Familie, Dr. Bloch, berichtete später: »Ich habe in meiner beinahe 40jährigen ärztlichen Tätigkeit nie einen jungen Menschen so schmerzgebrochen und leiderfüllt gesehen, wie es der junge Adolf Hitler gewesen ist.«[24] Bald darauf, im Februar 1908, verließ Adolf Hitler endgültig Linz.

Der Tod der Mutter bedeutete sicherlich nicht den behaupteten Sturz in die Armut. Hitler bezog monatlich 58 Kronen aus dem väterlichen Erbteil, dazu kamen 25 Kronen Waisenrente, die er bis zum 23. Lebensjahr erhielt, da er angeblich Kunst studierte. Das »harte Schicksal«, das er später beklagte, hatte mit materieller Not nichts zu tun. Hitler verfügte in den ersten Wiener Jahren, in denen er sich angeblich als Hilfsarbeiter auf dem Bau durchschlug, über ein besseres Einkommen als ein k.u.k.-Assessor. Benito Mussolini, der zur selben Zeit im damals österreichischen Trient Chefredakteur einer sozialistischen Zeitung und Sekretär an einer Arbeitskammer war, erhielt für beide Tätigkeiten zusammen 120 Kronen.[25]

Von der Mutter Hitlers ist nicht viel mehr überliefert, als daß sie die 23 Jahre jüngere dritte Frau eines kleinen Zollbeamten war, dessen Pension ausreichen sollte, der Familie ein Auskommen ohne Not zu sichern. Dem ziellosen Sich-Treiben-Lassen des Sohnes, der keine Schule zu Ende brachte und keine Lehre absolvierte, mag sie mit nicht endender, wohl auch ängstlicher Geduld zugesehen haben – ergeben als Frau wie als Mutter, mit leicht verschrecktem Augenausdruck.

Noch einmal unternahm Hitler einen Versuch, in die erträumte Welt der Künstler aufzusteigen. Ein Empfehlungsschreiben der Hausbesitzerin, bei der die Mutter gelebt hatte, öffnete ihm den Weg zu einer Größe der Welt der Oper und Malerei, zu Alfred Roller, dem bekanntesten Bühnenbildner im damaligen Wien und Lehrer an der Kunstgewerbeschule. Was Roller dem »ernsten, strebsamen jungen Menschen«, der nach Meinung der Magdalena Hanisch den festen Vorsatz hatte, »etwas Ordentliches zu lernen«,[26] geraten hat, wissen wir nicht. Vielleicht war es der Rat, wirklich etwas Ordentliches zu lernen.

Jedenfalls genoß der »Kunststudent« weiterhin das Privileg, Herr seiner eigenen Zeit zu sein. In Wien setzte er sein Linzer Leben fort. Er widmete sich weiterhin Theaterbesuchen, dem Entwerfen von Bauprojekten und Musikdramen. Derweilen ging Freund Kubizek, der inzwischen auch nach Wien gekommen war, wirklich einem Musikstudium nach. Im September 1908 unternahm Hitler noch einmal einen Versuch, in die Malklasse der Akademie aufgenommen zu werden. Dieses Mal wurde er nicht einmal zur Probe zugelassen. Alles deutet darauf hin, daß diese erneute und endgültige Abweisung an den Türen des Traumlandes einen Wendepunkt darstellte und die Erfahrung der Zurückweisung des Vorjahres noch verstärkte. Seine Freundschaft mit Kubizek zerbrach. Es blieb der Haß auf alle Schulen und Lehrer; noch 35 Jahre später sollte er sich in seinen Monologen im Führerhauptquartier Bahn brechen. Jetzt begann für Hitler tatsächlich der Abstieg in das Halbdunkel der Obdachlosen- und Männerheime, obwohl die Waisenrente und Unterstützungen von Verwandten weiterhin eintrafen.

Der verhinderte Kunstschüler etablierte sich nun als »akademischer Maler« oder bezeichnete sich auch als Schriftsteller. Er malte oder zeichnete sehr viele kleinformatige Bilder, meistens Kopien von Postkarten und Stichen. Den Verkauf betrieb sein Kumpan aus dem Obdachlosenasyl, Reinhold Hanisch, den Erlös teilte man sich. Zu den Käufern der Hitlerschen Bilder – meist Aquarelle – gehörten jüdische Intellektuelle und Geschäftsleute. Auch der Hausarzt Dr. Bloch kam in den Besitz der Gelegenheitswerke. Was Hitler zeichnete, folgte dem Kunstsinn vergangener Generationen. Die künstlerische Gegenwart, geschweige denn die Avantgarde scheint er nicht wahrgenommen zu haben und auch nicht die intellektuelle Erregtheit jener Wiener Jahre mit ihrer schonungslosen Entzauberung und Demaskierung des Menschen.

Eigentlich hätten die Lebenserfahrungen und -umstände den jungen »Kunstmaler« zur künstlerischen Revolution prädestiniert. Obwohl er doch zum etablierten Kunstbetrieb nicht einmal zugelassen worden war, machte der Zurückgewiesene sich nun zum Verfechter von Tradition und bürgerlicher Kultur. Er träumte sich in sie hinein und wartete um so beharrlicher auf Anerkennung und Aufnahme. Nichts deutete auf eine Revolte, alles auf ein Leben am Rande der bewunderten bürgerlichen Gesellschaft.

Erklärungen für das persönliche Versagen und Mißgeschick boten Vorurteile, Schlagworte und Ängste, die überall zu vernehmen waren und in kleiner Münze gehandelt wurden. Die Begegnung mit den politischen und sozialen Problemen und Themen seiner

---

»Ostara«-Hefte des Mönches Adolf Lanz alias Jörg Lanz von Liebenfels

Die Rassenlehre des späten 19. Jahrhunderts lernte Hitler zuerst in deren trivialster Fassung kennen, der völkischen Subkultur der Ostara-Bewegung eines entlaufenen Mönchs, der nicht nur von Rasseveredelung durch Zucht träumte, sondern auch von Rassehygiene und Sterilisation und Vernichtung. Die grausige Praxis am Ende seines Lebens nimmt sich wie ein Wörtlichnehmen der wirren Phantasmagorien des Lanz von Liebenfels aus.

Sind Sie blond? Dann drohen Ihnen Gefahren!

Lesen Sie daher die „Ostara", Bücherei der Blonden und Mannesrechtler!

Nr. 73

Die Blonden als Musik-Schöpfer

von J. Lanz-Liebenfels

Inhalt: Ursprung und Wertung der Musik, ihre sexuelle Wurzel, infibulierte Musiker, Rassenphrenologie und musikalische Befähigung, die süßlich sentimentalen Mittelländer, die realistisch-futuristischen mongolischen Lärmmacher, die Blonden als Erfinder der Musikinstrumente, Entwicklung der Harfe aus dem Bogen, die altarischen Saiten- und Blasinstrumente, die arische Musik im Altertum, die Germanen Ambrosius, Alkuin, Hucbald und Guido als Förderer der mittelalterlichen Musik. Die Blonden als Erfinder der Notenschrift und Mehrstimmigkeit, die melodischen und harmonischen Mysterien der mittelalterlichen Musik, die Trümmer einer versunkenen Musikwelt, die Niederländer, die Dunkelrassen als geistige Diebe und Verfallsmusiker, Rassenanthropologie der bedeutendsten alten und neuesten Musiker, Notenbeispiele alter Musik: Harmonisierung des Adventhymnus von St. Ambrosius.

Verlag der „Ostara", Mödling-Wien, 1913
Auslieferung für den Buchhandel durch
Friedrich Schalk in Wien.

Umwelt verlief ähnlich zufällig und einseitig wie die Auseinandersetzung mit der Kunst. Er habe in Wien gründlich und viel gelesen, hat Hitler immer wieder beteuert. Doch auch dieses angebliche Studium, das ihm das Leben diktierte, gehört ins Reich der Legende. Es gründete sich auf die Lektüre zufällig erworbener oder entliehener Broschüren und Pamphlete, in denen jene subjektiven Erfahrungen und Einstellungen verallgemeinert und politisiert wurden, die vom persönlichen Scheitern bestimmt waren.

Was Hitler wirklich gelesen hat, hat er nie verraten; nur daß es viel gewesen sei, wurde er nicht müde zu beteuern. Aus allerlei obskuren Quellen fügte er seine Weltanschauung zusammen, die als »granitenes Fundament« sein ganzes Leben bestimmen sollte. Sicher ist, daß er ein weitverbreitetes Produkt der völkischen Subkultur in die Hände bekommen und den Verfasser auch darum gebeten hat, ihm fehlende Hefte seines rassenkundlichen Magazins zu beschaffen.

An jedem Tabakkiosk konnte man die »Ostara«-Hefte des entlaufenen Mönchs Adolf Lanz, der sich den ebenso wirkungsvollen wie für die Mentalität der bürgerlichen Gesellschaft um die Jahrhundertwende charakteristischen Adelsnamen Jörg Lanz von Liebenfels zugelegt hatte, erwerben und damit teilhaben am Kampf der »Heldlinge« gegen die »Schrättlinge«. »Sind Sie blond? Dann sind

Sie Kultur-Schöpfer und Kultur-Erhalter! Sind Sie blond? Dann drohen Ihnen Gefahren! Lesen Sie daher die Bücherei der Blonden und Mannesrechtler!«[27]

Hitler ließ sich offenbar von dieser Werbung auf den Titelseiten des Blattes unter dem Namen einer germanischen Frühlingsgöttin ansprechen. Denn als Kultur-Schöpfer verstand er sich allemal, und die Angst stellte die überwältigende Erfahrung seiner Jünglingsjahre dar. Die Bewahrung der arischen Rasse und Kultur stellte sich der Stifter einer arischen Heldenreligion ganz einfach vor: »durch Vernichtung alles Minderwertigen und Züchtung des ›höheren Menschen‹«. Einem Vernichtungsprogramm von der zwangsweisen Sterilisation über Deportationen bis hin zu Liquidation durch Zwangsarbeit und Tötung entsprach ein Konzept der Rassenveredelung durch »Rassenhygiene«, durch planmäßige Zucht und Vielweiberei. Was sich hier in verschrobenen, phantastischen Formulierungen noch unter der Decke europäischer Zivilisation zusammenbraute, sollte in der Vernichtungs- und Züchtungsideologie des SS-Staates blutiger Ernst werden.

Lanz von Liebenfels war sicherlich nicht der einzige, »der Hitler die Ideen gab«. Was ihn für Hitler anziehend machte, war nicht die Originalität seiner Ideen, sondern vermutlich die drastische Formulierung vertrauter Ängste und Reaktionen. Lanz hat weniger die Ideologie Hitlers geprägt, »als vielmehr die Pathologie, die ihr zugrunde lag«.[28]

Die Ausbildung der Hitlerschen Weltanschauung vollzog sich nicht in intellektueller Auseinandersetzung, sondern auf der Ebene sehr subjektiver psychologischer und propagandistischer Eindrücke. Die Schilderung seines politischen Erwachens, das in Wien stattgefunden haben soll, entbehrt jeglicher intellektueller Anstrengung, zeugt aber um so mehr von den nationalistischen, bürgerlichen Vorurteilen der Zeit, von denen er sich hat leiten lassen. Kennzeichnend dafür ist die Konfrontation mit dem marxistischen Sozialismus. Nicht über programmatische Schriften fand diese Begegnung statt, sondern im Alltag der Arbeitswelt und beim Anblick sozialistischer Massendemonstrationen. Es waren seine sozialen Dünkel, die den bereits im äußeren Erscheinungsbild um Abgrenzung bemühten Kleinbürger Adolf Hitler von der Arbeiterschaft abstießen und ihm bei dem Anblick der Massenbewegung der Arbeiterschaft Angst einflößten. Alles, was er auf der Baustelle aus dem Munde sozialistisch eingestellter Arbeiter vernahm, erregte ihn. Die bürgerlichen Werte, die der Zurückgewiesene sich zu eigen gemacht hatte, wurden hier in Frage gestellt. »Es gab da rein gar nichts, was so nicht in den Kot einer entsetzlichen Tiefe gezogen wurde.«[29]

Das war ein Gefühl, das Hitler sicherlich mit vielen Zeitgenossen teilte. Doch die unmittelbar sich anschließende Frage nach den Hintermännern solcher Bewegungen, die den Massen Gift einflößten und ihnen ihren Willen aufzwängten, zeigt den monomanen Charakter, der sich auch hinter aller späteren Politik und Propaganda Hitlers finden sollte. Und bald glaubte er auch die Antwort gefunden zu haben, nämlich als er die vielen jüdischen Namen unter den Führern des österreichischen Marxismus entdeckte. Wie Schuppen sei es ihm nun von den Augen gefallen. Endlich hatte er den Grund aller Zersetzung entdeckt. Bald verkündete er seine neuen Einsichten seinem Publikum im Männerheim. Doch dort war man die ewigen Monologe leid.

Was Hitler vortrug, konnte man auch anderswo in Wien hören. Und auf einige dieser Quellen berief er sich auch, etwa auf die Antisemitenbewegung des alldeutschen Nationalisten Georg Ritter von Schönerer. Hier fand er die gleiche Monomanie, mit der alles Böse dieser Welt auf die Juden zurückgeführt wurde, die gleiche Radikalität in der Kampfansage gegen die Kräfte der Zersetzung, die auch Lanz von Liebenfels predigte und die den Kern der eigenen Weltanschauung ausmachte.

Noch wichtiger als Programme waren ihm die propagandistisch-organisatorischen Fähigkeiten eines Politikers und einer Partei. Das war es, was ihn bei aller Ablehnung an der sozialistischen Bewegung faszinierte und was auch seine Bewunderung für den Wiener Bürgermeister Dr. Karl Lueger ausmachte, »den gewaltigsten deutschen Bürgermeister aller Zeiten«. An seinem antisemitischen Programm übte Hitler zwar Kritik, für sein demagogisches und taktisches Geschick empfand er jedoch größte Bewunderung.

Die Möglichkeiten, die schwungvolle Rhetorik und psychologische Technik eröffneten, faszinierten den Opernfreund Hitler, der bald auch ein leidenschaftlicher Kinogänger geworden war. Auch das waren Lehren, die ihm in Wien zuteil wurden. »Propaganda, Propaganda«, so berichtet Hanisch, habe Hitler fasziniert erklärt, »so lange, bis daraus ein Glaube wird und man nicht mehr weiß, was Einbildung und was Wirklichkeit ist«, denn Propaganda sei »die Grundessenz jeder Religion ..., ob Himmel oder Haarpomade«.[30] Auch wenn diese Aussage möglicherweise nicht authentisch ist, so trifft sie doch die Erfahrungswelt des Zwanzigjährigen. Sie deckt sich mit den Überlegungen, die Hitler in »Mein Kampf« über die Möglichkeiten und Bedingungen von Propaganda anstellte und die er aus der Beobachtung sozialistischer Propagandatechniken gewonnen haben wollte. Die Ursache sozialdemokratischer Erfolge sah er allein in deren geistiger Terrorisierung der Massen. Denn »die Psyche der breiten Masse ist nicht empfänglich für alles Halbe und Schwache ... Die Masse [liebt] mehr den Herrscher als den Bittenden und fühlt sich im Innern mehr befriedigt durch eine Lehre, die keine andere neben sich duldet, als durch die Genehmigung liberaler Freiheit.«[31]

Die politische Konsequenz, die er angeblich schon in Wien aus dieser Erfahrung gezogen hatte, war sicherlich aus dem Jahre 1925 in das Jahr 1909/10 zurückprojiziert. Aber Ebene und Form der Auseinandersetzung sind dieselben: es geht um die Waffe der Propaganda und darum, sie dem Gegner zu entwinden. »Wird der Sozialdemokratie eine Lehre von besserer Wahrhaftigkeit, aber gleicher Brutalität der Durchführung entgegengestellt, wird diese siegen, wenn auch nach schwersten Kämpfen.«[32]

Es war kein durchdachtes politisches Konzept, das Hitler in Wien als »granitenes Fundament« seiner Weltanschauung entwickelte. Seine Weltanschauung erschöpfte sich in einer vehementen Kampfansage gegen Aufklärung und Toleranz, Demokratie und Parlament, gegen Marxismus und Judentum. Auch die Klammer, die diese verschiedenen Anti-Haltungen zusammenschloß, ein radikaler rassenbiologischer Antisemitismus, war ein Widerhall herrschender Vorstellungen und Vorurteile. Der Haß freilich, mit dem Hitler die Juden als Erreger alles Bösen auf der Welt anklagte, war außergewöhnlich und in zugleich infantilen und monomanen Wesenszügen angelegt. Doch bleibt dieser fanatische Haß zunächst ein individuelles Merkmal, ohne politische Resonanz. Er erklärt weder den Weg Hitlers in die Politik noch die Tatsache, daß beinahe ein ganzes Volk bereit war, dem politischen Vollzug dieses privaten Hasses weitgehend zu folgen.

Mit der Luft des Antisemitismus, die man in Wien beinahe überall atmete, sog Hitler nicht nur eine Stimmung ein, die eine Rationalisierung der eigenen Ressentiments erlaubte und damit zur Ideologie wurde. Diese Ideologie bot zugleich die Chance, die disparaten Welterkenntnisse, Emotionen und Ängste zu bündeln und in ein scheinbar sicheres Gerüst einzufügen. Dies entsprach der Neigung Hitlers, an einmal gewonnenen Einsichten festzuhalten, um dadurch jene Selbstbestätigung zu erfahren, die dem Außenseiter fehlte. Mit der Rassenlehre als »Weltformel« bot sich Hitler ein unbekanntes Selbstwertgefühl und ein propagandistisches Instrument, dessen Einfachheit sich bewähren sollte, als es darum ging, einer an sich zweifelnden Nation einfache Erklärungen und Lösungen anzubieten.

Daß Hitler bis zum Kriegsbeginn eher unpolitisch geblieben war, zeigt auch seine Übersiedlung nach München im Mai 1913. Nicht in das Zentrum deutscher Politik, nach Berlin, zog es ihn, sondern in die Musenstadt München. Unmittelbarer Anlaß zu diesem Entschluß war wieder eine Flucht, dieses Mal vor der militärischen Stellungs- und Musterungspflicht, ein peinlicher Tatbestand, dessen Spuren er später so gut wie möglich zu verwischen suchte. Auf der polizeilichen Meldestelle in München gab er sich als Staatenloser aus, was er tatsächlich erst ab 1925 war. In seiner Kampfschrift datierte er seine Abreise aus Wien um ein Jahr vor und nannte als Grund die tiefe Abneigung gegen die innerlich kranke Habsburger-Monarchie. Erst die in den fünfziger Jahren wiederentdeckte Militärakte brachte die Stellungsflucht ans Licht; nach diesem Dokument und anderen unliebsamen Spuren seiner Jugend hatte der erklärte Feind aller Pazifisten und Drückeberger sofort nach dem Anschluß Österreichs im März 1938 fahnden lassen.

Was Hitler schließlich bei seiner kurzen Verhaftung und Zwangsvorführung Anfang 1914 zur eigenen Rechtfertigung zu sagen hatte, klingt wie eine Vorwegnahme des Selbstmitleids und der Legenden, die »Mein Kampf« auszeichnen sollten. Voller Unterwürfigkeit gibt er in einem Schreiben an den Magistrat der Stadt Linz seine Not als Grund für seine »Unterlassungssünde« an: »Ich war ein junger unerfahrener Mensch, ohne jede Geldhilfe und auch zu stolz eine solche auch nur von irgend jemand anzunehmen geschweige den [!] zu erbitten. Ohne jede Unterstützung nur auf mich selbst gestellt, langten die wenigen Kronen oft auch nur Heller aus dem Erlös meiner Arbeiten kaum für eine Schlafstelle. Zwei Jahre lang hatte ich keine andere Freundin als Sorge und Not, keinen anderen Begleiter als ewigen unstillbaren Hunger. Ich habe das schöne Wort Jugend nie kennengelernt.«[33] Vierzehn Tage später, am 5. Februar 1914, stellte er sich der Musterungskommission in Salzburg. Dort befand man: »Zum Waffen- und Hilfsdienst untauglich, zu schwach. Waffenunfähig.«[34] Hitler konnte nach München zurückkehren und das Leben eines Bohemien weiterführen.

Die Münchener Zeit sah nicht viel anders aus als die Wiener Jahre. Hitler lebte vom Verkauf seiner Aquarelle und debattierte. Vor allem schimpfte er auf sein österreich-ungarisches Vaterland. Er war und blieb Einzelgänger und hatte allenfalls zu seinen Wirtsleuten, der Familie des Schneidermeisters Popp, lockeren Kontakt. Auf seine Kleidung achtete er nach wie vor so sorgfältig, daß auch der Herrenschneider Popp an seinem Anzug nichts auszusetzen hatte.

Maler habe er zu jener Zeit nicht mehr werden wollen und sich als »Kunstmaler« nur ausgegeben, weil er so sein Brot habe verdienen müssen. Er erklärte in dieser Zeit, sich auf ein Studium vorzubereiten. Welcher Art dieses sein sollte, offenbarte er nicht. Doch galt er in den Schwabinger Lokalen und Cafés, wo er Zeitungen las oder wild gestikulierend diskutierte, als »Studierter«. So lebte er in den Tag hinein, in der ständigen Angst vor dem sozialen Abstieg, in einer eigentümlichen Distanz zu seiner Umwelt.

Eine Erlösung aus diesem ziellosen Leben brachte der Ausbruch des Ersten Weltkriegs. Auf einem zufällig erhaltenen Photo, das Hitler am 1. August 1914 unter den Menschen auf dem Münchener Odeonsplatz zeigt, sieht man ihn mit freudig erregtem Gesicht und gezogenem Künstlerhut der Proklamation der Kriegserklärung zujubeln. Die allgemeine Begeisterung des August 1914 ergriff den Außenseiter um so mehr, als er nun aus seinem ziel- und nutzlosen Dasein befreit schien. Hier eröffnete sich ihm eine feste Ordnung, die jene nationalen und sozialen Einstellungen und Erwartungen befriedigte, von denen er bisher nur geträumt oder geredet hatte. Der Krieg befreite ihn von allen Zurückweisungen und Problemen einer Gesellschaft, in der er keinen Fuß hatte fassen können, deren Werte für ihn aber um so verbindlicher waren. Bedeutete für Mussolini der Krieg die Chance zur Revolution, so war er für Hitler der Weg zur Selbstfindung und Verfestigung seiner Ordnungsvorstellungen.

Das Erlebnis des Krieges sollte sein weiteres Denken und Handeln entscheidend prägen. Hinfort sollten seine Gefühle und Erwartungen sich zum ersten Mal in Übereinstimmung mit denen der Mehrheit der Deutschen befinden. Der Krieg als deutscher Erzieher brachte den Wendepunkt, wenn auch der Weg in die Politik erst in der Nachkriegszeit begann. Doch mit dem Ziel, aus dem verlorenen Krieg einen besseren Sieg zu machen und den Krieg in den Frieden hineinzuverlängern, konnte sich Hitler einer breiten Zustimmung sicher sein und das eigene Bedürfnis zu einer politischen, nationalen Sache machen.

Darum war es sicher nicht übertrieben, wenn er im Rückblick schrieb: »Mir selber kamen die damaligen Stunden wie eine Erlösung aus den ärgerlichen Empfindungen der Jugend vor. Ich schäme mich ... nicht, es zu sagen, daß ich, überwältigt vor stürmischer Begeisterung in die Knie gesunken war und dem Himmel aus übervollem Herzen dankte, daß er mir das Glück geschenkt, in dieser Zeit leben zu dürfen.«[35]

Am 3. August richtete Hitler, vor einigen Monaten noch als »waffenunfähig« beurteilt, ein Immediatgesuch an den bayerischen König, um als Österreicher in ein bayerisches Regiment aufgenommen zu werden. Bereits einen Tag später erhielt er die Aufforderung, sich beim 16. Bayerischen Reserve-Infanterie-Regiment, dem Regiment List, zu melden. Für ihn begann »so, wie wohl für jeden Deutschen ..., die unvergeßlichste und größte Zeit meines irdischen Lebens«.[36]

Der Krieg wurde entscheidende Lebenserfahrung und wichtiges Bildungserlebnis, »mehr als dreißig Jahre Universität«,[37] wie Hitler später mit deutlichem antiintellektualistischen Unterton selbst sagte. Das zeigt sich in den wenigen Feldpostbriefen, die von ihm erhalten sind, wie auch in den Kriegsschilderungen in »Mein Kampf«, die zwar im Detail mitunter übertrieben sind, aber das Bemühen um literarische Erhöhung deutlich erkennen lassen. Das zeigt sich vor allem in dem starren Festhalten an militärischen Befehls- und Werthierarchien, die zum bestimmenden Prinzip der Organisation der NSDAP und der gesamten »Volksgemeinschaft« werden sollten. Das Fronterlebnis war für Hitler noch mehr. Für ihn war sein Regiment, wie ein ehemaliger Vorgesetzter später bestätigte, »Heimat«.[38] Als Meldegänger zwischen dem Regimentsstab und vorgeschobenen Stellungen, der er während des gesamten Krieges war, blieb er ungebunden und auf sich allein gestellt: Einzelgänger blieb auch der Gefreite Hitler, der wegen fehlender »Führungseigenschaften« nie zum Unteroffizier befördert wurde, all die Kriegsjahre hindurch, sein Hang zur Grübelei und Exaltiertheit nahm eher noch zu. Als »Spinner« haben ihn seine Kameraden wegen seiner Pflichtbesessenheit und seines Übereifers verspottet.

Hitler selbst hat versichert, der Krieg habe ihn verändert, ihm zu Härte und Selbstbewußtsein verholfen. Tapfer war er unzweifelhaft. Bereits im Dezember 1914 erhielt er das Eiserne Kreuz II. Klasse, am Ende des Krieges wurde er vom Regiment wegen besonderer Tapferkeit ausgezeichnet und erhielt schließlich das für Mannschaftsgrade ungewöhnliche EK I. Er selbst hat verschwiegen, warum man ihm diese Auszeichnung verliehen hat – vermutlich, weil er die Auszeichnung ausgerechnet einem Juden verdankte, dem Regimentsadjutanten Hugo Gutmann. Für seine politische Karriere waren die Auszeichnungen von großem Wert, auch wenn der politische Gegner an ihrer Berechtigung später – zu Unrecht – Zweifel anmelden sollte. In einer politischen Kultur, die von militärischen Leitbildern durchsetzt war, verdeckten Kriegsdekorationen den Makel der Herkunft; in einer politischen Bewegung wie der NSDAP, die den Sinn des Krieges wiederherstellen wollte, wäre ein politischer Führer ohne solche Auszeichnungen fast unvorstellbar gewesen.

Den Hang zum Politisieren hatte der Sonderling nach Aussagen von Kriegskameraden nicht unterdrücken können. Aber niemand wollte hören, was er über eine zukünftige staatliche Ordnung philosophierte; zu sehr galt er als Wichtigtuer und Schwätzer. Daß seine politischen Vorstellungen durch die Erlebnisse des Krieges bestärkt wurden, beweist ein längerer Brief an einen Münchener Bekannten, den Assessor Ernst Hepp. An eine mehrseitige Schilderung eines Sturmangriffs schließt sich eine politische Schlußfolgerung an, die an die markigen alldeutschen Sprüche aus der Wiener Zeit erinnert, aber auch die Lehre des Krieges für eine künftige Ordnung fruchtbar zu machen sucht. »Ich denke so oft an München, und jeder von uns hat nur den einen Wunsch, daß es bald zur endgiltigen (!) Abrechnung mit der Bande kommen möge, zum Daraufgehen, koste es was es wolle, und daß die, die von uns das Glück besitzen werden, die Heimat wiederzusehen, sie reiner und von der Fremdländerei gereinigter finden werden, daß durch die Opfer und Leiden die nun täglich so viele Hunderttausende von uns bringen daß durch den Strom von Blut der hier Tag für Tag fließt gegen eine internationale Welt von Feinden, nicht nur Deutschlands Feinde im Aeußeren zerschmettert werden, sondern auch unser innerer Internationalismuß [!] zerbricht, das wäre mehr wert, als aller Ländergewinn.«[39]

Der Haß gegen alles Fremde, die Furcht vor dem inneren und äußeren Feind und der Drang, alle Ängste und Haßgefühle auf einen Punkt zu beziehen – auf den »inneren Internationalismuß« –, das war Hitlers Sache. In dieser Wendung kündigt sich schon die zukünftige Strategie des Nationalsozialismus an, daß nämlich die innere Geschlossenheit und Machtbefestigung den zumindest zeitlichen Vorrang vor äußerer Machtausdehnung haben müsse.

Um so empörter und hilfloser reagierte Hitler auf die soziale Wirklichkeit der Kriegsgesellschaft, die nichts mit dem Traum von der inneren Geschlossenheit gemeinsam hatte.[40] Während eines Lazarettaufenthaltes nach einer schweren Verwundung glaubte er, die Heimat »nicht mehr wieder zu erkennen«. Überall meinte er den Geist der Zersetzung entdecken zu müssen, in der Politik, in der Verwaltung, in der Wirtschaft und bei den Menschen selbst. Hinter allem steckte für ihn das Judentum, das die »ganze Nation bestahl und unter seine Herrschaft preßte«.[41]

Was Hitler im nachhinein als Gegenmittel empfahl, gehörte scheinbar noch ganz in die Rezeptur der alldeutschen Siegfriedenspartei: Wollte Deutschland siegen, so müsse man »rücksichtslos die gesamten militärischen Machtmittel einsetzen zur Ausrottung dieser Pestilenz. Die Parteien waren aufzulösen, der Reichstag, wenn nötig, mit Bajonetten zur Vernunft zu bringen, am besten aber sofort aufzuheben«.[42] Aber dann brachten sich jene Erfahrungen zur Geltung, die der Krieg vermittelt hatte. »Kann man denn«, so räsoniert er, »geistige Ideen überhaupt mit dem Schwerte ausrotten?« Und der Schluß lautet: »Vorstellungen und Ideen, sowie Bewegungen mit bestimmter geistiger Grundlage ..., können von einem gewissen Zeitpunkt ihres Werdens an mit Machtmitteln technischer Art nur mehr dann gebrochen werden, wenn diese körperlichen Waffen zugleich selber Träger eines neuen zündenden Gedankens einer Idee oder Weltanschauung sind.«[43] Die Notwendigkeit eines Weltanschauungskampfes gegen den inneren Gegner war die große Lehre, die Hitler aus dem Krieg zog. Auch diese Konsequenz hat sich vermutlich erst in der Nachkriegszeit von der bloßen Ahnung zum ausformulierten Konzept verdichtet. Aber ganz unzweifelhaft hat der Krieg in dem für Theater- und Propagandaeffekte empfänglichen Hitler die Vorstellung von der mobilisierenden Kraft der Ideen bestärkt.

Wieder war es der Gegner, bei dem er Vorstellungen und Praktiken erlernt hat – oder doch erlernt haben will – die bald zum Kernbestand der eigenen Praxis gehören sollten. Die Möglichkeiten psychologischer Beeinflussung durch Propaganda und ideologische Kreuzzugsformeln entwickelte er nach dem Vorbild der Feindpropaganda des Krieges. »Mit wahrhaft genialer Berechnung« habe der Gegner das getan, »was bei uns hier versäumt ward«.[44] Deutschland hatte danach den Kampf aufgrund einer Propaganda verloren, die »in der Form ungenügend, im Wesen psychologisch falsch« gewesen sei. Sicherlich war das zunächst einmal eine verbreitete Vorstellung, die das Unbegreifliche der militärischen Niederlage mit nichtmilitärischen Motiven und Legenden erklären sollte. Aber für Hitler deckte sich dieser handliche Erklärungsversuch mit seinen Einsichten aus der Wiener Zeit. Die feindliche Greuelpropaganda über die von deutschen Soldaten abgehackten Kinderhände in Belgien war für ihn vorbildlich: »... auf wenige Gesichtspunkte beschränkt, ausschließlich berechnet für die Masse, mit unermüdlicher Propaganda betrieben«.[45]

Hitler machte die Halbheiten und die psychologische Hilflosigkeit der deutschen Führung, die die geistige Waffe der Propaganda nicht erkannt und am Volk und seinen emotionalen Bedürfnissen vorbei regiert hätte, für den Untergang mitverantwortlich. Den deutschen Sieg hatte er mit seiner ganzen nationalistischen Leidenschaft herbeigesehnt; doch dann verdankte er den Aufstieg vom Außenseiter aus dem Wiener Männerheim zum Führer der deutschen Nation gerade der Niederlage und dem verbreiteten Bedürfnis, diese zu erklären und rückgängig zu machen. Im Unterschied zu Mussolini, der während des ganzen Krieges ein prominenter Wortführer der Kriegspartei gewesen war, war Hitler zum Zeitpunkt der Niederlage ein Niemand, dessen politisches Leben überhaupt noch nicht begonnen hatte.

Niederlage und Revolution trafen Hitler unerwartet und als Schock. Einmal fühlte er sich in seinem nationalen Stolz verletzt und um den Sinn des eigenen Opfers betrogen; doch so erging es Millionen anderer Soldaten auch. Für Hitler aber ging es noch um mehr: um den Verlust der sozialen Heimat, die Armee und Schützengraben vermittelt hatten. Der Rückfall in die Orientierungslosigkeit der Vorkriegsjahre stand mit der Entlassung aus der Armee drohend vor ihm. Für Hitler gewann der Kampf für die nationale Sache eine tiefe, existentielle Dimension. Das war die Quelle der »fanatischen Energie, mit der nun Hitler den Krieg in Permanenz zu seinem Leitbild erhob«.[46]

Die legendäre Entscheidung: »Ich aber beschloß, Politiker zu werden«, vollzog sich nicht im Lazarett in Pasewalk auf die Nachricht von der deutschen Niederlage hin, sondern erst Monate später, wenn sich dieser Schritt in die Politik überhaupt datieren und als Ergebnis einer eigenen Entscheidung bestimmen läßt.

Seit dem 21. Oktober befand sich Hitler, in der Nacht vom 13. auf den 14. Oktober durch einen englischen Gasangriff südlich von Ypern vorübergehend erblindet, im preußischen Reservelazarett in Pasewalk, wo ihn die Nachrichten vom Ende des Krieges und dem Ausbruch der Revolution erreichten. In dramatischer Übersteigerung hat er diese Kunde von Ereignissen zum Augenblick der politischen Erweckung erhoben, aus Zorn und Fassungslosigkeit über die nationale Schmach: »Während es mir um die Augen wieder schwarz ward, tastete und taumelte ich zum Schlafsaal zurück, warf mich auf mein Lager und grub den brennenden Kopf in Decke und Kissen. Seit dem Tage, da ich am Grabe der Mutter gestanden, hatte ich nicht mehr geweint ... Nun aber konnte ich nicht mehr anders. Nun sah ich erst, wie sehr alles persönliches Leid versinkt gegenüber dem Unglück des Vaterlandes.«[47]

Das Pasewalk-Erlebnis hat Zeitgenossen und Historiker immer wieder beschäftigt. Sicher ist mittlerweile, daß die Erblindung nicht, wie lange gemutmaßt wurde, hysterischer Natur war. Auffällig ist jedoch die Behauptung einer Art Rückfalls in eine erneute Erblindung Tage später aufgrund der Nachricht von der Niederlage. Der Zusammenhang, den Hitler selbst zwischen persönlichem Zusammenbruch und nationalem Zusammenbruch herstellt, und die Tatsache, daß er dabei den Tod der Mutter erwähnt, hat den amerikanischen Psycho-Historiker Binion zu der Vermutung veranlaßt, Hitlers zentrales politisches Ziel, nämlich die deutsche Niederlage rückgängig zu machen und zu rächen durch die »Entfernung der Juden überhaupt«, seien das Echo auf den Schock von Pasewalk gewesen. Die Niederlage von 1918 habe bei Hitler wie bei den Deutschen überhaupt einen »traumatischen Mechanismus« ausgelöst.

Traumatische Erlebnisse können der Meinung vieler Ärzte zufolge aber nicht verarbeitet, sondern nur durch Wiedererleben oder Nachvollziehen des Traumas bewältigt werden. Die beiden zentralen politischen Botschaften Hitlers, die Vernichtung der europäischen Juden und die Eroberung von Lebensraum gehen in den Augen des amerikanischen Autors in diesem Sinne auf einen Prozeß traumatischen Nachvollzugs zurück. In Pasewalk, auf die Nachricht von der Niederlage, habe Hitler seine Mutter und die deutsche Nation gleichgesetzt und in »dem Juden« den Vergifter der Nation schlechthin gesehen.[48] Der jüdische Arzt der Mutter, Dr. Bloch, wurde unbewußt zum Symbol jüdischer »Gewinnsucht« und »Zersetzung«, die über die »Selbstaufopferung«, das heißt über Hitler, im »Lebenskampf« Deutschlands, gleichgesetzt mit der Mutter, gesiegt hat. Die Qualen, die die Mutter, von Dr. Bloch mit Jodoform behandelt, erlitten hat, sind das Erlebnis, das »wie ein Schatten hinter seinen [Hitlers] späteren endlosen Schmähreden gegen den jüdischen Krebs, das jüdische Gift, den jüdischen Schieber« aufragt.[49] Dieses Hilfsmittel zur Erklärung des persönlichen Schicksals habe sich bis 1918 in Hitler latent entwickelt, bis es in Pasewalk an die Oberfläche kam. Nun war Deutschland Ersatz für die tote Mutter. »Auf sein Unbewußtes wirkte die Aufforderung, Deutschland ins Leben zurückzurufen und zu rächen, als Auftrag, seine Mutter ins Leben zurückzurufen und zu rächen.«[50]

Zu dem rassischen Auftrag kam dem psychohistorischen Erklärungsversuch zufolge die zweite, ebenfalls auf die Mission von Pasewalk zurückgehende Komponente, die Lebensraumfrage zur Sicherung der Ernährung des deutschen Volkes. Hier hätte sich eine enge Beziehung zur Mutter, ein »Stillkomplex«, mit dem Nährboden-Konzept als Schlachtruf zur Eroberung im Osten vereinigt, was viele Deutsche seinerzeit geteilt hätten. Das Hitler und den Deutschen gemeinsame Trauma des gewonnenen und doch verlorenen Krieges im Osten sei zum Vehikel der Judenpolitik geworden, der Rußlandfeldzug Mittel zur Vernichtung des europäischen Judentums. »In Hitlers Antisemitismus entlud sich also ein traumatischer Drang, der demjenigen Deutschlands angepaßt wurde, in seinem Expansionismus Deutschlands traumatischer Drang, der mit seiner Säuglingslibido getränkt war.«[51]

Das Phänomen Hitler erklärt sich für die Psycho-Historie aus der Koppelung von Hitlers eigenen Zielen mit Deutschlands unbewußten Zielen. »Hitlers unheimliche persönliche Macht über die Deutschen beruhte darauf, daß er seine private traumatische Wut mit dem nationalen traumatischen Bedürfnis in Einklang brachte.«[52] Möglich sei das nur gewesen, weil Hitlers »Zusammenbruch zeitlich mit dem Deutschlands zusammen[fiel] und sein traumatisches Vorhaben dasjenige Deutschlands [ergänzte]«.[53]

Sicherlich bleibt die Wucht, mit der der Antisemitismus seit 1919 Hitlers Denken und Wollen bestimmt, erklärungsbedürftig, vor allem weil sich die Entstehung dieser weltanschaulichen Fixierung kaum in der Form eines intellektuellen Prozesses vollzog. Die Psycho-Historie macht aus dieser »Erklärungsnot« einen Gegenvorschlag. Hitlers Weltanschauungswille wird nicht auf eine schrittweise ideologische Entwicklung, die sich zudem nur in Ansätzen erfassen läßt, zurückgeführt, sondern auf ein punktuelles traumatisches Erlebnis. Dadurch bleiben jedoch alle überindividuellen, außerpsychologischen politischen und gesellschaftlichen Bedingungen von Hitlers Denken und Streben unberücksichtigt oder werden als gegeben beziehungsweise unveränderlich angenommen. Darin liegt die Schwäche jeder solchen Erklärung, so plausibel sie auf den ersten Blick erscheint, vor allem wenn es darum geht, das Unvorstellbare an Hitlers Vernichtungswillen und tatsächlicher Ausrottungspolitik zu erklären. Auch auf die Frage, warum Hitlers Wille, falls er einem solchen traumatischen Mechanismus entspringt, und der kollektive Wille der Deutschen sich aneinander entzündeten und ob sie tatsächlich kongruent waren, finden sich in dieser individualpsychologischen Interpretation keine überzeugenden Antworten.

Unübersehbar ist, daß der Antisemitismus mit Hitlers Eintritt in die Politik die zentrale Rolle in seinem politischen Denken und Agitieren spielte und daß der Antisemitismus seine Politik blieb. Aber ebenso deutlich fällt in die Augen, daß Hitler zunächst wenig Anstalten unternahm, seinen angeblichen Entschluß vom 9. November, »Politiker zu werden«, in die Tat umzusetzen. Die Novemberrevolution brachte ihn allenfalls einen Schritt näher zur Politik, indem sie ihm die Geborgenheit der militärischen Ordnung zu nehmen drohte.

Auch in dieser Furcht vor der Demobilisierung suchte und fand er wieder die Heimat des Regiments. Aus Pasewalk entlassen, meldete er sich sofort beim Ersatzbataillon seines Regiments in München. Die turbulenten Ereignisse der Revolution und Räteherrschaft erlebte er teilnahmslos in der Kaserne, einzelgängerisch und unscheinbar wie ehedem. Anfang Februar hatte er sich, um irgend etwas zu tun, zur Bewachung von Kriegsgefangenen nach Traun-

stein gemeldet. Am 7. März mußte er, nach Auflösung des Lagers, nach München in die Kasernen am Oberwiesenfeld zurückkehren. Hier fühlte er sich aufgehoben, auch wenn er sich bis zur Niederschlagung der Räterepublik am 1. und 2. Mai den Verhältnissen anpassen und vermutlich sogar die rote Armbinde anlegen mußte, da in München ja die Rote Armee herrschte. Einen Versuch, sich dem Machtbereich der roten Rätediktatur zu entziehen oder sich einem gegenrevolutionären Freikorps anzuschließen, unternahm er nicht. Mit seiner politischen Bewußtseinsbildung konnte es mithin nicht allzu weit her sein. Nicht »endlose Pläne« bestimmten sein Handeln, sondern Ratlosigkeit und Opportunismus. »Als Namenloser«, so Hitler selbst, besaß er nicht einmal »die geringste Voraussetzung zu irgendeinem zweckmäßigen Handeln«.[54] Es war eine Umkehrung der wirklichen Ereignisse, wenn er später in »Mein Kampf« seine Verhaftung auf den roten Zentralrat zurückführte; ganz im Gegenteil wurde Hitler Anfang Mai von dem einrückenden Freikorps Epp vorübergehend verhaftet, bis er dank der Intervention einiger Offiziere, die ihn kannten, wieder freigelassen wurde. Unmittelbar danach stellte sich Hitler für eine vom 2. Infanterie-Regiment eingesetzte Untersuchungskommission zur Säuberung der Truppe von revolutionären Elementen zur Verfügung. Erst damit begann, wie er es selbst nannte, seine »erste mehr oder weniger rein politische aktive Tätigkeit«.[55]

Da er seine Aufgabe mit großem »nationalen« Eifer zur Zufriedenheit seiner Vorgesetzten erfüllt hatte, schickten diese ihn im Juni 1919 zu einem Aufklärungskurs in »staatsbürgerlichem Denken«.[56] In den Räumen der Universität sollten national eingestellte Hochschullehrer aktuelle politische und ökonomische Fragen in die rechten Zusammenhänge rücken. Für Hitler war das vor allem die Gelegenheit, auf sich aufmerksam zu machen. Einer der Referenten, der Historiker Karl Alexander von Müller, bemerkte am Ende seines Vortrags eine kleine Gruppe, die weiter debattierte. »Sie schien festgebannt um einen Mann in ihrer Mitte, der mit einer seltsam gutturalen Stimme unaufhaltsam und mit wachsender Leidenschaft auf sie einsprach: Ich hatte das sonderbare Gefühl, als ob ihre Erregung sein Werk wäre und zugleich wieder ihm selbst die Stimme gäbe. Ich sah ein bleiches, mageres Gesicht unter einer unsoldatisch herein-

Der Kriegsfreiwillige Hitler im Feld (ganz rechts)

Propaganda für eine der ersten großen Parteiversammlungen im Münchener Hofbräuhaus. »Zur Deckung der Unkosten werden 50 Pfg. Eintritt erhoben.«

Der einzige erhaltene längere Feldpostbrief Hitlers gibt schon, in noch unbeholfenen Formulierungen, einige Konstanten jener Weltanschauung, die er dann in den »Partei-Versammlungen« der Nachkriegsjahre aggressiv vortrug: daß der innere Feind bedrohlicher als der äußere sei, der Vielvölkerstaat seines Rassengemischs wegen untergehe und der »Internationalismuß« die größte Gefahr für Deutschland sei.

hängenden Haarsträhne, mit kurz geschnittenem Schnurrbart und auffällig großen, hellblauen, fanatisch kalt aufglänzenden Augen.«[57] Nach der nächsten Vorlesung rief der Historiker den Namenlosen aufs Podium und war über dessen »linkische Bewegungen« erstaunt und mehr noch darüber, daß das anschließende Gespräch »unergiebig« blieb.

Trotzdem machte von Müller den Leiter der Aufklärungs- und Propagandaabteilung, Hauptmann Mayr, auf das rhetorische Talent des einfachen Soldaten aufmerksam, und Mayr überwies Hitler denn auch bald dem Aufklärungskommando für das Heimkehrerlager Lechfeld. Dort erst vollzog sich Hitlers Durchbruch in die Politik. Seine Auftraggeber waren zufrieden: »Herr Hitler ist ein geborener Volksredner, der durch seinen Fanatismus und sein populäres Auftreten ... die Zuhörer unbedingt zur Aufmerksamkeit und zum Mitdenken zwingt.«[58]

Was Hitler nun über die geheimen Zusammenhänge von Kapitalismus und Judentum erzählte, hatte er kurz zuvor in den Aufklärungskursen in der Reichswehr von Gottfried Feder gehört. Dessen Vorstellungen fügten sich gut in seine Grundvorstellung von der jüdischen Verschwörung ein, die er hinter allen Vorgängen in Politik und Gesellschaft vermutete. Hitlers Rassenantisemitismus hatte sich inzwischen ins Weltanschauliche gewendet und zugleich radikalisiert. Das zeigt die erste schriftliche Äußerung Hitlers zu politischen Fragen. Es war eine Auftragsarbeit, in der Hitler seine politischen Vorstellungen erstmals entwickelte, und sie enthielt Glaubenssätze, die er bis zu seinem Ende im Bunker der Reichskanzlei nicht ändern sollte. Ein Adolf Gemlich, wie Hitler »Vertrauensmann« des Münchener Gruppenkommandos, hatte Hauptmann Mayr um eine Stellungnahme zu den Gefahren des Judentums und dem Verhalten des heutigen Sozialismus zu dieser Gefahr gebeten. Mayr hatte diese Frage an seinen Untergebenen, den »sehr verehrten Herrn Hitler«, weitergeleitet, der sich nach einigen Tagen sehr ausführlich äußerte.

Der Antisemitismus dürfe keine bloße »Gefühlserscheinung« sein, sondern müsse durch die »Erkenntnis von Tatsachen« bestimmt werden. Zu den Tatsachen aber gehöre: »Zunächst ist das Judentum unbedingt Rasse und nicht Religionsgemeinschaft.« Was der »Bildungsoffizier« der Reichswehr dann weiter ausführt, gehört zum bekannten Repertoire antisemitischer Vorurteile. Der Jude habe seine Rasseneigenarten strenger bewahrt als andere Rassen und sei nicht gewillt, diese aufzugeben. Sein Denken und Fühlen richte sich nur auf materielle Dinge; alles Höhere sei ihm nur Mittel, um seine »Geld- und Herrschgier zu befriedigen«. Hitlers Folgerungen daraus lassen freilich eine besondere Radikalität erkennen, die über den traditionellen Judenhaß seiner Umgebung weit hinausgeht. »Der Antisemitismus aus rein gefühlsmäßigen Gründen wird seinen letzten Ausdruck finden in der Form von Progromen [!]. Der Antisemitismus der Vernunft jedoch muß führen zur planmäßigen gesetzlichen Bekämpfung und Beseitigung der Vorrechte des Juden, die er nur zum Unterschied der anderen zwischen uns lebenden Fremden besitzt (Fremdengesetzgebung). Sein letztes Ziel aber muß unverrückbar die Entfernung der Juden überhaupt sein. Zu beidem ist nur fähig eine Regierung nationaler Kraft und niemals eine Regierung nationaler Ohnmacht.«[59]

Vier Tage vor der Niederschrift dieses programmatischen Briefes hatte Hauptmann Mayr Hitler auch den Anstoß zum Weg in die Parteipolitik gegeben. Der Vertrauensmann sollte sich die Versammlung einer der vielen neuen Splittergruppen auf der extremen Rechten ansehen, der Deutschen Arbeiterpartei.

Hier fand der angehende Agitator, der bisher nur im vertrauten sozialen Umfeld der Armee politische Reden gehalten hatte, einen Kreis von wenig anspruchsvollen Zuhörern, die ohnehin nur das hören wollten, was sie schon immer gewußt oder geahnt hatten. Was sich in den Wiener Jahren an krausen Vorstellungen zusammengefunden und durch das Erlebnis des Krieges verdichtet hatte, stieß hier auf einen Kreis von Gleichgesinnten, denen nur zwei Dinge fehlten: der hemmungslose Drang zur Selbstdarstellung und die monomane Fixierung auf einige Glaubenssätze, die zugleich die eigene Identität sicherten.

Mit 30 Jahren, in einem Alter, in dem etwa Mussolini schon längst Politiker von nationalem Rang war, tat Hitler jetzt seinen ersten Schritt in die politische Öffentlichkeit. Um so entschiedener drängte der Spätentwickler nun freilich in die Öffentlichkeit, als gelte es, angestaute Energien endlich freizusetzen. Das fahrige Nichtstun seiner ziellosen Bildungsjahre war von einem Tag zum anderen zu Ende. Wie wütend stürzte sich Hitler jetzt plötzlich in eine rastlose Tätigkeit, die seine neuen Freunde erst überrascht, dann besorgt und schließlich wie überwältigt geschehen ließen. Binnen weniger Monate war der Reichswehr-Gefreite unbestritten erster Mann einer nationalsozialistischen Splittergruppe, die den Anspruch erhob, eine nationale Kraft im Reich zu werden.

3. Aufstieg der Hitler-Bewegung in Bayern

Mit Reden hatte Hitlers Weg in die Politik begonnen, mit Reden hatte er sich einen Platz in der kleinen Deutschen Arbeiterpartei und im politischen Leben Münchens gesichert. Doch noch war er nur der Trommler und nicht der Führer. Zwar war er als Propagandist der Partei unentbehrlich, aber noch hatte er keinen Platz in deren engstem Vorstand. Dem Parteiausschuß oblag die Verwaltung der Parteigeschäfte, Hitler und seinem Anhang überließ er die politisch-propagandistische Führung. Solange sich der Ausschuß mit seiner Rolle begnügte, konnte diese Zweigleisigkeit aufrechterhalten werden.

Der Konflikt brach im Sommer 1921 aus und endete mit der parteiinternen Machtübernahme Hitlers. Hitler löste Drexler als ersten Vorsitzenden ab und sicherte sich fast diktatorische Machtbefugnisse. Doch was nach einer entschlossenen »Machtergreifung« aussah, resultierte aus einer Trotzreaktion auf eine Entwicklung, die die eigene Stellung als erster Propagandist der Partei zu gefährden drohte.

Die Auseinandersetzung entzündete sich an einem Problem, das das Verhältnis zwischen Hitler und dem Parteiausschuß schon seit 1920 belastete, an der Frage nämlich nach den Beziehungen der Partei zu anderen völkischen Gruppen. Die Bemühungen um eine Zusammenarbeit und Fusion mit der Deutschsozialistischen Partei und der Deutschen Werkgemeinschaft liefen Hitlers Vorstellungen von politischer Agitation und Taktik zuwider. Eine lockere, gewissermaßen bündische Organisation gleichgesinnter Gruppen wollten die völkischen Verhandlungspartner in Nürnberg und Augsburg und faßten auch eine Überarbeitung des Parteiprogramms ins Auge. Solche Vorstellungen stießen bei einigen Mitgliedern des Parteiausschusses der NSDAP auf Gegenliebe, so daß sie schließlich eine mehrwöchige Abwesenheit Hitlers zu Fusionsgesprächen mit Dr. Dickel, dem Führer der Deutschsozialistischen Partei, nutzten. Hitler hatte sich schon mehrfach gegen eine solche Fusion ausgesprochen. Doch war seine Position in der Partei zu diesem Zeitpunkt zwar schon stark genug, um eine ihm unliebsame Marschrichtung zu verhindern, nicht aber, um seine eigene Konzeption durchzusetzen. Es ging also noch nicht um die Sicherung von Hitlers eigenem Führungsanspruch, sondern um die Behauptung eines politischen Konzepts, als ihn jetzt Dietrich Eckart aus Berlin zurückrief.

Mit untrüglichem Instinkt für populäre Zeitströmungen bestand Hitler darauf, alle rivalisierenden völkischen Gruppen durch die Wucht der eigenen Agitation an die Wand zu spielen. Nicht eine endlose Programmdiskussion in völkischen Zirkeln, sondern die rastlose propagandistische Mobilisierung der Massen zum revolutionären Aufbruch gegen das liberale System war ihm das erste politische Ziel. Davon unberührt blieb die Fixierung auf die ideologischen Fernziele. Doch um diese zu verwirklichen, mußte man zunächst eine breite »nationale« Volksbewegung schaffen. Die Kluft zwischen den politischen Zielen und der Realität mußte durch den Appell an Willens- und Glaubenskräfte überbrückt werden. »Wenn keine Not der Welt mehr unseren eisernen Willen zu beugen vermag – dann wird unser Wille und unser Eisen die Not zerbrechen«, redete Hitler wieder und wieder seinem Publikum und sich selbst ein. »Wir müssen an unsere Zukunft den blinden Glauben haben, daß wir wieder genesen werden«,[60] beschwor er ein anderes Mal seine Zuhörer. Dies verkündete er, ganz seinem monomanen und infantilen Wesenszug folgend, mit einer solchen Entschlossenheit, daß seine engste Gefolgschaft bald begann, Person und Idee gleichzusetzen, und den Agitator ob seiner »gewaltigen Willenskraft« bewunderte.[61]

Daß eine nationale Rettungstat nach einem starken Mann, einer Heldenfigur verlangte, davon war niemand überzeugter als Hitler. Aber dafür, daß er selbst diese Rolle des Führers beanspruchte, gab es zunächst keine Anzeichen. Hitler verstand sich vielmehr als ein Sammler, der mit der psychologischen Mobilisierung der Massen und der Vorbereitung des Rettungswerkes beginnen müsse. Erst müsse eine »genügende Massenaufklärung betrieben werden, bevor man organisiere«, wehrte er auf dem Höhepunkt der Parteikrise im Juli 1921 den Vorwurf mangelnder Organisation ab.[62]

Wie er sich das Verhältnis von Programm und Organisation und damit auch das Verhältnis zu den Diskussionszirkeln der deutschvölkischen Bewegung vorstellte, hatte Hitler zu Anfang des Jahres 1921 deutlich gemacht, als er im »Völkischen Beobachter« feststellte, »daß jede Idee wertlos ist, solange sich ihr Wollen nicht umsetzt in die Tat, sondern ewig nur Gedanke bleibt«.[63]

Die Konsequenz, die Hitler aus dem Konflikt zog, die pathetische Ankündigung des Parteiaustritts am 11. Juli 1921, beruhte offenbar weniger auf einem nüchternen Kalkül, das um die eigene Unersetzlichkeit wußte, als auf einer Mischung von Wut und Trotz. Eine Verschwörung witterte er hinter den Verhandlungen mit Dickel, bei denen ihm auch die Parteileitung in den Rücken gefallen sei. Sein »Weggang vom Verhandlungssaal« sei durch die »Verhältnisse erzwungen« worden.[64]

Drei Tage wartete Hitler nach seinem Austritt erst einmal ab, bis Dietrich Eckart wieder einmal als Vermittler zwischen Parteileitung und Agitator auftrat. Dann nannte er ultimativ sechs Bedingungen für einen Wiedereintritt, die der Parteiausschuß, um die eigene Wirkungslosigkeit wissend, kampflos akzeptierte. Hitler beharrte auf dem Absolutheitsanspruch der NSDAP, verlangte den Abbruch der Fusionsgespräche mit allen anderen völkischen Gruppen, solange diese vom Grundsatz der Gleichberechtigung ausgingen, und forderte die Vorrangstellung der Münchener NSDAP und ihres Programms über alle anderen Parteigruppierungen inner- und außerhalb Bayerns. Für die künftige Organisation der Partei und die eigene politische Stellung von zentraler und zukunftsreicher Bedeutung war die erste Forderung: »Sofortige Einberufung einer außerordentlichen Mitgliederversammlung binnen acht Tagen, gerechnet von heute ab, mit folgender Tagesordnung: Der derzeitige Ausschuß der Partei legt seine Ämter nieder, bei der Neuwahl desselben fordere ich den Posten des I. Vorsitzenden mit diktatorischer Machtbefugnis zu sofortiger Zusammenstellung eines Aktionsausschusses, der die rücksichtslose Reinigung der Partei von den in sie heute eingedrungenen fremden Elementen durchzuführen hat. Der Aktionsausschuß besteht aus drei Köpfen.«[65]

Zwar war die Forderung nach »diktatorischer Machtbefugnis« auf einen bestimmten Zweck beschränkt, nämlich die Vollmacht zur Säuberung der Partei, doch war sie der Grundstein für die künftige Parteiorganisation. Auch der Parteiausschuß mußte einsehen, daß Hitler für den Bestand und Nimbus der Partei unentbehrlich geworden war, in seinem resignierten Antwortschreiben ging er sogar noch einen Schritt weiter: »Der Ausschuß ist bereit, in Anerkennung Ihres ungeheuren Wissens, Ihrer mit seltener Aufopferung und nur ehrenamtlich geleisteten Verdienste für das Gedeihen der Bewegung, Ihrer seltenen Rednergabe, Ihnen diktatorische Machtbefugnisse einzuräumen, und begrüßt es auf das freudigste, wenn Sie nach Ihrem Wiedereintritt die Ihnen von Drexler schon wiederholt und schon lange vorher angebotene Stelle des ersten Vorsitzenden übernehmen.«[66]

Die außerordentliche Mitgliederversammlung am 29. Juli 1921 endete mit einem Erfolg Hitlers und der Unterordnung der Partei unter ihren »Führer«. Drexler wurde mit dem Ehrenvorsitz abgefunden, Hitler und seine Gruppe übernahmen die Machtpositionen in der Partei. Dies geschah auf der Grundlage einer neuen Satzung, die – von Hitler entworfen – die Partei der neuen Führungsstruktur anpaßte. Der Vorsitzende stand nun über dem Ausschuß und unterband jeden Versuch, »die Energie durch majorisierende Beschlüsse zu lähmen«.[67] Alles lief auf die Sicherung des »diktatorischen Prinzips« hinaus, praktisch auf die Sicherung der gerade erworbenen Machtstellung Hitlers. Das Verhältnis des Parteiausschusses zum neuen Parteiführer bestimmte dieser beispielsweise kurz und bündig: »Vorsitzender bestimmt – Ausschuß arbeitet.« Während der Parteiausschuß somit keinen Handlungsspielraum besaß,[68] wurden die neuen Unterausschüsse zu Helfern und Werkzeugen Hitlers, der sie mit ihm ergebenen Männern besetzte.

Mit seinem ehemaligen Feldwebel Max Amann holte sich Hitler einen Geschäftsführer in die Parteiverwaltung, der sich – ohne eigene politische Absichten – nur um die Organisation der Partei kümmerte und sich nebenbei ein eigenes Zeitungsimperium aufbaute. Gleichzeitig forcierte Hitler die Gründung einer Parteiarmee, die, zunächst als Turn- und Sportabteilung organisiert, immer mehr zum militanten Ausdruck des Parteiaktivismus und zum eigenen Machtinstrument des Führers wurde, die Sturmabteilung (SA). Als »Trägerin des Wehrgedankens« sollte sie zugleich zum »Sturmbock« der Gesamtbewegung werden, verkündete Hitler in einem fanatischen Aufruf »An unsere Jugend«.[69]

Solche militärisch-hierarchischen Leitungsformen machte Hitler zugleich zum Grundprinzip der gesamten Parteiorganisation. Alle organisatorischen Veränderungen, die der Führungswechsel mit sich brachte, zielten auf einen entscheidenden Punkt, die Umsetzung des Führergedankens in die Organisation der Partei. Dem diente der Aufbau einer zentralen Mitgliederkartei, aber noch viel mehr die Straffung des Verhältnisses von Parteizentrale und Ortsgruppen. Aus dem bündischen Nebeneinander wurde ein klares Über- und Unterordnungsverhältnis.

Eine weitere Sicherung hatte Hitler in die neue Satzung eingebaut, die gleichfalls seinen alleinigen Führungsanspruch befestigen sollte: das Parteiprogramm vom 24. Februar 1920 wurde für »unabänderlich«, seine Verwirklichung zum »Ziel der Bewegung« erklärt. Dies geschah weniger aus dogmatischen Gründen, denn aus politisch-taktischen. Es war gegen eine mögliche Wiederholung der Vorgänge bei den Fusionsverhandlungen mit Dickel gerichtet und sollte zu einem wirksamen Riegel gegen jeden Versuch werden, die Stellung des Parteiführers durch eine Grundsatzdiskussion zu unterhöhlen. Kurzum, Hitler verstand es, die Führungskrise der Partei zur Geburtsstunde einer Führerpartei zu machen. Nicht ein ausgeklügelter Plan stand dahinter, sondern vieles spricht dafür, daß die neue Parteistruktur nur Folge, nicht Ursache der Parteikrise war.[70]

Zur Organisation und Kraftentfaltung der Führerpartei gehörte es von Anfang an, daß Hitler von seiner Führergewalt nicht vollen Gebrauch machte. Alle Routinearbeit überließ der Parteiführer seinen getreuen Gehilfen – das kam dem Lebensstil eines Bohemien entgegen und hatte den Vorteil, daß dem Tatendrang der Unterführer keine Grenzen gesetzt waren, solange sie nicht die Autorität ihres Führers in Frage stellten. Den Widerspruch zwischen Anspruch und Wirklichkeit des allzeit präsenten Führers verdeckte ohnehin die Propaganda.

Organisation und Propaganda der Partei folgten seit dem Führungswechsel mehr und mehr dem Führergedanken. Es ist kein Zufall, daß nach der innerparteilichen Machtübernahme auch der »Führermythos« Hitlers entstand. Von »unserem Führer« sprach der »Völkische Beobachter« seit dem Herbst 1921 und löste damit die Bezeichnung Vorsitzender ab. Bald mischte sich in den Führergedanken, von Dietrich Eckart in der Parteizeitung systematisch vorbereitet, eine Hitler-Schwärmerei. Immer waren es Männer aus der Clique um Hitler, die sich zu Propagandisten ihres »Führers« machten und die an jene vielschichtige Führersehnsucht anzuknüpfen suchten, die im Deutschland der zwanziger Jahre umging. Doch *der* Führer blieb Hitler zunächst nur innerhalb seiner eigenen Partei und war noch weit davon entfernt, sich als der Führer der nationalen Erlösungsbewegung auszugeben.

Ein Schritt in diese Richtung wurde aber getan, als die Nachrichten von Mussolinis Marsch auf Rom auch jenseits der Alpen Aufmerksamkeit erregten, bei der NSDAP allzumal. Schon im November 1922 rief Hermann Esser Hitler zum Mussolini Deutschlands aus, und kaum einen Monat später war im »Völkischen Beobachter«, der ganz offenkundig von dem faschistischen Vorbild ermuntert war, die Rede davon, daß Hitler *der* Führer sei, auf den Deutschland warte.[71]

Mussolinis Marsch auf Rom im Oktober 1922 elektrisierte Hitler und die NSDAP geradezu. Er war Vorbild und Ermutigung. »Mussolini habe gezeigt«, erklärte Hitler kurze Zeit später, »was eine Minderheit zu leisten vermag, wenn ihr der heilige nationale Wille innewohne. Auch bei uns werde und müsse die Stunde kommen, wenn wir nicht zugrunde gehen wollen.«[72] Und gut zwanzig Jahre später,

Das Verhältnis zwischen dem »Führer« und dem italienischen Duce kehrte sich sehr bald um. Vom ersten Besuch des Reichskanzlers in Venedig im Juni 1934 bis zum Staatsbesuch in Rom und Florenz war Hitler der Lernende und Bewundernde; der italienische Faschismus hatte ihm erst deutlich gemacht, wie man mit einer legalen Revolution die Macht erringen kann. Mit dem Staatsbesuch in Berlin, bei dem ihn Organisation, Perfektion und Potenz der deutschen Maschinerie überwältigt hatten, geriet Mussolini immer mehr in den Bannkreis des einstigen Juniorpartners, dem er zur Verzweiflung des Faschistischen Großrates zum Schluß fast willenlos folgt. Auf Hitlers Zuraten ändert er seine Architekturpolitik, erhebt den Antisemitismus zu einem ideologischen Prinzip und entledigt sich schließlich der alten Führungsschichten aus Aristokratie, Armeeführung und Bürgertum: er hört und reproduziert tatsächlich die »Stimme seines Herrn«.

»Die Stimme seines Herrn«, Karikatur von Walter Trier

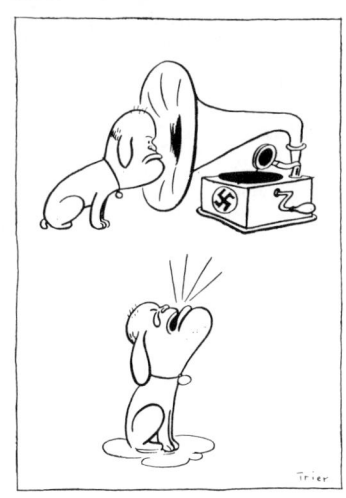

in seinen Monologen im Führerhauptquartier, bekannte Hitler: »Der Marsch auf Rom 1922 war einer der Wendepunkte der Geschichte. Die Tatsache allein, daß man das machen kann, hat uns einen Auftrieb gegeben.«[73] Es waren sowohl Ideologie als auch politische Praxis des italienischen Faschismus, die für die frühe NSDAP Vorbildcharakter besaßen. Der Gedanke des »Weltanschauungskampfes« auf der einen und die Anwendung von politischer Gewalt auf der anderen Seite begeisterten die Nationalsozialisten und ihren »Führer«, der immer deutlicher der deutsche Mussolini werden wollte.

Durch eine ebenso neuartige wie verwirrende Doppelstrategie von Gewalt und Legalität war Mussolini in der Phase der Auflösung des liberalen Staates an die Macht gekommen. Während die Faschisten nach einer Welle von terroristischen »Strafexpeditionen« weite Teile des Landes unter ihre – informelle – Herrschaft gebracht hatten, verharrten die Verfassungsparteien des liberalen Staates im Streit darüber, ob sie die faschistische Partei verbieten oder ob sie sie zähmen sollten. Das hatte zu wechselseitiger Lähmung der Parteien und zu einem Machtverfall des Staates geführt. Als schließlich die sozialistischen Gewerkschaften im Sommer 1922 zu einem Generalstreik aufriefen, um gegen die ungehinderten faschistischen Gewaltaktionen zu protestieren, verstärkte dies die bürgerlichen Ängste und gab den Faschisten Gelegenheit, sich als Ordnungsmacht darzustellen. Mit der Niederlage der antifaschistischen Streikfront war eine Regierung ohne Faschisten kaum noch möglich, und umgekehrt konnte sich Mussolini sicher sein, daß ein Widerstand von links nicht mehr zu erwarten war. Nach den Vorstellungen der liberal-konservativen Parteien und der alten Machteliten sollte Mussolini mit seinen Faschisten nach bewährtem Muster in die Verantwortung eingebunden und entradikalisiert werden. Doch diese Praxis des sogenannten *trasformismo* taugte nur für traditionelle Parteien ohne großen Massenanhang; auch das Konzept der Zähmung des »Trommlers« in Deutschland zehn Jahre später verkannte den dynamischen, revolutionären Charakter des nationalsozialistischen Bündnispartners. Mussolini besaß im Poker um die Macht im Herbst 1922 gegenüber seinen konservativen Verhandlungspartnern die besseren Karten. Seine Doppelstrategie von Kompromißfähigkeit und Gewaltanwendung stiftete Verwirrung und ließ ihm selbst jederzeit Rückzugslinien offen. So war der Marsch auf Rom in erster Linie ein Stück psychologischer Kriegführung, ein theatralischer Coup sowohl zur Verunsicherung des Gegners als auch zur Befriedigung der eigenen militanten Gruppen.

In der Ambivalenz von Legalität und Gewalt lag der Schlüssel zum Erfolg, und Mussolini spielte dieses Doppelspiel geschickt und propagandistisch wirksam. Während er am Morgen des 30. Oktober im Schwarzhemd dem Schlafwagen aus Mailand entstieg, um dem König zu erklären, er käme soeben vom Schlachtfeld, übernahm er anschließend im bürgerlichen Gehrock die Rolle des honorigen konservativen Politikers, der sich seine revolutionäre Gewaltanwendung durch die königliche Investitur legitimieren ließ. Erst jetzt konnten die Schwarzhemden Rom »erobern«: der neue Ministerpräsident setzte gegen den Willen des Königs jene Siegesparade durch, die den Mythos von einer unbesiegbaren nationalen Erhebung stiften sollte. Europa erlebte einen neuen Typus der revolutionären Machteroberung mit dem Ziel einer nationalen Ordnungsdiktatur.

Nichts anderes strebte Hitler an. Nach seinem gescheiterten »Marsch auf Berlin« rechtfertigte er vor dem Volksgerichtshof in München im März 1924 den Hochverrat Mussolinis (und damit auch den eigenen) mit dessen »Reinigungsarbeit«, nämlich der »Säuberung« von allen »Erscheinungen der Revolution, der Zerstörung«.[74] Für sein nationales Rettungswerk brauchte und suchte er einerseits die Unterstützung der gesellschaftlichen Machtgruppen, andererseits eine Propaganda- und Bürgerkriegsorganisation, die nach dem Vorbild der italienischen Schwarzhemden durch Agitation und Gewalt den ideologischen Gegner zu vernichten trachte.

Seit seinen Anfängen als Parteiführer hatte er eine Doppelexistenz geführt. Auf der einen Seite war er als Demagoge in Bierhallen und Zirkuszelten aufgetreten, um die Arbeiter für sich zu gewinnen. Auf der anderen Seite hatte er in der guten Münchener Gesellschaft verkehrt, war von den Bechsteins, Bruckmanns und Hanfstaengls aufgenommen worden. In der Öffentlichkeit ganz der herrische Kampfbundführer im Trenchcoat mit Gamaschen, mit Revolver und Hundepeitsche, in den Münchener Salons eher schüchtern und bescheiden, sah man ihn seit 1922 nun auch neben dem Heroen des Weltkrieges, Erich Ludendorff, im Mittelpunkt des völkischen Lagers. Bald stieß der letzte Kommandeur des berühmten Jagdgeschwaders Richthofen, der Pour le Mérite-Träger Hermann Göring, zu Hitler. Im Frühjahr 1923 übernahm er das Kommando über die SA und brachte einen Hauch von großer Welt in die NSDAP. Seine Herkunft aus gutem Hause – der Vater war Kolonialbeamter und später Generalkonsul – vergaß er nie zu betonen. Sie unterschied ihn von der Kleinbürgerlichkeit der nationalsozialistischen Führer. Was den Kriegshelden, der sich nach dem Weltkrieg als Kunstflieger und Pilot in Dänemark und Schweden durchgeschlagen und dort seine spätere Frau, Baronin Karin von Fock-Kantzow, kennengelernt hatte, zu Hitler und der NSDAP trieb, waren der Drang nach Abenteuer und Aktion wie das Verlangen, das unersättliche Geltungsbedürfnis zu befriedigen. Nicht um Ideologie war es dem Tatmenschen zu tun, sondern um Macht. Mehr wilhelminischer Allerweltsnationalist als völkischer Nationalsozialist sollte er die Brücke zwischen Nationalsozialisten und Nationalkonservativen schlagen. Reputation und Beziehungen versprach sich Hitler von seinem neuen Kampfgefährten: »Großartig! Ein Kriegsheld mit dem Pour le Mérite – stellen Sie sich vor! Ausgezeichnete Propaganda! Außerdem hat er viel Geld und kostet mich keinen Pfennig.«[75] Kein Zweifel, der Führer der NSDAP wurde allmählich zu einer beherrschenden Figur im völkisch-nationalistischen Milieu und war der Enge der Hinterzimmer und Sektiererzirkel entwachsen. Bald wurde man auch außerhalb Münchens und Bayerns auf ihn aufmerksam. Seit 1923 zählte der große alte Mann der Ruhr-Industrie, Emil Kirdorf, zu seinen Gönnern.

Hilfreich bei Hitlers Aufstieg in München war vor allem die schützende Hand, die der Münchener Polizeipräsident Ernst Pöhner und sein Oberamtmann Dr. Wilhelm Frick, zuständig für die politische Polizeiabteilung und ein Jahrzehnt später Hitlers Reichsinnenminister, über ihn hielten. Sie deckten die demagogischen und gewalttätigen Aktivitäten der nationalsozialistischen Formationen und verhinderten nach Kräften polizeiliche und gerichtliche Ermittlungen gegen ihre Schützlinge, die ihrerseits alles daransetzten, durch Provokationen und gewalttätige Auseinandersetzungen mit dem politischen Gegner aufzufallen.

Selbst die Ausschreitungen beim Deutschen Tag in Coburg am 14./15. Oktober 1922 fanden mehr Zustimmung als Ablehnung. Die völkischen Honoratioren hatten zu einer jener Veranstaltungen geladen, die in diesen Jahren vielerorts als Heerschau des völkischen Lagers abgehalten wurden. Nicht mit einem »kleinen Kreis von Begleitern«, sondern mit einem Sonderzug von 800 SA-Männern war Hitler aus München gekommen, entschlossen, durch ein martialisches Auftreten die militante Entschlossenheit der eigenen Bewegung im Kampf gegen die Linke und damit den Führungsanspruch unter den Völkischen zu demonstrieren. Was sich dann in Coburg ereignete, erinnerte wiederum an das Vorgehen der faschistischen Squadren. Man war so lange durch die Stadt gezogen, bis endlich die Coburger Sozialdemokraten auf den Plan traten, um bald in wüste Schlägereien mit der Münchener SA zu geraten. Daß sich die »Sozis« am nächsten Tag nicht mehr auf den Straßen ihrer Stadt zeigten, war ein Triumph für Hitler und ein weiteres Kapitel in der Legende der jungen Partei. Später, 1938, als die Kampfzeit schon Mythos war, erhielten die Teilnehmer des Marsches nach Coburg gar eine Auszeichnung.

Die Überlegenheit der NSDAP gegenüber anderen Verbänden und Parteien der politischen Rechten lag in ihrer Organisation und ihrer Aggressivität begründet. Mit dem Ausbau der SA erhielt die Partei endgültig ihr unverwechselbares Gesicht. Bald war ihr defensiver Charakter überwunden, aus der Sport- und Schutzabteilung der Partei, die den Saalschutz zu sichern hatte, wurde eine offensive Parteitruppe. Als Angriffs- und Eroberungsinstrument hatte Hitler sie seit dem Sommer 1921 geplant, als »Sturmbock« der Bewegung und als Bürgerkriegstruppe zugleich, da »Terror nur durch Terror zu brechen« sei.[76] Der Ausbau der Parteiarmee zu einer »revolutionären Kampftruppe« veränderte Organisation und politische Taktik auch der Partei. Indem Methoden des militärischen Bürgerkriegs auf das politische Leben übertragen wurden, bestimmte die Gewalt mehr und mehr den politischen Stil der Partei. Als Elite der Partei sollte die SA nach dem Willen Hitlers den Charakter der gesamten Partei prägen. »Die Sturmabteilung setzt sich aus der Elite der Partei zusammen. Sie stellt in ausgesprochenstem Sinne das dar, was unsere Bewegung ist: eine revolutionäre Kampftruppe. Daraus ergibt sich, welcher Geist in der SA herrschen soll.«[77]

Für die politischen Gliederungen der NSDAP war sie Vorbild in doppelter Hinsicht: nach außen als Kampftruppe in der Auseinandersetzung mit dem politischen Gegner, nach innen als Trägerin des nationalsozialistischen Führergedankens. Die emotionale Verwurzelung der Mehrheit der SA-Männer in militärischen Hierarchien erleichterte die Übernahme des Führergedankens, der seinerseits zur Stabilisierung der innerparteilichen Machtverhältnisse diente. Die »Treue zum Führer« wurde immer wieder als eine der hervorstechenden Eigenschaften des SA-Mannes beschworen und durch einen ausgeprägten Führerkult gepflegt.

Zweifelsohne war dieses besondere Treuebekenntnis auch ein Mittel, um bei den SA-Männern andere Loyalitäten als zu Hitler und der NSDAP zu unterbinden. Denn viele von ihnen waren aus anderen Wehrverbänden und Freikorps zu der SA gestoßen und hatten neben alten Bindungen auch andere Vorstellungen mitgebracht. Es hatte sich glücklich gefügt, daß gleichzeitig mit dem Führungswechsel in der NSDAP vom Sommer 1921 auch die Liquidierung der halbmilitärischen Einwohnerwehren und kurze Zeit später die Auflösung des Freikorps Oberland anstand. In der SA fanden die jungen Männer, was sie suchten: die vertraute Umgebung der Uniformen und Kommandos, eine hierarchisch geordnete Welt, die sich von der demokratischen Verfassung der Republik durch ihr Angebot an gesicherten Werten und Orientierungen abhob und die Möglichkeit, im Aktionismus der Parteiarmee eine Entschädigung für viele enttäuschte Erwartungen auf Aufstieg und Sicherheit zu finden. Die Flucht vor dem Grau des zivilen Nachkriegsalltags brachte sie zu Hitler, dessen Weg in die Politik selbst eine Flucht vor dem bürgerlichen Leben war.

Der Zulauf aus Einwohnerwehren und Freikorps brachte vor allem militärisch erfahrene Führungskräfte in die SA. Aus der Brigade Ehrhardt kam der erste SA-Führer, Leutnant Johann Ulrich Klintzsch, der bis zur Befehlsübernahme durch Hauptmann Hermann Göring die militärische Ausbildung und Organisation der SA vorantrieb. Einige tausend Mann zählte die SA im Sturmjahr 1923, als man zum Kampf gegen die Republik rüstete. Allein das SA-Regiment München hatte eine Stärke von annähernd 1500 Mann.

Als »Trägerin des Wehrgedankens eines freien Volkes« und als »Vorschule für den kommenden Freiheitskampf« hatte Hitler seine SA angepriesen, ihr aber zugleich die Aufgabe zugewiesen, »als eiserne Organisation ihre Kraft der Gesamtbewegung als Sturmbock zur Verfügung zu stellen«.[78] Das war eine zweifache und doppeldeutige Zielbestimmung, die in sich den Stoff für viele Konflikte in der SA selbst und in ihrem Verhältnis zur politischen Partei barg.

Für Hitler stand fest, daß die SA sich als revolutionäre Kampfbewegung der Partei unterzuordnen hatte. Doch Herkunft und politische Querverbindungen brachten nicht wenige SA-Führer immer wieder dazu, sich die SA als autonomes politisches Freikorps zu wünschen. Gefördert und geradezu unvermeidlich wurde dieser Zwiespalt durch die Notwendigkeit, wie andere vaterländische Verbände auch die Unterstützung der Reichswehr zu gewinnen oder sich zu erhalten. Die Nähe zur Reichswehr brachte den Vorteil der Waffen- und Ausbildungshilfe, aber den Nachteil, daß die SA, mehr als Hitler lieb war, mit anderen völkischen Wehrverbänden zusammenarbeitete und überhaupt ihre eigenen Wege abseits der Partei ging. Aber noch brauchte er die SA als Bürgerkriegstruppe und mit ihr die übrigen Wehrverbände, denn diese stellten ein politisches, vor allem ein militärisch beachtliches Potential dar. Darum schob Hitler die Entscheidung über die Funktion der SA, wie so viele Entscheidungen, so lange vor sich her, bis ihn die Umstände zur Stellungnahme zwangen. Das war jedoch erst im Sommer 1934 der Fall.

Doch welche Rolle die SA im Nationalsozialismus auch jeweils einnahm, durch ihre enge Verflechtung mit einer politischen Partei unterschied sie sich erheblich von den anderen Wehrverbänden, die »Parteipolitik« grundsätzlich ablehnten. Das beschränkte ihre Zusammenarbeit mit den Nationalsozialisten auf technisch-organisatorische Fragen und auf die gemeinsame Gegnerschaft gegen alles, was mit der Republik zusammenhing oder sie stützte. Enger als zu anderen Wehrverbänden gestaltete sich das Verhältnis zu den übrigen völkischen Gruppierungen, von denen nicht wenige nach und nach in der NSDAP aufgingen.

Gut ein Jahr zog sich dabei der von Drohungen und Werbungen begleitete Rivalitätskampf zwischen Julius Streicher mit seiner fränkischen DSP-Gefolgschaft und Hitler mit seiner Münchener NSDAP hin, bis Hitler seinen Nürnberger Kontrahenten davon überzeugen konnte, daß er der stärkere »Führer« der völkischen Bewegung und jener »starke Mann« war, nach dem der Volksschullehrer Streicher in seiner Zeitschrift »Deutschsozialist« ständig gerufen hatte. Mit Streichers Weg zu Hitler im Oktober 1922 war auch der im völkischen Lager verbreiteten Kritik am Machtgebaren Hitlers und dem sich ausbreitenden Hitler-Kult die Spitze genommen. Was die NSDAP vor allen anderen Gruppen auszeichnete, waren Zahl der Mitgliederschaft, Stärke ihrer Organisation und die Militanz ihrer Agitation.

Die Krisen des Jahres 1923, die die Weimarer Republik fast zerbrechen ließen, Ruhrbesetzung und Umsturzversuche, Wirtschaftskrise und Hyperinflation, dazu Regierungskrisen in Reich und Ländern waren schließlich die Voraussetzungen dafür, daß Hitler und seine Partei den Durchbruch in die große Politik und den Sprung zur Massenbewegung schafften. Im November 1923, auf dem Höhe- und Wendepunkt dieses Sturmjahres der deutschen Politik, hatte sich die Mitgliederzahl der NSDAP verzehnfacht – mit ein Grund für Hitler, zum revolutionären Coup zu schreiten.

4. »Der Marsch nach Berlin«

Hitlers Griff nach der Macht war nur unter einer doppelten Voraussetzung möglich: der Krise der liberal-demokratischen Ordnung und der Unterstützung durch konservative, republikfeindliche Kräfte. Die politischen und wirtschaftlichen Verhältnisse des Jahres 1923 hätten zwar für die Radikalen von links wie von rechts nicht günstiger sein können, aber die Haltung der etablierten konservativ-nationalen Kräfte, vor allem in der Reichswehr, gegenüber Staatsstreichplänen von rechts war lange unentschieden und zwiespältig. Alles was Hitler im Jahre 1923 unternahm, galt der Klärung seines Verhältnisses zur Staatsmacht, vor allem in deren bayerischer Konstellation. Denn auf Bayern war die Hitler-Bewegung allein schon deshalb beschränkt, weil sie Ende 1922 aufgrund ihres militanten Auftretens in Preußen, Thüringen, Mecklenburg, Baden und in den Hansestädten verboten worden war. Angesichts der immer radikaler werdenden Bürgerkriegsparteien unternahmen die republikanischen Parteien eine entschlossene Anstrengung, mit einem »Gesetz zum Schutz der Republik« einen Damm gegen die gröbsten antirepublikanischen Ausschreitungen zu errichten. Doch in den Staatskrisen des folgenden Jahres 1923 und dann noch einmal seit 1930 sollte sich zeigen, wie wenig ein solches Gesetz auszurichten vermochte, wenn die wichtigsten Exekutivorgane des Staates in ihrer Mehrheit der Republik nur eine gebrochene oder gar keine Loyalität entgegenbrachten.

Das galt besonders für Bayern, das sich zu einer Hochburg rechtsextremer Gruppen und Tendenzen entwickelt hatte. Mit den Stimmen der Deutschnationalen und der katholisch-konservativen BVP lehnte man das »Gesetz zum Schutz der Republik« ab und hielt statt dessen an einer Sondergerichtsbarkeit fest, die fast ausschließlich einseitig gegen die Linke gerichtet war. Begleitet wurde diese Kampagne gegen das Berliner Republikschutzgesetz von einer Welle von weiß-blauen und schwarz-weiß-roten Protestkundgebungen gegen das »rote Berlin« und die »Judenrepublik«.

In diese Stimmung traf die militärische Besetzung der Ruhr vom 11. Januar 1923. Die Empörung ergriff alle politischen Lager bis hin zu den Kommunisten; für einen Augenblick kam der Gedanke einer nationalen Einheitsfront von den extremen Linken bis zu den extremen Rechten auf. Tatsächlich wurde der passive Widerstand, den die Reichsregierung Cuno proklamiert hatte, nahezu von allen Parteien unterstützt. Auch die vaterländischen Verbände in Bayern ließen sich von dem Aufruf zum Generalstreik der ganzen Nation einbinden.

Nur Hitler scherte aus und forderte: »Nicht nieder mit Frankreich, sondern nieder mit den Vaterlandsverrätern, nieder mit den Novemberverbrechern muß es heißen.«[79] Er drohte jedem den Ausschluß aus der NSDAP an, der sich am nationalen Widerstand beteiligte. Mit bemerkenswerter Unbeirrbarkeit hielt er an diesem Entschluß fest, auch als Ludendorff seine ganze Autorität dagegensetzte und als im eigenen Lager Unsicherheit und Unverständnis aufkamen. Selbst die Verdächtigung, er sei mit französischen Geldern bestochen, nahm Hitler in Kauf.

Hitlers Verhalten zielte ganz offenkundig darauf ab, die Eigenständigkeit der nationalsozialistischen Partei in einer Woge des nationalen Widerstandes nicht untergehen und ihre Radikalität nicht verwässern zu lassen. Neben diesen taktischen Überlegungen dürften auch grundsätzliche, konzeptionelle hinter dieser starren, unpopulären, aber herausfordernd selbstbewußten Haltung gestanden haben. Es war die Vorstellung von einem Primat der Innenpolitik, der so lange Gültigkeit besitzen müsse, bis die Nation in sich geschlossen, von allen inneren Feinden »gereinigt« sei; erst nach einem solchen revolutionären Vorgang der inneren Machtbefestigung könne eine wirklich konsequente und erfolgreiche Außenpolitik betrieben werden. Ansätze zu einer solchen vollkommenen Umkehr der traditionellen deutschen Vorstellungen vom Vorrang der Außenpolitik fanden sich schon in seinem Feldpostbrief an den Assessor Hepp vom Februar 1915. Was dort sehr vage als Kampf gegen den »inneren Internationalismuß« angedeutet war, blieb bis zur Sicherung der Machtergreifung taktische Leitvorstellung. Seine Entscheidung vom Januar 1923 war auch im eigenen Verständnis eine Schlüsselentscheidung, und die Ereignisse sollten ihm recht geben.

Daß Hitler trotz seiner für viele unverständlichen Haltung zum Ruhrkampf wenig an Popularität einbüßte und im Frühjahr 1923 sogar neue Verbündete unter den Wehrverbänden gefunden hatte, das hatte viel mit dem Hitlerkult und mit dem Prestigeerfolg des ersten Reichsparteitags der NSDAP am 27./28. Januar in München zu tun.

Die Huldigung an den »Führer der deutschen Freiheitsbewegung« war dann auch zentraler Bestandteil aller Veranstaltungen und Rituale des »Reichsparteitags«.[80] Allein die Tatsache, daß diese Demonstration des Machtanspruchs der Hitler-Bewegung in ihrer ursprünglich geplanten Form, nämlich mit einer Serie von Massenveranstaltungen in zwölf Münchener Lokalen, stattfinden konnte, war ein Triumph Hitlers. Durch eine Mischung von Drohungen und Bitten hatte er sich gegen den Innenminister und den Polizeipräsidenten, der nicht mehr Pöhner hieß, durchgesetzt, freilich nicht ohne die entscheidende Hilfestellung durch die bayerische Reichswehrführung und Kahr. Unter dem Motto »Deutschland erwache« hielt er an einem einzigen Abend zwischen 20 Uhr und 1 Uhr nachts zwölf Versammlungen nacheinander ab. Durch den Erfolg kühn geworden, weihte er am folgenden Tag in einem großen Zeremoniell vor 5000 SA-Leuten die neuen Standarten – und zwar nicht, wie er den Behörden feierlich versprochen hatte, im geschlossenen Saalbau des Zirkus Krone, sondern draußen auf dem Marsfeld. Die Polizei griff nicht ein.

Der Parteitag, aber auch die offenkundige Kapitulation der Landesregierung verstärkten den Nimbus Hitlers. »Hitler ist unser Führer, und wir folgen ihm, wohin er will«, verkündete der »Völkische Beobachter« nach dem Parteitag lauter denn je.[81] Hitlers Selbstisolierung im nationalen Lager war wettgemacht und, was noch wichtiger war, die NSDAP-Führung hatte den Eindruck gewonnen, daß mit Erschleichungen und Drohungen bei der Staatsmacht alles zu erreichen war, wenn nur die nötigen Förderer und Bundesgenossen zur Stelle waren.

Daß dies nicht immer so sein mußte, sollte Hitler einige Monate später erfahren. Er hatte angekündigt, mit seinem Kampfbund die traditionellen Feiern der Arbeiterbewegung am 1. Mai zu sprengen. Diesmal blieb der Innenminister aber hart, und auch die Reichswehrführung verweigerte Hitler und dem Kampfbund die Herausgabe von Waffen, was freilich den Waffenmeister der vaterländischen Szene, Ernst Röhm, nicht daran hinderte, die Kampfbünde mit Gewehren und Maschinengewehren zu versorgen. Aber die Maifeiern fanden statt. Als Hitler – in martialischer Aufmachung mit Eisernem Kreuz und Stahlhelm – an der Spitze seiner bewaffneten SA-Männer auf der Theresienwiese nicht nur auf die verhaßten Sozialisten, sondern auch auf die sicherheitshalber aufgezogene Polizei traf, die ihm einen Entwaffnungsbefehl der Reichswehr präsentierte, gab er klein bei.

Enttäuscht über diesen ersten empfindlichen Rückschlag zog Hitler sich zu Dietrich Eckart nach Berchtesgaden zurück. Wie empfindlich der Prestigeverlust im völkischen Lager war, konnte er noch im September beim »Deutschen Tag« in Nürnberg feststellen. Ludendorff stand nun im Mittelpunkt der Ovationen, und mit Hitlers Führungsanspruch bei den »Kampfbünden« war es nicht mehr weit her.

Doch die Chance, die Scharte auszuwetzen, kam bald. Die sich verschärfende wirtschaftliche Not, die nationale Demütigung an der Ruhr, wo der passive Widerstand praktisch zusammengebrochen war, bis er von Stresemann endlich abgebrochen wurde, und schließlich die sich abzeichnende »Erfüllungspolitik« der neuen Reichsregierung unter Stresemann, riefen die Republikfeinde überall – und in Bayern ganz besonders – auf den Plan.

In dieser gewitterschwülen und undurchsichtigen Situation entschied sich die bayerische Regierung, den Ausnahmezustand zu erklären, die Grundrechte außer Kraft zu setzen und zum zweiten Mal Ritter von Kahr zum Generalstaatskommissar zu ernennen. Seine autoritäre Diktatur sollte auch den radikalen Kampfbünden das Wasser abgraben. Kahr seinerseits verfolgte im Verein mit General von Lossow, dem Leiter des bayerischen Reichswehrkommandos, und mit Oberst von Seißer, dem Leiter der Bayerischen Landespolizei, eine Doppelstrategie. Das Triumvirat versuchte einerseits, die Wehrverbände einschließlich der von Hitler geführten Kampfbünde stärker in ihr Konzept von einer autoritären Ordnungszelle einzubinden und auch, sie als potentiellen Partner für einen möglichen Marsch nach Berlin zu gewinnen. Andererseits warnten die Herren über den Ausnahmezustand die Führer der radikalen Kampfbünde, Ludendorff und Hitler insbesondere, vor eigenmächtigem Handeln. Kahr selbst wollte den Sturz der Republik, auch die monarchische Restauration, aber vor allem die Eigenständigkeit Bayerns. Hitler sollte dabei allenfalls die Fußtruppen zusammentrommeln.

Was die neuen bayerischen Machthaber planten und taten, war Hochverrat und ein gefährliches Spiel zudem. Der Reichsregierung blieb aufgrund der Nachrichten aus München nichts anderes übrig, als ihrerseits den Ausnahmezustand zu erklären und die vollziehende Gewalt in die Hände des Reichswehrministers Geßler zu legen. Dabei mußte sie die bittere Erfahrung machen, daß die Reichswehr sich nicht als militärisches Instrument der Republik, sondern als Staat im Staat verstand. »Die Reichswehr, Herr Reichspräsident, steht hinter mir«, hatte der Chef der Heeresleitung, General von Seeckt, dem Reichspräsidenten, dem verfassungsmäßigen Oberbefehlshaber der Armee selbstbewußt und voller Verachtung für einen Zivilisten und einen »Sozi« zudem erklärt.[82] Ebert und Stresemann mußten in der Stunde der Not solche Unbotmäßigkeit hinnehmen.

Zusätzlich verschärft wurde der Spannungszustand zwischen dem Reich und Bayern, als ein gegen Stresemann und nun auch gegen Seeckt gerichteter Hetzartikel des »Völkischen Beobachters« vom 28. September mit einem Verbot des nationalsozialistischen Parteiblattes beantwortet wurde und Geßler General von Lossow mit der Durchführung dieser Maßnahme beauftragte. Lossow und Kahr weigerten sich: der Befehl sei unausführbar, da er den Konflikt mit den nationalen Verbänden heraufbeschwöre und somit die öffentliche Sicherheit gefährde. Auf seine Entlassung durch Berlin reagierte Lossow mit einem erneuten Verfassungsbruch. Er verpflichtete die bayerische Reichswehr allein auf sein Kommando unter der Vorgabe, Bayern müsse nun allein »die Hochburg des bedrängten Deutschtums« sein.[83]

Doch vorerst schienen in München die Männer »des alten Systems« die Dinge im Griff zu haben. Kahr drohte Vertretern der vaterländischen Verbände am Nachmittag des 6. November, als diese immer unruhiger zu einem Marsch nach Berlin aufriefen, daß Landespolizei und bayerische Reichswehr gegen einen eigenmächtigen Putsch der Kampfverbände vorgehen würden, denn die Reichswehr ließe sich »in einen Kapp-Putsch nicht hineinhetzen«.[84] Hitler war zu dieser Besprechung nicht geladen, was für ihn ein Grund mehr war, die Flucht nach vorn zu wagen, um die Initiative zurückzugewinnen.

Die Gelegenheit zum großen Coup bot eine Kundgebung, zu der Kahr für den Abend des 8. November alles, was im nationalistisch-bürgerlichen Lager Rang und Namen besaß, eingeladen hatte. Als Kahr im überfüllten Bürgerbräukeller etwa zwanzig Minuten gegen den »Marxismus« geredet hatte, stürmten Hitler und seine Begleiter, nämlich sein Leibwächter, der Fleischer Graf und sein ehemaliger Feldwebel Max Amann auf der einen Seite, auf der anderen der Harvard-Absolvent Putzi Hanfstaengl und Rudolf Heß, alle mit gezogenen Pistolen, zum Podium, während Görings SA-Leute ein Maschinengewehr in Stellung brachten. Nachdem er sich mit einem Pistolenschuß in die Decke Gehör verschafft hatte, verkündete Hitler mit erregter Stimme: »Die nationale Revolution ist ausgebrochen. Die bayerische Regierung ist abgesetzt. Eine provisorische Reichsregierung wird gebildet. Reichswehr und Landespolizei stehen auf unserer Seite. Unsere Fahnen flattern bereits auf den Kasernen. Der Saal ist von sechshundert Schwerbewaffneten umstellt.«[85] Dann befahl Hitler dem Triumvirat in barschem Ton, sich in ein Nebenzimmer zu begeben, um gleich entschuldigend hinzuzufügen, er habe diesen ungewöhnlichen Weg wählen müssen, um den drei Herren die Übernahme der für sie vorgesehenen Ämter leichter

Die Führer des Münchener Hitler-Ludendorff-Putsches im November 1923

Vierunddreißig Jahre alt war Hitler, seit wenigen Jahren demobilisiert und noch immer berufslos, als er im November 1923 mit einem dilettantisch organisierten Putsch die Gewalt an sich zu reißen suchte.

zu machen: Kahr solle Landesverweser in Bayern, Pöhner bayerischer Ministerpräsident werden, Ludendorff werde die Führung der Armee im Reich übernehmen mit Lossow als Reichswehrminister, Seißer werde Polizeiminister, er selber trete an die Spitze der neuen Reichsregierung. Jeder habe seinen Platz einzunehmen, fuhr der selbsternannte Diktator fort[86]: »Sie müssen mit mir kämpfen, mit mir siegen oder mit mir sterben. Wenn die Sache schief geht, vier Schüsse habe ich in der Pistole, drei für meine Mitarbeiter, wenn sie mich verlassen, die letzte Kugel für mich.«[87] Aber Kahr ließ sich von dieser Drohung einer Alles-oder-Nichts-Strategie nicht einschüchtern: »Sie können mich festnehmen, können mich totschießen lassen, Sie können mich selber totschießen. Sterben oder Nichtsterben ist bedeutungslos.«[88]

Als er keine Antwort auf seine Regierungsbildung erhielt, ließ Hitler General Ludendorff herbeiholen und ging selbst in den Saal zurück. Dort verkündete er der zunächst ablehnend eingestellten, dann aber jubelnden Versammlung, der Putsch richte sich nicht gegen Kahr und die Ordnungsmächte, sondern gegen die »Berliner Judenregierung«. Die Bildung einer Diktatur Hitler-Ludendorff sei vollzogene Tatsache, nur »da außen im Nebenzimmer ringen drei Leute schwer mit dem Entschluß«.[89] Als schließlich Ludendorff unter Heilrufen erschien und im Nebenzimmer seine Mitwirkung erklärte, schien Hitler gewonnen zu haben. Das Triumvirat kapitulierte, und man kehrte zur Versöhnungsszene in den Saal zurück. Ein Handschlag zwischen Kahr und Hitler besiegelte den Pakt, es folgten Hochrufe. Mit einem Gefühl der Erleichterung löste sich die Versammlung auf. Daß einige Prominente wie Ministerpräsident Knilling und ein paar seiner im Saal anwesenden Minister von Rudolf Heß und seiner SA-Studentenkompanie verhaftet wurden, fiel kaum noch ins Gewicht. Kahr, Lossow und Seißer konnten die Stätte einer »welthistorischen Entscheidung«,[90] wie Hitler verkündet hatte, frei verlassen. Ludendorff verbürgte sich für ihr Ehrenwort.

Hitler wähnte sich am Ziel seiner Träume. »Nun wird eine bessere Zeit kommen«, sagte er zu Röhm, »wir alle wollen Tag und Nacht arbeiten für das große Ziel, Deutschland aus Not und Schmach zu retten.«[91] Doch der völkische Erlöser war ein schlechter Putschist. Er wähnte sichergestellt, daß seine SA alle militärischen und polizeilichen Nervenzentren in der Stadt besetzt hatte. Bald kamen aber gegenteilige Nachrichten. Obwohl von überall SA-Hundertschaften und verbündete Kampfverbände eintrafen, war es zwar dem ortskundigen und erfahrenen Röhm gelungen, den Amtssitz Lossows zu besetzen; die wichtigsten Regierungsgebäude, Nachrichtenzentralen und andere strategische Punkte aber waren nicht in der Hand der Putschisten. Zudem mußte man bald feststellen, daß die überrumpelten Partner und Rivalen die Nacht über nicht untätig geblieben waren. Bereits bei Betreten der Standortkommandatur wurden Pöhner und Frick von Lossows Leuten verhaftet. Das Triumvirat hatte sich in die Kasernen des regierungstreuen Regiments 19 geflüchtet und organisierte von dort aus den Gegenschlag. Niemand von den Putschisten wußte mehr recht, auf welcher Seite die Protagonisten standen. Diese Verwirrung wirkte sich gegen Hitler aus. Endlich, gegen drei Uhr nachts, wurden die Münchener Öffentlichkeit und die Berliner Reichsregierung informiert, daß das Triumvirat alle Zusagen an Hitler widerrufen hatte.

In den frühen Morgenstunden dämmerte es allmählich auch Hitler und den anderen Führern des Putsches, daß man von den scheinbaren Mitverschwörern hereingelegt worden war. Wie immer in Augenblicken des Rückschlags oder der Niederlage geriet Hitler außer Fassung. Mal war er völlig resigniert und ratlos und raste vor Verlangen nach Rache – dann war er wieder der Spieler, dem es um Alles oder Nichts ging. Einen Demonstrationszug müsse man für den folgenden Tag organisieren. »Geht's durch, ist's gut; geht's nicht durch, hängen wir uns auf.«[92]

Was tatsächlich zu tun sei, darüber gingen die Meinungen auseinander. Schließlich einigte man sich auf ein Unternehmen, das von jedem der in sich ohnehin aussichtslosen Pläne etwas übernahm. Man versuchte die Stadt zu verteidigen, das war Kriebels Plan; man schickte Propaganda-Trupps mit Lastwagen in die Stadt, das war Hitlers Plan. Ein Versuch des »Stoßtrupps Hitler«, doch noch das Polizeipräsidium zu erobern, wo Pöhner und Frick inhaftiert waren, scheiterte.

In der Stadt herrschte unterdessen am Morgen dieses 9. November große Erregung. In den Morgenzeitungen war noch die gemeinsame Proklamation Hitler-Ludendorff-Kahr zu lesen, an den Litfaßsäulen klebte der Revolutionsaufruf Hitlers. Aber bald erschienen Flugblätter und Sondernummern mit Gegenerklärungen Kahrs. Streicher brachte von einer Propagandafahrt durch die Stadt den ermutigenden Eindruck mit, daß es den Nationalsozialisten gelungen sei, Stimmung gegen Kahr zu machen. Das war für die Putschisten in ihrer Befehlszentrale im Bürgerbräu das Signal, den Plan eines Zugs der bewaffneten Kampfverbände durch die Stadt zu realisieren. Das erste Ziel dieses Zuges war, das Wehrkreiskommando zu entsetzen, wo Röhm sich von Reichswehreinheiten umstellt sah.

In Zwölferreihen bewegte sich der Zug, an der Spitze Fahnenträger, dahinter Hitler, Ludendorff, Göring, Kriebel, hinter ihnen SA, Bund Oberland und andere bewaffnete Formationen vom Bür-

Die »Märtyrer der Bewegung«, Schmuckblatt aus Ernst Graf zu Reventlows Werk »Der Weg zum neuen Deutschland«, Essen 1931

Den schon gescheiterten Staatsstreich, mit dem er von München aus das Reich erobern wollte, suchte Hitler in letzter Stunde durch einen Propagandamarsch zu retten; vor der Feldherrnhalle, König Ludwigs I. Kopie der Loggia dei Lanzi in Florenz, brach er im Feuer der bayerischen Landespolizei zusammen.

gerbräukeller, über die Isarbrücken durch die Innenstadt aufs Regierungsviertel zu. Es war mehr eine verzweifelte Demonstration der Macht als eine militärische Angriffsformation, was da zu sehen war. Man hoffte, die Reichswehr würde nicht schießen, da man die Mehrheit der Bevölkerung auf der eigenen Seite wähnte. Die Menschenmengen stauten sich in den Straßen, doch mehr aus Sensationslust denn aus Sympathie. Der Plan, die Massen im Sturm mitzureißen, war bereits gescheitert, als man sich am Odeonsplatz am engen Straßenausgang zur Feldherrnhalle einer starken Sperrkette der Landespolizei gegenübersah. Was dann geschah, ist im einzelnen ungeklärt. Es kam zu einem kurzen Schußwechsel. Als erster sank Scheubner-Richter, unmittelbar neben Hitler marschierend, getroffen zu Boden. Schließlich lagen vierzehn Putschisten und drei Polizisten tot oder sterbend auf der Straße vor der Feldherrnhalle. Der Zug löste sich panikartig auf, nur Ludendorff war ungerührt weitermarschiert. Hitler hatte sich beim Sturz offenbar die Schulter ver-

Der Hitler-Prozeß. Auszüge aus den Verhandlungsberichten, mit den Bildern der Angeklagten nach Zeichnungen von Otto Kursell, München 1924

Zwölfter Verhandlungstag

Vormittagssitzung

Nach 11 Tagen Prozeßdauer kam endlich am Dienstag der ehemalige Generalstaatskommissar

Dr. von Kahr

zu Wort.

Ohne daß, wie bisher, zu Beginn der Sitzung von den Prozeßparteien Erklärungen abgegeben wurden, wurde sofort in die Vernehmung eingetreten.

Der Vorsitzende macht den Zeugen darauf aufmerksam, daß er ihn wegen seiner äußeren Beteiligung an den Vorgängen im Bürgerbräukeller zunächst unbeeidigt vernehmen wird und weist darauf hin, daß der Zeuge auf Fragen, deren Beantwortung ihm eine strafrechtliche Verfolgung zuziehen könnte, die Antwort verweigern kann.

Kahr: Ich werde beeidigt oder unbeeidigt das sagen, was ich für wahr halte, für mich handelt es sich nicht um meine Person, sondern um den Staat.

Die Personalien des Zeugen werden wie folgt erhoben: Gustav v. Kahr, 61 Jahre alt, protestantisch, verheiratet, Regierungspräsident von Oberbayern.

Der Zeuge führt aus: Am Spätnachmittag des 26. September wurde ich vom Gesamtstaatsministerium zum Generalstaatskommissar und mit der gesamten vollziehenden Gewalt betraut. Mit diesem Amt waren mir Aufgaben polizeilicher, wirtschaftlicher und politischer Art übertragen. Meine Wirksamkeit galt naturgemäß vor allem den bayerischen Belangen, der Wahrung der Staatsautorität und der Konsolidierung des staatlichen Machtgebankens. Ich ging dabei von dem Grundsatze aus: Herr im Lande darf nur der Staat und die Staatsgewalt sein, sonst niemand. Der Staat soll aber auch eine Organisation sein, in der alle Teile einander halten und stützen, und der alle nationalen Kräfte sich ein- und unterordnen müssen.

Ich habe von Anfang an auch der Öffentlichkeit gegenüber keinen Zweifel darüber gelassen, daß die mir übertragenen Machtbefugnisse nicht bloß im Sinne der bayerischen Interessen, sondern im Interesse des großen deutschen Vaterlandes verwalten will, nach dem

Grundsatz: gesunde Einzelstaaten sind die Voraussetzung eines gesunden, starken Reiches.

Der Antritt meines Amtes erfolgte unter den schwierigsten politischen Verhältnissen im Reich und in Bayern, in einem Zustand des Verfalls der Wirtschaft und angesichts ernster sozialer Unruhen.

Ich möchte in kurzen Strichen den Hintergrund zeichnen, aus dem heraus die Tragödie

Dr. von Kahr

vom 8. November sich entwickelt hat und aus die auch eine gewisse Erklärung findet. Beim Antritt des Kabinetts Stresemann hatten ebenso wie beim Amtsantritt des Prinzen Max vor Ausbruch der Revolution Verhandlungen mit dem Feinde stattgefunden angesichts des erlahmenden Widerstandes im Ruhrgebiet. Der Eintritt der Sozialdemokratie in die Regierung rief die Gefahr schwerer sozialer und politischer Unruhen herauf. Stresemann selbst hat das Kabinett der großen Koalition als die letzte parlamentarische Möglichkeit bezeichnet, bei im Falle des Versagens

ein Direktorium

folgen müßte. Kahr streifte dann kurz das 2. und 3. Kabinett Stresemanns und verwies auf die sich verschlimmernde politische Lage infolge des Eintritts der Kommunisten in die Regierungen in Sachsen und Thüringen.

125

renkt, er flüchtete im Auto eines SA-Sanitätsarztes, völlig demoralisiert, aus der Stadt. Am Abend des 9. November war er weder »an der Regierung noch tot«, wie er am Abend zuvor pathetisch verkündet hatte, sondern im Landhaus seines frühen Gönners Putzi Hanfstaengl am Staffelsee. Dort wurde er am 11. November verhaftet; bei der Abführung vergaß er nicht, auch in der Niederlage um einen wirkungsvollen Auftritt besorgt, sich sein EK I anstecken zu lassen.

Sechzehn Tote hatten die Hitler-Leute nach ihrem dilettantischen Putschversuch und seinem unheroischen Ende zu beklagen. Zehn Jahre später wurden die »Märtyrer« der Bewegung in Ehrentempeln am Königsplatz, erbaut von Paul Ludwig Troost, beigesetzt, dort waren sie Jahr um Jahr Zentrum einer Totenbeschwörung, die aus der Niederlage nachträglich einen Sieg machte.

Die politische Erregung war mit den Schüssen des 9. November und dem Auseinanderlaufen der Putschisten noch nicht abgeklungen. Deutlich wurde dies in tumultartigen Studentenversammlungen an der Münchener Universität, wo es zu stürmischen Demonstrationen für die Verschwörer kam. Als schließlich angekündigt wurde, der überall im Reich gesuchte Freikorpsführer Kapitän Ehrhardt würde persönlich in der Versammlung erscheinen, brach erneuter Jubel aus. Die Stimmung blieb erregt, und was in den Reden der Radikalen in der Universität sich ankündigte, wurde bald zur Legende der extremen Rechten: der »Verrat am 9. November«.[93]

Dies war auch eines der Themen des Hitler-Prozesses selbst, der nach monatelangen Voruntersuchungen erst am 26. Februar 1924 eröffnet wurde. Der Prozeß fand nicht vor dem Leipziger Staatsgerichtshof, sondern vor dem bayerischen Volksgerichtshof statt. Das war bereits ein günstiges Vorzeichen. Denn einmal hatten die bayerischen Richter ein großes Interesse daran, die Verstrickung der Regierung in den Putsch zu verharmlosen, was Hitler andererseits die Chance bot, sich selbst als Held und Führer herauszustellen.

Die Erwartung des Gerichtsverfahrens, mithin eines großen öffentlichen Auftritts, hatte Hitler im Gefängnis wieder aufgerichtet, nachdem er sich tagelang mit Selbstmordabsichten getragen hatte. Die Möglichkeit einer Selbstdarstellung vor großem Publikum verhieß ihm erneut die Sicherheit, die der Demagoge bei seinen rhetorischen Exzessen immer wieder fand.

Der Prozeß fand vor großer Kulisse statt; er gab Hitler ein viel breiteres Forum, als der es je gehabt hatte. Der Spieler witterte und nutzte die Chance, aus dem Fiasko des gescheiterten Putsches, der zur Verhandlung stand, eine Anklage gegen die Republik vor der Öffentlichkeit des In- und Auslandes zu machen. Angeklagt waren Hitler, Ludendorff, Röhm, Frick, Pöhner, Kriebel und vier weitere Beteiligte, während Kahr, Lossow und Seißer nur als Zeugen geladen waren. Keiner von ihnen wußte sich so in Szene zu setzen wie Hitler, auch Ludendorff nicht, der nun endgültig in den Schatten Hitlers geriet.

Hitler beteuerte in den Verhandlungen nicht etwa seine Unschuld, wie das die Akteure des Kapp-Putsches getan hatten. Vielmehr bekannte er sich offen zu der Tat, den Vorwurf des Hochverrats wies er freilich weit von sich. Denn dieser Vorwurf treffe auf eine Aktion nicht zu, die sich gegen den Landesverrat von 1918 wende. »Ich fühle mich nicht als Hochverräter, sondern als Deutscher, der das Beste wollte für sein Volk.«[94] Das wirkte bei einem Richterkollegium, das selbst mit den Intentionen der vaterländischen Verbände und antirepublikanischen Gruppen sympathisierte. Bei seiner Begründung des Strafantrages scheute sich der Erste Staatsanwalt dann nicht, die »edlen Ziele« Hitlers zu betonen. Im Laufe der Verhandlungen gewann Hitler das ursprünglich abwartende Publikum für sich, bis es sich schließlich zu Begeisterungsstürmen hinreißen ließ. Der Republik wurde im Gerichtssaal ungestraft der Prozeß gemacht, Hitler hatte es verstanden, aus der Rolle des Angeklagten in die des nationalen Anklägers zu treten.

In seinem Schlußwort war Hitler wieder ganz der Trommler und Visionär, der jene geschichtliche Aufgabe für sich beanspruchte, die ihm die Unterstützung eines verängstigten Bürgertums wiedergewinnen sollte: »Was mir vor Augen stand, das war vom ersten Tage an tausendmal mehr, als Minister zu werden. Ich wollte der Zerbrecher des Marxismus werden. Ich werde diese Aufgabe lösen, und wenn ich sie löse, dann wäre der Titel eines Ministers für mich eine Lächerlichkeit.«[95]

Ein Nebeneffekt seiner Verhandlungsstrategie war, daß er alle Schuld auf Kahr und Lossow abwälzte, die Reichswehr von dem

Bis zu diesem Zeitpunkt war Hitler der vorwärtsstrebende Juniorpartner seiner nationalistischen und monarchistischen Alliierten gewesen, weit im Schatten des legendären Feldherrn Ludendorff. Mit seinem Auftreten vor Gericht etablierte er sich zum ersten Mal, für alle sichtbar, als der erste Mann der Bewegung. Der Zivilist im Regenmantel sollte die ordensgeschmückten Offiziere zu Statisten degradieren.

Erste Ausgabe Preis 10 Pfennig

München-Augsburger Abendzeitung

Das Urteil
im Hitlerprozeß

München, den 1. April 1924, 10 Uhr 05 Min.

Unter großer Spannung einer zahlreichen Zuhörerschaft wurde heute vormittag im Saale der Infanterieschule durch Landgerichtsdirektor Neithardt das Urteil im Hitlerprozeß verkündet.

Freigesprochen wurde: General Ludendorff
unter Ueberbürdung der Kosten auf die Staatskasse.

Die übrigen Angeklagten wurden

zu Festungshaft verurteilt
und zwar wie folgt:

Adolf Hitler 5 Jahre Festung

Oberstleutnant Kriebel 5 Jahre

Dr. Weber 5 Jahre

Oberstlandesgerichtsrat Pöhner 5 Jahre

Oberamtmann Dr. Frick 1 Jahr 3 Monate

Hauptmann a. D. Röhm 1 Jahr 3 Monate

Oberleutnant Wagner 1 Jahr 3 Monate

Oberleutnant Brückner 1 Jahr 3 Monate

Oberleutnant Pernet 1 Jahr 3 Monate

Die Haftanordnung gegen Frick, Röhm und Brückner wird aufgehoben. Das Gericht erläßt weiter Beschluß: Den Verurteilten Brückner, Röhm, Pernet, Wagner und Frick wird für den Strafrest mit sofortiger Wirksamkeit Bewährungsfrist bis 1. April 1928 bewilligt. Den Verurteilten Hitler, Pöhner, Kriebel und Weber wird nach Verbüßung eines weiteren Strafteiles von je 6 Monaten Festungshaft Bewährungsfrist für den Strafrest in Aussicht gestellt. Die Verurteilung und Freisprechung erfolgte mit vier Stimmen.

Die Begründung des Urteils erscheint in einer zweiten Ausgabe gegen Mittag.

Vorwurf des Verrats jedoch ausnahm; sorgsam bemüht, keinen Graben aufzureißen, schonte er jene Kraft, die er über kurz oder lang als Partner gewinnen wollte. Nicht gegen die Interessen der Nation und Reichswehr kämpfe die NSDAP, sondern für sie. Nur der »Verrat« Lossows und Seißers habe das nationale Bündnis zerstört. Das neue politische Konzept kündigte sich an, eine Konsequenz der Erfahrungen des mißglückten Putsches. Nicht eine Revolution gegen die bestehenden Gewalten würde zum Erfolg führen, sondern nur deren Umarmung und Aushöhlung zugleich.

Damit kündigte sich die Legalitätspolitik an, die die zweite Phase der Kampfzeit der Bewegung prägen sollte. Das bedeutete die Abkehr von jedem offenen Gewaltakt und umgekehrt die bedenkenlose Ausnutzung der Möglichkeiten eines parlamentarischen, demokratischen Systems und dessen gleichzeitige Diffamierung. Das setzte freilich Erschütterungen der politischen und sozialen

Ordnung voraus, wie sie das Sturmjahr 1923 gebracht hatte und die das latente Unbehagen an der Gegenwart erneut mobilisieren konnten.

Zunächst aber sprach alles dagegen; eine vergleichsweise ruhige Zeit schien der Republik bevorzustehen. Eine mißliche Folgewirkung des gescheiterten Hitler-Putsches war für die restaurativen Kräfte zudem, daß sie vorerst einmal diskreditiert und gelähmt waren. Als schließlich auch die Inflation beendet werden konnte, gewann die Bevölkerung neues Zutrauen in eine politische Ordnung, die sich 1923 am Rande des Abgrundes bewegt hatte.

Hitler und seinen Anhängern sollten erst einmal magere Jahre bevorstehen, und es bedurfte der ganzen Kraft eines Gläubigen und Visionärs, um an die Verwirklichung jenes Traums zu glauben, den Hitler in seinem Schlußwort vor Gericht entworfen hatte: »Die Armee, die wir herangebildet haben, die wächst von Tag zu Tag, von Stunde zu Stunde schneller. Gerade in diesen Tagen habe ich die stolze Hoffnung, daß einmal die Stunde kommt, daß diese wilden Scharen zu Bataillonen, die Bataillone zu Regimentern, die Regimenter zu Divisionen werden, daß die alte Kokarde aus dem Schmutz herausgeholt wird, daß die alten Fahnen wieder voranflat-

Dankschreiben des inhaftierten Parteiführers an die Ortsgruppe Hetzendorf:
»Herzlichen Dank für Euer Vertrauen. Unser Kampf muß und wird im Siege enden.
Mit deutschem Heil – Adolf Hitler«

tern, daß dann die Versöhnung kommt beim letzten Gottesgericht, zu dem anzutreten wir willens sind.«[96]

Das Gericht, vor dem Hitler angetreten war, schuf mit seinem Urteil eine der Voraussetzungen dafür, daß diese Vision von der gewaltsamen, revolutionären Vitalisierung der Tradition in die politische Wirklichkeit umgesetzt werden konnte. Was Hitler dem Urteil der Geschichte überlassen wollte, nämlich seinen Freispruch, besorgte das Gericht in der Infanterieschule in der Blutenburgstraße am 1. April beinahe schon selbst: Hitler wurde zu fünf Jahren Festungshaft verurteilt mit der ausdrücklichen Aussicht auf frühzeitige Begnadigung. Vor Weihnachten 1924 war er schon wieder frei, nicht ohne tätige Mithilfe des deutschnationalen Justizministers Gürtner, der dann 1933 Hitlers eigener Justizminister werden sollte. Hitler konnte im heraufziehenden Jahr 1925 daran gehen, die in sich zerstrittene und in rivalisierende Nachfolgeorganisationen zerfallende Bewegung wieder um sich zu scharen.

III.
Die Hitler-Bewegung
in der Kampfzeit

1. »Mein Kampf« und Wiederaufbau der Partei

Als Hitler am 20. Dezember 1924 vorzeitig aus der Haft in Landsberg entlassen wurde, hatte sich die politische Szene entscheidend verändert. Die völkische Bewegung, die noch bei den Reichstagswahlen am 4. Mai 1924 auf 6,5 Prozent der Stimmen gekommen war, hatte mehr als die Hälfte ihrer Anhänger verloren und war zu einer Splitterpartei geworden. Allein in Bayern hatte sie knapp 70 Prozent der Stimmen eingebüßt.

Die Republik hatte sich im Sturmjahr 1923 behaupten können, vermutlich weil sie gegen die revolutionäre Herausforderung von links und rechts zugleich verteidigt werden mußte. Nun war die Erregung des Vorjahres abgeklungen, und alles deutete auf eine Normalisierung und Festigung. Die wirtschaftliche Erholung hatte spürbar eingesetzt, und auch eine politische Stabilisierung kündigte sich an.

Es stand nicht gut um die Sache der Gegner der Republik. Die Mehrheit des Bürgertums schien sich an die ungeliebte parlamentarisch-demokratische Ordnung zu gewöhnen, allerdings zunächst unter der Bedingung, daß die Sozialdemokraten in der Opposition blieben.

Der Zustand der nationalsozialistischen Bewegung war desolat. Die Partei war in sich gespalten, keiner der Unterführer hatte die Bewegung zusammenhalten können. Wenn es eines Beweises bedarf, daß der Nationalsozialismus in seiner historischen Gestalt ohne Hitler kaum denkbar ist, dann gehört dazu auch diese Phase in der Parteigeschichte, die man als die »führerlose« bezeichnen kann. Die Einheit von Führergedanke und Führerorganisation war zerbrochen, ohne die Integrationskraft Hitlers brachen sofort die internen Gegensätze offen aus. In Süddeutschland bildete sich um die treuen Gefolgsleute Hermann Esser und Julius Streicher die »Großdeutsche Volksgemeinschaft« als Nachfolgeorganisation der mittlerweile verbotenen NSDAP; in Norddeutschland schlossen sich versprengte Nationalsozialisten und Deutsch-Völkische zur »Nationalsozialistischen Freiheitsbewegung« unter Führung von Erich Ludendorff, Gregor Strasser und Albrecht von Graefe, dem ehemaligen Führer der ebenfalls verbotenen »Deutschvölkischen Freiheitspartei«, zusammen. Für Hitler, der sich vom Gefängnis aus jeder Einflußnahme enthielt, bedeutete dies: es war kein ernsthafter Rivale zu erkennen und auch keine geschlossene Front von Widersachern. Niemand machte ihn für die Katastrophe vom November 1923 verantwortlich, im Gegenteil, voller Ungeduld wurde er einmütig als Märtyrer und Retter erwartet. Eine bessere Voraussetzung für seinen absoluten Führungsanspruch und die Durchsetzung seiner politischen Vorstellungen konnte er sich kaum wünschen. Die ohnmächtigen Fraktionen der völkischen Bewegung fragten sich vielmehr, was der »Führer« tun werde nach seiner Rückkehr. Das war für sie gleichbedeutend mit der Frage, welcher Gruppe er sich zuwenden werde. Hitler tat indessen nichts und wartete volle zwei

Monate, bis er öffentlich seinen Entschluß verkündete, die Partei neu zu gründen, und sich als deren »Führer« präsentierte. Nicht Bündnisse hatte er in der Zwischenzeit geschlossen, sondern Trennungslinien gezogen und den eigenen Anspruch auf Unbedingtheit behauptet.

Hitlers scheinbare Passivität schuf Nervosität unter den rivalisierenden Gruppen und provozierte seine Gegenspieler zu Schritten, die ihnen leicht als Versuch ausgelegt werden konnten, die Einheit im völkischen Lager zu zerstören. Entscheidend war das Verhältnis zu Ludendorff und den Deutschvölkischen. Während Hitler den völkischen Abgeordneten in den Parlamenten gegenüber unnachgiebig auf Unterwerfung bestand, mußte er in der Auseinandersetzung mit Ludendorff vorsichtiger verfahren. Schließlich wünschten sich gar manche Völkischen, Hitler und Ludendorff sollten gemeinsam die Bewegung führen. Doch Hitlers Gefühle dem General gegenüber waren von Eifersucht und Rache bestimmt, hatte sich der Weltkriegsheld am 9. November doch voller Verachtung über Hitlers Flucht geäußert.

Der Führungskampf brach offen aus, als die Deutschvölkischen Ludendorff gegen Hitler auszuspielen suchten und diesem allenfalls die Rolle des Trommlers für den eigentlichen Führer Ludendorff zubilligen wollten. Der General zögerte jedoch, sich in die Frontstellung gegen Hitler drängen zu lassen und löste am 12. Februar 1925 die Troika der Reichsführerschaft auf. Knapp zwei Wochen nach diesem Schritt erschien am 25. Februar erstmals wieder der »Völkische Beobachter« und kündigte für den folgenden Tag die Neugründung der NSDAP im Bürgerbräukeller an. Gleichzeitig wurden die Richtlinien für den organisatorischen Neuanfang genannt: Hitler lehnte alle Bedingungen ab; die wollte nur er anderen diktieren. »Wenn jemand kommt und mir Bedingungen stellen will«, verkündete er vor der dichtgedrängten Anhängerschaft im Bürgerbräu, »dann sage ich ihm: Freundchen, warte erst einmal ab, welche Bedingungen ich dir stelle. Ich buhle ja nicht um die große Masse. Nach einem Jahr sollen Sie urteilen, meine Parteigenossen; habe ich recht gehandelt, dann ist es gut; habe ich nicht recht gehandelt, dann lege ich mein Amt in Ihre Hände zurück! Bis dahin aber gilt: ich führe die Bewegung allein und Bedingungen stellt mir niemand, solange ich persönlich die Verantwortung trage. Und ich trage die Verantwortung wieder restlos für alles, was in der Bewegung vorfällt.«[1] Und der Jubel der Parteigenossen, die endlich wieder klare Verhältnisse wollten, bestärkte seinen Anspruch, die neue NSDAP als Führerpartei ausschließlich auf sein Kommando auszurichten. Einzige Bedingung für die diktatorischen Vollmachten war, daß dem »Führer« Erfolg und Charisma treu blieben.

Am Ende seiner Rede rief Hitler zur Versöhnung auf; aber er meinte Unterwerfung. Doch der Appell war so geschickt angelegt, daß keiner der anwesenden Rivalen sich ihm entziehen konnte. Unter dem Begeisterungssturm der Anhänger erreichte Hitler, was Ludendorff, Graefe, Rosenberg und die anderen völkischen Größen in der Zeit seiner Abwesenheit nicht zustande gebracht hatten: die Einheit der völkischen Bewegung und die eigene Anerkennung als »der Führer«.

Nur Ludendorff hatte Hitler in seiner Gründungsrede nicht erwähnt, und wenn er darauf angesprochen wurde, antwortete er in belanglosen Floskeln. Für den »Führer« Hitler gab es den »Führer« Ludendorff ganz einfach nicht mehr. Der plötzliche Tod von Reichspräsident Ebert und die anstehenden Neuwahlen gaben Hitler die Chance zu einem neuerlichen geschickten Schachzug. Er propagierte den General als Kandidaten der »nationalen Opposition«. Das stellte die Ludendorff-Anhänger zufrieden, gab die Chance, mit dieser Zählkandidatur die eigene Stärke zu testen und mußte zu einer sicheren politischen Niederlage des Kriegshelden führen.

Die Wahlen am 29. März 1925 gaben Hitler recht: Ludendorff erhielt nur wenig mehr als ein Prozent der Stimmen, und er zog sich, als die Nazis dieses Ergebnis noch hämisch kommentierten, verbittert von der Bewegung zurück. Noch eine weitere Folge hatte die Kandidatur Ludendorffs: die Deutschvölkischen unterstützten nicht ihn, sondern den Kandidaten des Rechtsblocks, Jarres. Das vertiefte die Gräben und schadete letztlich den Deutschvölkischen selbst. Der Zerfall der Deutschvölkischen Freiheitsbewegung war nach dem Ausscheiden des populären Ludendorff nicht mehr zu bremsen; ihre Mitglieder und auch Führer gerieten immer mehr in den Bannkreis der Hitler-Bewegung. Adolf Hitler hatte in relativ kurzer Zeit seinen Führungsanspruch innerhalb der völkischen Bewegung befestigt; anders stand es in der NSDAP selbst. Die politisch-organisatorischen Differenzen waren nicht ausgeräumt, und die NSDAP sog sie mit der völkischen Bewegung in sich auf.

Eine Befestigung seines Führungsanspruchs erhoffte sich Hitler auch von seiner Programm- und Rechtfertigungsschrift »Mein Kampf«, die er im Sommer 1924 in Landsberg zu schreiben begonnen hatte. Der erste Band, der zunächst den Arbeitstitel »Viereinhalb Jahre Kampf gegen Lüge, Dummheit und Feigheit« trug, wurde 1925 veröffentlicht. Den zweiten Teil schrieb er 1926, von einem Redeverbot in Bayern und fast im ganzen Reich wieder zum politischen Teilrückzug gezwungen; veröffentlicht wurde er 1927.

Was Hitler in Landsberg seinem Burschen Emil Maurice und vor allem seinem getreuen Sekretär Rudolf Heß, der seinem Führer freiwillig aus seinem Versteck in die Haft gefolgt war, in die Maschine diktierte, war eine Mischung aus Biographie, politischer Rechtfertigung, ideologischem Traktat und politischer Strategielehre. Das Buch besaß weder als Memoirenwerk noch als Entwurf eines politischen Denkgebäudes Originalität und Format. Dazu war es viel zu weitschweifig und unsystematisch; auch vermischte es dort, wo es politischer Erlebnis- und Rechenschaftsbericht sein sollte, Selbststilisierung und zuverlässige Darstellung auf fast unentwirrbare Weise. Auch stilistisch war und blieb es trotz redaktioneller Arbeit durch Bernhard Stempfle, ehemaliger Ordenspater und Herausgeber des »Miesbacher Anzeigers«, dürftig. Hitler schrieb wie er redete: in endlosen monologisch-schwülstigen Wortkaskaden und weitschweifigen Wiederholungen. Die Schrift war zusammengefügt aus Ideenfetzen, die dem nationalsozialistischen, rassistischen, imperialistischen und antidemokratischen Denken entstammten. Die Verbindung des Rassegedankens mit dem Lebensraumprinzip war dem imperialistischen Nationalismus schon lange vertraut.

Auch die Verschmelzung von Antisemitismus und Antibolschewismus hatten schon andere völkische Ideologen und Propagandisten vor Hitler vorgenommen. Dasselbe gilt für die außenpolitischen Zielvorstellungen, die in der einen oder anderen Form im Lager der nationalen Rechten vielfach zu hören waren. Nicht die einzelnen ideengeschichtlichen Bestandteile sind das Besondere an Hitlers Weltanschauung, sondern deren innere Verknüpfung zu einem in sich ebenso kohärenten wie bedrohlichen Herrschaftsentwurf. Das Erstaunliche ist, daß dessen zerstörerische Ziele in einer seltenen Offenheit enthüllt werden.

Alles was sich Hitler bisher an politischen Überlegungen und ideologischen Überzeugungen angeeignet hatte, war hier zusammengefügt. Nichts, was er einmal gedacht hatte, konnte falsch sein; zudem mußte alles in sich schlüssig erscheinen. Der Weigerung, von einer einmal gefaßten Meinung abzuweichen, stand die Entschlossenheit gegenüber, alles zu einer Synthese zusammenzufassen. Die scheinbare Schlüssigkeit dieser Synthese vermittelte Hitler das Gefühl von der Richtigkeit der eigenen Ziele und Glaubenssätze. Das kann wiederum die Hartnäckigkeit erklären, mit der er an dieser Weltanschauung bis zum Ende im Führerbunker festgehalten hat.[2]

Die eigentliche Ausbildung dieses Gedankengebäudes begann 1919. Sein Eintritt in die Politik war ja nicht Ergebnis einer programmatischen Entscheidung gewesen, sondern hatte die politische Ideenfabrikation erst ausgelöst. Was Hitler 1919 dachte und bis dahin aufgeschnappt hatte, entsprach den Allerweltsvorstellungen eines kleinbürgerlichen Nationalismus und Antisemitismus. Das umschloß einen Haß auf alles Fremde, besonders auf »den« Juden, wie ein Verlangen nach Annexion beziehungsweise – nach der Niederlage – nach Revision. Gewiß zeigten sich hier in Ansätzen Versatzstücke der späteren Weltanschauung, doch standen sie zunächst, nach allem was sich aus den wenigen schriftlichen Zeugnissen des jungen Hitler ermitteln läßt, noch unverbunden nebeneinander. Die Ablehnung jedes »Internationalismuß« wurde beispielsweise noch nicht mit dem Haß auf »den« Juden in Verbindung gebracht, die außenpolitischen Vorstellungen noch nicht mit dem Rassegedanken. Radikaler als die anderen war Hitler zu diesem Zeitpunkt nur in der Ausschließlichkeit und Infantilität, mit der er sich an diese konventionellen Ideenfetzen klammerte, mit der er zu hassen, zu glauben und zu träumen verstand.

Zwischen 1919 und 1924 entwickelte und vervollkommnete sich Hitlers Weltanschauung vom »Gewöhnlichen zum Ungewöhnlichen«.[3] In dieser kurzen Spanne verdichteten sich die rassenmythologischen und sozialdarwinistischen Vorstellungen zu einem Gesamtbild, in dem Antisemitismus, Antimarxismus und Anti-Internationalismus zusammenflossen.

Im Mittelpunkt von Hitlers Geschichtsdenken standen die Begriffe Volk und Rasse, die jetzt weitgehend identisch verwandt wurden. Völker und Rassen galten als in sich abgeschlossene Arten; jede Vermischung war ein Verstoß gegen die Natur und ein Grund für den Verfall. Zwischen den Rassen und Völkern aber herrschte das Gesetz des ewigen Kampfes; der Lebenskampf wurde zum Gesetz der Geschichte erhoben. Er war im wesentlichen Kampf um

Das Buch des Tages:

Mein Kampf

von **Adolf Hitler**

Was wird Adolf Hitler tun?.— fragen
heute Millionen hoffender Deutscher!—
Diese Frage kann jeder beantworten,
der sein Werk und damit sein Wollen
und Ziel kennt. Jeder, ob Freund oder
Feind, kann jetzt das Werk Hitlers nicht
unbeachtet lassen.

2 Ausgaben: 2 Bände kartoniert je RM. 2,85,
beide Bände in Ganzleinen gebunden RM. 7,20

Jede deutsche Buchhandlung hat dieses Buch vorrätig!

Verlag Frz. Eher Nachf., München 2 NO

Hitlers Bekenntnis- und
Programmschrift »Mein Kampf«,
in der Haft von Landsberg Rudolf
Heß diktiert, erschien in zwei
Bänden 1925 und 1926. Das Buch
wurde anfangs kein großer Erfolg;
in den ersten drei Jahren nach
Erscheinen wurden 56 000
Exemplare verkauft. Es ist aber
eine Legende, daß nur der Zwang
des Dritten Reiches ihm zu einer
Gesamtauflage von 6 Millionen
Exemplaren verholfen habe. Bis
zur Machtübernahme waren unter
den Bedingungen von Weimar
schon rund 250 000 Exemplare
verkauft worden, mehr als die
meisten gefeierten Schriftsteller
der Republik von ihren Büchern
absetzen konnten.

die Selbsterhaltung: »Alles weltgeschichtliche Geschehen aber ist
nur die Äußerung des Selbsterhaltungstriebes der Rassen in gutem
oder schlechtem Sinne«,[4] hieß es in »Mein Kampf«. Das war ganz im
Sinne der rassentheoretischen und sozialdarwinistischen Schriften,
die Hitler mittlerweile zusammengelesen hatte. Auch die Funktion
solcher Ideologeme war nicht unbekannt. Sie dienten der Rechtfertigung innenpolitischer Abwehr- und außenpolitischer Expansions-
strategien. »Der Stärkere hat zu herrschen und sich nicht mit dem
Schwächeren zu verschmelzen«,[5] verkündete Hitler. Das gebot nun
nicht nur der Selbsterhaltungstrieb, der zum zentralen Moment der
Hitlerschen Geschichtsdeutung wurde, sondern das ewige Gesetz
des Kosmos.

Die Selbsterhaltung war Ursache des ewigen Lebenskampfes,
»weil in Wahrheit jegliches Ringen um das tägliche Brot, ganz gleich
ob im Krieg oder im Frieden, ein ewiger Kampf ist gegen tausend
und abertausend Widerstände, so wie das Leben ein ewiger Kampf
gegen den Tod ist.«[6] Beherrscht wird das Leben, so Hitler in seinem
naturalistischen Materialismus, von Hunger und Liebe. »Indem die
Stillung des ewigen Hungers die Selbsterhaltung gewährleistet,
sichert die Befriedigung der Liebe die Forterhaltung.«[7] Zwar sind
die Triebe der Selbst- und Forterhaltung im Grundsatz unbegrenzt,
aber bei ihrer Befriedigung stoßen sie an die Grenzen des Raumes.
An dieser Stelle bringt Hitler den Gedanken der Selbsterhaltung in
einen Zusammenhang mit dem Begriff des Lebensraums. Zwar war
auch der Lebensraumgedanke dem Sozialdarwinismus entlehnt,
nicht aber seine Verbindung mit rassentheoretischen Vorstellungen.

Für Hitler ermöglichte der Lebensraumgedanke die Anbindung
seines außenpolitischen Expansionismus an seine Rassenlehre. Der
Widerspruch zwischen der Begrenztheit des Raumes und den unbegrenzten Erhaltungstrieben der Völker ist Ursache für einen ewigen
Kampf um den Raum. Geschichte ist also Lebenskampf der Völker
um Lebensraum. Das war das von Hitler erkannte Grundgesetz der
Geschichte und die Rechtfertigung seines Rassen- wie seines Raum-
eroberungsprogramms.

Der naturgegebene Lebenskampf war auch »Voraussetzung zur
Entwicklung«.[8] Darunter verstand Hitler ein weiteres Prinzip der
Natur, nämlich den Kampf als Mittel zur »Höherzüchtung des
Lebens überhaupt«. Die Natur wünscht den »Sieg des Stärkeren und
die Vernichtung des Schwachen oder seine bedingungslose Unterwerfung«. Um dem »innersten Wollen der Natur« gerecht zu werden, bedarf es »einer dauernden gegenseitigen Höherzüchtung …
bis endlich dem besten Menschentum, durch den erworbenen
Besitz dieser Erde, freie Bahn gegeben wird, zur Betätigung auf
Gebieten, die teils über, teils außer ihr liegen«.[9] Ganz unversehens
geraten sozusagen zwangsweise die Rassen- und Züchtungsideolo-
gien zur Rechtfertigung eines gewaltigen Expansionsprogrammes,
dessen Logik erst in der Weltherrschaft ihre Grenzen findet. »Wir
alle ahnen, daß in ferner Zukunft Probleme an den Menschen herantreten können, zu deren Bewältigung nur eine höchste Rasse als
Herrenvolk, gestützt auf die Mittel und Möglichkeiten eines ganzen
Erdballs, berufen sein wird.«[10]

Diese Aufgabe muß allein dem Arier zukommen, der als einzig

Blatt 22

Von Hitler korrigierte Manuskript-
seite zu »Mein Kampf«

»geniale« und »schöpferische« Rasse zur Kultur fähig ist. »Sie
erschaffen in oft wenigen Jahrtausenden, ja Jahrhunderten Kulturen, die ursprünglich vollständig die inneren Züge ihres Wesens tragen, angepaßt den oben schon angedeuteten besonderen Eigenschaften des Bodens sowie der unterworfenen Menschen. Endlich
aber gehen die Eroberer von der im Anfang eingehaltenen Reinheit
ihres Blutes ab, beginnen sich mit den unterjochten Einwohnern zu
vermischen und beenden damit ihr eigenes Dasein.«[11]

Aus diesen Gesetzen der Geschichte ergibt sich die Aufgabe der
Politik, nämlich »die Durchführung des Lebenskampfes eines Volkes«.[12] Alle Maßnahmen staatlicher Politik haben sich diesem Ziel
unterzuordnen; »Politik ist die Kunst der Durchführung des
Lebenskampfes eines Volkes um sein irdisches Dasein. Außenpolitik ist die Kunst, einem Volke den jeweils notwendigen Lebensraum
in Größe und Güte zu sichern. Innenpolitik ist die Kunst, einem

Volke den dafür notwendigen Machteinsatz in Form seines Rassenwertes und seiner Zahl zu erhalten.«[13]

Was sich in den frühen Äußerungen Hitlers andeutete, wird in »Mein Kampf« in einem sogenannten Zweiten Buch aus dem Jahre 1928, das Hitler nie veröffentlichte, systematisiert und seinem Geschichtsplan untergeordnet. Die Unterschiede zwischen Außen- und Innenpolitik werden verwischt, einem anfänglichen Primat der Innenpolitik folgt auf einer weiteren Stufe der Primat der Außenpolitik. Innenpolitik hat zunächst den Vorrang und muß die Machtgrundlagen schaffen für die Durchführung des Lebenskampfes. Dann ordnet sich alles dem Lebenskampf unter.

Zu den Machtmitteln, die die Innenpolitik bereitstellen muß, gehören nach Hitler »Volkszahl« und »Volkswert«. Bevölkerungspolitik und Rassenpolitik werden damit in einen gleichsam dialektischen Zusammenhang gebracht, der zugleich die radikal rückwärtsgewandten, an vorindustriellen Vorstellungen orientierten Grundlagen von Hitlers Rassen- und Raumlehre enthüllt. Jedes Anwachsen der Bevölkerungszahl führt danach zu einer Verknappung des Raumes und damit zum Lebensraumkrieg. Umgekehrt würde ein Sinken oder Stagnieren der Volkszahl die anderen Völker stärker werden lassen und ebenso zum Krieg, dann aber zum Verlust von Lebensraum führen. Immer ist der Kampf Grundbedingung des Lebens. »Wer leben will, der kämpfe also, und wer nicht streiten will in dieser Welt des ewigen Ringens, verdient das Leben nicht.«[14]

Zur numerischen Stärke eines Volkes kommt sein »Rassewert« als Vorbedingung für die Behauptung im Lebenskampf. Denn von der Ungleichheit der Rassen ist Hitler überzeugt wie alle anderen Rassenideologen vor ihm und auch davon, daß der »Jude« das negative Gegenbild zu der »genialen« Rasse der Arier darstellt. Wilde Haßgefühle und eine scheinbar naturwissenschaftliche Sprache kennzeichnen die Beschreibungen, mit denen Hitler »den Juden« als den Inbegriff der Zersetzung darstellt. Sein Vokabular stammt meist aus dem Bereich der Parasitologie. In endlosen Wiederholungen charakterisiert er den Juden als »Made im faulenden Leibe«, als »Bazillenträger der schlimmsten Art«, als »ewigen Spaltpilz der Menschheit«, als »Spinne«, die »dem Volke langsam das Blut aus den Poren zu saugen« beginnt und dann wieder als »sich blutig bekämpfende Rotte von Ratten«, als »Parasit im Körper anderer Nationen und Staaten« und als »ewigen Blutegel«.[15] Sprachlich wurde der Jude damit bereits »aus der menschlichen Gemeinschaft ausgesondert«.[16]

Überall vermutet Hitler jüdische Zersetzungsarbeit. Alle Vorgänge in der modernen Welt, die ihn ängstigten, wurden auf »den Juden« zurückgeführt. »Nichts ist mehr verankert, nichts mehr wurzelt in unserem Innern. Alles ist äußerlich, flieht an uns vorbei. Unruhig und hastig wird das Denken unseres Volkes. Das ganze Leben wird vollständig zerrissen.«[17] Es ist der »emanzipatorische Prozeß im ganzen«, den Hitler hier beklagte und auf einen einzigen »Erreger« zurückführte.[18] Es bedurfte nur noch eines weiteren Schrittes, und »der Jude« wurde zum »Drahtzieher der Geschicke der Menschheit« überhaupt.

Was Hitler »dem Juden« zuschrieb, ist der universale Vorgang des historischen Wandels überhaupt. Und ebenso universal verstand er seine historische Mission. Die »Entfernung des Juden«, das bedeutet für Hitler die Wiedereinsetzung der Gesetze von Natur und Geschichte.[19] Als Vorkämpfer der »grausamen Königin aller Weisheit« sieht er seine historische Aufgabe darin, seine Rasse vom Weg in den Abgrund wegzuführen und den Kampf gegen das jüdische Volk, das Werkzeug der Widernatur, aufzunehmen.[20] Denn mit dem deutschen und jüdischen Volk stehen sich zwei Grundprinzipien der Geschichte gegenüber: »das deutsche Volk ist das typische Raumvolk, das jüdische ist das typische raumlose Volk«.[21] In diesem Punkt unterscheide sich die jüdische Rasse von allen anderen Rassen – sie sei ein Volk ohne Raum und ohne Staat mit festen Grenzen: »Der jüdische Staat war nie in sich räumlich begrenzt, sondern universell unbegrenzt auf den Raum, aber beschränkt auf die Zusammenfassung seiner Rasse. Daher bildete dieses Volk auch immer einen Staat innerhalb der Staaten.«[22] Durch seinen mangelnden »Rassewert« unfähig zur festen Staatsbildung, verkörpere das Judentum das Gegenprinzip zum souveränen Staat. In diesem entscheidenden Kampf zweier universaler Daseinsformen könne es nur Sieg oder Untergang geben.

Als Verkörperung der Widernatur ist »der Jude« für Hitler auch Urheber und Träger aller politischer Prinzipien der Gegenwart, die die natürlichen Lebensformen der Rassen bedrohen, also vor allem des Internationalismus und Pazifismus und der Demokratie. Sie stünden im Gegensatz zu den positiven Werten des Nationalismus, des Heroismus und des aristokratischen Führerprinzips.

Der schwerwiegendste Vorwurf gegen das Judentum war der des »Internationalismuß«. Er zieht sich wie ein roter Faden durch Hitlers Denken und gehörte schon zu seinen frühesten ideologischen Feindbildern. Indem er den Begriff ausweitete und in seine Geschichtsdeutung eingliederte, wurde er zum Bindeglied zwischen Rassendoktrin und außenpolitischem Programm, zwischen Antimarxismus und Antisemitismus. Die Juden waren Urheber aller internationalistischen Ideologien wie Freimaurerei, Völkerverständigung, Weltfrieden, Sozialismus und vor allem Marxismus. Es war sein internationaler Charakter, der den Marxismus Hitler verdächtig machte und der ihn als jüdisch entlarvte.

Auch das egalitäre Prinzip war eine jüdische Erfindung und stand im Widerspruch zum »aristokratischen Prinzip der Natur«.[23] Der Jude setzte an die »Stelle des ewigen Vorrechtes der Kraft und Stärke die Masse der Zahl und ihr totes Gewicht«. Mit der Demokratie suchte »der Jude« dem Prinzip der Feigheit und Schwäche zum Sieg zu verhelfen; schließlich habe er den Gedanken der Demokratie noch durch den der Diktatur des Proletariats abgelöst. Damit war die Verbindung zum Vorwurf des Internationalismus wiederhergestellt und auch der Brückenschlag zum Pazifismus nicht schwer. Denn die Juden hätten zugleich ein Interesse an der »fortschreitenden pazifistisch-marxistischen Lähmung unseres Volkskörpers«.[24]

Alle drei Vorwürfe – des Internationalismus, des Pazifismus und des Egalitarismus – münden in die Kampfansage an Marxismus und Bolschewismus. Im Marxismus sieht Hitler die radikalste und letzte

Angriffswaffe des Judentums, die das Werk von Pazifismus und Demokratie fortsetzt. »Der Marxismus soll als Angriffs- und Sturmkolonne vollenden, was die Zermürbungsarbeit der beiden ersten Waffen vorbereitend schon zum Zusammenbruch heranreifen ließ.«[25]

Ungezügelte Haßgefühle und Leidenschaften ergreifen Hitler immer dann, wenn er vom Bolschewismus als dem »furchtbarsten« Beispiel des »jüdisch-marxistischen Völkermordes« redet. Noch dem Herrscher über Deutschland soll nach einem Bericht seiner Sekretärin bei der bloßen Nennung des Wortes Bolschewismus im Diktat die Zornesröte ins Gesicht gestiegen sein, und seine Stimme habe sich dabei überschlagen.[26] Alle Geschichtsdeutungen Hitlers laufen auf diesen Punkt hinaus. »Nun beginnt die große letzte Revolution. Indem der Jude die politische Macht erringt, wirft er die wenigen Hüllen, die er noch trägt, von sich. Aus dem demokratischen Volksjuden wird der Blutjude und Völkertyrann. In wenigen Jahren versucht er, die nationalen Träger der Intelligenz auszurotten, und macht die Völker, indem er sie ihrer natürlichen geistigen Führung beraubt, reif zum Sklavenlos einer dauernden Unter-

Doppelseite aus dem weitverbreiteten »Lebendig-anschaulichen Reichsbürger-Handbuch« von Max Eichler: Du bist sofort im Bilde, Erfurt ab 1937

jochung ... Das Ende aber ist nicht nur das Ende der Freiheit der vom Juden unterdrückten Völker, sondern auch das Ende dieses Völkerparasiten selber. Nach dem Tode des Opfers stirbt auch früher oder später der Vampir.«[27]

Das sind apokalyptische Visionen. Und die Unbeirrbarkeit, mit der der Monomane an diesem Glauben festhielt, erklärt die Hartnäckigkeit, mit der er die Berechtigung seines Erlösungswerkes verteidigte. Indem Antimarxismus, Antisemitismus und Raumgedanke im Geschichtsbild des Adolf Hitler zusammenfanden, gewann seine Weltanschauung jene Geschlossenheit, nach der er immer gesucht hatte und die ihm die Gewißheit gab, den richtigen Gegner und einzigen Urheber allen nationalen Unglücks erkannt zu haben. Darum scheute er sich nicht, seinen Kampf gegen das Judentum als göttliches Werk auszugeben. »So glaube ich heute im Sinne des allmächtigen Schöpfers zu handeln: Indem ich mich des Juden erwehre, kämpfe ich für das Werk des Herrn.«[28] Das mochte wie eine Anbiederung an den traditionellen christlichen Antisemitismus klingen und wäre nicht weiter von Belang, wenn der Rassenideologe Hitler nicht zwanzig Jahre später, angesichts der Götterdämmerung seines Reiches, ähnlich über seine historische Mission gesprochen hätte, nur daß er nun dieses ideologische Vernichtungswerk in die Tat umgesetzt hatte: »Die jüdische Eiterbeule habe ich aufgestochen wie die anderen. Die Zukunft wird uns ewigen Dank dafür wissen.«[29]

Wenn das Ziel des Judentums in der Ausbreitung seiner Herrschaft über die ganze Welt lag und wenn der Bolschewismus nichts anderes war als der erneute Versuch des Judentums, »seine alten Träume der Weltherrschaft zu verwirklichen«,[30] dann war nicht nur das Ziel dieses Angriffs erkennbar, sondern auch die Verpflichtung der Nation zum Selbsterhaltungskampf. Dieser Angriff galt der Souveränität aller Staaten und Völker. Die »Aufrichtung der jüdischen Herrschaft« aber wäre gleichbedeutend mit dem »Ende unseres Staates«.[31] Aufgabe eines rassenbewußten Staates mußte darum die Behauptung seiner Macht und damit die Sicherung seines Anspruchs auf Raum sein.

Die Rassenpolitik war schließlich auch letzte Begründung des außenpolitischen Programms. In Hitlers rassenbiologischem und sozialdarwinistischem Geschichtsbild bündeln sich die unterschiedlichen außenpolitischen Feindbilder und Zielvorstellungen zu einem gestuften, in sich kohärenten Konzept. Was im ersten Band von »Mein Kampf« noch unverbunden nebeneinander stand, gewann im zweiten Teil und schließlich im »Zweiten Buch« von 1928 einen in sich schlüssigen Zusammenhang. Wie aus dem konventionellen Antisemiten ein radikaler Rassenideologe mit einem universalen »Heilungs«- und Vernichtungsanspruch geworden war, so hatte sich in wenigen Jahren der konventionelle außenpolitische Revisionist zum Ideologen der Lebensraumeroberung gewandelt, der Raum für ein deutsches Herrenrassen-Imperium gewinnen wollte. Nichts, was Hitler an außenpolitischen Vorstellungen je entwickelt hatte, wurde aufgegeben. Alles wurde dem universalen Konzept des Rassen- und Lebensraumkampfes untergeordnet.

Zu Anfang seiner politischen Karriere dachte Hitler außenpolitisch so wie viele seiner Zeitgenossen, und auch später, als er längst weitaus radikalere, ja revolutionäre Ziele verfolgte, gelang es ihm, seiner Umwelt einzureden, daß er immer dasselbe geblieben sei, nämlich traditioneller Revisionist. Doch Hitler war von Anfang an ein radikalerer Revisionist. Im Gegensatz zu den begrenzteren Revanchisten forderte er die vollständige Aufhebung des Versailler Vertrages und die Wiederherstellung des Deutschen Reiches in den Grenzen von 1914. Auch war ihm ganz selbstverständlich, daß diese Forderung nur mit einem Krieg durchgesetzt werden konnte und mußte. Und daß dieser Krieg gegen den Erbfeind Frankreich geführt werden mußte, war für den politischen Anfänger Hitler ebenso selbstverständlich. Als Bündnispartner in einer Neuauflage des Weltkrieges sah er Italien und Großbritannien.

Im Jahre 1924 aber tauchte der Gedanke eines Eroberungskrieges gegen die Sowjetunion auf und überlagerte bald die übrigen außenpolitischen Zielvorstellungen und Bündniserwägungen. Damit war der Boden der Revisionspolitik verlassen, und neue Motive der außenpolitischen Entscheidungsbildung kündigten sich mit Stichworten wie Bauernland und Bodenerwerb an. Im ersten Band von

»Mein Kampf« hatte sich Hitler schon für eine Bodenpolitik im Osten und für ein Bündnis mit Großbritannien entschieden. Ausgangspunkt war sein spät-malthusianischer Alptraum: »Deutschland erhält eine jährliche Bevölkerungszunahme von nahezu 900 000 Seelen.«[32] Wolle man nicht eine »Hungerverelendung« hinnehmen, müsse man durch eine konsequente Bodenpolitik Abhilfe schaffen. »Wollte man in Europa Grund und Boden, dann konnte dies im großen und ganzen nur auf Kosten Rußlands geschehen, dann mußte sich das neue Reich wieder auf die Straße der einstigen Ordensritter in Marsch setzen, um mit dem deutschen Schwert dem deutschen Pflug die Scholle, der Nation aber das tägliche Brot zu geben.«[33]

Wie das alles miteinander zu vereinen war, Revisionskrieg mit Italien und Großbritannien gegen Frankreich und Raumeroberungskrieg gegen Rußland wiederum mit Großbritannien, blieb lange offen; in eine zeitliche Reihenfolge wurden diese Ziele erst im zweiten Band von »Mein Kampf« gebracht, der den zweiten Fixpunkt von Hitlers Weltanschauung bestimmte: den Lebensraumkrieg im Osten. Für dieses längerfristige Ziel stellte die Auseinandersetzung mit Frankreich um die kontinentale Vormachtstellung nur die Vorstufe dar. Von nun an wurde die Forderung der bloßen Wiederherstellung der Grenzen von 1914 als »politischer Unsinn« abgetan. »Das ewige und an sich so unfruchtbare Ringen zwischen uns und Frankreich«, hielt Hitler nun nur unter der Voraussetzung für sinnvoll, »daß Deutschland in der Vernichtung Frankreichs wirklich nur ein Mittel sieht, um danach unserem Volke endlich an anderer Stelle die mögliche Ausdehnung geben zu können«.[34]

Die »andere Stelle« war Rußland, das in Hitlers außenpolitischen Eroberungsplänen jetzt an oberste Stelle rückte. »Wenn wir aber heute in Europa von neuem Grund und Boden reden, können wir in erster Linie nur an Rußland und die ihm untertanen Randstaaten denken.«[35] Was Hitler dann pathetisch als radikale Wende deutscher Außenpolitik ankündigte, bedeutete nicht mehr und nicht weniger als einen revolutionären Bruch mit den Zielen wie mit den Mitteln traditioneller deutscher Großmachtpolitik. »Deutschland wird entweder Weltmacht oder überhaupt nicht sein. Zur Weltmacht aber braucht es jene Größe, die ihm in der heutigen Zeit die notwendige Bedeutung und seinen Bürgern das Leben gibt. Damit ziehen wir Nationalsozialisten bewußt einen Strich unter die außenpolitische Richtung unserer Vorkriegszeit. Wir setzen dort an, wo man vor sechs Jahrhunderten endete. Wir stoppen den ewigen Germanenzug nach dem Süden und Westen Europas und weisen den Blick nach dem Land im Osten. Wir schließen endlich ab die Kolonial- und Handelspolitik und gehen über zur Bodenpolitik der Zukunft.«[36]

Diese Umorientierung der deutschen Expansionspolitik, die sich als Rückkehr zur mittelalterlichen Ostsiedlung ausgab, war reaktionär und revolutionär zugleich. Einmal orientierte sie sich an rückwärtsgewandten, antizivilisatorischen Leitbildern, zum anderen mußte sie zu einer Zerstörung des gesamten europäischen Staatensystems führen. Die Bodenpolitik der Zukunft träumte vom »rasse-

gesunden« Bauern und Krieger, der in den Weiten des Ostens die radikal reaktionäre Utopie des Nationalsozialismus verwirklichen sollte. Denn ein »fester Stock kleiner und mittlerer Bauern war noch zu allen Zeiten der beste Schutz gegen soziale Erkrankungen, wie wir sie heute besitzen«.[37] Es war eine Rückkehr zu beinahe vormodernen Zuständen, die durch die Siedlungspolitik im Osten eingeleitet werden sollten. »Industrie und Handel treten von ihrer ungesunden führenden Stellung zurück und gliedern sich in den allgemeinen Rahmen einer nationalen Bedarf- und Ausgleichwirtschaft ein.«[38]

Der Lebensraumkrieg gegen Rußland aber würde ein relativ leichtes Unternehmen sein. Durch die Herrschaft »des jüdischen Bolschewismus« war Rußland ja jener Intelligenz beraubt, »die bisher dessen staatlichen Bestand herbeiführte und garantierte«. Nachdem nun der »germanische Kern seiner oberen leitenden Schichten« ausgerottet war, sei der Jude an deren Stelle getreten. »So unmöglich es dem Russen an sich ist, aus eigener Kraft das Joch der Juden abzuschütteln, so unmöglich ist es dem Juden, das mächtige Reich auf die Dauer zu erhalten. Er selbst ist kein Element der Organisation, sondern ein Ferment der Dekomposition. Das Riesenreich im Osten ist reif zum Zusammenbruch.«[39] Das war eine doppelt verheißungsvolle Gewißheit. Denn neben der Aussicht auf leichte Beute werde es »gewaltigste Bestätigung für die Richtigkeit der völkischen Rassentheorie sein«.

Es war die rassenpolitische Begründbarkeit, die über alle bündnispolitischen Überlegungen hinweg die neue außenpolitische Zielsetzung zu einer »fixen Idee« machte, an der Hitler hartnäckig bis zum bitteren Ende festhielt. Denn an einmal entwickelten Ideen und Programmen müsse man, so der Ideologe Hitler, festhalten, um der »Bewegung« Festigkeit zu geben. Das war zuallererst die eigene dogmatische Ausrichtung, denn Hitlers »autosuggestive Fähigkeit, politisch gewollte ›großartige‹ Zielsetzungen und Feindbilder in eins zu setzen mit dem fanatischen Glauben an die weltanschauliche Mission«,[40] begründete die Unbedingtheit, mit der er an seine eigene Mission glaubte und prägte das eigene missionarische Auftreten als völkischer Erlöser. Diese dogmatische Sicherheit stützte zunächst das politische Wollen Hitlers, aber es konnte und mußte dem politischen Handeln und der Wahrnehmung der politischen Wirklichkeit in dem Maße im Weg stehen, in dem er die Realisierung des Utopischen tatsächlich betrieb.

Denn Hitler war Dogmatiker und Politiker zugleich. Diese Verbindung machte zunächst die Einzigartigkeit seines politischen Willens und des Stils in der NSDAP und im völkischen Lager aus; aber der Politiker, zumal der erfolgreiche, lief stets Gefahr, vom Dogmatiker überholt zu werden. Dieser Widerspruch zwischen »Kalkül und Dogma«, der Hitlers gesamte Politik einmal mehr, einmal weniger charakterisiert, ist bereits in seinem außenpolitischen Konzept angelegt, so wie es in »Mein Kampf« und im »Zweiten Buch« entwickelt wurde.[41] Denn bündnispolitisch entbehrte der Hitlersche Stufenplan nicht einer gewissen Logik und Konsequenz. Es gab klar definierte politische Ziele, und auch die Mittel wurden angegeben, mit denen diese erreichbar wären.

Zunächst mußte man die innere Konsolidierung und Aufrüstung des Reiches bei gleichzeitiger Abschirmung nach außen betreiben und dann – gewissermaßen in Kopie der innenpolitischen Bündnisstrategie mit den alten Machteliten – das Bündnis mit der konservativen Seemacht Großbritannien und dem auf Expansion im Mittelmeer drängenden faschistischen Italien suchen. Von dieser Basis wäre dann der Krieg mit dem französischen Erbfeind um die Hegemonialstellung in Kontinentaleuropa zu führen, und schließlich, in einer folgenden Etappe, wäre der große Rassen- und Eroberungskrieg gegen Rußland zu führen – und zu gewinnen. In dieser Hinsicht verdrängte der Rassendogmatiker den Bündnispolitiker vollends und suggerierte ihm die Annahme, daß rassisch minderwertige und zersetzte Völker wenig militärische Widerstandskraft entwickeln würden. Auch der bündnispolitische Traumpartner Großbritannien sollte sich später nicht so verhalten, wie Hitler ihm dies in seinem ideologisch bedingten Konzept unterstellte. Doch hinderte ihn das nicht daran, dieses mit größter Hartnäckigkeit zu verfolgen. Daß das in den Jahren 1924 bis 1928 vom bayerischen Bierhallenredner entwickelte außenpolitische Programm noch für die Politik des Reichskanzlers Hitler verbindlich war, zeigt der Blick auf die Außenpolitik des NS-Regimes, auch wenn viele Zeitgenossen dies lange nicht wahrhaben wollten und auch wenn diese Konzeption lange Zeit keineswegs die einzige Linie deutscher Außenpolitik in den dreißiger Jahren war.

Ganz sicher war diese Weltanschauung, wie Hitler sie in »Mein Kampf« entwickelte, nicht die Ursache für seine politische Wirkung. Das konnte sie allein schon deshalb nicht sein, weil kaum jemand unter den Anhängern wie unter den Zeitgenossen Hitlers Maximen wirklich beachtet und ernst genommen hat. Wichtiger für den politischen Erfolg waren die Passagen im Kampf-Buch, in denen Hitler die Frage der Machteroberung behandelte. Denn Hitlers Rückkehr in die Politik war sein eigentlicher Eintritt in die Politik. Der gescheiterte Putsch hatte ihn gelehrt, daß der Gewinn der Macht in einem modernen, hochentwickelten Staat auf gewaltsamem Weg wenig Erfolg versprach, und daß es um so wichtiger war, die Macht innerhalb des bestehenden Systems zu erringen, um es dann zu zerstören. Das war kein Bekenntnis zur parlamentarisch-demokratischen Verfassung, sondern die Entscheidung, die ungeteilte Macht und damit den Bruch mit der Verfassung im Gewande der Legalität anzustreben. Das bedeutete nicht nur Alles oder Nichts, sondern auch taktische Umwege und die Fähigkeit zum Abwarten. »Adolphe Légalité« haben historisch gebildete Zeitgenossen voller Ironie, aber auch verächtlich den zum politischen Taktiker avancierten Hitler genannt, der sich nun als Mann der Ordnung und der revolutionären Veränderung zugleich gab. Es war diese Doppelstrategie, die viele Beobachter über den revolutionären Charakter des Nationalsozialismus getäuscht hat und aufgrund deren er als bloße reaktionäre Bewegung entwurzelter Kleinbürger unterschätzt wurde.

In Landsberg war Hitlers Entschluß gereift, nicht mehr bloßer Trommler, sondern tatsächlich nun selber Führer sein zu wollen. Das hatte sich schon während der Haft angekündigt. In »Mein

»Wie Herr Hitler das Wort legal in den Mund nimmt!« Karikatur aus dem »Wahren Jakob« vom 27. Februar 1932 Abgebildet in Ernst Hanfstaengls Bildsammelwerken »Tat gegen Tinte« mit dem Kommentar: *Tinte*: Das Bild unterstellt, daß Hitler sein Legalitätsversprechen brechen und die SA zur Eroberung der Macht mißbrauchen werde. *Tatsache*: Am 25. September 1930 erklärte Hitler als Zeuge vor dem Reichsgericht zu Leipzig: »Die nationalsozialistische Bewegung wird in diesem Staat mit den verfassungsmäßigen Mitteln das Ziel zu erreichen suchen. Die Verfassung schreibt uns nur die Methoden vor, nicht aber das Ziel. Wir werden uns auf diesem verfassungsmäßigen Wege die ausschlaggebenden Mehrheiten in den gesetzgebenden Körperschaften zu erlangen versuchen, um in dem Augenblick, da es uns gelingt, den Staat in die Formen zu gießen, die unseren Ideen entspricht.« Hitler hat sein Versprechen gehalten! Auf Grund der »ausschlaggebenden Mehrheit«, welche die Nationalsozialistische Deutsche Arbeiterpartei »in den ausschlaggebenden Körperschaften erlangt« hatte, wurde Hitler am 30. Januar 1933 gesetzmäßig die Macht angetragen und von ihm übernommen – und er ist dabei »den Staat in die Form zu gießen«, die den Ideen des Nationalsozialismus entspricht.

127

Hitler beim Besuch der Festung Landsberg

Das Debakel des gescheiterten Putsches vom 9. November 1923 stilisierte Hitler zu einem Ruhmesblatt in der Geschichte der Bewegung. Sehr bald schon nach der Ernennung zum Reichskanzler besuchte er im Glanz der Macht die Festung Landsberg, in der er knapp dreizehn behagliche Monate verbracht hatte, mit dem Diktieren seines Buches »Mein Kampf« beschäftigt.

Kampf« wurden Führerbegriff und Führeranspruch definiert und befestigt. Hauptmerkmal eines Führers, so heißt es dort, sei der fanatische Glaube an die Richtigkeit einer Idee und der unbändige Wille, diese zu realisieren. Diese doppelte Aufgabe fiele einmal dem »Programmatiker der Bewegung« zu, der das Ziel derselben festlegen müsse und sich nur an den »ewigen Wahrheiten« orientieren dürfe. Davon zu unterscheiden sei der Politiker, dessen Größe »in der richtigen Einstellung zu den gegebenen Tatsachen und einer nützlichen Verwendung derselben«[42] zu sehen sei, wobei ihm als Leitstern das Ziel des Programmatikers zu dienen habe. Sein Erfolg bemesse sich einzig in der Verwirklichung einer Idee.

In historischen Ausnahmesituationen, so führte Hitler weiter aus, »kann es einmal vorkommen, daß sich der Politiker mit dem Programmatiker vermählt«,[43] und er ließ keinen Zweifel daran, daß er selbst eine solche Ausnahmeerscheinung wäre. Aus dieser doppelten Führungsrolle leitete er den Anspruch ab, in der Wahl der politischen Mittel völlige Freiheit zu haben, solange nur das Ziel unverrückbar blieb. Den Zweck der nationalsozialistischen Sendung hatte er in »Mein Kampf« festgelegt und in Sperrdruck noch besonders hervorgehoben, als er den neuen Führungsanspruch für sich reklamierte: »Für was wir zu kämpfen haben, ist die Sicherung des Bestehens und der Vermehrung unserer Rasse und unseres Volkes, die Ernährung seiner Kinder und Reinhaltung des Blutes, die Freiheit und Unabhängigkeit des Vaterlandes, auf daß unser Volk zur Erfüllung der ihm vom Schöpfer des Universums zugewiesenen Mission heranzureifen vermag.«[44] Die taktischen Mittel zur Durchführung dieses Zieles müßten immer wieder überprüft und angepaßt werden. Denn eines wollte Hitler auf keinen Fall, nämlich durch starres Festhalten an der reinen Lehre sich um den politischen Erfolg bringen lassen. Darin unterschied er sich ganz wesentlich von den vielen völkischen Wanderpredigern. Ihm ging es erst einmal um den Gewinn der Macht und dann um die Realisierung der Doktrin.

Der Vorrang des Politischen, das Gewicht von Propaganda und Organisation, machte die Originalität Hitlers und der NSDAP im Lager der völkischen Rechten aus. Keiner trennte so strikt zwischen Programm und politischen Methoden wie Hitler. »Jede Weltanschauung, sie mag tausendmal richtig und von höchstem Nutzen für die Menschheit sein«, verkündete er in »Mein Kampf«, »wird so lange für die praktische Ausgestaltung des Völkerlebens ohne Bedeutung bleiben, bis ihre Grundsätze nicht zum Panier einer Kampfbewegung geworden sind ... Diese Umsetzung einer allgemeinen weltanschauungsmäßigen idealen Vorstellung von höchster Wahrhaftigkeit in eine bestimmte begrenzte, straff organisierte, geistig und willensmäßig einheitliche politische Glaubens- und Kampfgemeinschaft ist die bedeutungsvollste Leistung, da von ihrer glücklichen Lösung allein die Möglichkeit eines Sieges der Idee abhängt.«[45]

Die Technik der Organisation und Propaganda dieser »Glaubens- und Kampfbewegung« hat Hitler wie selten ein Politiker mit vollkommener Offenheit dargelegt. Die Aufgabe heilige die Mittel der Propaganda. Sie könne in ihrem geistigen Niveau nicht niedrig genug sein, denn sie müsse sich nach der »Aufnahmefähigkeit des

Beschränktesten«[46] unter den Adressaten richten und vor allem an
die »gefühlsmäßige Vorstellungswelt der großen Masse«[47] appellieren. Die »Primitivität der Empfindung der breiten Masse« erfordere
eine Propaganda, die nicht differenziere, sondern nur »ein Positives
oder Negatives, Liebe oder Haß, Recht oder Unrecht, Wahrheit oder
Lüge«[48] kenne. Dazu bedürfe es der ständigen Wiederholung eingängiger Feindbilder und der Vergewaltigung der Massen, die ja
feminin seien. Wie immer, wenn Hitler seine Absichten offenlegte,
entwickelte er sie am Beispiel des Gegners. Ihm unterstellte er, was
er selbst plante. Hier waren es die Kriegspropaganda der Alliierten
während des zurückliegenden Krieges und die angeblichen Methoden des inneren marxistischen Gegners.

Aufgabe der Propaganda müsse sein, »eine Lehre dem ganzen
Volk aufzuzwingen« und »die Menschheit in ihrer Gesamtheit zu
bearbeiten«.[49] Die Organisation solle dann nur die erfassen, die den
Kampf um die Macht führen könnten. Nicht eine Massenorganisation wäre dazu erforderlich, die könne sogar die Kampfkraft der
Bewegung schwächen, sondern eine kleine Gruppe von Aktivisten.
Sie freilich dürften nicht nach den Prinzipien des Parlamentarismus,
sondern nach dem Führerprinzip verfaßt sein. Denn »eine Bewegung, die in einer Zeit der Herrschaft der Majorität in allen und
jedem sich selbst grundsätzlich auf das Prinzip des Führergedankens und der daraus bedingten Verantwortlichkeit einstellt, wird
eines Tages mit mathematischer Sicherheit den bisherigen Zustand
überwinden und als Siegerin hervorgehen«.[50] Als Programmatiker
wie als Politiker beanspruchte Adolf Hitler, aus Landsberg zurückgekehrt, die Führung. Dies begründete er mit der Geschlossenheit
seiner Weltanschauung und mit seiner Fähigkeit, sie mittels der
Propaganda durchzusetzen.

Eine ganze Reihe von Anhängern fühlten sich durch diesen unbedingten und zweifachen Führungsanspruch Hitlers im Ideologischen wie im Politischen irritiert oder gar herausgefordert. Das galt
vor allem für die ersten Jahre der Neugründung, als die großen politischen Erfolge ausblieben. Schon in der Haftzeit, während der
Abfassung von »Mein Kampf«, hatte Hitler im engsten Kreis der
Vertrauten diesen Anspruch vorgetragen. Einer von ihnen, der Student Hermann Fobke, war vom neuen Selbstverständnis des »Führers« so beeindruckt, daß er seinem Kommilitonen und Göttinger
Nationalsozialistenführer Ludolf Haase davon berichtete und auch
das Mittel nannte, mit dem sich alle politischen Zweifel am richtigen
Weg aufheben ließen: den Glauben an Adolf Hitler. »Ich wurde
heute«, schrieb er nach einem solchen Referat Hitlers vor seinen
Mithäftlingen, »als Hitler zum ersten Male große außenpolitische
Momente in die Waagschale warf, eigentlich zum ersten Mal stutzig,
ob wir mit unserem Standpunkt in allem und jedem recht haben. Es
ist meine felsenfeste Überzeugung, daß Hitler von seinem eigentlichen nationalsozialistischen Denken auch nicht ein Jota aufgeben
wird, schon gar nicht Graefe wegen. Und wenn es trotzdem manchmal so erscheint, dann geschieht dies um größerer Ziele willen.
Denn er vereinigt in sich den Programmatiker und den Politiker. Er
kennt sein Ziel, sieht aber auch die Wege. Mein Aufenthalt hier hat
das, was ich in Göttingen noch bezweifelte, den Glauben an den
politischen Instinkt Hitlers, befestigt.«[51]

Die »Ewige Wache« in München

Auf dem Königsplatz in München
ließ er durch seinen ersten Chefarchitekten Paul Ludwig Troost
zwei »Ehrentempel« mit ewiger
Flamme errichten, vor denen Tag
und Nacht SS-Leute zur Erinnerung an die Märtyrer der Kampfzeit Wache hielten. Das Desaster
des amateurhaften Staatsstreiches
wurde bis in die letzten Kriegsjahre hinein der eigentliche
Ehrentag des nationalsozialistischen Deutschland.

Was für den Studenten Fobke galt, galt für andere Anhänger und ganz besonders für seine norddeutschen Parteigenossen noch lange nicht. Der diktatorische Führungsanspruch Hitlers war zu keiner Zeit im Nationalsozialismus weniger anerkannt als in den Jahren der Neuorganisation und des Wartens; und zwar galt das hinsichtlich der Organisation wie der Programmatik der Partei. Nur mühsam konnte die Münchener zentrale Geschäftsstelle gegenüber den vielen lokalen und regionalen Gruppen ihren Anspruch auf politisch-organisatorische Kontrolle und finanzielle Zentralisierung durchsetzen. Auch die hierarchische Organisation vieler Ortsgruppen und Gaue nach dem Führerprinzip ließ lange auf sich warten. Zudem war der programmatische Richtungsstreit mit Hitlers Programm- und Bekenntnisschrift »Mein Kampf« keineswegs abgeschlossen, sondern in mancher Hinsicht erst eröffnet. Es sollten sich im Umkreis Gregor Strassers und der nordwestdeutschen Gaue der NSDAP Ansätze eines »nationalen Sozialismus« bilden, die trotz mancher Rückschläge und Niederlagen gegenüber der Münchener Hitler-Regierung nie ganz aufgegeben wurden. Der Nationalsozialismus war kein bloßer Hitlerismus, schon gar nicht in der Kampfzeit der Bewegung. Die Vielschichtigkeit des organisatorischen und programmatischen Profils wie der politisch-taktischen Tendenzen war für die nationalsozialistische Partei und ihre Werbekraft in diesen Formierungsjahren jedoch insgesamt weniger schädlich als nützlich.

2. Die Organisation der »Glaubens- und Kampfbewegung«

Unterwerfung und nicht Kooperation hatte Hitler im zweiten Band von »Mein Kampf« als Devise seiner Parteiführung ausgegeben und schon bald nach der Wiederbegründung der Partei entsprechend gehandelt, auch um den Preis, daß diese dadurch zunächst eher Anhänger verlieren als gewinnen würde. Die erste Trennungslinie war im Februar und März zu Ludendorff und anderen politischen Führern des völkischen Lagers gezogen worden. Schwieriger war es, Hitlers Führungsanspruch und politisches Konzept bei den Wehrverbänden durchzusetzen. Das berührte zwar ebenfalls das Verhältnis zu Ludendorff, aber wichtiger und folgenreicher war, daß damit die Rolle Ernst Röhms und das Selbstverständnis der Wehrverbände einschließlich der SA ins Spiel kamen.

Der Landsknechtführer Röhm hatte nach dem gescheiterten Putsch vom 9. November 1923 seinen Kampfbundgedanken wieder belebt und unter dem Namen »Frontbann« alte Kameraden aus Freikorps- und Militärzeiten zu einer »überparteilichen« völkischen Wehrbewegung zusammengefaßt. Auch die SA war während Hitlers Abwesenheit darin aufgegangen und ließ sich mittlerweile kaum noch als selbständiger nationalsozialistischer Verband charakterisieren. Überdies galt Ludendorff nach wie vor als militärischer Führer der Wehrverbände. Für Hitler stand also viel auf dem Spiel. Der alte Streit um die Rolle der SA brach in neuer Form auf; vor allem waren die neue Legalitätstaktik und der ausschließliche Führungsanspruch bedroht. Hitler mußte die SA aus dem »Frontbann« herauslösen oder die gesamte Organisation unter seinen alleinigen politischen Willen stellen. Auch eine Kompromißformel der »Frontbann«-Führer, die Adolf Hitler als »Führer und Träger der nationalsozialistischen Bewegung« und gleichzeitig Ludendorff als ihren »Schirmherrn« anerkannten, löste den Konflikt nicht.[52] Ludendorff entließ den »Frontbann« aus der Verpflichtung auf seine Person, und Hitler mußte den Gegensatz nun mit dem haudegenhaften »Frontbann«-Kommandeur Röhm lösen.

Röhm wollte den »Frontbann« zwar Hitler unterstellen, ihn aber als selbständige Wehrorganisation erhalten und nicht zu einem Verband der NSDAP herabsetzen lassen. Zu Hitler wollte er sich bekennen, nicht aber zu dessen politischer Konzeption, und das kam einer Absage an Hitlers absoluten Führungsanspruch gleich. Hitler widerstand jedoch allen Überredungsversuchen Röhms; als keine Verständigung zustande kam, legte der Kommandeur des »Frontbanns«-im April enttäuscht seine Ämter nieder und ging schließlich 1928 als Militärberater nach Bolivien. Danach löste sich der »Frontbann« bald auf, nachdem die Wehrverbände sich selbst in einen Widerspruch zwischen ihrer Anerkennung von Hitlers politischem Führungsanspruch einerseits und ihrem Beharren auf ihrem überparteilichen Charakter manövriert hatten. Das Ende der politisierenden völkischen Wehrverbände schien gekommen.

Hitler hatte dennoch nach diesem Bruch keine Eile, die SA von

Grund auf neu zu organisieren. Mehr als ein Jahr ließ er sich Zeit, ehe er die angekündigten Richtlinien für den Neuaufbau erließ und mit der Ernennung Franz von Pfeffers, eines Hauptmanns a. D., der bisher Gauleiter an der Ruhr gewesen war, zum Obersten SA-Führer den entscheidenden Schritt zur Neuorganisation tat. Bis dahin hatten SA-Gruppen nur auf lokaler Ebene existiert und sich schrittweise auf Gauebene organisiert, ohne daß eine zentrale Leitung bestellt worden wäre. Das gab den Ortsgruppen- und Gauleitern einen größeren Spielraum und vermied fürs erste, daß der alte Konflikt zwischen SA und politischer Organisation des Nationalsozialismus ausgetragen werden mußte.

Auch dem neuen Obersten SA-Führer (OSAF) gestand Hitler organisatorische Eigenständigkeit zu, allerdings mit der Einschränkung, daß sich die SA Hitler als dem Führer des Nationalsozialismus unterstellte. Um putschistischen Eigenmächtigkeiten der SA vorzubeugen, verlangte Hitler weiter eine einheitliche Disziplinierung und Organisation von SA und Partei. Der Vereinheitlichung sollte auch die Unterstellung der aus dem Stoßtrupp Hitler hervorgegangenen und wiederbegründeten Schutzstaffel (SS) unter den Obersten SA-Führer dienen; doch in deren Selbstverständnis und besonderen Auftrag war von Anfang an der Drang nach Selbständigkeit und damit der Konflikt mit der SA-Führung angelegt. Denn die SS sollte und wollte gerade das nicht sein, was die SA immer wieder anstrebte: eine Wehrorganisation. Statt dessen war sie stets ein Instrument des Führerwillens, und bereits in ihren Anfängen sammelte sie vor allem SA-Männer, die sich bedingungslos Hitlers Neuorientierung unterordneten.

Im Glauben an den »Führer« wollten auch die SA-Männer niemandem nachstehen. Ihr Dienst galt ihnen als »Kampf für den Führer«, in dem sie den »Wegweiser und Verkörperer der Idee« sahen. Nur von dieser Idee wurde in der SA gesprochen, nicht von einer Weltanschauung oder gar von politischer Taktik. Idee und Glaube an Hitler waren identisch, und das war der Kern dessen, was für den SA-Mann politisch zählte. Eine ausgeprägte politische Schulung gab es nicht, und in den »Zehn Geboten für den SA-Mann« stellte sich der Nationalsozialismus recht lapidar als »Lehre von der Befreiung des deutschen Volkes« dar.[53] Wichtiger als programmatische Erklärungen waren ohnehin Symbole und Rituale, und die waren auf Hitler allein bezogen. Seit dem Reichsparteitag 1926 in Weimar und dann auf allen folgenden »Heerschauen der Bewegung« vor der Kulisse Nürnbergs wurde im Kreis ausgewählter Standartenträger durch Berührung mit der »Blutfahne« des 9. November das wechselseitige Treuegelöbnis zwischen »Führer« und SA erneuert. Die »Blutfahne« selbst aber wurde nicht der SA, sondern der SS übergeben, die noch unmittelbarer zum »Führer« war und deren besondere Treue in den Krisen- und Konfliktjahren der wiederbegründeten Bewegung gerade darin zum Ausdruck kam, daß sie dem politischen Modell des 9. November deutlich abgeschworen hatte.

Alle Anstrengungen, die SA zu disziplinieren und von einem Prügelkommando örtlicher Parteiführer zu einer vielseits verwendbaren, straff gelenkten und hierarchischen Parteitruppe, vom desorganisierten paramilitärischen Verband zu einem Instrument der Propaganda und des politischen Massenterrors zu machen, fanden ihre Grenzen in der bündischen Struktur und Mentalität gerade der unteren Einheiten, den SA-Trupps und SA-Stürmen. Hier wirkten noch die Erfahrungen der Freikorps und halbmilitärischen Kampfbünde der stürmischen Nachkriegsjahre nach und wurden vom OSAF auch bewußt nicht radikal beschnitten. Wichtiger noch als militärische Disziplin und Hierarchie waren die unbedingte persönliche Treue und Kameradschaftlichkeit. »Auf Leben und Tod« sollte der SA-Mann seinem Gruppen- oder Sturmführer ergeben sein, das beschwor die nationalsozialistische Propaganda unaufhörlich, und sowohl dieser unmittelbare und enge Gruppencharakter der um den Führer gescharten Kameraden wie der egalitäre Grundsatz Pfeffers »SA-Mann gleich SA-Mann« sollten eine besondere Integrationskraft auf die bunt zusammengewürfelte Mitgliederschaft ausüben und Kampf- und Einsatzbereitschaft auch der jungen, noch nicht kriegserfahrenen SA-Männer festigen.[54]

Die Anweisung, nach der es in der Sturmabteilung keine Rangabzeichen, sondern nur Dienststellen-Abzeichen geben durfte, sollte diesen bündisch-egalitären Charakter nach außen unterstreichen und den »revolutionären« Schwung erhalten. Gleichwohl war mit dem zahlenmäßigen Wachsen der SA eine Tendenz zur Hierarchisierung verbunden. Hinzu kam, daß man die Führerausbildung der eigenen Unterführer vernachlässigt und damit die Chance zu einem stetigen organisatorischen Aufbau von unten vertan hatte. Führungserfahrung und Organisationstalent brachten dagegen die vielen ehemaligen Offiziere mit, die nun von Pfeffer zu höheren SA-Führern ernannt wurden. Die Tatsache, daß so mancher Standesgenosse darunter war, wie etwa von Killinger in Sachsen und von Ulrich wie von Fichte im Rheinland, vergrößerte sowohl den Widerspruch zwischen egalitärer Doktrin und organisatorischer Praxis, aber auch die Spannungen zwischen SA und politischer Organisation.

Zu dem alten ausgeprägten bündischen und kämpferischen Sonderbewußtsein der SA, das diese verächtlich auf die politische Organisation, PO abgekürzt und bald als P-Null gelesen, herabblicken ließ, kamen nun Selbstbewußtsein und bald auch Unzufriedenheit der höheren SA-Führer. Das Verhältnis von SA und den politisch verantwortlichen Nationalsozialisten war von Anfang an voller Spannungen und ungelöster Kompetenzen. Das alte Rollenproblem der SA wuchs freilich in dem Maße, in dem die SA-Führer immer weniger bereit waren, dem Legalitätskurs Hitlers ohne Widerspruch zu folgen. Wenn die späteren Konflikte zwischen Partei und SA, wie etwa die Stennes-Revolte in Berlin, überwunden werden konnten, so auch deshalb, weil die Masse der SA-Männer und Unterführer eher ihrem Glauben an Hitler zu folgen bereit waren als den Forderungen ihrer unzufriedenen Oberführer.

Die SA blieb stets nur in beschränktem Umfang ein gehorsames Werkzeug von Hitlers politischem Führungswillen. Um so unbedingter verstand sich die Schutzstaffel SS als Organ des »Führers«. Dies machte einen wichtigen Teil ihres besonderen Elitebewußtseins aus und war Anlaß zum wachsenden Gegensatz zwischen

SA und SS. Als Schar »aufrechter Deutscher« hatte Hitler sie zusammengefaßt und ihr den Auftrag erteilt, allen Tendenzen entgegenzuwirken, die auf eine Wiederaufnahme einer nationalsozialistischen Wehrorganisation hinausliefen. Mit der Übergabe der Blutfahne, dem »Heiligtum unserer SA«, an die SS erhielt dieses Wächteramt symbolischen Ausdruck. Dafür gelobte der neue SS-Führer Berchtold, der auch schon 1923 den Stoßtrupp Hitler angeführt hatte, »Treue bis in den Tod«.[55]

Im Gegensatz zur SA zeichnete sich die SS von Anfang an durch eine reichseinheitliche straffe Organisation nach dem Führerprinzip aus, und bald gesellte sich das Bewußtsein hinzu, eine Truppe von »ausgesuchten, tüchtigen, besonders umsichtigen«[56] Parteigenossen zu sein. So hatte das der OSAF selbst formuliert, um dem schnellen organisatorischen Aufbau möglichst hohe Hürden zu setzen. Damit sollte er nur das elitäre Selbstverständnis der SS fördern. Schon der Gründer der Schutzstaffel, Julius Schreck, der Hitler zuweilen auch als Chauffeur diente, hatte für die »Zusammenfassung der besten und zuverlässigsten Parteimitglieder zum Schutze und zur selbstlosesten, unermüdlichsten Arbeit für die Bewegung«[57] geworben. Eine Todessymbolik unterstrich dies: »Auf unseren schwarzen Mützen tragen wir den Totenkopf unseren Feinden zur Warnung und unserem Führer zum Zeichen des Einsatzes unseres Lebens für seine Idee«, so erläuterte ihr eigentlicher Organisator, Alois Rosenwink, das drohende Äußere der Schutzstaffel.[58]

Als Pfeffer die SA-Führung übernahm, war die SS schon zu beachtlicher Stärke herangewachsen. Am Jahresende 1925 zählte sie bereits fast tausend Mitglieder und hatte sich schon in einigen »Aktionen« bewährt. In Sachsen, berichtete Rosenwink stolz, »wagt es kein Marxist mehr, unsere Versammlungen zu stören, seitdem in Chemnitz, im Marmorpalast, die vereinigten Schutzstaffeln von Dresden, Plauen, Zwickau und Chemnitz die Kommunisten nicht nur furchtbar verprügelten, sondern zum Teil auch noch zum Fenster hinauswarfen.«[59]

Eine der wichtigen Forderungen, die der ehemalige Freikorpsführer Pfeffer an seine Amtsübernahme knüpfte, war die Unterstellung der SS unter seine Befehlsgewalt. Hitler mußte einwilligen, denn die Allianz mit einem Exponenten der norddeutschen Nationalsozialisten war ihm für den Augenblick zu wichtig. Die SS erhielt dafür ein Trostpflaster. Ihr Leiter wurde in den Rang eines Reichsführers erhoben, was aber nichts an der Unterstellung unter den OSAF änderte.

Anfangs sah es auch so aus, als ob die SS damit endgültig auf den zweiten Platz verwiesen wäre. Ihre Mitgliederzahl sank innerhalb von zwei Jahren um mehr als zwei Drittel, während die SA verstärkten Zulauf hatte. Aber die grundsätzlichen Gegensätze im Verhältnis der beiden Teilorganisationen blieben und sollten den Stoff für künftige Rivalitäten bilden. Die SS setzte alles daran, ihr Elitekonzept gegen die Übermacht der SA zu verteidigen, während die SA umgekehrt hartnäckig an ihrem Anspruch festhielt, den militanten Kern des Nationalsozialismus zu bilden. Der Konflikt mußte sich in dem Moment verschärfen, in dem ein ehrgeizigerer Reichsführer SS den Eliteanspruch energischer herausstellte und umgekehrt das braune Heer des Nationalsozialismus, die SA, zu einem Moment der Unzufriedenheit und parteiinterner Konflikte wurde.

Auch die Partei entwickelte sich zunächst nicht nach dem Willen Hitlers und seiner Münchener Kerntruppe. Nicht nur die zentrale Geschäftsstelle, die im Sommer 1925 mit dem Geschäftsführer Philipp Bouhler, dem Schatzmeister Franz Xaver Schwarz und dem Verlagschef Max Amann besetzt wurde, konnte sich nur mühsam und mit großer Nachsicht gegenüber allerlei Schlendrian und Unbotmäßigkeit der verschiedenen Gau- und Ortsgruppen behaupten. Auch mit der Überweisung eines Teils der Mitgliedsbeiträge von den Ortsgruppen an die Zentrale haperte es.

Aber 1925 gab es bereits wieder 607 Ortsgruppen, die Hälfte davon in Bayern und in den angrenzenden Regionen. Je weiter man sich von München und Hitler entfernte, um so geringer war die organisatorische Dichte und Führergefolgschaft. In vielen Gauen wurden die lokalen und regionalen Parteiführer sogar noch gewählt – entsprechend den ersten Ausgaben von »Mein Kampf«, in denen noch vom Grundsatz einer »germanischen Demokratie« die Rede war, wenn die Organisationsstruktur der NSDAP beschrieben wurde. In den Ausgaben nach 1928 wurde dies ersetzt durch den »Grundsatz der unbedingten Führerautorität, gepaart mit höchster Verantwortung«.[60] Tatsächlich hatten sich in der Zwischenzeit »demokratische Relikte«, wie die Wahl der Ortsgruppenleiter, weitgehend verloren, auch auf der unteren Ebene hatten sich damit jene »diktatorischen Prinzipien« durchgesetzt, die Hitler sich schon 1925 vereinsrechtlich hatte sanktionieren lassen. Er allein wollte über die Besetzung von Parteiämtern entscheiden, von den Ortsgruppen bis zu den Gauleitungen.

Erschwert wurde die Durchsetzung des Führeranspruchs durch das Redeverbot, das die bayerische Regierung im Frühjahr 1925 und bald auch die übrigen Länder über Hitler verhängten. Man hatte damit dem Propagandisten sein wichtigstes Medium entzogen und dem politischen Taktiker einen Strich durch sein neues Konzept gezogen.

Unter diesen Umständen konnte sich Gregor Strasser zur politisch mächtigsten Erscheinung neben Hitler entfalten. Sein Wechsel von der Nationalsozialistischen Freiheitsbewegung zur NSDAP Hitlers im Frühjahr 1925 gehörte zu den wenigen Aktiva in der Neugründungsphase und stand im Gegensatz zum Bruch mit Ludendorff und Röhm. Strasser war nicht als Gefolgsmann, sondern als Mitstreiter zu Hitler zurückgekommen. Denn einmal verfügte er über eine eigene Hausmacht, die er sich während Hitlers Haftzeit in der Nationalsozialistischen Freiheitsbewegung im nordwestdeutschen Raum geschaffen hatte. Zum anderen war er selbstbewußt genug, um nicht zu den unterwürfigen Claqueuren Hitlers zu gehören.

Strassers Weg zu Hitler war ein anderer als der der vielen frühen Parteigänger, die, sozial und mental entwurzelt, in der Politik einen Ersatz für die verlorene soziale Heimat suchten und sie in der radikalen NSDAP fanden. Als Oberleutnant aus dem Krieg zurückgekehrt, schloß er schon 1919 sein vor dem Krieg begonnenes Phar-

Gregor Strasser zählte zu den bürgerlich etablierten Anhängern Hitlers. Innerhalb der Partei repräsentierte der ehemalige Offizier den linken Flügel, der das Bekenntnis zum Sozialismus im Parteinamen ernst nahm. Humanistisch gebildet, rhetorisch begabt und von bemerkenswerten organisatorischen Fähigkeiten bezog er Einfluß und Macht nicht nur aus der Gefolgschaft zu Hitler, sondern aus eigenem Recht und wurde mehr und mehr der eigentliche Gegenspieler der »Münchener Clique«. Dennoch verlor er immer wieder das Spiel um die Macht, auch als er in der letzten Phase der Republik die NSDAP auf seine Seite zu ziehen suchte, notfalls um den Preis der Spaltung. Die politische Urgewalt Hitlers triumphierte stets im entscheidenden Augenblick.

maziestudium ab und übernahm im niederbayerischen Landshut eine Apotheke. Das gab ihm wirtschaftliche Selbständigkeit und Unabhängigkeit und jenen Hauch von bürgerlicher Bonhomie, die dem Hitler-Kreis fehlte. Zur Politik war er durch das Fronterlebnis und im Gefolge der Niederschlagung der bayerischen Räterepublik gekommen, doch bis zum Jahre 1923 war er außer in Niederbayern politisch kaum in Erscheinung getreten. Das änderte sich 1924 während der Abwesenheit Hitlers, als er im Gefolge von Ludendorff, damals noch Schirmherr der völkisch-nationalen Bewegung, Einfluß auf die Hitler so fernen norddeutschen nationalsozialistischen Gruppen nahm. Dabei halfen ihm Freifahrtkarte, Immunität und Redefreiheit eines Reichstagsabgeordneten, alles Mittel, über die Hitler nicht verfügte. Bald zeigte sich, daß der Mann aus Niederbayern, der so ganz dem entsprach, was man sich von einem gestandenen Mannsbild erwartete, daneben aber auch Homer im Urtext lesen konnte, außerdem über rhetorische und organisatorische Fähigkeiten verfügte. In seinem Bruder Otto hatte er zudem einen journalistisch gewandten, stärker intellektuell veranlagten Helfer und Mitstreiter. Beide Brüder hingen völkisch-sozialistischen Gedanken an und nahmen die Verheißungen eines nationalen Sozialismus ungleich ernster als etwa Hitler. Gleichwohl war es diese schillernde Formel, die die Brücke zwischen Strasser und Hitler schlug. Der Kampf für die gemeinsame Vision war Strasser wichtiger als alle moralischen Bedenken gegen Hitler und seine Umgebung. So bekannte er sich zu Hitler, als dieser ihm Anfang März 1925 die weitgehend selbständige Führung der NSDAP in Norddeutschland anbot. Strassers rastloser Agitations- und Organisationsarbeit war es zu verdanken, daß die Partei trotz der für sie widrigen politischen Umstände Fortschritte machte. Es verging kaum ein Tag, an dem er nicht auf der Bahn saß, um irgendwo Anhänger zu besuchen, eine Ortsgruppe zu gründen oder eine Rede zu halten. Bis zum Ende des Jahres 1925 hatte er auf annähernd 100 Parteiversammlungen gesprochen. Der Mitgliederstand vervierfachte sich zwischen 1925 und 1928, und um ein Vielfaches wuchs die Zahl der Ortsgruppen. Immer dichter wurde das organisatorische Netz.

Zunächst wurde dieses Netz von Strasser und seinen jungen, aktiven Gesinnungsgenossen in den industriellen Zentren in Nordwestdeutschland und dort besonders unter der Arbeiterschaft geknüpft. Das war nicht ganz aussichtslos, denn Franzosenherrschaft und Ruhrkampf hatten überall starke nationalistische Ressentiments geweckt, und das sozialrevolutionäre Programm der Strasser-Gruppe tat ein übriges. So erhielt die von Gregor Strasser 1925 hier gebildete »Arbeitsgemeinschaft« der nordwestdeutschen Gaue eine dezidiert sozialradikale Orientierung; die nationalsozialistische Linke hatte Gestalt angenommen. Im August 1925 gründete man ein eigenes internes Parteiorgan, die »Nationalsozialistischen Briefe«, und etwa zur selben Zeit entstand der Berliner Kampfverlag mit dem von Otto Strasser redigierten Blatt »Der nationale Sozialist«.

Neben Otto Strasser war der achtundzwanzigjährige Geschäftsführer des Gaues Rheinland-Nord, Joseph Goebbels, der intellek-

tuelle Wortführer der Strasser-Gruppe. In der nationalsozialistischen Bewegung fand der Sohn einer streng katholischen Arbeiter-
familie aus Rheydt im Rheinland jene Glaubensgewißheit, die er in
Jahren der Unschlüssigkeit gesucht hatte. Hitlers Schlußwort im
Prozeß vor dem Münchener Volksgericht bewog ihn zu einem Hul-
digungsschreiben an den inhaftierten Erlöser in Landsberg: »Was
Sie da sagten, das ist der Katechismus eines neuen politischen
Glaubens in der Verzweiflung einer zusammenbrechenden, ent-
götterten Welt ... Ihnen gab ein Gott, zu sagen was wir leiden. Sie
faßten unsere Qual in erlösende Worte.«[61] Zunächst fand der
arbeitslose Germanist und erfolglose Romancier bei Strasser eine
Betätigung, die seinem intellektuellen Radikalismus zu entsprechen
schien. Denn bei Gregor Strasser meinte er die gleiche Bereitschaft
zur »Radikalisierung der Idee« zu erkennen wie bei sich selbst.
»Ich bin der radikalste. Vom neuen Typ. Der Mensch als Revolutionär.«[62]

Goebbels' rauschhafter Radikalismus stützte sich auf nationalistische und sozialrevolutionäre Ideologien, die damals in verwirrender Vielfalt zwischen den politischen Extremen oszillierten. Da war
der gefühlsbetonte romantische Sozialismus Strassers, der sich aus
ständestaatlichen Utopien des Kulturpessimismus und dem Schüt-
zengrabenerlebnis nährte, sich aber auch am Vorbild der nationalen
Kriegswirtschaft orientierte, verbunden mit der Hoffnung, daß seine
antikapitalistischen Parolen auch im Lager der Arbeiterschaft Gehör
finden würden. »Wir sind Sozialisten«, formulierten die »Nationalsozialistischen Briefe« in einem programmatischen Beitrag, »sind
Feinde, Todfeinde des heutigen kapitalistischen Wirtschaftssystems
mit seiner Ausbeutung der wirtschaftlich Schwachen, mit seiner
Ungerechtigkeit der Entlohnung ... wir sind entschlossen, dieses
System unter allen Umständen zu vernichten.«[63]

Von solchen Einstellungen der linken Nationalsozialisten war der
Weg zu kommunistischen Positionen nicht mehr allzu weit, zumal
sich die KPD in dieser Zeit zum Teil ebenfalls nationalbolschewistischen Formeln von der »deutschen Proletariernation« näherte.
Für die Strasser-Gruppe war der sozialistische Gedanke vor allem
der Ruf an die proletarischen Nationen, sich gegen die westlich-
kapitalistischen Ausbeuternationen zu stellen. Ihr Befreiungskampf
der deutschen Nation führte sie zur Forderung nach einem Bündnis
mit Moskau »gegen den Militarismus Frankreichs, gegen den Imperialismus Englands, gegen den Kapitalismus der Wallstreet«.[64] Kurzum, die programmatischen Erklärungen der Brüder Strasser und
ihres Schützlings Joseph Goebbels lagen der Linie der nationalbolschewistischen »linken Leute von rechts« in der Nachbarschaft
Ernst Niekischs weit näher als Hitlers Denken, das gerade begann,
sich vom Revisionismus zum Antibolschewismus hin zu entwickeln.
Die gesellschafts- wie die außenpolitischen Vorstellungen der Strasser-Gruppe wichen ganz erheblich von den Ansichten der Münchener Führungsgruppe ab; das sollte, wie sich bald herausstellte, auch
für die politisch-organisatorischen und taktischen Leitlinien gelten.
Der Gegensatz zur Münchener Zentrale wurde immer schärfer.

Neuen Zündstoff lieferte die Frage der Fürstenabfindung, die um
die Jahreswende 1925/26 die ganze deutsche Öffentlichkeit

Das Geheimnis Hitlers ist auch das Geheimnis seiner Wirkung. Von plumper, sehr bald zur Dickheit neigender Figur und von eher balkanesischer Physiognomie entsprach er in keinem Zug jenen herrscherlichen Gestalten, die sein Reich beherrschen und die es hervorzüchten sollte. Er konnte nicht gehen, er stand unbeholfen, er wußte nicht zu sitzen; Schönheit, Leichtigkeit, Würde des Sich-Gebens waren ihm so versagt wie Wohllaut der Stimme: kein Lenin und kein Mussolini, und dennoch ging eine bannende

bewegte. Die Kommunisten hatten ein Volksbegehren zur entschädigungslosen Enteignung der Besitztümer der deutschen Fürsten auf den Weg gebracht, und die Sozialdemokraten hatten es unterstützt. Auch im durch die Inflation schwer getroffenen bürgerlichen Mittelstand gab es nicht wenige, die der Enteignungsforderung Sympathie entgegenbrachten. Das fand seinen Niederschlag in der Haltung der nordwestdeutschen NSDAP; leidenschaftlich ergriff sie für die entschädigungslose Enteignung der Fürsten Partei. Hitler lehnte jedoch das Volksbegehren scharf ab. Bis dahin hatte er zu den Aktivitäten von Goebbels und der Arbeitsgemeinschaft Nordwest geschwiegen, auch, »als Goebbels im Januar 1926 auf einer Sitzung der Arbeitsgemeinschaft gefordert hatte, daß der kleine Bourgeois Adolf Hitler aus der nationalsozialistischen Partei ausgeschlossen wird«[65], doch sah er nun einerseits die äußere Geschlossenheit der Partei gefährdet, andererseits den Punkt erreicht, an dem weiteres Warten seine Autorität nicht stärken, sondern schwächen mußte.

Kurzfristig und ohne nähere Information lud er nun für den 14. Februar 1926 zu einer Führertagung nach Bamberg ein. Aber nur geographisch war man den Norddeutschen ein Stück des Weges entgegengekommen; gerade so weit, daß die eigenen Anhänger im Machtbereich des treu ergebenen »Frankenführers« Julius Streicher noch eindeutig überlegen waren. Um ganz sicher zu gehen, daß nur wenige Strasser-Anhänger den weiten Weg nach Bamberg fanden, hatte man viele von ihnen erst gar nicht eingeladen. Die norddeutschen Gauleiter, die kamen, wußten nicht, ob sie einen Canossa-Gang antreten müßten oder ob sie vielleicht doch die Chance hatten, Hitler umzustimmen. Ein ausgearbeitetes Konzept hatten sie nicht; Strasser wollte nur alles vermeiden, was den Konflikt verschärfen konnte.

Wieder verlief alles so wie ein Jahr zuvor bei der Neugründung in München. Hitler redete nahezu fünf Stunden, entwickelte die weltanschauliche Grundlage seiner Position und kanzelte die sozialistischen Neigungen der Nordwestdeutschen, vor allem ihre Programmdiskussion und ihre Entscheidung in der Fürstenenteignung, als falsch und gefährlich ab. Die Forderung nach der Fürstenenteignung nannte er verlogen, denn sie verschone die jüdischen Bank- und Börsenfürsten. Er wolle den ehemaligen Landesherren nichts zuerkennen, was ihnen nicht gehörte. Doch dürfe ihnen auch nicht genommen werden, worauf sie einen Anspruch hätten. Denn schließlich verteidige der Nationalsozialismus das Recht und das Eigentum. Das war ein deutliches Angebot an die Adresse bürgerlicher Interessen und möglicher Bündnispartner. Es war zugleich Konsequenz der antimarxistischen und antisemitischen Prinzipien Hitlers. Noch deutlicher wurde er in der Diskussion um das Parteiprogramm, das die Arbeitsgemeinschaft hatte konkretisieren und systematisieren wollen. Er erklärte die 25 Punkte für unantastbar, denn sie waren ihm vor allem Symbol der Einheit der Partei, »Gründungsurkunde unserer Religion, unserer Weltanschauung«.[66] Wer daran zweifle, verrate die nationalsozialistische Idee.

Die lange Rede und die Stimmung im Saal machten die Frondeure fast sprachlos. Während Strasser »stockend, zitternd und ungeschickt« sprach, hielt sich Goebbels ganz im Hintergrund. In seinen Tagebuchnotizen spiegelt sich beider Zwiespalt: »Ich bin wie geschlagen. Welch ein Hitler? Ein Reaktionär? Fabelhaft ungeschickt und unsicher. Russische Frage: vollkommen daneben. Italien und England naturgegebene Bundesgenossen. Grauenhaft! Unsere Aufgabe ist die Zertrümmerung des Bolschewismus. Bolschewismus ist jüdische Macht! Wir müssen Rußland beerben! 180 Millionen!!! Fürstenabfindung! Recht muß Recht bleiben. Auch des Fürsten. Frage des Privateigentums nicht erschüttern! Grauenvoll! Programm genügt! Zufrieden damit. Feder nickt. Ley nickt. Streicher nickt. Esser nickt. Es tut mir in der Seele weh, wenn ich Dich in der Gesellschaft seh!!! Kurze Diskussion. Strasser spricht. Stokkend, zitternd, ungeschickt, der gute, ehrliche Strasser, ach Gott, wie wenig sind wir diesen Schweinen da unten gewachsen ... Ich kann kein Wort sagen! Ich bin wie vor den Kopf geschlagen.«[67]

Was Goebbels seinem Tagebuch anvertraute, war ein Stenogramm von Hitlers Weltanschauung und ein Dokument der ideologischen Vielfalt im Nationalsozialismus. Es ist aber auch ein Zeugnis für die Wirkung der suggestiven Kraft Hitlers, der sich weder Goebbels noch Strasser entziehen konnten. Als seine Angriffe auf die Verräter aus dem Norden ihren Höhepunkt erreicht hatten, streckte Hitler Strasser die Versöhnungshand entgegen, der sich dieser ebensowenig entziehen konnte wie die zerstrittenen Unterführer ein Jahr zuvor. Hitler hatte sich durchgesetzt, auch wenn die Strasser-Gruppe an ihrer Doktrin festhielt. Doch die Arbeitsgemeinschaft Nordwest war de facto aufgelöst, ihr Programm kaum diskutiert, die Fürstenenteignung abgelehnt. Hitler hatte seinen Vorteil ausgespielt, Ideologe und Propagandist zugleich zu sein, und seinen Grundsatz durchgesetzt, daß die Geschlossenheit der Glaubens- und Kampfbewegung wichtiger sei als intellektuelle Programmdiskussionen.

Bamberg war noch nicht das Ende der nationalsozialistischen Linken und auch nicht der programmatischen Richtungskämpfe. Es bildeten sich nur die Fronten neu heraus, und die Modalitäten änderten sich. Die nationalsozialistische Linke verlor mit der Auflösung der Arbeitsgemeinschaft Nordwest zwar ihre organisatorische Basis, aber sie konnte diesen Verlust durch den Ausbau des Kampfverlages zum intellektuellen Zentrum bis zu einem gewissen Grade wettmachen. Zwar ließen sich die Vertreter der Linken nun nicht mehr durch ihre Zugehörigkeit zu einer Organisation identifizieren, aber umgekehrt durchsetzten sie die NSDAP auf allen Ebenen mit ihren Anhängern. Das galt für viele Redaktionsstuben wie für den Parteiapparat und vor allem für die SA.

Diese Entwicklung bedeutete Stärkung und Schwächung zugleich. Dreh- und Angelpunkt der Kontroversen blieb die Diskussion um den Sozialismusbegriff der NSDAP. Doch beide Seiten vermieden die offene Konfrontation, um durch eine erneute Programmdiskussion nicht noch einmal den Zusammenhalt der Partei und die Führerstellung Hitlers zu gefährden. Statt dessen wurden ideologische Widersprüche nun von Propagandaformeln überdeckt. Auch Hitler zog taktische Lehren. Die Parteipropaganda stilisierte ihn unaufhörlich zum Arbeiterführer, und das Vokabular des linken

Gewalt von ihm aus, eine charismatische Kraft, die einzelne wie Massen immer wieder bezwang. Erst erlagen dieser rhetorischen Explosion die Massen in den bayrischen Bierkellern, dann die Honoratioren der Münchener Gesellschaft und schließlich die distanziert-verachtende Generalität der Armee, die wider besseres Wissen seine Schlachten schlug.

Flügels hielt mehr als früher Einzug in die Selbstdarstellung der Partei. Von der »Gewinnung« der Arbeiter für den »nationalen Gedanken« war überall die Rede, doch für Hitler besaß diese »sozialistische« Wendung nur instrumentalen Charakter. Sie sicherte die Mitarbeit des linken Flügels und verdeckte seine Bemühungen um die alten Machteliten aus Wirtschaft, Armee und Bürokratie. Der linke Flügel wiederum konnte die verbalen Zugeständnisse nutzen, um die eigene Linie zu behaupten, ohne das Führerprinzip in Frage zu stellen. Denn schließlich, so verteidigte die Berliner Arbeiterzeitung, Organ der Berliner NS-Linken, ihre Warnung vor dem Abgleiten »auf die Ebene einer radikalisierten Nur-Antisemiten- und Kleinbürger-Partei«, habe auch der »Führer« die Gewinnung des deutschen Arbeiters zur Mission des Nationalsozialismus erklärt.[68]

Das Parteiprogramm aber war zugleich tabu und nichtssagend. Die Nationalsozialisten hüteten sich, mit einem geschlossenen Entwurf einer politisch-gesellschaftlichen Ordnung den Kampf um die Macht zu führen; statt dessen entwickelten sie eine Vielfalt sich teilweise widersprechender Programme und Verheißungen, für jede Gruppe das, was sie gerne hören wollte. Denn wichtiger waren zunächst Geschlossenheit und Kampfeswille der Glaubensbewegung. »Ein solcher Kampf«, erläuterte Hitler in aller Offenheit, »wird nicht ausgefochten durch ›geistige Waffen‹, sondern durch den Fanatismus.«[69]

Bamberg war auch die endgültige Wende auf dem Weg zur Führerpartei. Die Wortführer der Fronde wurden nach ihrer Niederlage in Bamberg umworben und in die Partei eingebunden. Gregor Strasser wurde im September 1926 in die Reichsleitung der Partei berufen und löste dort ausgerechnet Hermann Esser als Reichspropagandaleiter ab, der ständige Zielscheibe der nordwestdeutschen Angriffe gewesen war. Nicht anders verfuhr Hitler mit dem unsicher gewordenen Goebbels. Er schmeichelte dessen Inferioritätsgefühlen, indem er ihn nach München einlud und ihn dort an seinem Führernimbus teilhaben ließ. Zum Hauptredner einer Veranstaltung im Münchener Bürgerbräu hatte Hitler den »kleinen Doktor Goebbels« bestimmt und nicht versäumt, ihn am Ende zu umarmen. Auch das Ambiente, das Hitler bot, sollte Eindruck machen: »Hitlers Auto da. Zum Hotel. Welch ein nobler Empfang«, notierte Goebbels in seinem Tagebuch. »Er stellt uns für den Nachmittag sein Auto. Nach Starnberg. Im sausenden 100 klm. Tempo.« Und dann das Fazit: »Ich hab ihn gern. Er ist beschämend gut zu uns.«[70]

Die herbe Kritik am Parteiführer war in kritiklose Bewunderung und Gefolgschaft umgeschlagen. War es die Faszinationskraft Hitlers, die zum Damaskus von Goebbels führte, oder sein nüchternes Kalkül, das ihn die Machtverhältnisse richtig einschätzen lehrte? Auf jeden Fall war das Ende der »Arbeitsgemeinschaft« der Beginn der politischen Karriere eines der linken Wortführer aus dem Ruhrgebiet. Ende Oktober 1926 sollte Goebbels als Gauleiter nach Berlin gehen, um dort als Statthalter Hitlers zunächst den Streit zwischen Politischer Organisation und SA zu schlichten, dann aber, um den Kampf mit den Berliner Linksabweichlern, Otto Strasser an der Spitze, zu führen.

In der Zwischenzeit hatte Hitler seine wiedergewonnene Autorität auch institutionell abgesichert. Eine Generalmitgliederversammlung am 22. Mai in München hatte eine Satzung gebilligt, die ganz auf den »Führer« zugeschnitten war. Als Träger der Partei wurde der Nationalsozialistische Arbeiterverein in München benannt, seine Leitung war mit der Reichsleitung identisch. Der erste Vorsitzende der Partei wurde zwar gewählt – das war man schon dem Vereinsgesetz schuldig – aber die Münchener Ortsgruppe wählte für die gesamte Partei, und dieser Hausmacht konnte sich Hitler absolut sicher sein. Darum hatte auch nur sie das Recht, ihren Vorsitzenden zur Rechenschaft zu ziehen. Darüber hinaus sollte es mit innerparteilichen Wahlen ein Ende haben. Alle Amtsträger, auch die Gauleiter, sollten hinfort vom Parteivorsitzenden ernannt werden. Für den Fall innerparteilichen Zwistes wurde zudem ein Untersuchungs- und Schlichtungsausschuß (USCHLA) eingerichtet.

Die Befestigung der Führerpartei und den eigenen Sieg wollte Hitler auch symbolisch zum Ausdruck bringen. Denn wie kaum einem anderen zeitgenössischen Politiker und Propagandisten war ihm bewußt, daß alle Hoffnungen auf Veränderung und politischen Erfolg nur dann zur politischen Antriebskraft würden, wenn sie nicht nur das Bewußtsein der Anhänger, sondern auch deren Emotionen ansprächen. Das aber sollten Parteirituale und -symbole besorgen. Schon der erste Parteitag der neugegründeten Partei im Juli 1926 in Weimar machte deutlich, welchen Wert die Nationalsozialisten der politischen Magie beimaßen.

Daß man Weimar als Versammlungsort wählte, hatte einen pragmatischen Grund. Es lag in Thüringen, und dort gab es für Hitler kein Redeverbot. Zugleich bot sich die Stadt zu einer Demonstration der neuen Legalitätspolitik an, die freilich sofort wieder dadurch in ihr wahres Licht gerückt wurde, daß man das Nationaltheater, den Geburtsort der republikanischen Verfassung, durch das eigene Auftreten vom »Makel der Nationalversammlung der Judengenossen«[71] befreit sah.

Nach dem Willen Hitlers sollte der Parteitag der »Geschlossenheit« und der »Kraft der Bewegung« nach innen und außen wie ihrer Ausrichtung auf den »Führer« symbolischen Ausdruck verleihen.

Hitler wollte auf jeden Fall verhindern, daß sich Kontroversen über politische und organisatorische Fragen in aller Öffentlichkeit entluden; deshalb richtete er für deren Erörterung nichtöffentliche Sondertagungen ein. Aber auch dort waren genügend Sicherungen eingebaut; es sollten nur Anträge zugelassen werden, die die »Unterschrift des Ersten Vorsitzenden erhalten haben«. Außerdem durfte über Anträge nicht abgestimmt werden, vielmehr sollten die Leiter der Sondertagungen selbst als »Führer« handeln und nicht als »Vollzugs-Organ von Abstimmungsresultaten«. Und schließlich behielt sich Hitler vor, in welcher Form er den Parteitag von »Beschlüssen« der Sondertagungen informieren werde. Denn, so rechtfertigte er diese Ausschaltung der politischen Diskussion, »nicht um die Befriedigung der Antragsteller handelt es sich, als vielmehr um die Konsolidierung und den Ausbau der Bewegung«.[72]

Wie sehr sich die Führerstellung Hitlers verfestigt hatte, zeigte

Der »Führer« auf dem Nürnberger Hauptmarkt

Die Propaganda präsentierte Hitler als den ehemaligen Arbeiter unter Arbeitern, den einfachen Weltkriegssoldaten unter Frontsoldaten, den fürsorglichen Beschützer der Kinder, Familien und alter Leute: umgänglich und jovial, musikversunken und kunstmäzenatisch – einmal der Vertraute des ganzen Volkes, das andere Mal einsam und erhaben am Leid des Vaterlandes tragend. Die Selbststilisierung achtete darauf, daß kein Bild von ihm mit Brille publiziert und jede Nähe zu Frauen vermieden wurde: er müsse Idol sein, und das setze Erreichbarkeit und Unerreichbarkeit gleicherweise voraus.

ein anderer symbolischer Akt. Die in Weimar nach heftigen Geburtswehen aus der Taufe gehobene nationalsozialistische Jugendbewegung hörte auf den Namen Hitlerjugend. Es war die erste und einzige nationalsozialistische Organisation, die den Namen Hitlers trug. Auf Adolf Hitler wurden auch die Standarten- und Fahnenträger vereidigt, die in Weimar nach faschistischem Vorbild angetreten waren, um auf die Blutfahne zu schwören: »bis zum letzten Tropfen Blut bei meiner Fahne auszuharren«.[73]

Im Verzicht auf innerparteiliche Diskussion und in der absoluten Führerautorität Hitlers sah Julius Streicher, der ein Jahr später den Parteitag in Nürnberg organisieren sollte, die eigentlichen Antriebskräfte der nationalsozialistischen Bewegung.[74] Der neue Charakter der Partei wurde für die Anhänger durch das Zeremoniell nach der Veranstaltung im Weimarer Nationaltheater deutlichst unterstrichen. Im offenen Wagen nahm Hitler den Vorbeimarsch der 5000 Anhänger erstmals mit erhobenem Arm ab, dem Gruß der italienischen Faschisten. Danach, so erinnerte sich ein Teilnehmer, »war es kein Wunder, daß sich am Ende fast alle Teilnehmer ... in einem Rausch und Taumel der Begeisterung befanden, der jedes kritische Vermögen ausschloß, ja bereits die Neigung zu Kritik als Lästerung empfand«.[75]

Auch wenn das in Weimar angesichts der Meinungsmanipulation nicht alle so empfunden hatten, beim nächsten Parteitag in Nürnberg 1927 suchte eine verbesserte Regie alle Pannen wettzumachen. Nun war man dem Gebot einer einheitlichen Uniformierung schon näher gekommen, und das straffe Äußere der Fahnen, Standarten und Marschkolonnen vermittelte den Eindruck organisatorischer Geschlossenheit von NSDAP und SA. Auch Hitler, der bisher meist im Trenchcoat aufgetreten war, trug nun das Braunhemd der SA und rückte mehr denn je in den Mittelpunkt des Parteitagsrituals. Zwölf neue Standarten weihte er draußen vor der Stadt im Luitpoldhain und dokumentierte damit die Ausbreitung der Bewegung. Dann nahm er auf dem Hauptmarkt, vor historischer Kulisse, mit starr ausgestrecktem Arm die Parade seiner Gefolgsmänner ab. Schon die Wahl des Ortes sollte unterstreichen, was die Nationalsozialisten politisch verhießen: Veränderung und Bewahrung zugleich, die Verbindung von Tradition und Revolution.

Die Aufmärsche und die Fahnenwälder, die alle Parteitage und die anderen Veranstaltungen der Partei von nun an zunehmend beherrschten, täuschten auch darüber hinweg, daß die Partei weder organisatorisch noch zahlenmäßig so stark war, wie sie durch ihr massiertes Auftreten an einem Ort und zu einem Moment vorgab. Das vergrößerte nicht nur den Eindruck nach außen, sondern stärkte die Gewißheit und Einsatzbereitschaft bei Mitgliedern und Anhängern und solchen, die es durch die Werbefeldzüge und Demonstrationsmärsche noch werden sollten.

Propaganda und Organisation, so hatte Hitler in »Mein Kampf« ausgeführt, sollten Hand in Hand gehen. Die Propagandafeldzüge jedoch täuschten eine organisatorische Geschlossenheit vor, die es gar nicht gab. Dennoch, keine andere Gruppierung der politischen Rechten besaß einen solchen organisatorischen Apparat wie die NSDAP, keine andere war daher in der Stunde der Krise und Radikalisierung so gut in der Lage, eine politische Massenbewegung an sich zu binden. Hatte Hitler eine Ahnung von der bevorstehenden großen Krise, die ihm Wähler und Anhänger zutreiben sollte, oder war es wieder die vielfach zu beobachtende Technik des Künstler-Politikers und Propagandisten, sich selbst und anderen durch große Auftritte und Entwürfe eine Wirklichkeit vorzuspielen oder vorwegzunehmen, die es noch nicht gab und die allenfalls anzustreben war? Sollte eine gewaltige und weitreichende Organisation die Mißerfolge der Propaganda etwa ausgleichen? In »Mein Kampf« hatte Hitler genau das empfohlen: »Je schlechter die Propaganda ist, um so größer muß die Organisation sein.«[76] Sicherlich wird Hitler nicht an der Richtigkeit seiner eigenen Propaganda gezweifelt haben, und in der Tat war seine Originalität auf diesem Gebiet am deutlichsten erkennbar. Aber die politischen Erfolge ließen 1928 weiter auf sich warten.

Während der Stabilisierungsphase der Republik verfingen nationalsozialistische Parolen und Versprechungen kaum noch. Seit 1926 hatte sich die NSDAP an verschiedenen Landtagswahlen beteiligt, doch die Ergebnisse waren deprimierend. Man bewegte sich zwischen 1,5 und 3,7 Prozent, und nicht besser sah es bei den Reichstagswahlen von 1928 aus. Nur rund 800 000 Wähler, das waren 2,6 Prozent, gaben der NSDAP ihre Stimme. Gemessen an den fast 100 000 Mitgliedern der Partei ergab sich damit ein auffälliges Mißverhältnis von Wähler- und Mitgliederzahl. Die NSDAP konnte vor-

Hitler im Kreise einer ostpreußischen Bauernfamilie

erst nur auf einen kleinen, militanten Kern fanatischer Anhänger zählen.

Auch für die nationalsozialistische Linke brachten die Wahlen der Jahre 1927 bis 1929 herbe Enttäuschungen. Wenn die NSDAP irgendwo einen überdurchschnittlichen Stimmenzuwachs zu verzeichnen hatte, dann nicht in großstädtischen Zentren der Arbeiterschaft, sondern im klein- und mittelständischen Milieu mit einer überwiegend evangelischen Bevölkerung. Es war der nationalbewußte, an staatlichen Schutz gewohnte Mittelstand in Handel und Gewerbe, den die politische und soziale Konfrontation mit den »Roten« zunehmend verunsichert hatte und den die Angst vor dem Verlust materieller Sicherheit wie sozialer Identität den radikal antidemokratischen und antimarxistischen Parolen der NSDAP zutrieb. Zudem handelte es sich um Regionen, in denen völkisch-antisemitische Parolen auf fruchtbaren Boden fielen. Es waren fränkische und thüringische Städte, die als erste eine größere nationalsozialistische Wählerschaft zu verzeichnen hatten. Coburg, in dem die Nationalsozialisten ja schon 1922 bei einem faschistischen Demonstrationsmarsch von sich reden gemacht hatten, wurde zur ersten deutschen Stadt, in der Nationalsozialisten an die Macht kamen, und dies in einer politischen Konstellation, die ganz den Vorstellungen Hitlers und nicht der nationalsozialistischen Linken entsprach, nämlich im Bündnis mit bürgerlich-konservativen Kräften. Das war nur der Anfang, bald gelang in einer ähnlichen Frontbildung die Regierungsbeteiligung auf Landesebene, nämlich in Thüringen und Braunschweig. Es folgten Einbrüche in ländliche Regionen, die schon vor der großen Wirtschaftskrise durch eine Agrardepression geschwächt waren.

Das wirkte sich auf die Organisation wie auf die Propaganda der Partei aus. Dem Mittelstand galt nun die gesamte Aufmerksamkeit nationalsozialistischer Werbekampagnen. Die organisatorischen Vorbereitungen dafür waren schon getroffen; mit der Durchsetzung von Hitlers absoluter Führungsposition hatte der Prozeß der Bürokratisierung der Partei begonnen; mit der Übernahme des Amtes des Reichsorganisationsleiters durch Gregor Strasser, der den blassen Generalleutnant a. D. Heinemann ablöste, erreichte der Organisationseifer der Partei eine neue Qualität.

Seinen Ausgang nahm der Aufbau einer Parteibürokratie in München. Das war die Konsequenz der Satzungsänderung und der Befestigung der Machtverhältnisse. Die neue Reichsleitung, in Ressorts gegliedert, hatte einen doppelten Zweck: sie war Herrschaftsinstrument des »Führers«, der damit eine Politik der Machtaufteilung und Klientelsicherung betrieb, und sie bildete den Rahmen für eine zukünftige Massenpartei, die einen Staatsapparat im kleinen darstellte. Hitler hatte mit seinen getreuesten Münchener Gefolgsleuten eine zentrale Reichsleitung aufgebaut, bestehend aus Heß als Schriftführer, Schwarz als Schatzmeister und Bouhler als Hauptgeschäftsführer. Das sah noch nach Vereinsmeierei aus, doch bald kamen Ämter hinzu, die mit ihrer organisatorischen Größe und Reichweite in einem grotesken Mißverhältnis zur tatsächlichen Stärke der Partei standen. Es entstanden Ämter für Agrarpolitik, Außenpolitik, Rechtsfragen, Wirtschaft, Innenpolitik und Arbeitspolitik.

So sehr dies nach einem Staat im Staate aussah, so charakteristisch war der Unterschied zum rationalen Aufbau und Arbeitsstil einer Behörde. Führerprinzip und bürokratisches Prinzip durchkreuzten sich immer wieder, und auch die Versuche Gregor Strassers, die bürokratische Organisation der Partei zu vereinheitlichen, stießen an die Grenzen, die im faschistischen Charakter der Führerpartei lagen. Eine reichseinheitliche Organisation war schon dadurch unmöglich, daß die bayerischen Gaue bis auf Strassers eigenen Gau Niederbayern unmittelbar der Reichsleitung, das hieß Hitler unterstanden. Das sicherte nicht nur Hitlers persönliche Machtbasis, sondern war in der Anfangszeit unumgänglich, da die Beitragszahlungen der nichtbayerischen Gaue nur schleppend eingingen und die Reichsleitung auf ihre »Kronländer« angewiesen war.

Auch die Ernennung zentraler Amtsleiter für besondere Parteiaufgaben führte zu einer Aufsplitterung von Führungsaufgaben und ihrer Bündelung bei einzelnen Personen. Denn alle Amtsleiter fühlten sich unmittelbar dem Parteiführer unterstellt und kannten kein kollegiales Sitzungs- und Entscheidungsverfahren. Auch nahmen sie ihre Parteiaufgaben oft nicht von München aus wahr. So war die Verbindung zwischen den obersten Parteiämtern weder räumlich noch organisatorisch gesichert. Die einzige Verbindung stellte die jeweilige persönliche Beziehung zu Hitler dar.

Entscheidend für die Amtsführung der einzelnen Amtsleiter und Parteiunterführer war meist nicht deren sachliche Qualifikation, sondern ihre Unterordnung unter Hitler und ihre Fähigkeit, sich im Geflecht der personalen Gefolgschaft zu behaupten. Was zählte, war in erster Linie die Gefolgschaftstreue zum Führer und dessen Vertrauen einerseits wie das eigene Durchsetzungsvermögen in internen Machtkämpfen andererseits.

Das läßt sich auf der Ebene der Gauleiter wie auch auf der der zentralen Ämter der Reichsleitung beobachten. Entscheidend für den Gauleiter waren der erfolgreiche Werbefeldzug und die Geschlossenheit seiner Organisation. Die Gauleiter waren die vom »Führer« eingesetzten Stellvertreter des obersten Führers in ihren Gebieten. Ihr Zuständigkeitsbereich wurde von der Parteileitung respektiert und ihre Autorität im Bedarfsfall auch gestärkt. In der Führung seines Gaues, in der Personalpolitik wie in der Propaganda- und Organisationstätigkeit hatte der Gauleiter weitgehend freie Hand. Das führte zu durchaus unterschiedlichen Entwicklungen und zur Entfaltung sehr verschiedener Machtbereiche. Einige Gauleiter wie Mutschmann in Sachsen, Koch in Ostpreußen und Goebbels in Berlin schufen sich in ihrem Gau eine unabhängige Machtposition, die auch die Parteispitze nicht ignorieren konnte und die ihnen umgekehrt als Basis zur Durchsetzung in der Gesamtpartei diente.

Auch bei den Methoden ihrer politischen Arbeit hatten die Gauleiter freie Hand. Goebbels entwickelte nach dem Vorbild der kommunistischen Partei in Berlin eine Straßen- und Betriebszellen-Organisation, von der die Gesamtpartei bald ebenso profitierte wie von der Einrichtung einer Rednerschule im Gau Oberbayern-Schwaben durch den Gauleiter Fritz Reinhardt. Auch die Gau-

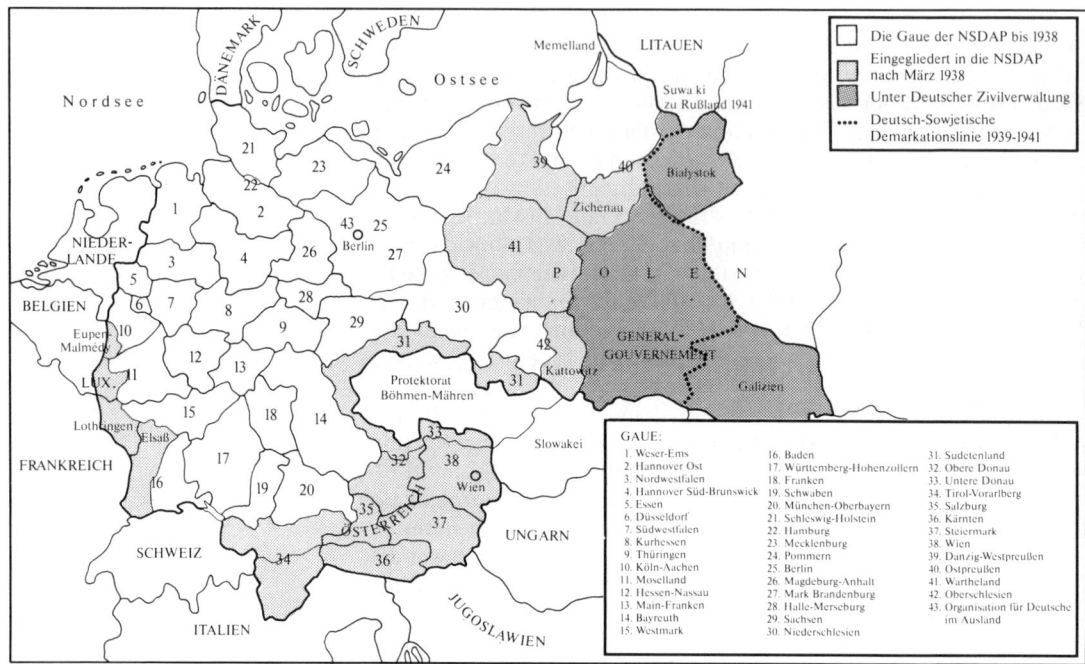

Gaueinteilung der NSDAP

grenzen untereinander waren zunächst fließend und hingen von der Durchsetzungskraft der jeweiligen Gauführung ab. Kurzum, die Souveränität des Gauleiters reichte in seinem Gebiet so weit, wie er sich selbst durchsetzen konnte.

Nicht viel anders entfalteten die zentralen Amtsleiter und Führer der Nebenorganisationen ihren Einfluß. Freiheit und Ermessensspielraum, die die Unterführer besaßen, förderten deren Rivalität untereinander und dienten damit der Machtaufteilung und der Befestigung der Macht Hitlers. Unverkennbar ist auch die zumindest kurzfristige Steigerung der Wirksamkeit, da dieses Konkurrenzprinzip große Energien freisetzte.

Andererseits erforderte die Ausweitung der Partei von einer Kader- zu einer Mitgliederpartei und schließlich zu einer Massenbewegung eine straffere bürokratische Organisation. Das war eine Aufgabe für Gregor Strasser, der sich bereits in der Propagandaleitung zusammen mit seinem Stellvertreter Heinrich Himmler durch einen besonderen Organisationseifer ausgezeichnet hatte, ohne dabei den Verdacht der Illoyalität zu Hitler zu erwecken. Strasser wechselte 1928 in die Organisationsleitung und machte sich mit großer Energie daran, zunächst die regionalen Parteigliederungen zu vereinheitlichen, um dann die Reichsorganisationsleitung zu einer wirklichen Leitungszentrale auszubauen.

Zunächst wurden die Gaugrenzen festgelegt und mit den Wahlkreisgrenzen in Deckung gebracht. Dann wurde die Stellung der Reichsleiter definiert; sie waren innerhalb ihres Referates Stellvertreter des Parteivorsitzenden und andererseits den Gauleitern übergeordnet. Das sollte auch die Stellung des Gauleiters verändern. Er war nicht mehr nur Bandenführer, der durch sein Charisma Anhänger um sich scharte, sondern er hatte eine doppelte Rolle: er war Stellvertreter des »Führers« in seiner Region, und er war bürokratischer Funktionsträger und damit der Reichsleitung unterstellt. Umgekehrt war seine Macht gegenüber den Ortsgruppen gewachsen, die nun ihre führerunmittelbare Stellung verloren hatten. Die gesamte Reorganisation der Jahre 1928/29 zielte somit auf eine Stärkung der vertikalen Strukturen der Partei.

Daneben wurde ein Geflecht von horizontalen Mobilisierungs- und Lenkungsorganen geschaffen, Hilfsorganisationen der Partei zur Durchdringung gesellschaftlicher Gruppen und Verbände. Diese sogenannten Gliederungen der Partei waren ähnlich wie die Partei beinahe im Wildwuchs entstanden und wurden seit 1929 durch die Reichsleitung neu organisiert und in ihren Aufgaben definiert. Neben der Hitlerjugend (HJ) war der Nationalsozialistische Deutsche Studentenbund entstanden, dessen Leitung 1928 Baldur von Schirach an sich zog, bis er schließlich 1931 auch die Leitung der HJ usurpieren konnte. Als dritte Gliederung im Bereich der Jugendpolitik operierte der NS-Schülerbund, nicht ohne Kompetenzkonflikte zur HJ. Daneben bildeten sich allmählich nationalsozialistische Berufsverbände heraus, deren Gründung den wachsenden Einfluß im bürgerlich-mittelständischen Milieu reflektierte und weiter verstärken sollte. Neben dem NS-Lehrerbund entstanden ein NS-Rechtswahrerbund und ein NS-Ärztebund, schließlich auch ein NS-Frauenbund. Im Frühjahr 1929 war endlich der organisatorische Rahmen geschaffen, der es gestattete, auch in den agrarischen Bereich hineinzuwirken. Diesmal gründete man keinen eigenen Verband als Konkurrenzunternehmen zu bestehenden Verbänden, sondern organisierte mit dem Agrarpolitischen Apparat eine Propagandaoffensive zur Unterwanderung der bestehenden landwirtschaftlichen Verbände.

Nach Abschluß der ersten Organisationsreform im Jahre 1929 war die Partei bereit, mit ihrem organisatorischen Netz, das sie über ganz Deutschland gespannt hatte, weitaus mehr Wähler- und Anhängermassen aufzufangen, als dies bereits durch ihre unermüdliche Propaganda geschehen war.

3. Antidemokratisches Denken und nationalsozialistische Propaganda

Das ideologische Profil des Nationalsozialismus hatte keinerlei Originalität. Seine charakteristische Gestalt gewann er erst durch seine Propagandatechnik und seine Organisationsform. Was seine weltanschaulichen Grundlagen anlangt, so war der Nationalsozialismus nichts anderes als eine völkisch-nationalistische Partei. Vitalisierung der Tradition und Regeneration des Deutschtums hieß die Parole dieser Partei, die sich davon – wie andere Gruppen auch – nationale Geschlossenheit und Größe versprach. Die Wege dahin waren vielfältig, und ebenso zersplittert waren die völkischen Gruppen und Propheten. Auch in der NSDAP gab es ein Nebeneinander von mehr oder weniger unverbindlichen weltanschaulichen Positionen und Entwürfen. In Hitlers Weltanschauung jedoch waren die verschiedenen Versatzstücke völkischen, antisemitischen und antidemokratischen Denkens zu einer umfassenden Synthese von äußerster Radikalität zusammengefügt. Die Fixpunkte dieser ganz persönlichen Programmatik wurden für die NSDAP verbindlicher, je eindeutiger sich die Partei zur Hitler-Bewegung entwickelte.

Aber Hitler ging es im Gegensatz zu vielen völkischen Zirkeln nicht um endlose Ideologie- und Programmdiskussionen, sondern erst einmal um die Legitimation des eigenen Handelns durch eine Weltanschauung und dann um die »emotionalen und Willens-Potenzen«, die hinter dem völkisch-antisemitischen Denken steckten.[77] Wie die Rassenlehre vor allem darauf zielte, einer unsicher gewordenen Nation neues Selbstbewußtsein zu vermitteln, so dienten Antisemitismus und Antimarxismus auch dazu, den Kampf auf einen einzigen Gegner zu richten und die Deutschen in einen fanatischen Kampfwillen ohne jede Rücksicht auf bürgerliche Gebote von Toleranz und Humanität einzuüben. Auch der Begriff Sozialismus und die kämpferischen Assoziationen, die der Name Arbeiterpartei auslösten, waren für Hitler Ausdruck des Willens zur Geschlossenheit und zur Tat. Darin unterschied er sich nicht allzu sehr von Mussolini, wohl aber vom konservativen Lager und auch von anderen völkischen Gruppen. Hier wurde der Versuch unternommen, weltanschauliche Positionen und politische Dogmen in fanatische Gesinnung und Einsatzbereitschaft umzuwandeln und durch Umformung des Bewußtseins Wirklichkeit zu verändern – das machte das Besondere am Nationalsozialismus aus. Voraussetzung dafür war die virtuose Handhabung einer Propaganda, die sich der modernsten Techniken der Meinungsmanipulation wie des Appells an religiöse Bedürfnisse und irrationale Sehnsüchte zu bedienen wußte.

Der Doppelgesichtigkeit der nationalsozialistischen Ideologie entsprach die Ambivalenz der Parteipropaganda. Beide, Ideologie und Propaganda, waren technizistisch und atavistisch zugleich. Sie lebten von der Faszination der Technik wie vom Unbehagen an der Moderne. So wie die Beschwörung von Werten des Volkes und der Rasse, des Blutes und des Bodens verbunden war mit dem Gedanken der unbegrenzten Machbarkeit, nämlich der Reinigung der Rasse durch Ausmerzung und Züchtung, so dienten Rundfunk und Film, Scheinwerfer und Flugzeug der Schaffung und Verbreitung von Mythen und kultischen Handlungen. Es war das Anknüpfen an überlieferte Werte und Verhaltensweisen und deren gleichzeitige Vitalisierung und Revolutionierung, was dem Nationalsozialismus seine Wirkung verlieh. Die Nationalsozialisten stellten sich im vertrauten Gewande dar und versprachen einer zutiefst verunsicherten und gespaltenen Gesellschaft Veränderung und Bewahrung zugleich.

Den Boden hatten ihnen jungkonservative und nationalrevolutionäre Autoren beziehungsweise literarische Strömungen bereitet, die sich selbst als Vorhut einer »konservativen Revolution« bezeichneten. Dieser ebenso paradoxe wie vielsagende Begriff steht für eine Phase und Form konservativen Denkens, das sich unter dem Eindruck von Revolution und Umbruch selbst so weit radikalisiert hatte, daß die Grenzen des Konservativismus zum politischen Radikalismus weitgehend verwischt waren. Der revolutionäre Konservativismus der zwanziger Jahre gehörte in die Tradition gegenrevolutionären und antidemokratischen Denkens, das seine Ablehnung der Französischen Revolution samt deren Folgen mit einem radikalen Kulturpessimismus verband.

Im Unterschied zum restaurativen Konservativismus verstanden sich die Gruppen der konservativen Revolution als Kinder des Übergangs. Sie gingen davon aus, daß das bürgerliche Zeitalter zuende sei, und waren bereit, die Konsequenzen des Krieges radikal zu verwirklichen und darum das Bestehende zu stürzen, um ein neues, selbstbewußtes und in sich geschlossenes Deutschland zu verwirklichen. Nicht an vergangenen staatlichen Formen und politisch-sozialen Normen, sondern an einem größeren Reich, einem Dritten Reich, wollte man sich orientieren. Wie das aussehen und politisch verwirklicht werden sollte, darüber gab es die widersprüchlichsten und völlig utopische Vorstellungen. Auf jeden Fall war die konservative Revolution antiwilhelminisch und antibürgerlich, antidemokratisch und antizivilisatorisch. Es war ein buntes, aber auch explosives intellektuelles Gemisch, das in vielfältigen Schriften zusammengerührt und -geträumt wurde.

Diese Bestrebungen bewegten sich keineswegs im politischen Vakuum, sondern berührten sich vielfach mit Vorstellungen und Einstellungen, die in Freikorps und Jugendbewegung, in Wehrverbänden und radikalen Studentenverbänden heimisch waren. Was sich dort eher dumpf artikulierte, wurde von den Autoren der konservativen Revolution literarisch anspruchsvoll im kulturhistorischen und geschichtsphilosophischen Gewande präsentiert. Ob an nationalrevolutionären oder an bündischen Leitbildern orientiert, alles Denken der konservativen Revolution ging von der historischen Mission einer höherwertigen deutschen Nation gegen die rationalistischen und unorganischen Staats- und Gesellschaftslehren von Liberalismus, Demokratie, Kapitalismus und marxistischem Sozialismus aus. Nach einem dritten Weg Deutschlands zwischen Ost und West, zwischen Kapitalismus und kommunistischem Bolschewismus hielt es Ausschau und meinte ihn aus der Erfahrung

des Schützengrabens und den »Ideen von 1914«, aus dem Preußentum und einem deutschen Sozialismus ableiten zu können.

Wie das kommende Reich, das Tausendjährige Reich, aussehen sollte, darüber gingen die Meinungen weit auseinander. Hier waren es ständestaatliche, korporative Entwürfe, wie sie schon von Othmar Spann in seinem Buch »Der wahre Staat« 1921 entwickelt worden waren, dort waren es, wie bei Ernst Jünger, Visionen von einer ganz auf die totale Mobilmachung ausgerichteten staatlichen Organisation, in der Arbeiter und Soldaten demselben Zweck dienen, »der Rüstung bis ins innerste Mark«, in dem alle Energien auf »Zentralisation, Rationalisierung aller Produktionsvorgänge, Intensivierung, Normung« gerichtet sind, in dem die Individualität der Totalität des großen Zieles geopfert wird.[78]

Wie auch das »Reich der Kommenden« ausgestaltet und geträumt wurde, immer war es gegen die »Herrschaft der Minderwertigen« (Edgar Jung) gerichtet, immer forderte es zur radikalen Veränderung der republikanisch-demokratischen Ordnung auf. Der Soziologe Hans Freyer brachte auf den Begriff, was viele dachten oder zu denken bereit waren, als er 1931 die »Revolution von rechts« forderte: »Eine neue Front formiert sich auf den Schlachtfeldern der

Das zweite Reich

18.
Januar
1871
Die
Kaiser-
proklamation
in Versailles

Nach dem
Gemälde
von Werner

Mit der Kaiserproklamation zu Versailles begann das zweite Reich. Es war das Werk des Fürsten Bismarck, des „eisernen Reichskanzlers". 39 Kleinstaaten waren vorher auf deutschem Raum vorhanden, die sich innerlich keineswegs zusammengehörig fühlten und äußerlich nur lose durch den deutschen Bund zusammengehalten wurden. Nach dem siegreichen Krieg gegen Frankreich schmiedete Bismarck die Teile des Deutschen Bundes zum Bundesstaat des Deutschen Reiches zusammen. Der große Staatsmann Bismarck, der selbst alle Staatsnot-

wendigkeiten für die Zukunft Deutschlands klar erkannte, rief zwar ein glanzvolles Kaiserreich ins Leben, aber gegen die politische Verständnislosigkeit der breiten Masse, gegen den verderblichen Parlamentarismus, gegen den Partikularismus der Bundesstaaten und vor allem gegen den immer mehr anwachsenden Marxismus konnte er sein Werk, dessen Leitung ihm aus der Hand genommen wurde, nicht ausbauen und sichern. Und die folgende Generation war dazu erst recht nicht fähig. Glanzvoll war der Beginn des zweiten Reiches, grauenhaft am 9. Nov. 1918 sein Ende!

55

Die »Vorgänger« des »Dritten Reiches«

Das »Reichsbürgerhandbuch« von 1937 soll der Nation in allgemein zugänglicher Weise die eigene Geschichte vermitteln – die Stationen einer tausendjährigen Vorbereitung auf das Reich des Retters, Führers, Erlösers, der der Vollender der deutschen Geschichte ist. Das Buch ist für die Massen des Volkes gedacht, aber es spricht in Bildern und Text die Sprache von Erstklässlern, Dokument jener Verflachung ins Bilderbuchmäßige, die halb pathetische Ergriffenheit, halb zynisches Kalkül ist – berechnet auf die Aufnahmefähigkeit der Masse.

bürgerlichen Gesellschaft: die Revolution von rechts. Mit der magnetischen Kraft, die dem Losungswort der Zukunft innewohnt, ehe es ausgesprochen wird, zieht sie aus allen Lagern die härtesten, die wachesten, die gegenwärtigsten Menschen in ihre Reihen. Noch sammelt sie nur, aber sie wird schlagen. Noch ist ihre Bewegung ein bloßer Aufmarsch der Geister ohne Bewußtsein, ohne Symbol, ohne Führung. Aber über Nacht wird die Front stehen. Sie wird die alten Parteien, ihre festgefahrenen Programme und ihre verstaubten Ideologien übergreifen. Sie wird den verstockten Klassengegensätzen einer hüben wie drüben kleinbürgerlich gewordenen Welt zwar nicht ihre Realität, aber ihren Dünkel, politisch produktiv zu sein, mit Erfolg bestreiten. Sie wird mit den Resten des neunzehnten Jahrhunderts, wo es noch festsitzt, aufräumen und die Geschichte des zwanzigsten freimachen.«[79]

Das waren alles nur Worte, aber als antidemokratisches Ferment gaben sie vor allem einer jüngeren, bürgerlichen Generation Stichworte und Begründungen, auf die man gewartet hatte. Noch fehlte die Führung für eine Sammelbewegung, wie sie Freyer reklamierte, und im Verständnis der Denker der konservativen Revolution war das ganz sicher nicht die Führung durch die Nationalsozialisten und

Adolf Hitler. Auf dessen plebejische Kleinbürgerbewegung schaute man voller Verachtung, die vulgären Nationalsozialisten hatten am intellektuellen Diskurs des Juni-Klubs, des Tat-Kreises und auch der Stefan-George-Jünger keinen Anteil. Die Botschaften klangen zwar ähnlich, wenn auch die Sprache der Leute um Hitler primitiver klang: aber im Gegensatz zu den Intellektuellen waren sie entschlossen, an die Stelle des Diskurses den Bürgerkrieg zu setzen. Moeller van den Bruck, der mit seinem Buch »Das Dritte Reich« einer ganzen Generation, die Nationalsozialisten eingeschlossen, die Formel für ihre Hoffnungen auf ein Millennium geliefert hatte, verhielt sich reserviert, als Hitler ihm anbot, sich mit ihm als »Trommler und Sammler« zu verbünden.[80] An der Grenzlinie zwischen geistiger Botschaft und politischem Aktivismus trennten sich revolutionärer Konservativismus und Nationalsozialismus. Von Joseph Goebbels wurde das bedauert: »Der Frühverstorbene schreibt wie in prophetischer Schau. So klar und so ruhig, und dabei doch von inneren Leidenschaften ergriffen, schreibt er all das, was wir Jungen längst mit Gefühl und Instinkt wußten. Warum zog Moeller van den Bruck, warum ziehen der ›Ring‹ und das ›Gewissen‹ nicht die letzte Konsequenz und proklamieren mit uns den Kampf? Geistige Erlösung? Nein, Kampf bis aufs Messer.«[81]

Verschwommene Visionen, Bilder von heroischen Kämpfern und Führern, von einem mystischen Reich haben die Denker der konservativen Revolution entworfen. Ihre Wirkung bestand vor allem in der intellektuellen Verurteilung der parlamentarisch-demokratischen Gegenwart mit ihrer ganzen Tristesse. Ihre Schwäche lag in der Unfähigkeit, die Wirkungen zu überblicken, die sie mit ihren literarischen Schwärmereien auslösten, und in dem Versäumnis, keine wirklichen Trennlinien zum Nationalsozialismus gezogen zu haben. Das aber gilt für den deutschen Konservativismus überhaupt.

Konservative Revolution und Nationalsozialismus berührten sich sowohl in der heftigen Ablehnung der Weimarer Republik und der westlichen Zivilisation wie im Verlangen nach einer »völkischen Wiedergeburt« der deutschen Nation. Beide Strömungen verstanden sich als eine Bewegung der Jungen, als Protest gegen die bürgerlich-kapitalistische Welt. Nur, die Nationalsozialisten hatten bereits jenen Führer und jene Symbole, von dem der Neue Nationalismus nur sprach, und vor allem stellten sie den organisatorischen Rahmen bereit für die Sammlungsbewegung aus allen Klassen, die Freyer forderte. Für die Nationalsozialisten kam es darauf an, möglichst viele, auch bürgerliche Schichten, zu überzeugen und sie für die eigene Bewegung zu gewinnen. Das war die Aufgabe ihrer Propaganda im allgemeinen und das Ziel des Führerkultes im besonderen.

Die Themen der nationalsozialistischen Propaganda waren all jene Motive, die sich in den immer breiter werdenden Strom des Nationalsozialismus einfügten und die zugleich eine Brücke schlugen zum revolutionären Konservativismus. Das waren nach innen der antidemokratische Protest gegen Parlamentarismus und Republik, nach außen der nationalistische Widerstand gegen die Versailler Ordnung. Das bedeutete die Forderung nach Zerstörung der Weimarer Republik und nach Revision beziehungsweise Revolutionierung des internationalen Systems. Am Ziel aller Anstrengungen stand die Verheißung der Überwindung alles Trennenden und der Schaffung einer Volksgemeinschaft, auch als Voraussetzung für die Wiederherstellung deutscher Größe.

Der Kampf gegen das »System« stand im Mittelpunkt der nationalsozialistischen Agitation. Das war die propagandistische Kurzformel für Parlamentarismus und politische Parteien und die Negativfolie, von der sich der Gegenbegriff der Volksgemeinschaft abhob. Der Parlamentarismus wurde als ein Mechanismus attackiert, der die völkische Einheit zerstörte und darum selbst zerstört werden müsse. Zwar hatte sich die Partei aus taktischen Überlegungen nach heftigen inneren Diskussionen schließlich scheinbar selbst auf den Boden des Parlamentarismus gestellt und sich an Wahlen beteiligt, aber nur, um das verhaßte System mit den Mitteln scheinbarer Legalität um so geschickter ausheben zu können. »Ich bin kein Mitglied des Reichstags«, spottete Goebbels in seinem Kampfblatt »Der Angriff« im April 1928, als er für die NSDAP in das Parlament eingezogen war. »Ich bin ein IdI. Ein IdF. Ein Inhaber der Immunität, ein Inhaber der Freifahrkarte ... Wir kommen als Feinde! Wie der Wolf in die Schafherde einbricht, so kommen wir«,[82] erläuterte er die Anwendung der Legalitätstaktik und führte Mussolini als Vorbild für diese Strategie an: »Auch Mussolini ging ins Parlament. Trotzdem marschierte er nicht lange darauf mit seinen Schwarzhemden nach Rom.«[83] Um so ungehemmter, auch vielleicht um die eigene taktische Sünde der Teilhabe am parlamentarischen System zu kompensieren, waren die permanenten Angriffe der nationalsozialistischen Propaganda gegen die »Schieber- und Erzgaunerrepublik«, gegen den »Sau- und Schweinestall« des Parlaments.

Auch die Parteien blieben von den Haßtiraden nicht verschont, auch sie galten als »jüdisch«: »Sie alle hängen irgendwo an einer jüdischen Schnur, und wenn es auf der einen Seite eine rote Peitsche ist, die sie vorwärts treibt, dann ist es auf der anderen ein goldener Zügel, der sie lähmt. Mögen sie sich bürgerlich, demokratisch oder proletarisch, diktatorisch heißen, jüdisch sind sie ausnahmslos, keine davon ist deutsch, noch viel weniger national.«[84]

Daß hinter den Kräften der Zerstörung wie hinter denen, die diese Zerstörung duldeten, immer derselbe Urheber steckte, davon war und blieb Hitler stets überzeugt. Doch während er in der Frühzeit diese Glaubenssätze ungeschminkt in die Öffentlichkeit schleuderte, traten mit der Ausweitung der NSDAP zu einer breiten nationalen Sammlungsbewegung die völkisch-antisemitischen Weltanschauungselemente in der Parteipropaganda in den Hintergrund. Um so wirkungsvoller waren dann die geschickt aufgebauten Attacken gegen das Parteiensystem der Republik, wenn die Nazis die Zersplitterung der Parteienlandschaft als Rechtfertigung für ihren Antiparlamentarismus nahmen. »Ich habe vor ein paar Stunden erst«, höhnte Hitler auf einer seiner unzähligen Wahlkampfreden im Sturmjahr 1932, »die Wahlvorschläge gelesen, z. B. in Hessen-Nassau: Vierunddreißig Parteien! Die Arbeiterschaft hat ihre eigene Partei, und zwar nicht eine, das wäre zu wenig, es müssen gleich drei, vier sein. Das Bürgertum, da es noch intelligenter ist, braucht daher

noch mehr Parteien ... vierunddreißig Parteien in einem Ländchen! Und das in einer Zeit, in der die größten Aufgaben dastehen, die nur gelöst werden können, wenn die ganze Kraft der Nation zusammengerissen wird.« Nach einer solchen ironischen »Beweisführung«, die an tief verwurzelte Anti-Parteieneffekte appellierte, konnte Hitler es sich erlauben, offen seine diktatorischen Absichten auszusprechen. »Wir sind intolerant«, nahm er entsprechende Vorwürfe auf. »Ich habe mir nur ein Ziel gestellt: nämlich, die dreißig Parteien aus Deutschland hinauszufegen ... Wir haben uns ein Ziel gewählt und verfechten es fanatisch, rücksichtslos bis ins Grab hinein.«[85]

Der Beifall, den er nach solchen offenen Proklamationen seiner Ziele erhielt, verdeutlicht, welche Formeln Resonanz beim Publikum fanden und was da zum Anschwellen der NSDAP zu einer Massenbewegung beitrug. Es waren die heftigen antiparlamentarischen und antimarxistischen Attacken und umgekehrt die Verheißung nationaler Einheit und einer die Klassen übergreifenden Volksgemeinschaft. Auch bei seiner als Filmdokument erhaltenen Rede im kleinen Eberswalde im Sommer 1932 war das nicht anders. »Vor diesen dreißig Parteien gab es ein deutsches Volk, und die Parteien werden vergehen und nach ihnen wird bleiben unser Volk. Und wir wollen nicht sein eine Vertretung eines Berufes, einer Klasse, eines Standes, einer Konfession oder eines Landes, sondern wir wollen den Deutschen so weit erziehen, daß vor allem alle begreifen müssen, daß es kein Leben gibt ohne Recht und daß es kein Recht gibt ohne Macht und keine Macht ohne Kraft und daß jede Kraft im eigenen Volk sitzen muß.«[86]

Wie das verhaßte System überwunden und durch welche Ordnung es ersetzt werden sollte, blieb ebenso verschwommen wie die wirtschafts- und sozialpolitischen Maßnahmen, die die Nationalsozialisten zu ergreifen gedachten. Die mangelnde rationale Analyse der gesellschaftlichen und politischen Verhältnisse wie die programmatische Unklarheit und Vieldeutigkeit wurden von Anhängern und Sympathisanten nicht als Nachteil empfunden. Entscheidender war der Eindruck, daß sich hier im Gegensatz zu ande-

ren Parteien eine willensstarke politische Kraft präsentierte, die als einzige in der Lage war, die Verhältnisse wirklich zu ändern. Ein Kolleg in Volkswirtschaft und politischer Philosophie konnte da nur schaden; es ging darum, durch die Häufung emotional aufgeladener Begriffe, durch Wiederholungen und mitunter auch durch die Übernahme liturgischer Formeln den Eindruck der Entschlossenheit und Unbedingtheit zu wecken und zu verstärken. Jedem versprach Hitler Veränderung und Erlösung. Unterstützt wurde diese »Omnibus-Struktur« des Nationalsozialismus durch das propagandistische Geschick, mit dem man sich den jeweiligen regionalen und sozialen Verhältnissen anpaßte und es allen recht zu machen schien.

Neben der Verführung und Anpassung war von Anfang an die Gewalt ein charakteristisches Merkmal der nationalsozialistischen Bewegung und ihres Auftretens. Instrument der politischen Gewalt war die SA. Ihr kriegerisches Gebaren diente der psychologischen Einschüchterung und war sinnfälliger Ausdruck der Entschlossenheit und des Willens zur Tat.

Immer wurde der rote Terror als Ursache für die nationalsozialistischen Anschläge vorgeschützt; das motivierte die eigenen Anhänger und suchte die Terrorakte vor einem erschrockenen Bürgertum und der Polizei zu rechtfertigen. Notwendig waren solche Scheinrechtfertigungen auch, um die militante Eigengesetzlichkeit der SA mit der nach außen vertretenen Legalitätstaktik zumindest propagandistisch in Übereinstimmung zu bringen und damit weiterhin solche Wählerschichten ansprechen zu können, die zwar einen entschiedenen, aber keinen gewalttätigen oder sozialradikalen Nationalismus und Antimarxismus wollten.

Der einzige Bezugspunkt all der vielfältigen und widersprüchlichen Erwartungen und Garant für deren entschiedene Verwirklichung war die Führerfigur Adolf Hitler. Der »Führer« hatte gelernt, sich in der Umgebung von Schlotbaronen, Großagrariern, Generälen und Prinzen zu präsentieren und zugleich als radikaler Volkstribun die antikapitalistischen Ressentiments der kleinen Leute überzeugend zu mobilisieren. Das verdeckte, daß die Partei

Wahlplakate der DNVP, DSP, des Zentrums, der Sozialdemokraten, der KPD und der NSDAP

Die Modernität der nationalsozialistischen Selbstdarstellung gibt sich auch in den Wahlplakaten der Zeit zwischen 1928 und 1933 zu erkennen. Während sich alle anderen Parteien auf graphisch meist hilflose Weise darauf beschränken, den jeweiligen Gegner zu verunglimpfen und von rechts bis links zu demselben Symbol des Rettungsringes greifen, präsentiert sich allein die NSDAP als Partei des Neubeginns und des Aufbaus; auf weit überlegenem künstlerischen Niveau gibt sich das Hakenkreuz als Zuhause für die obdachlose Masse.

einerseits das Bündnis mit den alten Machteliten suchte, auf der anderen Seite mit ihren sozialradikalen gewerkschaftsähnlichen Betriebszellenorganisationen gegen die »Reaktion« agitierte. Der Führermythos verhüllte die Verschwommenheit und Widersprüchlichkeit der Programmatik der Partei, gab aber deren Weltanschauung und Propaganda erst Realität und Bestimmtheit.

So wie Hitler nach innen zum alleinigen Kristallisationspunkt der nationalsozialistischen Bewegung geworden war, so erschien er nach außen als Verkörperung der Volksgemeinschaft und der nationalen Erlösung. Die Propaganda stilisierte ihn zum authentischen Verkünder eines neuen Lebenssinnes, der bei seinen Anhängern Glaubens- und Opferbereitschaft weckt. Er allein war der Interpret der Kampf- und Volksgemeinschaft. Daran gab es für Unterführer und Mitglieder keinen Zweifel, aber auch eine wachsende Massenbewegung war zu dieser gläubigen Identifikation zunehmend bereit.

Verstärkt wurde der Hitler-Nimbus durch die ständig verfeinerten Propagandatechniken der NSDAP, die alles Bisherige und alle Konkurrenten übertrafen. Höhepunkt dieser Überwältigungsstrategie war der Einsatz des Flugzeuges in den Dauerwahlkämpfen des Jahres 1932 unter dem beziehungsreichen Motto »Hitler über Deutschland«. Das erlaubte Hitler nicht nur, in noch kürzerer Zeit immer mehr Massenversammlungen durchzuführen, dieses Medium demonstrierte zugleich die scheinbare Allgegenwart des Führers und sorgte für Schlagzeilen, auch bei der gegnerischen und kritischen Presse. Das Sensationelle dieser Auftritte trieb Hunderttausende zu den Hitler-Kundgebungen und vervielfachte die Wirkung der bisherigen suggestiven Techniken der nationalsozialistischen Kundgebungen.

Träger und Staffage der Hitler-Kundgebungen waren die Gliederungen der Partei. In den Wahlschlachten seit 1929, seit dem Durchbruch zu einer nationalen Kraft, hatten die Ortsgruppen und SA-Stürme nur noch die eine Aufgabe, die Organisation der Wahlkämpfe und der Hitler-Auftritte. Überall hatten die einsatzwilligen lokalen Parteigliederungen mit Lautsprechern, Lastwagen und Flugblättern für die Kundgebungen zu werben, um dann als Statisten die sinnfällige Kulisse einer kampfbereiten Gefolgschaft für den Auftritt des »Führers« zu bilden. Auch zwischen und nach solchen Hitler-Auftritten und anderen Großkundgebungen ruhte die Agitationstätigkeit der Partei nicht. Eine im Mai 1930 erstellte Denkschrift des preußischen Innenministeriums beschreibt die Propagandatechnik der Nationalsozialisten: »Es vergeht fast kein Tag, an dem nicht selbst in engbegrenzten örtlichen Bezirken mehrere Versammlungen stattfinden. Eine in den einzelnen Gauen sorgfältig aufgezogene Propagandazentrale sorgt dafür, daß Redner und Vortragsthema den jeweiligen örtlichen und wirtschaftlichen Verhältnissen angepaßt werden ... Unterstützt wird diese Propaganda durch das fast überall zu beobachtende gleichzeitige Auftreten uniformierter SA-Leute, die auf Fahrrädern oder mit – zum Teil parteieigenen – Lastkraftwagen die einzelnen Versammlungen der Partei im Umkreis aufsuchen, dem Redner schon durch ihre Anwesenheit einen beachtlichen Rückhalt geben, die Versammlung mit füllen helfen, den Versammlungsschutz ausüben und schließlich auch die

Veranstaltung terrorisieren, indem sie keine Widerrede dulden und dadurch die Anführung von Gegenargumenten praktisch unmöglich machen. Durch ihr Erscheinen in der Öffentlichkeit werben sie unmittelbar und mittelbar für den Besuch der Veranstaltung, unterstützen dadurch die Propaganda des Redners, locken Sympathisierende und Neugierige an und gewinnen durch Veranstaltung von Aufmärschen in Uniform vornehmlich die jüngere Ortsbevölkerung für die NSDAP. Soweit angängig, wird bei solchen Gelegenheiten das Netz der Ortsgruppen erweitert ... Oft setzen sich solche Werbetrupps tagelang an einem bestimmten Ort fest und suchen durch die verschiedenartigsten Veranstaltungen, zu denen auch Platzkonzerte, Sportfeste, Zapfenstreich, an geeigneten Orten auch geschlossene Kirchgänge gehören, die ansässige Bevölkerung für die Bewegung zu begeistern.«[87]

Der »Führer« über Nürnberg

Was in diesem Referentenentwurf präzise beschrieben wurde, entsprach den Richtlinien der Propaganda-Abteilung, wie sie der stellvertretende Reichsleiter für Propaganda, Heinrich Himmler, im Dezember 1928 erlassen hatte. Himmler war 1926 im Gefolge Gregor Strassers in die Reichsleitung eingerückt und hatte dieses Amt bis 1930 weitergeführt, immer bemüht, programmatische und politische Vorgaben penibel und perfekt in die organisatorische Praxis umzusetzen. Das war seine politische Strategie und sollte es während seiner gesamten Karriere bleiben. In knappen Anweisungen faßte er zusammen, was unter einer Propaganda-Aktion zu verstehen sei: »1. Konzentration von 70 bis 200 Versammlungen in einem Gau im Zeitraum von 7-10 Tagen. 2. Diese zeitliche Anhäufung für ein Gebiet ist notwendig, wenn die beabsichtigte Wirkung erzielt werden soll.«[88] Es folgte ein Katalog von Regieanweisungen.

Mit ihren Aktivitäten verstanden es die Nazis, den Eindruck rastloser Energie hervorzurufen. Das geht aus den Aufzeichnungen einer Hausfrau aus einer norddeutschen Kleinstadt hervor: »Dauernd sah man das Hakenkreuz auf die Bürgersteige gemalt oder die Bürgersteige mit Flugzetteln bestreut, die die Nationalsozialisten verteilten. Ich wurde von dem Eindruck der Kraft dieser Partei angezogen, wenn mir auch vieles an ihr höchst zweifelhaft erschien.«[89]

Die Partei wurde zu einem riesigen Werbeunternehmen, das geradezu kapitalistischen Wachstumsbedingungen unterlag. Blieben die Erfolge aus, wie etwa bei den Wahlen in der zweiten Jahreshälfte 1932, drohte bald eine empfindliche Schwächung und Zersplitterung der Bewegung.

Die plebiszitäre Zustimmung, die Hitler zunehmend fand, wirkte auch zurück auf seine Stellung in der Partei. Hitlermythos und Führer-Byzantinismus verdrängten die Elemente bündischer Kameraderie. Keiner hat den Hitlermythos so tatkräftig gefördert wie der Konvertit Goebbels. Schon bald nach seinem Bekenntnis zum Führungsanspruch Hitlers projizierte er seine Führererwartung auf Hitler: Der große Führer, erklärte er, werde nicht gewählt, sei nicht abhängig von den Launen der Massen, er sei kein Parlamentarier, sondern ein Befreier der Massen. Und dann verklärte er ihn ganz zum Erlöser: »Wie ein Meteor stiegen Sie vor unseren staunenden Blicken auf und taten Wunder der Klärung und

Auch bei der Erringung der Macht brachte sich die Modernität der neuartigen Massenpartei in Erscheinung. Noch nie war ein Kandidat während des Wahlkampfes wochenlang über Tausende von Kilometern in einer eigenen Wagenkolonne gefahren. Bald kam ein für die Wahlkämpfe gemietetes Flugzeug hinzu, mit dem der Führer der NSDAP mit dem Slogan »Hitler über Deutschland« in vordem undenkbarer Schnelligkeit die entferntesten Provinzen des Reiches besuchte. Als ihm sozialdemokratische Provinzen und Städte den Rundfunk verweigerten, ließ Hitler Schallplatten mit seinen Reden prägen, die von seiner Organisation in Turnhallen, Festsälen und Wirtshäusern vorgespielt und mit einem Gewinn von einem halben Pfennig in Massenauflage auch abgesetzt wurden, so daß ein Teil des Wahlkampfes sich selber finanzierte.

des Glaubens in einer Welt der Skepsis und Verzweiflung.«[90] Als Berliner Gauleiter brachte Goebbels im »Angriff« 1929 seinem »Führer« überschwengliche Geburtstagsgrüße: »Wir begehen heute den vierzigsten Geburtstag Adolf Hitlers. Wir glauben daran, daß das Schicksal ihn dazu berufen hat, dem deutschen Volk den Weg zu zeigen. Darum grüßen wir ihn in Hingabe und Verehrung und wünschen nur, daß er uns erhalten bleibe, bis sein Werk vollendet ist.«[91] Ungefähr zur selben Zeit setzte sich in der Partei durch, was Goebbels in Berlin eingeführt hatte, die Grußformel »Heil Hitler«. Die Umsetzung des Führernimbus in Parteipropaganda war eindeutig. »Es gibt bei uns«, erklärte Goebbels wieder im »Angriff«, »überhaupt nur eine Richtung; und das ist die, die der Führer bestimmt.«[92]

Eine charismatische Führerpartei hat man in Anlehnung an Max Weber die NSDAP genannt. Gemeint ist damit der Glaube der Mitglieder und Anhänger an außergewöhnliche, beinahe übernatürliche Fähigkeiten des Führers, die seiner Gefolgschaft unbedingte Treue abverlangen, sich aber stets aufs neue bewähren müssen. Nicht Sachprogramme oder rationale Regeln bestimmen Ziele und innere Organisation einer solchen Bewegung, sondern einzig die Führerbindung.

Ganz unabhängig von der Figur Hitlers war der Führergedanke schon zentraler Bestandteil antidemokratischen Denkens in der Weimarer Republik. Die politische Vision vom großen Führer, der vom Schicksal auserwählt ist, um Deutschland zu befreien, war längst ausgebildet, bevor Hitler in die Reihe der nationalen Führer trat und diese Rolle für sich beanspruchte und auch von seinen Anhängern damit identifiziert wurde. In die Führer-Sehnsucht mischten sich sehr verschiedenartige Erfahrungen und Erwartungen. Die Wurzeln des Führerbildes reichten ebenso in monarchisch-cäsaristische Ordnungsvorstellungen wie in militärische zurück; hier trafen sich Vorstellungen aus dem bündischen Führertum der Jugendbewegung wie der Freikorps, aus pseudo-demokratischen Traditionen vom Volksführer wie aus pseudo-religiösen Heilserwartungen vom völkischen Erlöser. Dieser Führer war immer ein Gegenbild zu dem Kompromißpolitiker der Republik; mit der Krise der Republik geriet er von einem Randphänomen der politischen Kultur zu einer zentralen Idee im politischen Leben – die zunehmend den Namen Adolf Hitler trug. Diese Identifizierung von Führer und Idee vollzog sich für den Kern der frühen NSDAP rascher als für die breite Anhängerschaft nach dem Wiederaufstieg der Partei.

Es ist schwer zu entscheiden, ob die Wirkung eines solchen politischen Mythos primär auf das »Glaubensbedürfnis der entwurzelten Massen in einer säkularisierten Welt«[93] zurückzuführen ist oder vor allem auf materielle Nöte und Ängste in einer schweren Gesellschafts- und Bewußtseinskrise. Sicherlich gaben oft materielle Sorgen den Ausschlag für ein Votum zugunsten der Hitlerbewegung, zu häufig aber war dieses Votum mit geradezu utopischen Erwartungen von Wundertaten verbunden, wie sie oft in Phasen tiefer Umbrüche auftauchen. Und nicht wenige erwarteten vom »Führer« materielle Sicherheit und mentale Geborgenheit zugleich.

Für die schrittweise Gewöhnung an den Führergedanken und das Gift der plebiszitären Diktatur sorgte auch die Entwicklung in Italien. Mit der Konsolidierung des faschistischen Staates Mussolinis während der zweiten Hälfte der zwanziger Jahre wurde das Bild der modernen charismatischen Diktatur immer populärer, wenn auch zunächst nur in Intellektuellenzirkeln, die mehr aus akademischem Interesse nach Italien blickten und sich vom Mussolini-Mythos verführen ließen. Vor dem Hintergrund der Staats- und Wirtschaftskrise Deutschlands freilich war man immer stärker geneigt, die von der faschistischen Propaganda unaufhörlich beschworene Alternative zwischen Faschismus und Bolschewismus als politische Möglichkeit ernst zu nehmen. Mussolini-Mythos und Anziehungskraft des italienischen Faschismus erwiesen sich dabei zunehmend als Verbindungsglied von konservativ-restaurativen Positionen zur nationalrevolutionären und nationalsozialistischen Programmatik. Der »Mussolinismus« wurde zum Modell für eine erfolgreiche staatliche Ordnung und antimarxistische Krisenbewältigungsstrategie. Stahlhelmführer pilgerten nach Rom und berichteten in ihren Presseorganen voller Bewunderung über das autoritäre Führertum Mussolinis. Die Rettung der Nation wollten sie sich nicht länger von der werbenden Kraft politischer Programme versprechen, sondern von einer schlagkräftigen Macht, »die gegebenenfalls nach Mussolinischem Muster auftreten kann«.[94] Der Abstand zwischen deutschnationalen, restaurativen und nationalsozialistischen, revolutionären Vorstellungen wurde immer geringer. Was noch fehlte, war die Überzeugung, daß Hitler wirklich der deutsche Mussolini sei. Das bezweifelten außerhalb der NSDAP die meisten. Aber nicht weil sie Hitler fürchteten, sondern weil sie ihn als »schlechte Mussolini-Kopie« unterschätzten.

4. Wende und Durchbruch

Das Jahr 1929, genau in der Mitte der Zwischenkriegsperiode, brachte eine historische Wende für Deutschland und Europa. Dem Zeitgenossen wurde das erst allmählich und kaum in seiner ganzen Tragweite bewußt. Dem verbreiteten, aber unbestimmten Gefühl, eine Phase des Umbruchs aller Werte zu durchleben, gab Karl Jaspers in einem sofort Aufsehen erregenden schmalen Bändchen »Die geistige Situation der Zeit« 1931 Ausdruck: »Noch ohne klares Wissen wird immer entschiedener bewußt, in einem Augenblick der Weltenwende zu stehen, der nicht an einer partikularen geschichtlichen Epoche der vergangenen Jahrhunderte gemessen werden kann.«[95] Was Jaspers in seinem kulturkritischen Traktat ansprach, betraf den säkularen Vorgang der Entzauberung und Technisierung der Welt. Das Bewußtsein jedoch vom Abschluß und auch von der Fragwürdigkeit dieses Vorgangs hatte noch nie eine solche Eindringlichkeit und Wirkung erreicht wie in der großen Krise, die mit der Weltwirtschaftskrise 1929 ihren Anfang nahm. Nun brach in aller Schärfe auf, was bislang nur latent vorhanden gewesen war. Mit dem Schwarzen Freitag, dem Zusammenbruch der New Yorker Börse am 29. Oktober 1929, ging erst einmal eine Boom-Periode der amerikanischen Wirtschaft zu Ende; bald stellte sich aber heraus, daß dieses Ereignis auch eine tiefe Zäsur in der Geschichte der bürgerlichen Gesellschaft und des Kapitalismus bedeutete. Mit dem Schwarzen Freitag zerbrach das Vertrauen in die Prinzipien des Laissez-faire-Liberalismus, in die Regulierungskräfte des freien Marktes endgültig.

Nicht erst die Weltwirtschaftskrise hat die Weimarer Republik erschüttert, sondern bereits die »Krise vor der Krise«[96] hatte das politische System vor fast unlösbare Probleme gestellt. Die deutsche Wirtschaft hatte sich nicht nur niemals von der Nachkriegskrise erholt, sie zeigte schon deutliche Krankheitssymptome, während anderswo die ökonomischen Daten noch gut standen. Schon vor der großen Krise lautete die Diagnose: Anhaltend hohe Arbeitslosigkeit, niedrige Investitionsquoten, geringe Rentabilität bei relativ hohen Löhnen, Preisverfall und wachsende Verschuldung in der Landwirtschaft, negative Zahlungsbilanz, Milliardendefizit im Staatshaushalt. Das war eine Situation, die nach drastischen Maßnahmen verlangte. Noch nicht einmal in der Diagnose waren sich jedoch die politischen Parteien einig, geschweige denn in der Therapie. Denn jede Veränderung etwa in der Sozial- und Lohnpolitik mußte den Kompromißcharakter des politisch-sozialen Systems gefährden. Nur eine wachsende Wirtschaft hätte die Ansprüche aller sozialen Gruppen befriedigen können, doch das war der Weimarer Republik nicht beschieden. Kein Wunder, daß die Verteilungskämpfe hart waren und daß sie in der großen Krise noch schärfer werden mußten.

Nirgends in Europa führte die Weltwirtschaftskrise zu einer solch radikalen Veränderung des politischen Systems wie in Deutschland. Die ökonomische Krise allein kann also nicht erklären, warum Hitler möglich wurde, auch wenn es umgekehrt ohne sie kaum zur

Herrschaft Hitlers gekommen wäre. Es waren zusätzliche Faktoren, die die deutsche politische Entwicklung bestimmten. Schon vor dem Börsenkrach in New York war das labile parlamentarische System kaum noch zu einer Lösung des Bündels von Problemen im wirtschaftlichen, sozialen und finanziellen Bereich fähig gewesen. Um so schwieriger wurde das unter den Bedingungen der Großen Krise, und um so günstiger standen nun die Chancen für eine autoritäre Lösung, die bereits vor der großen Depression diskutiert worden war. Im Kern lief sie darauf hinaus, mit dem parlamentarischen System auch die sozialpolitischen Errungenschaften der Republik rückgängig zu machen.

Solche Überlegungen hatten ihren Hintergrund auch in der Umverteilung, die die Weimarer Republik mit sich gebracht hatte. Aber sie gefährdeten den sozialen Kompromiß als Grundlage dieses politischen Systems und mußten die Frage aufwerfen, wie denn die soziale Integration einer Massengesellschaft zu bewerkstelligen sei, wenn nicht mehr durch ein parlamentarisches Mehrparteiensystem?

Die Wende des Jahres 1929 hatte auch im Bereich der internationalen Politik weltpolitische Dimensionen. Die Weltwirtschaftskrise wurde zur Scheidelinie zwischen der Nachkriegsgeschichte des Ersten und der Vorgeschichte des Zweiten Weltkrieges. Mit der großen Depression begann eine Verschiebung und Auflösung des internationalen Systems, das auf den Pariser Vorortkonferenzen entwickelt worden war, die den Weltkrieg abgeschlossen hatten. Die wirtschaftlichen und handelspolitischen Erschütterungen im Gefolge der großen Krise trugen zur Handlungsunfähigkeit der etablierten Mächte USA, England und Frankreich bei und eröffneten den internationalen Habenichtsen, also all denen, die besiegt worden waren oder sich hinsichtlich der Kriegsbeute als zu kurz gekommen betrachteten, Deutschland, Italien und Japan, die Möglichkeit, ihre revisionistischen Ziele zu erreichen.

Die Chancen für eine grundlegende Revision der internationalen Ordnung standen in den dreißiger Jahren so gut wie noch nie seit der Bismarckschen Reichsgründung. Der teilweise Rückzug der USA von ihrem europäischen Engagement und der sich verschärfende Gegensatz zwischen Großbritannien und der Sowjetunion gab den Nationen, die sich benachteiligt wähnten, Raum genug, sich der Kontrolle der Großmächte zu entziehen, neue Koalitionen anzustreben und die Welle nationalistischer Erregungen wie handelsprotektionistischer Tendenzen für ihre Zwecke zu nutzen. Das galt für die offensivere revisionistische Politik der deutschen Präsidialregierungen der frühen dreißiger Jahre, das galt aber auch für Hitler.

Noch bevor die Weltwirtschaftskrise dem politischen Radikalismus ein riesiges Protestpotential zutrieb, gab die Verschärfung der außen- und revisionspolitischen Diskussion im Sommer 1929 der nationalen Opposition Gelegenheit zum Schlag gegen die Republik. Der Streit um die Reparationen war neu aufgeflammt, nachdem eine Expertenkommission unter dem amerikanischen Bankier Owen Young eine Neuregelung der deutschen Reparationszahlungen vorgelegt hatte, die im Vergleich zu den Bedingungen des

Reparationszahlungen
(in Mrd. RM), 1924-1932

Haushaltsjahr 1.4.–31.3.	vorgesehene Zahlungen			geleistete Zahlungen insgesamt
	Dawes Plan	Young-Plan	insgesamt	
1924/25	0,6	·	0,6	0,6
1925/26	1,1	·	1,1	1,1
1926/27	1,4	·	1,4	1,3
1927/28	1,6	·	1,6	1,7
1928/29	2,2	·	2,2	2,1
1929/30	1,0	0,7	1,7	2,0
1930/31	·	1,7	1,7	1,9
1931/32	·	1,7	1,7	0,6
insgesamt	7,9	4,1	12,0	11,3

Dawes-Plans zwar Vorteile und vor allem wieder mehr wirtschafts-politische Souveränität brachte, aber noch weit von den deutschen Wünschen entfernt war und – was für die Propaganda der Vertrags-gegner wichtig war – die Zahlungsverpflichtungen des Deutschen Reiches auf rund 60 Jahre festschrieb. Außenminister Stresemann, für die nationale Opposition ohnehin Inbegriff eines »Verzichtpoli-tikers«, hatte sich schließlich für die Annahme ausgesprochen, zumal dadurch auch die Räumung der besetzten Rheinlande in greifbare Nähe rückte. Doch auch diese Aussichten hielten Deutschnationale und Stahlhelm, die Wehrorganisation der konser-vativen Rechten, nicht von einer wüsten Agitation gegen die »Tri-butverträge« ab. Ein Volksbegehren gegen den Young-Plan wurde in Gang gebracht. Der nationalsozialistische Reichstagsabgeordnete Wilhelm Frick brachte einen Gesetzesentwurf gegen die Verskla-vung des deutschen Volkes ein, der die einseitige Abschaffung aller Lasten aus dem Versailler Vertrag vorsah und die Bestrafung der-jenigen deutschen Minister als Landesverräter, die den Young-Plan unterschrieben hatten.

Die demagogische, zum Scheitern verurteilte Initiative wäre ver-mutlich historisch ohne Belang, wenn die Kampagne nicht eine bedrohliche Entwicklung angedeutet hätte. Auch die Nationalsozia-listen hatten sich im »Reichsausschuß« für das deutschnationale Volksbegehren eingesetzt und damit zum ersten Mal, allen soziali-stischen Beteuerungen zum Trotz, ein Bündnis mit der »Reaktion« geschlossen. Die Partei sah die Chance, durch diese Kampagne aus der Isolierung heraus in die nationale Politik vorzustoßen und sich als besonders radikale Kampfbewegung Gehör und Unterstützung bei einer finanzkräftigen Koalition der nationalen Opposition zu verschaffen, die gerade zum Angriff auf die Republik rüstete. Durch das Bündnis verfügte die NSDAP über Mittel, ihren propagandisti-schen Apparat wirkungsvoll einzusetzen, und sie zögerte nicht, eine Propagandawelle zu entfachen, wie sie nach Hitlers Worten »ähnlich in Deutschland noch nie da war«.[97] Und darin liege in erster Linie der Nutzen der Kampagne: »Wir haben unser Volk durchgepflügt, wie keine andere Partei es tut.« In der Aktion des Pressezaren und neuen DNVP-Vorsitzenden Hugenberg gegen den Young-Plan offenbarte sich ein politischer Klimawechsel, der schon seit längerer Zeit spürbar gewesen war. Jetzt aber blies der Wind merklich deutlicher von rechts; das hatte sich auch im Kurswechsel der DNVP weg von den Annäherungsversuchen an die Republik und hin zum kompromißlosen Kampf gegen das »System« angedeutet.

Mittlerweile häuften sich die Anzeichen der großen Krise. Sichtbar geworden war die »Krise vor der Krise« in der deutschen Agrarwirtschaft, und hier hatten sich auch die ersten radikalen Protestbewegungen formiert, die den Nährboden für die agitatorischen Erfolge der NSDAP bilden sollten. Ungünstige Wettbewerbsbedingungen auf dem Weltmarkt, der seit 1924 für Deutschland wieder offen war, und die nach der Inflation deutlich fühlbare steuerliche Mehrbelastung bedrückten die Landwirtschaft überall.[98] Finanzierungsprobleme und Konkurse häuften sich seit 1928. In Schleswig-Holstein stieg die Zahl der Zwangsversteigerungen im landwirtschaftlichen Bereich 1928 um das Doppelte, und diese Tendenz sollte sich in den folgenden Jahren ungebrochen fortsetzen. Bald setzten sich die Betroffenen mit bisher unbekannter Entschiedenheit und Hartnäckigkeit gegen die Steuereintreibungen, Pfändungen und Zwangsversteigerungen offen zur Wehr.

So wurde in Schleswig-Holstein im Laufe des Jahres 1928 aus der »Nothilfe« allmählich eine militante politische Bewegung, die dem »System« den Kampf ansagte. Unter der schwarzen Fahne mit silbernem Pflug und Schwert sammelte sich die radikale Landvolkbewegung um den charismatischen Führer Claus Heim, der die bäuerlichen Zusammenrottungen mit nationalrevolutionären Parolen vertraut machte. Bald schreckte die Bewegung nicht mehr vor Gewalt zurück und verübte spektakuläre Bombenanschläge auf Finanzämter und Verwaltungsgebäude. Es dauerte nicht lange, bis der Einfluß der Landvolkbewegung auf ganz Norddeutschland übergriff, von Oldenburg bis Ostpreußen.

Mit dem Nationalsozialismus hatte das zunächst nichts, dann aber um so mehr zu tun. Anfangs hatte die NSDAP von ihren Mitgliedern Distanz von der revoltierenden Landvolkbewegung verlangt, bis sie sich schließlich um so gründlicher den Parolen und agitatorischen Möglichkeiten des Landvolks öffnete. Das »unveränderliche« Parteiprogramm wurde rasch revidiert und die mittlerweile unpopuläre Forderung nach Bodenreform entschärft. Die Schlagworte der Landvolkbewegung gingen in das Agrarprogramm des nationalsozialistischen Bauernführers Walter Darré ein, als ob sie schon immer Bestandteil der Parteiideologie gewesen wären. Völkisch-romantische Vorstellungen und soziale Ressentiments verbanden sich zum Schlagwort »Blut und Boden«, das andere erfunden hatten, das aber zum Markenzeichen der rassistischen Erneuerungs- und Abwehrdoktrin der Nationalsozialisten wurde.

Darré machte den Bauern eher ideologische Verheißungen, als daß er praktische Reformen versprach. »Das Bauerntum als Lebensquell der nordischen Rasse« hieß der vielsagende Titel seines Buches von 1929. Die Bauern sollten wieder zum ersten Stand in einer künftigen nationalsozialistischen Ordnung werden, als »Nährstand« gleichberechtigt neben dem »Wehrstand«.

Hitler und Darré erkannten ihre Chance, als die spontane ländliche Revolte zusammenbrach. Es ging darum, in das Vakuum einzudringen, das die Landvolkbewegung hinterlassen hatte. Es ging

Reichsaußenminister Stresemann Arm in Arm mit dem amerikanischen Botschafter Schurmann 1924 auf der Jahrhundertfeier in Bremen

Es war im wesentlichen das Werk des kurzfristigen Reichskanzlers und langjährigen Außenministers Gustav Stresemann, wenn Deutschland in der zweiten Hälfte der zwanziger Jahre begonnen hatte, wieder auf der internationalen Bühne zu erscheinen. Stresemann – der auch maßgeblich an der Vorbereitung des Young-Plans beteiligt war – entwickelte geradezu ein System persönlicher Beziehungen und internationalen Vertrauens, wie es nicht einmal in dem Jahrzehnt vor dem Ersten Weltkrieg bestanden hatte.

  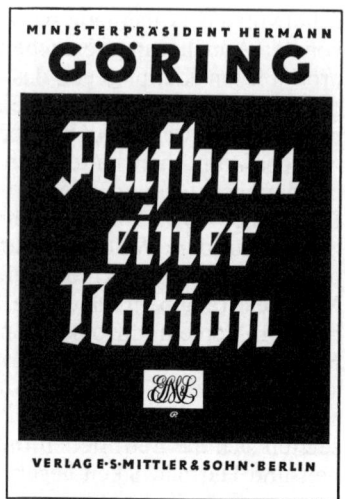

um Mobilisierung und Organisation des Protestes, der politisch heimatlos geworden war. Denn die alten Bindungen der protestantischen Bauern an die DNVP waren zum großen Teil zerrissen, das bewiesen die vernichtenden Wahlergebnisse der Deutschnationalen in Schleswig-Holstein zwischen 1928 und 1930. Nationalsozialistische Agitatoren zogen nun über Land und verstanden es, die Sorgen und Ängste der Landbevölkerung anzusprechen und zu verstärken. Bald wurde die Propaganda auf dem Lande durch eine zentrale Organisation der NSDAP gesteuert, den von Darré im Sommer 1930 geschaffenen Agrarpolitischen Apparat, mit dem die NSDAP ihre ganze organisatorische und propagandistische Überlegenheit ausspielte und in einen Bereich vordrang, der ihr als städtischer Partei bisher verschlossen gewesen war.

Darré, seit Mai 1930 Berater der Reichsleitung der NSDAP in landwirtschaftlichen Fragen, hatte in zwei Denkschriften ausführlich dargelegt, wie der »Landstand im heutigen Kampfe um den Staat einzusetzen« sei. Er stellte sich die Machteroberung ganz offenkundig als revolutionären Vorgang vor, ausgelöst durch Bauernstreiks und einen Nahrungsmittelboykott »gegen die verstädterte Republikregierung«, der »Hand in Hand mit städtischen Nationalsozialisten organisiert wird«.[99] Dieser Plan wich nicht unbeträchtlich von Hitlers Legalitätstaktik ab. Übereinstimmung bestand jedoch bei der These Darrés, es sei »eine Lebensfrage der NSDAP, ob es ihr gelingt, den deutschen Landstand in ihre Hände zu bekommen«. Darum wurde im August 1930 im Sinne der zweiten Denkschrift Darrés ein Organisationsnetz über das Reichsgebiet gelegt, das zunächst der Agitation und Propaganda auf dem Lande und bald auch dem Ziel der Unterwanderung und Einflußsteigerung in den bestehenden landwirtschaftlichen Verbänden diente. Darré ging nicht nur mit großer organisatorischer Energie ans Werk, sondern auch mit taktischem Geschick, zumal er eng vertraut war mit dem Wesen und den Bedürfnissen der Bauern. Kein eigener, offen auftretender Verband sollte gegründet werden, sondern eine Orga-

nisation, »die sich einmal den entlegenen Sonderheiten landständischen Lebens anzuschmiegen versteht, aber andererseits doch wieder so fest in der Hand der Parteileitung bleibt, daß diese Gewähr hat, die programmatischen Richtlinien der Partei werden bis in den entlegensten Winkel des Reiches einheitlich propagiert«.[100] Der Agrarpolitische Apparat war als ein Netzwerk von Vertrauensleuten und Funktionären gedacht, die auf allen regionalen und lokalen Ebenen neben der Politischen Organisation der Partei wirken sollten. Der Erfolg gab Darré recht. Anfang 1931 hatte sich der Agrarpolitische Apparat in fast allen Gauen eingenistet, und bald gelang es ihm auch, lokale Bauernführer an sich zu ziehen beziehungsweise selber in agrarische Verbände einzudringen.

Auch an der Wahlurne zeigten sich die Folgen der sozialen und politischen Protestbewegung auf dem Lande und der verstärkten Agitation der NSDAP während der Kampagne gegen den Young-Plan. Geradezu dramatisch verlief das Wachstum der NSDAP in einigen agrarischen Gebieten zwischen 1928 und 1930. In den ländlichen Wahlbezirken Schleswig-Holsteins versiebenfachte sich der NSDAP-Stimmenanteil von 5 auf 35 Prozent. In den Landgemeinden, die im Zentrum von Krise und Protest lagen, erlangten die Nazis Durchschnittswerte von über 40 Prozent. Dasselbe Bild bot Oldenburg, wo die NSDAP in evangelischen ländlichen Gebieten im Durchschnitt 42,8 Prozent, in einzelnen Wahlbezirken sogar über 50 Prozent erreichte.[101] Ähnlich alarmierend waren die Ergebnisse der Reichstagswahlen 1930 in einigen evangelischen agrarischen Zonen Frankens, wo die NSDAP in manchen Bezirken bis zu 35 Prozent der Stimmen erhielt.[102]

Noch alarmierender waren die Nachrichten aus den Universitäten. Schon vor dem Einbruch der großen Krise hatte der Nationalsozialistische Studentenbund in den Studentenausschüssen vieler Universitäten beachtliche Stimmen und Sitze errungen. An den Universitäten Erlangen und Greifswald besaß der NSDStB schon 1929 im ASTA die Mehrheit, 1930 kamen noch Breslau, Gießen,

Nach der Machtergreifung präsentierten sich die neuen Männer als geistige Führer der Nation. Jeder von ihnen legte jetzt Wert darauf, mit einem Buch vor die deutsche Öffentlichkeit zu treten, und wenn es nur gesammelte Reden waren.

165

Rostock, die TH Berlin, Jena und Königsberg hinzu. Dort, wo der Nationalsozialistische Studentenbund sich einmal festgesetzt hatte, wuchs er von Jahr zu Jahr schneller. Agitation und Organisation stärkten sich gegenseitig.

Die Annäherung von deutschen Studenten und Nationalsozialisten hatte ihre Ursachen in der materiellen Not, in der sozialen und geistigen Unsicherheit und in der ganz allgemeinen antirepublikanischen Einstellung der Mehrheit der Studenten. Für viele von ihnen waren die »Goldenen Zwanziger« ein Hohn, mußten sie sich doch nach den materiellen Einbußen vieler bürgerlicher Elternhäuser durch die Inflation als Werkstudenten kümmerlich durchschlagen. Der Anspruch auf die soziale Exklusivität des höheren Bildungswesens schien durch die demokratische Gesellschaftspolitik bedroht; man fühlte sich vom Staat nicht nur wenig unterstützt, sondern auch angegriffen. Es gehörte zum guten Ton, gegen das »System« zu sein. Der deutsche Student sah sich zunehmend alleingelassen und begeisterte sich immer mehr für radikale, aktivistische Lösungen. Hinzu kam die Enttäuschung über die als verstaubt und überholt kritisierte Wertewelt der älteren Generation, an der Universität allemal. Das Bekenntnis zu Hitler war mithin Ausdruck eines Generationenkonfliktes wie einer wirtschaftlichen und sozialkulturellen Krisensituation, noch bevor die große Krise die Zukunftsaussichten unzähliger Studenten weiter verdunkelte.

Wichtig war, daß sich Agitation und Programmatik des NS-Studentenbundes nicht mit hochschul- und sozialpolitischen Alltagsproblemen und Reformen beschäftigten, sondern mit einer weltanschaulichen Totalkritik und einem »politischen Mandat«, das lautstark und oft auch handgreiflich gegen alles vermeintlich Jüdische oder Marxistische vertreten wurde. In Erlangen taten sich nationalsozialistische Studenten schon 1928 dadurch hervor, daß sie einen Numerus clausus für Nichtdeutsche forderten, bald folgten ihnen andere studentische Parteigenossen. Fast an allen deutschen Universitäten kam es immer wieder zu Ausschreitungen gegen jüdische Studenten und zu Handgreiflichkeiten mit politisch Andersdenkenden. In der deutschen Studentenschaft fand die nationalsozialistische Machtergreifung lange vor dem 30. Januar 1933 statt.

Schon vor dem Erdrutsch vom September 1930 konnte man so die Entstehung einer politischen Lawine verfolgen. Deutlich war der Wachstumsschub der NSDAP nach dem Volksbegehren. Allein im Dezember 1929 sollen 19000 Aufnahmegesuche bei der NSDAP eingegangen sein.[103] Allgemein schätzte man die Mitgliederzahl der NSDAP im Frühjahr 1930 auf über 200000. Auch Landtags- und Kommunalwahlen des Jahres 1929 folgten diesem Trend. Im Vergleich zu den Landtagswahlen von 1928 stieg die Stimmenzahl der NSDAP bei den Wahlen zu den preußischen Provinziallandtagen ein Jahr später um 158 Prozent. Bei den Landtagswahlen in Sachsen im Mai 1929 verdoppelte, in Thüringen im Dezember 1929 verdreifachte die NSDAP gar ihre Stimmenzahl im Vergleich zum Vorjahr. Zum ersten Mal erlangte die NSDAP in einem Land insgesamt mehr als 10 Prozent der Stimmen. Notwendig geworden waren die Neuwahlen im Dezember 1929, nachdem die bisher bedeutungslosen Nationalsozialisten durch heftige Agitation die bürgerliche Koalitionsregierung gespalten hatte. Nirgends hatte sich die Beteiligung an der Kampagne gegen den Young-Plan so unmittelbar ausgezahlt wie in Thüringen. Vor allem aber brachten die Wahlergebnisse die NSDAP in eine Schlüsselposition; ohne sie war eine antimarxistische bürgerliche Koalition nicht mehr zu bilden.

Nun zeigten die Nationalsozialisten, wie sie die Macht zu erobern und einzusetzen dachten. Der Modellcharakter der Vorgänge bei der Regierungsbildung nach den thüringischen Landtagswahlen im Dezember 1929 wurde allein schon dadurch deutlich, daß Hitler sich selbst in die Verhandlungen einschaltete. Er nutzte entschlossen und erpresserisch die politische Schlüsselrolle, die seiner Partei zugefallen war, indem er nicht nur mit dem Innenministerium das für alle Verwaltungs- und Polizeiangelegenheiten zuständige Ministeramt forderte; herausfordernd schlug er obendrein für dieses Amt und das Volksbildungsministerium als ersten nationalsozialistischen Minister seinen bayerischen Helfer und Anhänger, Dr. Frick, vor, der nach dem Putsch vom 9. November 1923 wegen Hochverrates verurteilt worden war. Diese provozierende Forderung verband er noch mit einem auf drei Tage befristeten Ultimatum. Vor thüringischen Industriellen beteuerte er anschließend, ganz der politische Biedermann, er wolle nur auf legalem, verfassungskonformem Weg zum politischen Erfolg kommen. Das und, wie Hitler es selbst formulierte, »ein sehr scharfer Druck« von industrieller Seite auf die zögerliche Deutsche Volkspartei brachte ihm in Thüringen Erfolg.[104] Nur die liberale Deutsche Demokratische Partei war für die Wiederherstellung der bürgerlichen Koalition, nun mit der NSDAP, nicht zu gewinnen. Die DVP willigte ein, trotz Warnungen aus Berlin.

Was die erste nationalsozialistische Regierungsbeteiligung politisch bringen sollte, enthüllte Hitler ohne jede Zurückhaltung in einem privaten Brief an einen ausländischen Anhänger. Nachdem er voller Zufriedenheit einen Wandel in der Haltung sowohl der bürgerlichen Parteien als auch der Öffentlichkeit ganz allgemein der verachteten NSDAP gegenüber festgestellt hatte, begründete er die Forderung nach den beiden Ministerien: »Es sind dies in meinen Augen die beiden in den Ländern für uns wichtigsten Ämter. Dem Innenministerium untersteht die gesamte Verwaltung, das Personalreferat, also Ein- und Absetzung aller Beamten sowie die Polizei. Dem Volksbildungsministerium untersteht das gesamte Schulwesen, angefangen von der Volksschule bis zur Universität in Jena sowie das gesamte Theaterwesen. Wer diese beiden Ministerien besitzt, und rücksichtslos und beharrlich seine Macht in ihnen ausnützt, kann Außerordentliches wirken.«[105]

Gerechtfertigt wird dies mit dem Kampf gegen die rote Revolution: »Unsere Aufgabe in Thüringen erstreckt sich damit auf zwei Aufgaben. Als Innenminister wird Dr. Frick eine langsame Säuberung des Verwaltungs- und Beamtenkörpers von den roten Revolutionserscheinungen vornehmen. Dr. Frick wird hier mit rücksichtsloser Entschlossenheit eine Nationalisierung einleiten, die den anderen bürgerlichen Regierungen zeigen kann, was wir Nationalsozialisten unter diesem Worte verstehen. Vor allem auf dem

Gebiete des Polizeiwesens gibt es sehr viel zu tun. Die zweite große Aufgabe wird Dr. Frick als Volksbildungsminister in der Nationalisierung des Schulwesens erblicken. Wir werden in Thüringen nunmehr das gesamte Schulwesen in den Dienst der Erziehung des Deutschen zum fanatischen Nationalisten stellen. Wir werden ebensosehr den Lehrkörper von den marxistisch-demokratischen Erscheinungen säubern, wie umgekehrt den Lehrplan unseren nationalsozialistischen Tendenzen und Gedanken anpassen. Der erste Schritt wird die Errichtung eines Lehrstuhls für Rassenfragen und Rassenkunde an der Universität Jena sein. Ich habe die bestimmte Hoffnung, daß es gelingen wird, Dr. Hans Günther zum ordentlichen Professor der Universität Jena zu gewinnen. Damit wird Thüringen, von dem in der deutschen Geschichte schon einige Male große geistige Erneuerungen ausgegangen sind, abermals der Ausgangspunkt einer solchen geistigen Umwälzung werden.«[106]

Frick kam in der Verwirklichung seiner Aufgaben gut voran. Günther wurde tatsächlich berufen, die nationalsozialistische Propaganda in die Schulen zu tragen, und bald begannen auch Maßnahmen zum Personalwechsel in der Thüringer Polizei und Beamtenschaft, bis der sozialdemokratische Reichsinnenminister Severing von Berlin aus die Zuschüsse sperrte und damit der Nazifizierungspolitik Thüringens vorläufig einen Riegel vorschob. Die Öffentlichkeit reagierte auf die ideologische Schul- und Kulturpolitik Fricks mit Ablehnung, bis schließlich auch der Regierungspartner DVP über die weltanschauliche Offensive seines nationalsozialistischen Ministerkollegen verstimmt war und mit Hilfe eines sozialdemokratischen Mißtrauensantrags am 1. April 1931 den Sturz Fricks herbeiführte.

Das Thüringer Modell war nach gut einem Jahr vorerst gestoppt, doch immerhin hatte es den Nationalsozialisten erlaubt, sich als regierungsfähig darzustellen. Auch wurde die Thüringer Koalition zum Vorbild für ähnliche antisozialistische Bürgerblockregierungen unter nationalsozialistischer Beteiligung in Braunschweig (seit September 1930) und Mecklenburg-Strelitz (seit April 1932) und wieder in Thüringen Ende September 1932. Nun konnten sich die Nationalsozialisten in Thüringen auf einen Stimmenanteil von 42 Prozent stützen; ähnlich große Wahlerfolge im Jahre 1932 reichten in einigen Kleinstaaten wie Oldenburg und Sachsen-Anhalt sogar zur Regierungsführung. Wie wichtig diese Bastionen in einzelnen Ländern waren, sollten erst die Vorgänge nach dem 30. Januar 1933 zeigen. Die Regierungsbeteiligung in Braunschweig war vorher bereits nützlich. Vor der Reichspräsidentenwahl 1932 wurde Hitler zum Regierungsrat ernannt, so daß er die deutsche Staatsangehörigkeit erwerben konnte. In der braunschweigischen Gesandtschaft in Berlin erschien er freilich nur, um seinen Diensteid abzulegen: »Ich schwöre Treue der Reichs- und Landesverfassung, Gehorsam den Gesetzen und gewissenhafte Erfüllung meiner Amtspflicht.«[107]

Der nächste Schritt zur Macht waren die Wahlen im September 1930. Was die NSDAP in allen Gauen an Demonstrationen und Kundgebungen organisierte, übertraf selbst die Propagandakampagnen des Jahres 1929. Und so viele Menschen wie in diesem

Wahlkampf hatte Hitler bisher noch niemals in seine Kundgebungen locken können. Das mutmaßliche Wahlergebnis ließ Schlimmes befürchten, darin waren sich viele Beobachter einig. Hitler selbst rechnete optimistisch mit 50, vielleicht sogar 60 bis 80 Sitzen anstelle der 12, die die NSDAP 1928 errungen hatte.[108]

Wenn der Begriff politischer Erdrutsch je für ein Wahlergebnis angebracht gewesen ist, dann für dieses. Die NSDAP konnte mit 6,4 Millionen Wählern (18,3 Prozent) das Achtfache der Wählerzahl von 1928 vorweisen; ihre Mandatszahl stieg von 12 auf 107. Damit war sie zweitstärkste Partei hinter der SPD (24,5 Prozent) und vor dem Zentrum, das zusammen mit der BVP 14,8 Prozent erreichte. Die NSDAP gewann den größten Wähleranteil, den in der Geschichte des deutschen Parlamentarismus außer der Sozialdemokratie bis dahin jemals eine Partei auf sich hatte vereinigen können. Über Nacht war alles anders geworden. Innerhalb von zwei Jahren war die NSDAP von einer radikalen Splitterpartei zu einer Massenbewegung geworden, die die politische Landschaft völlig durcheinandergebracht hatte.

Das Ausmaß der Mobilisierung, das die Septemberwahlen mit sich gebracht hatten, verdeutlichte bereits die ungewöhnlich hohe Wahlbeteiligung. War die Zahl der gültigen Stimmen zwischen 1919 (83 Prozent) und 1928 (75,6 Prozent) beinahe stetig zurückgegangen, so beteiligten sich nun mit 82 Prozent fast wieder ebenso viele an der Wahl wie in der aufgewühlten Nachkriegszeit. Die erhöhte Mobilisierung wirkte sich allein zugunsten der Nationalsozialisten aus. Der Vergleich mit Landtagswahlen, die erst einige Monate zuvor stattgefunden hatten, verdeutlicht das. In Thüringen konnte die NSDAP bei einer um 9 Prozent höheren Wahlbeteiligung innerhalb von zehn Monaten ihre Stimmenzahl von 90 000 auf 244 000 steigern, in Sachsen gewannen die Nazis innerhalb von drei Monaten bei einer um 13 Prozent höheren Wahlbeteiligung 561 000 Stimmen, das waren 186 000 mehr als bei den Landtagswahlen im Sommer.

Ihren weitaus größten Stimmenzuwachs erhielt die NSDAP im östlichen, mittleren und nördlichen Deutschland. Südlich der Mainlinie konnte sie nur in Franken, wo sie schon bislang sehr stark gewesen war, einen vergleichbaren Zugewinn erreichen. Es waren vor allem evangelische und agrarisch-kleingewerbliche Provinzen, in denen die NSDAP in Kleinstädten wie auf dem flachen Lande ihre größten Erfolge erzielte. An der Spitze standen Schleswig-Holstein mit 27 Prozent, Pommern und Südhannover-Braunschweig mit je 24,3 Prozent, daneben Wahlkreise mit halb agrarischer, halb kleingewerblicher Erwerbsstruktur wie Niederschlesien mit 24,2 Prozent, Chemnitz-Zwickau mit 23,8 Prozent. Die geringsten Erfolge erzielte die Nazi-Partei in großstädtisch-industriellen oder katholischen Wahlkreisen. In Berlin blieb sie bei 12,8 Prozent, in Niederbayern bei 12,1 Prozent, in Westfalen bei 12 Prozent, in Württemberg bei sogar nur 9,4 Prozent.

Neben der hohen Wahlbeteiligung waren vor allem die Verluste der »bürgerlichen« Parteien für den Wahlerfolg der NSDAP verantwortlich. Am schwersten hatte es die Liberalen getroffen; DVP wie DDP waren über Nacht zu Splitterparteien geworden. 1930 erhielten sie noch 8,5 Prozent der Reichstagsmandate, nachdem sich ihr Niedergang seit 1919 (23 Prozent) schrittweise angekündigt hatte. Auch Hugenbergs Rechnung war nicht aufgegangen. War die DNVP noch 1924 mit über 20 Prozent die dominierende Partei im national-konservativen Lager und 1928 auf 14,3 Prozent zurückgedrängt worden, so war sie nun um die Hälfte auf 7 Prozent zusammengeschrumpft. Ihre Verluste kamen vor allem der NSDAP zugute, ohne daß dies allein den Erfolg der Nazis erklärt. Denn in vielen Regionen fand eine deutliche Vergrößerung des nationalistischen und nationalsozialistischen Wähleranteils insgesamt statt, die über den Stimmenanteil von DNVP und NSDAP 1928 hinausging. Diese Verschiebungen gingen ausschließlich auf das Konto der NSDAP. Die Protestwähler zogen die radikalere nationale und populistische Oppositionspartei vor.

Der Blick auf die Wahllandkarte bestätigt das. Vor allem in Gebieten, in denen sich die DNVP auch auf kleinbäuerliche und auf städtische mittelständische Gruppen gestützt hatte, verlor sie deutlich Stimmen an die radikalere NSDAP. Relativ gut hatte sich die traditionelle nationale Rechtspartei noch in ihren ostelbischen Kernlanden behaupten können. In Ostpreußen und Pommern beispielsweise stand sie trotz nicht unerheblicher Verluste auf dem Niveau der NSDAP. Das sollte sich aber bei den Reichstagswahlen im Juli 1932 auch hier drastisch zugunsten der Nazipartei verändern.

Sonst hatten bei diesen »Erbitterungswahlen«[109] nur noch die Kommunisten Gewinne erzielt. Doch nahm sich ihr Anstieg von 10,6 Prozent auf 13,1 Prozent bei weitem nicht so dramatisch aus wie der der Nationalsozialisten. Umgekehrt hatten die Sozialdemokraten 5 Prozentpunkte verloren, waren mit 24 Prozent jedoch noch stärkste Partei geblieben. Die Verschiebung des Wählergewichtes zwischen den beiden Arbeiterparteien SPD und KPD setzte sich mit Fortschreiten der Krise noch fort. 1932 wählten noch 7,9 Millionen SPD und bereits 5,3 Millionen KPD. Verschiebungen hatte es schließlich auch zwischen den Parteien der alten Weimarer Koalition – SPD, Zentrum, DDP – gegeben. Das lief darauf hinaus, daß es Umwälzung in allen politischen Lagern und zwischen ihnen gegeben hatte, zwar von unterschiedlichem Ausmaß und verschiedener sozialer Reichweite, das war aber doch andererseits ein eindeutiges Signal dafür, wie sehr die politische Landschaft des ganzen Staates in Bewegung geraten war. Dies galt besonders für die Neu- und Jungwähler, die den etablierten Parteien ablehnend gegenüberstanden, aber auch für ältere Wähler aus den verschiedensten Gruppen und Schichten. Die Auflösung herkömmlicher politischer Verhaltensmuster mußte sich verstärken, je weiter und tiefer die Erschütterungen der Wirtschafts- und Gesellschaftskrise reichten. Nur das katholische Milieu und das politisch-kulturelle Umfeld der Arbeiterparteien konnten sich in dem Sturzbach einigermaßen behaupten, der alles Überkommene mitzureißen drohte.

Die historische Zäsur, die dieses Ereignis bedeutete, ist von den Zeitgenossen sogleich gesehen worden. Als Ausdruck der Krise des Parlamentarismus wurde es verstanden, als Symptom für den Legitimationsschwund der bürgerlich-liberalen Ordnung, der sich offenbar mit einem unbestimmten Wunsch nach Veränderung verbunden hatte. »Kein positiver Wille, auch nicht der zu einem wirklichen

Umsturz des heutigen Staates, nicht einmal der zu dem gewaltsamen Versuch eines Umsturzes unserer heutigen außenpolitischen Grundlagen steht hinter einem großen Teil dieser radikal-negierenden Stimmen.«[110] Nach den tieferen Ursachen für diese Protestwahl und den Nationalsozialismus überhaupt begann man zu fragen.

Auch verfassungspolitisch brachte der 14. September 1930 eine schwerwiegende Wandlung. Die beherrschende politische Auseinandersetzung des vergangenen Jahrzehnts »Republik oder monarchische Restauration« wurde überlagert von dem Gegensatz »Rechtsstaat oder Diktatur«. Aus der Verschränkung dieser beiden Alternativen ergab sich ein gut Teil der zeitgenössischen Fehleinschätzungen und der Dynamik des vielschichtigen historischen Vorganges selbst, nämlich des Auflösungsprozesses der Weimarer Republik und der Machteroberung des Nationalsozialismus.

5. Eine radikale Volkspartei –
Mitglieder und Wähler der NSDAP

Woher kamen Wähler und Mitglieder der NSDAP, und warum bekannten sie sich zum Nationalsozialismus beziehungsweise zu Hitler? Als »Panik im Mittelstand« deutete schon im Herbst 1930 der Soziologe Theodor Geiger den Massenerfolg der NSDAP. Es hieße die entscheidenden Ursachen für den Aufstieg der Hitler-Partei verkennen und auch Geiger mißverstehen, wenn man die NSDAP lediglich unter sozial-ökonomischem Aspekt als Partei des Mittelstandes zu begreifen und ihre Dynamik aus der materiellen Verelendung herzuleiten suchte. Allein die Beobachtungen der Wahlgeographie sprechen dagegen. Nicht in den von Massenarbeitslosigkeit besonders hart betroffenen großstädtischen Ballungsgebieten hatte die NSDAP ihre großen Erfolge erzielt, sondern in agrarisch-kleingewerblichen Zonen. Dort mußte man zwar auch den Gürtel enger schnallen, aber noch bedrohlicher waren die langen Arbeitslosenschlangen in den großen Städten und der Gedanke, daß man sich vielleicht eines nicht so fernen Tages in diese Reihen würde einordnen müssen. Die Furcht vor sozialem Abstieg war noch bedrückender als die tatsächliche materielle Not. Herkunft und überkommene Einstellungen hielten den alten und neuen Mittelstand, Handwerker, Kaufleute und Angestellte, davon ab, sich linken Arbeiterparteien zuzuwenden. Statt dessen drängten Panik und Protest sie in eine Partei, die einen dritten Weg zwischen Sozialismus und Kapitalismus versprach und die sich den Anschein der nötigen Entschlossenheit für die Aufgabe der Erneuerung und Bewahrung zu geben wußte.

Im Gegensatz zu anderen Parteiführern versuchte Hitler nicht, die ökonomischen Interessen der einzelnen Gruppen anzusprechen

Anteile der Bevölkerungsgruppen an den Mitgliederzahlen der NSDAP in Großstädten, 1930-1944

Anteile der Bevölkerungsgruppen an den Mitgliederzahlen der NSDAP in Kleinstädten, 1930-1944

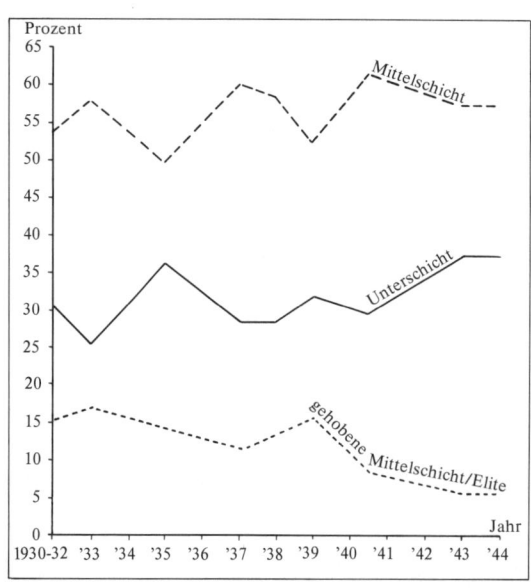

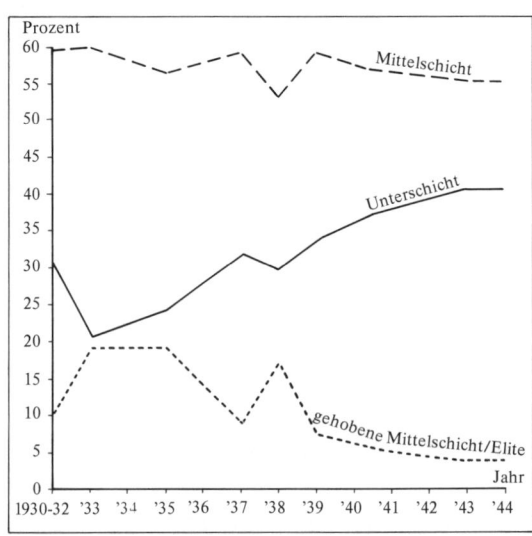

und zu mobilisieren. Ein solches Unterfangen wäre vermutlich sehr bald an die engen Grenzen der unterschiedlichen Lager gestoßen, die die deutsche Gesellschaft der zwanziger und dreißiger Jahre noch kennzeichneten und die allen anderen Parteien zum Hindernis wurden. Eigenart und Kunstgriff der nationalsozialistischen Propaganda bestanden vielmehr darin, die ökonomischen Gegensätze durch emotionale Appelle und Verheißungen einer nationalen Volksgemeinschaft zu überdecken und dies noch zu einer besonderen Tugend zu erheben: »Ich verspreche nicht Glück und Wohlleben wie die anderen«, erklärte Hitler ebenso pathetisch wie nichtssagend, »ich kann nur das eine sagen: wir wollen Nationalsozialisten sein, wir wollen erkennen, daß wir kein Recht haben, national zu sein und ›Deutschland, Deutschland über alles‹ zu schreien, wenn Millionen von uns zum Stempeln gehen müssen und nichts zum Anziehen haben.«[111]

Aussagen darüber, was er zur Behebung der Krise wirklich tun wolle, vermied Hitler. Und wenn die NSDAP programmatische Erklärungen zu sozial- und wirtschaftspolitischen Fragen abgab, dann waren sie entweder so diffus, daß sie jedem etwas boten, oder sie waren nur auf die Erwartung einer Gruppe bezogen, ohne daß man sich der schwierigen Aufgabe stellte, die widersprüchlichen Einzelaussagen zu einem Gesamtprogramm zusammenzufügen. Dieser Mangel an Inhalten wurde von Beobachtern und politischen Gegnern, die es gewohnt waren, Politik als Ausfluß rationaler Analyse und gar politischer Dogmatik zu verstehen, verspottet. Aber Hitlers Überlegenheit bestand gerade in seiner Einsicht, daß Denken und Verhalten der Menschen nicht allein von ökonomischen Interessen geleitet ist. Die Nationalsozialisten setzten vielmehr auf das Bedürfnis nach immateriellen und emotionalen Bezügen, auf Parolen von Ehre, Größe, Heroismus, Opferbereitschaft und Hingabe; auf Formeln mithin, die von der intellektuellen Linken als Ausdruck »falschen Bewußtseins« abgelehnt wurden.

Anteile der Bevölkerungsgruppen an den Mitgliederzahlen der NSDAP auf dem Land, 1930-1944

Anteile der Bevölkerungsgruppen an den Mitgliederzahlen der NSDAP im gesamten Reich, 1930-1944

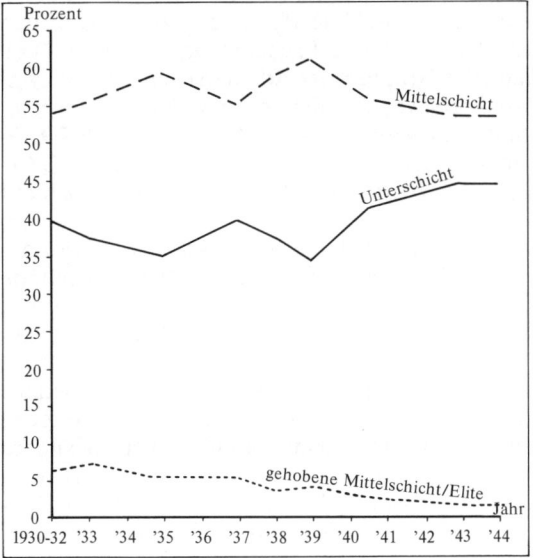

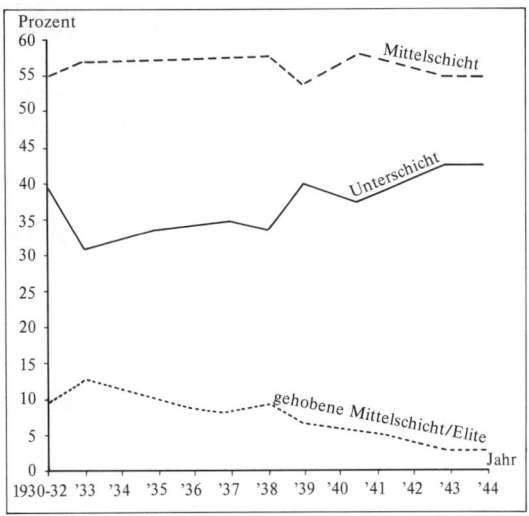

Nach der parteiamtlichen Statistik war die Mitgliederzahl der Partei zwischen dem 14. September 1930 und dem 30. Januar 1933 von 129 000 auf 849 000 angestiegen; in derselben Zeit war die SA zu einer Parteiarmee von fast einer halben Million Mitglieder gewachsen. In ihrem Kern war diese Massenpartei eine Partei des alten und neuen Mittelstandes. Gerade in ihrer Entstehungs- und Aufstiegsphase wurde sie von Angehörigen der unteren Mittelschicht geprägt, die, gemessen an ihrem Anteil an der Gesamtbevölkerung, in der NSDAP überrepräsentiert waren. Handwerker und Kaufleute, Angestellte und kleine Beamte wie Angehörige freier Berufe waren hier prozentual fast doppelt so stark vertreten wie in der Bevölkerung insgesamt. Am Vorabend der Septemberwahlen von 1930 waren Selbständige aus Handwerk, Gewerbe und Handel mit 17,3 Prozent in der NSDAP und mit nur 9,2 Prozent in der Gesamtbevölkerung vertreten, bei den Angestellten betrug das Verhältnis 25,6 zu 15,9, bei den Freiberuflern 3,0 zu 1,5. 8,3 Prozent der NSDAP-Mitglieder waren 1930 Beamte, während deren Anteil an der Bevölkerung nur 4,3 Prozent betrug. Auch der Anteil der Bauern mit 14,1 Prozent ist groß, vor allem wenn man bedenkt, daß sich die bäuerliche Bevölkerung in der Regel parteipolitisch weniger betätigt als die städtische.

Neben diesem mittelständischen Kern zählte die NSDAP aber auch eine beachtliche Gruppe von Arbeitern zu ihren Mitgliedern. Zwar war ihr Anteil mit 28,1 Prozent nur halb so groß wie der Anteil an der Gesamtbevölkerung, aber keine Partei außer den sozialistischen Parteien SPD und KPD hatte so viele Arbeiter angezogen. Unter den Arbeitern hatten NSDAP und SA vor allem solche als Mitglieder gewinnen können, die zwar in großen Städten arbeiteten, aber in kleinen Städten oder Dörfern lebten, die im öffentlichen Sektor bei Verkehrs- und anderen Versorgungsbetrieben tätig waren oder die in patriarchalisch verfaßten Betrieben arbeiteten, zu denen die sozialistischen Gewerkschaften keinen Zugang hatten. Nicht wenige der Arbeiter, die die NSDAP für sich gewann, waren arbeitslos und pendelten mitunter zwischen KPD und NSDAP hin und her. Es war mithin nicht der industrielle Facharbeiter, der zur NSDAP fand, sondern gerade die Gruppen der Arbeiterschaft, die sich von der klassischen Arbeiterbewegung abgrenzen wollten. Zählt man die Angestellten hinzu, so waren mehr als die Hälfte der NSDAP-Mitglieder Arbeitnehmer. Der Anteil der Arbeiter an der NSDAP-Mitgliedschaft stieg dann zwischen 1930 und 1933 sogar noch auf 33,5 Prozent an.

Dies ging vermutlich auch auf die verstärkte nationalsozialistische Agitation in der Arbeiterschaft durch die 1929 geschaffene Nationalsozialistische Betriebszellen-Organisation (NSBO) zurück, die nach langem Zögern, verursacht durch Hitlers ablehnende Haltung, schließlich als nationalsozialistische Gewerkschaft in Berlin aus einem Zusammenschluß von nationalsozialistischen Arbeitern in dem Berliner Großbetrieb Knorr-Bremse gegründet wurde. Zwar konnte diese ungeliebte Organisation ihren Einfluß auch auf andere Berliner Großbetriebe ausdehnen, aber der Erfolg bei der Anwerbung neuer Mitglieder hielt sich bis 1931 in Grenzen. Im März 1931 zählte die Berliner NSBO 4131 Mitglieder, Mitte des Jahres waren es

Erwerbstätige	Im Reichsgebiet (Volkszählung von 1925)	in %	In der NSDAP vor dem 14.9.1930	in %	Unter den neuen NSDAP-Mitgliedern (zwischen 14.9.1930 und 30.1.1933)	in %	NSDAP-Mitglieder unter den Erwerbstätigen (in Prozent) (vor dem 30.1.1933)
Arbeiter	14 443 000	45,1	34 000	28,1	233 000	33,5	1,9
Selbständige a) Land- und Forstwirtschaft (Landwirte)	2 203 000	6,7	17 100	14,1	90 000	13,4	4,9
b) Industrie und Handwerk (Handwerker und Gewerbetreibende)	1 785 000	5,5	11 000	9,1	56 000	8,4	3,9
c) Handel und Verkehr (Kaufleute)	1 193 000	3,7	9 900	8,2	49 000	7,5	4,9
d) Freie Berufe	477 000	1,5	3 600	3,0	20 000	3,0	4,9
Beamte a) Lehrer	334 000	1,0	2 000	1,7	11 000	1,7	} 4,0
b) Andere	1 050 000	3,3	8 000	6,6	36 000	5,5	
Angestellte	5 087 000	15,9	31 000	25,6	148 000	22,1	3,4
Mithelfende Familienangehörige (meist weibliche)	5 437 000	17,3	4 400	3,6	27 000	4,9	0,6
insgesamt	32 009 000	100	121 000	100	670 000	100	2,5

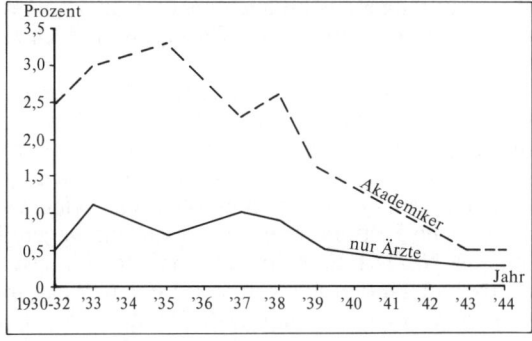

Soziale Struktur der NSDAP vor 1933
(Erwerbstätige im Reich und in der NSDAP nach sozialen und Berufs-Gruppen)

Eintritte von Akademikern in die NSDAP, 1930-1944

immerhin schon mehr als 10 000. Das war, gemessen an den großen Gewerkschaften, eine verschwindend kleine Schar. Aber eine Gewerkschaft sollte die NSBO auch nicht sein, sondern eine betrieblich gegliederte Parteizellenorganisation. Darum blieb ihre Haltung zu Streik- und Lohnfragen zunächst ablehnend oder zumindest abwartend, bis sie sich ab 1931 mit ihrer Zeitschrift »Arbeitertum« unter dem Druck der Verhältnisse immer stärker zu einer gewerkschaftsähnlichen Organisation entwickelte und daraufhin bis Mitte 1932 auch rund 100 000 Mitglieder zählte. »Keine Arbeitsstelle ohne Nazizelle«,[112] reimte der Berliner Gauleiter Goebbels 1932, der mit seiner großen Aktion »Hinein in die Betriebe« die führende Stellung Berlins innerhalb der nationalsozialistischen Gewerkschaftsbewegung behauptete. Auch wenn diese nun das Streikrecht anerkannte und sich an lokalen Streiks auch beteiligte, es blieb das widersprüchliche Bild der NSBO, das sogar noch um einige Nuancen bunter wurde. Dem »Betriebsmarxismus« hatte Goebbels den Kampf angesagt, was ihn aber nicht darin hinderte, zusammen mit kommunistischen Arbeitern der Berliner Verkehrsgesellschaft im November 1932 für fünf Tage einen Streik zu organisieren und auf einer Streikversammlung selbst neben dem KPD-Funktionär Walter Ulbricht aufzutreten.

Noch verwirrender wurde das soziale Profil der Partei, wenn man solche Aktionen der nationalsozialistischen Linken, deren Mentor Gregor Strasser im selben Jahr 1932 im Reichstag von der »antikapitalistischen Sehnsucht«[113] der Massen gesprochen hatte, neben entgegengesetzte soziale Gruppierungen stellte, die die NSDAP seit ihrer Entwicklung zur Massenbewegung in sich aufgesogen hatte. Schon zeitgenössische Kritiker fragten, wie sich die Interessen des mittelständischen »NS-Kampfbundes für den gewerblichen Mittelstand« mit den sozialistischen Parolen der NSBO in Übereinstimmung bringen ließen, von den agrarischen Interessen oder denen der Industrie ganz zu schweigen, zu denen die NSDAP sich ja gleichzeitig orientiert hatte. Wieder lag die Antwort im Charakter der Partei als einer Führer- und Glaubensbewegung. Das Ergebnis dieser Bündelung heterogener Interessen lief auf eine Stärkung der charismatischen Führerfigur Hitler hinaus, der wettmachte, was der Volkspartei und ihren zahlreichen in sich widersprüchlichen Nebenorganisationen an organisatorischer und programmatischer Kohärenz fehlte. Gegensätze und Widersprüche ließen sich auf diese Weise auffangen, wenn auch die eine oder andere Parteiformation solche Veränderungen mit Besorgnis und Unzufriedenheit registrierte.

Nachdem das Gewicht bäuerlicher Gruppen inzwischen gewachsen war, verstärkte sich nach 1930 die Attraktivität der NSDAP auch für Angehörige der oberen Mittelschichten ganz beträchtlich. Mitunter schlug sich das zwar nicht statistisch nieder, war aber politisch und finanziell um so wirkungsvoller. Viele kleine Unternehmer und bürgerliche Honoratioren, die vor allem wegen ihres Antimarxismus die NSDAP unterstützten, beantragten zwar keine Parteimitgliedschaft, fanden aber genügend andere Wege, ihre Unterstützung zu zeigen. Auch Angehörige der Aristokratie scheuten sich allmählich nicht mehr, sich zur plebejischen Massenbewegung und ihrem Führer zu bekennen. Einem Hitler ordne er sich unter, bekannte der Preußenprinz August Wilhelm (»Auwi«) bei seinem Beitritt im Frühjahr 1931. Nach dem Wahlerfolg im September nahm die Zahl der Opportunisten und »Septemberlinge« – wie Goebbels sie nannte – unter den NSDAP-Mitgliedern deutlich zu. Der wichtigste war Hjalmar Schacht, der ehemalige und zukünftige Reichsbankpräsident, der den Young-Plan mitverhandelt hatte, sich jetzt aber zur nationalen Opposition bekannte. Durch solche Namen und Querverbindungen wurde die Bewegung salonfähig, und das war wichtig auf einem Weg zur Macht, der nicht allein über die Wahlurne führte.

Schichten- und Berufszugehörigkeit sagen noch nicht allzuviel

über die soziale Struktur der NSDAP und die Motive der Mitgliedschaft. Zwei andere Merkmale prägten das soziale Profil der NSDAP
wie auch anderer faschistischer Bewegungen in charakteristischer
Weise. Der Anteil der Frauen unter den Parteimitgliedern war und
blieb sehr gering, ganz im Unterschied zu der Wählerschaft der
NSDAP. Aufgrund ihrer Herkunft und ihres Selbstverständnisses
blieb die Partei ein Männerbund. Auffälliger ist eine andere spezifische Gemeinsamkeit aller faschistischen Bewegungen. Die
NSDAP war eine politische Jugendbewegung eigenen Stils. »Mit
dem Auftreten der Nationalsozialisten«, erkannte Carlo Mierendorff, ein späterer Mitverschwörer des 20. Juli 1944, in einem Beitrag
für die sozialdemokratische Zeitschrift »Die Gesellschaft«, sei »der
Zeitpunkt der Politisierung dieser Altersklassen um ein beträchtliches vorverlegt«.[114] Alle Faschismen waren in ihrer Mitgliedschaft
wie auch in ihren Führungsgruppen ungewöhnlich junge Gruppierungen; in mancher Hinsicht war die Bewegung auch Ausdruck

Berliner Hinterhof

Die Bekennerleidenschaft der Par-
teianhänger bringt sich bis in die
Hinterhöfe der Mietskasernen
zum Ausdruck. Aus den Elends-
quartieren der Arbeitslosen hängen die Signale heraus, an die
man seine Hoffnung auf Erlösung
aus der Misere knüpft. Die
Arbeitslosigkeit von sechs Millionen war in der Tat der Nährboden, aus dem die NSDAP ihre
Kraft schöpfte. Zynisch nannte
Oswald Spengler die Bewegung
»die Organisation der Arbeitslosen durch die Arbeitsscheuen«.
Die siegreichen Nazis verwenden
dieses Photo später für ihre Propaganda.

NSDAP-Mitglieder und ihre
Funktionen nach Altersgruppen
(in Prozent), Stand 31. Dezember
1934

Altersgruppe	Mitglieder	Stützpunkt-leiter	Ortsgruppen-leiter	Kreis-leiter
18-30	37,6	19,8	15,8	14,2
31-40	27,9	44,6	47,0	55,7
41-50	19,6	26,4	27,8	26,4
51-60	11,2	8,1	8,4	3,4
61 und mehr	3,7	1,1	1,0	0,3
insgesamt	100	100	100	100
absolut	2,493,890	6,518	14,110	776

eines Generationenkonflikts. Wie keine andere Partei vermochte sich die NSDAP die Erwartungen einer jungen Generation zunutze zu machen und den Eindruck von Jugendlichkeit und damit von Dynamik zu vermitteln.

1930 waren 36,8 Prozent der Mitglieder und 26,2 Prozent der Führungsgruppe der NSDAP 30 Jahre und jünger. Nicht weniger als 43 Prozent der zwischen 1930 und 1933 neu in die Partei eingetretenen Mitglieder waren zwischen 18 und 30 Jahre, immerhin noch 27 Prozent zwischen 30 und 40 Jahre alt. In der SPD beispielsweise gehörten kaum halb so viele Mitglieder diesen Altersgruppen an. Im Vergleich zur SPD und erst recht zu den bürgerlichen Parteien war die NSDAP eine Jugendpartei. Auch in den nationalsozialistischen Parlamentsfraktionen hatten die Jungen ein großes Übergewicht. In dem am 14. September 1930 gewählten Reichstag waren nur 10 Prozent der SPD-Abgeordneten unter 40 Jahre, bei der NSDAP-Fraktion waren es, genau wie bei der KPD, rund 60 Prozent.

Der jugendliche Charakter der faschistischen Bewegungen relativiert auch die scheinbar eindeutige Aussage ihrer sozialen und beruflichen Zugehörigkeit, denn viele der jugendlichen Mitglieder hatten ja noch keinen Platz im Berufsleben und in der Gesellschaft gefunden, so daß eben gerade nichtökonomische, immaterielle Motive für ihr politisches Engagement eine große Rolle spielten.

Diese Einschränkung wird durch den Blick auf die konfessionellen und regionalen Unterschiede bei der Rekrutierung von Mitgliedern wie von Wählern bekräftigt. Die konfessionelle Trennungslinie in Deutschland war für Zustimmung oder Ablehnung der NSDAP ebenso wichtig wie die soziale Schichtung. So unterstützten weit mehr Protestanten als Katholiken, mehr Norddeutsche als Süddeutsche, mehr Kleinstädter als Großstädter die NSDAP. In evangelischen Gebieten bekannten sich nicht wenige fromme Kirchgänger zur NSDAP, und gelegentlich fand sich auch ein Pfarrer, der im Braunhemd unter seinen Schafen für die Hitler-Bewegung warb. Anders war dies in der katholischen Kirche, die sich bis 1933 deutlich vom Nationalsozialismus distanzierte und in Hirtenbriefen die Unvereinbarkeit einer Zugehörigkeit zur NSDAP mit einem christlich-katholischen Standpunkt ausdrücklich feststellte. Da halfen auch alle gegenteiligen Erklärungen und Propagandakampagnen der NSDAP wenig. Die katholische Kirche und der politische Katholizismus blieben bis 1933 ein ebenso geschlossenes Bollwerk gegen den Nationalsozialismus wie die sozialistische Arbeiterbewegung.

Nationalsozialismus wie italienischer Faschismus besaßen ganz offenkundig dort geringe Einbruchschancen, wo noch feste und überkommene Loyalitäten bestanden. Umgekehrt waren ihre Chancen um so besser, je größer Spannungslagen, Umbrüche und Ungleichzeitigkeiten waren. Dies gilt auch für die Wählerschaft der NSDAP, auch wenn ein einfacher Rückschluß von der Mitgliederstruktur auf die Wählerstruktur nicht zulässig ist. Denn einmal gab es Gruppen, die sich traditionell weniger politisch organisierten, wie Frauen oder auch Bauern; zum anderen hat sich die Wählerschaft der NSDAP zwischen den zwanziger und dreißiger Jahren deutlicher verändert als die Mitgliederstruktur. Vor allem die Umorientierung der nationalsozialistischen Propaganda auf den Agrarbereich und die Mittelschichten seit 1929 führte im Zusammenhang mit der Agrarkrise und der großen Depression zu einer gravierenden Verschiebung bei der NSDAP-Wählerschaft, die dem Bild der Partei fast einen neuen Charakter gab, zumindest aus der Perspektive der alten Anhänger aus der Frühzeit.

Die soziale Basis der nationalsozialistischen Wähler war weder so statisch noch so eng wie oft angenommen. In den zwanziger Jahren sprach die Hitler-Bewegung eine sozial und kulturell amorphe Wählerschaft an und war nicht einmal auf bestimmte soziale und konfessionelle Gruppen konzentriert. Seit 1929 aber mobilisierte sie zunehmend Wähler aus dem alten Mittelstand und der Bauernschaft, wenn auch vorwiegend aus dem protestantischen Milieu.

Zum wachsenden Gewicht des alten Mittelstandes und der Bauern kam eine weitere, vermutlich für die Erfolge der Jahre 1930–1932 entscheidende Verbreiterung des Wählerstamms hinzu, nämlich der Einbruch in das Lager des neuen Mittelstandes, das heißt der Angestellten und kleinen Beamten, wo die Erfolge der NSDAP vor der Krise unbedeutend gewesen waren.

Unverändert – und auffallend parallel zur Mitgliederstruktur – verhielt sich der Anteil der NSDAP-Wähler unter der Arbeiterschaft. Ähnlich wie bei den Mitgliedern waren auch unter den Wählern der NSDAP die Arbeiter, gemessen an der Gesamtbevölkerung, unterrepräsentiert und dennoch mit 25 Prozent bemerkenswert stark vertreten. Es ist also keineswegs so, daß die Arbeiterschaft insgesamt gegen den Nationalsozialismus besonders resistent war, das war sie nur dort, wo es feste Bindungen gab. Umgekehrt konnten die Nationalsozialisten ihre Erfolge vor allem bei gewerkschaftlich nicht gebundenen Arbeitern erzielen und dort, wo der Widerstand und die Ressentiments gegen die organisierte Arbeiterbewegung groß waren, wie etwa bei den ostelbischen Landarbeitern oder den sächsisch-thüringischen Heimarbeitern.

Auch eine weitere Annahme ist reine Legende. Die Frauen sind dem Hitler-Mythos durchaus nicht in besonderer Weise erlegen und für die großen Wahlerfolge der NSDAP verantwortlich gewesen. In der Weimarer Republik wählten Frauen im Gegenteil weitaus stärker als Männer traditionelle Parteien, besonders konservative und religiös orientierte. Die NSDAP wurde darum zwischen 1924 und 1930 auffallend seltener von Frauen als von Männern gewählt, und

DIE FRAU IM DRITTEN REICH

VON
STAATSANWALT DR. W. HOEGNER
M.D.R.

VERLAG J.H.W.DIETZ NACHF. G.M.B.H. BERLIN SW68

Der sozialdemokratische Reichstagsabgeordnete Wilhelm Hoegner publizierte 1931 eine Kampfschrift, mit der die weiblichen Wähler vor der Stimmabgabe für die NSDAP gewarnt werden sollten: Das angekündigte Dritte Reich werde den Frauen alle Freiheiten nehmen, die der Emanzipationsprozeß seit der Französischen Revolution ihnen gebracht habe.

auch noch 1932 galt diese Tendenz, obwohl das männliche und weibliche Wahlverhalten sich allmählich anglichen. Erst bei den Märzwahlen 1933, also nach der Machtübernahme, dominierten die Frauen unter den Hitler-Wählern. Aber das hat vermutlich mit dem nochmaligen Anstieg der Wahlbeteiligung zu tun; die bisherigen Nichtwähler, darunter erfahrungsgemäß viele Frauen, strömten nun der NSDAP zu.

Der erdrutschartige Durchbruch der NSDAP hatte sehr viel damit zu tun, daß die NSDAP wie der italienische Faschismus auch jene Schichten mobilisieren konnte, die bisher noch nicht fest organisiert oder zumindest politisiert gewesen waren und die angesichts der doppelten Herausforderung durch die politische Linke wie durch die Dynamik der gesellschaftlichen Veränderung und Krise von den alten Honoratiorenparteien nicht mehr erfaßt werden konnten.

Auch das machte die NSDAP zu einer Sammlungsbewegung, die jenseits der sozialen Trennlinien die Ängste und Erwartungen einer in Bewegung geratenen und der Orientierungslosigkeit ausgelieferten Gesellschaft für sich nutzen konnte. Darum war ihr soziales Profil nie eindeutig und nie endgültig fixiert. Stärker als alle anderen Parteien jener Jahre hatte die NSDAP den Charakter einer Volkspartei, auch wenn es ihr nicht gelang, die verschiedenen Gruppierungen wirklich zu integrieren. Das zeigt die extrem hohe Fluktuation in Mitglieder- und Wählerschaft, die ihrerseits belegt, wie wichtig subjektive Faktoren bei der politischen Entscheidung für die NSDAP waren und wie wenig sich Protesthaltungen in dauerhafte politische Bindungen umformen lassen.

Was war es nun, das den Massenerfolg der NSDAP ausmachte? Verläßliche statistische Aussagen über Motive der Anhänger des Nationalsozialismus lassen sich nicht machen. Jedes Bild bleibt eher impressionistisch und stützt sich auf individuelle Biographien und Erfahrungen. Auch wird zu bedenken sein, daß die Motive des harten Kerns der frühen NSDAP andere waren als die der späteren Massengefolgschaft. So spielte das Bekenntnis zu einer weltanschaulich bestimmten Lebensform und Verhaltensweise für die »Alten Kämpfer« eine ungleich größere Rolle als für die »Septemberlinge« des Jahres 1930 und die später spöttisch so genannten »Märzgefallenen« nach 1933.

Es war kaum die Aussicht auf einen materiellen oder sozialen Vorteil, der zum Beitritt in die junge nationalsozialistische Kampfbewegung motivierte. Auch die Erfahrung einer sozialen Entwurzelung spielte in der Regel nicht die entscheidende Rolle, die man ihr hat zubilligen wollen. Es war vielmehr die traumatische Erfahrung des Verlustes deutscher nationaler Größe, von Niederlage und Revolution, die zum Bekenntnis zu einer gegenrevolutionären Bewegung wie der NSDAP führte. Ihr verletzter Stolz, der das eigene Engagement im Schützengraben sinnlos zu machen drohte, machte aus unpolitischen Soldaten und Bürgern militante Anhänger einer nationalistischen und antimarxistischen Kampfbewegung. Sie versprach einer durch Krieg und Revolution sozialisierten Generation die aggressive Umsetzung der eigenen Erfahrung in Ideologie und Aktion. Für diese militante Selbstbestätigung und Selbstfin-

Plakat aus der »Kampfzeit«

Nationalsozialistischer Wochenspruch 1939

In höherem Maße als alle anderen Parteien hatten die Nationalsozialisten vor 1933 um die weiblichen Wählerstimmen geworben, indem sie Hitler als den Retter der Familie präsentierten. Wenige Jahre später wird die familiäre Symbolik durch die heroische abgelöst: der Mann hat für Deutschland mit dem Spaten oder dem Gewehr zu kämpfen, während die Familie gläubig allein bleibt.

	1925-32	1933	1934-36	1937	1938	1939	1940-41	1942-44
Frauen	7,8	5,1	4,4	10,0	17,5	16,5	19,6	34,7
Männer	92,2	94,9	95,6	90,0	82,5	83,5	80,4	65,3
insgesamt	100	100	100	100	100	100	100	100
Frequenz-werte	2 339	3 502	450	4 330	314	1 231	3 271	2 818

dung nahm man die »selbstgewählte und gewollte Herauslösung aus der Sozialität bürgerlichen Lebens«[115] in Kauf. Dafür war man auch zu Opfern und Hingabe bereit, wie das Beispiel des Wuppertaler SA-Standartenführers Willi Veller zeigt: »Ich habe in meiner Arbeit für die N.S.D.A.P. mehr als dreißigmal vor Gericht gestanden und bin achtmal wegen Körperverletzung, Widerstandsleistung und ähnlicher für einen Nazi selbstverständlicher Delikte vorbestraft ... Ich bin ferner mindestens zwanzigmal mehr oder weniger schwer verletzt worden. Ich trage Messerstichnarben am Hinterkopf, an der linken Schulter, an der Unterlippe, an der rechten Backenseite, an der linken Oberlippe und am rechten Oberarm. Ich habe ferner noch nie einen Pfennig Parteigeld beansprucht oder bekommen, habe aber selbst ungezähltes Geld für meine Ortsgruppe und meine S.-A. geopfert. Ich habe auf Kosten meines mir von meinem Vater hinterlassenen guten Geschäftes meine Zeit unserer Bewegung geopfert. Ich stehe heute vor dem wirtschaftlichen Ruin auf Grund meiner Arbeit für die N.S.D.A.P.«[116] Dann aber brauchte der Standartenführer nicht mehr zu darben, denn seit dem 14. September 1930 gehörte er dem Reichstag an.

Die besondere psychologisch-ideologische Disposition, die sich in einer solchen Haltung niederschlug, kennzeichnete den politischen Stil der NSDAP. Die Attraktivität dieser Partei lag nicht nur in ihrer völkischen, nationalistischen und antisemitischen Programmatik – da gab es genügend konkurrierende Sekten und Kampf-

Neuzugänge der NSDAP (in Prozent) nach Geschlecht und Eintrittsperioden 1925-1944

bünde –, sondern in deren Umsetzung in Organisationen und Taten, die den ideologischen Vorurteilen gegen Juden, Marxisten und alles Undeutsche handgreiflichen Ausdruck verliehen. Ideologie und Verhalten waren untrennbar miteinander verflochten. Die Weltanschauung gab dem Handeln eine Begründung; Aktion und Männer-Kameraderie sorgten darüber hinaus für Selbstbestätigung und Bindung an die Bewegung.

Bestimmten die Erfahrung von Krieg und Nachkriegswirren das Verhalten der Vorkriegs- und Kriegsgeneration, so galt das weniger oder nur noch vermittelt für die zweite Welle, die zu NSDAP, SA und HJ fand. Sie war von der Jugendrevolte der Weimarer Republik getragen, die auch die Dynamik der NSDAP bestimmte. Die jugendliche Militanz der NSDAP befriedigte das Bedürfnis gerade einer Generation, die Schützengraben und Fronterlebnis nur vom Hörensagen kannte, nach Draufgängertum, gewaltsamer Aktion und Kampf. In den braunen Kohorten konnte eine in militärischen Normen sozialisierte und politisierte junge Generation ihr Verlangen nach heroischer Tat wie nach Unterwerfung unter einen Führer und nach Flucht in die Geborgenheit der Gemeinschaft scheinbar erfüllen. In die Verachtung für alles Schwächliche wurde auch die Verachtung der parlamentarischen Politik miteinbezogen. Eine politische Mission galt es zu erfüllen, nämlich die Welt nach dem Bild einer Ideologie zu formen. Dazu bedurfte es der Geschlossenheit der Marschkolonne und der politischen Gewalt. Sie waren Mittel zum Zweck und Selbstzweck zugleich.

Der Fanatismus und Aktivismus dieses militanten Kerns der NSDAP bestimmten die »Kampfzeit« der Bewegung und bildeten ein »Gravitationszentrum«[117] der NSDAP. Mit der Ausweitung der Partei zu einer Massen- und Wahlbewegung gewann nun eine andere Antriebskraft an Bedeutung: der aus vielen Wurzeln und sozialen Lagern stammende Protest und das unbestimmte Verlangen nach Veränderung, aber auch der Opportunismus der »Septemberlinge«, die einer modischen Bewegung und Einstellung nachliefen. Mit dem Anschwellen zur Massenpartei veränderte sich deshalb nicht nur der soziale Zuschnitt, sondern auch das Verhalten. Nicht allein der Aktivismus ständiger Propagandazüge und Straßeneinsätze bestimmte am Ende der zwanziger Jahre das Bild der Bewegung, sondern eine gewisse Verbürokratisierung und Verbürgerlichung. Damit aber sprach die Bewegung mehr bürgerliche Honoratioren, Akademiker und Technokraten an, wohlmeinende Weltverbesserer und fromme Christen. Was sie an der NSDAP anzog, war deren entschiedene antidemokratische Opposition und die Verheißung der Volksgemeinschaft, nicht aber die Gewalttätigkeit der SA. Damit veränderte sich umgekehrt die Ausrichtung der nationalsozialistischen Propaganda, die von radikalen antisemitischen Tönen abließ. Das Erscheinungsbild der NSDAP bekam mit ihrer zahlenmäßigen und sozialen Ausbreitung vielfache Nuancen und Aspekte, die einander oft widersprachen, die Attraktivität der Partei aber steigerten.

Die Hinwendung zur NSDAP bedeutete immer weniger bewußte Identifizierung mit dem weltanschaulichen Radikalismus der Partei, sondern vor allem die Erwartung einer völkischen Erneuerung. Die

Formel von der Volksgemeinschaft, neben dem Führermythos das wirksamste Element der nationalsozialistischen Propaganda, war im Verständnis vieler Anhänger keineswegs nur eine antisozialistische, restaurative Abwehrformel, sondern enthielt auch die Erwartung von mehr »soziale[r] Egalität und Mobilität«.[118] Sie war der Schlüssel, mit dem verkrustete Strukturen der deutschen Gesellschaft aufgebrochen und vitalisiert werden sollten, wovon sich nicht wenige sozialen Aufstieg und mehr Reputation erhofften. Da war der Kleinbauer, der sich durch sein Bekenntnis zum Nationalsozialismus von den dörflichen Honoratioren und etablierten Interessen emanzipieren wollte; der Dorflehrer, der sich von der Bevormundung durch den Klerus zu befreien hoffte; der Landhandwerker, der sich von den bestehenden Handwerksverbänden nicht vertreten fühlte. Da war auch die Tochter aus »gutem Hause«, die einen anderen Weg suchte »als den konservativen, den mir die Familientradition vorschrieb«. »Die ›sozialistische‹ Tendenz, die im Namen dieser ›Bewegung‹ zum Ausdruck kam, zog mich an, weil sie mich in der Opposition gegen mein konservatives Elternhaus stärkte.«[119] In dem »Erneuerungs- und Jugendpathos«[120] der NSDAP, in ihrer aggressiven Aufforderung »Macht Platz ihr Alten« lag gerade für Jüngere das Attraktive des Nationalsozialismus, das ebenso zugkräftig war wie die Verheißung der Wiederherstellung nationaler Größe.

Erst die Verbindung dieser auf soziale Erneuerung und Aufstieg drängenden Kräfte mit vertrauten, teilweise radikal rückwärts gewandten Wertvorstellungen erklärt den Massenerfolg des Nationalsozialismus und die Energien, die er freisetzte. Nicht ein bloß defensives Verlangen nach Bewahrung zeichnete die nationalsozialistische Massenbewegung aus, sondern das ebenso starke Bedürfnis nach sozialer Veränderung und Modernisierung. Diese ambivalenten Erwartungen wurden von keiner anderen Partei so vollkommen befriedigt wie von der NSDAP. Weder die traditionell linken Arbeiterparteien konnten den populistischen Radikalismus für sich gewinnen noch bürgerlich-nationalistische Parteien, auch wenn sie so entschieden das »System« ablehnten wie die DNVP Hugenbergs. Einer Entscheidung für sie standen einmal Herkunft und Mentalität entgegen, andererseits die Ablehnung erstarrter Verhältnisse und Denkformen. Nicht Gehrock und Stehkragen paßten zu der Erneuerungsbewegung, sondern das uniforme Braunhemd, das Abkehr von bürgerlichen Lebensformen versprach.

IV.
Auf dem Weg zur Macht

Wie sollte es weitergehen nach jenem 14. September, an dem dem süddeutschen Agitator der Masseneinzug in das Parlament gelungen war? Die braune Hundertschaft, die voller Feindschaft gegen das »System« im Reichstag ihren Platz einnahm und sofort mit agitatorischen Anträgen aufwartete, unterhöhlte das Konzept der über den Parteien stehenden autonomen Präsidialregierung, kaum daß es geboren war. Auf der Tagesordnung stand nun, ähnlich wie in Italien 1921/22, die Frage einer Regierungsbeteiligung der faschistischen Massenbewegung oder die einer Abwehrfront gegen den politischen Extremismus.

Zunächst wirkte der Schock, den das Wahlergebnis im In- und Ausland ausgelöst hatte, politisch durchaus heilsam. Zwar war die Hoffnung auf eine »große Koalition der Vernünftigen«,[1] wie sie der sozialdemokratische preußische Ministerpräsident Otto Braun im Alleingang vorgeschlagen hatte, durch die Ablehnung Hindenburgs und die Unbeweglichkeit der Parteien sofort zunichte gemacht worden – und damit war eine Rückkehr zum Parlamentarismus so gut wie ausgeschlossen. Gleichwohl gab es Anzeichen dafür, daß die Kräfte der Verständigung und des Rechtsstaates angesichts der Herausforderung zusammenrückten.

Ein solches Zeichen war die sozialdemokratische Tolerierungspolitik, die Brünings Sparprogramm parlamentarisch anderthalb Jahre lang den Rücken freihielt. Brüning blieb kein anderer Weg, nachdem die gemäßigte Rechte bei den Wahlen nicht den gewünschten Erfolg hatte erzielen können und weder von Hugenbergs DNVP noch von Hitlers NSDAP Unterstützung zu erwarten war. Für die SPD aber war die Tolerierung das kleinere Übel, mit dem sich die Gefahr einer erneuten Reichstagsauflösung abwenden und ein Stückchen Einfluß bewahren ließ. Vor allem war so der Bestand des Bollwerks Preußen gesichert, der einzige Machtfaktor, über den die SPD inzwischen noch verfügte.

Preußen und andere demokratische Länderregierungen versuchten nun in der Tat, energisch gegen die politischen Gewalttätigkeiten der Nationalsozialisten vorzugehen. Man legte Materialsammlungen an, die den Beweis der Verfassungsfeindlichkeit der NSDAP erbrachten und reagierte mit verschärften Erlassen gegen die Radikalisierung der Straße; unterstützt wurden solche Abwehrhaltungen durch die Organisation einer republikanischen Gegenwehr in Gestalt des »Reichsbanners«. Hinzu kam eine nun immer schärfere Abgrenzung gegenüber dem Nationalsozialismus seitens der katholischen Bischöfe.

Auch Brünings Politik wollte der nationalsozialistischen Agitation den Wind aus den Segeln nehmen. Der Versuchung freilich, die »national wertvollen Kräfte« der NSDAP für die eigenen politischen Zielsetzungen fruchtbar zu machen, konnte auch Brüning nicht entgehen. Die Überlegung, man müsse die sozialistischen und revolutionären Elemente nur zähmen und die Bewegung behutsam an den Staat heranführen, lief den Anstrengungen einer Koalition der Vernünftigen zuwider und mußte die Sozialdemokraten wie die Liberalen mißtrauisch machen. Immerhin erhofften sich politische Taktiker von einer solchen Position mehr Handlungsspielraum, und das sicherte einem Kurs dieser Art die Unterstützung in konserva-

NSDAP-Abgeordnete im Reichstag, Oktober 1930

Wehrverbände hatte sich mit der Zuspitzung der innenpolitischen Gegensätze fast jede Partei zugelegt; das Bild von Uniformierten gehörte mittlerweile zum alltäglichen Anblick in den deutschen Städten.
Hitler aber schickte die Reichstagsabgeordneten der NSDAP in Uniform auch in das Parlament, und mit dem Anwachsen der Stimmenzahl zeigte der Reichstag immer deutlicher die bedrohliche Macht einer Bürgerkriegspartei, die in SA-Kohorten nicht parlamentarischen Argumenten, sondern messianischen Befehlen folgte.

tiver Bürokratie und Armee. Ein erstes Gespräch Brünings mit Hitler im Oktober 1930 verlief freilich entmutigend und irritierend; Hitler erging sich wieder in langen Monologen und wich einem Vorschlag Brünings zu einem gegenseitigen Stillhalteabkommen im Interesse der nationalen Sache aus. Im Augenblick, das war Brüning danach bewußt, war mit Hitler nicht ins politische Geschäft zu kommen.

Im Wettlauf mit den nationalistischen Agitatoren hoffte Brüning auf prestigebringende Erfolge in der Reparations- und Außenpolitik und vertraute zudem auf den Schutzwall seines halbparlamentarischen, halbdiktatorischen Präsidialregimes. Das eine wie das andere erwies sich als Fehlkalkulation. Die sozialen Nachteile der rigiden Sparpolitik des »Hungerkanzlers« waren größer als die wirtschafts- und reparationspolitischen Vorteile. Zwar sanken die Preise, aber Löhne und Kaufkraft sanken noch schneller, die Massenarbeitslosigkeit nahm dramatisch zu.

Als Damm gegen radikale Heilsbringer und eine verzweifeltfanatische Massenbewegung taugte die Präsidialregierung, gestützt auf wackelige Notverordnungen, immer weniger. Eine autoritäre Lösung war allenfalls in den weniger entwickelten politischen und gesellschaftlichen Ordnungen Ostmitteleuropas möglich, wo man auf die Krise des parlamentarisch-demokratischen Systems mit Militär- und Königsdiktaturen reagierte und damit auch faschistische Bewegungen schon in der Entstehung abblockte. Die Rückkehr zu einem derartigen Regiment der Beamten und Militärs hatte in Deutschland keine Chance. Die Enttäuschung über das liberale

System trieb die Massen nicht zurück zum alten Obrigkeitsstaat, sondern ließ sie nach einem dritten Weg suchen, der schließlich in der plebiszitären Führerdiktatur enden sollte.

Auch als sich im Oktober 1931 die rechten Republikfeinde zur Heerschau in Bad Harzburg trafen, gab sich Brüning noch gelassen. Das Treffen hatte die inneren Gegensätze und Spannungen innerhalb der antirepublikanischen Fronde gezeigt, aber auch deren Reichweite und ihr mögliches gesellschaftliches Gewicht. Deutschnationale und Nationalsozialisten, Vertreter der immer mehr nach rechts rückenden DVP und der Wirtschaftspartei, Repräsentanten des Reichslandbundes, daneben Prominenz aus Adel (auch der Kronprinz) und Wirtschaft – wie Thyssen und Kirdorf – sowie pensionierte Generäle wie von Lüttwitz und von Seeckt waren zu der drohenden Demonstration gegen die Regierung Brüning gekommen. Erstmals trat der frühere Reichsbankpräsident Schacht als Redner bei der nationalen Opposition auf; die meisten Vertreter der Schwerindustrie dagegen mochten sich bei aller Abneigung gegen Brünings Kurs so weit nicht engagieren.

Der Führungsanspruch in der nationalen Opposition blieb zwischen Hugenberg und Hitler umstritten. Gegen die Exzellenzen und Geheimräte in Hugenbergs Umgebung setzte Hitler seine Massen und deren propagandistische Überlegenheit. Zur Parade erschien er herausfordernd spät, seine Rede war lustlos, und, nachdem seine nationalsozialistischen Sturmtruppen vorbeimarschiert waren, verschwand er, ohne die Kolonnen des Stahlhelms abzuwarten. Die Harzburger Front war brüchig, ehe sie recht zustande gekommen war. Doch im Rückblick sollte sie sich als wichtige Station auf dem Weg zum Bündnis von Deutschnationalen und Nationalsozialisten erweisen.

Schließlich verlor Brüning die Unterstützung der beiden Hauptpfeiler seiner Politik, das Vertrauen des Reichspräsidenten und der Reichswehrführung, nachdem zuvor bereits in den Verbänden von Industrie und Landwirtschaft der Unmut gewachsen war.

Für Brüning war die paradoxe Schlachtordnung, mit der er Hindenburgs Wiederwahl sicherte, der Anfang vom Ende seiner Kanzlerschaft – für die Sache von Republik und Demokratie ein fatales Ereignis und ein Beweis dafür, wie sehr die politische Resignation in den demokratischen Parteien schon um sich gegriffen hatte. Ernsthafte Anstrengungen, einen eigenen republikanischen Kandidaten vorzuschlagen, wurden von SPD und Zentrum schon gar nicht mehr unternommen. So schwach war die Republik bereits, obwohl sie zahlenmäßig im Reichstag noch immer die Mehrheit besaß. Umgekehrt gab es aber für Brüning keinen anderen Kandidaten als den mittlerweile 84jährigen alten Feldmarschall Hindenburg, und er verspielte dadurch ein gutes Stück von seinem eigenen Kredit und dem der Verfassung. Sein abenteuerlicher Plan, Hindenburgs Amtszeit ohne Volkswahl durch Verfassungsänderung auf Lebenszeit zu verlängern, erlaubte es den Nationalsozialisten, sich hämisch zum »Wächter« verfassungsmäßiger Tugenden aufzuspielen. Am Ende war Hindenburgs Wiederwahl nicht mit den Stimmen seiner alten Freunde von der politischen Rechten, wie er es sich wünschte, zu erreichen, sondern mit denen der Linken und der Mitte. Daß

Sozialdemokraten für den königlich-preußischen Generalfeldmarschall warben, um Schlimmeres zu verhindern, zeigte jedermann, wie weit es mit der Republik gekommen war. Daß die politische Rechte zudem noch einen Gegenkandidaten, den Stahlhelmführer Theodor Duesterberg, präsentierte, verbitterte den Ehrenvorsitzenden des »Stahlhelms« Hindenburg noch zusätzlich. Nach langem Zögern hatte sich Hitler auf Drängen seiner siegestrunkenen Anhänger zur Kandidatur bereit erklärt; sein Instinkt hatte ihm ursprünglich geraten, die Dinge sich entwickeln zu lassen und abzuwarten. Der erste Wahlgang brachte ihm 30 Prozent der Stimmen; das waren noch einmal 12 Prozent mehr als bei den Reichstagswahlen im September 1930, aber es waren weitaus weniger, als die Nationalsozialisten in ihrem Überschwang erhofft hatten. Vermutlich hatten die Aussichten auf einen Putsch, den man im Falle eines nationalsozialistischen Sieges vielerorts erwartete, doch manche Wähler abgeschreckt. Beim zweiten Urnengang am 10. April konnte Hitler noch einmal 6 Prozent hinzugewinnen, aber Hindenburg hatte mit 53 Prozent gesiegt. Das war bescheidener, als man nach dem Ausscheiden Duesterbergs und dessen Wahlempfehlung für Hindenburg erwartet hatte, und vertiefte die Entfremdung zwischen Brüning und Hindenburg, der einen stärkeren Vertrauensbeweis erwartet hatte.

Zur Verärgerung des alten Herrn kam der Sinneswandel des Reichswehrführers Schleicher. Seit dem Herbst 1931 hatte er sich zunehmend von Brüning und Groener entfernt. Während Preußen unnachgiebig daran festhielt, daß eine Betätigung für Angehörige der republikfeindlichen NSDAP wie für Kommunisten im öffentlichen Dienst ausgeschlossen sei, rückte man im Reichswehrministerium schrittweise von dieser Linie ab, wobei mitspielen mochte, daß die Erweiterung der 100 000-Mann-Armee ohne die Wehrverbände schlechter zu bewerkstelligen sein würde. Als aber die preußische Regierung im März 1932 nach einer Durchsuchung aller nationalsozialistischen Parteibüros neues erdrückendes Material für Putschpläne der SA vorlegte, konnten sich Groener und Schleicher schließlich einem Verbot der SA nicht mehr widersetzen. Aber im letzten Moment änderte Schleicher noch einmal seine Meinung. Man fürchtete in der Reichswehr, durch ein SA-Verbot das verbesserte Verhältnis zu den Nationalsozialisten zu belasten, und das wog hier schwerer als ein einheitlicher Abwehrwille der Reichsregierung, deren Verbot ohnehin nur symbolischen Charakter haben konnte.

Für Schleicher stand nun fest: die Regierung Brüning mußte fallen, sonst war kein Geschäft mit Hitler möglich. Die Reichswehr wollte die Einbeziehung der SA in ihr wehrpolitisches Konzept, und darüber hinaus hatte Schleicher und mit ihm Hindenburg auch weitergehende politische Pläne, nämlich die Einbindung der NSDAP in eine neue Regierung, deren Gewicht stärker nach rechts verlagert werden sollte. Von nun an intrigierte Schleicher hinter Brünings Rücken, derweil sich der Kanzler beharrlich seinen außen- und finanzpolitischen Sachzielen zuwandte. In Berlin hatte man den Reichspräsidenten mittlerweile davon überzeugt, daß es allein Brüning sei, der die Erweiterung der Regierung nach rechts verhindere. Die Demontage der Regierung Brüning wurde auf allen Ebenen betrieben.

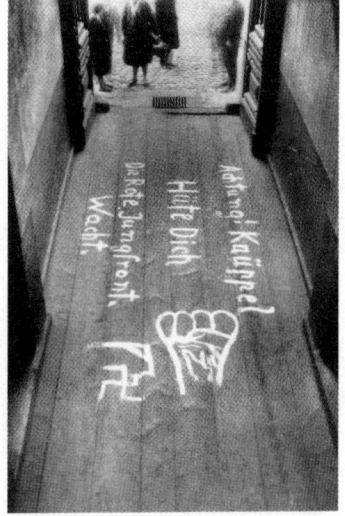

Der politische Kampf der beiden Extremparteien KPD und NSDAP hat sehr spontane Züge; ihre leidenschaftliche Teilnahme bringen Kommunisten und Nazis durch Wand- und Pflastermalereien zum Ausdruck.

Zum ersten Mal wurden jetzt auch die Nationalsozialisten in Pläne zur Bildung einer neuen Regierung miteinbezogen. Schleicher sprach zweimal mit Hitler, das Ergebnis war ein politisches Tauschgeschäft: die NSDAP würde eine neue Rechtsregierung tolerieren, der weder Brüning noch Groener angehören sollten. Dafür werde das SA-Verbot aufgehoben, der Reichstag aufgelöst und ein neuer Wahlgang ausgeschrieben. »Hauptsache ist«, notierte Goebbels in seinem Tagebuch, »daß unsere Demonstrationsfreiheit wiederhergestellt wird.«[2]

Auch nach einem neuen Regierungschef hatte Schleicher sich mittlerweile umgesehen und ihn in dem forschen Herrenreiter Franz von Papen ausgemacht.

»Hundert Meter vor dem Ziel« war Brüning, wie er später bitter feststellte, entlassen worden. Er hatte einem »dauerhaften antiparlamentarisch-autoritären Regime«, das Kanzlermacher Schleicher mit den Nationalsozialisten plante, ebenso im Wege gestanden wie dem zähen ökonomischen und sozialen Selbstbehauptungswillen der ostelbischen Großgrundbesitzer, die den Kanzler bei ihrem Gutsnachbarn Hindenburg des »Agrarbolschewismus« bezichtigten.

Daß Brünings Entlassung und Papens Berufung eine entscheidende Zäsur darstellten, war allen Beteiligten bewußt. Die Nationalsozialisten sahen das Tor zur Macht weit geöffnet, während Papen großsprecherisch einen »Neuen Staat« ankündigte. SPD, Zentrum und die demokratische Staatspartei hingegen kündigten die Tolerierung auf, so daß die politische Basis der neuen Regierung weit nach rechts verschoben war. Zustimmung kam nur von DVP und DNVP sowie von der NSDAP, deren Unterstützung auch Hugenberg zweifelhaft erschien. »Hitler werde wohl nach der Neuwahl seine Haltung ändern«, vermutete er,[3] und er wußte spätestens seit den Tagen der Harzburger Front, wovon er sprach.

Die Regierung der »nationalen Konzentration«, wie sie sich gern nennen ließ, war auch ausgezogen mit dem Vorsatz, die totalitären Bestrebungen des Nationalsozialismus abzufangen. Dennoch begann ihre Politik mit Vorleistungen gegenüber der NSDAP, die jene Versprechen einlösten, die Schleicher Hitler für den Fall einer Tolerierung gemacht hatte. Es zeigte sich, daß der Weg, den das »Kabinett der Barone« eingeschlagen hatte, immer abschüssiger wurde.

Von der parlamentarischen Tolerierungspolitik seines Vorgängers wollte Papen sich völlig abwenden und das autoritäre System nun auch institutionell verwirklichen. Wie es aussehen sollte, darüber hatte man sich im aristokratischen Berliner »Herrenklub« schon seit langem verständigt. Eine »Herrschaft der Besten« sollte an die Stelle der liberal-demokratischen »Herrschaft der Minderwertigen« treten. Der Verfasser der gleichnamigen neokonservativen Schrift, der Rechtsanwalt Edgar J. Jung, war geistiges Zentrum dieses Kreises, und nun wurde er Sekretär Papens. Sehr viel konkreter war das Verfassungskonzept des »Neuen Staates« aber nicht. Soweit erkennbar, wollte man einen Ständestaat mit starker präsidialer Spitze errichten, dem ein vom Präsidenten berufenes Oberhaus und ein

Unterhaus zur Seite stehen sollten. Das »mechanische Prinzip« des allgemeinen Wahlrechts sollte ersetzt werden durch »organisches Führerwachstum«. Das bedeutete politisch nichts anderes als die unbegrenzte Gewalt des führergleichen Präsidenten und die Degradierung parlamentarischer Einrichtungen zu bloßen Akklamationsorganen. Mit dem Parlamentarismus sollte auch der Sozialstaat fallen; mit den sozialdemokratischen und gewerkschaftlichen Einflüssen, die Brüning noch geduldet hatte, sollte es nun ein Ende haben. Nicht »soziale Gesinnung« wurde von Jung propagiert, sondern »der gerechte Einbau in eine gestufte Gesellschaft«.[4]

Wenn es je ein politisches und soziales Verfassungsprogramm gegeben hat, das sozialreaktionären Interessen entsprach, dann dieses. Kein Wunder, daß es vor allem von Stahlhelm, Reichslandbund und einem großen Teil der Industrie Beifall erhielt. In seiner Zusammensetzung war das »Kabinett der Barone« ein Spiegelbild der Gruppen, die den Reichspräsidenten umgaben und bestimmten: Militärs, ostelbische Junker, preußische Konservative – durchweg deutschnationaler Couleur.

Einen Makel hatte der politische Herrenklub, der ein »neues Deutschland« schaffen wollte, das sehr nach einem alten Deutschland aussah: Es fehlte den Offizieren in der Reichsregierung an Fußtruppen. Die sollte die nationalsozialistische Massenbewegung stellen, wobei man an die Manipulationstechniken des Kaiserreichs dachte und auch an den cäsaristischen »appel au peuple« und die vielfältigen antiparlamentarischen und antisozialistischen Agitationsbewegungen. Wie sehr sich die Dinge mittlerweile durch den gesellschaftlichen Wandel, durch Krieg und Revolution verändert hatten, übersah Papen bei diesem Kalkül. Er erkannte auch nicht, daß die Nationalsozialisten über einen gewaltigen Organisations- und Propagandaapparat und über eine revolutionäre Dynamik verfügten, denen das hochkonservative autoritäre Regiment nur wenig entgegensetzen konnte.

Eine Warnung hätten den Verfechtern der Zähmungskonzeptionen sowohl die Serie von politischen Gewalttaten als auch die geheimen Putschpläne einzelner nationalsozialistischer Gruppen sein können. Die nationalsozialistische Agitation und Destruktion in den Parlamenten machte keine Schlagzeilen mehr; die Politik hatte sich längst auf die Straße verlagert. Hier machte die NSDAP von sich reden, hier wurde der Kampf um die Macht ausgetragen. Es herrschte Bürgerkrieg. Demonstrationsmärsche und Straßenschlachten bestimmten das Bild der Städte, Krawalle und blutige Überfälle waren die Methoden der politischen Auseinandersetzung vor allem zwischen Nationalsozialisten und Kommunisten. Im Jahre 1931 registrierte die preußische Polizei rund dreihundert Tote als Folge von Straßenterror und politischer Gewalt, meist Angehörige der nationalsozialistischen SA und des kommunistischen Rotfrontkämpferbundes.

In diese Atmosphäre platzte die Enthüllung von Umsturzplänen hessischer Nationalsozialisten für den Fall eines kommunistischen Aufstandsversuches. Ein nationalsozialistischer Überläufer hatte diese Boxheimer Dokumente, benannt nach einem Gut bei Worms, auf dem die hochverräterischen Treffen stattgefunden hatten, aufgedeckt und damit alle Legalitätsbeteuerungen Hitlers zweifelhaft gemacht, auch wenn die Aktionspläne wahrscheinlich ohne Hitlers Wissen abgefaßt worden waren. In einem zentralen Punkt waren die hessischen Überlegungen ja mit Hitlers Vorstellungen von einer idealen Ausgangslage für die Machteroberung absolut identisch: auch Hitler ging von einem kommunistischen Aufstandsversuch aus, der eine Gegenaktion der SA im Namen der bedrohten Ordnung rechtfertigen könne. Gewalt ließe sich dann im Namen von Recht und Ordnung ausüben. Auch die Sprache der Boxheimer Dokumente war nicht viel anders als die Hitlers. Von »rücksichtslosem Durchgreifen« war die Rede und von »schärfster Disziplin der Bevölkerung«, für Akte des Ungehorsams oder Widerstandes war die Todesstrafe vorgesehen, die in besonderen Fällen auch »ohne Verfahren auf der Stelle« auszuführen sei.[5]

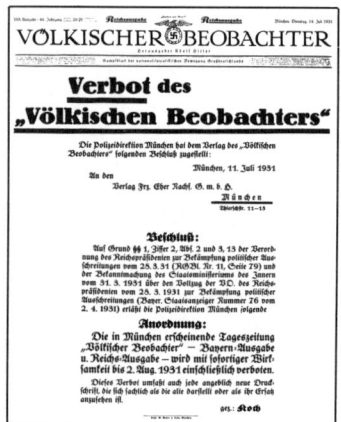

Hitler wies die Verantwortung für solche Pläne von sich, zu disziplinarischen Maßnahmen gegen die Verfasser wollte er im Unterschied zu anderen Fällen aber auch nicht greifen. Die Veröffentlichung der Boxheimer Dokumente blieb auch sonst ohne Folgen. Die Justiz ließ sich mit der Verfolgung dieses schweren Falles von Hochverrat sehr viel Zeit, eine politische Antwort blieb ebenfalls aus. Dies war nicht der einzige Fall, in dem die Behörden trotz schwerwiegenden Beweismaterials nichts unternahmen. Es gab weder einen Prozeß gegen Hitler als den Chef der Verschwörer noch eine Maßnahme zur Einleitung seiner Ausweisung, was zuletzt von der preußischen Regierung im Dezember 1931 beantragt, von der Reichsregierung jedoch abgelehnt wurde.

Statt dessen hielten Reichswehr und politische Rechte an ihrer Verhandlungsbereitschaft mit Hitler fest; eher verstärkten sie die Bündnispolitik, um Hitler und seine revolutionären Kohorten nicht noch zum Äußersten zu treiben. Die Kombination von Drohung und Anbiederung, von Verführung und Gewalt zeigte Wirkung. Während die SA und andere Parteigruppierungen den Bürgerkrieg probten, hielt Hitler im noblen Hotel Kaiserhof in Berlin, gegenüber der Reichskanzlei, Hof im »Stile des kommenden Mannes« und machte dort »einen neuen Laden« auf, wie der preußische Innenminister empört, aber angesichts der Haltung der Reichsregierung hilflos konstatieren mußte.[6] Es hatte sich bereits ausgezahlt, daß man salonfähig geworden war. Auch war angesichts des gewaltigen Potentials der NSDAP nicht mehr sicher, ob polizeiliche oder gerichtliche Maßnahmen nicht einen entgegengesetzten Effekt haben würden. General von Schleicher jedenfalls, der doch mit der Überzeugung angetreten war, die NSDAP zähmen zu können, bemerkte auf die Forderung nach energischeren Maßnahmen gegen die NSDAP: »Dazu sind wir nicht mehr stark genug. Wenn wir das probieren, dann werden wir einfach hinweggefegt.«[7]

Um so bereitwilliger schenkte man Hitlers Legalitätseiden Gehör und hoffte noch darauf, daß die NSDAP an ihren eigenen inneren Widersprüchen zerbrechen würde. Immer wieder berief sich die Reichswehrführung später bei ihrer wohlwollenden Haltung gegenüber Hitler auf dessen Bekundungen vor dem Leipziger Reichsgericht, wo am 23. September 1930 der Hochverratsprozeß gegen drei Ulmer Reichswehroffiziere eröffnet wurde, die einem Erlaß des

Reichswehrministers zuwider Verbindungen zur NSDAP aufgenommen hatten. Hitler nutzte seinen Auftritt als Zeuge, um seine Annäherungsversuche an die Reichswehr wirkungsvoll fortzusetzen. Er charakterisierte die NSDAP als eine Partei mit den Grundsätzen »des fanatischen Deutschtums, einer absoluten Führerautorität und eines unbedingten Kampfwillens«.[8] Dieser Kampf gelte aber nicht der Reichswehr, und die SA wolle der bewaffneten Staatsmacht keine Konkurrenz machen. Der Zweck seiner Organisation, erklärte Hitler, sei nie der Kampf gegen den Staat gewesen. »Denn wir sind der Überzeugung, daß, wenn eine Idee gesund ist, sie den Staat ganz allein erobert.« Nach der Legalität dieses Kampfes befragt, versicherte er, die NSDAP habe Gewalt nicht nötig. »Noch zwei bis drei Wahlen, und die nationalsozialistische Partei hat im Reichstag die Mehrheit. Dann muß es zur nationalsozialistischen Erhebung kommen, und wir werden den Staat so gestalten, wie wir ihn haben wollen.«[9] Darüber, was nach einer legalen Machtübernahme kommen werde, ließ Hitler keinen Zweifel: »Ich stehe hier unter dem Eid vor Gott dem Allmächtigen. Ich sage Ihnen, daß, wenn ich legal zur Macht gekommen sein werde, dann will ich in legaler Regierung Staatsgerichte einsetzen, die die Verantwortlichen an dem Unglück unseres Volkes gesetzmäßig aburteilen sollen. Dann werden möglicherweise legal einige Köpfe rollen.«[10] Der große Beifall seiner Anhänger im Saale unterstrich, wie das gemeint war.

Das höchste Gericht der Republik nahm die Zweideutigkeit der Legalitätsbekundungen nicht wahr und akzeptierte das Beweismaterial für die Verfassungsfeindlichkeit der NSDAP nicht, das ihm das Reichsinnenministerium anbot. Es gab sich zufrieden mit der Bekundung Hitlers, er fühle sich nur während des Kampfes um die Macht an die Verfassung gebunden und bestätigte in seinem Urteil, was interessierte Kreise nur allzu gerne hörten, daß die NSDAP kein illegales Vorgehen beabsichtige. Die unverhohlene Erklärung Hitlers, daß er, einmal im Besitz der verfassungsmäßigen Rechte, diese abschaffen oder verändern werde, klang zwar alarmierend, aber widersprach nicht der herrschenden Verfassungslehre, die eine Beseitigung der Verfassung mit legalen Mitteln nicht ausschloß.

Daß alles nur Taktik und Rhetorik war, enthüllte Goebbels anschließend einem der verurteilten jungen Offiziere: »Ich halte diesen Eid für einen genialen Schachzug. Was wollen die Brüder danach noch gegen uns machen? Sie haben doch nur darauf gewartet zupacken zu können. Nun sind wir streng legal, egal legal.«[11]

So wirkungsvoll Hitlers Taktik für das breite Publikum und die konservativen Eliten auch gewesen war, so risikoreich und umstritten war sie unter innerparteilichem Aspekt. Am Legalitätskurs rieben sich immer wieder die antibürgerlichen Ressentiments und revolutionären Aspirationen der Gefolgschaft. Am anschaulichsten zeigten sich die Schwierigkeiten der Legalitätstaktik in der SA. Die braune Parteiarmee fühlte sich von der komplizierten Taktik Hitlers überfordert. Was sie in ihren Marschgesängen ständig propagierte, dem mußte sie in der politischen Praxis abschwören: dem politischen Kampf mit der Waffe. »Sturm auf die Barrikaden! Auf, auf, durch Kampf zum Sieg! Wir sind die Sturmkolonnen der Hitlerrepublik!«, reimte das Berliner SA-Lied. In einem anderen Lied der Berliner SA, das bald als Horst-Wessel-Lied bekannt werden sollte, waren aber, dem neuen Kurs entsprechend, alle Spuren revolutionärer Politik getilgt; nicht länger über Barrikaden sollte die Hitlerfahne wehen, sondern nur noch über Straßen.[12]

Doch Liedertexte lassen sich leichter ändern als politische Einstellungen. Am Rollenproblem der SA war schließlich auch der Oberste SA-Führer von Pfeffer gescheitert, der im Sommer 1930 zurückgetreten war. Seine Resignation war in dem ständigen Einflußverlust der SA gegenüber der Politischen Organisation begründet gewesen und die Gegensätze waren bei der Aufstellung der Kandidaten für die Reichstagswahl 1930 offen ausgebrochen, bei der sich die SA benachteiligt fühlte. Außerdem hatten sie sich am byzantinischen Stil der Parteiführung entzündet, die im Frühjahr 1930 das herrschaftliche Palais Barlow in der Brienner Straße in München erworben und es durch den Architekten Paul Troost in repräsentativem Stil zum »Braunen Haus« hatte umbauen lassen. Daß Hitler eine Sondererhebung von Parteibeiträgen für seine luxuriöse Führungszentrale ankündigte (erst 1931, als die Partei sich finanziell übernommen hatte, griff der Großindustrielle Thyssen in die eigene Tasche), brachte das Faß zum Überlaufen. Aber es ging um mehr als die Parteigroschen. Marmor und Bronze des Braunen Hauses symbolisierten, daß sich die NSDAP von ihren plebejischen Anfängen in Hinterzimmern und dürftigen Parteibüros endgültig lösen wollte, während der SA-Mann Abend für Abend seine »Knochen hinhalten«[13] mußte in den unzähligen Reibereien und tätlichen Auseinandersetzungen, die den Aufstieg der Partei begleiteten und teilweise auch erst ermöglicht hatten.

Die Versuche der SA unter Pfeffer, durch ihre stetig wachsende Organisation zu mehr eigenem politischen Gewicht und auch zu finanzieller Unabhängigkeit zu kommen, waren wenig erfolgreich gewesen und zudem auf das Mißtrauen der Politischen Organisation der NSDAP gestoßen, die stets befürchtete, ihre Bürgerkriegstruppe könnte sich ihrer Kontrolle entziehen. Zu all dem kam noch die Kontroverse zwischen Goebbels und Otto Strasser über die Frage, ob man in den Staat »hinein« solle oder, wie Strasser meinte, die revolutionäre Katastrophenpolitik fortsetzen solle. Strasser hatte die Partei im Juli 1930 schließlich verlassen. Aber seine Parole »Die Sozialisten verlassen die NSDAP« hatte nur ein kleines Häuflein von zwei- bis dreihundert Anhängern mitgezogen und der NSDAP noch den Vorteil gebracht, nun für viele mittelständische Wähler vom sozialistischen Geruch befreit zu sein. Die Unruhe in der Partei war jedoch geblieben, und gewisse Verbindungen der unzufriedenen SA mit der neuen »Kampfgemeinschaft Revolutionärer Nationalsozialisten« von Otto Strasser waren nicht zu übersehen.

Im Gegensatz zu Strasser hatte Pfeffer zwar vermieden, seinen Streit mit der Parteiführung über die befehlsmäßige Stellung der SA-Männer im künftigen Reichstag in der Öffentlichkeit auszutragen, aber sein Rückzugsbefehl – die Stellung eines SA-Führers sei unvereinbar mit Parlamentsarbeit –, bedeutete zugleich ein deutliches Abrücken von der parteioffiziellen Taktik. Sein Berliner

Vorstoß ins rote Heslach
Straßen frei den braunen Bataillonen

Es wird marschiert! Die Stürme sammeln, die alten Soldaten aus dem Weltkrieg und die deutsche Jugend, die nicht will, daß Deutschland untergeht!

Vorstoß ins rote Heslach! Noch' gestern vormittag hatte das Bolschewistenblatt gelästert, daß die SA zu feige sei, in bi: Arbeiterviertel zu marschieren, — daß wir am Sonntag fein säuberlich vor den roten Bezirken abgebogen seien, um einer proletarischen Abreibung zu entgehen! Und daß wir es ja nicht wagen sollten, uns zu zeigen!

Der rote Schreiber wußte sehr wohl, daß er sich die Lügen aus dem Sumpf seines Bolschewistengehirns zusammengetragt hatte? Was tut es? Der Sinn der „SA." muß gewahrt sein, — und der Sinn ist: Hetze, Aufputschen der Verzweifelten durch das rote Banditentum.

Die Straße frei! Wir kommen! Jawohl, wir kommen trotz Hetze und Drohung! Die Straße frei! Das ist seit über zehn Jahren die Forderung der braunen Kämpfer!

Wir marschieren! Wir wissen sehr wohl, was der rote Hochadel geplant hat, welche Parolen ausgegeben sind: vom „chriftlich" sanktionierten Reichsbanner und vom Generalissimus in der Geißstraße.

„Schlagt den Bluthunden die Schädel ein! Stecht sie zusammen."

Das sind die lieblichen Begrüßungen, die vor allem die holde Weiblichkeit der Schupo „entgegenjubeln". Schupo greift ein! Auch unsere Jungens kriegen dabei den Gummiknüppel zu spüren! Sie stecken's ein. In dem Schlamassel trifft's wen's trifft, — und wir sollen und dürfen ja nicht dazwischenhauen! Die Schupo soll allein Ordnung halten. Also rein in die Kolonne! Schupo räumt auf. Sie lernt es jetzt, mit den Burschen fertig werden, seitdem die Kommune auch gegen sie tätlich wird und nicht kneift, bevor sie ihre Keile hat.

Die Straße frei dem Sturmabteilungsmann! Im gleichen Schritt und Tritt! Burgstallstraße, Möhlinger Straße!

. Wieder fliegen die Steine!

Da bricht einer zusammen von uns, — dort reißt es einen andern hin! Und wieder; — Auf geht's. Und jetzt paßt's richtig! Herrgottsmäßig! — Und wieder kriegt's jeder Strolch, wie es braucht.

Die Schlacht von Heslach

Bei einem Propagandamarsch der nationalsozialistischen Kampfverbände durch das rote Heslach bei Stuttgart kommt es am 21. Mai 1931 zu Ausschreitungen. Die württembergische Regierung erläßt daraufhin ein SA- und SS-Verbot. Die Nazipropaganda freilich stellt die »Schlacht von Heslach« ganz anders dar.

Stellvertreter Ost, Hauptmann Stennes, hielt sich nicht an diese Linie und forderte die Aufnahme von dreien seiner Unterführer in die Kandidatenliste der NSDAP. Alles, was sich bisher an Empörung in der SA angestaut hatte, brach nun auf. In der Nacht vom 29. zum 30. August 1930 besetzte die SA das Büro der Berliner Gauleitung und warb mit Handzetteln zum Austritt aus der NSDAP und für die Kommunisten, »weil wir glauben, daß sie eine echte Arbeiterpartei sind«.[14] Goebbels holte Hitler und die SS zu Hilfe. Einen Tag später zog der Parteiführer in Berlin von einem Sturmlokal zum andern und beschwor die SA, ihm weiterhin zu vertrauen. Stennes versprach er, seinen Anträgen zu entsprechen.

Fürs erste war die Revolte gebannt, zum ersten Mal hatte die SS die Rolle einer parteiinternen Polizei übernommen. In diesem

Augenblick entschloß sich Pfeffer zum Rücktritt. Eine ernste Bedrohung für Hitlers Führungsstellung war damit abgewendet, und Hitler reagierte, wie er später im Konflikt mit der Wehrmacht auch handeln sollte: er erklärte sich kurz entschlossen selbst zum Obersten SA-Führer. Zur Bekräftigung seiner neuen Machtstellung ließ er von allen OSAF-Stellvertretern ein »unbedingtes Treuegelöbnis der Person des Partei- und Obersten SA-Führers Adolf Hitler« ablegen. Jeder SA-Mann hatte zudem zu geloben, »alle Befehle unverdrossen und gewissenhaft zu vollziehen, da ich weiß, daß meine Führer nichts Ungesetzliches von mir fordern«.[15]

Jetzt holte sich Hitler Ernst Röhm aus dem südamerikanischen Exil zurück, schließlich war der alte Haudegen keiner nationalbolschewistischen Ideen verdächtig, und Hitler brauchte einen Mann, der als Stabschef die Zentralisation der SA weitertreiben konnte. Aber die Konflikte über die Parteilinie waren damit nicht behoben, eher spitzten sich die Dinge weiter zu. Anfang April bot die NSDAP einer eben noch von den nationalsozialistischen Wahlerfolgen verunsicherten Öffentlichkeit das Schauspiel heftiger Machtkämpfe. Mit Röhm wollte Hitler die Unbotmäßigkeit von Stennes endgültig brechen, der nach wie vor seinen nationalrevolutionären und gewaltsamen Machteroberungsplänen nachging. Auf dem Höhepunkt des Konfliktes warf Stennes dem Parteiführer vor, seine Legalitätspolitik verrate den revolutionären Geist des Nationalsozialismus an die bürgerliche Reaktion. In seiner Hauszeitung »Arbeiter, Bauern, Soldaten« ließ Stennes seiner Empörung über den Kurs von Röhm freien Lauf: »Einst hieß es in ›Mein Kampf‹, daß die erste Aufgabe der SA die Propaganda sei und wir alle wußten, dies ist nicht die letzte und höchste Aufgabe. Oft genug war uns das letzte Ziel gewiesen, daß ohne ›Köpferollen‹ (Hitler) oder ›Blutopfer‹ (Goebbels) nichts erreicht werden könne. Bis dann wie eine Bombe der Erlaß Nr. 1 des Herrn Röhm einschlug, in dem die SA als ›eine Propagandatruppe‹ bezeichnet wird. Da wußten wir alle, wohin der Weg ging und daß man uns abschütteln wollte.«[16]

Auf die Nachricht, Hitler wolle Stennes am 1. April 1931 auf einer Führertagung absetzen, sprachen sich auf einer Geheimsitzung einige Tage vorher alle Unterführer des Gausturmes Berlin für Stennes und gegen Hitler aus; bald breitete sich die Revolte der SA über ganz Nord- und Ostdeutschland aus. Ein Naziführer setzte im Durcheinander der folgenden Tage den anderen ab, zuerst Stennes Goebbels, dann entband dieser umgekehrt alle SA-Männer von der Treuepflicht gegenüber Stennes. Organisatorische Umzulänglichkeiten und politische Widersprüche ließen die Revolte bald erlahmen. Wieder war die SS als wachsames Führerorgan zur Stelle. Ihre Spitzel hatten die Parteileitung bereits über die aufrührerische Stimmung unter den SA-Führern informiert, SS-Trupps halfen schließlich die revoltierende Berliner SA niederzuknüppeln. An den SS-Führer Daluege schrieb Hitler zum Dank jenen Satz, der bald die Koppelschlösser der SS zierte: »SS-Mann, Deine Ehre heißt Treue.«

Wieder war Hitler seinen innerparteilichen Gegnern nicht mit politischen Argumenten, sondern mit dem beschwörenden Aufruf zur unbedingten Treue zum Führer begegnet, und wieder war die kleine SS dem Parteiführer gegen die unbequeme SA zu Hilfe gekommen. Der »Reichsführer SS« Heinrich Himmler, seit 1929 im Amt, triumphierte: »Wir sind nicht überall beliebt, man wird uns evtl. nach getaner Arbeit in die Ecke stellen, wir dürfen keinen Dank erwarten. Unser Führer aber weiß, was er an der SS hat. Wir sind ihm die liebste und wertvollste Organisation, denn wir haben ihn noch nie enttäuscht.«[17]

Wenn sich die Stennes-Revolte auch »im Sog der nationalsozialistischen Massenbewegung verlor«,[18] so blieb Hitlers Legalitätskurs doch Grund für immer wieder aufbrechende parteiinterne Auseinandersetzungen, vor allem mit der SA. Straßenschlachten und politische Gewaltakte der SA demonstrierten immer aufs neue, wie schwierig es war, das permanente Revoluzzertum der SA hinter der Maske der Wohlanständigkeit zu verbergen, ohne es völlig zu erdrücken. Denn ein nicht geringer Teil des Massenerfolges des Nationalsozialismus ging ja auf das Konto des revolutionären, illegalen Verhaltens der Kampfbewegung.

Hitler hatte die innerparteilichen Krisen, die im Sommer 1930 aufgebrochen waren, vergleichsweise mühelos bewältigen und seine Machtstellung befestigen können; von nun an gab es keine Amtsstellung mehr in der NSDAP, die nicht von Hitler abgeleitet war. Endgültig beseitigt waren die Konfliktherde jedoch nicht, und es war zweifelhaft, ob Hitler das überhaupt wollte, denn das wäre seiner Rolle als über der Partei stehender Schiedsrichter und als alleiniger Bezugspunkt für ganz unterschiedliche und zum Teil gegensätzliche Erwartungen nur abträglich gewesen. Was politische Beobachter und Gegner als Schwäche der NSDAP, ja als mögliche Bruchstelle werteten, das widersprüchliche Nebeneinander unterschiedlicher Tendenzen und Versprechungen, erwies sich als unschätzbarer Vorteil, solange das Spiel mit den vielen Kugeln nicht durchkreuzt wurde. Der Streit mit Otto Strasser wie auch die Stennes-Affäre waren eben nicht nur deutliche Symptome innerparteilicher Divergenzen, sie ließen sich auch glänzend als Liquidierung aller revolutionären und illegalen Elemente der NSDAP darstellen; und diese Gelegenheit ließen sich Hitler und die Nazi-Presse nicht entgehen. Das verstärkte die Beteuerungen Hitlers vor dem Reichsgericht und nährte die folgenschwere Fiktion, Hitler sei der Gemäßigte innerhalb der NSDAP, der sich selbst nur mühsam vom Einfluß der Radikalen befreien könne und den man dabei unterstützen müsse.

Es war diese von Hinhaltetaktik und Vieldeutigkeit einerseits und von Illusionismus und Kalkül auf der anderen Seite bestimmte Situation, in der sich Schleicher zum politischen Handel und damit zur Machtprobe mit Hitler und seiner Massenbewegung entschlossen hatte. Die Fähigkeit der Nationalsozialisten, den Massenprotest gegen die Weimarer Republik und deren liberal-kapitalistische Wirtschaftsordnung an sich zu binden und zum Kampf gegen das parlamentarische System und die politische Linke zu mobilisieren, machte die Stärke der NSDAP und ihre Attraktivität in diesem Handel aus. Sie bot das, was die nationale Rechte in Politik und Gesellschaft allein nicht mehr aufbrachte, nämlich die Fähigkeit zur Begründung von politischer Macht und zur Integration breiter Schichten in einer Massengesellschaft. Darum war die nationalsozialistische Massenbewegung für Reichswehr und Bürokratie als Massenbasis zur Erhaltung konservativer Macht von Interesse, und darum versuchte die nationale Rechte, die NSDAP zu zähmen und in ihre Politik der Machtsicherung einzubinden. Die Nationalsozialisten waren umgekehrt darauf bedacht, in diesem Arrangement ihre Unabhängigkeit zu wahren und gleichzeitig die konservativen Eliten für die Durchsetzung des eigenen Herrschaftsanspruches zu nutzen. Das war ja die Lehre aus dem Jahre 1923 gewesen: die Macht konnte nicht ohne oder gegen die alten Mächte, sondern nur mit ihnen errungen werden, und das wurde um so wichtiger, je deutlicher die Grenzen der eigenen Expansionsmöglichkeiten an der Wahlurne wurden.

Diese enge Verflechtung nationalsozialistischer Interessen mit den politischen Plänen der Repräsentanten und Drahtzieher des Präsidialsystems beschleunigte seit dem Frühjahr 1932 die Auflösung der Weimarer Republik und den abschüssigen Weg zur Diktatur.

Papen begann seine Regierung mit einer Reihe von Vorleistungen an die NSDAP, die die Versprechungen Schleichers einlösten und die Grundlage für eine Zusammenarbeit mit Hitler sein sollten. Das erste und wichtigste Zugeständnis war die Auflösung des Reichstages schon am 4. Juni, bevor er überhaupt zusammengetreten war und sich, wie jedermann wußte, gegenüber der neuen Regierung ablehnend verhalten würde. Aber auf eine parlamentarische Absicherung der Notverordnungspolitik wollte man ohnehin nicht mehr setzen – man wollte sich nach Möglichkeit des Parlamentes ganz entledigen. Im Augenblick konnte man es zumindest dadurch ausschalten, daß man es jeweils wieder auflöste. Papen und den Verfechtern des »Neuen Staates«, die zurück in vorparlamentarische Zeiten wollten, war damit scheinbar geholfen, auf jeden Fall aber den Nationalsozialisten, deren Wahlstrategen nichts sehnlicher wünschten als eine erneute Massenmobilisierung und die zu erwartenden plebiszitären Erfolge.

Die zweite Vorleistung, die Aufhebung des SA-Verbotes, löste eine neue Welle von Gewalt aus und brachte Papen in einen heftigen Konflikt mit den Länderregierungen, die das SA-Verbot ja durchgesetzt hatten, Preußen an der Spitze. Nicht Wirtschaftsfragen und Arbeitslosigkeit, sondern das Problem Preußen stand auf der Tagesordnung der neuen Regierung oben. Preußen war der nationalen Rechten schon lange ein Dorn im Auge, und der Haß auf das schwarz-rote Preußen machte blind gegenüber den Gefahren der braunen Revolution. Die Ausschaltung des demokratischen Preußens war auch weniger als Vorleistung an die NSDAP gedacht, denn als Erfüllung eigener Pläne und restaurativer Träume; aber der »Preußen-Schlag« sollte zur folgenreichsten Vorleistung an Hitler werden.

Was zu dem beabsichtigten Staatsstreich gegen Preußen noch fehlte, war ein einigermaßen vertretbares Alibi. Schließlich hielt man der geschäftsführenden Regierung Braun vor, Preußen habe im Kampf gegen den internationalen Kommunismus nicht die nötige Härte bewiesen; statt dessen habe sie verwerfliche Pläne zu einer gemeinsamen Abwehrfront mit den Kommunisten gegen die »junge aufstrebende« Bewegung des Nationalsozialismus entwickelt. Das angebliche geheime Bündnis des preußischen Innenministers mit den Kommunisten war ein bloßes Gerücht, das jeder Grundlage entbehrte, aber es mußte herhalten, um eine Notverordnung gegen Preußen »über die Wiederherstellung der Sicherheit und Ordnung im Gebiet des Landes Preußen« zu erwirken und zur militärischen Absicherung der Aktion den militärischen Belagerungszustand in Berlin und Brandenburg zu verhängen. Seit der Aufhebung des SA-Verbotes ging eine Welle von Straßenschlachten über das Land; von Mitte Juni bis zum 20. Juli 1932 forderte der politische Terror allein in Preußen 99 Tote und 1125 Verletzte. Den traurigen Höhepunkt der sonntäglichen Straßenschlachten zwischen Kommunisten und Nationalsozialisten erlebte Altona am 17. Juli 1932. Das war der letzte Anlaß zu der Behauptung, die preußische Regierung habe ihre Pflichten gegenüber dem Reich verletzt.

Am 20. Juli 1932 kam es dann zum Schlag gegen Preußen. Papen ließ den preußischen Innenminister Severing und den Wohlfahrtsminister Hirtsiefer, der für Braun das Amt des Regierungschefs verwaltete, in die Reichskanzlei bestellen, um ihnen höflich mitzuteilen, daß sie abgesetzt seien und daß er selbst das Reichskommissariat für Preußen übernommen habe. Das war offener Verfassungsbruch, aber niemand konnte oder wollte sich noch zur Wehr setzen. Er weiche nur der Gewalt, erklärte Severing, und fügte sich, als zwei Polizisten sein Büro besetzten. Vieles sprach für den Verzicht auf Widerstand: Papen hatte gleichzeitig den Ausnahmezustand verhängt, und so konnte jedem Widerstand mit militärischen Mitteln begegnet werden; ein Kampf der preußischen Schutzpolizei gegen reguläre Truppen wäre aber sinnlos gewesen. Hinzu kam, daß die preußische Regierung bei den Landtagswahlen vom 24. April 1932 ihre Mehrheit verloren hatte, der neue Landtag aber nicht mehr zur Mehrheitsbildung fähig war. Die Regierung Braun war seither nur noch geschäftsführend im Amt gewesen, ohne demokratisches Mandat. Die klassische Waffe der Arbeiterbewe-

Anschlag an der Gaugeschäftsstelle der Nationalsozialisten in der Berliner Hedemannstraße

Deutsches Volk erwache!

Die Nationalsozialist. Deutsche „Arbeiter"-Partei
ihre Führer und ihre Geldgeber.

Offiziere:

General von Epp
General Litzmann
General Prinz August Wilhelm
von Preußen
General Liebert

Oberst Fromm
Oberst von Ullrich
Oberst Hierl

Oberstleutnant Götz
Oberstleutnant Kriebel

Major Buch
Major Dinklage
Major Schmidthuber

Kapitänleutnant von Killinger

Hauptmann Göring
Hauptmann Stennes
Hauptmann Pfeffer

Leutnant Heines

Prinzen, Junker usw.:

Exkronprinz Wilhelm von Preußen
Fürst von Thurn und Taxis
Prinz Arenberg
Herzog von Koburg
Prinz Christian von Schaumburg-Lippe
Graf Reventlow
Graf Kaiserling
Graf Zedlitz
Graf Pückler-Muskau
Graf Thiele-Winkler-Oelsnitz
Graf Schaffgotsch-Warmbrunn
Freiherr von Buttler, ostpreußischer Junker
Freiherr von der Goltz, „ „
G. von Heimendahl, „ „
H. von Gottberg, „ „
Rittergutsbesitzer Demisch
„ von Woyrsch
„ von Corswandt
„ von Wietersheim
von Richthofen-Boguslawitz
von Richthofen-Köhlhöhe

Geldgeber:

Skodawerke, franz. Kriegsindustrie
Borsigwerke
Großindustrieller Kirdorff
„ von Arthaber
„ Mutschmann

Großindustrieller Hundhausen
Fabrikant Schneider
„ von Duschnitz
„ Ford
„ Becker

Fabrikant Bechstein
Großverleger Bruckmann
Geheimrat Kuhlo, Synditus des bayer. Industriellenverbandes
Kommerzienrat Wellheim

Das ist nur eine unvollständige Zusammenstellung.

Mussolini beurteilt die nationalsozialistische Bewegung folgendermaßen:

„Es genüge, die Namen der Führer der Nationalsozialisten anzusehen, lauter Würdenträger aus der wilhelminischen Zeit, die nicht wie in Italien die Masse des Volkes repräsentieren, das die Opfer des Krieges brachte. **Es sind Vertreter der Militärkaste, die Generationen hindurch Deutschland mißregierte**, es in die Katastrophe von Versailles führte und jetzt mit Hilfe einer nationalistischen Propaganda, die ausschließlich ihren Interessen dient, versucht, den politischen Boden und die wirtschaftliche Macht wieder zu erlangen."

Fürwahr, ein verdienter Fußtritt für den Verrat Hitlers an Südtirol!

Diese Charakterisierung bewahrheitet das Sprichwort: Verräter bedient man sich wohl, aber man verachtet sie auch!

Wähler! Einer solchen Partei könnt ihr nie eure Stimme geben!

Sozialdemokratischer Verein München. J. A.: Thomas Wimmer.

gung, der Generalstreik, war bei einem Millionenheer von Arbeitslosen auch stumpf; das wußten Gewerkschaftsführer und SPD-Vorstand, auch wenn es da und dort Reichsbanner-Einheiten gab, die auf ihren Einsatz warteten. Der Verzicht auf den Generalstreik oder andere massive Gegendemonstrationen war von politischer Vernunft und strengem Legalitätsdenken bestimmt, aber auch ein Symptom dafür, wie sehr die Sozialdemokratie – in einer von Gewalt und Massenemotionalisierung geprägten Zeit – inzwischen die politische Initiative und das Zutrauen zu sich selbst verloren hatte.

Das war die Tragik des 20. Juli 1932; seine Ironie lag darin, daß die alten preußischen Eliten, die konservativen agrarischen und militärischen Mächte, die über Jahrhunderte diesen preußischen Staat getragen hatten, diesen nun endgültig dem Reich einverleibten und damit in seiner Eigenständigkeit zerstörten, weil sie in ihrem Haß auf Parlamentarismus und Demokratie auch auf die Parteien und Kräfte einschlugen, die Preußen »über den Zusammenbruch nach dem Weltkrieg hinweggerettet und ihm einen Abglanz seiner alten Macht und Sonderstellung bewahrt«[19] hatten. Ihre Tragik sollte darin liegen, daß sie in ihrem Streben nach sozialer Machterhaltung sich einem Bündnispartner anvertrauten, der am Ende nicht nur Preußen und ihre eigene Existenz endgültig vernichtete, sondern auch das deutsche Reich und die deutsche Nation.

Die eigentliche politische Bedeutung des Preußenschlages ging über die Absichten seiner Initiatoren hinaus. Die Gleichschaltung Preußens zeigte die Bereitschaft der Träger des Präsidialsystems zum Verfassungsbruch und demonstrierte den Gegnern der Republik die tatsächliche Schwäche der republikanischen Kräfte, vor allem der Arbeiterbewegung. Das war eine wichtige Erkenntnis für eigene Gleichschaltungspläne. »Man muß den Roten nur die Zähne zeigen«, notierte Goebbels in sein Tagebuch, »dann kuschen sie.« Einen Tag später war er noch zuversichtlicher: »Die Roten haben ihre große Stunde verpaßt. Die kommt nie wieder.«[20] Nicht weniger folgenreich war, daß mit dem Preußenschlag das republikanische Bollwerk Preußen gründlich geschleift worden war. Überall in Preußen wurden in den folgenden Wochen und Monaten politische Beamte der demokratischen Parteien ihrer Ämter in Verwaltung und Polizei enthoben und durch konservative Beamte ersetzt. Damit waren bereits vor der nationalsozialistischen Machtergreifung antirepublikanische Stützpunkte errichtet, die den Gleichschaltungsprozeß des Frühjahrs 1933 erleichtern sollten. Die Nationalsozialisten ermunterte das, über radikalere Schritte nachzudenken. »Liste aufgestellt, was an Kroppzeug in Preußen alles beseitigt werden muß«, schrieb Goebbels; fast besorgt registrierte er: »Hier und da wurden einige Zeitungen verboten. Manch einer von uns hat Angst, daß diese Regierung zu viel tue und uns nichts mehr übrigbleibe.«[21]

Der Macht- und Prestigegewinn, den der Preußenschlag dem autoritären Regime Papens hatte bringen sollen, wurde gut eine Woche später bereits wieder in Frage gestellt. Die Reichstagswahlen vom 31. Juli 1932 drängten Papen mit seinem Experiment in die größte Isolierung, auch wenn sie die Nationalsozialisten der Macht nicht näher brachten. Alles lief auf eine Blockierung der rivalisierenden politischen Lager und damit auf ein Machtvakuum hinaus. In Erwartung eines großen Wahlerfolges hatten die Nationalsozialisten ein propagandistisches Trommelfeuer entfacht, und in der Tat bestätigte sich am Wahlabend, was vorhergehende Landtagswahlen schon angedeutet hatten. Die Nationalsozialisten konnten ihre Stimmenzahl gegenüber 1930 verdoppeln, von 18,3 auf 37,3 Prozent; mit 230 Mandaten (von 608) stellten sie die mit Abstand stärkste Fraktion und mit Hermann Göring den Reichstagspräsidenten. Das war jedoch kaum mehr, als Hitler im zweiten Wahlgang der Reichspräsidentenwahl erreicht hatte und sollte die Grenzen dessen markieren, was die Nationalsozialisten unter regulären Bedingungen mit dem Stimmzettel erreichen konnten. Der erneute Erdrutsch hatte zwar wesentlich mehr Stimmen gebracht, als die Faschisten in

Die Wahlplakate der SPD zeigen die ganze Hilflosigkeit einer Partei, die bis zum Schluß in Hitler nur den Gefangenen des Kapitals sieht, den gehorsamen Befehlsempfänger der Wirtschaft. Während der charismatische Mann schon Millionen radikalisiert hatte, hält sie ihn noch immer für die willenlose Marionette der wirklich Mächtigen, die die Fäden in der Hand halten.

Italien je erreicht hatten, aber ähnlich wie dort reichte auch dieses Ergebnis nicht zur Machtübernahme aus eigener Kraft. Das war ja der Ausgangspunkt der konservativen Überlegung gewesen – die »hoffnungsvolle jugendliche und nationale Bewegung« zur Mitarbeit und Stützung einer autoritären Regierung heranzuziehen – und auch die in Schleichers Kalkül; die Wahlergebnisse brachten ihn nun aber in eine fast ausweglose Situation.

Die Verfechter des autoritäten Regimes konnten zwar mit Befriedigung feststellen, daß die demokratischen Parteien endgültig ausmanövriert waren und keine eigenen politischen Initiativen mehr entwickeln konnten, die entschieden antiparlamentarischen Parteien NSDAP und KPD verfügten aber von nun an gemeinsam über eine negative Mehrheit von 53 Prozent und konnten alles niederstimmen: die konservative, altmodisch-autoritäre Lösung war gegen neun Zehntel der Wählerschaft – die demokratische Gruppierung auf der einen, die totalitäre auf der anderen Seite – überhaupt nicht durchzusetzen. Die NSDAP war aber offenkundig zu mächtig geworden, um die ihr zugedachte Rolle einer tolerierenden Mehrheitsbeschafferin zu spielen, ganz abgesehen davon, daß eine solche Rolle dem politischen und taktischen Kalkül von Hitler schon immer zuwider gewesen war. Die Nazis witterten die Gefahr: »Auf niemanden vertrauen als nur auf die eigene Kraft«, hielt Goebbels fest und folgerte daraus: »Dabei dürfen wir in unseren Forderungen nicht zu bescheiden sein. Entweder schärfste Opposition oder die Macht. Tolerierung macht tot. Die SPD ist ein warnendes Beispiel.«[22]

Statt wie erwartet das Papensche Präsidialsystem zu stützen, forderte Hitler erneut die Kanzlerschaft, dazu noch das Amt des preußischen Ministerpräsidenten, des Innenministers sowohl im Reich wie auch in Preußen sowie die Einrichtung eines Propagandaministeriums. Außerdem solle die neue Regierung vom Reichstag ein Ermächtigungsgesetz fordern; würde der Reichstag dies ablehnen, müsse er nach Hause geschickt werden. »So sieht eine ganze Lösung aus«, notierte Goebbels am 6. August nach einer Lagebesprechung im engsten Führungskreis auf dem Obersalzberg. »Haben wir die Macht, dann werden wir sie nie wieder aufgeben, es sei denn, man trägt uns als Leichen aus unseren Ämtern hinaus.«[23]

Dieser Machtanspruch entsprang nicht nur einer Politik der Stärke. Hitler war auch getrieben vom eigenen Erfolg und von den Erwartungen des Massenanhangs. Dazu Goebbels am 8. August: »Die ganze Partei hat sich bereits auf die Macht eingestellt. Die SA verläßt die Arbeitsplätze, um sich bereit zu machen. Die politischen Amtswalter richten sich auf die große Stunde ein. Wenn es gut geht, dann ist alles in Ordnung. Geht es aber schlecht, dann gibt es einen furchtbaren Rückschlag.«[24] Mit dem Wählergewinn war der Druck auf die Führung gewachsen, die dem Anhang nach den großen Anstrengungen Erfolge vorlegen mußte. Das engte den Handlungsspielraum der Parteiführung ein und stellte sie immer dringlicher vor die Frage, auf welchem Wege der legale Kurs zur politischen Macht führen sollte.

Doch weder Papen noch Hindenburg waren für eine Regierungsübertragung an die Nationalsozialisten. Zu sehr schreckte die Erin-

Reichtstagswahlen im November 1932

Der »Untermensch«, der nach dem Beginn des Rußlandfeldzuges allen Ernstes ausgerottet werden soll, prägt schon die Plakate der letzten demokratischen Wahlen: der Verbrechervisage des Kommunisten wird die Heldengestalt Jung-Siegfrieds entgegengestellt.

Nun wähle!

nerung an die Forderungen Hitlers, die Hindenburg so verstanden hatte, daß Hitler die Macht »wie in Italien«[25] wollte. Bereits zwei Tage nach der Wahl vereinbarten Papen und Schleicher, man wolle die Nazis an die Regierung binden, ihnen aber keinen großen Einfluß einräumen. Mit der Kanzlerschaft, das machte Schleicher Hitler klar, werde es nichts. In dieser Situation zogen die Nationalsozialisten SA-Verbände um Berlin zusammen und entfachten eine neue Welle der Agitation und Demonstration, was viele in der Erwartung oder Befürchtung bestärkte, es stünde ein »Marsch auf Rom« bevor. Hitler wollte damit aber nur den Druck auf die Präsidialregierung verstärken; das Konzept der legalen Machterringung hatte er auch jetzt noch nicht aufgegeben. Hinzu kam, daß die Erregung und Erwartung der eigenen Anhänger befriedigt werden mußte.

Für den 13. August erhielt der ungeduldig wartende Hitler endlich die Einladung zu einem Gespräch mit Hindenburg. Zuvor war er mit Schleicher und Papen zusammengetroffen und hatte diesen vorgehalten, nicht energisch genug gegen die Marxisten vorzugehen, die man mit »Feuer und Schwert ausrotten« müsse.[26] Papen forderte Hitlers ehemalige Zusage der Unterstützung ein; im Gegenzug bot er den Nationalsozialisten die Regierungsbeteiligung an, Hitler selbst das Amt des Vizekanzlers. Hitler lehnte entschieden ab. Daraufhin war vom anschließenden Empfang beim Reichspräsidenten nicht mehr viel zu erwarten. Das Gespräch war denn auch kurz und demütigend. Der Reichspräsident fragte militärisch knapp, ob Hitler bereit sei, an der gegenwärtigen Regierung mitzuarbeiten. Hitler antwortete, »bei der Bedeutung der nationalsozialistischen Bewegung müsse er die Führung einer Regierung und die Staatsführung in vollem Umfang für sich und seine Partei verlangen«. Darauf Hindenburg bündig, er könne »es vor Gott, seinem Gewissen und dem Vaterland nicht verantworten, einer Partei die gesamte Regierungsgewalt zu übertragen, noch dazu einer Partei, die einseitig gegen Andersdenkende eingestellt sei«. Dann gab er dem »böhmischen Gefreiten« die Mahnung mit auf den Weg, seine angekündigte Opposition »ritterlich« zu führen und warnte, daß er gegen Gewaltakte, wie sie auch von der SA verübt würden, »mit aller Schärfe einschreiten«[27] werde.

Hitler verließ das Palais des Reichspräsidenten wütend; das

Hitler und Hindenburg 1934

Die devote Haltung des 1934 längst allmächtigen Reichskanzlers verdeckt das tatsächliche Machtverhältnis zwischen Kanzler und Präsident, das sich gegenüber der Republik von Weimar umgekehrt hatte.

Schlimmste war für ihn, daß kurz darauf ein Pressekommuniqué des Präsidialbüros die Abfuhr in schroffer Form veröffentlichte. Kein Zweifel, Schleicher hatte seinen Kurs geändert und steuerte nun auf eine »Stärkung der Präsidialgewalt durch unabhängige Regierung und Maßnahmen in Preußen«, das hieß: gegen Hitler.[28] Dessen Versuch, mit Wahlerfolgen auf der einen und terroristischem Druck auf die Präsidialregierung auf der anderen Seite zur Macht zu kommen, war fehlgeschlagen.

Es waren Rachegefühle, die Hitler zu der Anordnung an die neugewählte NS-Reichstagsfraktion verleiteten, einen kommunistischen Mißtrauensantrag gegen Papen zu unterstützen. Die geschickte Regie des neuen Reichstagspräsidenten Hermann Göring setzte es durch, daß über diesen Antrag auch abgestimmt wurde, obwohl sich Papen in Voraussicht des drohenden parlamentarischen Debakels eine Auflösungsorder des Reichspräsidenten besorgt hatte, womit er dem zuvorkommen wollte. Doch Göring übersah bewußt, daß der Reichskanzler sich zu Wort gemeldet hatte, um die Auflösungsorder zu verlesen. Erst als die Abstimmung über den Mißtrauensantrag erfolgt war, verlas der Reichstagspräsident das Dekret, das der Kanzler ganz einfach auf den Präsidententisch gelegt hatte, um dann den Saal zu verlassen. Das vernichtende Votum des Reichstages von 512 zu 42 Stimmen demonstrierte, wie schwach die Basis der Regierung Papen war. Die Begründung des Auflösungsdekretes dokumentierte, wie wenig die Reichsregierung von den verfassungsmäßigen Rechten des Parlamentes hielt: »Weil die Gefahr besteht, daß der Reichstag die Aufhebung meiner Notverordnung vom 4. September d. J. verlangt.«[29] Gerade das war ja das gute Recht des Reichstages, der aber nur noch als Fremdkörper galt.

Eigentlich konnte der Sturz der Reichsregierung nicht im Interesse der NSDAP liegen, die innerhalb kürzester Frist nun wieder einen aufreibenden Wahlkampf führen mußte und diesmal nach einer empfindlichen politischen Schlappe. Zudem hatten sich mittlerweile die innerparteilichen Kontroversen über den richtigen Weg zur Macht verschärft, die sich Ende des Jahres nach dem erneuten Wahlgang zur schweren Parteikrise auswachsen sollten. Zwei Konzeptionen und zwei Parteiführer standen sich gegenüber. Goebbels, der Propagandaleiter der Partei, plädierte ganz entschieden dafür, den Weg zur Macht nur über die Kanzlerschaft Hitlers zu suchen; Gregor Strasser, mittlerweile der mächtigste Mann des Parteiapparates, wollte einstweilen auf die absolute Macht verzichten und riet zur politischen Kooperation. Diesem Kurs entsprach auch die Reorganisation des Parteiapparates, die Strasser seit dem Frühsommer weitergeführt hatte. Sein Ziel war es, den Wildwuchs des Parteiapparates, wie er sich in der Ausweitung zur Massenpartei entwickelt hatte, einem einheitlichen, hierarchischen Aufbau mit klaren und verbindlichen Regeln zu unterwerfen. Das Nebeneinander von autonomen, führerunmittelbaren Machtgruppen und einer Parteibürokratie wollte der leidenschaftliche Organisator Strasser durch bindende Regeln standardisieren. Dem diente vor allem die Einrichtung von Landesinspektoren, die als Vorgesetzte aller Funktionäre, auch der Gauleiter, dafür sorgen sollten, daß »von oben nach unten die vollkommene Gestaltung und der einheitliche Schliff und Geist in die Organisation eingebaut werden«.[30]

Der Führerkult, bisher an die personale Gefolgschaft regionaler und nebengeordneter Machtgruppen gebunden, wurde damit gleichsam organisatorisch untermauert, so wie das bereits in der SA geschehen war; der Parteiapparat erhielt ein stärkeres Eigengewicht und mit ihm auch der Parteiorganisator. Hitler erfaßte instinktsicher, daß daraus auch eine Bedrohung des eigenen Führungsanspruches erwachsen konnte. Nach dem Bruch mit Strasser im Dezember 1932 wurde die angestrebte Vereinheitlichung und Konzentration rückgängig gemacht und alle Reichs- und Landesinspektionen wieder aufgelöst. Zwar konzentrierte Hitler formell die Leitung der Parteiorganisation in seiner Hand, aber in Wirklichkeit wurde die organisatorische Leitung weitgehend dezentralisiert, indem einzelne Apparate, wie die Propagandaleitung von Goebbels und der Agrarpolitische Apparat Darrés, verselbständigt und der Kompetenzbereich des neuen »Stabsleiters für die politische Organisation« Dr. Robert Ley wesentlich eingeschränkt wurden. Für Gregor Strasser war die Organisationsreform in Wirklichkeit nicht eine Waffe zur Unterminierung von Hitlers Führungsanspruch gewesen, sondern ein Mittel, das der Partei über ihren Charakter als Mobilisierungsinstrument hinaus mehr Stabilität verleihen und sie auch für Rückschläge oder Zugeständnisse im Falle von politischen Koalitionen hätte wappnen sollen. In diese kritische Situation sollte die NSDAP nach den erneuten Reichstagswahlen am 6. November 1932 geraten.

Auch Papen kamen die Neuwahlen ungelegen. Er wollte am liebsten dem Parlamentarismus für immer ein Ende machen und hatte dazu Hindenburg Ende August Überlegungen vorgestellt, bei der nächsten Reichstagsauflösung Neuwahlen auf längere Zeit hinauszuschieben. Nun sah er sich unerwartet früh vor die Notwendigkeit der Reichstagsauflösung gestellt und hatte weder Pläne noch politische Grundlagen für eine autoritäre Verfassungsänderung beisammen.

Zwar schien der Augenblick für eine solche Reform durch einen Staatsstreich gekommen, doch Hindenburg und die Reichswehrführung fürchteten, daß die ohnehin zum Zerreißen gespannte Lage dadurch zur Explosion, gegebenenfalls zum Bürgerkrieg führen könnte. So verweigerten sie Papen die Unterstützung für seine Pläne eines autoritären Regimes, dessen soziale Konturen sich in der Notverordnung vom 4. September abgezeichnet hatten. Die aber war mit vernichtendem Ergebnis vom Reichstag abgeschmettert worden. Sie lief auf eine weitere Aushöhlung des Tarifvertragswesens und scharfe Eingriffe in die Sozialpolitik hinaus, was den heftigen Protest von Sozialdemokraten und Gewerkschaften hervorgerufen hatte. Aber auch auf Unternehmerseite stieß Papens Programm nicht nur auf freudige Zustimmung, denn die Arbeitsbeschaffungspläne, die hier zum erstenmal auftauchten, gingen manchen zu weit. Die Nationalsozialisten wiederum fürchteten einen Erfolg der Papenschen Arbeitsbeschaffungspläne, die ihnen den Massenzulauf abgraben könnten.

So drohte von allen Seiten Widerstand, wobei es nicht mehr auszuschließen war, daß Nationalsozialisten und Kommunisten gemeinsame Sache machten. Doch nichts schreckte die Reichswehr mehr, als die Möglichkeit, in bürgerkriegsähnliche Auseinandersetzungen mit Nationalsozialisten und sozialistischer Arbeiterbewegung zugleich verstrickt zu werden. Eben das aber drohte als Konsequenz der Politik Papens. Schleicher suchte indessen eine sozial breitere Basis, auf die man ein autoritäres, von der Reichswehr gestütztes Regime stellen konnte. Immerhin brachte der Wahlabend vom 6. November ein für Papen in einer Beziehung nicht unerfreuliches Ergebnis. Die NSDAP mußte recht erhebliche Verluste hinnehmen, das Ende ihres Aufschwunges war offenbar erreicht. Ihr Stimmenanteil ging um gut zwei Millionen von 37,3 auf 33,1 Prozent zurück. Goebbels Befürchtung vom Frühjahr 1932 hatte sich bestätigt. »Jetzt muß irgend etwas geschehen. Wir müssen in absehbarer Zeit an die Macht kommen. Sonst siegen wir uns in Wahlen tot.«[31] Er registrierte »eine sehr gedrückte Stimmung«[32] in der NSDAP.

Für die Regierung Papen läuteten diese Wahlen das Ende ein. Hindenburg wollte nicht schon wieder zum Mittel der Reichstagsauflösung greifen und bedeutete Papen, er solle sich um Unterstützung durch die Parteien bemühen. Das aber schlug völlig fehl. Auch die Nazis stellten sich scharf gegen die »Reaktion«. Daraufhin riet Schleicher seinem Geschöpf Papen, das jedoch mehr Eigenständigkeit bewiesen hatte und weiterhin beweisen sollte als dem General lieb war, zum Rücktritt. Am 17. November trat Papen zurück in der Hoffnung, man müsse ihn ohnehin bald zurückrufen, da eine parlamentarische Mehrheit für niemanden zu finden sei.

So unberechtigt war das nicht. Zunächst nahm Hindenburg die Verhandlungen mit den Parteien und das hieß in erster Linie mit der NSDAP selbst in die Hand. Drei Tage, vom 19. bis 21. November, zogen sich die Gespräche hin. Aber Hitler konnte nicht bieten, was Hindenburg von ihm forderte: eine parlamentarische Regierung. Die DNVP legte sich quer, und außer dem Zentrum, das nicht völlig abgeneigt war, bot sich kein Bundesgenosse an. Hitlers Forderung nach Bildung eines neuen Präsidialkabinetts lehnte Hindenburg erneut ab, mit einer ähnlichen Begründung wie am 13. August. »Der Herr Reichspräsident muß ... befürchten«, teilte Staatssekretär Meißner Hitler mit, »daß ein von Ihnen geführtes Präsidialkabinett sich zwangsweise zu einer Parteidiktatur mit allen ihren Folgen für eine außerordentliche Verschärfung der Gegensätze im deutschen Volk entwickeln würde, die herbeigeführt zu haben er vor seinem Eid und seinem Gewissen nicht verantworten könnte.«[33]

Mit seiner Ablehnung hatte Hindenburg auch den wohlmeinenden Ratschlägen alter Freunde widerstanden, die ihm eine Präsidialregierung unter Führung Adolf Hitlers nahegelegt hatten. Die Einwirkung von außerparlamentarischen Interessen und Intrigen war sichtlich direkter und massiver geworden, seit die verfassungsmäßigen Entscheidungsträger ausmanövriert waren. Am 19. November war Hindenburg eine Unterschriftenliste von deutschen Wirtschaftlern vorgelegt worden, die sich für Hitler aussprachen. Wilhelm Keppler, ein ziemlich unbedeutender Unternehmer, hatte sich seit einiger Zeit Hitler als Wirtschaftsbeauftragter angedient und nun insgesamt zwanzig Unternehmer zusammengebracht, manch illustrer Name war darunter – der des ehemaligen Reichsbankpräsidenten Schacht, des Industriellen Fritz Thyssen, des Kölner Bankiers Freiherr von Schröder, des Hamburger Reeders Woermann und daneben der manchen Großagrariers. Auffälliger und gewichtiger waren freilich die Namen derer, die nicht unterschrieben und sich dem Werben Kepplers verweigert hatten. Und was Hindenburg offenkundig mehr beeindruckte, war eine andere Petition, die kurz zuvor für eine erneute Regierung Papen eingegangen war. Sie trug die Unterschriften von nicht weniger als 339 Persönlichkeiten aus Wirtschaft und Bankwesen, alles Namen, die bei Keppler fehlten. Kein Zweifel, die deutsche Industrie wollte in ihrer Mehrheit am Ende des Jahres 1932 keine Berufung Hitlers, sondern eine Fortsetzung des konservativ-reaktionären Kurses von Papen.

Viele Zeitgenossen und nachträgliche Interpreten konnten sich Aufstieg und Erfolg der nationalsozialistischen Massenbewegung nicht anders erklären als durch einen Kauf-, Manipulations- oder Verschwörungsakt seitens des Großkapitals; andere deuteten den Nationalsozialismus als eine unter bestimmten Krisenbedingungen auftretende Konsequenz des kapitalistischen Wirtschafts- und Gesellschaftssystems. »Wer aber vom Kapitalismus nicht reden will, sollte auch vom Faschismus schweigen.«[34] Diese Forderung von Max Horkheimer, 1939 unter dem Eindruck eines scheinbar unaufhaltsamen Siegeszuges des Nationalsozialismus formuliert, wurde zum Leitmotiv unzähliger Abhandlungen. Nicht selten hat die gebetsmühlenartige Wiederholung solcher und anderer Formeln vom Zwang zum eigenen Nachdenken befreit und eine scheinbar eingängige Erklärung für das Unfaßbare gegeben.

Anlaß zur Neugierde und Spekulation hat schon immer die Frage geboten, wie die NSDAP den ungeheuren Propagandaaufwand finanziert hat, wenn nicht durch das große Geld. Bis heute kann man den Umfang der finanziellen Unterstützung der NSDAP aus Kreisen der Wirtschaft nicht exakt bestimmen; alle bis dahin lückenlos aufbewahrten Unterlagen wurden in den allerletzten Tagen des Krieges auf Anweisung aus dem »Führer«-Bunker in München verbrannt. Sicher ist nur, daß die NSDAP bis zu ihrem Erdrutschsieg im September 1930 nicht eine Partei war, die als politisch interessant und darum förderungswürdig galt. Es war nicht das große Kapital, das die NSDAP großgemacht hat, es waren die Ängste und Hoff-

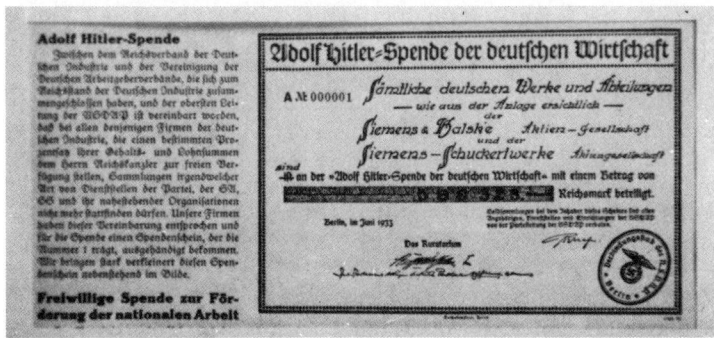

Adolf-Hitler-Spende der deutschen Industrie

Der Wirtschaft fiel es um so leichter, das neue Regime zu akzeptieren, als die ersten Monate des Jahres 1933 mit dem langerhofften Wiederaufschwung zusammenfielen. Nun strichen die Unternehmer ihre Gewinne ein, zahlten den finanziellen Tribut, den die neuen Machthaber ihnen abpreßten, und hofften auf eine allmähliche Normalisierung der Verhältnisse.

nungen der Menschen. Geöffnet wurde der Geldhahn für die NSDAP erst, als diese zur Massenbewegung angewachsen war und sich nach dem Scheitern aller Pläne einer bürgerlich-konservativen Einheitspartei als Alternative und Rückversicherungsmöglichkeit bot. Meist war es die Überlegung, sich für den Eventualfall abzusichern, selten das Bedürfnis, politischen Einfluß zu nehmen, das die großindustrielle Spendenfreudigkeit bestimmte.

Was die NSDAP zwischen 1930 und 1933 an Mitteln von der Großindustrie nachweislich erhalten hat, war offensichtlich nur ein Bruchteil dessen, was dieselben Geldgeber in jenen Jahren an die Rivalen der Nazis aus dem Spektrum der bürgerlich-konservativen Parteien zahlten. Nichts Verläßliches wissen wir über die Zahlungen und Einflußnahmen der vielen kleinen und mittleren Unternehmen auf regionaler Ebene, die sich von ihrer Unterstützung der NSDAP gerade einen Schutz ihrer mittelständischen Interessen vor dem großen Kapital versprachen. Aus der mittelständischen Anhängerschaft kam auch ein großer Teil der Selbstfinanzierung der Partei, die beträchtlich war. So betrug im Gau Rheinland der Spendenanteil an den Gesamteinnahmen nur 5 Prozent, hingegen kamen 80 Prozent aus Beiträgen und Unterstützungen der Mitglieder.

Kein Zweifel, die NSDAP finanzierte sich vor allem selbst. Keine andere Partei konnte es sich leisten, für ihre Veranstaltungen und Kundgebungen Eintrittsgelder zu verlangen, die Glaubens- und Opferbereitschaft der Massen auch finanziell auszunutzen oder die Popularität ihrer Führer in klingende Münze umzusetzen. Auch schreckten manche Gau- und Ortsgruppenleiter nicht davor zurück, regelrechte Tributzahlungen und Gewinnanteile von Geschäftsleuten zu verlangen. Trotzdem herrschte in den Jahren der permanenten Wahlkämpfe eine fast chronische Geldknappheit in der NSDAP. Daß die Zuwendungen der Industrie diese Löcher bei weitem nicht stopfen konnten, belegt eine Klage Hjalmar Schachts, Kontaktmann und Aushängeschild der NSDAP zur Industrie- und Bankenwelt vom November 1932: »Die Schwerindustrie«, schrieb er an Hitler, »trägt ihren Namen ›Schwerindustrie‹ mit Recht von ihrer Schwerfälligkeit.«[35] Geld war es nicht, was die Machtergreifung Hitlers herbeiführte, weder in qualitativer noch in quantitativer Hinsicht.

Wichtiger waren andere Kontakte und die verschiedensten Annäherungsversuche politischer Art zwischen Industrie und Nationalsozialismus, die zu dessen Bündnisfähigkeit beitrugen. Um intensivere Kontakte zur Wirtschaft war Hitler seit 1927 bemüht. Damals verfaßte er eine Geheimbroschüre mit dem Titel »Der Weg zum Wiederaufstieg«, mit dem die rheinisch-westfälischen Unternehmer für den Nationalsozialismus geworben werden sollten. Angeregt hatte diese Initiative der große alte Mann des Ruhrreviers, Emil Kirdorf, der Mitbegründer der Gelsenkirchener Bergwerks AG und Aufsichtsratsvorsitzender des Rheinisch-Westfälischen Kohlesyndikats, der sich immer mehr zum Werber für Hitler machte. In seiner Broschüre schrieb Hitler das, was die Schwerindustrie gerne hören wollte. »Die neue Bewegung lehnt kategorisch jede Standes- und Klassenteilung ab und proklamiert an deren Stelle eine zusammenfassende deutsche Einstellung ... Damit setzt die Bewegung an Stelle der heute herrschenden internationalen Geistesrichtung bewußt und gewollt eine fest umrissene nationalistische; an Stelle der demokratischen Massenanbetung die bedingungslose Autorität der Persönlichkeit und an Stelle der pazifistischen Verseuchung die Erziehung zu Widerstand und Kampf.« Den antikapitalistischen und sozialistischen Anstrich seiner Bewegung suchte Hitler zu verbergen. Die Nationalsozialisten, so betonte er zu einer Zeit, in der die nationalsozialistische Linke das Gesicht der Partei nicht unwesentlich bestimmte, wollten nicht das Privateigentum antasten, sondern die schöpferische Persönlichkeit fördern. Allerdings müsse eine »unabhängige, nationale Wirtschaft ... Dienerin im Leben eines Volkskörpers und Volkstums« sein. Dafür versprach ihr Hitler staatlichen Schutz, und das sollte beruhigend und vertraut klingen: »Der starke nationalistische Staat allein kann einer solchen Wirtschaft Schutz und Freiheit des Bestehens und der Entwicklung geben.«[36]

Das wirtschaftspolitische Bild des Nationalsozialismus wurde auf diese Weise nicht klarer, sondern hatte nur einen kräftigen Strich hinzugewonnen, was die Harmonie mit den wirtschaftlichen Vorstellungen des linken Flügels und mittelständischen Ständeideologien nicht eben verbesserte. Die Attraktivität der NSDAP für Industriekreise war damit dennoch nicht sonderlich gestiegen – diese stimmten in ihrer Mehrheit auch noch nach den Katastrophenwahlen vom September 1930 eher für eine Wiederauflage der Großen Koalition unter Brüning als für eine politische Verlagerung nach rechts.

Gleichwohl brachten die Wahlerfolge der NSDAP seit 1930 auch in der Industrie eine immer schärfere politische Polarisierung. Während die Mehrheit im Reichsverband der Deutschen Industrie und mit ihr die Wachstumsbranchen im Chemie-, Elektro- und Maschinenbaubereich an der Forderung nach einer parlamentarischen Absicherung auch einer Krisenstrategie festhielten, sah die Opposition im RDI und damit vor allem die Eisen-, Stahl- und Kohleindustrie, mithin die klassische Schwerindustrie, die Rettung nur in einem autoritären Krisenprogramm, zunehmend auch unter Einbeziehung der NSDAP. In dem Maße, in dem sich die Schwerindustrie vom Kurs Brünings abwandte, wuchs die Bereitschaft zur Annäherung an die nationale Opposition und auch an die NSDAP. Im Frühjahr 1932 erreichte diese Entwicklung ihren Höhepunkt.

Auf Veranlassung von Fritz Thyssen, der zu den frühen Förderern Hitlers zählte, hielt Hitler im Januar 1932 einen Vortrag vor dem noblen »Düsseldorfer Industrieclub«, in dem er die in seiner Geheimbroschüre für Kirdorf gemachten Versicherungen bekräftigte. »Es ist ein Widersinn, wirtschaftlich das Leben auf dem Gedanken der Leistung, des Persönlichkeitswertes, damit praktisch auf der Autorität der Persönlichkeit aufzubauen, politisch aber diese Autorität der Persönlichkeit zu leugnen und das Gesetz der größeren Zahl, die Demokratie, an dessen Stelle zu schieben.« Was daraus folgte, malte er den Industriebaronen in grellen Farben aus: »Der politischen Demokratie analog ist auf wirtschaftlichem Gebiet aber der Kommunismus. Wir befinden uns heute in einer Periode, in der diese beiden Grundprinzipien in allen Grenzgebieten miteinander ringen und auch bereits in die Wirtschaft eindringen ... Nimmt die derzeitige Entwicklung ihren Fortgang, so wird Deutschland eines Tages zwangsläufig im bolschewistischen Chaos landen, wird diese Entwicklung aber abgebrochen, so muß unser Volk in eine Schule eiserner Disziplin genommen« werden. Das aber versprach Hitler: »Aus dem Konglomerat von Parteien, Verbänden, Vereinigungen, Weltauffassungen, Standesdünkel und Klassenwahnsinn« wolle der Nationalsozialismus wieder einen »eisenharten Volkskörper herausarbeiten, ... unduldsam gegen jeden, der sich an der Nation und ihren Interessen versündigt, unduldsam gegen jeden, der ihre Lebensinteressen nicht anerkennt oder sich gegen sie stellt, und unerbittlich gegen jeden, der diesen Volkskörper wieder zu zerstören und zu zersetzen trachtet«.[37] Sein industrielles Publikum hörte daraus vor allem den Aufruf zum »Kampf gegen die Gewerkschaften« und war zufrieden, da sich nach Meinung vieler Konservativer Brüning noch immer zu sehr mit den Gewerkschaften eingelassen hatte. Hitler umgekehrt war seinem Ziel der Bündnisfähigkeit einen Schritt nähergekommen.

Das trug auch organisatorisch Früchte. Hjalmar Schacht, der im Frühjahr 1931 ins Lager Hitlers übergewechselt war, schlug den Mitgliedern der »Ruhrlade«, dem »geheimen Kabinett der Schwerindustrie«, die Einrichtung einer Koordinierungsstelle zwischen Wirtschaft und NSDAP vor, um die »nationalsozialistischen Wirtschaftsideen im vernünftigen Sinne zu beeinflussen«.[38] Daraus sollte ein wirtschaftspolitisches Programm der NSDAP entstehen, »welches Industrie und Handel mitmachen könnten«. Zwar stieß Schacht damit bei den Vertretern der rheinischen Schwerindustrie auf uneingeschränkte Zustimmung, und doch blieb die »Arbeitsstelle Schacht« ein totgeborenes Kind. Das hatte mit einem Sinneswandel Schachts zu tun, der plötzlich mit seiner Arbeitsstelle die nationalsozialistischen Vorstellungen propagieren und nicht umgekehrt auf diese einwirken wollte. Dahinter stand vor allem eine weitere politische Wende der gemäßigten Schwerindustrie um Paul Reusch – nach erneut veränderten politischen Rahmenbedingungen. Die neue Regierung Papen versprach, jenen autoritären und sozialreaktionären Kurs einer »Sanierung« von Staat und Wirtschaft, den man sich immer schon erhofft hatte, auch gegen die Arbeiterschaft zu verwirklichen. Damit begann das Interesse an der NSDAP merklich zu erlahmen. An der euphorischen Zustimmung zur Regierung Papen änderte auch das Wahlergebnis vom 6. November nichts. Die massiven Verluste der NSDAP schienen vielmehr die Richtigkeit des Kurses von Papen zu bestätigen.

Dies ist der Hintergrund der viel zitierten Eingabe vom 19. November 1932 an Hindenburg, Hitler als »dem Führer der größten nationalen Gruppe« die Reichskanzlerschaft zu übertragen. Das war nicht der Auftakt einer großen Offensive einer Mehrheitsgruppe deutscher Industrieller für den Nationalsozialismus, sondern ist ganz im Gegenteil als »der angestrengte Versuch der nationalsozialistisch orientierten Großlandwirtschaft und des Hitler-Flügels der Industrie zu interpretieren, die ›letzte Chance‹ einer faschistischen Krisenlösung wahrzunehmen und zu realisieren.«[39] Parteigänger des Nationalsozialismus waren zu diesem Zeitpunkt neben den Agrariern vom Reichslandbund nur Thyssen und Schacht und mit ihnen die Mitglieder des sogenannten Keppler-Kreises, zu dem mit Ausnahme von Albert Vögler von den Vereinigten Stahlwerken und dem Bankier Kurt von Schröder nur Wirtschaftsvertreter aus dem zweiten und dritten Glied der Eisen- und Stahlindustrie gehörten. Auch der Keppler-Kreis war ein Produkt jener intensiven Annäherungsphase des Frühjahrs 1932 zwischen Industrie und NSDAP, wobei nicht die Wirtschaft mit dem Ziel der Einflußnahme auf die NSDAP die Initiative ergriffen hatte. Es war vielmehr umgekehrt: der Hitler ergebene Wilhelm Keppler, Inhaber einer Gelatine-Fabrik, sammelte für die NSDAP einen wirtschaftspolitischen Beraterkreis von Gefolgsleuten der NSDAP, aus dem später einmal der Freundeskreis Himmler werden sollte. Auch Schacht wechselte noch im Jahre 1932 zu diesem Kreis über, von dem er sich offenbar mehr Wirkungsmöglichkeiten versprach, und kehrte seiner eigenen Arbeitsstelle den Rücken. Der Unterschied zwischen beiden Arbeitskreisen erscheint auf den ersten Blick gering, und doch ist er von grundsätzlicher Bedeutung. Die Arbeitsstelle Schacht war ein Versuch, aus der Schwerindustrie heraus auf die NSDAP Einfluß zu nehmen; sie wäre mithin ein Beweis für den Verdacht, daß der Nationalsozialismus nichts anderes als der Büttel des Kapitals gewesen ist. Aber dieses Experiment ist sofort wieder aufgegeben worden. Es blieb beim Kreis der bereits für die NSDAP geworbenen Unternehmer, und der war eben nicht groß.

Daran änderte auch Hitlers Bemühen nichts, nach dem Rückgang der großindustriellen Unterstützung im zweiten Halbjahr 1932 alles aus der Programmatik der NSDAP verschwinden zu lassen, was bei der Industrie Anstoß erregen könnte. Das »wirtschaftliche Sofortprogramm« der NSDAP von Gregor Strasser wurde durch das unternehmerfreundliche »wirtschaftspolitische Aufbauprogramm« ersetzt, die Wirtschaftsabteilung in der Reichsleitung der NSDAP wurde im September verselbständigt und damit die Position des der Wirtschaft genehmen Walther Funk gestärkt.

Es half nichts, die Mehrheit der deutschen Industrie optierte für Papen und konnte sich allenfalls eine Einbeziehung der NSDAP als Juniorpartner in dessen autoritäre Regierung vorstellen. Der Flügel der Hitler-Anhänger war und blieb klein. Nur einer stieß im Herbst 1932 hinzu, von dem man es nicht erwartet hätte, Paul Silverberg, ein rheinischer Braunkohlenindustrieller, der seit einiger Zeit stellvertretender Vorsitzender des Reichsverbandes der Deutschen Industrie war. Silverberg hatte Mitte der zwanziger Jahre von sich reden gemacht, als er sich für eine Zusammenarbeit mit der SPD ausgesprochen und an diesem Konzept bis in die große Krise hinein festgehalten hatte. Angesichts des Wählerschwundes der SPD meinte er nun, im Jahre 1932, der NSDAP jene Aufgabe übertragen zu können, die er eigentlich der SPD zugedacht hatte, nämlich die Integration der Arbeiterschaft in die bestehende politisch-soziale Ordnung. Silverberg argumentierte, daß die Industrie mit der politischen Vertretung der Arbeiterschaft zusammenarbeiten müsse, um auch unpopuläre Maßnahmen wie Lohnsenkungen durchsetzen zu können. Daß Papen eine solche Massenunterstützung nicht besaß, hielt Silverberg für eine große Schwäche in dessen Konzeption.

			Stimm- berech- tigte	Wahl- beteili- gung	Man- date gesamt	NSDAP
1932	13. 3.	Mecklenburg- Strelitz	0,07 Mill.	86,4%	35	9 23,9%
	24. 4.	Preußen	27,0 Mill.	82,1%	423	162 36,3%
	24. 4.	Bayern	5,96 Mill.	79,0%	128	43 32,5%
	24. 4.	Württemberg	1,78 Mill.	70,4%	80	23 26,4%
	24. 4.	Anhalt	0,25 Mill.	89,9%	36	15 40,9%
	24. 4.	Hamburg	0,94 Mill.	80,5%	160	51 31,2%
	29. 5.	Oldenburg	0,36 Mill.	75,6%	46	24 48,4%
	5. 6.	Mecklenburg- Schwerin	0,45 Mill.	80,3%	59	30 49,0%
	19. 6.	Hessen	0,98 Mill.	77,2%	70	32 44,0%
	31. 7.	Reichstag	44,2 Mill.	84,0%	608	230 37,3%
	31. 7.	Thüringen	1,13 Mill.	84,3%	61	26 42,5%
	6.11.	Reichstag	44,4 Mill.	80,6%	584	196 33,1%
	13.11.	Lübeck	0,10 Mill.	86,6%	80	27 33,1%
1933	15. 1.	Lippe	0,12 Mill.	85,1%	21	9 39,5%
	5. 3.	Reichstag	44,7 Mill.	88,7%	647	288 43,9%
	5. 3.	Preußen	27,3 Mill.	88,7%	474	211 43,2%

Daß Hitler und Strasser diese Massenbasis bieten könnten, war jene Überlegung, die ihn im Herbst 1932 zur NSDAP zog. Ein halbes Jahr später mußte Silverberg feststellen, wie sehr er sich getäuscht hatte. Der Jude Silverberg wurde im Zusammenhang mit den antijüdischen Boykottaktionen des Frühjahrs 1933 gezwungen, seine Ämter im RDI niederzulegen – ein Beweis für den Primat der Politik auch über ökonomische Interessen.

DNVP	DVP	Zentrum/	DDP (ab 1930 DStP)	SPD	KPD
11 31,0%	1 5,1%	—	—	10 26,9%	3 9,1%
31 6,9%	7 1,5%	67 15,3%	2 1,5%	94 21,2%	57 12,8%
3 3,3%	0 1,7%	45 32,6%	—	20 15,4%	8 6,6%
3 4,3%	0 1,5%	17 20,5%	4 4,8%	14 16,6%	7 9,4%
2 5,8%	2 3,7%	0 1,2%	1 1,5%	12 34,3%	3 9,3%
7 4,3%	5 3,2%	2 1,3%	18 11,3%	49 30,2%	26 16,0%
2 5,8%	0 0,8%	7 15,5%	1 2,3%	9 18,8%	2 5,7%
5 9,1%	—	—	—	18 30,0%	4 7,4%
1 1,5%	2 3,4%	10 14,5%	—	17 23,1%	7 11,0%
37 5,9%	7 1,2%	97 15,7%	4 1,0%	133 21,6%	89 14,3%
2 3,2%	1 1,8%	1 1,9%		15 24,3%	10 16,1%
52 8,9%	11 1,9%	90 15,0%	2 1,0%	121 20,4%	100 16,9%
4 4,5%	(u.a.) 5 6,0%	1 0,9%	1 1,6%	29 36,3%	9 11,9%
1 6,1%	1 4,4%	—	0 0,8%	7 30,2%	2 11,2%
(u.a.) 52 8,0%	2 1,1%	92 13,9%	5 0,9%	120 18,3%	81 12,3%
(u.a.) 43 8,8%	3 1,0%	68 14,1%	3 0,7%	80 16,6%	63 13,2%

Ergebnisse der Reichs- und Landtagswahlen (Zahl der Mandate, Prozentanteil der Stimmen), 1932 und 1933

Dieser Primat der Politik sollte die Entscheidungssituation der letzten Wochen und Monate vor dem 30. Januar 1933 bestimmen. Die Front der industriellen Unternehmer war in sich viel zu gespalten, um wirklichen Einfluß zu nehmen. Nur der Hitler-Flügel um Thyssen und dann der Keppler-Kreis betrieben Hitlers Ernennung zum Reichskanzler. Die Führung des RDI setzte sich dagegen für das Kabinett Schleicher ein, während die gemäßigte Gruppe der

Schwerindustrie um Paul Reusch zwar mit Genugtuung das Scheitern Schleichers beobachtete, aber sich gegenüber der Möglichkeit einer Regierung Hitler sehr zurückhaltend verhielt. Für Paul Reusch, den Generaldirektor der Gutehoffnungshütte und Vorsitzenden der Ruhrlade, bestand nach einem Treffen mit Papen am 7. Januar 1933 kein Zweifel darüber, daß eine Kanzlerschaft Hitlers »ausgeschlossen« sei. Sein Wunsch ging dahin, eine »Konzentration im bürgerlichen Lager« unter der Führung Papens zu erreichen; freilich müsse man die nationalsozialistische Bewegung »an den Staat« heranziehen.[40]

Auch Hindenburg kam auf Papen zurück, nachdem alle Verhandlungen gescheitert waren. Der verlangte für den zu erwartenden Konflikt mit dem Reichstag »alle präsidialen Vollmachten zu ergreifen, um Deutschland vor einem Schaden zu bewahren«.[41] Das war die kaum verhüllte Forderung nach einer Militärdiktatur, getragen einzig und allein von den alten gesellschaftlichen Machtgruppen aus Großgrundbesitz, Wirtschaft, Reichswehr und Bürokratie. Doch die Reichswehrführung und ihr Kopf, General von Schleicher, hatten eine Ahnung davon, daß man im industriellen Massenzeitalter auch für eine Diktatur eine breite soziale Absicherung brauchte. Daß ein Griff zum Ausnahmezustand unter besonders ungünstigen Umständen den offenen Bürgerkrieg bedeuten könnte und die Kräfte der Reichswehr in einem solchen Falle nicht ausreichten, »um die verfassungsmäßige Ordnung gegen Nationalsozialisten und Kommunisten aufrechtzuerhalten und die Grenzen zu schützen«, ließ Schleicher in der entscheidenden Kabinettssitzung am 1. Dezember noch zusätzlich durch ein Sandkastenspiel des Oberstleutnant Ott demonstrieren. Das Fazit: »Es sei daher die Pflicht des Reichswehrministers, die Zuflucht der Reichsregierung zum militärischen Ausnahmezustand zu verhindern.«[42]

Das war zwar vom Extremfall her gedacht, erfüllte aber seinen Zweck. Papens Plan war vom Tisch. Nun mußte Schleicher, ob er es wollte oder nicht, aus den Kulissen hervortreten und am 2. Dezember selbst die Kanzlerschaft übernehmen. Schleicher hatte dem Reichspräsidenten, der der ewigen Krisen und Kämpfe müde war, einen neuen Plan vorgelegt, der wiederum die Zähmung und Abnutzung der NSDAP zum Ziel hatte. Was Schleicher jetzt vorschwebte, erinnerte an seine früheren Überlegungen eines »Sprunges nach links«.[43] Er wollte vor allem die Gewerkschaften jeglicher Couleur als soziale Basis gewinnen und quer zu den politischen Lagern eine soziale Achse bilden, die von den sozialistischen Gewerkschaften bis zur NSDAP reichen sollte. Für eine Weile hoffte er, eine sozialpolitisch fortschrittliche Militärdiktatur könne zwischen den harten sozialen und politischen Fronten ausgleichen und die bürgerkriegsähnlichen Zustände abbauen. Tatsächlich zeigten die Gewerkschaften Interesse. Aber das Mißtrauen der Sozialdemokraten gegenüber dem politisierenden und listenreichen General war unüberwindlich. Es war die SPD, die die verhandlungsbereiten Gewerkschaften zurückhielt. Nun hing alles vom Verhalten der Nationalsozialisten ab. Hier war es die Alles-oder-Nichts-Strategie Hitlers, die Schleichers Konzept durchkreuzte. Doch für kurze Zeit schien es so, als sei Hitler nicht die NSDAP. Schleicher hatte seine Initiative zu einem günstigen Zeitpunkt gestartet. Er setzte auf die innerparteilichen Auseinandersetzungen in der NSDAP über den richtigen Kurs. Die Erwartung einer Spaltung der Partei war nicht gänzlich unrealistisch.

Hitler sah sich der bisher schwersten Krise seiner Laufbahn gegenüber. Nach den harten, aber letztlich erfolglosen Wahlkämpfen des Jahres 1932 hatten sich in der NSDAP Ungeduld, Resignation, Finanznot und Zweifel an der Richtigkeit des kompromißlosen Kurses von Hitler breitgemacht. Auch der Abwärtstrend bei den Wahlen hielt an, selbst in der einstigen Hochburg Thüringen mußte man empfindliche Verluste hinnehmen. Goebbels' Feststellung in seinem Tagebuch vom 6. Dezember war nicht übertrieben: »Die Lage im Reich ist katastrophal. In Thüringen haben wir seit dem 31. Juli nahezu 40 Prozent Verluste. Wir müssen mehr arbeiten und weniger verhandeln.«[44]

Verhandeln wollte vor allem die Gruppe um Gregor Strasser, die Hitlers Kurs des Alles oder Nichts für schädlich und obendrein als Widerspruch zur Legalitätstaktik betrachtete. Strasser malte die düstere Perspektive aus, Schleicher könne erneut den Reichstag auflösen und Wahlen veranstalten. Denen wäre die Partei aber weder materiell noch psychologisch gewachsen gewesen. Das wußte niemand besser als der Reichsorganisationsleiter, und er unterließ es nicht, Hitler darauf hinzuweisen, um ihn zum Einlenken zu bewegen. Strasser hatte ein eigenes Konzept, mit dem er aus der Krise heraus wollte. Hitler verharrte, wie oft in solchen Situationen, in depressiver Starrheit; alles schien ihm verloren, sich selbst sah er auf dem Rückzug ins Nichts. In dieser Gemütsverfassung scheint er sich für eine Weile Strassers Plänen gebeugt zu haben, die eine Beteiligung der NSDAP mit einigen Ministern an einem Kabinett Schleicher mit Strasser als Vizekanzler vorsahen. Das Arbeitsbeschaffungsprogramm der NSDAP sollte Bestandteil des künftigen Regierungsprogramms werden.

Schleicher war einverstanden und richtete sich auf ein Gespräch mit Hitler ein, um alles endgültig zu besprechen. Doch überraschend fuhr Hitler nicht im Nachtzug von München nach Berlin, sondern nach Weimar. Das Treffen mit Schleicher war geplatzt. Es ist unklar, was Hitlers plötzliche Meinungsänderung bewirkt, wer ihn dabei beeinflußt hat. Alles spricht dafür, daß es Göring und Goebbels gewesen waren, die ihn umgestimmt hatten. Auf jeden Fall traf man sich am 30. November in Weimar im Hotel »Zum Elefanten«. Strasser und Frick nahmen an der Besprechung teil, auch Goebbels war telegraphisch herbeigerufen worden. Was konkret beraten wurde, ist nicht bekannt. Soviel ist sicher: Strasser sah sich in der Isolierung; es war eine entscheidende Niederlage. Gleichwohl hielt er an seiner Verabredung mit Schleicher fest, mit dem er am 4. Dezember in Berlin zusammenkam. Wieder bot Schleicher ihm den Vizekanzlerposten an; Strasser akzeptierte. Noch einmal, am 5. Dezember, kam es auf einer Führertagung im Hotel Kaiserhof in Berlin zu einer heftigen Auseinandersetzung. Strassers pessimistische Einschätzungen waren durch die Wahlen in Thüringen völlig bestätigt worden, aber wieder war es Hitlers rhetorische Gewalt, die den Ausschlag gab und Strasser isolierte.

»Der Führer Hitler: ›Nur nicht die Nerven verlieren! Es geht aufwärts, liebe Pg.!‹« Karikatur aus dem »Wahren Jakob« vom 5. Dezember 1932

215

Zwei Tage später stand Strasser Hitler noch einmal gegenüber und mußte sich des Verrats und der Treulosigkeit bezichtigen lassen. Spätestens jetzt fiel der Entschluß, den Strasser schon seit Tagen mit Freunden und Beratern erörtert hatte; er trat von allen Parteiämtern zurück. Sein Rücktrittsschreiben schlug im Hotel Kaiserhof wie eine Bombe ein. Der Rücktrittsbrief ist nicht erhalten, wie es überhaupt wenig verläßliche Dokumente für das Durcheinander von Konzeptionen, Absprachen und Intrigen dieser Tage gibt. Im handschriftlichen Entwurf des Schreibens nannte Strasser drei Gründe für seinen Rücktritt: das destruktive Verhalten Hitlers seinen Neuorganisationsplänen gegenüber, zweitens seine Auffassung, daß die NSDAP nicht in erster Linie »eine zur Religion werdende Weltanschauung ist, sondern eine Kampfbewegung, die die Macht im Staate in jeder Möglichkeit anstreben muß, um den Staat zur Erfüllung seiner nationalsozialistischen Aufgabe und zur Durchführung des deutschen Sozialismus in allen seinen Konsequenzen fähig zu machen«. Schließlich kritisierte er die »brachiale Auseinandersetzung mit dem Marxismus«, die nicht zum »Mittelpunkt der innenpolitischen Aufgabe« werden dürfe. Vielmehr gehe es darum, »eine große, breite Front der schaffenden Menschen zu bilden und sie an den neu geschaffenen Staat heranzubringen«.[45] Schließlich versicherte Strasser, er wolle Nationalsozialist bleiben und nicht zum Angelpunkt irgendwelcher Oppositionsbestrebungen werden.

Der Brief versetzte die Partei in einen Zustand der Unsicherheit und Depression. Im »Kaiserhof« befürchtete man eine Palastrevolte und wußte nicht, ob Strasser nicht doch noch in eine Regierung Schleicher berufen würde. Die Unruhe steigerte sich, als Strasser nicht auffindbar war. »Wir sind alle sehr deprimiert«, vertraute Goebbels seinem Tagebuch an, »vor allem im Hinblick darauf, daß nun die Gefahr besteht, daß die ganze Partei auseinanderfällt und alle unsere Arbeit umsonst getan ist. Wir stehen vor der entscheidenden Probe.«[46] Als nach Mitternacht in der druckfrischen »Täglichen Rundschau«, die Schleicher nahestand, der bisher geheimgehaltene Rücktritt Strassers gemeldet wurde und Spekulationen darüber angestellt wurden, was ein Parteivorsitz Strassers für die NSDAP in ihrer desolaten Lage bedeutet hätte, glaubte Hitler, das wäre Strassers Fanal zum Abfall. Hitler war tief demoralisiert und drohte: »Wenn die Partei einmal zerfällt, dann mache ich in drei Minuten mit der Pistole Schluß.«[47]

Doch Strasser unternahm gar nichts, auch seine Anhänger, über deren Zahl nichts Genaues bekannt ist, warteten vergebens auf ein Zeichen. Statt dessen fuhr Strasser in den Urlaub. Er wollte keinen Machtkampf und keine Anti-Hitler-Koalition. Gregor Strasser war zu sehr getreuer Paladin, um zum Haupt einer Fronde gegen den »Führer« zu werden. Hitler reagierte wie immer: Er übernahm selbst die Funktion des Zurückgetretenen und rief anschließend Abgeordnete und Amtsleiter zu einer Treuekundgebung in das Palais des Reichstagspräsidenten Göring. Strasser sei ihm »fünf Minuten vor dem endgültigen Sieg« in den Rücken gefallen, brachte der »Führer« unter Tränen, wie Augenzeugen behaupteten, hervor. Goebbels wurde »ganz heiß ums Herz ... Alte Parteigenossen, die seit Jahren in der Bewegung unbeirrt kämpften und arbeiteten, haben Tränen in den Augen vor Wut, Schmerz und Scham. Der Abend ist ein ganz großer Erfolg für die Einheit der Bewegung.« Von den Strasser-Leuten verlangte Hitler die Unterwerfung: »Alle geben ihm die Hand und versprechen, komme, was komme, mit ihm weiterzukämpfen und, wenn es ihr Leben kosten sollte, nicht von der großen Sache zu weichen. Strasser ist nun vollkommen isoliert. Ein toter Mann.«[48]

Das Führer-Gefolgschaftsverhältnis hatte sich wieder einmal als wirkungsvolles Integrationsmittel erwiesen. Wieder war es Hitler gelungen, mit gestärkter Macht und der Bestätigung des Führerkults aus der Krise hervorzugehen. Wieder waren ihm dabei Schwäche oder Resignation seines Gegenspielers zugute gekommen.

Gleichwohl kostete es Hitler und Goebbels nach der Krise Mühe, die Mißhelligkeiten in der Partei zu beseitigen und die Führungskader der Partei auf einen harten Oppositionskurs festzulegen. In Partei und SA wirkten die Erschütterungen des Bebens noch lange nach und wurden zum Teil, wie in Franken, erst durch die Nachrichten von der erfolgreichen Machtübernahme aus Berlin beendet. »Das Jahr 1932 war eine ewige Pechsträhne«,[49] faßte Goebbels am Jahresende die Stimmung in der Partei zutreffend zusammen. Nicht zu Unrecht frohlockten die Gegner beim Jahresrückblick. Tatsächlich schien des Führers Zeit abgelaufen, bevor sie recht begonnen hatte. Konrad Heiden, der den bisherigen Aufstieg des Nationalsozialismus sorgfältig beobachtet hatte, meinte im Dezember 1932 deutliche Auflösungserscheinungen feststellen zu können: »So ist die Partei in ihrem Wettlauf zur Macht in Zeit- und Geldnot geraten, und dies droht zur Existenznot zu werden.«[50]

In diesem Augenblick kam es zu einer unvermuteten Wende, ganz ohne Zutun der Nationalsozialisten. Diese Wende brachte die Patt-Situation, in die sich die Strategen des Präsidialsystems hineinmanövriert hatten. Mit seinem Ausscheiden aus der Parteiführung war Strasser für Schleicher wertlos geworden, auch wenn der General sich noch eine Zeitlang mit dem Gedanken einer Regierungsbeteiligung Strassers trug, um vielleicht doch noch den kooperationswilligen Teil der NSDAP zu gewinnen. Doch Schleicher hatte sich am Ende bei allen potentiellen Gliedern seiner sozialen Achse eine Absage geholt, und damit war auch der Versuch gescheitert, das Präsidialsystem aus seiner politischen Isolierung und sozialen Einengung zu befreien. Das politische System war endgültig blockiert. Was nun folgte, waren Intrigen, die keineswegs auf eine Kanzlerschaft Hitlers zulaufen sollten und mußten. Aber sie machten Hitler nach den Erschütterungen und Niederlagen der letzten Monate ganz unerwartet wieder bündnisfähig. Drahtzieher war Franz von Papen, der aus einem Gefühl des verletzten Stolzes alle Überlegungen Schleichers zu durchkreuzen suchte; und dabei kam ihm Hitler gerade recht.

Bereits zwei Wochen nach Schleichers Regierungsantritt hatte Papen gegenüber einem alten Bekannten, dem Kölner Bankier Kurt von Schröder, sein Interesse an einem Gespräch mit Adolf Hitler zu erkennen gegeben. Der Zeitpunkt war gut gewählt. Die Pläne Schleichers für einen »Sprung nach links« waren in Wirtschaftskreisen auf Mißtrauen gestoßen, und andererseits hatte sich die NSDAP Hitlers mit dem Ausscheiden Strassers offenbar von dem Exponenten aller revolutionären, antikapitalistischen Stimmungen getrennt.

Für den 4. Januar 1933 wurde ein Treffen zwischen Papen und Hitler im Kölner Hause des Bankiers verabredet. Obwohl das Gespräch unter strengster Geheimhaltung stattfinden sollte, hatte ein Parteigänger Schleichers, der Publizist Hans Zehrer, davon erfahren und den Kanzler-General gewarnt. Der hielt ein Arrangement Papens mit Hitler aber für völlig ausgeschlossen. In der Tat begann das Gespräch mit alten Rechnungen, die zu begleichen waren. Hitler machte Papen heftige Vorwürfe, vor allem wegen der Demütigungen des 13. August. Doch Papen verstand es, alle Schuld der Vergangenheit auf Schleicher zu schieben. Um Hitlers Vertrauen zu gewinnen, berichtete er von Schleichers Intrigen bei seiner eigenen Ablösung als Kanzler vor einigen Wochen und über Hindenburgs Verärgerung darüber. Auch jetzt erfreue sich der General keineswegs eines guten Ansehens beim Reichspräsidenten. Hindenburg sei nicht bereit, Schleicher die Unterschrift unter eine erneute Reichstagsauflösung zu geben. Damit sei das Ende der Regierung Schleicher aber schon vorhersehbar; umgekehrt sei es nicht ausgeschlossen, daß sich nun doch noch eine Beteiligung Hitlers an der Regierung bewerkstelligen ließe. Dank seines noch immer großen Einflusses bei Hindenburg könne aber nur er, Papen, dies erreichen. Dann schlug er eine Koalition zwischen Deutschnationalen und Nationalsozialisten vor, mit einem Duumvirat an der Spitze zwischen Hitler und ihm selbst. Ein Bündnis hatte sich abgezeichnet, man war übereingekommen, das Gespräch fortzusetzen. Knapp vier Stunden hatte das Treffen gedauert, das zur »Geburtsstunde des Dritten Reiches« werden sollte.

Beide Seiten konnten zufrieden sein. Jeder glaubte, den anderen für seine Zwecke eingesetzt zu haben. Für Papen war es eine Chance zur Rückkehr an die Macht mittels der nationalsozialistischen Massenbewegung und außerdem die Möglichkeit einer Rache an Schleicher. Hitler sah die eigene Position und die seiner Partei plötzlich wieder aufgewertet und den Zugang zu Hindenburg und zum Reichskanzleramt geöffnet. Am nächsten Tag wurde das Treffen publik. Zehrers »Tägliche Rundschau« brachte den photographischen Beweis, der auch Schleicher davon überzeugte, daß nun er das Opfer einer Intrige geworden war. Damit war auch sein letzter Versuch ziemlich wertlos geworden, mit der Aufnahme Strassers in seine Regierung das Blatt noch zu wenden. Fast zur selben Zeit, als das Treffen in Köln stattfand, hatte Schleicher mit Strasser zusammen den Reichspräsidenten aufgesucht. Der war von dem bürgerlichen Habitus Strassers durchaus angetan und mit seiner Ernennung zum Vizekanzler einverstanden. »Der Mann macht eine ganz andere Figur als dieser Hitler. Der Strasser gefällt mir bedeutend besser«, bemerkte der alte Herr nach dem Besuch.[51] Aber Strasser konnte nicht mehr bieten, was Schleicher sich von ihm erhofft hatte: eine Regierungsbeteiligung der Nationalsozialisten ohne Hitler.

Überall verspürte Hitler nun starken Aufwind. Man mußte wieder mit der Hitler-Partei rechnen. Das taten auch Wirtschaftskreise, deren Zuwendungen in die leeren Parteikassen zu fließen began-

Nach dem Verlust von 4,2 Prozent der Wählerstimmen bei den Reichstagswahlen vom 6. November 1932 setzte die NSDAP bei der Wahl in dem Zwergland Lippe alles daran, die Kommentare zu widerlegen, denen zufolge der Höhepunkt überschritten war. Wochenlang trat nahezu die gesamte Parteiführung in einem an und für sich völlig belanglosen Wahlkampf auf, der zur Entscheidungsschlacht um Deutschlands Zukunft stilisiert wurde. Die Wahlplakate zeigten Hitler als neuen Hermann den Cherusker, der das Vaterland rettet.

nen. Um ihren neuerlichen Machtanspruch zu untermauern, suchten die nationalsozialistischen Propagandisten aber auch das Kapital wieder zu mobilisieren, das selbst von einer spendenfreudigen Industrie nicht zu beschaffen war: die Zustimmung des Wählers. Alle Kräfte wurden nun auf die am 15. Januar stattfindenden Landtagswahlen im Zwergstaat Lippe konzentriert. Der massive Einsatz sollte sich lohnen. Zum erstenmal seit den Juliwahlen von 1932 hatte die NSDAP wieder einen Aufwärtstrend zu verzeichnen. Der »Sieg« wurde von der NSDAP überschwenglich gefeiert und gleich am folgenden Tag auf einer Führertagung in Weimar von Hitler zur endgültigen Bereinigung der Strasser-Krise genutzt. Goebbels jubelte: »Die Situation der Partei hat sich über Nacht grundlegend geändert. Wir stehen wieder hoch im Kurs. Das Kabinett Schleicher ist von allen Vernünftigen bereits aufgegeben.«[52]

Tatsächlich war es um die Regierung Schleicher nicht gut bestellt. Aber das war weniger Ergebnis vernünftiger politischer Erwägungen als von Intrigen, taktischen Winkelzügen und Interessen.

Schleicher erkannte die heraufziehende Gefahr, als er die Photos vom Geheimtreffen in Köln sah. Umgehend informierte er nicht nur die Presse, sondern wurde auch bei Hindenburg vorstellig. Sein Ersuchen, der Präsident möge Gespräche mit Papen künftig nur noch in seiner Gegenwart führen, stieß auf taube Ohren und war tatsächlich auch nicht besonders überzeugend. Denn was Schleicher nun unterbinden wollte, daß man hinter dem Rücken des amtierenden Kanzlers beim Reichspräsidenten über das politische Schicksal der Regierung sprach, das gehörte seit einiger Zeit zum politischen Stil, und niemand hatte diese Möglichkeiten hinter den Kulissen bisher besser genutzt als Schleicher selbst. Nun drohte der listenreiche General Opfer seiner eigenen Praktiken zu werden. Schleicher mußte feststellen, wie schwach seine Position geworden war und daß Papen sich nach wie vor der Gunst Hindenburgs erfreute.

Das wurde in der Unterredung deutlich, die Papen am 9. Januar mit Hindenburg hatte – ohne Schleicher. Ausführlicher als zuvor dem Kanzler berichtete Papen von seinem Gespräch mit Hitler und davon, daß er Hitler zum Verzicht auf die Übertragung der ganzen Regierungsgewalt und zu einer Teilnahme an einer Koalitionsregierung habe bewegen können. Das war zwar wahrheitswidrig, aber wirkungsvoll. Der alte Herr hatte an den Aktivitäten seines einstigen Lieblingskanzlers nichts auszusetzen und war auch einverstanden, daß dieser streng vertraulich mit Hitler weiter in Kontakt bliebe. Der Präsident wurde Mitwisser des Komplotts gegen seinen Kanzler und richtete sich bereits auf eine Wiederkehr seines alten Kanzlers Papen ein. Doch das entsprach nicht den Vereinbarungen von Köln, und auch Papen war sich bewußt, daß ohne eine Kanzlerschaft Hitlers aus seiner eigenen Rückkehr zur Macht nichts werden würde.

Der Reichspräsident hatte sich zwar mit einer Regierungskoalition zwischen Papen, Hugenberg und Hitler einverstanden gezeigt, aber der Gedanke an einen Reichskanzler Hitler schreckte ihn nach wie vor. Da erhielt das Bündnis Papen/Hitler eine weitere Verstärkung. Der Reichslandbund machte gegen Schleicher mobil. Seitdem Schleicher in seiner Regierungserklärung vom 15. Dezember 1932 eine härtere Haltung gegenüber großagrarischen Interessen angedeutet und die für den Großgrundbesitz unangenehme Problematik der Siedlungspolitik im Osten wieder angesprochen hatte, regte sich die landwirtschaftliche Lobby.

Am 11. Januar wurde eine Delegation des Landbundes unter Leitung des geschäftsführenden Präsidenten, des Grafen Kalckreuth, der auch einer der Unterzeichner der November-Eingabe an Hindenburg zugunsten eines Reichskanzlers Hitler gewesen war, offiziell vom Reichspräsidenten empfangen. Zur Delegation gehörte auch der Nationalsozialist Werner Willikens, der in den Vorstand des Landbundes aufgestiegen war. Wieder übte man scharfe Kritik am Reichskanzler, der erst später zum Gespräch hinzugezogen wurde. Als dieser und seine Minister nicht sofort bindende Zusagen zu den zoll-, handels- und steuerpolitischen Forderungen der Agrarier machen wollten, beendete Hindenburg im Befehlston die Debatte: »Ich ersuche Sie, Herr Reichskanzler von Schleicher, und als alter Soldat wissen Sie ja, daß das Ersuchen nur die höfliche Form eines Befehls ist, daß noch heute Nacht das Kabinett zusammentritt,

Gesetze in dem dargelegten Sinne beschließt und mir morgen Vormittag zur Unterschrift vorlegt.«[53]

Schleicher war empört und setzte sich mit einer öffentlichen Attacke gegen den Mißbrauch der Osthilfe durch agrarische Interessen zur Wehr. Seine Schlußfolgerung: die Reichsregierung sehe sich »gezwungen, von jetzt an Verhandlungen mit Mitgliedern des Reichslandbundes abzulehnen«.[54] Die Flucht nach vorn schadete jedoch Schleicher nur noch mehr und nützte vor allem den Nationalsozialisten und ihrem Wegbereiter Papen. Das Todesurteil über die Regierung Schleicher war eigentlich schon gefällt, aber eine neue Regierung stand diesmal – anders als beim Sturz Brünings – noch nicht bereit. Noch war die Harzburger Front nicht wieder zusammengezimmert, noch schwankte Hindenburg, was Hitler anbetraf.

Aber im Lager Papen/Hitler war man geschäftig. Ein neuer Akteur trat auf, den noch niemand kannte, der Hitler aber direkte Verbindungen zu Papen verschaffte – Joachim von Ribbentrop, ehemaliger Offizier, eingeheirateter Teilhaber einer Sektfirma, seit einer militärischen Mission in der Türkei 1928 mit Papen bekannt und seit einem halben Jahr Mitglied der NSDAP. Schon in der Nacht zum 11. Januar hatten sich Papen und Hitler in Ribbentrops Gartenhaus in Berlin-Dahlem getroffen. Am 18. Januar, nach dem Wahlkampf und Wahlerfolg in Lippe, traf man sich wieder bei Ribbentrop. Diesmal waren auch Göring, Röhm und Himmler zugegen. Noch kam man nicht weiter. Hitler bestand auf der Kanzlerschaft, aber Papen hielt dies für unmöglich: »das durchzusetzen übersteige seinen Einfluß bei Hindenburg«.[55] Um den aufgenommenen Faden nicht wieder zerreißen zu lassen, schlug Ribbentrop ein Gespräch Hitlers mit Hindenburgs Sohn vor, das auch Papen ratsam schien. Denn mittlerweile hatte Papen am 19./20. Januar wieder mit Hindenburg Fühlung aufgenommen und dabei selbst für eine Kanzlerschaft Hitlers geworben. Alle Versuche, Hindenburg mit seinem Zähmungskonzept zu beruhigen, waren an dessen Aversion gegen den »böhmischen Gefreiten« gescheitert, die auch der Sohn Oskar teilte. So erschien es ratsam, erst einmal diesen umzustimmen. Der Reichspräsident stimmte schließlich einem Treffen seines Sohnes mit Hitler bei Ribbentrop zu, Staatssekretär Meißner sollte ihn begleiten.

Das Treffen fand unter sorgfältigen Geheimhaltungsmaßnahmen statt. Oskar von Hindenburg und Meißner hatten sich zunächst noch demonstrativ in der Oper gezeigt, bevor sie in das Taxi nach Dahlem stiegen. Hitler war vorher auf einer großen SA-Kundgebung anläßlich des dritten Todestages von Horst Wessel gewesen und kam von dort aus mit Göring von der Gartenseite zu Ribbentrop. Auch Papen hatte noch einen Versammlungstermin wahrgenommen, bevor er im Wagen Ribbentrops eintraf. In einem Nebenraum redete Hitler auf Oskar von Hindenburg ein und wußte ihn offenbar mit der bezeichnenden Mischung aus Drohung und Werbung für sich zu gewinnen. Auf der Rückfahrt gestand Oskar von Hindenburg, daß er von Hitlers Darlegungen beeindruckt und nun selbst überzeugt sei, daß Hitler Kanzler werden müsse.

Der Widerstand des Reichspräsidenten war damit freilich noch nicht gebrochen, wie Papen bei einem Gespräch am folgenden Tag feststellen mußte. Von den abendlichen Vorgängen alarmiert, hatte auch Schleicher um einen Termin beim Reichspräsidenten nachgesucht. Der Kanzler mußte eingestehen, daß seine Absicht, die NSDAP zu spalten und an die Regierung heranzuziehen, gescheitert sei und damit auch die Hoffnung auf eine parlamentarische Basis für das Kabinett. Als er deshalb vorschlug, den Reichstag aufzulösen und die Neuwahlen über die verfassungsmäßige Frist hinaus zu verschieben, erinnerte ihn Hindenburg an den 2. Dezember, an dem er, Schleicher, sich dem gleichen Vorschlag des damaligen Kanzlers Papen widersetzt habe. Schleichers Einwand, daß die Situation eine andere sei und daß er nun im Unterschied zu Papen mit der Duldung des militärischen Ausnahmezustandes durch SPD, Gewerkschaften und Reichsbanner rechnen könne, ließ der Reichspräsident nicht gelten. Hindenburg war nicht einmal mehr bereit, Schleicher zu gewähren, was er Papen noch zwei Monate zuvor hatte zugestehen wollen: die Auflösung des Reichstages.

Noch wichtiger war der Eindruck, den der Besuch eines Reichswehrgenerals, eines alten Freundes zudem, bei dem Generalfeldmarschall hinterließ. Meißner war es vermutlich, der das Gespräch mit Generalleutnant Werner von Blomberg, Wehrkreiskommandeur in Ostpreußen, arrangiert hatte. Blomberg, nach einem Unfall der Abrüstungsdelegation in Genf zugeteilt, pries die Vorteile einer nationalen Front aus Deutschnationalen mit Stahlhelm und Nationalsozialisten mit der SA unter Hitlers Führung. Vor allem sprach er sich klar gegen eine Militärdiktatur aus, die die Reichswehr in eine Konfrontation mit der Hitlerbewegung brächte. Hindenburg blieb nicht unbeeindruckt. Blomberg schien dafür zu bürgen, daß die Reichswehr ihre alte Ablehnung gegen Hitler und die SA offenbar aufgegeben hatte. Für Hitler bot Blomberg umgekehrt die Gewähr, daß die NSDAP eine Kontrolle von seiten der Reichswehr kaum noch zu fürchten hatte, daß dem Zähmungskonzept bereits die wichtigste Stütze genommen war. Kein Zweifel, Blomberg bot sich beiden Seiten als idealer Reichswehrminister und Nachfolger Schleichers an. Was Hindenburg nicht wußte, war, daß Blomberg nicht nur mit Schleicher verfeindet war, sondern sich mittlerweile bereits vom Nationalsozialismus hatte gewinnen lassen. Vermittlerdienste hatte dabei sein Wehrkreispfarrer, der spätere nationalsozialistische Reichsbischof Müller, geleistet. Noch bekannter als überzeugter Nationalsozialist war sein Stabschef, Oberst von Reichenau, der in diesen Tagen ebenfalls plötzlich in Berlin auftauchte.

Hitler hatte in diesen beiden Generälen eine wichtige Stütze gefunden, weil er ihnen das zu garantieren schien, worum sich vor allem Reichenau sorgte: um die führende Stellung der Armee in Staat und Gesellschaft. Hitler hatte sich geschickt der Militärideologie angepaßt und die Reichswehr zum einzigen Waffenträger erklärt. Eine nationale Front der alten Militäreliten mit dem Nationalsozialismus versprach das, was die Generäle sich allein nicht mehr zutrauten: »die nationalistische Integration der überwältigenden Mehrheit der Nation und die Unterdrückung des Restes«, das hieß vor allem der pazifistischen und internationalistischen Kräfte.[56] Außerdem entband Hitlers »Zwei-Säulen-Theorie« die Reichswehr von dem gefürchteten innenpolitischen Engagement und Machtkampf. Die Sorge vor einer zu großen Verstrickung in die politischen Kämpfe war es, die den Unwillen der Reichswehroffiziere über den Kurs Schleichers mehrte. Hitler versprach dagegen die Rückkehr zu scheinbar Vertrautem und die Anpassung an die veränderten Bedingungen einer technisch-industriellen Umwelt. Seine »Zwei-Säulen-Theorie« nahm offenbar den alten militärisch-politischen Dualismus wieder auf, der die militärische und politische Seite des Staates als unabhängige Größen nebeneinander und nur in der Person des Monarchen beziehungsweise des Ersatzmonarchen Hindenburg vereint gedacht hat. Durch diese Neubegründung ihrer gleichsam autonomen politischen Stellung, das war die Hoffnung Blombergs und Reichenaus, könne die führende politische und gesellschaftliche Rolle der Armee gesichert und jene für eine »Volksgemeinschaft« notwendige gesellschaftliche Integration erreicht werden, die Militärstrategen als Voraussetzung für eine Vorbereitung auf einen technisch-industriellen Krieg als unumgänglich ansahen. Damit waren dann die innenpolitischen Voraussetzungen für eine schrittweise Verwirklichung der außen- und machtpolitischen Ziele gegeben, nämlich die Aufhebung aller deutschen Rüstungsbeschränkungen und die Wiederherstellung Deutschlands als Großmacht. In diesen Zielen glaubte man sich mit den Nationalsozialisten einig.

Man übersah dabei freilich, daß Hitlers Vorstellungen viel weiter gingen und die Zielpunkte der Militärs für die Nationalsozialisten nur der Ausgangspunkt für eine viel weiter reichende, radikalere Eroberungs- und Vernichtungspolitik waren.

Das Konzept einer nationalen Front und damit auch einer konservativen Einrahmung Hitlers, so wie es auch Blomberg vorschwebte, war jedoch noch nicht realisiert; vielmehr drohte es im letzten Augenblick wieder zu platzen. Um den Widerstand Hindenburgs endgültig zu überwinden und die Einrahmung Hitlers durch konservative Kräfte so überzeugend wie möglich zu gestalten, arbeitete Papen nun an der Einbeziehung der Deutschnationalen und des Stahlhelms in die Regierung der nationalen Konzentration. Die Harzburger Front sollte wiederhergestellt werden, und deshalb bot Papen dem Stahlhelmführer Duesterberg und nach dessen Weigerung Franz Seldte ein Ministeramt an. Ablehnender noch als Duesterberg zeigte sich Hugenberg aufgrund seiner schlechten Erfahrungen mit Hitler. Der Führer der Deutschnationalen forderte, was er auch schon von Schleicher gefordert hatte: den Posten eines Wirtschaftsdiktators, der das Wirtschafts- und Landwirtschaftsministerium in einer Hand vereinigte. Außerdem lehnte er den Plan, Hitler auch zum Reichskommissar für Preußen zu machen, entschieden ab. Eine Zusammenkunft Hitlers mit Hugenberg brachte keine Änderung. Hitler wollte wieder einmal alles hinwerfen und sich nach München zurückziehen. Sein Mißtrauen ob der Verzögerung der Verhandlungen und des anhaltenden Widerstandes Hindenburgs steigerte sich zu der Befürchtung, daß man ihn doch nur hereinlegen wolle. Nur mit Mühe konnte Göring ihn in Berlin halten.

Dort begann sich das Blatt endgültig zu wenden. Papen bekannte sich, wie Ribbentrop bemerkte, nun voll zur Kanzlerschaft Hitlers, und vertrat dies auch am 28. Januar in einem Gespräch bei Hindenburg. Nur über Hitlers Ernennung zum Kanzler führe ein Weg aus der Sackgasse und zu einer verfassungsmäßigen Mehrheitsbildung. Das schien dem alten Herrn allmählich einzuleuchten, nachdem man ihm von allen Seiten zugeflüstert hatte, die Nationalsozialisten seien doch eigentlich idealistische junge Leute, mit denen man schon fertig werde. Gleich darauf erschien Schleicher, um – sichtlich unter Zeitdruck – noch einmal die Auflösung des Reichstages zu beantragen. Doch zur Sicherheit hatte er sein Demissionsschreiben gleich mitgebracht, und das war auch erforderlich. Mit dem Kommuniqué über Schleichers Rücktritt wurde mitgeteilt, daß Hindenburg Papen den Auftrag »zur Klärung der politischen Lage«[57] erteilt habe.

Mit Schleichers Rücktritt war die Kanzlerschaft Hitlers so gut wie perfekt. Im Gespräch Hindenburgs mit Papen, im Beisein Meißners und Oskar von Hindenburgs, gleich nach dem Abgang von Schleicher, erklärte der Reichspräsident, resigniert seine Berater in die Verantwortung nehmend, nun habe er wohl also die Pflicht, Hitler zum Kanzler zu berufen.[58] Völlig gegen das Herkommen ersuchte er nicht Hitler persönlich, sondern bat seinen »homo regius« die Möglichkeiten zur Bildung einer entsprechenden Regierung zu erkunden. Papen machte sich unverzüglich ans Werk. Die einzige Streitfrage, die noch zu klären war, ergab sich aus der Auflage Hindenburgs, Papen müsse mit dem Vizekanzleramt auch das des Reichskommissars für Preußen übernehmen. Doch dieses Mal gelang es Göring und Ribbentrop, Hitler zum Nachgeben und damit zur Eröffnung der Schlußverhandlungen zu bewegen. Unter diesen Bedingungen war auch Hugenberg zur Regierungsbeteiligung bereit und konnte im Gegenzug seine Forderungen nach den beiden wirtschaftspolitischen Ministerämtern durchsetzen. Papen konnte seinem Auftraggeber melden, daß Hitler seine Forderungen wesentlich abgeschwächt habe, und diese Bescheidenheit machte beim alten Herrn denn auch Eindruck.

Am Nachmittag des 29. Januar war alles perfekt, und alle Seiten schienen zufrieden. Hindenburg und seine Ratgeber waren beruhigt: Papen war Vizekanzler und vor allem als Reichskommissar mit der Kontrolle über Verwaltung und Polizei in einer wichtigen Schlüsselstellung. Die andere konservative Bastion, die Reichswehr, war ebenfalls vor dem Zugriff der Nazis bewahrt geblieben und schien bei Blomberg in bewährten Händen. Hitlers Forderungen nach Neuwahlen, die er noch in der letzten Runde verlangt hatte, gaben Anlaß zu der Hoffnung, daß die neue Regierung sich um eine parlamentarische Absicherung bemühen und daß damit die Bürde der Notverordnungen vom Reichspräsidenten genommen würde.

Ein letztes Zögern wurde durch ein Gerücht beseitigt, das von den Nationalsozialisten verbreitet wurde. Schleicher wolle die Reichswehr mobilisieren, den Belagerungszustand ausrufen und sowohl Papen, Hitler als auch Hindenburg festnehmen. Zwar hatte es am Morgen des 29. Januar tatsächlich ein Gespräch Schleichers mit seinen engsten Mitarbeitern im Reichswehrministerium gegeben, doch man hatte jeden Gedanken an Widerstand mit dem Hinweis auf die Autorität Hindenburgs und die Gefahr eines Bürgerkrieges sofort zurückgewiesen. Auch rechnete Schleicher, bei aller Verärgerung über die Vorgänge, noch damit, daß er oder einer seiner Vertreter mit dem Reichswehrministerium betraut würde. Darum tat er nichts und wartete, und auch die Reichswehr nahm die Dinge, wie sie kamen.

Daß die Entscheidung bereits anders gefallen war, wurde Schleicher erst am nächsten Tag, dem 30. Januar, klar. Auf Vorschlag Papens hatte man Blomberg von den Genfer Abrüstungsverhandlungen zurückbeordert, um ihm noch vor der Vereidigung des neuen Kabinetts die Reichswehrführung zu übertragen. Darum begab sich Blomberg, als er am frühen Morgen in Berlin eintraf, nicht zu Schleicher, sondern gleich zu Hindenburg. Damit war Schleicher auch von dieser Seite überspielt und die Reichswehr demonstrativ aus den politischen Geschäften mit Hitler herausgehalten worden.

Für 11 Uhr war die Vereidigung Hitlers und seiner Regierung durch den Reichspräsidenten vorgesehen. Man traf sich am Morgen des 30. Januar in der Dienstwohnung Papens in der Reichskanzlei, die dieser auch nach seinem Sturz beibehalten hatte. Vier Minister aus dem alten Kabinett sollten übernommen werden: Reichsaußenminister von Neurath, Reichsfinanzminister Schwerin von Krosigk, Reichsjustizminister Gürtner, Reichsverkehrsminister von Eltz-Rübenach. Der Vorsitzende der Deutschnationalen Volkspartei, Alfred Hugenberg, würde das Reichswirtschafts- und das Reichslandwirtschaftsministerium übernehmen. Um die konservative Einrahmung zu komplettieren, war der Bundesführer des »Stahlhelm«, Franz Seldte, für das Reichsarbeitsministerium vorgesehen. Die beiden einzigen Nationalsozialisten in dieser Runde waren der künftige Reichskanzler Adolf Hitler und Wilhelm Frick als Reichsinnenminister. Verspätet traf noch der bereits mit dem Reichswehrministerium betraute Werner von Blomberg ein.

Dann führte Papen »sein« Kabinett auf den Wegen durch die Gärten des Regierungsviertels, die er in den letzten Wochen oft und unbemerkt gewählt hatte, zum Reichspräsidentenpalais. Im Büro Meißners, wo man sich sammelte, gab es noch eine Schwierigkeit, die das ganze Unternehmen in letzter Minute in Frage zu stellen drohte. Erst jetzt erfuhr Hugenberg von Hitlers nachgeschobener Forderung, den Reichstag aufzulösen und Neuwahlen auszuschreiben. Hugenberg war entschieden dagegen. Bei Neuwahlen konnte seine DNVP nur verlieren, und mit dem Spuk der Wahlen und Parlamente sollte es ohnehin ein Ende haben. Hitlers Kalkül war klar: die Wahlen gäben ihm in den ersten Wochen freie Hand, auch gegenüber den Koalitionspartnern, und die Hoffnung war nicht ganz unbegründet, daß man nun mit Hilfe staatlicher Machtmittel und staatlicher Würde das Ergebnis vom 6. November würde korrigieren können. Hugenberg blieb bei seinem Nein, als Hitler ihm feierlich versicherte, auch die Neuwahlen würden nichts an der Zusammensetzung des Kabinetts ändern, ganz gleich, wie sie ausfielen – »ein ebenso undemokratisches wie unglaubhaftes Versprechen«.[59] Hugenberg wußte, was vom Ehrenwort Hitlers zu halten war. Papen redete auf ihn ein, die nationale Einigung nicht zu gefährden. Sein Kabinett war ihm schon jetzt wichtiger als die Ein-

Franz von Papen und der soeben gestürzte Reichskanzler Kurt von Schleicher beim Verlassen des Reichstages, Januar 1933

Schleichers Versuch, mit Hilfe des sozialistischen Flügels der NSDAP und der Sozialdemokraten zu einer tragfähigen Koalition zu kommen, scheiterte auf beiden Flügeln. Während die Gewerkschaften sich zur Mitarbeit bereiterklärten, versagte sich die Fraktion der SPD dem Angebot einer Allianz; Hitler aber zerschlug die parteiinterne Opposition und enthob deren Führer Gregor Strasser aller seiner Ämter. So war auch Schleicher in dem Versuch gescheitert, eine vom Parlament getragene Regierung zu bilden, und sah sich auf die Vollmachten des Reichspräsidenten angewiesen; wie Brüning vor ihm und Papen nach ihm mußte auch er mit Notverordnungen regieren. Den Intrigen Franz von Papens gelang es, Hindenburg davon zu überzeugen, daß eine parlamentarische Regierungsbildung unter ihm selber möglich sei. Nach dem Sturz Schleichers dauerte es nur Tage, bis Papen die Koalition mit Hitler abschloß und als dessen Vizekanzler in die Regierung eintrat. Das Schicksal der Demokratie und Deutschlands war endgültig besiegelt.

haltung der Zähmungsrolle. Die Debatte ging erregt hin und her, Hugenberg blieb hartnäckig. Seine Weigerung hätte das erste Kabinett Hitlers platzen lassen können, bevor es ernannt war. Da mahnte Meißner, man sei schon um eine Viertelstunde verspätet und man könne den Reichspräsidenten nicht länger warten lassen. Etikettenprobleme und der Appell an den Hindenburg-Mythos waren stärker als alle realpolitischen Überlegungen und Bedenken. Hugenberg gab nach, und man schritt hinter Hitler die Treppe hinauf zum Reichspräsidenten.

Papen sah sich am Ziel: er hatte sich an Schleicher gerächt, sein Zähmungskonzept durchgesetzt und war selbst in die Regierung zurückgekehrt. Der Reichspräsident vereidigte Hitler auf die Weimarer Verfassung, und dieser erklärte feierlich, er werde die Verfassung einhalten und die Rechte des Reichspräsidenten wahren.

Das Ziel des Legalitätskurses war erreicht. Nun sollte die »legale Revolution« folgen, jene paradoxe und ungeheure Vermischung von scheinbarer Legalität und revolutionärer Veränderung der politisch-sozialen Ordnung, die die Taktik der Legalität fortsetzte und sie mit den revolutionären Zielen und Erwartungen des Nationalsozialismus verband. Die vorgebliche Legalität sicherte den Gehorsam der Bürger, die Loyalität der Verwaltung, Polizei und Armee und lähmte den Widerstand politisch-gesellschaftlicher Gegenkräfte. »Hitler konnte auf der Brücke der Weimarer Legalität bequem den Abgrund überschreiten, in dem Generalstreik, Befehlsverweigerung und Bürgerkrieg lauerten, und danach die Brücke zerstören.«[60]

Möglich war das nur, weil im Verständnis der Zeit der Buchstabe der Verfassung nicht dem Geist der Verfassung verpflichtet sein mußte und sich auch gegen ihn kehren konnte. Die Substanz der Verfassung ließ sich mit den Mitteln der Verfassung aushöhlen und zerstören. Das hatte Hitler schon in seiner Zeugenaussage im Leipziger Reichswehrprozeß 1930 ungerügt angekündigt. Er befand sich damit in scheinbarer Übereinstimmung mit der herrschenden Verfassungslehre und, was noch wichtiger war, mit der politischen Praxis. Denn die Präsidialkabinette seit 1930, und besonders seit 1932, demonstrierten beinahe täglich, wie man mit legalen Möglichkeiten Parlament und Parteien lähmen oder sogar ausschalten und mithin das Dilemma der Legalitätspolitik lösen konnte. Entscheidend dafür war die verfassungsmäßige Position des Reichspräsidenten und der Wille der ihn bestimmenden Gruppen, das System der parlamentarischen Demokratie und Pluralität auszuheben. Es ist bezeichnend, daß Hitler in dem verwirrenden Ineinander von Verhandlungen, persönlichen Ambitionen und Intrigen immer wieder darauf beharrte, Kanzler einer Präsidialregierung und nicht einer parlamentarischen Mehrheitskoalition zu werden. »Durch diese autoritäre Einbruchstelle der Weimarer Verfassung ist Hitler betont ›legal‹ an die Regierung gelangt.«[61] Das war die »Logik« der von Zufällen, persönlichem Ehrgeiz, Gruppeninteressen und Ränkespielen verhüllten Entwicklung, die freilich nicht so hätte kommen müssen. Denn dieselben Zufälle, persönlichen Schwächen und Intrigen hätten diesen Weg auch verstellen können. Allerdings war die Wahrscheinlichkeit dafür immer geringer geworden, je weiter man auf dem Weg der autoritären Verfassungsänderung fortgeschritten war.

Die Entscheidung war spätestens mit dem Amtsantritt Papens gefallen. Dahinter stand der Wille konservativ-deutschnationaler Kräfte und ihnen verbundener Interessen in Industrie und Großgrundbesitz, die Krise der parlamentarischen, sozialstaatlichen Demokratie zu nutzen, um zu einer dauerhaften Veränderung der politisch-sozialen Ordnung zu kommen. Ziel war die Wiederherstellung der politisch-sozialen Ordnungsformen des Kaiserreichs. Das bedeutete nicht nur Restauration der konstitutionellen Monarchie, sondern auch Abbau des sozialen Pluralismus und der Mitwirkung sozialer Emanzipationsbewegungen und umgekehrt Sicherung traditioneller sozialer und materieller Interessen durch staatlichen Schutz.

Die Aushöhlung der Weimarer Verfassung durch die Mittel des Reichspräsidenten gewährte Machtgruppen in der Umgebung des Präsidenten eine besondere Einflußmöglichkeit und Verantwortung für die Vorgänge. Gleichwohl mußten die konservativen deutschnationalen Kräfte bald feststellen, daß sie in der modernen Massengesellschaft, und besonders in deren bisher schwerster Krise, eine solche Restauration nicht aus eigenen Kräften betreiben konnten, sondern der Unterstützung einer populistischen Massenbewegung bedurften. Damit geriet ihr Konzept der autoritären Verfassungsänderung zunehmend in Abhängigkeit von der nationalsozialistischen Massenbewegung, und die Alternative, die seit der zweiten Jahreshälfte 1932 zur Entscheidung anstand, lautete nur noch autoritäres Regime oder nationalsozialistische Führerdiktatur. Die Verschränkung der nationalistisch-autoritären Kräfte und Ziele mit der nationalsozialistischen Bewegung und deren Dynamik beschleunigte seit 1932 die Zerstörung der Weimarer Republik. Freilich war die Weimarer Demokratie schon 1929/30 gescheitert, bevor der Nationalsozialismus zur Massenbewegung wurde. Nicht Hitlers Wahlerfolge verursachten die Krise des parlamentarischen Systems, sondern Krise und Auflösung der liberal-parlamentarischen Ordnung ermöglichten erst den Durchbruch der NSDAP.

Zusammengehalten wurde das Bündnis zwischen konservativen Machtgruppen und nationalsozialistischer Massenbewegung durch die gemeinsame radikale Ablehnung des Weimarer Parteienstaates und jener Kräfte, die die politisch-soziale Ordnung des Reiches und Preußens durch die Revolution von 1918 hindurch bewahrt und ihr ihre Prägung gegeben hatten. Sie waren teilweise identisch mit den Kräften, die im kaiserlichen Deutschland als Reichsfeinde ausgegrenzt worden waren: politischer Katholizismus, Sozialdemokratie und bürgerlicher Freisinn. Der Nationalsozialismus gehörte damit in die Reihe der gegenrevolutionären Kräfte, die den schrittweise vollzogenen Prozeß der Parlamentarisierung und Demokratisierung politischer Entscheidungen rückgängig machen wollten. Die Ablehnung der auf Modernisierung und Partizipation gerichteten Entwicklungskräfte und -tendenzen wurde im Nationalsozialismus, der alle widrigen Entwicklungen auf einen einzigen Urheber, die jüdisch-marxistische Weltverschwörung, zurückführte, radikalisiert. Aber der aggressive Wille des Nationalsozialismus zur Ausschaltung und Vernichtung des Gegners konnte auch auf die Kräfte ausgedehnt werden, die der schwächlichen Haltung und Nachgiebigkeit gegenüber dem gemeinsamen Gegner bezichtigt wurden. Darin lag die antibürgerliche und antikonservative Tendenz des nationalsozialistischen Bündnispartners, dessen Gefährlichkeit für die alten konservativen Gruppen auch bereits dadurch gegeben war, daß die tradierten konservativen Prinzipien von Staat und Recht durch den Ansturm aggressiver völkisch-nationalistischer Ideologien in sich bereits aufgeweicht und die Grenzen zwischen konservativen und nationalrevolutionären Vorstellungen verwischt worden waren.

Mit seinen vagen Vorstellungen von einer Volksgemeinschaft konnte der Nationalsozialismus zudem das Verlangen nach Emanzipation und Partizipation breiter Volksschichten ansprechen, die bisher noch nicht von der Nationalisierung der Massen erfaßt worden waren und die auf sozialen Aufstieg drängten oder doch in der Furcht vor dem sozialen Abstieg lebten. Ihr Protest- und Veränderungspotential, das der Nationalsozialismus vor allem emotional und symbolisch integrierte, gab der NSDAP eine Stoßkraft, die die Schranken nicht nur der Verfassungsordnung in kürzester Zeit hinwegreißen konnte, sondern auch die gesellschaftlichen Stufungen und Barrieren unterhöhlte, die eigentlich hatten befestigt werden sollen.

Das war das Widersprüchliche und Doppeldeutige an jenem Vorgang, der am 30. Januar seinen Anfang nahm und der sich hinter der ebenso verlockenden wie widersprüchlichen Formel der »nationalen Erhebung« oder »nationalen Revolution« verbergen und die von ihr ausgehende Suggestion zur Errichtung einer plebiszitären Diktatur nutzen sollte.

Die Öffentlichkeit ahnte am 30. Januar nichts von den Vorgängen im Reichskanzler- und Reichspräsidentenamt. Man wußte seit Tagen, daß es mit der Regierung Schleicher schon wieder zu Ende ging und daß Verhandlungen zwischen Hitler, Papen und Hugenberg stattfanden. Aber man ging davon aus, daß Hindenburg Hitler nicht zum Reichskanzler machen, sondern irgendein neues Beamtenkabinett ernennen würde. Die Mittagsnachrichten des Rundfunks brachten dann die unerwartete Neuigkeit, und bald meldeten die Zeitungen die Bildung der Regierung der nationalen Konzentration, die nationalen Blätter feierten sie als »nationale Erhebung«. Hitler-Getreue hatten im Hotel Kaiserhof ungeduldig, voller Erregung und Befürchtungen, gewartet, »hin- und hergerissen zwischen Zweifel, Hoffnung, Glück und Mutlosigkeit. Wir sind zu oft enttäuscht worden, um uneingeschränkt an das große Wunder glauben zu können.«[62] Als dieses »Wunder« den Wartenden von Göring verkündet wurde, setzte man alle aufgestaute Energie daran, den weiteren Tag ganz unter das Zeichen der nationalsozialistischen Massenbewegung zu stellen.

Goebbels organisierte einen Fackelzug, der am Abend von 7 Uhr bis 1 Uhr nachts an der Reichskanzlei vorbeizog. Oben standen Hitler, Göring, Heß, Goebbels, wenige Meter von der Reichskanzlei entfernt Hindenburg. Unten marschierten die Sturmkolonnen der SA mit Fackeln und Militärmusik, eingerahmt in das braune Heer Abteilungen des Stahlhelms. Schon jetzt war deutlich, wer in der nationalen Revolution das Übergewicht haben sollte.

Am Tage der Ernennung des Reichskanzlers Hitler trat das Kabinett Hitler/Papen bereits zum ersten Mal zusammen. Noch machte es mit nur zwei NSDAP-Angehörigen unter zehn Kabinettsmitgliedern einen herkömmlichen Eindruck, konventionell auch in Kleidung und Gehabe. Nach den ersten Sitzungen wurde aber auch den bürgerlichen Ministern klar, daß allein Hitler das Heft in der Hand hatte. Es kam immer seltener zu Kabinettssitzungen, da Hitler mit Einzelentscheidungen und Führerweisungen regierte. Ab 1938 trat das Kabinett dann überhaupt nicht mehr zusammen; der Kabinettssitzungssaal in der Neuen Reichskanzlei sollte nicht ein einziges Mal benutzt werden.

Was Goebbels als »spontane Explosion des Volkes« und dessen Bekenntnis zur »Revolution der Deutschen«[63] feierte und organisierte, erfaßte aber bei weitem nicht die ganze Nation. Obwohl Goebbels gegen den Protest der Verantwortlichen das Rundfunkprogramm unterbrechen und dem Stil der Kundgebungen anpassen ließ, obwohl in Städten und Dörfern Fackelzüge organisiert wurden – die Erregung erreichte nur das »nationale Deutschland«. Der englische Botschafter berichtete nach London, die Presse habe die »Ernennung des Herrn Hitler mit beinahe philosophischer Ruhe hingenommen« und auch die Bevölkerung habe »gleichmütig darauf reagiert«.[64] Kühlere Betrachter fühlten sich abgestoßen oder besorgt. Der Publizist Harry Graf Kessler beobachtete: »Berlin ist heute nacht in reiner Faschingsstimmung; SA- und SS-Trupps sowie uniformierter Stahlhelm durchziehen die Straßen, auf den Bürgersteigen stauen sich die Zuschauer. Im und um den ›Kaiserhof‹ tobt ein wahrer Karneval; uniformierte SS bildete vor dem Haupteingang und in der Halle Spalier, auf den Gängen patrouillierten SA- und SS-Leute.«[65] Der Schriftsteller Jochen Klepper schrieb in sein Tagebuch: »Hitler ist Reichskanzler. Noch einmal ist das verhängnisvolle Bündnis zustande gekommen, das Gustav Freytag die größte deutsche Gefahr nennt: das Bündnis zwischen dem Adel und dem Pöbel. Im Funk müssen wir fast alle mit unserer Entlassung rechnen.«[66]

Weimar war zu Ende, das war fast allen Zeitgenossen bewußt. Wie freilich die Zukunft aussehen würde, darüber gab es die unterschiedlichsten Vorstellungen, die sich meist als Illusionen und Fehleinschätzungen erweisen sollten. Daß dies so war, dazu trug vor allem jene Zauberformel von der »nationalen Erhebung« bei, die Freund und Feind verwirrte und täuschte. Geschichtslegenden und Mythen wurden mobilisiert, die die Verbündeten verführten und die Gegner ablenkten, die die Massen an die plebiszitäre Diktatur gewöhnten.

Der Nationalsozialist Erich Czech-Jochberg war einer der Propagandisten der »nationalen Erhebung«: »Sie sagten nicht, Hitler ist Reichskanzler geworden, sie sagten bloß ›Hitler‹. Sagten es einander auf der Straße, vor den Geschäften, an der Theke, riefen es einander auf der U-Bahn zu, auf dem Autobus. Wie ein elektrischer Funke sprang es von Mensch zu Mensch, entzündete eine ganze riesige Stadt, entzündete Millionen Herzen, sie brannten lichterloh, das ganze riesige Berlin brannte lichterloh ... Es war – nein, es gibt keinen anderen Vergleich – es war wie im Jahre vierzehn, als der Pulsschlag eines ganzen Volkes hämmerte, es war wie damals, als die Berliner auf die Straßen zogen, weil die Wände der Wohnungen geborsten wären vor soviel Begeisterung ... Es ist wie 1914, rufen die Menschen einander ins Ohr. Aber sie meinen mehr damit, als daß sie bloß eine alte Erinnerung wachriefen in dieser Feuernacht. Die Berliner mit ihrem wachen Instinkt haben es augenblicklich gefühlt, wußten es in spontaner Erleuchtung: Ein neuer Kanzler, ein neues Kabinett? Eine nationale Koalition? Darum wären sie nicht auf die Straße gerannt, darum stünden sie nicht die vierte Stunde auf dem Asphalt! ... Sie sprachen es nicht aus und wußten es alle: was sie heute in dieser Nacht erlebten, war der Aufbruch der Nation, war die Gegenrevolution, war die Quittung für den 9. November.«[67]

Im vielstimmigen Chor der »überparteilichen« nationalen Erhebung blieb der nationalsozialistische Machtanspruch noch verborgen, doch bald sollten die schrillen Töne der nationalsozialistischen Revolution lauter werden.

V.
Machtübernahme und
Machtausbau 1933/34

1. Nationale Erhebung

»Es ist fast wie ein Traum«, notierte Goebbels am 30. Januar in seinem Tagebuch. »Die Wilhelmstraße gehört uns. Der Führer arbeitet bereits in der Reichskanzlei.«[1] Tatsächlich begann die neue Regierung Hitler/Papen ihre Arbeit bereits am 30. Januar mit einer Kabinettssitzung, und Hitler tat auch in den folgenden Tagen alles, um den Eindruck eines honorigen, ernsthaft arbeitenden Staatsmannes zu erwecken.

Doch die Macht im Regierungsviertel gehörte dem Nationalsozialismus noch keineswegs. Davon waren Verbündete wie Gegner gleichermaßen überzeugt. Papen war sich absolut sicher: »In zwei Monaten haben wir Hitler in die Ecke gedrückt, daß er quietscht.«[2] Auch die politische Linke sah den »Trommler« in der Abhängigkeit von Junkern und Schwerindustriellen und war überzeugt, daß sich Hitler und die Seinen in dieser Umklammerung bald verbrauchen würden. Was auch immer zur Begründung dieser Prognosen genannt wurde – die Macht der Reichswehr und der Einfluß der konservativen Partner, die Entschlossenheit und Stärke der Arbeiterbewegung, die Vielfalt und Unüberwindbarkeit der ökonomischen und sozialen Probleme oder einfach die Unfähigkeit und Widersprüchlichkeit des Nationalsozialismus selbst – alle Prognosen wurden in dem stürmischen Ablauf der Machteroberung und Machtmonopolisierung widerlegt. Am 5. April berichtete der französische Botschafter in Berlin, François-Poncet, nach Paris: »Als am 30. Januar das Kabinett Hitler/Papen zur Macht kam, versicherte man, daß in der Regierung die Deutschnationalen ... Hitler und seinen Mitkämpfern Paroli bieten würden, daß die Nationalsozialistische Partei mit der Feindschaft der Arbeiterklasse zu rechnen habe und daß schließlich die Katholiken der Zentrumspartei die Legalität verteidigen würden. Sechs Wochen später muß man feststellen, daß all diese Dämme, die die Flut der Hitlerbewegung zurückhalten sollten, von der ersten Welle hinweggespült wurden«.[3] Drei Monate später berichtete der französische Diplomat, »daß Hitler in fünf Monaten eine Wegstrecke zurückgelegt hat, für die der Faschismus fünf Jahre brauchte«.[4]

Was sich am 30. Januar im Regierungsviertel in Berlin wie auf Straßen und Plätzen überall im Reich ereignet hatte, war nicht der Abschluß, sondern der Anfang eines Prozesses der Machtergreifung gewesen, der in der Geschichte kaum ein Beispiel hat. Tempo und Radikalität dieser Entwicklung, die in der Tat die faschistische Machtergreifung in Italien weit in den Schatten stellten, lassen den rückblickenden Betrachter zunächst vermuten, hier habe ein minuziöser Fahrplan der Machteroberung vorgelegen. Doch ein solches geschlossenes Konzept der Gewinnung und Sicherung der Macht gab es nicht, selten ist eine politische Partei so unvorbereitet zur Macht gekommen. So gut wie keiner ihrer Repräsentanten hatte Regierungs- und Verwaltungserfahrung oder auch parlamentarische Erfahrung im eigentlichen Sinne. Hitler hatte zuvor den Reichstag nie betreten, und seine Unterführer und Mitstreiter hatten die Parlamente in Reich, Ländern und Städten nur als Bühne für ihre

aggressiven und agitatorischen Auftritte benutzt. Mehr hatten sie
mit dem Parlament nicht im Sinn gehabt.

Was sie in der »Kampfzeit« gelernt und perfektioniert hatten,
waren die Techniken der Mobilisierung und Organisation von Massen gewesen, der Durchdringung und Unterwanderung von Institutionen und Verbänden, der Freisetzung von immer neuen Energien
und Aktivitäten, der Wille zur Selbstbehauptung und Unterwerfung
und vor allem jene Legalitätspraxis, hinter der in den zurückliegenden Jahren der revolutionäre Anspruch und die eigenen
Schwächen weithin erfolgreich verdeckt geblieben waren. Diese
Herrschaftstechniken und die damit verbundenen revolutionären
Ansprüche übertrugen Hitler und die Nationalsozialisten nun auf
ihre Machteroberungs- und Gleichschaltungspolitik. Das führte zur
ungehemmten, fast anarchischen Entladung von politischen Machtansprüchen, die sich teilweise überschnitten und Staat und Verwaltung in eine Vielzahl rivalisierender Machtgruppen und Kompetenzen auflösten. Daß diese autoritäre Anarchie sich nicht selbst
zerstörte, lag an der stabilisierenden Funktion der alten Machteliten, die der elementaren Kraft der Parteirevolution gleichsam ein
Stützkorsett boten. Es lag aber auch an der Integrationskraft der
charismatischen Führerfigur Hitlers, die ähnlich wie in der Partei
nun auch in dem sich entfaltenden nationalsozialistischen Herrschaftssystem letzter Bezugspunkt blieb und die jetzt mit dem
Besitz staatlicher Macht über zusätzliche Leitungs- und Ablen-
kungsmittel verfügte.

»Wir gieren nach der Macht«, hatte Goebbels in der »Kampfzeit«
immer wieder versichert. Die Eroberung und Gleichschaltung der
Macht sollte durch die Verbindung von autoritär-anarchischen und
monokratischen, von traditionell-bürokratischen und revolutionären Elementen erst ihre besondere Stoßkraft und ihre die Zeitgenossen verwirrende Wirkungsweise erhalten.

Das Tempo dieses Gleichschaltungsprozesses sollte selbst Goebbels überraschen, der am 24. April zufrieden feststellte: »Der Führer
entscheidet. Alles das geht viel schneller, als wir zu hoffen gewagt
hatten.«[5] Daß Hitler bereits nach einem halben Jahr das Parteiensystem ausschalten und durch eine Einparteienherrschaft ersetzen
konnte, wäre ohne die Auflösung des parlamentarischen Systems
und die autoritäre Verformung der Verfassungsordnung seit 1929/30
nicht möglich gewesen. Insofern gehörte die nationalsozialistische
Machteroberung in den größeren Zusammenhang einer Entwicklung, die von der Auflösung der Demokratie 1930 bis zur endgültigen Errichtung der Diktatur 1934 reichte. Die nationalsozialistische
Machtbeteiligung am 30. Januar hat diesen Prozeß radikal beschleunigt und sowohl über die Grenzen autoritärer Staatlichkeit als auch
über das Maß an Machtkonzentration und Radikalität hinausge-
führt, das die faschistische Herrschaft in Italien erreicht hatte.

Ganz deutlich wurde die politische Kontinuität im Einsatz der
präsidialen Notverordnungsgewalt. Die Regierung Hitler knüpfte
dort an, wo Papen und Schleicher aufgehört hatten. Sie dehnte die
Macht der Exekutive durch die Mittel der Präsidialregierung aus, bis
die Verfassungsordnung völlig zerstört war. Unterstützt und in ihrer
ganzen Wirkungskraft erst ermöglicht wurde diese administrative

Adolf Hitler, während des Weltkrieges Frontsoldat, für hervorragende Tapferkeit ausgezeichnet,

faßt, als Deutschland durch das Verbrechen der roten Revolution in tiefste Schmach geraten war,

den Entschluß, das Schicksal der deutschen Nation zu wenden. Er tritt der Deutschen Arbeiterpartei

als 7. Mitglied bei. Hitler selbst schreibt die Einladungszettel und trägt sie aus, da Geldmittel fehlen.

Allmählich wächst die Mitgliederzahl. Hitler nennt die Partei: „Nationalsoz. Deutsche Arbeiterpartei".

Am 24. 2. 1920 verliest Hitler im Münchner Hofbräuhaus zum ersten Mal das Programm der NSDAP.

die Geschichte der nationalsozialistischen Bewegung

„Es lebte in Deutschland ein einfacher, unbekannter Mann, der als Gefreiter aus dem Kriege zurückgekehrt war. Er war gänzlich mittellos. Er besaß weder Geld noch eine einflußreiche Stellung, hatte weder Bewaffnete hinter sich noch Freunde oder Gönner, die ihm durch ihren Einfluß hätten emporhelfen können. Er war ganz auf sich allein gestellt.

Im Hochsommer 1920 werden Hakenkreuzbanner und Parteiabzeichen geschaffen. „Deutschland erwache"!

wird zum Kampfruf. Hitler wird am 29. Juli 1921 Parteivorsitzender mit voller Führerautorität.

Als die Marxisten eine Versammlung sprengen wollen, entsteht die Sturmabteilung, die SA.

1923: Die Franzosen an der Ruhr. Im Reich Chaos, Inflation. Heldentod Leo Schlageters 26. 5. 1923.

Hitler ruft die nationale Revolution aus. Vor der Feldherrnhalle in München erleiden am 9. 11. 23

infolge Verrates 16 Tapfere den Opfertod. Hitler selbst wird zu 5 Jahren Festung verurteilt.

Die Geschichte der Bewegung
in der Darstellung
des »lebendig-anschaulichen
Reichsbürger-Handbuches«

Der Weg planmäßiger Legalität wird beschritten. Die Nationalsozialisten gehen in die Parlamente.

Aus der Festungshaft bringt Hitler sein Werk „Mein Kampf" mit, die „Bibel der Bewegung".

Dem Sozialdemokraten Ebert folgt der greise Generalfeldmarschall von Hindenburg als Präsident.

Die Staatsgewalt verbietet Hitler das Reden. Trotzdem entstehen im Reiche Ortsgruppen und Gaue.

Am 1. November 1926 beginnt Dr. Goebbels als Berliner Gauleiter den schweren Kampf um Berlin.

Je siegreicher die Bewegung emporwächst, desto schlimmer wird der Terror. Tausende vergießen ihr Blut,

„Die Tat eines Mannes, die zu den wunderbarsten Geschehnissen der Weltgeschichte zählt ..."

Diesem einen Manne gelang es, scheinbar aus dem Nichts eine Bewegung zu erzeugen, die unter seiner Führung schließlich das ganze Volk erfaßte und umschmolz, eine Welt falscher und verderblicher Vorstellungen in Scherben schlug und auf den Trümmern der schwarzrotgoldenen Republik einen neuen, wahrhaften Volksstaat errichtete, das Reich der Deutschen."

Dr. Fabricius „Geschichte d. nat. soz. Bewegung"

Hunderte erleiden den Tod, unter ihnen Horst Wessel, der Dichter des hinreißenden Kampfliedes.

Am 23.2.1930 übernimmt Dr. Frick als Minister das thüring. Innen- und Volksbildungs-Ministerium.

Dr. Frick errichtet in Jena den ersten deutschen Lehrstuhl f. Rassenkunde und beruft Professor Günther.

Am 14. September 1930 erobert die NSDAP. 107 Reichstagssitze. Fast 6½ Millionen haben gewählt.

Endlich — nach weiteren Kampfjahren — wird am 30. Januar 1933 Adolf Hitler Reichskanzler.

Eine neue Zeit ist nun für Deutschland angebrochen. Aus der Bewegung erwuchs deutsche Schicksalswende.

Gleichschaltungspolitik von oben durch den terroristischen Druck der nationalsozialistischen Bewegung von unten. Mit deren revolutionärer Dynamik erhielt das nationalsozialistische Element im Gesamtvorgang der nationalen Erhebung immer größeres Gewicht.

Schon am 1. Februar erwirkte Hitler vom Reichspräsidenten die erneute Auflösung des Reichstages. Das gab ihm, ähnlich wie vorher schon Papen, Gelegenheit, das Parlament sieben Wochen lang auszuschalten und bis dahin mit Notverordnungen zu regieren. Für die Nationalsozialisten war das zudem die Gelegenheit, einen neuen Wahlkampf, diesmal mit allen staatlichen Machtmitteln auf ihrer Seite, zu führen und damit die Erwartungen und Energien der eigenen Bewegung auf ein neues Ziel zu lenken.

Die Neuwahlen sollten aber auch den konservativen Zähmungsring um die NSDAP brechen. Auf diese Weise hatte man schon ein Jahr zuvor die eigene Kraft gestärkt und die der Deutschnationalen geschwächt. Hugenberg hatte auf der ersten Kabinettssitzung noch einmal versucht, dieses Manöver zu durchkreuzen und vorgeschlagen, man solle die kommunistischen Mandate im Reichstag kassieren, dann fiele der Rechten die Mehrheit von selbst zu. Hitler entgegnete in der Pose des Demokraten, aber auch aus der Erfahrung seiner eigenen plebiszitären Praxis: »Es sei schlechterdings unmöglich, die 6 Millionen Menschen zu verbieten, die hinter der KPD ständen.« Im übrigen befürchte er für den Fall eines Verbotes der KPD »schwere innenpolitische Kämpfe und eventuell den Generalstreik«.[6] Das war ein Argument, das seine Wirkung auch bei der Reichswehr nicht verfehlte. Denn außer von der Begeisterung über die »nationale Erhebung« waren die politische Rechte wie das bürgerliche Deutschland in diesen Wochen der politischen Emotionalisierung von der Furcht vor dem Aufstand der »Kommune« beherrscht. Das war, wie sich herausstellen sollte, alles nur Gerede, aber auch Ängste können politische Realität werden, schon allein dadurch, daß sie den Hintergrund zur Rechtfertigung diktatorischer Maßnahmen bilden.

Zunächst waren die plebiszitären Pläne Hitlers noch von einer anderen Seite bedroht. Das Zentrum war verstimmt darüber, daß es an den Verhandlungen zur Regierungsbildung nicht beteiligt worden war, obwohl doch eine nationale Regierung auf breiter Grundlage ohne die eigene Mitwirkung nicht denkbar war. Mit Rücksicht auf den Reichspräsidenten hatte man tatsächlich die Frage der Regierungsbeteiligung des Zentrums und auch einen Ministersessel zunächst noch offengelassen. Doch Hitler und Hugenberg waren sich einig, daß eine »Vertretung des Zentrums im Reichskabinett ... zu vermeiden [sei], weil dadurch die Einheitlichkeit der Willensbildung gefährdet werde«.[7] So führte Hitler die folgenden Verhandlungen mit den Zentrumsführern Kaas und Perlitius auch nur zum Schein und schraubte die Bedingungen so hoch, daß er am 1. Februar bereits ihr Scheitern mitteilen konnte. Die Forderungen des Zentrums, die Tolerierung der Regierung Hitler oder die Unterstützung eines Ermächtigungsgesetzes, das die Regierung von der Zustimmung des Reichstages befreite, von schriftlichen Garantien Hitlers zu einigen verfassungsrechtlichen Punkten abhängig zu machen, nannte der Reichskanzler »unzumutbar.«[8] Nun müsse die nationale Koalition sich die parlamentarische Unterstützung auf einem anderen Wege, nämlich an der Wahlurne, suchen. Das Zähmungskonzept war an einer wichtigen Stelle zerbrochen, da die Partner Hitlers sich auseinanderdividieren ließen. Hugenberg dämmerte es bereits einen Tag nach dem Regierungspakt: »Ich habe gestern die größte Dummheit meines Lebens begangen. Ich habe mich mit dem größten Demagogen der Weltgeschichte verbündet.«[9] Zu guter Letzt leistete Papen Hitler unbedacht Hilfestellung, indem er noch einmal bekräftigte, daß dies definitiv die letzten Wahlen sein müßten und eine Rückkehr zum parlamentarischen System ausgeschlossen sei. Dem konnte Hitler zustimmen und auch versichern, daß der Ausgang der Wahlen keinen Einfluß auf die Zusammensetzung der jetzigen Reichsregierung haben sollte. Damit aber hatten Hitlers Partner selbst die Wahlen zum Mittel der Akklamation degradiert, was nur heißen konnte: zum Plebiszit über den Reichskanzler Hitler.

Alle Überlegungen, alle Maßnahmen waren hinfort auf dieses eine Ziel der Massenmobilisierung für den »Führer« gerichtet. Schon in der Kabinettssitzung vom 1. Februar präsentierte Hitler die Parole, mit der er die Wahlen zu führen gedachte: »Angriff gegen den Marxismus«.[10] Mit dieser Marschrichtung war auch der Partner einverstanden, und, was nicht weniger wichtig war, mit diesem Slogan ließen sich die Ängste der Wähler mobilisieren und die eigenen Absichten hinter einem Schwall von Mythen und traumatischen Bildern verbergen. Schon am Abend des 1. Februar gab Hitler in einer Regierungserklärung, die er über den Rundfunk verlas, das Zeichen zum Einsatz für die große Kampagne, von der Goebbels versprach, sie würde ein »Meisterstück der Agitation«[11] werden. Ganz der christlich-konservative Staatsmann spielte Hitler auf der Klaviatur der nationalen Gefühle und sozialen Ängste. Wieder war es die Legende vom Verrat im November 1918 und von der nationalen Erhebung, die variiert wurde, und jener Topos von den vierzehn Jahren der Zerrissenheit und des Elends als Folge der Politik der »Novemberparteien«, der bei keiner Selbstrechtfertigung fehlen durfte.

»Über 14 Jahre sind vergangen seit dem unseligen Tage, da, von inneren und äußeren Versprechungen verblendet, das deutsche Volk der höchsten Güter unserer Vergangenheit, des Reiches, seiner Ehre und seiner Freiheit vergaß und dabei alles verlor. Seit diesen Tagen des Verrats hat der Allmächtige unserem Volk seinen Segen entzogen. Zwietracht und Haß hielten ihren Einzug. In tiefster Bekümmernis sehen Millionen bester deutscher Männer und Frauen aus allen Lebensständen die Einheit der Nation dahinsinken und sich auflösen in ein Gewirr politisch-egoistischer Meinungen, wirtschaftlicher Interessen und weltanschaulicher Gegensätze. Wie so oft in seiner Geschichte, bietet Deutschland seit diesem Tag der Revolution das Bild einer herzzerbrechenden Zerrissenheit ... Dem Verfall der geistigen und willensmäßigen Einheit unseres Volkes im Innern folgte der Verfall seiner politischen Stellung in der Welt ... Das Elend unseres Volkes aber ist entsetzlich! Dem arbeitslos gewordenen, hungernden Millionen-Proletariat der Industrie folgt die Verelendung des gesamten Mittel- und Handwerkerstandes. Wenn sich dieser Verfall auch im deutschen Bauern endgültig vollendet, stehen wir vor einer Katastrophe von unübersehbarem Ausmaß. Denn nicht nur ein Reich zerfällt dann, sondern eine zweitausendjährige Erbmasse an hohen und menschlichen Gütern, menschlicher Kultur und Zivilisation.« Und dann beschwor Hitler die Schrecken des »Willens- und Gewaltansturmes« des Kommunismus: »Angefangen bei der Familie, über alle Begriffe von Ehre und Treue, Volk und Vaterland, Kultur und Wirtschaft hinweg bis zum ewigen Fundament unserer Moral und unseres Glaubens, bleibt nichts verschont von dieser verneinenden, alles zerstörenden Idee. 14 Jahre Marxismus haben Deutschland ruiniert. Ein Jahr Bolschewismus würde Deutschland vernichten. Die heute reichsten und schönsten Kulturgebiete der Welt würden in ein Chaos und Trümmerfeld verwandelt. Selbst das Leid der letzten anderthalb Jahrzehnte könnte nicht verglichen werden mit dem Jammer eines Europas, in dessen Herzen die rote Fahne der Vernichtung aufgezogen würde.« Dann bezeichnete er es als oberste Aufgabe der nationalen Regierung: »die geistige und willensmäßige Einheit unseres Volkes wiederherzustellen« und versprach »das Christentum als Basis unserer gesamten Moral, die Familie als Keimzelle unseres Volks- und Staatskörpers in ihren festen Schutz zu nehmen, ... über Stände und Klassen hinweg unser Volk wieder zum Bewußtsein seiner volklichen und politischen Einheit« zu bringen und das »große Werk der Reorganisation der Wirtschaft unseres Volkes mit zwei großen Vierjahresplänen zu lösen«. Zum Schluß versprach er »in vier Jahren die Schuld von 14 Jahren wiedergutzumachen«. Daß er sich dabei auch über die Verfassung hinwegsetzen wollte, ließ er zumindest durchblicken: Seine Regierung könne nicht die Arbeit des Wiederaufbaus der Genehmigung derer unterstellen, die den Zusammenbruch verschuldeten. Doch solche politischen »Nebensächlichkeiten« verschwanden hinter Formeln, aus denen ein pseudoreligiöser Sendungsglaube sprach: »Getreu dem Befehl des Generalfeldmarschalls wollen wir beginnen. Möge der allmächtige Gott unsere Arbeit in seine Gnade nehmen, unseren Willen recht gestalten, unsere Einsicht segnen und uns mit dem Vertrauen unseres Volkes beglücken. Denn wir wollen nicht kämpfen für uns, sondern für Deutschland.«[12] Zu einem solchen Bild eines christlichen Erneuerers und nationalen Erretters paßte es auch, wenn Hitler seine Ansprachen, wie etwa im Berliner Sportpalast auf dem Höhepunkt des Wahlkampfes, mit einem pathetischen »Amen« beendete. Goebbels wußte um die Wirkung solcher Gesten: »Das wirkt so natürlich, daß die Menschen alle auf das tiefste davon erschüttert und ergriffen sind. Das ist so erfüllt von Kraft und Gläubigkeit, ist so neu und groß und mutig, daß man gar nichts Vorhergegangenes damit vergleichen kann ... Die Massen im Sportpalast geraten in einen sinnlosen Taumel. Nun erst beginnt die deutsche Revolution aufzubrechen.«[13]

Die »nationale Revolution« – ein Taumel? Auf jeden Fall ein Beweis für die Lehre Sorels von der Bedeutung des Mythos im Leben der Völker. Daß sich dieser Mythos im 20. Jahrhundert des Rundfunksprechers und des Films bedienen mußte, hatten die Nationalsozialisten früh begriffen. Über alle deutschen Sender ging die Sportpalastrede Hitlers vom 10. Februar, auf großen Plätzen waren Lautsprecher zur Übertragung installiert, und zehn Tage später war der Film fertiggestellt, der Hitlers Beschwörung der Religion und des Mythos in alle Winkel des Reiches bringen sollte. Das Neben- und Ineinander der verschiedenen Emotionen, ihrer propagandistischen Mobilisierung einerseits und eines nüchtern kalkulierten Machtwillens andererseits, macht das Unverwechselbare dieser »nationalen Revolution« aus. Denn die Nationalsozialisten wußten zugleich die Machtmittel des Staates mit äußerster Konsequenz zur Unterstützung des Wahlkampfes zu nutzen.

Wieder griff man auf die präsidiale Notverordnung zurück und holte aus der Schublade der Vorgängerregierungen eine »Verordnung zum Schutze des deutschen Volkes«, die der Reichspräsident am 4. Februar unterzeichnete. Unter der Scheinrechtfertigung der – wirkungslos gebliebenen – kommunistischen Aufforderung zum Generalstreik vom 31. Januar 1933 erlaubte die neue Verordnung das Verbot von Zeitungen und Versammlungen für den Fall, daß eine »unmittelbare Gefahr für öffentliche Sicherheit« bestünde und daß »Organe, Einrichtungen, Behörden oder leitende Beamte des Staates beschimpft oder verächtlich gemacht« oder »offensichtlich unrichtige Nachrichten verbreitet würden«, die »lebenswichtige Interessen des Staates gefährden«.[14]

Das war so dehnbar formuliert, daß man damit gegnerische Parteien nach Belieben mundtot machen konnte. Bis der immerhin noch vorgesehene Beschwerdeweg beim Reichsgericht ausgeschöpft war, hatte die Verordnung ihren politischen Zweck schon längst erfüllt. Eine Minderheitsregierung hatte sich die Möglichkeit geschaffen, willkürlich politische Konkurrenten auszuschalten und öffentliche Meinungsbildung bereits wesentlich einzuschränken. Das alles geschah unter dem Mantel scheinbarer Legalität.

Entscheidend für die Handhabung dieses Instrumentariums und der anderen Verordnungen, die auf ähnlichem Wege folgen sollten, war die Verfügung über Polizei und Verwaltung. Nun zeigte sich, wie gefährlich der Preußen-Schlag Papens, wie wichtig die Existenz nationalsozialistischer Regierungen in einigen Ländern war. Vor allem Göring, seit dem 30. Januar kommissarischer preußischer Innenminister, verstand es, mit Hilfe des Einsatzes aller Staatsorgane und der Möglichkeit der Notverordnungen den nationalsozialistischen Machtanspruch durchzusetzen und Preußen zum Hauptschauplatz der ersten Phase der Machtergreifung zu machen. Goebbels notierte voller Bewunderung: »Göring räumt in Preußen auf mit einer herzerfrischenden Forschheit. Er hat das Zeug dazu, ganz radikale Sachen zu machen, und auch die Nerven, um einen harten Kampf durchzustehen.«[15] Vor allem der politischen Linken galt sein gnadenloser Kampf, und dabei zeigt der Mann, der gern seine Jovialität und bürgerliche Reputierlichkeit herausstellte, eine unerwartete terroristische Potenz: »Volksgenossen, meine Bedenken werden nicht angekränkelt sein durch irgendwelche juristische Bedenken. Meine Maßnahmen werden nicht angekränkelt sein durch irgendwelche Bürokratie. Hier habe ich keine Gerechtigkeit zu üben, hier habe ich nur zu vernichten und auszurotten, weiter nichts! ... Solch einen Kampf führe ich nicht mit polizeilichen Mitteln. Das mag ein bürgerlicher Staat getan haben. Gewiß, ich werde die staatlichen und polizeilichen Machtmittel bis zum äußersten auch dazu benutzen, meine Herren Kommunisten, damit Sie hier nicht falsche Schlüsse ziehen, aber den Todeskampf, in dem ich Euch die Faust in den Nacken setze, führe ich mit denen da unten, das sind die Braunhemden.«[16]

Dieser brutale Einsatz aller staatlichen Mittel wurde noch gesteigert durch gewalttätige Aktionen der nationalsozialistischen Parteiarmee. Am 22. Februar setzte ein Erlaß SA und SS zur Abwehr »zunehmender Ausschreitungen von linksradikaler, insbesondere kommunistischer Seite«[17] in Preußen als Hilfspolizei ein. Das aber wäre nicht möglich gewesen, wenn nicht Papen selber die Barriere aus dem Wege geräumt hätte, obwohl er als kommissarischer preußischer Ministerpräsident sich doch eigentlich eine besondere Wächterstellung gegenüber den Nazis zugedacht hatte.

Seit dem Urteil des Staatsgerichtshofes vom Vorjahr, das der Regierung Braun zwar das Recht, dem Reichskommissar aber die Macht gegeben hatte, existierten in Preußen zwei Regierungen, und die Kommissariatsregierung konnte nicht sicher sein, ob die Regierung Braun die Aktivitäten Görings über den Landtag und den Staatsrat nicht unterlaufen würde; denn dort besaßen NSDAP und DNVP ja noch keine Mehrheit. Darum verfügten die Kommissare schon am 5. Februar die Auflösung sämtlicher preußischen Provinziallandtage, Kreistage und Gemeindevertretungen und legten für den 12. März Neuwahlen fest. Mit diesem Schritt sollte vor allem eine andere Zusammensetzung des Staatsrates erreicht werden. Daß von dort aus tatsächlich Widerstand zu erwarten war, zeigte sich bei dem Versuch, den preußischen Landtag wieder aufzulösen, der gerade vor zehn Monaten gewählt worden war. Ein nationalsozialistischer Auflösungsantrag war am 4. Februar mit 214:196 Stimmen abgelehnt worden. Ein Dreimännerkollegium, das ebenfalls das Recht zur Auflösung des Landtages besaß, hatte am selben Tag mit den Stimmen des preußischen Ministerpräsidenten Otto Braun und des Staatsratsvorsitzenden und Kölner Oberbürgermeisters Konrad Adenauer gegen das Votum des Dritten, des nationalsozialistischen Landtagspräsidenten Hans Kerrl, die Auflösung gleichfalls abgelehnt. Nun half nur noch ein zweiter Staatsstreich in Preußen, den wieder Papen besorgte. Das geschah mit einer Unterschrift des Reichspräsidenten unter eine Notverordnung »zur Herstellung geordneter Regierungsverhältnisse in Preußen«, die kurzerhand alle der Regierung Braun noch verbliebenen Befugnisse auf den Reichskommissar übertrug. Das war glatter Rechtsbruch und ließ sich mit der Legalitätstaktik nur äußerst mühsam vereinbaren. Papen nahm nun den Sitz Brauns im Dreimännerkollegium ein, und schon am 6. Februar fiel die Entscheidung für die Auflösung des Landtags trotz Adenauers Protest.

Damit war vor allem der Weg für Göring frei, der sich trotz der Vorrechte des ihm übergeordneten Reichskommissars Papen durchzusetzen wußte. Zunächst setzte er die Säuberungen fort, mit denen Papen nach dem 20. Juli 1932 im republikanischen Preußen bereits begonnen hatte. Wer von den Sozialdemokraten noch in Spitzenstellungen der Verwaltung verblieben war, wie etwa Gustav Noske

als Oberpräsident in Hannover, fiel ebenso Görings Auskämm-
aktion zum Opfer wie jene Beamten, die dem Zentrum oder der
demokratischen Staatspartei angehörten. Allein im Februar wurden
vierzehn Polizeipräsidenten in preußischen Großstädten und zahlreiche Oberpräsidenten, Regierungspräsidenten, Regierungsvize-
präsidenten, Landräte und hohe Ministerialbeamte ihrer Ämter
enthoben. Nachrücker waren vor allem konservative und deutschnationale Verwaltungsbeamte, adlige Gutsbesitzer und auch Indu-
striemanager. Aus Rücksicht auf den deutschnationalen Partner
mußte Göring mit der Ernennung von Nationalsozialisten einstweilen noch zurückhaltend sein. Nur vier Nationalsozialisten wurden
zu Polizeipräsidenten ernannt, darunter die beiden SA-Gruppenführer Lutze in Hannover und Schepmann in Dortmund und der
ehemalige Admiral von Levetzow in Berlin, der als früherer Führer
vaterländischer Verbände den Deutschnationalen eher zu präsentieren war als der junge SA-Gruppenführer Graf Helldorff, der vorerst
mit Potsdam vorliebnehmen mußte.

Auch in der preußischen Innen- und Polizeiverwaltung nahmen
nach den Säuberungen konservative Verwaltungsfachleute Schlüs-
selpositionen ein. Ludwig Grauert, bisher Leiter der Arbeitgeberverbände der nordwestdeutschen Eisen- und Stahlindustrie, übernahm die Polizeiabteilung, Oberregierungsrat Diels die Leitung der
Abteilung I A, Politische Polizei, beim Berliner Polizeipräsidium, die
bald aus dem Verwaltungsgang herausgelöst zum Geheimen Staats-
polizeiamt verselbständigt wurde. Eine Interessenverbindung nationalsozialistischer Führer mit konservativen Verwaltungsfachleuten
zeichnete sich ab, die der Gleichschaltungspolitik größte Effizienz
garantierte.

Eine andere Säule konservativ-autoritärer Staatlichkeit war mittlerweile beruhigt und neutralisiert: die Reichswehr. Aufgeschreckt
über Nachrichten, der Reichskanzler Hitler suche unter Umgehung
des Dienstweges Kontakte zu Soldaten und militärischen Dienststellen, lud der neue Reichswehrminister von Blomberg für den
Abend des 3. Februar die Gruppen- und Wehrkreisbefehlshaber zu
einer Lagebesprechung in die Wohnung des Heereschefs von Ham-
merstein-Equord, zu der auch Hitler erschien. Noch behandelte
man den »böhmischen Gefreiten« etwas von oben herab, und auch
Hitler fühlte sich anfangs unwohl. Ein Zeuge erinnerte sich: »Hitler
machte überall bescheidene linkische Verbeugungen und blieb verlegen.« Nach dem Essen hielt Hitler eine zweistündige Rede über
seine künftige Politik, die die hohen Offiziere mehr als beruhigte.
Man hörte das, was man hören wollte. Die Aufrüstung der Wehrmacht sei »wichtigste Voraussetzung« für die Erreichung seines
Ziels: »Wiedererringung der politischen Macht«. Dazu müsse die
allgemeine Wehrpflicht wiederkommen und eine »völlige Umkehrung der gegenwärtigen innenpolitischen Zustände in Deutschland«
eintreten.[18] Weiter notierte Generalleutnant Liebmann: »Keine
Duldung der Betätigung irgendwelcher Gesinnung, die dem Ziel
entgegensteht (Pazifismus!). Wer sich nicht bekehren läßt, muß
gebeugt werden. Ausrottung des Marxismus mit Stumpf und Stiel.«
Dann folgten Sätze, denen die Militärs besondere Aufmerksamkeit
schenkten: »Wehrmacht wichtigste und sozialistischste Einrichtung

des Staates. Sie soll unpolitisch und überparteilich bleiben. Der Kampf im Innern nicht ihre Sache, sondern der Nazi-Organisationen. Anders wie in Italien keine Verquickung von Heer und SA beabsichtigt.« Das entsprach wieder der klassischen Militärideologie und verhieß »Überparteilichkeit« und eine »unpolitische Haltung«, wie sie die Mehrheit der Offiziere auch wünschte. Die Gegenrechnung dafür hatte Hitler aber gleich mit aufgemacht: die Reichswehr sollte sich aus allen innenpolitischen Säuberungs- und Umsturzaktionen der Nationalsozialisten heraushalten. Auch eine weitere Ankündigung Hitlers wurde nicht weiter ernstgenommen: »Eroberung neuen Lebensraumes im Osten und dessen rücksichtslose Germanisierung« sprach Hitler als Möglichkeit künftiger deutscher Politik an. Die Militärs nahmen das für ein bloßes Denkspiel; sechs Jahre später mußten sie erfahren, daß dies wortwörtlich gemeint war.

Im Augenblick brachte die Partnerschaft für beide Seiten nur Vorteile: Hitler konnte ungestört seine Gleichschaltungspolitik betreiben; die Reichswehr erhielt die Zusage, daß ihre militärische Monopolstellung unangetastet bliebe, daß sie als eine Säule des neuen Staates anerkannt werde und daß sie sich aus der Innenpolitik heraushalten und entschieden der Aufrüstung zuwenden könne.

Auch die Verständigung mit der Industrie ließ sich nun besser an. Am 20. Februar empfingen Göring und Schacht im Dienstsitz des Reichstagspräsidenten fünfundzwanzig führende Industrielle, die mit den Männern der neuen Reichsregierung die politische Lage erörtern wollten. Eingeladen waren der Präsident des RDI, Gustav Krupp von Bohlen, Vertreter der Eisen- und Stahlindustrie, die Generaldirektoren Vögler von den Vereinigten Stahlwerken und von Schnitzler vom IG Farben-Konzern, Vertreter des Braun- und Steinkohlebergbaus, der AEG und von Siemens sowie bekannte Bankiers, unter ihnen auch Kurt von Schröder, der das Treffen Hitler/Papen am 4. Januar arrangiert hatte. Hitler hielt eine Rede, die an das anknüpfte, was er schon ein Jahr zuvor im Industrieclub in Düsseldorf ausgeführt hatte. Wieder entwarf er das Bild eines autoritären Staates und einer autoritären Wirtschaftsordnung vor den Zuhörern. »Kraft und Macht der Einzelpersönlichkeit« würden von der neuen Ordnung geschützt, der einzigen Alternative zum Kommunismus. Eine »ruhige Zukunft« versprach der Reichskanzler und die Ausschaltung der marxistischen Gewerkschaften. All das habe die Ausschaltung der Weimarer Verfassung und das Ende der parlamentarischen Demokratie zur Voraussetzung, »in der das Gesetz zum Schutze des Schwachen und Dekadenten galt«. Nicht mit Tolerierungsmehrheiten und auch nicht mit Hugenbergs kleiner Bewegung ließe sich das erreichen. »Wir müssen erst die ganzen Machtmittel in die Hand bekommen, wenn wir die andere Seite ganz zu Boden werfen wollen.« Zum Schluß wurde der auf die Verfassung vereidigte Reichskanzler noch deutlicher: »Wir stehen jetzt vor der letzten Wahl. Sie mag ausgehen, wie sie will, einen Rückfall gibt es nicht mehr, auch wenn die kommende Wahl keine Entscheidung bringt. So oder so, wenn die Wahl nicht entscheidet, muß die Entscheidung eben auf einem anderen Wege fallen.«[19]

Dann sprach Göring und kam zur Sache. Die NSDAP habe im

kommenden Wahlkampf »ohne Zweifel . . . die meiste Arbeit zu leisten«, und darum sei es notwendig, »daß andere, nicht im politischen Kampf stehende Kreise wenigstens die nun mal erforderlichen finanziellen Opfer bringen müßten«. Eine solche »Industrie-
spende« werde nach der Serie von Wahlen sicherlich leichter fallen,
wenn die Industrie wüßte, »daß die Wahl am 5. März die letzte
sicherlich innerhalb zehn Jahren, voraussichtlich aber in hundert
Jahren sei«. Für die Industriellen antwortete Krupp und unterstrich
die Forderung nach einem »politisch starken, unabhängigen Staat«,
in dem allein Wirtschaft und Gewerbe blühen könnten. Danach tat
Schacht, worum ihn Hitler gebeten hatte. Er eröffnete die Wahl-
kasse mit einem frischen »Und nun, meine Herren, an die Kasse«.[20]
Rasch hatte der Finanzexperte drei Millionen zusammen. Sein
Ansehen hat der Spendenfreudigkeit der Industriellen sicherlich
nachgeholfen.

Das sich anbahnende Bündnis stärkte aber vor allem den einen
der beiden Partner, die Nationalsozialisten; das sollte auch der
Reichsverband der Deutschen Industrie bald zu spüren bekommen.
Mit der frisch gefüllten Wahlkampfkasse konnte Goebbels einen
Wahlkampf inszenieren, wie ihn auch die eigene Partei noch nicht
erlebt hatte: »Wir treiben für die Wahl eine ganz große Summe auf,
die uns mit einem Schlag aller Geldsorgen enthebt . . . Jetzt werden
wir auf Höchsttouren arbeiten.«[21] Doch es waren nicht die großen
Propagandakampagnen allein, auch nicht der bombastische »Tag
der erwachenden Nation«, zu dem das deutsche Wahlvolk am
5. März aufgerufen werden sollte, sondern die Verbindung von
Propaganda mit politischer Einschüchterung und staatlicher Repression, die die Wahlentscheidung im Sinne der Nazis herbeiführen
sollte. Das wußte auch Goebbels: »Wir haben uns in den vergangenen Wahlkämpfen so umfassende Kenntnisse auf diesem Gebiet
angeeignet, daß wir schon vermöge unserer besseren Routine
unschwer über alle Gegner triumphieren können. Die sind ohnehin
so verschüchtert, daß sie kaum Laut geben. Jetzt zeigen wir ihnen,
was man mit dem Staatsapparat machen kann.«[22]

Das zeigte in den folgenden Tagen und Wochen vor allem Göring,
der alles daran setzte, die gegnerischen Parteien unter Druck zu
setzen und die Wähler davon abzuhalten, sich für ihre alten Parteien
zu entscheiden. In Runderlassen und mündlichen Weisungen
machte er den preußischen Oberpräsidenten und Regierungspräsidenten klar, welches Verhalten die nationale Regierung im Wahlkampf von der Verwaltung erwarte. In einem Erlaß vom 17. Februar
1933 wies er alle Polizeibehörden an, »gegenüber den nationalen
Verbänden«, das waren SA, SS und Stahlhelm, »in deren Kreisen die
wichtigsten staatserhaltenden Kräfte vertreten sind, das beste Einvernehmen herzustellen«. Auch müsse die »nationale Propaganda«
kräftig unterstützt werden. Umgekehrt sei »dem Treiben staats-
feindlicher Organisationen mit den schärfsten Mitteln entgegenzutreten« und »wenn nötig, rücksichtslos von der Schußwaffe
Gebrauch zu machen«. Daß das einem Schießbefehl gleichkam,
machte der Zusatz unmißverständlich klar: »Polizeibeamte, die in
Ausübung dieser Pflichten von der Schußwaffe Gebrauch machen,
werden ohne Rücksicht auf die Folgen des Schußwaffengebrauchs

Die Str–a–ße frei den br–a–u–nen Ba–ta–i–llo–nen!

Das neue Spiel: SA räumt Liebknechthaus

„Verwundete" werden abtransportiert   Das „Gewehr präsentiert" wird vom „Fachkundigen" eingedrillt

von mir gedeckt; wer hingegen in falscher Rücksichtnahme versagt, hat dienststrafrechtliche Folgen zu gegenwärtigen.«[23]

Am 22. Februar öffnete er dem politischen Terror dann endgültig Tür und Tor, als er eine Verstärkung der Polizei durch den Einsatz freiwilliger Hilfspolizei anordnete, zur Bekämpfung »zunehmender Ausschreitungen von linksradikaler, insbesondere kommunistischer Seite«.[24] Einheiten von SA, SS und Stahlhelm rückten zum Dienst in der Hilfspolizei ein: mit weißen Binden am Arm, die den Parteisöldnern einen staatlichen Anstrich gaben. Ein Verteilungsschlüssel sorgte dafür, daß von den rund 50 000 Hilfspolizisten gut die Hälfte von der SA, ein Drittel von der SS und ein Fünftel vom Stahlhelm gestellt wurde. Zwar bedurfte es bei ihrer Aufstellung der Genehmigung des zuständigen Regierungspräsidenten, doch in der Praxis zählte das nicht viel. Schließlich gehörten doch auch die Verwaltungschefs dem »nationalen Lager« an. Außerdem hatte Göring

»Illustrierter Beobachter« 1933

Der blutige Terror der Parteiarmeen wird zum Kinderspiel.
Zwölfjährige führen nach der
Machtergreifung vor, was gerade
düsterer Ernst gewesen ist: kind-
liche SA verhaftet die kommunistischen Gegner und transportiert
sie in ein imaginäres Konzentrationslager.

zur Kontrolle seiner Erlasse noch einige »Kommissare zur besonderen Verfügung« eingesetzt, an erster Stelle im Innenministerium
den Berliner SS-Führer Daluege, die als Privatpersonen Zugriff auf
die staatliche Verwaltung erhielten, ohne im Dienst- und Diszipli-
narverhältnis eines Beamten zu stehen. Am »Kommissar z. b. V.«
haftete das »Stigma des vollkommen Außerrechtlichen«,[25] und
wenn es eine Figur gab, die den revolutionären Charakter der
scheinlegalen Machtergreifung symbolisierte, dann war es der
Kommissar. Er hatte bisher zu allen Revolutionen der Neuzeit
gehört, so auch zu dieser Revolution gegen die Revolution.

Neben dem Versprechen »Arbeit und Brot für alle« verkündeten
die nationalsozialistischen Propagandaheere landauf landab die
Parole »Kampf dem Bolschewismus«. Görings administrative Ver-
botspraxis und der offene Terror der SA-Banden bewiesen, daß die
Nationalsozialisten es ernst mit dieser Drohung meinten. Seit

Anfang Februar wurden kommunistische Veranstaltungen unter freiem Himmel verboten, wurden kommunistische Zeitungen weitgehend unterdrückt. Zweimal durchsuchten Polizisten das Karl-Liebknecht-Haus, die Berliner Zentrale der KPD, und auch andere lokale Parteibüros. Gegen die SPD ging man in kleineren Schritten vor. Mehrfach wurde der sozialdemokratische »Vorwärts« für einige Tage verboten, ebenso Organe der Freien Gewerkschaften, des Reichsbanners wie auch des Zentrums. Meist waren die Zeitungsverbote so fadenscheinig begründet, daß die Verbote binnen weniger Tage vom Reichsgericht, an das man noch appellieren konnte, wieder aufgehoben wurden.

Auch wenn die zahlreichen Entscheidungen des Reichsgerichts ein bezeichnendes Licht auf die Rechtmäßigkeit der Maßnahmen der preußischen Behörden warfen, die ständigen Verbote oder auch nur die Androhung von Verboten verfehlten ihre Wirkung nicht. Sie trugen ganz wesentlich zur Einschüchterung und zur teilweisen Entmutigung der politischen Linken bei. Die Tatsache, daß eine Demonstration von Sozialdemokraten und Reichsbannerleuten in einer norddeutschen Kleinstadt Mitte Februar von der Polizei verhindert und die Demonstranten bis vor die Tore der Stadt abgedrängt wurden, während die SA ungehindert durch die Straßen marschieren konnte, war schockierend und alarmierend genug. Ein Reichsbanner-Mann faltete am Abend dieses ereignisreichen Tages seine Fahne zusammen, »steckte sie in eine Kaffeebüchse und vergrub sie auf einem Acker«.[26]

Der Schießerlaß hatte nicht nur eine ungleiche Behandlung der Wahlkampfparteien bewirkt, sondern auch den SA-Terror gedeckt. Die Polizei sah tatenlos zu, wie Teilnehmer republikanischer Wahlversammlungen von SA-Trupps angegriffen wurden, so auch am 22. Februar in Krefeld, wo der ehemalige Reichsminister Stegerwald in einer Versammlung des Zentrums niedergeschlagen wurde. Jeder Tag brachte neue Nachrichten über den SA-Terror bei Kundgebungen von SPD und Zentrum, von Verwüstungen von Zeitungsredaktionen, von Überfällen auf Politiker der Linken. Der Sozialdemokrat Albert Grzesinski, ehemaliger preußischer Innenminister und Berliner Polizeipräsident, der sich knapp vier Wochen zuvor noch sicher war, daß man Hitler überstehen werde wie einstmals Bismarcks Sozialistengesetz, berichtete am 24. Februar: »In Hindenburg ist Genosse Nölting mit knapper Not dem Totschlag entronnen. Bei mir war es in Langenbielau ähnlich. Einer meiner Begleiter wurde niedergeschlagen. In Breslau ist gestern abend nur durch eine zufällige Verzögerung eingesetzter SA-Formationen namenloses Unglück verhindert worden.« Seine Konsequenz aus dieser Bilanz des Terrors: »Im Einverständnis mit dem Parteivorstand bitte ich daher, von den mit mir als Redner vorgesehenen Versammlungen abzusehen. Nach Lage der Dinge gibt es offenbar auch keinen polizeilichen Schutz mehr, der ausreichen würde, dem aggressiven Vorgehen der SA und SS in meinen Versammlungen zu begegnen.«[27]

Natürlich gab es besorgte Stimmen, Warnungen, Proteste, Versuche von Gegenwehr. Die Zentrumsführung appellierte in einem Artikel ihrer Zeitung »Germania« vom 22. Februar an den Reichspräsidenten und den Vizekanzler, »den unglaublichen Zuständen

ein Ende zu bereiten«.[28] Hitler mahnte seine Privatarmee schließlich zur Disziplin und warnte vor »Provokationen«. »Wir müssen
uns in der Tat auf schlimmste Dinge gefaßt machen, und wir dürfen
nicht schweigend sie abwarten«, schrieb der Berliner Historiker
Friedrich Meinecke am 20. Februar seinem Leipziger Kollegen Walter Goetz und schlug eine Eingabe an Hindenburg vor, »in der wir
ihn warnen vor dem sich öffnenden Abgrunde«.[29] Aber solche
Bemühungen blieben ebenso vergeblich wie die Versuche Papens,
die von den gemäßigten Schwerindustriellen um Reusch unterstützt
wurden, den Rechtsblock von DNVP und Stahlhelm zur Mitte hin
zu erweitern zu einer christlich-nationalen Sammlungsbewegung.
Vor allem die unnachgiebige Haltung Hugenbergs ließ diesen Versuch scheitern.

Noch immer täuschten sich die deutschnationalen Regierungspartner über Hitlers Politik und die Ernsthaftigkeit seiner Koopera-
tionsbereitschaft. Wieder einmal trug zu dieser Täuschung der Irrtum bei, Hitler sei der Gemäßigte unter den Nationalsozialisten.
Allerdings tat der Reichskanzler Hitler alles, um diese Fehleinschätzung zu fördern. Er hielt sich in diesen Wochen auch im Kabinett
deutlich zurück, vermied Konfrontationen und überließ die Szene
dem radikaleren Frick und besonders Göring. Mit wesentlichen
wirtschaftspolitischen Entscheidungen hielt die neue Regierung
sich zurück oder folgte zur Zufriedenheit Hugenbergs Vorlagen, die
ganz der Landwirtschaft zugute kamen. Dahinter stand eine wahl-
taktische Überlegung, die dem nationalsozialistischen Umgang mit
programmatischen Aussagen in der »Kampfzeit« entsprach. So
empfahl Hitler am 8. Februar im Kabinett, »bei der Wahlpropaganda alle genaueren Angaben über ein Wirtschaftsprogramm der
Reichsregierung zu vermeiden.« Die Reichsregierung müsse 18 bis
19 Millionen Wählerstimmen hinter sich bringen. Ein Wirtschaftsprogramm, das die Zustimmung einer derart großen Wähler-
masse finden könne, gebe es auf der ganzen Welt nicht.[30]

Das wurde offenbar auch nicht erwartet. Ängste und Hoffnungen
waren von der nationalsozialistischen Propaganda in den letzten
Wochen hemmungslos geschürt und verstärkt worden. In einer solchen Situation waren nicht Programme, sondern Glaubenssätze
gefragt. Was dem abgeklärten Beobachter als Phrase oder Banalität
erscheinen mußte, wirkte wie eine Verheißung. Ein Zeuge berichtet
über die Erleichterung und Begeisterung, die die Nachricht auslöste,
der »Volkskanzler« Hitler habe sofort nach der Ernennung seine
Arbeit aufgenommen. »Diese Selbstverständlichkeit wurde als so
etwas Besonderes immer wieder hervorgehoben, daß ich glaubte,
alle Deutschen würden darüber lachen. Im Gegenteil: überall wurde
gejubelt.«[31] Die pseudoreligiösen Erwartungen knüpften sich nicht
an ein Programm, sondern an den Namen Hitler. Er stand für eine
neue, noch unverbrauchte Kraft. Darum konnten sich nationalsozialistische Propagandisten der Zustimmung und Begeisterung
sicher sein, wenn sie an die Stelle eines Programmes den Hitler-
Mythos setzten: »Wenn man sagt, wir hätten kein Programm, so ist
doch der Name Hitler Programm genug. Das Entscheidende ist der
Wille und die Kraft zur Tat.«[32]

Tatsächlich war der Wahlkampf, den die Nationalsozialisten mit

»Stimmenzahl ist nicht entscheidend – der Name Adolf sagt
alles!«
Karikatur aus dem »Simplicissimus« vom 11. Juni 1928

Dazu der nationalsozialistische
Kommentar:
Tinte: Mit dieser ersten Porträt-
karikatur Hitlers, die in der Presse
auftaucht, wird in Verbindung mit
dem Text »Stimmenzahl ist nicht
entscheidend – der Name Adolf
sagt alles!« der Versuch gemacht,
die Bewegung in Hitler und Hitler
in seiner Bewegung zu verhöh-
nen.
Tatsache ist, daß Hitler in Widerlegung dieser Behauptung nur
durch den Stimmzettel zur Macht
gekommen ist und daß für die
Erlangung dieser sieghaften Stimmenzahl in der Tat die Persönlichkeit Hitlers die Grundlage geboten hat.

Rundfunk, Film und Flugzeug auch in die Provinz trugen, ganz auf Hitler abgestellt. Goebbels machte sich zum ersten Reporter seines »Führers«. Überall leitete er die Hitler-Kundgebungen ein, zum erstenmal im Sportpalast am 10. Februar. Wie kein anderer wußte er die Möglichkeiten der modernen Medien zu nutzen. Gleich zweimal trat er an diesem Abend auf: er eröffnete die Veranstaltung im Saal mit ironischen Attacken gegen die Linke und hymnischen Verehrungen für den »Führer« und trug dann als Reporter im Rundfunk die Stimmung und Botschaft in jede Wohnstube. »Welch eine Wendung durch Gottes Fügung«, jubelte er, als Hitler den Saal betrat, »ernst und gemessen schreitet, freundlich grüßend, durch die Massen der Führer, der Reichskanzler Adolf Hitler, der Führer des jungen Deutschland.«[33] Dem Schriftsteller Erich Ebermayer wurde bewußt, warum die Massen im Sportpalast in einen solchen Taumel gerieten. »Genau die richtige Mischung für seine Hörer: Brutalität, Drohungen, Kraftprotzentum und dann wieder Demut vor dem oft zitierten ›Allmächtigen‹.« Die Parteitrupps suchten diese Stimmung zu nutzen und appellierten an die Bereitschaft, Hitler eine Chance zu geben: »Hitler hat uns bis jetzt nicht betrogen. Man muß diesen Mann erst einmal arbeiten lassen.«[34]

Die nicht-nationalsozialistische Presse suchte die Phrasenhaftigkeit und Verlogenheit solcher Hitler-Auftritte zu enthüllen, sofern sie daran nicht mit scheinlegaler Gewalt gehindert wurde. »Wieder die gleichen Anklagen und Versprechungen« überschrieb die BVP-Zeitung »Bayerische Volkszeitung« einen Bericht von einer der zahllosen Kundgebungen dieser Wochen. »Der kritische Zuschauer aber verläßt den Saal enttäuscht über die Rede des ›Volkskanzlers‹.«[35] Erich Ebermayer hatte indes seine Zweifel, ob die demokratische Presse richtig reagierte, wenn sie die Versammlung im Sportpalast »vielzusehr lächerlich« machte, »was sie nicht war«. Und er vermutete: »Ist es der Mut der Verzweiflung bei den Besiegten?«[36]

Etwas fehlte den nationalsozialistischen Technikern der Machteroberung noch, das zum Kernbestand ihrer taktischen Überlegungen gehörte: der kommunistische Revolutionsversuch. Wenn es eine Grund- und Idealvorstellung nationalsozialistischer Machteroberung gab, dann war es die Vorstellung, daß man im Augenblick eines bolschewistischen Aufstandes sich als Retter der bedrohten Ordnung bewähren und so die Legitimation zur eigenen Herrschaft erwerben könne.

Freilich mußten die nationalsozialistischen Propagandisten zunächst kräftig nachhelfen, um das Gespenst des Kommunismus wachzuhalten und politisch nutzen zu können. Man versuchte alles, um den Gegner zu Gewaltakten zu provozieren und streute selbst Gerüchte über einen bevorstehenden Putsch und bald auch über gegen Hitler gerichtete Attentatspläne aus. Aber der Gegner, von dem der Nationalsozialismus von seinem ersten Tage an ideologisch und psychologisch lebte, trat außer mit flammenden Aufrufen zunächst kaum hervor. Das schien sich vier Wochen später geändert zu haben. In der Nacht des 27. Februar wurde gegen 21 Uhr ein Brand im Reichstagsgebäude bemerkt, und um 21.27 Uhr konnten Polizisten einen Mann im Bismarcksaal des brennenden Gebäudes festnehmen, den holländischen Maurergesellen und Anhänger räte-kommunistischer Ideen, Marinus van der Lubbe. Goebbels hielt die Nachricht zunächst für eine »tolle Phantasiemeldung«,[37] und auch Göring, der als erster am Tatort eintraf, soll dem Brand zunächst kein »allzugroßes Gewicht«[38] beigemessen haben. Dann aber kam er immer mehr zu der Überzeugung, daß die »Kommune« hinter dem Brand stecke. Als Hitler und Goebbels am Brandort eintrafen, hatte Göring bereits die politische und propagandistische Meinungsbildung präjudiziert und die Verfolgungsmaßnahmen des preußischen Polizeiapparates eingeleitet. Rudolf Diels, späterer erster Chef der Gestapo, berichtete: »Als ich eintrat, schritt Göring auf mich zu. In seiner Stimme lag das ganze schicksalsschwere Pathos der dramatischen Stunde: ›Das ist der Beginn des kommunistischen Aufstandes, sie werden jetzt losschlagen! Es darf keine Minute versäumt werden.‹« Auch Hitler war voller Erregung und wetteiferte mit Göring in der Radikalität der Verfolgungsmaßnahmen: »Es gibt kein Erbarmen; wer sich uns in den Weg stellt, wird niedergemacht. Das deutsche Volk wird für Milde kein Verständnis haben. Jeder kommunistische Funktionär wird erschossen, wo er angetroffen wird. Die kommunistischen Abgeordneten müssen noch in dieser Nacht aufgehängt werden. Alles ist festzusetzen, was mit den Kommunisten im Bunde steht. Auch gegen Sozialdemokraten und Reichsbanner gibt es jetzt keine Schonung mehr.«[39]

Hitler, Göring und Goebbels scheinen ernsthaft an einen unmittelbar bevorstehenden kommunistischen Aufstandsversuch geglaubt zu haben. Allein das Ausmaß des Brandes legte es nahe, daß dahinter eine organisierte politische Aktion stand. Die politische und psychologische Erregung dieser Tage tat ein übriges, um die Naziführer von der Richtigkeit ihrer ideologischen Ängste und eigenen Greuelpropaganda zu überzeugen. Aber bereits in den ersten Meldungen und Verlautbarungen zeigte sich der Wille, das Ereignis augenblicklich zum Vorwand einer gewaltigen Propaganda- und Verfolgungsaktion zu machen, noch bevor eine Untersuchung begonnen hatte und ohne daß man auch nur irgendeinen Beweis für eine Mittäter- oder Komplicenschaft der Sozialdemokraten besaß. Diese Entschlossenheit machte stutzig, vor allem dann, als auch die Feststellungen und Vernehmungen der folgenden Tage die These von einem organisierten Anschlag immer zweifelhafter erscheinen ließen und Marinus van der Lubbe auf seiner Alleintäterschaft bestand.

Die fehlenden Beweise für einen Putsch von links gaben der anti-faschistischen Gegenthese und Propaganda Auftrieb, die National-sozialisten selber hätten den Brand gelegt, um endlich den fehlenden Grund zum Losschlagen zu bekommen. Seither hat sich an der Frage nach dem Täter eine wissenschaftliche und publizistische Debatte ohne Ende entzündet. Ihr Für und Wider, so scharfsinnig die Argumente auch sein mögen, ist gleichwohl eher Sache des Kriminalisten und weniger des Historikers. Denn für das historische Verständnis des Vorganges der Machtergreifung ist die Person des Brandstifters von geringer Bedeutung. Weit wichtiger ist die entschlossene und überfallartige Nutzung der Ereignisse, die den entscheidenden Schritt zur unbeschränkten Diktatur ermöglichte.

Von nun an setzten sich die spezifisch nationalsozialistischen Elemente in der nationalen Erhebung immer nachhaltiger durch.

Schon in der Nacht vom 27. zum 28. Februar befahl Göring die Verhaftung der Abgeordneten und führenden Funktionäre der KPD, die Schließung aller kommunistischen Parteibüros und ein unbefristetes Verbot der gesamten kommunistischen Presse wie auch ein zweiwöchiges Verbot sozialdemokratischer Blätter. Endlich konnte man alle taktisch bedingten Hemmungen ablegen, die man sich bis zum Wahltag auferlegt hatte. Eine »zweite Aktion gegen den Kommunismus« hatte Hitler in seiner Ansprache vor den Industrievertretern am 20. Februar für die Zeit nach den Wahlen angekündigt, und Göring gab später in Nürnberg zu, daß die Verhaftungs- und Verfolgungsmaßnahmen auf jeden Fall erfolgt wären,

Illusionen noch vor dem Ende. Am 27. Februar 1933 meldet das sozialdemokratische Organ »Volkswacht«, daß Bielefeld rot sei und bleibe, und beschwört in einem Artikel das freie Wort; am darauffolgenden Tag schon muß die Zeitung melden, daß ihr Erscheinen verboten worden ist.

durch den Reichstagsbrand sei alles nur beschleunigt und überstürzt durchgeführt worden.[40]

Jetzt ging man wirklich aufs Ganze. Eine von Innenminister Frick vorgelegte Verordnung, die nach nur kurzer Erörterung im Kabinett noch am gleichen Tag vom Reichspräsidenten unterschrieben wurde, nutzte das Ereignis der Nacht als Vorwand zum tödlichen Schlag gegen den Verfassungsstaat. Die »Verordnung des Reichspräsidenten zum Schutz von Volk und Staat« setzte mit einem Federstrich alle Grundrechte der Weimarer Verfassung bis auf weiteres außer Kraft. Nun konnten verdächtige oder mißliebige Personen willkürlich verhaftet und festgehalten werden, ohne Anklage, ohne Beweise, ohne Rechtsbeistand. Das Recht auf Meinungs-, Presse-, Vereins- und Versammlungsfreiheit war ebenso aufgehoben wie die Unverletzlichkeit des Brief-, Post- und Fernsprechgeheimnisses und der verfassungsmäßige Schutz von Eigentum und Wohnung. Damit war praktisch der Ausnahmezustand über Deutschland verhängt. Nicht weniger einschneidend und folgenreich sollte der Paragraph 2 der improvisierten, auf jede gesetzliche Präzisierung verzichtenden Verordnung sein. Er ermächtigte die Reichsregierung, in die Souveränität der Länder einzugreifen, wenn diese »die zur Wiederherstellung der öffentlichen Sicherheit und Ordnung nötigen Maßnahmen«[41] nicht ergreifen würden. Damit war die Gleichschaltung auch der Länder vorbereitet, die noch nicht unter nationalsozialistischer Kontrolle standen. Es fehlte nur noch der Vorwand.

Die Begründung, daß man »staatsgefährdende kommunistische Gewaltakte«[42] abwehren müsse, reichte aus, um vom Reichspräsidenten eine Notverordnung absegnen zu lassen, die den Abbau des Rechtsstaates einleitete und die bald zum »Grundgesetz des Dritten Reiches« werden sollte. Hier, und nicht erst im Ermächtigungsgesetz einige Wochen später, wurde die entscheidende gesetzliche Grundlage nationalsozialistischer Herrschaft geschaffen, schon hier wurde die scheinlegale Begründung geschaffen für den Terror und die Verfolgung aller Gegner des Regimes, auch im Kirchenkampf und bei der Verurteilung der Männer des deutschen Widerstands. Bis in das Jahr 1945 blieb die Verordnung vom Frühjahr 1933 in Kraft. Die Tatsache, daß mit dem Urteil des Reichsgerichts im Reichstagsbrandprozeß die Begründung der Verordnung, nämlich der Zusammenhang von Brandstiftung und angeblichen kommunistischen Aufstandsplänen, nicht nachgewiesen werden konnte und daß sie damit rechtlich ungültig war, änderte daran nichts. Allein das beweist, wie es mit der Legalität des nationalsozialistischen Staates bestellt war, »der sich auf eine tatsachenwidrig begründete, permanente Ausnahmegesetzgebung stützte«.[43]

Formal knüpfte die »Reichstagsbrandverordnung« an die Praxis der präsidialen Notverordnungen an. Das ließ bei den meisten Zeitgenossen, den deutschnationalen Regierungspartnern Hitlers allzumal, erst gar nicht den Verdacht aufkommen, hier bereite sich etwas Außergewöhnliches, etwas von ungeheurer Tragweite vor. Notverordnungen hatte es schon viele gegeben, und sie waren seit 1930 zur Grundlage der Politik geworden. Die Tatsache, daß die Verfolgungen sich zunächst gegen Kommunisten richteten, mochte den Vergleich mit früheren Maßnahmen selbst in republikanischen Zeiten nahelegen, denn auch Reichspräsident Ebert hatte schon das Instrument der Schutzhaft gegen Kommunisten angewandt. So erschien die neue Notverordnung allenfalls als Höhepunkt einer Praxis, die 1930 begonnen hatte. Tatsächlich aber sollte sie zum wichtigsten Instrument der nationalsozialistischen Machtergreifungspolitik werden, und das war ein entscheidender Schritt, der über alle Pläne und Versuche zu einer autoritären Verfassungsreform mit dem Diktaturparagraphen hinausging. Für die Nationalsozialisten wurden die präsidiale Notverordnung und ihre schrankenlose Ausweitung zu dem Instrument, mit dem sich ihre Illegalität »legal« begründen ließ. Alle formalen Bedenken ließen sich damit abwehren, alle Regungen von Ungehorsam und Opposition ausschalten oder notfalls ersticken. So wurden die machtpolitischen Voraussetzungen dafür geschaffen, daß einige Wochen später mit dem Ermächtigungsgesetz die Diktatur auch eine pseudoparlamentarische Legalisierung erfahren und der Reichskanzler sich auch noch vom Notverordnungsrecht des Reichspräsidenten unabhängig machen konnte.

Auch die äußerliche Kontinuität der präsidialen Notverordnung war trotz aller scheinbaren Anzeichen für eine solche Kontinuität mit der Reichstagsbrandverordnung zerbrochen. Denn wie auch immer man die sichernde Wirkung der entsprechenden Verfassungsbestimmung einschätzen mag, alle Maßnahmen nach Artikel 48 hatten nur »vorübergehende« Wirkung. Nun aber wurden alle Grundrechte »bis auf weiteres« außer Kraft gesetzt – nach dem Willen Hitlers für immer. Auch fehlten in der Verordnung vom 28. Februar 1933 alle Sicherungen, unter die bisher die vorübergehende Aufhebung der Grundrechte gestellt worden war, und die auch Hitler nach seinem Putsch vom 9. November 1923 zugute gekommen waren: die Vorführung des Verhafteten vor den Richter innerhalb von 24 Stunden, das Recht auf einen Verteidiger und auf Akteneinsicht, das Berufungsrecht und anderes mehr, was den Rechtsstaat ausmacht. Nun aber war die Rechtlosigkeit des einzelnen besiegelt.

Mit der Reichstagsbrandverordnung wurde eine weitere »Verordnung des Reichspräsidenten gegen Verrat am deutschen Volke und hochverräterische Umtriebe« erlassen, die gleichsam als Ergänzung eine nicht minder abschreckende Wirkung und weitreichende Rechtfertigung für kommende Verhaftungswellen eröffnete. Wie in der Brandverordnung wurde auch hier durch vage Unbestimmtheit der Begriffe dem Ermessen der Regierung weiter Spielraum eingeräumt. So ließ sich der Vorwurf des »Verrates« ebenso beliebig dehnen und gegen alle mißliebigen Äußerungen anwenden wie der des Verstoßes gegen das »Wohl des Reiches«. Und auch in dieser Verordnung drohte man mit drakonischen Strafen bis hin zur Todesstrafe. Ein weiterer folgenreicher und bezeichnender Mangel der improvisierten Notverordnung war, daß der Reichsinnenminister keine Ausführungsbestimmungen erließ und dies den Ländern überlassen blieb. Das erlaubte Göring in Preußen, seiner Aggressivität auf dem Verordnungswege freien Lauf zu lassen. In einem Runderlaß vom 3. März wurde die Beschreibung dessen, was unter der »Abwehr kommunistischer staatsgefährdender Gewaltakte« zu verstehen sei, in ungeheurem Maße ausgedehnt: »Nach Zweck und Ziel der VO werden sich die nach ihr zulässigen erweiterten Maßnahmen in erster Linie gegen die Kommunisten, dann aber auch gegen diejenigen zu richten haben, die mit den Kommunisten zusammenarbeiten und deren verbrecherische Ziele, wenn auch nur mittelbar, unterstützen oder fördern. Zur Vermeidung von Mißgriffen weise ich darauf hin, daß Maßnahmen, die gegen Angehörige oder Einrichtungen anderer als kommunistischer, anarchistischer oder sozialdemokratischer Parteien oder Organisationen notwendig werden, auf die VO zum Schutz von Volk und Staat vom 28.2.1933 nur dann zu stützen sind, wenn sie der Abwehr solcher kommunistischer Bestrebungen im weitesten Sinne dienen.«[44] Was hier in auffälliger Verklausulierung scheinbar als Einschränkung formuliert wurde, bedeutete im Klartext nichts anderes, als daß »Kommunisten, Anarchisten und Sozialdemokraten grundsätzlich über einen Kamm geschoren und gleichermaßen unter Acht und Bann gestellt wurden«.[45] Bei »bürgerlichen« politischen Gegnern wurde dagegen noch der besondere Nachweis der direkten oder indirekten Förderung kommunistischer Bestrebungen verlangt, wenn sie verfolgt werden sollten. Doch einige Wochen später schon mußten selbst Deutschnationale erfahren, daß der Verdacht kommunistischer Unterwanderung oder Begünstigung auch gegen sie gewendet werden konnte, obwohl sie doch den Kampf gegen den Marxismus zur gemeinsamen Marschrichtung der Regierung der nationalen Erhebung erklärt hatten.

Für die nationalsozialistische Führung wirkten die Verordnungen und die von ihnen legalisierten Verfolgungsmaßnahmen wie ein Stimulans, das ihre Aggressivität noch steigerte. »Es ist wieder eine Lust zu leben«,[46] kommentierte Goebbels die Nachrichten von den Massenverhaftungen. Während in den nicht-nationalsozialistisch regierten Ländern sich die Maßnahmen auf die Verbote der kommunistischen Presse, Versammlungen wie die Verhaftungen einiger prominenter KPD-Führer beschränkten, machte Göring in Preußen ernst mit dem ideologischen Verfolgungswillen. Goebbels begeisterte sich: »Nun wird die rote Pest mit Stumpf und Stiel ausgerottet.«[47] Bis Mitte März waren in Preußen etwa 10 000 politische Gegner verhaftet, der Anteil der Kommunisten unter ihnen war überwältigend groß. Sie hatten zwar schon lange über die Illegalität gesprochen, aber die blitzschnelle Aktion sofort nach dem Reichstagsbrand traf die Partei völlig überraschend. Verhaftet wurden vor allem mittlere Funktionärskader, aber auch der KPD-Führer Ernst Thälmann mit seinen engsten Mitarbeitern. Anderen prominenten Parteiführern gelang die Flucht, wie Willi Münzenberg, der bald vom Ausland aus mit seinem »Braunbuch« über den Reichstagsbrand die Nazis der Brandstiftung bezichtigte; auch Alexander Abusch und Wilhelm Pieck flohen über die Grenze. Andere hielten sich eine Zeitlang in Deutschland versteckt, in der trügerischen Hoffnung auf den baldigen Zusammenbruch des faschistischen Regimes und den Anbruch einer sozialistischen Zeit; zu ihnen gehörte Walter Ulbricht. Auch Angehörige der intellektuellen und literarischen Linken fielen Görings Polizei in die Hände: Carl von Ossietzky, Erich Mühsam, Ludwig Renn, Egon Erwin Kisch und viele andere, die ein Stück Weimarer Kultur repräsentierten.

Die meisten Deutschen nahmen die tödliche Gefährdung ihrer Freiheit nicht wahr. »Der Reichstagsbrand und die Nachrichten über seine angeblichen Urheber«, erinnerte sich Heinrich Brüning, »wirkten beim breiten Publikum so, daß es sich über Gewalttaten der Regierung nicht mehr aufregte. Die Menschen waren wie betäubt.«[48] In dieser Situation, die Hitler und Göring so schlagartig genutzt hatten, war den Nazis nicht nur alles möglich; wichtiger war, daß sie die Erfahrung machten: Terror gegen Gruppen, die ohnehin schon Gegenstand von Ängsten und Ausgrenzungen waren, läßt sich in steigende Popularität umsetzen. Schon vor dem Reichstagsbrand hatten die Säuberungen in Preußen, Bayern und auch

Leergebranntes Gehäuse der
Demokratie: das Reichstagsgebäude am 28. Februar 1933

anderswo breite Zustimmung gefunden. »Hitler räume nun in Preußen ordentlich auf, er werfe die Schmarotzer hinaus und die Volks-
sauger auf die Straße«, hieß es in einem Meinungsbericht aus einem
oberbayerischen Landkreis. »Wenn Hitler so weiter arbeitet, wie
seither, wird er auf die kommende Reichstagswahl das Vertrauen des
größten Teils des deutschen Volkes erhalten.«[49] Die Verfolgungs-
aktionen nach dem 28. Februar verstärkten die Meinung noch. Aus
Bayerisch-Schwaben wurde berichtet, die Bevölkerung verlange,
»daß gegen die Kommunisten mit aller Schärfe vorgegangen werden müsse«. Selbst in Blättern, die eigentlich politischen Parteien
nahestanden, die im Wahlkampf gegen die NSDAP zu Felde zogen,
fand die Kommunistenverfolgung Beifall. Die Brandverordnung,
schrieb der »Miesbacher Anzeiger«, »trifft endlich den Herd der
deutschen Krankheit, das Geschwür, das das deutsche Blut jahre-
lang vergiftete und verseuchte, den Bolschewismus, den Todfeind
Deutschlands ... Diese Notverordnung wird keinen Gegner finden
trotz der geradezu drakonischen Maßnahmen, die sie androht ... Es
geht um mehr als Parteien, es geht um Deutschland, ja um die ganze,
auf dem Christentum aufgebaute abendländische Kultur.«[50] Die
Nationalsozialisten konnten zufrieden sein. Ihr brutales, rechtswid-
riges Vorgehen minderte nicht, es förderte die Popularität Hitlers,
weil es vorgab, »Ruhe und Ordnung« wiederherzustellen. Die Formel von der »nationalen Erhebung« wirkte über Parteigrenzen
hinweg und lenkte alle Erwartungen auf den »Führer«, solange er
sich überparteilich gab.

In dieser Atmosphäre ließ Göring in aller Eile Beweismaterial für
kommunistische Aufstandsabsichten sammeln, das zwar kümmerlich, aber ausreichend genug war, um die Erregung anzuheizen. Für
den Abend und die Nacht des Wahltages sei der »Zeitpunkt des
Losschlagens« festgelegt, dann aber auf Mitte März verlegt worden,
behauptete er am 2. März im Kabinett und legte als »Beweis« nichts

weiter als einen Stadtplan von Berlin vor, auf dem elektrische Versorgungseinrichtungen markiert waren.[51]

Auch die Reichswehrführung ließ sich von den Befürchtungen anstecken. Blomberg ordnete für den Wahltag eine Urlaubssperre und die Alarmbereitschaft aller Kommandeure an. Derweil lenkten die Nazis mit Massenkundgebungen, Beflaggungen, Jubelszenen und den schon obligatorischen Deutschlandflügen Hitlers alle Energien und alle Erwartungen auf den Wahltag, den »Tag der erwachenden Nation«. Der amerikanische Botschafter Sackett bestätigte in einem Bericht vom 3. März den »eindrucksvollen Stil« des nationalsozialistischen Wahlkampfes. »Die zahlreichen braunen Uniformen, die riesigen Nazi-Plakate, mit denen die Städte und das Land übersät waren, die häufigen Aufmärsche der braunen Heerscharen und die täglichen Wahlreden der Nazi-Führer durch den Rundfunk zielen darauf ab, den Eindruck gerade jetzt zu erwecken, daß es in Deutschland nur eine große Partei gibt«,[52] und er bezweifelte, daß es sich hierbei noch um freie Wahlen handelte; für die Linksparteien sei »die Wahl am 5. März eine Farce, da sie während der letzten und wichtigsten Wahlkampfwoche ihres verfassungsmäßigen Rechts, sich an ihre Anhänger zu wenden, vollständig beraubt waren. In den meisten Teilen Deutschlands sind die Sozialdemokraten so geknebelt und unterdrückt worden, daß sie wenigstens dem äußeren Anschein nach nicht mehr zu existieren scheinen.«[53]

Bis zum »Tag der erwachenden Nation« forderte der Wahlkampf 51 Tote und mehrere hundert Verletzte bei den Gegnern des Nationalsozialismus, die ihrerseits 18 Opfer beklagten und diese zu Märtyrern für die nationale Sache erhoben. Am Vorabend der Wahl inszenierte Goebbels eine pompöse Schaustellung des »Volkskanzlers« Hitler in der preußischen Krönungsstadt Königsberg. Der Regisseur war zufrieden mit der kultischen Vereinigung des »alten« und »neuen Deutschland« und dem Appell an das deutsche Selbstgefühl, mit dem Hitler endete. »Da liegt über der ganzen Versammlung eine feierliche Stille, Rührung und tiefste Ergriffenheit. Mächtig klingt in den Schlußakkord der Rede das Niederländische Dankgebet, in der letzten Strophe übertönt vom Glockenläuten des Königsberger Doms. Über den Rundfunk schwingt diese Hymne durch den Äther über ganz Deutschland ... Hunderttausende werden in dieser Stunde den letzten Entschluß fassen, hinter Hitler zu treten und in seinem Geiste für die Wiedererstehung der Nation zu kämpfen ... Es wird ein ganz großer Sieg werden.«[54]

Um so überraschender war das Ergebnis der Wahl. Bei einer Wahlbeteiligung von knapp 89 Prozent erreichten die Nationalsozialisten 17,2 Millionen Stimmen und damit 43,9 Prozent der Wähler und 288 Sitze; aller Terror, alle Aufpeitschung und alle Wahlbeeinflussung hatten also nicht gereicht, die Mehrheit der Bevölkerung zu gewinnen. Zur absoluten Mehrheit im Reichstag bedurfte es nach wie vor der Unterstützung des deutschnationalen Partners, der 52 Mandate erzielt hatte. Noch immer stimmte eine Mehrheit in der Bevölkerung gegen die Alleinherrschaft der Nationalsozialisten. Auch die am schärfsten bekämpften Gegner hatten sich, bei mäßigen Verlusten, behauptet. Die SPD konnte noch 18,2 Prozent der Wähler, die KPD 12,2 Prozent für sich gewinnen, und das, obwohl viele ihrer Kandidaten in der Schlußphase des Wahlkampfes entweder schon verhaftet oder ihre Werbungen unterdrückt worden waren. In der Mitte hielten sich Zentrum und BVP mit 14,1 Prozent der Stimmen. Noch einmal zeigte sich, daß sich die beiden in sich geschlossenen Lager, das der Arbeiterparteien und des politischen Katholizismus, gegen den Sog des Nationalsozialismus weitgehend behauptet hatten.

Bemerkenswert an der Wahl, und das zeigt bereits ihren plebiszitären Charakter, war die nochmalige Steigerung der Wahlbeteiligung gegenüber den Juli-Wahlen von 1932 um 5 Prozent. Dreieinhalb Millionen Wahlberechtigte mehr wurden im Vergleich zu den Novemberwahlen an die Wahlurne gelockt. Und ganz offenkundig kam die Mehrheit der neuen Wähler der NSDAP aus den bisherigen Nicht- und Neuwählern. Schon zeitgenössische Wahlbeobachter waren sich einig, daß »dies im wesentlichen Hitler-Wahlen waren«, das heißt, »die Werbekraft der Person Hitler als des Führers und Kanzlers hatte dabei mehr als die der NSDAP den Ausschlag gegeben«.[55] Bereits zum Zeitpunkt der Wahl war Hitlers Popularität größer als die der Partei. Das sollte sich nach den Wahlen noch dramatisch steigern und zu einem charakteristischen Merkmal und zum Grundstein der Führerdiktatur werden.

Die übrigen Stimmenzugänge der NSDAP kamen aus den Resten der DVP und der kleinen Mittelstands- und Bauernparteien, zu einem größeren Teil aber von kommunistischen Überläufern und Wechselwählern. Wieder einmal zeigte sich die Fluktuation zwischen Links- und Rechtsradikalismus, vor allem bei den Wählern, die ideologisch weniger festgelegt waren und sich von dem Druck der Ereignisse und Stimmungen wie von Betätigungs- und Versorgungsangeboten von NSDAP und SA leiten ließen.

Bemerkenswert und folgenreich war der mitunter beträchtliche Stimmenzuwachs der NSDAP in den süddeutschen Ländern Bayern und Württemberg, wo die NSDAP bisher nur unterdurchschnittlich vertreten gewesen war und erst jetzt an den Reichsdurchschnitt herankam. Bis zu 20 Prozent gewann die NSDAP in einigen Wahlkreisen hinzu, in Niederbayern wie auch in Oberbayern. Die Nationalsozialisten konnten vor allem aus den ärmlichen Schichten der bäuerlich-katholischen Bevölkerung Wähler für sich gewinnen. In deren Votum für Hitler verband sich die Hoffnung auf eine wirtschaftliche Besserung mit der Abneigung gegen die Vorherrschaft des politischen Katholizismus und der traditionellen Verbände auf dem Lande. »Speziell bei der bäuerlichen Bevölkerung«, meldete der Regierungspräsident von Oberbayern am Tag vor der Wahl, »hat sich vielfach ein Stimmungsumschwung zugunsten der NSDAP ergeben.«[56]

Das Wahlergebnis im Süden war keine gute Nachricht für jene Länder, die sich dem Gleichschaltungsdruck der Hitler-Regierung in Berlin zu entziehen gesucht hatten. Auch Goebbels hatte die Ergebnisse sorgsam registriert: »Vor allem Süddeutschland hat sich an die Spitze des ganzen Wahlerfolges gestellt. Das ist um so erfreulicher, als wir jetzt die Möglichkeit haben, gegen den separatistischen Föderalismus radikal durchzugreifen.«[57]

2. Die nationalsozialistische Revolution

Die Bevölkerung der großen deutschen Städte 1933, ihre Religionszugehörigkeit (in Prozent) und der Anteil der NSDAP-Wähler (in Prozent, 1932)

Trotz ihrer Enttäuschung über das Wahlergebnis feierten die Nationalsozialisten die Wahl als »gewaltigen, entscheidenden Sieg« der NSDAP, nicht etwa der Regierungskoalition. Von einer »nationalen Regierung« war von nun an kaum mehr die Rede. Auch schwand auf eklatante Weise die bisherige Rücksichtnahme auf den deutschnationalen Regierungspartner. Selbst in der Kabinettssitzung vom 7. März betonte Hitler, er betrachte die Ereignisse des 5. März als eine »Revolution«.[58] Zwar beeilten sich Papen und Seldte, »dem Reichskanzler und der nationalsozialistischen Organisation den Dank des Reichskabinetts für die bewundernswerte Leistung bei der Wahl«[59] auszusprechen, aber der Umgangston des Wahlsiegers im Kabinett wurde entschieden herrischer. Nachdem die kommunistischen Abgeordneten längst verhaftet waren und ihr Mandat im Reichstag nicht mehr ausüben konnten, brauchte man nämlich die

	Bevölkerung	Protestanten	Katholiken	Juden	ohne Religions-zugehörigkeit	NSDAP-Wähler
Berlin	4 242 501	71,1	10,4	3,8	14,2	29
Hamburg	1 129 307	77,4	5,3	1,5	15,6	33
Köln	756 605	19,6	75,3	2,0	2,9	24
München	735 388	15,2	81,1	1,2	1,3	29
Leipzig	713 470	77,9	3,6	1,6	14,3	32
Essen	654 461	40,9	54,0	0,7	4,2	24
Dresden	642 143	83,7	5,9	0,7	8,7	38
Breslau	625 198	59,6	31,5	3,2	4,8	43
Frankfurt a.M.	555 857	57,2	33,1	4,7	4,4	39
Dortmund	540,875	53,6	40,0	0,8	5,3	20
Düsseldorf	498 600	31,5	61,2	1,0	6,1	29
Hannover	443 920	80,9	10,6	1,1	6,3	40
Duisburg	440 419	42,7	51,7	0,6	4,8	27
Stuttgart	415 028	74,6	20,2	1,1	3,9	27
Nürnberg	410 438	62,7	32,1	1,8	1,6	38
Wuppertal	408 602	70,1	20,3	0,6	8,8	43
Chemnitz	350 734	86,0	3,7	0,7	9,1	42
Gelsenkirchen	332 545	47,6	47,9	0,5	3,9	23
Bremen	323 331	84,7	6,6	0,4	7,3	30
Königsberg in Pr.	315 794	91,3	5,2	1,0	2,3	44
Bochum	314 546	55,5	40,1	0,4	3,7	29
Magdeburg	306 894	83,3	4,9	0,6	9,5	38
Mannheim	275 162	50,2	41,2	2,3	4,5	29
Stettin	270 747	89,9	3,8	0,9	4,5	42
Altona	241 970	83,4	4,8	0,8	10,9	38
Kiel	218 335	87,0	4,8	0,2	7,8	46
Halle a.S.	209 169	88,8	4,6	0,5	6,0	41
Oberhausen	192 345	37,1	60,0	0,3	2,5	25
Augsburg	176 575	18,9	79,0	0,6	1,3	23
Kassel	175 179	87,7	8,5	1,3	2,4	43

DNVP nicht mehr. Von jetzt an besaßen die Nazis auch ohne den deutschnationalen Koalitionspartner faktisch die absolute Mehrheit.

Schon die folgenden Tage brachten den Beweis, daß Hitlers Satz vom Beginn einer Revolution ernst gemeint gewesen war. Das Besondere an der nun einsetzenden nationalsozialistischen Revolution war, daß sie nicht nur auf der Straße stattfand, sondern mit einer administrativen Gleichschaltung und formellen Legalisierung von oben verbunden war, daß ihre Träger einerseits ihre Bürgerkriegsarmeen zum Sturm auf die Rathäuser, Regierungsgebäude und Vereinslokale einsetzten, andererseits aber selber ja an den Hebeln der Macht saßen. Ohne den Druck von unten konnten sie jedoch die Alleinherrschaft nicht erobern.

Das Ergebnis dieser Revolution war, wie das der übrigen Revolutionen des 19. und 20. Jahrhunderts auch, die politische Ausschaltung aller bis dahin führenden Schichten und Gruppen, die Ausschaltung von Parteien, Parlament und autonomer Öffentlichkeit und schließlich auch die Durchdringung der Gesellschaft mit den Vorstellungen der revolutionären Bewegung. Diese Revolution

Mit immer größerer Offenheit erklärte Hitler nach dem 30. Januar, daß kein altes Deutschland wieder hergestellt, sondern ein neues gebaut werde. Nach den März-Wahlen sprach er vor seinen bürgerlichen Koalitionspartnern in einer Kabinettssitzung ganz offen davon, daß eine Revolution stattgefunden habe. Zu Revolutions-Museen, wie sie einzelne »Standarten« eröffnen wollten, kam es dann nicht, aber nach dem Untergang des Regimes zeigte sich, daß tatsächlich revolutionäre Veränderungen stattgefunden hatten, die die alten Machtstrukturen – Adel, Armee, Großgrundbesitz, Industrie und marxistische Arbeiterschaft – beseitigt hatten. Paradoxerweise sollte die Egalisierung, die das Dritte Reich auf der einen Seite selber in Szene gesetzt hatte und die auf der anderen Seite 1945 das Erbe der bankrotten Gewaltherrschaft war, die Grundlage des Aufstiegs zum Wirtschaftswunder sein. Die Hierarchien waren zerschlagen, die den Modernisierungsprozeß in England oder in Frankreich behinderten. Eine amorphe Masse drängte zu Aufbau und Wohlstand, Volkswagen und Rimini als Träume der Davongekommenen.

Grösste Sehenswürdigkeit Deutschlands!

1. Nationalsozialistisches

Revolutions-Museum

der Standarte 6 Berlin, Neue Friedrichstr. 83 Ecke Königstr.

Symbole einer überwundenen Zeit, von den Zersetzungsschriften von 1918 bis zu 4 Zentner schwerem Sowjetstern In Straßenkämpfen und Saalschlachten eroberte Beutestücke der Standarte 6

Enthüllte Geheimnisse: Beschlagnahmtes aus den Schlupfwinkeln der Kommune im Fischerkietz. Bonzen-Galerie Die Todeskartei aus dem Karl Liebknecht-Haus Eine Schau von historischer Bedeutung

Eintritt 30 Pfg. SA. HJ. und Erwerbslose 15 Pfg. Bei geschlossenem Besuch von Betriebszellen, Schulen, Verbänden usw. Preisermäßigung. Jeder Deutsche muß dieses Museum gesehen haben! — Täglich auch Sonntags geöffnet von 9 bis 20 Uhr.

hatte freilich wenig gemeinsam mit jener, die seit dem 18. Jahrhundert als »gut«, »fortschrittlich« und »freiheitlich« gegolten hatte,[60] sie unterschied sich auch in ihren Voraussetzungen von anderen Revolutionen, da sie in einem technisch und administrativ hochentwickelten System stattfand. Und schließlich war sie im Gegensatz zu anderen Revolutionen ihren Intentionen nach eine Revolution gegen die Revolution.

Aufgrund dieser Intentionen mußte die Revolution zunächst die bestehende politische Ordnung vernichten und das gesellschaftliche Leben gleichschalten. Das wurde eingeleitet unter dem Mantel der »nationalen Erhebung«, die nationalsozialistische revolutionäre Komponente darin trat allerdings nach den Märzwahlen immer schroffer hervor. Ein Erdrutsch brach nun über Deutschlands Städte und Dörfer herein, der die überlieferte politische Ordnung völlig zerstörte, viele soziale Netzwerke verschüttete und erdrückte. Es war ein Vorgang einer teilweise gewaltsamen, teilweise freiwilligen Gleichschaltung, in dem sich der Macht- und Vernichtungswille der nationalsozialistischen Führung mit den sozialen Ressentiments der Zukurzgekommenen, in dem sich Aufbruchs- und Erneuerungspathos mit Anpassungsdrang und Opportunismus verbanden.

Der Prozeß der Gleichschaltung hatte noch am »Tage des nationalen Erwachens« begonnen. Er richtete sich zunächst gegen die Länder, die noch keine nationalsozialistische Regierung hatten: Hamburg, Bremen, Lübeck, Schaumburg-Lippe, Hessen, Baden, Württemberg, Sachsen, Bayern. Jetzt vollzog sich auch hier die Entwicklung nach dem Muster der gesamten Machtergreifung, revolutionäre Aktionen von unten und scheinlegale, administrative Maßnahmen von oben griffen ineinander. Begründet wurden die Aktionen überall mit dem Wahlsieg, den man nun in Ländern und Kommunen nachvollziehen müsse. Das entsprach weder den Wahlergebnissen noch den Verfassungsgrundsätzen des Föderalismus, aber dergleichen zählte nicht mehr. Die Schwäche der meisten Länderregierungen war, daß sie keine parlamentarischen Mehrheiten besaßen. Hier setzten die Nationalsozialisten an. Schon vor den Märzwahlen, besonders nach dem Reichstagsbrand, hatte man ihnen gedroht, einen Reichskommissar einzusetzen.

Begonnen hatte die Gleichschaltung der Länder dann in Hamburg, am Wahltag selbst. »Gleich nach der Wahl soll hier durchgegriffen werden«, hatte Goebbels nach einer großen Kundgebung mit Hitler am 4. März in Hamburg notiert.[61] Nach dem Ausscheiden der sozialdemokratischen Senatoren erhoben die Hamburger Nazis den Anspruch auf das Amt des Polizeipräsidenten. Als sich der Senat weigerte, besetzten SA und SS gewaltsam das Rathaus und hißten die Hakenkreuzfahne auf den Gebäuden der Polizei. Gleichzeitig griff Reichsinnenminister Frick ein und ernannte einen SA-Führer zum kommissarischen Polizeibeauftragten. Die Begründung: der Senat könne nicht mehr für Ruhe und Ordnung sorgen. Drei Tage später blieb Bürgermeister und Senat nur noch der Rücktritt; ein neuer Senat aus sechs Nationalsozialisten, zwei Deutschnationalen und zwei Stahlhelmmännern unter nationalsozialistischer Führung übernahm die Macht.

Nicht viel anders vollzog sich die Gleichschaltung in den übrigen Ländern. Immer begann die Operation mit der Forderung nach der Besetzung der Polizeidirektion durch einen Nationalsozialisten, es folgten inszenierte, putschähnliche Massenkundgebungen, die den »Volkswillen« manifestieren sollten, und schließlich – als symbolischer Akt – das Hissen der Hakenkreuzflagge auf öffentlichen Gebäuden. Oft waren die Länderbehörden nicht mehr entschlossen genug, exekutive Gewalt gegen diese unverhohlenen Drohungen einzusetzen und sahen dann, wie der Reichsinnenminister eingriff, um durch die Einsetzung eines Kommissars für die »öffentliche Sicherheit« zu sorgen. Ein Land nach dem andern fiel diesen handstreichartigen Unternehmen zum Opfer: nach Hamburg am 6. März Bremen und Lübeck; am 7. März erzwangen SA-Einheiten als Träger des »Volkszornes« den Rücktritt der hessischen Regierung, am 8. März wurden NS-Funktionäre nach entsprechenden Gewaltakten als Reichskommissare in Sachsen, Baden und Württemberg eingesetzt.[62] Wie löchrig die Legalitätskulisse mitunter war, enthüllte der nationalsozialistische Gauleiter Murr nach seiner manipulierten Wahl zum württembergischen Staatspräsidenten: »Die Regierung wird mit aller Brutalität jeden niederschlagen, der sich ihr entgegenstellt. Wir sagen nicht: Aug um Aug, Zahn um Zahn; nein, wer uns ein Auge ausschlägt, dem werden wir den Kopf abschlagen, und wer

An den Senat.

Der Senat hat in seiner heutigen Sitzung beschlossen, auf dem Rathause die schwarz-weiß-rote Flagge zu hissen. Hierin erblicken wir das Symbol einer Änderung in der Richtung der vom Senat bisher verfolgten Politik. Diesen Beschluß glauben wir nicht mit unserer Verantwortung decken zu können und erklären deswegen hiermit unseren Rücktritt aus dem Senat.

Wilhelm Kaisen
Emil Sommer
Wilhelm Klemann

Das Italien Mussolinis brauchte mehrere Jahre zur Erringung unumschränkter Herrschaft. Im Deutschland Hitlers genügten dazu wenige Wochen. Im späten Frühjahr des Jahres 1933 ist der Machteroberungsprozeß bereits abgeschlossen. Stellvertretend für Tausende solcher Aktionen steht hier das Beispiel Bremens, wo schon Anfang März der Rücktritt der sozialdemokratischen Senatsmitglieder erfolgt und die vollziehende Gewalt von Berlin aus der Partei übertragen wird.

Deutsche Reichspost

Telegramm
293 S BERLIN 140 74/73 2130 =

SENAT BREMEN =

Bremen

DA INFOLGE NICHTRUECKTRITTS MARXISTISCHER SENATOREN NACH ZUVERLAESSIGEN NACHRICHTEN IN BEVOELKERUNG UNGEHEURE ERREGUNG HERRSCHT DIE AUSBRUCH VON UNRUHEN BEFUERCHTEN LAESST UEBERNEHME FUER REICHSREGIERUNG GEMAESS PARA 2 VERORDNUNG ZUM SCHUTZE VON VOLK UND STAAT BEFUGNISSE OBERSTER LANDESBEHOERDE SOWEIT ZUR ERHALTUNG OEFFENTLICHER SICHERHEIT UND ORDNUNG NOTWENDIG UND UEBERTRAGE WAHRNEHMUNG DER GESCHAEFTE DES POLIZEISENATORS STELLV DIREKTOR DES ARBEITSAMTS BREMEN DR MARKERT PUNKT ERSUCHE DIESEM SOFORT GESCHAEFTE ZU UEBERGEBEN DRANTNACHRICHT VON UEBERGABE ERBETEN . REICHSINNENMINISTER DR FRICK +

Telegraphische Bestimmung eines Reichskommissars noch am selben Tag durch Reichsinnenminister Frick

uns einen Zahn ausschlägt, dem werden wir den Kiefer einschlagen.«[63]

Am Ende blieb noch Bayern. »Abends sind wir alle beim Führer«, notierte Goebbels am 8. März, »dort wird beschlossen, daß nunmehr Bayern an die Reihe kommen soll. Zwar machen einige ängstliche Gemüter außerhalb der Partei noch Vorbehalte, faseln von Widerstand der Bayerischen Volkspartei und ähnlichem, aber wir sind davon überzeugt, daß Herr Held kein Held sein wird.«[64]

Doch Held war couragiert genug, um sich nicht von der Drohung mit einem SA-Aufstand aus der Regierungsverantwortung drängen zu lassen. Schon im Wahlkampf hatte die bayerische Regierung entschlossen verkündet: kein Reichskommissar dürfe die Mainlinie ungestraft überschreiten. Der süddeutsche Föderalismus und selbst der Gedanke einer Restauration der Wittelsbacher wurden zum letzten Haltepunkt gegen die nationalsozialistische Gleichschaltungswelle. Den Plan, den populären Kronprinzen Rupprecht nach Verhängung des Staatsnotstandes zum Generalstaatskommissar auszurufen, hatte Held zwar mittlerweile fallengelassen, um den Nazis mit einem solchen Verfassungsbruch keinen Vorwand zu geben. Doch mit legalen Mitteln war Hitler auch nicht mehr beizukommen, das war das Dilemma der Opposition. Hitler spielte nach außen wieder den Unschuldigen und versicherte, daß kein Reichskommissar nach Bayern käme; allerdings, fügte er hinzu, auch in Bayern könnte der »Druck von unten« so stark werden, daß ein Eingreifen des Reiches notwendig werden könnte.

In der Nacht zum 9. März fuhr Gauleiter Adolf Wagner mit entsprechenden Instruktionen Hitlers, wie ein solcher Druck zu erzeugen sei, zurück nach München. Die bayerische SA stand zur Aktion bereit. Ihr Stabschef Ernst Röhm erschien in voller Uniform mit Gauleiter Wagner bei Held und forderte ultimativ die Einsetzung des nationalsozialistischen Reichsleiters General Ritter von Epp zum Generalstaatskommissar. Held lehnte ab und versuchte Zeit zu gewinnen, während draußen SA-Verbände aufmarschierten und Hakenkreuzfahnen hißten. Sein Versuch, mit Hilfe der bayerischen Reichswehr Widerstand zu leisten, scheiterte am Befehl aus Berlin, die Reichswehr müsse sich aus innenpolitischen Dingen heraushalten. Hitlers Bündnis mit der Reichswehr zahlte sich aus. Zwar wehrte Held auch einen erneuten ultimativen Vorstoß von Röhm und Wagner ab, die diesmal den Reichsführer SS Heinrich Himmler als Verstärkung mitgebracht hatten, doch nun intervenierte Frick.

Am Abend wurde die Ernennung Epps dem bayerischen Gesandten in Berlin mitgeteilt. Held gab noch immer nicht auf und protestierte telegrafisch beim Reichspräsidenten gegen den Rechtsbruch Fricks. Eine Antwort kam nur von Frick: »Da die infolge Umgestaltung politischer Verhältnisse in Deutschland hervorgerufene Beunruhigung in der Bevölkerung die öffentliche Sicherheit und Ordnung in Bayern gegenwärtig nicht mehr gewährleistet erscheinen läßt, übernehme ich für die Reichsregierung gemäß § 2 der Verordnung zum Schutze von Volk und Staat die Befugnisse der Obersten Landesbehörde Bayerns... und übertrage die Wahrnehmung dieser Befugnisse Generalleutnant Epp in München. Ich ersuche, diesem sofort die Geschäfte zu übergeben.«[65] Held mußte nachgeben, nachdem die Machtlosigkeit Hindenburgs offenkundig geworden war. Epps Einsetzung sei »von der Reichsregierung in eigener Zuständigkeit erfolgt«,[66] ließ Staatssekretär Meißner Held am nächsten Tag wissen, Hindenburg bitte Held, von einem Besuch bei ihm abzusehen und seine Beschwerden Hitler selbst vorzutragen. Die Dompteure Hitlers hatten aufgegeben.

Der Ernennung Epps folgte eine Machtübernahme in Raten. Die Regierung Held blieb noch einige Tage im Amt, doch kam es immer häufiger zu gewaltsamen Übergriffen auf Politiker der Bayerischen Volkspartei und widerspenstige Zeitungsredakteure. Der bayerische Bauernführer wandte sich daraufhin empört an den Reichspräsidenten: »Der Minister des Innern, Herr Stützel, wurde in der Nacht von

Anhängern der Partei des Herrn Epp aus dem Bett geholt, im Hemd, barfuß, blutig geschlagen, ins Braune Haus geschleppt. In der Wohnung des Herrn Staatsrat Schäffer wurde … die Tür gewaltsam erbrochen, und er wurde ebenfalls aus dem Bett geholt und ins Braune Haus geschleppt … Das sind Zustände, wie ich sie in meiner bayerischen Heimat nicht einmal unter der Schreckensherrschaft der Kommunisten erlebt habe.«[67] Gleichzeitig setzte Frick nun jedem Ministerium einen Kommissar an die Spitze, was die Fortsetzung normaler Regierungsarbeit unmöglich machte. Held und seine Minister gaben am 16. März schließlich auf.

Im Gefolge Epps rückte ein Alt-Parteigenosse in die Kommandostellen der Münchener und bayerischen Polizei, für den die Machtergreifung bisher eine Enttäuschung gewesen war: Heinrich Himmler. Der Reichsführer SS hatte schon in einigen außerbayerischen Ländern versucht, sich in die Polizeiarbeit einzuschalten und Sonderkommandos oder »Politische Bereitschaften« gebildet, die die neuen Machthaber schützen und den Terror gegen den politischen Gegner anführen sollten. Nun aber zog er in staatliche Funktionen ein. Er wurde Leiter der Polizeidirektion München und »politischer Referent beim Staatsministerium des Innern«. Damit war ihm die gesamte Politische Polizei Bayerns unterstellt, und seit dem 1. April nannte er sich denn auch Politischer Polizei-Kommandeur. Mit Himmler rückte ein gerade neunundzwanzigjähriger ehemaliger Offizier der Kriegsmarine in die politische Abteilung des Präsidiums in München ein. Sein Name war Reinhard Heydrich. Damit begann beider Aufstieg in das Zentrum der politischen Macht. Der Reichsführer SS und sein Gehilfe setzten sich in Sicherheitsbürokratie und Exekutive fest und brachten sich von München aus durch eine bürokratische Unterwanderungstechnik in kurzer Zeit in den Besitz der wichtigsten Polizeifunktionen in Deutschland.

Das war der Weg, der ganz der Mentalität des blassen Bürokraten Heinrich Himmler entsprach. Der Enkel eines Gendarmerievorstehers und Sohn eines bayerischen Gymnasialprofessors, 1900 geboren, war ganz im strengen Milieu von Beamtentum, Polizei und Schule aufgewachsen. Hart zu sich selbst wollte der Jüngling darum sein, seine Gefühle unter Kontrolle halten, sein Leben in einen strengen Stundenplan zwängen. »Ich will mich eisern an die Kandare nehmen«, schrieb der Neunzehnjährige in sein Tagebuch.[68] Landwirt hatte er werden sollen, und bäuerlich-romantische Vorstellungen brachen in ihm auch immer wieder durch und bestimmten seine späteren ideologischen Konzeptionen. Doch statt dessen geriet er nach dem Ersten Weltkrieg, an dem er als achtzehnjähriger Fähnrich ganz zum Schluß noch teilgenommen hatte, über rechtsradikale Wehrgruppen im August 1923 zur NSDAP. In der nationalsozialistischen Ideologie fand er seine Identität, eine neue Religion, die ihm die Flucht aus der Enge von Elternhaus und Kirche ermöglichte, zugleich aber seinen Asketismus und sein Bedürfnis nach einer absoluten Hierarchie der Werte und Verhaltensweisen befriedigte. Aus der Opposition gegen das Regiment des Vaters führte ihn der Weg zur neuen Vaterfigur Hitler. Beim Novemberputsch 1923 war er als Fahnenträger an der Seite Ernst Röhms zu sehen gewesen, später war er dann emsiger Mitarbeiter Gregor Strassers, ohne daß

Reichsführer SS Heinrich Himmler, 1933

Vage Erinnerungen an die Sklavenwirtschaft der Antike scheinen Himmler in der Überzeugung bestärkt zu haben, daß geschichtliche Herrenvölker sich Heloten halten dürften.

Solche Visionen hatten viele für die verschrobene Phantastik eines einzelnen gehalten, bis die Mordmaschinen in den Vernichtungslagern des Ostens zu arbeiten begannen und, nach jüngsten wissenschaftlichen Erhebungen, bis zum letzten Tag des Krieges mindestens sechs Millionen Menschen fabrikatorisch vernichteten. Das grausige Geschehen, das allen Berichten zum Trotz lange Zeit hindurch selbst im neutralen Ausland für ein Produkt alliierter Kriegspropaganda gehalten wurde, sollte das Land, in dem das möglich gewesen war, nach der Aufdeckung der Untaten moralisch vernichten und wird wohl noch auf unabsehbare Zeit Generationen nachwachsender Deutscher belasten.

daraus ideologische Verbindungen zum Programm der nationalsozialistischen Linken erwachsen wären. Auch als er, inzwischen Besitzer einer Hühnerfarm in Waldtrudering bei München, 1929 zum Führer der damals noch kleinen SS ernannt wurde und diese dank seiner organisatorischen Fähigkeiten rasch ausbaute, blieb er – ein Mann ohne Charisma – eine Randfigur in der Führungsspitze der Bewegung. Das blieb auch in der ersten Phase der Machtergreifung so, bis er sich mit seinem ihm überlegenen Gehilfen Heydrich nüchtern planend und geduldig auf den Marsch durch die Institutionen begab.

Ernst Röhm, sein Rivale, der ebenfalls von der revolutionären Gleichschaltungswelle nach oben getragen worden war, war ganz anderen Zuschnitts. Taktische Winkelzüge und eine Verschmelzung mit »Bonzenwirtschaft« und Bürokratie waren der Landsknechtsnatur Röhms und seiner Bürgerkriegstruppe zuwider, sie bevorzugten direkte Aktionen. Durch Kommissare wollte die SA die als »marxistisch-jüdisch infiltriert« verketzerte Staatsverwaltung von außen in den Griff bekommen und revolutionär ausschalten. Eben dieses Konzept sollte aber den Machtverfall der SA beschleunigen, nachdem sie ihre erste Aufgabe als Parteitruppe nach der Machtübernahme erfüllt hatte.

Am 3. Februar hatte Röhm die »Vernichtung des Bolschewismus in Deutschland« als »nächste Aufgabe der SA und SS« definiert und die Maßnahmen gegen Funktionäre und Organe der KPD für die Zeit nach den Reichstagswahlen festgelegt.[69] Der Reichstagsbrand hatte die Planung zwar durcheinandergebracht, aber er hatte auch die unverhoffte Chance zum großen Schlag geboten. Vor allem die Notverordnung vom 28. Februar eröffnete Möglichkeiten scheinlegalen Terrors, wie sie auf der Basis der Notverordnung vom 4. Februar nicht möglich gewesen waren. So wurde die SA zum Motor der Gleichschaltung, vor allem, nachdem die Wahlen den mühsam disziplinierten Braunhemden und ihren Eroberungs- und Racheinstinkten zusätzlichen Auftrieb gegeben hatten.

Der Magdeburger Oberbürgermeister Ernst Reuter (SPD) berichtete am 11. März, daß er und sein Stellvertreter »heute vormittag durch schwerbewaffnete SA unter Anwendung von Gewalt und schweren Demütigungen an der Ausübung ihres Amtes gehindert wurden. Der unterzeichnete Oberbürgermeister ist schweren Demütigungen nur dadurch entzogen worden, daß ein hinzukommender höherer Polizeioffizier ihn in Schutzhaft nahm. Der Bürgermeister wurde gezwungen, sich einem großen SA-Trupp zu zeigen, die Hakenkreuzfahne zu grüßen und an der gewaltsamen Besetzung der Verwaltungsgebäude des Reichsbanners persönlich teilzunehmen. Erst nach einer Stunde ist er durch Inschutzhaftnahme durch die Polizei in Sicherheit gebracht worden.«[70] Des Oberbürgermeisters Ersuchen an den Reichspräsidenten, »die Verwaltung unserer Stadt durch entsprechende Anweisungen an den zuständigen Kommissar des Reiches vor der Wiederholung solcher Gewalttätigkeiten und Amtsbehinderung zu schützen«,[71] blieb ein erfolgloser Appell.

Für die ungezügelten Terroraktionen der SA- und SS-Hilfspolizisten gab es in den Tagen und Wochen nach den Märzwahlen keine Regeln, nicht einmal die der Reichstagsbrandverordnung und ihrer

So will ich nun die Dinge am geistigen Auge vorüber ziehen lassen.

Den Schreiber dieser Zeilen wurde am 6. März 1933 verhaftet und mit vielen andern auf den Heuberg gebracht. Es war das Anfangsstadium der K.Z. und noch nicht so raffiniert organisiert. Obwohl einzelne Misshandlungen vorgekommen sind, war die Behandlung und Verpflegung im allgemeinen erträglich. Bemerkenswert ist, dass wen alle im Hof war, des öffteren die Hitlerjuge vorbeimarschierte und zur Provokation das Lied sang: Wer uns nicht folgt, den soll der Teufel holen". Als die Nazis ihre Macht soweit gefestigt hatten, dass sie keine ernstliche Gefahr mehr zu befürchten brauchten, setzten die Vernehmungen ein und die Gefangenen den Stufe I, die Harmlosen wurden so nach und na entlassen. Dan kam die Stufe II dran, die weniger Harmlosen und kleinenFunk=

tionäre. Die Stufe III, die gefährlicheren Funktionäre kamen später auf den Kuhberg. Ich war in Stufe II und kam auch zur Vernehmung. Nach Beendigung derselben wurde mir ein Revers zur Unterschrift vorgelegt, worin ich mich verpflichtete, nichts mehr gegen den nazional sozialistischen Staat zu unternehmen und wurde dan nach einiger Zeit entlassen.

weit gefaßten Ausführungsbestimmungen. Darin sahen die braunen Revolutionäre allenfalls den Freibrief für jede Art von »Gegnerbekämpfung« und Vergeltungsaktion.

Die Brutalität, mit der die SA-Trupps politische und persönliche Gegner behandelten, verschreckte nicht nur die Bürger, sondern auch die Presse, die sich mit Berichten und Kommentaren zu den Vorfällen, die sich vor aller Augen abspielten, immer mehr zurückhielt. Man hörte von überfüllten Gefängnissen, in die »Schutzhäftlinge« eingeliefert wurden, und auch bald von »wilden« Konzentrationslagern in Kellern und Lagerräumen. Neben der polizeilichen Festnahme politischer Gegner, die nun nach der Reichstagsbrandverordnung Schutzhäftlinge genannt wurden, kam es zu ungezählten wilden Verhaftungsaktionen durch SA und SS, die die Inhaftierten in »Privatgefängnisse« verschleppten. Allein in Preußen belief sich die Zahl der polizeilich registrierten Verhaftungen im März und April 1933 auf etwa 25 000. Der anarchische Terror in den »wilden« Lagern läßt sich in seinem zahlenmäßigen Umfang nicht mehr rekonstruieren.

In Berlin gab es fünfzig solcher Lager. Wie es dort zuging, schilderte Rudolf Diels, der damalige Leiter der Politischen Polizei in Berlin, in seinen Erinnerungen: »Dort waren Fußböden einiger leerer Zimmer, in denen sich die Folterknechte betätigten, mit einer Strohschütte bedeckt worden. Die Opfer, die wir vorfanden, waren dem Hungertod nahe. Sie waren tagelang stehend in enge Schränke

Auszug aus den Aufzeichnungen des Kommunisten Franz Armbruster, der schon Anfang März 1933 festgenommen und in das »Schutzhaftlager« Heuberg verbracht wird.

gesperrt worden, um ihnen ›Geständnisse‹ zu erpressen. Die ›Vernehmungen‹ hatten mit Prügeln begonnen und geendet; dabei hatte ein Dutzend Kerle in Abständen von Stunden mit Eisenstäben, Gummiknüppeln und Peitschen auf die Opfer eingedroschen. Eingeschlagene Zähne und gebrochene Knochen legten von den Torturen Zeugnis ab. Als wir eintraten, lagen diese lebenden Skelette reihenweise mit eiternden Wunden auf dem faulenden Stroh.«[72]

Hinter dem wilden Terror stand ein unentwirrbares Gemisch von Rache- und Vergeltungsbedürfnissen, individueller Triebbefriedigung, politisch-ideologischen und kühlen egoistischen Berechnungen. Nicht selten waren die Aktionen der SA-Trupps, die sie selbst als »Reinigung« oder »Erneuerung« bezeichneten, auf die Erringung von Pfründen in kommunalen Verwaltungen gerichtet. Lokale Partei- und SA-Führer versuchten dort, wo die preußischen Gemeindewahlen vom 12. März nicht die gewünschten Ergebnisse gebracht hatten, nach dem Vorbild der Gleichschaltung der Länder nun auch in Rathäusern und Bürgermeisterämtern, in Polizeibehörden und Kommunalverwaltungen ihre eigenen Leute und deren Helfer einzusetzen. Rathäuser wurden gestürmt, Hakenkreuzfahnen gehißt und Massenkundgebungen inszeniert, um den Forderungen eine plebiszitäre Legitimation zu verschaffen; anschließend teilte man die Beute auf: die Parteifunktionäre erhielten meist den Bürgermeisterposten, der örtliche SA-Führer den des Polizeichefs. Die Gemeindevertreter ließen den Terror geschehen, zumal von staatlicher Seite keine Unterstützung zu erwarten oder der Verlust der Stelle und damit die Zerstörung der materiellen Existenz zu befürchten war. In kleinen Gemeinden sah man nach der politischen Säuberung schließlich davon ab, einen alten Kämpfer oder treuen Parteigenossen einzusetzen, wenn es diesen an fachlicher Qualifikation oder persönlichem Ansehen in der Gemeinde fehlte; die eigene Machtdurchsetzung war eher garantiert, wenn die von der Partei durchgesetzten Amtsträger eine möglichst breite Anerkennung genossen.

Welchen Weg die Terror- und Einschüchterungskampagnen auch immer nahmen, die nationalsozialistische Revolution brachte eine gewaltige Veränderung in den politischen und administrativen Führungsgruppen. Nur jeder siebente der im März 1933 in Preußen regierenden Oberbürgermeister war am Ende des Jahres noch im Amt. Freilich sollte die SA daran nur einen geringen und wenig dauerhaften Anteil haben. Nachdem sie im Frühjahr nicht wenige Machtpositionen und Erfolge hatte erringen können – die Polizeipräsidenten vieler Großstädte waren SA-Führer, ein eigenes Feldjägerkorps der SA beanspruchte polizeiliche Funktionen, von der SA bestellte Kommissare und Sonderbeauftragte kontrollierten Behörden und Gemeindeversammlungen – wurde das SA-Kommissarswesen bereits im Oktober 1933 beseitigt, die Sonderbeauftragten verschwanden spätestens nach dem 30. Juni 1934. Die Gegner der SA empfanden deren Position offenbar als bedrohlich, obwohl für die SA selbst das, was sie an Posten und Einflußmöglichkeiten bis 1933 erobert hatte, weit hinter den Erwartungen zurückgeblieben war. Man war erbittert über die Zurücksetzung gegenüber neu eingetretenen Führungskräften und enttäuscht über die bescheidene Wirkung der Arbeitsplatzvermittlungen für arbeitslose SA-Angehörige, und das obwohl 50 Prozent aller freiwerdenden Angestelltenstellen bei Behörden SA-Mitgliedern vorbehalten waren. Auch ihre antikapitalistischen Aktivitäten brachten der SA am Ende nur neue Gegner und befriedigten allenfalls kurzfristige Ressentiments.

Aber die »Eingriffe in die Wirtschaft«, die im Frühjahr 1933 den politischen Terror der SA begleiteten, verschreckten das bürgerliche Deutschland nicht wenig. Eine SA-Einheit war Anfang März vor der Frankfurter Börse aufgezogen und hatte den Rücktritt des gesamten Börsenvorstandes gefordert. Zur selben Zeit behinderten SA-Gruppen im ganzen Reich Zweigstellen von »marxistischen« Konsumgesellschaften, schlossen sie gewaltsam oder unterbanden die Lebensmittellieferung. Am 7. April beklagte sich Reichsbankpräsident Schacht über »dauernde Eingriffe in die Zusammensetzung der Direktionen durch die NS-Fachorganisation«[73] und über die Eingriffe von Kommissaren in das Bankwesen. Einmal war es dazu gekommen, daß ein Bankangestellter ultimativ verlangt hatte, in den Vorstand der Dresdner Bank aufgenommen zu werden, und gedroht hatte, das nötigenfalls durch die SA zu erzwingen. Manche dieser Eingriffe hatten antisemitische Hintergründe, andere auch sozialistische Motive oder deutlich mittelständisch-antikapitalistische Beweggründe. Oft war es lediglich der Versuch, den geschäftlichen Konkurrenten zu schädigen oder sich einen Posten zu erjagen. Politischer Terror, Rechtsunsicherheit und Eingriffe in die Wirtschaft durch die SA waren Gegenstand vieler Klagen der deutschnationalen Partner.

Hitler wies alle Beschwerden schroff zurück. Als Papen die SA-Übergriffe beim Namen nannte, warf Hitler ihm vor, »daß augenblicklich ein planmäßiges Trommelfeuer stattfinde, mit dem Zweck, die nationale Erhebung abzustoppen«. Und er erklärte, er bewundere »geradezu die unerhörte Disziplin seiner SA- und SS-Männer« und befürchte eher, »das Urteil der Geschichte wird uns einmal den Vorwurf nicht ersparen, daß wir in einer historischen Stunde, vielleicht selbst schon angekränkelt von der Schwäche und Feigheit unserer bürgerlichen Welt, mit Glacéhandschuhen vorgegangen sind statt mit eiserner Faust«. Er lasse sich von »niemandem wegbringen von der Mission« der »Vernichtung und Ausrottung des Marxismus«. Er bitte Papen daher »auf das eindringlichste, künftighin nicht mehr diese Beschwerden vorbringen zu wollen. Sie sind nicht berechtigt.«[74] Das war eine Warnung an die Adresse der konservativen Bündnispartner, die zur Bekräftigung gleich in Abschrift an den Reichspräsidenten und den Reichswehrminister ging. Sie erhellte drastisch, daß der gemeinsame Kampf zur »Vernichtung des Marxismus« nun zur Rechtfertigung der nationalsozialistischen Revolution diente und auch zur Bedrohung der konservativen Position herangezogen werden konnte.

Gleichwohl mahnte Hitler schon am 10. März die SA und die SS, das große Werk der nationalen Revolution nicht durch Einzelaktionen zu kompromittieren und dafür zu sorgen, »daß die nationale Revolution 1933 nicht in der Geschichte verglichen werden kann mit der Revolution der Rucksack-Spartakisten im Jahre 1918. Im

Mit der Machtübernahme hatten die wilden Verhaftungen kommunistischer und sozialdemokratischer Abgeordneter begonnen, oft unter dem Vorwand »vorübergehender Schutzhaft«. Anfang März, nach kaum sechs Wochen, erfolgte dann die offizielle Inhaftierung. Es wurde Sorge dafür getragen, daß die kommunistischen Abgeordneten die Wahl vom 5. März noch annehmen konnten, weil sich auf diese Weise nach ihrer Ausschaltung dann leichter die verfassungsmäßig vorgeschriebenen Mehrheiten für die NSDAP erzielen ließen. Das sollte nicht nur im Falle des Ermächtigungsgesetzes eine Rolle spielen.

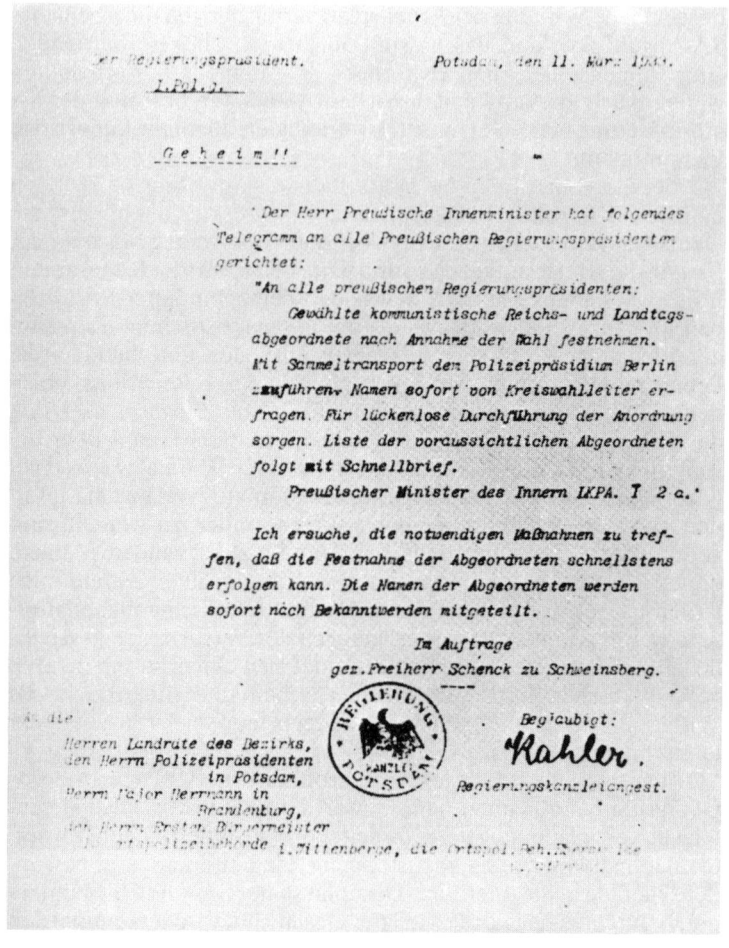

übrigen laßt euch in keiner Sekunde von unserer Parole abbringen: Sie heißt: Vernichtung des Marxismus.«[75] Nach der Umwälzung der vergangenen Tage und Wochen sollte jedoch der »weitere Vollzug der nationalen Erhebung ein von oben geleiteter planmäßiger sein«.[76]

Das war keine Absage an politische Gewalt, sondern nur eine Absage an die zügellose Gewalt der SA. Revolution, wie Hitler sie sich vorstellte, »war nicht Aufruhr, sondern der Triumph geordneter Gewalt«,[77] das Ineinander einer gelenkten Gleichschaltung von oben und einer manipulierten Revolution von unten. Das Revoluzzertum der SA hatte seine Pflicht erfüllt und drohte nun, die eigenen Machtpositionen zu gefährden. Darum mußte ihr Einfluß geschmälert und der Terror nicht aufgehoben, sondern institutionalisiert werden.

An demselben 21. März 1933, als man in der Potsdamer Garnisonskirche den Höhepunkt der »nationalen Erhebung« feierte, war im »Völkischen Beobachter« von der Errichtung des Konzentrationslagers Dachau zu lesen. »Hier werden die gesamten kommuni-

stischen und, soweit dies notwendig ist, Reichsbanner- und sozialdemokratischen Funktionäre, die die Sicherheit des Staates gefährden,
zusammengezogen, da es auf die Dauer nicht möglich ist und den
Staatsapparat zu sehr belastet, diese Funktionäre in den Gerichts-
gefängnissen unterzubringen ... Polizei und Innenministerium sind
überzeugt, daß sie damit zur Beruhigung der gesamten nationalen
Bevölkerung und in ihrem Sinne handeln.«[78] Die bürokratische
Ausführung dieser Aufgabe übernahmen Himmler und Heydrich,
die wesentlich lautloser arbeiteten als die SA. Die Öffentlichkeit
registrierte vor allem die beruhigende Tatsache, daß die SA zurück-
gepfiffen worden war und hier und da in bürgerlicher Wohlanständigkeit sonntags geschlossen in die Kirche ging und die Sammel-
büchse schwang.

Zur Technik der legalen Revolution gehörte von Anfang an die
Zauberformel von der »nationalen Erhebung«. Sie diente der
Abschirmung und Rechtfertigung der teils terroristischen, teils
administrativen Gleichschaltung. Die Verbindung von einschüch-
ternder Gewalt und dem Appell an nationale Größe und Tradition
hat die konservativen Bündnispartner wie die bürgerliche Öffentlichkeit irritiert, gelähmt und auch abgelenkt. Die Manipulation
bürgerlicher Ängste und nationaler Emotionen hat dazu geführt,
daß die brutale Monopolisierung der politischen Macht nicht nur
ungefährdet vollzogen werden konnte, sondern auch als »überpar-
teiliches« Werk der nationalen Erneuerung begrüßt wurde.

Der Regisseur dieses pathetischen nationalen Wirbels wurde bald
nach der Wahl am 13. März zum Minister ernannt. Der »kleine
Doktor«, dessen Intellektualität und körperliche Mißbildung ihn
lange Zeit eher zum Anti-Typen in einer Partei machten, in der
Muskelkraft und arische Rassemerkmale zählten, hatte das Betätigungsfeld gefunden, das seinen außergewöhnlichen propagandistischen Begabungen entsprach. Die hatte er schon als Gauleiter in
Berlin und Reichspropagandaleiter der Partei unter Beweis gestellt
und damit virtuos und machiavellistisch zugleich jenen Aspekt des
Nationalsozialismus verkörpert, der mit Propaganda und technischer Modernität umschrieben werden kann. Goebbels' neues Ministerium für Volksaufklärung und Propaganda, von Hitler mit dem
Satz gerechtfertigt, »es dürfe keine politische Lethargie aufkommen«,[79] war das erste unkonventionelle und spezifisch nationalsozialistische Ministerium. Es war institutioneller Ausdruck der nationalsozialistischen Einsicht, daß ihre politische Herrschaft nicht nur
auf Gewalt, sondern auch auf Verführung und Konsens beruhen
mußte. Dazu Goebbels: »Wenn diese Regierung entschlossen ist,
niemals zu weichen, niemals, nimmer und unter keinen Umständen, dann braucht sie sich nicht der toten Macht der Bajonette zu
bedienen, dann wird sie auf die Dauer nicht damit zufrieden sein
können, 52 Prozent hinter sich zu wissen, um damit die übriggeblie-
benen 48 Prozent zu terrorisieren, sondern sie wird ihre nächste
Aufgabe darin sehen, die übrigbleibenden 48 Prozent für sich zu
gewinnen.«[80]

Wie das zu erreichen war, zeigte Goebbels mit kalter Nüchternheit: »Es darf der Technik nicht überlassen bleiben, dem Reich vor-
anzulaufen, sondern das Reich muß mit der Technik gehen. Das

Joseph Goebbels auf der Berliner
Funkausstellung, 1938

Das Radio als das Instrument der
Beherrschung des Volkes ist eines
der Symbole des Regimes. Früher
mußte man die Massen in Bierkellern oder Zirkuszelten, in
Arenen oder auf Plätzen versammeln, um sie zu indoktrinieren
und zu manipulieren; jetzt kam
die Stimme der Regierenden in
jede Wohnstube.

Modernste ist gerade gut genug. Wir leben nun einmal in dem Zeitalter, wo Massen hinter einer Politik stehen müssen.«[81]

Die Vorbereitungen für das neue Ministerium hatten Hitler und Goebbels schon vor der Wahl getroffen, eine Entscheidung aber aus Rücksicht auf den deutschnationalen Partner zurückgestellt. Die Errichtung dieses Ministeriums bedeutete nicht nur einen Vorstoß gegen Hitlers Zusage, das Kabinett erfahre auch nach der Wahl keine personelle Veränderung; es entzog darüber hinaus anderen Kabinettskollegen nicht wenige Kompetenzen. So gab es Bedenken, vor allem von Hugenberg, die aber nicht ernsthaft verfolgt wurden. Unter den Nichtnationalsozialisten im Kabinett kam es auch diesmal zu keinem gemeinsamen Schritt. Hitler hatte die Notwendigkeit des neuen Ministeriums ja ganz allgemein und unverfänglich begründet: es sei »nunmehr notwendig«, hatte er am 15. März im Kabinett erklärt, »die gesamte Aktivität des Volkes auf das rein Politische abzulenken, weil die wirtschaftlichen Entschlüsse noch abgewartet werden müssen«.[82]

Sein Meisterstück sollte der neue Minister schon einige Tage später ablegen. Der 21. März wurde zum Datum für die Eröffnung des neuen Reichstages bestimmt. Das war nicht nur der Frühlingsanfang, sondern auch jener Tag, an dem Bismarck 1871 den ersten deutschen Reichstag eröffnet hatte. Als Ort für das Fest der nationalen Wiedererweckung wählte man die Potsdamer Garnisonskirche. Dort, über dem Grabe Friedrichs des Großen, sollte die Verbindung von Preußentum und Nationalsozialismus kulthaft inszeniert werden und sich als übermächtige Kulisse vor die gespenstische Szene des SA- und SS-Terrors, der Tausende von Schutzhaftgefangenen und ersten Konzentrationslager schieben, zur Beruhigung des bürgerlichen Deutschland und zur stimmungsmäßigen Vorbereitung auf den nächsten politischen Schritt, das Ermächtigungsgesetz.

Alles wurde aufgeboten, was an Preußens Gloria und den Mythos des eisernen Kanzlers erinnerte: Veteranen aus den Kriegen von 1864, 1866 und 1871, die Kanonen und Fahnen der alten preußischen Armee und das Ambiente der Preußenresidenz. Auch die Kleiderordnung war verabredet: Hindenburg hatte wissen lassen, daß er an diesem Tage die preußische Generalfeldmarschalls-Uniform zu tragen gedächte. Hitler begnügte sich, ganz Bürger, mit einem schwarzen Cut. Nichts war dem Zufall überlassen, jeder Akt, jeder Aufbau in der »Potsdamer Rührkomödie« war im Regieplan festgelegt. Alle waren zum Fest der nationalen Versöhnung geladen: Parteigenossen und Bündnispartner, Abgeordnete, SA-Führer, Stahlhelmvertreter, Reichswehroffiziere, Männer der Wirtschaft und der Verwaltung, ehemals gekrönte Häupter und Generäle des kaiserlichen Deutschland. Nur Sozialdemokraten und Kommunisten waren nicht geladen. Sie waren teilweise, wie Frick bei anderer Gelegenheit höhnisch bemerkte, »durch dringende und nützliche Arbeiten ... in den Konzentrationslagern« am Erscheinen gehindert worden.[83]

Der Tag begann mit Festgottesdiensten; auch die Kirchen wollten bei der nationalen Versöhnungsfeier nicht abseits stehen. Hindenburg erschien zum protestantischen Gottesdienst in der Nikolaikirche, wo Otto Dibelius predigte; beim katholischen Gottesdienst

Plakat zum 150. Todestag Friedrichs des Großen

Seid Sozialisten der Tat

in Sankt Peter und Paul war Himmler zugegen. Hitler und Goebbels zogen es vor, auf dem Luisenstädtischen Friedhof die Märtyrer der Bewegung zu ehren. Kurz vor zwölf trafen Hindenburg und Hitler auf den Stufen der Garnisonskirche zusammen. Der unbekannte Gefreite des Weltkriegs ging auf den Generalfeldmarschall zu, machte eine tiefe Verbeugung, und es kam zu dem Händedruck, der millionenfach reproduziert, die nationalen Träume einer Vermählung des »alten« und »neuen« Deutschland zu erfüllen schien. Als Hindenburg mit steifem Schritt zu seinem Platz im Altarraum der Kirche ging, verharrte er einen Moment vor dem leeren Stuhl des Kaisers und hob grüßend den Marschallstab. Hinter dem Stuhl saß der Kronprinz, auch er in preußischer Generaluniform. Hitler folgte respektvoll und befangen.

In der Kirche lauter Uniformen – im Chor und auf der Galerie Reichswehr und kaiserliche Offiziere, im Kirchenschiff hinter der Regierung die nationalsozialistischen Abgeordneten im Braunhemd; die parlamentarischen Vertreter der bürgerlichen Parteien daneben. Es folgte Orgelmusik, der Choral von Leuthen: »Nun danket alle Gott«, danach verlas Hindenburg seine kurze Ansprache. Das Volk habe sich »mit einer klaren Mehrheit hinter diese durch mein Vertrauen berufene Regierung gestellt und ihr dadurch die verfassungsmäßige Grundlage für ihre Arbeit gegeben«. Dann rief er alle Deutschen auf, »zum Segen eines in sich geeinten, freien, stolzen Deutschlands« zusammenzuarbeiten.[84] Danach sprach Hitler, betont feierlich und allgemein, wieder nach dem bewährten Aufbau: Rückblick auf den Glanz des alten Reiches, auf den Verfall durch Revolution und Republik, und schließlich Aufruf zur nationalen Sammlung und Huldigung an Hindenburg, der diese »Vermählung zwischen den Symbolen der alten Größe und der jungen Kraft« ermöglicht habe. Dann verkündete er ein wohlklingendes Programm der »nationalen Wiedererhebung« und forderte den Reichstag zur Gefolgschaft auf.[85] Danach erhob man sich, Hindenburg stieg hinunter in die Gruft des großen Friedrich, um einen Lorbeerkranz niederzulegen. Draußen hallten Kanonenschüsse, dann das Lied: »Wir treten zum Beten«. »Am Schluß sind alle auf das tiefste erschüttert«, schrieb der Regisseur in sein Tagebuch.[86]

Das Schauspiel hatte seine Wirkung auf Teilnehmer, ausländische Beobachter und deutsche Journalisten so wenig verfehlt wie auf die breite Öffentlichkeit. Kein anderes Ereignis in den Anfängen des Regimes hat die Illusionen so gefördert wie der Tag von Potsdam. Der wilde Nationalsozialismus schien allen Erfahrungen der vergangenen Wochen zum Trotz doch in das Netz des traditionellen Konservativismus gegangen zu sein. Die Verbeugung Hitlers vor dem nationalen Mythos Hindenburg erschien als Verbeugung einer jungen, dynamischen Bewegung vor der Tradition, auf deren Grundlage sie das Werk der Erneuerung und nationalen Einigung über den Klassen zu verwirklichen gedachte. »Wie eine Sturmwelle ist gestern die nationale Begeisterung über Deutschland hinweggefegt«, begeisterte sich die nationale Berliner Börsenzeitung.[87] Eine bayerische Provinzzeitung verstand die Ereignisse als ein Ringen »um die Neugestaltung der deutschen Seele« und sah das deutsche Volk mit dem Tag von Potsdam »von dem Alpdruck befreit, der viele

Jahre auf ihm lastete«.[88] Mit dem nationalen Gefühlsausbruch verfestigte sich auch das nationale Ansehen Hitlers, dessen Nimbus nun immer mehr dem politischen Geschehen entrückte. In Tausenden von Gemeinden wurde Hitler zum Ehrenbürger ernannt, Friedrich-Ebert-Straßen verwandelten sich in Adolf-Hitler-Straßen, relativ spontan wurden Hitler-Eichen und Hitler-Linden gepflanzt.

Der Enthusiasmus einer großen Mehrheit der Bevölkerung kam, wie ein Bericht aus Mittelfranken feststellte, »geradezu elementar zum Ausdruck«.[89] In dieser Stimmung kam es zu einer Welle von oft opportunistischen Parteieintritten. Für einen großen Teil der Bevölkerung wurde die nationale Euphorie des Frühlings 1933 auch durch die Entlassungen, Demütigungen und Verfolgungen derer nicht getrübt, die nicht zur neuen Volksgemeinschaft gehören wollten. Für den anderen Teil des Volkes, das liberale, demokratische, sozialistische und pazifistische Deutschland, war der Tag der nationalen Erhebung ein »Tag der nationalen Unterdrückung«. Doch das ging unter in der Woge der »nationalen Erneuerung«.

Nun bereiteten die Nationalsozialisten den letzten Schritt zur Sicherung ihrer Herrschaft durch einen legalistischen Akt vor. Hitler hatte keinen Hehl daraus gemacht, daß der neue Reichstag nur eine Aufgabe haben sollte: die Zustimmung zu einem auf vier Jahre befristeten Ermächtigungsgesetz, das der Reichsregierung »zur Behebung der Not von Volk und Reich« die Macht gab, an Reichstag und Verfassung vorbei und auch gegen diese Gesetze zu erlassen. Damit sollte der Reichstag nicht nur endgültig selbst ausgeschaltet werden; Hitler wollte sich auf diese Weise von den Fesseln des Reichspräsidenten und seinem Notverordnungsrecht unabhängig machen, der bisherigen Grundlage seiner Herrschaft. Das war ohne Zweifel einer der Gründe, weshalb Hitler sein Ermächtigungsgesetz auf jeden Fall haben wollte.

Das Ende der Weimarer Republik und die Ausschaltung der Verfassung hatte zwar schon der staatsstreichartige Coup der Reichstagsbrandverordnung gebracht, aber Hitler blieb auch im Besitz der Macht der bewährten scheinlegalistischen Taktik treu, und diese formale Legalisierung der nationalsozialistischen Diktatur ist in ihrer psychologischen und juristischen Bedeutung und Wirkung tatsächlich nicht zu unterschätzen. Sie lieferte dem Ausland wie dem nicht-nationalsozialistischen Deutschland den Schein der Rechtmäßigkeit, was die Diktatur nach außen absicherte und ihr im Innern die Mitarbeit derer verschaffte, die auf der – wenn auch nur scheinbaren – Einhaltung von Gesetz und Ordnung bestanden. Das verdrängte die Bilder von Terror und Verfolgung.

Schon bei der Eröffnung des neuen Reichstages am Nachmittag des 21. März in der Kroll-Oper, die – mit einem gewaltigen Hakenkreuz an der Stirnseite – für die Dauer des Regimes Bühne für das gleichgeschaltete Scheinparlament sein sollte, war die Traumwelt zerrissen, die am Vormittag noch mit den Klischees der preußisch-deutschen Vergangenheit ausstaffiert gewesen war. Nun beherrschten die nationalsozialistischen Parteihemden den Sitzungssaal. Auch zahlenmäßig waren sie in der Überzahl, nachdem die 81 gewählten KPD-Abgeordneten zwar in das amtliche Verzeichnis der Mitglieder des Reichstages aufgenommen, aber satzungswidrig vom

Reichstagspräsidenten Hermann Göring überhaupt nicht eingeladen worden waren und dieser Einladung auch schwerlich hätten Folge leisten können. Nun standen 288 Nazi-Abgeordnete 278 nichtnationalsozialistischen Abgeordneten gegenüber. Der Verzicht Hitlers auf ein Verbot der KPD machte sich wieder bezahlt. Im Falle eines Verbotes hätten viele KPD-Wähler ihre Stimme der SPD gegeben und damit jene Oppositionspartei gestärkt, deren Ausschaltung trotz aller Repressionsmaßnahmen wesentlich vorsichtiger angegangen werden mußte. Noch einmal profitierten so die Nazis von der Spaltung der politischen Linken. Für das Ermächtigungsgesetz benötigte man allerdings eine Zweidrittelmehrheit.

Über die Grundzüge dieses Gesetzes und darüber, wie die Zweidrittelmehrheit zu beschaffen sei, hatte man im Kabinett schon am 15. März gesprochen. »Das Gesetz«, erläuterte Frick, »werde so weit gefaßt werden müssen, daß von jeder Bestimmung der Reichsverfassung abgewichen werden könne.« Dagegen hatten die deutschnationalen Minister im Grundsatz nichts einzuwenden, denn mit dem Reichstag hatten sie noch nie viel im Sinn gehabt. Nur einige Einschränkungsversuche gab es. So versuchte Hugenberg in durchaus richtiger Vorahnung, die Mitwirkung des Reichspräsidenten bei den Gesetzen sicherzustellen. Doch wieder war es einer der anderen Nichtnationalsozialisten, der das abwehrte. Die Mitwirkung des »Herrn Reichspräsidenten sei nicht erforderlich«, erklärte dessen Staatssekretär Meißner, »der Herr Reichspräsident werde die Mitwirkung auch nicht verlangen«.[90] Damit nahmen die Koalitionspartner das Gesetz und die Ausschaltung des Reichspräsidenten hin. Und dies, obwohl die Position des Reichspräsidenten und seine Verfügungsgewalt über den Artikel 48 der Eckstein in ihrem Zähmungskonzept und die Voraussetzung für ihre eigene Behauptung im Kabinett neben den übermächtigen Nationalsozialisten gewesen war.

Was die Zweidrittelmehrheit anbetraf, so gaben sich Hitler, Frick und Göring siegessicher. In einer Sitzung des Ältestenrates, berichtete Frick, »habe er darauf hingewiesen, daß der Reichstag ein Ermächtigungsgesetz mit verfassungsändernder Mehrheit binnen 3 Tagen verabschieden müsse. Das Zentrum habe sich keineswegs ablehnend geäußert.«[91] Fünf Tage später berichtete Hitler von einem Gespräch mit Vertretern der Zentrumspartei, bei dem er Verständnis für die Notwendigkeit des Gesetzes gefunden habe. »Die Vertreter des Zentrums hätten lediglich die Bitte geäußert, es möge ein kleines Gremium gebildet werden, das über die Maßnahmen fortlaufend unterrichtet werden solle, welche die Reichsregierung auf Grund des Ermächtigungsgesetzes treffen wolle. Nach seiner Ansicht solle man diese Bitte erfüllen; dann sei auch nicht daran zu zweifeln, daß das Zentrum dem Ermächtigungsgesetz zustimmen werde. Die Annahme des Ermächtigungsgesetzes auch durch das Zentrum werde eine Prestigestärkung gegenüber dem Auslande bedeuten.«[92]

Für den Fall, daß sich das Zentrum zu dieser Scheinlegalisierung nicht bereit fände, hatte Frick ebenfalls Vorkehrungen getroffen. Schon am 7. März hatte Hitler im Kabinett seiner festen Überzeugung Ausdruck verliehen, daß eine Zweidrittelmehrheit zustande käme, weil die Abgeordneten der KDP bei der Sitzung des Reichstages nicht »in Erscheinung treten« würden. Eine Woche später rechnete dann Frick vor, wie man zu der gewünschten qualifizierten Mehrheit kommen könne. Ausgangspunkt war der Artikel 76 der Reichsverfassung, der die Annahme eines verfassungsändernden Gesetzes von einer doppelten Zweidrittelmehrheit abhängig machte. Zwei Drittel der Mitglieder mußten anwesend sein, und wenigstens zwei Drittel der Anwesenden mußten zustimmen. Ginge man von den 647 verzeichneten Mitgliedern aus, dann müßten 432 Abgeordnete anwesend sein. Rechnete man jedoch die 81 KPD-Abgeordneten ab, dann brauchten für die Annahme des Gesetzes nur 378 Abgeordnete anwesend zu sein. Darum plädierte Frick dafür, die kommunistischen Mandate nicht zu kassieren.

Das Rechenexempel, das dahinter stand, war zwar kompliziert und rechtswidrig, aber erfolgversprechend. Rechnete man zu den 288 NSDAP-Stimmen noch die 53 Mandate der »Kampffront Schwarz-Weiß-Rot« hinzu, waren auf jeden Fall 341 Ja-Stimmen sicher. Damit hätte die »Regierung der nationalen Erhebung« nach dem Wortlaut der Verfassung bereits aus eigener Kraft gegen die Stimmen der anderen Parteien das Gesetz durchbringen können, wenn nicht mehr als 511 Abgeordnete an der Sitzung teilnehmen würden. Die Zahl der Ja-Stimmen erhöhte sich sogar noch um möglicherweise 32 Mandate der anderen bürgerlichen Parteien, die noch im Reichstag saßen. Dann hätte man lediglich dafür Sorge zu tragen, daß nicht mehr als 559 Abgeordnete anwesend waren. Die 81 Mandate der KPD waren durch die Notverordnung vom 28. Februar 1933 bereits obsolet geworden, nun mußte man noch mindestens acht weitere Parlamentarier an der Teilnahme hindern. Dies war kein Problem, denn auch die SPD konnte nicht mehr geschlossen auftreten, da fünfzehn Angehörige ihrer Fraktion bereits verhaftet waren.

Aber Frick wollte absolut sichergehen. Es bestand ja die Möglichkeit, daß die SPD durch geschlossenes Fernbleiben den Reichstag beschlußunfähig machte. So mußte zur rechtswidrigen Manipulation mit den KPD-Mandaten eine Manipulation der Geschäftsordnung hinzukommen. Noch vor der entscheidenden Sitzung am 23. März kam sie mit Zustimmung des Zentrums zustande. Wieder sah die Manipulation auf den ersten Blick recht harmlos aus. Es sollte Anwesenheitszwang bestehen, und als anwesend sollten auch die unentschuldigt fehlenden Abgeordneten gelten. Wer aber unentschuldigt war und demnach bis zu 60 Tagen von der Sitzung ausgeschlossen werden konnte, darüber durfte der Reichstagspräsident befinden. Verpackt wurde das ganze in zwei unscheinbare Paragraphen. § 2 a: »Wer ohne Urlaub oder infolge einer Erkrankung, die dem Abgeordneten die Teilnahme nicht tatsächlich unmöglich macht, an Vollsitzungen, Ausschußsitzungen und Abstimmungen nicht teilnimmt, kann durch den Präsidenten bis zu 60 Sitzungstagen von der Teilnahme an den Verhandlungen ausgeschlossen werden.« Gekoppelt wurde diese Bestimmung mit dem neu formulierten § 98,3: »Als anwesend gelten auch Mitglieder, die nach § 2 a ausgeschlossen sind.«[93]

So konnte Hitler zur gewünschten qualifizierten Mehrheit kommen. Das Zentrum brauchte er nicht unbedingt dazu, nur paßte dessen Zustimmung besser in das Bild von der »nationalen Erhebung«. Hitler verfolgte eine Doppelstrategie, und das zeigte seine Qualitäten als politischer Taktiker. Während er um die Stimmen des Zentrums warb, war alles schon so vorbereitet, daß er auch ohne das Zentrum zu dem gewünschten Ergebnis käme.

In der Tat konnten sich die Nationalsozialisten der Haltung des Zentrums nicht sicher sein. Eine Verhandlungsdelegation der Partei hatte Hitler und Frick am 20. März die Bedingungen für eine Zustimmung genannt. Sie waren verfassungspolitischer und kirchenpolitischer Natur: Anerkennung der bestehenden Länderkonkordate, Sicherung des christlichen Einflusses in Schule und Erziehung, Wahrung der Rechte des Reichspräsidenten, Beibehaltung der Unabhängigkeit der Richter, Sicherung der Zentrums-Beamten und vor allem Pflege und Verbesserung der Beziehungen zum Vatikan. Ex-Kanzler Brüning und eine Minderheit warnten vor einem Handel mit den Nazis, den diese doch nicht einhalten würden. Der Parteivorsitzende Kaas, ein Verfechter einer autoritären nationalen Sammlungspolitik, hielt Gründe dagegen, die zwar durchaus einleuchtend waren, aber gleichwohl verhängnisvoll. Das Ermächtigungsgesetz änderte in der Wirklichkeit nichts an der Herrschaft Hitlers, weite Teile der Basis der Partei verlangten nach einem besseren Verhältnis zur NSDAP und seien kaum noch daran zu hindern, in das Lager Hitlers zu wechseln. Das Trauma des Kulturkampfes im Bismarckreich belastete das Zentrum; man wollte nicht noch einmal ins politische Abseits und in die Rolle des Reichsfeindes geraten. Außerdem herrschte in weiten Kreisen des Zentrums, wie anderswo auch, noch immer die Vorstellung, Hitlers Popularität und Macht werde sich in der Regierungsverantwortung bald verbrauchen.

Eine Vereinbarung mit Hitler sei unter diesen Umständen das kleinere Übel und gäbe die Chance, zumindest einige der eigenen Vorstellungen zu retten beziehungsweise durchzusetzen. Umstritten und nicht belegbar ist, ob bei der Entscheidung des Zentrums auch konkrete Absichtserklärungen, ein Reichskonkordat abzuschließen, eine Rolle spielten, das in der Tat einige Wochen später realisiert wurde. Selbst wenn dies nicht Gegenstand der Verhandlungen war, so war nicht von der Hand zu weisen, was Kaas vortrug. Auch die Deutsche Staatspartei, der Bündnispartner des Zentrums aus der Weimarer Zeit, verhielt sich in der politischen Situation des Frühjahrs 1933 nicht anders. Die parlamentarische Hürde wäre für Hitlers Ermächtigungsgesetz nur unüberwindbar gewesen, wenn die KPD noch im Reichstag gesessen hätte. Aber in den Verhandlungen mit Hitler wollte sich auch das Zentrum nicht dafür stark machen, Kommunisten die Gleichheit aller Staatsbürger vor dem Gesetz zu gewähren.

Die Nationalsozialisten hatten keinen Hehl daraus gemacht, daß sie im Falle einer Verweigerung sich die diktatorischen Vollmachten auf anderem, das heißt gewaltsamem Wege beschaffen würden. Zur Bekräftigung dieser Entschlossenheit war die Kroll-Oper am 23. März von Einheiten der SS umstellt. Im Inneren bildeten SA-Männer ein drohendes Spalier. Die Parlamentarier begrüßten sie mit Sprechchören: »Wir fordern das Ermächtigungsgesetz – sonst gibt's Zunder.« Das war eindeutig, und nicht wenige Abgeordnete, vor allem Sozialdemokraten, mußten fürchten, den Saal nicht wieder frei verlassen zu können, vor allem dann, wenn das Gesetz nicht die notwendige Mehrheit finden würde. Von parlamentarischen Geschäftsformen konnte nicht mehr die Rede sein. Auch Adolf Hitler erschien nun nicht mehr als der honorige Staatsmann im Cut, sondern betrat den Reichstag im Braunhemd. Was er sagte, klang gemäßigt und bekannt. Wieder eröffnete er seine Rede mit dem düsteren Gemälde der Jahre der Novemberrepublik, um dann auf die Versprechungen der nationalen Wiedererhebung und in sehr allgemeinen Formulierungen auf die Absichten der nationalen Regierung zu kommen. Dann warb er um Unterstützung für die »Durchführung ihrer Mission« und suchte zu beschwichtigen: »Weder die Existenz des Reichstags noch des Reichsrats soll dadurch bedroht sein. Die Stellung und die Rechte des Reichspräsidenten bleiben unberührt ... Der Bestand der Länder wird nicht beseitigt.«[94] Das alles sollte beruhigend klingen, und auch die Bedenken und Wünsche des Zentrums wurden, wenn auch nicht im Gesetzestext selbst, so doch in Hitlers Rede zum Teil wörtlich angesprochen und übernommen, wenn auch wieder sehr allgemein und unverbindlich gehalten.

Aber was sollten alle Beschwichtigungen, wenn mit jedem Artikel des Ermächtigungsgesetzes ein Eckstein der Verfassung endgültig herausgebrochen wurde? Reichsgesetze konnten hinfort auch von der Reichsregierung beschlossen werden; diese Gesetze durften sogar von der Verfassung abweichen; der Reichskanzler konnte anstelle des Reichspräsidenten die Gesetze ausfertigen und verkünden. Artikel 4 schließlich übertrug auch das Recht zum Vertrag mit fremden Staaten allein auf die Reichsregierung. Der fünfte und letzte Artikel war dazu angetan, trügerische Hoffnungen zu nähren: die Gültigkeit des Gesetzes war auf vier Jahre beschränkt und an die Existenz der gegenwärtigen Regierung gebunden.

An die Versprechungen schlossen sich Drohungen an; auch das gehörte zur bewährten Taktik Hitlers. Die Regierung biete den Parteien die »Möglichkeit einer ruhigen Entwicklung und einer sich daraus in Zukunft anbahnenden Verständigung« an, sei aber »ebenso entschlossen und bereit, die Bekundung der Ablehnung und damit die Ansage des Widerstandes entgegenzunehmen. Mögen Sie, meine Herren Abgeordneten, nunmehr selbst die Entscheidung treffen über Frieden oder Krieg.«[95]

Unter stürmischen Heilrufen verließ Hitler das Rednerpult, die Fraktionen zogen sich zur Beratung zurück, draußen sorgten SA und SS in Sprechchören für die Artikulation des »Volkswillens«. Den Sozialdemokraten war bewußt, daß das Friedensangebot Hitlers für sie keine Gültigkeit hatte. Das hatte die Verhaftung ihres prominenten Mitglieds, des preußischen Innenministers Severing, auf dem Weg zur Kroll-Oper noch einmal drastisch unterstrichen. Im Zentrum löste die Entscheidung heftigen Streit aus, aber schließlich entschied man sich doch für den Hitlerschen »Frieden«. Brüning wandte sich leidenschaftlich gegen jede Nachgiebigkeit, und eine Minderheit von einst in der Partei wichtigen Namen unterstützte ihn. Schließlich hielt man sich jedoch an die Fraktionsdisziplin und wollte geschlossen der Ansicht der Mehrheit folgen. Wie wenig freilich von Hitlers Zusagen zu halten war, mußte Kaas noch am selben Tag erfahren. Einer der Gründe für die Zustimmung der Zentrums-Fraktion war ein angekündigter Brief von Hitler, in dem dieser auf Betreiben von Brüning dem Zentrum die verlangten verfassungspolitischen Zusicherungen schriftlich geben würde, vor allem die Zusage, nur unter gewissen Voraussetzungen von dem Ermächtigungsgesetz Gebrauch zu machen. Nach dem Ende der Beratungspause war der Brief noch nicht eingetroffen, aber Hitler versicherte, er sei unterwegs und werde noch während der Abstimmung eintreffen. Prälat Kaas beruhigte Brüning: »Wenn er irgendwie Hitler je geglaubt hätte, so müsse er es nach dem überzeugenden Ton dieses Mal tun.«[96] Der Brief traf nie ein.

Inzwischen hatte der sozialdemokratische Parteivorsitzende Otto Wels in maßvoller und würdiger Form die Ablehnung seiner Fraktion begründet. Die Rede war ein Zeugnis von Unerschrockenheit und ein letztes öffentliches Bekenntnis zur Demokratie. Er verwies auf die Verfolgungen, die die SPD in der letzten Zeit erfahren habe, und mahnte, daß auf Gewalt und Unrecht keine Volksgemeinschaft begründet werden könne. »Ihre erste Voraussetzung ist gleiches Recht.« Eine Regierung könne nur Strenge walten lassen, »wenn es nach allen Seiten gleichmäßig und unparteiisch geschieht, und wenn man es unterläßt, besiegte Gegner zu behandeln, als seien sie vogelfrei, Freiheit und Leben kann man uns nehmen, die Ehre nicht«. Dann forderte er die Regierungsparteien auf, mit ihrer Mehrheit »streng nach Wortlaut und Sinn der Verfassung zu regieren«. Kritik sei dabei heilsam und notwendig. Die machtpolitische Tatsache der nationalsozialistischen Herrschaft müsse die SPD anerkennen; ihr bliebe nur der Appell an das Rechtsbewußtsein des Volkes. Dann schloß er mit einem Gruß an die »Verfolgten und Bedrängten«.[97]

Hitler reagierte auf dieses Bekenntnis zu Rechtsstaat und Demokratie mit äußerster Erregung und stürzte an das Rednerpult: »Spät kommt ihr, doch ihr kommt! Die schönen Theorien, die Sie, Herr Abgeordneter«, fuhr er seinen Vorredner an, »soeben hier verkündeten, sind der Weltgeschichte etwas zu spät mitgeteilt worden. Vielleicht hätten diese Erkenntnisse, praktisch angewendet vor Jahren, die heutigen Klagen von Ihnen erspart.«

Es war eine zynische und rhetorisch gekonnte Replik, die sich in das Gewand der revolutionären Kritik am sozialdemokratischen Reformismus hüllte und den Vorwürfen des Rechtsbruches und der Verfolgung mit der Märtyrerlegende der eigenen Kampfzeit begegnete. Der Sozialdemokratie wurde jeder Anspruch auf die Vertretung nationaler und sozialer Interessen, jedes Gefühl für nationale Ehre und Recht bestritten. Hörte man genau hin, so enthüllte Hitler vor dem Parlament ganz offen das nationalsozialistische revolutionäre, gewalttätige Verständnis von Politik und Recht: »Was im Völkerleben morsch, alt und gebrechlich wird, das vergeht und kommt nicht wieder. Auch Ihre Stunde hat geschlagen, und nur weil wir Deutschland sehen und seine Not und die Notwendigkeit des nationalen Lebens, appellieren wir in dieser Stunde an den Deutschen Reichstag, uns zu genehmigen, was wir ohnedem hätten nehmen können. Des Rechts wegen tun wir es – nicht weil wir die Macht überschätzen, sondern weil wir uns am Ende mit denen, die vielleicht heute von uns getrennt sind, aber doch auch an Deutschland glauben, einst vielleicht leichter finden können. Denn ich möchte nicht in den Fehler verfallen, Gegner bloß zu reizen, statt sie entweder zu vernichten oder zu versöhnen.«[98] Das war decouvrierend: es war also nur der Täuschung und der plebiszitären Werbung wegen, daß Hitler den Weg des Ermächtigungsgesetzes wählte, um eine politische Ordnung zu errichten, in der es nur noch Versöhnung oder Vernichtung geben werde. Dann schloß er, zu den Sozialdemokraten gewandt: »Ich glaube, daß Sie für dieses Gesetz nicht stimmen, weil Ihnen Ihrer innersten Mentalität nach die Absicht unbegreiflich ist, die uns beseelt ... und ich kann Ihnen nur sagen: ich will auch gar nicht, daß Sie dafür stimmen! Deutschland soll frei werden, aber nicht durch Sie!«

Es folgten begeisterte Heil-Rufe und Beifallskundgebungen bei den Nationalsozialisten, Händeklatschen bei den Deutschnationalen. Goebbels jubelte: »Man sah niemals, daß einer so zu Boden geworfen und erledigt wurde wie hier. Der Führer spricht ganz frei und ist groß in Form.«[99] Auch wenn es nicht ausgeschlossen ist, daß Hitler den Redetext von Wels vorher kannte, die Rede enthüllte in ihrer »bravourösen Roheit« und ihrem »rauschhaften Abfertigungsvergnügen«,[100] worauf sich Hitler und der Nationalsozialismus stützten: auf Rhetorik und Gewalt.

Was folgte, waren Formsachen und die Zustimmung derer, die meinten, bei dem nationalen Erneuerungswerk nicht abseits stehen zu dürfen, mit ihrem Dabeisein aber das Schlimmste verhindern zu können. In einer vorsichtig zustimmenden Rede erklärte zunächst Kaas, das Zentrum werde »in dieser Stunde, wo alle kleinen und engen Erwägungen schweigen müssen«,[101] das Gesetz annehmen. Dem folgten die übrigen Rumpfparteien der Mitte, die BVP, der Christlich-Soziale Volksdienst und die Staatspartei, in der Theodor Heuss und der ehemalige Finanzminister Dietrich sich für eine Ablehnung ausgesprochen hatten, sich dann aber der Mehrheitsmeinung der Fraktion beugten. In wenigen Minuten waren die drei Lesungen der Gesetzesvorlage abgeschlossen, schon kurz vor 8 Uhr abends konnte Göring den Abstimmungssieg verkünden: 444 Abgeordnete stimmten mit Ja, nur die dezimierte SPD-Fraktion blieb fest und stimmte mit Nein.

Die nationalsozialistischen Abgeordneten stürzten zur Regierungsbank und stimmten das Horst-Wessel-Lied an. Darauf sollte sich auch in Zukunft die Tätigkeit des Reichstages beschränken. Es war der Abgesang auf einen Prozeß der Selbstabdankung des parlamentarischen Systems, der im Jahre 1929/30 begonnen hatte. Der Reichstag hatte die Diktatur legalisiert und wurde auf unbestimmte Zeit nach Hause geschickt. Noch am selben Abend stimmte der gleichgeschaltete Reichsrat der Vorlage zu. Der »Völkische Beobachter« hatte so unrecht nicht, als er danach erklärte: »Ein historischer Tag. Das parlamentarische System kapituliert vor dem neuen Deutschland. Während vier Jahren wird Hitler alles tun können, was er für nötig befindet: negativ die Ausrottung aller verderblichen Kräfte des Marxismus, positiv die Errichtung einer neuen Volks-

Gesetz
zur
Behebung der Not von Volk und Reich.
Vom 24.März 1933.

Der Reichstag hat das folgende Gesetz beschlossen, das mit Zustimmung des Reichsrats hiermit verkündet wird, nachdem festgestellt ist, daß die Erfordernisse verfassungändernder Gesetzgebung erfüllt sind:

Artikel 1

Reichsgesetze können außer in dem in der Reichsverfassung vorgesehenen Verfahren auch durch die Reichsregierung beschlossen werden. Dies gilt auch für die in den Artikeln 85 Abs.2 und 87 der Reichsverfassung bezeichneten Gesetze.

Artikel 2

Die von der Reichsregierung beschlossenen Reichsgesetze können von der Reichsverfassung abweichen, soweit sie nicht die Einrichtung des Reichstags und des Reichsrats als solche zum Gegenstand haben. Die Rechte des Reichspräsidenten bleiben unberührt.

Artikel 3

Die von der Reichsregierung beschlossenen Reichsgesetze werden vom Reichskanzler ausgefertigt und im Reichsgesetzblatt verkündet. Sie treten, soweit sie nichts anderes bestimmen, mit dem auf die Verkündung folgenden Tage in Kraft. Die Artikel 68 bis 77 der Reichsverfassung finden auf die von der Reichsregierung beschlossenen Gesetze keine Anwendung.

Artikel 4

Artikel 4

Verträge des Reichs mit fremden Staaten, die sich auf Gegenstände der Reichsgesetzgebung beziehen, bedürfen nicht der Zustimmung der an der Gesetzgebung beteiligten Körperschaften. Die Reichsregierung erläßt die zur Durchführung dieser Verträge erforderlichen Vorschriften.

Artikel 5

Dieses Gesetz tritt mit dem Tage seiner Verkündung in Kraft. Es tritt mit dem 1.April 1937 außer Kraft; es tritt ferner außer Kraft, wenn die gegenwärtige Reichsregierung durch eine andere abgelöst wird.

Berlin, den 24.März 1933.

Der Reichspräsident

von Hindenburg

Der Reichskanzler

Der Reichsminister des Innern

frick

Der Reichsminister des Auswärtigen

Der Reichsminister der Finanzen

gemeinschaft. Das große Unternehmen nimmt seinen Anfang! Der Tag des Dritten Reiches ist gekommen.«[102]

Tatsächlich beschloß das Ermächtigungsgesetz die erste Phase der nationalsozialistischen Machtergreifung. Gerade zwei Monate hatte Hitler gebraucht, um sich von seinen konservativen Bändigern frei zu machen. Er war nun unabhängig von der präsidialen Notverordnungsvollmacht und auch im Kabinett unabhängig vom deutschnationalen Partner. Eine organisierte Gegenwehr, jedenfalls eine auf dem Boden der Verfassung, war nun unmöglich geworden. Nun konnte Hitler das Gewicht der nationalsozialistischen Massenbewegung auch gegen den Regierungspartner ausspielen, den er von nun an nicht mehr brauchte. In ihrem blinden Eifer gegen Parlamentarismus und linke Parteien hatten Papen und Hugenberg übersehen, daß sie nach deren Ausschaltung kein Gegengewicht gegen die zahlenmäßige und machtpolitische Überlegenheit der NSDAP mehr hatten und daß der Weg zurück zu einer autoritären Verfassung ohne Massenbasis schon längst nicht mehr möglich war. »Jetzt sind wir auch verfassungsmäßig die Herren des Reiches«,[103] hatte Goebbels nach dem 23. März notiert, und das war die Sprachregelung, die in alle offiziellen Selbstdarstellungen des »Dritten Reichs« eingehen sollte.

Doch das war allenfalls der Schein des Rechts. Denn allen Formeln und Beteuerungen zum Trotz, das Ermächtigungsgesetz war nicht legal zustande gekommen und widersprach rechtsstaatlichen

Das vom Reichstag am 23. März 1933 beschlossene »Ermächtigungsgesetz«, mit dem das Parlament sich selber entmachtete.

Vorstellungen. Gegen seine Verbindlichkeit sprachen die Rechtsverletzungen im Vorfeld und am Tage der parlamentarischen »Entscheidung« selbst. Nicht minder gravierend war die Rechtsverletzung im Falle des Reichsrates, der anderen Säule der Legislative. Hier saßen nur noch die von den Machthabern eingesetzten Kommissare und nicht mehr die gewählten Repräsentanten der Länder. Und die Durchführung des Ermächtigungsgesetzes war nicht weniger rechtswidrig als die Vorbereitung. Die wichtigsten Garantien, die es zur Beruhigung der Nichtnationalsozialisten enthielt, waren in knapp einem Jahr mehrfach verletzt worden und völlig ausgehöhlt: durch das Parteigesetz vom 14. Juli 1933, durch die Aufhebung des Reichsrates im Februar 1934 und durch die Vereinigung von Reichspräsidentschaft und Reichskanzleramt in der Person Hitlers im August 1934. Gleichwohl blieb es bis zum Ende des Regimes, dreimal von Hitler mit einem Federstrich verlängert, die Grundlage der gesamten nationalsozialistischen Gesetzgebung.

So durchlöchert der Mantel der Legalität von Anfang an war, das Ermächtigungsgesetz hat der Stabilisierung des Regimes große Dienste geleistet, und das war sein eigentlicher Zweck. Denn es bot den im formalen Denken großgewordenen konservativen Sympathisanten und Mitläufern die Möglichkeit, das Gewissen wie die positivistischen Vorstellungen von Staat und Recht zu befriedigen. Gewiß, es war eine Revolution, was sich da in den letzten Monaten abgespielt hatte, aber sie ging sauber und legal vor sich und unterschied sich damit so wohltuend von dem »Ludergeruch« der Novemberrevolution. Über die gewalttätigen Begleitumstände war man bereit, hinwegzusehen. Denn, so ging ein in diesen Tagen vielzitiertes Sprichwort: »Wo gehobelt wird, da fallen Späne!« An der »konstruktiven« Ausfüllung des neuen Deutschland wollte der Apparat der staatlichen Bürokratie einschließlich der Justiz mitarbeiten. Dahinter standen die antidemokratischen Traditionen eines Standes und die Befürchtungen, daß ohne die mäßigende Mitwirkung die revolutionären Exzesse wieder aufleben könnten. »Aber eine einfache Wahrheit ist doch, daß dieses Regime nicht umschmeißen darf. Denn welches Negativ davon käme hinter ihm«, schrieb der deutsche Gesandte in Oslo, Ernst Freiherr von Weizsäcker, am 23. März. »Man muß ihm alle Hilfe und Erfahrung angedeihen lassen und mit dafür sorgen, daß die jetzt einsetzende Etappe der neuen Revolution eine ernsthaft konstruktive wird.«[104]

Am Ende wurde nicht wenigen von ihnen bewußt, daß sie Opfer einer folgenschweren Unterschätzung geworden waren. Das Verwirrspiel war so erfolgreich, weil die Regisseure der Machtergreifung den Übergang vom autoritären Verordnungsregime der »nationalen Erhebung« zur revolutionären Diktatur des Nationalsozialismus auf offener Bühne, aber unter der Maske der Legalität und Tradition, inszenierten.

Bald konnte man vom verschleiernden Sprachgebrauch Abschied nehmen. Schon in seiner Rede zum Ermächtigungsgesetz hatte Hitler nicht mehr von »nationaler Erhebung«, sondern von »nationaler Revolution« gesprochen. Vierzehn Tage später nahm auch Göring von dieser Formel Abschied und nannte nun beim Namen, was sich tatsächlich in den letzten Wochen vollzogen hatte und sich noch weiter durchsetzen sollte, die »nationalsozialistische Revolution«.[105]

Das Nachspiel zum ersten Akt der nationalsozialistischen Machtergreifung sollte nicht lange auf sich warten lassen. Mit der Selbstausschaltung des Reichstages durch das Ermächtigungsgesetz und der Gleichschaltung der Länder hatten die Parteien ihren Selbstbehauptungswillen und sogar ihre Existenzberechtigung verloren. Die Existenz anderer, nicht-nationalsozialistischer Parteien und Verbände stand aber zumindest formell der völligen Verfügung über Staat und Gesellschaft noch entgegen. Doch mit dem Triumph im Reichstag waren die letzten Dämme gegen die nationalsozialistische Alleinherrschaft schon so weit unterspült, daß sie einem nächsten Rammstoß nicht standhalten konnten. Innerhalb von wenigen Wochen wurde die zentralistische Gleichschaltung der Länder zu Ende geführt und die Zerschlagung von Parteien und Verbänden ins Werk gesetzt. Auch für diesen Vorgang war nicht terroristische Gewalt allein verantwortlich, er wurde getragen von einer breiten Ablehnungsfront gegen das ungeliebte Parteiensystem. Illusionen und Euphorie der »nationalen Erhebung« waren selbst jetzt noch nicht verflogen.

3. Gleichschaltung

Der Reichspropagandaminister war zufrieden. »Man kann sagen«, notierte er am 7. April 1933, »daß heute in Deutschland wieder Geschichte gemacht wird. Unser Ziel ist eine absolute Vereinheitlichung des Reiches. Schritt für Schritt kommen wir diesem Ziel näher.«[106]

Das Kabinett hatte am selben Tag in der Tat in einem furiosen Tempo die Bastionen des Gegners geschleift. Das Gesetz zur Gleichschaltung der Länder mit dem Reich, die Reichsstatthalterschaften, das Gesetz zur Wiederherstellung des Berufsbeamtentums und ein Gesetz über den Feiertag der Nationalen Arbeit wurden verabschiedet. Hinter allen Gesetzen und denen, die in den nächsten Tagen und Wochen folgen sollten, stand nur ein Ziel: die Gleichschaltung des gesamten politischen und gesellschaftlichen Lebens.

Mit der Selbstausschaltung des Reichstags und der Schwächung der konservativen Koalitionspartner trat die Machtergreifung in eine neue Phase. Sie stand ganz im Zeichen der Arrondierung eroberter Positionen und des Ausgreifens auf Verwaltung und Beamtenschaft, auf gesellschaftliche und wirtschaftliche Verbände. Merkmale dieser sich stetig beschleunigenden Gleichschaltungspolitik waren die Gleichzeitigkeit des Überfalls auf verschiedene Gebiete des öffentlichen und halböffentlichen Lebens, die Wechselbäder zwischen scheinbarer Mäßigung und schubweiser Ausschaltung, zwischen Anpassung und Repression und schließlich die Schnelligkeit, mit der der Weg zu Einparteienstaat und Formierung der Gesellschaft führte. Die Folgerichtigkeit und Rasanz, mit der die bestehende politische und gesellschaftliche Verfassung aufgelöst wurde, hatte ihren Grund, wie Goebbels völlig zutreffend erklärte, in der »Übertragung unserer Dynamik und Gesetzlichkeit auf den Staat. Es geschieht dies in einem derart atemberaubenden Tempo, daß man darüber kaum zur Besinnung kommt.«[107]

Das galt freilich für Anhänger wie für Gegner, für die Opfer noch mehr als für die Verfolger. Wer hätte sich Anfang des Jahres 1933 vorstellen können, daß die deutsche Arbeiterbewegung, die als eine der mächtigsten des Kontinents galt, ganze fünf Monate später ohne ins Gewicht fallende Gegenwehr völlig zerschlagen sein würde, daß sogar Deutschnationale und Stahlhelm ihre Selbstauflösung beschließen würden, ja daß selbst der so mächtige Reichsverband der deutschen Industrie seine traditionellen Selbstverwaltungsformen den Prinzipien des Führerstaates anpassen und die Ausschaltung einst führender Mitglieder wie Paul Silverberg hinnehmen mußte? Die Reihe der gleichgeschalteten Verbände und Parteien ist ein weiteres Charakteristikum dieser Entwicklung – das alles wurde mit der Formel von der »absoluten Vereinheitlichung« bemäntelt. Das Ende der Parteien und Verbände wurde in einer »charakteristischen zeitlichen Staffelung« wie einer »unterschiedlichen Dosierung des Zwanges und der Gewalt«[108] herbeigeführt. Die Schläge gegen die politische Linke kamen besonders schnell und mit der unverhüllten Wucht des nationalsozialistischen Ausschaltungs- und

Machtwillens. Der Vernichtungsfeldzug gegen die Kommunisten, unterstützt oder doch geduldet vom nationalen Deutschland, war vom ersten Tag an Teil der Machtergreifungspolitik; nach dem Ermächtigungsgesetz begann der Gleichschaltungsvorgang mit der endgültigen Ausschaltung der Sozialdemokratie. Wesentlich moderater verfuhr man mit den Bürgerlichen und ihren Anhängern. Drohungen und meist nur kurze Verhaftungen wurden als Druckmittel eingesetzt, die den Prozeß der Selbstauflösung beschleunigen sollten. Zum raschen Ende der Parteien trug nicht wenig bei, daß gleichzeitig auch im vorpolitischen Raum gesellschaftliche Verbände und Organisationsgeflechte gleichgeschaltet wurden. Auch hier reichte die Skala der Methoden der Gleichschaltung von scharfer Repression bis hin zu Anpassung und freiwilliger Selbstauflösung.

Die kommunistische Partei und ihre Nebenorganisationen von der »Revolutionären Gewerkschaftsopposition« (RGO) bis zum Kommunistischen Jugendverband (KJVD) waren schon seit der Reichstagsbrandverordnung geächtet, zerschlagen, ihre Funktionäre verhaftet, im Untergrund oder auf der Flucht ins Ausland. Seit mit dem ersten Gleichschaltungsgesetz der Länder vom 31. März 1933 alle kommunistischen Mandate in Ländern und Kommunen kassiert worden waren, war die KPD als politische Partei nicht mehr zugelassen. Zu einem förmlichen Parteiverbot kam es dagegen nicht.

Kaum weniger verhaßt war den Nationalsozialisten das »Reichsbanner«, der Gegner so vieler Straßenkämpfe in der »Kampfzeit«. Die Büros und Gruppierungen dieser sozialdemokratischen Kampforganisation waren schon im März durch polizeiliche Zwangsmaßnahmen, vor allem in Preußen, lahmgelegt worden, die Mitglieder durch den wilden Terror der SA wie durch vielfache Einschüchterungen längst gelähmt. Nach dem Wahltag kam es in einigen Ländern zu förmlichen Verboten, anderswo nach erneuten Verfolgungen zur Selbstauflösung. Am 2. Mai ging der Vorsitzende Karl Höltermann, um der drohenden Verhaftung zu entkommen, in die Emigration. Das rasche Ende der einst so stolzen republikanischen Kampftruppe wirkte demoralisierend auf die Mutterpartei.

Ebenso folgenreich war der Abfall der Freien Gewerkschaften für die SPD. Trotz mancher Dissonanzen waren sie bis zum Januar 1933 mit der Sozialdemokratie gegangen; nach den Wahlen vom 5. März suchten aber auch die Gewerkschaftsführer »der Zeit Rechnung zu tragen«[109]: In einem Schreiben an Hitler distanzierte sich der ADGB-Vorsitzende Leipart offen von der SPD.[110] Vergessen waren alle demokratischen und sozialistischen Glaubensbekenntnisse, es ging nur noch um die Erfüllung der sozialen Aufgaben der Gewerkschaften, »gleichviel welcher Art das Staatsregime ist«[111].

Es war die Sorge um die Erhaltung der eigenen Organisation, die alle weiteren Schritte bestimmte. Man ließ sich auf ein Gespräch mit der Nationalsozialistischen Betriebszellenorganisation ein, um sich von der noch immer unbedeutenden Nazi-Gewerkschaft sagen zu lassen, daß nicht genehme »marxistische« Gewerkschaftsführer zurücktreten müßten. Ein »Recht auf den Schutz des Staates« hätten die Gewerkschaften, erklärte Leipart und stellte dafür die Mitarbeit im neuen Staat in Aussicht. Gefördert wurden diese Anbiederungen durch die trügerischen Verheißungen der Erfüllung alter Träume der Arbeiterbewegung. Eine Einheitsgewerkschaft sollte geschaffen werden, und gleich nach dem Tag von Potsdam inszenierten die Nationalsozialisten eine neue massenwirksame Schau, mit der die Volksgemeinschaft aller schaffenden Stände gefeiert werden sollte: Der traditionelle Tag der internationalen Arbeiterbewegung, der 1. Mai, wurde ausgerechnet vom nationalsozialistischen Regime zum gesetzlichen Feiertag erklärt. Auch die ADGB-Bundesführung meinte, bei einem solchen »Tag der nationalen Arbeit« nicht abseits stehen zu dürfen, und rief schon am 19. April zur Teilnahme auf. Das Wechselbad von Verlockung und Drohung hätte nicht wirkungsvoller und zynischer ersonnen sein können. Goebbels bereitete die Verführung vor, nicht ohne ihren Zweck im Auge zu behalten: »Wir werden das in größtem Rahmen aufziehen und zum ersten Mal das ganze deutsche Volk in einer einzigen Demonstration zusammenfassen. Von da ab beginnt dann die Auseinandersetzung mit den Gewerkschaften. Wir werden nicht eher zur Ruhe kommen, bis sie restlos in unserer Hand sind.«[112]

Wieder hatte man sich eine Doppelstrategie ausgedacht, die ähnlich wie am 21. März Verwirrung stiften und den Widerstandswillen brechen sollte. Goebbels rief mit pathetischen Parolen zum 1. Mai auf: »Ehret die Arbeit und achtet den Arbeiter! ... Bekränzt eure Häuser und die Straßen der Städte und Dörfer mit frischem Grün und mit den Farben des Reiches ... Deutsche aller Stände, Stämme und Berufe, reicht euch die Hände! Geschlossen marschieren wir in die neue Zeit hinein.«[113]

Gleichzeitig wurde in aller Stille ein »geheimes Aktionskomitee zum Schutze der deutschen Arbeit« unter Leitung des Stabsleiters der Politischen Organisation der NSDAP, Dr. Robert Ley, und des NSBO-Mannes Reinhold Muchow gebildet, um den entscheidenden Schlag vorzubereiten. »Dienstag, den 2. Mai 1933, vormittags 10 Uhr, beginnt die Gleichschaltungsaktion gegen die Freien Gewerkschaften ... Verantwortlich für die Durchführung der Gleichschaltungsaktion in den einzelnen Gebieten sind die Gauleiter. Träger der Aktion soll die NSBO sein. SA bzw. SS ist zur Besetzung der Gewerkschaftshäuser und der Inschutzhaftnahme der in Frage kommenden Persönlichkeiten einzusetzen ... Die Übernahme der Freien Gewerkschaften muß in einer Form vor sich gehen, daß dem Arbeiter und Angestellten das Gefühl gegeben wird, daß diese Aktion sich nicht gegen ihn, sondern gegen ein überaltertes und mit den Interessen der deutschen Nation nicht übereinstimmendes System richtet.«[114] Das zielte darauf ab, die organisierte Arbeiterschaft sowohl emotional als auch gewaltsam aus dem Zusammenhalt und Schutz ihrer Verbände herauszulösen, nachdem die im März 1933 angelaufenen Betriebsrätewahlen der NSBO zwar eine Stimmenzunahme, aber noch lange keine Mehrheit gebracht hatten und darum erst einmal ausgesetzt wurden.

Am 1. Mai marschierte das deutsche Proletariat dann tatsächlich in einer Reihe mit denen, die ihm zuvor feindlich gegenübergestanden hatten. Vor etwa einer halben Million Menschen sprach Hitler auf dem Tempelhofer Feld Gefühle und Erwartungen an, die viele teilten, ohne Nationalsozialisten zu sein: »Es ist eine politische Not.

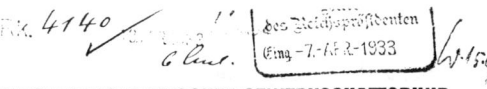

ADGB ALLGEMEINER DEUTSCHER GEWERKSCHAFTSBUND

Rk. 4140

Eing. -7. APR. 1933

BUNDESVORSTAND Berlin SW 19, Inselstrasse 6 / Fernsprechanschluss: Amt F7 (Jannowitz) 6581
Bankkonto: Bank der Arbeiter, Angestellten und Beamten, Berlin SW 19, Wallstr. 62

den 5. April 1933   **37**

Herrn
Reichspräsident von Hindenburg
B e r l i n W 8
Wilhelmstrasse 73   1. Abgabebescheid
                          2. Dem Herrn Reichskanzler

Tgb.Nr. 1700/33 Schl/Be

Sehr geehrter Herr Reichspräsident!

       Wir nehmen Bezug auf wiederholte Äusserungen des
Herrn Reichskanzlers Adolf H i t l e r und auf eine
Erklärung des Herrn Minister G ö r i n g vor der gesamten ausländischen Presse, wonach die Reichsregierung und
die Preussische Regierung bestrebt sind, jedes Mittel
zu ergreifen, um Disziplin, Ruhe und Ordnung aufrecht zu
erhalten. Als Beweis dafür, dass die Rechtsunsicherheit
in Deutschland, insbesondere gegenüber unseren Gewerkschaften und ihren Beauftragten, nach wie vor weiter besteht,
teilen wir Ihnen eine Anzahl weiterer Übertretungen mit,
die uns seit dem 21.März durch unsere Ortsausschüsse und
Verbandsvorstände der einzelnen Gewerkschaften gemeldet
wurden.

       Nach dem Stande vom 25.März waren unsere Verwaltungs-
gebäude und Büros durch S.A., S.S. oder durch Polizei
besetzt und zwar in:

Aachen	Döbeln	Plauen
Annaberg	Freiburg i.Br.	Pirmasens
Auerbach	Goch	Reutlingen
Bautzen	Gelsenkirchen	Rosenheim
Bitterfeld	Hamborn	Sagan
Bremen	Kassel	Schneidemühl
Breslau	Leipzig	Schönebeck
Bunzlau	Ludwigshafen	Wernigerode
Braunschweig	Meissen	Wuppertal
Castrop-Rauxel	Nürnberg	Wurzen
Cleve	Olbernhau	Zittau
Dresden	Osnabrück	Zwickau
Duisburg	Oberhausen	Zweibrücken.

-2-

Die Willkür der neuen Machthaber galt schon in den ersten
Wochen und Monaten fast allen
Institutionen, den Verbänden von
Industrie und Handwerk ebenso
wie den Organisationen der
Gewerkschaften. Zuerst gaben
sich die Betroffenen der Hoffnung
hin, die bürgerlichen Koalitionspartner der neuen Regierung und
wenigstens der Reichspräsident,
der alte Königliche Generalfeldmarschall von Hindenburg,
könnten ihnen Schutz gewähren.
Solche Appelle aber blieben fast
immer unbeantwortet, und aus
den erhaltenen Dokumenten geht
durch die aufgedrückten Stempel
hervor, daß sie zumeist nur »dem
Herrn Reichskanzler« zur
Kenntnis weitergeleitet wurden.

Das deutsche Volk ist in sich zerfallen, seine ganze Lebenskraft wird
für den inneren Kampf verbraucht ... Die Millionen Menschen, die
in Berufe aufgeteilt, in künstlichen Klassen auseinandergehalten
worden sind, die, vom Standesdünkel und Klassenwahnsinn befal-
len, einander nicht mehr verstehen können, sie müssen wieder den
Weg zueinander finden!«[115] Zur Volksgemeinschaft werde der
»nationale Staat« erziehen und das Volk über »Klassen, Stände und
Einzelinteressen« erheben. »Damit werden wir von selbst zur Ver-
edelung des Begriffs der Arbeit kommen.«[116]
  Die andere, nicht minder charakteristische Seite der nationalsozialistischen Sozialpolitik zeigte sich am folgenden Tage bei der Par-
tei- und SA-Aktion gegen den ADGB. Alles verlief überfallartig:
Gewerkschaftshäuser, Büros, Banken und Redaktionen der Freien
Gewerkschaften wurden besetzt, das gesamte Vermögen beschlagnahmt und eine Reihe führender Gewerkschaftler in Schutzhaft
genommen, darunter auch die Vorsitzenden des ADGB, Leipart

und Grassmann. Die Masse der Gewerkschaftsangestellten erhielt das Angebot, unter der Leitung eingesetzter NSBO-Kommissare weiterzuarbeiten. Auf irgendeine scheinlegale Begründung verzichtete man auch im nachhinein vollkommen. In einem Aufruf vom 2. Mai begnügte sich Ley, nachdem er die »gewaltige Größe des gestrigen Tages« gepriesen hatte, mit einer ideologischen Begründung: »Die Teufelslehre des Juden Mardochai soll elendiglich auf dem Schlachtfeld der nationalsozialistischen Revolution krepieren.«[117]

Dieser Vernichtungsdrohung folgte die Lockung: »Nein, Arbeiter, deine Institutionen sind uns Nationalsozialisten heilig und unantastbar ... Ich schwöre dir, wir werden nicht nur alles erhalten, was sich vorfindet, wir werden Schutz und die Rechte des Arbeiters weiter aufbauen, damit er in den neuen nationalsozialistischen Staat als vollwertiges Glied des Volkes eingehe.« Davor stand freilich die Unterwerfung. Die Machtdemonstration des 2. Mai verpaßte den übrigen Gewerkschaften den letzten Stoß: in den folgenden Tagen unterstellten sich auch der liberale Hirsch-Dunckersche Gewerkschaftsring und der mitgliederstarke Deutschnationale Handlungsgehilfen-Verband dem Leyschen Aktionskomitee, das mit einer »breiten Front« aller Schaffenden lockte. Im Juni folgten die christlichen Gewerkschaften. »Sind die Gewerkschaften in unserer Hand«, notierte Goebbels, »dann werden sich auch die anderen Parteien und Organisationen nicht mehr lange halten können.«[118]

Ebenso undramatisch wie der Untergang der Gewerkschaften verlief das Ende der Sozialdemokratie. Seit dem März hatte ein stetiger Prozeß der Auflösung und des Abbröckelns begonnen: Mitglieder traten reihenweise aus, Ortsvereine mußten schließen. »Die Entwicklungen der politischen Verhältnisse in den letzten Jahren haben mich recht müde gemacht. Ich möchte gern Ruhe haben und erkläre hiermit meinen Austritt aus Ihrer Organisation«, schrieb ein Mitglied des Ortsvereins Hannover am 4. März,[119] ein anderes zwei Tage später: »Äußere Gründe zwingen mich, meinen Austritt aus der Partei zu erklären.«[120] Ein Schulrat am 11. März: »Da ich stets die Auffassung vertreten habe, daß es für keine Behörde und Regierung auf die Dauer tragbar ist, ihre Beamten parteipolitisch in Opposition zu wissen, erkläre ich hiermit meinen Austritt aus der Partei.« Andere nannten ihre Enttäuschung über das »wenig klassenbewußte Verhalten unserer Führer« als Austrittsgrund.[121] Die Welle der Resignation und der freiwilligen oder erzwungenen Anpassung schwoll von Woche zu Woche an. Die Parteiführung hatte sich auf Abwarten und Beschwichtigung eingerichtet. Das gebot allein schon die Tradition. An der Verfassung wollte man festhalten, durch sie war man groß geworden; nach wie vor stand man zu dem marxistischen Glauben, daß der Faschismus als letzte Karte der Reaktion bald zusammenbräche, und aus der Erfahrung mit den Bismarckschen Sozialistengesetzen holte man sich die Gewißheit, daß nach einer Phase der Unterdrückung immer ein glänzender Wiederaufstieg folge. Doch Hitler war nicht Bismarck, und die Situation einer Massenpartei 1933 war eine andere als die einer Kaderpartei 1878.

Zur äußeren Unterdrückung kam die innere Schwächung durch Streitigkeiten über den richtigen Kurs und schließlich durch die

Spaltung in Emigranten und Daheimgebliebene. Friedrich Stampfer, Chefredakteur des »Vorwärts«, war schon Anfang Mai nach Prag gegangen, um die Emigration der Parteiführung vorzubereiten. Als am 10. Mai Göring alle Parteihäuser, Zeitungen, Büros und auch das Vermögen der SPD beschlagnahmte, blieb nur die Resignation. Sollte nun der Parteivorstand insgesamt emigrieren, um vom Ausland aus eine freie Sprache sprechen und eine illegale Tätigkeit organisieren zu können, oder sollte man die letzten Möglichkeiten legaler Arbeit wahrnehmen und versuchen, das Regime durch Entgegenkommen zur Mäßigung zu veranlassen? Letztere Taktik stand hinter der Entscheidung der sozialdemokratischen Reichstagsfraktion, der außenpolitischen Friedensrede Hitlers am 17. Mai zuzustimmen. Nachgeholfen hatte Frick mit der erpresserischen Morddrohung gegen bereits verhaftete Parteimitglieder. Aber die Entscheidung, nicht gegen Hitler zu votieren, um auf diese Weise vielleicht die eigenen Genossen zu retten, führte zum Bruch im Parteivorstand. Auch Otto Wels entschloß sich zur Emigration.

Und nun diente die Tätigkeit der Exil-Partei als Vorwand dafür, daß am 22. Juni 1933 jede Tätigkeit der SPD untersagt, die Parlamentsmandate kassiert und die noch greifbaren Führer verhaftet wurden.

Mit der Vernichtung der größten Oppositionspartei war auch das Schicksal der kleinen bürgerlichen Parteien besiegelt. Fast unbemerkt vollzog sich deren Selbstauflösung. Sechs Tage später brauchte die Staatspartei nur ganze drei Druckzeilen für diese Mitteilung. Die Entscheidung erfolgte auch unter dem Eindruck der Tatsache, daß wegen der Listenverbindungen der Staatspartei mit der SPD bei den drei Monate zurückliegenden Wahlen vom 5. März deren Mandate im Preußischen Landtag kassiert worden waren. Keiner Gewalt bedurfte es bei der DVP, die einen Tag später die von der Mehrheit der Parteimitglieder geforderte Selbstauflösung vollzog, in dem Bewußtsein, daß ihr Ziel eines »nationalen Einheitsstaates« und der Aufhebung des »Konfessionalismus« von Hitler in »monumentaler Form« verwirklicht worden sei.[122]

Die deutschnationalen »Bundesgenossen« nahmen ein wechselvolleres, aber um so aufschlußreicheres Ende. Hugenberg und seine Freunde wehrten sich anfangs dagegen, von der Rolle des Bändigers immer mehr in die des Zauberlehrlings zu geraten. Schließlich mußten sie einsehen, daß der Sog der Gleichschaltung dem zugute kam, der über die größeren Massen und den stärkeren Druck verfügte. Gleich mehrere Dämme, hinter denen man sich sicher geglaubt hatte, waren durch eigenes Zutun unterspült und schon gebrochen. Der Kontrolleur Papen hatte sich in kurzer Zeit gleich mehrmals überspielen lassen, der Reichspräsident als Bollwerk konservativer Gegenpläne war spätestens seit dem Ermächtigungsgesetz institutionell ausgeschaltet und zudem bei schnell fortschreitender Vergreisung immer apathischer geworden; die konservativen Mächte Reichswehr und Industrie hatten sich zum Pakt mit dem verleiten lassen, der mehr versprach. Als parlamentarische Mehrheitsbeschafferin war die DNVP inzwischen überflüssig. Konnte aus der spannungsreichen Affinität von Konservativismus und Nationalsozialismus der Wille zur konservativen Selbstbehauptung und eine tatsächliche Gleichberechtigung erwachsen? Oder war diese Nähe, trotz aller Gegensätze, nicht vielmehr ein Grund zum Anschluß an die überlegene NSDAP? Das war die Frage, vor die sich die DNVP angesichts der wachsenden Spannungen mit der NSDAP vor allem in den unteren Rängen gestellt sah.

Zunächst überwogen die Stimmen derer in DNVP und Stahlhelm, die zur Anpassung und Selbstauflösung rieten. Das war auch der Grund dafür, daß in der Reichstagsfraktion ein Versuch, zusammen mit dem Zentrum eine Begrenzung des Ermächtigungsgesetzes durchzubringen, gescheitert war. Nach dem Erlaß des Gesetzes wuchs umgekehrt die Tendenz zur Selbstbehauptung durch Anpassung. Anfang Mai wechselte die Partei den Namen, sie nannte sich nun »Deutschnationale Front«, es bildeten sich deutschnationale Kampfringe und andere Sonderorganisationen. Das sollte dokumentieren, daß man sich noch konsequenter dem Zeichen der Zeit, das heißt der Abkehr vom Parteienstaat, angepaßt hatte und daß man darum auf Gleichstellung mit der NSDAP beharren konnte.

Aber sehr bald mehrten sich die Stimmen aus der DNVP, die auf die Wiederherstellung rechtsstaatlicher Verhältnisse drängten; das hatte zur Folge, daß man sich nun immer mehr denselben Attacken ausgesetzt sah, wie man sie noch vor kurzem gegen die Linke mitgetragen hatte. Stahlhelm und DNVP seien von Mitgliedern marxistischer Parteien unterwandert, hieß es nun, und eine Hausdurchsuchung beim deutschnationalen Fraktionsvorsitzenden Ernst Oberfohren am 29. März brachte »Beweismaterial« über dessen antinationalzialistische Aktivitäten. Hugenberg suchte in dieser Lage nach Wegen zur Demonstration des Selbstbehauptungswillens; aber die eigene Plattform zerbröckelte ihm zusehends. Der Stahlhelmführer Seldte trat am 26. April zur NSDAP über und bot Hitler die Führung des Stahlhelms an, namhafte Mitglieder der DNVP-Fraktion folgten ihm. Zur Anpassung kam der Zwang. Die Angriffe von NSDAP und SA auf die Deutschnationalen nahmen zu, Mitglieder der Kampfringe wurden verhaftet, schließlich wurden deutschnationale Kampfstaffeln unter der aberwitzigen Berufung auf die Reichstagsbrandverordnung verboten.

Zu den Zwangsmaßnahmen gegen die Organisation kam die Isolierung des eben noch so selbstsicheren »Wirtschaftsdiktators« Hugenberg im Kabinett; durch Eigenmächtigkeit und diplomatisches Ungeschick machte er es Hitler obendrein noch allzu leicht. Auch außenpolitisch wollte der Alldeutsche Hugenberg den Nationalsozialisten Hitler übertrumpfen, um mit ihm propagandistisch gleichzuziehen. Seine Forderungen auf der Weltwirtschaftskonferenz in London im Juni 1933 nach einem deutschen Kolonialreich in Afrika und einer deutschen Wirtschaftsexpansion bis in die Ukraine ließen ihn als radikalen Unruhestifter in der Regierung Hitler erscheinen, er schenkte dem Taktiker Hitler einen einfachen, aber wertvollen Sieg: Niemand im Kabinett, und auch nicht der Reichspräsident, wollte mehr seine Hand für den deutschnationalen Parteiführer erheben, der sich im Inland heftigen Angriffen nationalsozialistischer Mittelstandsorganisationen und im Ausland scharfen diplomatischen Protesten ausgesetzt sah. So bedeutete Hugenbergs Rücktritt am 26. Juni nicht nur das Ende seiner Partei; er gab Hitler

Karikatur aus dem »Vorwärts« vom Dezember 1929

Die linke Presse von Ossietzkys »Weltbühne« über Leopold Schwarzschilds »Tagebuch« bis zum »Vorwärts« der SPD begriff bis zum letzten Augenblick nicht das Machtverhältnis zwischen Konservativen und Nationalsozialisten. Nur selten gelang es Karikaturisten wie Karl Arnold zu verdeutlichen, daß die bürgerliche und monarchistische Rechte von einem ganz anderen Feuer verbrannt werden würde: aus den Rockschößen der honorigen Deutschnationalen Hugenbergs entweichen die Dämonen des Hakenkreuzes.

außerdem noch die Gelegenheit, sich als den Gemäßigten darzustellen. Immerhin versüßte man dem einstigen Bündnispartner das politische Ende mit dem »Freundschaftsabkommen« vom 27. Juni, das die Angehörigen der Deutschnationalen Front »als volle und gleichberechtigte Mitglieder des nationalen Deutschland anerkannt[e] und vor jeder Kränkung und Zurücksetzung beschützt[e]«.[123] Alle vorübergehend verhafteten Mitglieder sollten entlassen, alle Abgeordneten als Hospitanten in die NSDAP aufgenommen werden. Der Stahlhelm war schon am 21. Juni in die SA überführt worden.

Auch das Zentrum suchte ein solches Entgegenkommen für den Preis seiner Selbstaufgabe. Das Ende des politischen Katholizismus war nicht weniger unrühmlich als das der anderen Parteien, auch hier war es der Mechanismus von Anpassung und Resignation, von organisatorischen Selbstbehauptungsversuchen und Auflösungstendenzen, von staatlichem Zwang und politischen Verlockungen, der nicht viel anders und nicht weniger verhängnisvoll als in anderen sozialen und kulturellen Lagern die Partei zerrieb. Nach dem Verlust der parlamentarischen Schlüsselposition und nach der Zustimmung zum Ermächtigungsgesetz ging es auch für den politischen Katholizismus um die Existenzberechtigung. Zu dem wachsenden Druck durch die Nationalsozialisten kam die Entscheidung der Oberhirten der katholischen Kirche in Deutschland, der Behauptung der kulturpolitischen und seelsorgerischen Stellung der Kirche in Deutschland absoluten Vorrang vor der politischen Parteiorganisation zu geben. Das war der Sinn der Erklärung der Fuldaer Bischofskonferenz vom 28. März, die zur loyalen Unterstützung des neuen Staates aufgerufen hatte, und auf dieser Linie lagen die Verhandlungen über ein Reichskonkordat. Auch im Zentrum selbst schwankten die Meinungen von entschiedener Opposition und Selbstbehauptung bis zur Bereitschaft zu Kollaboration und Selbstauflösung. Hinter aller Bereitschaft zur Anpassung stand auch im politischen Katholizismus das Bestreben, die kulturellen Betätigungsmöglichkeiten und den Einfluß des katholischen Deutschland zu wahren.

Wieder waren es Massenaustritte und Anpassungserscheinungen, die zusammen mit Terror und Einschüchterung alle Versuche unterhöhlten, einen Rest von organisatorisch-politischer Eigenständigkeit zu wahren. Nichts kennzeichnet die desparate Situation besser als das Verhalten des Parteivorsitzenden, Prälat Kaas, der wenige Tage, nachdem er die Annahme des Ermächtigungsgesetzes in seiner Partei durchgesetzt hatte, diese führerlos zurückließ, um in Rom an den von Papen geführten Konkordatsverhandlungen mitzuwirken. Heinrich Brüning, der, mit umfangreichen Vollmachten ausgestattet, am 6. Mai den Parteivorsitz übernahm, konnte den Überlebenswillen der Partei nicht mobilisieren; dazu war seine eigene Lagebeurteilung noch zu sehr von Illusionen bestimmt, war der Auflösungsprozeß in der Partei und den Christlichen Gewerkschaften schon zu weit vorangeschritten, hatten die Verhaftungen und Behinderungen von Angehörigen des Zentrums und der BVP den Lebensnerv schon zu sehr getroffen. Völlig aussichtslos wurde die Situation des Zentrums schließlich durch das Konkordat und die

darin vom Vatikan gegebene Zustimmung zum Verbot der parteipolitischen Betätigung von katholischen Geistlichen. Für Brüning
gab es keinen Zweifel mehr, daß der Vatikan die Existenz des Zentrums zu opfern bereit war. Der Resignation folgte die Selbstauflösung am 5. Juli, nachdem die bayerische Schwesterpartei nach
Massenverhaftungen ihrer Funktionäre einen Tag zuvor denselben
Schritt vollzogen hatte.

Drei Tage später wurde das Reichskonkordat paraphiert. Dieser
erste völkerrechtliche Vertrag, noch dazu mit der konservativen
Macht schlechthin, brachte dem neuen Regime außenpolitisch
Anerkennung und innenpolitisch neue Zustimmung. Nach der
gewaltsamen Ausschaltung der Arbeiterbewegung war jetzt die
andere mögliche Opposition, der Katholizismus, zumindest neutralisiert. »Die Entwicklung der letzten Tage«, berichtete der Regierungspräsident von Mittelfranken im Juli 1933, »insbesondere der
Abschluß des Reichskonkordats und die Anweisung der Bischöfe an
die katholische Geistlichkeit, sich der Einmischung in die Politik zu
enthalten, hat zu einer völligen Befriedigung des öffentlichen
Lebens im Bezirk geführt. Es wird allerdings noch jahrelanger Arbeit
bedürfen, den breiten Massen der seitherigen Wählerschaft der
BVP Sinn und Gehalt des Nationalsozialismus so nachdrücklich zu
vermitteln, daß diese Volksteile bewußte und überzeugte Träger der
neuen Staatsidee werden.«[124] Seinen ersten Zweck hatte das Konkordat auf jeden Fall erfüllt. Die »Auflösung des Zentrums wäre erst
mit Abschluß des Konkordats als endgültig zu bezeichnen, nachdem nunmehr der Vatikan die dauernde Entfernung der Priester aus
der Parteipolitik angeordnet hätte«, erläuterte Hitler im Kabinett am
14. Juli.[125] Am selben Tag wurde das »Gesetz gegen die Neubildung
von Parteien« verabschiedet, das die NSDAP als einzige rechtmä-
ßige Partei in Deutschland proklamierte.

Der Zufall des Kalenders wollte es, daß am Jahrestag der Französischen Revolution Parteiensystem und parlamentarische Demokratie per Gesetz aufgehoben wurden. Der Sieg über die Ideen von 1789
schien vollendet. Daß dies kein bloßes Zurück in das vordemokra-
tische Zeitalter war, beweist das »Gesetz über Volksabstimmun-
gen«, das folgerichtig am selben Tag erlassen wurde. An die Stelle
parlamentarischer Willensbildung trat die plebiszitäre Akklamation,
immer dann vorgeführt, wenn das Regime meinte, seine Herrschaft
mit einem Tropfen quasi-demokratischen Öls salben zu müssen.

Es war kein rühmliches Ende, das der Republik von Weimar
beschieden war. Der französische Botschafter François-Poncet
kommentierte sarkastisch: »Die deutsche Demokratie hat nichts
retten können, nicht einmal ihr Gesicht.«[126] Doch wird man den
handelnden Personen zugute halten müssen, daß solche Formen
der revolutionären Machteroberung bis dahin unbekannt gewesen
waren. Auch der oft angestellte Vergleich mit dem Faschismus in
Italien hat die Lage weniger erhellt als verschleiert, denn sowohl das
Tempo als auch das Ausmaß der Machteroberung waren in Rom
und Berlin ganz verschieden, und schließlich war ja das Beispiel Italien in jedem Falle nicht so erschreckend wie das des bolschewistischen Rußland. Am wichtigsten war freilich, daß niemand außer
Hitler die Situation revolutionär zu nutzen verstand, daß aber auch

keine andere revolutionäre Antwort auf die Krise so gute Chancen besaß wie die nationalsozialistische Revolution gegen die Revolution. Im Gegensatz zu den Kommunisten versprachen die Nazis Bewahrung und radikale Veränderung zugleich. Das verwirrte und faszinierte zugleich.

So etablierte sich die nationalsozialistische Machtergreifung, zur Verblüffung auch Hitlers, nahezu mühelos. Das lag auch darin begründet, daß lange vor dem 30. Januar die liberale politische Kultur in hohem Maße bereits ausgehöhlt war; die Verschiebung der politischen Gewichte war längst viel weiter gegangen als im Italien des Marsches auf Rom. Die Totalität der Krise bedingte und ermöglichte auch die Totalität der nationalsozialistischen Gleichschaltungspolitik, ähnliches hatte es noch nie gegeben. »Alles, was in Deutschland außerhalb der nationalsozialistischen Partei existierte«, berichtete François-Poncet Anfang Juli 1933 nach Paris, war »zerstört, zerstreut, aufgelöst, angegliedert oder aufgesaugt... Einer nach dem anderen mußten sich die Kommunisten, die Juden, die Sozialisten, die Gewerkschaften, die Mitglieder des ›Stahlhelm‹, die Deutschnationalen, die Frontkämpfer des ›Kyffhäuserbundes‹, die Katholiken in Bayern und im Reich und die evangelischen Kirchen unter sein Gesetz beugen. Er hat alle Polizeikräfte in seiner Hand... Eine unerbittliche Zensur hat die Presse vollständig gezähmt... Hitler beherrscht die einzelnen deutschen Länder durch die Statthalter, die er an ihre Spitze gestellt hat. Die Städte werden von jetzt an verwaltet durch Bürgermeister und Stadträte aus seiner Anhängerschaft. Die Regierungen der Länder und die Landtage sind in Händen seiner Parteigänger. Alle öffentlichen Verwaltungen sind gesäubert. Die politischen Parteien sind verschwunden. Der Reichstag setzt sich nur mehr aus einer einzigen riesigen Partei von Braunhemden zusammen.«[127]

Neben den politischen Parteien und Verbänden wurden die Presse und das kulturelle Leben gleichgeschaltet; politisch oder rassisch mißliebige Beamte wurden aus ihren Behörden gedrängt. Auch die Unterwerfung der wichtigsten Organisationen des außerstaatlichen Bereichs geschah nach demselben Muster: einer revolutionären Aktion nationalsozialistischer Parteiformationen folgte der administrative Akt.

Mit der Vereinnahmung der Machtzentren deutscher Politik traten auch die ideologischen Leitideen in all ihrer Schärfe zutage. Nach aller taktisch bedingten Zurückhaltung kam nun der antisemitische Affekt voll zum Durchbruch und diente der ideologischen Begründung und propagandistischen Lenkung der nationalsozialistischen Straf- und Unterwerfungsaktionen. Schon Ende Februar war es zu ersten antisemitischen Ausschreitungen von SA-Trupps gekommen, die sich seitdem ständig gesteigert hatten. Jüdische Geschäfte wurden geplündert, ihre Inhaber gequält, verschleppt und nicht selten zu Tode geprügelt. So berichtet der Regierungspräsident von Niederbayern am 30. März: »Am 15. ds. Mts., früh gegen 6 Uhr, erschienen in einem Kraftwagen mehrere Männer in dunkler Uniform vor der Wohnung des israelitischen Güterhändlers Otto Selz in Straubing. Selz wurde von ihnen in Nachtkleidern aus der Wohnung

Sehr verehrte Mitbürger!

Meine Firma ist jüdisch. Ich denke, mich aber ebenfalls nicht gerade zu den schlechtesten Deutschen zählen zu dürfen, zumal ich als gebürtiger Hamburger mit meinen beiden Brüdern den Feldzug einige Jahre an der Front mit Auszeichnungen mitmachte — dieses erachte ich als reine Selbstverständlichkeit — trotzdem ich Gelegenheit hatte, mich reklamieren zu lassen.

Von Beruf Handwerker (Elektro- und Funkspezialist) stellte ich mein ganzes Können stets in den Dienst meiner Kundschaft und hatte vor einiger Zeit freudig und unbeeinflußt die Gelegenheit ergriffen, einem meiner Kunden in Mexico in bestem deutschen Sinne den empörenden ausländischen Greuelmärchen aufklärend entgegenzutreten. Ich versichere **eidesstattlich,** daß Obiges den Tatsachen restlos entspricht. — Es ist nicht der Zweck dieser Zeilen, irgendwelche regierungsseitigen Maßnahmen gegen uns Juden zuwiderlaufen zu lassen, sondern lediglich Aufschluß über meine Person jedermann zu geben.

Mit vorzüglicher Hochachtung

Elektromeister Walther Basch

i. Fa.: NORD-RADIO Holm 9

Wo kauft der Nationalsozialist

seine
Hüte, Mützen,
Oberhemden, Kragen,
Krawatten, Handschuhe,
Hosenträger, Socken,
Sockenhalter, Pullover,
Schlafanzüge, Trikotagen,
sowie Herrenwäsche
aller Art?

Nur bei

Modeteufel
Inhaber: Max Pruschke

Herren-Ausstattungen

Berlin, Wilhelmshavener Straße 28, Eckhaus Birkenstraße
Fernsprecher: E 5 Hansa 4127

Mitglied des Kampfbundes des gewerblichen Mittelstandes der N.S.D.A.P.

Anzeige aus den »Flensburger Nachrichten« vom April 1933

Berliner Handzettel

Dem staatlichen Aufruf zum Boykott jüdischer Geschäfte hatten schon am Ende der zwanziger Jahre Kampagnen des nationalsozialistischen »Kampfbundes des gewerblichen Mittelstandes« vorgearbeitet, der lange vor 1933 den Kampf gegen die jüdischen Warenhauskonzerne propagierte, die angeblich den deutschen Einzelhändler erwürgten.

geholt und in einem Kraftwagen entführt. Etwa um 9.30 [Uhr] wurde Selz in einem Wald bei Weng, Bezirksamt Landshut, erschossen aufgefunden ... Mehrere Landleute wollen bei einigen Insassen des Wagens die rote Armbinde mit dem Hakenkreuz bemerkt haben.«[128] Bald richtete sich der Terror auch gegen jüdische Angehörige freier Berufe, Anwälte wie Ärzte. »Ein jüdischer Arzt, der es ablehnte, freiwillig aus einer Klinik auszuscheiden, wurde gezwungen, in einem Becken mit kaltem Wasser zu sitzen und eine große Dosis Rizinusöl einzunehmen.« Der amerikanische Generalkonsul, der dies aus Berlin berichtete, fügte hinzu: »Nachrichten über Zwischenfälle, bei denen Ärzte geschlagen und mißhandelt wurden, erreichten mich so zahlreich, daß kein Zweifel an der Korrektheit wenigstens einiger von ihnen möglich ist.«[129]

Die heftigen Reaktionen, die solche Nachrichten im Ausland hervorriefen, steigerten nur die Verfolgungswut und animierten Goebbels zu einer Geiselaktion: »Wir werden gegen die Auslandslüge nur ankommen, wenn wir ihre Urheber oder doch wenigstens Nutznießer, nämlich die in Deutschland lebenden Juden, die bisher unbehelligt blieben, zu packen bekommen. Wir müssen also zu einem großangelegten Boykott aller jüdischen Geschäfte in Deutschland schreiten. Vielleicht werden sich dann die ausländischen Juden eines Besseren besinnen, wenn es ihren Rassegenossen in Deutschland an den Kragen geht.«[130] Gleichwohl wurde die Aktion auf einen Tag begrenzt. Ein Boykottaufruf vom 8. März befahl in aller Offenheit die »planmäßige Durchführung« der Aktion. Goebbels führte ministerielle Regie, die Ausführung übernahm ein »Zentralkomitee zur Abwehr der jüdischen Greuel- und Boykotthetze« unter Leitung Streichers. Überall im Reich, von Tilsit bis Aachen, standen am Sonnabend, dem 1. April, SA-Posten vor jüdischen Geschäften und forderten die Kunden drohend auf, die Räume nicht zu betreten. Plakate und Transparente forderten zum Boykott auf: »Deutsche, kauft nicht beim Juden.« Als Abwehrmaßnahme rechtfertigte Hitler die Aktion im Kabinett, doch fügte er hinzu, »daß diese Abwehr habe organisiert werden müssen, weil sonst die Abwehr aus dem Volk heraus von selbst gekommen wäre und leicht unerwünschte Formen angenommen hätte«.[131]

Gleichwohl hatte die Aktion auch im Inland nicht die erhoffte Wirkung. Selbst nationalsozialistischen Zeitungen war zu entnehmen, daß die Bevölkerung meist nur reserviert oder bloß neugierig reagiert hatte. Selten nahm sie aktiven Anteil, weite Kreise neigten »vielfach dazu, die Juden zu bemitleiden ... Der Umsatz der jüdischen Geschäfte, insbesondere auf dem Lande, ist in keiner Weise zurückgegangen.«[132] Einige Betriebe klagten darüber, daß durch die »jüdische Greuelpropaganda und die dagegen eingeleiteten Gegenmaßnahmen ... Zahlungen aus dem Ausland zurückgehalten werden und daß die um diese Zeit üblichen Konjunkturaufträge aus dem Ausland ausblieben«.[133]

Weitere bereits angedrohte Boykottaktionen dieser Art fanden nicht mehr statt. Dafür nutzte man nun die lautloseren gesetzlichen Möglichkeiten, um die Maßnahmen gegen jüdische Beamte, Rechtsanwälte, Wissenschaftler und Ärzte energisch fortzusetzen. Mit dem »Gesetz zur Wiederherstellung des Berufsbeamtentums« vom 7. April wurden die antisemitischen Säuberungen in staatlicher und kommunaler Verwaltung teilweise nachträglich beziehungsweise vorsorglich legalisiert.

Zum erstenmal fand damit der staatlich verordnete Antisemitismus Eingang in ein Gesetz; freilich noch in abgeschwächter Form, da nach Intervention des Reichspräsidenten jüdische Frontkämpfer ausgenommen blieben. Der euphemistische Titel dieses Geset-

Der Reichsbund jüdischer Frontsoldaten e.V. konnte sich noch in der Epoche des Terrors einige Zeit der Hoffnung hingeben, Frontkämpfer und Ordensträger des Weltkrieges würden vom Antisemitismus der Bewegung verschont bleiben. Auch das waren Illusionen, die oft genug in Auschwitz endeten.

293

zes sollte, wie in vielen anderen Fällen auch, über seine furchtbaren Konsequenzen hinwegtäuschen und andererseits mit dem scharfen Vorgehen gegen sogenannte Parteibuchbeamte, und damit waren republikanische Beamte gemeint, die traditionelle Beamtenschaft in ihrem »überparteilichen« ständischen Selbstverständnis ansprechen und zur Mitarbeit im »nationalen Staat« gewinnen. Ein Kranz von weiteren Gesetzen hing daran oder wurde damit abgedeckt – gegen jüdische Professoren, Regisseure, Kassenärzte und Studenten. Wo der Staat einen direkten Zugriff hatte, in allen Bereichen des öffentlichen Dienstes und der staatlich verwalteten Kultur, waren Juden zu diesem Zeitpunkt fast schon vollständig verdrängt. Bis zum April 1934 hatten einige hundert jüdische Hochschullehrer, etwa 4000 jüdische Rechtsanwälte, 3000 Ärzte, 2000 Beamte und ebenso viele Schauspieler und Musiker ihre Arbeitsplätze verloren. Nur in der Wirtschaft blieb den deutschen Juden noch für einige Zeit ein Freiraum. Dort wurden sie noch gebraucht.

Die jüdische Gegenwehr war auf Hilfe für die Verfolgten und behutsame Versuche beschränkt, wenigstens eine gewisse Autonomie jüdischen Lebens unter dem Regime zu bewahren. Das war nicht viel, aber doch einiges angesichts der organisatorischen und politischen Zersplitterung und der mannigfachen Illusionen auf seiten der deutschen Juden. Nach einem Jahr nationalsozialistischer Herrschaft hatten, obwohl die Politik der jüdischen Verbände auf Bleiben und nur im Ernstfall auf Emigration ausgerichtet war, rund 37000 jüdische Flüchtlinge Deutschland verlassen und Zuflucht vor allem in den wenig aufnahmebereiten Ländern Westeuropas gesucht.

Der »Nationalsozialistische Kampfbund für den gewerblichen Mittelstand«, der erst im Dezember 1932 gegründet worden und noch relativ schwach war, nutzte die Welle des Frühjahrs 1933, um die traditionellen mittelständischen Ressentiments und Aktionen gegen Warenhäuser, Filialgeschäfte, Konsumgenossenschaften und Kapitalgesellschaften neu zu beleben. Seit der zweiten Märzwoche organisierte der »Kampfbund« überall im Lande Boykottaktionen gegen die jüdische Konkurrenz und alle anderen Großbetriebsformen, die Handwerk und Einzelhandel schon lange ein Dorn im Auge gewesen waren. Diese Bewegung mündete ihrerseits in die staatlich sanktionierte Boykottaktion vom 1. April. Vor allem war sie der Hebel, um die mittelständischen Interessenverbände in die Hand zu bekommen.

Verbandsvorsitzende wurden zum Rücktritt gezwungen, jüdische Vorstandsmitglieder ausgeschlossen und durch kommisarisch eingesetzte Angehörige des »Kampfbundes« ersetzt. Das geschah im Einzelhandel ebenso wie in den Verbänden und Innungen des Handwerks. Um die Jahreswende konnte der Berliner Obmann des Kampfbundes befriedigt zurückblicken: »Abgeschlossen wurde der Kampf äußerlich mit der Besitzergreifung von Innungen und Verbänden im März vorigen Jahres. War sie auch in vielen Fällen nur eine äußerliche Gleichschaltung, bestand in der Kürze der Zeit wegen des geringen Umfangs der Mitgliederzahl des damaligen ›Kampfbundes des gewerblichen Mittelstandes‹ nicht immer die

Möglichkeit, die richtigen Leute an den richtigen Platz zu bringen, so wurden doch zumindest jene Verbände, die sich bis dahin hermetisch gegen den Nationalsozialismus abgeschlossen hatten, der Idee Adolf Hitlers erschlossen. In der Regel legten die damaligen Führer ihre Ämter freiwillig nieder. In Einzelfällen mußte aber gegen liberalistische Machtcliquen ein erbitterter Kampf geführt werden.«[134] Auch in viele Industrie- und Handelskammern konnte der Kampfbund eindringen, bis schließlich im Mai sein Führer Adrian von Renteln mit seinem Stellvertreter Dr. Hilland die Positionen des Präsidenten beziehungsweise des Geschäftsführers des Deutschen Industrie- und Handelstages erobern konnten. Für das mittelständische Gewerbe sollte sich das alles sehr bald als Pyrrhussieg erweisen.

Am schnellsten fielen die Agrarverbände in nationalsozialistische Hand; in einigen von ihnen hatte die NSDAP ja schon seit 1929/30 Fuß gefaßt. Dies nutzte Darré im März 1933 ebenso wie die verbreitete Tendenz zur Vereinheitlichung des landwirtschaftlichen Verbandswesens, der die Nationalsozialisten propagandistisch nachhalfen. Eine Nachhilfe anderer Art war die Verhaftung des Präsidenten der Vereinigung der christlichen Bauernvereine, Andreas Hermes, der sich entschieden gegen eine Fusion mit dem großagrarischen Reichslandbund gestellt hatte; zudem war er alles andere als ein Freund der NSDAP. Kaum hatte man ihn am 20. März wegen angeblicher Veruntreuung ausgeschaltet, konnten die Verhandlungen mit dem Ziel des Zusammenschlusses beginnen. Dabei kam es der NSDAP zugute, daß inzwischen in den Bauernvereinen wie im Reichslandbund Parteigenossen oder Sympathisanten saßen. Nach dem nötigen publizistischen und politischen Druck ließ sich Darré dann am 4. April einstimmig »bitten«, den Vorsitz der »Reichsführergemeinschaft« der landwirtschaftlichen Verbände zu übernehmen.

Erheblich mehr Druck mußte Darré einsetzen, um sich noch im selben Monat auch der Führung des gesamten landwirtschaftlichen Genossenschaftswesens zu bemächtigen. Aber an Hitlers Geburtstag, am 20. April 1933, konnte er »die Übernahme der Führung von 40000 ländlichen Genossenschaften durch mich« melden.[135] Die »dritte Säule« des landwirtschaftlichen Berufsstandes, der Deutsche Landwirtschaftsrat als Dachorganisation der Landwirtschaftskammern, fiel leicht. Nachdem Hitler die Kammern gemahnt hatte, sich hinter die neue Regierung zu stellen, empfahl ihr Präsident seinen Vorstandsmitgliedern am 12. Mai, die Führung der agrarischen Verbände in einer Hand zu vereinigen und als ihren Beitrag dazu den eigenen Rücktritt. Wieder war es Darré, dem der kommissarische Vorsitz übertragen wurde. Damit waren alle landwirtschaftlichen Berufsvertretungen in der Hand des Leiters des agrarpolitischen Apparates der NSDAP vereinigt. Dasselbe wiederholte sich im landwirtschaftlichen Organisationswesen der Länder und Provinzen. Dort, wo die NSDAP noch nicht Fuß gefaßt hatte, holte man das »auf dem mehr revolutionären Wege der Betrauung eines Kommissars«[136] nach; dabei schreckte man auch in diesem Bereich nicht vor dem Mittel der Schutzhaft und des Vorwurfs von Delikten wie Veruntreuung und Korruption zurück. Auch Graf Kalckreuth, Präsident des Reichslandbundes, der so lange ein Fürsprecher der Nazis gewesen war, erfuhr nun, wie man bei der NSDAP über seine oft beschworenen »Verdienste um die deutsche Landwirtschaft und die nationale Erneuerung« dachte. Als er der Neuordnung nicht gefügig Platz machte, warf man ihm persönliche Bereicherung vor und leitete ein Untersuchungsverfahren gegen ihn ein, das ihn zum Rücktritt als geschäftsführender Präsident des RLB zwang. Seine Stellung übernahm Darrés Stabsleiter Wilhelm Meinberg. In einer Sitzung der Reichsführergemeinschaft des deutschen Bauerntums ließ sich Darré am 29. Mai schließlich »unumschränkte Vollmachten« und den Titel eines »Reichsbauernführers« verleihen.

Damit hatte Darré die Leitung des agrarpolitischen Apparates der NSDAP in kurzer Zeit mit der Führung sämtlicher Selbstverwaltungsorgane und Berufsverbände der Landwirtschaft vereinigt. Als er schließlich noch am 29. Juni nach Hugenbergs Rücktritt die Führung der staatlichen Agrarpolitik übernahm, war der gesamte Agrarbereich total von ihm gelenkt, damit hatte er sich auch innerhalb der Machtballungen des Regimes eine herausragende Stellung erobert. Eine vergleichbare Machtkonzentration konnte keiner der übrigen Leiter nationalsozialistischer Organisationen vorweisen, weder Ley nach der Gleichschaltung der Arbeitnehmerverbände noch von Renteln nach der Gleichschaltung von Handwerk und Handel. Nur Goebbels gelang es, ähnlich wie Darré, die Funktion eines Reichsleiters der Partei mit der Führung der gleichgeschalteten Berufsorganisation und dem entsprechenden staatlichen Ministerium auf sich zu vereinigen.

Weniger dramatisch und weniger einschneidend verlief die Gleichschaltung der Industrie. Die Einflußnahme auf diesem Gebiet geschah ebenfalls im Zusammenwirken von Parteimaßnahmen von außen und dem Durchsetzungswillen von Hitler-Anhängern innerhalb des Industrieverbandes. Fritz Thyssen, der bislang nicht im Präsidium des Reichsverbandes der Deutschen Industrie vertreten gewesen war, sah mit der Machtübernahme Hitlers auch die Chance der eigenen Einflußmehrung. Auf einer Sitzung des RDI am 23. März stellte er ganz unverhohlen die Machtfrage und forderte die Mitarbeit des Verbandes im neuen Staat wie einen personellen Wechsel in der Verbandsführung: Die nationale Revolution sei noch nicht beendet, sie sei nicht über den Kommunismus gestolpert und werde auch nicht über den Strohhalm des Reichsverbandes stolpern, es sei denn, daß der Reichsverband sich eingliedere in die große Bewegung, und daß von diesem Gesichtspunkte aus die notwendig werdenden Neuwahlen zum Präsidium geprüft werden.[137]

Die Geschäftsstelle des Reichsverbandes der Deutschen Industrie wurde am 1. April 1933 Opfer einer Besetzungsaktion durch SA-Leute, die freilich nicht so wild und spontan war, wie sie gern dargestellt wird. Ganz offenkundig war sie mit Hitler abgesprochen und lag auf der Linie der nationalsozialistischen Fraktion im RDI um Thyssen. Otto Wagener, der in den zwanziger Jahren lange Leiter der wirtschaftspolitischen Abteilung der NSDAP gewesen war, erschien und setzte unter Androhung von Gewalt den sofortigen Rücktritt des jüdischen Geschäftsführers des RDI, Geheimrat Kastl, durch. Darüber hinaus erzwang er das Ausscheiden weiterer »Mit-

Bilder aus einem Stettiner Festzug

In den zwanziger Jahren hatte Hitler gesagt, daß er die Industrie nicht zu verstaatlichen brauche, da er die Herzen sozialisieren werde. Dieser Mobilisierung der Bevölkerung dienten immer neue Aktionen: erste Spatenstiche, Erntedankfeste, Brückeneinweihungen, Grundsteinlegungen, eine nicht abreißende Kette von Arbeitsoffensiven, Vierjahresplänen und Ernteschlachten. Auch darin zeigte sich die Abhängigkeit von der verhaßt-bewunderten Gegenmacht, wie denn auch das Symbol der Deutschen Arbeitsfront mit Hammer und Zahnrad nicht viel mehr als die Kopie von Hammer und Sichel war. Die größere Modernität der deutschen Gewaltherrschaft gab sich aber auch in der graphischen Überlegenheit zu erkennen. Neben dem Symbol des NS-Reiches wirkten die Abzeichen der Sowjetunion kunstgewerblich. Es war die Mischung von Hollywood und Diktatur, die den Massenfeiern des Regimes mitunter den Anstrich von Metro-Goldwyn-Mayer gab.

glieder jüdischer Rasse« aus dem Präsidium, wozu auch Paul Silverberg gehörte, der sich seit 1932 so entschieden für ein Bündnis mit der NSDAP eingesetzt hatte. Gleichzeitig wurde ein Vertrauensmann der NSDAP in die Geschäftsführung des RDI geschickt. Das war im Grunde das Ende des unabhängigen Reichsverbandes.

Die verbliebene Geschäftsführung gab das geforderte »Gelöbnis unbedingter Gefolgschaftstreue«,[138] und der hilflose Präsident des Reichsverbandes, Gustav Krupp von Bohlen und Halbach, war auch bereit, Wageners Konzeption eines »berufsständischen Aufbaus« der Wirtschaft hinzunehmen. Die Genugtuung der Ideologen des ständischen Aufbaus von Wirtschaft, Gesellschaft und Staat war jedoch nur von kurzer Dauer. Thyssen wußte sich die Rückendeckung der Reichsregierung gegen jede voreilige Umorganisation und Sonderaktion zu sichern. Am 29. Mai fand eine Besprechung Hitlers mit zwanzig führenden Industriellen und Bankiers statt, deren Ergebnis auch ein Erlaß Hitlers war, mit dem die Welle von Maßnahmen gegen angeblich korrupte Wirtschaftsführer gestoppt wurde. Eine »großzügige Stellungnahme der staatlichen Organe« hielt Hitler für geboten, denn sonst entstünde »bei den Führern der Wirtschaft ein Gefühl der Vogelfreiheit, das geradezu die Lähmung der verantwortlichen Leitung der wirtschaftlichen Unternehmen nach sich zieht«.[139] Der Reichsverband hatte sich am 22. Mai aufgelöst; nun verwandelte er sich, auch um die Kontrolle der eingesetzten NS-Kommissare loszuwerden, in eine autoritär geführte Zentralorganisation der Industrie. Das Führerprinzip wurde eingeführt, der RDI mit der Vereinigung deutscher Arbeitgeberverbände zum »Reichsstand der deutschen Industrie« verschmolzen.

Nach außen schien die Kontinuität zum alten Reichsverband gewahrt. Krupp behielt seine Position, Thyssen, der langjährige Gönner Hitlers, rückte in das Machtzentrum der Industrieorganisation. Den Eingriff in die Selbstverwaltung des Verbandes, der so gar nicht dem traditionellen Verständnis der Industrie vom Verhältnis zwischen Staat und Unternehmertum entsprach, nahm man ebenso hin wie die Säuberung des Vorstandes von rassisch und politisch mißliebigen Mitgliedern. Nur der konservative Schwerindustrielle Emil Kirdorf, ein früher Anhänger Hitlers, prangerte die Absetzung Silverbergs öffentlich an: »Als ein Verbrechen erachte ich das unmenschliche Maß der fortgesetzten Hetze. Eine große Anzahl um Deutschland verdienter Menschen, deren Familien seit Jahrhunderten hier eingebürgert sind, hat man in grausamer Weise deklassiert und ihnen den Boden unter den Füßen weggenommen … Der Dolchstoß, den man diesen wertvollen Menschen versetzt hat, hat auch mich getroffen. Jetzt ist meine Hoffnung dahin, mein Vertrauen, ein neues, unbeflecktes, stolzes Deutschland noch zu erleben.«[140]

Entscheidend war, daß der neue Staat sich mit seinen wirtschaftspolitischen Ordnungsmodellen in Übereinstimmung mit den antigewerkschaftlichen Interessen der Unternehmer befand und auch mit seinen offen proklamierten Rüstungsabsichten auf eine Gemeinsamkeit der Interessen stoßen würde. Besiegelt wurde das Interessenbündnis auf Gegenseitigkeit mit der »Adolf-Hitler-Spende der deutschen Wirtschaft«, die der unermüdliche Schacht zusammen mit Krupp am 1. Juni begründete, und mit der Einsetzung eines »Generalrates der Wirtschaft«, der den Erwartungen besonders der Schwerindustrie auf gezielte Einflußnahme zu entsprechen schien. Es waren ihr wirtschaftliches Potential und ihre Unentbehrlichkeit bei den Aufrüstungsplänen, die der Industrie hinter der Fassade der Gleichschaltung ein Eigengewicht gaben und ihr eine Art von Teilhabe am Staat Hitlers sicherten; nur das Militär konnte sich eine ähnliche Stellung bewahren. Beide aber, die Industriellen wie die Generäle, sollten durch dieses Bündnis immer mehr in die Abhängigkeit vom Regime geraten, die schließlich auch zur Komplicenschaft wurde.

Nicht nur das Tempo und die verwirrende Doppelstrategie der Machteroberung, sondern auch die Reichweite dieses Vorganges lähmten jede Gegenwehr. Es kam hinzu, daß die Gleichschaltung auf politischer und gesellschaftlicher Ebene von einer Gleichschaltungswelle flankiert wurde, die bis hinunter in die Gemeinden und ihr Vereinsleben führte. Die Mitglieder des Kleingartenvereins Hannover lasen am 24. Mai folgende Bekanntmachung:[141] »Der Gesamtvorstand des Landesverbandes, 1. Vorsitzender Gartenfreund Bruns, ist am 13. Mai d. Js. zurückgetreten. Ich bin zum Führer des Landesverbandes ernannt worden und habe die Geschäfte des Verbandes übernommen. Der Verfügung des ebenfalls neu gebildeten Vorstandes des Reichsverbandes der Kleingartenvereine Deutschlands e.V. betr. Gleichschaltung der Verbände und Vereine vom 6. Mai 1933 gemäß ordne ich an: 1. Mit dem Tag der Übernahme sämtlicher General-Pachtverträge durch die ebenfalls meiner Führung unterstehende ›Nationalsozialistische Kleingartenvereinigung Hannover‹ gelten die nachstehenden Vereine als aufgelöst.« Es folgten 29 Vereine, und es folgte die Ernennung von neuen Vorständen, die weder einer »marxistischen Partei« angehören noch Gegner der »nationalen Regierung«, noch »nicht-arischer Abstammung« sein durften. Denn: »Gartenfreunde! Auch im deutschen Kleingartenwesen soll nunmehr dem Willen der Regierung der nationalen Erhebung gemäß die wahre Volksgemeinschaft entstehen.«

Immer wieder waren es dieselben Techniken mit ihren charakteristischen Abwandlungen, die zur Auflösung überkommener Bindungen und Gesellungsformen führten – vom Radfahrerverein bis zum Theaterring zerstörten sie das Vereinswesen der Arbeiterbewegung, durch Meinungsdruck, Unterwanderung oder Anpassung vollzog sich die Gleichschaltung des bürgerlichen Vereinswesens. Wo es Widerstände gab wurde, das scheinbar plausible Argument der Vereinigung und Vereinheitlichung benutzt. Die solchermaßen entstandenen Großvereine ließen sich leichter unterwandern und beherrschen als kleine Zirkel. Manchmal reichte auch eine bloße Namensänderung; dann wurde aus dem Schachklub ein Nationalsozialistischer Schachklub, und ein Nationalsozialist rückte in den Vorstand ein. Es war gesetzlich dafür Sorge getragen, daß zu jedem Vereinsvorstand auch ein Mitglied der NSDAP gehörte. Die Politisierung des Vereinslebens schuf eine Atmosphäre des Mißtrauens und der Isolierung, die im Widerspruch zur Idee von Feiertagsvereinen stand. »Es gab kein gesellschaftliches Leben mehr«, erinnerte sich ein Einwohner einer norddeutschen Kleinstadt, »es gab nicht einmal einen Kegelklub.«[142] Die Folge war ein Rückzug ins Private oder an den Stammtisch, auf jeden Fall die gesellschaftliche Atomisierung.

Zur erfolgreichen Eroberung der Macht gehörte auch die Durchsetzung des Totalitätsanspruches im kulturellen Bereich. Ohne die verführerische Anziehungskraft, die die nationalsozialistische Ideologie auf weite Kreise der Bevölkerung gehabt hat, wäre die nationalsozialistische Machtergreifung kaum vorstellbar. Wie in der politischen Sphäre so suchte auch im geistigen Metier die bürgerlich-nationale Intelligenz die Nähe zur neuen Macht und tat alles zu deren pseudointellektueller Überhöhung. An den Universitäten wurden plötzlich Linien der Kontinuität von Friedrich dem Großen

Schon in der wilhelminischen Epoche hatten sich die meisten Vereine zu »Reichs«-Organisationen erhoben. Die »Reichsführung« des deutschen Stenographenverbandes fügte ihrem geflügelten Bleistift im Zeichen des neuen Reiches das Hakenkreuz hinzu. Oft gab sich die Hilflosigkeit der Graphiker bei derartigen Aufträgen in grotesken Versuchen zu erkennen, Vereinssymbol, Hoheitsadler und Hakenkreuz zu einer Einheit zusammenzufügen.

Das Resultat alles Gesprächs die völlige Unmöglichkeit des Voraussagens und Disponierens. Nach meiner Überzeugung ist trotz allem mit dem Bestande der jetzigen deutschen Herrschaft zu rechnen. Wirtschaftliche Schwierigkeiten werden ihr nicht ernstlich gefährlich werden, und außenpolitisch wird sie den wilden Mann strikt verleugnen. Sie wird Frieden verkünden und um Vertrauen werben, kann sich auch, im Gegensatz zur Republik, jede Konzilianz gestatten. Nur ein Krieg aber könnte sie stürzen. Goering in Rom als über den europäischen Frieden verhandelnder Staatsmann. Goering beim Papst. Man empfängt ihn, man nimmt ihn alsob – Es ist ekelhaft.

Thomas Mann, Tagebuch

zu Hitler, von der Reformation und dem deutschen Idealismus zum Nationalsozialismus gefunden, daran waren Staatsrechtler und Nationalökonomen ebenso beteiligt wie Historiker und Philosophen. Sicherlich waren auch Opportunismus und Karriere-Spekulationen im Spiel, es waren aber auch die Hochgefühle nationalen Aufbruchs und der Schwung der nationalen Revolution, die bei nicht wenigen Schriftstellern, Wissenschaftlern und Künstlern das Bedürfnis weckten, nicht abseits zu stehen und sich einzureihen in den Strom der neuen Zeit. Auch stand oft die Absicht dahinter, den positiven idealistischen Gehalt der neuen Jugendbewegung zu fördern, ihn für die nationale Erneuerung zu nutzen oder auch, die noch etwas unausgegorenen, aber wohlgemeinten Ideen des »Volksmannes« Adolf Hitler zu veredeln, sie aus ihrer Dumpfheit zu einem reiferen Nationalsozialismus zu heben. Dabei faszinierte die Aussicht, die eigenen jugendbewegten, nationalrevolutionären Träume nun in politische Wirklichkeit umgesetzt zu sehen. Ganz sicherlich schwang auch die Überlegung mit, durch das eigene Engagement Schlimmeres zu verhüten. Für solche Illusionen hat sicherlich die allgemeine Krise des europäischen Denkens empfänglich gemacht, die ganz Europa erschütterte, besonders aber Deutschland. Es war die antiintellektuelle Philosophie der Tat und des Willens, die breite irrationalistische Bewegung gegen den Geist und für die Kräfte des Lebens und des Mythos, die in dem so überwältigenden Aufbruch die Gestaltwerdung solcher Erneuerungsphilosophien zu erkennen meinte. Der nationalsozialistische Philosoph Ernst Krieck hat diese Strömungen und Erwartungen zusammengefaßt, als er den Nationalsozialismus ideologisch überhöhte: »Es kommt jetzt herauf die völkische Lebensordnung, ... das völkische Menschentum des werdenden Dritten Reichs. Es erhebt sich mit dieser Revolution das Blut gegen den formalen Verstand, die Rasse gegen das rationale Zweckstreben, die Ehre gegen den Profit, die Bindung gegen die ›Freiheit‹ zubenannte Willkür, die organische Ganzheit gegen die individualistische Auflösung, Wehrhaftigkeit gegen bürgerliche Sekurität, Politik gegen den Primat der Wirtschaft, Staat gegen Gesellschaft, Volk gegen Einzelmensch und Masse.«[143]

Es waren viele Illusionen im Spiel, die in der weit verbreiteten Erwartungshaltung zum Ausdruck kamen, vor allem aber eine Unterschätzung der revolutionären Dynamik des Nationalsozialismus. Ein eklatantes Beispiel für diese falschen Hoffnungen und diese vollkommene Verkennung des wirklich Stattfindenden waren die Bekenntnisse Gottfried Benns, der geradezu ein Wortführer des von den Nazis gehaßten Expressionismus gewesen war: »Ich werde weiter verehren, was ich für die deutsche Literatur vorbildlich und erzieherisch fand, ... aber ich erkläre mich ganz persönlich für den neuen Staat, weil es mein Volk ist, das sich hier seinen Weg bahnt. Wer wäre ich, mich auszuschließen, weiß ich denn etwas Besseres – nein. Ich kann versuchen, es nach Maßgabe meiner Kräfte dahin zu leiten, wo ich es sehen möchte, aber wenn es mir nicht gelänge, es bliebe mein Volk. Volk ist viel! Meine geistige und wirtschaftliche Existenz, meine Sprache, mein Leben, meine menschlichen Beziehungen, die ganze Summe meines Gehirns danke ich doch in erster

Linie diesem Volke ... und da ich auf dem Land und bei den Herden groß wurde, weiß ich auch noch, was Heimat ist. Großstadt, Industrialismus, Intellektualismus, alle Schatten, die das Zeitalter über meine Gedanken warf, alle Mächte des Jahrhunderts, denen ich mich in meiner Produktion stellte, es gibt Augenblicke, wo dies ganze gequälte Leben versinkt, und nichts ist da als die Ebene, die Weite, Jahreszeiten, Erde, einfache Worte –: Volk.«[144]

Das neue Regime hat von solchen kulturphilosophischen Überlegungen nicht viel Notiz genommen; die Praktiker der Macht scherten sich wenig um die plötzlich ergriffenen blassen Intellektuellen. Aber die geradezu umwerfende Gewalt, mit der der Rausch der Ereignisse von einem Tag zum anderen anarchistische Literaten, sozialistische Gewerkschaftler und republikanische Künstler ergriff, zeugt von der Anziehungskraft und Wirkung der verschwommenen nationalsozialistischen Ideologeme. Was ihnen den Nationalsozialismus so anziehend machte, war nicht die offenkundige intellektuelle Dürftigkeit von Hitlers »Mein Kampf« und auch nicht das Auftreten der neuen Machthaber, sondern die nationalsozialistische Mentalität: die Bereitschaft zur Unterwerfung des Verstandes und des Individuums zugunsten der Geborgenheit in der Gemeinschaft, die Rauschhaftigkeit der Massenversammlungen, die Bereitschaft zur Utopie und zum Opfer, das Verlangen nach Einfachheit und Unbedingtheit. Das alles schien der Nationalsozialismus gerade den Intellektuellen zu bieten, die an sich selbst zu zweifeln begonnen hatten.

Dem Regime brachten die neuen Überläufer Prestigegewinn und Reputationsgewinn. Nach der Säuberung der Akademien und Redaktionsstuben von Juden und sonstigen Gegnern kam nun die Stunde derjenigen Schriftsteller und Künstler, der Professoren und Publizisten, die die empfindlichen Lücken schließen und den Mangel an eigenständiger nationalsozialistischer Kunst und Literatur kaschieren sollten. Wer gerufen wurde, stellte sich meist dem neuen Staat auch zur Verfügung. Gustav Gründgens ebenso wie Werner Krauß, Wilhelm Furtwängler wie Richard Strauss; Gerhart Hauptmann blieb und auch Heinrich George oder Emil Jannings. Der bedeutendste Philosoph und der bekannteste Staatsrechtler schlugen sich auf die Seite des Nationalsozialismus: Martin Heidegger und Carl Schmitt. Seit dem März nahmen die Loyalitätsbekundungen aus Universitäten und Akademien stetig zu. Anfang Mai bekannten sich bereits einige hundert Hochschullehrer aller Fächer öffentlich zur Regierung Hitler; wenig später folgte ein »Treuegelöbnis der deutschen Dichter für den Volkskanzler Adolf Hitler«. Andere versuchten im Hochgefühl des nationalen Aufbruchs nationalsozialistische Parolen mit eigenen Gedanken zu verbinden, um sich bald ernüchtert zurückzuziehen: Hans Freyer wie Arnold Gehlen. Für viele war der Nationalsozialismus beziehungsweise das, was sie zunächst darin zu erblicken meinten, am Anfang Erfüllung, am Ende Enttäuschung. Ehrgeizige Zweitrangige nahmen die Plätze der Ausgeschlossenen ein oder drängten die Zurückgebliebenen an den Rand: Erwin Guido Kolbenheyer, Hans Johst, Blunck, Hans Grimm, Werner Beumelburg, Will Vesper.

In Versuchung gerieten nicht nur diejenigen, die sich vom Nationalsozialismus angezogen fühlten; Selbstzweifel, Unsicherheiten und Illusionen kannten auch die Gegner, die verfolgt wurden, die sich zurückzogen oder die Deutschland verließen. Theodor W. Adorno ließ sich von den »denkbar stärksten Wirkungen«[145] einfangen, die Baldur von Schirachs Gedichte in vertonter Form auf ihn ausübten. Thomas Mann, der die angestrebte »Massenverdummung, zum Zweck mechanistisch einförmiger Beherrschung mit Hilfe der modernen Suggestionstechnik« verdammte und im Nationalsozialismus den »schlimmsten Bolschewismus, vom russischen aber unterschieden durch den Mangel jeder Idee«[146] sah, überkamen Zweifel, ob er nicht doch nach Deutschland zurückkehren solle, ob Hitler nicht doch recht hatte. »Man konnte innerlich zuweilen wanken«, gestand er sich selbst ein, nachdem die staatlichen Morde des 30. Juni 1934 den klaren Trennungsstrich für Thomas Mann wie für andere Intellektuelle gezogen hatten. »Nun immerhin, ... beginnt sich der Hitlerismus als das zu erweisen, als was man ihn von jeher sah, erkannte, durchdringend empfand: als das Letzte an Niedrigkeit, entarteter Dummheit und blutiger Schmach, ... und man schämt sich der wenigen schwachen Augenblicke, wo man an seinem Gefühle zweifeln wollte.«[147] Immerhin hatte er im Juni 1933 mit seinem Bruder Heinrich Überlegungen angestellt »über den möglicherweise richtigen sozialen Kern der deutschen ›Bewegung‹: Das Ende der parlamentarischen Parteien, die Vereinigung der proletarisierten Kleinbürgermassen zur Verwirklichung des Sozialismus. Das teils gestohlene, teils lumpenhaft vorgestrige Gewand, worin das gehüllt ist. Die unglaublichen Widersprüche.«[148] Im April 1933, ein paar Tage nach Inkrafttreten des Gesetzes zur Wiederherstellung des Berufsbeamtentums, hatte er in sein Tagebuch geschrieben: »Die Juden... Daß die übermütige und vergiftende Nietzsche-Vermauschelung Kerr's ausgeschlossen ist, ist am Ende kein Unglück; auch die Entjudung der Justiz am Ende nicht.«[149] Und etwas später: »Die Revolte gegen das Jüdische hätte gewissermaßen mein Verständnis, wenn nicht der Wegfall der Kontrolle des deutschen durch den jüdischen Geist für jenes so bedenklich und das Deutschtum nicht so dumm wäre, meinen Typus mit in den selben Topf zu werfen und mich mit auszutreiben.«[150]

Der Sozialdemokrat Julius Leber, den die Nationalsozialisten am 23. März auf dem Weg zur Reichstagssitzung verhaftet und gepeinigt hatten, beobachtete aus dem Gefängnis »das große Experiment« des Nationalsozialismus, die »große[n] und entscheidende[n] Aufgabe, Millionen Deutscher aus ihrer Lebensangst herauszuführen«.[151] Der Bankrott der eigenen sozialdemokratischen Bewegung im Jahre 1933 brachte ihn dazu, dem Nationalsozialismus eine historische Aufgabe und politische Chancen einzuräumen. »Der neue Staat Adolf Hitlers aber hat einen großen Teil der Ideen übernommen, wie sie dem Weimarer Staat einst vorschwebten, die er aber nicht gestalten konnte aus inneren und äußeren Gründen. Diese Ideen stehen aber auch im Gegensatz zu den ostelbischen Idealen. Wird Hitler den Widerstand dieser Kreise, die auch heute noch eine gewisse Macht haben, brechen? Wenn ja, dann wird das das Bleibende der sogenannten nationalen Revolution sein.«[152] Als

Leber dann im Sommer 1933 Krupp, Thyssen und Vögler zu Beratern der neuen Regierung ernannt sah, war zumindest diese Illusion für ihn verflogen: »Die nationalsozialistische Revolution hat damit ihren Sinn verloren. Die großen sozialen Aufgaben des 20. Jahrhunderts, die den großen Industrievölkern gestellt sind, bestehen nach wie vor.«[153] Wenn die großen Aufgaben der Wirtschaft und der Außenpolitik nicht anders gelöst werden könnten »als in Unfreiheit, Diktatur und rücksichtsloser Machtanwendung«, dann war er weiterhin bereit, der »Abschaffung der Demokratie« eine »innere Rechtfertigung« nicht abzusprechen und es als unwesentlich zu betrachten, »ob einige Juden oder Sozialdemokraten oder Pfarrer mißhandelt würden«.[154]

Zum Kampf gegen »Kulturverfall« und »Kulturbolschewismus« und für die »seelische Wiedergeburt« hatte Alfred Rosenbergs »Kampfbund für deutsche Kultur« seit Jahren schon getrommelt; jetzt nutzte er die Aufbruchsbewegung, um zur »Säuberung« der Akademien, Museen, Universitäten, Bibliotheken und kulturellen Vereinigungen zu schreiten. Bei der »Säuberung« der Universitäten stützten sich die nationalsozialistischen Kultusminister auf das neue Beamtengesetz. In einem ersten Schub wurden bis zum 13. April prominente Staatsrechtler, Nationalökonomen, Soziologen und Historiker beurlaubt und entlassen: Kelsen, Lederer, Bonn, Heller, Mannheim, Horkheimer, Kantorowicz, Tillich; in den nächsten Tagen folgten neue Listen. Man wollte die Aktion bis zum 1. Mai abgeschlossen haben, um »Unruhen zum Semesterbeginn«[155] zu vermeiden. Auf Druck des kommissarischen preußischen Kultusministers, des Nationalsozialisten Rust, mußte Heinrich Mann schon am 16. Februar seinen Rücktritt als Präsident der Sektion für Dichtkunst der Preußischen Akademie der Künste erklären. Im März wurden die Mitglieder der Akademie aufgefordert zu erklären, ob sie bereit seien, »unter Anerkennung der veränderten geschichtlichen Lage weiter Ihre Person der Preußischen Akademie der Künste zur Verfügung zu stellen. Eine Bejahung dieser Frage«, wurde den angeschriebenen Mitgliedern ganz offen mitgeteilt, »schließt die öffentliche politische Betätigung gegen die Regierung aus und verpflichtet Sie zu einer loyalen Mitarbeit an den satzungsgemäß der Akademie zufallenden nationalen kulturellen Aufgaben im Sinne der veränderten geschichtlichen Lage.«[156] Daraufhin schieden freiwillig aus: Thomas Mann, Alfred Döblin, Ricarda Huch; ausgeschlossen wurden Franz Werfel, Leonhard Frank, Georg Kaiser, Bernhard Kellermann, Alfred Mombert, Rudolf Pannwitz, Fritz von Unruh, Jakob Wassermann und andere. Ab April wurden schwarze Listen der Autoren und Bücher veröffentlicht, die aus dem Geistesleben des neuen Deutschland ausgeschlossen werden sollten. Die Listen waren lang und reichten von politischen Autoren wie Bebel, Bernstein, Preuß und Rathenau über Wissenschaftler wie Einstein und Freud zu Dichtern wie Brecht, Döblin, Zweig, Ossietzky, Remarque, Schnitzler, Tucholsky und wurden um einzelne Schriften von Barlach, Bergengruen, Broch, Hofmannsthal, Kästner, Kraus, Lasker-Schüler, Unruh, Werfel und Zuckmayer ergänzt. Der Katalog wurde auch noch rückwärts verlängert und setzte Karl Marx wie Heinrich Heine auf die schwarze Liste.

»Hitler hat keine Verwendung für Intellektuelle wie Einstein«. Karikatur von Josef Plank in der »Brennessel«, um 1933

Der Exodus der jüdischen und liberalen Wissenschaftler aus dem Reich Hitlers brachte vor allem den Vereinigten Staaten einen Modernitätsschub, wie ihn die Neue Welt seit den Auswanderungswellen der europäischen Revolutions- und Restaurationsepochen nicht erlebt hatte. Namhafte Gelehrte gingen ins Ausland, ganze Wissenschaftsrichtungen von der Theoretischen Physik über die Tiefenpsychologie bis zur Sozialwissenschaft veröderten in einem Land, das sich eine »arische« Wissenschaft schaffen wollte. Vor 1933 hatten auf einem Quadratkilometer in Berlin-Dahlem um die Institute der Kaiser-Wilhelm-Gesellschaft herum rund ein Dutzend Nobelpreisträger gelebt und gearbeitet; die deutschen Nobelpreisträger stellten den weitaus höchsten Anteil unter allen Nationen der Erde. Der Aderlaß an produktivem Genie ließ die Hochburg der Wissenschaften zu einem Land im unteren Durchschnitt der Industriestaaten absinken.

Der Kampf gegen Pazifisten, Vaterlandsverräter und Paneuropäer legte es den Verfassern »schwarzer Listen« nahe, die Schriften von Richard Nikolaus Graf Coudenhove-Calergi der Verbrennung auszuliefern – hinter seinem Namen stand der Vermerk »alles«.

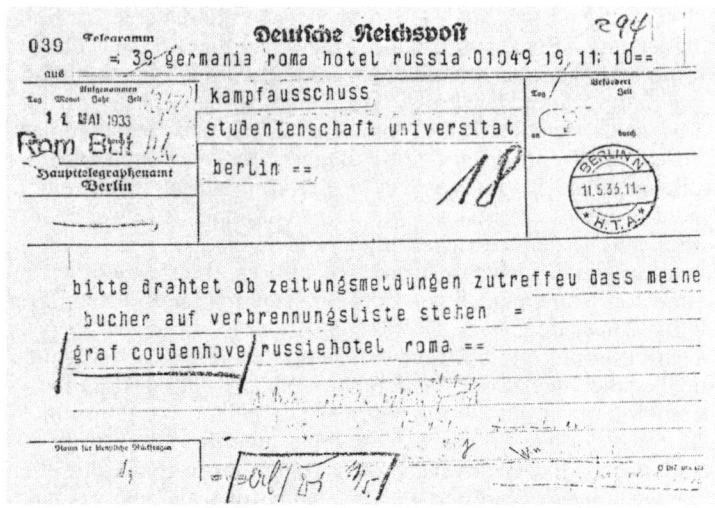

Im Wettstreit mit der Deutschen Studentenschaft rüstete schließlich der Nationalsozialistische Deutsche Studentenbund zur revolutionären Tat. In einer vierwöchigen Propagandakampagne wurde mit »Thesenanschlägen« und »Schandpfählen« die »Aktion wider den undeutschen Geist« vorbereitet. Am 10. Mai 1933 wurden in einem altertümlichen Feuerritual überall auf den Plätzen der Haupt- und Universitätsstädte Bücher und Zeitschriften auf Scheiterhaufen verbrannt, umrahmt wurde das von studentischen Fackelzügen, karnevalesken Zugaben zur Verspottung der gebrandmarkten Literatur und von Feuersprüchen der Professoren. Zwölf Autoren, die für ein Jahrhundert von Aufklärung und Humanismus standen, wurden namentlich genannt. Der erste Rufer dieses erschreckenden und zugleich absurden Zeremoniells eröffnete das Autodafé, das von »Marschliedern und vaterländischen Weisen« der SA- und SS-Kapellen begleitet wurde: »Gegen Klassenkampf und Materialismus, für Volksgemeinschaft und idealistische Lebenshaltung! Ich übergebe der Flamme die Schriften von Marx und Kautsky.« Der zweite fuhr fort: »Gegen Dekadenz und moralischen Verfall! Für Zucht und Sitte in Familie und Staat! Ich übergebe der Flamme die Schriften von Heinrich Mann, Ernst Glaeser und Erich Kästner«,[157] der unerkannt Zeuge dieser Zeremonie wurde. Es folgten die Schriften von Friedrich Wilhelm Foerster, Sigmund Freud, Emil Ludwig, Theodor Wolff, Erich Maria Remarque, Alfred Kerr, Kurt Tucholsky und Carl von Ossietzky, der zu dieser Zeit bereits in Haft war. Es war die Ausmerzung des liberalen und humanistischen, des demokratischen, sozialistischen und pazifistischen Deutschland, was hier vollzogen wurde. Joseph Goebbels hielt bei der Berliner Bücherverbrennung am Opernplatz die abschließende, bemerkenswert schwache Rede: »Hier sinkt die geistige Grundlage der Novemberrepublik zu Boden«; dann zitierte er angesichts der schwelenden Asche Ulrich von Hutten: »Oh, Jahrhundert, oh, Wissenschaft, es ist eine Lust zu leben.«[158] Tatsächlich eröffnete er damit eine Epoche, von der eines der Opfer dieser Aktion, Heinrich

Heine, geschrieben hatte: »Wo man Bücher verbrennt, dort verbrennt man am Ende auch Menschen.«[159]

Noch schneller hatte Goebbels die »Sanierung« des deutschen Kulturlebens, von der Hitler in der Ermächtigungsrede am 23. März sehr allgemein gesprochen hatte, im Presse- und Rundfunkwesen durchgesetzt. Durch einen Federstrich ließ sich die Gleichschaltung des ohnehin schon halbstaatlichen Rundfunks durchsetzen, der Mitte März der Regie des neuen Propagandaministeriums unterstellt wurde. Bis zum Tag der Machtübernahme war der Zugriff der Nationalsozialisten auf die Presse gering gewesen, ganze 59 Tageszeitungen umfaßte die offizielle Parteipresse bis dahin, mit einer Auflage von zusammen 780000 Exemplaren. Das waren weniger als fünf Prozent der damaligen Gesamtauflage. Um so entschiedener setzte Goebbels jetzt alles daran, die Presse zu reglementieren.

Rücksichtslos vorgehen konnte man im Falle der kommunistischen und sozialdemokratischen Presse, deren enteignete Verlage oft von der nationalsozialistischen Gaupresse übernommen wurden. Die Eroberung der bürgerlichen Verlagshäuser und der vielen leistungsschwachen Kleinverlage vollzog sich nur schrittweise und oft ohne förmliche Gleichschaltung. Hinter der scheinbaren Kontinuität großer bürgerlicher Blätter wie der »Frankfurter Zeitung«, dem »Berliner Tageblatt«, den »Münchener Neuesten Nachrichten« und dem »Hamburger Fremdenblatt« setzte sich aber bald die Sprachregelung der totalitären Propaganda durch; sie mußte im Nachrichten- und Kommentarteil übernommen werden.

»Almanach der nationalsozialistischen Revolution«

Eine Fuhre Schund...

weg damit!

Zeigten sich unerwartete Widerstände, wurde wirtschaftlicher Druck angewendet, wurden Anzeigen entzogen, wurde mit staatlichen Mitteln ein Abonnentenkrieg eröffnet. Das private Eigentumsrecht war den Verlegern und Zeitungshäusern dann meist wichtiger als die Meinungsfreiheit. Der Verleger Lachmann-Mosse berief sich auf die Neutralität des »Berliner Tageblatts«, als er dessen Chefredakteur Theodor Wolff am 3. März entließ. »Wahre Demokratie und Gerechtigkeit verlangen, daß positive Leistungen des Staates, auch dann, wenn dieser Staat eine wesentlich andere Gestalt angenommen hat, sachliche Anerkennung erfahren. Ich kann mir nicht denken, daß Sie sich der Gefahr aussetzen wollen, von der Öffentlichkeit mißverstanden zu werden, wenn Sie für das ›Berliner Tageblatt‹ auch dann noch verantwortlich zeichnen wollen.«[160] Ein vierzehntägiges Verbot der Zeitung hatte genügt, um mit der Entlassung des prominenten liberalen Publizisten sich den Widerruf der Maßnahme zu erkaufen. Jüdische Familienunternehmen mußten besonders konzessionsbereit sein; bürgerlichen und deutschnationalen Organen ließ Goebbels vorläufig Bewegungsfreiheit. So sicherte man sich die Mitarbeit vieler prominenter Journalisten und nutzte nach außen den bisherigen guten Ruf ihrer Blätter für die eigenen Zwecke. Schrittweise Eroberung kennzeichnet das Doppelgesicht des Regimes auch im Vorgehen gegen die Zeitungslandschaft: die notwendige ökonomische und technische Modernisierung beziehungsweise die angeblich notwendige Strukturbereinigung der Provinzpresse trat neben die politische Gleichschaltung. Allein im Verlauf des Jahres 1933 ging die Zahl der Zeitungen um ein Drittel zurück.

Innerhalb von vier Monaten hatten die Nationalsozialisten nicht nur die Macht erobert; sie hatten sich auch aller Instrumente bemächtigt, mit denen sie die Menschen erobern wollten. Das hatte Goebbels bei der Gründung des Propagandaministeriums formell als das Ziel proklamiert: es gelte den Gleichklang zwischen Regierung und Volk herzustellen und die noch nicht gewonnenen Menschen so lange zu bearbeiten, »bis sie uns verfallen sind«.[161]

Daß der Eroberungs- und Zerstörungsrausch seiner Anhänger den unvorhergesehenen raschen Erfolg auch gefährden könne, wurde dem politischen Taktiker Hitler im Laufe des Frühsommers 1933 immer bewußter. Wiederholt warnte er in jenen Tagen davor, »daß mehr Revolutionen im ersten Ansturm gelungen, als gelungene aufgefangen und zum Stehen gebracht« wurden. Der revolutionäre Ansturm, beschwor er seine Gefolgsleute, dürfe nicht über den Zeitpunkt der tatsächlichen Machteroberung hinausführen. Sein taktisches Gespür riet ihm zur Mäßigung und Drosselung des Tempos. »Man soll aber nicht herumsuchen, ob noch etwas zu revolutionieren ist, sondern wir haben die Aufgabe, Position um Position zu sichern... Wir müssen dabei unser Handeln auf Jahre einstellen und in ganz großen Zeiträumen denken.«[162]

Vor den Reichsstatthaltern proklamierte Hitler darum am 6. Juli den »Abschluß der Revolution«. Zwar bleibe noch viel zu tun: »Wir müssen jetzt die letzten Überreste der Demokratie beseitigen, wie sie heute noch vielfach bei den Kommunen, in wirtschaftlichen Organisationen und Arbeitsausschüssen vorkommen.« Aber im

Augenblick müsse man »den freigewordenen Strom der Revolution in das sichere Bett der Evolution hinüberleiten«. Das wesentliche Ziel der kommenden Phase sollte darum lauten: »Der Erringung der äußeren Macht muß die innere Erziehung des Menschen folgen.« Man müsse praktisch und nicht ideologisch denken, die Revolution dürfe nicht zu einem Dauerzustand werden.

Hitlers Kursänderung stärkte die Position Fricks, der mit den Beamten des Reichsinnenministeriums die staatliche Zentralgewalt und ihre Autorität zu stärken suchte. Vier Tage nach Hitlers Ankündigung: »Die Partei ist jetzt der Staat geworden. Alle Macht liegt bei der Reichsregierung«,[163] zog er in einem Schreiben an die Reichsstatthalter nach: Da alle »entscheidenden Ämter mit zuverlässigen Nationalsozialisten besetzt sind«, müsse das Gerede von einer weiteren Revolution ein Ende haben und alle nichtstaatlichen Machtträger, auch die Kommissare, sollten abgebaut werden, »da jede Art von Nebenregierung mit der Autorität des totalen Staates unvereinbar ist«.[164]

Es war kein Zufall, daß die Reichsstatthalter die Adressaten dieser Appelle waren. Sie waren mit dem »Zweiten Gesetz zur Gleichschaltung der Länder mit dem Reich« vom 7. April auf Drängen Hitlers eiligst eingesetzt worden, »um den Gefahren einer partikularen Machtbildung«[165] entgegenzuwirken. Die Reichsstatthalter, einerseits Repräsentanten der Länderhoheit, andererseits verlängerter Arm des Reichskanzlers in der Provinz, waren das erste Instrument zur Zähmung der Partei- und SA-Führer, die sich mitunter eine eigene Machtbasis aufzubauen versucht hatten. Die Reichsstatthalter sollten also ein Gegengewicht zu den von führenden Parteimitgliedern besetzten Länderregierungen und Provinzialverwaltungen bilden, was aber, wie die Erfahrung von Strassers Reichs- und Landesinspekteuren lehrte, nur Gauleitern möglich war, die sich mit einer eigenen Hausmacht Respekt verschaffen konnten. Damit wurde eine neue Hierarchie innerhalb des Gauleiterkorps und eine neue Personalunion von Staats- und Parteiämtern geschaffen, die bald wieder neue Machtschwerpunkte und -gegensätze hervorbringen mußte. Die Gauleiter, die bereits Ministerpräsidentensessel erobert hatten, tauschten ihr Amt gegen die Position eines Reichsstatthalters ein, von dem man sich mehr Einfluß versprach: Wilhelm Murr in Württemberg, Robert Wagner in Baden, Fritz Sauckel in Thüringen, Carl Röver in Oldenburg. Ihre nationalsozialistischen Nachfolger als Ministerpräsidenten verstärkten den Dualismus Partei – Staat aufs neue; umgekehrt rief die Tatsache, daß nicht alle Gauleiter eines Landes, wie etwa in Bayern, nun ein Staatsamt erhalten konnten, neue Rivalitäten hervor. In Preußen gingen die Befugnisse des Reichsstatthalters auf Hitler selber über. Das untergrub Papens Rolle als Reichskommissar für Preußen endgültig und stärkte Görings Position, auf den Hitler seine Rechte übertrug. Damit waren zwar, wie im Bismarckreich, wieder Reichsleitung und preußische Regierung miteinander verflochten, doch zum Hebel der von vielen – nicht nur Nationalsozialisten – für notwendig gehaltenen Reichsreform wurde die Einsetzung der Reichsstatthalter nicht.

Frick hatte zwar mit einem Gesetz über den »Neuaufbau des Reiches« vom 30. Januar 1934 den Weg in die Richtung einer politischen Zentralisierung beschreiten wollen, aber er war an den Machtgegebenheiten und -interessen in der NSDAP gescheitert. Wohl sicherte das Gesetz dem Reichsinnenminister die Aufsicht über die Reichsstatthalter, doch in der politischen Wirklichkeit hatten die mächtigen Gauleiter/Reichsstatthalter an Frick vorbei immer direkten Zugang zu Hitler. Als es um die Frage ging, ob bei Meinungsverschiedenheiten mit dem Reichsinnenminister der Reichsstatthalter sich direkt an den Reichskanzler wenden könne, zeigte Hitler in einer für die Verfassungswirklichkeit des nationalsozialistischen Einparteienstaates charakteristischen Antwort die Grenzen des angestrebten Staatszentralismus und die Wirkungsweise der »Führerverfassung«. Im allgemeinen, ließ Hitler wissen, sei auch er der Meinung, daß solche Konflikte nicht vor den Reichskanzler gehörten. »Eine Ausnahme muß jedoch nach Auffassung des Herrn Reichskanzlers für die Fälle gelten, in denen es sich um Fragen von besonderer politischer Bedeutung handelt. Eine derartige Regelung entspricht nach der Auffassung des Reichskanzlers seiner Führerstellung.«[166] Mit diesem Vorbehalt war Fricks Versuch einer Reichsreform bereits wieder der Boden entzogen, kaum daß er Hitler für seine Pläne zu einer Vereinheitlichung und Zentralisierung der Regierungsgewalt gewonnen zu haben glaubte.

Damit war der Gedanke einer totalitären etatistischen Zentralisierung nicht für alle Zeiten aus der Welt; als Möglichkeit blieb der Weg zu einem starken Zentralstaat noch lange erhalten. Der Verzicht auf klare Entscheidungen bot Hitler die Möglichkeit, sich mehrere Optionen offenzuhalten. Mit diesem Vorbehalt hatte Hitler aber auch zu erkennen gegeben, wie er das Grundproblem jeder Einparteienherrschaft zu lösen gedachte, nämlich das Verhältnis von Monopolpartei und totalitärem Staatsapparat. Die ideologisch eindeutige, praktisch aber vieldeutige Antwort lautete: Führerverfassung. Dadurch war der Gegensatz von Partei und Staat nicht grundsätzlich gelöst, sondern blieb offen und in der Beliebigkeit des »Führers«. Damit war allenfalls die Richtung angegeben: der Staat sollte auf reine Routine- und Verwaltungsfunktionen beschränkt werden, in allen Angelegenheiten von politischer Bedeutung sollten die Exponenten der Partei, wenn nicht der »Führer« selbst, das Sagen haben. Was als politisch relevant anzusehen war, darüber mußte von Fall zu Fall entschieden werden. Eine Regelmäßigkeit von politischer Lenkung und Machtausübung war damit ausgeschlossen, aber auch die Möglichkeit der Bürokratie, sich eine stabile Einflußsphäre zu sichern. Eine tatsächliche Klärung sollte das Verhältnis von Staat und Partei bis zum Ende des Dritten Reiches nicht finden, allen deklamatorischen Formeln zum Trotz. Weder das »Gesetz gegen die Neubildung von Parteien« vom 14. Juli 1933 sah dies vor, noch das »Gesetz zur Sicherung der Einheit von Partei und Staat« vom 1. Dezember 1933 hielt, was es versprach. Da wurde zwar noch einmal bestätigt, was seit dem Frühsommer 1933 politische Wirklichkeit war, daß »nach dem Sieg der nationalsozialistischen Revolution ... die Nationalsozialistische Deutsche Arbeiterpartei die Trägerin des deutschen Staatsgedankens und damit dem Staat unlöslich verbunden« sei (§1), aber außer der Bestimmung, daß der

»Stellvertreter des Führers« in der Partei, Rudolf Heß, und der Chef des Stabes der SA, Ernst Röhm, als künftige Mitglieder der Reichsregierung die »engste Zusammenarbeit der Dienststellen der Partei und der SA mit den öffentlichen Behörden« gewährleisten sollten, enthielt das Gesetz nichts Neues und nichts Konkretes.[167] Und das kam weniger einer Verschmelzung, eher einer Gleichschaltung, vor allem der SA, gleich.

Damit zeichnete sich im politischen Bereich als Ergebnis der Gleichschaltung ab, was auch für die Begründung der gesellschaftlichen Verfassung gelten sollte. Die Nationalsozialisten hatten innerhalb von knapp fünf Monaten die Parteien aufgelöst, Länder und gesellschaftliche Verbände gleichgeschaltet, die politische Linke völlig unterdrückt, den Reichstag ausgeschaltet. Das war dadurch möglich, daß die gesamten diffusen Veränderungs-, Eroberungs- und Vernichtungsenergien der nationalsozialistischen Bewegung auf das Werk der Destruktion der bestehenden politischen und sozialen Bauformen gerichtet wurden. Dieselbe Folgerichtigkeit fehlte jedoch, als es um die einheitliche Anwendung der gewonnenen Macht zu einer konstruktiven Neuordnung ging. Das lag in der Herrschaftstechnik Hitlers wie in der Tatsache begründet, daß der Prozeß der Gleichschaltung keineswegs so gleichförmig verlaufen und überall zum selben Ergebnis gekommen war, wie dies die Formel vom totalen Staat suggerierte. Einzelne Führer und Machtgruppen der NSDAP hatten bereits Lenkungsfunktionen in Staat und Gesellschaft erobert, andere erhofften sich solche Einfluß- und Kontrollmöglichkeiten erst noch von einer weiteren Revolutionierung.

Ganz unmißverständlich kündigte Ernst Röhm, einer der Zukurzgekommenen, im Sommer 1933 an: »SA und SS werden nicht dulden, daß die deutsche Revolution einschläft oder auf halbem Wege von den Nicht-Kämpfern verraten wird.« Den »Spießerseelen, die meinten, die nationale Revolution habe schon zu lange gedauert«, hielt er drohend entgegen: »Es ist in der Tat hohe Zeit, daß die nationale Revolution aufhört und daß daraus die nationalsozialistische wird.«[168]

Die Ungeduld der braunen Armee Röhms warf Licht auf einen Bereich der Gesellschaft, in den die NSDAP ihre Macht nicht hatte ausdehnen können und aus dem heraus der Alleinherrschaftsanspruch des Nationalsozialismus noch gefährdet werden konnte: auf die bewaffnete Macht. Zwar war das Verhältnis der Reichswehr zur nationalen Regierung Hitler von Wohlwollen bestimmt, aber das änderte nichts an dem Unabhängigkeitswillen der Armee und ihrer Nähe zur anderen unabhängigen politischen Macht, dem Reichspräsidenten. Die Machtverhältnisse, so wie sie sich nach dem Ende der ersten Machtergreifungsphase im Sommer 1933 herausgebildet hatten, waren zu einem konfliktreichen Dreiecksverhältnis verschlungen, als der historische Zufall die Entwicklung beschleunigen sollte.

4. Die Anfänge der national-sozialistischen Außenpolitik

Italienische Ausgabe von »Mein Kampf«. Das Buch wurde in 16 Sprachen übersetzt. Die ironische Pointe der Edition von Bompiani ist der futuristische Schutzumschlag-Stil, Dokument einer Kunstrichtung, die in Deutschland längst verboten war.

Die Ausgangslage für Hitlers Außenpolitik war günstig – und sie war es auch wieder nicht. Zunächst herrschte nach Hitlers Regierungsübernahme in aller Welt Beunruhigung, nicht wegen seines Antisemitismus oder auf Grund der inneren Maßnahmen gegen die Kommunisten und die anderen politischen Parteien, sondern deswegen, weil eine Partei an die Macht gekommen war, die als Speerspitze des deutschen Revisionismus galt. Zwar war »Mein Kampf« im Ausland noch unbekannter als in Deutschland, aber das, was man von Hitler wußte, klang beunruhigend genug. Er würde die internationalen Verträge zerreißen, befürchtete man, Deutschland aufrüsten und Österreich an das Deutsche Reich anschließen wollen. Allerdings hofften auch die ausländischen Politiker und Diplomaten, daß seine verantwortliche Machtstellung Hitler rasch zur Mäßigung veranlassen würde.

Es kam also für Hitler alles darauf an, in der ersten kritischen Phase der Außenpolitik die tatsächlichen Ziele zu verschleiern und den Eindruck zu erwecken, daß es überhaupt keine spezifische nationalsozialistische Außenpolitik gäbe, sondern nur die Fortsetzung der Weimarer Revisionspolitik. In der Außenpolitik noch mehr als in der Innenpolitik mußte in der Risikophase der Anfangsjahre das Außergewöhnliche hinter dem Konventionellen versteckt werden. Goebbels stellte im Frühjahr 1940 rückblickend zufrieden fest: »Bis jetzt ist es uns gelungen, den Gegner über die eigentlichen Ziele Deutschlands im unklaren zu lassen, genauso wie unsere innenpolitischen Gegner bis 1932 gar nicht gemerkt hatten, wohin wir steuerten, daß der Schwur auf die Legalität nur ein Kunstgriff war. Wir wollten legal an die Macht kommen, aber wir wollten sie doch nicht legal gebrauchen ... Man hätte uns ja erdrücken können ... Nein, man hat uns durch die Gefahrenzone hindurchgelassen. Genauso war das in der Außenpolitik ... 1933 hätte ein französischer Ministerpräsident sagen müssen (und wäre ich französischer Ministerpräsident gewesen, ich hätte es gesagt): der Mann ist Reichskanzler geworden, der das Buch ›Mein Kampf‹ geschrieben hat, in dem das und das steht. Der Mann kann nicht in unserer Nachbarschaft geduldet werden. Entweder er verschwindet, oder wir marschieren. Das wäre durchaus logisch gewesen. Man hat darauf verzichtet. Man hat uns gelassen, man hat uns durch die Risikozone ungehindert durchgehen lassen, und wir konnten alle gefährlichen Klippen umschiffen, und als wir fertig waren, gut gerüstet, besser als sie, fingen sie den Krieg an.«[169]

Sieht man einmal von dem letzten Propagandasatz ab, den man 1940 noch brauchte, daß nämlich die anderen den Krieg begonnen hätten, ist diese Schilderung von Goebbels vollkommen zutreffend. Die innenpolitischen Machteroberungstechniken wurden auf die Außenpolitik übertragen, und wie im Innern wurde das Regime auch im Ausland unterschätzt. Die Kategorien, nach denen Goebbels und Hitler beurteilten, ob die westlichen Staatsmänner

»ganze Kerle« waren oder nicht, offenbaren bereits die grundsätzlichen Unterschiede zwischen der überfallartigen, revolutionären Außenpolitik der Nazis und den Prinzipien des liberalen Systems.

Dort galt das Prinzip der Nichtintervention als Grundlage der Beziehungen souveräner Nationalstaaten untereinander, und spätestens der Mißerfolg der alliierten Intervention gegen das revolutionäre bolschewistische Rußland in den Jahren 1918 bis 1920 hatte die Zweckmäßigkeit der Nichtintervention wieder bestätigt. Warum sollte man sich ausgerechnet in Deutschlands innere Angelegenheiten einmischen, zumal man sich nicht vorstellen wollte, daß die Methoden der inneren Machteroberung mit den außenpolitischen Zielen und Mitteln identisch wären. Immerhin gab sich das Deutschland Hitlers ja als Vorkämpfer gegen das bolschewistische Rußland und seiner revolutionären Ziele und Techniken. Das antikommunistische Klima im bürgerlichen Europa erwies sich – wie zuvor schon in Deutschland selbst – als bester Verbündeter Hitlers.

Der Erfolg der nationalsozialistischen Außenpolitik hing tatsächlich davon ab, wieweit man in der Risikophase die Sorgen der ausländischen Politiker und der Diplomaten im eigenen Auswärtigen Amt beschwichtigen und die tatsächlichen revolutionären außenpolitischen Ziele hinter der Maske der Tradition verbergen konnte. Umgekehrt bedeutete dies, daß die Diskussion um die Zähmung Hitlers, die seit 1930 die konservativen deutschen Mächte bewegt und sie zu gefährlichen Fehleinschätzungen getrieben hatte, nun ein internationales Problem wurde. Sollte man das neue Regime anerkennen und durch Konzessionen am Ausbruch aus dem internationalen System hindern, oder half man ihm damit nur über die schwierige Phase der Konsolidierung hinweg, um schließlich selbst bedroht zu werden?

In der deutschen Außenpolitik waren alle Vorkehrungen getroffen, Hitlers Einfluß einzudämmen und die Kontinuität zu wahren. Hindenburg hatte nicht nur großen Wert darauf gelegt, daß Außenminister von Neurath und sein Staatssekretär von Bülow im Amt blieben, sondern auch darauf, daß der außenpolitische Apparat freie Hand behielt. Das freilich kam der Verschleierungsstrategie Hitlers nur entgegen; er sollte in der Folgezeit alles tun, um sich als gemäßigter Außenpolitiker darzustellen. Und damit entsprach er scheinbar den Einschätzungen, die in Diplomatenkreisen herrschten. »Ich habe schon aus Ihrem Telefonat ersehen«, schrieb Staatssekretär von Bülow an den deutschen Botschafter in Moskau, von Dirksen, »daß in Moskau Beunruhigung herrscht. Ich glaube, man überschätzt dort die außenpolitische Tragweite des Regierungswechsels. Die Nationalsozialisten in der Regierungsverantwortung sind natürlich andere Menschen und machen eine andere Politik, als sie vorher angekündigt haben. Das ist immer so gewesen und bei allen Parteien dasselbe. Die Person von Neurath und auch von Blomberg garantieren das Fortbestehen der bisherigen politischen Beziehungen.«[170]

Bülow irrte sich. Hitler brauchte noch nicht einmal ein Jahr, um auch in der Außenpolitik die Führung zu übernehmen; seine expansiven Ziele prägten von nun an den außenpolitischen Kurs des Deutschen Reiches. Wieder halfen ihm dabei nicht nur die Fehleinschätzungen und Schwächen seiner Partner und Gegner, sondern auch günstige Umstände, die er in der deutschen außenpolitischen Programmdiskussion wie in der internationalen Politik vorfand. Überall waren die seit den zwanziger Jahren bestehenden Verhältnisse in Bewegung und in eine Krise geraten; in der Außen- wie in der Innenpolitik waren Hitler und die Nationalsozialisten die Nutznießer dieser Brüche und Schwierigkeiten, und dies in mehrfacher Hinsicht.

Nachdem auf der Lausanner Konferenz 1932 die Reparationsverpflichtungen praktisch aufgehoben worden waren, hatte sich das außenpolitische Streben der Präsidialkabinette Papen und Schleicher darauf gerichtet, nun auch die militärischen Restriktionen des Versailler Vertrages abzuschütteln. Für die deutsche Außenpolitik eröffneten sich völlig neue Perspektiven; zum ersten Mal seit 1919 konnte man über die Revision des Versailler Systems hinaus – die das Nahziel aller Regierungen gewesen war – auch über Fernziele nachdenken. Im Gefolge der Weltwirtschaftskrise war die deutsche Außenpolitik dabei, größere Handlungsfreiheit zu gewinnen. Eine günstigere Situation hätte sich Hitler kaum wünschen können, zumal die konservativen Politiker und Planer in größere Schwierigkeiten geraten waren, da sie zuviel auf einmal gewollt hatten.

In einer Fünf-Mächte-Erklärung vom 11. Dezember 1932 war dem Deutschen Reich grundsätzlich die Gleichberechtigung im Rüstungsbereich zugesagt worden. Über die Modalitäten einer solchen Lösung aber standen noch lange Verhandlungen an, die durch die Beunruhigung über die Regierung Hitler im Ausland nicht leichter wurden. Die neue Reichswehrführung unter Blomberg und das Auswärtige Amt unter Neurath waren jedoch entschlossen, die neue Runde der Genfer Abrüstungskonferenz platzen zu lassen. Die Reichswehr wollte eine Fremdbestimmung der deutschen Aufrüstung, in welcher Form auch immer, vermeiden, und Neurath zweifelte grundsätzlich an der Möglichkeit einer deutsch-französischen Verständigung. Die Schuld für das Scheitern in Genf wollte man freilich dem Westen und dessen mangelnder Abrüstungsbereitschaft zuweisen. Dieser Entschluß fiel auf Ministerebene, ohne Konsultation des Reichskanzlers.

Denn Hitler zog einen »positiven Abschluß« der Konferenz einer »vertragslosen Aufrüstung« vor und war damit wieder einmal realistischer als sein ganz auf das rüstungspolitische Programm fixierter Reichswehrminister. Doch auch eine förmliche Direktive Hitlers hinderte die beiden Minister nicht, an ihrem Konfrontationskurs festzuhalten. Der Vorgang war ebenso bemerkenswert wie folgenreich. Rückblickend gesehen beweist er die starke Stellung der Reichswehr und den Unabhängigkeitsanspruch Blombergs in der Anfangsphase der nationalsozialistischen Herrschaft; er macht zugleich deutlich, daß außenpolitisches Denken, wenn es ganz von militärpolitischen Prämissen ausgeht, seine eigenen Ziele verfehlt.

Der »böhmische Gefreite« zeigte sich dem General auch in dieser Situation überlegen. Als Neurath und Blomberg mit ihrem Kollisionskurs Deutschland in eine außenpolitische Krisensituation gebracht hatten, konnte sich Hitler als gemäßigter Politiker wirkungsvoll in Szene setzen und zugleich einen ersten Schritt in Richtung auf eine eigene, von seinen konservativen »Bändigern« unabhängige Außenpolitik tun.

Aushang in einem Londoner Reisebüro im Sommer 1939: »Kümmern Sie sich nicht um Hitler, machen Sie Ferien.«

Das war der Sinn der »Friedensrede« vom 17. Mai im Reichstag, der noch viele ähnliche Beteuerungen folgen sollten. Die Ansprache war ganz auf die Kontinuität der deutschen Außenpolitik und eine friedliche Revisionspolitik abgestellt, also auf die Abschirmung der inneren Entwicklung Deutschlands. Nichts, was die nationalsozialistische Revolution kennzeichne, so erklärte Hitler, sei gegen die »Interessen der übrigen Welt« gerichtet. SA und SS seien nur Instrumente zur »Beseitigung der drohenden kommunistischen Gefahr«, die »Wiederherstellung einer stabilen und autoritären Staatsführung« mache Deutschland »endlich wieder der Welt gegenüber vertragsfähig«. Aggressive Ziele habe Deutschland genausowenig wie Germanisierungsabsichten. Alles, was das Deutsche Reich wolle, sei eine »tatsächliche Gleichberechtigung im Sinne der Abrüstung der anderen Nationen ... Deutschland hat nur den einzigen Wunsch, seine Unabhängigkeit bewahren und seine Grenzen schützen zu können.«[171] Ganz versteckt war zwar die Drohung mit einem möglichen deutschen Austritt aus dem Völkerbund eingearbeitet, ein Hinweis auf irgendwelche Fernziele von Hitlers Politik fehlte jedoch völlig.

Diesen Gesamtentwurf seiner Politik hatte Hitler in seiner Ansprache vor Generälen der Reichswehr am 3. Februar 1933 in der Dienstwohnung Hammersteins gegeben. Dort hatte er vollkommen frei sowohl von den Stufen der inneren und äußeren Machteroberung als auch von den eigentlichen Zielen seiner Politik gesprochen bis hin zur »Eroberung neuen Lebensraumes im Osten« und zu dessen »rücksichtsloser Germanisierung«. Mit verblüffendem Freimut hatte er der Armeeführung seine Bereitschaft zu erkennen gegeben, Politik mit hohem Risiko zu betreiben. In mehreren Stufen wollte er seine Ziele verwirklichen: zunächst sei eine vollständige innenpolitische Umgestaltung Deutschlands mit dem Ziel einer »Ausrottung des Marxismus« und einer »Stärkung des Wehrwillens« anzustreben. Alle anderen außen-, wirtschafts- und wehrpolitischen Maßnahmen müßten diesem einen Ziel untergeordnet werden; deshalb sei die Revisionspolitik einschließlich der Genfer Abrüstungspolitik vorläufig fortzuführen. Das nächste Ziel, die »Wiedererreichung der politischen Macht«, hatte die Militärs vor allem interessiert und ihnen die Vorstellung vom Gleichklang der Interessen vermittelt, denn es hieß: »Aufbau der Wehrmacht«. Als dritte Stufe würde dann die Anwendung des militärischen Instrumentes folgen, zum Zwecke der Lebensraumpolitik.

Was Hitler hier entwickelte, entsprach in den Grundzügen den Vorstellungen seiner programmatischen Schriften aus den zwanziger Jahren, wenn auch die eigentlichen Fernziele von der Eroberung der Sowjetunion bis hin zur rassisch begründeten Weltherrschaft nicht exakt angesprochen wurden. Deutlicher als die Militärs war sich Hitler der Gefahren einer Politik der Wehrhaftmachung, die die gemeinsame Grundkonzeption der Regierung des 30. Januar gewesen war, bewußt, und eben deshalb war er taktisch viel flexibler als die Generäle: »Gefährlichste Zeit ist die des Aufbaus der Wehrmacht. Da wird sich zeigen, ob Frankreich Staatsmänner hat; wenn ja, wird es uns Zeit nicht lassen, sondern über uns herfallen (vermutlich mit Ost-Trabanten).«[172]

»La mode est un perpétuel recommencement.« (Die Mode wiederholt sich immer wieder.) Vorgestern: Wilhelm II., gestern: Hindenburg, heute: Hitler, morgen: Wilhelm II.
Karikatur aus dem Pariser »L'Ami du Peuple« vom 7. Februar 1933

Deutlich wurden aber auch die gravierenden Unterschiede in den außenpolitischen Konzeptionen innerhalb der »nationalen Regierung«. Staatssekretär Bülow hatte nach den Märzwahlen 1933 ein Langzeitprogramm entwickelt, das ganz auf die traditionellen Linien deutscher Großmachtpolitik der Vor-Weltkriegszeit zurückgriff und in der Forderung einer neuen polnischen Teilung und des Rückgewinns deutscher Kolonien gipfelte. Auch das war zwar eine Kampfansage an das Versailler System, aber sie war längst nicht so radikal, wie Hitler sie plante.

Von all dem sprach Hitler öffentlich nicht, ganz im Gegensatz zu seinem Wirtschaftsminister Hugenberg, der ja im Juni aus seinen alldeutschen Forderungen nach deutschem Siedlungsraum im Osten und Kolonien in Übersee selbst auf der Londoner Weltwirtschaftskonferenz keinen Hehl gemacht hatte. Für lange Zeit setzte sich daher in England die Vorstellung fest, die konservativen »Preußen« seien nach wie vor mehr zu fürchten als der gemäßigtere und verbindlichere »Österreicher« Hitler.

Noch wichtiger als die Spaltung und Schwächung seiner innenpolitischen Partner beziehungsweise Rivalen war die Zerrüttung des europäischen Staatensystems, die Hitlers Machtergreifung begleitete und begünstigte. Da war der ideologische Bürgerkrieg, der seit der russischen Revolution über Europa lag und mit der nationalsozialistischen Revolution gegen die Revolution eine neue Qualität erhalten hatte; da war die Unfähigkeit der westlichen Alliierten, nach dem Sieg über das Kaiserreich Deutschland ein dauerhaftes internationales Friedenssystem zu errichten, und da waren schließlich die Folgen der Weltwirtschaftskrise, die zu einem nationalistischen und protektionistischen Rückzug der Staaten auf sich selbst führten. Zusammen ergab das eine internationale Konstellation, die immer günstiger für diejenigen wurde, die sich in ihren nationalen Interessen zu kurz gekommen fühlten. So war das Versailler System schon in seinen Grundpositionen erschüttert gewesen, als Hitler die Regierung übernahm; alle zukünftige Politik mußte sich daher weniger mit dem Abschütteln der letzten Fesseln von Versailles beschäftigen, sie konnte sich vielmehr der Gestaltung einer neuen internationalen Ordnung widmen.

Auch die anderen europäischen Länder richteten sich auf die veränderte Situation ein, und was sie planten, konnte der deutschen Politik nur nützlich sein. Der französische »Erbfeind« war nach einem rapiden Machtverfall nur noch zu defensiven Haltungen und Überlegungen fähig. England suchte eine Stabilisierung der europäischen Verhältnisse und war bereit, Deutschland Konzessionen zu machen, um es in ein internationales Vertragssystem einbinden zu können. Die Sowjetunion, immer von der Sorge einer gemeinsamen antisowjetischen Front aller kapitalistischen Mächte erfüllt, tat alles, um die antikommunistischen Äußerungen und Taten Hitlers herabzuspielen und die bilateralen deutsch-sowjetischen Beziehungen aufrechtzuerhalten.

Kurzum, Hitler fand in der internationalen Politik überaus günstige Bedingungen vor. Ähnlich wie im Innern waren die wichtigsten Veränderungen bereits vollzogen oder kündigten sich an, als die Nationalsozialisten die Regierung übernahmen. Alle wirtschaftlichen Indikatoren wiesen auf einen Aufwärtstrend, die parlamentarische Demokratie war bereits ebenso zerstört wie die Versailler Ordnung aufgebrochen war. Keiner anderen deutschen Regierung seit Bismarck hatten sich so gute Chancen geboten, den alten Mitteleuropa-Traum der Deutschen zu realisieren – im Herzen Europas durch territoriale Expansion und Arrondierung eine großdeutsche Vormachtstellung zu erringen. Es kennzeichnet die nationalsozialistische Politik, daß sie die günstige Gelegenheit zur Revision der bestehenden Grenzen entschlossen und zunächst taktisch sehr vorsichtig nutzte. Und niemand sah, daß hier keine imperialistische, sondern imperiale Politik vorbereitet wurde. In der Maske eines gemäßigten Revisionspolitikers begann der international unerfahrene Reichskanzler seine Karriere in der Außenpolitik, die er als seine ureigenste Domäne verstand und die ihm von seinen Bändigern vergeblich verstellt worden war. Zwar lenkte gerade er den außenpolitischen Kurs wieder auf die Verhandlungsbereitschaft, doch dies nur, um einen weiteren Schritt vorzubereiten, den Austritt aus dem Völkerbund.

Hinweise auf einen neuen Stil der Außenpolitik hatte es schon reichlich gegeben, doch das waren nur groteske Episoden, die auch als Rüpeleien unbändiger Parteigrößen gedeutet werden konnten. Der Rückzug der vom Führer der Deutschen Arbeitsfront, Robert Ley, geleiteten deutschen Delegation aus der internationalen Arbeitskonferenz im Juni 1933 war freilich schon ein Indiz für Kommendes. Bezeichnend war die auch Präsenz des Propagandaministers Goebbels bei der deutschen Delegation im Herbst in Genf; es wurde deutlich, daß für Berlin die öffentliche Meinung der Welt durchaus wichtig war und daß Hitler es mit seiner Bewunderung der englischen Propaganda im Ersten Weltkrieg ernstgemeint hatte. Nun sollte es deutsche Gegenpropaganda geben. Denn die deutsche Juden- und Emigrantenpolitik war im Völkerbund zunehmend offener Kritik ausgesetzt, und das französische Mißtrauen war angesichts der illegalen militärischen und halbmilitärischen Aktivitäten jenseits des Rheins erheblich gewachsen. In dieser Lage wurde das westliche Gleichberechtigungsangebot beträchtlich reduziert: von einer vierjährigen Bewährungsfrist sollte es abhängig gemacht werden, in der sich zeigen müßte, ob das Deutsche Reich zur Verständigung bereit sei.

Hitler reagierte mit einem Paukenschlag. Am 14. Oktober ließ er den deutschen Austritt aus dem Völkerbund erklären. Die Abrüstungsverhandlungen waren damit selbstverständlich auch geplatzt. Hitler hatte nun die Außenpolitik selbst in die Hand genommen, freilich mit Unterstützung Neuraths, der schon seit längerem einen schärferen außenpolitischen Kurs befürwortet hatte. Das Beispiel des japanischen Austritts aus dem Völkerbund im Mai 1933 hatte Hitler zusätzlich ermutigt, sich durch einen Ausbruch aus dem multilateralen Vertrags- und Verhandlungssystem mehr Handlungsfreiheit zu verschaffen.

Der Nationalsozialismus hatte mit diesem Coup gewissermaßen zu sich selbst gefunden, bedeutete er doch die radikalste Kampfansage an das Versailler System. Zugleich waren damit die Bekenntnisse zur vertraglichen Revisionspolitik der Vorgängerregierungen wertlos geworden. Mit diesem Akt der Selbstisolierung begann eine neue Phase deutscher Außenpolitik, die von nun an immer stärker im Zeichen Hitlers stand. Die Gewaltakte der kommenden Jahre – allgemeine Wehrpflicht, Bruch des Locarno-Abkommens und viele andere mehr – warfen ihre Schatten voraus.

Zum neuen, dem nationalsozialistischen Stil gehörten auch die propagandistische Begleitmusik und die plebiszitäre Selbstbestätigung, die nicht lange auf sich warten ließen. Erstmals wandte Hitler die schon in der Innenpolitik bewährte Doppelstrategie von Gewalt und Rhetorik an. Der Affront wurde verharmlost und mit einem Schwall von nationalem Pathos und Friedenszusicherungen verschleiert. »Die deutsche Reichsregierung und das deutsche Volk«, rechtfertigte sich Hitler noch am selben Tag in einer Rundfunkansprache, »sind sich einig in dem Willen, eine Politik des Friedens, der Versöhnung und der Verständigung zu betreiben.« Dazu sei aber eine »wirkliche Gleichberechtigung«[173] Voraussetzung. Das war nach innen und außen adressiert. Die europäischen Mächte nahmen den Affront hin, ohne sich zu einer ernsthaften Gegenwehr aufzuraffen. Im Innern traf die Alternative »Bruch oder Unehre«, auf die Hitler die Entscheidung brachte, die nationale Gefühlswelt, so daß leicht ein Konsens erzielt werden konnte.

Hitler war sich des Erfolges bei dem ersten Einheitsplebiszit so sicher, daß er noch einen Schritt weiter ging und mit der Abstimmung auch die Neuwahl des erst am 5. März gewählten Reichstages verband. Wieder versetzten Großkundgebungen, Aufmärsche und Massenappelle das Land in eine nationale Hochstimmung. Hitler hatte die Kampagne am 24. Oktober mit einer großen Rede im Sportpalast zum Höhepunkt geführt. Von Gleichberechtigung, Ehre und Frieden sprach er, um sich dann zu der pathetischen Ankündigung zu steigern: »Ich für meine Person erkläre, daß ich jederzeit lieber sterben würde, als daß ich etwas unterschriebe, was für das deutsche Volk meiner heiligsten Überzeugung nach nicht erträglich ist.« Zum Schluß bat er, ganz in der Pose des charismatischen Führers, »wenn ich mich jemals hier irren würde oder wenn das Volk einmal glauben sollte, meine Handlungen nicht decken zu können, dann kann es mich hinrichten lassen: Ich werde ruhig standhalten«.[174]

Die Abstimmung war ein Sieg der nationalen Tradition, die sich Gleichberechtigung nur als militärische Gleichberechtigung vorstellen konnte. Sie war aber auch ein Ausdruck der wachsenden Einschüchterung, die die Wahl in Wirklichkeit zur Farce machte. 95 Prozent der abgegebenen Stimmen waren ein Ja zur Entscheidung der Regierung. Bei der Reichstagswahl stimmten von 45 Millionen Wahlberechtigten 39 Millionen der nationalsozialistischen Einheitsliste zu. Hitlers Stellung war unangreifbar, das mußten auch die Gegner feststellen.

Das Ergebnis dieses »Wunders der deutschen Volkswerdung«[175] war nicht nur eine noch stärkere Isolierung Deutschlands; Hitler fühlte sich durch den eklatanten Erfolg seiner Herausforderung der Mächte von Versailles ermuntert, auch weiterhin Außenpolitik auf eigene Faust zu betreiben. Das sollte sich in dem Verhältnis zu Österreich und in einer Neuorientierung der deutschen Ostpolitik zeigen.

Dem Bedürfnis, die multinationale Ordnung des Versailler Systems zu durchbrechen und bilaterale Machtpolitik zu betreiben, entsprang auch der nächste Überraschungscoup des Reichskanzlers. Am 26. Januar 1934 wurde nach vorbereitenden Erklärungen und entsprechender publizistischer Begleitmusik ein deutsch-polnischer Nichtangriffspakt präsentiert, der für vorerst zehn Jahre beide Seiten verpflichtete, sich über alle sie betreffenden Fragen »unmittelbar zu verständigen« und »unter keinen Umständen zur Anwendung von Gewalt zu schreiten«.[176] Die Verblüffung war vollkommen. Wenn es einen Nachbarn gab, gegen den sich alle Revisionsforderungen und alle nationalen Ressentiments richteten, dann war es Polen. Keine Regierung der Weimarer Republik war auf den Gedanken gekommen, den polnischen territorialen Besitzstand mit den von Deutschland abgetrennten ostpreußischen, westpreußischen und schlesischen Gebieten zu garantieren: im Auswärtigen Amt hatte man noch im kaum zurückliegenden Frühjahr über zukünftige polnische Teilungen nachgedacht. Keine andere Grenzziehung des Versailler Vertrages hatte solche Erbitterung ausgelöst wie die Gebietsabtretungen an Polen, keine anderen Grenz- und Nationalitätenkonflikte der Nachkriegszeit hatten die nationalen Leidenschaften so erregt und die Schwäche der Weimarer Republik so drastisch offenbart wie die mit Polen. Nichts schien naheliegender als eine Fortsetzung und Verschärfung der Revisionspolitik gegen Polen. Dabei hätte Hitler auf die volle Unterstützung der traditionell rußlandfreundlichen und antipolnischen Machtgruppen in Reichswehr und Diplomatie rechnen können.

Anfang des Jahres 1933 hatte es den Anschein gehabt, als wollte Hitler sich dem Auswärtigen Amt anschließen und zunächst die guten Beziehungen der Vorgängerregierungen zur Sowjetunion fortsetzen, die ihrerseits bereit war, die antikommunistischen Verfolgungs- und Propagandaaktionen in Deutschland zu übersehen. Doch schon zwei Tage nach Verlängerung des Berliner Vertrages mit der Sowjetunion am 5. Mai verwüsteten SA-Trupps das sowjetische Generalkonsulat, und Hitler gab zu erkennen, daß die antisowjetischen Auslassungen in »Mein Kampf« nach wie vor galten. Im Kabinett sprach er ganz offen von einem »naturgemäßen Gegensatz«[177] zwischen Deutschland und Sowjetrußland und betraute Alfred Rosenberg, den dogmatischen Antimarxisten in der NSDAP, mit der Leitung des Außenpolitischen Amtes der Partei, das nun, unabhängig vom Auswärtigen Amt, Außenpolitik auf eigene Faust betrieb.

Seit dem Frühsommer 1933 aber verstärkten sich die Anzeichen für eine Wende im deutsch-polnischen Verhältnis, und auch Neurath war bereit, Hitlers taktischer Schwenkung zu folgen. Zu übermächtig war die antisowjetische Propaganda der NSDAP, als daß hier noch gegengesteuert werden konnte; zu wichtig war die Grundübereinstimmung mit Hitlers Politik der »Wiederwehrhaftmachung«, als daß man das durch einen Streit über Randerscheinungen gefährden wollte. Die deutsche und die polnische Regierung trafen sich in der Ablehnung des Versailler Vertragssystems und in der Furcht vor einer internationalen Isolierung. Zudem war Polen über die mangelnde Unterstützung durch Frankreich ent-

»L'homme au double visage et aux déclarations contradictoires.« (Der Mann mit dem Doppelgesicht und den sich widersprechenden Erklärungen.)

Das politisch-diplomatische Ausland glaubte lange an die Aufrichtigkeit von Hitlers Erklärung, auf friedlichem Wege Versailles revidieren zu wollen; das war der Weg, der nach Godesberg, Berchtesgaden und München führte. In mancher Hinsicht sah die internationale Presse schärfer die Doppelgesichtigkeit des neuen Reichskanzlers. Schon im November 1933 faßte das der Zeichner der Pariser Zeitung »Le Rempart« in eine entlarvende Karikatur.

täuscht und an einer Neuorientierung der Bündnisse interessiert. Auch hatte Hitler im Beisein Neuraths in einem Gespräch mit dem polnischen Gesandten von den Gefahren gesprochen, die von der Sowjetunion ausgingen und die beide Länder vor gemeinsame Aufgaben stellen könnten. Das aber und Hitlers Zusage, die Existenzberechtigung Polens anzuerkennen, war der Anstoß für den Gedanken eines Gewaltverzichtes, der zum Prüfstein für Hitlers Beteuerungen bilateraler Ausgleichspolitik werden sollte.

In Deutschland feierte man den Überraschungspakt als Coup gegen die französische Einkreisungspolitik, und vieles spricht dafür, daß Hitler damit tatsächlich die Hoffnung verband, im Osten den Rücken vorübergehend frei zu bekommen, um, das erwünschte Einlenken Englands vorausgesetzt, alle Angriffe auf Frankreich richten zu können. Um so wichtiger war der scheinbar überzeugende Beweis für den Verständigungswillen der neuen deutschen Regierung. Denn wenn eine Beilegung alter Nachbarschaftskonflikte durch zweiseitige Gespräche in kurzer Zeit möglich war, dann schien das für Hitlers bilaterales Verfahren und seine Verständigungsbereitschaft überhaupt zu sprechen. Nur zu gerne war die Welt bereit, den Demagogen Hitler zum Staatsmann gereift zu sehen.

Auch wenn der Pakt in Deutschland wenig populär und von nationalkonservativen Kreisen beargwöhnt blieb, war sein Nutzen für Hitler groß. Er entlastete nicht nur von einem unmittelbaren polnischen Druck, sondern auch von dem internationalen Mißtrauen nach Deutschlands Selbstisolierung in Genf. Das aber kam der Politik der Aufrüstung zugute und entwaffnete auch die Kritik der diplomatischen Experten. Neurath selbst setzte sich plötzlich für das Verständigungsabkommen ein und desavouierte damit nicht nur seine eigene, noch kurz zuvor vertretene antipolnische Position, sondern demontierte seine Stellung im außenpolitischen Entscheidungsprozeß überhaupt.

Noch unmittelbarer brach das nationalsozialistische Moment in den Beziehungen zu Österreich durch. Entsprechend drastisch und risikoreich waren die Folgen dieser Neuorientierung, die zu einer Verschärfung der außenpolitischen Isolierung führten. In keinem anderen Bereich der auswärtigen Politik überwucherten die ideologischen Grundüberzeugungen so rasch die Staatspolitik wie im Verhältnis zu Österreich, der »Heimat des Führers« und dem Geburtsland des Nationalsozialismus. Der Traum von einem einheitlichen und starken Großdeutschland gehörte zu den frühesten Vorstellungen des ausgebürgerten Österreichers Adolf Hitler. Auf demselben Wege wie in Deutschland und unter Ausnutzung der im Reich errungenen Machtpositionen sollte die nationalsozialistische Revolution in Österreich zum Sieg gebracht und dann die Idee des Anschlusses verwirklicht werden. Der Anschlußgedanke war zwar in den verschiedenen politischen Lagern Österreichs populär, aber der Gedanke eines Anschlusses an das Deutschland Hitlers weckte eher Ablehnung als Zustimmung. Darum wiederholte sich nach Hitlers Machtergreifung in Deutschland im Verhältnis des nationalsozialistischen Regimes zu dem autoritären, halbfaschistischen Dollfuß-Regime in Österreich jenes ambivalente Verhältnis von Faschismus und autoritärem Konservativismus, das von ideologischer Affinität in scharfe Rivalität umschlagen konnte.

Seit Hitlers Sieg in Deutschland konnten die österreichischen Nationalsozialisten, die bei weitem nicht die Stärke ihrer deutschen Bruderpartei hatten, auf massive propagandistische, politische und finanzielle Unterstützung aus dem Reich rechnen. Die österreichische Regierung reagierte mit Protesten auf diese Einmischung in die Innenpolitik eines Nachbarstaates, und dem schlossen sich Frankreich, England und auch das faschistische Italien an. Hitler antwortete darauf bereits im Mai 1933 mit einer Reisesperre gegen das Touristenland Österreich, indem er jede Ausreise mit einer Gebühr von 1000 RM belegte. Die österreichische Revanche blieb nicht aus und traf durch die Einführung des Visumzwanges vor allem den kleinen Grenzverkehr österreichischer und deutscher Nationalsozialisten. Diese antworteten mit einer Attentatswelle, deren Urheber stets nach Bayern flüchteten. Dort sammelten sich schließlich die österreichischen Aktivisten, nachdem sie zu Hause ausgeschaltet worden waren. In den politischen Beziehungen beider Länder brach eine Eiszeit an, deren Risiken für Deutschland durch eine Erklärung Frankreichs, Englands und Italiens zur Wahrung der Integrität Österreichs im Februar 1934 deutlich wurden.

Die österreichischen Nationalsozialisten standen nun vor dem Dilemma, vor dem sich Hitler am 9. November 1923 gesehen hatte. Der Weg zur Macht war verbaut und allenfalls durch ein putschistisches Abenteuer zu erringen. Die Situation dafür schien gekommen, als Bundeskanzler Dollfuß seit dem Februar 1934 durch die blutige Unterdrückung der politischen Linken den Ausbau seines autoritären Ständestaates mit immer ausgeprägter faschistischen Zügen fortsetzte. Die spannungsgeladene Atmosphäre reizte zum Losschlagen. Am 25. Juli 1934 ermordeten österreichische Nationalsozialisten den Bundeskanzler, doch ihr Putsch scheiterte an der drohenden Haltung Mussolinis, die Hitler statt einer unterstützenden Intervention einen sofortigen Rückzug ratsam erscheinen ließ. Die deutsche Beteiligung war unverkennbar, doch nun zog sich Hitler ganz auf die Staatspolitik zurück und bestritt jede Verbindung mit der Parteiaktion. Die Mehrgleisigkeit nationalsozialistischer Politik hatte sich zumindest nach außen bezahlt gemacht. Die Beziehungen zum systemverwandten Italien waren allerdings auf dem Tiefpunkt angelangt, womit deutlich geworden war, daß weniger die Ideologie als machtpolitisches Kalkül die Verhältnisse der beiden Staaten bestimmte, und das bewies zugleich, daß eine faschistische Internationale ein Widerspruch in sich sein mußte, der stets auf die unüberschreitbare Grenze des Nationalismus stoßen würde.

Herausgeholfen aus der mißglückten Affäre hat Hitler ein Vermittler, der sich schon in anderen Situationen als Helfer angeboten hatte: Franz von Papen. Selbst die Tatsache, daß wenige Wochen zuvor seine engsten Mitarbeiter einer staatlichen Mordaktion zum Opfer gefallen waren und er seine Vizekanzlerschaft verloren hatte, hinderte ihn nicht, als Sonderbotschafter Hitlers nach Wien zu reisen, um dort wie in Rom zu beschwichtigen. Das änderte freilich nichts an der schlechten außenpolitischen Bilanz. Mussolinis Truppen, die auf dem Höhepunkt der österreichischen Krise am Brenner aufmarschiert waren, veranlaßten Hitler zurückzustecken. Die allgemeine Isolierung Deutschlands zwang zum vorsichtigen Taktieren und gab den Fachleuten im Auswärtigen Amt Auftrieb.

5. Vollendung der Machtergreifung

Es war ein blutiger Sommer, in Österreich wie in Deutschland. War in Wien im Juli 1934 die putschistische Machtergreifung der Nationalsozialisten am Widerstand der staatlichen Mächte gescheitert, so hatte Hitler einige Wochen zuvor in Deutschland die nationalsozialistische Machtergreifung vollenden können, indem er die staatliche Macht zum blutigen Schlag gegen die innere Opposition einsetzte und in der Folge die noch verbliebenen konservativen Machtzentren gleichschaltete. Auf dem Weg in die Vernichtung und Barbarei war der 30. Juni 1934 ebenso wichtig wie der 30. Januar 1933.

Doch das war nur wenigen Zeitgenossen bewußt, als sie am Nachmittag des 30. Juni im Rundfunk eine »Bekanntmachung des Führers« hörten, die in dürren Worten die Absetzung des SA-Stabschefs Ernst Röhm und dessen Parteiausschluß bekanntgab. Drohender klang die anschließende Mitteilung: wer den Befehlen des neuen Stabschefs Viktor Lutze nicht gehorche, werde aus SA und Partei entfernt beziehungsweise abgeurteilt. Einige Tage später stellte Hitler sich in einer Reichstagsrede selbst als oberster Gerichtsherr dar, der in der Stunde der Not zur Abwehr von Korruption, Homosexualität und Verrat zur Anwendung äußerster Mittel gezwungen gewesen sei. Für kurze Zeit war das Schreckbild von Putsch und Chaos aufgetaucht, doch nun präsentierte sich Hitler wieder als ordnungsstiftende, antirevolutionäre Kraft. Das »tatkräftige Handeln«[178] Hitlers fand in der Bevölkerung Zustimmung und Bewunderung. Die Ermordung der SA-Führer um Röhm und der anderen politischen Haudegen stärkte nur die Popularität des »Führers«. In einem Bericht aus Ingolstadt heißt es: »Die Art der Liquidierung der Röhmrevolte hat die Sympathien, die der Führer beim Volk genießt, ganz bedeutend erhöht. Unumwunden wird zugegeben, daß der Führer jederzeit ohne Rücksicht auf Rang und Stand der Schuldigen bereit ist, das zu tun, was zum Wohle des Volkes nötig ist.«[179]

Hintergründe und tatsächliche Bedeutung der Vorgänge deutete Hermann Göring, einer der Hauptakteure des 30. Juni, an, als er noch am selben Tag zynisch erklärte: »Es wurde eine zweite Revolution vorbereitet, aber gemacht wurde sie durch uns gegen diejenigen, die sie heraufbeschworen haben.«[180] In Wirklichkeit war von einer zweiten Revolution in der ersten Jahreshälfte 1934 nur die Rede gewesen, vorbereitet worden war sie niemals. Aber das Regime trieb in den Wochen und Monaten vor dem 30. Juni auf eine erste innere Krise zu, die Hitlers Machtstellung empfindlich treffen und vor allem seine Absicht gefährden mußte, die Nachfolge des todkranken Reichspräsidenten von Hindenburg anzutreten. Es war eine Bündelung vieler Probleme und Mißstimmungen, die Hitler schließlich zum Handeln trieb. Er mußte Röhm und seine unruhigen SA-Revoluzzer entmachten, den Ansprüchen der Reichswehr entgegenkommen, die Gegenpläne der konservativen Partner und Opponenten durchkreuzen und die Mißstimmung in der Bevölkerung beachten. Doch welchen Weg der Reichskanzler und Parteiführer in der sich zuspitzenden Situation auch einschlug, er durfte sich nicht zum Gefangenen der einen oder anderen Seite machen. Es spricht für Hitlers taktisches Geschick, daß er am Ende tatsächlich mit einem Schlag den Knoten durchschlagen und seine Führerdiktatur befestigt hatte. Wie in früheren Krisensituationen auch, war Hitler dabei zunächst weniger treibende Kraft als Getriebener. Der politische Taktiker wartete ab und entschied sich erst, als die Lage auf Spitz und Knopf stand und er die stärkeren Bataillone auf seiner Seite wußte.

Die Antreiber und Organisatoren der Mordaktion saßen sowohl in der Partei und in der SS als auch in der Armee und in der Verwaltung; es waren vor allem Himmler, Heydrich, Heß, Göring und Frick, aber auch die Reichswehrchefs von Blomberg und von Reichenau. Sie alle fühlten sich von der Expansion und den Machtansprüchen der auf drei Millionen angewachsenen braunen Parteiarmee Röhms bedroht. Des Stabschefs ungeschicktes, polterndes Taktieren hatte sie zu einer in sich widersprüchlichen, aber mächtigen Gegenfront zusammengetrieben.

Was die braunen Prätorianer nach dem Sommer 1933 zunehmend verbitterte und enttäuschte, hatte die alten Machteliten in Armee und Bürokratie, in Großwirtschaft und Kirche beruhigt und versöhnt. Die Revolution war für beendet erklärt worden, alles deutete auf eine konservative Mäßigung des Regimes. Die Tatsache, daß der Reichskanzler kaum noch in der braunen Parteiuniform, sondern meistens im schwarzen Anzug auftrat, war dem konservativen Deutschland Beweis genug für die zunehmende Entfernung Hitlers von seiner Partei und umgekehrt ein Grund, sich für den neuen Staat zu engagieren. In der SA wuchs indes der Unwille darüber, daß die »Reaktion« nun die Früchte der nationalen Revolution erntete und daß man selbst nach Beendigung des Bürgerkriegs und der Parteirevolution nicht nur funktionslos, sondern auch ausgeschlossen von der Macht und den Pfründen blieb. Seitdem sich die Anzeichen mehrten, daß den Säuberungs- und Besetzungsaktionen der SA in Rathäusern und Verwaltungen, in Industrieunternehmen, Warenhäusern und Banken ein Ende bereitet, die SA-Hilfspolizei und ihre wilden Konzentrationslager aufgelöst wurden, drohte Ernst Röhm, der Draufgänger, zu diesem Zeitpunkt neben Hitler der mächtigste Mann des Nationalsozialismus, unverhohlen mit der wirklichen, nationalsozialistischen Revolution.

Mit aufpeitschenden Reden und einer Welle von Massenkundgebungen und Appellen im Sommer 1933 heizte er die ohnehin schon maßlosen Erwartungen seiner Korps noch an. Das Wort von der zweiten Revolution machte seither in den Sturmlokalen die Runde. Nach der ersten großen Welle, so Röhm, sei die Revolution in Halbheiten steckengeblieben. Nun müsse die SA die totale Revolution, die Inbesitznahme des gesamten Staates betreiben. Die Parole von der zweiten Revolution mußte sowohl die politische Strategie Hitlers gefährden als auch den alten Konflikt zwischen SA und Politischer Organisation erneut entfachen. Getroffen von dem scheinbar ziellosen revolutionären Aktivismus der SA fühlte sich auch die Armee, die als einziger Machtträger von der nationalsozialistischen Gleichschaltung verschont geblieben war und eben deshalb zur Zielscheibe der Unzufriedenheit und der Machtansprüche der SA werden mußte. Denn Röhm strebte tatsächlich nichts anderes an,

»Loyal support.« (Ehrlicher Beistand.) Karikatur aus dem Londoner »Punch« vom 11. Juli 1934

Spätestens nach Hindenburgs Dank an Hitler für dessen blutige Entmachtung seiner eigenen Bürgerkriegsarmee wurde im In- und Ausland immer deutlicher, daß der vierundachtzigjährige Reichspräsident nicht mehr im Besitz seiner körperlichen und geistigen Kräfte war. Der »Punch« faßte die Situation präzis in einer Karikatur zusammen, in der ein hinfälliger Hindenburg von einem devotmartialischen Göring gestützt wird, während Hitler den Helm der SA zertritt.

als die zahlenmäßig kleine Reichswehr von seinem braunen Massenheer aufsaugen zu lassen und eine nationalsozialistische Miliz unter einem Kriegsminister Röhm zu schaffen. »Der graue Fels der Reichswehr« müsse in der »braunen Flut der SA untergehen«, ließ er sich drohend vernehmen. Seine Forderung nach einem revolutionären Heer unter der Kontrolle der SA mußte die erbitterte Gegnerschaft der Reichswehr hervorrufen und drohte das Bündnis Hitlers mit der Armee und damit die eigentliche Existenzgrundlage des »Dritten Reiches« zu sprengen.

Damit war Hitlers Ablehnung der SA-Forderungen vorherbestimmt, auch wenn er nicht wußte, was aus der SA werden sollte. Denn als Gegengewicht gegen die Reichswehr war sie ihm unentbehrlich. Doch sollte nach seinem Verständnis seine Privatarmee vor allem eine politische, nicht aber eine militärische Funktion haben. Auf die Unterstützung der Reichswehr aber konnte er innen- und außenpolitisch nicht verzichten. Er brauchte sie zum erfolgreichen Abschluß der Machtergreifung, und außerdem war ihm der militärische Sachverstand unentbehrlich. Denn nur mit der Reichswehr konnte der 1933 eingeleitete Prozeß der Wiederaufrüstung so zeit-und fachgerecht durchgeführt werden, daß für die gemäß der außenpolitischen Konzeption geplante Aggression eine schlagkräftige Armee zur Verfügung stand. Dieser Aufgabe aber hätte eine Miliz, wie sie Röhm vorschwebte, nicht gerecht werden können.

Um einen wehrpolitischen Konflikt ging es am 30. Juni – und um einiges mehr. Zwar hatte Hitler sich seit der Jahreswende wiederholt für das von der Reichswehrführung vertretene Konzept ausgesprochen, doch Röhm war von seinen Forderungen nicht abzubringen. Eine dienende Funktion hatte der neue Chef des Ministeramtes, Oberst von Reichenau, der SA zugedacht; die braune Armee solle Aufgaben der Landesverteidigung übernehmen, natürlich unter Führung und Kontrolle der Reichswehr. Als Hitler bewußt wurde, daß die SA sich nicht in diese wehrpolitischen Vorstellungen einordnen ließ, blieb nur die Möglichkeit einer Ausschaltung Röhms. Die revolutionäre Rhetorik der SA bedrohte das gesamte Bündnis der Reichswehr mit Hitler.

So unterschiedlich die Motive und die taktischen Leitvorstellungen innerhalb der neuen Reichswehrführung waren, in einem entscheidenden Punkt bestand Einigkeit: Hitler mit seiner Massenbewegung versprach das, was die alten Machteliten insgesamt und das Offizierskorps insbesondere nicht mehr aus eigener Kraft erreichen konnten. Das war die Sicherung ihrer politisch-sozialen Führungsstellung und die Durchsetzung einer modernen Rüstung. Niemand schien die Integration einer Massengesellschaft mit gleichzeitiger Durchsetzung autoritärer Herrschaftsformen besser verbinden zu können als die Nationalsozialisten. Noch nach seiner ehrverletzenden Entlassung als Oberbefehlshaber des Heeres 1938 bekannte sich Generaloberst von Fritsch in einem Privatbrief zu den Zielen dieses Bündnisses. »Bald nach dem Kriege kam ich zur Ansicht, daß 3 Schlachten siegreich zu schlagen seien, wenn Deutschland wieder mächtig werden sollte. 1. die Schlacht gegen die Arbeiterschaft, sie hat Hitler siegreich geschlagen. 2. gegen die katholische Kirche, besser gesagt gegen den Ultramontanismus u. 3. gegen die Juden. In diesen Kämpfen stehen wir noch mitten drin. Und der Kampf gegen die Juden ist der schwerste.«[181]

Über die Taktik und Ausgestaltung dieses Zusammengehens gab es in der Reichsführung Meinungsverschiedenheiten. Die Heeresführung wollte in dem Bündnis die Trennlinien klarer eingehalten wissen und soviel wie möglich von den überkommenen Wertvorstellungen bewahren. Als »Mittler zwischen Alt und Neu« verstand sich Fritsch, der die neue Wehrmacht auf den »gesunden Grundlagen der Vergangenheit zu errichten und dem veränderten Zeitgeist anzupassen« versuchte.[182] Die Wehrmachtsführung war bereit, geringere Rücksicht auf die vergangenen Verhaltensmuster zu nehmen, wenn nur der Einfluß der Militärelite gewahrt bliebe. Bei dem prinzipienlosen Wehrminister von Blomberg entsprang das mehr schwärmerischen Augenblicksneigungen, bei seinem Chef des Ministeramtes, Oberst von Reichenau, einem nüchternen, fast machiavellistischen Kalkül. Darum gab er die Parole aus: »Hinein in den neuen Staat, nur so können wir die uns gebührende Position bewahren.«[183]

Diese Devise verfocht der Oberst um so konsequenter, je unbändiger und unkontrollierter die Ansprüche der SA wuchsen. Um die Bereitschaft zur Kooperation und Kollaboration zu bekunden, verfügte Blomberg im Februar 1934 die Übernahme des »Arierparagraphen« für das Offizierskorps und erhob das Hoheitszeichen der NSDAP, das Hakenkreuz, zum offiziellen Wehrmachtsemblem. Die traditionelle Solidarität des Offizierskorps, auch jüdischen Soldaten gegenüber, war nun weniger wichtig als ein demonstratives Entgegenkommen. Fritsch begründete auf einer Befehlshaberbesprechung am 2./3. Februar den Schritt: man wolle »dem Kanzler damit die nötige Stoßkraft der SA gegenüber«[184] geben. Denn eine Entscheidung Hitlers im Konflikt mit der unruhigen Parteiarmee hielt man seit einiger Zeit für unausweichlich; Blomberg erklärte auf derselben Besprechung, daß eine weitere Zusammenarbeit mit der SA unmöglich geworden sei. Einen Tag zuvor hatte Röhm dem Reichswehrminister eine Denkschrift übergeben, die von der Reichswehrführung als offene Kampfansage gewertet wurde.

Röhm hatte darin die Landesverteidigung als eine »Domäne der SA« beansprucht; der Reichswehr wollte er nur noch die militärische Ausbildung eines künftigen Milizheeres unter seiner Führung zugestehen. Gewiß hatte sich Röhm durch Anerkennungen und Schmeicheleien Hitlers bestärkt fühlen können, denn schließlich war er am 1. Dezember 1933 ins Kabinett berufen worden, und der »Führer« hatte seinen Duzfreund zum Jahreswechsel wissen lassen, wie dankbar er ihm »für die unvergänglichen Dienste« sei, »die Du der nationalsozialistischen Bewegung und dem deutschen Volke geleistet hast«. Doch wenige Tage später beauftragte Hitler den Chef des Geheimen Staatspolizeiamtes, Rudolf Diels, über »Herrn Röhm und seine Freundschaften« wie über »die Zustände in der SA« Material zu sammeln. Und Göring fügte hinzu: »Das ist das Wichtigste, was Sie je getan haben.«[185]

Denn mittlerweile hatte Hitler bereits die grundsätzliche Entscheidung für eine neue Wehrmacht auf der Grundlage der allgemeinen Wehrpflicht gefällt und der Reichswehr in diesem Zusam-

Programm

für den am Sonnabend, dem 16. Dezember 1933 stattfindenden

Kameradschafts-Abend

des

Sturmes 3/5   ::   Brigade 28 Horst Wessel

Ab 20 Uhr

Tanz

Ausgeführt vom Tanzorchester Holzapfel

Ansprache des Führers des Sturmes 3 5 Gerhard Starke

Gegen 22 Uhr

SA Kabarett

1. Potpourri des Gesangvereins „Deutsches Lied"
2. Turnerische Darbietungen des Sportvereins „Gute Kameraden"
3. Schlager eigener Komposition von Paul Equitz
4. Schulzerino singt
5. Excentric-Akt (Vg. Kagermann)
6. Schlager eigener Kompositionen singt S.A.M. Ziessnitz

Verbindende Worte Volksfreund Pelkmann

Ihr Erscheinen haben u. a. zugesagt:

Arnim Münch
Franz Heigl   von der „Plaza"
Otto Marau
Frau Sedelmeyer

Traute, Loni u. Hans Rose

Erich Suckmann
                                   vom „Rose-Theater"
Anja Aroschewa

S.A.M. Otto Erich Steeger, 1. Kapellmeister vom Rose-Theater

„Trixie" vom Wintergarten

u. a. m.

Die Gesamtleitung liegt in den Händen von
Scharführer Karl Kagermann
S.A.M. Herbert Pelkmann

Änderungen behalten wir uns vor

menhang versichert, sie werde der einzige Waffenträger der Nation
bleiben. Die Denkschrift Röhms war zum Zeitpunkt ihrer Abfassung nicht nur schon längst überholt, sie stand außerdem in ekla-
tantem Widerspruch zu Hitlers wirklichen Plänen.

Das war eine deutliche Warnung und zugleich eine taktische
Grundsatzerklärung, die bis in die Kriegsjahre hinein in der Innen-
wie in der Außenpolitik gültig bleiben sollte. Die gab Hitler in einer
Besprechung am 28. Februar zu erkennen, zu der er die Befehlshaber der Reichswehr sowie die Führer der SA und SS mit Röhm und
Himmler an der Spitze gemeinsam ins Wehrministerium in der
Bendlerstraße zusammenrief. Was Hitler vortrug, rief bei den Offizieren Beifall, bei den SA-Führern Enttäuschung, ja Entsetzen hervor. Eine Miliz sei für seine Pläne völlig ungeeignet, die Wehrverfas-
sung werde ausschließlich auf der Grundlage der Wehrpflicht im
Rahmen der Reichswehr gestaltet. Die Reichswehr sei und bleibe

der einzige Waffenträger der Nation. Der SA falle die politische Schulung und die vormilitärische Ausbildung zu. Zum wiederholten Male fügte er warnend hinzu, die »nationale Revolution« sei endgültig abgeschlossen und drohte, er »zerschlage die SA, wenn sie etwa gefährliche Extratouren tanzen wolle«.[186] Dann legte er Röhm und Blomberg Richtlinien über die Zusammenarbeit zwischen SA und Reichswehr vor, die eher auf eine Unterwerfung der Parteiarmee hinausliefen als auf eine Partnerschaft. Die SA war auf einige militärische Randaufgaben zurückgedrängt und mußte noch dazu hinnehmen, daß sie selbst im Bereich der vormilitärischen Ausbildung den Weisungen des Reichswehrministeriums unterstand.

Röhm gab sich loyal und leitete entsprechende Anweisungen an die SA-Inspekteure weiter. Doch im kleinen Kreise der Vertrauten ließ er seinem Unmut freien Lauf. Er bezeichnete den Ausgleich als ein »Diktat« nach Versailler Muster und nannte Hitler einen »ignoranten Gefreiten«. Er denke nicht daran, »das Abkommen einzuhalten. Hitler sei treulos und müsse mindestens auf Urlaub.«[187] Ein scheinbarer Vertrauter Röhms trug dessen Ausfälle auf den Obersalzberg: Viktor Lutze, Oberleutnant a.D., SA-Obergruppenführer und Oberführer im SA-Bereich Nord. Nach dem 30. Juni wurde er anstelle des ermordeten Röhm mit der Führung der SA betraut.

Es ist nicht sicher, wann Hitler zu der Überzeugung kam, daß das Problem Röhm unter Umständen mit Gewalt gelöst werden mußte. Anfang März jedenfalls war er noch entschlossen abzuwarten. »Wir müssen die Sache ausreifen lassen«,[188] erläuterte er Lutze, Was das bedeutete, zeigte die systematische Sammlung von Belastungsmaterial in den nächsten Wochen – das seit dem Frühjahr 1934 reichlich anfiel. Röhm hatte zwar Anfang März nach seiner Schlappe noch einen erneuten Vorstoß unternommen und Hitler eine kleine Lösung vorgeschlagen – die Übernahme einiger tausend SA-Führer in die Reichswehr. Doch die Reichswehrführung und auch Hitler lehnten ab. Röhm blieb nur der Weg der Revolte. Schließlich stand auch er unter dem Druck seiner unzufriedenen und ungeduldigen Massengefolgschaft. Wieder machte nun das Gerede von der zweiten Revolution die Runde. Röhm kritisierte zum wiederholten Male die »Verbonzung« der Partei und organisierte neue, gewaltige Aufmärsche, um die ungebrochene Kraft der SA zu demonstrieren. Gleichzeitig verschaffte er sich Waffen, auch durch Käufe im Ausland, und suchte Kontakte zu ausländischen Diplomaten und sogar zu oppositionellen Gruppen im Lande. Es gingen Gerüchte, die SA unterstütze eine Restauration der Monarchie unter dem Hohenzollernprinzen August Wilhelm, den sie zu den ihren zählte. Ganz offensichtlich legte Röhm es darauf an, Druck auf Hitler und die Reichswehrführung auszuüben. Schließlich verfügte er über dreißig Divisionen.

Während Hitler noch zögerte, sammelten sich die entschiedenen Gegner Röhms bereits. Ihre Gemeinsamkeit lag darin begründet, daß sie alle in ihrem Herrschaftsbereich von der SA bedrängt oder eingeengt wurden: Göring und Heß, die Röhm seine Machtstellung als faktisch zweitem Mann in der Partei neideten; Himmler, dessen SS noch immer der SA unterstellt war; auch Goebbels stieß dazu und der mächtige Münchener Gauleiter Adolf Wagner. Bald kam es zu Kontakten der Reichswehrführung zu Göring und Himmler; Reichenau war hier die treibende Kraft, aber auch Fritsch, der die bedrohliche SA so bald wie möglich loswerden wollte. Reichenaus Abwehramt sammelte Nachrichten und arbeitete mit dem noch jungen und rudimentären SD, dem parteiinternen Sicherheitsdienst, zusammen, dessen Aufbau bezeichnenderweise ebenso in die Zeit der SA-Krise fällt wie die Übernahme der preußischen Gestapo durch Heinrich Himmler, den neuen Verbündeten Görings. Gleichzeitig bemühte sich die Reichswehr, sich »als im Sinne der Regierung absolut zuverlässig« zu erweisen und die schon angekündigte »Durchdringung der Wehrmacht mit nationalsozialistischem Gedankengut«[189] in die Tat umzusetzen. Blomberg feierte Hitler in einem überschwenglichen Gruß zu dessen 45. Geburtstag und ließ die Münchener Kaserne des Regiments List in »Adolf-Hitler-Kaserne« umbenennen.

Die Schlüsselrolle in der Treibjagd gegen Röhm und seine SA nahmen Himmler und Heydrich ein, sie hatten das größte Interesse an einer Ausschaltung des Stabschefs. Heydrich sammelte im Verein mit militärischen Stellen unentwegt Material, doch eine Putschvorbereitung ließ sich der SA auch bei größter Mühe nicht nachweisen. Im Gegenteil, Aufmärsche und Drohreden der SA ebbten ab. Röhm ließ sich von Hitler am 4. Juni sogar überreden, die SA für den Monat Juli zu beurlauben und sich selbst zu einem »Krankheitsurlaub« nach Bad Wiessee zurückzuziehen. Auch wenn der aufsehenerregenden Urlaubserklärung Röhms vom 8. Juni eine drohende Gebärde an die Adresse aller »Feinde der SA« folgte – alles deutete auf eine Entspannung der Lage, und Hitler trat einige Tage später, am 14. Juni, seine erste Auslandsreise an, und zwar nach Venedig, dort wollte er sich mit dem bewunderten Duce treffen.

Der Anstoß zur erneuten und dramatischen Zuspitzung der Lage kam von einer anderen Gruppe, einer dritten Konfliktpartei, die ihrerseits die SA-Krise und die Nachfolgefrage des Reichspräsidenten nutzen wollte, um vielleicht doch noch zu erreichen, was nach dem 30. Januar gescheitert war – die Zähmung Hitlers. Ein Kreis um Vizekanzler Papen war plötzlich Zentrum emsiger Oppositionsgeschäftigkeit, die schließlich auch Putschpläne mit einschloß. Zunächst hatten die Mitarbeiter Papens – Bose, Tschirsky und Jung – Pläne entwickelt, um im Rahmen der anstehenden Nachfolgefrage Hindenburgs die Entwicklung des Regimes wieder in gemäßigte oder restaurative Bahnen zu lenken. Papen sollte bei Hitler auf eine verbindliche Äußerung zur Nachfolge Hindenburgs drängen und gleichzeitig Hindenburg selbst bewegen, in seinem Testament die Wiederherstellung der Monarchie zu empfehlen. Beide Vorstöße blieben ergebnislos. Hitler wich aus, und Hindenburg nahm die gewünschte Empfehlung nicht in sein Testament, sondern nur in einen Brief an Hitler auf. Nun setzten die Männer um Papen auf eine Zuspitzung der SA-Krise; man hoffte, Hindenburg und die Reichswehr in einem solchen Falle zur Ausrufung des militärischen Ausnahmezustands bewegen zu können, um dann eine konservative Militärdiktatur zu errichten.

Der Absicht, die Spannungen hochzutreiben, diente zunächst eine Rede Papens in der Marburger Universität am 17. Juni, die

Edgar Jung verfaßt hatte. Sie war nichts weniger als eine frontale Kritik an Gewalt und Radikalismus des neuen Regimes und markierte deutlich den Gegensatz zwischen einem konservativ-autoritären Staatsbegriff und dem »widernatürlichen Totalitätsanspruch des Nationalsozialismus«: »Einmal muß die Bewegung zu Ende kommen, einmal ein festes soziales Gefüge, zusammengehalten durch eine unbeeinflußbare Rechtspflege und durch eine unbestrittene Staatsgewalt, entstehen. Mit ewiger Dynamik kann nichts gestaltet werden. Deutschland darf nicht ein Zug ins Blaue werden ... Die Regierung ist wohl unterrichtet über das, was an Eigennutz, Charakterlosigkeit, Unwahrhaftigkeit, Unritterlichkeit und Anmaßung sich unter dem Deckmantel der deutschen Revolution ausbreiten möchte. Sie täuscht sich nicht darüber hinweg, daß der reiche Schatz an Vertrauen, den ihr das deutsche Volk schenkte, bedroht ist. Wenn man Volksnähe und Volksverbundenheit will, so darf man die Klugheit des Volkes nicht unterschätzen, muß sein Vertrauen erwidern, es nicht unausgesetzt bevormunden wollen.«[190]

Das Regime reagierte auf diese Herausforderung sofort. Goebbels verhinderte die Verbreitung der Rede durch Rundfunk und Presse, ihr Verfasser Edgar Jung wurde nach einigem Zögern am 25. 6. verhaftet, auch seine Nähe zum Vizekanzler hatte ihn nicht schützen können. Als Papen am 19. Juni seinen Rücktritt anbot, hielt Hitler ihn mit dem Vorschlag hin, gemeinsam Hindenburg auf dessen Gut Neudeck zu besuchen. Zwei Tage später fuhr er dann allerdings allein zu Hindenburg, offiziell, um ihn über seine Italienreise zu unterrichten, tatsächlich aber, um Papens Aktionen zu konterkarieren und Hindenburg zu beruhigen. Auch Hitler wußte nun, daß keine Zeit zu verlieren war.

Die Opposition der konservativen Partner vom 30. Januar war Teil einer allgemeinen Ernüchterung, Unzufriedenheit und Beklemmung. Die Illusionen der nationalen Erhebung waren verflogen angesichts wachsender Reglementierung und nicht endender Verfolgungen einerseits und sich steigernder Korruption und Funktionärswirtschaft andererseits. Aufgrund wirtschaftlicher Enttäuschungen und erster Engpässe in der Versorgung wuchs die Mißstimmung noch zusätzlich. Goebbels mußte die Erfahrung machen, daß nach den Tagen und Wochen des nationalen Taumels sehr bald wieder der Alltag einkehrte. Zwar hatte das Regime im ersten Jahr durch eine Flut von Grundsteinlegungen, ersten Spatenstichen und zu Arbeitsschlachten stilisierten Arbeitsprogrammen ein Gefühl des Ärmelaufkrempelns und einer allgemeinen Mobilisierung geweckt, doch der Aufschwung kam nicht schnell genug in Gang. Statt dessen kam es zu einem Absinken des Exports und einem bedrohlichen Rückgang der Devisenbestände, zu erneuten Entlassungen, zu neuerlicher Kurzarbeit und zu einem horrenden Preisanstieg für Grundnahrungsmittel, die stellenweise sogar knapp wurden. »Eine gewisse Niedergeschlagenheit« und »ein Gefühl der Verlassenheit« griff in der Arbeitswelt um sich, wie der Nachrichtendienst meldete.[191] In der Bauernschaft registrierte man eine »gewisse Unzufriedenheit« über das Reichserbhofgesetz, was die amtlichen Berichte aber schließlich auf das »Hetzen durch heimliches Miesmachen und Kritisieren«[192] zurückführten.

Die Mißstimmung hatte jedoch nicht nur wirtschaftliche Gründe. Ihr Ziel waren die vielen »kleinen Hitler«, die sich und die Partei durch Unterschlagung, Korruption und Postenjägerei in Verruf gebracht hatten. »Die Parteiwirtschaft sei heute noch viel größer in der Kommune, und in den Behörden sind solche Leute als Führer vertreten, auf die früher die Leute mit den Fingern gedeutet haben«,[193] schimpften Bauern und Bürger einer oberbayerischen Gemeinde. Die Nationalsozialisten mußten erfahren, daß der Anti-Parteieneffekt aus der Weimarer Republik, den sie so kräftig geschürt und genutzt hatten, auf sie selbst zurückschlug. Ganz plötzlich kam eine Welle der Kritik hoch, die auch vor ihrer Partei keinen Halt machte.

Querverbindungen zwischen den verschiedenen Lagern der Unzufriedenheit gab es offensichtlich nicht, und dennoch beschlichen Machthaber wie Bevölkerung Krisengefühle. Auch einen direkten Zusammenhang zwischen einer neuen Propagandakampagne und irgendeiner Mobilmachung gegen die SA gab es nicht; bis Mitte Juni existierte kein konkreter Handlungsplan. Nur Gerüchte und Vorkommnisse, die geheime Zusammenhänge vermuten ließen, beherrschten das Bild und steigerten die Spannung. Heydrich und der SD streuten angebliche Röhm-Befehle zu einem bevorstehenden Putsch aus, an den sie bald selbst glaubten. Aber auch die Mitarbeiter Papens, insbesondere sein Pressechef Herbert von Bose, suchten die SA-Krise weiter zu schüren, um die Reichswehr gegen die SA zu mobilisieren. In dieser Atmosphäre lösten Treffen von SA-Führern bei den Gegnern sofort erhöhte Alarmstufe aus. Selbst die Reichswehrführung glaubte am 24. Juni an einen bevorstehenden Putsch, vor allem, nachdem man ihr zwei Tage später einen gefälschten Bewaffnungsbefehl zugespielt hatte. Als Blomberg am folgenden Tag, dem 27. Juni, mit diesen Papieren bei Hitler erschien, muß die Entscheidung über Röhms Schicksal gefallen sein. Er wollte die SA-Führer nach Bad Wiessee zu einer Konferenz einberufen und dort mit ihnen »abrechnen«, deutete dieser Blomberg an. Die Verhaftungsaktion werde Sepp Dietrich, Kommandant der SS-Leibstandarte Adolf Hitler, anvertraut werden.

SS und SD waren bereits am 24./25. Juni von Himmler und Heydrich auf das Kommende vorbereitet worden. Fast gleichzeitig wurde auch das weitere Führungskorps der Reichswehr über den angeblich bevorstehenden SA-Putsch unterrichtet und angewiesen, der SS im Bedarfsfall Waffen auszuhändigen sowie Fahrzeuge und Unterkünfte zur Verfügung zu stellen. Alle Maßnahmen sollten jedoch unauffällig getroffen werden. Am folgenden Tag, dem 29. Juni, wies Generalleutnant Beck, Chef des Generalstabs des Heeres, alle Offiziere in der Bendlerstraße an, die Pistolen griffbereit zu halten. An diesem Tag veröffentlichte Blomberg im »Völkischen Beobachter« einen Artikel, in dem er in einer huldigenden Treueerklärung Hitler gleichsam die Ermächtigung zum Schlag gegen die SA gab. Am Tag zuvor war Ernst Röhm, Hauptmann a.D., aus dem Deutschen Offiziersbund ausgeschlossen worden und damit gewissermaßen für vogelfrei erklärt worden. Man hatte wirklich an alles gedacht. Nur die angeblichen Verschwörer taten nichts, was man gegen sie verwenden konnte. Doch das sollten die Regisseure schon noch wettmachen.

Mittlerweile zirkulierten zwischen Heydrich, Göring und Blomberg schwarze Listen mit den Namen all derer, die zu gegebener Zeit verhaftet oder liquidiert werden sollten. Hitler hatte inzwischen, am 28. Juni, Berlin verlassen, um, wie er später erklärte, »nach außen den Eindruck absoluter Ruhe zu erwecken und die Verräter nicht zu warnen«.[194] Er begab sich nach Essen zur Hochzeit des Gauleiters Terboven. Zur selben Zeit unternahm von Bose einen letzten Versuch, mit einem umfangreichen Dossier zu Hindenburg vorzudringen und den Ausnahmezustand verhängen zu lassen. Dazu war ein Besuch notwendig, der bis zum 30. Juni, dem Beginn des SA-Urlaubs, stattgefunden haben mußte. Doch der einzige Zuträger, auf den der Papen-Kreis noch setzen zu können glaubte, Hindenburgs Sohn Oskar, hatte den Plan nicht verstanden und fragte ausgerechnet bei Reichswehrchef Blomberg nach den Gründen für Papens Besorgnisse. Damit waren die Hauptakteure gewarnt und wußten, daß sie ihrerseits spätestens bis zum 30. Juni, dem Termin des geplanten Papen-Besuchs in Neudeck, handeln mußten. Die Alarmbereitschaft von SS und SD wurde erhöht, auch die Reichswehrführung und die Heeresleitung gaben Voralarm: es sei »nicht ausgeschlossen, daß ein Putsch gegen das Heer in absehbarer Zeit beabsichtigt sein kann«.[195]

Hitler reagierte auf die Nachrichten von der geplanten Intervention Papens bei Hindenburg mit gereizter Entschlossenheit. »Ich habe genug, ich werde ein Exempel statuieren.«[196] Von Essen aus berief er am 28. Juni abends telephonisch die geplante Konferenz der SA-Führer auf den 30. Juni nach Bad Wiessee ein und beorderte Göring nach Berlin, der dort auf ein Stichwort hin sofort gegen die Berliner SA und den Papen-Kreis vorgehen sollte. Alles war vorbereitet.

Was den Regisseuren Göring, Himmler und Heydrich noch immer fehlte, war der Vorwand, der angebliche Putsch. Die SA war ruhig geblieben. Einige ihrer Führer waren schon in den Urlaub gefahren. Doch kamen jetzt aus dem ganzen Reich Meldungen von Protestzügen und -aktionen einzelner SA-Trupps, die offensichtlich eine Ahnung davon hatten, daß sich etwas gegen sie zusammenbraute. Da und dort versuchten SA-Männer auch, sich zu bewaffnen; in München kam es am Abend des 29. Juni sogar zu größeren Demonstrationen und Aufmärschen. Gauleiter Adolf Wagner sah sich, obwohl die protestierenden Männer um Mitternacht wieder nach Hause gezogen waren, endlich in der Lage, eine Meldung über putschende SA-Einheiten weiterzuleiten. Der Auftakt zu einem Putsch oder einer möglichen Gegenaktion war das zwar nicht, und es ist auch nicht sicher, in welchem Maße die SS als Agent provocateur an den vereinzelten Protestaktionen beteiligt war.

Hitler selbst eröffnete die Aktion. Im Morgengrauen in München gelandet, raste er mit seiner Wagenkolonne ins Innenministerium, um dort mit den angeblichen Meuterern vom Vorabend abzurechnen, dem SA-Obergruppenführer Schneidhuber und dem Gruppenführer Schmidt. In einem hysterischen Ausbruch riß Hitler ihnen die Rangabzeichen ab und schrie: »Sie sind verhaftet und werden erschossen.«[197] Dann brach er mit einer langen Autokolonne nach Wiessee auf, die Peitsche in der Hand, besessen von dem einzigen Gedanken, die angeblichen Hochverräter zu erschießen.

In der Wiesseer Pension Röhms stürzte der Reichskanzler, von zwei Polizisten begleitet, in das Schlafzimmer Röhms und fuhr den verschlafenen Stabschef, der die Vorgänge nicht begreifen wollte, zweimal an: »Röhm, du bist verhaftet.«[198] Dann folgten die übrigen SA-Führer, von denen nur einer, nämlich Edmund Heines aus Schlesien, der mit einem Jüngling im Bett überrascht wurde, Widerstand leistete. Dies war eine jener Szenen, die von der nationalsozialistischen Propaganda anschließend mit plötzlich erwachter Empörung über die Homosexuellen in der SA ausgespielt wurde und die Hitler vor der Öffentlichkeit als Tugendwächter erscheinen ließen.

Auf der Rückfahrt nach München wurden jene SA-Führer abgefangen, die gerade nach Bad Wiessee reisen wollten. In München angekommen, gab Goebbels das vereinbarte Stichwort nach Berlin durch, wo Göring die Kommandos von SS, SD und Gestapo auf den Weg schickte. Im Münchener Gefängnis Stadelheim und im Lager Dachau wurden mittlerweile Dutzende hoher SA-Führer ohne Verfahren von SS-Männern erschossen. In Berlin weiteten Göring und Himmler, die Gunst der Stunde nutzend, die Aktion weit über den Kreis der angeblichen Röhm-Putschisten aus. Nicht nur persönlich mißliebige SA-Führer, die ahnungslos gerade zur Urlaubsreise aufbrechen wollten, wie der SA-Gruppenführer Karl Ernst, wurden erschossen, sondern auch politische Gegner, mit denen noch eine Rechnung aus alten Zeiten zu begleichen war. Während Vizekanzler Papen »nur« unter Hausarrest gestellt wurde, fielen seine engsten Mitarbeiter Bose und Jung den Todeskommandos zum Opfer. Auch Gregor Strasser wurde aufgespürt und in den Kellern des gerade eingerichteten Gestapo-Hauptquartiers in der Prinz-Albrecht-Straße erschossen. Der Leiter der Katholischen Aktion, Ministerialdirektor Erich Klausener, wurde an seinem Schreibtisch im Verkehrsministerium ermordet. Dasselbe Schicksal erlitt der ehemalige Reichskanzler General von Schleicher, der in seinem eigenen Haus zusammen mit seiner Frau erschossen wurde. Zu den Opfern der Mordaktion gehörten ferner ein ehemaliger Mitarbeiter Schleichers, General von Bredow, sowie der einstige bayerische Generalstaatskommissar von Kahr, bei dem sich Hitler für den »Verrat« vom 9. November 1923 revanchierte. Auch der völlig unbeteiligte Musikkritiker Dr. Wilhelm Schmidt, den die Kommandos mit dem SA-Gruppenführer Ludwig Schmitt verwechselten, wurde Opfer der blinden Vernichtungswut. Nur im Falle seines Duzfreundes Röhm, der im Stadelheimer Gefängnis saß, hatte Hitler zunächst gezögert, obwohl Himmler und Göring dazu drängten und obwohl der alte Kampfgefährte Max Amann und der nicht weniger treue Gefolgsmann Rudolf Heß um die Genugtuung wetteiferten, den alten Rivalen zu ermorden. Amann rief: »Das größte Schwein muß weg. Ich werde den Röhm selbst erschießen.« Heß entgegnete: »Nein, das ist meine Pflicht, auch wenn ich nachher erschossen werden sollte.«[199] Erst am folgenden Tag gab Hitler dem KZ-Kommandanten von Dachau, Theodor Eicke, den Exekutionsbefehl.

Der erste Massenmord in der Geschichte des Dritten Reiches war verübt, ohne Gerichtsverhandlung, ohne Verteidigung, ohne Urteil. Auf etwa hundert schätzt man die Zahl der Opfer dieses »Fememor-

Ernſt Röhm, Chef des Stabes und Preußiſcher Staatsrat

SA. und SS.

SA. bedeutet Sturmabteilung. In der Bezeichnung allein liegt Programm und Verpflichtung: Sturmtrupp der nationalsozialiſtiſchen Bewegung zu sein, jeden ſich ihr in den Weg stellenden Widerſtand zu brechen, in rückſichtsloſem Vorwärtsdrang der Idee den Weg zu bahnen — immer die Nächſten am Feind bis zum endgültigen Sieg!

SS. heißt Schutzſtaffel. Im kleinen, engen Sinne geſehen, zum Schutz der politiſchen Propaganda beſtimmt. Weitergreifend: die Vertrauenstruppe des Führers für beſondere Aufgaben — Hüter und Wächter des nationalſozialiſtiſchen Ideengutes und der Geſchloſſenheit der Bewegung. Einzelkämpfer, von denen der Führer beſonders ſtark ausgeprägtes Verantwortungsgefühl und blinden Gehorſam fordert.

Beide, SA. und SS., zuſammen:
Die kämpferiſch-geiſtigen Willensträger der nationalſozialiſtiſchen Revolution!

Ohne dieſe edelſte, härteſte Waffe des politiſchen Kampfes in Deutſchland gäbe es keine nationale Erhebung und erſt recht keine nationalſozialiſtiſche Revolution!

Die aus dem Weltkrieg geborene nationalſozialiſtiſche Idee iſt ſoldatiſch durch und durch. Ihr Ziel war die dauernde Erhaltung des unverlierbaren ſeeliſchen Gewinns der Front: des Bewußtſeins der aus dem gemeinſamen Schickſal bedingten engen Verbundenheit im Dienſte der Nation. Sie richtete ſich gegen die dieſem Ziel entgegenſtehende Parteizerriſſenheit.

Sie wollte darum nicht ſelbſt Partei ſein, ſondern Bewegung. Die neue Lehre war ſo klar, einleuchtend, zwingend, daß der Marxismus

64

Der Weltkriegs-Hauptmann Ernst Röhm war die klassische Landknechtsfigur in Hitlers Umgebung; so ist es kein Zufall, daß er von 1928 bis 1930 als Militärberater in den Sold der bolivianischen Armee trat. Röhm zählte zu den wenigen persönlichen Freunden Hitlers und hatte das Privileg der Duzfreundschaft, das Hitler sonst selbst seiner alten Garde verweigerte. Am Tag nach dem sogenannten Putsch wurde er im Zuge der Entmachtung der SA auf Hitlers persönlichen Befehl erschossen. Die Lesart von seinem angeblichen Verrat war so überzeugend, daß Anhänger der Bewegung sein Photo im 1934 erscheinenden »Almanach der nationalsozialistischen Revolution« auf eigene Faust durchstrichen und mit haßerfüllten Kommentaren versahen.

des großen Stils«,[200] Handlungen einer brutalen Bandenräson. Es ist nicht ohne Grund, daß Himmler später, in seiner berüchtigten Posener Rede vom Jahre 1943, die »Endlösung« der Judenfrage mit dem 30. Juni in Verbindung brachte.

So sehr die Vorgänge des 30. Juni selbst an organisiertes Bandenwesen erinnern, so sehr verdeutlichen die folgenden politischen Ereignisse, daß es sich um staatlich geplanten und legalisierten Mord handelte. Hitler tat alles, die unglaublichen Vorfälle hinter scheinbarer Normalität und Legalität zu verstecken. In der Kabinettssitzung vom 3. Juli gab er in einer langen Rechtfertigung die Mordaktion als Staatsnotwehr aus. Nachdem er erfahren habe, daß die von Röhm geplante Umsturzaktion am 30. Juni, gegen 16 Uhr, eröffnet werden sollte, »habe [er] sich daher zu einem sofortigen

Eingreifen entschlossen«.[201] Dann legte er dem Kabinett ein Gesetz vor, nicht »um einen Rechtsbruch zu decken, sondern um eine Aktion zu legalisieren, durch die das ganze Volk vor unermeßlichem Schaden bewahrt worden sei«. Mit einem Satz wurden damit politische Verbrechen nachträglich sanktioniert und alle Nachforschungen der Staatsanwaltschaft unterbunden. »Die zur Niederschlagung hoch- und landesverräterischer Angriffe am 30. Juni, 1. und 2. Juli 1934 vollzogenen Maßnahmen sind als Staatsnotwehr rechtens.«[202] Keiner der Minister äußerte Bedenken darüber, daß damit der Staat die Ermächtigung zum Verbrechen erhalten und die Täter sich zu Richtern in eigener Sache gemacht hatten.

Der Reichswehrminister dankte während der Sitzung Hitler im Namen des Kabinetts »für sein entschlossenes und mutiges Handeln, durch das er das deutsche Volk vor dem Bürgerkrieg bewahrt habe«.[203] Damit hatte auch die Reichswehr diesen Bruch mit jeglicher Rechtsstaatlichkeit sanktioniert und hingenommen, daß zwei ihrer prominentesten – wenn auch im Falle Schleichers ungeliebten – Mitglieder dem Rachefeldzug zum Opfer gefallen waren. In einem Kommuniqué hatte, nachdem die erste Verlautbarung von einem Selbstmord nicht mehr aufrechterhalten werden konnte, Reichenau den ermordeten Ex-Rivalen mit Billigung Blombergs und Görings landesverräterischer Aktivitäten bezichtigt. »Bei der Verhaftung durch Kriminalbeamte widersetzte sich General a.D. Schleicher mit der Waffe. Durch den dabei erfolgten Schußwechsel wurden er und seine dazwischentretende Frau tödlich getroffen.«[204] Selbst die Trauerfeier für den ermordeten General und Reichskanzler verbot die Gestapo; die Leichen wurden in aller Stille verbrannt. Die Reichswehrführung war in Siegesstimmung. Der Rivale SA war ausgeschaltet, und das allein zählte. Hitler betonte erneut, daß der Staat auf zwei Säulen ruhe, der Partei und der Reichswehr.

Ganz unbemerkt war am 30. Juni 1934 ein viel gefährlicherer, weil taktisch klügerer Rivale der Reichswehr aufgetaucht: die SS. Nicht die Reichswehr sollte an den Platz rücken, die die geschwächten und disziplinierten Sturmabteilungen hinterließen, sondern Himmlers Orden. Schon drei Wochen später, am 20. Juli 1934, befreite Hitler die SS »im Hinblick auf die großen Verdienste … besonders im Zusammenhang mit den Ereignissen des 30. Juni«[205] von ihrer Unterordnung unter die SA und verlieh ihr den Rang einer selbständigen, ihm unmittelbar unterstellten Organisation. Zugleich gab er ihr die Genehmigung, neben der Wehrmacht bewaffnete Streitkräfte von zunächst einer Division aufzustellen. Hitler blieb seiner politischen Taktik treu. Die SA wurde durch eine neue Machtgruppierung ersetzt, mit der er das Spiel um die Sicherung der Macht, wiederum durch Einsatz konkurrierender Machtgruppen, fortsetzen sollte, nur bequemer als mit der ungeduldigen Gruppe Röhms. Der war ausgeschaltet worden, weil er in offener Attacke hatte erobern wollen, was Hitler, wie er im kleinen Kreise erläuterte, »langsam und zielbewußt, in kleinsten Schritten«[206] zu erringen suchte.

Immerhin gab es auch hellsichtige Beobachter, die eine Ahnung davon hatten, daß dies der Anfang des Weges in das staatlich organisierte Verbrechen gewesen war. Der ehemalige Staatssekretär Planck warnte den Chef der Heeresleitung Fritsch: »Wenn Sie, Herr General, tatenlos zusehen, werden Sie früher oder später das gleiche Schicksal erleiden.«[207] Er sollte recht behalten.

Eine nachträgliche juristische Scheinrechtfertigung beeilte sich der prominente Staatsrechtler Carl Schmitt zu liefern. »Der Führer schützt das Recht vor dem schlimmsten Mißbrauch, wenn er im Augenblick kraft seines Führertums als Oberster Gerichtsherr unmittelbar Recht schafft ... Der wahre Führer ist immer auch Richter. Aus dem Führertum fließt das Richtertum ... Das Richtertum des Führers entspringt derselben Rechtsquelle, der alles Recht jedes Volkes entspringt ... Alles Recht stammt aus dem Lebensrecht des Volkes.«[208] Was Schmitt mit einer überpositiven Rechtslehre rechtfertigte, war die grundsätzlich unumschränkte Führerdiktatur. Deutlicher, was die Wurzeln seines Handelns anging, wurde Hitler selbst, als er im Reichstag, am 13. Juli, die Mordaffäre zu begründen suchte: »In dieser Stunde war ich verantwortlich für das Schicksal der deutschen Nation und damit des deutschen Volkes oberster Gerichtsherr. Meuternde Divisionen hat man zu allen Zeiten durch Dezimierung wieder zur Ordnung gerufen.«[209] Die nationalsozialistische Herrschaft bedeutete Kriegszustand mitten im Frieden. Wenn dies noch der Enthüllung bedurft hatte, dann war das in diesem Augenblick geschehen.

Für die Bevölkerung war der Mord des 30. Juni eine Befreiungstat. Zwar störten gelegentlich die Begleitumstände, aber das Ergebnis war willkommen. Das verbreitete Gefühl der Beunruhigung der vergangenen Wochen wich einer Erleichterung darüber, daß es nun mit den revolutionären Umtrieben und der Barbarei der Braunhemden vorbei sein würde. »Rückhaltlose Anerkennung der Energie, der Klugheit und des Mutes des Führers«, beobachteten die staatlichen Berichte in Bayern und anderswo als vorherrschende Meinung.[210] Die Liquidierung der SA-Führung wurde in weiten Kreisen der Bevölkerung als »Akt politischer Moralität und Gerechtigkeit angesehen, auch wenn sie nach den Maßstäben des formellen Rechts das Gegenteil darstellte«.[211] Das Verlangen nach Recht und Ordnung, das auch schon die gewaltsame Ausschaltung der politischen Linken gutgeheißen hatte, rechtfertigte nun die staatlich gelenkten Mordaktionen gegen die SA. Gerade die Erbarmungslosigkeit des Vorgehens und die Rücksichtslosigkeit, mit der man sich dabei über rechtsstaatliche Normen hinwegsetzte, steigerten die Popularität des »ordnungsstiftenden« Führers, der scheinbar die Gewähr dafür gab, daß gegen jede ähnliche Bedrohung ebenso entschieden vorgegangen würde: »Das rücksichtslose Vorgehen gegen die Schuldigen, das auch vor höher gestellten Personen nicht Halt machte«, stellte ein Regierungspräsidentenbericht aus Norddeutschland fest, »entsprach dem Rechtsempfinden [!] weiter Bevölkerungskreise und löste in vielen ein Gefühl wiederkehrender Rechtssicherheit [!] aus, das seit Monaten mehr und mehr im Schwinden begriffen war.«[212] Solche Stimmungsberichte offenbaren nicht nur einen verhängnisvollen Verlust an Rechtsempfinden in der Bevölkerung, sondern auch eine sich verstärkende Tendenz zur politischen Fehleinschätzung der Entwicklung und zur Selbsttäuschung. Auf diese Weise wuchs die Diskrepanz zwischen dem ver-

Die Beisetzung des alten General-feldmarschalls von Hindenburg inszenierte Hitler zu einem zweiten Tag von Potsdam. In den monumentalen Anlagen, die die Republik von Weimar zur Erinnerung an die Schlacht von Tannenberg im Herbst 1914 in Ostpreußen errichtet hatte, wurde »der tote Feldherr nach Walhall« geleitet. Noch einmal sollte vorgeführt werden, daß die alte Größe und die neue Kraft sich vermählt hatten.

breiteten Führerbild und der Kritik an der Partei und deren Funktionären. Alle Kritik und viele Unzufriedenheiten über Mißhelligkeiten des Alltags richteten sich auf die NSDAP, ohne daß dadurch der politische Nimbus Hitlers gefährdet wurde. Im Gegenteil, der Führermythos wurde nur immer mächtiger und stabilisierte die Diktatur. Diesen Mechanismus – Folge zuletzt der Röhm-Affäre – entdeckten auch die Deutschlandberichte der Exil-SPD. Das manifestierte sich in Meinungen wie: »Hitler ist der gute Mensch, nur seine Unterführer sind Schweine« oder »Es gibt nur eine Parole: ›mit Hitler gegen die NSDAP‹.«[213]

Diesem Trugschluß saß auch die Reichswehrführung auf, und sie tat in den folgenden Wochen alles, um die damit implizierte Abhängigkeit von Hitler zu verstärken. Hitler hatte mit dem 30. Juni nicht nur die Komplicenschaft der Reichswehr getestet, er war außerdem seinem Ziel, der Eroberung der totalen Macht, einen gewaltigen Schritt nähergekommen. Mit einem gezielten Schlag hatte er mehrere Probleme auf seine Weise gelöst: die unkontrollierten Machtansprüche der SA waren beseitigt, die Reichswehr war beruhigt, die konservativen Oppositionspläne waren zerschlagen, die Mißstimmung der Bevölkerung war in Bewunderung verwandelt. Jetzt konnte Hitler seine Belohnung einfordern: die Nachfolge Hindenburgs.

Als am 2. August 1934 der Reichspräsident starb, vereinigte Hitler ungehindert das Amt des Reichspräsidenten mit dem des »Führers und Reichskanzlers«. Ein entsprechendes »Gesetz über das Staatsoberhaupt« hatte er schon einen Tag vor dem Tode Hindenburgs dem Kabinett vorgelegt. Daß damit auch das Ermächtigungsgesetz verletzt wurde, nahm niemand mehr wahr. Das einzig Überraschende war die spontane Erklärung Blombergs im Kabinett, »daß er beabsichtige, unmittelbar nach dem Ableben des Herrn Reichspräsidenten die Soldaten der Wehrmacht auf den Führer und Reichskanzler Adolf Hitler zu vereidigen«.[214]

Ohne Not und ohne gesetzliche Grundlage hatten sich Blomberg und Reichenau eine neue Eidesformel ausgedacht. Es war ein »Akt opportunistischen Übereifers«,[215] der sie zu der verfassungswidrigen Handlung veranlaßte. Die Reichswehr war immer auf die Verfassung, nie auf den Reichspräsidenten vereidigt gewesen. Nun sollten sich die Schwörenden überdies noch »bei Gott« »dem Führer des Deutschen Reiches und Volkes, dem Oberbefehlshaber der Wehrmacht« zu »unbedingtem Gehorsam« verpflichten. Die von politischer Unfähigkeit und unpolitischer Überheblichkeit geblen-

„Ich schwöre bei Gott diesen heiligen Eid, daß ich dem Führer des deutschen Reiches und Volkes, Adolf Hitler, dem Obersten Befehlshaber der Wehrmacht unbedingten Gehorsam leisten und als tapferer Soldat bereit sein will, jederzeit für diesen Eid mein Leben einzusetzen."

deten Generäle wollten damit vermutlich Hitler noch fester an sich binden. Tatsächlich aber verstrickten sie die militärische Elite in ein Unrechts- und Vernichtungsregime. Die zur Loyalität erzogenen Offiziere sollten durch diesen Eid eines Tages in schwere Gewissenskonflikte gestürzt werden, die ihnen den Weg zu Verweigerung und Widerstand erschwerten. Mit dem persönlichen Eid, der bald darauf auch den Beamten, einschließlich der Reichsminister, abverlangt wurde, war scheinbar ein Stück Monarchie restauriert. Tatsächlich diente die Beschlagnahme der Tradition nur der Befestigung der nationalsozialistischen Revolution.

VI.
Der Führerstaat

Paroleausgabe 1933

Am 20. August 1934 erklärte Hitler das Ende eines fünfzehnjährigen Kampfes »unserer Bewegung um die Macht in Deutschland ... Angefangen von der obersten Spitze des Reiches über die gesamte Verwaltung bis zur Führung des letzten Ortes befindet sich das Deutsche Reich in der Hand der Nationalsozialistischen Partei.«[1] Wer der Versicherung Glauben schenkte, damit sei die Revolution ein für allemal beendet, der sollte sich täuschen; die Dynamik der Machtausübung war keineswegs gestoppt, nur das Tempo war gedrosselt. »Der Kampf um unser teures Volk aber nimmt seinen Fortgang«, erklärte Hitler. »Es muß und wird der Tag kommen, an dem auch der letzte Deutsche das Symbol des Reiches als Bekenntnis in seinem Herzen trägt.«[2] Nach der Eroberung der Macht über den Staat mußte die Macht über die Menschen gesichert werden, durch Verlockungen und Drohungen.

Die Wechselwirkung zwischen Zwang und Zustimmung blieb charakteristisches Merkmal der Führerdiktatur. Gleich nach der blutigen Sicherung der Macht hatte Hitler zur plebiszitären Akklamation aufgerufen. Die Volksabstimmung vom 19. August 1934 war, wie alle anderen Akte dieser Art, eine Farce, bei der der Wähler keine echte Entscheidungsmöglichkeit hatte. Um so überraschender war die für die Umstände einer totalitären Einheitsabstimmung ungewöhnlich hohe Zahl der Nein-Stimmen. Auf 84,6 Prozent der Stimmen blieb die Zustimmung beschränkt, allen Einschüchterungen und Eingriffen in das Wahlverfahren zum Trotz. Hinzu kam eine deutlich niedrigere Abstimmungsbeteiligung als bei der nationalen Akklamation im November 1933. Auch Stimmenthaltungen und ungültige Stimmen sind bei Wahlen unter totalitären Bedingungen Zeugnisse der Verweigerung. Ihre Zustimmung zu der Vereinigung des Reichskanzler- und Reichspräsidentenamtes gaben in Großstädten wie Berlin und Hamburg nur 72,6 bzw. 74,2 Prozent der Wähler; in Aachen, Leipzig, Breslau, Bielefeld, in Landkreisen wie Münster und Olpe oder einzelnen Stadtbezirken Berlins votierten weniger als 70 Prozent für Hitler. Es waren entweder ehemals links wählende Großstädte, in denen sich der Abwehrwille noch einmal artikulierte, oder katholische Regionen, wo die Bevölkerung sich über den Nationalsozialismus weniger Illusionen machte als die katholische Kirchenführung, die dem Konkordatspartner Hitler ihre Ergebenheit bekundet hatte. Die Enttäuschung über diesen Sympathieverlust wirkte noch nach, als Hitler vierzehn Tage später bei der propagandistischen Zurschaustellung des Führermythos auf dem Nürnberger Reichsparteitag die Kehrseite der Werbung und Verführung drohend herausstellen ließ: »Wir alle wissen, wen die Nation beauftragt hat. Wehe dem, der dies nicht weiß oder der es vergißt.«[3]

In Nürnberg, im September 1934, präsentierte sich die nationalsozialistische Führerdiktatur im Hochgefühl der abgeschlossenen Machtergreifung. Als »Triumph des Willens« feierte Leni Riefenstahl in ihrem monumentalen Parteitagsfilm von 1934 Sieg und Herrschaft des Nationalsozialismus und seines Führers, und das Regime richtete sich augenfällig auf Dauer ein: die improvisierte Parteitagskulisse sollte einer kolossalen Tempelarchitektur Albert Speers weichen.

Worauf gründete sich diese Macht, die sich im Ornament der marschierenden Gefolgschaft und im Nimbus der strahlenden Führergestalt darstellte? Worauf beruhte die Stabilität des nationalsozialistischen Herrschaftssystems? War das Dritte Reich, wie es sich mit dem Anspruch auf Ewigkeit und Erlösung nannte, ein Führerstaat, in dem der Wille des »Führers« alles bestimmte und der auf die blinde Gefolgschaft der breiten Massen rechnen konnte?

So war zwar erst einmal das Propagandabild, das Goebbels meisterlich inszenierte, doch auf dem Höhepunkt von Hitlers Macht gab es in der Tat keine Hoheitsgewalt mehr, die nicht in Abhängigkeit von der »Führergewalt« stand. Hitler war der Herr des Reiches. Dem entsprach seine Herrschaftstitulatur. Acht Jahre später, auf dem Höhepunkt des Krieges, im April 1942, ließ er sich vom Großdeutschen Reichstag als »Führer der Nation, Oberster Befehlshaber der Wehrmacht, Regierungschef und oberster Inhaber der vollziehenden Gewalt, Oberster Gerichtsherr und Führer der Partei« akklamieren. Eine wahrhaft totale Machtfülle, deren Auflistung an barocke Herrschertitel erinnert. Doch zur selben Zeit sorgte sich der »Sekretär« des Führers, Martin Bormann, der an die Stelle von Rudolf Heß getreten war, nachdem sich dieser auf eine eigenmächtige Friedensmission nach England begeben hatte: »War ursprünglich die Gesetzgebung des Reiches zu schwerfällig und an zu viele Formvorschriften gebunden, so hat sie im Laufe der letzten Jahre eine Auflockerung erfahren, deren mögliche Auswirkungen rechtzeitig erkannt werden müssen, wenn für die Staatsführung ernste Gefahren vermieden werden sollen.«[4] Ähnlich kam der oldenburgische Gauleiter Röver knapp ein Jahr später zu dem Urteil, daß »von einem zusammengefaßten und einheitlich geführten höheren Parteiführerkorps keine Rede mehr sein kann.« Jeder habe »sich mehr oder weniger auf eigene Füße gestellt«.[5]

Ganz offensichtlich gab es hinter der Fassade des allumfassenden Führerwillens Machtkämpfe, Kompetenzkonflikte und Auflösungserscheinungen einer gleichförmigen bürokratischen Staatlichkeit, die schon frühe Beobachter veranlaßt haben, das Herrschaftssystem des Dritten Reiches als »autoritäre Anarchie« zu bezeichnen. Wie war aber dann eine solche Radikalisierung des Regimes und eine so unvorstellbare Entfaltung von Eroberungs- und Vernichtungsenergien möglich, ohne daß sich ein wirkungsvoller Widerstand dagegen erhob?

Sicherlich waren es nicht allein Manipulation und Terror; die verschiedenen Formen von Zustimmung und Hinnahme hatten das während der Machtergreifungsphase gezeigt. Es war vielmehr die verwirrende Verbindung von Zustimmung und Gewalt, sie kennzeichnet die Wirkungsweise der nationalsozialistischen Herrschaft. Bezugspunkt des Konsenses wie der absoluten Macht war weiterhin der charismatische Führer Hitler, wie bereits in der »Kampfzeit« und in der Machtergreifungsphase. Das Ansehen der nationalsozialistischen Partei schwand hingegen ebenso kontinuierlich wie die traditionelle Staatlichkeit. Das änderte freilich nichts an der Integrationsfähigkeit des Regimes, das bis zu seinem bitteren Ende ein hohes Maß an Stabilität und Loyalität vorfand und gleichzeitig eine ungeheure Vernichtungskraft entfaltete.

Faßt man die Herrschaftsordnung in Hitlers Staat genauer ins

Kein Deutscher
brauchte zu frieren
11,5 Millionen Kubikmeter
Das ist 4 x die Cheops-Pyramide

Soviel Kohle gab Euch das Winterhilfswerk
Das ist eine Tat des Führers —
Gib ihm Deine Stimme!

Angeblicher Erfolg nach vier Jahren

Der Aktivismus, der mit dem Tag der Machtergreifung alle Bereiche des Lebens ergriff, galt auch dem Millionenheer der Notleidenden. Mit Eintopfessen, Winterhilfssammlungen und Kinderverschikkungen wurde ein Solidarismus praktiziert, dessen propagandistische Dynamik seinen materiellen Ertrag bei weitem übertraf. Viel wichtiger für die Linderung des Massenelends war die allgemeine wirtschaftliche Erholung, die im Frühjahr 1933 in ganz Europa einsetzte und in Deutschland sehr bald durch eine bedenkenlose Haushaltspolitik an Beschleunigung gewann.

Auge, so erweist sich die politische und soziale Wirklichkeit des Regimes als außerordentlich kompliziert. Da stehen sich die monokratische Führerstellung Hitlers und die polykratische Struktur des Herrschaftssystems mit zunehmend chaotischeren Zügen scheinbar unvermittelt gegenüber. Doch die Propaganda-Fassade vom Triumph eines einzigen Willens täuscht ebenso wie die Vorstellung eines »schwachen Diktators« gegenüber einem Gewirr einander widerstreitender Machtzentren. Der sprunghafte und widersprüchliche Entscheidungsstil Hitlers ist ein Beleg für seinem Willen entgegenstehende Kräfte. Das Dritte Reich besaß eine starke monokratische Spitze und gleichzeitig polykratische Machtstrukturen. Das eine bedingte das andere.

Ein einheitlich gegliedertes und durchgestaltetes Konzept nationalsozialistischer Herrschaft wurde von Hitler und seiner engsten Führungsclique weder vor noch nach 1933 entwickelt. Die politische Praxis der Partei, nämlich Rivalitäten zu pflegen, Kompetenzen zu verwischen und durch die Schaffung von Paralleleinrichtungen das Machtgefüge undurchsichtig zu machen, wurde nach 1933 schrittweise auf den Staat übertragen. Die Praxis der Ausnahmeverfügungen, der Ämtervielfalt und Kompetenzverwischung, die sich schon in der Machtergreifungsphase abgezeichnet hatte, bestimmte die weitere Entwicklung des Regimes und den permanenten, schleichenden Wandel seiner politischen und sozialen Bauformen. Das widersprach jedem Gedanken an eine rationale Strukturierung des staatlichen Gefüges, so sehr dies auch etatistisch eingestellte Nationalsozialisten wie Frick wünschten. Durch die Taktik des »divide et impera« gelang es Hitler vielmehr, die Bildung stabiler Zwischenschichten von Machtträgern zu verhindern. Das machte die eigene Führerstellung zunehmend unabhängiger und unterhöhlte die normative Regelung von Entscheidungen und damit die auf Regelhaftigkeit eingestellte traditionelle Bürokratie. Das entsprach zugleich Hitlers bewußter Abneigung gegen jede verfassungsrechtliche oder gesetzliche Festlegung.

Um so größer waren die Schwierigkeiten der Staatsrechtler im nationalsozialistischen Deutschland, die Staats- und Verfassungsorganisation des Dritten Reiches zu beschreiben. Völlig zutreffend stellte Ernst Forsthoff 1933 in seiner Schrift »Totaler Staat« fest: »Die Herrschaftsordnung des nationalsozialistischen Staates ist gekennzeichnet durch die Verbindung der nationalsozialistischen Führungsordnung mit der bürokratischen Verwaltungsorganisation.«[6] Das Wuchern des Maßnahmestaates, der sich neben dem Normenstaat unkontrolliert entfaltete, konnte mit dieser Formel aber nicht zureichend erfaßt werden, auch nicht die Unberechenbarkeit des Führerwillens. Ernst Rudolf Huber versuchte dem in seinem »Verfassungsrecht des Deutschen Reiches« von 1937 gerecht zu werden, indem er an die Stelle des Staates als höchster Rechtseinheit die Führergewalt setzte. Der unbeschränkte und jederzeit wandelbare Wille des Führers war zum »obersten Gesetz« erhoben. Das war ein Bruch mit der gesamten Entwicklung des konstitutionellen Staates, der durch eine ebenso scheindemokratische wie gewalttätige Fiktion gerechtfertigt wurde: »Der Führer spricht und handelt nicht nur für das Volk und an seiner Stelle, sondern als Volk. In ihm gestaltet das deutsche Volk selbst sein Geschick.«[7]

Der Führer allein also verkörperte den Volkswillen, er setzte Recht, »gleich, in welcher Form« der Führungswille zum Ausdruck kam.[8] So weit die Theorie, die einer sehr viel komplizierteren Wirklichkeit beizukommen und diese vor allem zu rechtfertigen suchte.

1. Adolf Hitler als »Führer der Nation«

Beim ersten Treffen mit Mussolini im Jahre 1934 in Venedig trug der deutsche Führer auf Anraten des Auswärtigen Amtes Zivil, während der italienische Duce ihm in immer neuen Uniformen entgegentrat, je nach Tageszeit und Anlaß. In der Umgebung glanzvoller Uniformen fühlte sich Hitler – in Zivil ohnehin wie ein verkleideter Kleinbürger wirkend – so deplaziert, daß es zu einem Wutausbruch in der Wilhelmstraße kam. Nie wieder sollte Hitler bei einem offiziellen Anlaß in Zivil erscheinen.

Selten hat in der neuen Geschichte eine Person eine solche Machtfülle auf sich vereinigt wie Adolf Hitler. Nach dem Tode des Reichspräsidenten und der Vereinigung der Ämter des Reichspräsidenten und des Reichskanzlers gab es verfassungsrechtlich keine Institution mehr, die Hitlers Stellung hätte eingrenzen können. Auch das Reichskabinett war schon längst kein beratendes, geschweige denn ein Entscheidungs-Gremium mehr; Kabinettsbeschlüsse gab es nicht. Die Minister sanken mehr und mehr in die Rolle von gehorsamen Ausführungsorganen des Führerwillens ab und waren darin anderen Institutionen vergleichbar oder gar noch weniger einflußreich als diese. Seit 1938 trat das Kabinett schließlich überhaupt nicht mehr zusammen; der prunkvolle Kabinettssaal in Speers Neuer Reichskanzlei wurde nie benutzt. Seit Hitler auch den Oberbefehl über die Wehrmacht übernommen hatte, war zudem die letzte noch relativ autonome Machtgruppe innerhalb der nationalsozialistischen Herrschaftsordnung Hitlers Befehlsgewalt unterstellt.

Der Führerstaat hatte, im Unterschied zum faschistischen Italien, wo der Duce immer mit der Monarchie und der auf die Person des Monarchen bezogenen Armee und Bürokratie als unabhängigen Organen rechnen mußte, alle institutionellen Ansatzpunkte für die Entwicklung organisierter Gegenkräfte gegen Hitlers Alleinherrschaft ausgeschlossen. Auch innerhalb der NSDAP hatte Hitler seit der Ermordung Röhms keinen ernsthaften Widerpart mehr. Spätestens seit diesem Zeitpunkt galt für das nationalsozialistische System, daß es mit Hitler »stand und fiel: mit seinen Entscheidungen, seinen ideologischen Fixierungen, seinem politischen Lebensstil und seinem Bedürfnis für die grandiose Alternative Sieg oder Katastrophe«.[9]

Hitler konnte und wollte seine radikalen Herrschaftsziele nicht mittels bürokratischer Entscheidungsvorgänge innerhalb eines geschlossenen, rationalen staatlichen Machtapparates durchsetzen. Doch das hatten viele Zeitgenossen, nicht zuletzt die konservativen Machteliten aus Bürokratie, Justiz und Armee gerade erwartet – das reibungslose Funktionieren eines solchen autoritären Überstaates als Folge der Gleichschaltung des Staatsapparates. In solchen Hoffnungen sahen sie sich aber nicht nur zunehmend enttäuscht, sie mußten darüber hinaus feststellen, daß mit der Auflösung der inneren Geschlossenheit des Staatsapparates auch ihr eigener Einfluß schwand. Umgekehrt war gerade diese Zersetzung staatlich-bürokratischer Führungsstrukturen die Voraussetzung dafür, daß Hitler und seine Unterführer ihre Herrschaftsziele verwirklichen konnten.

Dahinter stand kein ausgefeilter Herrschaftsplan. Hitler und die NSDAP übertrugen vielmehr den Führungsstil der Partei auf das Reich. Die Folge war ein »vorläufig wohlgeordnetes Chaos«,[10] wie es ein hoher Beamter der Reichskanzlei ausdrückte. Die Ämteranarchie des Dritten Reiches hatte ihren Ursprung im politischen Charakter der NSDAP sowie im Herrschaftsstil Hitlers.

Sowohl Hitlers Regierungsmethoden wie sein Politikverständnis liefen einer zentralistischen Zusammenfassung der Staatsgeschäfte und des Staatsapparates zuwider. Je sicherer und unangefochtener sich Hitler im Besitz der Macht wähnte, desto offensichtlicher nahm er seinen alten bohemehaften Lebensstil wieder auf. Bezeichnenderweise hatte er sich in den ersten Wochen und Monaten seiner Regierungszeit Mühe gegeben, die Amtsgeschäfte des Regierungschefs regelmäßig und normal zu versehen. Dies war vor allem dann zu beobachten gewesen, wenn Hindenburg in Berlin geweilt hatte. Bald konnte ihn das Ambiente preußisch-deutscher Regierungsmacht in Berlin aber nicht mehr fesseln. Die alte Unrast brach wieder durch, ein Reisetrieb hetzte ihn unaufhörlich zwischen Berlin, München, dem Obersalzberg oder Bayreuth hin und her, zwischen Besprechungen und propagandistischen Auftritten bei Kundgebungen, Aufmärschen, ersten Spatenstichen, Einweihungen oder Eröffnungen. Für die Mitglieder des Kabinetts wurde es zunehmend schwierig, Zugang zu Hitler zu finden, es sei denn, sie trafen ihn am Rande von Banketts oder Versammlungen. Oft wurden Beamte und Mitarbeiter an die jeweiligen Aufenthaltsorte zitiert; nicht selten mußten Architekten und Planer, etwa die der Nürnberger Reichsparteitagsanlagen, samt ihren großen Modellen dem Führer nach Bayreuth oder anderswohin hinterherreisen. Für die engere Gefolgschaft, die die Ehre hatte, zu der begleitenden Karawane zu gehören, ergaben sich daraus unvorhergesehene Einflußmöglichkeiten.

Die Verzeichnisse seiner Reiseorte und Aufenthalte spiegeln die Unrast, die Sprunghaftigkeit, die schnellen Stimmungsumschläge, aber auch das Bedürfnis, den Eindruck von Omnipräsenz zu erwekken. Zur Festspielzeit hielt sich Hitler regelmäßig und längere Zeit in Bayreuth auf. Hier empfing er auch ausländische Besucher oder spielte den politisch Unbeteiligten, etwa während des Putsches der österreichischen Nationalsozialisten am 25. Juli 1934. Schon im ersten Regierungsjahr hatte er in Bayreuth Hof gehalten. Von dort brach er dann, gewissermaßen zwischen den Aufführungen, zu Empfängen und Reden quer durch das Reich auf. Am 26. Juli 1933 beispielsweise hielt er früh um 9 Uhr eine Ansprache vor 470 italienischen Jungfaschisten in München, um 14 Uhr nahm er dann in Berlin an der Beerdigung des Admirals von Schroeder, des »Löwen von Flandern«, teil. Um 17 Uhr war er wieder in Bayreuth. Dort blieb er weitere zwei Tage, um an Empfängen im Hause Wagner teilzunehmen und am 30. Juli einen Kranz am Grabe des Meisters niederzulegen. Noch am selben Nachmittag reiste er nach Stuttgart und zog auf dem Deutschen Turnfest gegen alles Schwache zu Felde. Anschließend begab er sich nach Berlin und von dort aus auf den Obersalzberg, wo er am 6. August eine dreistündige Rede vor den Reichs- und Gauleitern hielt. Am 12. August nahm er in Neuschwanstein an einer Richard-Wagner-Feier teil, hielt aber in den folgenden Tagen schon wieder verschiedene wirtschaftspolitische Konferenzen auf dem Obersalzberg ab. Am Nachmittag des 18. August hatte er in Nürnberg im »Deutschen Hof« eine Besprechung über den bevorstehenden Reichsparteitag angesetzt, am 19. August sprach er über zwei Stunden auf einer SA- und SS-Führertagung in Bad Godesberg im Rheinhotel Dreesen. Am 27. August sprach Hitler bei einer

Feier zum Geburtstag Hitlers, 1934, Statistisches Amt, Berlin

Kundgebung am Tannenberg-Denkmal in Ostpreußen. Noch am selben Tag flog er in den Westen des Reiches, um am Niederwald-Denkmal am Rhein eine nationalistische Rede zu halten.

Das war Flucht vor regelmäßiger Arbeit und dem verhaßten Aktenstudium. Aber neben aller Bequemlichkeit, die sich darin äußerte, entsprang dieser Lebensstil einer inneren Unsicherheit und einem taktischen Kalkül. Die Flucht vor Büroarbeit und Regierungsroutine war auch ein Ausweichen vor der Gefahr, mit überlegenem Sachverstand konfrontiert zu werden. Darum zog er das Zweiergespräch einer Kabinettssitzung oder einer Expertenrunde vor, traf seine Entscheidungen nach mündlichen Vorträgen ohne eigenes vorheriges Aktenstudium. Das galt vor allem für die Innenpolitik, weniger für die Außenpolitik. Diplomatische Berichte studierte Hitler allerdings wohl und arbeitete sich auch vor Verhandlungen mit ausländischen Staatsmännern in die anstehenden Probleme ein.

Hand in Hand mit der Weigerung, sich regelmäßig um die Regierungsgeschäfte zu kümmern und sich vor einer Entscheidung über entsprechende Vorgänge in den zuständigen Ressorts zu unterrichten, ging die Neigung, die Nacht zum Tage zu machen und die Amtsgeschäfte tief in die Nacht zu verlegen. All das führte nicht nur wiederholt zu widersprüchlichen und sprunghaften Entscheidungen, es stärkte vor allem den Einfluß derjenigen Adjutanten, Sekretäre und inoffiziellen Berater, die gerade in der Nähe waren.

Dies war auch eine Chance für Parteigrößen, Entscheidungen an den zuständigen Ministerien vorbei durchzusetzen oder dies zumindest zu versuchen. So hoffte Robert Ley, der Führer der Deutschen Arbeitsfront, den Widerstand des Wirtschaftsministeriums und der diesem nahestehenden Industriekreise zu umgehen, indem er im Oktober 1934 Hitler eine selber entworfene »Verordnung des Führers über die Deutsche Arbeitsfront« vorlegte, in der dieser weitreichende Kompetenzen in den Betrieben zugesichert wurden. Als diese Verordnung, von Hitler genehmigt, am nächsten Tag veröffentlicht wurde, legten Reichswirtschaftsminister Schacht, aber auch Arbeitsminister Seldte, Innenminister Frick und sogar Heß, der Stellvertreter des Führers, Einspruch ein, sie alle fühlten sich umgangen und wiesen darauf hin, daß die Verordnung in eindeutigem Widerspruch zum »Gesetz zur Ordnung der nationalen Arbeit«, einem Eckstein der nationalsozialistischen Arbeitsverfassung, stand. Auch rief zu diesem Zeitpunkt eine Führerverordnung ohne Gegenzeichnung eines Reichsministers noch erhebliche rechtliche Zweifel hervor. Ausschlaggebend war jedoch, daß der »Führer« sich nicht irren und damit desavouieren durfte. Es blieb also bei der Verordnung. Doch Hitler wies die intervenierenden Reichsminister an, »nähere gesetzliche Ausführungsbestimmungen«[11] auszuarbeiten und sie ihm wieder vorzulegen. Heß schrieb darum sofort an Ley: »Die Verordnung des Führers vom 24.10.1934 muß und soll Ergänzung und – soweit notwendig – Richtigstellung erfahren. Im Einvernehmen mit dem Führer ersuche ich Sie daher, bis zur Hinausgabe der neuen Anordnung keine Ausführungsbestimmungen zu der Verordnung vom 24.10. zu erlassen; ferner soll die Erörterung der Verordnung in der Presse möglichst unterbleiben.« Das war der Versuch einer nachträglichen Korrektur, die nicht viel Aufsehen erregen durfte.

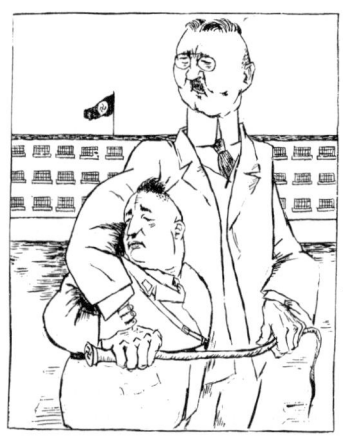

»Schacht: ›Dieser ist mein lieber Ley, an dem ich mein Wohlgefallen habe. Wir kämpfen für den gleichen Sozialismus.‹«
Karikatur von Clément Moreau

Das alte Mißverständnis: Das Kapital kontrolliert die Partei.

Trotz Hitlers stupenden Gedächtnisses und seiner oft verblüffenden Detailkenntnisse ließen sich so die Fäden der Regierung nicht in der Hand halten. Dieser Regierungsstil verstärkte die Polykratie partikularer Ressorts und förderte das Entstehen neuer Sonderapparate und sekundärer Bürokratien. Die Regierungsgesetzgebung war keineswegs immer eine konsequente Umsetzung des »Führerwillens«, sondern nicht selten Ergebnis eines konfliktreichen Gegen- und Nebeneinanders rivalisierender Ministerien und Parteiorganisationen.

Nach außen wurde freilich der Eindruck regulärer und emsiger Regierungsarbeit nach dem Willen eines starken Führers erweckt. Das war Aufgabe der Propaganda und Presselenkung, aber auch die scheinbare Normalität und Kontinuität der Regierungsinstanzen trug zu diesem Eindruck bei. Innerhalb der Reichsregierung hatte sich nach außen wenig verändert. Bis 1935 traten zwar mit Goebbels, Darré, Heß und Kerrl weitere Nationalsozialisten in das Kabinett ein, das der kurzfristige Wirtschaftsdiktator Hugenberg und dann auch der Vizekanzler Papen im Sommer 1933 beziehungsweise 1934 verlassen hatten. Doch das Gewicht der sieben konservativen Fachminister schien gegenüber den Nazis zahlenmäßig und ressortmäßig immer noch groß. Neurath, Blomberg, Schwerin-Krosigk, Seldte, Gürtner und Eltz-Rübenach hatten ihre Ministerien behalten; Reichsbankpräsident Schacht hatte als Exponent industrieller Interessen sogar noch zusätzlich das Wirtschaftsministerium übernommen. Zwar zeichneten sich durch das verstärkte Gewicht der Rüstung und den damit verbundenen Finanzbedarf gewisse Verlagerungen der Kompetenzen innerhalb der Regierung ab, aber dies mußte ebensowenig zu einer wirklichen Machtverschiebung führen wie das organisatorische und finanzielle Eigengewicht der Partei und ihrer Nebenorganisationen, vor allem der mitglieds- und finanzstarken DAF.

Entscheidend für die Veränderungen im Machtgefüge des Regimes war das Scheitern einer »förmlichen Festlegung und Kodifizierung des Herrschaftssystems«[12] auf den verschiedensten Gebieten, die nach der Gleichschaltung einer Regelung bedurft hätten. Das galt für den Bereich der Reichs- und Verwaltungsreform wie für das Verhältnis von Partei und Staat, von Führergewalt und Reichsregierung. Immer war es Hitler selber, der sich solchen Festlegungen und zentralistischen Zusammenfassungen widersetzte. Das mußte zunächst Reichsinnenminister Frick erfahren, später im Krieg auch Albert Speer als Minister für Rüstung und Produktion und selbst der nach der Übernahme des Innenministeriums im August 1943 scheinbar übermächtige Reichsführer SS Heinrich Himmler.

Immer hielt Hitler die Dinge in der Schwebe, sowohl in der Stabilisierungsphase des Regimes als auch später in der Phase der totalen Mobilisierung für den Krieg. Schon in den Jahren scheinbarer Normalisierung zwischen 1934 und 1937/38 wurden aufgrund dieser Schwebelage Tendenzen sichtbar, die später zu einer völligen Veränderung des Regierungs- und Herrschaftssystems führen sollten. Der Mangel an Einheitlichkeit und Geschlossenheit im Regierungshandeln schuf Freiräume, in die sich jederzeit die nur eingedämmte Dynamik des nationalsozialistischen Radikalismus hineindrängen konnte.

Den Anfang machte die Ernennung von Sonderbevollmächtigten, die Hitler für bestimmte von ihm für dringend erachtete Aufgaben einsetzte. Das waren meist Männer seines persönlichen Vertrauens und Führer bestimmter Parteiorganisationen, die mit ihren eigenen Apparaten neben oder auch gegen die zuständigen Ministerien ihre Sonderpolitik betrieben und damit die Einheitlichkeit der Regierungsaktivitäten durchlöcherten.

Das begann mit der vergleichsweise harmlosen, aber propagandistisch wirksamen Ernennung von Hitlers Straßenbauexperten, Dr. Fritz Todt, am 30. Juni 1933 zum »Generalinspekteur für das Straßenwesen« ohne Mitwirkung des Reichskabinetts. Wenig später wurde daraus eine unabhängige »Oberste Reichsbehörde«, die nur Hitler unterstand. Alle Bedenken aus den klassischen Ministerien wurden von Hitler abgewiesen: bestehende Behörden könnten neue Aufgaben wie den Autobahnbau nur »nebenbei und deshalb unvollständig lösen«.

Solche neuen führerunmittelbaren Zentralorgane waren institutioneller Ausdruck von Hitlers Politik- und Regierungsverständnis. »Eine einzige geniale Idee«, pflegte er zu erklären, sei »wertvoller als ein ganzes Leben gewissenhafter Büroarbeit«.[13] Darum sollte sich auch Todts Dienststelle »von jeder Detailarbeit fernhalten, damit sie die lebendige Kraft bleibe, die die ihr zugewiesenen Aufgaben forttreibt«. Der Generalinspekteur sollte »nur der Organisator sein, der über der gesamten Apparatur stehe«. Das zerstreute zwar nicht die Einwände des um seine Kompetenzen besorgten Verkehrsministers und auch nicht die Besorgnisse des um Einheitlichkeit der Verwaltung bemühten Innenministers, doch auf Ersuchen Hitlers wurden »die vorgebrachten Bedenken gegen den Gesetzentwurf zurückgestellt«.[14]

So ungewöhnlich die verwaltungsrechtliche Konstruktion der Obersten Reichsbehörde des Generalinspekteurs Todt im einzelnen war, so kennzeichnend waren die Verflechtung von behördlicher Lenkung und bauwirtschaftlichem Management einerseits und die Ausweitung der Behörde zu einer eigenen Organisation, der »Organisation Todt« (OT), andererseits. Sie wurde für Ad-hoc-Maßnahmen geschaffen – wie auch die SS, die bald zu einem »Staat im Staat« und »zum typischen Organ der führerunmittelbaren, außerordentlichen Sonderexekutive neben der eigentlichen Reichsregierung und ihren Verwaltungsressorts geworden war«.[15] Bald folgten andere Sondergewalten, die nur dem »Führer« unterstellt waren, wie Reichsarbeitsdienst und Reichsjugendführer. Die Folgen dieser Maßnahmen waren immer dieselben: die staatliche Verwaltung wurde aufgesplittert oder umgangen beziehungsweise zersetzt. Es bildete sich eine Vielzahl konkurrierender, weitgehend voneinander unabhängiger und nur von der Führergewalt zusammengehaltener Institutionen, eine Polykratie staatlicher, halbstaatlicher und parteiamtlicher Bürokratien.[16] Die Herrschaftstechnik, die dahinter stand, mußte nicht erst entwickelt werden. Sie war bereits die politische Technik der NSDAP während der »Kampfzeit« gewesen: das Mittel der Ad-hoc-Einrichtungen und ihrer direkten Unterstellung unter Hitler. Diese Form der personalen Integration hatte sich bei der kurzfristigen Mobilisierung der Partei und ihrer Anhänger ebenso bewährt wie bei der Machtsicherung Hitlers. Denselben Zwecken sollte sie nun bei der Manipulation des Staates dienen. Indem die Kräfte gegeneinander ausgespielt oder umgangen wurden, ließ sich die Machtstellung des »Führers« sichern und sein politischer Wille durchsetzen. Zugleich diente die Einsetzung von Sonderapparaten und ihre Direktunterstellung unter Hitler mit den entsprechenden besonderen Kompetenzen besonders in Krisenmomenten der kurzfristigen Anspannung und Mobilisierung aller Ressourcen. Es war eine Art innerer Blitzkriegsstrategie, die Hitler praktizierte und die für den Nationalsozialismus insgesamt charakteristisch war. Man müsse nur den richtigen Mann an die richtige Stelle setzen, um das Äußerste an Leistung zu erzielen. Nicht die Sachgegebenheiten entschieden letztlich über einen wirtschaftlichen oder einen militärischen Erfolg, pflegte Hitler zu sagen, sondern der »rücksichtslose« Wille oder Fanatismus der Führer.

Sicherlich waren mit dieser Politik kurzfristig beachtliche Erfolge zu erzielen, aber auf längere Sicht mußte diese Methode zu immer größeren Reibungsverlusten führen. Daß diese Techniken – auch in den Augen der Partei – mittelfristig der Regierung eines modernen Staates kaum zuträglich waren, beweist nicht nur die Warnung Bormanns, sondern auch eine im Umfeld der Parteikanzlei angefertigte Denkschrift, ebenfalls aus dem Jahre 1942. »Das Prinzip des Wachsenlassens«, hieß es dort sehr kritisch, »bis der Stärkste sich durchgesetzt hat, ist sicherlich das Geheimnis der geradezu verblüffenden Entwicklung und Leistung der Bewegung.« Dieses Prinzip sei »in der Aufbauzeit sicherlich nützlich gewesen«, doch es habe nun die nachteilige Wirkung, daß sich die Energien der Bewegung auf die Dauer in »Kompetenzstreitigkeiten bis in die Ortsgruppen hinein«[17] aufbrauchten. Das war eine zutreffende Beschreibung der Fraktionierung der politischen Entscheidungsbildung unter dem charismatischen Führer und ihrer ideologischen Ursprünge im Sozialdarwinismus. Die Regierungsgeschäfte wurden immer unübersichtlicher, Kommunikation und Koordination zwischen den Spitzenbehörden gab es immer weniger. Eine rationale Planung war nur noch innerhalb der einzelnen Instanzen und kommissarischen Apparate möglich, aber kaum noch zwischen ihnen. Eine Integration wäre nur mehr über den »Führer« möglich gewesen. Doch das lag seinem politischen Lebensstil und seinem Selbstverständnis fern, dazu kam es nur in Ausnahmesituationen, an denen freilich das Regime nicht arm war.

Die Autorität des Diktators blieb in den Friedensjahren unbestritten und wuchs im Kriege immer weiter. Das lag an der Anpassungsbereitschaft der Bürokratie und an der blinden Gefolgschaft der Unterführer, aber ebenso an dem sich mit innen- und außenpolitischen Erfolgen fast überschlagenden Führerkult. Die Bereitschaft der bürokratischen Eliten zur Mitarbeit im »nationalen Staat« war einzig an die Person Hitlers gebunden. Sie war einmal in deren obrigkeitsstaatlichem Denken begründet, aber genauso in der Unterschätzung Hitlers, der sich erfolgreich als gemäßigter Staatsmann zu stilisieren und damit den Radikalismus seines politischen Denkens und Handelns zu verbergen verstand. Wann immer Zweifel und Kritik an Hitlers Politik aufkamen, sie wurden durch die suggestive Überredungsgabe Hitlers selbst wie durch die Wirkung des Hitler-Mythos aufgefangen.

Die Fähigkeit Hitlers, auch erfahrene Politiker und selbstsichere Militärs umzustimmen und an sich zu binden, ist zu häufig bezeugt, als daß sie als unglaubwürdige Schutzbehauptung abgetan werden konnte. Doch ohne schon vorhandene Anpassungsbereitschaft, Selbsttäuschung und den stabilisierenden Effekt des Hitler-Kultes wäre diese Ausstrahlungskraft Hitlers nicht so wirkungsvoll gewesen. Immer wieder waren hohe Offiziere und Beamte bereit, die Mißstände und Verbrechen des Regimes den vielen »kleinen Hitlern« anzulasten, den »Führer« selbst hingegen davon freizusprechen. Das geflügelte Wort »Wenn das der Führer wüßte« verfing auch bei denen, die mehr Informationsmöglichkeiten besaßen als die breiten Bevölkerungsschichten. Der Mythos des Retters und Führers war ideologisch und psychologisch so tief verwurzelt und berührte auch ältere Mythen und Denkweisen, so daß die Neigung zur Bewußtseinsspaltung auch bei der Mehrheit der Machteliten lange Zeit bestimmend blieb. »Der Nimbus, der Hitler umgab«, beschrieb Nicolaus von Below, Hitlers Luftwaffenadjutant, im Rückblick diese Mentalität, »wurde durch die Anrede ›Mein Führer‹ ... noch betont. Der Vergleich mit der Anrede ›Majestät‹ zwingt sich auf.«[18] Die persönliche Bewunderung für Hitler und seine Fähigkeit zur Führung, die ja auch durch vor kurzem noch unvorstellbare außenpolitische und schließlich auch militärische Erfolge scheinbar unter Beweis gestellt wurde, konnte darum einhergehen mit Kritik am Bonzentum der Parteigrößen, mit politischer Indifferenz und bloßer Pflichterfüllung im begrenzten individuellen Aufgabenfeld.

Was für die alten Eliten galt, galt für die Mehrheit der Bevölkerung allemal. Der Hitler-Glaube wurde zum entscheidenden Integrationsmittel des Dritten Reiches. Es war der Führer als sozialer Wohltäter, der bei ärmeren Volksschichten den Hitler-Kult beförderte. »Alle Tage muß mein Dirndl für den Führer ein Vaterunser beten«, bekannte die Frau eines ehemaligen Kommunisten aus dem Oberbayerischen, »weil er uns das tägliche Brot wiedergegeben hat.«[19] Als zur Vollbeschäftigung und wirtschaftlichen Konsolidierung die außenpolitischen Erfolge der Jahre 1936–38 kamen, erreichte die nationale Hitler-Euphorie einen Höhepunkt. Die propagandistische Inszenierung des Hitler-Mythos verstärkte nur noch, was an innerer Glaubensbereitschaft bei vielen Deutschen angelegt war.

Die Führerverehrung schreckte vor keiner heroischen Überhöhung und rhetorischen Entlehnung mehr zurück. Als »Sinnbild der unzerstörbaren Lebenskraft der deutschen Nation, das in Adolf Hitler lebendige Gestalt geworden ist«, feierte ihn Pressechef Otto Dietrich in einer Geburtstagshymne.[20] Goebbels entfaltete einen geradezu inbrünstigen Erlöserkult: »Dieses ganze Volk hängt ihm nicht nur mit Verehrung, sondern mit tiefer, herzlicher Liebe an, weil es das Gefühl hat, daß er zu ihm gehört, Fleisch aus seinem Fleische und Geist aus seinem Geiste ist ... Aus dem Volk ist er gekommen und im Volke ist er geblieben ... Das ganze Volk aber liebt ihn, weil es sich in seiner Hand geborgen fühlt wie ein Kind im Arme der Mutter ... Wie wir, die eng um ihn versammelt stehen, so sagt es zu dieser Stunde der letzte Mann im fernsten Dorf: Was er war, das ist er, und was er ist, das soll er bleiben: Unser Hitler.«

Auch wenn die Legenden, die Goebbels immer unbekümmerter um die Gestalt des »Führers« rankte, in krassem Gegensatz zur wirklichen Natur Hitlers standen – der Propagandaminister enthüllte mit seinen Hymnen eine tiefere Schicht des Nationalsozialismus: seinen Charakter als politische Religion. Immer wieder zielte er auf die vorpolitischen pseudoreligiösen Heils- und Erlösungsbedürfnisse, die im Führerkult neben der nationalpolitischen Heroenverehrung angelegt waren und die dem nationalsozialistischen Personenkult erst seine »emotionale Suggestivität«[21] gaben.

Die Bereitschaft zu Glauben und Hingabe, die aus den alljährlich zum 20. April eintreffenden unzähligen Geburtstagsbriefen sprach, war gewiß nicht nur die Resonanz von Goebbels' Einflüsterungs-Maschinerie. Ein 64jähriger Parteigenosse aus Rheinhessen bekannte 1936: »Mein Führer! ... Aus unendlicher Liebe fühle ich mich durchdrungen, unserm Schöpfer tagtäglich dafür zu danken, der uns durch seine Gnade und dem ganzen deutschen Volk einen solch herrlichen Führer geschenkt (hat), und zu einer Zeit ... wo unser schönes liebes Vaterland durch den Judenbolschewismus dem gräßlichsten Untergang gefährdet war. Ja, es wäre nicht auszudenken gewesen, welch Ströme von Tränen, welches Blut nach kaum verheilten Wunden des Weltkrieges geflossen wären, wenn Sie mein geliebter Führer in all Ihrem Schmerz um ein solches Volk den Mut nicht gefunden hätten, sich mit einer damals kleinen Schar von 7 Mann als Retter von 66 Millionen Deutschen durchzusetzen ... Es ist mir eine Freude, kein Kompliment, keine Heuchelei, für Sie mein Führer zu beten, daß Gott der Herr, der Sie zum Werkzeug für das Deutschtum geschaffen [hat], daß er Sie gesund erhalte, die Liebe des Volkes zu Ihnen wachse, körnig und hart wie die vielen Eichen, die man Ihnen mein Führer aus Liebe und Ehre auch in der kleinsten Gemeinde in Deutschland verpflanzte.«[22]

Es ist schwer zu bestimmen, wie eine solche pseudoreligiöse Verehrung auf den wirkte, der solchermaßen aus dem Alltäglichen entrückt wurde. Einiges spricht dafür, daß Hitler bis zur Mitte der dreißiger Jahre den inszenierten Führerkult noch als bloßes Mittel der Integration von Partei und Volk verstand. Wann er selbst zum Gläubigen und damit zum Opfer seines eigenen Mythos wurde, läßt sich nicht präzisieren. Der englische Historiker Ian Kershaw nimmt dafür die Wochen nach dem Rheinland-Triumph als Datum an, als sich die quasireligiösen und messianischen Wendungen in Hitlers Reden zu häufen begannen. Immer öfter sprach er seither von seiner historischen Mission, zu der er von der »Vorsehung« berufen sei, immer häufiger wurde der Glaube an die eigene Unfehlbarkeit zum unverzichtbaren Bestand seiner Reden. »Ich gehe mit traumwandlerischer Sicherheit den Weg, den mich die Vorsehung gehen heißt«,[23] äußerte er im März 1935 zum ersten, aber nicht zum letzten Mal voller Selbstgefälligkeit.

Diese Überzeugung, von der Vorsehung auserwählt zu sein, gab seinen ideologischen Vorstellungen und propagandistischen Inszenierungen wohl auch für das eigene Selbstverständnis die zusätzliche Kraft eines religiösen Kultes; in ihm selbst verstärkte sie

Hitler am Obersee in Berchtesgaden, um 1935

Die Neigung Hitlers zur oberbayrischen Landschaft scheint aufrichtig gewesen zu sein; aus den frühen Jahren sind unzählige Photos überliefert, die ihn beim Radeln, Schneewandern oder bei Bootsfahrten zeigen, fast stets in Zivil und fast immer in Sepplhosen. Die Aufnahme vom Obersee ist in ihrer Pose demgegenüber ganz offensichtlich für die Propaganda bestimmt gewesen und vermittelt so einen falschen Eindruck des Mannes, der sich noch während des Rußlandfeldzuges bei Aufenthalten am Obersalzberg sofort seiner Uniform entledigte.

»Härte, Entschlossenheit und ungerührten Vollstreckerwillen.«[24] Sie beflügelte vor allem den Sieg des Dogmatikers, der, vom Bewußtsein seiner Mission überzeugt, alle Schranken des machtpolitischen Kalküls und der taktischen Intelligenz fallen ließ. Damit aber begann der Anfang vom Ende des Dritten Reiches.

Je mehr der Hitler-Glaube zum herrschaftssichernden Integrationsmittel des Reiches wurde, desto tiefer sank das Prestige der NSDAP und ihrer vielen kleinen Führer, die meist aus dem Milieu der »Alten Kämpfer« stammten und nun auf lokaler Ebene ein System des Günstlings-, Cliquen- und Denunziantenwesens entfalteten, das Mißstimmung und Zorn der Bevölkerung hervorrief. Der »Goldfasan«, an seinen goldenen Litzen erkennbar, wurde zur verächtlichen Bezeichnung für diesen Typus unter den Ortsgruppen- und Kreisleitern wie den anderen Amtswaltern der Partei.

Auch Hitler blieb der Kontrast zwischen der eigenen Popularität und der wachsenden Unpopularität der NSDAP nicht verborgen, auch nicht die Ventilfunktion, die die Unzufriedenheit über die Widrigkeiten des Alltags in der Kritik an den »Bonzen« fand – und die andererseits das eigene Prestige nur noch wachsen ließ. Doch wußte Hitler, daß er die Partei nicht völlig in der politischen und stimmungsmäßigen Bedeutungslosigkeit verschwinden lassen durfte, war sie doch das Podium für die stetige propagandistische Mobilisierung und zugleich das Instrument der politischen Radikalisierung. So suchte er auf dem Nürnberger Parteitag von 1935 die Partei zu rehabilitieren: »Ich muß ... hier Stellung nehmen gegen die besonders von bürgerlicher Seite so oft vorgebrachte Phrase: ›Ja, der Führer – aber die Partei, das ist eine andere Sache!‹ Darauf antworte ich: ›Nein, meine Herren, der Führer ist die Partei und die Partei ist der Führer.‹«[25]

Solche Bekundungen änderten nichts an dem gegenläufigen und zugleich kompensatorischen Verhältnis von dem öffentlichen Bild des »Führers« und dem der Partei. Ebensowenig beschrieb die von Hitler behauptete Identität von Führer und Partei die politische Wirklichkeit.

2. Die Innenansicht der Diktatur – die nationalsozialistische Polykratie

Wie unter dem Mantel der Führergewalt das politische und soziale Leben tatsächlich organisiert war, ließ sich aus der Entfernung mitunter deutlicher erkennen als unter dem unmittelbaren Druck des Regimes. Die innere Mechanik des etablierten Dritten Reichs entsprach ja nicht dem ideologischen Wunschdenken der Theoretiker des totalen Staates, die lange vor 1933 ein rationales Modell aufgestellt hatten. Bereits 1940 führte der emigrierte Sozialwissenschaftler Ernst Fraenkel die Vielzahl konkurrierender Machtzentren und den ungeklärten Dualismus von Partei und Staat auf ein Nebeneinander eines Normen- und eines Maßnahmestaates zurück. Fraenkel entdeckte darin das charakteristische Merkmal des nationalsozialistischen Doppelstaates. Franz Neumann, ebenfalls im amerikanischen Exil, sah den permanenten Veränderungsprozeß als weiteres Charakteristikum der nationalsozialistischen Herrschaft. Nach dem Ungeheuer der jüdischen Eschatologie, Behemoth, benannte er den NS-Staat, der für ihn ein Unstaat war, ein Chaos, eine Herrschaft der Gesetzlosigkeit und Anarchie. Die Antinomie von Staat und NSDAP, schrieb er 1942, berge in sich die Tendenz zur Zersetzung. Der »rationale Verwaltungsstaat« werde schrittweise beseitigt und in eine »amorphe, formlose Bewegung« übergehen »und damit das wenige, was vom Staat übriggeblieben ist, in eine mehr oder minder organisierte Anarchie verwandeln«.[26]

In der Tat, unter den rivalisierenden Herrschaftsträgern des Regimes fand eine ständige Bewegung und Verschiebung der Machtverhältnisse statt. Neue Gruppierungen und Ämter bildeten sich heraus, versuchten den Einfluß der etablierten zu schmälern, sich in ihre Herrschaftssphäre hineinzudrängen oder sie auszutrocknen. Zunächst standen sich NSDAP und traditionelle Machtgruppen aus Bürokratie und Armee sowie aus Industrie und Großlandwirtschaft gegenüber. Das war die Bündniskonstellation gewesen, die 1933 Hitlers Machtübernahme erst ermöglicht hatte; es war eine Koalition zur Wahrung gegenseitiger Interessen und unter Vorbehalt gewesen. Die Reichswehr suchte ihr Gewaltmonopol und ihre politischsoziale Stellung zu sichern, die Großwirtschaft wünschte den starken Staat und die Schwächung oder besser noch die Ausschaltung der organisierten Arbeiterbewegung; die Staatsbürokratie suchte ihren traditionellen politischen Einfluß und sozialen Status gegen die Kräfte des Parlamentarismus und der Parteien zu sichern. Dem Nationalsozialismus ging es um die Verfolgung und Vernichtung der politischen Linken wie des liberal-demokratischen Systems und um die stufenweise Durchsetzung der eigenen Herrschaftsziele.

Die nationalsozialistische Partei mit ihren unübersehbar zahlreichen Untergliederungen war von Anfang an das dynamische Element in dieser Herrschaftsbeziehung. Sie unterhöhlte den Normenstaat in einer anfangs ungezügelten Parteirevolution, die vor allem den Einfluß und die Unabhängigkeit der Staatsbürokratie beseitigte. Am Ende des Machtergreifungsprozesses hatten sich die National-

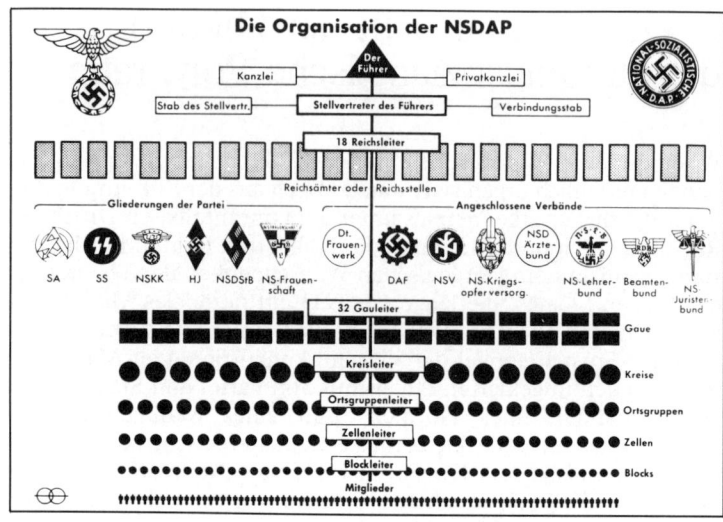

sozialisten eine Position erobert, die ihnen auch zunehmend Vorteile gegenüber den konservativen gesellschaftlichen Machtgruppen verschaffte. Die Reichswehr hatte sich ihr Waffenmonopol zwar einstweilen sichern können, aber um welchen Preis? Die Großwirtschaft war von der Gleichschaltung noch am wenigsten betroffen und hatte die Kontrolle über ihre Betriebe sogar noch ausbauen können. Sie war zwar Herr im eigenen Haus geworden, dafür hatte sie aber jegliche Einflußmöglichkeit auf den Kurs des Staates geopfert.

Die Konsequenz, mit der das »alte« System zerstört wurde, setzte sich nicht um in die Begründung einer neuen, in sich geschlossenen Ordnung. Es blieb vielmehr bei einem eigenartigen Schwebezustand des Gegen- und Nebeneinanders der verschiedenen Machtzentren und Institutionen, so wie es sich aus dem Machtergreifungsprozeß herausgebildet hatte. Die partikularen Ziele der einzelnen Gruppen bestanden weiter und auch ihre besonderen Bewegungsgesetze. Daß es zu keiner umfassenden autoritären Neuordnung kam, hatte viel mit der Unfähigkeit der NSDAP zu tun, sich in ein institutionelles Gefüge einzuordnen, ebensoviel aber mit der Abneigung Hitlers gegen eine endgültige, institutionelle Festlegung. Mitunter spielte auch politisches Kalkül eine Rolle, der Wille, die eigene, absolute Macht zu sichern. Als Goebbels sich im September 1943 bei Hitler über die Faulheit und Schläfrigkeit von Reichsarbeitsminister Seldte beklagte, weigerte sich der Diktator, diesen einstigen deutschnationalen Minister gegen den mächtigen Reichsorganisationsleiter und DAF-Führer Ley auszutauschen. »Selbstverständlich wäre Ley besser als Seldte«, so Goebbels in seinem Tagebuch, »aber der Führer vertritt ... den Standpunkt, Seldte könne er jederzeit auswechseln, während das bei Ley (dann) nicht mehr der Fall sei.«[27] Der Diktator nahm die Differenzen in den politischen Zielvorstellungen und Herrschaftsinteressen wie -methoden hin, solange sie nicht die eigene unumschränkte Führergewalt und die Realisierung der eigenen Ziele gefährdeten. Die aber lagen mehr im außenpolitischen als im innenpolitischen Bereich, und der

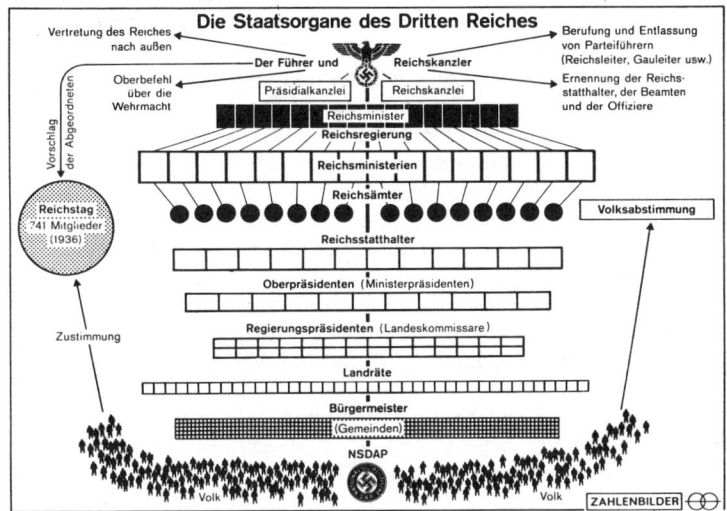

Die Staatsorgane des Dritten Reiches

Weg dorthin konnte auch über Seitenwege führen. Entscheidend war allein, daß sich die Interessen der einzelnen Herrschaftsträger noch so weit in Übereinstimmung bringen ließen, daß sie das Gesamtsystem nicht sprengten. Die Grenzen dieser Praxis waren in der Röhm-Affäre deutlich geworden. Ihre blutige Lösung hatte auch gezeigt, daß seine Gefolgschaft und die rivalisierenden Machtgruppen in seinem Regime für Hitler in erster Linie Mittel zum Zweck waren. Ihr Wert bemaß sich danach, ob sie die Verfolgung seiner Fernziele förderten oder gefährdeten.

Die Krise um Röhm und die SA war auch Ausdruck des ungeklärten Verhältnisses von Staat und Partei im Staat Adolf Hitlers gewesen. Die Unzufriedenheit der Partei- und SA-Gliederungen war sowohl aus unerfüllten Erwartungen als auch aus der veränderten Aufgabenstellung der nationalsozialistischen Bewegung im Einparteienstaat erwachsen. Im Sommer 1933, als Hitler die Revolution für beendet erklärt hatte, waren die Ansprüche von Partei und SA noch lange nicht befriedigt. Der Funktionswandel der Partei verschärfte die Mißstimmung, was die NSDAP in der »Kampfzeit« groß gemacht und zusammengehalten hatte, kämpferische Propagandakampagnen und die Eroberung der Straße, war nun nicht mehr gefragt. Was die heterogene Partei und ihre Untergliederungen bisher verbunden hatte, der gemeinsame Kampf um die Macht, war nun erfolgreich beendet. Die Energien der NSDAP richteten sich jetzt darauf, in die Sektoren von Staat und Gesellschaft einzudringen, die durch den Prozeß der Machtergreifung frei wurden und die dem totalitären Herrschaftsanspruch des Nationalsozialismus nicht entzogen bleiben durften. So richtete beispielsweise die Deutsche Arbeitsfront ihre gesamten organisatorischen Aktivitäten darauf, alle jene Felder zu besetzen, die vorher von der Kultur der Arbeiterbewegung geprägt und ausgefüllt waren. Das war Aufgabe der ständig expandierenden Freizeitorganisation, der NS-Gemeinschaft »Kraft durch Freude« mit ihren zahlreichen Ämtern für Reisen, Wandern und Sport, für Kultur und Theater wie für die »Schönheit der Arbeit«, mit der man zugleich in die betriebliche Sozialpolitik einzugreifen versuchte.

Die Folge dieses Durchdringungs- und Expansionsvorganges war eine immer größere Auffächerung der NSDAP. Die Partei zerfiel in verschiedene Macht- und Interessengruppen, je nach deren Durchsetzungsvermögen in Politik und Gesellschaft. Am Ende hatten sich zwei große Machtkomplexe herausgebildet, die nun ihrerseits neue Rivalitäten untereinander entwickelten: der Bereich der Politischen Organisation der NSDAP auf der einen und der Bereich von SS, SD und Gestapo auf der anderen Seite. Dadurch verlor die NSDAP als Massenorganisation insgesamt an Gewicht, während einige ihrer Teilorganisationen an Unabhängigkeit und Macht gewannen. Zu ihnen zählte vor allem die SS, aber auch die Massenorganisation der Deutschen Arbeitsfront.

Der gewaltige Zustrom von Mitgliedern – allein zwischen Januar und Mai 1933 hatte sich die Zahl der Parteigenossen verdreifacht – hatte das Gewicht der Politischen Organisation der NSDAP nicht gestärkt. Im Gegenteil, sie versuchte ihre kämpferische Dynamik dadurch zu bewahren, daß sie mit Wirkung vom 1. Mai 1933 einen Aufnahmestopp verhängte, der formal bis 1939 gültig war, aber durch Ausnahmeregelungen immer weiter durchlöchert wurde. Ihren Anspruch, Eliteformation im nationalsozialistischen Staat zu sein, konnte die PO der zur Massenpartei gewordenen NSDAP dadurch nicht zurückgewinnen, wenn sie diesem Selbstverständnis überhaupt je gerecht geworden war. Die Partei wurde zunehmend zur Staatspartei. Beamte und Lehrer strömten, aus tausend verschiedenen Gründen, in großer Zahl ein und verbürgerlichten die einstige Kampfpartei.

Alles drängte auf eine Fixierung von Status und Aufgaben der NSDAP. Doch alle wohlklingenden Gesetze und Proklamationen brachten keine eindeutige Institutionalisierung ihrer neuen Rolle. Als »Trägerin des deutschen Staatsgedankens« war sie im »Gesetz zur Sicherung der Einheit von Staat und Partei« vom 1. Dezember 1933 definiert worden, ohne daß recht klar wurde, was damit gemeint war. Auch über eine künftige Verbindung der Spitzen von Staat und Partei in Gestalt eines Großen Senats, nach dem Vorbild des faschistischen Großrates in Italien, gab es Absichtserklärungen, aber mehr nicht. Vor allem die Nachfolgefrage sollte in diesem »nationalsozialistischen Kardinalskollegium« eines Tages geregelt werden, aber vermutlich war gerade dies der Grund dafür, daß Hitler den Gedanken eines Senates nie konkret verfolgte. Das Verhältnis Partei und Staat blieb in der Schwebe, allen Formeln zum Trotz.

»Die Partei befiehlt dem Staat« lautete die meist gebrauchte Definition. Wie wenig damit ein klares Über- und Unterordnungsverhältnis gemeint war, machten die vielen Richtigstellungen dazu deutlich. Nein, erläuterte Goebbels, Propagandist der Führergewalt, das sei nur so zu verstehen, »daß Nationalsozialisten vom Führer beauftragt wurden, den Staat zu regieren und zu befehlen«.[28] Innenminister Frick präzisierte das ganz im Sinne seiner etatistischen Konzeption: Die Organisationen der Bewegung ständen ebensowenig außerhalb des Staates wie etwa die Wehrmacht. Nicht den Befehlen irgendeiner Parteidienststelle, sondern den Anweisungen ihrer dienstlichen Vorgesetzten seien die Angehörigen der Verwaltungen verantwortlich, von den Mitarbeitern der vom Führer eingesetzten Minister bis hinunter zu den Landräten und Bürgermeistern. Aber unter den Beamten gäbe es noch »Zehntausende« von politischen Gegnern, erklärte Hitler im November 1934 gegenüber seinen Reichsstatthaltern; das war ein deutlicher Wink zu neuen Eingriffen in die staatlichen Verwaltungen. Knapp ein Jahr später hielten die angeblich noch vorhandenen politischen Gegner, und zwar nicht nur der »jüdische Marxismus« und das »politisch und moralisch verderbliche Zentrum«, sondern nun auch »gewisse Elemente eines unbelehrbaren dumm-reaktionären Bürgertums« noch einmal dazu her, der Bürokratie zu drohen. Der Kampf gegen diese inneren Feinde, stellte Hitler in einer Proklamation zum Nürnberger Parteitag 1935 fest, werde »niemals an einer formalen Bürokratie und ihrer Unzulänglichkeit scheitern, sondern dort, wo sich die formale Bürokratie des Staates als ungeeignet erweisen sollte, ... wird die deutsche Nation ihre lebendigere Organisation einsetzen«. Dann gab er eine Bestimmung des Verhältnisses von Staat und Partei, die ebenso kennzeichnend für die Technik seiner Herrschaftsausübung wie unbestimmt war: »Was staatlich gelöst werden kann, wird staatlich gelöst, was der Staat seinem ganzen Wesen nach eben nicht zu lösen in der Lage ist, wird durch die Bewegung gelöst. Denn auch der Staat ist nur eine der Organisationsformen des völkischen Lebens«.[29]

In der politischen Wirklichkeit sah das anders aus. Die Politische Organisation der NSDAP konnte ihren Einfluß auf den Staat nur auf sehr indirektem Wege realisieren, meist dadurch, daß ihre Funktionäre danach trachteten, staatliche Kompetenzen durch die Personalunion von Staats- und Parteiämtern aufzusaugen oder durch die Errichtung von Sonderzuständigkeiten an sich zu ziehen. Doch nicht selten paßten die zu Beamtenwürden gekommenen Parteifunktionäre sich bald den Sachzwängen und Verhaltensformen der Verwaltung an und waren damit für die Sache der Partei gewissermaßen verloren.

Der andere, sehr viel mühseligere Weg der Einflußnahme führte über die politische Indoktrination und die ideologische Kontrolle der Bevölkerung. Das war die Haupttätigkeit, die der Politischen Organisation mit ihren vielen Kreis- und Ortsgruppenleitern, den Block- und Zellenwarten zugewiesen war. Einen »fast lückenlosen Einblick auch in das Privatleben des einzelnen« konnten nach dem Urteil von Erich Kordt die Blockleiter gewinnen, die »durch ihre tägliche, selbstverständliche, ja oft unbewußte Aufsicht über die Hausbewohner mehr zur Stärkung des Regimes beigetragen [haben] als die Geheime Staatspolizei mit ihren ständigen Fahndungen nach tatsächlichen oder vermeintlichen Systemfeinden«.[30] Der Blockleiter wurde bald für alles zuständig. »Ursprünglich dazu bestimmt, Parteibeiträge einzuziehen und allgemeine Haussammlungen vorzunehmen, haben diese Blockleiter zunehmend halbstaatliche und staatliche Funktionen übernommen. Sie kassierten die Beiträge der nationalsozialistischen Volkswohlfahrt, die Abgaben für die Luftschutzvereinigung, die Spenden fürs Winterhilfswerk, die Beiträge an den Eintopfsonntagen. Sie waren die erste Instanz für jegliche

›Betreuung‹ durch die NS-Volkswohlfahrt oder eine der anderen Organisationen. Zu Beginn des Krieges wurde ihnen auch die Verteilung der Lebensmittel- und Kleiderkarten übertragen.« Dabei sollten sie aber nicht als zusätzliche Polizeiorgane auftreten, sondern, wie es in einer internen Dienstanweisung hieß, als »Seelsorger«. »Der Volksgenosse muß in seinem Blockleiter seinen Freund und Helfer erblicken, an den er sich in seinen Nöten vertrauensvoll wenden kann und von dem er weiß, daß er ihm jederzeit seinen Rat und seine Hilfe leiht.« Als Biedermann mußte der politische Leiter und Amtswalter an der Basis erscheinen. Erwünscht war darum ein Typ des politischen Führers, der Vorbild sein konnte, der »ein tadelloses Eheleben führt und seine Kinder nationalsozialistisch erzieht... Wir werden nicht zuviel erwarten, wenn wir wünschen, daß er und seine ganze Familie aus der Kirche ausgetreten sind und die Kinder keinesfalls den kirchlichen Religionsunterricht besuchen. Die Ehefrau wird mindestens der NS-Frauenschaft angehören und in der NSV mitarbeiten.«[31] Die Partei sollte das Volk für die Maßnahmen der Regierung aufnahmefähig machen, hieß es in der offiziellen Sprachregelung. Darum wurde sie auf die Schulung und Erziehung der Nation, vor allem der eigenen Mitglieder, wie auf soziale Betreuungsaufgaben abgedrängt.

Zur Zielscheibe des öffentlichen Unmuts wurde die NSDAP dadurch, daß sie politische Leumundszeugnisse für jedermann auszustellen hatte: für Beamte, die befördert werden wollten, für Anwärter des öffentlichen Dienstes ebenso wie für Personen, die soziale Unterstützung und Ausbildungshilfen beantragten. Auch Gewerbegründungen und Empfehlungen für Uk.-Stellungen bedurften der Befürwortung der Partei. Das bot unzählige Anlässe für kleinkarierte Schikanen auf der einen oder handfeste Gunstbeweise auf der anderen Seite, was den Alltag der Volksgenossen empfindlich berührte. Denn nicht wenige der vielen kleinen Führer nutzten diese Gelegenheit, um als Blockwart der Partei oder Amtswalter der DAF einen beruflich Vorgesetzten die neu erworbene Macht spüren zu lassen. Da konnte der Hausmeister nun im Parteihemd dem Schuldirektor drohen oder ihn kontrollieren und, wenn auch nur für Augenblicke, das Gefühl der sozialen Gleichheit auskosten. Die Deutschen – nicht nur ein Volk von Geführten, sondern auch von vielen Führern. Das gab dem Zwangsstaat zusätzliche Legitimation und Stabilität. Zwar mußten alle gehorchen, aber viele durften einen Zipfel der Macht in Händen halten und am Führerprinzip teilhaben.

Das Heer dieser ehrenamtlichen Politischen Leiter und Walter wuchs ständig. 1935 gab es neben 33 Gauleitern 827 Kreisleiter, etwa 21 000 Ortsgruppenleiter und rund 260 000 Zellen- und Blockleiter. 1937 war die Zahl der Politischen Leiter insgesamt schon auf etwa 700 000 angestiegen, ohne die Funktionäre der Nebenorganisationen, die das gesamte soziale Leben erfaßten. Im Krieg lag die Zahl des Führungscorps bei zwei Millionen. Von der populistischen Forderung nach einer Vereinfachung der Verwaltung, mit der die Nazis vor 1933 das »System« und die angeblichen »Parteibuchbeamten« angegriffen und den Sinn der Diktatur gerechtfertigt hatten, war nicht nur nichts übriggeblieben, sie hatte sich in ihr Gegenteil ver-

Propagandaphoto der Zeit

»Winterhilfswerk« und »Eintopfessen« mobilisierten in den ersten
Jahren des Regimes, als es noch
Millionen Arbeitslose gab, tatsächlich beträchtliche Mittel für
die Notleidenden; viel wichtiger
war der propagandistische Effekt,
der ein »Volk im Aufbruch«
zeigen sollte.

kehrt. Staatliche Verwaltungen und Parteibürokratien schwollen zu
einem gewaltigen Heer von Beamten, Angestellten und anderen
öffentlichen Bediensteten an. So gaben die Nationalsozialisten der
Tendenz der Epoche zur Ausweitung des Dienstleistungssektors
einen kräftigen Schub. Schon vor dem Krieg wuchs der Etat für Ver-
waltungskosten in den Ministerien aufgrund der gewaltigen Perso-
nalvermehrung um 170 Prozent. Während die staatlichen Beamten-
gehälter auf dem niedrigen Stand der Brüning-Zeit eingefroren wurden, war die Partei großzügiger. Sie zahlte an ihre Funktionäre und
Mitarbeiter erheblich mehr, als für vergleichbare Beschäftigungen
in der Privatwirtschaft und im öffentlichen Dienst gezahlt wurde.
Ein Reichsleiter erhielt ein Monatsgehalt von 1200 RM, ein Gauleiter 1500 RM, ein Kreisleiter ein Eingangsgehalt von 400 RM. Dagegen erhielt ein Bankangestellter 1938 ein monatliches Anfangsgehalt
von 127 RM, ein Ministerialbeamter von 852 RM. Hinzu kam, daß
nur die Partei ihren Beschäftigten ein dreizehntes Monatsgehalt
zahlte, und ihrer gab es nicht eben wenige. Mehr als 25 000 Personen
waren schon 1935 in der Parteiverwaltung tätig, allein 1600 in der Parteiführung in München, der »Hauptstadt der Bewegung«, die dort 44
Dienstgebäude besaß.[32]
  Parteiarbeit war ein Mittel zur materiellen Bereicherung und auch
zu sozialem Aufstieg, aber Parteikompetenzen allein verschafften

Der alte Münchener »Königsplatz«, 1816 von Ludwig I. und seinem Hofarchitekten Leo von Klenze als Ensemble von Museumsbauten angelegt, wurde von Hitler mit seinem ersten Chefarchitekten Paul Ludwig Troost zur monumentalen Platzanlage für die »Hauptstadt der Bewegung« ausgebaut. Zwei gleichgeordnete Bürogebäude schlossen den Platz nach Westen ab, das eine diente als zentrales Sekretariat der NSDAP, das andere als persönliches Büro Hitlers. Flankierend standen davor an der alten Platzkante die »Ehrentempel« für die Gefolgsleute der Frühzeit. Das Platzgeviert, bis dahin eine Rasenfläche, wurde mit Steinquadern ausgelegt, wobei einerseits die Erinnerung an antike Formen im Spiel war, andererseits die Eignung für Massenaufmärsche der Parteigliederungen.

noch keine politische Kontrolle und Einflußsphären. Das sicherte erst der Griff nach staatlichen Ämtern oder die Errichtung neuer Sonderzuständigkeiten und sekundärer Bürokratien. Die Verschmelzung von Partei- und Staatsorganisation wurde ebenso zum Charakteristikum der nationalsozialistischen Herrschaftsordnung wie der Aufstieg von Sonderbehörden jenseits des ungeklärten Dualismus von Partei und Staat.

Nach dem Vorbild des »Führers und Reichskanzlers« setzte sich das System der Verklammerung von Staats- und Parteiämtern in den Doppelfunktionen von Goebbels, Darré, Heß, Himmler über eine Reihe von Gauleitern, die gleichzeitig Reichsstatthalter oder Ministerpräsidenten waren, fort bis hin zur Personalunion der Bürgermeister und Ortsgruppenleiter. Daß die Eroberung von Staatsämtern nicht unbedingt eine Machtsteigerung mit sich bringen mußte, zeigten die Gauleiter. Fast alle von ihnen – eine Ausnahme war der radikale Antisemit und »Frankenführer« Julius Streicher – durften sich mit staatlichen Ämtern schmücken. Nur zwei von den insgesamt dreißig Gauleitern im Reich, nämlich Joseph Goebbels (Berlin) und Bernhard Rust (Braunschweig) erhielten gleichzeitig die begehrten Ministersessel. Von den übrigen Gauleitern konnten nur die sechs nennenswerte staatliche Macht erringen, die gleichzeitig als preußische Oberpräsidenten amtierten. Die zehn Gauleiter, die zusätzlich zu Reichsstatthaltern ernannt worden waren, mußten feststellen, daß nach der Gleichschaltung der Länder und der Ausschaltung der unruhigen SA nicht mehr viel zu kontrollieren war. Von den sechs bayerischen Gauleitern waren zwei zu Regierungspräsidenten ernannt, einer war zusätzlich Landesminister, und Gauleiter Bürckel aus der Pfalz übte zusätzlich das Amt des Reichskommissars im Saargebiet aus, nachdem dies 1935 ins Reich heimgekehrt war.

In territorialen Neuerwerbungen des Reichs sollte sich ein neues, zukunftsreiches Betätigungsfeld für Gauleiter eröffnen. Die Kompetenzen waren in den neuen Reichsteilen ungleich größer als im »Altreich«. Seit 1938 und vor allem seit Kriegsausbruch erhielten die Gauleiter wirkliche Macht, sei es in den angegliederten Gebieten oder als Reichsverteidigungskommissare. Nun konnten sie ungehindert in die Bereiche der allgemeinen Verwaltung eingreifen, die ihnen zuvor von den ebenfalls nationalsozialistischen Reichs- und Landesbehörden versperrt worden waren: in die Personal- wie in die Organisationspolitik.

Gesellschaftliche Kontrolle und Macht verschaffte sich die NSDAP über ihre zahlreichen Gliederungen und angeschlossenen Verbände. Es war ein ganzes Netz von Verbänden und Untergliederungen, in dem über die engeren Parteimitglieder hinaus Millionen von Volksgenossen organisiert, mit dem der einzelne, gleich wie er zur NSDAP stand, erfaßt wurde. Nicht wenige dieser Gliederungen

Innerhalb von rund fünfzehn Jahren sollte Berlin zu einem Monument imperialer Größe umgestaltet werden: die »Welthauptstadt Germania«, von Albert Speer »nach den Ideen des Führers« entworfen.

konkurrierten untereinander. Das galt nicht nur für SA und SS, sondern auch für das Verhältnis der Hitlerjugend und des NS-Kraftfahrkorps zur SA. Auch die übrigen Gliederungen der Partei, NS-Frauenschaft wie NS-Studentenbund, hatten ihr Kompetenzgerangel mit HJ, NS-Schülerbund und anderen Nebenorganisationen. So rief Schirachs Absicht, den gesamten Erziehungsbereich unter seine Kontrolle zu bringen, die Widerstände des Reichsministers für Wissenschaft, Erziehung und Volksbildung wie des Wirtschaftsministeriums hervor. Rust ließ beim Stellvertreter des Führers, Heß, Klage führen über die Expansionsgelüste der Hitlerjugend und begründete seine Ansprüche damit, daß »nunmehr im nationalsozialistischen Staate« die Schule »mitten hinein in die lebendige Arbeit der allseitigen Erziehung der deutschen Jugend gestellt werden«[33] müsse. Das Wirtschaftsministerium, noch eine Bastion traditioneller Staatlichkeit, warnte: »Wird aus dem Bau des staatlichen Erziehungswerkes von einer Stelle erst eine Ecke herausgebrochen, dann werden bald andere Interessenten sich finden, die ihrerseits ebenfalls an dem Bau rütteln zu können glauben und unter Berufung auf den Präzedenzfall ihre Ansprüche anmelden.« Solche Warnungen verzögerten das geplante HJ-Gesetz zwar, aber im Dezember des Jahres 1936, als alle schon meinten, Schirach habe aufgegeben, erhielt dieser sein Jugendgesetz, das die HJ zur Staatsjugend machte, schließlich doch. Wütend protestierte Rust, mit »dem Willen des Führers« werde »unverantwortlicher Mißbrauch« getrieben. »Die Veröffentlichung dieser Grundsätze ohne meine als des für das Schulwesen nach dem Willen des Führers allein verantwortlichen Reichsministers Kenntnis in der Presse ist eine grobe Illoyalität.«[34] Das half freilich wenig, denn Schirach behauptete sich auch jetzt gegen den Rivalen. Das Durchsetzungsvermögen im Ämterdarwinismus des Dritten Reiches hing auch davon ab, welche Kompetenzen ihnen von der Partei- und Staatsführung zuerkannt wurden. Da hatte es die Hitlerjugend leichter, die als einzige Parteiorganisation zur Pflichtorganisation wurde, während etwa die DAF zunächst einen gewaltigen Katalog von Ansprüchen und Zuständigkeiten vorlegte, den sie aber nur mühsam und in Teilbereichen gegen den Willen des Reichswirtschaftsministers und der Unternehmer durchsetzen konnte.

Quer durch alle Berufsgruppen reichten die angeschlossenen Verbände, die für den Alltag des einzelnen existentielle Bedeutung erlangen konnten: vom nationalsozialistischen Ärzte-, Juristen-, Beamten-, Lehrer- und Dozentenbund über den NS-Bund Deutscher Techniker und die NS-Schwesternschaft bis zur NS-Volkswohlfahrt und der Deutschen Arbeitsfront, deren Mitgliederstärke mit rund 23 Millionen 1938 die der NSDAP um das Fünffache übertraf. Selbstverständlich war dieses Gewirr von Gliederungen, Verbänden, Organisationen und Untergliederungen, zum Beispiel die gewaltige Unterabteilung der DAF, das Freizeitwerk »Kraft durch Freude«, nicht nur Herrschafts- und Lenkungsinstrument, sondern auch unendliches Betätigungsfeld für viele ambitionierte Unterführer, die sich damit wohlklingende Titel zulegen konnten, vom Reichsjugendführer und Reichsarbeitsführer bis zum Reichsdozentenführer und Reichskriegerführer oder Reichsdentistenführer.

Auch Planstellen gab es in ungekanntem Maße: allein die DAF mit ihrer eigenen Bürokratie beschäftigte 40000 Funktionäre hauptamtlich oder ehrenamtlich.

Dieses Organisationsfieber mußte den Einfluß der Staatsgewalt beschneiden; die schrittweise Zersetzung geregelter Staatsorganisationen durch den Kontroll- und Lenkungswillen nationalsozialistischer Parteigliederungen oder einzelner Parteigrößen kennzeichnet denn auch die weitere Entwicklung und Radikalisierung des Herrschaftssystems des Dritten Reichs. Die Erosion der Staatsgewalt konnte durch sehr unterschiedliche Techniken herbeigeführt werden. Sie reichten von den schon genannten führerunmittelbaren Sonderverwaltungen über neu geschaffene Pseudoministerien und Überbehörden zu konkurrierenden Ämtern der NSDAP, von Massenorganisationen mit Hoheitsanspruch und Zwangskartellen bis hin zur Ausgliederung von staatlichen Hoheitsfunktionen in den Verfügungsbereich von Parteigliederungen. In allen Fällen mußte die traditionelle Bürokratie einen schleichenden, aber unaufhörlichen Machtverlust hinnehmen, drängte der Maßnahmestaat den Normenstaat immer weiter zurück.

Sonderverwaltungen gab es bald in allen Bereichen öffentlicher Verwaltung und Daseinsvorsorge. Sie hatten ihren Anfang genommen mit dem führerunmittelbaren Amt des »Generalinspektors für das deutsche Straßenwesen« und breiteten sich wie eine Schlingpflanze immer weiter aus. Stets waren es Sonderaufgaben, die bald eine organisatorische Eigendynamik rechtfertigten und immer mehr Kompetenzen an sich banden; als die Bürokratie der Bauverwaltung der Reichshauptstadt Hitlers Vorstellungen über den Ausbau seiner Kapitale nicht energisch genug vorantrieb, schuf er für seinen Privatarchitekten Albert Speer das Amt des »Generalinspektors«.

Ähnliche Sonderbereiche stellten die verschiedenen Kommissariate dar, die die außernormative Praxis der Machtergreifungsphase fortsetzten und hinter ihren teilweise harmlosen Firmenschildern gewaltige Lenkungs- oder auch Vernichtungskapazitäten vereinigten. Das wohl bekannteste Unternehmen dieser Art war die Dienststelle Hermann Görings, der er als »Beauftragter für den Vierjahresplan« vorstand – sie war mehr als nur ein weiteres Amt in der fast unüberschaubaren Ämterfülle Görings. Sie war eine Art Überministerium, das quer zu allen anderen Institutionen weite Teile der Wirtschaft steuern konnte und diese kriegsfähig machen sollte. Mit ihren Lenkungskompetenzen vom Arbeitsmarkt über die Rohstoffwirtschaft bis zum Außenhandel war sie Herzstück der nationalsozialistischen Kommandowirtschaft und wichtigste Zuständigkeit in dem von Göring angesammelten Konglomerat von Ämtern und Titeln: sie reichten vom preußischen Ministerpräsidenten und Reichstagspräsidenten über die Führung der Luftfahrt und Luftwaffe bis hin zum Reichsminister für Forsten und Jagd und zum vielbelächelten Titel eines Reichsjägermeisters. Ein bunt zusammengewürfeltes Machtkartell, dessen Lenkung dem machtbesessenen Inhaber immer weiter entglitt, das aber seinen Anspruch dokumentierte, zweiter Mann im Dritten Reich zu sein.

Was sich hinter dem »Reichskommissar für die Festigung des

Herbert Rimpl, Heizwerk der
Heinkel-Werke in Oranienburg

Verantwortlich für dieses Kraft-
werk der Neckarkanalisierung war
die Neckarbaudirektion Stuttgart,
Mitarbeiter Paul Bonatz

deutschen Volkstums« verbarg, war bei weitem nicht so harmlos,
wie die Amtsbezeichnung vermuten ließ. Die Vollmacht, die
Heinrich Himmler im Oktober 1939 mit diesem Amt erhielt, zielte
auf die Verwirklichung der nationalsozialistischen Rassen- und Sied-
lungsideologie. Die Einrichtung dieser zentralen Reichsbehörde
demonstriert wie kaum ein anderer Vorgang, wie weit die Zersetzung des staatlichen Instanzen- und Verwaltungsganges bei Kriegsbeginn bereits fortgeschritten war und wie sich dadurch die radikalen ideologischen Fernziele schrittweise in die Tat umsetzen ließen.
Die gesamte Germanisierungspolitik im Osten war Himmler damit
aufgetragen, mit allen Vollmachten, bis hin zur gewaltsamen Entfernung von Juden und Polen wie zur Umsiedlung Volksdeutscher. Die
Einrichtung dieser Behörde vollzog sich ganz im Stile asiatischer
Despotien durch geheimen Führererlaß. Nur die Obersten Reichs-
behörden wurden davon in Kenntnis gesetzt, nicht aber die allgemeine Verwaltung. Klagen betroffener Ämter und Personen liefen
ins Leere, obwohl sie, wie das Wiener Reichsverwaltungsgericht
bestätigte, »mit vollem Recht gegen die betreffende Behörde den
Vorwurf ... der Rechtswidrigkeit erheben«.[35] Doch diese Behörde

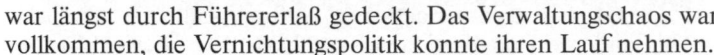

Julius Schulte-Frohlinde, Siedlung Mascherode

Albert Speer, Deutsches Haus auf der Pariser Weltausstellung 1937

OBR, München, Mitarbeiter als Architekt: Fritz Norkauer. Reichsautobahn, Rasthaus am Chiemsee

Die Bautätigkeit des Dritten Reiches war in sich – und zwar bewußtermaßen – höchst widersprüchlich. Der Industriebau folgte mit Stahl und Glas der internationalen Linie; der Siedlungsbau hielt an jenen stadtplanerischen Gesichtspunkten fest, wie sie von der Gartenstadtidee der Jahrhundertwende bis zu den Siedlungsprojekten der Weimarer Zeit propagiert wurden; der öffentliche Bau suchte landschaftsgebunden und regional differenziert zu arbeiten: nicht nur die Bauformen, sondern auch die Baustoffe sollten sich der jeweiligen Umgebung anpassen.
Nur die Staatsbauten zeigten den monumentalisierten Klassizismus, wie er in den dreißiger Jahren von Helsinki bis Washington zur Geltung kam.

war längst durch Führererlaß gedeckt. Das Verwaltungschaos war vollkommen, die Vernichtungspolitik konnte ihren Lauf nehmen.

Hindernisse auf dem Wege zur Durchsetzung nationalsozialistischer Fernziele ließen sich auch weiterhin durch konkurrierende Ämter umgehen und auf die Dauer wirkungslos machen, selbst wenn es sich dabei um scheinbar so mächtige Behörden handelte wie das Auswärtige Amt. Eine ganze Reihe von Parteidienststellen betrieb nach 1933 Außenpolitik auf eigene Faust und an der traditionellen Diplomatie vorbei. Keines der Parteiämter hatte eine klare Kompetenz, weder das »Außenpolitische Amt der NSDAP« unter Alfred Rosenberg noch die »Dienststelle Ribbentrop« oder die »Auslandsorganisation der NSDAP«. Sie beanspruchten meist – im Gegensatz zu den Fachleuten und Karrierediplomaten –, die Totalität nationalsozialistischen Denkens und Handelns im Blick zu haben. Rosenberg betrieb vor allem antibolschewistische Propaganda, auch die Auslandsorganisation sah ihre Funktion in der weltanschaulichen Durchdringung gerade der Auslandsdeutschen. Ähnliche Aufgaben beanspruchten aber die Volksdeutsche Mittelstelle, die ab 1937 unter SS-Kontrolle stand, und Goebbels' Propa-

363

gandaministerium, das sich ebenfalls durch getarnte Dienststellen und Propagandakampagnen, etwa bei der Volksabstimmung an der Saar, in außenpolitische Angelegenheiten einmischte. Anders waren die Einflußmöglichkeiten von Ribbentrop, der aufgrund von Sonderaufträgen Hitlers viel stärker auf die politische Gestaltung einwirken konnte. Als er schließlich 1938 selbst Außenminister wurde, war seine Dienststelle überflüssig geworden.

Machtansprüche stellten auch die nationalsozialistischen Massenorganisationen, die durch Gesetz Hoheitsfunktionen erhalten hatten. Da war zunächst der Reichsarbeitsdienst, der mit der Einführung der Dienstpflicht 1935 die jahrgangsweise »Erziehung der deutschen Jugend im Geiste des Nationalsozialismus zur Volksgemeinschaft und zur wahren Arbeitsauffassung, vor allem zur gebührenden Achtung der Handarbeit«[36] in militärischer Form organisierte. Arbeitsdienstleiter Konstantin Hierl hatte es zwar erreicht, daß er mit seinem Arbeitsdienst aus dem Ressort des Arbeitsministers Seldte herausgenommen wurde, aber den erstrebten Aufstieg zur unabhängigen Obersten Reichsbehörde hatte ihm Innenminister Frick verstellt. So blieb es bei einer für das NS-Herrschaftssystem charakteristischen Lösung: Hierl blieb als »Führer des Reichsarbeitsdienstes« in seiner staatlichen Dienststellung als Staatssekretär dem Innenminister unterstellt, tatsächlich war er jedoch als Parteiführer unabhängiger Leiter einer besonderen Reichsorganisation.

Eine ähnliche Stellung nahm die Hitlerjugend ein. Auch sie war aus einer Parteiorganisation hervorgegangen und wurde 1936 zur Staatsjugend. Ihr Führer, Baldur von Schirach, hatte in der Gleichschaltungswelle des Frühsommers 1933 die Kontrolle über sämtliche Jugendverbände erobert und sich am 17. Juni 1933 zum »Jugendführer des Deutschen Reiches« ernennen lassen. Ein staatliches Amt war das noch nicht, es war vielmehr ein revolutionäres Überwachungsorgan, das über das Schicksal anderer Jugendverbände entschied und diese meist der HJ einverleibte. Mit der allgemeinen Wehrpflicht und der Arbeitsdienstpflicht verstärkte sich der Ruf der HJ nach einem staatlichen Auftrag, sollte sie nicht hinter den anderen Organisationen hinterherlaufen. Diesmal konnte Frick die Errichtung einer selbständigen, Hitler unmittelbar unterstellten Obersten Reichsbehörde nicht verhindern. Nun besaß Schirach neben seinem Parteiamt auch eine staatliche Funktion, die nicht der Aufsicht des Reichserziehungsministers unterstand. Das war nicht nur ein Beweis für den Machtwillen und die Durchsetzungsfähigkeit des selbsternannten »Dichters der Bewegung« Baldur von Schirach, sondern wiederum ein Schritt auf dem Wege zur Aushöhlung staatlicher Kontrolle.

Am Ende hatten die klassischen Ressorts die wichtigsten Zuständigkeiten verloren, ohne daß sie jedoch aufgelöst wurden. Im Gegenteil, sie arbeiteten weiter und erweckten das Bild von Normalität, obwohl der nationalsozialistische Maßnahmestaat sie schon längst mit seinem Netz- und Schlingenwerk überzogen und eingeschnürt hatte. Wie weit dieser Vorgang der Ausgliederung von staatlichen Hoheitsfunktionen und ihrer »Privatisierung« durch führerunmittelbare Parteiorganisationen gehen konnte, zeigte der unheimliche und fast lautlose Aufstieg der SS.

3. Der Aufbau des SS-Staates

Daß die Schutzstaffel einmal zur mächtigsten Gliederung des Nationalsozialismus und zum Schrecken Europas werden sollte, hatte bei ihrer Einrichtung weder sie selbst noch Hitler vorausgesehen. Dennoch war diese Entwicklung kein bloßer Zufall. Denn im Weg der kleinen Unterabteilung der SA zum alles beherrschenden SS-Staat fanden die Herrschaftstechniken und Herrschaftsziele des Nationalsozialismus ihren deutlichsten organisatorischen Niederschlag. Die SS war sowohl die reinste Verkörperung der nationalsozialistischen Konzeption einer Weltanschauungspartei als auch das rückhaltloseste Instrument der Führergewalt. Von Anfang an war ihr Weg auf das engste mit der Person Adolf Hitlers verbunden, und wie keine andere Machtgruppierung im Dritten Reich wurde der SS-Komplex zum Beispiel für die Verschmelzung von Partei- und Staatsaufgaben in einer führerunmittelbaren Sonderorganisation, bis sie schließlich dem klassischen Verwaltungsapparat die öffentliche Gewalt völlig entzog.

Die Geschichte der SS belegt den Vorgang der ständigen Differenzierung neuer Teilorganisationen und Kader wie deren Radikalisierung und Durchdringung der Gesellschaft so anschaulich wie keine andere NS-Organisation. Voraussetzung dafür waren einerseits die persönliche Bindung an Führer und Idee des Nationalsozialismus und andererseits das hierarchisch-elitäre Selbstverständnis, das der einstige Hühnerzüchter Heinrich Himmler seinem Orden des »guten Blutes« gab.

Dreimal innerhalb der zehn Jahre zwischen 1923 und 1933 hatte Hitler eine »Stabswache« gegründet, die ganz zu seiner persönlichen Verfügung stand und über seine Sicherheit wachen sollte; zuerst 1923, dann 1925 und am Ende am 17. März 1933, als Reichskanzler Hitler aus der SS jene neue »Stabswache« von 120 SS-Männern unter Sepp Dietrich bildete, aus der dann die Leibstandarte Adolf Hitler werden sollte. Sie war durch unbedingte Treue zu seiner Person charakterisiert. Die Nähe zum Führer war für Himmler, der die SS-Führung 1929 übernommen hatte, Anlaß, den Elitecharakter seiner Truppe zu stärken. Sie mußte »gutes Blut haben«, das hieß »soldatisch und unbedingt gegenrevolutionär sein«.[37] Den Rassekern, den der Ideologe Adolf Hitler als Voraussetzung für Stärke und ewige Macht genannt hatte, wollte der Organisator Himmler in seinem Orden bewahren und züchten. »Wir gingen«, erläuterte Himmler später, »so wie der Saatzüchter, der eine gute, alte Sorte ... wieder rein züchten soll, zuerst über das Feld zur sogenannten Staudenauslese geht, zunächst daran, rein äußerlich die Menschen auszusieben, die wir glaubten für den Aufbau der Schutzstaffel nicht brauchen zu können.«[38] In den Orden konnte nur aufgenommen werden, wer den kitschigen Leitbildern vom nordischen Menschen entsprach. Vor allem mußte der Kandidat groß sein, denn Himmler war überzeugt, »daß Menschen, deren Größe über einer bestimmten Zentimeterzahl liegt, das erwünschte Blut irgendwie haben müssen«.[39] Auch die Gesichtszüge prüfte der Menschenzüchter. Er ließ sich von allen Bewerbern Bilder kommen, die er sorgsam unter die Lupe nahm. Bei den alten SS-Mitgliedern war er allerdings großzügiger, sofern sie im Weltkrieg Soldat gewesen waren. Schließlich wollte er seine Stammannschaft nicht zur Hälfte aussieben.

Im Laufe der Zeit wurden die Auslesebestimmungen aber immer strenger. Hauptsturmführer Professor Dr. Bruno Schultz mußte schließlich einen Katalog entwerfen, nach dem der gesamte Körperbau von der Rassekommission überprüft wurde. Ab 1935 mußte zudem jeder SS-Führer vom Oberscharführer an aufwärts, bald auch jeder SS-Mann nachweisen, daß er und seine Ehefrau keine jüdischen Vorfahren besaßen. Auch die Familienplanung seiner SS-Männer unterlag Himmlers Aufsicht. Schließlich sollte die SS kein bloßer Männerorden, sondern ein »Orden germanischer Sippen« sein. Schon am 31. Dezember 1931 hatte der Reichsführer einen »Verlobungs- und Heiratsbefehl« herausgegeben, der jeden SS-Mann verpflichtete, vor seiner Eheschließung die Genehmigung des Reichsführers einzuholen sowie die rassische Begutachtung der Verlobten und ihrer Familie dem Rasse- und Siedlungshauptamt vorzulegen. Dieses Amt verlangte neben einer erbgesundheitlichen Untersuchung auch Photos der Zukünftigen im Badeanzug. 1936 schließlich forderte Himmler von jedem SS-Mann, »daß er möglichst im Alter von 25 bis 30 Jahren heiratet und eine Familie gründet«.[40]

Anfangs wurde die seltsame Elite-Konzeption des Hühnerzüchters Himmler auch in der NSDAP belächelt, bald zeigte sich jedoch ihre Attraktivität. Alle diejenigen, die nicht zu den alten Eliten von Besitz, Bildung und Herkunft zählten, sahen in dieser neuen Auslese der Rasse und Weltanschauung ihre Chance. Angehörige der verlorenen Frontgeneration, Freikorpsmänner, vor allem »die Männer, die der Krieg niemals entließ, die ihn immer im Blute tragen werden«, rückten in die SS ein. Klangvolle Namen waren darunter: der pommersche Reichswehroffizier von dem Bach-Zelewski, der von seinem Regiment wegen nationalsozialistischer Aktivitäten ausgeschlossen worden war Friedrich Karl Freiherr von Eberstein, Leutnant im Weltkrieg und Adjutant des Freikorpsführers Graf Helldorff, sowie Udo von Woyrsch, Oberleutnant a.D. Bald kamen auch Opfer der Weltwirtschaftskrise, Freiberufler, die ihre Existenzgrundlage verloren hatten, oder Akademiker, die keinen Arbeitsplatz fanden. Der Orden wuchs, und schon kurz vor der Machtübernahme stießen namhafte Vertreter der Aristokratie zur SS: der Erbprinz von Mecklenburg, der Erbprinz zu Waldeck und Pyrmont, die Prinzen Christof und Wilhelm von Hessen, um nur einige zu nennen. Bald folgten ihnen weitere Standesgenossen: 1938 stellten sie 18,7 Prozent der SS-Obergruppenführer, 9,8 Prozent der SS-Gruppenführer, 14,3 Prozent der SS-Brigadeführer, 8,8 Prozent der SS-Oberführer und 8,4 Prozent der SS-Standartenführer.[41] Sie erwarteten von der SS und ihrem ausgeklügelten System der Hierarchien und elitären Rituale die Wiederherstellung des konservativen Prinzips. Schon die schwarze Uniform der SS mit ihren feinen Abstufungen und Kennzeichen schien diese Erwartungen zu bestätigen, und schick war sie außerdem. Neben den Adligen kamen die Söhne aus dem Bürgertum, die auf eine schnelle Karriere hofften. Sie waren ganz Kinder ihrer Zeit, »in der Mehrheit Intelligenzler mit voller akademischer [meist juristischer] Ausbildung und fast sämtlich aufgewachsen in der Gefühls- und Ideenwelt der deutschen Jugendbewegung«.[42] Vorwiegend gingen sie in den Sicherheitsdienst der SS, das entsprach ihrem juristisch-intellektualistischen Habitus. Walter Schellenberg und Otto Ohlendorf kamen auf diese Weise; sie waren keine Ideologen, sondern unsentimentale Technokraten der Macht, auf die keine Diktatur verzichten kann.

Ihre politische Bewährungsprobe als Instrument der Führerherrschaft hatte die SS 1931 bei der Niederschlagung der SA-Revolte abgelegt und dann noch einmal am 30. Juni 1934, beim tödlichen Schlag gegen den Rivalen SA. Weil nur der Führerwille für sie Gesetz war, hatte sie zum konsequenten Vollstrecker der Mordbefehle gegen Röhm und die anderen Opfer werden können.

Seit der Röhm-Krise war Himmler nicht mehr dem Stabschef der SA unterstellt, sondern Leiter einer selbständigen Parteigliederung; bei großen Aufmärschen, wie etwa bei den Nürnberger Parteitagen, stand er nun unmittelbar hinter Hitler. Was nicht weniger wichtig war, die SS hatte so schon früh das erreicht, was der SA verwehrt geblieben war: das Eindringen in den Staatsapparat. Das war möglich geworden, weil die SS im Gegensatz zur SA zu keiner Zeit Hitlers Stellung bedroht hatte und auch nicht die Reichswehr herausforderte, jedenfalls noch nicht zu diesem Zeitpunkt. Himmler hatte sich vielmehr zunächst auf die schrittweise Durchdringung des Polizeisystems konzentriert, und, von München ausgehend, Position um Position hinzugewonnen, bis er am 20. April 1934 auch zum stellvertretenden Chef und Inspekteur der preußischen Geheimen Staatspolizei ernannt wurde. Damit verfügten Himmler und Heydrich, der sofort als Chef des Geheimen Staatspolizeiamtes in Berlin nachrückte, wie er das in den anderen Ländern auch schon getan hatte, über die gesamte Politische Polizei, die seit der Machtergreifung überall von einem defensiven Staatsschutzinstrument in ein offensives Organ der Führergewalt und der Gegnerbekämpfung verwandelt wurde.

Mit dem Aufstieg der Schutzstaffel zur Polizeimacht des Dritten Reiches wandelte sich nach der Konzeption Reinhard Heydrichs die Polizei von einem defensiven Instrument zu einem allmächtigen Säuberungs- und Erziehungsorgan unter Aufsicht des Sicherheitsdienstes des Reichsführers SS, wo niemand anderes als er selber die Leitung innehatte.

Die Rationalität des nationalsozialistischen Herrschaftswillens verkörperte Reinhard Tristan Heydrich wie kein anderer im nationalsozialistischen Regime. Ein »junger böser Todesgott«[43] war er nach Meinung Carl Jacob Burckhardts, als »Mann mit dem eisernen Herzen«[44] bezeichnete ihn sein Vorgesetzter Heinrich Himmler, der »voll der Bewunderung des deutschen Kleinbürgers für die ruchlose Glätte und den skrupellosen Schneid des anderen war«.[45] Daß Heydrich dennoch bis zu seiner Ermordung durch tschechische Attentäter im Mai 1942 der zweite Mann hinter dem ihm intellektuell und organisatorisch unterlegenen Himmler blieb, lag nach verbreiteter Meinung an Heydrichs angeblicher jüdischer Abstammung, die Himmler auf demütigende Weise gegen ihn ausspielte.

Gedenkbriefmarke für Reinhard Heydrich

Das System der Konzentrationslager wurde nicht verschwiegen. Die Parteipresse zumindest behandelte die Lagerwelt des Dritten Reiches ganz offen – wenn auch als Anlagen zur Aussonderung Asozialer und Krimineller. Das anfängliche Argument der »Schutzhaft« und »Umerziehung« trat schon im Frieden immer mehr zurück.

Dieses Gerücht hielt sich hartnäckiger, je höher Heydrich in der nationalsozialistischen Hierarchie aufstieg. Schon 1932 hatte es der renommierte Ahnenforscher der Partei, Dr. Gercke, auf Veranlassung Gregor Straßers überprüft und widerlegt, und auch der israelische Historiker Shlomo Aronson, der 1966 noch einmal die Ahnenreihe Heydrichs zurückverfolgte, konnte keine jüdischen Vorfahren entdecken. Himmler jedoch pflegte es weiterhin und bemerkte oft beiläufig im vertrauten Kreis, Heydrich sei ein »armer Mensch, ... innerlich völlig gespalten, wie man das oft bei Mischlingen findet«.[46] Gespalten war Heydrich in der Tat, hin und her getrieben zwischen inneren Ängsten, Spannungen und Selbsthaßgefühlen einerseits, Aggressivität und dem Drang, stets der Erste zu sein, andererseits. Vermutlich machte ihn gerade das zum idealen Stellvertreter, der nie die Vormachtstellung des Reichsführers gefährden konnte, sich diesem aber gleichwohl unentbehrlich machte.

Zu Himmler und zur SS war der 1904 geborene Sohn eines Opernsängers und einer Schauspielerin 1931 gestoßen, als er zum Entsetzen der Familie wegen einer Liebesaffäre die Reichsmarine im Rang eines Oberleutnants unehrenhaft verlassen mußte. Durch Vermittlung des Münchener SA-Führers Friedrich Karl Freiherr von Eberstein kam der arbeitslose Funk-Offizier zu Himmler, der gerade einen Nachrichtenmann suchte, da sich immer mehr Spitzel in die Bewegung einschleusten. Kaum war er zum SS-Sturmführer ernannt, begann Heydrich auf eigene Faust Nachrichten zu sammeln, Karteien und Dossiers anzulegen, auch über führende Parteimitglieder, Himmler und Hitler eingeschlossen. Wissen, daran hielt sich der »Oberverdachtschöpfer«, wie er bald genannt wurde, schafft Bindungen und Macht, zumal wenn man die Schwächen anderer als Trumpfkarten in der Hand hielt. Bei so viel Beflissenheit, die nichts anderes als Machtbesessenheit war, konnte eine rasche Karriere nicht ausbleiben. Schon im Dezember 1931 machte Himmler ihn zum Hauptsturmführer, im Juli 1932 zum Leiter des neu geschaffenen Sicherheitsdienstes und zum Standartenführer, im März 1933 schließlich zum SS-Oberführer. Das eigentümliche Duo konnte den Marsch durch die Institutionen antreten.

Die Systematisierung des Terrors, für die der Name SS stand, war in Bayern und in Preußen auf zwei verschiedenen Wegen erfolgt. Zunächst wurden nördlich und südlich der Mainlinie diejenigen Abteilungen, die bisher politische Straftaten bearbeitet hatten, aus dem allgemeinen Polizeiapparat herausgelöst und jeder politischen Kontrolle entzogen. Die Politische Polizei sollte fortan gegen alle Kräfte gerichtet sein, die die Durchsetzung des totalitären Machtanspruchs gefährden konnten. Während nun die mittlerweile längst gesäuberte Politische Polizei in Preußen zur Geheimen Staatspolizei – es war ein Postbeamter, der die berühmt-berüchtigte Abkürzung Gestapo prägte – mit Sitz im Gebäude Prinz-Albrecht-Straße 8 erhoben worden, aber der Aufsicht von Sonderkommissaren und den widersprüchlichen Anweisungen von Göring unterworfen geblieben war, durchbrach Himmler in Bayern sofort alles, was in Preußen die Gestapo noch in die Verwaltungen und die Gesetzeskontinuität einband. Während die preußische Gestapo unter ihrem ersten Chef Rudolf Diels noch immer auf einen, wenn auch autoritä-

K.Z.
und seine
Insassen

S.S.-Mann aus den Wachverbänden, welche die Aufsicht über die Konzentrationslager führen

*

Beim Bau einer neuen Lagerstraße

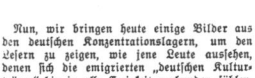

Eine Galerie jüdischer Rasseschänder. Sagen diese Visagen nicht eigentlich schon genug?

Ein typischer Lagerrepräsentant: Gewohnheitssäufer und Wüstling

Wenn der ausländischen Hetzpresse die Puste gegen Deutschland ausgeht — das geschieht in den letzten Monaten immer öfter und in kürzeren Intervallen —, so greift sie nach dem abgedroschensten Schlager, der ihr scheinbar noch am zugkräftigsten erscheint: den „Greueln in den deutschen Konzentrationslagern".

Die Zahl der Konzentrationslager ist bis auf einige wenige zusammengeschrumpft, in denen sich bekanntlich nach den erbstattlichen Versicherungen der jüdischen Emigranten die geistige Elite des Deutschen Reiches befindet. Den Greuelromanfabrikanten bedeuten die Konzentrationslager das, was für Sensationsschriftsteller der wilde Westen und die Goldgräberstädte, wie Sacramento und Santa Fiffi, sind mit den dazugehörigen Falltüren, Hintertreppen, Selbstschüssen und geheimnisvollen Chinesen, und was sonst zu jenen Requisiten unentbehrlich ist, die uns bei nächtlicher Lektüre im Bett die Haare zu Berge stehen und die Füße an den Bauch ziehen läßt.

Nun, wir bringen heute einige Bilder aus den deutschen Konzentrationslagern, um den Lesern zu zeigen, wie jene Leute aussehen, denen sich die emigrierten „deutschen Kulturträger" bis in alle Ewigkeit verbunden fühlen.

Es ist dies eine Kollektion von Rasseschändern, Notzüchtern, sexuell Entarteten, Gewohnheitsverbrechern, die den größten Teil ihres Lebens hinter Zuchthausmauern verbrachten, und anderen Individuen, die sich durch ihr Verhalten außerhalb der Volksgemeinschaft gestellt haben, und die vor drei Jahren noch von Psychoanalytikern und Strafrechtsanwälten als „Opfer der bürgerlichen Gesellschaft" verhätschelt wurden.

Viel wußte die Auslandspresse schon über diese „Opfer brutaler Willkür" zu berichten, und noch anderes mehr, was nur vor und sonst keinem Menschen im Deutschen Reiche zu Ohren gekommen ist. Trotz dieser Hellhörigkeit haben sie es geflissentlich übersehen und daher auch in ihrer Presse verschwiegen, daß zu Weihnachten zahlreiche ehemals politische Gegner aus den Konzentrationslagern entlassen und von Gauleiter Streicher mit Kleidern, Lebensmitteln sowie einem Geldbetrag beschenkt wurden.

Davon will man im Auslande nichts wissen. Davon erfahren auch unsere Nachbarvölker nichts, wie die Brüder im Geiste aussehen, diese „Edlinge der deutschen Zivilisation und Kultur", die allein die Garanten des europäischen Friedens sind. Wir stellen es mit der uns angeborenen Verbindlichkeit der Auslandspresse frei, die Bilder kostenlos nachzudrucken, und knüpfen nur das Ersuchen daran, in ihrem Leserkreis abstimmen zu lassen, ob sie diese den Emigranten so ans Herz gewachsenen „Märtyrer ihrer lauteren Gesinnung" bei sich zu Gaste sehen möchten oder lieber doch nicht.

Wir schenken sie jedem Lande, das Wert darauf legt, eine reichhaltige Kollektion an notorischen Verbrechern und erklärten Feinden jeder Ordnung in Gestalt besonders wertvoller Exemplare zu erhalten.

Die Lagerinsassen bei der Arbeit   Aufn.: Ku. & So.

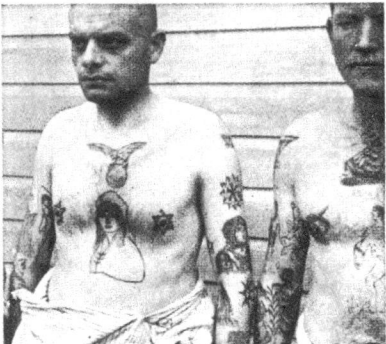

Zu schön, um frei zu sein! Beide haben mehr als je zehn Gefängnis- und Zuchthausstrafen hinter sich

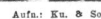

ren Staatsbegriff und Normenstaat verpflichtet blieb, galten für Himmler und Heydrich, wo immer sie Fuß faßten, Gesetz und richterliche Nachprüfung überhaupt nichts. Auch besaßen Himmler und Heydrich Mittel zur ständigen Machtkonzentration und -expansion, über die Diels nicht verfügte, nämlich die SS als Exekutor der Verfolgung. Im Gegensatz dazu war die Gestapo in Preußen auf die Zusammenarbeit mit der Gendarmerie und der SA angewiesen.

Als ebenso wichtig erwies sich die Kontrolle über die Konzentrationslager, die sich Himmler zu sichern gewußt hatte und die er mit seinen eigenen Verbänden ausübte. Auch in diesem Fall war die Berliner Gestapo auf die Unterstützung durch die SA angewiesen, die anfangs überall ihre eigenen Konzentrationslager unterhielt. Himmler hatte sich mithin in eine vorteilhafte Position gebracht, als das Ende des wilden Terrors und dessen Systematisierung geboten erschienen. Er hatte in Bayern mit dem Dreieck: SS – Politische Polizei – Konzentrationslager ein perfektes System errichtet, das ihm überall die Kontrolle über die Politische Polizei einbringen mußte. Die Zusammenlegung der dann zentralisierten Gestapo mit der SS, die sich von der SA-Aufsicht befreit hatte, war die entscheidende Machtbasis des SS-Staates.

Die Gestapo wurde nun auch gesetzlich ermächtigt, »alle staatsgefährlichen Bestrebungen im gesamten Staatsgebiet zu erforschen und zu bekämpfen«,[47] wobei ihre Tätigkeit jeglicher richterlicher Nachprüfung entzogen wurde. Werner Best, der Hausjurist der Gestapo, konnte den Abschluß der Privatisierung der öffentlichen Polizeigewalt im Frühjahr 1936 nüchtern festhalten: »Die Trennung der nach besonderen Grundsätzen und Notwendigkeiten handelnden Geheimen Staatspolizei von der nach allgemeinen und gleichmäßigen rechtlichen Ordnungen arbeitenden Verwaltung ist damit vollzogen.«[48]

Es war nur konsequent, daß Heinrich Himmler am 17. Juni 1936 zum Chef der gesamten deutschen Polizei ernannt wurde. Damit war nicht nur eine Zentralisierung der Polizei – bislang noch Ländersache – vollzogen, sondern auch deren vollständige Vereinnahmung durch die SS. In seiner eigentümlichen Amtsbezeichnung »Reichsführer SS und Chef der deutschen Polizei« kommt nicht nur die Verschmelzung von Partei- und Staatsaufgaben zum Ausdruck, sondern bei genauerem Hinsehen noch viel mehr – nämlich die Herauslösung der Polizei aus dem Staatsapparat. Himmler erhielt den Rang eines Staatssekretärs im Reichsinnenministerium und unterstand in seiner Eigenschaft als Polizeichef »persönlich und unmittelbar« dem Innenminister. Zwar beruhte die Zentralisierung der Polizei auf einem Führererlaß und nicht mehr auf einem Gesetz, doch dieser Unterschied zählte schon lange nicht mehr. Der wirkliche Ausbruch aus dem Normenstaat war nur für den Kundigen sichtbar.

Gegen den Protest Fricks war Heinrich Himmler nicht einfach als Oberkommandierender der SS zum Polizeichef ernannt worden, sondern ausdrücklich in seiner Eigenschaft als Reichsführer SS. Es handelte sich also bei dem Vorgang nicht um einen der vielen Fälle von Personalunion zwischen einem Staats- und Parteiamt, sondern um eine Realunion, die das staatliche Amt der staatlichen Verwaltung entziehen mußte. Denn als Reichsführer SS unterstand Himmler nur dem »Führer«, und die direkte Führerbindung wog allemal schwerer als die Unterstellung als Polizeichef und Staatssekretär unter einen Minister, auch wenn dieser – in einem letzten Zähmungsversuch – in den Entwurf des Erlasses noch eigenhändig den formalen Zusatz »im Reichsministerium des Innern« in Himmlers neue Amtsbezeichnung hineinkorrigiert hatte. Und Himmler ließ von Anfang an keinen Zweifel daran, wie das neue Amt zu verstehen sei. Ein eigenes Büro als Chef der deutschen Polizei unterhielt er nie, diese Aufgaben besorgte ein Amt innerhalb der SS-Zentrale. Die Polizei war fortan aus dem Staatsapparat ausgegliedert und zu einer führerunmittelbaren, außernormativen Sonderexekutive zusammengefaßt.

Den organisatorischen Ausbau der neuen Stellung besorgte Himmler rasch und mit der gewohnten Gründlichkeit. Die Polizei wurde in zwei Hauptämter eingeteilt: die Ordnungspolizei unter SS-Gruppenführer Kurt Daluege (als »General der Polizei«) und die Sicherheitspolizei unter Heydrich, der als SS-Gruppenführer weiterhin auch den SD leitete, den Nachrichtendienst der Partei. Zur Sicherheitspolizei gehörte neben der Gestapo nun auch die Kriminalpolizei, damit war der Ausweitung der Ausmerzungspolitik Tür und Tor geöffnet. Drei Jahre später wurde wieder umorganisiert: Sicherheitspolizei und SD wurden nun im Reichssicherheitshauptamt zusammengefaßt. Damit wurde die Personalunion von Heydrich wieder in eine Realunion überführt und die Tendenz zur Entstaatlichung der Sicherheitspolizei noch verstärkt. Je nach Opportunität gab sich die neue Superbehörde als staatlich-polizeiliche oder als SS-Institution. Gleich in welchem Gewande, Heydrich baute sein Amt zu einer gewaltigen Überwachungs- und Vernichtungsmaschinerie aus, die sich schon bei der Angliederung Österreichs und der Besetzung der Tschechoslowakei bewähren sollte.

Der Geschäftsverteilungsplan dieser eigentlichen Zentrale des SS-Staates zeigt, wie weit der Arm Heydrichs und seine Definition des Gegnerbegriffs mittlerweile reichte. Sieben Ämter existierten 1943, das Amt IV war sicherlich das wichtigste. Es war aus der Gestapo hervorgegangen und unterstand auch weiterhin deren Chef, SS-Gruppenführer Müller. Der Gegnererforschung und -bekämpfung dienten die einzelnen Referate des Amtes. Das begann mit Gruppe IV A: Kommunismus, Marxismus und Nebenorganisationen, Reaktion, Opposition, Legitimismus, Liberalismus. Gruppe IV B befaßte sich mit dem politischen Katholizismus, dem politischen Protestantismus, Sekten, sonstigen Kirchen und Freimaurerei. Für Judenangelegenheiten war unter anderem das Referat IV B 4 »Politische Kirchen, Sekten und Juden« zuständig, Referatsleiter war SS-Obersturmbannführer Eichmann. Gruppe IV C bearbeitete Schutzhaftangelegenheiten, Gruppe IV D ausländische Arbeiter, staatsfeindliche Ausländer und Emigranten. Eng verbunden mit der Gegnerbekämpfung war Amt VII »Weltanschauliche Forschung und Auswertung«, gewissermaßen das wissenschaftliche Pendant, das aus dem SD übernommen wurde. Gruppe VI diente dem Auslandsnachrichtendienst unter SS-Oberführer Schellenberg, dort beschäftigte man sich auch mit Weltanschauungsfragen.

Das galt besonders auch für das Amt III, in dem SS-Brigadeführer Ohlendorf für »Deutsche Lebensgebiete« zuständig war, dazu gehörten wiederum Gruppen wie »Volkstum«, »Kultur«, Referate für »Rasse-und Volksgesundheit«, »Wissenschaft«, »Erziehung und religiöses Leben«. Himmler, Heydrich und deren Gehilfen hatten kontinuierlich »Hitlers Lehre von den Gegnern zu einer ungeheuren Organisation realisiert«.[49] Das zeichnete den Reichsführer SS von Anfang an aus: Er war der Organisator der Weltanschauung.

Mit der Errichtung des Reichssicherheitshauptamtes war eine Entwicklung zu einem vorläufigen Ende gekommen, die das Verhältnis Verwaltung – Polizei radikal veränderte. War im traditionellen Staatsgefüge die Polizei Teil der inneren Verwaltung, wurde dieses Verhältnis nun genau umgekehrt. Die politische Polizei wurde zum Angelpunkt der Verwaltung. Das führte nicht nur zu einer völligen Politisierung der Verwaltung, sondern zu ihrer Ausrichtung auf die Führergewalt, denn als deren Instrument verstand sich die SS. Nur die Routinearbeit sollte der traditionellen Verwaltung überlassen bleiben, die eigentlichen politischen Angelegenheiten behielt sich die SS vor. Himmler formulierte diesen Anspruch in herausfordernder Weise in einem Festschrifts-Beitrag zu Fricks 60. Geburtstag 1937, der das als Provokation verstanden haben muß. Die nationalsozialistische Polizei, hieß es da, habe »den Willen der Staatsführung zu vollziehen und die von ihr gewollte Ordnung zu schaffen und aufrechtzuerhalten ... Ihre Befugnisse dürfen deshalb nicht durch formale Schranken gehemmt werden«, denn nicht »Einzelgesetze«, sondern die »Wirklichkeit des nationalsozialistischen Führerstaates« leiteten die Arbeit der Polizei. Die Polizei war damit zum Instrument der nationalsozialistischen Revolution und ihrer Herrschaftsziele geworden; sie mußte sich nicht auf Gesetze und Verordnungen stützen, sondern handelte aus einem imaginären »Gesamtauftrag ..., der der Politischen Polizei im allgemeinen und der Geheimen Staatspolizei im besonderen im Zuge des Neuaufbaus des nationalsozialistischen Staates erteilt wurde«.[50] Daß die Rechtfertigung polizeilicher Maßnahmen durch Gesetz allenfalls als taktische Staffage betrachtet wurde, machte derselbe Erlaß deutlich: »Es erübrigt sich daher grundsätzlich, staatspolizeiliche Anordnungen auf die Verordnung vom 28. Februar 1933 zu stützen. Lediglich in den Fällen, in denen es erwünscht erscheint, daß staatspolizeiliche Anordnungen unter strafrechtlichen Schutz gestellt werden, ist die Verordnung vom 28. Februar 1933 heranzuziehen.«[51] Selbst die pseudolegale Reichstagsbrandverordnung war also überflüssig geworden.

Wie wenig für ihn Gesetze bindende Kraft hatten, verdeutlichte Himmler lange bevor er in der Besatzungs- und Vernichtungspolitik den politischen Führungsanspruch der SS in die Tat umsetzte. In der Akademie für Deutsches Recht bezeichnete er am 11. Oktober 1936 die Prinzipien, nach denen die Nationalsozialisten ihre Macht durchsetzten und behaupteten: »Wir Nationalsozialisten haben uns dann ... nicht ohne Recht, das wir in uns trugen, wohl aber ohne Gesetz an die Arbeit gemacht. Ich habe mich dabei von vornherein auf den Standpunkt gestellt, ob ein Paragraph unserem Handeln entgegensteht, ist mir völlig gleichgültig; ich tue zur Erfüllung meiner Aufgaben grundsätzlich das, was ich nach meinem Gewissen in meiner Arbeit für Führer und Volk verantworten kann und dem gesunden Menschenverstand entspricht ... In Wahrheit legten wir durch unsere Arbeit die Grundlagen zu einem neuen Recht, dem Lebensrecht des deutschen Volkes.«[52]

Daß dieses neue Recht eine totale Rechtsunsicherheit und Terrorherrschaft bedeutete, wurde 1942 selbst von Dr. Hans Frank, dem Führer des NS-Rechtswahrerbundes, mittlerweile Generalgouverneur in Polen, in einer persönlichen Aufzeichnung beklagt. »Die Ausweitung des willkürlichster Anwendung ausgelieferten Vollmachtsbereiches der polizeilichen Exekutivorgane hat zur Zeit ein solches Maß erreicht, daß man von einer völligen Rechtlosigkeit des einzelnen Volksgenossen sprechen kann.« Den Grund für diesen Zustand sah Frank »mit dem Aufstieg des Apparates der Geheimen Staatspolizei und dem zunehmenden Einfluß der autoritären polizeilichen Führungsgesichtspunkte«[53] gegeben. Daß die Sicherheitspolizei völlig aus der Bindung von Gesetz und Verwaltung gelöst wurde, war in der Tat der entscheidende, wenn auch nicht einzige Grund für die Entrechtung im nationalsozialistischen Deutschland. Daß dieser Vorgang einen ersten wichtigen Durchbruch und Höhepunkt im Jahre 1936 erlebte, ist ein Hinweis darauf, daß sich zu diesem Zeitpunkt das Regime wieder weiter radikalisierte.

Zur selben Zeit entfaltete die SS ihre gesamte organisatorische Breite und Vielfalt. Fünf Säulen der SS führte Himmler 1937 in einer Rede über »Wesen und Aufgaben der SS und der Polizei« auf. Die Allgemeine SS bestand aus Mitgliedern, die einem zivilen Beruf nachgingen, die aber durch militärische Ausbildung in der Wehrmacht und sportliche Stählung sich den Gefahren der modernen städtischen Zivilisation entgegenstemmen sollten. Die Verfügungstruppe war für den Kampf im Felde bestimmt, aber auch zur Unterstützung der Polizei, um den Bolschewismus niederzuhalten. Der magische Charakter ihres Aufnahmezeremoniells unterschied sie bereits von der Allgemeinen SS. Die dritte Säule, die Totenkopfverbände, die aus den Wachmannschaften der Konzentrationslager hervorgegangen waren, dienten ebenfalls der inneren Sicherheit des Reiches. Sie waren die Exekutoren der Schutzhaft, wo sie den »Abhub des Verbrechertums, eine Menge rassisch minderwertigen Zeugs«[54] in vorbeugender oder endgültiger Haft verwahrten. Die vierte Säule war der Sicherheitsdienst, der »weltanschauliche Nachrichtendienst« von Partei und auch Staat und schließlich das Rasse- und Siedlungshauptamt, dessen Aufgaben in der positiven Rassepflege und der Siedlungspolitik liegen sollten.

Jede der fünf Säulen hatte auf ihre Weise einem einzigen Ziel zu dienen, der organisatorischen Umsetzung und Durchsetzung von Hitlers Doktrin. »Wir, die SS wollen ... der weltanschauliche Stoßtrupp und die Schutzstaffel der Idee des Führers sein«, hatte Heydrich 1935 formuliert und dabei auch den defensiven Urgrund der nationalsozialistischen Idee und Politik enthüllt. Es war die Angst vor der Zersetzungs- und Vernichtungsstrategie des Gegners, der auch nach dem Sieg der nationalsozialistischen Machtergreifung nicht ruhen werde: »Die treibenden Kräfte des Gegners bleiben ewig gleich: Weltjudentum, Weltfreimaurerei und ein zum großen

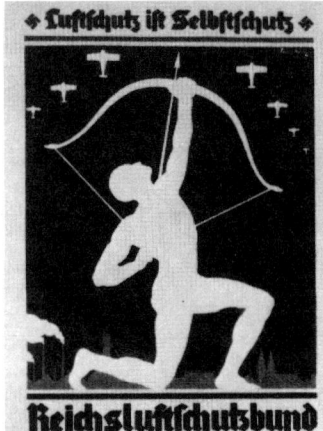

Die Widersprüchlichkeit des Regimes, das einerseits einen außerordentlichen Modernisierungsschub brachte und gleichzeitig auf traditionelle Muster zurückgriff, prägte sich in der Architektur wie in der Kunst und selbst in der Werbegraphik aus. Während die Mechanisierung der Landwirtschaft vorangetrieben wurde, war der Sämann das Symbol des Reichsnährstandes. Vor den Kasernen standen Skulpturen athletischer Heldenjünglinge, und der Reichsluftschutzbund warb für sich mit Pfeil und Bogen.

Teil politisches Priesterbeamtentum ... In ihren vielseitigen Verästelungen und Gestalten beharren sie in ihrer Zielsetzung der Vernichtung unseres Volkes mit seinen blutlichen, geistigen und bodengebundenen Kräften.«[55]

Die nächsten Jahrzehnte würden, so formulierte Himmler die Angst Adolf Hitlers und die eigene, »den Vernichtungskampf der genannten untermenschlichen Gegner in der gesamten Welt gegen Deutschland«[56] bringen. Dieser Kampf, hatte Heydrich erläutert, könne nicht mehr nur mit technischen Mitteln geführt werden, da er zu einem »Kampf der Geister« geworden sei. Die Gegnerbekämpfung müsse auch mit geistigen Mitteln geführt werden und damit auf solche Personen und Gruppen ausgedehnt werden, von denen eine Gegnerschaft zu vermuten sei. Es war die ideologische Angst, mit der eine totalitäre Ausweitung der Kontrolle und die Vernichtungsaktionen durch die SS gerechtfertigt wurden. Nicht physischer Terror machte darum das Wesen der SS aus, sondern ihr Charakter als Gesinnungspolizei, die über den ganzen Menschen wachen wollte, denn nur so waren Schutz und Gesundung des »gefährdeten Rassekerns« zu sichern. Das war der ideologische Auftrag, dem sich die SS verschrieben hatte. Er machte sie zum eigentlichen Organ der nationalsozialistischen Weltanschauung und begründete ihren Eliteanspruch.

Freilich lag in der Verschmelzung der SS mit der Polizei ein gewisser Widerspruch zum Ordenscharakter der SS, die eine Auslese nach nationalsozialistischen Grundsätzen darstellen sollte, was von der Mannschaft der Polizei nicht von vorneherein zu behaupten war. Doch Himmler wußte Abhilfe: die Angehörigen der Ordnungspolizei sollten Aufnahme in die Allgemeine SS finden, die der Sicherheitspolizei im SD, doch in diesem Fall sollten nur geeignete Personen zum Übertritt ermuntert werden. Es war ein Meisterwerk deutschen Verwaltungs- und Organisationsfanatismus, was Himmler und Heydrich da aus der SS gemacht hatten.

Alles, was sie an Organisations- und Kommunikationstechniken aufzuweisen hatte, zeigte die SS als Kind der Moderne. Das Modernste an Technik und an Kampfmethoden war dem schwarzen Orden, besonders der Waffen-SS, gerade gut genug. Das stand freilich in einem eigentümlichen Gegensatz zu den archaischen Leitbildern und dem antimodernen Romantizismus der SS, die sich in verfallenen Burgen die Weihestätte für ihren Ahnen- und Totenkult errichtete, so in der Wewelsburg bei Paderborn, Himmlers Marienburg: im Kellergewölbe unter einem riesigen Speisesaal war das Allerheiligste, die Grabstätte der Auserwählten des Ordens; eine technisch ausgeklügelte Entlüftungsanlage in der Kellerdecke sollte dafür sorgen, daß während der Verbrennungszeremonie der Rauch wie eine Säule im Raum darüber stand.

Noch auffälliger war eine andere Paradoxie. Himmler, der Herr über einen gewaltigen Vernichtungsapparat, der seine Vernichtungspolitik mit der Inquisition verglich, sorgte sich um den Frieden des Waldes und die Reinheit der Nahrungsmittel. Die Jagd lehnte der Lebensreformer darum zutiefst ab, und der Alptraum eines modernen Zivilisationstodes ängstigte ihn. Zum Schutz und zur Abwehr gegen die zerstörerische Kraft der Moderne wollte er einen

Bauernadel begründen, im eroberten Osten sollten Wehrbauern-
dörfer mit verdienten SS-Führern als Gutsherren und Germanen
aus allen Ländern Europas als Siedlern errichtet werden. Das Christentum galt ihm als Schwächung der germanischen »Rassekraft«,
und so sah Himmler eine Kirchenmitgliedschaft und die christliche
Eheschließung von SS-Männern sehr ungern, ohne daß er jedoch
sein Neuheidentum wirklich durchsetzen konnte.

Einen »Schulmeister« und »verschrobenen Narren« nannte
Rüstungsminister Speer darum den Reichsführer, und das war dieser sicher auch. Ebenso bezeichnend für ihn waren seine exaltierte,
zum Glauben gesteigerte Vorliebe für die germanische Vorzeit und
das deutsche Mittelalter. Geschichts- und Ahnenkult sollten den
ideologischen Kitt für den Zusammenhalt des Ordens bilden und
der Rechtfertigung seines unmenschlichen Tuns dienen. Die Doktrin dieses Ordens des guten Blutes war rein negativ; nach Himmlers
Willen sollte er »gnadeloses Richtschwert« für alle Kräfte der
jüdisch-bolschewistischen Revolution des Untermenschen sein.
Sicherlich, es war ein ideologisiertes, verkitschtes Geschichtsbild,
wenn der Reichsführer SS in einer Rede in Verden den ewigen Feind
das Richtschwert Karls des Franken über die sächsischen »Ede-
linge« schwingen sah und wenn er zum Schluß seiner Rede das
ewige Leben des deutschen germanischen Volkes mit Sätzen
beschwor, wie sie in beinahe jeder Hervorbringung nationalsozialistischer Literatur zu finden waren: »So sind wir angetreten und marschieren nach unabänderlichen Gesetzen als ein nationalsozialistischer Orden nordisch bestimmter Männer und als eine geschworene
Gemeinschaft ihrer Sippen den Weg in eine ferne Zukunft und wünschen und glauben, wir möchten nicht nur sein die Enkel, die es besser ausfochten, sondern darüber hinaus die Ahnen spätester, für das
ewige Leben des deutschen germanischen Volkes notwendiger
Geschlechter.«[57]

Aber hinter der Ordensmystik Heinrich Himmlers verbargen sich

Widmung des Reichsführers SS
an seine SS-Führer

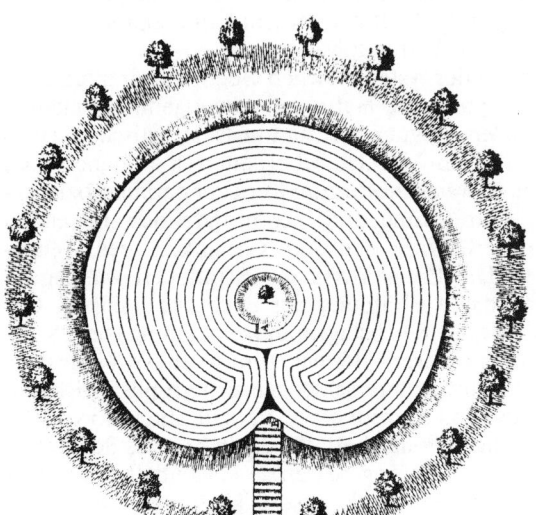

Ich schenke Ihnen diesen Jul-Leuchter. Er ist nachgebildet nach einem alten
aus früher Vergangenheit unseres Volkes überkommenen Stück.

Seine Lichter sollen brennen in der Nacht der Jahreswende, nach unserem
heutigen Gebrauch, vom 31. Dezember zum 1. Januar.

Das kleine Licht, das unter dem Leuchter steht, brenne als Sinnbild des
zu Ende gehenden Jahres in seiner letzten Stunde.

Das große Licht flamme auf im ersten Augenblick, da das neue Jahr seinen
Gang anhebt.

Es steckt eine tiefe Weisheit in dem alten Brauch.

Möge jeder SS-Mann das Flammchen des alten Jahres reinen, sauberen
Herzens verlöschen sehen und erhobenen Willens das Licht des neuen
Jahres entzünden können.

Das wünsche ich Ihnen und Ihrer Sippe heute und in alle Zukunft.

Heil Hitler!

H. Himmler

jene Gefühle und Einstellungen, jene Ambivalenz der Ziele und Mittel, die den Nationalsozialismus insgesamt auszeichneten und die in der SS nur ihre besonders charakteristische und grausamste Ausdrucksform fanden. Die Angst vor der Zerstörung der Tradition und ein Leiden an der Moderne trieben auch Himmler um. Die Rettung des Vertrauten sollte durch eine gewaltige Anstrengung aller Mittel ins Werk gesetzt werden, die das Überkommene selbst gefährden mußten. Atavistische Vorstellungen verbanden sich mit einem unbegrenzten Technizismus und einem durchaus modernistischen Glauben an die Machbarkeit. Die SS war die widersprüchlichste und merkwürdigste Synthese des Uralten und des Modernsten. Diese Ambivalenz war ein Merkmal des Nationalsozialismus überhaupt; sie war nirgends so ausgeprägt wie in der Eliteformation des Dritten Reiches. Ihr war es darum vorbehalten, als Schwertarm des Führerstaates dessen eigentliche Ziele durchzusetzen. Das war die »Sicherung eines ewigen und souveränen Lebens des germanisch-deutschen Reiches durch siedelnde Eroberung einerseits, durch Vernichtung des Todfeindes andererseits«.[58]

Einen Kern der Aktivitäten der SS bildete von Anfang an die Politik der Schutzhaft und der Konzentrationslager. Sie war eine der Säulen gewesen, auf der der Ausbau des SS-Staates geruht hatte, doch sie hatte ihren Totalitätsanspruch lange hinter der Fassade der Harmlosigkeit verbergen können. Auch diesem Bereich der Gegnerbekämpfung drückte die SS ihren charakteristischen Stempel auf. Die Entwicklung vom improvisierten Terror der Machtergreifungsphase zur Systematisierung der Verfolgung und Vernichtung bis hin zur Errichtung des gigantischen KZ-Systems war ihr Werk. Die Verlängerung des Ausnahmezustandes auch nach Abschluß der Machtergreifung und damit die weitere Existenz von Konzentrationslagern ließ erkennen, daß die SS den Ausnahmezustand als Normal- und Dauerzustand betrachtete, ja daß er Bedingung ihrer Existenz war. Erst der Kriegszustand mitten im Frieden, der Todeskampf gegen die Welt von ewigen Feinden, rechtfertigte den Anspruch auf totale Verfügungsgewalt.

Mittel und Inbegriff der systematischen Gegnerbekämpfung war die Schutzhaft, die »politische Haft« zur vorbeugenden Bekämpfung aller potentiellen Gegner der nationalsozialistischen Herrschaft. Vorbeugehaft gegen Menschen, bei denen eine Gegnerschaft allenfalls zu vermuten war, gehörte zum Kern der nationalsozialistischen Politik der Entrechtung und rechtfertigte sich mit einem »vergeistigten Gegnerbegriff« und dem Gedanken des Weltanschauungskampfes. Die Entwicklung der Schutzhaft war darum kennzeichnend für die Aushöhlung der Rechtsstaatlichkeit. Gestützt auf die pseudolegale Reichstagsbrandverordnung vom 28. Februar 1933, die auch in diesem Bereich zum »Verfassungsgesetz« des Dritten Reiches wurde, unterschied sie sich grundsätzlich von einer durch Gerichtsurteil begründeten Strafhaft und auch von der nur kurzfristig zulässigen Polizeihaft. Bis dahin hatte es Schutzhaft nur als zeitlich und formal streng begrenzte Polizeihaft in Ausnahmefällen gegeben. Nun wurde sie ausdrücklich als vorbeugende Maßnahme zugelassen und angewandt – ohne jede rechtliche Kontrolle und Beschränkung. Als Grund für die Schutzhaft als eine nicht legal kontrollierbare Freiheitsberaubung reichte der bloße Verdacht, daß Menschen wegen ihrer Zugehörigkeit zu einer politischen Gruppe oder später auch zu einer Volksgruppe dem Regime gefährlich werden könnten. Wie alle Unterdrückungs- und Machteroberungsmaßnahmen der NSDAP war auch diese zunächst auf die Zerschlagung des Kommunismus und »Marxismus« insgesamt gerichtet und stieß darum nicht auf das Mißtrauen der konservativen Bürokratie. Doch diese scheinbar nur partielle und temporäre Mißachtung aller Regeln des modernen Strafrechts wurde zur Einbruchstelle für eine permanente und unbegrenzte Terrorpolitik.

Die Verhaftungswelle, die seit dem Morgen des 28. Februar 1933 die politische Linke überflutete, machte die Errichtung provisorischer Gefängnisse und Lager außerhalb der überfüllten Gefängnisse nötig. Allein in Preußen wurden im März und April 1933 über 25000 Personen festgenommen. In wilden Konzentrationslagern und Privatgefängnissen wurden die Opfer der polizeilichen Schutzhaftmaßnahmen wie der privaten Rache- und Zerstörungsfeldzüge von SA und SS zusammengepfercht und mißhandelt. Am 20. März 1933 befahl Himmler die Errichtung eines Konzentrationslagers in den Baracken einer ehemaligen Pulverfabrik in Dachau bei München unter Leitung der SS. Neben Dachau entstanden, vorwiegend unter SA-Leitung, Lager in Oranienburg, Papenburg, Esterwegen, Dürrgoy bei Breslau, Kemna bei Wuppertal, Sonnenburg, Sachsenhausen, Lichtenburg bei Merseburg, Werden, Brauweiler und an vielen anderen Orten. Im Juni 1933 nannte das Preußische Innenministerium sechs offizielle staatliche, also auch aus der preußischen Staatskasse finanzierte Konzentrationslager: Quednau, Sonnenburg, Hammerstein, Lichtenburg, Werden, Brauweiler. Diese Lager sollten nur provisorische Orte der Verwahrung sein, »die demnächst zugunsten einer produktiven Beschäftigung der Häftlinge in neu einzurichtenden Konzentrationslagern in den Moorgebieten des Regierungsbezirks Osnabrück geändert werden soll«.[59] In den Moorgebieten des Emslandes sollten die Lager Esterwegen und Börgermoor für eine Gesamtkapazität von 10000 Häftlingen ausgebaut werden. Das war die Dauerzahl von Häftlingen, mit denen das Innenministerium also für die nächsten Jahre rechnete.

Doch die Zahl der Verhafteten blieb weit höher, als diese Planungen vorsahen, auch wenn nach den ersten Verhaftungswellen ein Rückgang der Häftlingszahlen zu verzeichnen war. Nach offiziellen Angaben gab es am 31. Juli 1933 etwa 27000 politische Häftlinge, davon 15000 in Preußen. Auch brachte das »Ende der Revolution« kein Ende der Schutzhaft, sondern nur eine Änderung ihres Charakters. Die SA-Prügelstätten und wilden Lager wurden abgebaut. Die Schutzhäftlinge durften nicht mehr willkürlich verwahrt, sondern nur in staatliche Lager gebracht werden. Ein Runderlaß des Reichsinnenministers vom 9. Januar 1934 drängte auf eine genaue Einhaltung der Bestimmungen der Notverordnung und auf die Vorlage eines schriftlichen Schutzhaftbefehls. Auch müsse der Anlaß für die Verhängung von Schutzhaft nachgeprüft werden; Voraussetzung sei, daß eine »Gefährdung der öffentlichen Sicherheit und Ordnung ernstlich zu besorgen ist«. Außerdem dürfe die Schutzhaft »auch nur solange aufrechterhalten werden, als diese Besorgnis tatsächlich besteht«. Frick versuchte, die Schutzhaft einzugrenzen: »Dagegen darf die Schutzhaft nicht als ›Strafe‹, d.h. als Ersatz für eine gerichtliche oder polizeiliche Strafe, zudem mit von vornherein begrenzter Dauer verhängt werden. Es ist daher grundsätzlich nicht angängig, daß anstelle der Einleitung eines Strafverfahrens Schutzhaft angeordnet wird. Wiederholt ist in der letzten Zeit auch gegen Rechtsanwälte Schutzhaft verhängt worden. Soweit der Rechtsanwalt lediglich die Interessen seines Klienten in angemessener Form wahrnimmt, kann eine Inschutzhaftnahme auch dann nicht als zulässig anerkannt werden, wenn sich der Anspruch oder Antrag des Klienten gegen ein Staatsorgan richtet.«[60]

Das Bestreben des Reichsinnenministeriums, nach einer Phase des Ausnahmezustandes zu einer autoritären Normalisierung zu kommen, war vor allem auf Bayern gerichtet, wo SA, SS und örtliche Parteigrößen noch immer selbstherrlich Schutzhaft verhängten. Auch Himmler sah die Notwendigkeit einer zurückhaltenderen und lautloseren Politik, nachdem die willkürliche Verhaftung vieler katholischer Geistlicher den Vatikan beunruhigt hatte. Ein heftiges Memorandum von Reichsstatthalter Ritter von Epp hatte auf zahlreiche »Mißbräuche in der Verhängung der Schutzhaft«[61] in Bayern hingewiesen und das Innenministerium um Nachprüfung ersucht. Himmler und Heydrich wußten sich in dem Gerangel mit Reichsstatthalter und Innenminister jedoch zu behaupten, und auch ein erneuter Vorstoß des Reichsinnenministeriums änderte an der Praxis der Schutzhaftverhängungen wenig.

Alle Interventionen und Proteste des Reichsjustiz- und Innenministers prallten an der Rückendeckung durch Hitler ab, die sich Himmler stets zu besorgen wußte. Die SS konnte alle Versuche zur Begrenzung und Kontrolle des Schutzhaftsystems unterlaufen. Nur die Geheime Staatspolizei, die Ober- und Regierungspräsidenten wie der Polizeipräsident von Berlin sollten nach einem Runderlaß vom 12. April in Preußen, in anderen Ländern entsprechende Instanzen, Anordnungen zur Schutzhaft verhängen können. Als der Erlaß erschien, war Diels als Gestapo-Chef in Preußen abgelöst und Himmler beziehungsweise Heydrich waren nachgerückt. Nach der Vereinigung der Politischen Polizei der Länder in seiner Hand war Himmler nicht mehr zu bändigen; nun brauchte er – nach dem 30. Juni 1934 – nur noch die bisherigen SA-Wachmannschaften in den Konzentrationslagern abzulösen, und das System war perfekt. Alle Versuche von Verwaltung und Justiz, Schutzhaft und Lagersystem abzubauen oder unter Kontrolle zu bringen, waren damit gescheitert.

Der Systematisierung des Ausnahmezustands nahm sich nun die SS selbst an. Das Konzentrationslager Dachau wurde zum Modell. Zwar hatte es von Anfang an in den Händen der SS gelegen, doch glich es in den ersten Monaten seines Bestehens den anderen »wilden KZ's«. Die Häftlinge waren einem ungezügelten Terror der Wachmannschaften ausgesetzt, Dienstvorschriften existierten nur in sehr allgemeiner, unbestimmter Form. Dafür hatte der erste Kommandant des Lagers Dachau, SS-Hauptsturmführer Wäckerle, mit Zustimmung Himmlers einen Katalog von drakonischen »Son-

Es gibt einen Weg zur Freiheit
Seine Meilensteine heissen:
Gehorsam, Fleiss, Ehrlichkeit,
Ordnung, Sauberkeit, Nüchternheit,
Wahrhaftigkeit, Opfersinn und
Liebe zum Vaterlande!

Propagandaphoto vom Konzentrationslager Dachau

Das System der Konzentrationslager, unmittelbar nach der Machtergreifung in improvisierten Schutzhaftlagern von der SA eingeführt, weitete sich schon während der Friedensjahre immer mehr aus. Seit 1934 der SS unterstellt, wurden die Lager jetzt zur dauernden Einrichtung – nicht so sehr zur vorübergehenden Inhaftierung und »Umerziehung« potentieller Gegner als vielmehr zur definitiven Aussonderung ganzer Bevölkerungsgruppen.

derbestimmungen« für die Gefangenen erlassen, der die Häftlinge in ein System von Strafen und Klassifizierungen zwang. Im Lager galt danach Standrecht, bei Fluchtversuchen wurde ohne Anruf von der Schußwaffe Gebrauch gemacht. Es folgte ein Katalog von Strafmaßnahmen gegen bestimmte Verstöße, die von verschiedenen Stufen des Arrests bis zur Todesstrafe reichten. Die SS fühlte sich ihrer Macht so sicher, daß sie von Anfang an in »ihrem« Lager eigenes »Recht« setzte. Als es zu schweren Mißhandlungen und brutalen Morden kam, stellte schließlich die Staatsanwaltschaft München Ermittlungen an, aber sie führten nicht zu Verurteilungen; die SS hatte die Morde als Notwehr oder Selbstmord dargestellt. Immerhin wurde der Kommandant Wäckerle durch den SS-Oberführer Theodor Eicke ersetzt, der nun zum Schöpfer eines völlig neuen, des systematisierten Terrors wurde.

Eicke wurde direkt aus der psychiatrischen Universitätsklinik Würzburg in sein neues Amt geholt, dort war er von dem späteren Euthanasie-Chef Dr. Heyde auf seinen Geisteszustand untersucht worden. Eine alte Fehde mit dem pfälzischen Gauleiter Bürckel hatte Eicke gewaltsam ausgetragen, und daraufhin war er auf Weisung Himmlers am 2. März 1933 zunächst in Schutzhaft genommen und dann in die Klinik gebracht worden, um auf seinen Geisteszustand überprüft zu werden. Eicke war ein guter Organisator, das hatte er während seiner Zeit als SS-Führer in der Pfalz bewiesen. Doch das allein hätte ihn nicht zum Aufbau des Terrorsystems befähigt. Skrupellosigkeit und rücksichtslose Härte, die sich zu zynischer Brutalität steigern konnten, machten sein Durchsetzungsvermögen aus. Nach seinem Ausscheiden aus der Zahlmeister-Laufbahn in der kaiserlichen Armee 1919 war er für kurze Zeit im Polizeidienst gewesen, bis er wegen republikfeindlicher Tätigkeiten entlassen worden und zeitweise arbeitslos gewesen war. Zwischen 1923 und 1932 bei der Werkspionageabwehr der IG Farben in Ludwigshafen tätig, fand er, wie so viele andere, 1928 bei der NSDAP eine neue politische Heimat und machte bald in der SS Karriere. Wegen der Vorbereitung

Theodor Eicke

Konzentrationslager Dachau 3 K

Folgende Anordnungen sind beim Schriftverkehr mit Gefangenen zu beachten:
1.) Jeder Schutzhaftgefangene darf im Monat zwei Briefe od. zwei Karten von seinen Angehörigen empfangen und an sie absenden. Die Briefe an die Gefangenen müssen gut lesbar mit Tinte geschrieben sein und dürfen nur 15 Zeilen auf einer Seite enthalten. Gestattet ist nur ein Briefbogen normaler Größe. Briefumschläge müssen ungefüttert sein. In einem Briefe dürfen nur 5 Briefmarken à 12 Pfg. beigelegt werden. Alles andere ist verboten und unterliegt der Beschlagnahme. Postkarten haben 10 Zeilen. Lichtbilder dürfen als Postkarten nicht verwendet werden.
2.) Geldsendungen sind gestattet.
3.) Es ist darauf zu achten, daß bei Geld- oder Postsendungen die genaue Adresse, bestehend aus Name, Geburtsdatum und Gefangenen-Nummer, auf die Sendungen zu schreiben ist. Ebenso müssen alle Schreiben den genauen und vollständigen Absender tragen. Wenn die Adresse fehlerhaft ist, geht die Post an den Absender zurück oder wird vernichtet.
4.) Zeitungen sind gestattet, dürfen aber nur durch die Poststelle des K. L. Dachau bestellt werden.
5.) Pakete dürfen nicht geschickt werden, da die Gefangenen im Lager alles kaufen können.
6.) Entlassungsgesuche aus der Schutzhaft an die Lagerleitung sind zwecklos.
7.) Sprecherlaubnis und Besuche von Gefangenen im Konzentrations-Lager sind grundsätzlich nicht gestattet.
Der Lagerkommandant.

Meine Anschrift:
Name: ...
geboren am: 24. 6. 78 zu Berlin.
Gef.-Nr. 20897. ...

Dachau 3 K, den 11. Mai 1941.

Lieber Theo, liebe Beate, lieber Edmund! [handwritten letter facsimile]

von Bombenattentaten im März 1932 zu zwei Jahren Zuchthaus verurteilt, flüchtete Eicke im Sommer 1932 auf Weisung Himmlers in das faschistische Italien, wo er, mittlerweile SS-Oberführer, die Leitung des SS-Flüchtlingslagers am Gardasee übernahm. Mitte Februar 1933 war er wieder in Deutschland; und in Dachau und bei der Liquidierung der SA-Führung sollte er sich bald als der richtige Mann am richtigen Platz erweisen. Schon im Juli 1934 wurde er zum »Inspekteur der Konzentrationslager und SS-Wachverbände« ernannt und als SS-Gruppenführer im Rang mit Heydrich und Pohl, den anderen entscheidenden Gehilfen Himmlers, gleichgestellt.

In der Neuorganisation des Lagers Dachau verbanden sich bürokratischer Ordnungsgeist und ungezügelte Gewaltgesinnung, die zum Wesen Eickes wie der SS insgesamt gehörten. Seine zur »Aufrechterhaltung von Zucht und Ordnung« am 1. Oktober erlassene »Disziplinar- und Strafordnung für das Gefangenenlager« übernahm meist Wäckerles Grundsätze, die noch präzisiert und ausgebaut wurden. Erste Regel war, daß die Häftlinge mit äußerster, aber unpersönlicher und disziplinierter Härte zu behandeln seien. »Toleranz bedeutet Schwäche«, stellte Eicke in der Einleitung fest. »Aus dieser Erkenntnis wird rücksichtslos zugegriffen werden, wo es im Interesse des Vaterlandes notwendig erscheint.« Dann folgte

380

Raum für Zensurstempel:
Konzentrationslager Dachau Postzensurstelle

Kontrollzeichen des Blockführers:

Brief eines Schutzhäftlings aus dem Konzentrationslager Dachau, 1941

ein abgestuftes System von Strafen; als neue Strafart, die bald in allen Lagern übernommen wurde, kam die Prügelstrafe hinzu, in der Regel »25 Stockhiebe« vor der angetretenen Truppe der Wachmannschaft und der Häftlinge. Jede Strafe wirkte haftverlängernd, sie wurde daher »aktlich vermerkt«. Auch die Todesstrafe wurde aus den »Sonderbestimmungen« Wäckerles übernommen. Aufwiegler, bestimmte § 12, werden »kraft revolutionären Rechts« gehängt, Meuterer »auf der Stelle erschossen«.[62] Das waren Akte wilder Kriegführung gegen den inneren »Feind« mitten im Frieden, Ausdruck einer Bürgerkriegsmentalität, die zum permanenten Kampf aufrief.

Entsprechend war die Schulung, die Eicke den SS-Wachtruppen angedeihen ließ. Rudolf Höß, der spätere Kommandant von Auschwitz, diente in Dachau unter Eicke und erinnerte sich an dessen Lehre: »Jede Spur von Mitleid zeige den ›Staatsfeinden‹ eine Blöße, die sie sich sofort zunutze machen würden. Jegliches Mitleid mit ›Staatsfeinden‹ sei eines SS-Mannes unwürdig. Weichlinge hätten in seinen Reihen keinen Platz und würden gut tun, sich so schnell wie möglich in ein Kloster zu verziehen. Er könne nur harte entschlossene Männer gebrauchen, die jedem Befehl rücksichtslos gehorchten. Nicht umsonst trügen sie den Totenkopf und die stets geladene scharfe Waffe. Sie stünden als einzige Soldaten auch in Friedenszeiten Tag und Nacht am Feind, am Feind hinter dem Draht.«[63] Von Dachau nahmen Eickes Schüler »einen Haß, eine Antipathie gegen die Häftlinge« mit, von der Höß sagte, daß sie »für Außenstehende unvorstellbar ist«.[64] In der Tat wurden die Wachmänner Eickes die »Schutzlagerführer, Rapportführer und anderen Funktionsführer der späteren Lager«.

Unter Eickes Lagerleitung setzte sich das Morden fort, allein während der Röhm-Affäre wurden in Dachau 17 Personen hingerichtet. Alle Kontrollen von außen wurden abgewehrt, so sehr hatte sich der SS-Komplex schon gegenüber der Staatsverwaltung verselbständigt. Aber auch innerhalb der Gesamt-SS hatte sich die Wachtruppe in Dachau von der Allgemeinen SS bald unabhängig gemacht und, dem Prinzip fortwährender Zellteilung folgend, einen eigenen Verband, den »Totenkopfverband« als Teil der bewaffneten SS gebildet; dieser Verband wurde ebenfalls Eicke unterstellt. Gleichzeitig verfestigte sich die enge Beziehung von KZ-System und politischer Polizei. In jedem Lager wurde eine Politische Abteilung eingerichtet, die unter Leitung eines Gestapo-Beamten Vernehmungen durchführte und die aktenmäßige »Erfassung« der Häftlinge betrieb, als Buchhalter des Terrors und des Todes.

Mit der innenpolitischen Festigung des Regimes nahmen die Zahlen der KZ-Häftlinge ab. Im Winter 1936/37 sanken sie auf unter 10000. Das führte zur Auflösung einiger Lager. Waren es 1935 sieben Lager unter der einheitlichen Lenkung Eickes gewesen, so bestanden zwischen August 1937 und Juli 1938 im Reichsgebiet vier Konzentrationslager: Dachau, Sachsenhausen, Buchenwald und Lichtenburg. Die neuen Lager Sachsenhausen und Buchenwald waren ganz nach dem Vorbild und den Erfahrungen Dachaus aufgebaut. Bei jedem Lager war ein Totenkopfverband mit 1000 bis 1500 Mann stationiert, in jedem Lager waren etwa 120 SS-Männer tätig. Während der Übergangszeit der Jahre 1934 bis 1937 wurden die Kategorien der Häftlinge erweitert. Nicht nur politische Gegner kamen in das Lager, sondern auch »volksschädigende Elemente«, die nach bestehendem Recht nicht bestraft werden konnten, aber keinen Platz in der nationalsozialistischen Volksgemeinschaft haben sollten: »Asoziale«, »Arbeitsscheue«, Homosexuelle und Zeugen Jehovas wurden neben »Gewohnheitsverbrechern«, Emigranten, Juden im KZ festgehalten. Außerdem politische Häftlinge, die eine Gerichtsstrafe verbüßt hatten oder die von einem Gericht freigesprochen worden waren. Die verschiedenen Häftlingskategorien wurden in den Lagern durch farbige Winkel auf ihrer dürftigen Häftlingskleidung gekennzeichnet: Rot für politische Häftlinge, Lila für Bibelforscher, Schwarz für Asoziale, Grün für Kriminelle, Rosa für Homosexuelle, Blau für Emigranten. Jüdische Häftlinge mußten zusätzlich zu dem Farbdreieck ein gelbes Dreieck tragen, so daß sich ein sechseckiger Zionstern ergab. Rückfällige Häftlinge wurden durch einen Querbalken über dem Dreieck besonders hervorgehoben. Es war systematischer Terror im Namen des gesunden Volksempfindens, der hier herrschte und der mit der Radikalisierung des Regimes seit 1937/38 eine gewaltige Ausweitung erfahren sollte.

Die neue Phase der KZ-Politik war durch eine Ausweitung des

Verfolgungssystems gekennzeichnet. Es wuchs die Zahl der Häftlingskategorien und dann vor allem die der Verhaftungen. Es vermischten sich immer stärker politische und kriminelle, strafende und vorbeugende Motive. Zum ersten Mal wurde 1938 in einem Erlaß der Zwangsarbeitereinsatz als wesentlicher Zweck der Konzentrationslager genannt. Nicht um »vorbeugenden Schutz« der Volksgemeinschaft allein ging es von nun an, sondern auch um Zwangsrekrutierung von Arbeitskräften. Zu der ökonomischen Begründung kam bald eine militärische. Arbeitskräftemangel und Mobilisierung für den Krieg reichten bis in die Lager und führten hier zur hemmungslosen Ausbeutung der Zwangsarbeiter. Die martialische Propagandaformel des Regimes von der Arbeitsschlacht wurde in den Lagern zum tödlichen Ernst.

Zunächst wurden SS-eigene Produktionsstätten für Baustoffe, Ziegelsteine und Natursteine aus Steinbrüchen vor allem in und neben Konzentrationslagern errichtet. Es wurde Baumaterial für Hitlers Monumentalbauten benötigt, für Nürnberg, München, Berlin und wo immer sich das Regime Pyramiden für die Ewigkeit errichten wollte. Die Jagd auf die Arbeitssklaven füllte die Konzentrationslager, neue Lager wurden zweckmäßigerweise von vornherein in der Nähe von Granitsteinbrüchen errichtet, bei Flossenbürg in der Oberpfalz und bei Mauthausen in der Nähe von Linz.

Die wachsende Aggression und Expansion des Regimes brachte 1938 Tausende von neuen Häftlingen. In Österreich und im Sudetenland holten SS und SD in Wochen nach, wozu sie im Altreich fünf Jahre gebraucht hatten. Der Häftlingszustrom in den Konzentrationslagern war kaum zu bewältigen. Der Leiter des SS-Sanitätswesens, Dr. Grawitz, notierte am 30. November 1938, daß infolge der »auf Befehl des Führers bekanntlich unlängst erfolgten zahlreichen Inhaftierungen die Konzentrationslager derart überbelegt seien, daß es ans Unerträgliche grenze«.[65]

Mittlerweile hatten die Pogrome vom 9. November 1938 zusätzlich etwa 35000 Juden in die Lager getrieben, die diese nur verlassen konnten, wenn sie sich zur Auswanderung bereit erklärten. Im Frühjahr und Sommer 1939 gingen die Häftlingszahlen noch einmal zurück, um von rund 25000 bei Kriegsbeginn schließlich auf Millionen anzuschwellen. Die SS war gerüstet; seit 1937/38 waren zahlreiche Totenkopfverbände neu aufgestellt worden.

»Es kam der Krieg und mit ihm die große Wende im Leben der KL«,[66] schrieb Rudolf Höß vor seiner Hinrichtung 1947. Nicht nur die Zahl der Häftlinge wuchs ins Riesenhafte, der Krieg setzte die noch zurückgehaltenen Vernichtungskräfte der nationalsozialistischen Revolution vollends frei. Zu der Vernichtung politischer Gegner kamen nun die rassenideologischen Ausrottungsmaßnahmen. Das sollte die Krönung der Rassenpolitik sein, die Hitler von der frühesten Zeit an als seine Aufgabe beschrieben hatte. Die SS war die Elite, Werkzeug des Führerwillens und seiner letzten Ziele. Der Aufstieg der SS hatte die machtpolitischen wie die organisatorischen Voraussetzungen dafür noch mitten im Frieden geschaffen. Die SS hatte damit die Strukturen des künftigen Sklavenstaates nicht nur vorweggenommen – sie enthüllte den Wesenskern des Nationalsozialismus, den permanenten Krieg.

4. Entrechtung und Verfolgung

Der Ausschaltung und Vernichtung des inneren Feindes hatten nach nationalsozialistischer Doktrin auch Recht und Justiz zu dienen. Ihr negatives Verhältnis zu Recht und Gerechtigkeit verbargen die Nationalsozialisten zunächst hinter Formeln, die auch die Zustimmung nationalkonservativer Juristen fanden. Denn auch für sie, Justizminister Gürtner eingeschlossen, rechtfertigten staatspolitische Notwendigkeiten die Durchbrechung rechtsstaatlicher Prinzipien. Eine solche Abkehr von »liberalistischen Standpunkten« schien auch Hitlers Regierungserklärung bei Einbringung des Ermächtigungsgesetzes anzukündigen. »Unser Rechtswesen muß in erster Linie der Erhaltung dieser Volksgemeinschaft dienen. Der Unabsetzbarkeit der Richter auf der einen Seite muß eine Elastizität der Urteilsfindung zum Wohl der Gesellschaft entsprechen. Nicht das Individuum kann der Mittelpunkt der gesetzlichen Sorge sein, sondern das Volk.«[67] Daß der Reichskanzler einen Anspruch auf Rechtsgleichheit nur denen zubilligen wollte, die sich zu den nationalen Interessen bekannten und darum die Regierung unterstützten, schien mit einem autoritären Staatsbegriff vereinbar.

Gleichwohl wurde die Berufung auf das gesunde Volksempfinden und die Interessen der Volksgemeinschaft zur Wendemarke auf dem Weg in die Rechtlosigkeit. Wie in der Innenpolitik insgesamt vermochte die nationalsozialistische Revolution auch im rechtspolitischen Bereich hinter einer Fassade des Vertrauten zu agieren, sie schaffte nur ab, was ihr störend im Wege stand. Der Maßnahmestaat verdrängte auch im Rechts- und Justizwesen den Normenstaat nur schrittweise und partiell. Man arrangierte sich mit dem Bestehenden, wo es geboten oder folgenlos schien; man veränderte und schränkte Recht und Gesetz nur dort ein oder umging es durch Sondergewalten und Sondergerichte, wo die Rechtsordnung der Verfolgung der Gegner im Wege stand. Während das bürgerliche Recht kaum angetastet wurde und selbst die NSDAP sich in zivilrechtlichen Dingen dem herkömmlichen Gerichtsverfahren unterwerfen mußte, wurde das Strafrecht politisiert und nach und nach verändert.

Durchlöchert und zerstört wurde die Rechtsordnung auf mehreren Wegen: durch Verletzung wichtiger Rechtsprinzipien wie durch die Entwicklung des Strafvollzugs und der Schutzhaft insbesondere, durch die Gleichschaltung der Justiz und Aushöhlung der Unabhängigkeit des Richters wie durch die Veränderung der Gerichtsverfassung. Wie so oft im Prozeß der Machtergreifung gingen auch bei der Zerstörung der Rechtsstaatlichkeit Illusionen, autoritäre Sehnsüchte und Ordnungswünsche, Anpassungsbereitschaft, Opportunismus, Täuschungsmanöver und Gewalt Hand in Hand.

Mit gutachterlicher Absicherung durch konservative Juristen wurde schon im März 1933 das Rechtsprinzip »nulla poena sine lege« verletzt. Als Hitler und die anderen nationalsozialistischen Kabinettsmitglieder die sofortige Hinrichtung des Brandstifters van der Lubbe ohne Gerichtsverfahren forderten, konnte die Justiz zwar ihre Zuständigkeit verteidigen; aber sie gab dafür einen zentralen

Nationalsozialistische Deutsche Arbeiterpartei

Gau Württemberg-Hohenzollern   Der Kreisleiter.   Kreisleitung Tuttlingen

Ihre Zeichen: Ihre Nachricht vom: Unsere Zeichen: Bü/B.   Tag: 19.5.1943.

Betreff: Politische Beurteilung über die Eheleute Wilhelm Weisser, Trossingen,
Bismarckstr. 44.

Gegen den Antrag auf Ausfertigung eines Glückwunschschreibens durch den
Herrn Staatspräsidenten anlässlich der Feier der Goldenen Hochzeit muss
ich vom politischen Standpunkt Widerspruch erheben.
Weisser ist mit allem unzufrieden und ein notorischer Nörgler.
Die Ausfertigung eines Glückwunschschreibens kann ich unter diesen Umstän-
den vom politischen Standpunkt aus nicht befürworten.

Abf.: NSDAP., Kreisleitung Tuttlingen   Heil Hitler !

An den
Herrn Landrat   (Huber)
Tuttlingen   Bereichsleiter der NSDAP.

Din A 5 148×210
Vordruck nach
Din 677 Juni 41
5000 — F.F.P.   Kreisdienststelle: Tuttlingen   Fernruf   Girokonto Nr. 1450   Kampfzeitung des Kreises: „Gränzbote"
                 Allenstraße 10   954 u. 955   bei der Kreissparkasse   u. „Spaichinger Tagblatt"/Geschäftsstelle:
                 Postfach 365   Tuttlingen   Tuttlingen   Tuttlingen, Gutenbergstr. 7 / Fernruf 302

Selbst gänzlich unpolitische Vorgänge, in diesem Falle die Abfassung eines Glückwunsches zur Goldenen Hochzeit, bedurften gerade in der letzten Phase des Regimes der parteiamtlichen Bestätigung; es zeichnete sich der totalitäre Erfassungsstaat ab, zu dem es in den wenigen Friedensjahren nicht gekommen war.

Rechtsgrundsatz preis. Das Reichsgerichtsverfahren gegen van der Lubbe konnte zwar seinen Lauf nehmen, doch das Justizministerium gab seine Zustimmung zu einer »Lex van der Lubbe«, die rückwirkend auch für Brandstiftungen die Todesstrafe durch Erhängen vorsah. Dies war der erste, aber nicht der letzte Kompromiß, der – aus Sorge um die eigene Einflußsphäre – zu einer verhängnisvollen Anpassung führte. Bald wurden Vorgänge für strafbar erklärt, nur weil sie gegen das »gesunde Volksempfinden« verstießen, auch wenn es dafür keine Strafbestimmungen gab.

Das Heimtückegesetz wie die Einrichtung von Sondergerichten, ebenfalls im März 1933, wurden vom Justizministerium vorgelegt, um der wachsenden Kritik am Justizwesen zu begegnen. Selbst mündliche Kritik am Regime konnte nun mittels der Heimtücke-Verordnung unter Strafe gestellt werden, und auch die Verbreitung von ausländischen Nachrichten galt als landesverräterisch. Die Sondergerichte, das heißt verfahrensrechtlich und organisatorisch getrennte Justizbehörden, wurden bei allen Oberlandesgerichten eingerichtet. Sie ermöglichten eine erhebliche Verkürzung des Verfahrens bis hin zu regelrechten Schnellverfahren und schränkten damit die Rechte des Angeklagten auf ausreichende Verteidigung und sorgfältige Urteilsfindung ganz erheblich ein. Das Tor zur Rechtlosigkeit war damit weit aufgestoßen worden.

Mit den gesetzlosen und gerichtsfreien Gestapo-Aktionen war der größte Schritt vom Rechts- zum permanenten Ausnahmezustand getan. Als der Gestapo per Gesetz vom 10. Februar 1936 nach langen Auseinandersetzungen zwischen Nationalsozialisten und konservativ-autoritären Ministerien zugestanden wurde, was sie sich schon längst angemaßt hatte, nämlich die Ausschaltung der gerichtlichen Nachprüfung von allen staatlichen und polizeilichen Tätigkeiten, zerfiel der Rechtsschutz des Individuums vollständig. Nun konnte die Gestapo selbst entscheiden, welcher Tatbestand als politisch gelten und damit in ihre Zuständigkeit fallen konnte.

Auf der anderen Seite mußte die Justiz ständigen Druck und immer neue Eingriffe durch Himmlers Polizei oder andere nationalsozialistische Organe bis hin zu Einsprüchen Hitlers wegen angeblich zu milder Urteilsfindung hinnehmen. Da wurden Verurteilte, wie etwa Bibelforscher, nach Verbüßung ihrer Freiheitsstrafe von der Gestapo nur deshalb in Schutzhaft genommen, weil Himmler die verhängten Strafen für zu milde hielt. Roland Freisler, der nationalsozialistische Staatssekretär im Justizministerium, rügte die Oberlandesgerichtspräsidenten ob der milden Strafpraxis. Noch nicht einmal die gesetzlichen Höchststrafen würden ausgeschöpft, tadelte der spätere Präsident des Volksgerichtshofes und warnte vor dem Eindruck einer unfähigen Justiz, die nicht imstande sei, »gegenüber dem Verbrechertum das Schlußwort des Staates zu sprechen und zu vollziehen«. Freisler verbarg nicht, womit er der Justiz im Falle weiteren »Versagens« drohen würde: mit einer »Polizeijustiz«, die an die Stelle der bisherigen Justiz träte.[68]

Selbst Entscheidungen des mit zuverlässigen Nationalsozialisten besetzten und 1934 als oberste Instanz in politischen Strafsachen eingesetzten Volksgerichtshofes korrigierte die Gestapo. Als eine frühere Kommunistin, wegen des Verdachts auf Hochverrat verhaftet, vom Zweiten Senat des Volksgerichtshofes wegen Mangels an Beweisen freigesprochen wurde, suchten Gestapo-Beamte die Freigesprochene noch im Gerichtssaal in Schutzhaft zu nehmen. Das konnte das Gericht zwar verhindern, aber zwei Tage später wurde die Frau zu Hause verhaftet.

Solche Vorfälle förderten dort, wo Anpassung und Illusionen nicht schon dafür sorgten, die Bereitschaft zur Zusammenarbeit zwischen Justiz und politischer Polizei. Wollte sich die Justiz nicht ständig des Vorwurfs des »Versagens« und damit der Gefahr weiterer Ausschaltung aussetzen, blieben ihr nur Anpassung, Kapitulation und damit wachsende Komplicenschaft. Das war der Preis dafür, daß man die Durchbrechung rechtsstaatlicher Prinzipien aus politischen Motiven hingenommen oder unterstützt hatte. Durch Herkunft und Tradition, durch Ausbildung und Mentalität dem Gedanken eines konservativen und »nationalen« Staates verpflichtet, hatten Richter und Staatsanwälte in ihrer Mehrheit vom neuen Staat eine autoritäre Ordnung und die Fortführung der im Parteienhader steckengebliebenen Strafrechtsreform erhofft. Wie die übrigen bürgerlich-konservativen Eliten auch machte ihre Ablehnung des Weimarer Systems sie blind für die Rechtlosigkeit und Justizfeindlichkeit, die sich im Staat Adolf Hitlers auszubreiten begann. Als sie es erkannten, war es zu spät.

Die Folge der Ausschaltung wie der Gleichschaltung der Justiz war eine vollkommene Pervertierung der Rechtsprechung. Richter sahen sich zunehmend vor der Situation, durch ihr Urteil zwar der Gerechtigkeit zu genügen, aber eben damit die Mißachtung dieses Urteils durch die Polizei heraufzubeschwören. Ein weiteres Moment kam hinzu: eine härtere Strafe und damit ein offenkundiges Unrecht von seiten des Richters konnte gleichzeitig den Betroffenen vor noch Schlimmerem bewahren, nämlich vor der Überstellung vom immer noch relativ humanen Justizgewahrsam in Schutzhaft und KZ, was eine ernste Gefahr für Leib und Leben bedeutete. Unrechtmäßiger Freiheitsentzug konnte ein Weg sein, einen Angeklagten oder Bedrohten vor dem Konzentrationslager zu

Die Toten vom 9. November 1923

Die Juden sind unser Unglück!

Das antisemitische Kampfblatt »Der Stürmer«, 1923 bis 1945 von dem »Frankenführer« Julius Streicher herausgegeben, galt auch in Parteikreisen als vulgäres und pornographisches Hetzorgan, das vorwiegend im süddeutschen Raum bei Kleinbürgern und den durch Krieg und Inflation verarmten Unterschichten verbreitet war. Für die intellektuelle Führerschicht der SS gründete Himmler »Das Schwarze Korps«, das unter dem gerade fünfundzwanzigjährigen »Hauptschriftleiter« Gunter d'Alquen für die weltanschauliche Reinheit von Staat und Partei kämpfte und eine radikale Kampagne gegen die Vertreter des »Systems« auch in Kunst und Literatur führte.

bewahren. Unrecht konnte vor noch größerem Unrecht bewahren – das war die Folge davon, daß der Maßnahmestaat immer mehr den Normenstaat erdrückt hatte, ohne ihn je ganz zu beseitigen.

Verwirklicht wurden die nationalsozialistischen Rechtsvorstellungen besonders drastisch in der Judenpolitik des Regimes. Eine konsequente Planung stand darum noch lange nicht hinter der nationalsozialistischen Judenpolitik und -gesetzgebung. Einen Fahrplan der Machteroberung hatte es schon hinsichtlich der Innen- oder Außenpolitik nicht gegeben; nun zeigte sich, daß er selbst für die Judenverfolgung nicht existierte. Auch wenn seine rassenideologischen Grundüberzeugungen für Hitler stets gültig blieben, war er, zumindest in Friedenszeiten, stets bereit, seine ideologischen Leitideen und persönlichen Haßgefühle pragmatischen und opportunistischen Überlegungen unterzuordnen. Das erst machte den Erfolg des Dogmatikers Hitler aus, daß er auch Politiker war oder doch zeitweise sein konnte. Die Durchsetzung der rassenpolitischen

Ziele folgte denselben Mustern und unterlag denselben institutionellen und machtpolitischen Bedingungen wie die übrige Radikalisierung der Politik. Sie war eingebunden in den polykratischen Entscheidungsprozeß und in den Dualismus von Partei und Staat; sie folgte denselben Techniken der Terror- und Propagandaakte der Partei von unten und der staatlich-gesetzlichen Sanktionierung von oben. Das zeigen alle drei gegen die deutschen Juden gerichteten einschneidenden gesetzlichen Ausschaltungsmaßnahmen: die Entlassung jüdischer Beamter im April 1933, die gesetzliche Herabstufung zu einer Gruppe minderen Rechtes durch die Nürnberger Gesetze 1935 und schließlich die Vertreibung aus der Wirtschaft 1938.

Ein besonderes Staatsangehörigkeitsgesetz für Juden hatte Innenminister Frick noch im Sommer 1933 angekündigt, aber es wurde vorerst ebensowenig verwirklicht wie andere Ausschaltungsvorhaben auch. Im Jahre 1934 schien sogar fast eine gewisse Beruhigung in der Rassengesetzgebung eingetreten zu sein, wenn auch rassenpolitische Fanatiker wie Julius Streicher seit Mitte 1934 versuchten, die Pogromstimmung wieder anzuheizen. Bis in die letzten Winkel des Reiches wurden »Stürmer-Schaukästen« aufgestellt, in denen pornographische und kriminalistische Greuelgeschichten von lüsternen Semiten einem nur teilweise neugierigen, zumeist angewiderten Publikum präsentiert wurden. Im Frühjahr 1935 steigerte Streicher seine Privatkampagne und forderte, die Juden unter Fremdenherrschaft zu stellen. Begleitet wurde das alles von Ausschreitungen und Terrorakten, die erst dann ein Ende fanden, als Frick eine Neufassung seines geplanten Ausschaltungsgesetzes ankündigte. Ein erstes Signal für die kommende Entwicklung war das Wehrgesetz vom 21. Mai 1935, das Juden vom »Ehrendienst am deutschen Volke« ausschloß.

Als Fricks Ankündigung jedoch noch immer nicht in die Tat umgesetzt wurde, lief die Kampagne erneut an und auch andere NS-Organe und Parteiführer leiteten auf eigene Faust antisemitische Maßnahmen ein. Himmlers Gestapo setzte sich als Vorkämpfer für eine arische Ordnung in Szene, Reichsjuristenführer Frank forderte die baldige »Befreiung des deutschen Volkes« von dem jüdischen »Fremdkörper«, dessen Mitglieder er noch immer zu Tausenden in der Justiz vermutete,[69] und auch Joseph Goebbels tat alles, um die Judenfrage wieder in Bewegung zu bringen. Im Beisein Fricks forderte er, daß Eheschließungen zwischen Juden und Deutschen nicht mehr zugelassen würden. Der Justizminister des Deutschen Reiches suchte abzuwiegeln und versprach, man werde die Judenfrage »langsam aber sicher auf vollkommen legalem Weg« lösen.[70]

Damit schien die Lage sich wieder beruhigt zu haben. Doch plötzlich trat Hitler selber mit einem überraschenden Schlag in die Arena. Sei es, daß es Widerstände im Innenministerium gegen neue Judengesetze gab, sei es, daß die Bürokraten nach Hitlers Vorstellungen zu langsam arbeiteten, am Abend des 13. September zitierte er den Judenreferenten des Reichsinnenministeriums, Ministerialrat Lösener, nach Nürnberg, wo gerade der Reichsparteitag eröffnet wurde, und ließ diesem und dessen Kollegen Medicus mitteilen, daß ein »Judengesetz« sofort vorgelegt werden müsse. Insbesondere die

Frage der Ehe zwischen »Ariern« und »Nichtariern« solle gesetzlich geregelt werden, lautete der Auftrag, dem sich nun die beiden Ministerialräte zusammen mit Staatssekretär Pfundtner und Ministerialdirektor Stuckart vom Innenministerium zu widmen hatten, unterstützt von einem Mitarbeiter aus dem Stabe des Stellvertreters des Führers, Walter Sommer, der die Parteiforderungen formulierte.

Damit hatte Hitler auch in der Innen- und Rechtspolitik Zuflucht genommen zu jener Technik der Überraschungscoups, mit der er in der Außenpolitik seine Gegner zu überrumpeln und zu erpressen pflegte. Entsprechend waren die äußeren Umstände, unter denen das folgenschwere Ausschaltungsgesetz zustande kam. Inmitten des Trubels der Aufmärsche und Proklamationen des Parteitages mußten die Verwaltungsexperten in kürzester Zeit Entwürfe erarbeiten, mit denen sich dann Lösener auf den Weg zu Frick machte, der in einer Villa am Rande der Stadt Quartier gemacht hatte. Frick begab sich mit den Entwürfen zu Hitler, an dessen Seite sich Reichsärzteführer Dr. Wagner aufhielt, der eine Verschärfung der Vorlagen einforderte. Mit den jeweiligen Änderungswünschen eilte Lösener wieder zurück in sein Hotel. Dies wiederholte sich im Laufe des Tages mehrmals, auch nachdem die Beamten zur Vereinfachung des Verfahrens in Fricks Villa umgezogen waren. Dort erreichte sie in der Nacht vom 14. zum 15. September der Auftrag Hitlers, vier verschiedene Fassungen des Entwurfs bis zur Reichstagssitzung am nächsten Nachmittag vorzulegen und außerdem »zur Vervollständigung des Gesetzgebungsprogrammes« noch ein Reichsbürgergesetz zu entwerfen.

»So begannen wir«, schrieb Lösener nach dem Kriege, »nach Mitternacht von Sonnabend zu Sonntag nunmehr in dem Musikzimmer der Villa Haeberlein ein Grundgesetz des Dritten Reiches zu entwerfen, ohne recht zu wissen, was eigentlich von uns erwartet wurde. Wir waren körperlich und geistig schon stark erschöpft und bemühten uns, in nationalsozialistischer Sprachbildung ein Rahmengesetz mit möglichst unverbindlichem Inhalt zustande zu bringen. Frick brachte den Entwurf zum Führer und kam morgens um ½ 3 Uhr mit dessen Billigung zurück.«[71]

Am Abend desselben Tages lagen den Abgeordneten des zu diesem Zweck nach Nürnberg einberufenen Reichstages ein »Reichsflaggengesetz«, ein »Gesetz zum Schutz des deutschen Blutes und der deutschen Ehre« und ein »Reichsbürgergesetz« zur Akklamation vor. Der Reichsparteitag hatte seinen lange gesuchten inszenatorischen Höhepunkt, und Hitler hatte den Entscheidungsprozeß der Ministerialbürokratie fast völlig ausgeschaltet. Noch aus seiner Rede, mit der er die Gesetze einbrachte, klangen der Zorn über die Bürokratie und die Warnungen an ihre Adresse unüberhörbar heraus: »Das erste und zweite Gesetz tragen eine Dankschuld an die Bewegung ab, ... das zweite ist der Versuch der gesetzlichen Regelung eines Problems, das im Falle des abermaligen Scheiterns dann durch Gesetz zur endgültigen Lösung der nationalsozialistischen Partei übertragen werden müßte.«[72] Mit der Drohung, die Kompetenz in der gesetzlichen Behandlung der Judenfrage gegebenenfalls der Partei zu übertragen, sollte die Bürokratie willfährig gemacht werden.

Die Ministerialbeamten stellten fest, daß Hitler die relativ milde Fassung D vorgezogen hatte, allerdings auch eigenhändig den Zusatz gestrichen hatte: »Dieses Gesetz gilt nur für Volljuden«. Damit hatte der geschickte Taktiker gegenüber der Bürokratie das Bild des gemäßigten Staatsmannes aufrechterhalten, den ungestümen Aktivisten in der Partei hatte er deutlich gemacht, daß er es war, der Tempo und Inhalt der Judenpolitik bestimmte. Auch auf die öffentliche Wirkung war diese milde Fassung berechnet, ebenso die Zusicherung, damit sei eine endgültige und abschließende Regelung der Judenfrage erreicht. Das weckte bei den Betroffenen trügerische Hoffnungen und bestärkte die Bevölkerung in der Meinung, daß immer noch alles seine gesetzliche Ordnung habe.

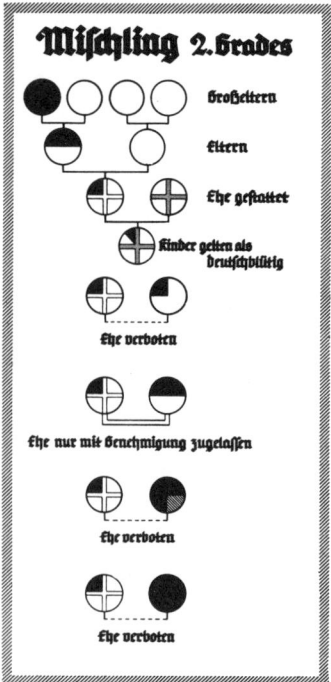

Nationalsozialistische Schautafel zur Illustration des »Blutschutzgesetzes«

Das »Blutschutzgesetz« verbot Eheschließungen zwischen Juden und »Staatsangehörigen deutschen oder artverwandten Blutes« sowie den außerehelichen Verkehr unter denselben. Die Beschäftigung weiblicher »arischer« Hausangestellter war Juden untersagt, auch durften sie die Reichs- und Nationalflagge nicht zeigen. Das war ein Sammelsurium verschiedener Rechtsgebiete und ließ zudem alle erforderlichen Ausführungs- und Verwaltungsvorschriften offen. Das hastig entworfene »Reichsbürgergesetz« war in seinen rechtlichen Folgen noch unbestimmter. Das Gesetz unterschied zwischen »Staatsangehörigen« und »Reichsbürgern«, die allein die vollen politischen Rechte besaßen. Reichsbürger konnten nur »Staatsangehörige deutschen oder artverwandten Blutes« sein. Die entscheidende Frage, wer denn nun eigentlich »Jude« war, wurde von beiden Gesetzen nicht beantwortet. Die entsprechenden Rechtsvorschriften sollten noch zwischen Reichsinnenministerium und dem Stab des Stellvertreters des Führers ausgehandelt werden. Wieder entstand ein Rechtsvakuum, das Betroffene und Bürokratie gleicherweise unsicher machte und das den Parteigliederungen die Möglichkeit zu einer weiteren Verschärfung der Gesetzgebung gab.

Noch ehe die Ausführungsbestimmungen verkündet waren, suchte Goebbels, vollendete Tatsachen zu schaffen. Ohne Rücksprache mit dem zuständigen Reichswirtschaftsminister schloß er die jüdischen Kunst- und Antiquitätenhändler im September 1935 aus der »Reichskammer der bildenden Künste« aus. Der Einspruch des Wirtschaftsministeriums, das auf seine Kompetenzen pochte, kümmerte ihn wenig und auch nicht die Tatsache, daß er keine gesetzliche Grundlage für dieses Berufsverbot hatte. Wenige Tage später wurden auf Goebbels' Anweisung alle jüdischen Kinobesitzer zum Verkauf ihrer Betriebe bis spätestens 10. Dezember d. J. gezwungen; ansonsten würden ihnen die Konzessionen entzogen. Auch das Reichsinnen- und das Reichsjustizministerium, die beiden »Verfassungsministerien«, wollten nicht hintanstehen und entließen schon vor einer endgültigen Regelung diejenigen Beamten, die von drei oder vier »der Rasse nach« volljüdischen Großeltern abstammten. Länder und Gemeinden folgten, nicht aber andere Reichsministerien.

Hitler selbst wollte seine Entscheidung bezüglich der Stellung und Abgrenzung von Juden und »Halbjuden« auf einer Sitzung mit geladenen Reichs- und Gauleitern bekanntgeben, doch er begnügte sich mit der Bemerkung, daß es zur endgültigen Entscheidung in

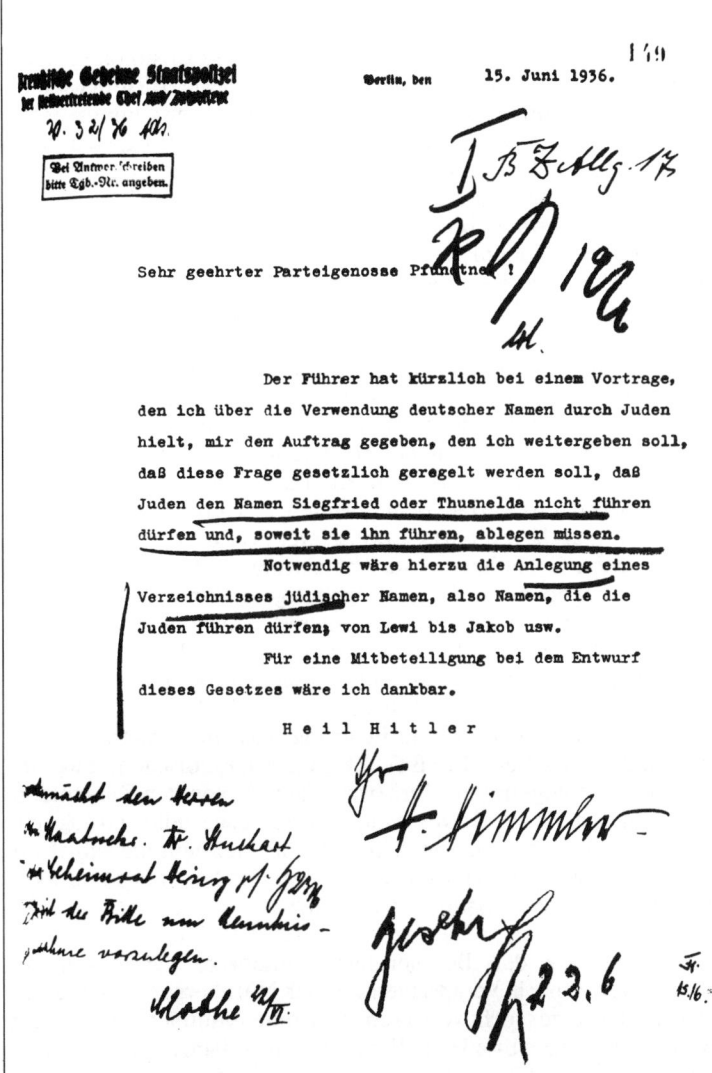

Die deutsche Neigung, alles, auch den Wahnsinn, perfekt zu machen, feierte im Nationalsozialismus Triumphe. Einem Hitler-Vortrag vor Altparteigenossen entsprechend sollte Juden verboten werden, »deutsche«, womöglich sogar »germanische« Namen zu tragen. So sollte ein Verzeichnis jüdischer Namen in ein Gesetz eingehen.

dieser Frage noch der Klärung einiger Punkte bedürfe. Eben darum stritten in der Zwischenzeit Staats- und Parteibehörden. Stuckart und Lösener vom Reichsinnenministerium wollten unter einem »Juden« nur diejenigen Nichtarier verstanden wissen, die mehr als zwei nichtarische Großeltern besaßen. Das »Rassenpolitische Amt der NSDAP« und der Reichsärzteführer Wagner bestanden auf der Einbeziehung auch der »Vierteljuden« wie auf der Zwangsscheidung aller »Mischehen« und der Sterilisierung aller »Zweifelsfälle«. Eine Entscheidung in diesem zähen Ringen, in dem die Ministerialbürokratie leichte Vorteile hatte erzielen können, sollte eine Chefbesprechung am 5. November unter Vorsitz Hitlers bringen. Doch der »Führer« sagte ohne Angabe von Gründen ab. Ministerium und

Parteibürokratie mußten sich mühsam allein auf einen Kompromiß einigen.

Das Resultat, die »Erste Verordnung zum Reichsbürgergesetz« vom 14. November, basierte zwar auf dem Entwurf von Reichsärzteführer Wagner, aber im entscheidenden Punkt, wer denn im Sinne des Gesetzes Jude sei, hatte sich das Ministerium durchsetzen können. Das war ein Erfolg der Bürokratie, die alle Forderungen sowohl nach einer Zwangsscheidung von »Mischehen« als auch nach einer Zwangssterilisierung von Zweifelsfällen abweisen und auch Zehntausende von »Halbjuden« vor der Ausschaltung aus der rechtlichen Gemeinschaft und damit letztlich vor der physischen Vernichtung bewahren konnte. Um so härter traf es die sogenannten »Volljuden« und »Dreivierteljuden«, die nun endgültig Personen minderen Rechtes waren. Auch war mit der Formel der Vorläufigkeit der Weg für weitere Verschärfungen freigehalten, und die Richtung kündigte sich bereits an, als das »Rassenpolitische Amt« aus seiner Unzufriedenheit über die Schonung der »Halbjuden« keinen Hehl machte.

Wie absurd und inkonsequent die Rassenlehre war, zeigten die Bemühungen um eine rechtlich verbindliche Definition von »Jude«. Das Gesetz erklärte zwar, »Jude ist, wer von drei der Rasse nach volljüdischen Großeltern abstammt«, wußte sich dann aber nicht anders zu helfen, als die Rassenzugehörigkeit durch die Zugehörigkeit zur jüdischen Religion zu definieren. »Als volljüdisch gilt ein Großelternteil ohne weiteres, wenn er der jüdischen Religionsgemeinschaft angehört.« Auch bei den sogenannten Halbjuden hing die »Rassenzugehörigkeit« nicht allein von Erbfaktoren ab, sondern von der individuellen Willensäußerung: Als Jude galten auch die »Halbjuden«, die beim Erlaß des Gesetzes der jüdischen Religionsgemeinschaft angehörten. Juristisch blieb die von den Rassenideologen immer als objektives Merkmal herausgestellte biologische Abstammung damit unerheblich, es zählte vielmehr die subjektive Entscheidung der Religionszugehörigkeit. Das konnte zu grotesken und tragischen Widersprüchen führen.

Wie wenig von den Beteuerungen Hitlers zu halten war, die Nation werde nach Verabschiedung der Nürnberger Gesetze den Weg des Gesetzes nicht verlassen, zeigt eine mündliche Anweisung zwei Wochen nach Erlaß der »Ersten Verordnung«; Hitler verbot die Anwendung jener Bestimmung, nach der Forderungen zur »Reinheit des Blutes« über die gesetzlich festgelegten Grenzen hinaus untersagt waren. Wie er sich die weitere Entwicklung in der Judenpolitik vorstellte, vertraute er vorerst nur einem kleinen Kreis an – so wie er das mit seinen außenpolitischen Fernzielen auch tat. »Heraus aus allen Berufen, Ghetto, eingesperrt in ein Territorium, wo sie sich ergehen können, wie es ihrer Art entspricht, während das deutsche Volk zusieht, wie man wilde Tiere sich ansieht.«[73]

Hitlers Anweisung hatte zur Folge, daß die rechtliche Gleichstellung zwischen dem »Mischling« und dem »deutschblütigen« Reichsbürger überall unterlaufen werden konnte. Es kam zu einer Welle von neuen Ausschaltungsmaßnahmen, die sich alle auf die Nürnberger Gesetze beriefen, diese aber auf immer weitere Personen- und Berufsgruppen ausdehnten. Ein regelrechter Wettstreit zwischen den Ministerien und Parteidienststellen entbrannte um die Auslegung und Ausweitung der Rassengesetze; bald besaßen alle Ministerien ihren »Judenreferenten«. Die verschiedenen Parteiämter und führerunmittelbaren Sonderorganisationen fühlten sich ohnehin in Judenfragen zuständig.

Solche rassenpolitischen Eigenmächtigkeiten, häufig von ressortegoistischen Motiven geleitet, steigerten die gesetzliche und polizeiliche Entrechtung; eine Vielzahl von Schikanen und Diskriminierungen bestimmte den Alltag der deutschen Juden oft sehr viel nachhaltiger und demütigender als die staatliche Gesetzgebung. Dörfer und Städte setzten alles daran, »judenrein« zu sein und ihre Gesinnung durch Schilder wie »Juden unerwünscht« oder »Hunden und Juden ist das Baden verboten« zu unterstreichen. Auch Gleichsetzungen von Juden mit Ungeziefer gehörten zum Bild der Straßen und Geschäfte. »So wie der Floh saugt Blut in Massen, verseucht der Jud' die Menschenrassen« war auf einem Ortsschild in Greifswald zu lesen.

Durch solche Äußerungen des Hasses und der Feindschaft entstand eine Atmosphäre, die den »späteren radikalen Verfolgungsmaßnahmen der Parteiführer psychologisch Vorschub geleistet hat«.[74] Zwar trat das Regime nach den Nürnberger Gesetzen nach außen in seiner Judenpolitik etwas kürzer, um die Austragung der Olympischen Spiele 1936 nicht zu gefährden. Doch die Welle »gesetzlicher« Ausschaltungsmaßnahmen ging weiter, wie eine »Zweite Verordnung zum Reichsbürgergesetz« vom 21. Dezember 1935 beweist. Schritt für Schritt wurden die deutschen Juden von der freien Berufsausübung ausgeschlossen und gesellschaftlich isoliert. Die taktischen Regeln dieser Politik und ihre wahren Ziele enthüllte Hitler mit aller Deutlichkeit vor Kreisleitern der Partei am 29. April 1937: »Das Endziel unserer ganzen Politik ist uns ja allen klar. Es handelt sich bei mir nur immer darum, keinen Schritt zu machen, der uns schadet. Wissen Sie, ich gehe immer an die äußerste Grenze des Wagnisses, aber auch nicht darüber hinaus ... Ich will ja nicht gleich einen Gegner mit Gewalt zum Kampf fordern, ich sage nicht: ›Kampf!‹, weil ich kämpfen will, sondern ich sage«, und dabei wurde er immer lauter: »Ich will dich vernichten! Und jetzt Klugheit, hilf mir, Dich so in die Ecke hineinzumanövrieren, daß Du zu keinem Stoß mehr kommst, und dann kriegst Du den Stoß ins Herz hinein.«[75]

Eine Gelegenheit zu einem solchen Schlag hätte sich im Februar 1936 geboten, als der Landesgruppenleiter der NSDAP in der Schweiz, Wilhelm Gustloff, durch den jüdischgläubigen David Frankfurter ermordet wurde. Doch Hitler enthielt sich antijüdischer Ausfälle, schließlich standen wichtige außenpolitische Ereignisse und Entscheidungen bevor: die Olympischen Spiele und die Besetzung des Rheinlandes.

Anders waren die Konstellationen im November 1938, als ein siebzehnjähriger deutsch-polnischer Jude, Herszel Grynszpan, in einem Akt ohnmächtiger Rache auf die Nachricht von dem grausamen Schicksal seiner Eltern an der deutsch-polnischen Grenze hin ein Attentat auf den deutschen Legationssekretär vom Rath in der Pariser Botschaft verübte. Seine Eltern gehörten zu den 15 000

Tief erfchüttert bringe ich zur Kenntnis, daß mein Mitarbeiter, der

Gefandtfchaftsrat I. Klaffe

Dr. Ernft Eduard vom Rath

den Folgen des feigen Mordanfchlags, dem er am 7. November zum Opfer fiel, heute nachmittag nach fchwerem und männlich getragenem Leiden erlegen ift. Die Lauterheit feines Charakters, die Liebenswürdigkeit feines Umgangs, die Vorbildlichkeit feiner amtlichen Arbeit und feine Hingebung an das Werk des Führers, die er mit dem Tode befiegelt hat, werden mir und allen Angehörigen der Deutfchen Botfchaft in Paris unvergeßlich bleiben.

Paris, den 9. November 1938

Der Deutfche Botfchafter
Graf Welczeck

Ein tragliches Gefchick hat es gewollt, daß unfer Parteigenoffe

Gefandtfchaftsrat I. Klaffe

Dr. Ernft Eduard vom Rath

im Alter von 29 Jahren einer mörderlichen Kugel zum Opfer fiel.

Wir trauern um ihn in dem ftolzen Bewußtfein, daß er in die Standarte Horft Weffel eingegangen ift.

Paris, den 9. November 1938

Für die Deutfchen in Frankreich
Dr. Ehrich
Landesgruppenleiter

Überraschend zurückhaltend teilen die offiziellen Todesanzeigen des Auswärtigen Amtes und der Partei die Ermordung des nationalsozialistischen Gesandtschaftsrates vom Rath durch den siebzehnjährigen deutsch-polnischen Juden Herszel Grynszpan mit, der durch seine Tat auf die Judenverfolgungen des Dritten Reiches aufmerksam machen wollte.

Die sprachlichen Klischees vom »feigen Mordanschlag« sind nicht systemcharakteristisch; dieselben Begriffe werden bei Terroranschlägen noch heute verwendet, wobei niemand zu merken scheint, daß die Wortprägung die Möglichkeit mutiger Mordanschläge nahelegt.

Juden, deren Staatsangehörigkeit zwischen dem Reich und Polen umstritten war: Sie waren über die Grenze abgeschoben worden, wurden aber von Polen zunächst nicht aufgenommen und irrten im verschneiten Niemandsland hin und her.

Hitler hatte gerade in den zurückliegenden Monaten bemerkenswerte außenpolitische Erfolge erzielt und stand auf dem vorläufigen Gipfel seiner Popularität. Im Innern hatte er die konservativen Bündnispartner endgültig an die Seite gespielt, nur in der Judenpolitik hatte das Regime nach Meinung der militanten Antisemiten sich noch zu große Zurückhaltung auferlegt.

Inzwischen waren die deutschen Juden durch eine schier endlose Zahl von Entrechtungsmaßnahmen von allen öffentlichen Ämtern ausgeschlossen, aus Krankenhäusern, Apotheken und Schulen vertrieben, von jeder staatlichen und finanziellen Förderung ausgenommen und menschlich geächtet. Seit dem Sommer 1938 mußten sich Juden in Kennkarten und Pässen mit einem Stempel kennzeichnen und sich durch die zusätzliche Annahme der stereotypen Vornamen Israel oder Sara ihrer Individualität öffentlich berauben lassen. Doch all das war noch nicht genug. Es blieb noch die Ausschaltung der Juden aus der Wirtschaft, aus dem letzten Bereich ihrer Berufsmöglichkeiten; es ging um die Auffüllung der öffentlichen Kassen, die durch die gigantische Aufrüstung ständig leer waren.

Seit Beginn des Jahres 1938 drängten die militanten Antisemiten in der Partei auf eine »Arisierung« jüdischer Betriebe. Die Chancen zu einem erneuten Anlauf, die deutschen Juden aus dem Wirtschaftsleben zu eliminieren, standen besser, seitdem Reichswirtschaftsminister Schacht im November 1937 entlassen worden war. Doch mit »legalen« Mitteln, auf der Grundlage der bisherigen Ausnahmegesetzgebung, ließ sich der entscheidende Schlag gegen die wirtschaftliche Stellung der Juden nicht führen. Für eine »Gesamtlösung« war noch nicht der richtige Zeitpunkt gekommen, auch gab es noch keine einheitliche Marschrichtung.

Die Ausschaltungspolitik war im Herbst 1938 vielmehr in eine Sackgasse geraten. Göring wollte die Juden aus der Wirtschaft drängen, was sich mit den Arisierungswünschen einiger Parteigliederungen deckte, die ebenfalls auf materielle Bereicherung hofften. Der SD hingegen forcierte die Auswanderung, die Ministerialbürokratie wiederum beschritt den gemäßigteren Weg der schrittweisen gesetzlichen Verdrängung. Das Ergebnis dieser planlosen Aktivitäten war eine ebenso groteske wie für die Betroffenen ausweglose Situation. Durch die Berufsverbote hatte die Mehrheit der deutschen Juden ihre materielle Existenzgrundlage verloren, so daß sie von Ersparnissen oder von der Fürsorge leben mußte. Eine freiwillige Auswanderung scheiterte daher meist an den Kosten und an der Zurückhaltung der möglichen Aufnahmeländer, die sich nicht zusätzlich zu den eigenen Wirtschafts- und Arbeitsmarktproblemen noch mit einer Emigrantenwelle belasten wollten. Auch eine gelenkte Auswanderung mußte an der Devisenknappheit des Deutschen Reiches scheitern. »Das Dilemma lag darin, daß die deutschen Juden nichts sein sollten, nichts werden sollten, man sich gern ihrer Vermögen bemächtigte, sie ›aus Deutschland raus‹ haben wollte, dies aber möglichst ohne finanzielle Einbußen des Reiches.«[76]

Radikale Antisemiten wie Streicher scherten sich um solche Probleme wenig. Der »Frankenführer« hatte im Frühjahr im Verein mit Goebbels eine neue Hetzkampagne gestartet, die ganz offensichtlich die Ministerien zu radikaleren Schritten antreiben sollte. In Mittelfranken waren im Sommer nächtliche Anschläge auf Synagogen zu registrieren. In Nürnberg und München wurden schon im August 1938 die Hauptsynagogen in einer spektakulären Aktion abgebrochen, die Welle setzte sich in der Provinz fort. »Jud' hau ab bis 1.1.1939« war auf vielen Hauswänden zu lesen.

In dieser Situation lieferte die Nachricht vom Attentat in Paris den erwünschten Vorwand. »Es ist klar«, schrieb der »Völkische Beobachter« bereits am folgenden Tag, »daß das deutsche Volk aus dieser neuen Tat seine Folgen ziehen wird.«[77] Der Leitartikel war zwar noch kein Befehl, doch er gab radikalen Antisemiten Anlaß und Gewißheit, im Sinne der Partei und des Führerwillens zu handeln. Erste Ausschreitungen noch am Abend des 8. November bewiesen, daß man die Losung des Propagandaministers, der hinter dem Artikel zu vermuten war, richtig verstanden hatte. In einigen Orten Hessens und Magdeburg-Anhalts fanden Versammlungen statt, auf denen die Ortsgruppenleiter wüste Hetzreden hielten und Parteigenossen und SA-Leute aufriefen, das jüdische Schulhaus oder die Synagoge anzuzünden. Auch am Morgen des 9. November setzten sich die Ausschreitungen in Dörfern und Kleinstädten fort, noch immer nur von örtlichen Stellen aufgrund der Goebbelsschen Propaganda angezettelt. Genaue Anweisungen der obersten Parteiführung lagen noch nicht vor, doch nahmen die Aktionen immer festere organisatorische Formen an. »Demonstranten«, die in Uniform erschienen, wurden nach Hause geschickt und sollten sich Zivilkleidung anziehen.

Es traf sich gut, daß das Attentat sich Anfang November ereignet hatte, denn der 9. November hatte eine herausragende Bedeutung im nationalsozialistischen Festkalender. Alljährlich trafen sich an diesem Tag in München die Alten Kämpfer, um des mißglückten Putsches vom November 1923 zu gedenken und die Erinnerung an die einstige Niederlage mit einer Demonstration der Macht zu verbinden. Im ganzen Land fanden an diesem Tag Feiern statt, in denen der »Märtyrer der Bewegung« gedacht wurde. So bot sich die einzigartige Gelegenheit, die Gefolgschaft zur Tat aufzufordern, ohne daß es eines amtlichen Befehls bedurft hätte. Nicht durch schriftliche Weisungen, sondern durch bloße Appelle wurde der Pogrom ausgelöst und dann zumeist telephonisch weiterbefohlen.

Die Nachricht vom Tode des deutschen Gesandten traf am Abend des 9. November in München ein, wo sich Hitler gerade zum alljährlichen Kameradschaftsabend mit den Alten Kämpfern versammelt hatte. Nach Augenzeugenberichten sprach Hitler daraufhin sehr eindringlich mit Goebbels und zog sich dann zurück, ohne die übliche Rede gehalten zu haben. Kurz darauf gab Goebbels den Tod vom Raths bekannt und hielt eine wütende Ansprache, in der – in charakteristischer Verschwommenheit – bereits von den zu erwartenden Vergeltungsaktionen die Rede war. Der Propagandaminister stellte klar, daß die Partei solche Aktionen zwar nicht organisieren, aber auch nicht verhindern werde, wenn sie spontan erfolgten. Wie Goebbels seine Rede verstanden wissen wollte, hat das Parteigericht in einem geheimen Bericht über die Vorgänge verdeutlicht: »Die mündlichen Anweisungen des Reichspropagandaleiters sind wohl von sämtlichen anwesenden Parteiführern so verstanden worden, daß die Partei nicht nach außen als Urheber der Demonstration in Erscheinung treten darf, sie in Wirklichkeit aber organisieren und durchführen sollte.«[78]

Hitler konnte sich nach außen aus alledem heraushalten; aber das Parteigericht bestätigte, daß Goebbels auf Weisung des Führers gehandelt habe. Schließlich konnte er sich auf die Dynamik der Partei verlassen, warteten die Unterführer doch nur darauf, ein Führerwort in die Tat umzusetzen und sich an Radikalität von rivalisierenden Parteiführern nicht überbieten zu lassen. Auch die SA sah die Chance, nach Jahren der Degradierung verlorenen Boden wiedergutzumachen.

Von München gingen die Weisungen der Politischen Leiter per Telephon in die einzelnen Gaue und von dort weiter nach unten. Bei der SA sah man alte Zeiten zurückkehren, die Bürgerkriegsmentalität erwachte wieder. Man sprach von der »Nacht der langen Messer« und kündigte der Polizei an, die »SA werde heute nacht etwas spazierengehen«. In SA-Kreisen war man sich sicher, daß nun der »Zeitpunkt der restlosen Lösung der Judenfrage gekommen sei und daß die wenigen Stunden bis zum nächsten Tag genutzt werden müßten«. Es war wilde Kriegführung gegen eine schwache Minderheit, die die SA in dieser Nacht eröffnete und die – für den Augenblick – die Parteirevolution von 1933 fortzusetzen schien. Im Gegensatz zu Goebbels' Intentionen trat man meist in voller Uniform an; nur als Agent provocateur zu agieren und das Volk zu »spontanen« Reaktionen zu stimulieren, war gegen die SA-Mentalität. Die SS erhielt von Hitler selber die Anweisung, sich aus allem herauszuhalten. Offenbar sollte die Rollenverteilung nicht verwischt werden: die SA bekämpfte auf der Straße einen politischen Gegner, die SS war zuständig für den lautlosen Terror und »merzte Volksschädlinge aus«.

In dieser Nacht wurden in fast ganz Deutschland Synagogen in

Brand gesteckt, jüdische Geschäfte und Wohnungen zerstört und geplündert, jüdische Friedhöfe geschändet. Mindestens 91 jüdische Bürger wurden erschossen, niedergestochen oder zu Tode geprügelt. Als am Morgen des 10. November die Straßen der deutschen Städte mit Scherben übersät waren, bürgerte sich rasch die Bezeichnung »Reichskristallnacht« ein, worin sich teils Ablehnung des Vorgefallenen, teils Verlegenheit und der Wunsch aussprach, das Ganze herunterzuspielen, als ginge es bloß um zerbrochene Fensterscheiben.

Im In- und Ausland fand sich kaum jemand, der an den spontanen Ausbruch des Volkszornes glauben konnte. Sogar das Oberste Parteigericht, das nur gegen die Parteigenossen vorging, die während des Pogroms »Rassenschande« verübt oder gegen die »Disziplin« verstoßen hatten, konnte nicht umhin festzustellen, daß die Organisation der Ausschreitungen von der Partei ausgegangen war. Am 10. November verkündete Goebbels das Ende des Pogroms, lobte die Disziplin der Bevölkerung und verteidigte mit dem Hinweis auf die »berechtigte und verständliche Empörung über den feigen jüdischen Meuchelmord« die Täter. Die endgültige Antwort werde, so Goebbels weiter, dem Judentum auf dem Wege der Gesetzgebung erteilt.

Am folgenden Tag wurde die Gestapo aktiv: schon um Mitternacht hatte ihr Chef Heinrich Müller die Verhaftung von 20 000–30 000 vermögenden Juden und ihre Überstellung in Konzentrationslager befohlen, um sie zur Auswanderung zu zwingen. Die angebliche Demonstration des Volkswillens gab dem Regime Gelegenheit, das zu tun, was längst beabsichtigt gewesen war. »Das Volk will es so und wir vollstrecken seinen Willen«,[79] rechtfertigte Goebbels nun die systematische Ausschaltung der deutschen Juden aus dem Wirtschaftsleben. Dem pseudo-revolutionären Akt von unten folgte der gesetzlich-administrative Nachvollzug. Zu einer Konferenz aller beteiligten Dienststellen hatte Göring für den 12. November geladen. Nun hatte die Ministerialbürokratie dem Druck der Partei nur noch wenig entgegenzusetzen; die Demagogen beriefen sich auf den »Volkswillen«. Verlauf und Ergebnis der Konferenz waren entsprechend. Den deutschen Juden wurde eine Kontribution von einer Milliarde Reichsmark auferlegt, eine gewaltige Summe, ganz besonders für eine Bevölkerungsgruppe, die zu diesem Zeitpunkt nur noch rund 250 000 Mitglieder zählte. Der durch die Terrorwelle angerichtete Schaden war von den Versicherungsgesellschaften zu tragen, doch sollten die an die Juden zu erstattenden Versicherungsleistungen zugunsten des Reiches beschlagnahmt werden. Schließlich und vor allem sollte die Arisierung der Wirtschaft nach der Erklärung Görings »Schlag auf Schlag« erfolgen. Gedacht war an die Enteignung jüdischer Gewerbebetriebe, die von staatlichen Treuhändern unter Wert geschätzt und dann zu normalem Verkehrswert an »Arier« weiterverkauft werden sollten. Der Besitz von Aktien und Wertpapieren sollte Juden völlig untersagt werden. Begleitet wurden die wirtschaftlichen Ausplünderungen durch eine Unzahl von diskriminierenden Maßnahmen: Juden wurde der Besuch von Kinos, Schwimmbädern, Theatern untersagt, ihnen wurde die Benutzung bestimmter Eisenbahnab-

In Gesprächen über die Grausamkeit dieser Tage taucht oft die Frage auf, woher all die dämonischen Kräfte, wie die Schinder und Mörder, kommen, die doch sonst niemand sah und nicht einmal vermutete. Doch waren sie potentiell vorhanden, wie nun die Wirklichkeit erweist. Das Neuartige liegt in ihrer Sichtbarwerdung, in ihrer Freilassung, die ihnen erlaubt, den Menschen zu schädigen. Zu dieser Freilassung führte unsere gemeinsame Schuld: indem wir uns der Bindungen beraubten, entfesselten wir zugleich das Untergründige. Da dürfen wir nicht klagen, wenn das Übel uns auch als Individuen trifft.

Ernst Jünger, Das zweite Pariser Tagebuch

teile vorgeschrieben. Von besonderer Perfidie war die Auflage an die betroffenen Juden, für die Wiederherstellung der zerstörten Geschäfte selbst aufzukommen. Heydrich bestand in seinen Vorschlägen, die einander an Haß und Gehässigkeit geradezu überboten, besonders darauf, daß es das Ziel aller wirtschaftlichen Maßnahmen bleiben müsse, die Juden aus Deutschland herauszubekommen.

Neben allen materiellen Schäden hatten der Pogrom und sein bürokratischer Abschluß noch viel weiter reichende Konsequenzen. Die Juden waren des letzten Schutzes, nicht nur des gesetzlichen, sondern auch des menschlichen Rechts auf Existenz beraubt. Der biologische Rassenantisemitismus hatte sich durchgesetzt. Der Weg zur physischen Vernichtung war frei. Das SS-Organ »Schwarzes Korps« sprach dieses Endziel bereits drei Wochen nach der »Reichskristallnacht« unverhohlen aus: Mit Feuer und Schwert müsse man das nun auf sich beschränkte Parasitenvolk auslöschen. »Das Ergebnis wäre das tatsächliche und endgültige Ende des Judentums in Deutschland, seine restlose Vernichtung.«[80] Den Zeitpunkt und Zusammenhang dieser Vernichtung hatte Göring bereits auf der Konferenz am 12. November angegeben: »Wenn das deutsche Volk in irgendeiner absehbaren Zeit in außenpolitischen Konflikt kommt, so ist es selbstverständlich, daß auch wir in Deutschland in allererster Linie daran denken werden, eine große Abrechnung mit den Juden zu vollziehen.«[81] Und auch Hitler drohte in der Folgezeit vor ausländischen Diplomaten und in einer Reichstagsrede vom 30. Januar 1939 mit der Vernichtung des deutschen und europäischen Judentums im Falle eines Krieges. Die später mehrmals wiederholte »Prophetie« dieses 30. Januars macht deutlich, wie eng Krieg und Judenhaß ideologisch und pathologisch miteinander verbunden waren.

Die Tatsache, daß der Novemberpogrom auf keine spontane Zustimmung der Bevölkerung gestoßen war – sie zeigte sich vielmehr verschüchtert, schockiert und zum Teil offen angewidert –, hat freilich den Weg nach Auschwitz nicht versperrt, sondern im Gegenteil die Judenverfolgung noch konsequenter auf den Weg der technisch-bürokratischen Massenvernichtung außerhalb des Gesichtskreises der Mehrheit der Bevölkerung geführt. Das war die tragische Ironie dieser Situation, die zugleich den Zeitpunkt markierte, an dem sich der Radikalismus der nationalsozialistischen Herrschaftsziele zu verselbständigen begann. Immer deutlicher fielen nun die Wertsysteme auseinander, die sich eben noch, im Zeichen der nationalen Erhebung, wenn auch mit dem Versuch einer konservativen Mäßigung beziehungsweise Stilisierung des Regimes, gedeckt zu haben schienen. Dies galt für viele Bereiche, auch für die Judenpolitik. Hatte für die nationalsozialistischen Ideologen der Gedanke der Rasse und der Vernichtung des Gegners den Vorrang, so empfand die Mehrheit der Bevölkerung den aggressiven Antisemitismus, wie er sich im Novemberpogrom geäußert hatte, als Verstoß gegen die dunkel als höher eingestuften Werte der Sicherheit, Ordnung und des Eigentums. Auch im Antisemitismus schieden sich nun der radikale rassenbiologische Antisemitismus von der eher traditionellen, auf Abgrenzung zielenden Judenabneigung der Bevölkerung und auch von Teilen der Partei. Symptomatisch dafür war die Mahnung eines nationalsozialistischen Bürgermeisters aus Unterfranken an die Fanatiker aus Partei und SA während des Novemberpogroms: »Ihr braucht mit den Juden nichts zu reden; aber ihr habt sie sonst in Ruhe zu lassen.«[82]

Nur so erklärt sich die scheinbare Unvereinbarkeit zwischen der verbreiteten Ablehnung des Pogroms und der nicht weniger verbreiteten Zustimmung zu den antijüdischen Maßnahmen seit 1933, die bis dahin auf etwa 250 Verordnungen und Erlasse angewachsen waren. Der Judenhaß, der nach einer Äußerung Albert Speers »damals so selbstverständlich schien, daß er mich nicht beeindruckte«,[83] führte zu einer nahezu kritiklosen Hinnahme der antisemitischen Gesetze des Regimes. Für das Regime bedeutete das umgekehrt Bestätigung und Ansporn zu weiteren Schritten. Der traditionelle Antisemitismus schloß aber nicht aus, daß der Pogrom vom November 1938 auf stellenweise scharfe, wenn auch nicht öffentlich gewordene Verurteilung durch die Bevölkerung und auch durch manche Parteigenossen stieß. »Antisemitismus gut, aber doch nicht so«,[84] das war die herrschende Stimmung.

Neben der Kritik an der sinnlosen Zerstörung von wertvollem Hab und Gut waren es der pöbelhafte Charakter der Aktionen, die nationalbewußte Sorge um das deutsche Ansehen und auch einfach menschliches Mitgefühl, was Stimmung und Verhalten vieler beeinflußte. Die wenigen Photos, die überliefert sind – es herrschte strenges Photographierverbot, und auch die Berichterstattung der Presse im gesamten Reich war auf höheren Befehl sehr zurückhaltend und knapp – vermitteln eher den Eindruck einer erschrockenen Betroffenheit unter den Passanten als von johlender Schadenfreude und Zustimmung.

Terror und Furcht einerseits, eine gewisse Gleichgültigkeit andererseits führten nur zu einer schweigenden Mißbilligung der Vorgänge und dabei vor allem der Methoden der nationalsozialistischen Judenpolitik. Alle weiteren Schritte, das war gerade angesichts der betroffenen Reserve im November 1938 klar geworden, mußten sich außerhalb der Öffentlichkeit eher lautlos vollziehen. Das aber war nicht mehr Sache der SA, sondern Aufgabe der SS. Ihre Stunde kam mit dem Beginn des Krieges, der auch von allen taktischen Rücksichten befreite.

5. Hitlerjugend und Erziehung

Wer die Jugend hat, versicherten die Nationalsozialisten, hat die Zukunft. Und sie taten alles, um beides für sich zu gewinnen. Der »Erfassung« der Jugend galt das besondere Augenmerk national-sozialistischer Politik. Wer die Jugend für sich einnehmen wollte, der mußte vor allem auf seiten der Zukunft stehen. Nicht Manipulation und Repression allein entschieden über den Erfolg der Gleichschaltung und Mobilisierung, sondern auch die Sehnsucht nach Erneuerung und Utopie.

Die Nationalsozialisten verstanden es wie keine andere politische Bewegung, diesen Glauben an Veränderung und Zukunft zu aktivieren. Hitlers Bewegung sah und gab sich als jugendliche Kraft, als Partei der Frontgeneration. Ihr Aufstieg und ihr Massenerfolg hatten zu einem großen Teil damit zu tun, daß sie mit ihrem Erneuerungs- und Jugendpathos die Verkrustungen und Ungleichzeitigkeiten der deutschen Gesellschaft ansprachen. Die NSDAP vermochte durch ihr Auftreten und ihre Propaganda alle Attribute der Jugendlichkeit – Kraft, Entschlossenheit, Wagemut, Opferbereitschaft – zugleich zu repräsentieren und zu mobilisieren. Hitler war 1929 gerade vierzig, Rosenberg siebenunddreißig, Heß fünfunddreißig, die Brüder Strasser siebenunddreißig und zweiunddreißig, Goebbels zweiunddreißig und Himmler gerade dreißig.

Die Flucht der jungen Generation in Irrationalität und Mythos wurde von den Führern der neuen Partei nicht nur manipuliert – sie waren selbst Teil dieser Bewegung. Ihre Propaganda gab sich als Sprachrohr der jungen Generation und der Jugendlichkeit, in deren Namen sie dem Weimarer Establishment den Kampf ansagten. »Macht Platz, ihr Alten!«, mit dieser Parole hatte Gregor Strasser das Wesen des Konfliktes auf eine griffige Formel gebracht.[85] Die nationalsozialistische Machtergreifung war denn auch sowohl ein Generationenwechsel als auch ein Austausch der politischen Eliten. Dreißigjährige besetzten führende Positionen in Staat und Gesellschaft. Die Attraktivität der nationalsozialistischen Revolution lag nicht zuletzt in den Versprechungen, mit denen sie eine in Bewegung geratene Gesellschaft und eine nach Dynamik, Bewährung und Identität, nach Veränderung und Aufstieg strebende junge Generation lockte.

Zwar wurde der Generationenkrieg nach der Machtergreifung abgeblasen, aber Jugendpathos und Mobilitätsappell bestimmten nach wie vor Selbstdarstellung und Werbekraft des nationalsozialistischen Regimes. Macht und Konsens in Hitlers Staat beruhten zu einem großen Teil darauf, daß das Regime immer wieder jugendliche Begeisterungsfähigkeit und Aggressivität freizusetzen und diese gleichzeitig zu disziplinieren und zu manipulieren verstand. Das waren im wesentlichen Aufgaben von Propaganda und Erziehung, die die Nationalsozialisten zu den wichtigsten Instrumenten ihrer totalitären Politik machten. Im Sommer 1933 rechnete Hitler »die Erziehung der deutschen Menschen zur nationalsozialistischen Staatsauffassung zu einer der wichtigsten Aufgaben der Gegenwart«.[86]

Tatsächlich sollte die deutsche Jugend nach 1933 in einem Spannungsfeld zwischen scheinbarer Befreiung und wachsender Reglementierung leben. Auf zweifache Weise wurde Erziehung in den Dienst der Diktatur gestellt: durch die Veränderung der Erziehungsziele und durch die Umgestaltung und Ausweitung der Erziehungsformen beziehungsweise -träger. Das nationalsozialistische Erziehungssystem sollte das Gegenteil des liberalen Erziehungsprogramms der Weimarer Republik sein. Statt Individualismus sollte Gemeinschaftssinn, statt Denkfähigkeit Gefolgschaftstreue, statt Aufklärung und Einsicht sollten Glaube und Hingabe Erziehung und Bildung leiten. Im Mittelpunkt von Unterricht und Ausbildung standen ideologische Werte wie Ehre, Deutschtum, Blut, Boden, Rasse und Haß auf Minderwertige. Eine gewalttätige, herrische und heroische Jugend sollte herangebildet werden.

»Das freie, herrliche Raubtier muß erst wieder aus ihren Augen blitzen. Stark und schön will ich meine Jugend«, forderte Hitler, frei nach Hermann Rauschning. »Ich werde sie in allen Leibesübungen ausbilden lassen. Ich will eine athletische Jugend. Das ist das Erste und Wichtigste. So merze ich die Tausende von Jahren der menschlichen Domestikation aus. So habe ich das reine, edle Material der Natur vor mir. So kann ich das Neue schaffen.«[87] Derselbe Anti-Intellektualismus war der dürftige Inhalt der Revolution der Erziehung durch Schirach, der sich anschickte, das gesamte deutsche Erziehungswesen in seine Hand zu bekommen. »Wir deuten die nationalsozialistische Revolution als die Erhebung des deutschen Gemüts gegen die Willkür des kalten Intellekts. Ihr Sieg bedeutet den Triumph der Seele über alles Mechanische.«[88] Das war eine Kampfansage an die rationalen und humanitären Traditionen der Aufklärung wie an die Bildungsziele der Schule. Das nationalsozialistische Erziehungsideal unterschied sich nicht von der Ideologie des Nationalsozialismus: »politisch organisierte Geistesverachtung« (Fest).

»Pimpf im Dienst«. Ein Handbuch für das Deutsche Jungvolk in der H.J. Herausgegeben von der Reichsjugendführung mit einem Vorwort von Baldur von Schirach, Potsdam 1934

»Lager und Kolonne« bezeichnete der Erziehungsminister Rust 1934 treffend diejenigen Einrichtungen, durch die man Nationalsozialist werden konnte. Träger der neuen Erziehung war vor allem die Hitlerjugend, der die Organisation der gesamten Jugend wie die Aushöhlung der traditionellen Erziehungsinstanzen Elternhaus und Schule oblagen. Daneben sollte die Schule durch staatliche Eingriffe reif gemacht werden für den Umerziehungsprozeß: durch die Gleichschaltung und Umschulung der Lehrerschaft sowie durch neue Richtlinien und Lehrpläne für den Unterricht. Musterstätten der nationalsozialistischen Indoktrination waren die nationalsozialistischen Ausleseschulen, sie waren gleichsam institutionalisierte Dauer-Lager.

Eine »neue Front« wollte Baldur von Schirach errichten. »Diese Front der Wollenden, Sehnsüchtigen und Brennenden kennt nur Freunde oder Feinde, weil ihre Ziele die des Volkes sind.« Doch die Hitlerjugend war bis 1933 keineswegs in der Lage, diese Front zu bilden. Weder in der nationalsozialistischen Bewegung noch in der deutschen Jugendbewegung war sie von nennenswerter Bedeutung. Sie war zahlenmäßig schwach, schlecht organisiert und vermochte es nicht, im Milieu der bürgerlichen Jugendbewegung Fuß zu fassen. Dazu gab sie sich zu rüpelhaft-aggressiv und war zu eindeutig Jugendorganisation der Partei.

Die Hitlerjugend und die zahlreichen Bünde der bürgerlichen Jugendbewegung hatten zwar vor 1933 eine Menge Gemeinsamkeiten gehabt, was ihren Stil und ihre Vorstellungswelt anbetraf. Doch das spezifische Kennzeichen der HJ war nicht diese Gemeinsamkeit, sondern ihre entschlossene Einordnung in den politischen Massenkampf. Nicht die Fahrt des Wandervogels war ihre Sinnerfüllung, sondern der Aufmarsch vor dem Führer, nicht der Freundschaftsbund der Auserlesenen um das bündische Lagerfeuer herum, sondern die Kameradschaft des politischen Soldaten. Hinzu kam, daß die Hitlerjugend vor 1933 in einem höheren Maße proletarisch durchsetzt war als die NSDAP insgesamt, und auf jeden Fall war sie stärker proletarisch gefärbt als die traditionellen Jugendbünde, sieht man einmal von der Arbeiterjugendbewegung ab, die freilich in einem ganz anderen Milieu angesiedelt war. Wenn auch das äußere Erscheinungsbild der HJ in dieser Zeit des Aufbaus und der permanenten Umgestaltung in den einzelnen Ortsgruppen höchst unterschiedlich war, so gehörte doch die HJ in dieser Phase ideologisch und verhaltensmäßig im wesentlichen zum linken Flügel der NSDAP, was ihre organisatorische Nähe zur SA noch unterstrich.

Trotz alledem wäre die HJ nicht ohne die deutsche Jugendbewegung denkbar gewesen, ihre Erziehungsarbeit in Hitlers Deutschland setzte das Erbe der Jugendbewegung voraus. Ihr Prinzip, Jugend muß durch Jugend geführt werden, ihr Traum von der Volksgemeinschaft, ihre Lieder, Fahrten und Geländespiele waren Ausdrucksform der romantischen und antibürgerlichen Protestbewegung der bürgerlichen Jugend seit dem wilhelminischen Deutschland.

Die deutsche Jugendbewegung als Teil der konservativen Revolution der Weimarer Republik stand in demselben ambivalenten Verhältnis zum Nationalsozialismus wie die gesamte konservative Revolution. Sie war angezogen durch die gewisse Gemeinsamkeit der Ideen, sie fühlte sich abgestoßen von dem rüden politischen Stil der HJ. Der Sieg des Nationalsozialismus und der Erziehungsauftrag im nationalsozialistischen Deutschland hatte auch mit der jugendbewegten, nationalrevolutionären Kritik an der Weimarer Republik zu tun, wie sie umgekehrt die Kulmination und Verwirklichung einer Entwicklung bedeuteten, die von der Jugendbewegung getragen worden war. Zumindest war dies die Hoffnung nicht weniger Führer der bürgerlichen Jugendbewegung im Jahre 1933, deren Verhältnis zum Nationalsozialismus von derselben illusionären Erwartung und Anpassungsbereitschaft geprägt war wie das des übrigen bürgerlichen Deutschlands.

Noch etwas anderes machte Eindruck auf die Mitglieder der bündischen Jugend. Der Nationalsozialismus insgesamt appellierte ja an den Einsatzwillen vieler Jugendlicher; das war durchaus auch schon ein Element der deutschen Jugendbewegung gewesen – ohne daß diese es jedoch verstanden hätte, den Jugendlichen geeignete Anwendungs- und Betätigungsmöglichkeiten bereitzustellen. Das hatte für viele Bereiche der Erziehungs- und Sozialarbeit gegolten, von sozialen Hilfsdiensten bis zum Arbeitsdienst. Diese und andere Aktivitäten und Projekte übernahm und organisierte nun die Hitlerjugend, die durch die Dynamik ihrer Werbung und die scheinbare innere Geschlossenheit auf die Angehörigen der ihrem Wesen nach sektiererischen, betont individualistischen bündischen Jugend zunehmend Eindruck machte. Hinzu kam ein Generationsproblem innerhalb der Jugendbewegung, die sich zunehmend mit einer größeren Gruppe von altgewordenen Jugendführern konfrontiert sah, denen sich innerhalb der Jugendbewegung keine Perspektive mehr eröffnete. Aber eben die konnten die nach der Machtergreifung expandierende HJ und die übrigen Untergliederungen der NSDAP bieten.

Wenn die meisten bündischen Gruppen dennoch den organisatorischen Übertritt zur NSDAP ablehnten, so geschah dies nicht aufgrund prinzipieller ideologischer und erziehungspolitischer Gegensätze, das lag eher an der Abneigung gegen die als plebejisch verstandene Massenbewegung der NSDAP, die mit ihrem Totalitätsanspruch den Stolz und den Unabhängigkeitswillen vieler Jugendführer verletzte. Auch konnten die Äußerungen Schirachs Zweifel daran wecken, daß die HJ tatsächlich die Erziehungsideale der Jugendbewegung fortführen wollte. »Für uns ist das Gefühl mehr als der Verstand«, erklärte der gerade ernannte Reichsjugendführer. »Ein Arbeiterjunge, dessen Herz heiß für unseren Führer schlägt, ist für Deutschland wesentlicher als ein hochgebildeter Ästhet, der jede Regung seines schwächlichen Gefühls mit verstandesmäßigen Überlegungen bekämpft.«[89]

Doppelseite aus dem »Almanach der nationalsozialistischen Revolution«

Die Gläubigkeit der Bewegung bedarf des Gegenbildes, seien es nun Angehörige der kommunistischen Jugendorganisation oder linke und jüdische Autoren. Später dann, im Kriege, wird der slawische Untermensch das große Schreckbild, mit dem Fanatismus und Kampfbereitschaft immer neu entfesselt werden.

Verführte

Geführte

Die Auflösung und die Gleichschaltung der Jugendverbände durch die HJ folgten dem gängigen Muster der nationalsozialistischen Machtergreifung. Die Gleichschaltungsmaschinerie der HJ kam zunächst relativ langsam in Gang, beschleunigte sich jedoch mit dem Fortgang der politischen Gleichschaltung entsprechender Erwachsenenorganisationen und dem breiten Strom von Übertritten der »Märzgefallenen«, unter denen auch namhafte Führer der Jugendbewegung waren. Mehr als eine viertel Million neuer Mitglieder behauptete Schirach zwischen Januar und März 1933 gewonnen zu haben. Doch er wollte mehr, und auch die Loyalitätserklärungen vieler Bünde und Vereine genügten seinem totalitären Lenkungsanspruch nicht. Zur Eile trieben ihn auch die erkennbaren Versuche der Reichswehrführung, den »Reichsausschuß der deutschen Jugendverbände«, den anerkannten Dachverband der meisten Gruppen, unter ihre Kontrolle zu bringen. Zudem gab es in der NSDAP Kräfte, die einen Reichskommissar für die Jugend einsetzen wollten, und zwar an Schirach vorbei. Die Besetzung der Geschäftsstelle des »Reichsausschusses« durch fünfzig Hitlerjungen unter Führung Karl Naberbergs, einem Vertrauten Schirachs,

Mit Wandschmierereien versuchte die Hitlerjugend die katholische Jugend in der Öffentlichkeit zu diskreditieren.

am 5. April 1933 kam darum einem defensiven Befreiungsschlag gleich; das sollte die drohende doppelte Gefahr abwenden. Erst danach entlud sich der revolutionäre Elan der HJ in zahlreichen Einzelaktionen örtlicher Gruppen. Heime und Lager vieler Bünde wurden überfallen, besetzt, Unterlagen beschlagnahmt; daneben unterstrich Schirach mit Demonstrationen, Aufmärschen und großen Kundgebungen seinen Machtanspruch. Alles war dazu bestimmt, Gegner und Rivalen einzuschüchtern, zur Aufgabe zu zwingen.

Als Schirach vorerst am Ziel seiner Wünsche war und von Hitler »per Handschlag« am 17. Juni 1933 zum »Jugendführer des Deutschen Reiches« ernannt worden war, zögerte er keinen Moment, den »Großdeutschen Bund«, den Zusammenschluß von rund 70 000 Jugendlichen aus dem Lager der Pfadfinder, der Deutschen Freischar und anderer klingender Namen im Reich der Jugend, auflösen zu lassen, auch wenn er offiziell dazu keine Handhabe besaß. Der »große verwöhnte Junge aus gutem Hause«[90] bewies nun, daß auch er Ellenbogenstärke und Rücksichtslosigkeit im Kampf mit dem politischen Gegner, sogar im internen Kompetenzwirrwarr, besaß.

Im Sog der nationalen Erhebung und der politischen Gleichschal-

Der Weg des „gleichgeschalteten" Staatsbürgers

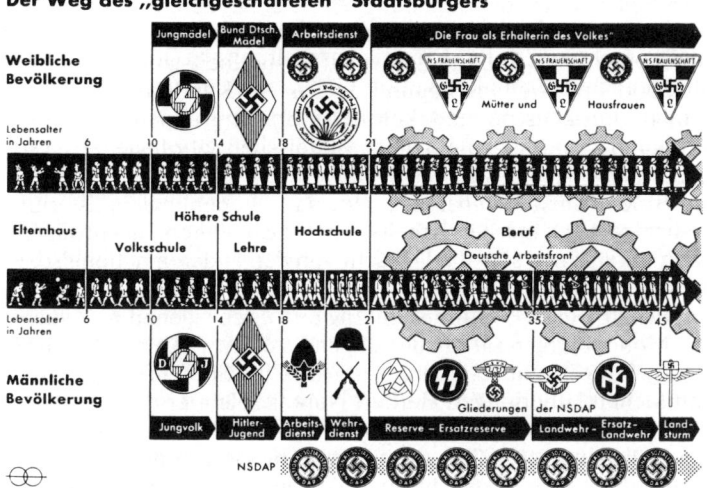

Die Einbindung der Jugend in politischen Gruppierungen ist ein Produkt des frühen 20. Jahrhunderts, das ganz allgemein die Nationalisierung und Ideologisierung der Massen gebracht hatte. In den zwanziger Jahren schufen sich dann die meisten Parteien ihre Jugendorganisationen, die Sozialdemokraten mit der »Sozialistischen Arbeiterjugend«, die Kommunisten mit dem späteren »Kommunistischen Jugendverband Deutschland«, die Völkischen mit »Adler und Falken« und dem »Jungnationalen Bund« und das Zentrum mit dem »Windhorst-Bund«. Daneben bestand die politisch und konfessionell unabhängige bündische Jugend. Nach der Erringung der Macht gingen sie entweder in der Hitlerjugend auf oder wurden verboten. Die Hitlerjugend wurde die Staatsjugend des Dritten Reiches.

tung mußten sowohl die politischen Jugendorganisationen wie die unabhängigen bündischen Jugendgruppen bis zum Jahresende aufgeben. Noch vor der Jahreswende überantwortete »Reichsbischof« Müller, ein getreuer Gefolgsmann der Nationalsozialisten, die großen protestantischen Jugendvereine dem »Jugendführer des Deutschen Reiches«. Nur die katholischen Gruppen und Organisationen konnten, zumindest in den ersten Jahren, im Schutz des Konkordats eine wenn auch eingeschränkte und stets bedrohte selbständige Existenz behaupten. Um 1937 aber waren auch sie in ihrer Arbeit praktisch lahmgelegt.

Aber die deutsche Jugend ließ sich nicht ganz ohne Widerstand gleichschalten. So mancher Bündische war zu sehr Individualist und Eigenbrötler, so manche Gruppe zu sehr verschworene Gemeinschaft, als daß sie sich der nationalsozialistischen Massenorganisation ohne weiteres untergeordnet hätte. Man traf sich weiterhin heimlich, ging weiterhin allein auf Großfahrt oder weigerte sich ganz einfach, der HJ beizutreten. Bis zum Dezember 1936, als die Hitlerjugend Staatsjugend wurde, waren trotz aller Verlockungen und Drohungen nur etwa sechzig Prozent der deutschen Jugendlichen Mitglieder der HJ. Vor allem die bürgerliche Schuljugend ließ sich von der Aufbruchsstimmung und der Verführungskraft des Nationalsozialismus beeinflussen, der sich Idealismus und Tatendrang, die Suche der Jugend nach »etwas Wesentlichem« dienstbar machte. »Wir wurden ernst genommen, in einer merkwürdigen Weise ernst genommen, und das gab uns besonderen Auftrieb«, so beschrieben die Geschwister Scholl, ursprünglich in der Jugendbewegung beheimatet, das Gefühl ihrer Generation. »Wir fühlten uns beteiligt an einem Prozeß, an einer Bewegung, die aus Masse Volk schuf.«[91]

»Jugend muß durch Jugend geführt werden« und die »Jugend hat ihren eigenen Staat für sich« – das waren die Leitmotive der politischen Pädagogik Schirachs und der HJ. Sie knüpfte scheinbar an die Erziehungsideale der Jugendbewegung an und schmeichelte

Die HJ hatte wie die ganze Bewegung viel von den alten Traditionen, von den Wandervögeln bis zu den Pfadfindern, übernommen. Lange Zeit hindurch drängten Zeltlager, Heimabende und Sportübungen die ideologische Schulung in den Hintergrund, und die Lagerromantik brachte die Hitlerjugend nach der Zerschlagung oder Angliederung der unabhängigen Jugendverbände auch außerordentlichen freiwilligen Zulauf. Mit der Etablierung der totalen Herrschaft über alle Lebensbereiche aber wurde die Staatsjugend von der zweiten Hälfte der dreißiger Jahre an zu einer straff disziplinierten Organisation des Staates, in der Geländemärsche, Nachtübungen, wehrsportliche Ertüchtigung und vormilitärische Ausbildung einen immer größeren Raum einnahmen.

dem Selbstgefühl der Jugendlichen. Das bedeutete zugleich den Aufbau eines gewaltigen Organisationswerkes von Ämtern und Abteilungen vom Sozialamt über ein Gesundheitsamt bis zum Amt für Sport und Weltanschauung und einem Rundfunkamt. Hinzu kamen musikalische und kulturelle Sondergruppen, als Unterschlupf nicht nur bei ehemaligen Bündischen sehr beliebt. Ein solches Netzwerk von Ämtern und Ansprüchen führte zugleich zu dem unvermeidlichen Kompetenzgerangel mit Erziehungsministerium, Wehrmacht, Deutscher Arbeitsfront und anderen Machtträgern; darin unterschied sich die HJ nicht von den anderen nationalsozialistischen Organisationen.

Auch ihre eigene Führerschulung und ihren eigenen Kult suchte die Monopolorganisation der Jugend zu entwickeln. Mit Großkundgebungen zur Erinnerung an den im Straßenkampf umgekommenen Hitlerjungen Herbert Norkus zelebrierte Schirach den »Märtyrer der Bewegung« und beschwor die Opferbereitschaft der Jugendlichen. Der »Sänger der Bewegung« feierte den heroischen Menschen, feierte Deutschtum, Soldatentum, Gehorsam und Rassenbewußtsein. Die Fahne ist mehr als der Tod, war eine seiner Parolen: »Wir sind bereit für Sie zu leben, zu handeln, und wenn es sein muß, in den Tod zu gehen«[92], versprach er Adolf Hitler.

Das organisatorische Netz, das Schirach über das Leben der Jugend gebreitet hatte, sollte die Identifikation mit dem Nationalsozialismus und die »nationalsozialistische Revolution der Erziehung« in die Tat umsetzen. Mittelpunkt des Gemeinschaftslebens war der wöchentliche Heimabend jeder Gruppe, dessen Ablauf in feste Dienstanweisungen und Formen gezwängt wurde. Unterstützt wurde das von einem immer raffinierteren Presse-, Radio- und Propagandaapparat. Eine »Stunde der Jungen Nation« im Rundfunk brachte das Gedankengut der HJ in fast jedes Haus. Das Faszinosum der Technik wie die Begeisterung für den Sport standen obenan im Katalog der Verlockungen der Hitlerjugend.

Immer mehr Aktivitäten wurden in die Arbeit aufgenommen. 1934 wurde der Samstag zum Staatsjugendtag erklärt; das bedeutete einen schulfreien Tag für die HJ-Mitglieder, die statt dessen Wanderungen oder wehrsportliche Übungen unternahmen; diejenigen, die noch abseits standen, hatten dafür Sonderunterricht und nationalsozialistischen Nachhilfeunterricht zu absolvieren. Im selben Jahre eröffnete die HJ mit dem Leistungskampf der deutschen Jugend ihre Offensive im Berufsleben und trug den Leistungs- und Wettkampfgedanken in einen Bereich, der ihr bislang noch verschlossen gewesen war. Das war werbewirksam und arbeits- wie sozialpolitisch modern zugleich. »Das Symbol der Bünde war die Fahrt«, proklamierte Schirach, »das Symbol der HJ ist der Reichsberufswettkampf.«[93] Die Zahl der Teilnehmer wuchs ständig. 1934 waren es 560 000, 1939 3,5 Millionen Jungen und Mädchen, die freiwillig-gezwungen sich dem Wettbewerb stellten. Noch größer waren die Teilnehmerzahlen bei dem anderen Wettkampf der HJ, dem Reichssportwettkampf: 1935 waren es 3,5 Millionen, 1939 schließlich 7 Millionen Teilnehmer.

Das Erfassungssystem für die männliche Jugend wurde immer ausgeklügelter und dichter. Nach oben wurde es 1935 durch die Einführung der Allgemeinen Wehrpflicht und die Arbeitsdienstpflicht, nach unten 1936 durch den Ausbau des Jungvolkes erweitert. Alle Zehn- bis Vierzehnjährigen sollten jahrgangsweise und möglichst vollständig in Einheiten des Jungvolkes übernommen werden. Das war die Folge des Gesetzes über die Hitlerjugend vom 1. Dezember 1936, das jene offiziell als Staatsjugend bestätigte und den Herrschaftsbereich Schirachs ausdehnte. Für die Erziehung der Jugend außerhalb von Schule und Elternhaus war nun allein die HJ zuständig. Schirach hatte sich wieder einmal gegen den ungeliebten Erziehungsminister Rust durchgesetzt und sich als Staatssekretär auch von dessen Aufsicht befreit. Das war ein weiteres Sprungbrett im Kampf um die alleinige Kompetenz in der Erziehungspolitik und ein Vorposten beim Sturm auf die überkommenen Erziehungsmächte.

Die weiblichen Jugendgruppen »Jungmädel« für die Zehn- bis Vierzehnjährigen und »Bund deutscher Mädchen« für die Vierzehn- bis Achtzehnjährigen waren bis auf den Hitlerkult weithin entpolitisiert und suchten die Mädchen auf ihre konventionelle Rolle in Ehe, Mutterschaft und Haushalt vorzubereiten, so daß Handarbeitskurse, Kochlehrgänge und Säuglingspflege im Vordergrund der Schulung standen. Ende 1938 waren rund 8,7 Millionen Jugendliche zwischen zehn und achtzehn Jahren erfaßt.

Mit der organisatorischen Expansion und der Befestigung der Monopolstellung wuchsen die Reglementierung und vor allem der Drill; das Gemeinschaftsleben kreiste nun nicht mehr um die autonome Horde am Lagerfeuer, sondern vollzog sich in Kolonnen und bei endlosen Appellen. »Gleichschritt« war die einfache Formel für diese Erziehung zur Einordnung: »Gleichschritt – du darfst nicht so schnell gehen, wie du wohl möchtest; Gleichschritt – du darfst nicht so langsam gehen, wie du wohl möchtest; Gleichschritt – du mußt dich richten nach dem Ganzen; Gleichschritt – du darfst nicht allein an dich denken; Gleichschritt – und die Kolonne bleibt zusammen; Gleichschritt – und ihr werdet unbesiegbar sein.«[94] Der Alltag der HJ war durch militärische Ordnungsübungen, Marsch und Lager, Wehrertüchtigung, weltanschauliche Schulung, durch Geldsammlungen für das Winterhilfswerk, Sammlungen von Altmaterial und Kleidungsstücken und Ernteeinsätze bestimmt.

Aber sowohl die sozialpolitischen Aktivitäten als auch die Leistungseinsätze in Sport und Arbeitswelt waren stets mit weltanschaulicher Schulung verbunden. Alle Leistungsprüfungen beinhalteten Fragen zur Parteigeschichte und -doktrin. So mußten die Jungvolkpimpfe beim Sportwettkampf den Lebenslauf Adolf Hitlers, die Geschichte der NSDAP und HJ kennen, alle nationalen Feiertage und Hitlers außenpolitische Erfolge aufzählen und um die Bedeutung des Versailler Vertrags für die deutsche Nation wissen. Für die vierzehn- bis achtzehnjährigen Hitler-Jungen kamen Fragen zur deutschen Geschichte in deren nationalsozialistischer Interpretation und vor allem zur Rassenpolitik hinzu. Freizeit und Beruf, Sport und Spiel, Heimabend und Geländespiel, Kundgebung und Jugendherberge, alles diente der ideologischen Indoktrination.

In gleichem Maße aber sank auch die ursprüngliche Attraktivität der Hitlerjugend, deren Pflicht- und Zwangscharakter immer mehr Auflehnung hervorrief. Ursprünglich war sie in mancher Hinsicht eine Spielart antizivilisatorischer Natursehnsucht gewesen und eine anziehende Gegenbewegung zur bürokratischen Schulordnung. Am Ende war sie eine einerseits straff organisierte Hilfstruppe für die Organisationen der Partei, andererseits Rekrutierungsreservoir für die Armee.

Die Revolution der Erziehung, die Schirach proklamierte, bedeutete die Vereinnahmung einer ganzen Generation. Hitler hat zwei Jahre später, 1938, den Erfahrungsrahmen eines so erzogenen jungen Menschen in einer Deutlichkeit beschrieben, die fast wie Denunziation eines Gegners klang. »Diese Jugend, die lernt ja nichts anderes als deutsch denken, deutsch handeln, und wenn diese Knaben und diese Mädchen mit ihren zehn Jahren in unsere Organisation hineinkommen und dort oft zum ersten Mal eine frische Luft bekommen und fühlen, dann kommen sie vier Jahre später vom Jungvolk in die Hitler-Jugend, und dort behalten wir sie wieder vier Jahre. Und dann geben wir sie erst recht nicht zurück in die Hände unserer alten Klassen- und Standeserzeuger, sondern dann nehmen wir sie sofort in die Partei, in die Arbeitsfront, in die SA oder in die SS, in das NSKK und so weiter. Und wenn sie dort zwei Jahre oder anderthalb Jahre sind und noch nicht ganze Nationalsozialisten geworden sein sollten, dann kommen sie in den Arbeitsdienst und werden dort wieder sechs und sieben Monate geschliffen, alles mit einem Symbol, dem deutschen Spaten. Und was dann nach sechs oder sieben Monaten noch an Klassenbewußtsein oder Standesdünkel da oder da noch vorhanden sein sollte, das übernimmt dann die Wehrmacht zur weiteren Behandlung auf zwei Jahre, und wenn sie nach zwei, drei oder vier Jahren zurückkehren, dann nehmen wir sie, damit sie auf keinen Fall rückfällig werden, sofort wieder in die SA, SS und so weiter, und sie werden nicht mehr frei ihr ganzes Leben.«[95]

Die Erziehung zur Volksgemeinschaft war auch eine Kampfansage an die traditionellen Erziehungsmächte Schule und Elternhaus. Was in der häuslichen Welt erst in der Ausnahmesituation des Krieges in Form der Kinderlandverschickung, nämlich der klassenweisen Evakuierung von Jungen und Mädchen aus den bombengefährdeten Städten, gelingen sollte, hatte Schirach im außerhäuslichen Bereich schon viel früher erreicht: den Eingriff in den Schulbetrieb, in die Disziplin, die Leistungskontrolle und auch die Lernformen der Schule. Uniformierte HJ-Mitglieder erhoben Anspruch auf bevorzugte Behandlung im Unterricht gegenüber ihren »zivilen« Mitschülern. Jungen und Mädchen fehlten häufig im Unterricht, weil sie an Veranstaltungen und Lehrgängen der HJ teilnehmen mußten. Im Jahresbericht einer Augsburger Oberschule hieß es 1940: »Die durch die Anforderungen der HJ bedingten Beurlaubungen erreichten eine hohe Zahl. Bis Mitte Juni wurden 77 Schüler 219 Unterrichtstage und 59 Unterrichtsstunden beurlaubt. Die Gründe waren verschiedener Art: Mitwirkung beim Bann-Orchester, Nachtwachen, Ausleselager, Hochzeit eines HJ-Führers, Tagung der Gebietsfeldschar, Musterung der HJ, Erfassungsappelle, Segelfliegerkurse, Führervorbereitungskurse des JV, HJ-Lehrgänge, Winterkampfspiele, Wehrmachtslehrgänge der HJ, Wettspiele, Mitwirkung bei der Kinderlandverschickung, Mitwirkung bei ärztlichen Untersuchungen, Teilnahme an Beerdigungen. Am Tage der Reichswettkämpfe der HJ fiel der gesamte Unterricht aus.«[96] Die ehemalige BDM-Führerin Melita Maschmann erinnerte sich: »In Obersekunda fing ich an, die Schule zu schwänzen. Der Dienst in der Hitler-Jugend verschlang immer mehr Zeit und Kraft. Oft ging ich morgens um fünf Uhr von zu Hause fort und kam erst zur zweiten oder dritten Stunde in die Schule, oder ich verschwand nach der großen Pause für den Rest des Vormittags.«[97] Kein Wunder, daß die Klagen der Lehrer über die »Geringschätzung der schulischen Arbeit« und einen verbreiteten Leistungsschwund zunahmen.

Die Antwort der HJ auf solche Klagen war eine offene Herausforderung an Schule und Lehrerschaft. Dabei war die Position der Lehrer gleich von zwei Seiten bedroht: von den schonungslosen Übergriffen der HJ und ihren antiintellektualistischen Erziehungsvorstellungen einerseits und von staatlicher beziehungsweise verbandspolitischer Gleichschaltung und Manipulation auf der ande-

HJ-Heim in Aachen-Burtscheid
HJ-Heim in Hagen / Nordsee
HJ-Heim in Melle

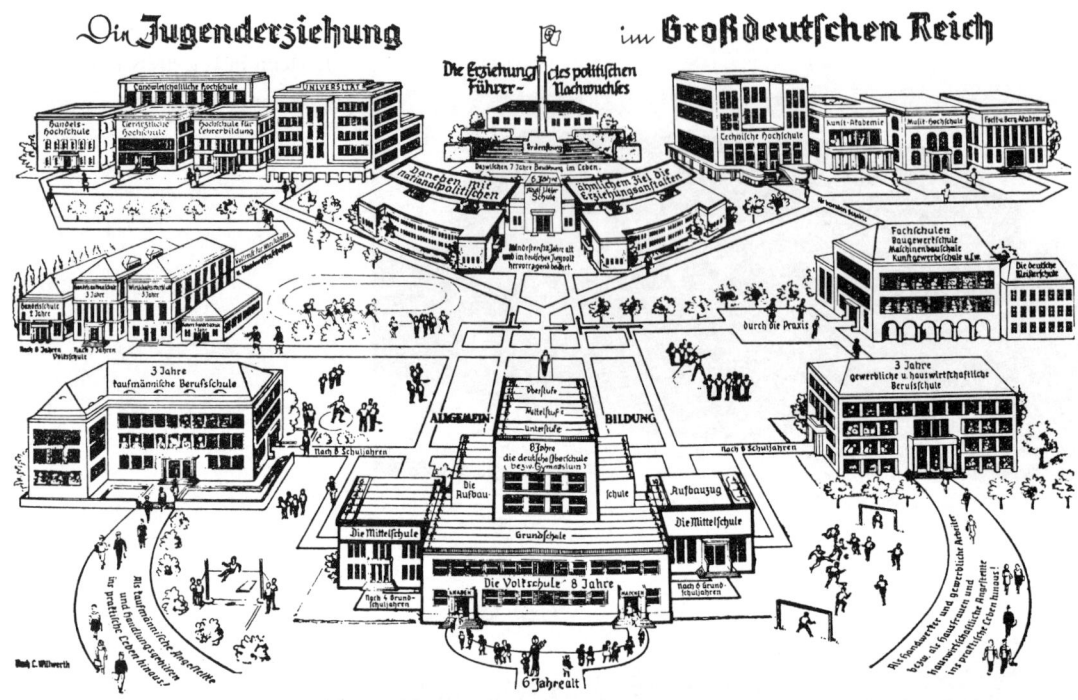

Schon im Februar 1933 begannen Staat, Partei, HJ und SS sich ein eigenes Schulsystem aufzubauen. Grundstein für die Erziehung der Staatsjugend waren die Adolf-Hitler-Schulen, die der Hitlerjugend unterstanden. Voraussetzung für die Aufnahme war, daß die Jungen das zwölfte Lebensjahr erreicht und sich im Jungvolk hervorragend bewährt hatten. Die Schulen waren als Vorstufe zur Heranziehung des nationalsozialistischen Führungsnachwuchses für Staat und Partei in den Ordensburgen gedacht, für die man sich durch eine siebenjährige »Bewährung im Leben« qualifizieren mußte.

ren Seite. Da war kaum ein Lehrer, der nicht zum NS-Lehrerbund gehörte und von diesem zu nationalsozialistischen Aktivitäten inner- und außerhalb der Schule angehalten wurde. Schirach wollte den vollkommen politisierten und leicht zu manipulierenden Lehrer. Die Folge war zunächst ein starker Rückgang der Lehrerzahlen, dann akuter Lehrermangel, was Schirachs Plänen einer HJ-eigenen Lehrerausbildung nur entgegenkam. Dort sollte der neue »Führer-Lehrer« ausgebildet werden, einer von den »körper- und geistgestählten Kameraden, ... die nicht Schulmeister sein werden, sondern Meister des Lebens«.[98]

Unterstützt wurde diese Entwicklung durch die neuen staatlichen Lehrpläne, die vorzugsweise den Deutsch- und Geschichtsunterricht, aber auch die Biologie- und Geographiestunde zur reinen Ideologievermittlung umfunktionierten. Für den Deutschunterricht aller Klassenstufen der höheren Schulen sollten vier Kerngedanken maßgebend sein: »1. Das Volk als Blutsgemeinschaft: Der Rassen- und Vererbungsgedanke, Familien- und Ahnenkunde, Volkskunde. 2. Das Volk als Schicksals- und Kampfgemeinschaft: Kampf um Raum. Soldatentum (Heer, Flotte, Luftmacht), Heldentum, Kriegsdichtung, der Frontkämpfer des Weltkriegs als mythische Gestalt und sittliche Kraft. Die Frau im Weltkriege. Nationalsozialistische Kampfgemeinschaften und Verbände. Siedlung, Führertum, Kameradschaft. Der volksdeutsche Kampf im Grenzland und im Ausland. Kolonien. 3. Das Volk als Arbeitsgemeinschaft: Das Leben des Werkmanns und des Bauern, des Kaufmanns, des Forschers und des Künstlers, der deutschen Frau.

»Jungmaiden« vor ihrer Adolf-Hitler-Schule, 1942

Fechtunterricht in der Potsdamer Napola

Die Nationalpolitischen Erziehungsanstalten unterstanden nicht der Hitlerjugend, sondern der SS. Die erste Napola wurde am 20. April 1934 gegründet. Hier sollte die militärisch-administrative Elite geschult werden.

4. Das Volk als Gesinnungsgemeinschaft: Von germanischer Weltanschauung und germanischem Lebensgefühl. Der Volks- und
Staatsgedanke in der deutschen Dichtung. Völkische Erwecker und
politische Denker im geistigen Kampfe. Naturgefühl und Gott-
suchertum.« Von der Lektüre im Fach Deutsch hieß es: »Selbstverständlich dürfen nur solche Stücke ausgewählt werden, die in der
Geistesrichtung des neuen Deutschland liegen.« Doch räumte der
Lehrplan ein, daß es weniger auf die Auswahl der Texte als vielmehr auf die Art der Besprechung ankomme. Eine »rein literatur-
und motivgeschichtliche Folge« wurde abgelehnt, vielmehr sollte
»das die Zeiten überdauernde deutsche Wesen immer wieder von
neuem lebendig« gemacht werden.[99]

Die Richtlinien waren klar: es ging um die Förderung völkischen
Bewußtseins. Doch was in der Schulstube daraus wurde, was wirklich in die Hefte und Köpfe der Schüler gelangte, mußte damit nicht
identisch sein. Deutsche Klassiker ließen sich nach wie vor lesen,
und auch der humanistische Lehrplan mußte mit den neuen Weisungen nicht in Konflikt geraten. Schlachtgesänge, Heldenmut und
Härte ließen sich auch in der griechischen und römischen Literatur
aufspüren. Vokabeln und Grammatik mußte man pauken wie ehedem. Viele Unterrichtsfächer veränderten sich kaum: Physik und
Chemie, auch Musik und Zeichnen. Und im Geschichtsunterricht
kam man meist nicht über Bismarck hinaus, und da folgte man den
überkommenen Zügen des borussischen Geschichtsbildes.

Viele Zeitzeugen berichten, was auch mühselige Aktenforschung
der Erziehungswirklichkeit im Dritten Reich bestätigt, daß nämlich
»die totalitäre Bewegung innerhalb der Institution Schule nicht so
vorangekommen ist«,[100] wie es sich die nationalsozialistischen
Didaktiker vorstellten. »Es gab ein Binnenklima, das hatte mit all
dem organisierten Jung- und Deutschsein nichts zu tun.«[101] Das lag
an den Lücken, die sich aus dem Widerstreit rivalisierender NS-
Organe und Ideologen, aus der Vieldeutigkeit dessen ergab, was als
nationalsozialistisches Bewußtsein zu gelten hatte. Es lag an der
Gleichgültigkeit, mit denen Lehrer und Schüler mitunter auf die
weltanschaulichen Zumutungen reagierten; auch daran, daß es Lehrer, Erzieher, Geistliche und natürlich auch Eltern gab, die immer
wieder ein Loch in das Netz der nationalsozialistischen Erziehung
zu schneiden verstanden und die Kunst der Andeutung und Ironie
kannten.

Neben der Gleichschaltung und der Durchdringung der überkommenen Schulen bedrohten die nationalsozialistischen Auslese-

Soziale Herkunft von Schülern
der Nationalpolitischen Erziehungsanstalten (Napola) und
Adolf-Hitler-Schulen (in Prozent),
1940

Berufe der Väter	Napola	Adolf-Hitler-Schulen
Offiziere	5,6	3,0
Bauern	7,2	5,0
Beamte	26,0	12,0
Angestellte	22,0	21,0
Arbeiter	13,1	11,0
Handel und Gewerbe	16,3	33,0
Sonstige	9,8	9,0

Die »Ordensburgen« dienten der »nationalsozialistischen Führerauslese«. Die Schulen, die direkt der NSDAP unterstanden, standen ausschließlich bewährten verheirateten Parteimitgliedern zwischen 23 und 30 Jahren offen; die Absolventen mußten auf jeder der drei bestehenden Ordensburgen jeweils ein Jahr verbringen, wobei es weder Aufnahmeprüfungen noch Abschlußexamina gab. Charakter, Mut und Selbstbeherrschung waren die entscheidenden Kriterien.

Entwurf für die Hohe Schule am Chiemsee

Für die Zukunft plante Rosenberg als »Beauftragter des Führers für die Überwachung der gesamten geistigen und weltanschaulichen Schulung der nationalsozialistischen Bewegung« eine parteieigene Hohe Schule, für die die architektonischen Entwürfe schon fertiggestellt waren und deren Bau nur durch den Kriegsbeginn verhindert wurde. Vieles in dieser Entwicklung lief darauf hinaus, daß die gesamte Jugend im Sinne des Regimes nationalpolitisch erzogen und kontrolliert werden sollte, während die eigentlichen Parteiorganisationen nicht aus dem öffentlichen Schulsystem, sondern aus exklusiven Ausbildungs- und Erziehungsanstalten rekrutiert werden sollten. Hier wie auf den meisten Feldern zeigte die Wirklichkeit des Dritten Reiches in den wenigen Friedensjahren nur die Tendenz des Angestrebten; das eigentliche Ziel ging auf totale Erfassung und Schulung mit einer sich als neue Aristokratie verstehenden Elite.

schulen das Erziehungssystem. Doch weder die Nationalsozialistischen Erziehungsanstalten noch die Adolf-Hitler-Schulen und die Ordensburgen konnten im Erziehungsbereich jene traditionszersetzende Wirkung erlangen wie Parteiapparat und SS in Politik und Verwaltung. Ein eigenes Erziehungswesen hat der Nationalsozialismus nur in Ansätzen verwirklicht.

Die »Napolas«, Internatsschulen für zehn- bis achtzehnjährige Jungen, die später einmal die militärisch-administrative Elite bilden sollten, knüpften zum Teil an die Tradition der preußischen Kadettenanstalten an und suchten preußischen Geist mit nationalsozialistischen Werten zu verbinden. Charaktererziehung durch Körpererziehung und Gemeinschaftsleben waren die Maximen, mit denen man den politischen Soldaten der Zukunft heranbilden wollte. Zur militärischen Ausrichtung kamen moderne Erziehungsformen, wie die Einbeziehung der Arbeitswelt in das Ausbildungsprogramm, wenn auch gerade hier die Schulen überfordert waren – als sie z. B. die Eindrücke beim Einsatz im Bergwerk mit den nationalsozialistischen Dogmen in Übereinstimmung bringen sollten. Das Führungspersonal der insgesamt dreißig Anstalten unterstand der SA und dann der SS, das Lehrpersonal dem Erziehungsministerium. Auch hier waren die üblichen Kompetenzkonflikte unumgänglich und dem Gewollten abträglich.

Noch eindeutiger auf die Erziehung nationalsozialistischen Führernachwuchses waren die Adolf-Hitler-Schulen ausgerichtet. Bau und Finanzierung der unentgeltlichen Internatsschulen liefen über die Partei, die das Verfügungsrecht über Schulen und Schüler hatte. Die burgartige Architektur mit ihrem pseudogermanischen Stil drückte aus, was die Anstalten sein sollten: Träger und Repräsentanten der nationalsozialistischen Revolution in Kultur und Erziehung. Mit ihrem Lehrprogramm drangen sie in Bereiche vor, in denen dem Staat aus politischen und kirchenpolitischen Gründen die Hände gebunden waren. Militärisch-sportlicher Drill, ideologische Schulung und Unterricht in den Kernfächern Biologie, Volkskunde, Auslandskunde und Ausbildung in Verwaltungslehre standen auf dem Stundenplan. Ausgewählt wurden die Schüler von Partei- und HJ-Leitungen, gefordert waren »Führereigenschaften«, »Erbgesundheit« und »Rassereinheit«, Intelligenz und Wissensstand spielte eine geringere, soziale Herkunft keine Rolle. Tatsächlich kamen jedoch 80 Prozent der AHS-Schüler aus den bürgerlichen Mittelschichten; ähnliches galt für die Rekrutierung der Napolas.

Die Ordensburgen schließlich waren als Stätten einer dreijährigen Weiterbildung für Absolventen der Adolf-Hitler-Schulen und Napolas gedacht. Freilich mußten die Kandidaten sich zuvor im Arbeits- und Wehrdienst wie in der Parteiarbeit bewährt haben. Erst dann stand ihnen der Weg offen, sich auf die Rolle als künftige Elite, als »Adel der Nation«, vorzubereiten. Was die Absolventen beim Durchlaufen der verschiedenen Ordensburgen erwartete, war ein Querschnitt durch die Ideologie des Nationalsozialismus: es begann mit einer rassenbiologischen und ideologischen Schulung, auf der nächsten Ordensburg folgte eine sportlich-militärische Ausbildung. Die letzte Etappe der Schulung sollte auf der restaurierten Marienburg erfolgen, mit Blick auf den Osten und das zukünftige großgermanische Reich.

Erfolge und Wirkungen dieser Erziehungspolitik lassen sich nicht messen. Auch war der Zeitraum ihrer Einwirkung relativ kurz und, gemessen an den Altersstufen, unterschiedlich. Zustimmung und Begeisterung wie Distanz und Verweigerung hingen nicht zuletzt von den Erfahrungswelten und lebensgeschichtlichen Voraussetzungen ab. Diejenigen, die noch von den Lebensformen der Jugendbewegung geprägt waren, erfuhren die nationalsozialistische Gleichschaltung und Eingliederung anders und intensiver als diejenigen, die ihre Jugend während des Dritten Reiches erlebten. Für sie war das von der HJ bestimmte Jugendleben selbstverständlich und ohne Alternative. Während für die Mehrheit der Älteren vor allem der Vergleich mit den düsteren Jahren der Wirtschaftskrise und der Auflösung der Weimarer Republik den Nationalsozialismus attraktiv machte, ließ sich der überwiegende Teil der Jüngeren von dem Jugendreich faszinieren, das ihnen die HJ scheinbar eröffnete. Die positiven Erfahrungen von Gemeinschaftserlebnis und Freizeitangebot waren meist stärker als die unangenehmen Eindrücke von Drill und Verhetzung. Nicht zuletzt die Freiräume, die die Nationalsozialisten – einmal abgesehen von den dahinterstehenden Motiven – gegenüber den Autoritäten von Schule und Elternhaus boten, lockten und verführten den jugendlichen Unabhängigkeitswillen und Tatendrang. Ganz anders waren die Erfahrungen der Altersstufe, die ihre Jugend im Krieg erlebte. Sie war am stärksten von der nationalsozialistischen Erziehungspolitik erfaßt, aber sie sollte die HJ als mittlerweile erstarrten und teilweise inhaltsleeren Apparat kennenlernen.

Keine Bevölkerungsgruppe war den Verführungsangeboten der Nationalsozialisten so sehr ausgeliefert wie die junge Generation. Sie erlebte die Doppelgesichtigkeit des Regimes eindringlicher und verwirrender als andere. Für sie zählte die moderne, scheinbar emanzipatorische Seite des Regimes mehr als Unterdrückung, Unterwerfung und Auflösung von Recht und Moral. Der Abbau von überkommenen sozialen und moralischen Barrieren faszinierte: vom Verbrennen der Schülermützen als Symbol eines bürgerlichen Kastendenkens über das Vordringen des Sports als Ausdruck eines veränderten, verweltlichten Körpergefühls auch in die entlegene Provinz bis hin zur Übernahme von Ämtern und Scheinverantwortlichkeiten, die ihnen bisher aufgrund von Herkunft, Alter und Geschlecht verwehrt gewesen waren.

Gerade der Alltag im Bund deutscher Mädel widersprach nicht selten der traditionalistischen Frauenideologie des Nationalsozialismus. Denn um deren Ziele zu propagieren und ihren Geltungsanspruch zu behaupten, waren Mittel vonnöten, die nichts mit den Vorstellungen vom Heimchen am Herde gemein hatten. Mädchen und Frauen waren außerhalb von Heim und Familie in einer politischen Organisation tätig, was bisher nur Männern oder Angehörigen der sozialistischen Emanzipationsbewegung vorbehalten gewesen war. Der Totalitätsanspruch, mit dem die Erziehung zur »rassebewußten« und »erbgesunden« deutschen Frau und Mutter bis in den letzten Winkel des Reiches getragen wurde, führte die Mädchen aus der traditionellen Enge ihrer Erfahrungs- und Wertewelt von Haushalt, Familie, Kirche und Schule, deren Bewahrung gegen alle »zersetzenden Kräfte« des »Marxismus« die Nationalsozialisten propagiert hatten. Nun verbrachten sie ihre Freizeit außer Haus, unter jugendlicher Führung und in Formen, die nicht selten traditionellen Moralvorstellungen widersprachen. In der Provinz kamen schon der Mädchensport und das Tragen von Sportkleidung einem revolutionären Einbruch der Moderne gleich.

Auch hier standen die nationalsozialistischen Ziele und Zwecke oft im Widerspruch zu den angewandten Mitteln; der Kampf des Nationalsozialismus gegen die verhaßte Moderne forcierte gerade jene modernen Tendenzen und Emanzipationserscheinungen, gegen die er angetreten war. Denn mit der scheinbaren Verwirklichung des Jugendreiches ging die Unterwerfung der deutschen

Jugend einher – die daher aus ihren traditionellen Bindungen gerade herausgerissen wurde.

Aber die Bereitschaft dieser Generation zu glauben, zu gehorchen und zu kämpfen, ist gar nicht zu übersehen; nur verwandelte sich die Lebendigkeit der Jugendbewegung fast unmerklich in den Einheitsrhythmus der Marschkolonnen, als sich die HJ anschickte, die jugendbewegte Utopie vom Jugendreich scheinbar in Wirklichkeit umzusetzen. Diese marschierende Jugend war zugleich ja eine »gläubige« Jugend. Das beweisen die Bilder der fünfzehnjährigen Hitlerjungen, die im Hof der zerbombten und zerschossenen Reichskanzlei noch in den allerletzten Tagen vor dem Untergang des Reiches von ihrem »Führer« für den Einsatz gegen feindliche Panzer dekoriert werden. Das beweist die Mitteilung des fränkischen Gauleiters Holz vom 17. April 1945: »Der Gau hat innerhalb von sechs Wochen ein Regiment Panzervernichtungstrupps der HJ aufgestellt. Sie haben sich an verschiedenen Fronten hervorragend geschlagen. Es ist aber schade um dieses junge und kostbare Blut, wenn es in solchen Kämpfen dahinfließt. Ein Bataillon ist bereits nahezu aufgerieben.«[102]

6. Feier, Kult und Propaganda

Gläubigkeit und Opferbereitschaft der Hitlerjungen sind am allerwenigsten durch die Indoktrination der öden Heimabende und der Appelle bewirkt worden und auch nicht durch Drohung und Zwang allein. Es waren stärkere und ältere Gefühle und Bedürfnisse, an die der Nationalsozialismus mit seinen Verführungskräften anknüpfte und deren er sich bediente. Es waren vor allem unerfüllte Sehnsüchte nach nationaler Gemeinschaft und elementare Bedürfnisse nach Identifikation und Überhöhung, die im nationalsozialistischen politischen Kult zusammenkamen. Die Entzauberung der Welt hatte ein Verlangen nach Mythos und Übernatürlichem hinterlassen. Ein Vakuum der Sinnlosigkeit war entstanden, seitdem der moderne Staat sich auf die Organisation des Weltlichen und Politischen beschränkte. Das Bewußtsein dieser Leere wuchs mit den Dissonanzen des Fortschritts und den Zweifeln am Rationalismus. In der Bewußtseinskrise der Jahrhundertwende war das voreilig Geleugnete wiederentdeckt worden, Mythos und Kult. Der Krieg wurde zum mächtigsten Beweger dieses Gefühls.

»Heilig Vaterland« hatte Rudolf Alexander Schröder seinen »Deutschen Schwur« 1914 begonnen und ihn mit den Worten beendet: »Du sollst bleiben, Land! Wir vergeh'n.« Im Rückblick des Jahres 1933 wurde der Krieg zu einem religiösen Erlebnis und Adolf Hitler zum »Propheten des neuen Glaubens«: »Es war das religiöse Erlebnis des Weltkrieges, das wir empfanden: Es gibt etwas, vor dem alles zur Bedeutungslosigkeit wird. Es gibt einen Glauben, der die Kraft hat, Berge zu versetzen, der uns durchhalten läßt, und für den wir bereit sind, das Letzte herzugeben. Dieser Glaube gewann Form und Gestalt und trug seinen Namen. Er hieß ›Deutsches Volk‹. Wir glaubten mit dem ganzen Fanatismus einer Glaubenskraft, daß es der Wille Gottes sei, daß dieses deutsche Volk nicht untergehen dürfe, weil Gott noch etwas mit ihm vorhat.«[103]

Die Antworten auf den Sinnverlust stammten nicht mehr aus der christlichen Religion, wohl aber kamen die neuen Antworten in deren Gefühlen und Formen daher, sie schienen Vaterlands- und Gottesdienst in einem zu sein. Es waren weltliche Religionen, in deren Glaubensbekenntnis Nation und Volk obenan standen und die sich nationaler Mythen und Symbole bedienten, um das Volk an der Politik teilhaben zu lassen. Indem sie politische und geistige Autorität wieder zu vereinigen suchten, wollten sie politische Herrschaft und gesellschaftliche Ordnung um so dauerhafter und umfassender sichern.

Solche Bewegungen hatte es seit der Französischen Revolution in Europa immer wieder gegeben, wie auch die Nationalisierung der Massen eine gemeineuropäische Entwicklung war. In verspäteten Nationen wie Deutschland war das alles ausgeprägter – je zerrissener die Nation war, um so größer war die Resonanz. Wie alle Religionen verfügten auch die weltlichen über Feiern, Riten und Symbole. Im Kult teilte sich ihre politische Botschaft mit; das gesprochene Wort war weniger Auslegung der Ideologie als Bestandteil einer politischen Liturgie.

Der Nationalsozialismus war die ausgeprägteste Form des politischen Massenkultes. In seinen Ritualen und Mythen verbanden sich die verschiedensten Kult- und Feierformen vom christlichen Kultus über die Vaterländische Feier bis zu den rituellen Formen der Jugendbewegung. Unmittelbares Vorbild war das politische Ritual des italienischen Faschismus, der freilich nie einen alle Lebensbereiche umfassenden und durchdringenden politischen Kult entwickelt hatte. Auch in der Ausbildung und Durchsetzung dieses politischen Stils erwies sich der Nationalsozialismus als die radikalere Variante des Faschismus. Beschränkte sich der italienische Faschismus auf die pathetische Selbstdarstellung des Staates, so suchte der nationalsozialistische Kult bis in den Alltag der Menschen hineinzuwirken. Neben spektakulären nationalen Partei- und Staatsfeiern, die sich auf Gau-, Kreis- und Ortsgruppenebene wiederholten, gab es nationalsozialistische Lebensfeiern zu Geburt, Hochzeit und Tod, gab es Fahnenhissen und sonntägliche Morgenfeiern, Schulfeiern und Feiern im Jahreskreis. Ein besonderer Rhythmus des nationalsozialistischen Jahres wurde verordnet, dem sich jeder unterordnen sollte – ein nationalsozialistisches Feierjahr, das sich am Festkalender der Kirchen orientierte und diesen zugleich zu unterlaufen und zu ersetzen suchte. Es war in Zahl und Reihenfolge wie in der Gestaltung der Feste bald ebenso kanonisiert wie sein kirchliches Vorbild.

Das waren nicht nur äußerliche Anleihen, wie das Weihnachtsfest zeigte, das sich die Planer nationalsozialistischer Feiergestaltung anzueignen hofften, indem sie es als »Julfest« mit der Wintersonnenwende zusammenzuziehen und damit seines christlichen Inhalts zu entkleiden versuchten. Dabei setzte sich Himmlers massive Germanisierung selbst in SS-Familien nicht durch; Goebbels agierte klüger und beschränkte sich darauf, Weihnachten in ein Fest des »aufsteigenden Lichts« und des »wiedererwachenden Lebens« zu verwandeln, ohne Weihnachtsbaum und Gabentisch zu verdrängen. »So ist uns jene längste Nacht des Jahres, die wir Weihnachten nennen, die Stunde der Geburt, die Stunde des jungen neuen Lebens, die Stunde des Kindes und der mütterlich gebärenden Kraft. Sie ist es dem nordisch-germanischen Menschen immer gewesen, ob auch die äußeren Formen ihrer Feier sich wandelten, ob auch der echte Sinn unter fremdem Geist manchmal zu verschwinden drohte«[104] – Christi Geburt als germanischer Mythos. Der Nationalsozialismus stellte sich schließlich selbst als neue Heilslehre dar, und nicht wenige Anhänger verstanden ihn auch so. »Für uns ist der Nationalsozialismus die Erfüllung des Schöpferwillens auf Erden.« Die pseudoreligiöse Überhöhung Adolf Hitlers war gleichsam die letzte Steigerung des Führer-Kultes. »Christus ist zu uns gekommen durch Adolf Hitler«, versicherte ein verzückter thüringischer Kirchenrat.[105] Führer-Lieder, Führer-Gedichte und Thingspiele feierten und verklärten den Erwählten, den einsamen Führer, ließen ihn als wiedererstandenen Unbekannten Soldaten mit einer Dornenkrone in die Welt der »Novemberverbrecher« hinabsteigen. Als völkische Erlösergestalt feierte ihn die Propaganda, von Leni Riefenstahl, die das Niederschweben der Führermaschine auf das altfränkische Nürnberg zu einem Akt der Erweckung stilisierte, bis zu einer harmlosen Veranstaltungsankündigung: »Feierstunde von 13.00 bis 14.00 Uhr. In der dreizehnten Stunde kommt Adolf Hitler zu den Arbeitern.« »Das klingt«, analysierte Viktor Klemperer, »nach Zuspät, aber ER wird ein Wunder vollbringen, für ihn gibt es kein Zuspät.«[106]

Noch deutlicher wird die Nähe zu den christlichen Kirchen in der Liturgie nationalsozialistischer Feiern. Von der kleinsten Feier bis zu den Massenritualen in Nürnberg, München oder auf dem Bückeberg, immer erinnerte das Szenarion an Kirchenräume und Altäre. Fahnen umstellten den Kultraum oder hoben den Altarraum heraus. Batterien von Flakscheinwerfern bündelte Albert Speer auf dem Nürnberger Zeppelinfeld zu einem »Lichtdom«. Gewaltigen Altarretabeln gleich waren die Bühnen und Podien der Weihehandlungen mit Fahnen ausstaffiert. Für die Predigt des »Hohenpriesters« waren gigantische »Führerkanzeln« errichtet. Dort, wo der »Führer« nicht präsent sein konnte, in den vielen kleinen Feierräumen, stand an der Stelle des Altars eine Hitler-Büste auf hohem Sockel vor einer Hakenkreuzfahne. Jede Feier begann mit einem

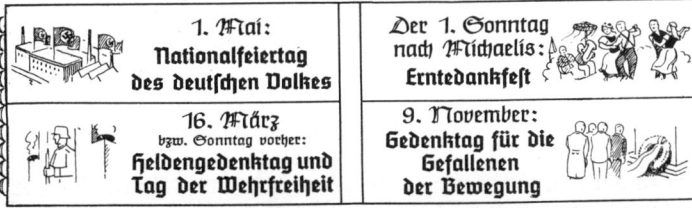

Lied, das das Gemeinschaftsgefühl wecken sollte. Als unerläßlicher Bestandteil der Zeremonie folgte ein Führerwort. Die nationalsozialistischen Regisseure wußten um den Sinn dieses Zeremoniells: »An der Verkündung dieses Wortes des Führers muß grundsätzlich festgehalten werden, weil nur dadurch die Autorität gegeben ist für alles, was in dieser Feier gesagt ist.«[107] Es schlossen sich Ansprache und Bekenntnis an, danach folgte ein abschließendes gemeinsames Lied beziehungsweise der Ausmarsch. Immer war der Ablauf dem dreiteiligen Grundschema der christlichen Liturgie nachempfunden: Aufruf, Verkündung und Bekenntnis.

Immer wieder versuchten die Nationalsozialisten sich Elemente bestimmter Traditionen anzueignen und sie ihrem politischen Stil dienstbar zu machen, der seinen eklektischen Charakter nicht verleugnen konnte. So war es auch bei den nationalsozialistischen Feiern. Was immer emotionale Wirkung versprach, wurde in das Veranstaltungsschema integriert. Es entstand ein Festkalender, der umfangreicher und vielschichtiger nicht hätte sein können und der sich um so schroffer vom grauen und nüchternen Äußeren der Weimarer Republik abhob. Wie wichtig der Parteiführung die Gestaltung der Feiern war, beweisen die Einrichtung eines eigenen »Amts für Fest-, Freizeit- und Feiergestaltung« wie die Herausgabe einer besonderen Zeitschrift unter dem Titel »Die neue Gemeinschaft«; deutlich wurde das auch in den üblichen Kompetenzkonflikten, diesmal zwischen dem Propagandaleiter der Partei, Goebbels, und

Die Frühzeit des Regimes war durch Versuche gekennzeichnet, scheinbar germanisches Brauchtum an die Stelle christlicher Traditionen zu setzen. Diese Bestrebungen, an denen Hitler wenig Interesse nahm, gingen meist von der SS und anderen Unterorganisationen von Partei und deren Gliederungen aus. Dem klassischen, also »undeutschen« Theater der Goethezeit wurden »Thingspiele« entgegengesetzt, die alten Monatsnamen durch fiktive germanisierende Neuschöpfungen ersetzt und dem kirchlichen Jahr das heidnische gegenübergestellt bis hin zur Ersetzung des Weihnachtsfestes durch die Sonnwendfeier. Das Konventikelhafte dieses Eifertums widersprach aber der offiziellen Linie Hitlers, der seit dem Beginn des Krieges sich vielmehr die christliche Symbolik nutzbar zu machen suchte, so daß dann die Heilige Nacht aus dem untergehenden Stalingrad über alle Reichssender und Soldatensender übertragen wurden.

419

Denke daran!

JANUAR-HARTUNG	MAI-WONNEMOND
30. 1. (1933) Adolf Hitler wird Reichskanzler	26. 5. (1923) Der Nationalsozialist Albert Leo Schlageter von den Franzosen erschossen

FEBRUAR-HORNUNG	AUGUST-ERNTING
23. 2. (1930) Horst Wessel †	1. 8. (1914) Beginn des Weltkrieges
24. 2. (1920) Adolf Hitler verkündet das Programm der NSDAP.	2. 8. (1934) Reichspräsident von Hindenburg † Adolf Hitler Führer des Reiches

MÄRZ-LENZING	SEPTEMBER-SCHEIDING
1. 3. (1935) Rückkehr der Saar zum Reich	1934 Reichsparteitag des Willens
7. 3. (1936) Die entmilitarisierte Zone wird frei!	1935 Reichsparteitag der Freiheit
13. 3. (1938) Oesterreich kommt zum Reich	1936 Reichsparteitag der Ehre
16. 3. (1935) Einführung der allgem. Wehrpflicht	Verkündung des zweiten Vierjahresplanes
21. 3. (1933) Der Tag von Potsdam	1937 Reichsparteitag der Arbeit
16. 3. (1939) Protektorat Böhmen und Mähren	1938 Reichsparteitag Großdeutschland
22. 3. (1939) Memelland wieder deutsch	1939 Befreiung Danzigs, Westpreußens, Posens und Ostoberschlesiens

APRIL-OSTERMOND	OKTOBER-GILBHARD
10. 4. (1938) Das deutsche Volk bekennt sich in einer überwältigenden Abstimmung mit über 99 v. H. zu Großdeutschland und seinem Führer Adolf Hitler	1. 10.-10. 10. (1938) Befreiung des Sudetenlandes
	NOVEMBER-NEBELUNG
20. 4. (1889) Der Führer und Reichskanzler Adolf Hitler geboren	9. 11. (1923) Heldentod von 16 Nationalsozialisten vor der Feldherrnhalle in München.

Alfred Rosenberg, der sich für alle weltanschaulichen Fragen zuständig fühlte. Die Ausarbeitung von »Beispielprogrammen für Feiern der nationalsozialistischen Bewegung und für die Rahmengestaltung nationalsozialistischer Kundgebungen auf der Grundlage der in der Kampfzeit erwachsenen Gestaltungstradition« lautete der offizielle Auftrag des Amtes. Nichts sollte der Spontaneität oder dem Zufall überlassen bleiben.

Die Reihe der Hochfeste des NS-Jahres begann mit dem 30. Januar, dem Tag der Machtergreifung, und endete mit dem 9. November, dem Gedenktag für die Märtyrer der Bewegung. Dazwischen lag eine kaum übersehbare Fülle von Gedenkstunden, Weihefesten, Kundgebungen. Am 24. Februar gedachte man der Verkündung des Parteiprogramms, am 16. März folgte der »Heldengedenktag«, am 20. April »Führers« Geburtstag mit der nächtlichen Vereidigung der neuen Politischen Leiter, der Aufnahme der neuen Pimpfenjahrgänge in das Jungvolk und, seit 1936, einer Militärparade.

Der 1. Mai, der »Tag der nationalen Arbeit«, wurde als höchstes Fest der Volksgemeinschaft begangen, mit frischem Grün und Fahnen, Massenumzügen und einer Arbeiterabordnung aus dem ganzen Land als Gästen des »Führers«. Wenige Tage später folgte der »Muttertag«, mit Ehrungen für die Heldinnen der »Gebärschlacht«. Aus der völkischen Tradition kam das Fest der Sommersonnenwende am 21. Juni mit Feuerrädern und Feuerreden.

Anfang September fand dann in Nürnberg das höchste Fest der NSDAP statt, der Reichsparteitag, ursprünglich Heerschau der nationalsozialistischen Bewegung, bald aber vor allem Tribüne des Führerkultes. Auf die monumentale Machtentfaltung in Nürnberg folgte Anfang Oktober das Erntedankfest auf dem Bückeberg bei

Der Reichsparteitag des Jahres 1933 in der Nürnberger Luitpold-Arena galt der »Ehrung der Toten«. Neben Hitler steht nur Ernst Röhm, der Stabschef der SA, der acht Monate später ermordet wird. Erst in den Folgejahren tritt Heinrich Himmler, Reichsführer SS, in Erscheinung.

Hameln: Hitler schritt durch ein Spalier der Millionenmasse zum Erntealtar, um die Erntekrone zu empfangen. Eine Parade der Wehrmacht gab dem Fest von Blut und Boden einen martialischen Charakter. Einen Monat später, am 9. November, marschierte der »Führer« in München mit den Alten Kämpfern hinter der Blutfahne zwischen Fahnen und brennenden Opferschalen, um durch Ritus und Dekoration die einstige Niederlage in einem Akt symbolischer Revision in einen Triumph zu verwandeln und die Gefallenen der Bewegung zu Religionsstiftern eines neuen Staatskultes zu erheben: »Das Blut, das sie vergossen haben, ist Taufwasser geworden für das Reich.«[108]

Die Pracht- und Machtentfaltung in der Bühnenwelt der Nürnberger Reichsparteitage überbot alle anderen Veranstaltungen im nationalsozialistischen Kalendarium. Die Magie der Fahnen und Fackeln, der Massenrituale und des Führerkultes, der Todesverklärung und Treueschwüre betäubte alle Sinne und befriedigte älteste Schauergelüste. Die Monumentalität der Architektur verstärkte diese Emotionen; die modernsten Medien, Rundfunk und Film, reproduzierten sie massenhaft.

Im Mittelpunkt der komplexen Agenda der acht Tage in Nürnberg stand immer der »Führer«: vom feierlichen Einzug in die Stadt über den Vorbeimarsch von HJ und Politischen Leitern an Hitlers Hotel zu den Kundgebungen, Fahnenweihen, Totenehrungen, Vorbeimärschen und Appellen auf dem Parteitagsgelände, der »Tempelstadt der Bewegung« am Rande der Stadt, oder vor der altfränkischen Kulisse der Innenstadt. Jeder Tag innerhalb des liturgischen Gesamtprogramms war der Darstellung einer Parteigliederung in eigens dafür geschaffenen oder geplanten Hallen oder Aufmarschplätzen vorbehalten, immer war der Führerauftritt dramaturgischer Höhepunkt, von der Tribünenarchitektur noch unterstrichen.

Der Parteitag war nicht Diskussionsforum, sondern grandiose Selbstdarstellung eines politischen Kultes. Nicht der Parteikongreß und die Tagungen der Sonderorganisationen standen im Zentrum der Inszenierung, sondern die Aufmärsche und Appelle. Hier hielt Hitler seine Reden, bis zu viermal am Tag, zwischen fünfzehn und zwanzig in den acht Tagen. Seine Eröffnungsrede vor dem Parteikongreß ließ er regelmäßig von Gauleiter Wagner verlesen. Dafür sprach er dann selber vor den 50 000 Arbeitsdienstmännern, die mit ihrem Spaten auf dem Zeppelinfeld angetreten waren und im Massenchor gelobten: »Werk unsrer Hände, laß es gelingen, denn jeder Spatenstich, den wir vollbringen, soll ein Gebet für Deutschland sein.«[109] Er sprach vor den Zehntausenden von Hitlerjungen im Stadion, die im Sternmarsch zum »Führer« gekommen waren, vor der Frauenschaft, vor der Wehrmacht, die ihre Schaumanöver bis zur Fertigstellung des riesigen »Märzfeldes« im Tribünenviereck des Zeppelinfeldes vorführen sollte, und natürlich vor SA und SS, die in der Luitpoldarena zu Totenehrung und Fahnenweihe angetreten waren. Unter Trauermusik, einsam, in respektvollem Abstand gefolgt nur vom »Stabschef der SA« und vom »Reichsführer SS«, schritt Hitler auf der steinernen »Straße des Führers« durch die zu gewaltigen Blöcken geordneten SA- und SS-Männer zum Ehrenmal. Während sich die Fahnen neigten, verharrte der »Führer« schweigend vor der »Blutfahne«, eine Szene, die dem Führerkult sinnfälligen Ausdruck gab. »Hitler inmitten seiner in der strengen soldatischen Gehorsamsformation von Reih und Glied versammelten Getreuen, aber auf Schritt und Tritt umgeben von dem leeren, unüberbrückbaren Raum cäsarischer Einsamkeit, die nur ihm gehört und den toten Helden, die sich im Glauben an ihn und seine Sendung geopfert haben.«[110] Dann schritt Hitler zurück, vom Ehrenmal zur gegenüberliegenden Tribüne, gefolgt vom Träger der »Blutfahne«. Der »Führer« als Hoherpriester der Partei hatte sie vom Totenmal hinüber zur jungen Bewegung gebracht und weihte mit der »Blutfahne«, umringt von einem Fahnenwald, die neuen Fahnen und Standarten, bei jeder Berührung Salutschüsse. Aus dem »Opfertod« der gefallenen Helden erwuchs damit eine Verpflichtung für die Partei und ein Auftrag ihres Führers. Dann sprach er wieder vor den Politischen Leitern, die im imaginären Innenraum des nächtlichen Lichtdomes auf ihren Heilsbringer warteten, bis er schließlich auf der angestrahlten Altar-Bühne erschien.

Die Magie der nächtlichen Kulisse steigerte noch Todesverklärung und Erlösungsritual. Fahnen, Feuer und Licht vereinigten sich zum Bild einer Kirche, schlossen die versammelte Gemeinschaft vom Dunkel der Außen- und Feindeswelt ab. Beim Eintreffen Hitlers auf der Haupttribüne des Zeppelinfeldes schossen schlagartig »die Strahlen der einhundertfünfzig Riesenscheinwerfer in den schwarzgrau verhüllten Nachthimmel« und »bauten über der Viertelmillion – dem dunklen, von den angeleuchteten Fahnen eingefaßten Kranz der 100 000 Zuschauer und dem braunen Meer der Politischen Leiter – eine gigantische, schimmernde Strahlenkuppel«.[111] Auch der britische Botschafter Henderson zeigte sich beeindruckt von der »Schönheit der Darbietung« und kam sich in Speers Lichtdom, den er als »gleichzeitig feierlich und schön« beschrieb, vor, »als ob man sich in einer Kathedrale aus Eis befände«.[112] Ausländische Faschisten, wie die französischen Schriftsteller Brasillach und Drieu la Rochelle, die verschiedentlich nach Nürnberg kamen, meinten hier sogar den neuen Menschen, den »homme hitlerien«, gesehen zu haben.

Dazwischen hielt Hitler, der sich als Künstler verstand, den die geschichtliche Notwendigkeit in die politische Arena geführt hatte, seine grundsatzartige Kulturrede – zu diesem Zweck sollte eigens eine Kulturhalle errichtet werden. Mit einer Ansprache in der alten Kongreßhalle beschloß er den Parteitag, den er als Manifestation eines »weltanschaulich-volklichen Glaubensbekenntnisses« feierte.

Nach jedem Parteitag zog der Regisseur Bilanz. Einige Veranstaltungen hatten nach seiner Meinung bereits ihre »endgültige Form«

Nürnberger Parteitag 1935
Vorbeimarsch der Kriegsmarine

Vor noch improvisierten Kulissen fand der Reichsparteitag des Jahres 1935 statt; das Speersche Reichsparteitagsgelände war noch im Planungs- und Baustadium.

gefunden. »An diesem Ablauf dürfen wir nichts mehr ändern, damit die Form, so lange ich noch lebe, zum unabänderlichen Ritus wird. Dann kann später niemand daran rühren ... Irgendein Führer des Reiches verfügt vielleicht einmal nicht über meine Wirkung, aber dieser Rahmen wird ihn stützen und ihm Autorität verleihen.«[113] Die Appelle, Aufmärsche und Weihestunden waren für den Künstler-Politiker eben nicht bloße »propagandistische Revue«, sondern Mittel der Herrschaftssicherung, auch über den eigenen Tod hinaus.

Dem Stil der Feiern entsprach die Monumentalität der Feierstätten. Die Kongruenz von Architektur und Massenszenen charakterisiert die politische Ästhetik des Nationalsozialismus. Die Architektur des »Gigantenforums«, wie man in Parteikreisen die Tribünen und Hallen des Parteitagsgeländes ehrfurchtsvoll nannte, verstärkte die Botschaft der politischen Liturgie. In ihrer Gesamtplanung wie in der Gestaltung der einzelnen Bauten und Platzgruppen war sie nach dem Urteil eines zeitgenössischen Kunsthistorikers »von dem für die nationalsozialistische Ordnung so grundlegenden Verhältnis zwischen Führer und Volk bestimmt«.[114] Die zum Appell angetretenen Massen waren jeweils auf die Tribüne ausgerichtet, aus der noch einmal die »Führerkanzel« herausragte. Die Bühnenarchitektur machte Hitler – und die ihn umgebende neue politische Elite – allgegenwärtig. Alles war auf die jeweils spezifische Bestimmung hin angelegt; eine Mehrzweckanlage hätte sich mit dem praktischen, nicht aber mit dem symbolischen Anspruch dieser Repräsentationsarchitektur vertragen. Die perfekte Massenregie verlangte für jeden Bau eine sinnbildliche Qualität, die eine Nutzung außerhalb der Reichsparteitage ausschloß. Denn sie war »Wort aus Stein«, Architecture parlante, die die politische Utopie des Nationalsozialismus und seinen Anspruch auf Weltherrschaft vorwegnehmend realisierte. Die gebaute Megalomanie, die unter ständiger Einflußnahme durch Hitler, ohne Rücksicht auf Kosten, bis zum Kriegsbeginn errichtet wurde, sollte nach dem Willen ihres Bauherrn »in einer Zeit beschränkter politischer Macht dem inneren Lebenswert und dem Lebenswillen der Nation einen um so gewaltigeren kulturellen Ausdruck geben«.[115]

In der Architektur sah er realisiert, was als utopisches Ziel in der nationalsozialistischen Ideologie angelegt war: der Stillstand der Geschichte. Nur »große Kulturdokumente aus Granit und Marmor« galten Hitler als »wahrhaft ruhender Pol in der Flucht all der anderen Erscheinungen«.[116] Die Parteitagsarchitektur war gebaute Utopie: »Eine Halle soll sich erheben«, so Hitler bei der Grundsteinlegung der Kongreßhalle, »die bestimmt ist, die Auslese des nationalsozialistischen Reiches für Jahrhunderte alljährlich in ihren Mauern zu versammeln. Wenn aber die Bewegung jemals schweigen sollte, dann wird noch nach Jahrtausenden dieser Zeuge hier reden«[117]: die Hoffnung auf ein Millennium, Albert Speer hat sie in seiner Theorie vom Ruinenwert der nationalsozialistischen Repräsentationsarchitektur artikuliert. Durch die Verwendung besonderer Materialien sollten die Bauten noch im Verfallszustand von der Größe des Germanischen Reiches künden. Hitler war begeistert und erhob das Ruinengesetz zum Grundprinzip aller Bauten seines Reiches; Speer hatte ihm Zeichnungen vorzulegen, die veranschaulichten, in welchem Verfallsstadium sich der jeweilige Bau nach 500, nach 1000, nach 2000 Jahren befinden würde. Wie die Pyramiden am Nil, wie die Triumphbögen am Tiber sollten die Ruinen noch in fernster Zukunft vom Reich zeugen. Kultstätten mit Ewigkeitsanspruch sollten entstehen und nicht Mehrzweckhallen.

Die Magie des Parteitagsrituals verstellte die Wirklichkeit und wurde zum Instrument der Manipulation. Zu dieser Wirklichkeit gehörte auch die hastige Verabschiedung der Nürnberger Rassegesetze 1935. Die beabsichtigte abschirmende Wirkung von Lichtdom, Fahnenwald und Dunkelheit verdeutlicht schlagartig der Bericht Speers, er habe für den Aufmarsch der Politischen Leiter zunächst deswegen eine nächtliche Inszenierung vorgesehen, weil er die Korpulenz der mittlerweile in ihren Pfründen fett gewordenen Amtsleiter und -walter vertuschen wollte.

Nichts in diesem Massenspektakel war dem Zufall überlassen, jedes Stilmittel war bewußt eingesetzt. Selbst die Ausschmückung der Stadt mit Fahnen war in Zahl, Größe und Anbringung festgelegt; städtebauliche Mängel und Lücken in der alten Stadtumwehrung wurden durch Kulissen verdeckt. Auch das Irrationale konnte nicht mehr ohne einen immer perfekteren, bürokratischen und technischen Apparat auskommen. Die Männer, die diesen Kult zelebrierten, waren zugleich kühle Techniker und Regisseure, Söhne des rationalistischen Zeitalters.

Daß trotz der perfekten Regie in Nürnberg Anspruch und Wirklichkeit, Pathos des politischen Kultes und Parteitagsalltag auseinanderklafften, ist vielfach bezeugt. Das Auftreten so mancher Politischen Leiter rechtfertigte eher den schlechten Ruf der »Goldfasane« in der Volksmeinung als ihren Anspruch, neue politische Elite zu sein. Von exzessivem Alkoholgenuß wird berichtet, von Randaliererei en und einem unglaublichen Vandalismus in den Massenquartieren. Mangelnde Marschdisziplin und Egoismus mußten sich etwa die Politischen Leiter des Gaues Weser Ems vorhalten lassen. Der Fackelmarsch vor dem Führer, »für den Politischen Leiter Belohnung für mühsame Jahresarbeit«, war zum grotesken Fackellauf geraten, als die Formation des Gaues unter dem Gelächter der Zuschauer im Dauerlauf eine entstandene große Lücke in der Marschordnung zu schließen suchte; der Führer habe, welch eine Schande für den Gau, zwar noch die Gau-Standarte gegrüßt, dann aber seinen Blick abgewandt.[118]

Höhepunkt der propagandistischen Selbstdarstellung waren die Olympischen Spiele 1936. Die Nationalsozialisten hatten alles daran gesetzt, die Ausrichtung der Spiele, die schon vor 1933 vergeben waren, nicht nur nicht zu gefährden, sondern sie zu einem großen Spektakel zu machen, das alle Spuren und Nachrichten von Verfolgung und Gewalt hinter der glänzenden Fassade einer friedfertigen und geschäftigen Nation mit einer quirligen und mondänen Hauptstadt verschwinden lassen sollte. Schon Wochen vor dem Beginn der Spiele wurden auf höhere Weisung alle antisemitischen Hetzkampagnen eingestellt, alle verräterischen Schilder und Mauerinschriften beseitigt. Als weltoffene Gastgeber und als Land mit einem strengen, aber glückbringenden Wohlfahrtsstaat stellte man sich dar, und das mit Erfolg. »Alle Welt ist begeistert«, notierte der franzö-

Während der Olympischen Spiele des Jahres 1936 verschwanden mit Rücksicht auf die öffentliche Meinung der Welt die nationalsozialistischen Spruchbänder und Plakate aus dem Gesicht der Reichshauptstadt.

Auch die Eintrittskarten zu den verschiedenen Veranstaltungen enthielten sich des NS-Emblems, während doch sonst alle Theaterbillets den Reichsadler zeigten. Das Regime gab sich friedlich, festlich und völkerversöhnend.

sische Botschafter, »von der lückenlosen Organisation, der geschlossenen Ordnung und Diszplin, die mit verschwenderischer Großzügigkeit aufgezogen ist.«[119]

Ein grandioses Schauspiel bot sich zur Eröffnung der Spiele, und es paßte in das scheinbar friedfertige Bild, daß viele der einrückenden Mannschaften die Hand zum Hitlergruß erhoben, darunter auch die französische Mannschaft. Als Geste der Versöhnung verstand man das, nachdem Monate zuvor Hitler die französische Nation mit dem Einmarsch in die entmilitarisierte Zone des Rheinlandes überrumpelt und brüskiert hatte. Die vielen Könige, Fürsten, Minister und anderen Ehrengäste wollten vor allem diesen Mann sehen, »der das Schicksal des Kontinents in seinen Händen zu halten« schien, weniger die Sportwettkämpfe. Und die Großen des Reiches taten alles, um die Gäste in Erstaunen und Bewunderung zu versetzen. Goebbels lud tausend Personen zu einer italienischen Nacht auf der Pfaueninsel ein; Ribbentrop versammelte in seiner Villa in Dahlem unter einem riesigen Zelt siebenhundert Personen, um »bei Strömen von Pommery bester Qualität«[120] seine Ernennung »zum ersten diplomatischen Vertreter des Reiches« in London zu feiern. Göring ließ in den Gärten seines Ministeriums ein ganzes Dorf des 18. Jahrhunderts im Miniaturstil entstehen und fuhr selbst bis zur Erschöpfung auf einem Pferdchen Karussell; und in der Berliner Oper, die er ganz mit cremefarbener Seide hatte bespannen lassen, gab er ein üppiges Festessen. Es wimmelte von Uniformen, goldübersäten Anzügen und Frauen in großer Toilette. Eine neue Schickeria bot sich der Welt dar: neben alten Namen aus Militär und Wirtschaft Nazi-Größen in ihren Parteiuniformen, das auffallende

Schwarz der SS, Filmstars, Sporthelden und Neureiche. Die neuen Machthaber gaben sich »liebenswürdig und zuvorkommend«. Wie können, fragte sich der französische Botschafter bei diesem Bild, »diese Männer, die offensichtlich Vergnügen an diesen mondänen und raffinierten Festlichkeiten finden, gleichzeitig Anstifter der Judenverfolgungen und Folterungen in den Konzentrationslagern sein«?[121]

Mit dieser Fest- und Feierleidenschaft verstellte das Regime zugleich den Blick auf die Wirklichkeit. Der schöne Schein der grandiosen Dekoration lenkte ja vor allem ab von Gewalt und Herrschaftszielen des Regimes. Darüber hinaus sicherte vor allem die Verschränkung von Ästhetik und Politik, indem sie immer wieder zu Zustimmung und Unterwerfung aufforderte, die Stabilität der Diktatur. Das alles war Teil einer Strategie der Selbstverharmlosung nach innen und nach außen. Während Hitler sich bei der Olympiade der Welt und den Deutschen als Friedenskanzler präsentierte, gab er in einer geheimen Denkschrift an Wirtschaft und Wehrmacht den Auftrag: »Die deutsche Armee muß in 4 Jahren einsatzfähig sein. Die deutsche Wirtschaft muß in 4 Jahren kriegsfähig sein.«[122]

Die Ästhetisierung von Politik war eben nicht nur politisches Stilmittel des Nationalsozialismus; sie gehörte zu dem Instrumentarium, das den politischen Massenmarkt der Moderne überhaupt auszeichnet. Insofern waren die nationalsozialistischen Regisseure des öffentlichen Lebens Kinder ihrer Zeit. Freilich wußten nur wenige politische Mächte die neuen Medien so skrupellos und so wirkungsvoll zugleich zu nutzen. Und nur dort, wo jede Form von Kritik ausgeschlossen war, konnte der schöne Schein sich unange-

Das Ausland ließ sich fast vollständig in die Irre führen – wie die Presseberichterstattung in Paris, London und New York zeigt. Nur illegale Plakate des deutschen Widerstandes suchten die XI. Olympiade zu demaskieren und zeigten ihre innere Verbindung mit der Kriegsvorbereitung.

Berlin im olympischen Sommer

Das Einmaleins der Kleiderkarte

Aufheben! Kleiderkarte kommt in den nächsten Tagen!

Bewahre die Kleiderkarte sorgfältig auf!

Wenn Du sie verlierst, schädigst Du Dich selbst, denn verlorene Kleiderkarten können keinesfalls ersetzt werden.

Lies den Text der Kleiderkarte genau,

bis Du jedes Wort und jede Zahl verstanden hast! Verfolge im Rundfunk, im Kino und in Deiner Zeitung sorgfältig alles, was über die Kleiderkarte veröffentlicht wird. Es ist zu Deinem Vorteil!

Überlege vor dem Kauf,

welche Kleidungs- oder Wäschestücke Du bis zum Ablauf der Kleiderkarte (31. 10. 1940) dringend brauchst und w a n n Du sie brauchst.

Prüfe, bevor Du Neues kaufst,

Deinen Kleider- und Wäscheschrank. Aus Alt mach' Neu! Laß aufarbeiten, bessere aus und pflege Deine Kleider. — Du sparst damit unnötige Ausgaben!

Denke daran: Auch Socken lassen sich durch Anstricken wieder brauchbar machen!

Laß Dich, wenn Du Zweifel hast,
vom Einzelhändler oder vom Schneider beraten!

Auch die Beratungsstellen des Deutschen Frauenwerks helfen Dir gern.

Weißt Du genau, was Du im Laufe des Jahres anschaffen willst, so errechne nach der Kleiderkarte die Anzahl der Abschnitte, die Du dafür aufwenden mußt.

Rechne klug, dann bist Du gut versorgt!

Reichen die Abschnitte der Kleiderkarte nicht aus, um alles anzuschaffen, was auf Deiner Jahresliste steht, so streiche noch einmal alles heraus, was nicht zum dringendsten Bedarf gehört, und stelle einen endgültigen Jahresplan auf: W a n n Du w a s anschaffen willst.

Halte stets einige Abschnitte in Reserve

für unvorhergesehene Fälle!

Stöhne nicht, wenn die fälligen Abschnitte Deiner Kleiderkarte einmal nicht ausreichen, um alles das zu kaufen, was Du gern kaufen möchtest.

Jeder soll versorgt werden. Darum müssen wir haushalten.

Hilf Dir selbst aus dem, was Du besitzt! Kaufe nur das Nötigste neu!

Mit jeder freiwilligen Einschränkung schmiedest Du eine neue Waffe für den wirtschaftlichen Abwehrkampf des Führers.

Kaufe nicht unüberlegt!   Wähle gründlich!
Wähle das Richtige für den richtigen Zweck!

fochten entfalten und eine zweite Wirklichkeit suggerieren.»Hinter der Propaganda muß immer ein scharfes Schwert stehen, wenn sie sich durchsetzen soll«, erläuterte Joseph Goebbels den Zusammenhang von politischer Ästhetik und Gewalt im totalitären Staat.[123]

Das verstärkte jene Zwiespältigkeit, die eine Grunderfahrung im Leben unter dem Hakenkreuz war. Überall konnte man ihr begegnen, in der politischen Praxis des Regimes wie im sozialen Leben, im Propaganda- und Veranstaltungsstil wie im politischen Verhalten der Bevölkerung. Hinter der Fassade der monolithischen Herrschaftsordnung des Führerstaates gab es ständige Kompetenz- und Ressortkämpfe, soziale Gruppen wurden ideologisch-propagandistisch gefeiert und politisch-gesellschaftlich entrechtet, uralte Ängste und Mythen wurden mit Rundfunk und Film, mit raffinierter Beleuchtungstechnik und Massenorganisation beschworen und verbreitet; Sport und Spiele verstärkten die Friedensrhetorik des Regimes, das gleichzeitig sich mit dem modernsten Gerät ausrüstete und dies in waffenstarrenden Paraden auch in aller Öffentlichkeit präsentierte. Friedenserwartung und Kriegsfurcht wurden in gleicher Weise wachgehalten; die Faszination durch und für die moderne Technik verdrängte den Gedanken an den Einsatz der düsteren Tanks und der glitzernden Bomber. Mitten im Frieden organisierte das Regime die Kriegswirtschaft, um später im Krieg alles zu tun, um den Eindruck einer Friedenswirtschaft zu erwecken. Mitten im Frieden führte das Regime einen wilden Krieg gegen Minderheiten und verschleierte dies durch semantische Verharmlosungen und Scheinlegalität. Rechtsbruch und politischer Mord wurden durch die Berufung auf kleinbürgerliche Moral- und Ordnungsvorstellungen scheinbar gerechtfertigt.

Die Bevölkerung tat alles, um der propagandistischen Irreführung und Bewußtseinsspaltung zu folgen. Staatlich organisierter Mord wurde als Ausdruck der Entschlossenheit des »Führers« beifällig aufgenommen; politische Unzuträglichkeiten und Mißstimmungen wurden mit dem Seufzer »Wenn wir über alles nachdenken wollten, ... könnten wir nicht weiterleben« abgewehrt.[124] Nur zu

Sehr früh schon, bereits in den ersten Jahren nach der Machtergreifung, begannen Rationierung und Zuteilungsökonomie. Schon in den ersten Jahren des Dritten Reiches mußte man sich für einzelne Nahrungsmittel einschreiben lassen; es war zum Beispiel staatlich festgelegt, wieviel Butter dem einzelnen zustand. Die Aufrüstung forcierte den Mangel an Devisen, die für Lebensmitteleinfuhren nach Möglichkeit nicht ausgegeben werden sollten. Sammlungen von Knochen, Alttextilien, Zahnpastatuben und dem Stanniol von Weinflaschen sollten durch Wiederverwertung verbrauchter Materialien die Produktion neuer einsparen. Obwohl sich mit der wirtschaftlichen Erholung die durchschnittliche Versorgung der Bevölkerung gegenüber den Krisenjahren verbesserte, machten sich das Rationierungssystem und die Qualitätsminderung vieler Waren immer deutlicher kenntlich.

Im Kriege prägte dann die Verwaltung des Mangels den Alltag der Deutschen; bald gab es für alle Lebensmittel und Versorgungsgüter ein Punktesystem, das auch die Verpflegung in Restaurants, auf Reisen und in Urlaubsorten bestimmte. Schon Jahre vor dem Krieg wurde die Bevölkerung auf dessen Realität vorbereitet, indem Dachböden von brennbaren Materialien entrümpelt, Sandkästen und Feuerklatschen für die Löschung von Brandbomben bereitgestellt werden mußten und Gasmasken anzuschaffen waren. In den letzten Jahren vor Kriegsbeginn befand sich das Reich auf dem zivilen Sektor ganz offenkundig im Mobilmachungszustand.

429

bereitwillig ließ man sich von Illusionen leiten und nahm die Dekoration und den unpolitischen Freiraum von Glamour und Vergnügen für die politische Wirklichkeit. Die Widersprüche zwischen Propaganda und Wirklichkeit zählten nicht oder durften nicht zählen. Und die Propagandisten taten alles, um diese selektive Wahrnehmung zu fördern.

Goebbels war nicht unumschränkter Herrscher über das Propagandawesen, auch wenn seine Ämterfülle diesen Eindruck erweckte. Zwar war er Reichspropagandaleiter der NSDAP, Reichsminister für Volksaufklärung und Propaganda wie Präsident der Reichskulturkammer zugleich und vereinte damit staatliches Amt, Parteiamt und die Macht über den gleichgeschalteten gesellschaftlichen Verband auf sich, doch mit dem Reichspressechef der NSDAP, Otto Dietrich, hatte er ebenso eine Dauerfehde wie mit dem Reichsleiter der Parteipresse und Generaldirektor des Parteiverlages, Max Amann, dem Pressezaren des Regimes. Beide wahrten ihren unabhängigen Einflußbereich, denn beide hatten eine direkte Verbindung zu Hitler.

Bürokratische Rationalität herrschte, wie so oft in der nationalsozialistischen Polykratie, nur innerhalb des Apparates, mit dem Goebbels die öffentliche Meinung und das kulturelle Leben in Deutschland lenkte. Bis in die niedrigen Ränge der Verwaltung herunter war die Personalunion von Parteiamt und Funktion im staatlichen Bereich durchgezogen worden. Auch die Reichskulturkammer war spiegelbildlich zu den Abteilungen im Propagandaministerium organisiert und unterlag der Kontrolle der entsprechenden Abteilungen.

Zuständig war das Propagandaministerium »für alle Aufgaben der geistigen Einwirkung auf die Nation, der Werbung für Staat, Kultur und Wirtschaft, der Unterrichtung der in- und ausländischen Öffentlichkeit über sie und der Verwaltung aller diesen Zwecken dienenden Einrichtungen«. Entsprechend umfangreich war das Heer der Mitarbeiter im Propagandaapparat, gegen Ende dürften es mehrere Tausend gewesen sein, die in den Abteilungen für Propaganda, Presse, Rundfunk, Film, Schrifttum, Bildende Kunst, Sport und in 32 angeschlossenen regionalen Propagandaämtern öffentliche Meinung und kulturelles Leben lenkten und kontrollierten.

Besonders wichtiges Instrument der Überwachung war die Reichskulturkammer. Nicht die Wahrung berufsständischer Interessen war die Aufgabe der sieben Einzelkammern, sondern Kontrolle der Mitglieder. Jeder, der im Bereich der Kultur tätig war, vom Chefdirigenten bis zum Zeitungshändler, mußte Mitglied der für ihn zuständigen Kammer sein: Reichsschrifttumskammer, Reichspressekammer, Reichsrundfunkkammer, Reichstheaterkammer. Nur wer Mitglied war, konnte seinen Beruf ausüben. Ablehnung oder Ausschluß bedeutete Berufsverbot. So wurden Anfang 1939 alle Kammern verpflichtet, alle Mitglieder jüdischer Herkunft auszuschließen.

Daß der Apparat so aufgebläht war, hatte seine Ursache auch in den verdeckten, indirekten Formen der Meinungslenkung und -überwachung. Die Fassade des Vertrauten sollte verdecken, was sich dahinter geändert hatte. So blieb die Vielfalt des deutschen

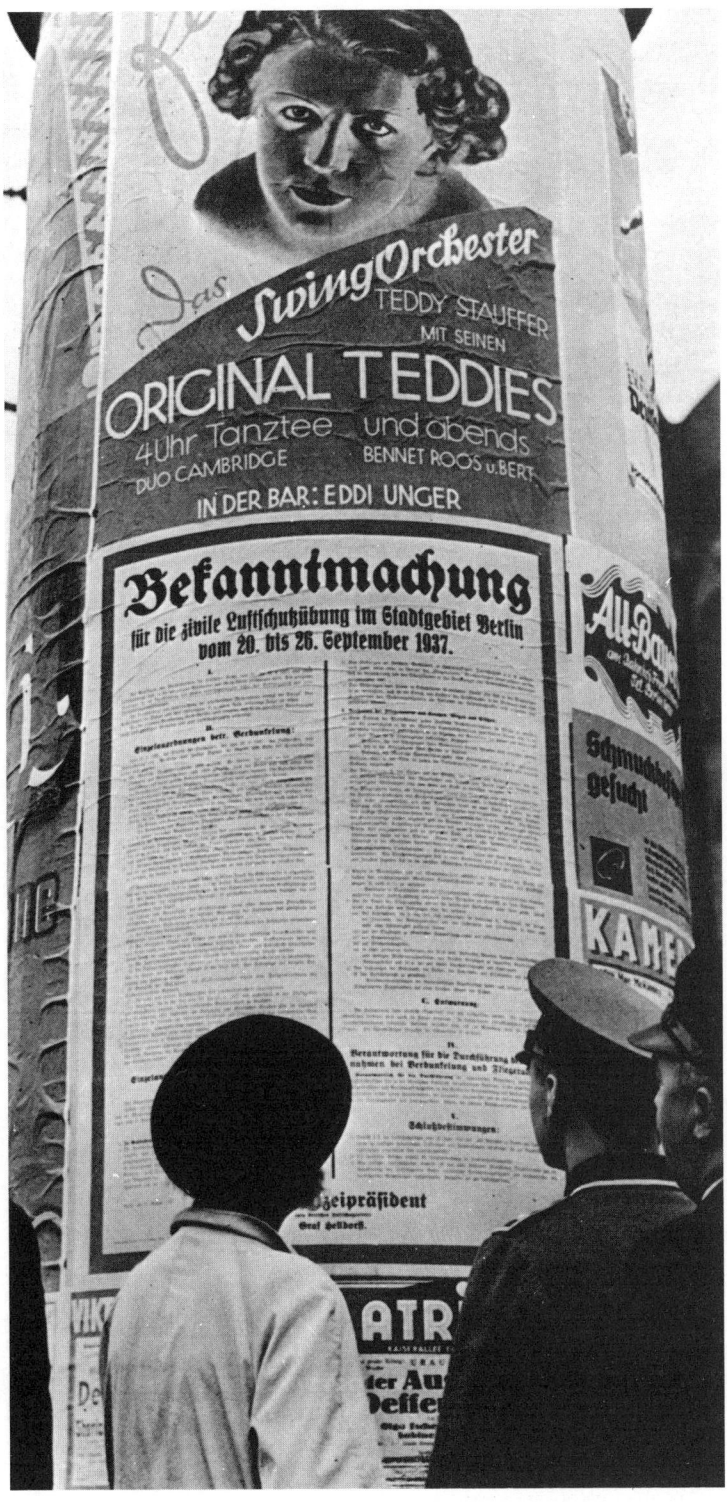

Ein Jahr nach dem »Friedensfest der Olympischen Spiele« fand in der Reichshauptstadt eine einwöchige zivile Luftschutzübung statt, die von der Bevölkerung um so mehr als schockierende Mahnung an Möglichkeit und Wahrscheinlichkeit eines Krieges empfunden wurde, als die außenpolitischen Krisen um Österreich, das Sudetenland und die Tschechoslowakei und schließlich Polen erst in den nächsten beiden Jahren inszeniert wurden. Politische Beobachter sahen in solchen zivilen Mobilisierungsappellen weniger eine praktische Schutzübung als ein demonstratives Signal an die Westmächte, daß das Reich seine ultimativen außenpolitischen Forderungen durchzusetzen bereit sei, auch auf die Gefahr des Krieges hin.

Die neue Tankwaffe

Propagandaphoto mit der Unterschrift: Wir haben wieder Tanks
Dank Hitlers Tat.

Schwere Artillerie 1935 auf dem
Nürnberger Parteitagsgelände

Marineartillerie bei der Küsten-
verteidigung

Die Aufrüstung kam, entgegen
der landläufigen Meinung, erst
allmählich in Gang. 1933 betrug
der Rüstungsetat erst 0,7 Mrd. RM,
1934 dann 4,2 Milliarden, und
selbst 1935 hielt er sich mit
5,5 Mrd. RM noch in Grenzen.
Erst mit der inneren und äußeren
Konsolidierung nahm er ab 1937
ein atemberaubendes Tempo an,
bis er in den letzten beiden Friedensjahren mit 17,2 Mrd. RM
1938/39 auf ein Drittel des Volkseinkommens stieg. Diese Maschinerie, die die Zivilproduktion
immer mehr beeinträchtigte, hatte
nur Sinn, wenn man mit einem
unmittelbar bevorstehenden Krieg
rechnete.

Zeitungswesens nach außen hin scheinbar erhalten. Nicht mit Verboten und Zensur wie in der Sowjetunion wollte man die Medien steuern, sondern durch Umgestaltung und Ausrichtung auf einen Kurs. »Wir wollen gar nicht, daß jeder dasselbe Instrument bläst; wir wollen nur, daß nach einem Plan geblasen wird und daß dem Konzert der Presse eine Sinfonie zugrunde liegt, daß nicht jeder das Recht hat, zu blasen, wie er will.«[125]

Für die Einheitlichkeit der Melodie, um in Goebbels' verschleierndem Bild zu bleiben, sorgte ein ebenso gewaltiger wie kleinlicher Apparat. Mehrere hundert Beamte waren damit beschäftigt, die täglichen Presseanweisungen zu formulieren und ihre Einhaltung zu überwachen. Auf der täglichen Pressekonferenz erhielten die Vertreter der Zeitungen ihre Informationen und zugleich Anweisungen, wie sie davon Gebrauch zu machen hätten. Da wurden die Pressevertreter etwa angewiesen, auf die neueste »Hetzrede des Juden La Guardia« mit einer »massiven Abwehr« zu reagieren, »abgestuft nach der Stellung, die das einzelne Blatt im publizistischen Leben einnehme«.[126] Das »Berliner Tageblatt« wurde im Juni 1936 gerügt, weil es den neuen Verfassungsentwurf der Sowjetunion »zu neutral behandelt« habe.[127] Oder die Anzeigen-Abteilungen wurden vom Propagandaminister »darauf aufmerksam gemacht, daß der Begriff ›Rasse‹ bei Anzeigen nicht verwendet werden darf. Es ist unzulässig, mit dem Stichwort ›Rasse‹ Propaganda für einen modernen Hut oder für einen bestimmten Motor der Auto-Industrie zu machen.«[128]

Am 1. September 1939 lautete die Anweisung: »Der Begriff Krieg ist in Berichten und Überschriften auf jeden Fall zu vermeiden. Der gegenwärtige Zustand kann etwa dahingehend chrakterisiert werden, daß wir auf polnische Angriffe lediglich zurückschlagen.«[129] Im Mai 1940 wurde die Berliner Presse scharf kritisiert: »Von der ersten bis zur letzten Zeile müsse alles auf das große Erleben abgestellt werden. Täglich müsse eine Greuelspalte gebracht werden . . . Für ein Feuilleton ist nur Platz, wenn es sich auf den Krieg bezieht.«[130] Im April 1945 schließlich sollte das »Wort ›Frieden‹ in diesen Tagen höchster Kraftanstrengung aus dem Vokabulrium der deutschen Nachrichtenmittel gestrichen werden«.[131]

Bis zur Aufmachung und graphischen Gestaltung konnten die Anweisungen reichen, auch die verschiedenen Leserkreise und Funktionen der Presseorgane wurden berücksichtigt. Im Anschluß an die tägliche Pressekonferenz erörterte man auf einer »Glossenkonferenz« im kleinen Kreise, wie weit eine kritische Kommentierung bestimmter Ereignisse möglich und wünschbar sei. Auch vertrauliche Informationen zur persönlichen Unterrichtung wurden auf den Pressekonferenzen mitunter ausgegeben. Je größer die Informationsmöglichkeiten eines Journalisten waren, um so größer war die Gefahr eines falschen Zungenschlages. Nicht nur drohte scharfe Kritik in der Pressekonferenz, wer sich nicht an die Richtlinien hielt, riskierte auch ein völliges Berufsverbot. Handhabe dazu bot das Reichsschriftleitergesetz, das alle Redakteure verpflichtete, »aus den Zeitungen fernzuhalten . . . , was geeignet ist, die Kraft des Deutschen Reiches nach außen oder im Innern, den Gemeinschaftswillen des deutschen Volkes, die deutsche Wehrhaftigkeit, Kultur

Das Schlachtschiff »Tirpitz« beim Stapellauf, 1. April 1939

Nach erbitterten Auseinandersetzungen in der Marineführung entschied sich Hitler in der zweiten Hälfte der dreißiger Jahre für den Bau von Großkampfschiffen, die den stärksten britischen Schiffen gewachsen und überlegen sein sollten. Der Gegenspieler des Chefs der Kriegsmarine Raeder, sein späterer Nachfolger Dönitz, argumentierte noch in der Zelle des Spandauer Kriegsverbrechergefängnisses, daß sich für die – strategisch überflüssigen – Schlachtschiffe Hunderte von U-Booten hätten bauen lassen, mit denen das Reich den Blockadekrieg gegen Großbritannien voraussichtlich in den ersten zwölf Monaten gewonnen hätte. Hitler scheint aber einerseits in den Prestigekategorien des Kaiserreiches gedacht zu haben, und andererseits ging er bis zur Jahreswende 1938/39 davon aus, daß es zu einem Krieg mit England nie kommen würde, so daß er die U-Boot-Waffe völlig vernachlässigte.

oder Wirtschaft zu schwächen«.[132] Bei einer so systematisierten Manipulation waren offene Zensur oder das Verbot von Zeitungen weitgehend überflüssig.

So wirkungsvoll Gleichschaltung und Lenkung der Presse – und für andere Medien galt dasselbe – organisiert waren, die Möglichkeiten von Manipulation und Indoktrination fanden auch ihre Grenzen. Das konnten die nationalsozialistischen Propagandisten an dem drastischen Leserschwund der Zeitungen ablesen, dem Preis für die Uniformität und Langeweile der Presse. Und sie mußten auch feststellen, daß anspruchsvollere Blätter, wie die 1940 gegründete Wochenzeitung »Das Reich«, durchaus bürgerliche Leser zurückerobern konnten.

Zugleich bewiesen die Regisseure des öffentlichen Lebens damit, wie empfindlich sie auf Meinungsschwankungen zu reagieren wußten. Auf verschiedenen Wegen ließen die Machthaber die Stimmung der Bevölkerung erkunden; von Partei- und Staatsstellen wie vom Sicherheitsdienst der SS kamen dazu regelmäßig Berichte, gewissermaßen ein Ersatz für die fehlende öffentliche Meinung und ein wichtiges Instrument der nationalsozialistischen Herrschaftssicherung. Daß mit den Mitteln der Propaganda und Indoktrination nicht alles möglich war, zeigen die heftigen Kampagnen der nationalsozialistischen Meinungsmacher gegen »Miesmacher«, »Meckerer« und »Kritikaster«. Das unterstreichen auch die Reaktionen von Goebbels, als er auf dem Höhepunkt des Krieges aus den geheimen SD-Berichten herauslesen mußte, »daß die Wochenschau ihre frühere besondere Volkstümlichkeit unter den Führungsmitteln noch nicht wieder hat erlangen können«.[133] Nur ein kurzfristiger Erfolg war Goebbels mit einer sorgfältig aufgebauten Wochenschau möglich, die er von seiner Sportpalastkundgebung am 18. Februar 1943, seiner Antwort auf Stalingrad, anfertigen ließ. »Es wird bestätigt, daß dieser Filmbericht die propagandistische Wirkung der Sportpalastkundgebung noch wesentlich gesteigert und nachträglich auch dort erhöht hat, wo bisher noch Skepsis herrschte.«[134] Doch das war nur ein Strohfeuer. Die Wende des Krieges brachte den letzten Beweis dafür, daß der politische und materielle Erfolg des Regimes über den Erfolg der Propaganda entschied. Als er schwand, verflog auch die Faszination des nationalsozialistischen Kultes, schließlich auch des Führerkultes, und es blieb Apathie.

7. Nationalsozialismus und Kirchen

Doppeldeutig war auch das Verhältnis von Nationalsozialismus und Kirchen. Es war von starker Affinität und fundamentalen Gegensätzen zugleich bestimmt. Die Kirchen waren die einzigen Institutionen, die sich dem weltanschaulichen Totalitätsanspruch des Nationalsozialismus entziehen oder auch widersetzten konnten, doch zum politischen Widerstand haben sie nicht aufgerufen. Ihre Gleichschaltung mißlang, aber ihre überwiegend konservativ-nationale Grundhaltung bewirkte immer wieder ihre Loyalität zum Staat.

Das Spektrum der Meinungen und Verhaltensweisen gegenüber dem Nationalsozialismus hatte sich schon vor der Machtergreifung angedeutet, doch die Situation, in die die Kirchen nach 1933 geraten sollten, hatten sie nicht vorherzusehen vermocht. Zur Frage an die Kirchen war der Nationalsozialismus seit den Septemberwahlen von 1930 geworden. Unterschiedlich war, was die beiden Kirchen zunächst von der ebenso verwirrenden wie bedrohlichen Hitlerbewegung wahrnahmen.

Innerhalb des Protestantismus war es eine Minderheit, die den Nationalsozialismus aus theologischen oder politischen Gründen ablehnte. Politisch argumentierten die religiösen Sozialisten. Dies und ihre Nähe auch zur Linken verurteilte sie jedoch, so hellsichtig ihre Warnungen vor dem Nationalsozialismus auch waren, zur Wirkungslosigkeit im kirchlichen Lager. Anders die theologische Kritik aus der Schule Karl Barths, die der »säkularisierten Eschatologie der völkischen Bewegung« die kirchliche Verkündigung entgegenstellte und damit die theologischen Grundlagen der Bekennenden Kirche errichten half. Möglich war eine Kritik auch vom Standpunkt eines kirchlichen Liberalismus, der im Nationalsozialismus einen Angriff auf Sittlichkeit und Anstand sah. Auch das vielgeschmähte Luthertum mußte nicht unbedingt zur Verneigung vor Obrigkeit und Machtstaat führen, sondern konnte ebensogut mit Luther gegen die nationalsozialistische Doktrin von der Höherwertigkeit einer germanischen Rasse und Moral wie gegen den »revolutionären Cäsarismus«,[135] den allmächtigen Staat der Nationalsozialisten zu Felde ziehen, dessen Herrschaft sich auch über »die Seelen seiner Bürger« erstrecken sollte. Das waren die möglichen theologischen Positionen einer Entscheidung gegen den Nationalsozialismus, die freilich nur Sache einer Minderheit war.

Die Mehrheit der evangelischen Pfarrer verhielt sich so, wie es der Theologe Künneth 1931 formuliert hatte. Ein Ja der Kirche zur völkischen Idee im Nationalsozialismus, zu seinem Gedanken einer sozialen Neugestaltung und seinem Willen zum Christentum, ein Nein zu seiner Rassenlehre, seinen Kulturvorstellungen und seiner politischen Praxis.

Die Gründe für das Nein wurden um so blasser, je mehr man mit dem übrigen bürgerlich-konservativen Deutschland geneigt war, die brutalen Szenen auf der Straße, den aggressiv-fanatischen Ton der Propaganda und der Rassenhetze lediglich als Begleiterscheinungen einer guten Sache zu verstehen, als »Schlacken« und »Auswüchse« einer Bewegung, die sich mitten im harten politischen Kampf befinde und zudem noch so unausgegoren war. Wenn man die nationale Wiedergeburt, den Kampf gegen den Marxismus und die gesellschaftliche und geistige Erneuerung wollte, mußte man dann nicht um so mehr und ganz im Sinne einer politischen Verantwortung der Kirche diese elementare Volksbewegung beeinflussen, die doch offensichtlich den besten Teil der Jugend hinter sich hatte und so viel Einsatzbereitschaft und Begeisterung zeigte? Schließlich hatte sich die Partei in ihrem Programm zum »positiven Christentum« bekannt, was immer das heißen mochte. Schließlich hatte sich Hitler von seinem thüringischen Gauleiter Dr. Artur Dinter getrennt, dem fanatischen Verfechter eines arischen Christentums, auch nahmen uniformierte SA-Einheiten am Gottesdienst teil. Die NSDAP schien sich der Kirche zuzuwenden. Trotzdem blieben die älteren Pfarrer und Kirchenmänner deutlich auf Distanz.

Das galt nicht für die Jungen. In Scharen strömten Theologiestudenten und junge Pastoren in die NSDAP, und 1932 gab es eine Kirchenorganisation der NSDAP unter Führung des damals 31jährigen Pfarrers Joachim Hossenfelder, die sich als die »SA Jesu Christi« verstand. Als Glaubensbewegung »Deutsche Christen« setzten sie zur Eroberung der Kirche an. Einen ersten großen Wahlerfolg konnten sie in der Tat bei den preußischen Kirchenwahlen im November 1932, ganz im Stile der NSDAP, gewinnen. Sie verfügten über eine überlegene Organisation und über die Fähigkeit, solche Wähler zu mobilisieren, die sich bisher nicht an Kirchenwahlen beteiligt hatten. Ein Drittel aller Sitze in den Gemeindekörperschaften konnten die Deutschen Christen damit ergattern, aber von einer tatsächlichen Eroberung waren sie noch weit entfernt. In vielen Landeskirchen hatten sie bis zum Frühjahr 1933 überhaupt noch nicht Fuß gefaßt.

Ablehnender noch stand die katholische Kirche dem Nationalsozialismus gegenüber. Das lag an ihrer dogmatischen Geschlossenheit, der Bindung an den Vatikan und an ihrer organisatorischen Struktur. Aber eindeutig war auch ihr Verhältnis zum Nationalsozialismus nicht, und die schließliche Sympathie der Kirche wie des Führers des politischen Katholizismus, des Prälaten Kaas, für die »Nationale Erhebung« war so überraschend nicht.

Eindeutig war der Gegensatz im Weltanschaulichen, und darin waren sich alle Bischöfe und Priester der Kirche einig: die nationalsozialistische Weltanschauung war nicht zuletzt wegen ihrer Rassenlehre mit dem Katholizismus unvereinbar. Scharfe Gegensätze gab es auch in der Kultur- und Schulpolitik, und die nationalsozialistischen Angriffe gegen den politischen Katholizismus und die »politisierenden Pfaffen« waren nicht weniger schroff als die gegen Juden und Marxisten. Es verstand sich daher fast von selbst, daß es seit 1930 jedem Katholiken verboten war, »eingeschriebenes Mitglied der Hitlerpartei zu sein«. Der Generalvikar von Mainz drohte zwar mit der Exkommunikation: »Solange ein Katholik eingeschriebenes Mitglied der Hitlerpartei ist, kann er nicht zu den Sakramenten zugelassen werden«,[136] aber diese Weisung wurde 1931 aufgehoben; auch war sie nie wirklich praktiziert worden, denn bis zu ihrem Selbstmord waren ja Hitler selbst und viele seiner Gefolgsleute in der Kirche geblieben.

Bis zu ihrer Entmachtung am 30. Juni 1934 hatte der Anblick uniformierter SA-Einheiten das Antlitz des neuen Reiches bestimmt. Die Reichstagsfraktion der NSDAP erschien im Braunhemd, in Domen und Kirchen wurden Massentrauungen von SA-Männern in Uniform vorgenommen, und zum 44. Geburtstag Hitlers erschien sie geschlossen zu einem Dankgottesdienst im Berliner Dom. Eine Zeitlang konnte es den irrigen Eindruck machen, als sei es die SA, die die erste Rolle im neuen Reich spielte.

Es gab aus katholischem Munde Warnungen vor der NSDAP, die an Entschiedenheit innerhalb des bürgerlichen Lagers ihresgleichen suchten. »Der Nationalsozialismus ist eine Pest!« überschrieb der Journalist Dr. Gerlich, unterstützt vom Kapuzinerpater Naab, vor der Reichstagswahl vom Juli 1932 einen Aufruf. Denn »Nationalsozialismus ... bedeutet: Feindschaft mit den benachbarten Nationen, Gewaltherrschaft im Innern, Bürgerkrieg, Völkerkrieg. Nationalsozialismus heißt: Lüge, Haß, Brudermord und grenzenlose Not. Adolf Hitler verkündigt das Recht der Lüge.«[137] Aber der Führer des politischen Katholizismus, der Zentrumsführer Kaas, sah das anders; er suchte eine Verständigung mit der NSDAP. Nicht nur den weltanschaulichen Charakter des Nationalsozialismus schätzte er anders und geringer ein; für ihn zählten die politischen Berührungspunkte: die nationale Wiedergeburt und die Gegnerschaft zum Bolschewismus. Auch der deutsche Episkopat hielt die eindeutige Ablehnung nicht durch. Die bayerischen Bischöfe setzten im Februar 1933 eine Formulierung durch, nach der die Kirche vor dem Nationalsozialismus warnte, »solange und soweit er kulturpolitische Auffassungen kundgibt, die mit der katholischen Lehre nicht vereinbar«[138] sind. Den Geistlichen wurde zwar nach wie vor jede Mitarbeit in der nationalsozialistischen Bewegung verboten, aber ein erster Schritt zur Anerkennung der NSDAP war getan, und eben die kulturpolitischen Bedenken der Kirche suchte Hitler in seiner Rede zum Ermächtigungsgesetz zu zerstreuen. Kurzum, die Bastionen der Kirchen schienen am 30. Januar 1933 noch gefestigt, bei den Katholiken mehr als bei den Protestanten, doch in Wahrheit waren viele ihrer Verteidiger gegenüber den Verlockungen des Nationalsozialismus nicht mehr immun, und das Bollwerk hatte schon deutliche Risse; sogar gegnerische Brückenköpfe hatten sich bereits gebildet.

Zwar waren die Verlautbarungen der beiden Kirchen zur Machtübernahme und zu den Märzwahlen nicht so, wie es sich Hitler gewünscht hatte, und auch die deutliche Stellungnahme der katholischen Kirchenführer für das Zentrum am 5. März hat Hitler vermutlich um die erhoffte absolute Mehrheit gebracht. Aber der Enthusiasmus der nationalen Erhebung machte vor den Kirchentüren nicht halt. Hinzu kam, daß Hitler nun als Reichskanzler jenen Gehorsam für sich beanspruchen durfte, den die Kirchen jeder Obrigkeit meinten schulden zu müssen. Schließlich war es die Furcht vor dem kommunistischen Umsturz, die auch die Kirchen dem neuen Regime geneigter machte. Evangelische Kirchenmänner feierten den neuen Staat schon enthusiastisch, und schließlich gab auch der katholische Episkopat am 28. März seinen Widerstand auf. »Ohne die in unseren früheren Maßnahmen liegende Verurteilung bestimmter religiös-sittlicher Irrtümer aufzuheben, glaubt daher der Episkopat, das Vertrauen hegen zu können, daß die vorbezeichneten allgemeinen Verbote und Warnungen nicht mehr als notwendig betrachtet zu werden brauchen.«[139]

Damit war der Damm gebrochen. Die Begeisterung für Hitler und den Nationalsozialismus wuchs auch in katholischen Kreisen. Die Geschlossenheit des Katholizismus, die bisher die Konfrontation zum Nationalsozialismus bestimmt hatte, verkehrte sich nun um so leichter in das Gegenteil, nachdem man vor vollendeten Tatsachen stand. Die hießen Ausschaltung des politischen Katholizismus und Reichskonkordat. Letzteres war für die katholische Kirche ebenso verlockend wie die Verheißung einer Reichskirche für die evangelische Seite.

Eine Klärung des Verhältnisses zum Katholizismus schien zunächst die schwierigere Aufgabe. Immerhin verfügte dieser über eine internationale Orientierung, was einer Gleichschaltung Grenzen setzen mußte. Außerdem gab es eine Wechselbeziehung von katholischer Kirche und politischem Katholizismus, die Hitler beunruhigte. Er habe das Ziel einer Vereinbarung mit der Kurie »so viel schneller erreicht«, erklärte Hitler in der entscheidenden Kabinettsitzung am 14. Juli 1933, »als er noch am 30. Januar gedacht hätte, das wäre ein so unbeschreiblicher Erfolg, daß demgegenüber alle kritischen Bedenken zurücktreten müßten«.[140] In der Tat, der Plan eines Reichskonkordats, von Papen ins Spiel gebracht und von Prälat Kaas tatkräftig unterstützt, brachte Hitler alles, was er sich im Augenblick erhoffen konnte. Der politische Katholizismus war ausgeschaltet, die Kirche ganz auf den »religiösen« Bereich zurückgedrängt, wo sie politisch nicht mehr stören konnte. Die Gegenleistung, nämlich die Garantie der freien Religionsausübung, der Schutz der katholischen Körperschaften, das Recht zur Verbreitung der Hirtenbriefe und die Erhaltung der Bekenntnisschule, schien auf den ersten Blick dafür zu sprechen, daß die Kirche der größere Gewinner war. Es war tatsächlich ein verlockendes Angebot, das die Kurie von keiner Weimarer Regierung bekommen hatte. Auf der anderen Seite hatte Hitler durch seine Doppelstrategie der Verlockung und der gleichzeitigen Drohung und Gewaltanwendung gegen Zentrumspolitiker der Kurie kaum einen größeren Verhandlungsspielraum gegeben. Auch gab er schon im Kabinett bei Vertragsabschluß zu verstehen, daß damit nicht das letzte Wort gesprochen sei, »etwaige Mängel des Konkordates könnten später, bei besserer außenpolitischer Lage, verbessert werden«.[141]

Tatsächlich war die Kirche im Irrtum, wenn sie auf eine Verbesserung ihrer Position nach dem Abschluß der Vereinbarung hoffte. Sicherlich, die katholische Kirche verfügte über eine Rechtsgrundlage, auf die sie sich immer berufen konnte. Aber das Klima zwischen Staat und Kirche verschlechterte sich nach der anfänglichen Hochstimmung der nationalen Erhebung zusehends, und die Trennung von Religion und Politik sollte sich bei einem totalitären Begriff von Politik, wie ihn die Nationalsozialisten anwandten, als Belastung erweisen. Jede mißliebige Äußerung oder Klage aus der Kirche ließ sich als »konkordatswidrig« anprangern, und die Kirche konnte ständig auf die Einhaltung ihrer Vertragspflichten verklagt werden. Es war ein hoher moralischer und politischer Preis, den man für die Rettung der kirchlichen Organisation gezahlt hatte. Nicht wenige Gläubige fühlten sich in ihrer Ablehnung des Regimes von der Kirche allein gelassen, und einer katholischen Opposition waren damit ähnlich große Hemmnisse auferlegt wie dem evangelischen Widerstand.

Schon im Herbst 1933 häuften sich die Verletzungen des Konkordats, doch die Bischöfe, unterstützt vom päpstlichen Nuntius, meinten die Zusammenarbeit mit dem Regime fortsetzen zu müssen. Eine Herausforderung für beide Kirchen mußte die Ernennung des »Neuheiden« Alfred Rosenberg zum Beauftragten des Führers für die »Überwachung der gesamten geistigen und weltanschaulichen Schulung und Erziehung der Partei und aller gleichgeschalteten Verbände« sein. Denn der Verfasser des »Mythus des 20. Jahrhunderts« war der Inbegriff aller kirchen- und christentumsfeindlichen Kräfte in der NSDAP, und die Auseinandersetzungen zwischen dem »Neuheidentum« Rosenbergs und den Kirchen, von Rosenberg als »Dunkelmänner unserer Zeit« denunziert, ließen nicht auf sich warten.

Zur selben Zeit war der protestantische Kirchenkampf entbrannt, der zwar im wesentlichen innerkirchlich-theologische Dimensionen hatte, unter den Bedingungen eines totalitären Regimes gleichwohl zum Politikum und damit zum Störfaktor für das Regime wurde. Viele Protestanten standen der »Bewegung« nicht abweisend gegenüber, und organisatorisch war die evangelische Kirche in 28 Landeskirchen zersplittert, was eine Machteroberung und Gleichschaltung begünstigen mußte. Denn Gleichschaltung war das vorläufige Ziel der Politik Hitlers, nicht Vernichtung, wie sich das Rosenberg und andere wünschten. Mit einer Reichskirche wollte man die Protestanten locken, wie man die Gewerkschaften mit der Einheitsgewerkschaft getäuscht hatte. Am 23. April 1933 machte Hitler den Königsberger Wehrkreispfarrer Ludwig Müller, der seinerzeit Blomberg gewonnen hatte, zu seinem Beauftragten für die Fragen der evangelischen Kirche, mit der besonderen Aufgabe, alle Tendenzen zur Schaffung »einer evangelischen deutschen Reichskirche zu fördern«.[142] Taktisch klug zog Hitler einen gemäßigteren Kirchenmann dem stürmischen Hossenfelder vor. Gleichwohl hatte Müller, der nun zur Schlüsselfigur in der Kirchenfrage wurde, die Unterstützung der Deutschen Christen, auch noch als er selbst das neuzuschaffende Amt des evangelischen Reichsbischofs anstrebte. In einer dramatischen Kampfabstimmung entschieden sich die Vertreter der Landeskirchen Ende Mai 1933 jedoch gegen Müller und

Der überwiegende Teil der württembergischen Pfarrer protestiert unverzüglich gegen den sogenannten Maulkorberlaß, nämlich das Reichskirchengesetz vom 4. Januar 1934, das jegliche kirchenpolitische Stellungnahme von den Kanzeln verbot.

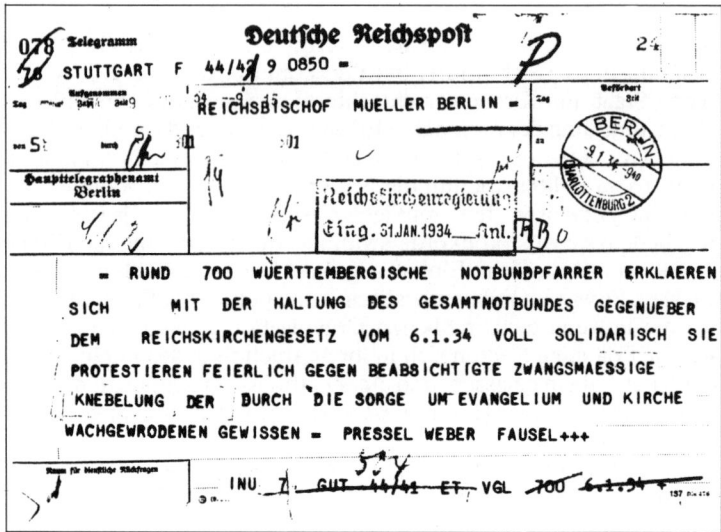

für Friedrich von Bodelschwingh aus Bethel, in der Absicht, damit die Unabhängigkeit der Kirche vom neuen Staat zu demonstrieren.

Schon vier Wochen später war aber die Verweigerungsfront zerbrochen. Heftige Angriffe der Deutschen Christen und der NSDAP sowie Unsicherheiten in den eigenen Reihen führten dazu, daß der Kirchenausschuß Bodelschwingh fallen ließ. Gleichzeitig setzte die preußische Regierung einen Staatskommissar für die preußischen Kirchen ein. Das war die Vorbereitung für die Machtergreifungsaktion Müllers: Vier Tage später besetzte er mit Hilfe von SA-Einheiten das Gebäude des Kirchenbundes und übernahm selbst die Leitung der evangelischen Kirche. »Legalisiert« wurde die Aktion durch eine »Verfügung zur Behebung der Notstände in Kirche und Staat«. Der von Müller nun einberufene Verfassungsausschuß stand vor der Zwangslage, entweder möglichst schnell eine Verfassung zu akzeptieren oder weiterhin die Leitung der Kirche in den Händen deutsch-christlicher Staatskommissare zu belassen.

Unter diesen Bedingungen kam es zum raschen Abschluß der Verfassung am 10. Juli und zu Kirchenwahlen bereits am 23. Juli 1933. Die Deutschen Christen führten, unterstützt von Partei und »Führer«, eine heftige Propaganda- und Drohkampagne mit dem Ergebnis einer überwältigenden Mehrheit für die SA-Jesu Christi. Die Auseinandersetzungen waren damit scheinbar entschieden, Hitlers Kirchenmänner hatten im Stil der nationalen Machtergreifung die evangelische Kirche erobert.

Mitten in diesen hektischen Gleichschaltungsaktionen und den Anzeichen für ein Vordringen einer mitunter skurrilen völkisch-nationalsozialistischen Reform der christlichen Lehre artikulierten sich die zersplitterten Kräfte der Verweigerung und Opposition deutlicher. Karl Barths Schrift vom Sommer 1933, »Theologische Existenz heute«, kritisierte die gesamte politisch inspirierte Kirchenreform. Im September sandte der Pfarrer Martin Niemöller, der im Kriege ein hochdekorierter U-Boot-Kommandant und selbst noch vor einiger Zeit voller Sympathien für den Nationalsozialismus gewesen war, 16 Thesen an seine Kollegen mit deutlicher Wendung gegen die Deutschen Christen. Er forderte alle Pfarrer auf, sich in einem Notbund zusammenzuschließen, der allein die Bindung an die Heilige Schrift und die Bekenntnisse der Reformation für maßgeblich erklären sollte. Seine politische Spitze erhielt der Pfarrernotbund von Anfang an durch die deutliche Stellungnahme gegen den Arierparagraphen im Kirchengesetz. Zum ersten Mal erhob der Notbund am 27. September 1933 im Namen von zweitausend Anhängern während der Nationalsynode in Wittenberg, die ganz unter dem Einfluß der Deutschen Christen stand, seine Stimme für die Verfolgten und für ein freies evangelisches Bekenntnis. Bis zum Januar 1934 schlossen sich ihm 7000 Mitglieder an, das war knapp die Hälfte aller evangelischen Pfarrer.

Gleichzeitig verloren die Deutschen Christen an Zugkraft und Einfluß. Als schließlich auf einer Kundgebung im Berliner Sportpalast im November 1933 der deutschchristliche Hauptredner die Abschaffung des Alten Testaments, die Aufhebung der jüdischen Theologie des Paulus und ein Bekenntnis zur arischen Heldengestalt Jesus forderte, hatten die völkischen Religionsreformer den Bogen überspannt. Die Basis lief der Glaubensbewegung davon, und ihre Organisation zerbröselte. Auf der einen Seite standen nun der Reichsbischof und die deutschchristlichen Kirchenleitungen, die zwar ihr Amt behaupteten, aber ihre Anhängerschaft in den Gemeinden verloren hatten, auf der anderen Seite der Pfarrernotbund und eine wachsende Zahl von Gemeindemitgliedern, die sich auf die theologischen Grundlagen der Kirche besannen. Das Regime reagierte auf diese gefährliche Frontstellung mit dem sogenannten Maulkorberlaß (4. Januar 1934), der alle kirchenpolitischen Stellungnahmen von den Kanzeln verbot.

Verschärft wurde die Lage dadurch, daß der Reichsbischof im Frühjahr und Sommer 1934 mit dem preußischen Kirchenkommissar als »Rechtswalter« die Gleichschaltung der Landeskirchen mit der Reichskirche zu erzwingen versuchte. Das gelang ihm dort, wo er sich auf deutschchristliche Mehrheiten stützen konnte; in Bayern, Württemberg und in Teilen von Hannover, wo die rechtmäßigen Bischöfe im Amt geblieben waren, stieß er auf Widerstand. Vor diesem Hintergrund versammelten sich die »Vertreter lutherischer, reformierter und unierter Kirchen, freier Synoden, Kirchentage und Gemeindekreise« zur ersten Reichsbekenntnissynode im Mai 1934 in Barmen. Dort und im Oktober in Berlin erreichte der Protest der nun als Bekennende Kirche organisierten Opposition gegen Gleichschaltung und Verfolgung seinen Höhepunkt. Mit dem Barmer Bekenntnis, das sich einzig auf die Grundsätze des Evangeliums stützte, erhielt die Arbeit der Bekennenden Kirche ihr theologisches Fundament, mit dem Berliner Treffen kündigten die »Barmer« den deutschchristlichen Kirchenleitungen den Gehorsam auf. Kurz darauf brach die Kirchenpolitik Müllers zusammen. Jetzt war Hitler der ständigen Streitereien in der evangelischen Kirche müde und rehabilitierte in aller Öffentlichkeit die drei renitenten Kirchenführer, die Bischöfe Wurm, Meiser und Marahrens aus Württemberg, Bayern und Hannover. Für den Augenblick schien es, als habe die

Berichtsheft zur Barmer Synode

Die Haltung beider Kirchen auf die Etablierung des Dritten Reiches war höchst zwiespältig. Katholiken wie Protestanten war die Niederlage der atheistischen Bedrohung aus dem bolschewistischen Lager willkommen; auch gab man sich Illusionen über eine »nationale Wiedergeburt« hin. So kam es hier zur Absicherung der eigenen Rechte durch ein Reichskonkordat zwischen Berlin und Rom, dort sogar zu »deutschchristlichen« Bewegungen und Treuekundgebungen für Führer und Reich. Sehr bald schon erkannten beide Konfessionen die wahre Natur des Regimes; über Glaubensverdeutlichung, Abwendung und Opposition fanden Vertreter beider Kirchen am Ende zum Widerstand.

Bekennende Kirche gesiegt. Tatsächlich war nur eine Atempause eingetreten.

Das Jahrzehnt von 1935 bis zum Ende des Regimes war durch eine kontinuierliche Verschärfung der Spannungen zwischen Kirchen und nationalsozialistischem Regime gekennzeichnet. Nachdem der Versuch der Gleichschaltung von innen gescheitert war, verstärkten sich nun die staatspolitische Kontrolle und die propagandistischen Attacken aus Partei und SS. In dem Maß, in dem sich die Radikalität des Regimes entfaltete, wuchs der Druck auf die Kirchen.

Ausgerechnet dem Reichsminister für Raumordnung, Hans Kerrl, einem ehemaligen Justizkassenrendanten, der nach der Machtergreifung zum preußischen Justizminister aufstieg, wurde nun auch noch die Leitung des neu errichteten Reichskirchenministeriums übertragen. Deutlicher ließ sich die Distanzierung von den Kirchen kaum noch dokumentieren.

Zur treibenden Kraft im Kampf gegen die Kirchen wurden jedoch der Parteiideologe Rosenberg und seine Verbündeten von Schirach über Bormann bis zu Himmler. Mit seinen beiden Kampfschriften »An die Dunkelmänner unserer Zeit« von 1935 und »Protestantische Rompilger« von 1937 ging Rosenberg noch über seine antikirchlichen Attacken im »Mythus« hinaus und erklärte ganz unverblümt die Unvereinbarkeit von christlicher Tradition und Nationalsozialismus. Die Kirchen sahen sich durch Rosenbergs Thesen umgekehrt zu einer systematischen Auseinandersetzung mit dem Nationalsozialismus gezwungen, die mit Kardinal Faulhabers Adventspredigten von 1933 schon begonnen hatte. Anfangs war man in Kirchenkreisen noch der Meinung, bei Rosenberg handele es sich um einen ideologischen Einzelkämpfer. Daß dies eine Illusion war, zeigte sich spätestens 1935. Rosenberg nutzte nun die Parteipresse und die in Millionenauflage verbreiteten »Schulungsbriefe« zum systematischen Angriff auf die Kirchen, insbesondere auf die katholische Kirche.

Wie er den Weltanschauungskampf zu führen gedachte, verdeutlicht eine Tagebuchnotiz zu einer Äußerung von Kardinal Faulhaber. Es sei »politisch unzweckmäßig«, den Kardinal einsperren zu lassen, es müsse vielmehr »eine Atmosphäre geschaffen werden, daß das Volk um ihn und seinesgleichen herum einen Bogen macht, wenn es sie trifft«.[143] Diesem Zweck diente offenkundig eine Serie von Prozessen und öffentlichen Angriffen gegen Priester und Ordensmitglieder wegen angeblicher devisenrechtlicher und sittlicher Vergehen. »Die Geheime Staatspolizei«, notierte der Berliner Domvikar W. Adolph im Juni 1937, »zieht mit einem großen Aufgebot von Beamten von Kloster zu Kloster und unterzieht dort Brüder, insbesondere aber Schulkinder, Lehrlinge, die kranken Insassen etc., einem eingehenden Verhör.«[144] Die Faustregel, nach der die Sonderkommandos vorgingen, lautete: »Mönch und Sittlichkeitsverbrecher ungefähr gleichzusetzen.« Oft wurden Geistliche und Laienbrüder ohne jegliches stichhaltiges Verdachtsmoment verhört mit dem festen Vorsatz, möglichst viele »Mönche« zu belasten. Rund 250 Sittlichkeitsprozesse wurden 1936/37 gegen katholische Geistliche und vor allem gegen Laienbrüder angestrengt – von der Presse mit hämischen Kommentaren begleitet.

Immer ging es einzig um Propaganda und Kampf, nicht um ordentliche Strafverfahren. Gleichzeitig verschärfte sich der Kampf gegen die Konfessionsschule.

Rosenberg standen in seinem Kampf Verbündete zur Seite, die mit mehr Macht und Einfluß ausgestattet waren als er selbst. Schirach versuchte die Hitlerjugend in einem militanten antikirchlichen Sinne zu erziehen; selbst Reichsinnenminister Frick sekundierte mit der Forderung nach einer »Entkonfessionalisierung des öffentlichen Lebens«.[145] Noch wichtiger wurde die Unterstützung Bormanns, des immer einflußreicheren Stabsleiters in der Parteikanzlei, und Himmlers, der seinen neuen »Orden« scharf von der christlichen Tradition abzugrenzen suchte.

Beide Kirchen betrachteten diese Entwicklung mit wachsender Beunruhigung. Noch waren sie sich nicht sicher, wie weit die kirchenfeindliche Propaganda offiziellen Charakter hatte, und gaben sich darum der Hoffnung hin, durch einen Appell an Hitler das Schlimmste verhindern zu können. »Es ist im deutschen Volk dahin gekommen, daß die Ehre deutscher Staatsbürger in den Staub getreten wird, weil sie Christen sind«, schrieben evangelische Kirchenführer am 10. April 1935 an Hitler: »Daher wenden wir uns an Sie ... als den Beschützer der deutschen Ehre nach innen und außen.«[146] Ähnlich klagten die katholischen Bischöfe vier Monate später in einer Denkschrift an Hitler. »Es hat zuweilen den Anschein, als hätten die Katholiken in Deutschland überhaupt keinen Anspruch mehr auf Ehrenschutz und Gerechtigkeit.«[147] Taktisch war vielleicht tatsächlich kaum ein anderer Weg geblieben, als den Reichskanzler an seine Versprechungen vom März 1933 zu erinnern. Aber die Hoffnung, ausgerechnet bei Hitler Unterstützung gegen die vermeintlichen radikalen Nationalsozialisten zu finden, verkannte die tatsächlichen politischen Akzentsetzungen und bestätigt, wie verwirrend die Rollenverteilung im Mächtespiel des Regimes für die Zeitgenossen war.

Über die Verteidigung unmittelbarer kirchlicher Interessen hinaus ging eine Denkschrift der Vorläufigen Kirchenleitung der Bekennenden Kirche vom Mai 1936, in der nun auch die Rassenpolitik des Regimes wie die Entrechtung durch Schutzhaft und Gestapowillkür angesprochen wurden. Immerhin hatten Dreiviertel der Bekenntnispfarrer in Preußen den Mut, diese grundsätzliche Kritik am Dritten Reich von der Kanzel aus zu verlesen. Auch die katholische Kirche entschloß sich Anfang 1937 zu einem öffentlichen Wort über die nationalsozialistische Ideologie und Unrechtspolitik. Von einem »Vernichtungskampf« war in der Enzyklika die Rede und von »mehr oder weniger öffentlichen Vertragsverletzungen«.[148] Die Gestapo beschlagnahmte sofort alle Exemplare, deren sie habhaft werden konnte. Doch die Verbreitung der Enzyklika war dadurch nicht mehr zu verhindern, zudem war sie bereits von den Kanzeln aller katholischen Kirchen verlesen worden.

Die entschlossenere Haltung der Kirchenführung stärkte auch im Kirchenvolk den Willen zur Nicht-Anpassung. Der Unmut der Gläubigen über die schikanöse Unterdrückungspolitik des Regimes äußerte sich in einer zunehmenden Beteiligung am kirchlichen Leben. Zwar stieg die absolute Zahl der praktizierenden Katholiken kaum, wohl aber ihr Engagement. Seit 1934 hatten Volksmissionen und Exerzitien erheblich mehr Zulauf; die Teilnahme an öffentlichen Veranstaltungen wie Prozessionen, Wallfahrten und Glaubenskundgebungen stieg geradezu sprunghaft an. Der »Kalker Bußwallfahrt« in Köln folgten in der Karwoche 1934 etwa 40 000 katholische Männer, das waren rund 10 000 mehr als im Vorjahr. Auch in anderen katholischen Regionen wurden Fronleichnamsprozessionen und Massenwallfahrten immer wieder zur Demonstration katholischen Selbstbehauptungswillens. Nicht weniger beeindruckend war die Widerstandsbereitschaft der katholischen Jugendorganisationen, die sich in Glaubenskundgebungen wie in der hartnäckigen Gruppenarbeit trotz Verbot und Verfolgung äußerte. Auch im Kampf um die Bekenntnisschule zeigte die katholische Bevölkerung Festigkeit. Eltern schickten ihre Kinder nicht mehr in die Schule, bis im Klassenzimmer wieder das Kreuz angebracht war.

In Oldenburg hatte der Staatsminister für Schulen und Kirchen, Pauly, bereits am 4. November 1936 angeordnet, daß bis zum 15. Dezember »kirchliche oder andere religiöse Zeichen – z. B. Kruzifix oder Lutherbild« aus allen Schulen und anderen öffentlichen Gebäuden entfernt werden müßten. Daraufhin legte der Offizial Vorwerk, Vertreter des Bischofs von Münster für Vechta und Cloppenburg, am 15. November in einer Kanzelerklärung »schärfste Verwahrung« gegen diese Verordnung ein und forderte die Gläubigen auf: »Helfet alle mit und tretet für die Erhaltung des Kreuzes in der Schule ein.« Wo immer katholische Geistliche auftraten, kam es zu Beifallsäußerungen; die Andachten waren überfüllt, überall wurden Wegekreuze geschmückt, nazifeindliche Flugblätter verteilt, Unterschriften gegen den Erlaß gesammelt und Protestschreiben ans Ministerium nach Oldenburg geschickt. »Werter Herr Staatsminister! Als katholischer Bauer und Familienvater von 6 Kindern lege ich starken Protest ein gegen die Entfernung des Kreuzes aus der Schule. Ist das der Dank für unsere Taten in bezug auf Winterhilfe und Steuern?« Ein Bürgermeister meldete: »Die Erregung im Volke ist derart groß, daß ich die Anordnung dieser Verfügung nicht durchführen kann«, ein anderer fürchtete, daß »bei der Durchführung der Aktion es unweigerlich zu einer offenen Rebellion kommen wird«. Als schließlich der Gauleiter Röver auf einer Großversammlung in Cloppenburg die Wogen glätten wollte und von Kolonien, Rasse und Kartoffeln, nicht aber von den Kreuzen sprach, kam es zu erregten Zwischenrufen und höhnischem Lachen, bis der Gauleiter entmutigt in den Saal schrie: »Die Verordnung vom 4. November 1936 ist zurückgenommen. Die Kreuze bleiben in der Schule.« Der Kreisschulleiter räumte in seinem Bericht ein, daß »von unserem Standpunkt ... ein grober taktischer Fehler« begangen worden sei. »Allgemein kann festgestellt werden, daß das Selbstbewußtsein des Klerus kolossal gestiegen ist und daß man die Zurücknahme als einen Canossa-Gang der Bewegung ansieht, die ihr Ziel einmal zu erkennen gab, aber anscheinend noch nicht die Macht hat, dieses durchzusetzen. Mit dieser Einstellung werden wir in Zukunft zu rechnen haben.«[149]

Hinter solchen Formen der Nonkonformität und Verweigerung

Würzburger Kiliansprozession
1935

standen traditionelle Loyalitäten und Lebensformen. Es ging um die kirchliche und kulturelle Selbstbewahrung, nicht um aktiven politischen Widerstand, wie auch die Haltung der Kirchen von der Behauptung theologischer und kirchlicher Positionen bestimmt war. Oft sprach sogar aus den spontanen Massenbekenntnissen der Gläubigen Unzufriedenheit über die allzu große Nachgiebigkeit der Kirchenführung. Dann bekam das Weihnachtslied »Ihr Hirten erwacht!« einen unüberhörbaren Hintersinn. Die meisten Gläubigen waren bereit, einer entschiedenen Abwehrhaltung der kirchlichen Führung zu folgen. Denn alle propagandistischen Offensiven der Partei hatten drastisch verdeutlicht, »daß der Kampf nicht mehr dem politischen Katholizismus, sondern der Religion selbst gelte«.[150] Der stumme Protest der Gläubigen wie die internen oder offenen Eingaben beziehungsweise Verkündigungen der Kirchen machten den Machthabern deutlich, wo vorerst die Grenzen ihres weltanschaulichen Durchsetzungs- und Totalitätswillens lagen. Insofern wurde auch der religiöse Beharrungswille zu einem Politikum.

Die Einsicht in die Grenzen der ideologischen Gleichschaltungspolitik und das verstärkte außen- und rüstungspolitische Engagement brachten seit 1937 wieder eine Phase der vorübergehenden Beruhigung. Die Entscheidung über die Lage der Kirchen wurde vertagt bis auf die Zeit nach einem siegreichen Krieg. Bis dahin beschränkte sich das Regime auf Schikanen, Verbote und Verhaftungen profilierter Kirchenführer wie etwa die Einweisung Martin Niemöllers in ein Konzentrationslager, auf Rede-und Schreibverbote, wie bei dem Theologen Dietrich Bonhoeffer von der Bekennenden Kirche.

Wie sich die Machthaber die zukünftige Rolle der Kirchen in ihrem Reich vorstellten, wurde dort deutlich, wo sie ungestört von Rücksichtnahmen auf das Konkordat und anderen Hemmnissen agieren konnten. Das war zunächst in Österreich der Fall und dann in den besetzten Gebieten. Hier versuchte Bormann, der schon vor der Machtübernahme den Kampf gegen die Kirchen auf seine Fahnen geschrieben hatte und der bald zum mächtigen Leiter der Parteikanzlei avancierte, die Kirchen schrittweise auf den Status privater Vereine zu reduzieren, die zu gegebener Zeit dann auch zu liquidieren wären.

Die große Endabrechnung war nur verschoben worden. Auf dem Höhepunkt der Machtentfaltung, im Juni 1941, erklärte Bormann in einem Rundschreiben an die Gauleiter, Christentum und Nationalsozialismus seien unvereinbar. Erst wenn der Einfluß der Kirchen völlig beseitigt sei, könne die nationalsozialistische Führung alle Volksgenossen erreichen. »Erst dann sind Volk und Reich für alle Zukunft gesichert.« Ähnliches plante die SS, die ebenfalls in diesem Spätsommer des Jahres 1941, als der Rußlandkrieg gewonnen schien, an die Vorbereitung »einer geschlossenen Bekämpfung des gefährlichsten aller Gegner durch die staatspolizeilichen Stellen« dachte. »Die politische Kirche übernimmt heute die Rolle, die die Spartakisten und Marxisten von 1918 spielten. Für diese Haltung ist den politischen Kirchen einst die Rechnung zu präsentieren.«[151]

Als im Dezember 1941 Reichskirchenminister Kerrl starb, wurde kein Nachfolger ernannt. Hitler vermied es, sich in der heiklen Frage der Kirchenpolitik festzulegen. Schließlich hatten sich 1940 bei der Volkszählung 95 Prozent der Bevölkerung zu den Kirchen bekannt. Das war ein gewaltiges Potential, das nicht unnötig in Unruhe versetzt werden durfte. Darum wurde weder der vergleichsweise vorsichtige Repressionskurs Kerrls fortgesetzt noch folgte Hitler den radikalen Vorstellungen Bormanns. Eine Entscheidung über das Schicksal der Kirchen war noch nicht gefallen, aber sie stand bevor.

Es war ein »merkwürdiger und unheimlicher Zwischenzustand«,[152] der bis zum Ende des Dritten Reiches anhalten sollte. Seine Vieldeutigkeit bestimmte auch die Mehrgesichtigkeit in der Haltung der Kirchen und Gläubigen, die von der Bereitschaft zur Anpassung über eine breite Verweigerung bis hin zum Widerstand einzelner reichte.

8. Früher Widerstand und Emigration

Der verwirrenden Vieldeutigkeit nationalsozialistischer Politik entsprach die Mehrdeutigkeit und Uneinheitlichkeit der politischen und geistigen Kräfte, die sich früher oder später der nationalsozialistischen Gleichschaltung oder Verfolgung entzogen oder widersetzten. Zu keinem Zeitpunkt gab es während des Dritten Reiches eine einheitliche Widerstandsbewegung. Selbst in den Phasen, in denen die politische Entwicklung Berührungen der verschiedenen Widerstandsgruppen untereinander zuließ, blieben die Differenzen im Denken und Handeln bei Hitlers Gegnern groß.

Der deutsche Widerstand setzte die politische und soziale Zerrissenheit der Weimarer Republik fort und nahm in mancher Hinsicht die spätere deutsche Teilung vorweg. Trotz zaghafter Annäherungen standen auf dem Höhepunkt der Widerstandsbewegung während des Krieges der kommunistische Widerstand auf der einen und die bürgerlich-konservativen, die militärischen, kirchlichen und sozialistischen Widerstandsgruppen auf der anderen Seite einander mißtrauisch und unversöhnlich gegenüber.

Die politische Spaltung und Verwirrung der deutschen Opposition gegen Hitler hatte auch zu tun mit der nationalsozialistischen Machtergreifungstechnik der »legalen Revolution«, die herkömmliche politische Herrschaftsmuster und Deutungen über den Haufen warf und damit potentielle Gegenkräfte schwächte. Mit ihren scheindemokratischen Manipulationen wie mit ihrer ambivalenten Verbindung von Tradition und Revolution, von Verlockung und Drohung unterbanden die Nationalsozialisten jeden Ansatz zu einer gemeinsamen Front der Gegner. Auch wenn es für Hitler selbst rundum nur ideologische Feinde gab – seine taktische Intelligenz verbot es ihm, sich mit mehr als einem Gegner einzulassen. Politische Erblasten und Fehleinschätzungen auf der einen, nationalsozialistische Manipulationstechniken auf der anderen Seite führten zu einer schrittweisen, insgesamt aber doch raschen Ausschaltung jeglicher politischen Opposition; sie erschwerten alle Versuche zur Formierung einer starken und geschlossenen Widerstandsbewegung. Erst als die politischen Parteien aufgelöst, verboten oder geschwächt waren, bildeten sich verstreute Zentren des Widerstands, die nun nicht nur mit einem unbarmherzigen Gegner rechnen, sondern auch mit den eigenen Fehleinschätzungen fertig werden mußten.

Hitler werde schon bald abwirtschaften, tröstete sich die Linke, und schlimmer als zur Zeit der Unterdrückung unter dem Sozialistengesetz könne es nicht werden. Erst langsam begriffen die Opfer den Unterschied zwischen Bismarck und Hitler, erst schrittweise offenbarte sich der politisch-ideologische Totalitätsanspruch, der schließlich auch vor bürgerlich-konservativen Positionen nicht haltmachte. Die unterschiedliche Reichweite des nationalsozialistischen Herrschaftsanspruches tat ein übriges, eine Einheitsfront gegen Hitler zu verhindern. Martin Niemöller, seit 1937 in nationalsozialistischer Haft, hat die Zerrissenheit der Gegner und Opfer des Regimes rückblickend beschrieben: »Als die Nazis die Kommuni-

Aus einer illegalen KPD-Zeitung von 1935

DEUTSCHE ERSATZSTOFFE

Ersatz für Freiheit

Ersatz für Kodlitions-u. Streikrecht

Heil Heil Heil Ersatz für öffentliche Meinung

sten holten, habe ich geschwiegen; ich war ja kein Kommunist. Als sie die Sozialdemokraten einsperrten, habe ich geschwiegen; ich war ja kein Sozialdemokrat. Als sie die Katholiken holten, habe ich nicht protestiert; ich war ja kein Katholik. Als sie mich holten, gab es keinen mehr, der protestieren konnte.«[153]

Der offene politische Widerstand begann eindeutig bei den Linken, innerhalb der Arbeiterbewegung. Diese war es ja auch, die von Anfang an unerbittlich verfolgt wurde. Ihr Widerstand konnte sich nur unter schwierigsten Bedingungen organisieren. Denn einmal wurde sie sehr bald ihrer gesamten Organisation und Infrastruktur beraubt, zum anderen lähmte sie sich selbst durch ihr mangelndes Verständnis der völlig neuen Formen totaler Unterdrückung und durch das Mißtrauen der einzelnen Gruppen untereinander.

Die Kommunistische Partei rief sofort zum Widerstand gegen das Regime auf, doch das blieb wirkungslos, da die Partei sich politisch selbst isoliert hatte und sich zudem fast nur auf Arbeitslose stützte. Sowohl ihre Taktik wie ihre Einschätzung der Situation waren völlig illusionär. Noch immer hielt die KPD daran fest, daß die Sozialdemokratie, Hauptstütze des »Sozialfaschismus«, der eigentliche Feind der Arbeiterbewegung sei und nicht die Nationalsozialisten.

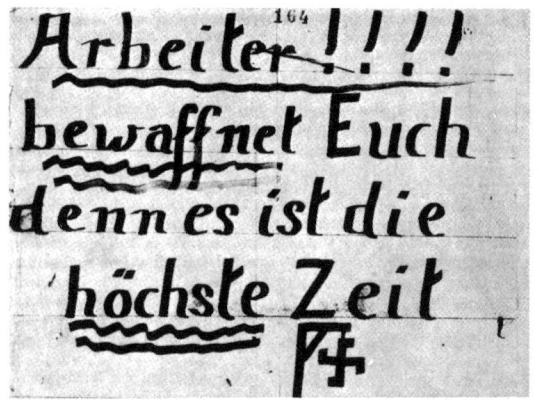

Arbeiter !!!! bewaffnet Euch denn es ist die höchste Zeit

Ihr könnt verhaften So viel ihr wollt Wir lassen uns nicht unterkriechn Rot Front

Kommunistische Plakate aus dem Mainzer Raum, August 1933

Die linke Untergrundpresse reagierte im allgemeinen so hilflos auf die Lage im nationalsozialistischen Staat wie die ideologische Exilliteratur. Bertolt Brecht ließ die Arbeiterklasse in seinen Emigrationswerken noch frieren und hungern, als die im Lande gebliebenen Funktionäre wie Julius Leber längst die eigentliche Gefahr in den Erfolgen des Regimes sahen – der allgemeinen Aufbruchsstimmung nach der Beseitigung der Arbeitslosigkeit.

Ihre Aufrufe zur Einheitsfront mit der sozialdemokratischen Basis blieben darum vordergründig und so gut wie ungehört.

Die KPD hatte zwar schon seit längerem mit einem Parteiverbot gerechnet und sich auch schon auf die Illegalität vorbereitet, aber auf eine derart schnelle und massive Terror- und Verfolgungskampagne durch die Regierung war sie nicht gefaßt gewesen. Kaum waren die Instrukteure der Parteiführung ausgeschwärmt, um die Bezirksleitungen auf die illegalen Arbeitsmethoden einzuschwören, da wurden sie schon von der Polizeiaktion Ende Februar überrascht. Noch in der Nacht des Reichstagsbrandes wurden Tausende Funktionäre verhaftet. Am 3. März konnte die Polizei schließlich den Parteivorsitzenden Ernst Thälmann festnehmen, bis April wurden allein in Bayern rund 4500 Kommunisten gefangen gesetzt, im Rhein-Main-Gebiet sogar fast 8000. Die Organisation war damit zerschlagen. Gerade eine zentralistische Partei wie die KPD, die hauptamtliche Parteisekretäre hatte, war um so verwundbarer, da man nur ihre Führungskader ausschalten mußte. So wie die kommunistischen Propagandisten seit Jahren den Nationalsozialismus unterschätzt hatten, so hatten sie sich völlig falsche Vorstellungen von der Illegalität gemacht. Der brutale Terror, den sie nun erleben mußten, überstieg alle Erfahrungen aus der Zeit des Sozialistengesetzes und während des zeitweiligen Verbots in der Weimarer Republik. Gleichwohl hielt die Partei an ihrem Glauben fest und verkündete unbeirrt den baldigen Zusammenbruch des faschistischen Regimes wie den »Sturz der herrschenden Klasse durch den bewaffneten Aufstand«.[154]

Die Erfahrung der Verfolgung bewirkte nur eine Verhärtung überkommener Einstellungen. »Je härter der Kampf«, hieß es in einem Aufruf der KPD-Bezirksleitung Niederrhein vom Juni 1933, »je zäher werden wir, und hoffnungsfroh sagen wir: Je eher kommt unser Sieg und um so schöner wird er sein.«[155]

Die Wirklichkeit des Widerstands sah freilich anders aus: es war ein ständiger Kampf ums Überleben und um den verzweifelt trotzigen Neuaufbau des Apparats. Flugblätter und Zeitschriften wurden verteilt, Beiträge kassiert. Es ging mehr darum, die eigene Existenz zu beweisen, als tatsächlich die »Massen« zu mobilisieren. An dem hierarchischen Aufbau der Partei von der Zelle bis zum Zentralkomitee hielten die Genossen fest, obwohl immer neue Verhaftungswellen über die gerade wieder errichteten Kader hereinbrachen. Nur die Führung wich Schritt für Schritt ins Ausland aus, nachdem die Arbeit im Reich immer schwieriger und gefährlicher wurde. Wilhelm Pieck, Franz Dahlem und Wilhelm Florin gingen bereits im Mai 1933 nach Paris, während eine Inlandsleitung unter John Schehr, Hermann Schubert, Fritz Schulte und Walter Ulbricht in Berlin blieb. Im Herbst 1933 übersiedelte das Politbüro ganz nach Paris. Über Grenzstellen in Kopenhagen, Amsterdam, Saarlouis, Prag und Basel wurde die illegale Arbeit gelenkt, wurden Kuriere ins Reich geschickt.

Neben ihrem Parteiapparat versuchten die Kommunisten auch ihre Parallelorganisationen aufrechtzuerhalten: die Revolutionäre Gewerkschaftsopposition wie die Rote Hilfe und den Kommunistischen Jugendverband, und das trotz verheerender Verluste. Das starre Festhalten an den eingeübten Denk- und Verhaltensformen und die ideologisch begründete Gewißheit eines baldigen Zusammenbruchs des Regimes stärkten Organisationswillen und Opferbereitschaft der Parteimitglieder, bis um 1935 der Kampf immer aussichtsloser wurde, die Reihen zu oft gelichtet worden waren. Bis dahin hatte die KPD eine Flut von Flugschriften und Zeitungen produziert, deren jährliche Auflage in der Anfangszeit eine Million erreicht haben dürfte. Zwei Jahre nach der Machtübernahme durch die Nazis waren die kommunistischen Revolutionshoffnungen verflogen, wobei mitspielte, daß die Wiedereingliederung vieler Parteimitglieder ins Arbeitsleben der Widerstandstätigkeit nicht nur aus Zeitgründen abträglich war.

Auch als der Kominternkongreß im Sommer 1935 in Moskau die Volksfronttaktik verkündete, ließ sich der Widerstandswille nicht mehr entscheidend beleben. Im Gegenteil, die Kursschwenkung verwirrte die Basis nur und ließ im Rückblick viele Opfer der zurück-

Als zwölfter Besprechungspunkt ist in Himmlers Kalender für eine Besprechung am 14. August 1944 der Name des kommunistischen Parteivorsitzenden Ernst Thälmann festgehalten, der, 1933 verhaftet, seit elfeinhalb Jahren in Einzelhaft sitzt. Wenige Wochen nach dem fehlgeschlagenen Staatsstreich vom 20. Juli wird seine Liquidierung beschlossen. In der ungelenk steifen Runenschrift des SS-Chefs wird beamtenmäßig akkurat festgehalten: »ist zu exekutieren«. Stalin hatte nach dem Pakt mit Hitler keine Anstalten gemacht, die Freilassung der deutschen Kommunisten zu erwirken, worauf die meisten von ihnen ihre Hoffnung gesetzt hatten.

liegenden Jahre sinnlos erscheinen. Auch waren die Einheitsfront-Parolen mittlerweile schon zu abgenutzt, als daß man mit ihnen innerhalb der Arbeiterbewegung neue Bündnispartner hätte gewinnen können. Und außerdem war die Verbindung der kommunistischen Auslandsleitung, die nun in Moskau angesiedelt war, zu den Widerstandsgruppen im Reich sukzessive abgerissen. Daran änderte auch der Aufruf zur Taktik des trojanischen Pferdes nichts. Gemeint war damit die Unterwanderung nationalsozialistischer Massenorganisationen, vor allem der Deutschen Arbeitsfront (DAF); das aber bot der Gestapo gleichzeitig die Möglichkeit, noch mehr Spitzel einzuschleusen.

Sozialisten wie Kommunisten mußten früher oder später die bittere Erfahrung machen, daß die bloße Fortsetzung der politischen Opposition und Propaganda in der Illegalität im totalen Staat scheitern mußte. Die Kommunisten sperrten sich am längsten gegen diese Einsicht und zahlten die größten Blutopfer. Taktisch geschickter verhielten sich die sozialistischen Splittergruppen und am Ende dann auch die SPD. Die Erfahrungen mit dem italienischen Faschismus lehrten sie, daß es zunächst darum gehen mußte, den Zusammenhalt und die Solidarität der Mitglieder zu wahren und durch politische Information die Anhänger zu immunisieren beziehungsweise die Kader zu stärken.

Über das künftige Verhalten und den möglichen Weg in die Illegalität war es in der SPD schon bald zu heftigen Auseinandersetzungen gekommen. Gegen das strikte Verbot der Parteiführung hatten linke und jüngere Sozialdemokraten, an ihrer Spitze die Gruppe »Neu Beginnen«, sich bereits im Februar 1933 zum Widerstand auch mit illegalen Mitteln entschlossen. Die Parteiführung selbst kam um diese Entscheidung nicht herum, als die Verfolgungen nach dem 2. Mai 1933 zunahmen. Der Parteivorstand zerstritt sich über diese Frage auf seiner Sondersitzung am 3. Mai: ein Rest-Vorstand um Paul Löbe wollte durch politisches Wohlverhalten das Schlimmste verhindern, was sich spätestens nach dem Parteiverbot am 22. Juni 1933 als Illusion erweisen sollte. Der übrige Parteivorstand mit Otto Wels, Hans Vogel und Friedrich Stampfer beschloß ins Exil zu gehen. In Prag konstituierte sich unter dem Vorsitz von Wels schließlich die Exilpartei Sopade. Einen Teil der Parteikasse hatten die Exilanten vor den Nazis gerettet, und da sie von seiten der Sudetendeutschen Sozialdemokratie wie anderer Schwesterparteien Unterstützung erhielten, hatten sie bald einen Apparat mit Druckereien und eigenen Presseerzeugnissen aufgebaut. In grenznahen Orten des benachbarten Auslandes richtete der Parteivorstand Grenzsekretariate ein, die von hauptamtlichen Mitarbeitern der Partei geleitet wurden. Für Nordbayern war beispielsweise der Nürnberger Hans Dill zuständig, ein erfahrener und zuverlässiger, aber wenig phantasievoller und eher biederer Parteifunktionär. Er ließ sich in Mies, knapp hinter der deutsch-tschechoslowakischen Grenze an der Bahnlinie Nürnberg–Prag nieder; für Südbayern war der zwanzig Jahre jüngere Waldemar von Knoeringen zuständig, Jahrgang 1906 und ganz durchdrungen von den »neuen« revolutionären Idealen, wie sie die Gruppe »Neu Beginnen« vertrat. Seine Leute schmuggelten in Rucksäcken, Kinderwagen und Fahrradrah-

Der Vorstand der 1933 im Prager Exil konstituierten Sopade (Sozialdemokratische Partei Deutschlands), dem mit Otto Wels, Hans Vogel und Friedrich Stampfer drei Mitglieder des alten SPD-Vorstandes angehörten (v.l.n.r.): Erich Ollenhauer, Hans Vogel, Friedrich Stampfer, Otto Wels, Albert Grzesinski und Siegmund Crummenerl.

men sozialdemokratische Druckerzeugnisse wie den »Neuen Vorwärts« oder die verkleinerte Ausgabe der »Sozialistischen Aktion« über die grüne Grenze ins Reich. Sie stellten Kontakte zu oppositionellen Zirkeln im Reich her und sammelten vor allem Informationen über die wirtschaftliche, soziale und politische Situation ihres Bezirks, über die allgemeine Stimmung, die Lage der Arbeiterschaft in den Betrieben, über Streiks und Arbeitsverweigerungen, über Terror und Unterdrückung, über Mißwirtschaft und Korruption. Das alles wurde von der Sopade ausgewertet und als »Grüne Berichte« für die eigene Arbeit wie für die politische Aufklärung im In- und Ausland benutzt.

Die Stimmung innerhalb der verbotenen und verfolgten Partei hoben die »Grünen Berichte« nicht, im Gegenteil, es wuchs die Einsicht in die geringen Chancen eines politischen Widerstandes. Tausende von führenden Sozialdemokraten waren verhaftet worden oder emigriert. Die Mehrheit der von der Verfolgung verschonten Parteimitglieder hielt einen offenen Widerstand für zwecklos und wartete ab. Eine illegale Massenorganisation konnten und wollten die Sozialdemokraten darum auch nicht aufbauen. Das Schicksal der KPD hatte ja auch gezeigt, daß ein hierarchisches System von Zellen und Regionalleitungen die Gestapo allzu leicht auf die Fährte der Widerstandsorganisation hätte locken können. So beschränkten die Genossen im Reich sich darauf, den Kontakt untereinander aufrechtzuerhalten und praktische Solidarität zu üben. Man traf sich zu gemeinsamen Wanderungen, in Sportvereinen und bei harmlosen Geselligkeiten.

Für die Mehrheit der Parteimitglieder ging es darum, durch gesellige und freundschaftliche Verbundenheit im vertrauten sozialmoralischen Milieu politisch zu »überwintern«. Ein Gestapo-Bericht von 1937 beschrieb diese Haltung zutreffend: »Abwarten, der Umschwung kommt von außen. Aber man muß sich für diesen kommenden Fall vorbereiten, um dann in gegebener Form die frühere Tätigkeit wieder aufnehmen zu können. Entsprechend dieser inneren Einstellung und dem Wunsch der Parteileitung, keine festen Organisationen aufzustellen, ist auch das Verhalten der Illegalen im

Lande. Man sitzt abends nach Betriebsschluß zusammen und trinkt ein Glas Bier, man trifft sich mit seinen früheren Gesinnungsgenossen in den Wohngebieten, man hält den Zusammenschluß durch Familienbesuche aufrecht, man vermeidet irgendwelche Organisationsformen und sucht in der geschilderten Weise nur, die Freunde bei ihrer Gesinnung zu halten. Bei diesen Zusammenkünften wird natürlich auch über die politische Lage gesprochen, es werden die erhaltenen Nachrichten ausgetauscht, man betreibt die sogenannte Flüsterpropaganda im großen, die zur Zeit die wirksamste illegale Arbeit gegen den Staat, seine Einrichtungen und Maßnahmen und gegen die Partei darstellt ... Dadurch, daß viele ehemalige Partei- und Gewerkschaftsfunktionäre heute als Vertreter und Reisende tätig sind, werden solche Parolen und so weiter verhältnismäßig rasch auch in die entferntesten Teile des Reichsgebiets getragen. Trotz des Umfanges dieser subversiven Tätigkeit ist es bisher selten gelungen, einen dieser Leute auf frischer Tat zu erfassen, ihn zu überführen und dem Gericht zur Aburteilung zu überstellen.«[156]

Noch konsequenter drängten sozialistische Splittergruppen zwischen SPD und KPD wie die Sozialistische Arbeiterpartei (SAP), der Internationale Sozialistische Kampfbund (ISK) und die kommunistische Oppositionsgruppe KPO auf eine sozialistische Erneuerung und Neuformierung der gespaltenen Arbeiterbewegung. Dank ihrer geringen Mitgliederzahl und ihres engen Zusammenhaltes konnten sie zunächst relativ geschlossen in der Illegalität weiterarbeiten, auch weil sie die Bedingungen ihrer Tätigkeit realistischer einschätzten. Vielversprechend ließ sich auch der Versuch eines Brückenschlags zwischen SPD und KPD in der Gruppe »Neu Beginnen« an, die für einen sozialistischen Neubeginn illegal im Reich und zugleich in der Emigration arbeitete. Plattform aller linkssozialistischen Versuche war eine Politik der Volksfront, in der sich Sozialdemokraten, Sozialisten und Kommunisten vereinigen sollten. Immer neue Verhaftungen, Prozesse und Verurteilungen bereiteten auch diesen Versuchen bald ein gewaltsames Ende.

So waren bis Mitte der dreißiger Jahre alle fester gefügten Widerstandsgruppen der Linken so gut wie zerschlagen, während sich lockere Verbindungen örtlicher Vertrauensleute länger behaupten und bei der Formierung einer breiteren Widerstandsfront während des Krieges leichter aktivieren ließen. Geschaffen hatte dieses Netz Julius Leber mit Freunden aus der Gruppe der jüngeren Sozialdemokraten; in der Zusammenarbeit mit der bürgerlich-konservativen Widerstandsbewegung sollte Leber während des Krieges zum Repräsentanten der Arbeiterbewegung werden.

Ein ähnliches Netz von Vertrauensleuten hatte sich auch unter ehemaligen Gewerkschaftsfunktionären gebildet, die ebenfalls auf den illusorischen Versuch, eine illegale Massenorganisation zu bilden, verzichtet hatten. Mitglieder von Einzelgewerkschaften und eine illegale Reichsleitung der Gewerkschaften unter dem ehemaligen hessischen Innenminister Wilhelm Leuschner versuchten, durch ein ganzes Netz von Kommunikationen den Zusammenhalt zu wahren und das Gerüst für einen zukünftigen Wiederaufbau zu schaffen. Leuschner führte vor, daß sich der Widerstand auch die Möglichkeiten nationalsozialistischer politischer und wehrwirt-

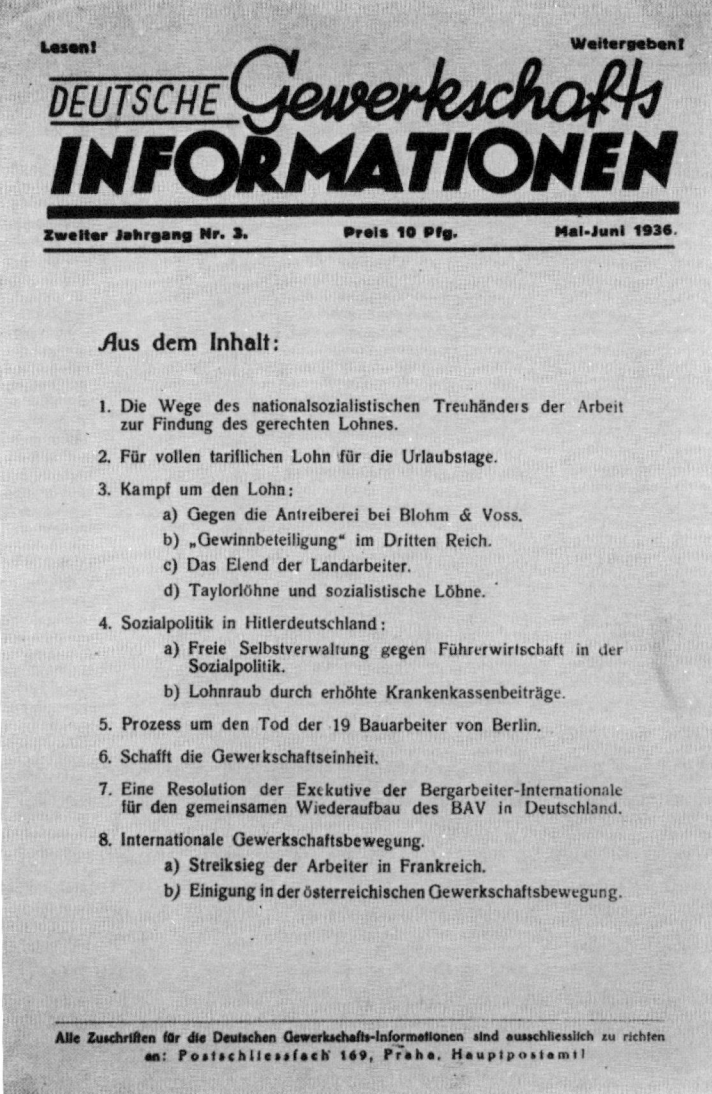

Aus der Tschechoslowakei, wo sich ab 1933 Exilorganisationen der Arbeiterbewegung gebildet hatten, eingeschmuggelte Gewerkschaftszeitung

schaftlicher Apparate zunutze machen konnte. Nach seiner Entlassung aus der Schutzhaft 1934 hatte er eine kleine Fabrik für Bierzapfhähne gegründet. Deren Patente über korrosionsbeständige Verschraubungen erlaubten die Einsparung kostbarer Buntmetalle und machten den Gewerkschaftsführer zum Produzenten rüstungswichtiger Güter innerhalb des nationalsozialistischen Vierjahresplanes. Leuschner und seine Mitarbeiter erhielten Passierscheine, die ihnen den ungestörten Kontakt mit höchsten Wehrmachtstellen erlaubten. Auch zur nationalsozialistischen Deutschen Arbeitsfront unterhielt Leuschner auf diese Weise Verbindungen und kam an wichtige Informationen.

Das erste Aufbegehren des deutschen Widerstandes war in der

Zielländer	Auswanderer (bis September 1939)		Jüdische Auswanderer nach europäischen Ländern (bis 31. 10. 1941)					
	ins-gesamt	davon Juden	aus dem Altreich seit 1. 1. 1933		aus Österreich		aus dem Protektorat Böhmen und Mähren seit 15. 3. 1939	
			absolut	in Prozent	absolut	in Prozent	absolut	in Prozent
Belgien			6 180	4	1 982	3	54	0,3
Dänemark			1 028	0,7	519	1	123	1
England			32 197	21	27 293	39	6 874	42
Frankreich			18 353	12	3 529	5	457	3
Griechenland			617	0,4	1 157	2	20	0,1
Holland			7 534	5	1 700	2	293	2
Italien			8 266	5	4 965	7	189	1
Jugoslavien			4 917	3	1 087	2	198	1
Lettland			3 070	2	789	1	12	0,07
Polen (bzw. Generalgouvernement, einschl. Aussiedlungen)			48 880	32	10 100	15	5 985	37
Sowjetunion			17	0,01	1 002	1	1	–
Schweden			1 329	1	725	1	80	0,5
Schweiz			1 862	1	3 420	5	74	0,4
Tschechoslowakei (bzw. Protektorat Böhmen und Mähren)			2 646	2	3 799	5	–	–
Ungarn			4 380	3	1 310	2	620	4
insgesamt	400 000	360 000	153 769		69 365		16 354	

Erzwungene Auswanderung nach 1933

Mitte der dreißiger Jahre verebbt, daran änderten alle Kampfesbeteuerungen nichts und auch nicht die organisatorischen und taktischen Anpassungsversuche. Die politische Opposition der alten Arbeiterbewegung war nicht nur durch einen immer effizienteren Verfolgungsapparat geschwächt; auch die Zustimmung, die das Regime aufgrund sowohl seiner arbeitsmarkt- als auch seiner außenpolitischen Erfolge in der Bevölkerung einschließlich der Arbeiterschaft fand, hat die Widerstandskräfte der Arbeiterbewegung dezimiert und isoliert. Widerstand war nun nicht mehr als Massenbewegung denkbar, höchstens als mutiges Handeln einzelner Personen und Gruppen. Diese Erfahrung mußten, wenn auch widerwillig, selbst die Parteien der politischen Linken machen.

Auch zu einer weiteren Einsicht mußte sich die Linke durchringen, wie später nicht viel anders der nationalkonservative Widerstand: Bloße Gegnerschaft bedeutete noch nicht wirkungsvollen Widerstand. Es galt, Abschied zu nehmen von vielen überkommenen politischen und organisatorischen Leitbildern und Strategien. Weder war die politische Situation so offen, wie man sich das lange eingeredet hatte, noch gab es im Staat Hitlers irgendwelche institutionellen Anknüpfungspunkte für einen Umsturz. Beides machte die Chancen, das Regime von innen heraus zu Fall zu bringen, nicht eben groß. Auch die offenkundige Erfolglosigkeit mußte mehr und mehr die politische Leidenschaft lähmen, was der moralischen Dimension ihres Handelns um so größeres Gewicht gab. Immer deutlicher wurde, daß mit einer Erhebung des Volkes nicht zu rechnen sein würde; das Regime erfreute sich zunehmender Popularität. So mußte man sich klar machen, daß nur ein revolutionärer Akt einschließlich des Hochverrats das verbrecherische Regime würde beseitigen können. Das mußte die politische Isolierung des Widerstandes nur noch weiter verstärken. Das galt für alle Gruppen, nur daß die bürgerlich-konservative Opposition solche Erfahrungen noch vor sich hatte.

Neben der Opposition war die Emigration eine Möglichkeit, der geistigen Gleichschaltung oder kollektiven Ächtung ganzer Gruppen zu begegnen. Auch war die Auswanderung oft ja der einzige Weg, der Bedrohung oder doch der Erniedrigung zu entgehen; der Weg nach draußen konnte auch Teil des politischen Widerstandes sein, der von Exilorganisationen unterstützt oder gesteuert wurde.

Die deutsche Emigration zwischen 1933 und 1945 war aber in sich ebenso zerspalten wie der innere Widerstand gegen das Regime. In das Spektrum des politischen Exils gehörte die Emigration der Intellektuellen ebenso wie die jüdische Auswanderung. Die Übergänge zwischen den Hauptgruppen waren oft ebenso fließend wie die zwischen den verschiedenen Formen des Widerstandes. Dem Regime waren alle diese Gruppen gleichermaßen unerwünscht. Und auch im Gastland verschwammen die Trennlinien. Im Exil gab es, schrieb Lion Feuchtwanger rückblickend, »nicht nur Menschen jeder politischen Gesinnung, sondern auch jeder sozialen Stellung und jeden Charakters. Jetzt, ob sie wollen oder nicht, bekamen sie alle das gleiche Etikett aufgeklebt, wurden sie alle im gleichen Topf gekocht. Sie waren in erster Linie Emigranten und erst in zweiter, was sie wirklich waren. Viele sträubten sich gegen eine so äußerliche Einordnung, doch es half ihnen nichts. Die Gruppe war nun einmal da, sie gehörten dazu, die Verknüpfung erwies sich als unlösbar.«[157]

Die deutsche Emigration gehörte in eine historische Tradition der politisch-religiösen Auswanderung beziehungsweise Vertreibung, die von Glaubensflüchtlingen wie den Hugenotten über die aristokratische Emigration während der Französischen Revolution und dem republikanisch-demokratischen Exil des 19. Jahrhunderts zur russischen, antibolschewistischen Emigration nach 1917 und einer ersten antifaschistischen Abwanderung aus Italien in den zwanziger Jahren reichte. Das Besondere der Emigration aus dem nationalsozialistischen Deutschland war die jüdische Emigration, die zu den subjektiven Motiven für die Auswanderung ein scheinbar objektives hinzufügte, das des angeblichen Rassenmerkmals. Die Verfolgung und Vertreibung Andersgläubiger hatte es immer gegeben, nun wurde sie zum ersten Mal biologisch begründet.

Für die mehr als 500000 jüdischen Deutschen war die Flucht ins Ausland schließlich die einzige Alternative, zunächst zur Demütigung, dann zur Vernichtung. Alle antisemitischen Maßnahmen und Ausschreitungen der Vorkriegsjahre zielten im letzten Ende dahin, die Juden aus Deutschland zu vertreiben, aber die jährlichen Auswanderungsquoten blieben weit hinter den Erwartungen der Machthaber zurück. Das hatte viele Gründe: neben bürokratisch-rechtlichen Hindernissen und finanziellen Hemmnissen in Deutschland wie in den Einwanderungsländern blieb der Wille zur

Illustration aus dem »Almanach der nationalsozialistischen Revolution«

Schon die ersten Wochen der nationalsozialistischen Herrschaft brachten eine Fluchtwelle demokratischer, linker und jüdischer Intellektueller. Triumphierend porträtierte die Parteipresse die Physiognomien der ins Ausland Gegangenen, um sie als artfremd zu demaskieren.

Bewahrung der eigenen deutsch-jüdischen Identität stark, selbst angesichts des chauvinistischen Fremdenhasses. Für die überwiegende Mehrheit der jüdischen Auswanderer, etwa 330 000 waren es schließlich aus Deutschland, 150 000 aus Österreich und 25 000 aus dem Sudetenland, bedeutete Emigration ja einen Akt der Trennung; mit Deutschland verbanden sich nicht nur Erinnerungen an eine Leidensgeschichte, sondern da waren auch die familiären und geographischen Traditionen, die Jahrhunderte zurückreichten. Die nationalsozialistische Verdrängungs- und schließlich Vernichtungspolitik erzwang den gewaltsamen Abbruch einer jahrhundertelangen Entwicklung, nämlich der »jüdischen Akkulturation im deutschsprachigen Mitteleuropa«.[158]

Daß die nationalsozialistische Vernichtungsideologie mit »jüdisch« zugleich anderes meinte als die Juden, zeigte sich schnell. Der Feldzug gegen »Kulturbolschewismus«, »Pazifismus« und »Internationalismus« wurde zwar unter dem Zeichen eines Kampfes gegen »artfremdes Blut« geführt, aber er meinte alle Erscheinungsformen der kulturellen Avantgarde und der linken politischen Kultur. Letzten Endes waren die »Linksintellektuellen« gemeint, unter denen freilich Juden zahlreich vertreten waren. So fielen »rassische« und politische Motive zusammen und waren Anlaß und Begründung der erzwungenen Auswanderung. Aber das traf nur für einen Teil der Emigranten zu.

Die politische Emigration und auch die Kulturemigration verharrten »mit dem Gesicht nach Deutschland« gewendet. Die Beziehungen zu Deutschland blieben bestehen, auch als immer deut-

Sepp Hilz, Bäuerliche Venus

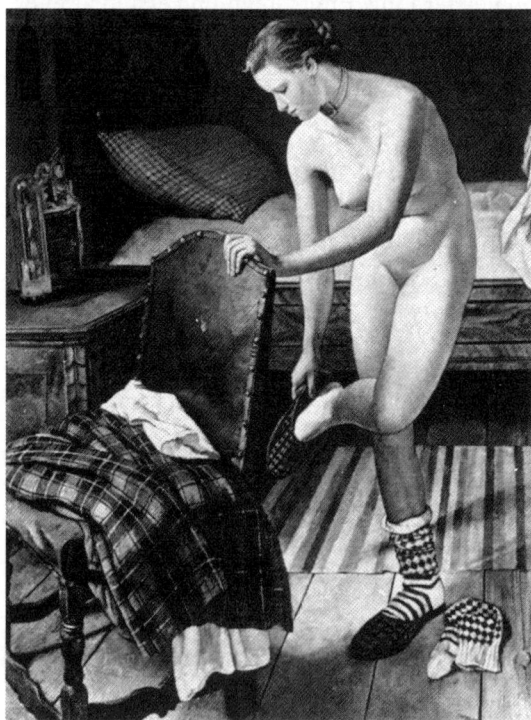

Der Kampf gegen die Moderne hatte in der Parteiagitation schon in den frühen zwanziger Jahren eine große Rolle gespielt; überall waren Schutzbünde für deutsche Art und Sitte gegründet worden. Nach der Machtergreifung versprach man der deutschen Kunst eine neue Blüte, die nur der Dürer-Zeit und der Epoche der deutschen Dome vergleichbar sein würde. Mit dem 15. Oktober, dem offiziellen Tag der Verkündung einer Kunst aus Blut und Boden, der Festigung der totalen Macht, radikalisierte sich der Kampf gegen die besiegte Avantgarde von Weimar.

Arno Breker in seinem Atelier

457

Plakat des Nelson-Theaters am Kurfürstendamm, 1926

Aus der Broschüre »Entartete Musik«, 1938

Die »Säuberung des Kunsttempels« galt der Musik wie der bildenden Kunst. Ausstellungen, Broschüren, Plakate führten den Kampf gegen die Avantgarde, die Hitler ganz aufrichtig für ein jüdisch-bolschewistisches Produkt zur Zersetzung der deutschen Volksseele hielt. Auch für seine engsten Kampfgenossen waren Konzessionen auf diesem Felde lebensgefährlich; so entfernte Goebbels vor einem Privatbesuch Hitlers aus seiner Privatwohnung alle anstößigen Kunstwerke, und eine halbwegs moderne Kunstausstellung, die Baldur von Schirach als Reichsstatthalter von Österreich in Wien veranstaltete, brach ihm fast das Genick.

licher wurde, daß man nicht nur kurzfristig vor der Diktatur ausweichen mußte. Bestehen blieb auch die Neigung, sich am Gewohnten zu orientieren; so weiter zu denken und zu handeln wie bisher. Das sicherte die persönliche Identität in einer neuen Umwelt, einer anderen Kultur und Sprache. Das suggerierte auch die Vorstellung, alles sei nur Episode. Die Weigerung zum Bruch und Neuanfang rügte Kurt Tucholsky 1935 in seinem letzten Beitrag für die »Neue Weltbühne«, den das »Schwarze Korps«, Organ der SS, voller zynischer Befriedigung nachdruckte: »... es geht alles weiter, wie wenn gar nichts geschehen wäre. Immer weiter immer weiter – sie schreiben dieselben Bücher, sie halten dieselben Reden, sie machen dieselben Gesten. Aber das ist ja schon nicht gegangen, als wir noch drin die Möglichkeit und ein bißchen Macht hatten – wie soll das von draußen gehen.«[159]

Der Weg aus Deutschland war für die meisten Emigranten ein Weg in Unbekanntes, eine »unsinnige Katastrophe«,[160] nicht selten mit dem Verlust der bürgerlichen Existenz verbunden. Kaum einer hat freilich diesen Verlust so schwer empfunden wie Thomas Mann, den die innere Unruhe immer wieder nach Hause zog, dem der Gedanke an eine Trennung von Deutschland unerträglich war. »Ich bin ein viel zu guter Deutscher, mit den Kultur-Überlieferungen und der Sprache meines Landes viel zu eng verbunden, als daß nicht der Gedanke eines jahrelangen oder auch lebenslänglichen Exils eine sehr schwere, verhängnisvolle Bedeutung für mich haben müßte.«[161] Auch wenn für ihn die Barbarei in Deutschland regierte, blieb es für ihn das Vertraute, blieb der Wunsch, dort doch das bessere Deutschland zu sehen, sich mit dem guten Deutschen zu identifizieren. Als ihm die Bonner Universität die Ehrendoktorwürde aberkannte, schrieb er an den Dekan der Philosophischen Fakultät: »Der einfache Gedanke daran, wer die Menschen sind, denen die erbärmlich äußerliche Zufallsmacht gegeben ist, mir mein Deutschtum abzusprechen, reicht hin, diesen Akt in seiner ganzen Lächerlichkeit erscheinen zu lassen. Das Reich, Deutschland soll ich

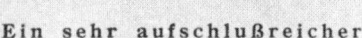

Ein sehr aufschlußreicher

rassischer Querschnitt

Man beachte besonders auch die unten stehenden drei Malerbildnisse. Es sind von links nach rechts: Der Maler Morgner, gesehen von sich selbst. Der Maler Radziwill, gesehen von Otto Dix. Der Maler Schlemmer, gesehen von E. L. Kirchner.

Der berüchtigten Ausstellung »Entartete Kunst«, die monatelang durch die großen Städte Deutschlands wanderte, waren Kampagnen vorausgegangen, in denen Bildnisse und Selbstbildnisse der Künstler von Brücke und Blauem Reiter als »kriminelle semitische Visagen« präsentiert wurden. Tatsächlich waren die Attacken auf die neue Kunst nicht so unpopulär, wie das im Nachhinein scheinen mag. Während der ganzen Dauer von Weimar war die Avantgarde eine Minderheitenkunst geblieben; nicht Klee, Schlemmer, Kirchner oder Belling waren die eigentlichen Künstler der Republik von Weimar, sondern Liebermann, Corinth und Slevogt oder Kolbe und Scheibe repräsentierten die zwanziger Jahre. Jetzt sanken die Preise der verfemten Künstler, auch wo sie noch – wie in der Galerie Buchholz in Berlin – gehandelt werden durften, ins Bodenlose, und nicht nur in Deutschland. Als Goebbels die »entartete« Kunst im Ausland versteigerte, erbrachte sie nur einen Bruchteil der Beträge, die man noch zehn Jahre zuvor dafür erhalten hätte.

Ausstellungsplakat 1936

beschimpft haben, indem ich mich gegen sie bekannte! Sie haben die unglaubliche Kühnheit, sich mit Deutschland zu verwechseln!«[162]

Andere Emigranten und einst an der Münchener Räterepublik beteiligte Schriftsteller, Ernst Toller etwa, suchten die weltbürgerliche Identität als Antwort auf den luftleeren Raum, in dem sich Kunst und Literatur der Emigration bewegten. »Eine jüdische Mutter hat mich geboren, Deutschland hat mich genährt, Europa mich gebildet, meine Heimat ist die Erde, die Welt mein Vaterland.«[163] Auch Thomas Mann sah den Sinn seines Exils schließlich im Bekenntnis zum Weltbürgertum, als er 1941 schrieb: »Das Exil ist etwas ganz anderes geworden, als es in früheren Zeiten war. Es ist kein Wartezustand, den man auf Heimkehr abstellt, sondern spielt

Werner Peiner, Die letzten Kartoffeln

Werner Peiner nahm in der parteioffiziellen Kunst eine Sonderrolle ein, die ihm deutlich von dem Aktmaler Ziegler und dem Landschaftsmaler Padua unterschied. Peiner drängte auf der einen Seite zu figurenreichen historischen Bildern in bewußter Anknüpfung an Altdorfers »Alexanderschlacht«. Andererseits entwarf er hieratisch strenge Landschaftsbilder, die Anregungen der Neuen Sachlichkeit mit altdeutschem Bildaufbau zu verknüpfen suchen.

schon auf eine Auflösung der Nation an und auf die Vereinheitlichung der Welt. Alles Nationale ist längst Provinz geworden ... Mir hat die Fremde wohlgetan. Mein deutsches Erbe habe ich mitgenommen. Ich habe aber auch von dem deutschen Elend dieser Jahre wahrhaftig nichts versäumt, wenn ich gleich nicht zugegen war, als in München mein Haus in die Brüche ging.«[164]

Eingesetzt hatten dieser Vorgang der innerlichen Abkehr und diese Umwertung bei Thomas Mann etwa um 1938, als er immer deutlicher erkennen mußte, »daß die Deutschen sich mit Hitler und Hitler sich mit Deutschland identifiziert hatte«.[165] Mehr noch, er fürchtete eine »faschistische Infiltration«[166] in ganz Europa und sah eine lange Zeit faschistischer Herrschaft kommen. »Die deutsche Emigration hat ein furchtbares Erlebnis mit denen gemeinsam, die innerhalb Deutschlands ihre Schmerzen und Hoffnungen teilten: Es war das qualvoll langsame, bis zum Äußersten immer wieder verleugnete Gewahrwerden der Tatsache, daß wir, die Deutschen der inneren und äußeren Emigration, Europa, zu dem wir uns bekannten und das wir moralisch hinter uns zu haben glaubten, in Wirklichkeit nicht hinter uns hatten; daß dieses Europa den mehrmals in so greifbare Nähe gerückten Sturz der nationalsozialistischen Diktatur gar nicht wollte.«[167]

Die politische Emigration war ein Spiegelbild der fortschreitenden Gleichschaltungs- und Verfolgungsmaßnahmen. Die erste Welle bestand aus Angehörigen der politischen Linken im weitesten Sinne: neben prominenten kommunistischen und sozialdemokratischen Politikern und Gewerkschaftsführern gingen auch

demokratisch-republikanische Verwaltungsbeamte und publizistisch-literarische Exponenten der Linken. Es folgten Tausende von kommunistischen, sozialdemokratischen und gewerkschaftlichen Funktionären, die ortsbekannte Gegner des Nationalsozialismus gewesen waren und nun persönliche Racheakte befürchten mußten. Ihr Exodus begann nach dem Reichstagsbrand und erhielt neuen Zustrom nach den endgültigen Parteiverboten im Frühsommer 1933. Eine feste Organisation ihrer Flucht gab es auch bei den großen Parteien zunächst nicht. Die nach draußen Gegangenen fanden Unterschlupf und auch Unterstützung bei Schwesterorganisationen im benachbarten Ausland. Erst allmählich gründeten sich feste Auslandsorganisationen und Parteivorstände im Exil.

Zu einer dritten Welle gehörten die im Widerstand politisch Aktiven, die seit 1934 das Land verlassen mußten, um dem Zugriff der Gestapo zu entgehen. Daneben fanden sich zunehmend auch Politiker bürgerlicher Parteien in der Emigration wieder, die früheren Reichskanzler Joseph Wirth und Heinrich Brüning, der im Juni 1934 vor der tödlichen Bedrohung floh, und ehemalige Reichsminister wie Gottfried Treviranus und Erich Koch-Weser sowie ihnen nahestehende Ministerialbeamte.

Schließlich gab es auch eine Emigration ehemaliger Nationalsozialisten wie Otto Strasser, der in Prag seine »Schwarze Front« organisierte, oder später Hermann Rauschning, Senatspräsident von Danzig, der 1936 zunächst nach Polen und dann über die Schweiz und Frankreich nach England und endlich in die USA ging. 1935 lebten etwa 5000 bis 6000 Sozialdemokraten, 6000 bis 8000 Kommunisten und fast 5000 Oppositionelle anderer Richtungen in

Max Beckmann, Eisenbahnlandschaft mit Regenbogen

Max Beckmann emigrierte 1938 in die Niederlande, wo er Krieg und Besatzung überstand. In diesen Jahren äußerster Bedrängnis kam sein Werk in den holländischen Landschaftsbildern und in den großen Triptychen auf den Höhepunkt, die die Erfahrungen der Gegenwart ins Mythische verdichten.

der Emigration, die Zuzug aus Österreich und dem Sudetengebiet erhalten sollten. Jede neue territoriale Eroberung Hitlers verstärkte nicht nur den Strom der politischen Flüchtlinge, sie zwang überdies viele Emigranten, auf der Flucht vor Hitler ihre bisherigen Gastländer zu verlassen. Allmählich bildeten sich Zentren des politischen Exils heraus: Frankreich mit etwa 9000 deutschen Flüchtlingen und die CSR, wo etwa 1500 Emigranten lebten. Nach Kriegsbeginn retteten sich viele nach Großbritannien, nach Schweden oder in die Schweiz. Für die kommunistischen Parteien wurde die Sowjetunion zum Zufluchtsort, aber auch zur Stätte neuer, jetzt parteiinterner Verfolgungen und Säuberungen.

Alle Exilorganisationen, besonders die der politischen Arbeiterbewegung, bemühten sich zunächst einmal darum, den Kontakt zum Widerstand im Inland zu halten und diesen politisch zu repräsentieren und zugleich zu steuern. Grenzsekretäre in den deutschen Nachbarstaaten waren dazu bestimmt, Informations- und Propagandamaterial zu verbreiten und umgekehrt über Kuriere Informationen von drinnen zu bekommen. Daneben führten die Exilgruppen den publizistischen Kampf gegen das Regime im Ausland; weit über 400 Zeitungen, Zeitschriften, Rundbriefe und andere Nachrichtenmittel versuchten eine »Offensive der Wahrheit«, hinzu kamen öffentliche Reden und Vorträge im Gastland sowie Buchpublikationen prominenter Emigranten. Daß das Regime diese Aktivitäten als Gefährdung seiner Herrschaftsziele ernst genommen hat, beweisen die intensiven Abwehrmaßnahmen, vor allem im Reichssicherheitshauptamt, das alle Datensammlungen und Spitzeldienste bündelte. Dort bediente man sich bürokratischer Schikanen und krimineller Methoden, um die materielle und politische Grundlage oder die persönliche Existenz der Emigranten zu treffen. Dazu gehörten Unterwanderung, Bestechung, Entführung und auch Mord wie die zehntausendfache Aberkennung der deutschen Staatsbürgerschaft, mit der die politischen Emigranten der Bewegungsfreiheit beraubt werden sollten, die ihnen der deutsche Paß im Ausland noch gab.

Was alle Emigranten und Exilparteien unaufhörlich beschäftigte, war die Frage, wie das alles möglich geworden war. In den Diskussionen der Linken über die Gründe für das eigene Scheitern setzten sich die alten Richtungskämpfe und Widersprüche der politischen Arbeiterbewegung fort. Die Niederlage des Jahres 1933 förderte die Selbstkritik, bei den Kommunisten weniger, bei den Sozialisten mehr. Unmittelbare Folge war meist eine Rückbesinnung auf linke, revolutionäre Traditionen. In diesem Sinne verkündete das Prager Manifest des sozialdemokratischen Exilvorstandes vom Januar 1934: »Im Kampf gegen die nationalsozialistische Diktatur gibt es keinen Kompromiß, ist für Reformismus und Legalität keine Stätte ... Der revolutionäre Kampf erfordert die revolutionäre Organisation.«[168] Das Manifest forderte die »restlose Zerstörung der kapitalistisch-feudalen und politischen Machtpositionen der Gegenrevolution«, in denen man die Wurzeln des Faschismus glaubte entdecken zu können.

Die Besinnung auf die ideologischen Grundüberzeugungen sollte die politische Stabilisierung der geschundenen Partei und ihrer Führung bringen. Das alte Dilemma der Arbeiterbewegung aber blieb: der Zwiespalt zwischen Reform und Revolution, der auch ein Stück zum Triumph Hitlers beigetragen hatte. Denn das deutsche Proletariat bestand überwiegend eben nicht aus jenen revolutionären Kämpfern, von denen in Emigrantenzirkeln und anderswo die Rede war. Umgekehrt war auch die deutsche Arbeiterschaft nicht geschlossen reformistisch, so daß sie die reformistische Praxis der SPD rückhaltlos hätte unterstützen können. Es war dieser Reformismus, der nun auch für den Sieg Hitlers verantwortlich gemacht wurde und der durch die neue, alte Einheit der Arbeiterbewegung ersetzt werden sollte. Der Sozialdemokrat Max Sievers hatte in seinem Urteil über die deutsche Emigration so unrecht nicht, als er in seiner Zeitung »Freies Deutschland« feststellte, daß sie »immer nur als die Verkörperung der Vergangenheit« auftrete. »Sie weiß nur, woher sie kommt, nicht aber, wohin sie will.«[169] Auch das organisatorisch weitgehende Bündnisangebot der KPD zu einer Volksfront, seit dem 7. Weltkongreß der Komintern im Sommer 1935 unermüdlich verkündet, ging in diese Richtung. Aber nicht deshalb scheiterte es, es scheiterte an dem unverhüllten Führungsanspruch der Kommunisten und dem hellsichtigen Mißtrauen der Exil-SPD.

Erst in der zweiten Phase des Exils, nach der ernüchternden Erfahrung der Stabilisierung der nationalsozialistischen Diktatur und der Veränderung der europäischen politischen und sozialen Bauformen durch Hitlers Krieg und die Antwort der Alliierten, richtete die sozialistische Emigration den Blick verstärkt in die Zukunft, auf einen demokratischen Neuaufbau in einer deutschen Nachkriegsordnung. Versickert und verschwunden sind in den langen Jahren des Exils und in der schließlich stattgefundenen Neuorientierung viele der Sonderformen und Sondergruppen der deutschen politischen Kultur, die zur Vielfalt, aber auch zum belastenden Erbe der Weimarer Republik gehört hatten: die Nationalrevolutionäre ebenso wie die linken Splittergruppen und die sie begleitende literarisch-publizistische Intelligenz von rechts und links.

Die eigentliche ideologische Literatur des Faschismus spielte im Dritten Reich nur eine untergeordnete Rolle; Hitlers »Mein Kampf« und Rosenbergs »Mythos des 20. Jahrhunderts«, wenngleich in Hunderttausenden, später Millionen Exemplaren verbreitet, bleiben ungelesene Pflichtlektüre. Zu beträchtlichen Erfolgen kamen aber bei den Lesern die Bücher über germanische Vorzeit, deutsches Mittelalter, preußische Kriege und daneben Werke der Bauern- und Seefahrtliteratur. Die Welt des politischen Kampfes, der ideologischen Schulung und der staatlichen Wirklichkeit spielte eine wenig beachtete Randexistenz wie auch die moderne Arbeitswelt, die in der geförderten Literatur gar keine Rolle spielte. Zu den meistgelesenen Büchern des offiziellen »Schrifttums« gehörten Hans Zöberleins »Glaube an Deutschland« und »Befehl des Gewissens«, Kuni Tremel-Eggert mit »Barb« und mit Absatzzahlen von jeweils rund einer halben Million »Das Erbe von Björndal« sowie »Und ewig singen die Wälder« von Trygve Gulbranssen.

Deutsche Erfolgsautoren 1938

Autor	Titel	Auflagenhöhe
Voß, Richard	Zwei Menschen	860 000
Bonsels, Waldemar	Biene Maja	770 000
Ganghofer, Ludwig	Schloß Hubertus	677 000
Dahn, Felix	Kampf um Rom	615 000
Herzog, Rudolf	Wiskottens	583 000
Keller, Paul	Heimat	573 000
Binding, Rudolf G.	Opfergang	525 000
Löns, Hermann	Wehrwolf	504 000
Rilke, R.M.	Kornett	500 000
Rose, Felicitas	Heideschulmeister Uwe Carsten	500 000
Flex, Walter	Wanderer zwischen zwei Welten	500 000

Die kulturelle Emigration blieb nicht nur auf Deutschland orientiert, sie konnte zudem mit gutem Recht von sich behaupten, das andere Deutschland zu repräsentieren, nämlich das linke, bürgerlich-demokratische, pazifistische und avantgardistische Deutsch-

Unerwünschte deutsche Erfolgsautoren

Autor	Auflage	Werke / Zeitraum
Ernst Wiechert	1 165 000	Gesamtwerk bis 1945
Gertrud von Le Fort	159 000	6 Werke bis 1940
Manfred Hausmann	125 000	5 Titel u. zusätzl. 85 Auflagen bis 1934
Joachim Ringelnatz	80 000	6 Werke bis 1935

Ausländische Erfolgsautoren
in deutschen Übersetzungen

Autor	Auflage	Werke / Zeitraum
Margaret Mitchell	250 000	»Vom Winde verweht«
Knut Hamsun	445 000	5 Titel bis 1939
John Knittel	260 000	4 Titel (Druckauflage) bis 1939
Warwick Deeping	198 000	11 Titel
A.J. Cronin	146 000	bis 1939
Selma Lagerlöf	143 000	9 Titel u. zusätzl. 190 Auflagen bis 1933
Sinclair Lewis	26 000	3 Titel
Ernest Hemingway	10 000	»In einem anderen Land«

land. Die Tendenzen, die das kulturelle Leben der Weimarer
Republik geprägt hatten, setzten sich mit einigen bezeichnenden
Ausnahmen in der Exilkultur fort, nicht mehr im Dritten Reich.
Dort war im wesentlichen das nationale, das traditionalistische,
das provinzielle und das metaphysische kulturelle Deutschland
zurückgeblieben, Hans Grimm, Hans Friedrich Blunck, Erwin
Guido Kolbenheyer. Anderen, die Deutschland nicht verlassen,
sich aber auch nicht dem totalitären Zugriff des Regimes unterordnen wollten, blieb die innere Emigration: Gottfried Benn, der
wenige Monate lang an die nationale Wiedergeburt geglaubt hatte,
Ricarda Huch, Ernst Wiechert, Erich Kästner, Oskar Loerke, Reinhold Schneider, um nur einige zu nennen. Sie und die nachwach-
sende jüngere Generation konnten sich nur auf Unverfängliches
zurückziehen: »auf antike Stoffe, auf Reisebeschreibungen, auf die
Darstellung individuellen Seelenlebens jenseits seines gesellschaftlichen Umfeldes«.[170] Ganz selten erschienen Werke, die der auf-
merksame Leser als versteckte Kritik verstehen konnte, wie Ernst
Jüngers »Auf den Marmor-Klippen« oder Werner Bergengruens
»Der Großtyrann und das Gericht«.

Der Emigration gelang es, für die literarische Welt des Auslandes
die deutsche Literatur zu repräsentieren. Zwischen 1933 und 1939
wurden weitaus mehr Exilschriftsteller übersetzt als solche, die in
Deutschland geblieben waren. Eigene Verlage oder Verlagsabteil-
ungen sorgten für die Verbreitung ihrer Werke und bildeten Kristalli-
sationskerne der intellektuellen Emigration: Querido oder Allert de
Lange in Amsterdam, Bermann-Fischer in Stockholm, die Editions
du Carrefour in Paris, Oprecht in Zürich. In Moskau sammelten sich
kommunistische Autoren in der Verlagsgenossenschaft ausländischer Arbeiter.

Mehr als ein Viertel der Emigranten kam aus dem Bereich der
Wissenschaft. Die Fächer waren dabei sehr ungleichmäßig reprä-
sentiert; ganze Fachrichtungen wurden ausgerottet, Fakultäten hal-
biert. Vor allem betroffen waren jüdische Wissenschaftler, ganz
unabhängig von ihrem wissenschaftlichen Ansehen. Unter den

Emigranten befanden sich einige der berühmtesten Naturwissenschaftler dieses Jahrhunderts, darunter insgesamt 24 Nobelpreisträger, von Albert Einstein und Max Born über Fritz Haber und James Franck bis zu Erwin Schrödinger und Otto Stern. Auch unter den emigrierenden Nationalökonomen, Sozialwissenschaftlern und Geisteswissenschaftlern waren herausragende Wissenschaftler: Goetz Briefs, Alexander Rüstow, Wilhelm Röpke, Joseph Schumpeter, Moritz Julius Bonn. Dann die gesamte »Marxburg«, das Frankfurter Institut für Sozialforschung: Theodor Adorno, Max Horkheimer, Herbert Marcuse; ferner Philosophen wie Ernst Bloch, Ernst Cassirer, Karl Löwith, Karl Popper; schließlich Kunsthistoriker, Historiker und Theologen. Es war ein ungeheurer Aderlaß, der ganze Wissenschaftszweige Deutschlands in einen Rückstand brachte und den Gastländern einen wissenschaftlichen Vorsprung bescherte, der nach dem Untergang des Dritten Reiches kaum noch aufzuholen war.

Allerdings blieb die kulturelle Emigration keine Einbahnstraße: nicht wenige kehrten nach 1945 zurück und brachten vielfältige Erfahrungen und Einsichten, neue Anstöße und wissenschaftliche Methoden mit. Die kulturelle Emigration und Remigration sollten zu Faktoren der Modernisierung und Internationalisierung von Wissenschaft und Kultur werden. Diese Rückwanderung und deren Folgewirkungen sehen heißt nicht die irreversiblen Verluste und die vielen persönlichen Opfer und Tragödien der Vertreibung übersehen, das Schicksal derer, denen es nicht gelang, in der Fremde Fuß zu fassen, die keinen anderen Ausweg aus ihrer Verzweiflung oder vor der drohenden Verhaftung fanden als den Freitod. Die deutsch-jüdische Symbiose war durch Ausmerzung und Vertreibung endgültig zu Ende und damit ein Stück deutscher und europäischer Tradition. Gleichwohl hat die Erfahrung von totalitärer Gleichschaltung und Emigration historische Ungleichzeitigkeiten und Sonderentwicklungen abgeschliffen, Denk- und Verhaltensmuster bekräftigt, die den Herrschaftszielen des Nationalsozialismus diametral gegenüberstanden und neue Kontinuitäten begründeten beziehungsweise befestigten, die eine Wiederholung der Konstellationen des Jahres 1933 ausschließen.

Die heimlichen Bestseller des Dritten Reiches waren Bücher wenn nicht des Widerstandes, so doch der verschwiegenen Abwendung. Unter der Maske fremder Länder und ferner Zeiten wurden Gegenwelten beschworen. Frank Thiess zeichnete unter dem Titel »Das Reich der Dämonen« das byzantinische Herrschaftssystem; Werner Bergengruen konfrontierte Recht und Willkür in einem Roman unter dem Titel »Der Großtyrann und das Gericht«; Ernst Jünger bildete den Einbruch der ungeordneten Tyrannis in zivilisierte Regionen in dem Buch »Auf den Marmor-Klippen« ab; Ernst Wiechert schrieb die Apotheose auf die Abkehr von aller Gegenwart, den Roman »Das einfache Leben«. Diese Bücher wurden in der Parteipresse totgeschwiegen und durch verweigerte Papierzuteilungen benachteiligt, aber das änderte nichts daran, daß es jene Romane waren, die das literarische Bewußtsein der Deutschen bestimmten, nachdem von Thomas und Heinrich Mann bis zu Feuchtwanger, Brecht und Zweig die Literatur der zwanziger Jahre ins Exil gegangen war.

VII.
Industriegesellschaft
unterm Hakenkreuz

Nirgends war die Doppelgesichtigkeit des Regimes so auffällig wie in seiner Wirtschafts- und Gesellschaftspolitik, nirgends die Widersprüchlichkeit von Selbstdarstellung und Wirklichkeit so offenkundig. Zum Kampf gegen die bürgerliche und industrielle Gesellschaft hatten die nationalsozialistischen Ideologen aufgerufen, gegen die Herrschaft der Großindustrie, der Großbanken, der Warenhäuser und der großen Gewerkschaften; für die Sicherheit der kleinen Leute wollten sie streiten, für Kleinstädter, Kleinhändler, Kleingewerbetreibende und Kleinbauern. Doch bis zum Kriegsbeginn war der Anteil der Industrie am Sozialprodukt kontinuierlich gestiegen, der Anteil der Landbevölkerung dramatisch gesunken. Auch die Zahl der selbständigen Handwerker war zurückgegangen, während die Frauenerwerbstätigkeit zugenommen hatte. Die Polemik hatte seit den frühen zwanziger Jahren den Großstädten gegolten, gegen die man das flache Land und das Dorf ausgespielt hatte. Aber die Städte wurden nicht kleiner, sondern größer, fast jede Stadt von Berlin bis Nürnberg hatte jetzt ein Erweiterungsprogramm. Die Modernisierung von Wirtschaft und Gesellschaft war nicht gestoppt, sondern im Gegenteil forciert worden.

Von einer Doppelrevolution des Nationalsozialismus hat man deshalb gesprochen: von einer Revolution der Zwecke, die gegen die bürgerlich-industrielle Welt gerichtet war, und einer Revolution der Mittel, die einen bürgerlichen und industriellen Charakter hatte und die aufgehaltene Modernisierung der deutschen Gesellschaft wider Willen fortsetzte.

Die Doppelgesichtigkeit lag zu einem großen Teil in dem Widerspruch zwischen den vagen gesellschafts- und wirtschaftspolitischen Zielvorstellungen einerseits und der revolutionären Großreichspolitik andererseits begründet. Denn die internationale Ordnung, die Deutschlands Anspruch auf Größe im Wege stand, konnte man nur mit den Mitteln der Technik und der Industrie umstürzen und durch eine Mobilisierung beziehungsweise Entfesselung der überkommenen bürgerlichen Gesellschaft. Im industriellen Zeitalter aber war jede militärische Auseinandersetzung, und auf die lief aus machtpolitischen wie ideologischen Überlegungen alles hinaus, nur mit den Mitteln der Industrie und in einem industriellen Krieg zu führen. Den Widerspruch zwischen Zielen und Mitteln wollte man dann eines Tages durch die territoriale Expansion im Osten aufheben. Dort sollte eine größere Kurskorrektur in der von Rüstung und totaler Mobilisierung für den Krieg bestimmten Politik vorgenommen, und dort sollte die rückwärtsgewandte Utopie des Nationalsozialismus verwirklicht werden. Die Lebensraumpolitik war gewissermaßen das Passepartout für alle ungelösten Probleme und Widersprüche.

Die Dynamik des gesellschaftlichen Wandlungsvorganges geht nicht allein auf die politischen Zielvorgaben des Regimes zurück. Nicht alles, was sich im nationalsozialistischen Deutschland ereignete, diente dem Ausbau und der Befestigung des diktatorischen Regimes. Vielmehr weckte der Nationalsozialismus als soziale Bewegung wie als politisches Regime Schubkräfte und Modernisierungstendenzen, die lange vorher angelegt waren und die nun zum Durchbruch kamen. Landflucht und Verstädterung, der soziale

Aufstieg neuer mittelständischer Schichten, die Vergrößerung des Dienstleistungssektors wie der Ausbau der staatlichen Daseinsvorsorge – das waren periodenübergreifende Entwicklungslinien, die von der Wirtschaftspolitik des Regimes freigesetzt und gefördert wurden, die mit der nationalsozialistischen Ideologie der Volksgemeinschaft gerechtfertigt werden konnten. Der Nationalsozialismus gab diesen Interessen und Tendenzen Entfaltungsmöglichkeiten, solange sie nicht dem Primat seiner weltanschaulich bestimmten politischen Herrschaftsziele zuwiderliefen.

Auch das zeichnete die Vielgesichtigkeit des nationalsozialistischen Deutschland aus: das Neben- und Ineinander spezifisch nationalsozialistischer Weltanschauungselemente und langfristiger zivilisatorischer Entwicklungen. Eine doppelte Lebenswirklichkeit konnte dadurch im nationalsozialistischen Deutschland entstehen: die Sphäre von nationalsozialistischer Weltanschauung und Herrschaft und die davon scheinbar unberührte Ebene moderner zivilisatorischer Lebensformen.

Indem die nationalsozialistischen Machthaber ebenso die materiellen Erwartungen wie die sozialen und kulturellen Lebensgewohnheiten der Bevölkerung berücksichtigten, sicherten sie sich Massenzustimmung und Loyalität. Nicht der Rausch der Massenrituale und die nationalsozialistische Utopie verschafften dem Regime dauerhafte Popularität und Stabilität, sondern seine wirtschaftlichen und außenpolitischen Erfolge sowie seine Fähigkeit, die Bevölkerung von den weltanschaulichen Zumutungen seiner Herrschaft abzulenken.

1. Krisenüberwindung und Rüstungspolitik

Arbeit und Brot hatte Hitler den Wählern in einer Rundfunkrede gleich am 1. Februar 1933 versprochen: »Die nationale Regierung wird mit eiserner Entschlossenheit und zähester Ausdauer folgenden Plan verwirklichen: Binnen 4 Jahren muß der deutsche Bauer der Verelendung entrissen sein, binnen 4 Jahren muß die Arbeitslosigkeit überwunden sein.«[1] Hitler wußte, daß eine erfolgreiche Wirtschafts- und Arbeitsmarktpolitik dem nationalsozialistischen Regime ein Kapital an Vertrauen und Zustimmung bringen würde und damit eine Autorität sicherte, »wie sie noch kein Regiment vor uns besessen«[2] hat. Tatsächlich wurde die Krise schneller und gründlicher überwunden, als es sich die Zeitgenossen im In- und Ausland vorgestellt hatten, schneller sogar, als es das Regime selber für möglich gehalten hatte.

Bereits 1936 war die Vollbeschäftigung erreicht, und es machte sich in einigen Bereichen ein empfindlicher Arbeitskräftemangel bemerkbar. Zur selben Zeit überstieg die Industrieproduktion unübersehbar den Höchststand der Vorkrisenzeit. Das reale Sozialprodukt pro Kopf lag schon um mehr als ein Viertel über dem Niveau der »goldenen Zwanziger«. Unzuträglichkeiten wie gelegentliche Versorgungsengpässe und eine sehr ungleichmäßige Lohnentwicklung zählten in dieser Situation weniger, vor allem wenn man sich die schweren Einbrüche und Hungerjahre der Wirtschaftskrise in Erinnerung rief.

Arbeitslosigkeit in ausgewählten Ländern (in Prozent), 1924-1938

	Deutschland	Großbritannien	USA	Frankreich
1924	4,9	10,3	8,0	3,0
1926	10,0	12,5	2,8	3,0
1929	8,5	10,4	4,7	1,0
1932	29,9	22,1	34,0	15,4
1933	25,9	19,9	35,3	14,1
1934	13,5	16,7	30,6	13,8
1935	10,3	15,5	28,4	14,5
1936	7,4	13,1	23,9	10,4
1937	4,1	10,8	20,0	7,4
1938	1,9	12,9	26,4	7,8

Entwicklung der Arbeitslosigkeit (in Mill.), 1928-1937

1 ab März 1935 mit Saarland

	1928	1929	1930	1931	1932	1933	1934	1935	1936	1937
Januar	2,3	2,8	3,2	4,9	6,0	6,0	3,8	3,0	2,5	1,8
März	1,7	2,5	3,0	4,7	6,0	5,6	2,8	2,4[1]	1,9	1,2
Mai	1,2	1,4	2,6	4,1	5,6	5,0	2,5	2,0	1,5	0,8
Juli	0,9	1,3	2,8	4,0	5,4	4,5	2,4	1,8	1,2	0,6
September	0,8	1,3	3,0	4,4	5,1	3,8	2,3	1,7	1,0	0,5
November	1,1	2,0	3,7	5,1	5,4	3,7	2,4	2,0	1,2	0,6
Jahresdurchschnitt	1,4	1,9	3,1	4,5	5,6	4,8	2,7	2,2	1,6	0,9

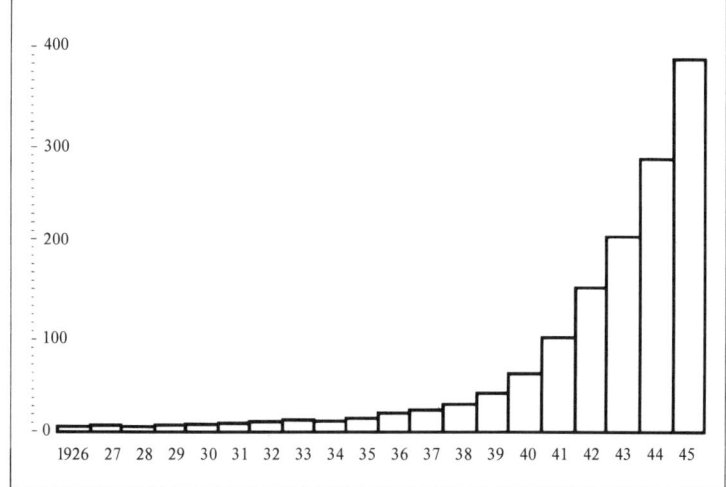

Entwicklung der Reichsschuld
(in Mrd. RM), 1926-1945

Das Wirtschaftswachstum, das
mit dem Jahr 1933 einsetzte,
brachte erst ein langsam steigen-
des und dann rapide wachsendes
Sozialprodukt, das sich im letzten
Friedensjahr gegenüber 1932 ver-
doppelt hatte. Das Tempo der
Aufrüstung machte dennoch in
immer höherem Maße eine
Finanzierung über Kredite notwendig. 1939 waren die Staats-
schulden auf rund 40 Mrd. RM
angewachsen, so daß sie sich nach
Meinung der Reichsbankgremien
auf haushaltskorrektem Wege
nicht mehr ausgleichen ließen. Es
wurde deutlicher, daß Hitler
davon ausging, mit dem Ertrag
von Eroberungskriegen auch die
Finanzen des Reiches sanieren zu
können. In dieser Situation weigerte sich Hjalmar Schacht als
Reichsbankpräsident, weitere Kredite zur Verfügung zu stellen. Seinen alarmierenden Bericht über
den Zustand der Reichsfinanzen
unterschrieb das gesamte Direkto-
rium der Reichsbank. Mitte
Januar 1939 erklärte Schacht seinen Rücktritt aus allen Ämtern.

Hinzu kam, daß sich die Wirtschaftssysteme der übrigen Industriestaaten noch längst nicht von der Depression erholt hatten. In
den USA betrug die Arbeitslosigkeit zur selben Zeit noch immer 20
Prozent, in England mehr als 10 Prozent. Bald sprach man auch im
Ausland von einem »deutschen Wirtschaftswunder«. Das alles
stärkte den Glauben an einen ungebrochenen Aufwärtstrend und
verdrängte die Tatsache, daß der Wirtschaftsboom mehr und mehr
Resultat einer Kriegsrüstung war.

Ein ganzer Katalog von erst produktiven, dann aber zunehmend
zerstörerischen Maßnahmen hatte das Wirtschaftswunder herbeigeführt. Während die Weltkonjunktur noch längst nicht anzog und
keine Impulse gab, gab der Staat die Anstöße und löste, auch um den
Preis einer erhöhten Staatsverschuldung, die fehlende Nachfrage
nach Gütern und Dienstleistungen aus. Das war ganz im Sinne der
antizyklischen Krisenpolitik von John Maynard Keynes, nur daß
Hitler und seine Wirtschaftsberater die Arbeitslosigkeit bereits
erfolgreich kuriert hatten, bevor Keynes seine Erklärung darüber
abgeschlossen hatte, wie sie entstünde und wie sie zu bekämpfen
sei.

Die Nationalsozialisten hatten solche Krisenkonzepte nicht
erfunden, und bei ihrem Regierungsantritt hatten sie auch bereits
eine Reihe von konjunkturpolitischen Programmen und Instrumenten vorgefunden, die nur angewandt und ausgeweitet werden mußten. Aber die Hitler-Bewegung hatte doch schon relativ früh Kontakte zum Kreis der »deutschen Keynesianer« hergestellt und
konsequenter als andere Parteien und Regierungspolitiker den
Gedanken eines staatlichen Arbeitsbeschaffungsprogramms in ihr
»Sofortprogramm« von 1932 aufgenommen.

So widersprüchlich und konfus die wirtschafts- und gesellschaftspolitischen Vorstellungen innerhalb der NSDAP bei der Machtübernahme insgesamt waren, die Parteiführer wußten um die politische
Bedeutung einer erfolgreichen Krisenüberwindung und waren entschlossen, die neuen wirtschaftspolitischen Ansätze in größerem

Verwendungszweck	bis Ende 1933	bis Ende 1934
Öffentlicher Bau (Straßenbau, Versorgungsbetriebe, öffentl. Gebäude, Brücken- und Tiefbau)	855,6	1002,4
Wohnungsbau (Instandsetzung, Kleinsiedlung, Eigenheimbau und Stadtsanierung)	723,3	1280,0
Verkehrsunternehmungen (Reichsbahn, -post, -autobahnen, Schiffahrt)	950,8	1683,9
davon: Reichsautobahnen	(50,0)	(350,0)
Landwirtschaft und Fischerei (Bodenverbesserung, Siedlungen, Fischerei, Instandsetzungen)	337,4	389,2
Konsumförderung	70,0	70,0
Reichsanstalt für Arbeitsvermittlung und Arbeitslosenfürsorge[1]	164,0	568,0
insgesamt	3101,1	4994,0
zum Vergleich: zusätzliche Rüstungsausgaben[2]	100,0	3400,0[3]

Zivile Arbeitsbeschaffungsmittel nach Verwendungszwecken (in Mill. RM), 1933/34

1 Grundförderungsbeträge; einschließlich Förderungsmittel für den Arbeitsdienst, die jeweils knapp die Hälfte ausmachen. Die Mittel der Reichsanstalt für den Eigenheimbau werden unter »Wohnungsbau« ausgewiesen.
2 Einschließlich durch Mefo-Wechsel finanzierte Ausgaben.
3 Für 1934 liegen auch abweichende Schätzungen vor. Sie dokumentieren aber alle den Vorrang ziviler Arbeitsbeschaffungsmaßnahmen in der Frühphase des NS-Regimes. Im Vergleich muß ebenfalls berücksichtigt werden, daß die Masse der Rüstungsausgaben erst gegen Ende 1934 anfällt.

Umfang zu erproben. Es traf sich gut, daß sie mit dem neuen Reichsbankpräsidenten Hjalmar Schacht über einen international angesehenen Finanzexperten verfügten, der das nötige Vertrauen bei Hitler wie bei der Großindustrie besaß und der bereit war, sowohl zum Zwecke der Arbeitsbeschaffung wie auch für die Rüstung beinahe jede Summe zur Verfügung zu stellen.

Das Finanzgenie, als das er auch von den Nazis anfangs gefeiert wurde, hatte sich 1931 in das Lager Hitlers begeben und diesem Beziehungen und Reputation verschafft. Schacht war ein ebenso geistreicher wie egozentrischer Mann, weltläufig und unnachgiebig. Der Schüler des Nationalökonomen Schmoller, der nach dem Ersten Weltkrieg zunächst Mitglied der Deutschen Demokratischen Partei (DDP) und seit Dezember 1923 Reichsbankpräsident gewesen war, hatte noch im Sommer 1929 als deutscher Hauptdelegierter auf der Pariser Sachverständigenkonferenz den Young-Plan ausgehandelt, sich aber bald darauf mit der Regierung überworfen, der er vorhielt, sie habe durch Konzessionen sein Konzept verwässert. Im Frühjahr 1930 war er von seinem Posten zurückgetreten und hatte mit seiner Rechtfertigungsschrift »Das Ende der Reparationen« (1931) Wasser auf die Mühlen der nationalen Rechten gelenkt, die ihn nun zu ihrem Wirtschaftspropheten erkor. Kein Wunder, daß ihn die Regierung Hitler im März 1933 wieder als Reichsbankpräsident einsetzte und ihn 1934 kommissarisch mit dem Amt des Reichswirtschaftsministers betraute. In der Person dieses Exponenten großwirtschaftlicher Interessen in der politischen Führung des Dritten Reiches spiegelten sich die widersprüchlichen Erwartungen und Ziele der konservativen Machtgruppen. Als Verfechter liberal-kapitalistischer Prinzipien, die er für den Moment der Krise und der Erholung durch staatliche Lenkung und Eingriffe bereit war aufzugeben, stand er den verschwommenen ständischen Wirtschaftsvorstellungen der NSDAP im Grunde fern; noch am Tage seines Amtsantritts im Reichswirtschaftsministerium im Juni 1934 entließ er mit Zustimmung Hitlers Staatssekretär Gottfried Feder, den Propagandisten der »Brechung der Zinsknechtschaft«. Seine außenpolitischen und außenwirtschaftlichen Ziele schienen nur auf den ersten Blick teilweise deckungsgleich mit denen Hitlers. Großmachtpolitik und ein mitteleuropäischer Großwirtschaftsraum waren die Vorstellungen des wilhelminischen Imperialisten Schacht, denen er seit seiner Zeit als Sekretär des »Handelsvertragsvereins« 1902 und als Mitbegründer des »Arbeitsausschusses für Mitteleuropa« unter Führung Friedrich Naumanns und Ernst Jäckhs treu geblieben war.

Als Schacht 1935 zum »Generalbevollmächtigten für die Kriegswirtschaft« ernannt wurde, konnte er sich für einige Zeit in der Stellung eines »Wirtschaftsdiktators« wähnen und dies, obwohl er seit 1933 im ständigen Konflikt mit nationalsozialistischen Gauleitern und dem mächtigen Reichsbauernführer Darré lag. Noch hatte er Hitlers Wohlwollen, der den eigenwilligen Experten brauchte. Wenn das deutsche Volk ihm einmal ein Denkmal errichten sollte, erklärte der Diktator damals, müsse er Schacht neben sich haben, dem das Hauptverdienst in der Aufrüstung zukomme. Das änderte sich freilich, als der Marktwirtschaftler Schacht begann,

Der Reichsarbeitsdienst griff wie so viele Institutionen des Dritten Reiches auf Einrichtungen der Republik zurück. Das Regime feierte seinen Beitrag zur Beseitigung der Arbeitslosigkeit, aber seine Leistung auf diesem Felde trat in dem Maße zurück, in dem die konjunkturelle Wirtschaftsgesundung voranschritt. Die Trockenlegung von Sümpfen, die Anlage von Deichen und der Bau von Autobahnen hatten ihren wichtigsten Effekt in der Dynamisierung des Bewußtseins; so spielte es keine Rolle, daß der Tageslohn kaum merklich über der Arbeitslosenunterstützung der Notzeit lag: Man stand nicht mehr nach Almosen an, sondern erfüllte eine nationale Aufgabe.

Die Anlage von Autobahnen nach dem Vorbild der amerikanischen Highways wurde bereits in den letzten Jahren der Republik konzipiert. Die Hafraba (Hamburg-Frankfurt-Basel), als erste Nord-Süd-Magistrale gedacht, blieb aber in der Weltwirtschaftskrise stecken und kam über Planungen nie hinaus. Mit Dienstverpflichtungen und Kreditaufnahmen wurde der Autobahnbau für Hitler eines der spektakulärsten Elemente von Neuaufbau und Arbeitsbeschaffung zugleich, und der Elan der Grundsteinlegungen und Streckeneröffnungen mobilisierte die allgemeine Aufbruchsstimmung. Die Streckenführung zeigt, daß im Gegensatz zur nachträglichen Interpretation militärische Überlegungen im Hintergrund standen. Die zu erwartenden Truppenbewegungen nach Osten ließen sich auf den dünnen Autobahnführungen in Pommern oder Schlesien niemals bewältigen, während das dichte Straßensystem im Süden gerade auf den einzigen Verbündeten des Reiches, das faschistische Italien, gerichtet war. Streckenführung und Brückenbau der dreißiger Jahre nahmen in ungewohnter Weise auf landschaftliche Besonderheiten Rücksicht, wobei im Gegensatz zur Nachkriegsplanung Mehrkosten durch Hanglagen und Kurvenführungen bewußt in Kauf genommen wurden. Tatsächlich galt auch im Ausland das deutsche Autobahnnetz als das schönste Highway-System der Welt.

Die Reichsautobahn 1936. Sie sollte, so hieß es, den Deutschen ihre Heimat erschließen.

immer deutlicher auf die unheilvollen Folgen eines überstürzten Tempos der Rüstung für die deutsche Wirtschaft hinzuweisen. Eine diesbezügliche Denkschrift vom 7. Januar 1939, die an Deutlichkeit nichts mehr zu wünschen übrig ließ, führte dann zum endgültigen Bruch. Das war das Ende der konservativen Mäßigung des Regimes, das der auch selbstbewußte Finanzmagier anfangs gemeint hatte steuern zu können.

Auch die Großindustrie wollte unter solchen Konstellationen ihre bisherige Abneigung gegen aufwendige Arbeitsbeschaffungsprogramme nicht länger aufrechterhalten, wußte man doch, daß nur ein baldiger Weg aus der Krise die überkommene Wirtschaftsordnung bewahren konnte. Zudem waren die politischen Rahmenbedingungen durch die Ausschaltung der lästigen Gewerkschaften und das Versprechen von lukrativen Rüstungsaufträgen günstiger denn je.

Hinzu kam, daß die neue Regierung wie in der Außenpolitik so auch in der Wirtschaftspolitik die Früchte ernten konnte, die die Vorgänger gesät hatten. Die wirtschaftliche Talsohle war im Sommer 1932 erreicht, und einige Indikatoren wiesen unverkennbar nach oben, auch wenn im Winter 1932/33 noch einmal ein konjunktureller Einbruch erfolgte. Zwar stand die eigentliche Krisenüberwindung noch bevor, die Voraussetzungen für ein »Wunder« aber waren im Februar 1933 so schlecht nicht.

Tatsächlich investierte die nationalsozialistische Regierung bis Ende 1934 etwa 5 Milliarden Reichsmark zum Zwecke der Arbeitsbeschaffung, das war mehr als das Dreifache der gesamten industriellen Investitionen in diesem Zeitraum. Die Ausgaben galten vor allem dem Ausbau der öffentlichen Infrastruktur und der Förderung des privaten Wohnungsbaus. Dazu kamen immer erheblichere Summen für die Reichswehr, obwohl sie in der Anfangsphase noch nicht übermäßig hoch waren, schon weil die entsprechenden Rüstungsplanungen der Militärs nicht so schnell in Gang kommen konnten.

Neben den direkt wirksamen Ausgaben für den Straßenbau und für Siedlungsvorhaben sollte mit indirekten Maßnahmen wie Steuernachlässen, Darlehen und Subventionen der »Generalangriff gegen die Arbeitslosigkeit« geführt werden. Unaufhörlich rief die Reichsregierung zur »Arbeitsschlacht« auf, und mit jedem ersten Spatenstich und jeder Grundsteinlegung demonstrierten die Nationalsozialisten, daß zur Krisenbekämpfung auch Psychologie und Magie gehören. Der martialische Unterton der Kampagne störte die Mehrheit der Bevölkerung wenig, vermittelte er doch den Eindruck von Entschlossenheit; er schuf ein allgemeines Mobilisierungsbewußtsein.

Der geradezu legendäre Autobahnbau, bereits in der Weimarer Republik planerisch vorbereitet, war nicht nur der spektakulärste, sondern auch charakteristischste Teil der öffentlichen Infrastrukturmaßnahmen. Es waren die technikgläubigen, modernistischen Züge im Nationalsozialismus, die hinter dem Autobahnbau standen und weniger militärisch-strategische Überlegungen, die man mitunter dahinter vermutet hat. »In zehn Jahren«, so prophezeite Hitler 1938 seinem Heeresadjutanten, »werden die Straßen nirgends mehr aus-

Der Generalinspektor für das deutsche Straßenwesen

Am freitag, den 17. Dezember 1937, wird durch die Verkehrsübergabe von 6 weiteren Teilstrecken in verschiedenen Gauen des Reiches das Bauziel 1937: 2000 km Reichsautobahnen erreicht. Zu den in Berlin stattfindenden Veranstaltungen beehre ich mich, Sie hiermit ergebenst einzuladen.

Um Antwort bis
14.
Dez. wird gebeten

Reichsautobahn.

━━━━━	Im Verkehr
⋯⋯⋯⋯	im Bau oder zum Bau freigegeben
────────	geplant
= = = = =	Ergänzungen geplant

Blümel

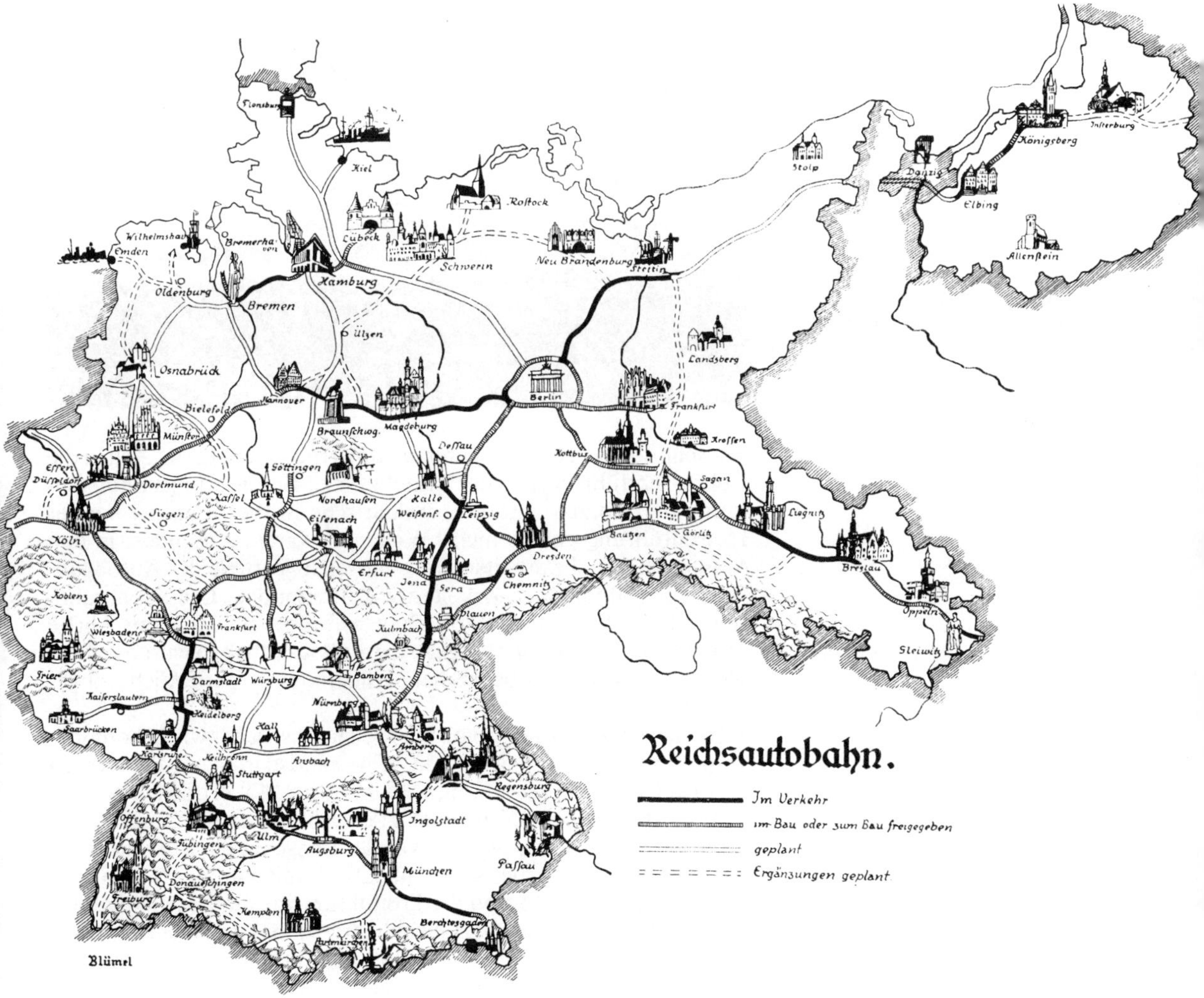

reichen, um den Verkehr zu bewältigen.« An amerikanischen Verkehrsplanungen mit »großen mehrspurigen Umgehungsstraßen um die Städte« orientierte er sich, während in Deutschland »ganze Kompagnien von Landräten wie Wahnsinnige um die Erhaltung der Sommerwege kämpften. Mit dieser lächerlichen Auffassung würde er aufräumen, und er habe entsprechende Anweisungen schon an die Gauleiter gegeben.«[3] Mit dem Ausbau der Autobahnen konnte es Hitler nicht schnell genug gehen, aber, so schränkte er ein, »an die Stahl- und Eisenindustrie müsse auch gedacht werden«.

Tatsächlich beeinträchtigte seit 1936 der Autobahnbau die Rüstungsindustrie, die um die knapper werdenden Arbeitskräfte und Rohstoffe besorgt war. Der militärisch-strategische Wert der

Das System der Reichsautobahnen sollte durch ein Netz von Großschiffahrtswegen vor allem in west-östlicher Richtung ergänzt werden. Das zentrale Bauwerk war das größte Schiffshebewerk der Welt in Niederfinow, das im März 1934 seiner Bestimmung übergeben wurde.

Autobahnen war, allen Legenden zum Trotz, recht gering. Auch die Wehrmachtführung gab der Eisenbahn als Beförderungsmittel eindeutig den Vorzug, und eine militärische Mitbestimmung bei der Trassenführung gab es nicht. Wichtiger waren, zumindest in den Anfangsjahren, die arbeitsmarktpolitischen Vorteile des Autobahnbaus. Alle öffentlichen Arbeiten wie Straßenbau, Landmeliorationen, Flugplatz- und Kasernenbau erforderten viel menschliche Arbeitskraft, und bei der Vergabe dieser Bauvorhaben wurde zusätzlich der Einsatz maschineller Hilfsmittel ausdrücklich eingeschränkt.

Nicht weniger wirkungsvoll in propagandistischer wie in konjunktur-politischer Hinsicht waren die »Ehestandsdarlehen«. Sie wurden in Form von »Bedarfsdeckungsscheinen« für Möbel und Hausrat im Wert von bis zu 1000 Reichsmark an Ehewillige vergeben, sofern die künftige Ehefrau sechs Monate vor der Eheschließung erwerbstätig war und nun ihren Arbeitsplatz aufgab. Damit wurden Frauen vom Arbeitsmarkt gezogen und die Produktion wie die Beschäftigungssituation in der Verbrauchsgüterindustrie verbessert. Der Erfolg war verblüffend: bis Anfang 1935 wurden 378 000 Darlehen in Höhe von insgesamt 206 Millionen Reichsmark ausbezahlt. Bereits im Jahre

1933 wurden etwa 200 000 Ehen mehr geschlossen als im Vorjahr. Auch wenn es sich dabei zum Teil um Ehen gehandelt haben sollte, die während der Krise aufgeschoben worden waren – die Heiratsziffer stieg nur kurzfristig so eklatant an –, eine veränderte psychologische Einstellung signalisierte der Heiratsboom allemal: man blickte optimistischer in die Zukunft. Das führten Tausende von kleinen Adolfs vor Augen, die in diesen Jahren geboren wurden.

Nicht minder wichtig für den Rückgang der Arbeitslosigkeit waren Maßnahmen, in denen die politisch-ideologische Absicht unverhüllter hervortrat: die im Juni 1935 eingeführte sechsmonatige Arbeitsdienstpflicht sowie der Ausbau der Wehrmacht seit Verkündung der allgemeinen Wehrpflicht am 16. März 1935. Nicht nur durch das Volumen unterschied sich die deutsche staatliche Wirtschaftsförderung von vergleichbaren Versuchen anderer Industrieländer, sondern auch zunehmend durch ihre Zwecksetzung. Für Hitler stand freilich der Zusammenhang von Arbeitsbeschaffung und Aufrüstung von Anfang an fest. »Jede öffentlich geförderte Arbeitsbeschaffungsmaßnahme müsse«, forderte er in einer Mini-

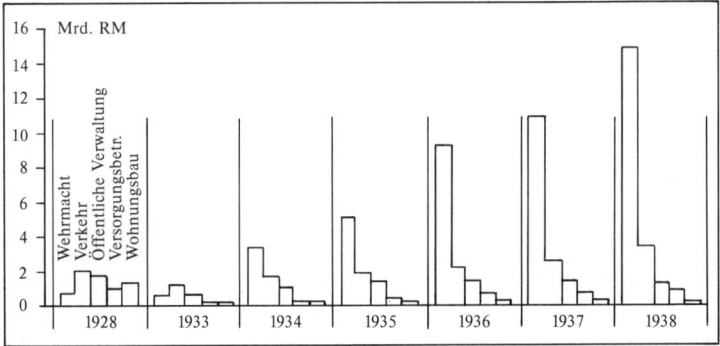

Öffentliche Investitionen in Deutschland, 1928-1938

Staatsausgaben (ohne Sozialversicherung und Ausgaben der Gemeinden) in Prozent des Volkseinkommens, 1938

Deutschland	35,0
Großbritannien	23,8
Frankreich	30,0
USA	10,7

sterbesprechung am 8. Februar 1933, »unter dem Gesichtspunkt beurteilt werden, ob sie notwendig sei vom Gesichtspunkt der Wiederwehrhaftmachung des deutschen Volkes. Dieser Gedanke müsse immer und überall im Vordergrund stehen.«[4] Das war allerdings nicht die Meinung des gesamten Kabinetts; Arbeitsminister Seldte wandte ein, »daß es neben wehrpolitischen Aufgaben auch andere wertvolle Arbeiten gebe, die man nicht vernachlässigen dürfe«.[5] Dieser Zielkonflikt war vorerst nicht aufzulösen, da es noch nicht genügend militärische Projekte gab, die sofort in ein Arbeitsbeschaffungsprogramm eingeplant werden konnten. Später, als die Aufrüstung auf Hochtouren lief, war das Regime freilich sensibel genug, um den ohnehin bescheidenen Massenkonsum nicht durch die absolute Priorität der Rüstung zu gefährden. Es wollte Butter *und* Kanonen. Seit 1935 übertrafen die Rüstungsausgaben den Umfang der übrigen öffentlichen Investitionen beträchtlich und lösten die zivilen Arbeitsbeschaffungsmaßnahmen in ihrer Bedeutung für die Konjunkturbelebung ab. Das deutsche »Wirtschaftswunder« war von nun an eindeutig Ergebnis einer einseitigen Rüstungskonjunktur.

Es spricht vieles dafür, daß 1935 ein sich selbst tragender wirtschaftlicher Aufschwung in Gang gekommen war, der eine weitere staatliche Ausgabenpolitik und Verschuldung überflüssig gemacht hätte. Begonnen hatte der Aufschwung in den Bereichen der Bauindustrie und des Fahrzeugbaus, also dort, wo die staatlichen Konjunkturhilfen direkt eingewirkt hatten. Nun breitete er sich auf andere Branchen einschließlich der Konsumgüterindustrie aus. Die Industrieproduktion hatte Mitte 1935 wieder den Vorkrisenstand von 1928 erreicht, und auch der Beschäftigungsstand, der in der Regel den übrigen Indikatoren hinterherhinkt, näherte sich dem Niveau von 1928. Die Arbeitslosenzahlen hatten sich im Jahresdurchschnitt von 5,6 Millionen im Jahre 1932 auf 4,8 Millionen 1933 und 2,7 Millionen 1934 auf schließlich 1,7 Millionen 1935 verringert. Da und dort fehlte es bereits an Facharbeitern.

Die Fortsetzung der »deficit-spending«-Politik diente fast ausschließlich der Aufrüstung und kam allein der Rüstungsindustrie zugute. Die Überlastung der Devisen- und Rohstoffreserven und der anderen Ressourcen verhinderte, daß die Hochkonjunktur auf den Massenkonsum übergriff. Was in dieser Situation wirtschafts- und währungspolitisch notwendig gewesen wäre, stand den militär- und außenpolitischen Zielen Hitlers diametral gegenüber. Das Aufrüstungsprogramm aber wurde nicht etwa gedrosselt, sondern im Gegenteil beschleunigt und auf das Zwei- bis Dreifache des zivilen öffentlichen Investitionsvolumens erweitert. Es war nicht Unkenntnis der konjunktur- und wirtschaftspolitischen Zusammenhänge beziehungsweise Folgen einer solchen Politik, sondern politischer Wille, die Aufrüstung trotz der zu erwartenden Verwerfungen der Wirtschaftsstruktur und Einkommensverteilung weiterzuführen. Die anfängliche Mäßigung bei den Rüstungsaufgaben, das wurde nun überdeutlich, hatte nicht konjunkturpolitische Motive gehabt, sondern war einzig in den Anlaufproblemen und längeren zeitlichen Vorbereitungsphasen der wehrwirtschaftlichen Planungen begründet gewesen. Nicht dem Gebot der wirtschaftlichen Vernunft, die eine Drosselung der staatlichen Ausgabenpolitik im Augenblick der Vollbeschäftigung forderte, sondern dem Primat der Politik war das Regime verpflichtet, und die Vergeblichkeit der wirtschaftspolitischen Warnungen und Mahnungen sollte zeigen, wie weit sich Hitler auch machtpolitisch bereits von den Männern der Wirtschaft abgesetzt hatte.

Der Anteil der Ausgaben der Wehrmacht an den Gesamtausgaben der öffentlichen Haushalte stieg von 4 Prozent im Jahre 1933 auf 18 Prozent 1934 und 39 Prozent 1936 bis auf etwa 50 Prozent im Jahre 1938. Auch wenn Hitler am Vorabend des Krieges gewaltig übertrieb, um wie so oft den Gegner psychologisch einzuschüchtern, als er von einer Summe von 90 Milliarden Reichsmark für Rüstungszwecke sprach, die deutsche Aufrüstung verschlang nach ernsthaften Schätzungen zwischen 50 und 60 Milliarden, und das lag weit über der internationalen Größenordnung. Einzig das überzogene Ausmaß der Aufrüstung war dafür verantwortlich, daß auch der Anteil der Staatsausgaben am Volkseinkommen mit 35 Prozent in Deutschland weit über dem Niveau der westlichen Industriestaaten lag. Es bedurfte schon außergewöhnlicher wirtschafts- und finanzpolitischer Maßnahmen und der politischen Rahmenbedingung der Diktatur, aber auch der Akklamation breiter Massen, um in so kurzer Zeit einen derart hohen Anteil am Sozialprodukt zu finanzieren und ihn gegen die Ansprüche des privaten Konsums und der privaten Investitionen durchzusetzen.

Mit dem Steueraufkommen waren diese gewaltigen Militärausgaben schon längst nicht mehr zu decken und auch nicht mit Mitteln aus den Arbeitsbeschaffungsprogrammen. Von den Staatsausgaben des Jahres 1938 in Höhe von 30 Milliarden Reichsmark konnten nur 17,7 Milliarden aus Steuermitteln aufgebracht werden. Nur über eine expansive Staatsverschuldung ließen sich die Rüstungsaufwendungen finanzieren. Daher hatte bereits frühzeitig die Reichsbank eingreifen müssen, um nach eigener Darstellung »aus dem Nichts und anfangs noch dazu getarnt, eine Rüstung aufzustellen«, eine »achtungsheischende Außenpolitik« zu ermöglichen.[6] Diese lautlose Finanzierung erfolgte zunächst über die sogenannten Mefo-Wechsel und mit Hilfe einiger guter Adressen. Die eine war Reichsbankpräsident Schacht, der das System der Finanzwechsel entwickelte, die anderen waren vier bedeutende deutsche Unternehmen (Krupp, Siemens, Gutehoffnungshütte, Rheinmetall), die mit dem bescheidenen Grundkapital von 1 Million Reichsmark eine »Metallurgische Forschungsgemeinschaft« (Mefo) gründeten, auf die wiederum die mit Rüstungsaufträgen bedachten Unternehmen Wechsel zu ziehen vermochten. Da es sich bei den vier Unternehmen um »erste Adressen« handelte, war die Reichsbank auch nach dem Bankengesetz in der Lage, die Wechsel zu diskontieren und ihnen damit den Charakter von Zahlungsmitteln zu geben.

Noch 1933 konnte die Wehrmacht die ersten Zahlungen mit Hilfe der Mefo-Wechsel leisten. Politisch war dieses Verfahren dem Regime höchst willkommen, ließ sich auf diese Weise doch der wahre Umfang der Aufrüstung verschleiern. Denn die Wechsel galten als Handelswechsel und tauchten darum nicht unter den staatlichen Rüstungsaufträgen auf. Die finanzpolitisch bedenkliche Seite dieses Täuschungsmanövers war seinem Erfinder Schacht bewußt, und er hatte darum von Anfang an die Ausgabe der Wechsel auf das Jahr 1938 terminiert. Denn damit war »die Notenpresse schon am Anfang des ganzen Rüstungsprogrammes in Anspruch genommen«,[7] wie er in seiner Denkschrift vom Mai 1935 feststellte, während dies nach Meinung der Fachleute allenfalls am Ende der Aufrüstung hätte geschehen dürfen. Die Gefahr einer großen Inflation war unübersehbar. Tatsächlich weigerte sich der Reichsbankpräsident ab Frühjahr 1938, neue Wechsel auszustellen.

Doch das Regime tat nichts, um den umlaufenden Bestand an Wechseln zu konsolidieren, worauf Schacht drängte, sondern es ersetzte das Instrument der Mefo-Wechsel durch Methoden, die noch wirkungsvoller, weil geräuschloser waren. Reichsschatzanweisungen dienten dem Regime nun als wichtigste Finanzierungsmittel, das heißt als Schuldenpapiere des Staates. Daneben griff man wie in der Anfangsphase der Arbeitsbeschaffungspolitik auf Steuergutscheine zurück, mit denen jeweils 40 Prozent der Rechnungssumme beglichen wurden. Schließlich wurde das Reich immer hemmungsloser in der Wahl der Finanzierungsmittel. Sparkassen, Banken und Versicherungsanstalten wurden gezwungen, dem Staat langfristige Kredite zu verschaffen. Spar- und Versicherungsgelder wurden lautlos abgeschöpft und durch mittel- und langfristige Schatzpapiere des Staates ersetzt. Die nichtsahnenden Sparer wurden damit zu mittelbaren Gläubigern des Reiches. Die Machthaber sorgten sich, im Unterschied zu den Finanzexperten, wenig um die Schuldenwirtschaft, war das doch allenfalls ein mittelfristiges Problem, das spätestens durch die territoriale Expansion und die Kriege des Dritten Reiches gelöst würde. Ihr Ziel war es, in möglichst kurzer Zeit einen möglichst hohen Rüstungsstand zu erreichen, um dann mit begrenzten militärischen Aktionen den politischen und wirtschaftlichen Machtbereich zu vergrößern.

Alle wirtschaftlichen und sozialen Folgelasten und Verwerfungen dieser einseitigen und kreditären Rüstungskonjunktur mußten durch dirigistische Eingriffe in die Wirtschafts- und Sozialverfassung abgefangen werden. Das betraf die Lohnentwicklung und die Konsumchancen der Bevölkerung wie die Rohstoff-, Devisen- und Arbeitskräfteproblematik. Spätestens 1936 hätte die Wende in der Wirtschaftspolitik vollzogen werden müssen; die Aufrüstungspolitik war von nun an nicht mehr Schrittmacher der Wirtschaftskonjunktur, sondern deren Belastung. Zu einer Weiterführung der binnen- wie außenwirtschaftlich und finanzpolitisch risikoreichen Politik waren konservative Wirtschaftskräfte, Schacht an der Spitze, nicht mehr bereit. Doch ihre Kritik blieb wirkungslos, an der Priorität der Aufrüstung änderte sich nichts.

Anfangs hatten die staatlichen Konjunkturspritzen die Produktion insgesamt und damit auch die Steigerung des Masseneinkommens gefördert. Privater Konsum und staatlicher Bedarf ließen sich gleichzeitig ausdehnen. Das änderte sich, als die Vollbeschäftigung erreicht und alle Produktionskapazitäten ausgelastet waren. Nun mußte über die künftigen Prioritäten der deutschen Wirtschaft entschieden werden; für das Regime ging es aber darum, den wachsenden Staatsanteil zu Lasten des privaten Verbrauchs zu sichern. Diesem Zwecke diente in außenwirtschaftlicher Hinsicht der »Neue Plan« von 1934 und dann für fast die gesamte Wirtschaft der Vierjahresplan von 1936.

Der »Neue Plan« des Wirtschaftsministers und Reichsbankpräsidenten Hjalmar Schacht entsprang sowohl der Notwendigkeit, unabhängig von der anhaltenden weltwirtschaftlichen Baisse den deutschen Wirtschaftsaufschwung zu stabilisieren, als auch der Absicht, die deutsche außenwirtschaftliche Entwicklung rüstungsökonomischen Bedürfnissen unterzuordnen. Schachts Grundsatz: »Nicht mehr kaufen als bezahlt werden kann, und in erster Linie das kaufen, was notwendig gebraucht wird.«[8] Daß dies vor allem der Rüstung zugute kommen sollte, darüber war der nationalkonservative Bankier mit den nationalsozialistischen Machtpolitikern einig. Die Durchführung des Rüstungsprogramms, hatte er in seiner Denkschrift vom Mai 1935 erklärt, sei »die Aufgabe der deutschen Politik« und »alles andere [müsse] diesem Zweck untergeordnet werden«.[9]

In der Praxis bedeutete der »Neue Plan« die Errichtung eines staatlichen Außenhandelsmonopols. Die Importströme wurden nach ihrer Bedeutung für die Rüstungs- und Ernährungswirtschaft

Militärausgaben (in Mrd. Pfund Sterling), 1933-1938

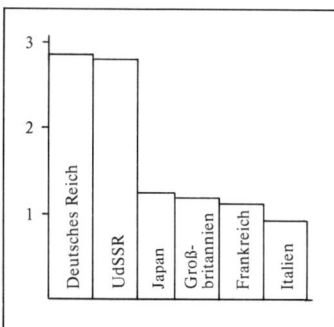

gelenkt. Nur diejenigen Güter sollten aus dem Ausland beschafft werden, die im Inland nicht oder nicht in ausreichendem Umfang vorhanden waren. Durch eine Dringlichkeitsliste für Rohstoffe, Nahrungs- und Futtermittel reglementierte der Staat die Einfuhr und verfügte über deren produktive Verwendung. Dabei hatte die Aufrüstung Priorität, doch wußten die Nationalsozialisten aus den Erfahrungen des Ersten Weltkrieges, daß sie die Hebung des Lebensstandards der Bevölkerung nicht völlig vernachlässigen konnten.

Die Umschichtung der Außenhandelsgüter war verbunden mit einer Verlagerung des deutschen Außenhandels auf Länder, die mit ihren Rohstoffen und Agrarprodukten empfindliche Lücken in der deutschen Wehrwirtschaft schließen konnten und die ihrerseits als industriell unterentwickelte Länder einen hohen Bedarf an Fertigwaren und Produktionsgütern hatten. Das waren vor allem Staaten Mittel- und Südamerikas wie Südosteuropas. Mit ihnen war ein bilateraler Handel auf der Basis von Tauschgeschäften möglich: deutsche Importe wurden mit Exporten kompensiert oder verrechnet. Das brachte dem Reich mehrere Vorteile: es konnte in zweiseitigen Abkommen seine wirtschaftliche und politische Stärke besser ins Spiel bringen, und durch die Forcierung des Balkanhandels konnte es das Schwergewicht der Einfuhr von Übersee nach Europa verlagern und damit seine industriellen und agrarischen Rohstoffquellen besser gegen Blockaden absichern. Das war strategisch bedeutsam im Sinne einer langfristig angestrebten wehrwirtschaftlichen Autarkie und bereitete zugleich einen deutschen Großwirtschafts- und Einflußraum vor allem in Südosteuropa vor. Zwar versprach der Handel mit Deutschland auch für die beteiligten Vertragspartner, die alle unter Absatzproblemen litten, einige Vorteile, doch den größeren Nutzen zog das Deutsche Reich: es schuf sich ein wirtschaftsstrategisches Hinterland, das zugleich den Weg für eine künftige Expansionspolitik wirtschaftlich vorbereitete.

Man konnte mit den wirtschaftlichen Ergebnissen des »Neuen Plans« zufrieden sein. Die negative Handelsbilanz des Jahres 1934

Der Ehrenhof der Reichskanzlei mit den Brekerschen Skulpturen von Partei und Wehrmacht – charakteristischerweise nackte Jünglingsgestalten, nicht wie im gleichzeitigen Bauen der Sowjetunion martialische Uniformträger. Mit der sich beschleunigenden Konjunktur kam auch die Bautätigkeit des Reiches wieder in Gang. Noch heute verblüffen die Restbestände des nationalsozialistischen Bauwillens, der doch nur wenige Friedensjahre Zeit gehabt hatte, um sich zu entfalten: Reichssportfeld, Nürnberger Parteitagsgelände, Flughafen Tempelhof oder Haus der Deutschen Kunst. Die Zukunftsplanungen gingen mit Siegestoren, Kuppelhallen und Führerpalästen ins ganz und gar Maßlose. Darüber wird leicht vergessen, daß die private Wohnungsbautätigkeit der krisengeschüttelten Weimarer Republik viel bedeutender gewesen war; das Dritte Reich brachte auf diesem Felde nichts zustande, was sich den sozialen Siedlungsbauten von Breslau, Frankfurt oder Berlin vergleichen ließ. In den Jahren von Weimar wurden allein in Berlin 230000 Wohnungen hergestellt, während der Zeit des Dritten Reiches dagegen nur 102000, von denen ein großer Teil noch vor 1933 begonnen, dann aber in der Wirtschaftskrise stekkengeblieben war.

Propagandaplakat für die Sammlung und Verwertung von Altstoffen

war zumindest für die kommenden drei Jahre in eine positive umgewandelt, und die Versorgung mit Rohstoffen und Nahrungsmitteln war vorübergehend einigermaßen gesichert. Zugleich hatte man einen wichtigen Schritt in Richtung auf eine Autarkiepolitik getan, ohne daß der Bruch mit den wirtschaftspolitischen Maßnahmen der Präsidialregierungen allzu groß und auffällig war. Denn die Instrumente mußten nicht neu geschaffen werden. Sowohl Devisenkontrollen wie die Praxis einer gezielten Ausfuhrpolitik hatte schon Brüning eingeführt. Auch der Gedanke der Autarkie war in einer Welt der Handelsschranken und Zollbarrieren, wie sie die Weltwirtschaftskrise mit sich gebracht hatte, nicht außergewöhnlich. Der »Neue Plan« war mithin eine pragmatische Antwort auf eine gestörte Handelswelt, und er entsprach ganz den nationalsozialistischen Autarkievorstellungen, die freilich viel weitergehende Ziele hatten, nämlich die Schaffung einer deutschen Großraumwirtschaft.

Parallel zum »Neuen Plan« liefen Bestrebungen einer binnenwirtschaftlichen Autarkie. Im Jahre 1935 traten neben Rohstoffengpässen auf dem industriellen Sektor erneut Versorgungsschwierigkeiten auf dem Agrarsektor auf, die auch Hitler öffentlich eingestehen mußte. Das war eine Erfahrung, die die Nationalsozialisten noch öfter machen mußten: auch ihre Diktatur konnte die Gesetze des Marktes nicht völlig ausschalten. Sie konnte allenfalls einige Entwicklungen bremsen und umleiten. Dies war mit wachsender Massenkaufkraft auch im Bereich der Binnenwirtschaft notwendig, drohte doch die Ausdehnung des staatlichen, also vor allem rüstungswirtschaftlichen Anspruchs auf das Sozialprodukt an der Ausweitung der privaten Nachfrage zu scheitern.

Begonnen hatten die Autarkiebestrebungen wieder mit martialischen Proklamationen: eine landwirtschaftliche »Erzeugungsschlacht« hatte Reichsbauernführer Darré 1934 bereits eröffnet. »Nutze den Boden arbeitsintensiv und erzeuge, was dem deutschen Volke fehlt«, lautete die Parole.[10] Das war über die aktuellen Versorgungsengpässe hinausgedacht und fügte sich in wehrwirtschaftliche Überlegungen ein. Mit der Steigerung der Agrarproduktion und den Eingriffen des Reichsnährstandes in den agrarwirtschaftlichen Prozeß insgesamt sollten Devisen zugunsten der »Wehrerstarkung« gespart und ein hoher Selbstversorgungsgrad für den Ernstfall erreicht werden. Die Nahrungs- und Futtermitteleinfuhr wurde hinfort gedrosselt und der deutsche Getreideanbau intensiviert. Doch allen Bemühungen zum Trotz blieb die deutsche Ernährungsbilanz defizitär, denn beides zusammen mußte sie überfordern: der gestiegene private Bedarf und die Ansprüche einer Vorratswirtschaft für den Kriegsfall. Es fehlte an heimischem Fleisch, aber noch mehr an Fetten, Hülsenfrüchten und fast völlig an pflanzlichen Ölen.

Nicht weniger besorgniserregend für die wehrwirtschaftlichen Vorbereitungen war die Abhängigkeit vom Weltmarkt auf dem Textilrohstoffsektor. Auch hier kamen zu der konsumbedingten Nachfrage Rüstungsinteressen, denn schließlich mußte die Wehrmacht eingekleidet werden. Wie angespannt die Versorgungslage war, zeigt der Vorschlag von Darré von 1935, jeder Bauer solle ein

»paar Quadratmeter Flachs anbauen« und den Ertrag dem Führer zum Geschenk machen, damit daraus jedem Soldaten ein »Drillichanzug gewebt werden könne«.[11] Ohne Rücksicht auf volkswirtschaftliche Rentabilität mußten heimische Rohstoffe herbeigeschafft werden. Einheimische Bodenschätze wurden erfaßt und abgebaut, auch wenn ihre Qualität viel schlechter und ihre Verarbeitung viel teurer war als die auf dem Weltmarkt angebotenen Rohstoffe. Wo der deutsche Boden nichts brachte, wurden aufwendige Ersatzstoffproduktionen in Gang gesetzt; das war die Stunde der chemischen Industrie.

Das fehlende Erdöl sollte durch synthetische Treibstoffe, das fehlende Rohgummi durch synthetischen Kautschuk und die fehlende Wolle und Baumwolle durch Kunstseide- und Zellwollherstellung ersetzt oder ergänzt werden. Der Verbraucher mußte sich nicht nur mit kratzenden Stoffen zufriedengeben, er mußte Rohstoffe sparen und durch »deutsche Werkstoffe« ersetzen. »Kampf dem Verderb« prangte an Litfaßsäulen und Anschlagbrettern; Hitlerjungen mußten Altmetalle und Altgummi sammeln. All das brachte Einsparungen und Entlastungen, aber 1936 gingen die Vorräte so drastisch zurück, daß, wie ein geheimer Bericht des Reichswirtschaftsministeriums vom Mai 1936 ankündigte, »die deutsche Rohstoffversorgung erstmals ernstlich bedroht«[12] erschien, wenn man an dem einseitigen rüstungswirtschaftlichen Kurs festhielt.

Die Wehrwirtschaft war an einem Punkt angelangt, wo man entweder das Rüstungstempo zugunsten verstärkter Exportbemühungen drosseln mußte oder aber es nur noch zu Lasten der Bevölkerung und des privaten Bedarfs unvermindert beibehalten konnte.

Bei der Machtübernahme hatte Hitler den Slogan »Gebt mir vier Jahre Zeit« geprägt, der in das Vokabular des Regimes einging. Als dieser Zeitraum verstrichen war, führte eine Ausstellung unter diesem Titel das Geleistete vor und imponierte dem In- und Ausland mit dem Nachweis der tatsächlich erfolgten Dynamisierung der Wirtschaftskraft auf allen Bereichen. Ungeniert führte man neben Arbeitersiedlungen auch Rüstungsgüter vor – alles gleicherweise Belege für den Aufschwung, der zwar die ganze Weltkonjunktur kennzeichnete, der aber nirgendwo solche Zuwachsraten gebracht hatte wie in Hitlers Deutschland.

Berlin 1937
Ausstellung „Gebt mir vier Jahre Zeit"

Aus devisenwirtschaftlichen und wehrwirtschaftlichen Gründen forcierte man schon lange vor dem Krieg die Entwicklung von Ersatzstoffen. Synthetischer Treibstoff aus Kohle sollte das Reich von der Öleinfuhr unabhängig machen; so wurden die Leuna-Werke bei Merseburg zur größten Produktionsstätte dieser Art in der Welt, Buna sollte die Reifenindustrie vom Gummi unabhängig machen, und selbst die Konsumgüterproduktion entwickelte zunehmend »Ersatz«-Stoffe für Radiogehäuse, Armaturengeräte und die Bekleidungsindustrie. Nicht erst im Kriege, als die im Osten eroberten Erdölfelder wieder verlorengingen, suchte man nach neuen Antriebsmitteln für Kraftfahrzeuge. 1940 stellte Ford bereits einen Pritschenwagen mit Holzgasgenerator vor, an dem man seit den späten dreißiger Jahren gearbeitet hatte.

Ein Zurückstecken in den Rüstungsanstrengungen kam für Hitler nicht in Frage, aber auch weitere Einbußen und damit die Gefahr sozialer Unzufriedenheit sollten den Volksgenossen nicht zugemutet werden, die ja schließlich auch kriegsbereit sein sollten. Als Ausweg blieb nur eine Straffung des Rüstungsprogramms und dessen Ausrichtung auf einzelne Etappen sowie gleichzeitig eine umfassendere Wirtschaftslenkung im Sinne der rüstungspolitischen Ziele. Anfang April 1936 erteilte daher Hitler Göring den Auftrag, alle erforderlichen Maßnahmen zu prüfen und anzuordnen, »um die weitere Wehrhaftmachung sicherzustellen«. Schacht hatte für diesen Auftrag Göring vorgeschlagen, weil er wußte, daß dieser von ökonomischen Kenntnissen ganz und gar unberührt war und darum den eigenen Einflußbereich nicht zu beeinträchtigen schien. Aber Göring war andererseits Hitlers rüstungspolitischen Zielen völlig ergeben, und das reichte, um ihn zum gefährlichen Konkurrenten des Wirtschaftsministers zu machen. Eine Entscheidung über den künftigen wirtschaftspolitischen Kurs war dringend notwendig, denn mittlerweile hatten auch Engpässe in der Treibstoffversorgung die Handlungsfähigkeit der Wehrmacht ernsthaft in Frage gestellt.

Göring mußte bald feststellen, daß eine wirkliche Chance zur Exportsteigerung nicht bestand, so daß nur die Fortsetzung der bisherigen Maßnahmen in großem Stil möglich war: die Steigerung der Autarkie und Ersatzwirtschaft, auch wenn dies Rückwirkungen auf die Konsumbedürfnisse der Bevölkerung hatte. Die Umpolung der Rüstungsproduktion auf kurzfristige Ziele lief auf das Konzept der Blitzkriege hinaus, das auch von Bedürfnissen der Wehrwirtschaft diktiert war. Das bedeutete Aufrüstung mit begrenzten Ressourcen und sodann ein Wechselspiel von politischem Druck und militärischer Aggression zur schrittweisen Verbreiterung der ökonomischen Basis des Reiches durch territorialen Zugewinn und zur Vorbereitung des jeweils nächsten Feldzuges.

Dieses Konzept des Blitzkrieges hatte Auswirkungen auf die Rüstung der Wehrmacht wie auf die Wirtschaftspolitik. Es bedeu-

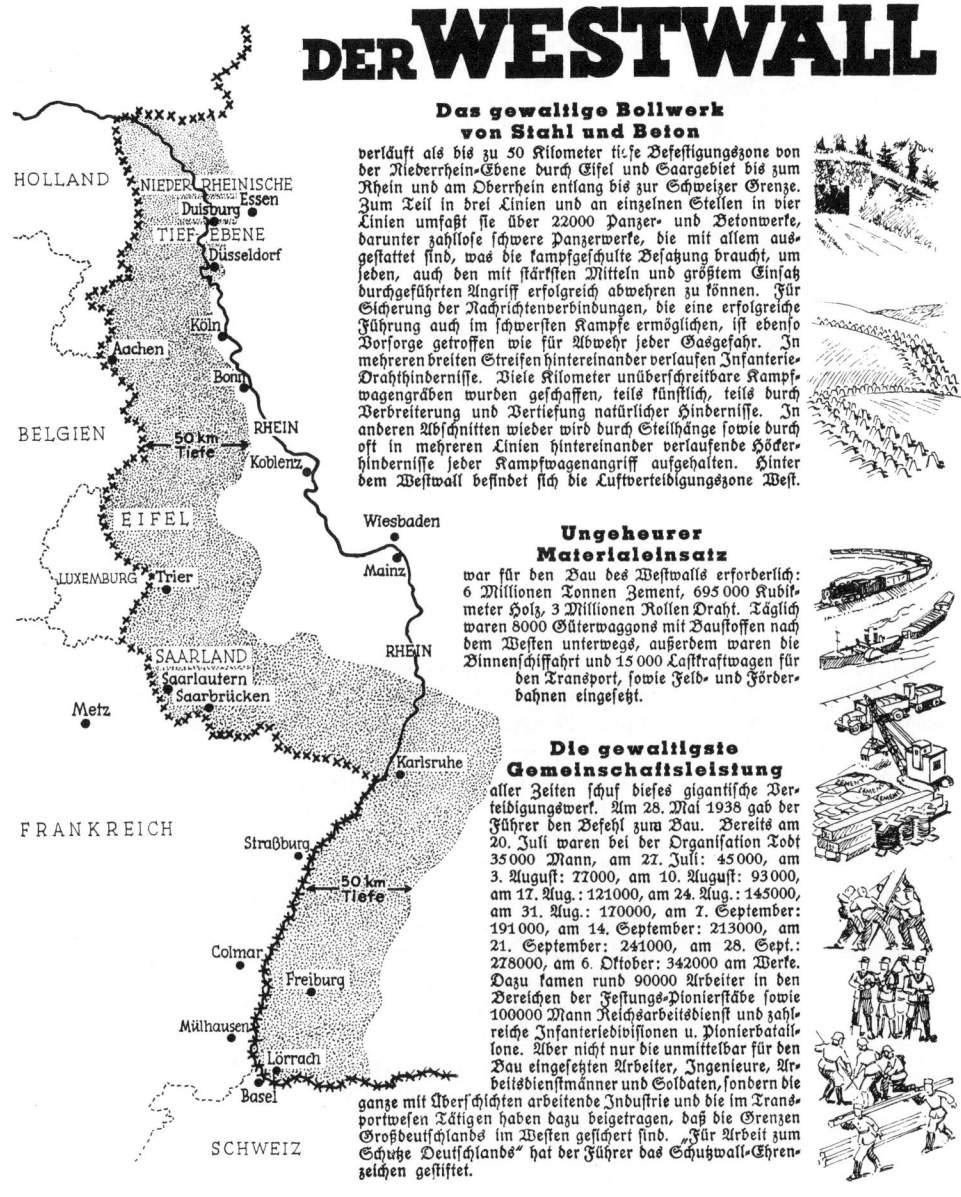

DER WESTWALL

Das gewaltige Bollwerk von Stahl und Beton

verläuft als bis zu 50 Kilometer tiefe Befestigungszone von der Niederrhein-Ebene durch Eifel und Saargebiet bis zum Rhein und am Oberrhein entlang bis zur Schweizer Grenze. Zum Teil in drei Linien und an einzelnen Stellen in vier Linien umfaßt sie über 22000 Panzer- und Betonwerke, darunter zahllose schwere Panzerwerke, die mit allem ausgestattet sind, was die kampfgeschulte Besatzung braucht, um jeden, auch den mit stärksten Mitteln und größtem Einsatz durchgeführten Angriff erfolgreich abwehren zu können. Für Sicherung der Nachrichtenverbindungen, die eine erfolgreiche Führung auch im schwersten Kampfe ermöglichen, ist ebenso Vorsorge getroffen wie für Abwehr jeder Gasgefahr. In mehreren breiten Streifen hintereinander verlaufen Infanterie-Drahthindernisse. Viele Kilometer unüberschreitbare Kampfwagengräben wurden geschaffen, teils künstlich, teils durch Verbreiterung und Vertiefung natürlicher Hindernisse. In anderen Abschnitten wieder wird durch Steilhänge sowie durch oft in mehreren Linien hintereinander verlaufende Höckerhindernisse jeder Kampfwagenangriff aufgehalten. Hinter dem Westwall befindet sich die Luftverteidigungszone West.

Ungeheurer Materialeinsatz

war für den Bau des Westwalls erforderlich: 6 Millionen Tonnen Zement, 695000 Kubikmeter Holz, 3 Millionen Rollen Draht. Täglich waren 8000 Güterwaggons mit Baustoffen nach dem Westen unterwegs, außerdem waren die Binnenschiffahrt und 15000 Lastkraftwagen für den Transport, sowie Feld- und Förderbahnen eingesetzt.

Die gewaltigste Gemeinschaftsleistung

aller Zeiten schuf dieses gigantische Verteidigungswerk. Am 28. Mai 1938 gab der Führer den Befehl zum Bau. Bereits am 20. Juli waren bei der Organisation Todt 35000 Mann, am 27. Juli: 45000, am 3. August: 77000, am 10. August: 93000, am 17. Aug.: 121000, am 24. Aug.: 145000, am 31. Aug.: 170000, am 7. September: 191000, am 14. September: 213000, am 21. September: 241000, am 28. Sept.: 278000, am 6. Oktober: 342000 am Werke. Dazu kamen rund 90000 Arbeiter in den Bereichen der Festungs-Pionierstäbe sowie 100000 Mann Reichsarbeitsdienst und zahlreiche Infanteriedivisionen u. Pionierbataillone. Aber nicht nur die unmittelbar für den Bau eingesetzten Arbeiter, Ingenieure, Arbeitsdienstmänner und Soldaten, sondern die ganze mit Überschichten arbeitende Industrie und die im Transportwesen Tätigen haben dazu beigetragen, daß die Grenzen Großdeutschlands im Westen gesichert sind. „Für Arbeit zum Schutze Deutschlands" hat der Führer das Schutzwall-Ehrenzeichen gestiftet.

Der rund 400 Kilometer lange Westwall, erbaut von Mai 1938 bis August 1939, war bei mobiler Kampfführung und gegnerischer Luftüberlegenheit von geringem strategischen Wert. Das von Aachen bis Basel reichende Bauwerk mit seinen rund 15000 Bunkeranlagen spielte daher beim Durchbruch der alliierten Armeen ins Reich im Frühjahr 1945 gar keine Rolle.

Zeitschriftenwerbung für Krupp und Krieg

Die wirtschaftliche Erholung hatte vor dem Beginn der Aufrüstung eingesetzt; später sollten sich beide wechselseitig steigern. Die Industrie, auch die im Besitz amerikanischer Konzerne befindliche, plakatierte ganz offen ihren Anteil bei der Rüstungsproduktion. Die Wiederbewaffnung wurde vor den Augen der Welt vollzogen und diente unter anderem auch der Einschüchterung der potentiellen Gegner.

tete den Verzicht auf eine Tiefen- zugunsten einer Breitenrüstung und setzte gleichzeitig die Ausdehnung der Kompetenzen der staatlichen Wirtschaftslenkung voraus. Die Begründung lieferte Hitler in einer Denkschrift vom August 1936, deren Inhalt zunächst nur Göring und Blomberg bekannt war.

Was Hitler hier formulierte, während er eben noch das friedliche Schauspiel der Olympischen Spiele inszeniert hatte, war nichts anderes als die Proklamation des Krieges. Die Grundzüge seiner Weltanschauung traten in aller Deutlichkeit wieder hervor und dienten der Rechtfertigung seiner Wirtschafts- und Kriegspolitik. Politik definierte der Ideologe, nicht anders als zehn Jahre zuvor in »Mein Kampf«, als die »Führung und den Ablauf des geschichtlichen Lebenskampfes der Völker«. Dementsprechend diente die nationalsozialistische Politik einzig dem Ziele, »die Lebensbehauptung unseres Volkes und Reiches zu ermöglichen«. Dieser Aufgabe haben sich »alle anderen Wünsche bedingungslos unterzuordnen«. Darum dürften »das Ausmaß und das Tempo der militärischen Auswertung unserer Kräfte ... nicht groß und nicht schnell genug gewählt werden! Es ist ein Kapitalirrtum«, hielt Hitler Warnungen Schachts entgegen, »zu glauben, daß über diese Punkte irgendein Verhandeln oder ein Abwägen stattfinden könnte mit anderen Lebensnotwendigkeiten.« Dementsprechend haben auch die Wirtschaft und mit ihr »die Wirtschaftsführer und alle Theorien ausschließlich diesem Selbstbehauptungskampf unseres Volkes zu dienen«.

Der Primat der Rüstung, das war auch Hitler bewußt, konnte nicht ohne Auswirkungen auf die Lebenshaltung der Bevölkerung bleiben. Denn die Vollbeschäftigung und das wachsende Sozialprodukt als Ergebnis der eigenen Politik hatten auch einen Bedarf geweckt, dessen »Befriedigung aus der inneren deutschen Wirtschaft« nicht möglich sei. Das gelte für die landwirtschaftliche Produktion, bei der eine weitere Leistungssteigerung nicht möglich sei, wie für die Ersetzung fehlender Rohstoffe »auf einem künstlichen Wege«. Die »endgültige Lösung« dieser Probleme liege nur »in einer Erweiterung des Lebensraumes bzw. der Rohstoff- und Ernährungsbasis unseres Volkes. Es ist die Aufgabe der politischen Führung, diese Aufgabe dereinst zu lösen.«[13]

Die Argumentation drehte sich im Kreise: der politisch-ideologische Wille zu Aufrüstung und Krieg hatte eine wirtschaftliche Situation herbeigeführt, die scheinbar keinen anderen Ausweg zuließ als Krieg. Denn die mögliche Alternative, die Reduzierung der Rüstung, war durch die politischen Prämissen des Regimes verstellt, also konnten nur noch Krieg und die Eroberung von »Lebensraum« aus der Sackgasse führen. In die aber hatte man sich selbst hineinmanövriert, und dies schien nur zu bestätigen, was Hitler seit je gesagt hatte, daß nämlich der Lebensraum des deutschen Volkes erweitert werden müsse.

Zwei Forderungen hatte Hitler in seiner Denkschrift erhoben, um die »endgültige Lösung« zu ermöglichen: alle Maßnahmen »mit eiserner Entschlossenheit« auf den Gebieten einzuleiten, die »eine 100 %ige Selbstversorgung« erlaubten, und für eine Übergangszeit nach einer »vorübergehenden Entlastung« der angespannten Wirtschaft zu suchen. Das bedeutete eine rücksichtslose und schwerpunktmäßige Mobilisierung aller Ressourcen und Produktionskräfte, damit innerhalb von vier Jahren die deutsche Armee »einsatzfähig« und die deutsche Wirtschaft »kriegsfähig« sei. Dazu war vor allem die Roh- und Ersatzstofferzeugung rapide zu steigern, damit Devisen eingespart und diese dann »jenen Erfordernissen zugelenkt würden, die unter allen Umständen ihre Deckung nur durch Import erfahren« konnten. Im einzelnen forderte Hitler, die deutsche Treibstoffindustrie so auszubauen, daß innerhalb von 18 Monaten die Bedarfsdeckung der Wehrmacht möglich sei; die Massenfabrikation von synthetischem Gummi und von Zellwolle im selben Tempo anzukurbeln; die Deckung des deutschen Bedarfs an industriellen Fetten durch Kohleverarbeitung zu sichern und schließlich die Eisenerzförderung zu steigern.

Zeitschriftenwerbung des amerikanischen Ford-Konzerns

Damit wurde die deutsche Wirtschaft »ohne Rücksicht auf die Kosten« auf das Ziel der nun unmißverständlich angestrebten Hochrüstung festgelegt und eine neue, einschneidende Etappe in der Wirtschaftspolitik eröffnet. Sie war begleitet von heftigen Attacken gegen die bestehende Wirtschaftsverwaltung und gegen die Person Schachts, der nicht grundsätzlich gegen die Aufrüstung, wohl aber gegen die überzogene Autarkiepolitik Stellung bezogen hatte. Seine Forderungen waren diktiert von ökonomischer Vernunft. Der Export sollte gestärkt werden, damit die Einfuhren gesichert wären; das Tempo der Rüstung müsse verlangsamt werden, damit nicht Arbeitsmarkt, Exportindustrie und die Nahrungsmittelzufuhr weiter belastet beziehungsweise gefährdet würden. Schacht suchte Unterstützung bei Blomberg, den er für den »einzigen Minister hielt, auf den Hitler vielleicht gehört hätte«[14] und bat ihn, den Führer von dem geplanten Wirtschaftsprogramm noch abzubringen. Doch allen Hinweisen Schachts auf die wirtschaftspolitische Verantwortungslosigkeit des Vorhabens zum Trotz schlug sich der Wehrmachtsführer auf die Seite Hitlers, der endlich der Rüstung die eindeutige Priorität im Wirtschaftsprozeß zuerkannte. Und nur das zählte für die Wehrmacht. Darum begrüßte sie den Vierjahresplan als »ein Unternehmen von großer Kühnheit und Entschlossenheit auf wirtschaftlichem Gebiet«.[15] Es galt nicht der Primat der Ökonomie, sondern der der Politik.

Wirtschaftsprobleme waren für Hitler in erster Linie »Willensprobleme«, und darum ließ er Einwände nicht gelten, die auf die unzureichend entwickelten Produktionsmethoden oder fehlenden technischen Einrichtungen verwiesen. Aufgabe der Industrie sei es eben, solche Hemmnisse aus dem Weg zu räumen und ihre vielgerühmte privatwirtschaftliche Flexibilität zu beweisen. »Wenn aber die Privatwirtschaft glaubt, dazu nicht fähig zu sein, dann wird der nationalsozialistische Staat aus sich heraus diese Aufgabe zu lösen wissen.«[16]

Das war eine unverhüllte Drohung, und vieles deutete auf eine Veränderung im Verhältnis von nationalsozialistischem Staat und Großindustrie hin. Zunächst einmal wurde der Vertrauensmann der Industrie, Wirtschaftsminister Schacht, weitgehend ausgeschaltet. Das geschah nach bewährtem Muster: eine Sonderbürokratie wurde errichtet, die die Kompetenzen der traditionellen Wirtschaftsverwaltung unterlief und so zum Träger der neuen Wirtschaftspolitik wurde. Göring, Oberbefehlshaber der Luftwaffe, wurde zum Beauftragten für den Vierjahresplan erklärt; die neue Lenkungsorganisation hatte ihren Sitz nicht im Wirtschafts-, sondern im Preußischen Staatsministerium, dem Göring in seiner Eigenschaft als Preußischer Ministerpräsident vorstand. Denn mit einem persönlichen Arbeitsstab wollte sich Göring nicht begnügen, er wollte seine neuen Kompetenzen auch institutionell verankern, um wirtschaftspolitische Verordnungen und Weisungen auch an Ministerien und Dienststellen der Partei erlassen zu können.

Organisation und Politik des Vierjahresplans, auf dem Nürnberger Reichsparteitag verkündet, waren charakteristisch für die Improvisation und Doppelgesichtigkeit des Regimes: nicht eine Planwirtschaft wurde geschaffen, sondern allenfalls eine staatliche »Kommandowirtschaft« (Petzina), die nur Teilbereiche der Wirtschaft erfaßte und mit Teilplänen eine kurzfristige Mobilisierung und Leistungssteigerung herbeiführen und lenken sollte. Die traditionelle kapitalistische Wirtschaftsstruktur wurde nicht abgeschafft, sondern auf ein vorrangiges Ziel ausgerichtet. Dazu wurde zusätzlich zu der bestehenden Wirtschaftsverwaltung ein besonderer Lenkungsmechanismus installiert, der mit dieser teils verbunden war, teils sie überlagerte und ausschaltete.

Verantwortlich war die Behörde des Vierjahresplans für die Erzeugung und Verteilung von Roh- und Werkstoffen, die landwirtschaftliche Produktion sowie für Arbeitseinsatz, Preisüberwachung und Devisenangelegenheiten. Diese Aufgabenbereiche waren einzelnen Geschäftsgruppen zugewiesen, deren Leiter ihr Amt oft in Personalunion mit einer ähnlichen Funktion in einer Reichsbehörde oder Parteidienststelle führten. Auffälliger war jedoch die Verbindung von öffentlichen und privaten Bürokratien. Das führte in manchen Bereichen fast zur Privatisierung staatlicher Wirtschaftspolitik. Vertreter des industriellen Unternehmertums wurden Leiter wirtschaftspolitischer Institutionen mit dem Charakter einer Behörde: so der Maschinenbau-Fabrikant Pleiger wie der Textilunternehmer Kehrl und der IG-Farben-Direktor Krauch.

Paul Pleiger war ein Aufsteiger. Der Sproß einer kinderreichen Bergarbeiterfamilie hatte eine Maschinenbauschule absolviert und war 1921 als Ingenieur für Bergbaumaschinen und Eisenkonstruktion in die Harpener Bergbau AG eingetreten. Schon 1925 machte er sich, mit offenem Blick für wirtschaftliche Möglichkeiten, selbständig und gründete eine Firma zur Herstellung von Bergbaumaschinen. Noch vor der Machtübernahme Hitlers war er – wie manch anderer Kleinunternehmer auch – in die NSDAP eingetreten; 1933 wurde er Gauwirtschaftsberater im Gau Westfalen-Süd. Mit Wilhelm Keppler, dem ehemaligen »Beauftragten des Führers für Wirtschaftsfragen«, ging er 1934 als freier, ehrenamtlicher Mitarbeiter nach Berlin in dessen Sonderbehörde für »Deutsche Roh- und Werkstoffe«, einer Keimzelle der Autarkiepolitik. Dort wurde sein Augenmerk auf das Eisenerz des Salzgittergebietes gelenkt, und mit der ihm eigenen Hartnäckigkeit glaubte er bald, daß der Abbau dieses Vorkommens die deutsche Eisenproduktion aus heimischem Erz in entscheidendem Maße steigern könne. Göring, hierdurch auf ihn aufmerksam geworden, holte ihn in seine Autarkiebehörde und machte ihn zum Generaldirektor der »Hermann-Göring-Werke AG«; hier gewann der staatskapitalistische Kurs des Regimes Gestalt, der nach Meinung Schachts und des Schwerindustriellen Poensgen von den Vereinigten Stahlwerken eine Gefahr für die Unabhängigkeit der Privatwirtschaft bedeutete. Pleiger hatte tatsächlich keinen Moment gezögert und der Wirtschaft mit staatlichen Eingriffen gedroht, falls die Hüttenindustrie sich nicht an der Erschließung der unrentablen Salzgitter-Lagerstätten beteiligte. Göring und Pleiger setzten sich durch: die einst so einflußreiche Schwerindustrie war in sich gespalten und nicht mehr in der Lage, sich gegen die Offensive des Vierjahresplans zur Wehr zu setzen. Durch diese personelle Verflechtung wurde die Privatwirtschaft an den Staat gebunden, umgekehrt wuchs damit der Einfluß einzelner Industrien auf die staatliche Wirtschaftspolitik. Während durch die verstärkten Lenkungsvollmachten der Wirtschaftsbürokratie der unternehmerische Handlungsspielraum der Privatwirtschaft insgesamt eingeschränkt und damit deren bisherige relative Autonomie entscheidend beschnitten wurde, verstärkte sich andererseits der wirtschaftspolitische Einfluß einzelner Großunternehmen, besonders aus dem Bereich der chemischen Industrie. Andere Unternehmen – vor allem im Konsumsektor – verloren durch die Wirtschaftslenkung ihre wesentlichen wirtschaftlichen Freiheiten. Denn das Regime besaß nun ein dirigistisches Instrumentarium, mit dem sich der Markt kontrollieren ließ: durch eine Preis- und Lohnkontrolle wie durch die Bewirtschaftung der Arbeitskräfte und die Verteilung oder Kontingentierung von Rohstoffen und anderen Produktionsmitteln.

Anspruch und Wirklichkeit des Vierjahresplans klafften mitunter weit auseinander. Das galt sowohl für die Lenkungsvollmachten, von denen man in bestimmten Bereichen nur zögernd Gebrauch machte, wie für die Autarkieziele, die bei Kriegsbeginn nur annähernd erreicht waren. Gleichwohl blieben die Lenkungsmaßnahmen nicht ohne Folgen für Struktur und Produktionsprogramm der deutschen Volkswirtschaft.

Was dem Regime blieb und was auch weitgehend gelang, war, die Nachfrage der Bevölkerung von Mangelware auf solche Güter umzulenken, die reichlich vorhanden waren und im Inland produziert wurden. Das betraf vor allem den Lebensmittelbereich und bedeutete meist, hochwertige Produkte durch solche von geringerer Qualität zu ersetzen. Nicht Butter und Kanonen, sondern Kanonen und Margarine und Vierfruchtmarmelade konnte das Regime hinfort bieten. So kam es, daß die deutschen Ernährungsgewohnheiten trotz des staunenswerten Aufschwungs bescheiden blieben, daß der Fleischverbrauch von 1938 noch unter dem Niveau von 1929 lag, während sich der Absatz von Marmelade verdreifachte. Aßen die westeuropäischen Nachbarn mehr Fleisch, Weißbrot, Zucker und Eier, kamen in Deutschland vor allem Kohl, Roggenbrot, Kartoffeln und Margarine auf den Tisch. Diesen Zustand nahmen die Volksgenossen zwar nicht ohne Murren, aber doch ohne größeren Protest hin, nicht zuletzt weil sie sich noch allzu gut an die entbehrungsreichen Jahre der großen Krise erinnerten. So konnte das Regime

Diffamierung des Bauern

Der schärffte Gegner des Bolfchewismus ift ftets der Bauer. Deshalb diffamierte ihn die entartete Kunft als dumm, kulturlos und roh. Sie führte durch taufende ihrer Erzeugniffe zu jener verhängnisvollen Mißachtung der Bauernarbeit, die die Verftädterung Deutfchlands fo fehr befördert hat.

Kirchner: Bauernmahlzeit

Früher Kunfthalle Hamburg. Für Reichsmark 3 300 deutfche Steuergelder angekauft.

58

seinen riskanten Balanceakt zwischen der Befriedigung des privaten Konsums und der Steigerung der Rüstungsausgaben im großen und ganzen erfolgreich durchstehen.

Eine Voraussetzung dafür war ein Erfolg in den landwirtschaftlichen »Erzeugungsschlachten«, die der Reichsnährstand und dann die Vierjahresplanbehörde Jahr für Jahr proklamierten. Trotzdem ließ sich bis 1936 das gesteckte Ziel, Deutschlands Ernährung im Kriegsfalle zu sichern, nicht erreichen. Im Gegenteil, die kritische Ernährungslage war 1936 einer der Gründe für die gesamtwirtschaftlichen Kalamitäten. Die Auslandsabhängigkeit bei Nahrungs- und Futtermitteln war besonders hoch und schöpfte dringend benötigte Devisen ab. Auch die Verlagerung der Importgebiete nach Südosteuropa hatte noch nicht den gewünschten Erfolg gebracht.

Nun versuchte die Göringsche Institution, die sich den Reichsnährstand praktisch angegliedert hatte, mit einem Bündel von Lenkungsmaßnahmen die Produktion zu steigern: mit Beratungs- und

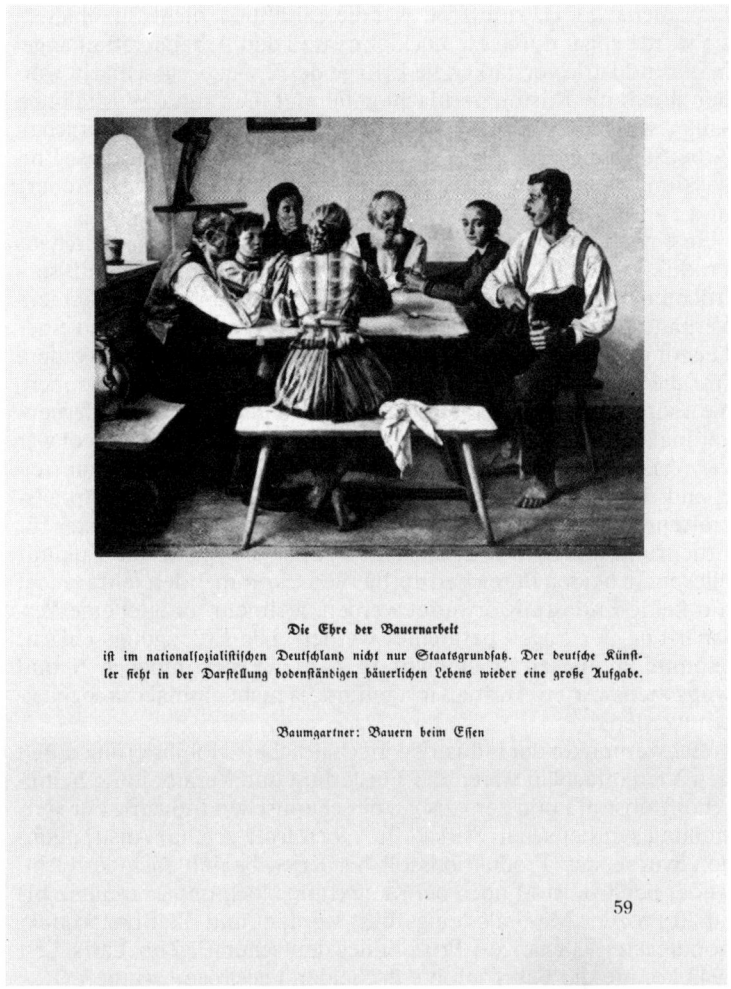

Die Ehre der Bauernarbeit

ist im nationalsozialistischen Deutschland nicht nur Staatsgrundsatz. Der deutsche Künstler sieht in der Darstellung bodenständigen bäuerlichen Lebens wieder eine große Aufgabe.

Baumgartner: Bauern beim Essen

59

Doppelseite aus:
Deutsche Kunst und entartete »Kunst«, herausgegeben von Adolf Dresler, München (1938)

Obwohl der Anteil der landwirtschaftlichen Produktion an der volkswirtschaftlichen Wertschöpfung während der dreißiger Jahre zurückging, spielte die bäuerliche Familie in der Selbstdarstellung des neuen Deutschlands eine immer größere Rolle. Bilder der modernen Kunst sollten die bauernfeindliche Politik des »Systems von Weimar« demaskieren, während Szenen häuslichen Glücks im »Haus der Deutschen Kunst« Jahr für Jahr das Fundament der Nation in Gemälden vorführten.

Schulungskampagnen, mit Krediten und Preissenkungen für Düngemittel wie der Anhebung der Erzeugerpreise für Agrarprodukte. Wo dies nicht ausreichte, wurde über die Art der Bebauung und Nutzung verfügt, also in die freie Verfügungsgewalt des Bauern über seinen Besitz eingegriffen. Das Ackerland sollte auf Kosten der Wiesen- und Weideflächen ausgedehnt sowie Pflanzen und Futtermittel angebaut werden, die Textilfasern und Fette lieferten. Der Erfolg war bescheiden, denn gegen das Gesetz vom abnehmenden Bodenertrag kamen auch die nationalsozialistischen Erzeugungsschlachten nicht an. Auch wurden die Produktionssteigerungen wieder von dem materiellen Aufwand und den erhöhten Kosten, vor allem für die Löhne, aufgezehrt. Die Knappheit an landwirtschaftlichen Arbeitskräften zwang die Bauern zu übertariflichen Lohnzahlungen, die sich nicht auf die staatlich festgelegten Preise umlegen ließen. Allen praktischen Maßnahmen vom ländlichen Wohnungsbauprogramm bis zum Reichsarbeitsdienst und dem

Landdienst der HJ zum Trotz war die Landflucht nicht aufzuhalten, sie wurde sogar durch die Locklöhne und den Arbeitskräftemangel in der Industrie verstärkt. Die Erfolge der Erzeugungsschlacht wurden durch die Rüstungsschlacht gefährdet. Um rund 1,4 Millionen sank zwischen 1933 und 1939 die Zahl der landwirtschaftlichen Arbeitskräfte. Das war eine kleine soziale Revolution, und diese Entwicklung paßte so gar nicht zu den Erntefeiern auf dem Bückeberg und zur nationalsozialistischen Blut- und Bodenideologie.

In einigen Bereichen konnte die »Erzeugungsschlacht« durchaus Produktionssteigerungen erzwingen: bei Brotgetreide, Hülsenfrüchten, Eiern und Fetten. Doch die Ergebnisse standen in keinem Verhältnis zu Aufwand und Kosten. Auch waren die Grenzen einer Leistungssteigerung der Landwirtschaft überdeutlich geworden. Auf die Dauer konnte man nicht ohne Agrarimporte auskommen, die zwischen Beginn des Vierjahresplans und Kriegsausbruch mengenmäßig sogar noch um rund 50 Prozent stiegen. Nach wie vor war die Versorgung mit Fetten und Futtermitteln keinesfalls ausreichend. Bei realistischer Einschätzung der Rohstoff- und Arbeitskräfteprobleme der Landwirtschaft konnte der Reichsminister für Ernährung und Landwirtschaft nur voller Skepsis in die Zukunft blicken. In beiden Bereichen durfte für die kommenden Jahre »nicht nur keine Entlastung erwartet werden, vielmehr muß[te] eine Verschärfung der Lage« befürchtet werden. Die Erzeugungsschlacht »konnte in diesem Fall nicht in dem an sich möglichen und wünschenswerten Ausmaß fortgeführt, ja nicht einmal durchgehalten werden«.[17]

Schwerpunkte der industriewirtschaftlichen Mobilisierung durch den Vierjahresplan waren die Förderung und Verarbeitung heimischer Rohstoffe und der Ausbau der chemischen Industrie zur Herstellung synthetischer Werkstoffe. Doch trotz größter Anstrengungen wurde das Produktionssoll bis Kriegsbeginn nicht erreicht, weder bei Treibstoff noch bei Kautschuk. Noch immer mußten bis zu 50 Prozent Mineralöl eingeführt werden, und die Bunaproduktion deckte 1938 ganze 5 Prozent des deutschen Eigenbedarfs. Erst 1942 konnte die Fabrikation entscheidend gesteigert werden.

Zu einer Kraftprobe zwischen Hüttenindustrie und der Vierjahresplanorganisation kam es bei der Förderung und Verarbeitung inländischer Eisenerze. In Zukunft sollten nicht länger hochwertige schwedische Erze eingeführt, sondern deutsche Bodenschätze ausgebeutet werden, ohne Rücksicht auf deren Qualität und die Produktionskosten. Zu einem solchen unternehmerischen Risiko war die Hüttenindustrie jedoch nicht bereit, da ihr die Rentabilität dieses Unternehmens mehr als fragwürdig erschien. Unterstützung fand sie bei Reichswirtschaftsminister Schacht, und das verschärfte die Machtprobe und die innergouvernementale Auseinandersetzung zwischen Schacht und Göring. »Ich kann und darf nicht einfach beliebig unwirtschaftlich arbeiten, weil ich damit die Substanz des deutschen Volkes aufbrauche; und so groß ist die Substanz des deutschen Volkes noch nicht wieder geworden, daß wir sie beliebig aufbrauchen können«,[18] warnte der Wirtschaftsfachmann. Doch auch in diesem Falle stand seine Alternative, die Drosselung des Rüstungstempos, politisch nicht mehr zur Diskussion. Mehr noch,

Hitler drohte in aller Öffentlichkeit, und als Hintergrund suchte er sich das glitzernde Ambiente der Internationalen Automobil- und Motorradausstellung im Februar 1937 aus, der Privatwirtschaft, sie verwirke ihr Recht, »als freie Wirtschaft weiterzubestehen«,[19] wenn sie nicht fähig sei, das Eisenerzproblem zu lösen.

Daß dies keine leeren Worte waren, demonstrierte Göring im Juli 1937, als sich die Verknappungskrise bei Eisen und Stahl dramatisch verschärfte. Die Gründung des staatlichen Konzerns »Reichswerke Hermann Göring« in Salzgitter unterstrich die Entschlossenheit des Regimes, auch die Interessen der Großindustrie seinen wehrwirtschaftlichen Zielen unterzuordnen. Obendrein wurden die neuen Eisenhütten bei der Zuteilung von Arbeitskräften, Rohstoffen und Anlagegütern zu Lasten der Ruhrindustrie bevorzugt. Der blieb nichts anderes, als klein beizugeben. Die Planziele für 1937 wurden freilich nicht erreicht und auch die für 1938 wären nicht erreicht worden, wenn nicht die österreichische Produktion nach dem »Anschluß« hinzugekommen wäre. Das war ein erster Schritt in die Richtung, in die sich die nationalsozialistische Wirtschaftspolitik letzten Endes bewegte: eine permanente Kriegs- und Eroberungswirtschaft.

Hitler wird das Wort zugeschrieben, man sterbe nicht für die Erhöhung des Ecklohns; eine Idee allein schaffe Opferbereitschaft. Tatsächlich hat die Vision des Reiches die Jugend des Landes bereitwillig in den Krieg geführt. Die Idee »Deutschen Bauerntums« hatte seit den Wahlkämpfen der zwanziger Jahre in zunehmendem Maße die ländliche Bevölkerung für den Nationalsozialismus gewonnen, wenn auch mit starken regionalen und konfessionellen Abweichungen. Die zur Herrschaft gekommene Bewegung feierte dann den »Reichsnährstand«, erneuerte die romantische Idee des »Erbhofbauern«, senkte die Versicherungsprämien für strohgedeckte Bauernhäuser, machte den »Ackermann« neben dem Krieger zur Symbolfigur des neuen Reiches. Dieser Wortzauber tat seine Wirkung, die bäuerliche Bevölkerung sah sich bestätigt und geehrt und bewahrte dem Regime in weiten Teilen des Reiches lange die Treue.

2. Deutsche Gesellschaft im Dritten Reich

Wie die neue Gesellschaftsordnung unter dem Hakenkreuz beschaffen sein sollte, davon hatten die Nationalsozialisten im Jahre 1933 nur unbestimmte Vorstellungen. Eine Volksgemeinschaft wollten sie schaffen, und diese Verheißung ihrer Propaganda hatte offene Ohren gefunden. Das Gegenteil einer pluralistisch-demokratischen Gesellschaftsverfassung sollte entstehen: nicht das offene und institutionalisierte Austragen von sozialen Konflikten und widerstreitenden Interessen, nicht Koalitionsrecht und Tarifvertrag, das alles galt als Erfindung des »Marxismus« und Ausdruck des Klassenkampfes. Statt dessen sollte es eine nationale Volksgemeinschaft geben und eine autoritäre, ständische Sozialordnung, was immer das im einzelnen bedeutete.

Zwei Erfahrungen prägten die Gesellschaftspolitik der Nationalsozialisten: die gesinnungsmäßige Einheit der Deutschen in der Kriegsbereitschaft des August 1914, die über die Klassengegensätze hinweggereicht hatte. »Die deutsche Revolution hat in jenen Augusttagen 1914 ihren Anfang genommen«, rechtfertigte Robert Ley 1934 die nationalsozialistische Konzeption der Volksgemeinschaft und seiner Deutschen Arbeitsfront.[20] »Dort in den Gräben des Westens und Ostens fand sich dieses Volk wieder zusammen, die Granaten und Minen fragten nicht danach, ob einer hoch oder niedrig geboren, ob jemand reich oder arm war, welcher Konfession und welchem Stande er angehörte, sondern hier war jene gewaltige Probe auf den Sinn und Geist der Gemeinschaft.«

Das war die Utopie, der die Nationalsozialisten nachhingen, die verlorene Illusion, für die sie sich an jenen rächen wollten, die sie für die Zerstörung ihres Traums meinten verantwortlich machen zu können: die Novemberverbrecher, Revolutionäre, Juden, Marxisten. Und das war die andere, die negative Erfahrung der Nationalsozialisten: die Novemberrevolution, das Zusammenbrechen der »Inneren Front«, der Dolchstoß der Revolutionäre. »Hitler und die Mehrzahl seiner Gefolgsleute«, erinnerte sich Albert Speer, »gehörten der Generation an, die im November 1918 die Revolution als Soldaten erlebt und nie verwunden hatten. In privaten Gesprächen ließ Hitler oft durchblicken, daß man nach der Erfahrung von 1918 nicht vorsichtig genug sein könne.«[21] Das war der Grund dafür, daß man nicht nur alle »marxistischen« Organisationen zerschlagen, sondern darüber hinaus außer der Kontrolle über die Bevölkerung auch deren Loyalität gewinnen wollte. Darum wagte er – selbst unter den Anspannungen der Kriegswirtschaft – auch nicht, der Bevölkerung eine Einschränkung ihrer Konsumgewohnheiten zuzumuten. »Es war das Eingeständnis politischer Schwäche«, kommentierte Speer im Rückblick diese verblüffende Erfahrung: »Es verriet beträchtliche Sorge vor einem Popularitätsverlust, aus dem sich innenpolitische Krisen entwickeln könnten.«[22] Im Hinblick auf einen solchen Fall verlangte Hitler von seinem Baumeister Speer Anfang 1939, daß das neue Regierungsviertel in Berlin »wie eine

Festung verteidigt werden könne«. Denn: »... es ist doch nicht ausgeschlossen, daß ich einmal gezwungen bin, unpopuläre Maßnahmen zu treffen. Vielleicht gibt es dann einen Aufruhr.«[23]

Die Gleichschaltung der wirtschaftlich-beruflichen Interessenvertretungen war der erste Akt der Gesellschaftspolitik des neuen Regimes, unzweifelhaft der totalitäre Aspekt in der Grundlegung der gesellschaftlichen Verfassung des Dritten Reichs. Gesellschaftliche Interessenkonflikte konnten damit nicht mehr zwischen den Verbänden autonom oder mit staatlicher Vermittlung gelöst, soziale Ansprüche durch Interessenverbände nicht mehr auf dem politischen Markt artikuliert und an den Staat herangetragen werden. All dies übernahmen die Organisationen der Monopolpartei und Institutionen des Regimes. Ihnen oblag nun die Mobilisierung und Integration des Volkes in die »Volksgemeinschaft«. Die Nationalsozialisten hatten die »Politik entsozialisiert«, indem sie den Klassenkampf für beendet erklärten. Nun »politisier[t]en sie die ganze Gesellschaft«,[24] indem sie das Verhältnis des einzelnen zu Staat und Partei grundsätzlich als ein politisches verstanden. Nach der Gleichschaltung kam die Betreuung. Alle Deutschen sollten Mitglieder der Volksgemeinschaft sein, jeden einzelnen galt es nun »fortgesetzt zu erziehen und – vor allem – zu überwachen«.[25]

Doch weder Gleichschaltung noch Betreuung verliefen kontinuierlich. Wie die Gleichschaltung von gewalttätiger Zerschlagung bis zur äußerlichen Anpassung reichte, betrafen Erziehung, Betreuung und auch Überwachung die gesellschaftlichen Gruppen in unterschiedlicher Intensität. Während Reichswehr, industrielle Unternehmer und auch Kirchen sich lange Zeit gewisse Freiräume erhalten konnten, war die Arbeiterschaft von Anfang an bevorzugtes Objekt nationalsozialistischer Überwachungs- und Wohlfahrtspolitik. Das spiegelte sich in der unterschiedlichen gesellschaftlichen Verfassungssituation wie in der Interessenintegration. Während die überkommene industrielle Wirtschaftsordnung im wesentlichen erhalten blieb, wurde die Arbeits- und Sozialverfassung gravierend verändert. Die Arbeiterschaft stellte die größte Gruppe der erwerbstätigen Bevölkerung dar. Sie zu lenken und zu kontrollieren war für das Regime aus mehreren Gründen unerläßlich: von ihrer Leistungsbereitschaft hing der Erfolg der Rüstungsproduktion ab, von ihrer Integration in die »Volksgemeinschaft« die Stabilität des Regimes. Schließlich hatten sich weite Teile der traditionsbewußten Industriearbeiterschaft bis 1933 gegenüber dem Nationalsozialismus weitgehend immun erwiesen, und zudem verfügte die Arbeiterschaft über ein Netz von Kultur-, Freizeit- und Fürsorgeorganisationen, das den inneren Zusammenhalt der Arbeiterbewegung hergestellt hatte. An ihre Stelle mußten neue Lenkungsinstrumente treten, wollte man die totale Erfassung der Gesellschaft sicherstellen.

Mit einer wirkungsvollen Doppelstrategie eines betäubenden Massenfestes und der anschließenden gewaltsamen Zerschlagung hatte das Regime am 1. und 2. Mai 1933 der einst mächtigsten Arbeiterbewegung auf dem Kontinent ein abruptes Ende bereitet. Nun wurde eine autoritäre Ordnung der Arbeits- und Sozialverhältnisse geschaffen, die neben der Kontrolle auch auf Massenbetreuung und Massenzustimmung zielte.

Dabei konnte man nicht auf einen Ersatz für die Freien Gewerkschaften verzichten. Doch nicht die sozialradikalen Nationalsozialistischen Betriebszellen wurden organisatorischer Kern der Staatsgewerkschaft, sondern die am 10. Mai 1933 eigens gegründete »Deutsche Arbeitsfront«, und auch ihr Führer, Robert Ley, kam nicht aus der nationalsozialistischen Gewerkschaft, sondern verkörperte als Stabsleiter der Politischen Organisation der NSDAP die enge Bindung an die Partei. Die Gründung der DAF war nicht nur Konsequenz der gewaltsamen Zerschlagung der Arbeiterbewegung, sie war auch ein Stück innerer Gleichschaltung der unruhigen nationalsozialistischen Linken. Es war kein Zufall, daß die Entmachtung der SA am 30. Juni 1934 zeitlich mit der Domestizierung der NSBO einherging. Beide galten als Exponenten des linken Flügels, beider Zähmung bedeutete den restlosen Abbau der organisatorisch ungebremsten Revolutionserscheinungen in der NSDAP, nicht aber der revolutionären Wirkung des nationalsozialistischen Regimes.

Als »weltanschauliche Kampftruppe der NSDAP in den Betrieben« war die NSBO entstanden, doch die Erwartungen der Mitglieder und die sozialen Umstände hatten aus ihr zunehmend eine nationale Gewerkschaft gemacht. Die Praxis ließ die NSBO merklich nach links rutschen, sehr zum Unwillen der Parteiführung. Aber man brauchte die »SA der Betriebe«. Und daran änderte sich auch in der Phase der Machtergreifung nichts. Viele der wilden Aktionen der NSBO, vor allem ihre Eingriffe in die Wirtschaft, liefen den taktischen Überlegungen Hitlers zuwider. Um aber die Freien Gewerkschaften zu zermürben und schließlich gewaltsam zu zerschlagen, waren die Betriebszellen unentbehrlich. Als Aktivisten innerhalb der Massenorganisation der DAF und als deren organisatorische Helfer sollten die NSBO-Männer wirken. Doch damit waren sie meist überfordert, und am Ende hatte der bürokratische Apparat Leys sie aufgesogen. Nicht ohne Murren mußten im Frühjahr 1934 die »Alten Kämpfer« der NSBO feststellen, daß mit der schrittweisen sozialpolitischen Entmachtung und führerbezogenen Reorganisation der DAF auch sie funktionslos geworden, daß ihre Illusionen von der nationalsozialistischen Einheitsgewerkschaft zerstört waren.

Was die DAF wirklich sein sollte, wußte bei ihrer improvisierten Gründung am 10. Mai 1933 niemand so recht. Zunächst ging es darum, die Mitglieder der gleichgeschalteten oder übernommenen gewerkschaftlichen Organisationen nicht sich selbst zu überlassen. »Es ist nicht so gewesen«, gestand der DAF-Führer Ley vier Jahre später ein, »daß wir ein fertiges Programm hatten, das wir hervorholen konnten und an Hand dieses Programmes die Arbeitsfront aufbauten, sondern ich bekam den Auftrag des Führers, die Gewerkschaften zu übernehmen, und dann mußte ich weiterschauen, was ich daraus machte.«[26]

Das Hin und Her der programmatischen Erklärungen über die Aufgaben der Arbeitsfront wie die vielfachen Um- und Neugründungen in den ersten beiden Jahren der neuen Massenorganisation bewiesen wieder einmal, wie schwer sich die Nationalsozialisten bei einer konstruktiven Neuorganisation taten. Ein »absolutes Chaos von Gedanken« sei ihm begegnet, gestand Ley mit der ihm eigenen

Offenheit, als er nach einer praktikablen Konzeption für den »ständischen« Neuaufbau gesucht habe. Zur Verworrenheit der ständischen Gesellschaftsmodelle kamen die heftigen Auseinandersetzungen zwischen NSDAP, Reichsministerien und wirtschaftlichen Interessenvertretern über die Aufgaben der Arbeitsfront. Der Ausgang dieser Auseinandersetzungen war 1933 keineswegs eindeutig vorhersehbar und auch nicht, daß sich am Ende der organisatorischen Konsolidierung die sehr vagen Gewerkschaftsvorstellungen Hitlers durchsetzen würden.

In einem nationalsozialistischen völkischen Staat sollten Gewerkschaften nach dem Willen Hitlers vor allem politisch-erzieherische Funktionen zukommen. Sie sollten »Bausteine des künftigen Wirtschaftsparlaments beziehungsweise der Ständekammern«[27] sein und vor allem der Erziehung und Schulung dienen, da der neue Staat die Reorganisation von Wirtschaft und Gesellschaft nicht durchführen könne, »ohne schon vorher einen gewissen Grundstock an Menschen, die vor allem gesinnungsmäßig vorgebildet sind, zu besitzen«.

Nicht viel anders sahen die Erziehungs- und Betreuungsfunktionen aus, die schließlich der Deutschen Arbeitsfront zugewiesen wurden. Ein Streikrecht war ausgeschlossen, das hatte Hitler den Gewerkschaften ohnehin nur zubilligen wollen, solange der völkische Staat nicht existierte. Doch die NSBO-Männer, die nach dem 2. Mai die provisorische Leitung der Gewerkschaftseinrichtungen übernommen hatten, wollten von ihren sozial-radikalen Vorstellungen zur Verbesserung der Arbeitsbedingungen so schnell nicht lassen. Fragebogenaktionen über Löhne, Arbeitsplatzkapazitäten und Beschäftigtenzahlen wurden gestartet, was die Unternehmer als Einmischung in ihren Machtbereich empfanden. Lokale DAF-Gruppen versuchten die Entlassung von Arbeitern zu verhindern, ein NSBO-Obmann drohte für einen solchen Fall dem Direktor der Harpener Bergbau AG mit der Einlieferung in ein Konzentrationslager. Zahlreiche DAF- und NSBO-Gliederungen führten die gewerkschaftliche Praxis kollektiver Tarifverträge fort, obwohl diese seit Mitte Mai untersagt war. Das kümmerte manchen NSBO-Mann wenig, der sogar die Gestapo einschaltete, um seinen Forderungen Nachdruck zu verleihen.

Die Klagen über den antikapitalistischen Radikalismus lokaler DAF-Gliederungen häuften sich und ließen auch in der zweiten Jahreshälfte nicht nach. Hinzu kam, daß die gewerkschaftlichen Organisationsprinzipien zunächst beibehalten worden waren, aus Rücksicht auf die Erwartungen der eigenen Anhänger und bedingt auch durch die Übernahme vieler bisheriger kleiner Gewerkschaftsangestellter, ohne deren Mitarbeit die gesamte Organisationstätigkeit einschließlich der sozialen Unterstützung und der Verwaltung der Gewerkschaftskassen nicht hätte weiterlaufen können. Mehr noch, man ließ auch weiterhin die Hoffnung auf die Verwirklichung des alten Traums von der Einheitsgewerkschaft bestehen. Bei all dem mußten Reichsregierung und Industrie fürchten, daß der »Klassenkampf«, dessen organisatorische Basis zerschlagen war, nun im neuen Gewande aus der nationalsozialistischen Bewegung heraus wiedererstehen könnte.

Symbol der Deutschen Arbeitsfront auf der Berliner Ausstellung »Deutsches Volk – Deutsche Arbeit«

Darum mehrten sich seit dem Sommer 1933 die Versuche, die Arbeitsfront zu »entgewerkschaftlichen«. Das lag vor allem im Interesse Hitlers, der die labilen Beziehungen zu den traditionellen Machteliten in Bürokratie und Großwirtschaft stabilisieren wollte. Die Bestellung von »Treuhändern der Arbeit« im Sommer 1933 zeigte die neue Richtung an: Tarif-Fragen sollten nicht in den Kompetenzbereich der DAF gehören. Ende November war ein wichtiger Schritt erreicht. Ley mußte der Auflösung der eigenständigen Arbeiterverbände in der DAF zustimmen und vor allem auf jede Kompetenz in der materiellen Arbeits- und Sozialpolitik verzichten.

Die Zähmung der DAF wurde in einen wohltönenden Aufruf »An alle schaffenden Deutschen« verkleidet, der von Reichsarbeitsminister Seldte, Reichswirtschaftsminister Schmitt, dem Parteibeauftragten für Wirtschaftsfragen Keppler und Ley unterzeichnet war. Das war ein erstes Beispiel »für die innenpolitischen ›Verträge‹ zwischen gegensätzlichen, ›Souveränität‹ anstrebenden Gruppierungen innerhalb des Herrschaftssystems«[28] und ein Beleg für den Rückzug der DAF auf die Betreuungs- und Erziehungsarbeit. Als Ausdruck der Volksgemeinschaft wurde die DAF gefeiert, zu der alle »im Arbeitsleben stehenden Menschen ohne Unterschied ihrer wirtschaftlichen und sozialen Stellung« gehören sollten. Nur der »Wert der Persönlichkeit, einerlei ob Arbeiter oder Unternehmer« sollte in der Arbeitsfront den »Ausschlag geben«. Darum war sie »nach dem Willen unseres Führers Adolf Hitler ... nicht die Stätte, wo die materiellen Fragen des täglichen Arbeitslebens entschieden, die natürlichen Unterschiede der Interessen der einzelnen Arbeitsmenschen aufeinander abgestimmt werden«. Dafür sollten »in kurzer Zeit Formen geschaffen werden«, die dem Führer und der Gefolgschaft eines Betriebes die Stellung zuweisen, die die nationalsozialistische Weltanschauung vorschreibt. Für die DAF blieb dann »als hohes Ziel« die »Erziehung aller im Arbeitsleben stehenden Deutschen zum nationalsozialistischen Staat und zur nationalsozialistischen Gesinnung«. Mit Fragen der neuen Sozialverfassung sollte sie ihre Mitglieder vertraut machen und dafür sorgen, »daß die soziale Ehre des Betriebsführers wie seiner Gefolgschaft zu einer entscheidenden Triebkraft der neuen Gesellschafts- und Wirtschaftsordnung werden kann«.[29]

Daraufhin forderte auch der Reichsstand der Deutschen Industrie seine Mitglieder zum Eintritt in die DAF auf, da nun »die Stellung und der Aufgabenkreis der Deutschen Arbeitsfront ... endgültig klargestellt« seien und die deutschen Unternehmer an dem »hohen Ziel« der »Herstellung einer wahren Volksgemeinschaft« nunmehr »freudig mitarbeiten« wollten.[30]

Damit waren gewerkschaftliche Ansätze aus der DAF eliminiert. Das besiegelte die neue Organisationsstruktur vom Frühjahr 1934 wie das »Gesetz zur Ordnung der Nationalen Arbeit« vom Januar 1934. Das »ständische Prinzip« sollte sich im Aufbau der DAF nun verwirklichen: neben Arbeitern und Angestellten sollten als dritte und vierte Säule der selbständige Mittelstand und die Unternehmer hinzutreten. Darum war die DAF einerseits nach Branchen und Produktionssparten, andererseits parallel zu den Gliederungen der

Politischen Organisation der NSDAP in einer vertikalen und zentralistischen Gliederung mit einem Zentralbüro und darunter Bezirks-, Gau-, Kreis- und Ortsgruppenwaltern sowie daneben Betriebs-, Zellen- und Straßenblockwarten aufgebaut.

Im Betrieb wie zu Hause, nirgends sollte die arbeitende Bevölkerung diesem Netz der Betreuung und Kontrolle entgehen. Über 20 Millionen Mitglieder hatte schließlich Leys Mammutorganisation und ein ständig wachsendes Funktionärsheer, das 1939 44 000 hauptamtliche und 1,3 Millionen ehrenamtliche Mitarbeiter zählte. Ein weites Feld für Aufstiegswillige tat sich da auf. Ein rechtlicher Beitrittszwang zu diesem größten und vermutlich auch äußerst vermögenden Verband im nationalsozialistischen Deutschland herrschte nicht, aber wer wollte und konnte sich dem sozialen Druck schon entziehen, zumal die Betriebe bald gezwungen wurden, den DAF-Beitrag sofort vom Lohn abzuführen. Allein ihre Größe und ihr Monopolanspruch verschafften der DAF ein wachsendes politisches Gewicht.

Die tarifliche Festlegung der Arbeitsbedingungen war allerdings in die alleinige Zuständigkeit des Staates gefallen. Die »Treuhänder der Arbeit«, das waren in der Regel der Bürokratie und Industrie genehme Männer, setzten »rechtsverbindlich für die beteiligten Personen die Bedingungen für den Abschluß von Arbeitsverträgen« fest und sollten darüber hinaus »für die Aufrechterhaltung des Arbeitsfriedens« sorgen. Parallel dazu besiegelte die neue Arbeitsordnung das Ende der betrieblichen Mitbestimmung. Das »Gesetz zur Ordnung der nationalen Arbeit«, das wichtigste und umfassendste sozialpolitische Gesetz des Dritten Reichs, übertrug das Führerprinzip auf die Betriebe. An der Spitze der »Betriebsgemeinschaft« stand der »Betriebsführer«, dem die »Gefolgschaft« Treue und Gehorsam zu leisten hatte. Um das »gegenseitige Vertrauen innerhalb der Betriebsgemeinschaft zu vertiefen«, wurden die Mitbestimmung durch die »Beratung«, die Betriebsräte durch »Vertrauensräte« ersetzt. Über die Utopie solcher harmonischen Betriebsgemeinschaft sollten die nun endgültig institutionalisierten »Treuhänder der Arbeit« und »soziale Ehrengerichte« wachen.

Das klang alles recht archaisch und markierte einen scharfen Einschnitt in der Geschichte der deutschen Betriebsverfassung, die bis zum Jahre 1933 eine kontinuierliche Ausweitung der Mitbestimmung der Arbeitnehmer gebracht hatte. Nun war nur noch von Pflichten der Arbeiter, nicht mehr von deren Rechten die Rede. Aus dieser gesellschaftspolitischen Auseinandersetzung waren ohne Zweifel die Unternehmer als Sieger hervorgegangen. Sie waren wieder Herr im Haus, die DAF wurde in der neuen Arbeitsordnung nur noch ganz beiläufig erwähnt. Doch die neue Arbeits- und Sozialverfassung war in sich so ambivalent wie der Nationalsozialismus selbst. Hinter der altertümlichen Begrifflichkeit verbargen sich ebenso mittelständische Vorstellungen wie moderne Ansätze einer betrieblichen Sozialpolitik und Arbeitspsychologie, wie sie in den technologisch weiter fortgeschrittenen Großindustrien, nicht nur Deutschlands, schon lange propagiert worden waren. Schon in den zwanziger Jahren hatten ja Chemie- und Elektroindustrie die Strategie der sozialen Befriedung durch eine betriebliche Sozialpolitik mit

Plakat des Gaus Württemberg-
Hohenzollern, 1937

Die Freizeit- und Urlaubsorganisa-
tionen des Dritten Reiches folgen
bis in Einzelheiten hinein dem
italienischen Vorbild, das mit der
Organisation »Opera Nazionale
Dopolavoro« die erste Massenorganisation dieser Art entwickelt
hatte. Die KdF-Organisation
brachte tatsächlich soziale Neue-
rungen, wie sie bis dahin unbekannt gewesen waren. Hier liegen
die deutschen Anfänge des
Massentourismus, denn die Zahl
der Urlauber stieg nach amtlichen
Statistiken von 1934 bis 1938 von
2,3 auf 10,3 Millionen. Die sozialen Leistungen des Regimes sind
nach dem Untergang des Dritten
Reiches unter dem überwältigenden Eindruck seiner Verbrechen
unterschätzt worden.

großem Aufwand betrieben. Alles was die Deutsche Arbeitsfront
und ihre Nebenorganisationen »Kraft durch Freude« beziehungsweise »Schönheit der Arbeit« als Errungenschaften nationalsozialistischer Sozialpolitik priesen, war längst entwickelt und erprobt
worden: Erholungsheime für Arbeiter, Aufenthaltsräume im
Betrieb, verbilligtes warmes Essen in der Werkskantine, Grünanla-
gen um die Fabrik. Das galt auch für die sozialen Zwecke dieser
sozialen Leistungen: nämlich den Arbeiter enger an den Betrieb zu
binden und damit der Drohung eines permanenten Klassenkampfes
entgegenzuwirken. Daneben standen Rationalisierungsbemühun-
gen, die, mit wissenschaftlichen Methoden betrieben, »auch die
menschliche Seite der Arbeit in die Betriebskalkulation schärfer einbezogen«, sei es um nach den Auswirkungen auf die Arbeiter zu
fragen, sei es um dadurch die »Rechenhaftigkeit privatwirtschaft-
licher Denkweise« auch auf die menschliche Arbeitskraft auszudehnen.[31] Der Versuch freilich, damit auch die soziale Kontrolle und
die innerbetriebliche Macht auszudehnen, wäre vermutlich ohne
nationalsozialistische Machtergreifung bloßer Wunschtraum von
Großindustriellen und Managern geblieben.

Einstweilen suchte die DAF ihre Niederlage vom November 1933
durch die feierliche Gründung der Freizeitorganisation »Kraft
durch Freude« zu kompensieren, die freilich mehr war und wurde
als ein bloßes Zuckerbrot, mit dem man die Entrechtung der Arbeiterschaft vergessen machen wollte. Nach dem italienischen Vorbild
der »Opera Nazionale Dopolavoro« sollte das Unternehmen
zunächst harmlos »Nach der Arbeit« heißen, doch fiel den nationalsozialistischen Propagandisten ein verheißungsvoller, wie sich
allerdings bald herausstellte, auch viel belächelter Name ein. »KdF
überholt jede Arbeitskraft von Zeit zu Zeit, genauso wie man den
Motor eines Kraftwagens nach einer gewissen gelaufenen Kilome-
terzahl überholen muß«,[32] erklärte ein Pressereferent der DAF ganz
naiv. Und Hitler ging in seinem Aufruf zur Gründung der KdF-
Organisation noch einen Schritt weiter: »Ich will, daß dem deutschen Arbeiter ein ausreichender Urlaub gewährt wird. Ich wünsche
dies, weil ich ein nervenstarkes Volk will, denn nur mit einem
Volk, das seine Nerven behält, kann man wahrhaft große Politik
machen.«[33]

Das Angebot des nationalsozialistischen Kultur- und Freizeit-
unternehmens war verlockend und manipulativ zugleich, es reichte
von Theater- und Filmvorführungen, Ausstellungen, Sport- und
Tanzveranstaltungen über Weiterbildungskurse bis hin zu den
populären Reiseveranstaltungen. Im Mittelpunkt des Freizeitpro-
gramms der KdF stand die Arbeiterschaft. »Der deutsche Arbeiter
reist«, war die wirkungsvolle Parole, mit der ein bis dahin beispielloser staatlicher Massentourismus aufgezogen wurde. Das alte Versprechen der sozialistischen Arbeiterbewegung, der Arbeiter werde
einst »mit eigenen Schiffen die Meere befahren«, wurde von den
Nationalsozialisten tatsächlich eingelöst. Diesen Triumph wollte
man sich nicht nehmen lassen und schickte am 2. Mai 1934, dem
Jahrestag der Zerschlagung der Gewerkschaften, das erste KdF-
Urlauberschiff in See. Der deutsche Arbeiter, der an einer Kreuzfahrt nach Madeira oder an die norwegischen Fjorde teilnahm, das

wurde von der nationalsozialistischen Propaganda als sichtbarer Beweis für die Volksgemeinschaft gefeiert. Eine zeitgenössische Dissertation stellte fest: »Im neuen Deutschland ist jetzt Reisen nicht mehr eine Angelegenheit einer bevorzugten Klasse, sondern dem wirtschaftlich schwachen Volksgenossen ist heute die Möglichkeit gegeben, den Urlaub in einer Form zu verbringen, die ihm das Bewußtsein gibt, kein Knecht mehr der Gesellschaft zu sein, sondern gleichwertiges Mitglied einer großen Volksgemeinschaft.«[34] War das egalitäre Rhetorik oder auch soziale Wirklichkeit?

Eine Voraussetzung dafür, daß die »bürgerlichen Privilegien« gebrochen werden konnten, war eine Verlängerung der – tariflich geregelten – jährlichen Urlaubszeit von durchschnittlich drei Tagen im Jahre 1933 auf sechs bis zwölf Tage. Das konnte sich auch im Vergleich mit dem Ausland sehen lassen. Die Zahl der Mitglieder der KdF-Organisation wuchs lawinenartig, allein schon deshalb, weil die Mitgliedschaft in der DAF automatisch die in der KdF umschloß und andere NS-Verbände korporativ angeschlossen waren. Bei Kriegsbeginn war jeder zweite Deutsche von der KdF erfaßt.

Nach der amtlichen Statistik, so fragwürdig sie im einzelnen sein mag, stieg die Zahl der Teilnehmer an Urlaubsfahrten von 2,3 Millionen im Jahr 1934 auf 10,3 Millionen 1938; 54,6 Millionen Teilnehmer zählten im selben Jahr die sonstigen Freizeitveranstaltungen. Die Preise waren niedrig, sowohl die Wochenendfahrt in den Bayerischen Wald als auch die Kreuzfahrt nach Italien war konkurrenzlos billig. Der Gau Mainfranken bot 1936 folgende Reisen an: 8tägige Urlaubsfahrt nach Norderney für 40 RM, 7tägige Urlaubsfahrt nach Berchtesgaden für 29 RM, 14tägige Urlaubsfahrt nach Binz/Rügen für 59 RM, 7tägige Seefahrt nach Norwegen für 60 RM, 6tägige Wanderfahrt ins Chiemseegebiet für 16 RM. Unterkunft, Hin- und Rückfahrt ab Würzburg und Vollpension waren inbegriffen.[35] Das war möglich durch eine strenge Rationalisierung wie durch zusätzliche Subventionen aus der DAF-Kasse und ein Preisdiktat gegenüber dem Beherbergungsgewerbe. Denn ein beträchtlicher Wirtschaftsfaktor war das Unternehmen immerhin geworden, das zudem den Tourismus in bisherige wirtschaftliche Notstandsgebiete leitete.

Tatsächlich war »Kraft durch Freude« bald schon die populärste Organisation des Regimes. Doch die Besatzung ihrer Urlauberschiffe bot keineswegs einen repräsentativen Querschnitt durch die deutsche Volksgemeinschaft. Einen Arbeiteranteil von allenfalls 17 Prozent ergaben die Berichte der SD- und Gestapobeamten, die bei allen Seereisen, als Hilfsreiseleiter getarnt, immer dabei waren. Ganz überwiegend waren es Angehörige der Mittelschichten, die die »Einrichtung für den deutschen Arbeiter« zu nutzen wußten; allenfalls bei den ein- und zweitägigen Inlandsreisen lag der Arbeiteranteil höher. Im Durchschnitt war nur jeder dritte bis vierte Teilnehmer einer KdF-Reise tatsächlich Arbeiter, schließlich setzte der Monatslohn eines Arbeiters, der durchschnittlich bei 180 RM lag, enge Grenzen. Aber allein die Möglichkeit einer solchen Reise, auch wenn sie an den materiellen Begrenzungen einstweilen scheiterte, war eine Verlockung des Regimes, von der Propaganda kräftig ausgeschlachtet. Zudem weckten und befriedigten die Nationalso-

Die »Wilhelm Gustloff« 1937

Eine eigene KdF-Flotte, deren Flagschiff die nach dem Schweizer NSDAP-Führer genannte »Wilhelm Gustloff« war, organisierte Fahrten ins Nordmeer und an die italienischen Küsten. Der Preis für eine zehntägige Pauschalreise überstieg aber immer noch die Möglichkeiten der Arbeiterschaft, weshalb die DAF beunruhigt registrierte, daß vorwiegend Angestellte unter den Massentouristen waren. Aber die politisch entmachteten Massen werteten das zu Recht als Aufbruch in eine neue Ära: die Ferienreise war kein Privileg begüterter Schichten mehr.

501

Werbung für den Volkswagen um 1938

Die Idee von Konstruktion und Produktion eines Massenautomobils für das Volk war Hitlers persönliche Leidenschaft, wobei er die Durchschnittsgeschwindigkeit von 100 Kilometern pro Stunde als Konstruktionsgrundlage festlegte. Als sich die etablierte Automobilindustrie für außerstande erklärte, einen solchen Volkswagen für eine Summe unter 1000 Reichsmark zu bauen, stampfte die Deutsche Arbeitsfront mit den angesparten Ratenzahlungen der VW-Besteller ein neues Automobilwerk in Wolfsburg aus dem Boden, das nach dem Kriege dann ein Symbol des deutschen Wirtschaftswunders wurde. Während des Dritten Reiches waren hier, von ein paar Prototypen abgesehen, nur Militärfahrzeuge hergestellt worden.

zialisten damit zumindest teilweise zivilisatorische, materielle Bedürfnisse, die bei der alten Arbeiterbewegung nie besondere Aufmerksamkeit gefunden hatten. Der Massentourismus der Nachkriegszeit hat in vielerlei Hinsicht auf den Bedürfnissen und Erfahrungen aufbauen können, die man in den Jahren vor dem Krieg geweckt und gemacht hatte.

Ihren nationalpolitischen Zweck verfehlten die KdF-Veranstaltungen allerdings zu einem großen Teil. Die Grenzen der Volksgemeinschaft machten unmißverständlich jene nicht seltenen Hinweisschilder an Cafés und Restaurants deutlich, die dem bürgerlichen Publikum versicherten, daß hier keine KdF-Gruppen verkehrten. »Das geräuschvolle Eindringen [der KdF-Urlauber] in bisher ruhige Kurorte und Heilbäder«, erinnerte sich Staatssekretär Meißner, »erregte Mißfallen und Kritik im Bürgertum«.[36] Auf der anderen Seite verstanden die Teilnehmer an den Reisen diese nicht unbedingt als praktische Verwirklichung der Volksgemeinschaft, sondern als Möglichkeit, sich dem politischen Druck zu entziehen. Viele SD-Spitzel berichteten vom politischen Desinteresse der KdF-Reisenden. Im Volksbildungswerk der KdF waren Veranstaltungen mit ausgesprochen politischen Themen wenig und dann oft nur von bereits Überzeugten besucht. Auch die politische Führung zweifelte am Erfolg vieler Veranstaltungen. Goebbels befürchtete, daß »Kraft durch Freude« zu einer »Rummelbewegung« herabsinken könne. In der Tat beweist gerade der Erfolg des Reiseprogramms, daß die Popularität der KdF vor allem aus dem Bedürfnis nach Ablenkung und Vergnügen und dem Verlangen einer modernen Massengesellschaft nach mehr Mobilität resultierte.

Daß die Nationalsozialisten diesen Massengeschmack zu nutzen und ihn in ihre Weltanschauung beziehungsweise ihre Propaganda zu integrieren verstanden, trug zweifelsohne viel zur Stabilität ihres Regimes bei. Daß sie mit dem Versprechen einer Madeira-Reise und der Hoffnung auf einen KdF-Wagen warben, brachte zwar kaum neue überzeugte Anhänger der nationalsozialistischen Ideologie, wohl aber eine breite Zustimmung zu einem politischen System, das Modernität und Mobilität verhieß und die Befriedigung vermittelte, einer nationalen Leistungsgemeinschaft anzugehören. Bei allem konstatierten politischen Desinteresse vermerkte ein SD-Spitzel als vorherrschende Stimmung unter den KdF-Reisenden das nationale Überlegenheitsgefühl der Reiseteilnehmer beim Vergleich der eigenen Lage mit der materiellen und sozialen Situation der Gastländer: »Es gibt halt nur ein Deutschland.«[37]

Die Sicherung von Arbeit und Brot trug zunächst und vor allem zur sozialen Befriedung bei; aber die Popularität der KdF-Angebote förderte doch auch die psychologische Integration großer Teile der Arbeiterschaft in den nationalsozialistischen Staat. Was auch immer von DAF, KdF und Nationalsozialistischer Volkswohlfahrt (NSV) als tätiger Beweis für die neue Volksgemeinschaft inszeniert wurde, Massentourismus und Eintopfessen, das Direktor und Fabrikarbeiter symbolisch vereinte, Volkswagen und die Teilhabe an der bürgerlichen Freizeitkultur, alles wirkte hin auf eine psychologische Egalisierung und eine Veränderung der sozialen Gefühlswelt. Die Beschwörung der Volksgemeinschaft und die egalisierende Wir-

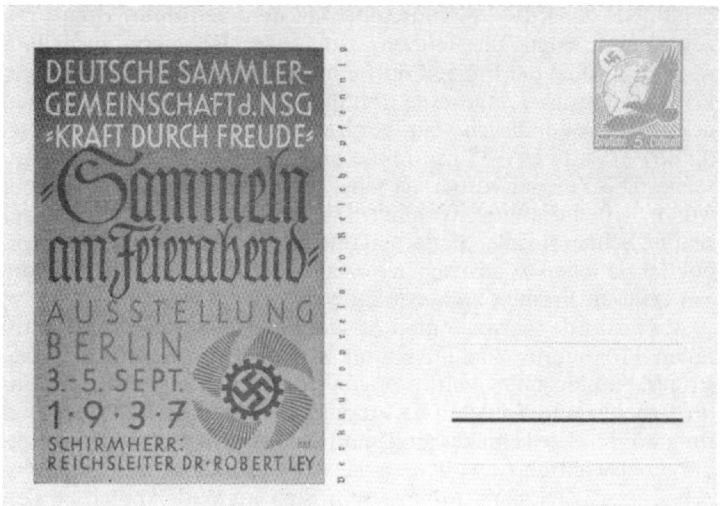

kung von Massenkonsum und industrieller Massenkultur verstärkten einander. Zwar blieb die nationalsozialistische Volksgemeinschaft ein Mythos, aber auch Mythen haben eine verändernde Kraft, vor allem wenn sie sich der Suggestion des technischen und zivilisatorischen Fortschritts bedienen. Die Volksgemeinschaft war im Volksempfänger und im Volkswagen vorweggenommen.

Die nationalsozialistische Sozialpolitik war in mancher Hinsicht der Versuch, den Marxschen Satz, daß das Sein das Bewußtsein bestimme, in sein Gegenteil zu verkehren. Darauf hatte Hitler schon in »Mein Kampf« abgezielt, wenn er sagte, daß er die Fabriken nicht zu sozialisieren brauche, da er die Herzen sozialisieren werde. Aussicht auf Erfolg besaß dabei vor allem die KdF-Organisation, die den Menschen außerhalb seiner Arbeit zu erfassen und dort die Volksgemeinschaft zu verwirklichen suchte, wo dies die ökonomische Ordnung nicht berührte. Freilich wurde die Verschränkung von sozialer Betreuung und Kontrolle nirgends so deutlich wie in

Zur »Kraft-durch-Freude«-Einrichtung gehörte auch das Amt »Schönheit der Arbeit«, für das sehr bald Albert Speer zuständig wurde. Der Entmachtung der Arbeiter folgte deren Betreuung. Tatsächlich wurden bedeutende Fortschritte erzielt: nicht nur die Durchlüftung und Beleuchtung der Werkskantinen wurde einheitlich geregelt, sondern auch die Ausstattung durch Blumenschmuck und Eßgeschirr vorgeschrieben. Bis in die Jahre des Krieges hinein wurden Kunstausstellungen in den Fabriken arrangiert, die paradoxerweise lange Zeit eine Zuflucht für verfemte Künstler waren.

Werkskantine, 1935

»Welch ein Fortschritt: von
Goethe über Bismarck bis zu
Schmeling!« – Karikatur von
Th.Th. Heine im Simplicissimus«
vom 7. Juli 1930

Vieles aus den zwanziger Jahren
lebte in den dreißigern weiter,
weshalb es oft schwer ist, Photos
zu datieren. Zu dem, was sich
über den politischen Bruch hinweg behauptete, gehörte die
Sportbegeisterung der Epoche, die
es in vergleichbarer Form im
Kaiserreich nie gegeben hatte.
Boxkampf, Autorennen, Tennis-
match und Eislauf waren die
Sportarten, die en vogue und
schick waren. Die zwanziger und
dreißiger Jahre waren die Ära des
Einzelkämpfers, nicht die des
Mannschaftssports: Max
Schmeling, Gottfried von Cramm,
Maxi Beier und Rudolf Caracciola
oder Bernd Rosemeyer waren die
Götter der Epoche, daneben
natürlich die Asse des Sechstage-
rennens und die Fliegerinnen von
Elly Beinhorn bis Hanna Reitsch.
Anders als in der Kunstwelt, in
der sich Juden und Linke aus
dem Dritten Reich verbannt
sahen, wechselt in der Sphäre des
Sports das Personal des Massen-
enthusiasmus fast gar nicht.

Internationale Automobil- und
Motorrad-Ausstellung 1937 in
Berlin. Hitler begrüßt die mit
ihren Wagen vor der Reichskanzlei angetretenen Mannschaften.

der Praxis der KdF-Gemeinschaft. Mit dem verführerischen Freizeitangebot wuchs die Tendenz zur totalen Erfassung und Überwachung. Auch die Freizeit durfte im totalitären Staat nicht länger
Privatsache sein. Langeweile und damit Unzufriedenheit könnten
dem System gefährlich sein, befürchtete Ley. In Deutschland sei
darum, erklärte er 1938 triumphierend, nur noch der Schlaf Privatsache. Die Zeit sei vorbei, da jeder tun und lassen könne, was er
wollte. Arbeitsgarantie, Wohlfahrtsstaat und Freizeitbetreuung, der
schöne Schein sozialer Sicherheit und Gleichheit, das war das Angebot der nationalsozialistischen Sozialpolitik, das allerdings mit dem
Verzicht auf Freiheit zu bezahlen war.

Aber trotz der permanenten Ausdehnung des sozialen und kulturellen Programms von DAF und KdF, das von beruflichen Leis-
tungskämpfen über Aufführungen der Bayreuther Festspiele nur
für Arbeiter und Soldaten bis zu einer allgemeinen Volksversiche-
rung während des Krieges ging, fand der Anspruch Leys, den Privat-
bürger abschaffen zu wollen, in der Alltagswirklichkeit seine Grenzen. Dieses Ziel stand in gewissem Sinn im Widerspruch zu den
Folgen der Freizeit- und Wohlfahrtspolitik des Regimes. Das Netz
der Betreuung und Kontrolle hätte zwar kaum noch dichter sein
können, und die Menschen machten eifrig Gebrauch von den

Angeboten und Verlockungen der Sozialpolitik wie der Massen-
inszenierungen, aber so wie der Rausch der nationalen Feste und
Triumphe rasch verflog, so provozierte der permanente Anspruch
auf Betreuung und Einsatz für die Volksgemeinschaft, vom Winterhilfswerk der NSV bis zur Organisation der Freizeit, mehr und mehr
einen Rückzug ins Private.

Das war eine Reaktion auf die Zerstörung und Unterwanderung
traditioneller Sozialmilieus und Vereinsformen. Das war auch eine
Folge des modernen Massenkonsums, den man ja gerade förderte.
Familie und engster Freundeskreis waren – wenn überhaupt – die
Sphären, wo man noch relativ ungefährdet seine Meinung sagen
konnte, wohin sich auch in der Regel unpolitische Menschen vor
dem Anpassungsdruck und der ständigen Aufforderung zur Loyali-
tätsbekundung zurückzogen. Der Rückzug in die Privatsphäre war
freilich keineswegs nur Ausdruck einer Verweigerung, sondern auch
Resultat langfristiger sozial-kultureller Veränderungen, die von der
nationalsozialistischen Wohlfahrtspolitik sogar noch gefördert wurden. Da waren die modernen, eben erst aufgekommenen Medien
Film und Rundfunk, die einerseits ganz absichtslos faszinierten,
andererseits aber das Führerwort in jeden Winkel brachten. Doch
die billige Serienproduktion des »Volksempfängers« hatte neben
der propagandistischen Seite auch zur Folge, daß sich die Freizeit-
unterhaltung stärker in die Familie verlagerte.

Dem Bedarf nach unpolitischer Unterhaltung kam das Regime
sogar durch die Gestaltung des Radioprogramms und die Förderung
gerade des »unpolitischen« Films wie auch des Rummels um Filmstars, Sporthelden und Rennfahrer entgegen. »Wir Nationalsozialisten legen an sich keinen gesteigerten Wert darauf, daß unsere SA
über die Bühne oder über die Leinwand marschiert. Ihr Gebiet ist
die Straße.«[38] Was den Cineasten Goebbels solche Zurückhaltung
in der Frage der nationalsozialistischen Selbstdarstellung im Spielfilm üben ließ, war seine Überzeugung, daß der propagandistische
Erfolg eines Films von seinen technischen und ästhetischen Qualitäten abhänge. Goebbels bewunderte Eisensteins »Panzerkreuzer
Potemkin«, aber einen Regisseur von vergleichbarer suggestiver
Wirkung suchte er in Deutschland vergeblich. Die ersten drei Nazi-
Filme aus dem Jahre 1933, der »SA-Mann Brand«, der »Hitlerjunge
Quex« und »Hans Westmar« waren alles andere als ein ermutigen-
der Anfang gewesen. »Auch eine ostentativ zur Schau getragene
nationalsozialistische Gesinnung«, kritisierte darum der Propagandaminister, »ersetzt noch lange nicht den Mangel an wahrer Kunst.«
Darum verschwand die Partei hinfort aus den Spielfilmen, und es
gab auch keinen nationalsozialistischen Spielfilm, der die Figur Hitlers ins Zentrum gerückt hätte. Statt dessen setzten die nationalsozialistischen Filmzensoren auf die Themen der alten Ufa-Filme;
der Staat hatte die populäre Filmgesellschaft auf Betreiben Goebbels' 1936 – wie schon vorher die »Tobis« – aufgekauft. Die Fride-
ricus-Rex- und Bismarck-Filme, die Musikkomödien, Künstlerfilme
und Literaturverfilmungen brachten nun tatsächlich Glanz und
Erfolg; und das war das Kino, das für Goebbels zählte: das Kino, das
die Begeisterung der Massen zu wecken verstand. Was die Filme
vermittelten, waren Ruhe und Zuversicht, völkische Natürlichkeit

Die wechselseitige Abneigung
zwischen der nationalsozialistischen Führung und dem Tennis-
star Gottfried von Cramm wurde
bald offenkundig. Der aussichts-
reiche Kandidat für die inoffizielle
Weltmeisterschaft 1939 ging nicht
an den Start.

Spielplan der Berliner Theater · Woche vom 30. Januar bis 5. F

Da sich gelegentlich an den Spielplänen nachträgliche Änderunge

Städtisches Orchester

Leitung: **FRITZ ZAUN**

Konzertsaal der Staatl. Hochschule für Musik
Berlin-Charlottenburg, Fasanenstr. 1

Sonnabend, den 3. Februar 1940, 20 Uhr

5. Sinfonie-Konzert

Solist: **Alfred Sittard** (Orgel)

Gluck: Ouvertüre „Iphigenie in Aulis"
Händel: Orgelkonzert F-dur
Bruckner: Sinfonie Nr. VI (Urfassung)
Preise: RM. 4.—, 3.—, 2.50 und 1.50
Geschäftsstelle des Städtischen Orchesters Berlin
Berlin W 15, Sächsische Straße 71, Ruf: 91 32 22

A·G·B
STOFFE

TAUENTZIEN 17

Admirals-Bad
im Admiralspalast
am Bahnhof Friedrichstr. — Tel.: 16 34 73

Das schönste Bad Europas

Russ.-Röm. Bad
Sämtl. med. Bäder

Badekur ohne Berufsunterbrechung

Geöffnet 12-20 U. (Kassenschluß 18.30 U.)

		Dienstag, 30. 1.	Mittwoch 31. 1.	D
Oper – Opera / Opéra – Ópera	Staats-Oper, Unter den Linden	19.30 Figaros Hochzeit	20 La Traviata	20
Oper – Opera / Opéra – Ópera	Deutsches Opernhaus, Charlbg., Bismarckstr. 34-37	18 Die Meistersinger von Nürnberg	19.30 Carmen	19.30
Oper – Opera / Opéra – Ópera	Volksoper (im Th. d. W.), Kantstr. 9-12	18.30 Die Meistersinger von Nürnberg	20 Zar und Zimmermann	20
Schauspiel – Drama / Drame – Drama	Staatliches Schauspielhaus, am Gendarmenmarkt	19.30 Die Tochter der Kathedrale	19 Maß für Maß	19
Lustspiel – Comedy / Comédie – Comedia	Staatstheater, Kleines Haus, Nürnberger Straße	19.30 Das kleine Hofkonzert	19.30 Liebesbriefe	19.30 Min
Schauspiel – Drama / Drame – Drama	Schiller-Theater d. Reichsh., Bismarckstr. 110, an Knie	Geschl. Vorstellung: Götz von Berlichingen	20 Der kluge Mann	20 I
Schauspiel – Drama / Drame – Drama	Deutsches Theater, Schumannstr. 13 a	19.30 KdF. Dame Kobold	19.30 Dame Kobold	19.30
Mod. Gesellschaftsstück · Society Play – Pièce moderne – Pieza de sociedad	Kammerspiele, Schumannstr. 14	19.30 Pygmalion	19.30 Pygmalion	19.30
Grosse Operette – Grand Operetta – Grande Opérette – Gran Opereta	Admiralstheater, Friedrichstr. 100	20 Der arme Jonathan	20 Der arme Jonathan	20 De
Mod. Gesellschaftsstück · Society Play – Pièce moderne – Pieza de sociedad	Kleines Theater, Unter den Linden 18	20.15 Bob macht sich gesund	20.15 Bob macht sich gesund	20.15 ma
Lustspiel – Comedy / Comédie – Comedia	Komödie, Kurfürstendamm 206/207	20 Der Triumph des Tobias	20 Der Triumph des Tobias	20 Tri
Lustspiel – Comedy / Comédie – Comedia	Komödienhaus, Schiffbauerdamm 25	20.15 Der Maulkorb	20.15 Der Maulkorb	20.15 M
Lustspiel – Comedy / Comédie – Comedia	Künstler-Theater (früh. Kom. Oper), am Bhf. Friedrichstr.	20.15 Aimée	20.15 Aimée	
Lustspiel – Comedy / Comédie – Comedia	Lessing-Theater, Friedrich-Karl-Ufer	20.15 Der müde Theodor	20.15 Premiere: Krawall	20.15
Ausst.-Optte. – Musical Show – Revue – Revista	Metropol-Theater, Behrenstraße	20 Die oder keine!	20 Die oder keine!	20 D
Kammer- u. Lustspiel – Chamber Play · Comédie intime – Comedia	Renaissance-Theater, Hardenbergstr. 6	20 Die große Komödiantin	20 Die große Komödiantin	20 Die g
Volksst. – Popular Play / Pièce pop. – Pieza pop.	Rose-Theater, Gr. Frankfurter Str. 132	20.15 Drei alte Schachteln	20.15 Drei alte Schachteln	20.15 Drei
Lustspiel mit Musik – Mus. Comedy · Comedy musicale – Zarzuela	Schiffbauerdamm-Theater, Schiffbauerdamm 4a	20.15 3 Zwillinge	20.15 3 Zwillinge	20.15
Lustspiel – Comedy / Comédie – Comedia	Theater in der Behrenstraße, Behrenstr. 53/54	20.15 Bargeld lacht	20.15 Bargeld lacht	20.15
Schau- u. Volksstück – Popular Play – Pièce populaire – Pieza pop.	Theater a. Horst-Wessel-Platz, Volksbühne	20 Die heilige Johanna	20 Die heilige Johanna	20 Die
Volksst. – Popular Play / Pièce pop. – Pieza pop.	Theater am Kottbuser Tor, Kottbuser Str. 6	20.30 Der Graf v. Luxemburg	20.30 Der Graf v. Luxemburg	20.30 Der C
Lustspiel – Comedy	Theater am Kurfürstendamm, Kurfürstendamm	20.15 Sie hat natürlich recht	20.15 Sie hat natürlich recht	20.15 hat
Operette – Operetta / Opérette – Operetta	Theater am Nollendorfplatz	20 Die Fledermaus	20 Die Fledermaus	
Komödie – Comedy / Comédie – Comedia	Theater in der Saarlandstraße, Volksbühne, Saarlandstr. 29	20.15 Die Liebe ist das Wichtigste im Leben	20.15 Die Liebe ist das Wichtigste im Leben	20.15 Wic
Operette – Operetta / Opérette – Opereta	Theater des Volkes, Am Zirkus 1	20 Der Vogelhändler	20 Der Vogelhändler	20 De
Kinderstücke	KdF.-Kindertheater in der Plaza, Küstriner Platz 16	Keine Kindervorstellung	Keine Kindervorstellung	15.30 tapf

Vor allen Dingen Wintergarten!

Täglich 20 Uh
Mittwoch u
auch 16 Uhr 15 z

Aus dem Abstand eines halben Jahrhunderts nimmt auch die kulturelle Szene des Dritten Reiches die Züge eines Überwachungsstaates an, in dem von der Literatur über die Kunst bis zum Theater alles total reglementiert wurde. In Wirklichkeit trat auch auf den Bühnen der Reichshauptstadt das Regime nur sehr zurückhaltend in

Volks bühne

Generalintendant Eugen Klöpfer

Theater am Horst-Wessel-Platz
Fernruf: 41 65 36
20 Uhr

Ab 29. Januar:
Die heilige Johanna
von Shaw

Spielltg.: Heinz Dietrich Kenter
Else Knott
Hinz, Borchert, Hess, Kuhlmann,
Kuntze, Renner, Tiedtke

Theater in der Saarlandstraße
Fernruf 19 21 81 Täglich 20¼ Uhr
bis einschließlich 2. Februar

Die Liebe ist das Wichtigste im Leben

Komödie von Hadrian M. Netto
Spielltg.: Heinz Dietrich Kenter
Arnstaedt, Katt, Ludwig, Sais,
Gottschalk, Schafheitlin, Steinbeck

...ruar 1940 • I Theatri di Berlino dal 30 gennaio al 5 febbraio 1940

...twendig machen, erscheinen die Angaben hier ohne Gewähr

...stag, 1. 2.	Freitag, 2. 2.	Sonnabend, 3. 2.	Sonntag, 4. 2.	Montag, 5. 2.
...zabend	20 Tosca	20 Rigoletto	19.30 Die Zauberflöte	20 KdF. Der fliegende Holländer
...reischütz	19.30 3. Sinfonie-Konzert	19 Zar und Zimmermann	19 Aida	19.30 Madame Butterfly
...raviata	20 Uraufführg.: Der Ring der Mutter	20 Die Macht des Schicksals	20 Der Ring der Mutter	20 Der Freischütz
...ons Tod	19 Maß für Maß	19 Dantons Tod	19.30 Der zerbrochene Krug 33 Minuten in Grüneberg	19.30 KdF. Die Tochter der Kathedrale
...n Barnhelm	19.30 Karl III. u. Anna von Oesterreich	19.30 Liebesbriefe	19.30 Karl III. u. Anna von Oesterreich	19.30 KdF. Der Ritter vom Mirakel
...uge Mann	20 KdF. Der kluge Mann	19 Götz von Berlichingen	20 Der kluge Mann	Geschlossen
...Kobold	19.30 Dame Kobold	19.30 Othello	15 u. 19.30 Dame Kobold	19.30 Dame Kobold
...malion	19.30 Pygmalion	19.30 Pygmalion	19.30 Pygmalion	19.30 Pygmalion
...e Jonathan	20 Der arme Jonathan	20 Der arme Jonathan	15.30 u. 20 Der arme Jonathan	20 Der arme Jonathan
...Bob ich gesund	20.15 Bob macht sich gesund	20.15 Bob macht sich gesund	16 u. 20.15 Bob macht sich gesund	20.15 Bob macht sich gesund
...Der des Tobias	20 Der Triumph des Tobias	20 Der Triumph des Tobias	17 u. 20 Der Triumph des Tobias	20 Der Triumph des Tobias
...aulkorb	20.15 Der Maulkorb	20.15 Der Maulkorb	16.30 u. 20.15 Der Maulkorb	20.15 Der Maulkorb
...hlossen	Geschlossen	Geschlossen	Geschlossen	Geschlossen
...awall	20.15 Krawall	20.15 Krawall	14.30, 17.15, 20.15 Krawall	20.15 Krawall
...er keine!	20 Die oder keine!	20 Die oder keine!	15.30 u. 20 Die oder keine!	20 Die oder keine!
...Komödiantin	20 Die große Komödiantin	20 Die große Komödiantin	20 Die große Komödiantin	20 Die große Komödiantin
...Schachteln	20.15 Drei alte Schachteln	20.15 Drei alte Schachteln	17 u. 20.15 Drei alte Schachteln	20.15 Drei alte Schachteln
...illinge	20.15 3 Zwillinge	20.15 3 Zwillinge	17 u. 20.15 3 Zwillinge	20.15 3 Zwillinge
...ld lacht	20.15 Bargeld lacht	16 Des Königs Schatten 20.15 Bargeld lacht	13.30 Hänsel u. Gretel 16.30 Des Königs Schatten 20.15 Bargeld lacht	20.15 Bargeld lacht
...ge Johanna	20 Die heilige Johanna	20 Die heilige Johanna	20 Die heilige Johanna	20 Die heilige Johanna
... Luxemburg	20.30 Der Graf v. Luxemburg	20.30 Der Graf v. Luxemburg	17 u. 20.30 Der Graf v. Luxemburg	20.30 Der Graf v. Luxemburg
...Sie lich recht	20.15 Sie hat natürlich recht	20.15 Sie hat natürlich recht	20.15 Sie hat natürlich recht	20.15 Sie hat natürlich recht
...pernball	20 Der Opernball	20 Die Fledermaus	20 Die Fledermaus	20 Die Fledermaus
...Liebe ist das e im Leben	20.15 Die Liebe ist das Wichtigste im Leben	20.15 Die Liebe ist das Wichtigste im Leben	20.15 Die Liebe ist das Wichtigste im Leben	20.15 Die Liebe ist das Wichtigste im Leben
...gelhändler	20 Der Vogelhändler	20 Der Vogelhändler	20 Der Vogelhändler	20 Der Vogelhändler
...Das hneiderlein	15.30 Das tapfere Schneiderlein	15.30 Das tapfere Schneiderlein	11.15 Das tapfere Schneiderlein	Keine Kindervorstellung

Erfolg beweist, Erfahrung lehrt: Das König-Pilsener ist begehrt!

Im Ausschank in Groß-Berlin in zahlreichen ersten Gaststätten

Braustätte König-Brauerei A.-G., Duisburg-Beeck

Generalvertretung für Groß-Berlin: Georg Willy Dust, Berlin NW 87 — Solinger Straße 9 — Fernruf 39 47 09

Professor Manolis Kalomiris ist zu den Proben in Berlin eingetroffen und wird der Uraufführung seiner Oper „Der Ring der Mutter", die am 2. Februar in der Berliner Volksoper stattfindet, beiwohnen.

*

Zum 100sten Male hat kürzlich das Renaissance-Theater das Schauspiel „Die große Komödiantin" von Fritz Schwiefert mit Hilde Hildebrand in der Hauptrolle gespielt.

*

In der Komödie fand die 225. Vorstellung des Lustspiels „Der Triumph des Tobias" von Svend Rindom mit Rudolf Platte statt.

*

Paul Otto inszeniert Jochen Huths Komödie „Auf Entdeckungsfahrt" in den Kammerspielen des Deutschen Theaters.

*

Am Sonnabend, dem 3. Februar, nachmittags, findet im Theater in der Behrenstraße die Uraufführung der Komödie „Des Königs Schatten" von Bernt von Heiseler als erste diesjährige Veranstaltung der Hebbelbühne statt. Spielleitung: H. Gerhard Bartels.

*

Eva Klein-Donath, Hanni Weiße, Lilly Schönborn und Erika Streithorst spielen im Lessing-Theater in der Uraufführung der Komödie „Krawall".

SCALA! Lutherstr. 22/24 Fernspr. 259256

Auch im Februar: Die große Varieté-Revue „Etwas verrückt" Außerdem: PETER KREUDER Gsovsky-Ballett usw.

Täglich 8 Uhr abends. Mittwoch, Sonnab. u. Sonnt. auch 4 Uhr nachm.

(12334) onntag en Preisen Wintergarten ★ Das führende Varieté

Theater des Volkes
Am Zirkus 1 — Telefon: 423365
Täglich 20 Uhr, Sonntags auch nachm. 15.30 Uhr:
Der Vogelhändler
von Zeller

Renaissance-Theater
L-Bhf. Knie   Täglich 8 Uhr   316780
Die große Komödiantin
mit Hilde Hildebrand

Vor keinem Feind wird Deutschland kapitulieren.
Ein Volk hilft sich selbst.
Darum opfere für das Kriegs-WHW.

Erscheinung. Der Spielplan der Berliner Theater für die Woche vom 30. Januar bis 5. Februar 1940 wird nach wie vor von den Klassikern und von den Boulevardstücken beherrscht. Auffallend ist nicht die Politisierung, sondern die Abwesenheit jener politischen Stücke, die die zwanziger Jahre geprägt hatten.

Arbeitende!
Ihr Alle!
In Fabriken und Kontoren!

Wir marschieren!
Tausende marschieren!

Mit den
Sonderabteilungen der Volksbühne!

Mit dem
kämpferischen, zeitbewegten Theater!

REICHSKANZLER DR. LUTHER
in seinem Regierungsprogramm
am 19. Januar 1925:

»Unsere auf christlicher Grundlage
erwachsene Kultur muß vertieft und
ihre Güter müssen in größerem Umfange
auch dem Nichtgebildeten
zugänglich gemacht werden.«

DAS IST DAS PROGRAMM DES
BÜHNENVOLKSBUNDES

Die unter sozialistischer Leitung stehenden
Freien Volksbühnen verneinen die christliche
Grundlage und bekämpfen sie.
Deutscher, tritt dem Bühnenvolksbund bei und
arbeite mit an der Reform d. deutschen Theaters.

Werbung der Berliner Volksbühne, 1929

Die »Volksbühne« war in Kaiserreich und Republik ein Instrument der modernen Literatur und
deren Verbreitung in neuen
Schichten gewesen, eine Antwort
auf die kaiserlichen Hofbühnen
und Staatstheater. Die neuen
Machthaber verboten die Organisation nicht, sondern übernahmen
sie; die Volksbühne blieb ein
publikumswirksames Gegenstück
zu Staatsoper und Schauspiel-
haus.

Christliche Theaterbewegung

und frisch-fromm-fröhliches Draufgängertum. Das ließ die Marschkolonnen für eine Weile vergessen und kam dem Massengeschmack
und der Suggestion moderner Massenreize entgegen. In dieser poli-
tikfreien Sphäre war es leichter, sich mit dem Regime zu arran-
gieren.

Auch in den Buchhandlungen und Theatern dominierten keineswegs nationalsozialistische Autoren und Stoffe. Diese wurden eher
kaum zur Kenntnis genommen. Zu den großen Bucherfolgen der
dreißiger Jahre gehörten Wiecherts »Einfaches Leben«, Bergengruens »Der Großtyrann und das Gericht« und Frank Thiess' »Das
Reich der Dämonen«. Das waren Autoren, die dem Regime distanziert gegenüberstanden; dazu kam eine jüngere Generation nicht-
nationalsozialistischer Autoren, deren Werke die literarische Szene
der Nachkriegszeit bestimmen sollten, deren schriftstellerische
Anfänge aber weit in die Zeit vor 1945 reichen: Günter Eich, Peter
Huchel, Karl Krolow. Auch Max Frisch machte schon unter der
Nazi-Diktatur mit seinen ersten beiden Prosabänden »Jürg Rein-
hart. Eine sommerliche Schicksalsfahrt« und »Antwort aus der
Stille« auf sich aufmerksam. Zeitungen und Zeitschriften wie das
»Berliner Tageblatt« und die »Frankfurter Zeitung« oder die »Neue
Rundschau«, die »Europäische Revue« und die »Deutsche Rund-

Nationalsozialisten

nehmen ihr Theaterabonnement nur bei der

Deutschen Bühnengemeinde

Sie erhalten
16 oder 8 ausgew. Vorstellungen
zu bedeutend ermäßigten Preisen.

Sichern Sie sich sofort einen guten Platz.

Die ersten Vorstellungen:

Sonnabend, den 17. Sept., abends 8 Uhr
Die Nibelungen, Schauspiel v. Hebbel

Montag, den 3. Oktober, abends 8 Uhr
Lohengrin, Oper von R. Wagner

Die nationale Jugend
gehört in die
Deutsche Jugendbühne
Anmeldung nur Schüsselbuden 2, I.

Pleite der Nazi-Volksbühne

Die Straßersche „Deutsche Revolution" meldet, daß die nationalsozialistische Volksbühne nach einem kurzen ruhmlosen Dasein zusammengebrochen ist. Wir haben seinerzeit einigemal über die in jeder Hinsicht lächerlichen Versuche der Hakenkreuzler, eine Nazivolksbühne ins Leben zu rufen, berichtet und schon damals den baldigen Krach dieser jämmerlichen Schmiere vorausgesagt. Als Ersatz für die pleitegegangene Volksbühne hat der Münchener „Kampfbund für deutsche Kultur" (K a k u) ein dramaturgisches Büro geschaffen, um, wie es in schlechtem, aber garantiert nationalsozialistischem Deutsch heißt, „eine Aussonderung der zu vertretenden und abzulehnenden Werke" vorzunehmen

und die den Nationalsozialisten nahestehende Presse „mit grundsätzlichen Stellungnahmen zu Einzelfragen und Aufsätzen über das gesamte Problem des deutschen Theaters zu beliefern."

Wir gratulieren Herrn Hugenberg zu den nationalsozialistischen „Aussonderungen", die seine Presse zweifellos in den nächsten Wochen veröffentlichen wird.

schau« sorgten dafür, daß Werke dieser Autoren abgedruckt und rezensiert wurden. Selbst in Goebbels' Wochenzeitung »Das Reich«, die der völkisch-nationalsozialistischen Linie verpflichtet war, konnten einige von ihnen veröffentlichen. »Aufs Ganze gesehen«, erklärte einer der Betroffenen, Joachim Günther, im Rückblick, »haben wir jedoch im Innern weit weniger unter Atemmangel gelitten, als es von heute aus den Anschein hat.«[39] Weder wurde das kulturelle Leben völlig stranguliert noch von der ausländischen Moderne abgekapselt, wenigstens nicht bis Kriegsbeginn.

Hohe Auflagen hatten auch noch im nationalsozialistischen Deutschland die amerikanischen Bestseller. Thomas Wolfe, William Faulkner und Ernest Hemingway faszinierten gerade die junge Generation. Bei Rowohlt erschienen 1936 die Übersetzungen von »Schau heimwärts Engel« und »Von Zeit und Strom« sowie von »Licht im August« und »Wendemarke«. Noch größere Erfolge erzielten Margaret Mitchells »Vom Winde verweht«, Gwen Bristows »Tiefer Süden« und Louis Bromfields »Der große Regen«. Auch französische Autoren wurden übersetzt und gelesen: André Maurois, Henry de Montherlant, Jules Romains, Paul Claudel, auch Werke von Giraudoux erschienen in einer Auswahl. Großen Erfolg hatten »Nachtflug« und »Wind, Sand und Sterne« von Saint-Exu-

»Lübecker Beobachter« vom 8. September 1932

Bericht aus »Berlin am Morgen« vom 3. Juli 1931

Mit ihren eigenen theatralischen Absichten erlitten die Nationalsozialisten einen Schiffbruch nach dem anderen, von der Thingbewegung bis zu den politischen Theatergründungen, die immer wieder schon nach kurzer Zeit in Konkurs gingen.

péry. »Ausland ist mal wieder große literarische Mode. Die Tugend, deutsch sein, deutsch werden zu wollen, tut sich eben für manche nicht ohne Beschwer«, bemerkten Westermanns Monatshefte 1938.[40]

Sicherlich, es gab die Bücherverbrennungen und Schwarzen Listen verbotener Literatur, doch das galt nur für öffentliche Bibliotheken. Die nationalsozialistische Zeitschrift »Der Buchhändler im neuen Reich« stellte 1936 fest, daß die Bücher Thomas Manns in Deutschland »ungehindert feilgeboten und verkauft werden« können, und ermahnte dann drohend: »Der deutsche Buchhändler hat hier Gelegenheit zu beweisen, daß er – ohne Verbote – weiß, was er zu tun hat.«[41] Buchmarkt und Theater waren von sozialistischen, pazifistischen und jüdischen Autoren zwar gewaltsam gereinigt worden, doch ein solchermaßen eingeschränkter Pluralismus blieb für das kulturelle Leben der Vorkriegszeit konstitutiv, und auch international blieb das Dritte Reich, sofern die Literatur nicht offen oder zwischen den Zeilen Kritik am Hitler-Regime übte. Ausländische Zeitungen waren ebenfalls zu erhalten, ihre Verkaufsziffern wurden freilich sorgfältig von der Polizei registriert. Die Polizeidirektion München notierte im 4. Quartal 1934 als tägliche Auflageziffer: »Times« 217, »Algemeen Handelsblad« 25, »Le Temps« 176, »Le Matin« 150, »Basler Nachrichten« 3550. Ein Jahr später und auch im olympischen Jahr 1936 lagen die Ziffern in derselben Größenordnung, nur daß nun die »Neue Zürcher« verboten war und bald auch die »Basler Nachrichten«.[42]

Die Spielpläne deutscher Bühnen signalisierten nichts anderes als Kontinuität und Stabilität deutscher Kulturtradition. Sicherlich tauchte hier und da auch der »Schlageter« von Hans Johst auf oder das Napoleon-Drama von Mussolini; sonst aber Goethe, Kleist und vor allem Schiller, aber auch Grabbe und Lessing und nicht zuletzt Gerhart Hauptmann, der bejubelte Autor der Weimarer Republik. Nur die Stücke Brechts und anderer linker oder jüdischer Autoren waren nicht zu sehen, und genausowenig gab es die Literatur der Emigration.

Vieles deutete auf Normalität. Über dem Vorkriegs-Berlin lag noch der letzte Glanz der »goldenen Zwanziger«. Man traf sich in Bars und Nachtlokalen bei Jazz- und Swingmusik; die großen Bälle zum Abschluß der Avus-Rennen oder Tennisturniere hatten dasselbe Flair wie ehedem, nur daß sich zwischen die Abendkleider und Smokings ein wenig mehr junge Offiziere in schwarzen Uniformen mischten, von denen viele die alten Namen aus der preußischen Militärgeschichte trugen. Man fuhr weiter in die Seebäder und Kurorte; und in München lockte weiterhin das Oktoberfest, nur daß die Massenfahrten nun von KdF organisiert wurden. Es war eine beruhigende Fassade, hinter die man nicht unbedingt blicken wollte oder mußte. Ein gespenstisches Nebeneinander von Entrechtung und Verfolgung einerseits, von bürgerlichem Kulturbetrieb und Massenkonsum andererseits. Wer die Terrorakte des Regimes wahrnahm, reagierte mit Beschämung und zog sich ins Private zurück. Er habe sich »im Laufe der Zeit eine Unberührbarkeit zugelegt, die etwas ziemlich Bestialisches an sich habe«,[43] gestand der Schriftsteller Felix Hartlaub in einem Brief unmittelbar nach der »Reichskristallnacht« ein. Über politische Fragen ließ man sich besser nicht aus. »Nicht die politische Realität stand zur Diskussion, es galt vielmehr, Mittel zu finden, um inmitten des Schreckens, auf einer Rückzugsposition, dennoch als Mensch ... bestehen zu können«,[44] notierte Max Kommerell in seinen Aufzeichnungen. Ein Mittel war der Rückzug in die Geborgenheit privater Geselligkeit. »Plötzlich fielen Schranken, die zuvor bestimmte Kreise von anderen eher abgekapselt haben. Was nicht Nazi war und sein wollte, empfand ein gesteigertes Informations- und Austauschbedürfnis. Man fand leichter zueinander.«[45]

Die braunen Machthaber waren klug genug, diese Sphären von bürgerlicher Kontinuität und massengesellschaftlicher Modernität scheinbar unberührt zu lassen, zumal Bürgertum, Mittelstand wie Arbeiterschaft insgesamt schwankten zwischen der Ablehnung der nationalsozialistischen Ideologie und Partei einerseits und der Anerkennung der unbezweifelbaren außen- und innenpolitischen Erfolge andererseits. Nicht die totale politische Indoktrination wie in der sowjetischen Gegenwelt war das Rezept, sondern die totale Kontrolle mit breiten Zugeständnissen an Bedürfnisse der modernen Freizeitkultur und des Massenkonsums, einschließlich amerikanischer Importe, von der Swingmusik bis hin zu Coca-Cola. Eine in mehrfacher Hinsicht gespaltene Existenz war für einen großen Teil der Bevölkerung, auch für die Arbeiterschaft, die Folge: neben der öffentlich geforderten Loyalitätsbezeugung und Arbeitsleistung der geduldete Rückzug ins Private, neben der Befriedigung der materiellen und zivilisatorischen Bedürfnisse durch die Angebote des Regimes Versuche, sich dem ideologisch-politischen Anpassungsdruck zu entziehen, ohne daß dies zu einer deutlichen Opposition führte.

Zu den Aktivposten der Wirtschafts- und Sozialpolitik des Regimes gehörten ja der Abbau der Arbeitslosigkeit und eine Steigerung des Lebensstandards. Nicht die Tariflöhne stiegen freilich im Dritten Reich, darüber wachten die Treuhänder der Arbeit, wohl aber die tatsächlichen Verdienste – durch eine Verlängerung der Arbeitszeit und durch die übertariflichen Leistungen der Betriebe im Kampf um Arbeitskräfte. 1939 lagen dank solcher Zuschläge und anderer Gratifikationen die effektiven Stundenlöhne um 15 Prozent höher als 1933. Noch stärker stiegen die Wochenlöhne. Sie lagen 1939 um 29 Prozent über dem Niveau von 1933. Zur Steigerung des Lebensstandards trug außerdem die Preispolitik des Regimes bei, dem es gelang, die Verbraucherpreise konsequenter als die Löhne auf dem niedrigen Stand der Krisenjahre zu halten. Darum erreichten die Reallöhne bereits 1937 den Höchststand von 1929, während bei den Nominallöhnen dies erst bei Kriegsbeginn erreicht war.

Das war freilich nicht in jeder Branche so. Ein beträchtliches Lohngefälle entwickelte sich als Folge der einseitigen Rüstungskonjunktur. Allgemein war in der Konsumgüterindustrie der Stundenlohn nicht nur niedriger, es wurde auch wöchentlich kürzer gearbeitet als in der Rüstungsindustrie. Darum blieben im Textil- und Bekleidungsgewerbe etwa bis 1936 die Wochenverdienste auf dem niedrigen Krisenniveau, so daß der Lebensstandard dieser Arbeiter vor dem Hintergrund leicht steigender Preise für Verbrauchsgüter

Trink Coca-Cola
Köstlich und ...

„–und das ist für mich"

Werbeplakat, 1938

Der Kampf gegen den »Amerikanismus«, die »Niggerkultur«, wurde vom ersten bis letzten Tag des Regimes geführt, und dennoch prägten amerikanische Importe von den Bestsellern des Buchmarkts über die Swingmusik der Barkapellen bis zu Coca Cola die Wirklichkeit Deutschlands. Die amerikanische Weltzivilisation, die nach 1945 ihren Siegeslauf über alle Kontinente antrat, ließ sich auch während des Dritten Reiches nicht merkbar zurückdrängen. Selbst die Ufa orientierte sich am Vorbild Hollywoods.

Bruttoverdienste der Arbeiter (1928 = 100) und Arbeitszeit in Stunden, 1913-1944

1 Effektivlöhne, d.h. vom Tariflohn abweichende Löhne sind enthalten.
2 Umgerechnet (deflationiert) mit Hilfe der Indexziffern für die Lebenshaltung.
3 In der Verarbeitenden Industrie.
4 Durchschnitt der gesamten Industrie.
5 2. Halbjahr.
6 1. Halbjahr.
7 März.
8 März.

	Nominallöhne[1]		Reallöhne[2]	Arbeitszeit[3] durchschnittl. wöchentlich
	je Stunde	je Woche	je Woche	
1913/14	53	61	93	ca. 50-60
1925	77	75	81	49,5[4]
1926	82	78	84	–
1927	90	88	89	46,0[5]
1928	100	100	100	46,0
1929	106	103	102	–
1930	103	95	97	–
1931	95	84	94	–
1932	80	69	86	41,5
1933	77	71	91	42,9
1934	79	76	94	44,6
1935	80	77	95	44,4
1936	81	80	97	45,6
1937	83	83	101	46,1
1938	86	87	105	46,5
1939	89	90	108	47,0[6]
1940	91	93	108	–
1941	95	99	113	–
1942	96	100	111	49,2[7]
1943	97	101	109	–
1944[8]	97	100	106	–

sogar noch absackte. Erst als der Arbeitskräftemangel immer drastischer wurde, konnten auch die Beschäftigten im Konsumbereich Lohnerhöhungen erzielen.

Auch wenn viele über die hohen Abzüge für die Beiträge zur Deutschen Arbeitsfront und anderen Massenorganisationen klagten, unter dem Strich waren im letzten Friedensjahr die Beschäftigten insgesamt materiell bessergestellt als 1933.

Dennoch hatten die Arbeiter den Engpaß auf dem Arbeitsmarkt nicht in organisierter Form für sich nutzen und einen stärkeren Anteil am Wachstum erstreiten können, wie dies unter den Bedingungen freier gewerkschaftlicher Interessenvertretung möglich gewesen wäre. Die Deutsche Arbeitsfront spürte, daß sie sich in dieser Situation den Ansprüchen der Arbeiterschaft auf mehr Lohn und bessere Arbeitsbedingungen annehmen mußte. Trotz der Popularität, die das Regime angesichts seiner innen- und außenpolitischen Erfolge genoß, mehrten sich seit 1938 Berichte über ein wachsendes Selbstbewußtsein und zunehmende Unzufriedenheit. Die Wehrwirtschaftsinspektion Nürnberg berichtete im April 1939: »Im Nürnberger Gebiet sollen Arbeitskräfte zu Tariflöhnen kaum mehr zu halten sein. Nachrichten von Abwanderungen, Aufsässigkeiten und Disziplinwidrigkeiten mehren sich.«[46] Im Juni: »Mehr und mehr äußert sich die Auswirkung der Verknappung an Arbeitskräften und wohl auch einer tiefgreifenden Mißstimmung in Arbeiterkreisen über die zum Teil übermäßige Anspannung der Arbeitskraft in offener Widersetzlichkeit oder Sabotage bzw. Sabotageversuchen.«[47] Daß dies keine Einzelfälle waren, beweisen viele ähnliche Berichte. Aus einem sächsischen Rüstungsbetrieb mit 6000

Arbeitskräften wurde zur selben Zeit »über mangelhafte Arbeitsleistung geklagt. Unentschuldigtes Fernbleiben von der Arbeit und unnatürlich viele Krankmeldungen führten dazu, daß zeitweilig bis zu 1200 Arbeiter fehlten. In einigen Fällen ließen Schäden an den Maschinen den Verdacht von Sabotage aufkommen. Seit Oktober 1938 ist in etwa 50 Fällen von der Geheimen Staatspolizei eingeschritten worden.«[48]

Die Machthaber waren beunruhigt und witterten hinter den Arbeitsverweigerungen und Leistungsrückgängen sofort politische Motive. »Marxistische Verhetzung« wurde meist verantwortlich gemacht für das, was tatsächlich eine Reaktion auf die Überforderung der Arbeitskraft und Ausdruck größerer Lohnansprüche war. Schließlich waren wöchentliche Arbeitszeiten von 58 bis 65 Stunden nach einem vertraulichen Bericht der Reichstreuhänder der Arbeit vom Herbst 1938 »kaum noch Ausnahmeerscheinungen«.[49] Häufig entlud sich der Unmut der Arbeiter auf die DAF. Wollte die DAF die Loyalität der Arbeiterschaft weiterhin sichern, mußte sie auf den Druck von unten eingehen und eine quasi-gewerkschaftliche Rolle übernehmen, sehr zum Ärger der staatlichen Bürokratie und von Teilen der Industrie.

Der Machtzuwachs der DAF bis zum Kriegsbeginn war beachtlich: von der beruflichen Bildung über die innerbetriebliche Sozialpolitik bis hin zur Entlohnung der Arbeiter und Angestellten beanspruchte die Staatsgewerkschaft eine Mitsprache und setzte sie auch Schritt für Schritt durch. Zunächst baute Ley ein eigenes berufliches Ausbildungssystem auf, um einen Fuß in die Tür zu bekommen; weit aufstoßen konnte sie die DAF dann durch den Reichsberufswettkampf. Der Wettbewerbsgedanke war auch im Bereich der betrieblichen Sozialpolitik ein geeignetes Instrument, sowohl in die Betriebe hineinzuwirken wie in die Kompetenz der staatlichen Bürokratie. Denn die Politik der Leistungssteigerung paßte gut in den Rahmen der Vierjahresplan-Strategie und brachte Göring auf die Seite Leys. Durch ein ausgeklügeltes Bewertungs- und Auszeichnungssystem für Leistungen der Betriebe im Bereich der Berufserziehung, des Gesundheitswesens, der Werksiedlungen und der Förderung von KdF-Reisen erzwang die DAF beachtliche soziale Zusatzleistungen. Um etwa 6 Prozent steigerten sich dadurch nach Meinung der Treuhänder der Arbeit die Lohnkosten der Industrie. Auch für die KdF-Aktion »Schönheit der Arbeit« mußten die Unternehmen investieren, wollten sie sich den Zugang zu den knappen Arbeitskräften und Rohstoffen nicht unnötig erschweren. Das wurde auch Göring allmählich zuviel. Die Arbeitsfront solle mehr Kraft und weniger Freude machen, bemerkte er und drohte mit der Kürzung der Ressourcen für sozialpolitische Zwecke. Aber die Konjunktur war günstig für die DAF, die sich anschickte, mit der Grundsteinlegung des Volkswagenwerkes 1938 nun auch in die Automobilindustrie einzusteigen, nachdem ein Versuch, die staatliche Wohnungsbaupolitik in den Griff zu bekommen, im ersten Anlauf gescheitert war. Was an Kompetenzen noch fehlte, wurde im Krieg erworben und für die Zeit nach dem Endsieg geplant: die Zuständigkeit für die gesamte Wohnungspolitik, die Gründung eines sozialen Versorgungswerkes und die Aufsicht über die Konsumgenossenschaften. Was die DAF an gesellschaftlicher Lenkung und Betreuung beanspruchte, war schon längst über ihren Auftrag der politischen Erziehung der Arbeiterschaft hinausgegangen.

Anspruch und Wirklichkeit klafften auch in der nationalsozialistischen Frauenpolitik weit auseinander. Die nationalsozialistischen Führer und Ideologen waren extreme Traditionalisten. Auf Familie, Haushalt und Kinder wollten sie den Lebensbereich der Frau beschränken und die weibliche Erwerbstätigkeit beseitigen. Darüber hinaus aber, und das deckte sich nicht mehr mit konservativem Gedankengut, waren Frau und Familie den rassen- und machtpolitischen Zielen ebenso untergeordnet wie die Männer. »Du gehörst dem Führer«, forderten nationalsozialistische Plakate, und damit war der selbstlose Dienst der »völkisch« bewußten Frau für Rasse, Volk und Regime gemeint. Daß daraus ein Widerspruch zur traditionellen Familienpolitik erwachsen konnte, wurde spätestens in der Phase der forcierten Rüstungspolitik deutlich, als menschliche Arbeitskraft – und billige allzumal – zur Mangelware wurde.

Allen Versprechungen zum Trotz hat das Regime nicht zu einer Reduktion der Frauenerwerbstätigkeit geführt, sondern diese sogar noch gesteigert. Um 1,3 Millionen war zwischen 1933 und 1939 die Zahl der weiblichen Erwerbspersonen gestiegen; nur auf diese Weise ließen sich die Aufrüstungsziele einigermaßen verwirklichen. Andererseits scheuten sich die Machthaber, eine allgemeine Dienstpflicht für Frauen einzuführen, obwohl die totale Mobilisierung für den Krieg das erfordert hätte. Sicherlich hatte diese Zurückhaltung mit der Vorstellung zu tun, die Frau gehöre an den Herd und habe Kinder zu gebären. Doch war das mehr die ideologische Rechtfertigung für eine Politik, die aus Sorge um die Stabilität des Regimes vor unpopulären Maßnahmen zurückschreckte. Solche plebiszitäre Sensibilität führte immer wieder zu einer Wirtschafts- und Sozialpolitik des »Sowohl-als-Auch« und hielt auch in diesem Fall das Regime davon ab, alle Arbeitskräftereserven auszuschöpfen.

Zu einer Verminderung des weiblichen Anteils am Arbeitsprozeß kam es lediglich im Bereich akademischer Berufe; darüber hinaus wurden sehr bald schon nach 1933 Staats- und Verwaltungsbeamtinnen aus dem Berufsleben gedrängt. Ein Numerus clausus sollte in Zukunft den Anteil der Studentinnen an den Universitäten auf 10 Prozent beschränken. Verbeamtet werden durften Frauen, wenn überhaupt, erst von ihrem 35. Lebensjahr an; Schulrektorinnen wurden abgesetzt, verheiratete Kassenärztinnen mußten ihre Posten an ledige männliche Kollegen abtreten. Das Vorurteil gegen berufstätige Frauen und der Haß gegen Juristen trafen in der persönlichen Entscheidung Hitlers von 1936 zusammen, daß Frauen weder Richterinnen noch Anwältinnen werden durften. Allenfalls Lehrerinnen mußten keine sofortige Entlassung aus dem Staatsdienst befürchten, auch wenn man eine große Zahl von ihnen dennoch dazu zwang.

In der Privatwirtschaft war das Problem der Frauenerwerbstätigkeit durch direkte Eingriffe nicht zu lösen. Die Unternehmen widersetzten sich allen Maßnahmen und Kampagnen gegen »Dop-

Der Kinderreichtum eines Volkes war Hitler das Unterpfand seiner Zukunft. So sollte einerseits die Geburtenrate mit allen Mitteln – Steuererleichterungen, Kindergeldzuschuß und Mutterkreuzen – gefördert werden; andererseits sollte von unehelichen Kindern der Makel genommen werden, wozu man Heime wie den »Lebensborn« schuf, denen dann fälschlicherweise nachgesagt wurde, daß dort junge BdM-Mädchen mit dekorierten Frontkämpfern zusammengebracht wurden.

pelverdiener«. Schließlich wollten sie aus Gründen der Wettbewerbsfähigkeit auf die billige Frauenarbeit nicht verzichten, und viele der eingearbeiteten Frauen ließen sich nicht ohne weiteres durch Männer ersetzen. Das Ergebnis: die Zahl der krankenversicherten weiblichen Beschäftigten stieg von 4,75 Millionen im Jahr 1933 auf 5,05 Millionen bereits im Jahr 1934. Die Arbeitsbeschaffungsmaßnahmen waren ganz offensichtlich nicht von der Verdrängung der Frauenarbeit begleitet. Auch die indirekte Einflußnahme, das Ehestandsdarlehen, zeigte wenig Wirkung. Die große Nachfrage nach dem durchaus verlockenden Angebot täuschte darüber hinweg, daß die Zahl der beschäftigten Frauen sich dadurch nicht verringerte. Zwar trug die Maßnahme zum Abbau der Arbeitslosigkeit bei, indem jungverheiratete Frauen vom Arbeitsmarkt abgezogen wurden, aber ihre freien Stellen füllten sofort andere Frauen, die bisher ohne Arbeit gewesen waren.

Ganz aussichtslos wurde das ideologische Anrennen gegen einen säkularen Entwicklungstrend mit der Wende zu Vollbeschäftigung und Arbeitskräftemangel. Nun wurde die eigene Sozial- und Bevölkerungspolitik sogar noch zum Hindernis für die immer dringlichere Ausschöpfung des Arbeitskräftepotentials. Einerseits zogen Partei und Staat mit ihren ständig wachsenden bürokratischen Apparaten immer mehr Arbeitskräfte an sich, andererseits trugen die mit viel Propagandaaufwand betriebene Familienpolitik und der Anstieg der Löhne und Einkommen nicht dazu bei, daß verheiratete Frauen in das Erwerbsleben zurückkehrten, um etwa das Familienbudget zu ergänzen. Daß die Wirtschaft die Arbeitskraft verheirateter Frauen nicht mehr entbehren konnte, mußten jetzt jedoch auch die Parteiideologen einsehen: »Die Stellungnahme von 1933 zur Frauenarbeit ist, soweit sie arbeitsmarktpolitisch begründet war, heute gegenstandslos geworden. Die bevölkerungspolitischen Gesichtspunkte allerdings bleiben in gleicher Schärfe bestehen.«[50] Ohne viel Aufhebens wurde daher ab Oktober 1937 das Beschäftigungsverbot für Ehefrauen aufgehoben, das bisher Bedingung für das Ehestandsdarlehen war. Auch verheiratete Landarbeiterinnen erhielten 1936

Grete Theimer, für Hitler das
»Weaner Tschapperl«

Inge und Lola Epp, Kunsttänze-
rinnen, die Hitler begeisterten

Der zopfgeschmückte Frauentyp,
den nicht nur die NS-Frauen-
schaftsführerin Gertrud Scholtz-
Klink persönlich verkörperte,
sondern den von Himmler bis zu
Darré auch zahllose Parteiführer
propagierten, war Hitlers Sache
nicht.
In seiner Münchener Privatwohnung verwahrte Hitler in einer
besonderen Urkundenmappe
Photos von Frauen, für die er
schwärmte – meist Filmschauspie-
lerinnen, Tänzerinnen oder Sport-
lerinnen. Es befindet sich nicht
eines jener bezopften BdM-
Mädchen darin, mit denen ihn die
offizielle Propaganda abzubilden
beliebte.

die Erlaubnis zur Erntearbeit, denn in der Landwirtschaft wurde der
Arbeitskräftemangel immer größer.

Anfang 1938 waren schließlich die Engpässe auch auf dem weiblichen Arbeitsmarkt so groß, daß es mit indirekten Maßnahmen
nicht mehr getan war. Zwangsmaßnahmen waren erforderlich. Nun
mußten alle ledigen Frauen unter 25 Jahren, die sich als Arbeiterinnen in der Textil-, Bekleidungs- und Tabakindustrie oder als Angestellte in öffentlichen oder privaten Betrieben anstellen lassen wollten, zuvor ein Jahr Tätigkeit in der Haus- oder Landwirtschaft nachweisen. Einen Tag vor Weihnachten wurde 1938 schließlich dieses
Pflichtjahr für alle Arbeiterinnen und Angestellten in öffentlichen
und privaten Betrieben obligatorisch.

Die totale Mobilmachung der deutschen Frauen blieb jedoch aus,
sowohl bei Kriegsbeginn wie unter den Zeichen des totalen Krieges.
Obwohl der Mangel an Arbeitskräften die Rüstungsproduktion 1939
erheblich beeinträchtigte, konnte sich das Regime nicht entschließen, die Instrumente der Diktatur, die man sich mit dem Dienst-
pflichtgesetz geschaffen hatte, auch wirklich einzusetzen. Nur ledige
Frauen wurden dienstverpflichtet und selbst sie möglichst kurzfristig. Etwa 50 000 Frauen waren davon bis Kriegsbeginn betroffen,
während es zu dieser Zeit rund 950 000 nicht erwerbstätige, aber
erwerbsfähige ledige Frauen und über 5,4 Millionen nichterwerbs-
tätige, aber erwerbsfähige verheiratete Frauen ohne Kinder gab.

Vollends in die Sackgasse von ökonomischen Bedürfnissen einerseits und ideologischen wie sozialpolitischen Rücksichtnahmen
andererseits geriet das Regime während des Krieges. Auf mehr als
zweieinhalb Millionen hatte das Reichsarbeitsministerium für den
Kriegsfall den Zusatzbedarf an weiblichen Arbeitskräften geschätzt.
Doch dieser Bedarf wurde nicht gedeckt. Zum freiwilligen »Ehrendienst« wurden die deutschen Frauen in die Rüstungsbetriebe gerufen, doch nur wenige wollten dieses Opfer bringen. Die Zahl der
erwerbstätigen Frauen in Deutschland ging zwischen 1939 und 1941
sogar noch um gut eine halbe Million zurück, um erst 1942 wieder
den Vorkriegsstand zu erreichen. Das hatte verschiedene Gründe:

die Unterstützungszahlungen für die Angehörigen der Soldaten waren im Vergleich zum Ersten Weltkrieg so bemessen, daß viele Frauen ihre Arbeit aufgeben konnten oder aber sich im Unterschied zu zahlreichen englischen Soldatenfrauen nicht gezwungen sahen, aus materiellen Gründen eine Arbeit aufzunehmen. Der wachsende Bedarf an Arbeitskräften in der Kriegswirtschaft wurde zudem durch das Riesenheer der »Fremdarbeiter« gedeckt. Der größte Teil der in der Kriegswirtschaft tätigen Frauen, besonders der dienstverpflichteten, stammte vor und nach Kriegsbeginn aus der Arbeiterschaft und dem Milieu der kleinen Angestellten. Der Verdacht, daß die »Bessergestellten« von der Fabrikarbeit befreit würden, erhielt dadurch neue Nahrung.

Die Parole von der Volksgemeinschaft wurde fragwürdiger denn je. Auch für Hitler und Göring war es offenkundig selbstverständlich, daß Frauen der Arbeiterschicht berufstätig waren, Frauen aus privilegierteren Schichten hingegen nicht. Nicht nur gegen eine allgemeine Frauendienstpflicht hatte Hitler Bedenken; nicht einmal die Hausgehilfinnen wollte er den bürgerlichen Haushalten entziehen, obwohl Rüstungsindustrie und Wirtschaftsplaner immer wieder ihre dahingehenden Ansprüche anmeldeten. Das sei Kommunismus, entgegnete Hitler, der an einem bürgerlichen sozialen Wertsystem festhielt und sich vor einer möglichen Verweigerung des Bürgertums fürchtete. Zynischer als Hitler, aber durchaus in seinem Geist, argumentierte Göring: auch in der Pferdezucht unter-

Die Damen kamen zu den Festen in großer Toilette mit allen modischen Accessoires versehen; das obligate Gruppenphoto zeigt einen statuarischen Hitler im Frack, umgeben von ausnehmend attraktiven jungen Frauen – eine Szene, die ebensogut in London oder Paris hätte aufgenommen werden können.

scheide man zwischen Arbeits- und Rassepferden. Wenn das zur Zucht bestimmte Rassepferd »am Pflug eingespannt werde, verbrauche es sich schneller« als das Arbeitspferd; darum könne man nie eine allgemeine Frauendienstverpflichtung dekretieren. Außerdem dürften die Trägerinnen von »hochwertigem Kultur- und Erbgut« bei der Fabrikarbeit nicht »den dummen Reden und dem frechen Gespött der einfachen Frauen ausgesetzt werden«.[51]

Erst nach der Wende des Krieges fand sich Hitler bereit, den »Erlaß des Führers über den umfassenden Einsatz von Männern und Frauen für die Aufgaben der Reichsverteidigung« zu unterschreiben. Nun waren neben allen Männern die Frauen von 17 bis 45 Jahren meldepflichtig und konnten zur Kriegswirtschaft herangezogen werden. Doch bereits die Durchführungsbestimmungen ließen erkennen, daß das Regime vor einer konsequenten Frauendienstpflicht – ganz im Gegenteil zum demokratischen England – noch immer zurückschreckte. Drei Millionen Frauen zwischen 17 und 45 Jahren wurden zwar erfaßt, doch tatsächlich wurden zusätzlich nur etwas über 900 000 weibliche Arbeitskräfte der Kriegswirtschaft zugeführt. Zwar hatte Goebbels in seiner Sportpalastrede vom Februar 1943, in der er zum totalen Krieg aufrief, verkündet, daß beim Arbeitseinsatz »kein Unterschied zwischen hoch und niedrig, arm und reich« gemacht und keine »Drückebergerei« geduldet würde, doch war das Gegenteil der Fall. Viele der Dienstpflichtigen wurden nur kurzfristig oder zu nebenberuflicher Tätigkeit eingezogen, vielen gelang es, durch ehrenamtliche Partei- oder Sozialarbeit, durch Scheinanstellungen in befreundeten Firmen oder andere Auswege der Arbeitseinberufung zu entgehen. Die Mehrheit der Frauen aus den sozialen Ober- und oberen Mittelschichten zeigte wenig Neigung, sich dem nationalsozialistischen Dienstgedanken zu verpflichten, und umgekehrt kam das Regime dem aus ideologischen wie gesellschaftspolitischen Rücksichtnahmen entgegen. Selbst die Zahl der Dienstmädchen wurde bis zum Kriegsende nur geringfügig reduziert.

Auch in der Hochschulpolitik und in der Einstellung zu weiblichen Beamten brachten Arbeitskräftemangel und vor allem der Beginn des Krieges eine Wende. Die allgemeine Zulassungspolitik der Universitäten war langsam gelockert worden, schließlich erreichte im Krieg die Zahl der weiblichen Erstimmatrikulierungen eine Rekordhöhe. Auch weibliche Beamte und Akademiker, die man entlassen oder auf ein Abstellgleis geschoben hatte, wurden nun wieder aufgenommen. Das alles bedeutete keine grundsätzliche ideologische Kursänderung, sondern nur eine vorübergehende Anpassung. Die Frauen dienten als Lückenbüßer, bis ihre männlichen Kollegen nach dem »Endsieg« wieder ihre Plätze übernehmen würden. Und auch an der grundsätzlichen Tendenz, dem Bürgertum den Kampf anzusagen, wenn erst der Krieg erfolgreich beendet wäre, änderte sich dadurch nichts.

Die offenkundige und gar nicht bemäntelte Vorzugsbehandlung, die das Regime Frauen von Einfluß, Schönheit, Reichtum und Prestige gewährte, schürte bei den Unter- und Mittelschichten die alten Ressentiments gegen die »Feinen« und »Reichen«, die sich Vergünstigungen verschafften, sich drückten und statt in der Fabrik ihre

Zeit in Cafés und bei Modenschauen verbrächten. Auch die nationalsozialistischen Frauenorganisationen klagten über die »nationale Würdelosigkeit« wohlhabender Frauen aus dem Bürgertum, die nur ein oder zwei Kinder und dazu noch eine Hausangestellte hätten, sich aber damit begnügten, »sich fein zu machen und auf der Straße zu promenieren«. Doch nicht nur denjenigen, die sich nicht dem »Deutschen Frauenwerk« angeschlossen hatten und sich nun in der Stunde der nationalen Not dem Ehrendienst entzögen, galt ihr Zorn, sondern auch der Mehrheit der eigenen Mitglieder. 1940 meldete sich weniger als die Hälfte der insgesamt 8 Millionen Frauen, die in der Nationalsozialistischen Frauenschaft (NSF) und im Deutschen Frauenwerk (DFW) organisiert waren, zum freiwilligen Dienst auf dem Land, in den Fabriken oder in sozialen Betreuungsstellen. Mit der Wende des Krieges trat dann noch deutlicher zutage, wie wenig Enthusiasmus und Opferbereitschaft die nationalsozialistischen Frauenorganisationen tatsächlich geweckt und wie wenig sie selbst ihre Mitglieder vom Dienst am nationalsozialistischen Staat überzeugt hatten. »Heute ist es leider so«, erklärte eine Gaufrauenschaftsleiterin im November 1941 verbittert, »daß die Idealisten für dumm gehalten werden.«[52]

Tatsächlich gab es in den Reihen der nationalsozialistischen Frauenorganisationen ein Häuflein von Begeisterten, »die sich mit hingebungsvollem Idealismus für eine schlechte Sache eingesetzt haben«.[53] Mit Enttäuschung hatten sie feststellen müssen, daß sie mit ihrer Arbeit wenig Resonanz nicht nur im Bürgertum und in der Arbeiterschaft, sondern auch in der eigenen Partei gefunden hatten. Nur ein kleines Häuflein bürgerlicher Frauen hatte wirkliches Interesse am Deutschen Frauenwerk gezeigt, die überwiegende Mehrheit war unfreiwillig und indirekt dazugestoßen, als Mitglieder eines Hausfrauenvereines oder eines Bastelkreises, die alle gleichgeschaltet worden waren. Nicht viel anders war das mit der NS-Frauenschaft, der eigentlichen Kaderorganisation, der die geistige Führung und Kontrolle über die Massenorganisation des Deutschen Frauenwerkes oblag. Auch die NSF war und blieb eine Organisation von Büroangestellten, den Frauen des neuen Mittelstandes und zu einem gewissen Teil von Lehrerinnen.

Die Probleme der nationalsozialistischen Frauenorganisationen hatten einiges mit den sozialen Spannungen zwischen einem kleinbürgerlichen Führungskorps und einer nur nominellen bürgerlichen Mitgliederschaft zu tun, zugleich aber mit den Widersprüchen zwischen der NSF-Propaganda und ihrem Arbeitsprogramm. Das häusliche Ideal der nationalsozialistischen Propaganda, das Bild der Frau als Gattin, Hausfrau und Mutter, widersprach der politischen Werbung um Mitarbeit in der Organisation. Die NSF befand sich, und das war den wenigen nationalsozialistischen Feministinnen, die es auch gab, wohl bewußt, in einer paradoxen Situation: sie sollten die Frauen, im nationalsozialistischen Verständnis unpolitische Geschöpfe, für politische Zwecke mobilisieren. Die schließliche Resignation der »Reichsfrauenführerin« Gertrud Scholtz-Klink, die als Führerin der NSF und des DFW ranghöchste Frau im Dritten Reich und im Mächtedschungel des Regimes nicht unerfahren war, lag auch in diesen Widersprüchlichkeiten begründet. Die geplante antimodernistische Revolution mißlang in der Frauenpolitik ebenso wie in anderen Bereichen der Gesellschaftspolitik, im Mittelstand und in der Landwirtschaft. Hier wie dort gelang es den Nationalsozialisten nicht, den säkularen Trend aufzuhalten, den sie im Gegenteil durch ihre forcierte Rüstungspolitik wider Willen verstärkten.

Zu den Verlierern nationalsozialistischer Politik gehörten die beiden Gruppen, aus denen die NSDAP vor der Machtergreifung die stärkste Unterstützung bekommen hatte, die Bauern und in noch stärkerem Maße der gewerbliche Mittelstand. Weder konnte der Mittelstand seine protektionistischen Wünsche wirklich realisieren, noch fand eine Reagrarisierung statt. Die industrielle Produktion mit den politisch gesetzten Prioritäten erlangte den absoluten Vorrang vor allen anderen Sektoren der Wirtschaft.

Erste Maßnahmen zur wirtschaftlichen Hilfe für die bäuerliche Bevölkerung wurden ebenso von dem übermächtigen Sog der rüstungswirtschaftlichen Vorgaben verschlungen wie anfängliche Zugeständnisse an Handwerk und Kleinhandel. Den Bauern sollte durch landwirtschaftliche Schutzzölle und die Erhöhung inländischer Agrarpreise geholfen werden, dem Handwerk durch die Mehrbesteuerung der verhaßten Warenhäuser und durch eine verschärfte Zulassungspraxis bei der Gründung von Meisterbetrieben. Doch wieder mußten die Nationalsozialisten die Erfahrung machen, daß ihre Programmatik und die gesellschaftliche Wirklichkeit zunehmend in Widerspruch gerieten.

Aus dem umworbenen Mittelstand wurde allmählich ein »entbehrlicher Stand«, die Bauern litten unter den Zwängen der nationalsozialistischen Wirtschaftslenkung und Agrargesetzgebung. Sie blieben zwar die Lieblingskinder der nationalsozialistischen Propaganda und erhielten einige wirtschaftliche Sicherheiten und noch viel mehr Ehrbezeigungen, doch dafür mußten sie in der Regel härter und länger arbeiten, denn auch sie waren von der Entwicklung auf dem Arbeitsmarkt und der ökonomischen Rationalisierung und Ausrichtung auf die Interessen der Kriegswirtschaft betroffen, wofür ja schon die mächtige Reichsnährstandsorganisation mit ihren drastischen Eingriffen in die bäuerliche Wirtschaft sorgte. Dabei wurde die Produktion kaum durch eine durchgreifende technische Modernisierung erleichtert und gefördert, sieht man einmal von dem verstärkten Einsatz von chemischen Düngemitteln ab.

Die nationalsozialistische Blut-und-Boden-Ideologie hat den Strukturwandel der Industriegesellschaft nicht aufgehalten und auch nicht Reformen der Agrarverfassung, wie vor allem das Reichserbhofgesetz, das dazu ausersehen war, den landwirtschaftlichen Besitz vor dem Ausverkauf an nichtbäuerliche Kapitalbesitzer zu verhindern und umgekehrt den Bauern an seine Scholle zu binden. Das Gesetz griff einerseits rigide in die überkommene ländliche Sozialordnung und Erbregelung ein und versuchte beiderseits vergeblich, das Rad der ökonomischen Entwicklung anzuhalten. Hinzu kam, daß das Erbhofgesetz auf mittelbäuerlichen Landbesitz bis zur Größe von 125 Hektar begrenzt blieb und den Großgrundbesitz ausnahm, der dadurch zwar weniger Schutz, aber um so mehr öko-

Flugblatt des nationalsozialistischen »Kampfbundes des gewerblichen Mittelstandes« aus den zwanziger Jahren

Der einstige Programmpunkt, wonach die Großkonzerne zugunsten der kleinen Gewerbetreibenden aufgelöst werden sollten, wurde niemals in die Tat umgesetzt. In Wirklichkeit wuchsen die »arisierten« Warenhauskonzerne in den wenigen Friedensjahren des Dritten Reiches mit immer größerer Geschwindigkeit.

nomische Freiheiten hatte als der Erbhofbauer. Auch alle Siedlungsgedanken blieben utopische Verheißung.

Noch tiefer enttäuscht wurden die sozialen Erwartungen des alten Mittelstandes. Alle ständestaatlichen Träume waren spätestens 1934 ausgeträumt und auch alle Hoffnungen, die verhaßte Konkurrenz der Warenhäuser loszuwerden. Die wurden zwar höher besteuert, aber sie blieben unentbehrlich: anfangs, weil sie Arbeitsplätze sicherten, später, weil sie kostengünstig die Versorgung einer Massenkonsumgesellschaft sichern konnten. Statt dessen mußten viele kleingewerbliche Unternehmen aufgeben, da ihnen die Arbeitskräfte fehlten oder sie in der dirigistischen Wirtschaftsordnung keinen Platz mehr hatten. Diejenigen Betriebe, die sich behaupten konnten, profitierten von der ökonomischen Aufwärtsentwicklung, in erster Linie der Einzelhandel und die kleingewerblichen Zulieferer oder Reparaturbetriebe. Eine Entschädigung für manche Enttäuschung sollte die »Arisierung« der jüdischen Konkurrenz bringen, auf die man lange Zeit ohnehin alle Aggressionen abzulenken versuchte. Ein geringer Teil der jüdischen Geschäfte sollte unter neuer Leitung weitergeführt, der größere Teil zugunsten des »alten deutschen Einzelhandel[s]« geschlossen werden. Das kam vor allem den etablierten mittelständischen Betrieben zugute, wie auch die »Selbstreinigungs«- und »Schließungsaktionen« zur Beseitigung der »Übersetzung«, die die mittelständischen Zwangsorganisationen bei Kriegsbeginn selbst durchführen mußten. Wieder traf es die leistungsschwachen Kleinbetriebe. Das Regime verstärkte damit, was es zu bekämpfen versprochen hatte: den gesellschaftlichen Wandel von einer kleingewerblich-mittelständischen Ordnung zu einer großwirtschaftlichen Struktur.

Die Lösung all dieser gesellschaftlichen Widersprüche im Dritten Reich sollten ja die Eroberungen im Osten bringen. Das galt für die Frauenpolitik ebenso wie für die Mittelstands- und Bauernpolitik. Der agrarische Großraum des Ostens war dazu ausersehen, gewaltiger gesellschaftlicher Experimentierraum zu sein für die Verwirklichung der nationalsozialistischen Utopie. Auf dieses Ziel sollte nach dem Willen Hitlers alles ausgerichtet werden, Wirtschaftspolitik wie Außenpolitik. Vor diesem Ziel sollten alle anderen Maßnahmen und Widersprüche nur Episode sein.

VIII.
Der Weg in den Krieg

Auch in der nationalsozialistischen Außenpolitik waren Tradition und Revolution, waren das Vertraute und das Unvorstellbare ineinander verzahnt. Zunächst trat freilich Revolutionäres kaum hervor, es verbarg sich vielmehr hinter dem Anspruch auf Revision des Versailler Vertragssystems. Doch alle nationalen Träume, von der Veränderung der deutschen Grenzen und der Wiederherstellung deutscher Großmachtpositionen bis hin zu Plänen einer mitteleuropäischen Hegemonie und kolonialer Rückeroberung, waren für Hitler und den harten Kern der nationalsozialistischen Bewegung ja nur Instrument: sie waren die Maske, hinter der Hitler seine Expansions- und Lebensraumpläne versteckte – umgekehrt gab deren schrittweise Erfüllung dem Führermythos immer neue Nahrung und festeren Bestand. Das Eroberungsprogramm im Osten und der Gedanke eines Lebensraumkrieges waren nur die Träume einer Minderheit. Daß sie freilich binnen kurzer Zeit zum bestimmenden Faktor der deutschen Außenpolitik und der Weltpolitik wurden, hatte viel mit der Person Hitlers, aber auch mit den innen- und außenpolitischen Bedingungen und Wahrnehmungen zu tun, die Hitler vorfand und die er beeinflußte.

Voraussetzung dafür war einmal Hitlers Aufstieg vom Propagandisten einer völkisch-nationalistischen Protestbewegung zum Reichskanzler und charismatischen Führer, der die verschiedenen Ziele und Interessen der konservativ-nationalsozialistischen Koalition in seiner Person integrierte und sich schrittweise zum Herrn des Reiches machen konnte. Voraussetzung war zum anderen die Konsequenz, mit der der Lebensraumideologe Hitler an seinem Traum vom Ostimperium festhielt, und die taktische Fähigkeit, mit der er die nationalen Ziele und Emotionen seiner Partner und Anhänger einzusetzen wußte und auch wieder fallen ließ. Keiner seiner Gefolgsleute besaß die fanatische Entschlossenheit, die Hitler immer wieder zu seinem Vabanquespiel trieb. Mehr noch, die Sorge vor den immer größeren Risiken einer Politik der Vertragsbrüche und Aggressionsakte schreckte auch die engsten Gefolgsleute, einschließlich des bedenkenlosen Machtpolitikers Göring, immer mehr. Aber das ständige Spiel mit dem Feuer war weder der Treue der Gefolgschaft noch dem Führerkult der Massen abträglich. Jeder außenpolitische Erfolg, einer sensationeller als der andere, sollte das Vertrauen mindestens bis zum nächsten Coup sichern. Jedesmal wenn es gut gegangen war, ging die Erleichterung in eine noch größere Bewunderung der scheinbaren politischen Genialität dieses »größten Deutschen« über. Das brachte die Zustimmung der alten Machteliten und des nationalen Bürgertums, für Hitler jedoch war das alles nur die Plattform für den nächsten Schritt.

Denn die dogmatische Fixierung auf den Lebensraumkrieg hatte wenig mit »den Emotionen und Zielen des gewöhnlichen deutschen Nationalismus« zu tun, auch wenn Hitler sich scheinbar zu dessen glühendstem Verfechter und erfolgreichem Exekutor machte. Obwohl sich auch das Denken und Handeln vieler seiner Gefolgsleute in den Bahnen des überkommenen Nationalismus und wilhelminischen Imperialismus bewegte, für Hitler waren solche Konzepte und ihre Träger nur Mittel zum Zweck, die er benutzen und auch beiseite schieben konnte. Daß er seine Herrschaftsziele und außenpolitischen Absichten Schritt für Schritt zu einem großen Teil verwirklichen konnte, war freilich nicht nur seinem taktischen Geschick und seinem dogmatischen Willen zuzuschreiben. Das lag vielmehr auch, und dies zu einem nicht geringen Teil, an den ungewöhnlich günstigen internationalen Konstellationen und Entwicklungen.

Von zwei bedrückenden Fesseln des Versailler Vertragssystems war Deutschland bereits befreit: von den Reparationen und den militärischen Beschränkungen. Jetzt mußte die internationale Situation die politischen Habenichtse zur Verwirklichung ihrer Begehrlichkeiten einladen. Das Versailler System war bereits brüchig, sein entschiedenster Wächter Frankreich geschwächt. Das Prinzip der kollektiven Sicherheit war durch den Einfall der Japaner in die Mandschurei und ihren Austritt aus dem Völkerbund im März 1933, der keine nachteiligen Folgen für sie gehabt hatte, schwer getroffen. Das nationalsozialistische Deutschland verstärkte nun den Druck der revisionistischen Mächte und damit die Gefährdung der internationalen Stabilität.

1. Isolierung und Revisionspolitik

Freilich wuchsen von Coup zu Coup das Mißtrauen und das Gefühl der Bedrohung unter den europäischen Nachbarn, und nichts beweist die Grenzen der politischen Klarsicht Hitlers besser als die Isolierung, in die er sein Regime durch den Austritt aus dem Völkerbund, durch die deutsche Aufrüstung und durch das Österreich-Abenteuer allmählich steuerte. Bis zur Jahreswende 1935/36 sollte sich an der internationalen Isolierung des nationalsozialistischen Deutschland nichts ändern, und den Weg zurück zur außenpolitischen Handlungsfreiheit fand nicht Hitler, sondern den eröffneten ihm die Manöver der anderen.

Auch der einzige außenpolitische Erfolg dieser Phase des Wartens und der erzwungenen Zurückhaltung fiel Hitler in den Schoß, ohne daß er selbst viel dazu hatte tun müssen. Im Januar 1935 kehrte die Saar nach einer Volksabstimmung »heim ins Reich«. 91 Prozent der Bevölkerung votierten für die Wiedervereinigung mit Deutschland, nur eine Minderheit war für den Status quo unter der Völkerbundsverwaltung. Trotz der verzweifelten antifaschistischen Kampagnen der politischen Linken, die sich hier an der Saar noch frei betätigen konnte, zählte für eine übergroße Mehrheit der Saarländer das nationale Bekenntnis mehr als der Verlust der politischen Freiheit, der sie im nationalsozialistischen Reich erwartete. Dem Regime brachte das den ersehnten Popularitätsgewinn, und Hitler zögerte nicht, die Abstimmung als persönlichen Erfolg im Kampf gegen den Versailler »Schandvertrag« auszugeben.

Das versprach offenbar auch die notwendige Rückendeckung für eine Blitzaktion. Kaum drei Monate später, am 16. März 1935, verkündete Hitler die allgemeine Wehrpflicht und gab das offizielle Startzeichen für den bis dahin verschwiegenen Ausbau der Luftwaffe. Eine Friedensstärke von 36 Divisionen und 550 000 Mann sollte die neue Wehrmacht besitzen. Das waren Maßnahmen, die nicht ganz unerwartet kamen, denn die Aufrüstung des deutschen Reiches hatte sich nicht wirklich geheimhalten lassen, aber dies war nun ein offener Bruch des Versailler Vertrages, praktisch dessen Aufhebung. Umrahmt wurde der Vertragsbruch von einem glanzvollen militärischen Zeremoniell am 17. März, dem »Heldengedenktag«, vor den Zeugen preußischer Machtentfaltung in Berlin. Begleitet von dem letzten noch lebenden Marschall der kaiserlichen Armee, von Mackensen, und gefolgt von der Generalität, schritt Hitler vom Festakt in der Staatsoper die Linden herunter zum Schloß, um die Fahnen der Armee zu ehren und anschließend unter dem Beifall der Massen die Parade der Wehrmacht abzunehmen. Wehrhoheit und nationale Würde waren wiederhergestellt. Hitler konnte sich nicht nur des Beifalls der traditionellen Machteliten und des Bürgertums sicher sein. Andererseits mußte dieser Affront all die Mächte auf den Plan rufen, die den Status quo verteidigen wollten.

Tatsächlich sah es zunächst auch so aus, als habe dieser Schritt Hitlers die westeuropäische Front zur Eindämmung der deutschen Herausforderung gestärkt. Schon seit dem Februar 1934 hatte der französische Außenminister Barthou sich darum bemüht, alle Bündnissysteme, die das Versailler Ordnungssystem bekräftigen sollten, zu verstärken und zu erweitern. Auch Italien war in die Eindämmungsfront gegen Hitler eingeschwenkt, seit dieser seine Hand nach Österreich ausstreckte. Die internationale Isolierung Deutschlands schien perfekt, als die drei Mächte England, Frankreich und Italien am 14. April 1935 mit der Erklärung von Stresa auf die Einführung der allgemeinen Wehrpflicht reagierten. In feierlichen Erklärungen bekannte man sich zur Erhaltung des Status quo und drohte auch mit den völkerrechtlichen und praktischen Interventionsmöglichkeiten, die der Vertrag von Locarno bot.

Doch die Stresa-Front war schon brüchig, bevor sie überhaupt zustande gekommen war. Wie Hitler auf Österreich spekulierte, so ließ mit einem Mal auch Mussolini Expansionsgelüste hinsichtlich Äthiopiens laut werden, was seinen Partner England herausfordern mußte. Aber die britische Politik trug sich mit dem Gedanken, Hitler durch Zugeständnisse zu zügeln. Zwar hatte man gegen den Hitlerschen Coup, dem ersten in einer Serie von künftigen Wochenendüberraschungen, heftig protestiert, aber fast gleichzeitig angefragt, ob der Reichskanzler weiterhin den britischen Außenminister zu empfangen gedächte – schon darum konnte von Sanktionen in Stresa überhaupt nicht die Rede sein. Ende März waren dann auch der britische Außenminister Simon und Lordsiegelbewahrer Eden nach Berlin gekommen. Dort trafen sie auf einen selbstbewußten Hitler. Noch einmal wiederholte dieser, was er schon dem britischen Botschafter und anderen Besuchern von der Insel angeboten hatte, den Vorschlag eines Flottenpaktes, der nur Vorstufe eines viel weitergehenden, globalen Bündnisses mit England sein sollte. Die solchermaßen Umworbenen zeigten sich spröde, bis Hitler die Werbung mit einer Drohung verband. In der Luftrüstung, entgegnete er auf eine Frage seiner Besucher, habe Deutschland bereits mit England gleichgezogen. Das war einer von vielen Bluffs, aber er hatte seine Wirkung. Man willigte in Verhandlungen über einen Flottenpakt ein, obwohl doch die politischen Chancen, Hitler durch eine Allianz einzudämmen, mittlerweile gestiegen waren, denn Frankreich hatte einen Bündnisvertrag mit der Sowjetunion geschlossen und so die mögliche Koalition gegen Hitler erweitert.

Daß die britische Regierung dennoch zur Fortsetzung der Flottenverhandlungen bereit war, gab Hitler Auftrieb. Nicht das Auswärtige Amt wurde mit den bilateralen Verhandlungen betraut, sondern der zum Sonderbotschafter ernannte Joachim von Ribbentrop, der die Gespräche in London am 4. Juni 1935 mit der ultimativen Forderung eröffnete, England müsse bei den Seestreitkräften ein Kräfteverhältnis von 35 zu 100 zugestehen. Was Ribbentrop starr und anmaßend als unerschütterlichen Entschluß des »Führers« präsentierte, bedeutete nichts anderes als die Aufforderung, der Vertragspartner möge die Vertragsverletzungen der anderen Seite nachträglich billigen, die er selbst gerade angeprangert hatte. Zornrot wies ihn der britische Außenminister Simon darauf hin, daß es nicht üblich sei, »daß gleich zu Beginn von Verhandlungen derartige Bedingungen gestellt werden«. Hitlers Privat-Diplomat trat dem, wie er es in seinem abschließenden Bericht formulierte, »kategorisch« entgegen und erklärte, es komme auf dasselbe hinaus, ob man schwierige Dinge am Anfang oder am Ende bespreche. Dann ging er noch einen Schritt weiter und sprach von einem »historischen deutschen Angebot« mit »welthistorischer« Bedeutung. Auf die eher beiläufige Frage nach der Dauer eines solchen Vertrages antwortete Ribbentrop pathetisch: »Ewig.«[1]

Hinter dem unnachgiebigen und bornierten Verhalten Ribbentrops, das die Verhandlungen fast schon zum Scheitern gebracht hätte, ehe sie richtig begonnen hatten, stand ein strikter Auftrag. Das »historische Angebot« an England sollte nicht nur eine vorübergehende taktische Entlastung für das Deutsche Reich bringen, hinter ihm verbarg sich ein weit größerer Plan: eine weltpolitische Aufgabenteilung von Land- und Seemacht und ein Bündnis mit England, um gegenüber der Sowjetunion »freie Hand« für eine deutsche Expansion zu bekommen. Dafür sprachen schon die scharfen antikommunistischen Töne, die der Unterhändler hatte einfließen lassen. Ziemlich unverhüllt sprach Ribbentrop das Bündniskonzept an: Eine deutsch-englische Verständigung werde dazu dienen, »eine Wiederholung des historisch einzigen Waffenganges zwischen den beiden großen Nationen gleicher Rasse unter allen Umständen zu vermeiden«. Die rassisch-völkische Gemeinsamkeit könne zur Grundlage einer »ewigen« Interessenaufteilung werden, deren Zweck Ribbentrop verschlüsselte, aber deutlich genug nannte: »Ist eine solche Grundlage ... des gemeinsamen europäischen Interesses erst einmal gefunden, dann wird bei der Wahl zwischen Chaos auf der einen und dem Wiederaufbau auf der anderen Seite den Völkern die Entscheidung nicht schwer fallen. Dann wird wohl endgültig die Zusammenarbeit erreicht werden, die allein die Existenz Europas sicherstellen und die bestehende Weltordnung als Fundament unserer Kultur auf Dauer garantieren kann.«[2] Das bedeutete im Klartext: den Aufruf zur gemeinsamen Vernichtung des die europäische Kultur bedrohenden Bolschewismus.

So offen war Hitlers »Königsgedanke« in diplomatischen Verhandlungen bisher noch nicht angesprochen worden. Doch Ribbentrop war nicht nur die Stimme Hitlers. In der Unnachgiebigkeit seines Auftretens schwangen auch eigene antibritische Ressentiments mit, die seit langem in seinen außenpolitischen Überlegungen angelegt waren und die ihn – im Gegensatz zu Hitler, dessen Ausgleichsstreben ernst gemeint war – schließlich davon überzeugten, daß ein deutsch-englisches Bündnis unrealistisch wäre. Fürs erste schien Hitler recht zu behalten. Nachdem die Engländer die Verhandlungen mit Ribbentrop abgebrochen hatten, baten sie zur großen Überraschung zwei Tage später um eine neue Unterredung und erklärten ihre Bereitschaft, die Forderungen des deutschen Reichskanzlers zur Grundlage weiterer Verhandlungen zu machen. Ganz offenkundig wollte man einen diplomatischen Eklat vermeiden und bat nur darum, mit Rücksicht auf Frankreich einige Tage verstreichen zu lassen, bis man den Vertragstext endgültig aushandele und bekanntgebe.

Hitler jubelte. Mit dem deutsch-britischen Flottenabkommen vom 18. Juni 1935 schien die erste Phase des »Ringens um England«

Die deutsche Flottenabordnung bei ihrer Ankunft vor dem Carlton Hotel, London

Das Londoner Flottenabkommen vom 18. Juni 1935, das auf eine Drittelparität zwischen der englischen Royal Navy und der deutschen Kriegsmarine hinauslief, war nach dem Konkordat mit dem Vatikan und dem deutschen Nichtangriffspakt der dritte außenpolitische Coup Hitlers: der Sieger von 1918 ging wortlos über die illegale deutsche Luftrüstung hinweg und sanktionierte die partielle Aufrüstung zur See. Das Zahlenverhältnis kümmerte Hitler nicht, ihm ging es um das Prinzip. Die Friedensbedingungen von Versailles waren von nun an tatsächlich nur noch ein Fetzen Papier.

zu einem guten Abschluß gekommen, das angestrebte Bündnis mit Großbritannien in greifbarer Nähe. Als den »glücklichsten Tag seines Lebens« bezeichnete er den 18. Juni, und seinen außenpolitischen Berater und Emissär Ribbentrop feierte er als großen Staatsmann, »größer als Bismarck«.[3] In seinem Jubel übersah Hitler, daß er nicht den Vertrag bekommen hatte, den er hatte haben wollen, denn London reagierte auf die deutsche Erklärung, mit dem 35-Prozent-Verhältnis auch ein Modell für die Aufrüstung anderer Staaten gefunden zu haben, mit der Einschränkung, daß nunmehr kein ausschließlich deutsch-englischer Vertrag zustande gekommen sei. Auch wenn Hitler das Abkommen noch so überschwenglich als »Beginn einer neuen Zeit« und als »Auftakt für eine sehr viel weitere Zusammenarbeit« feierte, konnte ihm nicht verborgen bleiben, daß Großbritannien sich von ganz anderen Motiven leiten ließ als er selbst. Weit davon entfernt, mit dem Flottenabkommen die Weichen für ein deutsch-britisches Kondominium über Europa und die Welt auf der Grundlage einer gegenseitigen Interessenabgrenzung zu stellen, sah die Regierung in London darin nur die Möglichkeit, die deutsche Aufrüstung zumindest in einem Bereich kalkulierbarer zu machen.

Das war nicht unwichtig im Hinblick auf die Belastungen und Sorgen, die London der ostasiatische Schauplatz mit dem aggressiven Japan bereitete; es konnte überdies ein Schritt zu einem System der kollektiven Sicherheit sein. Denn nur davon versprach sich London eine friedliche Lösung internationaler Probleme. Die Alternative hätte nur eine Politik der Konfrontation sein können, doch darauf waren weder die Rüstung noch die öffentliche Meinung Großbritanniens vorbereitet. Darum blieb nur der Versuch, das Deutsche Reich, das sich mehr und mehr zu einem Heerlager entwickelte, vertraglich einzubinden und in ein europäisches Ordnungssystem einzugliedern. Dahinter stand ein nüchternes Kalkül, das auch die spätere Appeasement-Politik bestimmen sollte: Man wußte um die eigenen Schwächen und suchte Zeit zu gewinnen. Ob der Preis dafür, nämlich der Bruch der europäischen Solidarität und die Sanktionierung skrupelloser Vertragsbrüche, nicht viel höher war als die vage Hoffnung, die Dynamik eines revolutionären Regimes zu zügeln, war mehr als ungewiß. Das Flottenabkommen verstand London lediglich als einen Test auf die Frage, wie weit sich das nationalsozialistische Deutschland in eine kollektive Ordnung einfügen ließ. Ein solches Konzept stand aber Hitlers »bilateral orientiertem ›Grund-Plan‹«[4] diametral gegenüber, und das ließ für einen wirklichen Ausgleich nichts Gutes erwarten.

Diese Diskrepanz machten auch die Reden bei dem Vertragsabschluß in London deutlich, und Ribbentrop wird vermutlich in Berlin von der kühlen Distanziertheit des neuen britischen Außenministers, Sir Samuel Hoare, und dessen Staatssekretär, Lord Vansittart, berichtet haben. All das sprach kaum dafür, daß der englische Wunschpartner für Hitlers Offerten wirklich empfänglich war. Darum mischten sich in das immer stürmischer werdende Werben auch unverhohlene Drohungen. Die Marinerüstung kam dafür als Druckmittel nicht mehr in Frage, deshalb besann sich Hitler auf die kolonialen Sanktionsmittel. Damit wollte er das störrische England gefügig machen und überdies die drängenden Wünsche und Sehnsüchte der nationalkonservativen Partner und wilhelminischen Imperialisten auch in den eigenen Reihen scheinbar befriedigen.

Um die »koloniale Waffe« zu schmieden, betraute Hitler Ribbentrop mit der Organisation eines Reichskolonialbundes und der Leitung der deutschen Kolonialpolitik. Das war in mehrfacher Hinsicht ein geschickter Schachzug. Er bedeutete einerseits die Einbindung der bisher noch relativ unberührten konservativen Kolonialverbände und schuf andererseits dem ehrgeizigen Ribbentrop eine eigene Hausmacht im nationalsozialistischen Ämterwirrwarr. Mit diesem Schritt waren zugleich die Pläne und Wünsche der politischen und wirtschaftlichen Gruppen befriedigt und in die nationalsozialistische Politik integriert, die, aus welchen Motiven auch immer, für das Dritte Reich Kolonialbesitz forderten und die sich mit Hitlers »Ritt nach Osten« nicht anfreunden wollten. Schließlich und endlich hatte sich Hitler damit ein Propaganda-Instrument geschaffen, das sich als Sprachrohr der deutschen öffentlichen Meinung drohend gegen England richten ließ, wann immer es politisch erforderlich schien.

Je länger sich die Engländer Hitlers Werben entzogen, um so lauter wurden die kolonialen Forderungen. Schließlich deutete sich bei Hitler selbst ein Wandel an. Waren die Kolonien für ihn bisher allenfalls nur taktisches Erpressungsmittel und Objekt eines möglichen Tauschgeschäftes gewesen, mit dem er sich die »freie Hand nach Osten« einhandeln wollte, so rückten koloniale Eroberungspläne in Übersee nun unmerklich tatsächlich in den Rang eines außenpolitischen Fernzieles. Doch damit war der Griff nach Afrika noch lange nicht die Alternative zum Ritt nach Osten, so sehr dies den Wünschen eines Hjalmar Schacht und der von ihm repräsentierten konservativen Machtgruppen entsprochen hätte.

Unterdes hatte Mussolini zu einem spätkolonialen Abenteuer gerüstet – es richtete sich auf das Völkerbundsmitglied Äthiopien,

das schon seit dem späten 19. Jahrhundert die imperialistischen
Träume der Italiener bewegte. Nun schien die internationale Situation günstig. Italien wurde, so die Rechnung Mussolinis, in der
Abwehrfront gegen das nationalsozialistische Deutschland benötigt, darum würden Frankreich und England seinen Eroberungsplänen im Mittelmeer keine Hindernisse in den Weg legen. Die
vagen Zusagen Frankreichs und das Schweigen Großbritanniens in
Stresa deutete der Duce, der einen außenpolitischen Erfolg zur
Festigung seiner Herrschaft im Innern gebrauchen konnte, als Zeichen eines diskreten Einverständnisses. Das deutsch-englische Flottenabkommen hatte den Wert Italiens eher noch verstärkt.

Eine paradoxe Konstellation bildete sich heraus. Gerade die groß-
angelegte Eindämmungspolitik gegen das nationalsozialistische
Deutschland führte dazu, daß die europäischen Verhältnisse endgültig in Bewegung gerieten und Hitler schließlich die besseren
Karten zugespielt wurden. Indem Mussolini im Windschatten der
breiten Front des Mißtrauens und der Abwehr gegen Hitler-
Deutschland Eroberungspolitik auf eigene Faust betrieb, sprengte
er nicht nur diese Front, sondern stellte vor aller Augen die Halbherzigkeit bloß, mit der die Westmächte auf eine solche Verletzung
des internationalen Ordnungssystems reagierten. Das mußte auch
für Hitler aufschlußreich sein.

Am 2. Oktober 1935 erklärte Mussolini auf einer sorgfältig inszenierten Massenkundgebung Äthiopien den Krieg. Dieser Akt trug
die charakteristischen Merkmale eines faschistischen Krieges; es
gab weder eine formelle Kriegserklärung noch eine Volksbewegung
wie im August 1914, sondern nur gelenkte Begeisterung. Über zwanzig Millionen Menschen auf den Straßen und Plätzen lauschten der
Proklamation des Duce: »Vierzig Millionen Italiener als verschworene Gemeinschaft, sie lassen sich ihren Platz an der Sonne nicht
nehmen.«[5] Mit Grenzzwischenfällen und Scharmützeln in der
Wüste hatte Mussolini eine Stimmung geschürt, deren Folgen sich
durch eine Übereinkunft der großen Mächte nicht mehr beilegen
ließen. Dazu waren die Empörung der Weltöffentlichkeit auf der
einen und die Entschlossenheit zum Krieg auf der anderen Seite zu
groß. Zudem verfügte Mussolini über die Voraussetzungen, die die
Realisierung des ideologischen Wollens erst ermöglichten: er
brauchte weder eine unabhängige öffentliche Meinung noch eine
politische Opposition im eigenen Lande zu befürchten; die inneren
Widersprüche und Interessengegensätze Europas gaben ihm einen
fast unbegrenzten Handlungsspielraum.

Alle Proteste und Sanktionen, zu denen sich England, Frankreich
und die übrigen Nationen eher widerwillig und auch nur halbherzig
bereit fanden, waren von geringer Wirkung. Fast unbehelligt konnte
die italienische Armee über einen wehrlosen Gegner herfallen. Am
9. Mai 1936 verkündete Mussolini vom Balkon des Palazzo Venezia
vor einer begeisterten Menge den »Triumph über fünfzig Nationen«
und das Wiedererscheinen des römischen Imperiums; den italienischen König machte der Duce zum Kaiser von Äthiopien. Noch
beispielloser war die Kriegführung selbst: nicht einmal vor dem Einsatz von Giftgas schreckte Mussolini zurück, und die Mussolini-
Söhne Bruno und Vittorio konnten sich mit Stolz und Genugtuung

531

rühmen, vom Flugzeug aus Treibjagd auf Tausende von Männern, Frauen und Kindern gemacht und sie mit Brandbomben und Maschinengewehrfeuer in Scharen in den Tod getrieben zu haben. Beispiellos war auch der Einsatz einer Parteiarmee unter dem Oberbefehl des Parteisekretärs, die gänzlich unabhängig war von der regulären Armee. Die Härte und die Grausamkeiten vor allem der faschistischen Miliz setzten sich nach dem offiziellen Ende des Krieges mit standrechtlichen Erschießungen und der Errichtung von Konzentrationslagern gegen die innere Opposition fort. Außerhalb seiner Landesgrenzen konnte das faschistische Regime jenen Gewaltcharakter entfalten, der im Innern nicht durchsetzbar war. Gerechtfertigt wurde die spätkoloniale Herrschaft in Abessinien mit einer Rassendoktrin, die nicht viel anders aussah als die des deutschen Nationalsozialismus.

Kurzum, es war ein faschistischer Krieg, den Mussolini in Afrika führte, und es war der Verlust jeglicher Loyalität unter den europäischen Mächten, der ihm diesen Krieg ermöglicht hatte. Es hätte nur der Schließung des Suezkanals oder eines Ölembargos bedurft, und die technisch hochgerüstete italienische Armee wäre kampfunfähig gewesen. Doch darauf konnten sich die beiden europäischen Großmächte England und Frankreich nicht einigen. Frankreich war aus Sorge um seine Bündnispolitik zum Stillhalten bereit, und als England, ganz im Gegensatz zu seiner Nachgiebigkeit gegenüber Hitler, nun Mussolini mit Sanktionen begegnen wollte, widersprach ihm Paris. So blieb es bei Halbherzigkeiten, auch aus Rücksicht auf einflußreiche Sympathisanten Mussolinis in beiden Ländern. Eine kaum zu überhörende philo-faschistische Strömung in Frankreich vor allem, aber auch in England, warb für die Sache des »proletarischen und faschistischen Italien«. Nicht wenige französische Intellektuelle unterzeichneten ein Manifest zugunsten Mussolinis; Charles Maurras, Haupt der halbfaschistischen Action Française, drohte den Parlamentariern, die für Sanktionen gegen Italien stimmten, öffentlich den Tod an. Und in der Öffentlichkeit fragte man sich ganz unverhohlen: »Für den Negus sterben?« Bald sollte dieselbe Frage für Danzig gelten.

Daß Mussolini sich durchsetzte, lag also nicht nur daran, daß er zu einem riskanten Spiel bereit und in der Lage war, was sich nur ein Diktator leisten konnte, der keinem Parlament Rechenschaft schuldete und der mißliebige Nachrichten unterdrücken konnte. Sein afrikanisches Abenteuer war auch deswegen möglich, weil sich im außenpolitischen Bereich jene Konstellationen wiederholten, die auch im Inneren den Weg zur Macht geebnet hatten. Da gab es Risse und Gegensätze in der Front der Gegner, da gab es die Bereitschaft, vollzogene Tatsachen, auch Vertragsbrüche, hinzunehmen, in der Hoffnung, den Herausforderer damit zähmen zu können, und da gab es schließlich auch Freunde unter den Feinden, die Mussolinis Niederlage mehr fürchteten als seinen Erfolg. Immer waren es die Sorge um die Erhaltung des Status quo und die scheinbare Affinität zu den eigenen Wertvorstellungen, die zu einer Tolerierung des Faschismus führten. Hinzu kam das schlechte Gewissen, daß man den internationalen Habenichtsen schlecht verweigern könne, was man für sich selbst in Anspruch nahm.

Und noch etwas half dem Aggressor Mussolini: die Existenz Hitlers. Sie veranlaßte Franzosen wie Engländer zum nachsichtigen Umgang mit Mussolini. Paris wollte einen wichtigen Pfeiler in seiner Politik des Containment retten, während Großbritannien zunächst entschlossen schien, die Sanktionspolitik des Völkerbundes zu unterstützen. Das Risiko freilich, der Aggression Mussolinis notfalls mit Waffen entgegenzutreten, wollte auch London nicht eingehen. Denn dies hätte die Verpflichtung mit eingeschlossen, eines Tages zu Sanktionen im Falle einer Vertragsverletzung in Europa gezwungen zu sein. So blieb es bei einer Politik der moralischen Appelle und schwächlicher Sanktionen, die Mussolini zwar nicht wirklich schadete, ihn aber empörte und langsam auf die Seite Hitlers trieb. Mit ihrem zögerlichen Verhalten gegenüber Mussolini aus Furcht vor Hitler stärkten London und Paris die Position des deutschen Diktators.

Die weltpolitische Bedeutung des Abessinien-Abenteuers Mussolinis lag in dem Nutzen, den Hitler daraus zog. Er fand endlich einen Weg aus der Isolierung, und er konnte die Schwächen des internationalen Systems und der westlichen Demokratien noch schonungsloser ausnutzen, als dies Mussolini getan hatte. Hitler hatte sich im Abessinien-Konflikt zunächst neutral verhalten. Es gab keineswegs einen ideologischen Automatismus, der ihn zwangsläufig an die Seite Mussolinis gebracht hätte. Dazu war ihm das kühle Verhalten Mussolinis beim ersten Zusammentreffen mit dem Duce in Venedig im Juni 1934 und vor allem das energische Auftreten des faschistischen Bruderstaates in der Österreich-Krise noch in allzu frischer Erinnerung. Auch störte der Gedanke einer englisch-italienischen Auseinandersetzung seine Pläne einer Partnerschaft mit England wie mit Italien.

So waren es auch kaum ideologische Motive, die schließlich doch zur Parteinahme für das faschistische Italien führten. Vielmehr sah Hitler in dem Konflikt den Hebel, mit dem sich die internationalen Fronten aufbrechen ließen. Aus demselben Grund konnte ihm kaum an einer raschen Beilegung der Krise gelegen sein. Im Gegenteil, es lag in der Konsequenz dieser Überlegungen, den jeweils Schwächeren zu unterstützen. Noch im Sommer 1935, als sich die Grenzkonflikte verschärften, hatte Hitler dem Negus unter strengster Geheimhaltung Waffen im Wert von etwa vier Millionen Reichsmark geliefert, darunter dreißig Panzerabwehrkanonen. Dann aber unterstützte er Mussolini gegen die Sanktionsdrohungen des Westens und half Italien mit Rohstofflieferungen, vor allem Kohle, aus. Als der Krieg in Afrika viel schneller, als deutsche Militärs dies erwartet hatten, zu italienischen Erfolgen führte, ergab sich auch für Hitler früher als vermutet die Gelegenheit, die internationale Situation für einen neuerlichen außenpolitischen Überraschungscoup zu nutzen.

2. Triumph der Revisionspolitik

2.1 Der Rheinland-Coup

Während sich alle Aufmerksamkeit auf den Abessinien-Konflikt richtete, ließ Hitler am 7. März 1936 die entmilitarisierte Zone des Rheinlandes besetzen. Obwohl man in Europas Hauptstädten davon nicht überrascht sein konnte, schaute man zu. Die starken Worte, die aus Paris und aus dem Völkerbund kamen, täuschten nicht darüber hinweg, daß Hitler die internationale Situation und die Schwäche der westlichen Demokratien blitzschnell zu einem rücksichtslosen Vertragsbruch genutzt hatte. Dieser neue Wochenendcoup brachte das Versailler Vertragssystem endgültig zum Einsturz und demonstrierte, wie wirkungslos der Locarno-Vertrag war, wenn eine aggressive Macht die Interessengegensätze der europäischen Staaten schonungslos ausnutzte.

Es war eine populäre Forderung, die Beschränkungen der deutschen »Wehrhoheit« zu beseitigen. Auch führende Militärs wollten die Entmilitarisierung des Rheinlandes aufgehoben wissen. Doch angesichts der militärischen Schwäche des Deutschen Reiches war dies ihrer Einschätzung nach wie auch nach Meinung der Diplomaten im Auswärtigen Amt nur auf dem Verhandlungswege erreichbar. Das Risiko einer militärischen Aktion war ihnen zu hoch. Auch Hitler wußte, »daß Deutschland militärisch noch unfertig sei und 1937 wesentlich stärker sein würde. Doch die politische Entwicklung lege«, wie er am 14. Februar 1936 Botschafter von Hassell eröffnete, »den Gedanken nahe, ob nicht der psychologische Augenblick jetzt gekommen sei.«[6] Und weiter notierte von Hassell nach dem Gespräch: »Jetzt aber sei Rußland nur darauf erpicht, im Westen Ruhe zu haben, England sei militärisch in schlechtem Zustand und durch andere Probleme stark gefesselt, Frankreich sei innenpolitisch zerfahren. In beiden Ländern sei eine starke Gegnerschaft gegen den Russenpakt für uns zu buchen. Er glaubt nicht, daß man solchen deutschen Schritt mit militärischem Vorgehen beantworten werde – vielleicht allerdings mit wirtschaftlichen Sanktionen; diese seien aber inzwischen bei der als Prügelknaben dienenden Gefolgschaft der Großmächte recht unbeliebt geworden.«

Es war ein einfaches Bild der internationalen Situation, das Hitler hier gezeichnet hatte, zugleich aber war es von einem untrüglichen Instinkt für die Schwäche des Gegners geprägt. So entschloß sich Hitler Mitte Februar 1936, möglichst bald zu handeln und nicht bis zum Frühjahr 1937 zu warten. Die günstige internationale Lage wollte er ausnutzen, um seinen langfristigen Zielen ein Stück näher zu kommen. Vor allem die Situation Italiens kam ihm entgegen, das sich selbst gerade in einem Konflikt mit dem Völkerbund befand und das mit diesem neuesten Manöver Hitlers stärker an die Seite Deutschlands gedrängt werden sollte. Deshalb war von Hassell nach Berlin zitiert worden, und darum war die Aktion diplomatisch auch nur in Richtung Italien abgesichert worden. Die Sondierungen bei Mussolini bestärkten Hitler loszuschlagen. Zweimal hatte der Duce ihn seither wissen lassen, daß der Geist von Stresa tot sei und daß für den Fall einer deutschen Aktion »die Italiener am Fenster stehen und interessiert zusehen«[7] würden.

Unsicherheit herrschte freilich über die Reaktion der beiden Westmächte. Dem trugen die Befehle zum Einmarsch vom 2. März insofern Rechnung, als nur drei Infanteriebataillone weit in das linksrheinische Gebiet vorstoßen und in Aachen, Trier und Saarbrücken Fuß fassen sollten. Die Masse der beteiligten Verbände sollte am Rhein stehenbleiben und dort Brückenköpfe bilden. Nach dem politischen Vertragsbruch sollte die militärische Provokation möglichst gering gehalten werden, und auch die Reichstagserklärung Hitlers vom 7. März war auf Beschwichtigung angelegt. Hitler sprach von seiner Absicht, »nun erst für eine Verständigung mit unseren westlichen Völkern und Nachbarn einzutreten«,[8] und bot zugleich mit der Verkündung seines Vertragsbruches ein neues Verständigungsprogramm an. Auf beiden Seiten sollte eine entmilitarisierte Zone geschaffen, ein Nichtangriffspakt mit Frankreich, Belgien und eventuell auch den Niederlanden abgeschlossen werden, selbst die Rückkehr Deutschlands in den Völkerbund stellte Hitler in Aussicht, da Deutschland nach Wiedererlangung seiner Gleichberechtigung und Wiederherstellung seiner vollen Souveränität über das gesamte Reichsgebiet den eigentlichen Grund für seinen seinerzeitigen Austritt als aufgehoben betrachtete. Das war ein Lockmittel, mit dem die öffentliche Meinung in den westlichen Demokratien beeinflußt werden konnte.

Als Argument für den Handlungszwang, in den das Reich gekommen sei, diente dieses Mal der französisch-sowjetische Beistandspakt, der als Reaktion auf die Herausforderung des nationalsozialistischen Deutschland zwar schon vor Jahresfrist ausgehandelt, aber noch nicht ratifiziert war. Dieser Ansatzpunkt war für Hitler deshalb so ideal, als der Vertrag auch in der französischen Öffentlichkeit heftig umstritten und in England auf schwere Bedenken gestoßen war. Auch hatte Hitler versucht, sein Unternehmen bereits im Vorfeld durch Verständigungsangebote abzuschirmen. Während die Vorbereitungen für den Coup schon liefen, hatte er am 21. Februar dem französischen Publizisten Bertrand de Jouvenel in einem Interview versichert, er wolle eine Verständigung mit dem französischen Volk herbeiführen wie in der sehr viel schwierigeren Versöhnung mit Polen. Die skeptische Frage Jouvenels nach den antifranzösischen Auslassungen in »Mein Kampf« tat Hitler damit ab, daß es die Gründe für einen Konflikt, die zur Zeit der Abfassung seines Buches bestanden hätten, nicht mehr gebe. Die nötigen Korrekturen werde er nicht als politischer Schriftsteller, sondern als Außenpolitiker vornehmen. »Meine Korrektur trage ich in das große Buch der Geschichte ein.«[9] Das war ebenso pathetisch wie vielsagend. Knapp zwei Wochen später erklärte er dem französischen Botschafter, seine Erklärung sei mittlerweile überholt, er werde neue Vorschläge unterbreiten.

Das war am selben Tag, dem 2. März, in Form der militärischen Weisung Blombergs für die Rheinlandbesetzung geschehen – ein erneuter Schlag gegen den Versailler Vertrag und ein offener Bruch des Locarno-Abkommens. Daran änderten alle Beschwichtigungen und Absicherungen nichts. Generäle und Politiker waren sich des

535

Risikos dieser Entscheidung bewußt. Der damalige Oberst Jodl sagte später in Nürnberg aus, ihm und den Generälen sei so unheimlich zumute gewesen »wie einem Spieler, der sein ganzes Vermögen im Roulette auf Rot oder Schwarz setzt«. Allein die französische »armée de couverture« würde die deutschen Truppen »hinweggeblasen«[10] haben. Auch der eigentliche Spieler, Hitler, war an diesem Wochenende sehr nervös und gestand später, daß dies die »aufregendsten Tage seines Lebens« gewesen seien.[11] Die deutschen Truppen hatten die Anweisung, sich bei westlichen Gegenmaßnahmen zurückzuziehen. Die ersten Reaktionen aus Paris und London ließen in der Tat solche Maßnahmen befürchten, und Hitler schien für einen Augenblick geneigt, den Rückzugsbefehl zu geben. Es war ausgerechnet Außenminister von Neurath, der das Unternehmen doch eben noch skeptisch beurteilt hatte, und der nun beruhigte: »Jetzt sind mer drinne und bleibet drinne.«[12] Tatsächlich hat Hitler später eingestanden: »Wären die Franzosen damals ins Rheinland eingerückt, dann hätten wir uns mit Schimpf und Schande wieder zurückziehen müssen, denn die militärischen Kräfte, über die wir verfügten, hätten keineswegs auch nur zu einem mäßigen Widerstand ausgereicht.«[13]

Daß Hitler mit seinem riskanten Spiel »durchkam«, lag an der Unentschlossenheit und den Divergenzen der westlichen Mächte. Schon am Vorabend der Aktion war eigentlich zu erkennen gewesen, daß weder London noch Paris zu einer militärischen Aktion bereit und in der Lage sein würden. Darüber, wie man sich im Falle eines deutschen Vorstoßes in der Rheinlandfrage verhalten sollte, gab es vertrauliche Erörterungen und Papiere. In Frankreich, das vor allem betroffen war, war man sich zunächst einmal unsicher, was das Deutsche Reich überhaupt unternehmen würde. Ob sich die Anhänger einer gemäßigten Lösung oder die der Gewalt durchsetzen würden, darüber tappte die französische Regierung bis zum Augenblick des Einmarsches im dunkeln. Um so weniger konnte man sich darüber einigen, wie man einer deutschen Aktion begegnen sollte. In Berlin wußte man, daß keine französische Partei für einen geschlossenen Widerstand eintrat. Dafür waren diese vor allem viel zu sehr mit sich selbst beschäftigt, denn es stand ein Wahlkampf vor der Tür, bei dem ein Sieg der Volksfrontkoalition zu erwarten war. Die Übergangsregierung von Albert Sarraut wollte daher vorläufig keine einschneidenden Beschlüsse mehr fassen. Überdies hatten die französischen Militärs ebensoviel Angst wie die deutschen, denn sie überschätzten die deutschen Kräfte und konnten sich erfolgreiche Gegenmaßnahmen nur im Falle der Mobilisierung von Reserven vorstellen. Darum blieb es am Tage nach dem Coup bei einer starken Rede Sarrauts: Frankreich werde nicht zulassen, daß Straßburg unter deutschen Kanonen stehe; aber einen Befehl zum Einsatz der Armee gab er nicht. Das geschah sicher aus Rücksicht auf die Neuwahlen; dahinter stand aber auch eine politische Konzeption, die sich radikal von der Hitlers unterschied. Alles Denken war noch immer auf die Organe der kollektiven Konfliktregelung gerichtet, auch das eigene Handeln wollte man davon abhängig machen. Aber als man sich an den Völkerbund wandte, hatte Hitler das Spiel fast schon gewonnen.

Einmarsch deutscher Truppen in die entmilitarisierte Zone am 7. März 1936

Das Rheinland war durch die Bedingungen des Friedensvertrages entmilitarisiert; Frankreichs traditionelles Defensivdenken hatte sich eine Schutzzone vor der eigenen Grenze zu schaffen gesucht. Wenige Maßnahmen des Regimes waren so populär wie die Wiederbesetzung der geräumten Zone, in der so wichtige Städte wie Düsseldorf und Köln lagen. Die Aufrüstung war gerade erst im Gange, und so war der Marsch über die Rheinbrücke ein gewagter Coup, denn ein paar französische Divisionen hätten genügt, Hitler zum Rückzug zu zwingen; tatsächlich waren entsprechende Befehle vorsorglich schon vorbereitet. Aber Frankreich zögerte, und die öffentliche Meinung Englands fragte achselzuckend nach dem Grund der Aufregung: »Die Deutschen marschieren in Deutschland ein« – kein Grund für eine internationale Krise.

Entscheidend war nun die Rolle Londons. Das britische Kabinett hatte sich schon 1935 festgelegt: Eine Militarisierung des Rheinlandes berühre kein vitales Interesse Großbritanniens. In einem Arbeitspapier hatte Außenminister Eden zwar auf die deutsche Gefahr hingewiesen und auch darauf, daß man mit allem rechnen müsse. Gleichwohl empfahl er, man solle noch einmal versuchen, ob mit Deutschland nicht eine Übereinkunft möglich sei. Im übrigen sei es Sache der französischen und belgischen Regierung, zu entscheiden, welchen Preis sie für ihre Sicherheit bezahlen wollten. Winston Churchill, der schon damals vor einem Zurückweichen vor der deutschen Aggression warnte, hat die Haltung der beiden Westmächte so gekennzeichnet: wenn die Franzosen zögerten, etwas zu unternehmen, dann würden ihre britischen Verbündeten nicht zögern, davon abzuraten. Am 9. März erklärte Eden im Unterhaus, der deutsche Schritt habe die internationale Lage zwar belastet, aber es liege erfreulicherweise kein Anlaß vor, in ihm eine Bedrohung zu sehen.

So lief alles nach dem Muster der letzten Krise: Auf den Coup folgten starke Worte und Drohungen, eine Kette von Konsultationen und Konferenzen, aber sonst nichts. Alles ging aus wie das Hornberger Schießen. Der Völkerbundrat verurteilte den deutschen Vertragsbruch und bot im selben Atemzug Verhandlungen an, die Hitler ablehnte. Er dachte nicht daran, die Vorgänge vor dem internationalen Gerichtshof verhandeln zu lassen oder internationalen Streitkräften Zugang zu gewähren. Das sei, so hieß es in Berlin, mit der deutschen Souveränität unvereinbar. Umgekehrt blieben die deutschen Angebote ein Stück Papier, und die Aufrüstung ging unter Einbeziehung der Grenzlande im Westen energisch weiter. Alles, was sich seit Mitte März auf der diplomatischen Bühne ereignete, war nur noch Nachhutgeplänkel.

So blieb die junge Wehrmacht ungeprüft und konnte unter dem Beifall der Bevölkerung, mit Blumen überschüttet, den Rhein überschreiten. Denn die Aktion steckte nicht nur voller Risiken, sie war sicherlich auch eine der populärsten Entscheidungen Hitlers. Und auf Popularität und Zustimmung zielte sie ab. Nicht eine langwierige diplomatische Verständigungslösung, wie dies nach dem Geschmack des Auswärtigen Amtes gewesen wäre, konnte Hitler gebrauchen, er wollte eine spektakuläre Aktion. Denn die Popularität des Regimes verblaßte, das ging aus allen offiziellen Lageberichten hervor. In der Bevölkerung wuchs einmal der Unmut über die nationalsozialistische Kirchenpolitik, zum anderen aber zeigten sich die Auswirkungen der einseitigen Rüstungskonjunktur: immer wieder fehlte es an Fleisch und Fetten, die eingeführt werden mußten. »Wenn der Einzelne auch geneigt sein mag, seine eigenen Wünsche und Interessen hinter den Forderungen des Gesamtwohls zurückzustellen, so drängen sich doch die Sorgen und Nöte des täglichen Lebens immer wieder zu solcher Eindringlichkeit auf, daß sie leicht die unbefangene Erkenntnis zu zerstören und den Blick auf die nächstliegenden Fragen zu beschränken vermögen. Trotz des guten Willens der Einzelnen«, warnte darum der Innenminister, »wird es daher doch letzten Endes die Lösung dieser vordringlichen wirtschaftlichen Fragen sein, die für das politische Schicksal der Zukunft entscheidend ist.«[14]

Mit genuin wirtschaftspolitischen Maßnahmen aber wollte Hitler, um seine Rüstungspolitik nicht zu gefährden, auf dieses Problem nicht reagieren. Das mußte zur selben Zeit der »Wirtschaftsdiktator« Schacht erfahren. Darum hatte man auch in der hastigen Vorbereitung der Rheinlandbesetzung trotz der Empfehlung des deutschen Botschafters in Rom, von Hassell, Schachts Urteil über die Folgen möglicher wirtschaftlicher Sanktionen nicht eingeholt. Auffangpositionen für denkbare westliche Gegenmaßnahmen gab es nicht.

Um so wichtiger war Hitler der spektakuläre nationalpolitische Erfolg, auch wenn er mit einem hohen Risiko verbunden war. Mit einem erfolgreichen Coup im Rheinland, das war nicht nur Hitler

Pro-Kopf-Verbrauch 1929-1939

Um den Jahreswechsel 1935/36 kam es zu einem Stimmungsverfall im Reich. Zum einen irritierte der Kirchenkampf die Gläubigen beider Konfessionen, zum anderen machten sich die Versorgungsengpässe in der Bevölkerung immer deutlicher bemerkbar. Fast auf allen Gebieten sank der Verbrauch gegenüber dem Jahr 1929. Lebensmitteleinfuhren waren drastisch zugunsten des Imports wichtiger Rohstoffe gedrosselt worden. Erst die Wiederbesetzung des entmilitarisierten Rheinlandes brachte einen Stimmungsumschwung in der Bevölkerung.

Jahr	Fleisch kg	Eier Stück	Milch Liter	Butter kg	Fette kg	Kartoffeln kg	Gemüse kg	Obst kg	Kaffee kg
1929	44,9	144	117	8,0	18,8	172,0	–	–	2,2
1932	42,1	138	105	7,5	20,4	191,0	47,3	38,8	2,0
1936	45,0	117	114	8,5	17,9	170,8	52,0	29,2	2,4
1939	48,5	124	103	9,2	18,0	188,7	47,0	20,3	1,5

bewußt, würde ein weiteres Stück »Versailles« abgetragen, jenes nationale Trauma, das sich die nationalsozialistische Propaganda seit Jahren immer wieder zunutze gemacht hatte. Nichts war populärer als ein Erfolg in der Revision des Versailler Systems; nichts war besser geeignet, den Führernimbus und die Stabilität des Regimes zu steigern. Darum verkündete Hitler mit dem Einmarsch in das Rheinland die Auflösung des Reichstags und Neuwahlen für den 29. März 1936, um »dem deutschen Volk die Gelegenheit zu geben, der mit dem heutigen Tag abgeschlossenen dreijährigen Politik der Wiederherstellung der nationalen Ehre und Souveränität des Reiches, verbunden mit dem aufrichtigen Bestreben nach einer wahren Völkerversöhnung und Verständigung auf der Grundlage gleicher Rechte und gleicher Pflichten, seine feierliche Zustimmung erteilen zu können«.[15]

Stimmungsberichte aus der Wahlvorbereitung ließen erwarten, »daß gerade in dem katholischen Rheinland das Wahlergebnis nicht besonders ungünstig ausfallen wird, weil ja gerade der Rheinländer die Remilitarisierung seiner engeren Heimat als ein besonderes Geschenk des Führers und der nationalsozialistischen Bewegung ansehen muß. Es werden Zahlen von 80 % bis 90 % genannt, selten jedoch darunter.«[16] Eine Welle nationaler Euphorie machte allen Unmut über den Alltag, auch über die nationalsozialistische Kirchenpolitik, vorübergehend vergessen. In die nationale Begeisterung und Bewunderung für die »geniale Leistung« des Führers mischte sich Erleichterung über den glücklichen Ausgang des Abenteuers. Denn nicht nur im Rheinland sahen viele Menschen in »diesen Handlungen den Anfang zu einem Krieg«, und »es brauchte einige Tage, bis ... sich die Leute beruhigt hatten«.[17] Dann aber, und dies war folgenreich für die Haltung in späteren außenpolitischen Krisenphasen, setzte sich das Vertrauen in die scheinbare Seriosität der diplomatischen Vorbereitung der Aktion um so hartnäckiger in den Köpfen der Menschen fest. »Die Zuversicht, daß es ihm gelingen wird, alles zu einem guten Ende für Deutschland zu führen, ist geradezu wunderbar«,[18] hieß es in einem bayerischen Lagebericht.

Verstärkt wurde die Welle der Zustimmung durch einen minutiös geplanten Propagandaeinsatz, denn es ging nicht bloß um eine Wahl, sondern um ein demonstratives Volksbekenntnis zu Hitler und seiner Politik. Der gesamte Partei- und Propagandaapparat war aufgeboten, bis in das letzte bayerische Bergdorf verkündeten Transparente: »Nur einer schafft's: Der Führer! Haltet ihm die Treue!«[19] Überall, wo Hitler während dieser Kampagne in Deutschland auftrat, wurde er von Beifall umbrandet. Die Polizeidirektion Augsburg berichtete von einer Kundgebung am Vorabend der Abstimmung: »In Erwartung des letzten Friedensappelles des Führers war schon am 28.3. nachmittags ein äußerst lebhafter Verkehr von freudig erregten Menschen in den festlich geschmückten Straßen zu beobachten. Am Abend fanden sich etwa 60 000 Augsburger Volksgenossen auf der Maximilianstraße ein, um den Schlußappell des Führers zu hören, dem die Massen mit einer wahren Andacht lauschten. Nach der Rede sang die Menge in tiefster Ergriffenheit das Niederländische Dankgebet, wobei die Formationen ihre Fakkeln entzündeten und am Herkulesbrunnen ein farbenprächtiges Feuerwerk abgebrannt wurde. Die Begeisterung für den Führer wollte kein Ende nehmen.«[20]

Am Wahltag zog in vielen Dörfern die Einwohnerschaft mit Blasmusik geschlossen zum Wahllokal. Das offizielle Ergebnis war entsprechend: 98,8 Prozent für die »Liste des Führers«. Auch wenn man Zwang und Manipulation, Angst und die Alternativlosigkeit bei der Wahl bedenkt, das Ergebnis schien zu bestätigen, was die Propaganda unaufhörlich behauptete: Deutschland sei ein »völkischer Führerstaat«, Hitler der »Vollstrecker des Volkswillens«. »Nach außen und innen«, hat Hitler bekannt, »sei das von größter Wirkung.«[21]

Kein Zweifel, es gab kein suggestiveres Instrument zur Integration der Bevölkerung als eine erfolgreiche Außenpolitik, zumal im Zeichen der Revision der Nachkriegsbedingungen. Mit den nationalen Triumphen ließen sich Interessengegensätze und innere Spannungen, wie sie etwa durch den Kirchenkampf entstanden waren, immer wieder überbrücken, wenigstens für eine Weile.

Neben den begeisterten Massen wurde Schritt für Schritt auch Hitler selbst zum Opfer seines Mythos. Alles deutet darauf hin, daß der 7. März 1936 in diesem Prozeß ein entscheidendes Datum war; nicht nur in privaten Gesprächen, auch in öffentlichen Reden kündigte sich dieser Wandel des Hitlerschen Selbstverständnisses an. Vor diesem Datum benutzte Hitler selber so gut wie nie jene mystischen und messianischen Phrasen, die Goebbels und andere Gefolgsleute seit einiger Zeit schon, jetzt aber immer unverhüllter, im Munde führten, wenn es um eine Verklärung des »Führers« ging. Nun aber hörte man Hitler am 14. März 1936 die berühmten, selbstgefälligen Worte sagen: »Ich gehe mit traumwandlerischer Sicherheit den Weg, den mich die Vorsehung gehen heißt.«[22] Bald fehlte in kaum einer großen Rede die Beschwörung der Vorsehung, gehörte der Glaube an die eigene Mission und Unfehlbarkeit zum festen Bestand wohl nicht nur seiner Selbstdarstellung, sondern auch seines Selbstbewußtseins. Die Unsicherheit und Nervosität, die Hitler während dieses ersten großen außenpolitischen Überraschungsschlages noch gezeigt hatte, sollte bei künftigen Aktionen einer größeren Selbstsicherheit weichen.

Das stand in bezeichnendem Gegensatz zu den Selbstzweifeln der konservativen Bündnispartner in Militär und Diplomatie, die allesamt vor dem Rheinland-Abenteuer gewarnt hatten oder, wie Blomberg, in den entscheidenden Stunden dieses sogar noch abbrechen wollten. Hitler hatte wieder einmal Erfolg gehabt und recht behalten. Das schwächte sowohl die Position der Neuraths, Fritschs und anderer im Mächtespiel um Hitler als auch das Selbstgefühl der »Professionellen«, der Mahner und Mäßiger. Hitlers unerwarteter Erfolg im großen Vabanquespiel und noch mehr die Haltung des Westens irritierten nicht wenige Diplomaten. »Angesichts dieser unerwarteten, ja für mich fast sensationellen Wendung von der Verurteilung zur Verhandlung mit dem frisch Verurteilten«, erinnerte sich nach dem Kriege Paul Schmidt, der deutsche Chefdolmetscher, seit der Weimarer Zeit erfahren auf der internationalen politischen Bühne, »begann ich damals immer mehr an meiner eigenen Urteils-

Eineinhalb Millionen hören über eine Telefunken-Großlautsprecher-anlage die Stimme des Führers am 1. Mai 1933

Rundfunk und Telefunken-Großlautsprecher haben im Jahre des Aufbaues das deutsche Volk wachgerufen und zum neuen Reich zusammengeschlossen.

Deutsche Telefunken-Sende- und Empfangsstationen an Bord der »Bremen«

Großsendestation Bangkok (Siam), erbaut v. Telefunken.

Navigation und Funkpeilung von Telefunken für Schiffe und Flugzeuge

Telefunken-Empfangs- u. Senderöhren

Schiffe und Flugzeuge aller Nationen stehen durch drahtlose Telefunken-Stationen in Verbindung mit der Heimat und finden mit Telefunken-Peilern ihren Weg um die Erde.

Neue Telefunken-Großsender wachsen heran, um Deutschlands Stämme enger zu verbinden und Deutschlands Stimme in der Welt hören zu lassen.

Die Zahl der Rundfunkhörer ist im Begriff, die 5. Million zu übersteigen – jeder lebt mit seinem Volk.

Das Radio – und vor allem der Volksempfänger – vervielfachte die Wirkung der Propaganda, machte die Massenversammlungen in Zirkuszelten oder Sportarenen im Grunde überflüssig, da die Parolen der Propaganda nun auf eigene Faust in die letzte Kätnerkate und Fischerhütte kamen. Hitler selber allerdings hielt an der hypnotischen, sich selbst potenzierenden Wirkung großer Menschenmengen fest: erst das Eingebundensein in die Menge führe zu jener wechselseitigen Steigerung der Wirkung, die das einsame Radiohören niemals erreiche.

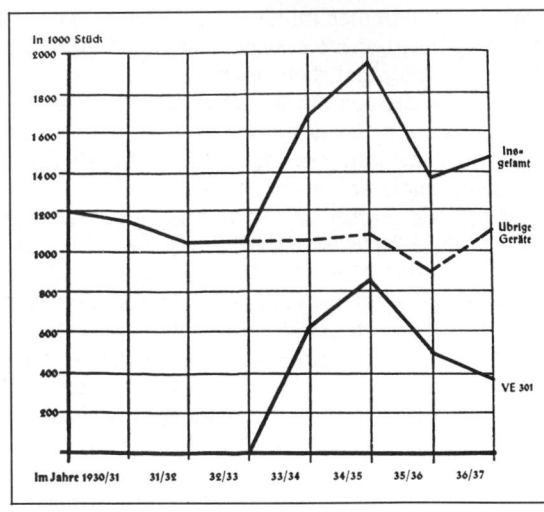

Umsatzkurve für Rundfunkgeräte in den Jahren 1930-1937. Der Volksempfänger VE 301 ist seit seinem Erscheinen auf dem Markt ein gutes Geschäft gewesen.

fähigkeit hinsichtlich der internationalen Lage zu zweifeln. Ich kam mir mit meinen Freunden im Auswärtigen Amt etwas blamiert vor, nachdem nun die Folgen von Hitlers Vorgehen, die wir als ziemlich sicher angenommen hatten, so völlig ausgeblieben waren. Hitler schien wieder einmal recht behalten zu haben.«[23] Diese Selbstaufgabe war nicht weniger folgenreich wie die Selbstüberschätzung und Apotheose Hitlers.

In der Volksmeinung verband sich seit diesem ersten außenpolitischen Triumph das Bild Hitlers mit den »großen« Fragen und Aufgaben der nationalen Politik, mit spektakulären Erfolgen und deren pathetischer Feier. Hitler »repräsentierte sozusagen die ›Sonnenseite‹ des Regimes«,[24] und er vermied alles, was das Bild vom friedlichen, traditionellen Revisionspolitiker, dem es nur um die Wiederherstellung nationaler Ehre und Größe zu tun war, zerstören konnte. Aus außen- wie aus innenpolitischen Rücksichtnahmen vermied er auch jetzt noch sorgfältig sein weit über die Revision von Versailles hinausgehendes Konzept der Lebensraumeroberung anzusprechen, auf das doch alles angelegt war.

Für Hitler erschöpfte sich die Bedeutung der Rheinlandbesetzung nicht im nationalen Triumph und in dessen sozialintegrativer Wirkung. Das war entsprechend der Rollenverteilung von Innen- und Außenpolitik in seinem politischen Konzept ohnehin nur die Voraussetzung für den nächsten außenpolitischen Schritt. Bedeutender noch als der innenpolitische Erfolg war die Veränderung der außen- und militärpolitischen Lage. Erst dadurch wurde der 7. März 1936 zur Grundlage der weiteren Eroberungspolitik. Hitler hatte ungehindert eine wichtige Etappe auf dem Weg zur Revision und zugleich auf dem Weg zur Revolution der internationalen Politik zurückgelegt. Die vermutlich letzte Chance war vertan, ihm auf diesem Weg ohne größeres militärisches Engagement Einhalt zu gebieten.

Für das Rüstungsprogramm war das entmilitarisierte Rheinland ein strategisches Vakuum, das vor einer militärischen Aktion, gleich in welcher Richtung, gefüllt sein mußte. Welche Rolle auch immer Frankreich bei einer militärischen Expansion des Deutschen Reiches zugedacht war, als Sicherheits- oder Aufmarschzone war das Rheinland unentbehrlich, auch nach Meinung der Militärs. Um so mehr konnte Hitler, der die treibende Kraft gewesen war, nach seinem geglückten Coup triumphieren. Er hatte einen gewaltigen Prestigeerfolg gegenüber den gemäßigten Bündnispartnern aus Armee und Diplomatie errungen.

Auch in der eigentlichen Zielsetzung der Aktion unterschied sich Hitler von seinen Generälen; ihm ging es ja nicht um die Wiederherstellung der Wehrhoheit, sondern vor allem um die Verbreiterung des außenpolitischen Handlungsspielraums und damit um die Grundlegung seiner künftigen Außenpolitik. Botschafter von Hassell ahnte, welchen Kurs Hitler einschlagen wollte, und war darüber beunruhigt. Es war die bedenkenlose Bereitschaft zum Risiko und die anschließende Verbindung einer Gewaltaktion mit einer taktischen Friedensoffensive, die alle Chancen hatte, die ausländischen Mächte ebenso zu verwirren wie einst Hitlers innenpolitische Partner und Gegner, denen gegenüber er ja die gleiche Taktik angewandt hatte. Die Rheinlandbesetzung war die erfolgreiche Erprobung dieses Konzepts gewesen, die die Siegesgewißheit des Diktators noch verstärkt hatte. Wieder hatten die europäischen Mächte gezeigt, daß und wo sie verwundbar waren.

Auch Mussolini konnte seine Bewunderung für Hitlers erfolgreiche Aktion nicht verhehlen, und so bewegte sich Italien, wie geplant, immer eindeutiger auf das nationalsozialistische Deutschland zu. Die prowestlichen Kräfte im außenpolitischen Establishment wurden gegen einen diplomatischen Anfänger, Mussolinis Schwiegersohn Graf Ciano, ausgetauscht. Das war ein eindeutiges Signal, der Amtsübernahme Ribbentrops in Deutschland zwei Jahre später vergleichbar. Beide faschistische Mächte hatten erfahren, daß sie sich in ihrem Streben nach Veränderung der internationalen Konstellationen gegenseitig unterstützen konnten. Hatte der Abessinien-Konflikt zunächst Hitler die Chance gegeben, gewissermaßen in dessen Windschatten die Rheinlandbesetzung zu wagen, so gab umgekehrt Hitlers Erfolg Mussolini im Mai 1936 den Mut, Abessinien zu annektieren. Der Völkerbund mußte klein beigeben und im September die Sanktionen, die ohnehin wenig Wirkung gezeigt hatten, ganz aufheben. Ein Zankapfel mußte freilich noch aus dem Wege geräumt werden, damit sich die Annäherung der beiden faschistischen Diktaturen auch außenpolitisch vollziehen konnte: Österreich.

Eine Einigung deutete sich schon im Januar 1936 an, als Mussolini zu verstehen gab, daß er einer innenpolitischen Veränderung in Österreich nicht mehr im Wege stehen werde. Die Einlösung dieser Zugeständnisse ließ nicht lange auf sich warten. Schuschnigg wurde bedeutet, daß man das österreichische Problem bald lösen müsse. Kurz darauf ließ Mussolini im April 1936 die Finanzhilfe für die befreundeten österreichischen Heimwehren, Konkurrenten der österreichischen NSDAP, streichen. In einem deutsch-österreichischen Abkommen im Juli 1936 wurden die neuen Machtverhältnisse bekräftigt. Deutschland erkannte die Unabhängigkeit Österreichs an, darauf hatte Mussolini bestanden. Dafür ließ sich Wien außenpolitisch gleichschalten und versprach, sich stets daran zu erinnern, daß Österreich ein deutscher Staat sei.

Nicht nur die gemeinsame Front gegen den Völkerbund führte die beiden verwandten Diktaturen zusammen, es war auch die Furcht vor der sich abzeichnenden Volksfrontpolitik in West- und Südeuropa, in der die beiden Diktatoren einen ernst zu nehmenden Machtfaktor erblickten. Damit aber waren die Bewährungsprobe für eine weitere enge Zusammenarbeit und ein zusätzliches Feld der gemeinsamen Betätigung gegeben: Spanien.

2.2 Spanische Intervention – die Ausnutzung der Krise

Im Frühjahr 1936 hatten in Spanien die vereinigten Linksparteien einen knappen Wahlsieg errungen und zum ersten Mal eine Volksfrontregierung gebildet. Vier Monate später, im Juni, wiederholte sich dasselbe in Frankreich. Nach einem spektakulären Wahlerfolg wurde der Sozialist Leon Blum Chef einer Volksfrontregierung aus

Sozialisten und Radikalsozialisten, während die Kommunisten nach ihren aufsehenerregenden Gewinnen bei der Wahl sich aus partei-taktischen Überlegungen außerhalb hielten. Die kommunistische Wendung zur Volksfront, erst im Sommer 1935 von der Komintern beschlossen, hatte schnell Früchte getragen. Das bürgerliche Europa war beunruhigt. Besser konnte es für Hitler kaum kommen. War nicht der spektakuläre Erfolg der Volksfrontpolitik Beweis genug für die bolschewistische Weltverschwörung, vor der die faschistischen Ideologen unaufhörlich gewarnt hatten?

Der Ausbruch des Spanischen Bürgerkrieges am 17. Juli 1936 bot hinreichend Stoff für eine antisowjetische Propaganda-Offensive, die alles Bisherige übertraf. Nicht bloß vom Bolschewismus war wieder und wieder die Rede; die Zeitungen sprachen auf Anweisung des Propagandaministeriums von der Sowjetunion nur noch als Urheber und Hort aller erdenklichen Formen von Grausamkeit und Unmenschlichkeit und erklärten kurzerhand alle Anhänger der spanischen Republik unterschiedslos zu »Marxisten« und »Bolschewisten«. Die legale republikanische Regierung Spaniens hieß nun »Sowjetmachthaber«, das von ihr kontrollierte Gebiet »Sowjetspanien«. Das entsprach ebensowenig der Wirklichkeit wie umgekehrt der grobschlächtige Faschismus-Verdacht der Volksfront. Doch mehr und mehr gerieten die nationalen innenpolitischen Auseinandersetzungen in Madrid und Paris in den Sog der internationalen ideologischen Gegensätze von Faschismus und Antifaschismus. Das galt für das spannungsgeladene politische Leben Frankreichs und noch mehr für das vom offenen Bürgerkrieg zerrissene Spanien.

Die Ursachen des Spanischen Bürgerkrieges lagen im wesentlichen in innerspanischen Spannungslagen, vor allem in dem unversöhnlichen Gegensatz zwischen dem katholisch-konservativen und dem laizistisch-liberalen und sozialistischen Spanien. Zwar waren das durchaus über ganz Europa verbreitete Gegensätze, aber nirgends prallten sie so unvermittelt und mit so bezeichnenden Verschiebungen und Akzentuierungen aufeinander wie in diesem Land, das seit 150 Jahren an der europäischen Entwicklung nur sehr unvollkommen teilgehabt hatte. Der Rückständigkeit entsprach die Unerbittlichkeit der politisch-sozialen Auseinandersetzungen. Denn den spanischen Parteien fehlte vielfach noch die Erfahrung der Niederlage und des Zwangs zum Ausgleich. Darum waren ihre Positionen in vielem archaischer und radikaler. Nirgends trat die Kirche so eindeutig sozialreaktionär und antimodern auf, nirgends waren die Großgrundbesitzer noch so mächtig, und umgekehrt waren die Liberalen in keinem Land noch so sehr Jakobiner, die Arbeiterbewegung so anarchistisch und syndikalistisch wie in diesem Land. Die Stärke des anarchistischen Flügels der Arbeiterbewegung machte die Kommunisten zur verschwindenden Minderheit und paßte nicht in das Bild der im übrigen Europa von Kommunisten und Sozialisten getragenen Volksfrontkoalition. Umgekehrt war die einzige Gruppierung, die wirklich faschistisch genannt werden konnte, die Falange von José Antonio Primo de Rivera, bei den Wahlen vom Februar 1936 leer ausgegangen.

Gleichwohl erklärte wenige Wochen vor dem Ausbruch des Bürgerkrieges der Ministerpräsident der Volksfrontregierung, der bür-

gerlich Liberale Casares Quiroga, die Regierung führe einen Kampf
gegen den Faschismus. Das deckte sich ebensowenig mit der Wirklichkeit wie die Angst der Rechten vor der angeblich unmittelbar
bevorstehenden bolschewistischen Revolution. Doch auch Ängste
und Ideologien können zur geschichtlichen Macht werden, vor
allem in einer Epoche der Krise und des internationalen ideologischen Bürgerkriegs. Das Mißtrauen der feindlichen spanischen
Lager schürte eine Atmosphäre der Streiks und der Gewalt, bis mit
der Ermordung des führenden Monarchisten Calvo Sotelo am
13. Juli 1936 der Anlaß zum Militäraufstand gegen die republikanische Regierung gegeben war. Doch wäre der lange geplante Putsch
einiger Generäle um Francisco Franco von Spanisch-Marokko aus
fast zum Debakel geworden, wenn Mussolini und Hitler nicht zu
Hilfe gekommen wären. Auf der anderen Seite ersuchte die spanische nicht nur die französische Volksfrontregierung um Unterstützung, sondern auch die Sowjetunion. So wurde aus dem Militär-
putsch der Bürgerkrieg, aus der innerspanischen Auseinandersetzung ein erbitterter Kampf unter den Feldzeichen des Faschismus
und des Antifaschismus.

Am 24. Juli 1936 trafen Francos Unterhändler, begleitet von zwei
Funktionären der NSDAP-Auslandsorganisation, auf abenteuerli-
chem Wege mit einer beschlagnahmten Lufthansa-Maschine in Berlin ein. Auswärtiges Amt und Kriegsministerium weigerten sich, die
Emissäre offiziell zu empfangen. Das gab Rudolf Heß die Gelegenheit, die Parteileitung außenpolitisch ins Spiel zu bringen. Er
schickte die Unterhändler, ohne auch nur das außenpolitische Parteiamt unter Ribbentrop einzuschalten, direkt zu Hitler, der sich zu
den jährlichen Festspielen gerade in Bayreuth aufhielt. Am Abend
des 25. Juli, nach einer »Siegfried«-Aufführung, übergaben die
Abgesandten in »Haus Wahnfried« Hitler den persönlichen Brief
Francos. Noch in derselben Nacht fiel in einer improvisierten
Besprechung, an der Göring und von Blomberg teilnahmen, die
folgenreiche Entscheidung, Franco zu unterstützen. Göring reagierte »anfangs mit Entsetzen und wies auf die Gefahr internationaler Komplikationen hin«.[25] Es bedurfte einiger Überzeugungs-
arbeit, um den Oberbefehlshaber der Luftwaffe von den Vorteilen
einer deutschen Intervention zu überzeugen.

Über Hitlers Motive ist viel gerätselt und gestritten worden. Ganz
sicher war sein Entschluß, den putschenden General mit der schleu-
nigen Entsendung von zunächst 20 Transportflugzeugen, 6 bewaffneten Jagdflugzeugen und 20 Flakgeschützen zu unterstützen, nicht
von langer Hand vorbereitet und durchaus nicht Ausdruck jenes
faschistischen Komplotts, das man später darin vermutete.

Daß aus den ersten 86 Soldaten und 100 Tonnen Kriegsmaterial
schrittweise ein ganzes Expeditionskorps, die Legion Condor, mit
rund 5000–6000 Mann werden sollte, war zunächst nicht vorhersehbar. Darum spielten rüstungstechnische und wehrwirtschaftliche
Interessen anfangs keine entscheidende Rolle. Auch ging es
ursprünglich gar nicht um den Export des faschistischen Herrschaftssystems, sondern um rein politisch-taktische Überlegungen.
Hitler hatte die Gelegenheit, sich in eine europäische Krise einzuschalten, blitzschnell genutzt. Der Nationalsozialismus war nicht

nur ein Kind der Krise, seine Chance war immer wieder die Krise, die dann auch künstlich verlängert und willentlich verschärft werden konnte.

Hinzu kam die Furcht des nationalsozialistischen Diktators, die spanische Volksfrontregierung könne sich eng an die französische anlehnen und der Ausbreitung des Kommunismus in Europa Vorschub leisten. Franco hatte nicht versäumt, in seinem Brief an Hitler diesen mit dem roten Tuch eines kommunistischen Spaniens in die spanische Arena zu locken. Am Tage nach seiner Entscheidung erklärte Hitler gegenüber Ribbentrop, »daß Deutschland ein kommunistisches Spanien unter keinen Umständen dulden dürfe. Er habe als Nationalsozialist die Pflicht, alles dagegen zu tun ... Gelingt es wirklich, ein kommunistisches Spanien zu schaffen, so ist bei der derzeitigen Lage in Frankreich die Bolschewisierung auch dieses Landes nur eine Frage kurzer Zeit und dann kann Deutschland ›einpacken‹. Eingekeilt zwischen dem gewaltigen Sowjetblock im Osten und einem starken kon munistischen französisch-spanischen Block im Westen könnten wir kaum noch etwas ausrichten, falls es Moskau gefällt, gegen Deutschland vorzugehen.«[26]

Dieser Antikommunismus aber war nicht nur taktisch gemeint, er war Ausdruck ideologischen Denkens. Immer wieder hat Hitler in diesen Wochen und Monaten, auch im engsten Kreis seiner Mitarbeiter, die Gefahr einer Ausbreitung des Kommunismus beschworen. Der unmittelbare Eindruck der Ereignisse in Spanien fand seinen Niederschlag in der geheimen Denkschrift zum Vierjahresplan, die Hitler zur selben Zeit, im August 1936, anfertigte. Darin argumentierte er nicht viel anders als in seinen programmatischen Grundüberlegungen der zwanziger Jahre, nur daß er sich nun in seinen Ängsten durch die internationale Entwicklung bestätigt wähnte. Er ging von einem weltanschaulich begründeten Angriffswillen des Bolschewismus aus und von der Überzeugung, daß ein Konflikt mit dieser »Weltgefahr« unvermeidlich sei. Deutschland sah er dabei »wie immer als Brennpunkt der abendländischen Welt gegenüber den bolschewistischen Angriffen«.

Das alte Syndrom einer internationalen Bedrohung Deutschlands war gleichsam übersteigert durch die Annahme eines Weltanschauungs- und Vernichtungskrieges. Eine Niederlage müsse darum andere Dimensionen haben als alle bisherigen historischen Zusammenbrüche: »Denn ein Sieg des Bolschewismus über Deutschland würde nicht zu einem Versailler Vertrag führen, sondern zu einer endgültigen Vernichtung, ja Ausrottung des deutschen Volkes.« Hitlers Folgerung daraus, die zugleich die Intervention in Spanien rechtfertigte: »Gegenüber der Notwendigkeit der Abwehr dieser Gefahr haben alle anderen Erwägungen als gänzlich belanglos in den Hintergrund zu treten!«[27]

Hitlers vorrangig ideologisch motivierte Entscheidung zur Intervention stieß auf die Skepsis seiner unmittelbaren Umgebung. Nicht nur Göring hatte außen- und wirtschaftspolitische Bedenken, auch Ribbentrop befürchtete »Komplikationen mit England«.[28] Beide argumentierten vor allem machtpolitisch, das ideologische Motiv hatte für sie, ganz im Gegensatz zu Hitler, nur taktische Bedeutung. Doch der »Führer« wies die Einwände seines »Star-Diploma-

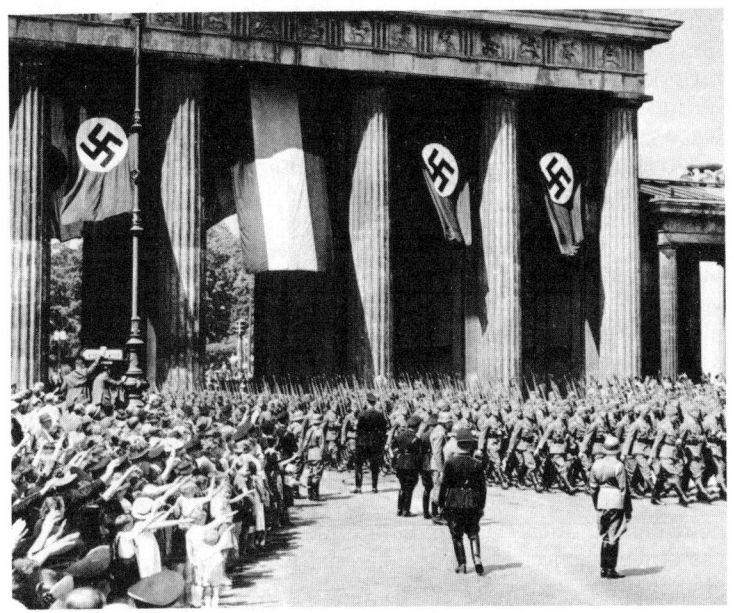

Einmarsch der Legion Condor durch das Brandenburger Tor am 6. Juni 1939

Das deutsche Kontingent im Spanischen Bürgerkrieg, das niemals 5000-6000 Mann übersteigen sollte, fiel zahlenmäßig nicht ausschlaggebend ins Gewicht. Mussolini hatte das Mehrfache an italienischen »Freiwilligen« entsandt, und auf der anderen Seite kämpften in den internationalen Brigaden mehr als 60000 Mann. Verglichen mit den national-spanischen und den republikanischen Truppen fiel das alles nicht sonderlich ins Gewicht, vor allem da die Transportkapazität für Kriegsmaterial sich in engen Grenzen hielt. Das Engagement der Achsenmächte war aus ideologisch-politischen Überlegungen entsprungen und hatte politisch-ideologische Wirkungen.

ten« zurück: es handele sich dabei um eine »ganz grundsätzliche Frage«, in der »rein realaußenpolitisches Denken nicht genüge«.[29]

Freilich erwies sich, nachdem Hitlers Interventionsentscheidung einmal gefallen war, das antikommunistische Motiv als Dach für ganz unterschiedliche Aktivitäten und Ziele der verschiedenen miteinander rivalisierenden Machtgruppen des Regimes. Denn auch in der Außenpolitik galten die »Polykratie der Ressorts« und ein Pluralismus der Konzeptionen, die Hitlers Entscheidungsvollmacht nicht schwächten, sondern stärkten. Vor allem Göring setzte nun, trotz oder vielleicht gerade wegen seiner anfänglichen Bedenken, alles daran, seinem »Führer« zu beweisen, wie schnell und wirksam er eine schwierige Aufgabe anzupacken verstand. Nach dem Beginn der deutschen Intervention entfaltete er von allen NS-Führern »die größte Aktivität« im »spanischen Aktionsraum«. Damit wollte er nicht nur seinen Anspruch eines »zweiten Mannes im Reich« bekräftigen, sondern auch den wirtschaftspolitischen Zielen des Vierjahresplans und den militärischen Bedürfnissen der Luftwaffe entgegenkommen. Für beide Bereiche zeichnete er mittlerweile verantwortlich.

Kein Zweifel, wehrwirtschaftliche Interessen spielten bei der Ausweitung des deutschen Engagements in Spanien eine immer größere Rolle; das Deutsche Reich konnte schrittweise den Import aus Spanien auf die »lebenswichtige Rohstoffe« lenken. Die ausländische Konkurrenz konnte man freilich nie ganz verdrängen, vor allem konnte man nicht die ersehnten Vorrechte im spanischen Bergbau und damit die Basis für eine dauerhafte Rohstoffbeschaffung in eigener Regie erreichen. Nach dem Ende des Bürgerkrieges drängte Franco mit Erfolg auf eine Normalisierung der Wirtschaftsbeziehungen und den Abbau deutscher handelspolitischer Vorrechte. Dennoch konnte Göring für die Zeit des Bürgerkriegs einen beträchtlichen Erfolg im Außenhandel verbuchen, der angesichts der prekären Rohstoff- und Devisensituation des Reiches gerade recht kam. Und er hatte einen Erfolg über innenpolitische Rivalen errungen: die beiden zuständigen Ministerien für Auswärtige Angelegenheiten wie für Wirtschaft waren ausgeschaltet.

Hitler hatte durch das deutsche militärische Engagement, das erstmals über Mitteleuropa hinausreichte, die europäischen Großmächte auf ein neues Krisengebiet an der Peripherie Europas abgelenkt und die bestehenden Meinungsverschiedenheiten und Spannungen zwischen den europäischen Staaten erneut ausgenutzt und verschärft. Er mußte daran interessiert sein, daß diese Turbulenzen möglichst lange anhielten. Auch verfehlte die militärische Stärke der faschistischen Interventionsmächte, bei der Bombardierung von Guernica mit aller militanten Deutlichkeit und Unmenschlichkeit demonstriert, ihre politisch-psychologische Wirkung nicht. Die Welt erschauderte, die europäischen Mächte blieben nicht unbeeindruckt von der militärischen Schlagkraft und Entschlossenheit der beiden faschistischen Diktaturen. Sie selbst bestätigten aufs neue den Eindruck der Handlungsunfähigkeit und Halbherzigkeit. Frankreich demonstrierte noch einmal, daß es von Großbritannien abhängig war, und die britische Regierung verhielt sich nicht viel anders, als Hitler es erwartet hatte. Man zögerte in London, sich eindeutig festzulegen. Einmal verspürte man wenig Neigung, sich für die spanische Republik zu engagieren. Sollte sich das konservative Königreich auf der Seite des von einer Volksfrontregierung geführten Frankreich in einen Krieg einlassen? Schließlich hätte dies zu einer wenn auch nur mittelbaren Verbindung mit der Sowjetunion führen können. Außerdem wollte man mit Mussolini »ins reine«[30] kommen und Zeit gewinnen für die notwendige Aufrüstung. Darum lehnte die britische Regierung eine Intervention ab und deckte die Intervention der künftigen Achsenmächte durch ihr Verhalten im »Nichteinmischungsausschuß«. Die Engländer waren die einzigen, die sich strikt an das Nichteinmischungsabkommen hielten, aus wohlerwogenem Interesse natürlich. Nach dem Ende des Bürgerkrieges wollte man, wer auch immer der Sieger wäre, mit Spanien gute Beziehungen unterhalten, man wollte sich der wohlwollenden Neutralität des Landes für den Fall eines europäischen Konfliktes versichern.

Hitler konnte zufrieden sein. Immerhin gab die englische Realpolitik Anlaß zur Hoffnung, daß London den von ihm eingeschlagenen Kurs wenn auch nicht billigen, so doch hinnehmen würde. Und für den Fall, daß das Werben um England keinen Erfolg bringen sollte, stand spätestens seit dem Spanischen Bürgerkrieg ein anderer Partner zur Verfügung: das faschistische Italien.

Der Spanische Bürgerkrieg hatte in Deutschland wie in Italien dieselben Interpretationen und Mythen wachgerufen: die These von der Macht und dem Vernichtungswillen des »Weltbolschewismus«. Diese These wurde durch die innerspanische wie die internationale Entwicklung zwar keineswegs bestätigt, doch ihre politische Wirkung blieb davon unberührt. Die gemeinsame ideologische wie militärische Frontstellung beschleunigte, was sich seit dem Abessinien-Konflikt abgezeichnet hatte: die Annäherung der beiden wesensverwandten, aber entzweiten faschistischen Mächte.

2.3 Die Achse und das Werben um England

Zwar hatten Hitler und Mussolini den Entschluß zur Intervention in Spanien offenbar noch völlig unabhängig voneinander gefaßt, doch bald mehrten sich die Kontakte zwischen Berlin und Rom. Anfang September empfing Hitler den Kabinettschef des italienischen Außenministers in Begleitung eines nützlichen Vermittlers, des Prinzen von Hessen, in Berchtesgaden zu einer Unterredung. Ende September besuchte Baldur von Schirach mit 450 Hitlerjungen Italien, und zur selben Zeit überbrachte Reichsminister Hans Frank dem »Duce« und seinem Außenminister die Einladung des »Führers« zu einem Staatsbesuch in Deutschland. Bereits einen Monat später kam Graf Ciano nach Deutschland und vereinbarte das Zusammenwirken beider Regierungen in den Bereichen der Politik, in denen sich ideologische wie machtpolitische Gemeinsamkeiten andeuteten.

Bis auf die Bekundung der antibolschewistischen Gemeinsamkeit blieb aber alles bei unverbindlichen Absichtserklärungen. Das galt für die Politik gegenüber dem Völkerbund wie für das Engagement in Spanien und eine Interessenabgrenzung in Österreich und im Donauraum. In Berchtesgaden vernahm Ciano zunächst schmeichelndes Lob über den »Duce«, den Hitler als den »ersten Staatsmann der Welt« feierte, »mit dem sich niemand auch nur von ferne vergleichen« dürfe. Dann skizzierte Hitler die zukünftige Zusammenarbeit der beiden Staaten, so wie er sie sich wünschte. Ein Offensivbündnis sei notwendig, um England zum Einlenken zu bewegen oder es niederzuschlagen. Deutschland sei in drei bis spätestens fünf Jahren einsatzbereit. Das deutsch-italienische Bündnis müsse vor allem gegen den Bolschewismus gerichtet sein und könne damit auch andere Staaten in seinen Bannkreis ziehen. Einen Interessenkonflikt zwischen den beiden Regimen schloß Hitler aus. Der italienische Lebensraum läge im Mittelmeer, dort könnten sich Veränderungen zugunsten Italiens ergeben. Deutschland brauche hingegen Handlungsspielraum im Osten und im Ostseeraum.[31]

Knapp zehn Tage später, am 1. November, sprach Mussolini auf dem Domplatz in Mailand im Beisein von Gauleiter Bohle von einer »Achse Berlin – Rom, um die herum all jene europäischen Staaten sich bewegen können, die den Willen zur Zusammenarbeit und zum Frieden besitzen.«[32] Der Begriff »Achse« war geboren. Er war Spiegel der ideologischen Blockbildung, wie sie der Spanische Bürgerkrieg provoziert hatte, und beanspruchte den Rang eines neuen, dauerhaften Gravitationszentrums der europäischen Staatenwelt.

Der internationale Faschismus schien sich zu einem Machtblock zu verfestigen. Doch ebenso wie eine Internationale extrem nationalistischer Bewegungen ein Widerspruch in sich bleiben mußte, so begegneten auch die beiden Achsenmächte einander mit Vorbehalten und taktischen Reserven. Die Widersprüche und Störanfälligkeiten der Achse mußten immer wieder mit Schönfärbereien und propagandistischem Pomp verhüllt werden.

Sicherlich gab es eine persönliche Sympathie der beiden faschistischen Diktatoren füreinander. In Hitlers Arbeitszimmer im Braunen Haus stand eine Bronzebüste des »Duce«, und auch während des Krieges sollte der deutsche Diktator Mussolini einen »Mann von säkularem Ausmaß«[33] nennen und bekennen: »Diese tatkräftige Erscheinung, ich habe ihn persönlich lieb!«[34] Vielleicht war es auch die geheime Bewunderung für die Spontaneität und Lebensfreude Mussolinis, die den stets verkrampften deutschen Diktator zu diesem Urteil bewog. Ganz sicherlich war es in der Gemeinsamkeit des politischen Stils und des demagogischen Machtwillens begründet. Nicht weniger wichtig war die antimarxistische ideologische Gemeinsamkeit. Sie zählte vor allem für Hitler.

Daß sie zu einem politischen Machtfaktor werden könnte, deutete sich im Umfeld des Spanischen Bürgerkrieges an. In seiner geheimen Denkschrift zum Vierjahresplan hatte Hitler ganz in diesem Sinne eine Scheidung der europäischen Staaten vorgenommen: »Europa hat zur Zeit nur zwei dem Bolschewismus gegenüber als standfest anzusehende Staaten: Deutschland und Italien. Die anderen Länder sind entweder durch ihre demokratische Lebensform zersetzt, marxistisch infiziert und damit in absehbarer Zeit selbst dem Zusammenbruch verfallen oder von autoritären Staaten beherrscht, deren einzige Stärke die militärischen Machtmittel sind.« Weil diese Staaten ihre militärischen Machtmittel nach innen zur Sicherung ihrer Herrschaft einsetzen müßten und – im Unterschied zu den faschistischen Mächten – nicht nach außen »zur Erhaltung der Staaten«, waren sie nach Meinung Hitlers »unfähig, jemals einen aussichtsvollen Krieg gegen Sowjetrußland zu führen«.[35]

Im Hintergrund aber stand unverändert der Lebensraumkrieg im Osten; er blieb der Fluchtpunkt aller politischen Planungen Hitlers, auch in seiner Bündnispolitik. Unter diesem Gesichtspunkt galt ihm das Bündnis mit dem faschistischen Italien, allen ideologischen Beteuerungen zum Trotz, nur als zweitbeste Lösung. Die Achse war für Hitler keine Alternative zum Bündnis mit England. Sie war ein Instrument, das jederzeit als Druck- und Propagandamittel eingesetzt werden konnte, wann immer dies in dem fortgesetzten Werben um England nützlich erschien. Andererseits blieb Hitler darauf bedacht, London durch eine allzu enge Allianz mit Rom, die eine eindeutig antibritische Tendenz beinhalten mußte, nicht übermäßig zu beunruhigen. Darum stellte er in seinen Gesprächen mit Ciano im Oktober 1936 als Grundlage des »Offensivbündnisses« mit Italien die gemeinsame Abwehrfront gegen den Bolschewismus heraus: das entsprach einerseits den ideologischen Grundüberzeugungen und Gemeinsamkeiten beider Regime, andererseits war es das taktische Instrument, mit dem man von machtpolitischen Interessengegensätzen und -gefährdungen ablenken konnte – oder man konnte diese mit der angeblich globalen Auseinandersetzung mit dem Bolschewismus doch wenigstens bemänteln. Selbst ein Jahr später, bei dem militärisch-politischen Spektakel des Mussolini-Besuchs in Deutschland, blieb Hitler zurückhaltend, wenn Mussolini englandfeindliche Töne anschlug. Die Annäherung an England war für Berlin noch immer das beherrschende Thema, auch wenn London sich nach wie vor spröde zeigte.

Entschiedener trat der frisch ernannte deutsche Botschafter in London, Joachim von Ribbentrop, für eine deutsch-italienische Bündniskonstruktion ein, seitdem ihm bewußt wurde, daß Hitlers

»Jugendtraum« von einem deutsch-englischen Agreement sich
nicht würde realisieren lassen. Die Bündniskonstellation, die Hitler
Ciano entwickelt hatte, war ganz nach den Vorstellungen seines
»England-Experten«, der nach einer Alternative zur unerfüllbaren
deutsch-englischen Allianz suchte. Ganz anders stand Hermann
Göring, der sich im außenpolitischen Entscheidungsprozeß des
Deutschen Reiches ebenfalls zu behaupten suchte, zu der Achse
und den italienischen Wünschen vor allem in Südosteuropa.

Dem preußischen Ministerpräsidenten und Beauftragten für den
Vierjahresplan ging es vor allem um Österreich, und darum kam ihm
Mussolinis Vorstoß, mit dem dieser offenbar ohne vorherige
Absprache am 1. November 1936 die Achse aus der Taufe gehoben
hatte, alles andere als gelegen. Bei seinem Besuch in Rom im Januar
1937 forderte er dann auch recht massiv, daß »Italien aus Österreich
die Hände herauslasse und es als deutsches Interessengebiet aner-
kenne, in dem Sinn, daß auch der Anschluß nach unserem Willen
vollzogen werden könnte«, denn, so drohte Göring weiter, »wenn
wir in der abessinischen Angelegenheit uns zu England gestellt hätten«, hätte »dieses uns mit Vergnügen Österreich preisgegeben ...
auch jetzt sei die Lage noch so, daß, wenn der italienisch-englische
Gegensatz, wie er glaube, wieder einmal aufflamme, England bei
entsprechender deutscher Haltung nicht zögern würde, uns in
Österreich freie Hand zu geben«.[36]

Auch die Rollen- und Interessenverteilung, die Ciano bei seinem
Deutschlandbesuch angetragen worden war, deckte sich nicht mit
den italienischen Vorstellungen. Es blieb bei außenpolitischen
Divergenzen zwischen den beiden faschistischen Staaten mit Blick
auf Österreich und den Donauraum insgesamt. Eine gemeinsame
Grenze mit dem deutschen »Germanismus« wollte auch Mussolini
nicht haben, und darum bestand seine Regierung weiterhin auf der
Selbstständigkeit des Pufferstaates Österreich. Auch wollte sich das
faschistische Italien nicht von seinen Ambitionen auf Südosteuropa
abschnüren lassen, wohin schon immer die Großmachtträume der
Italiener gerichtet waren. Die Achse war darum auch für die italienische Seite nur ein Strang in einer Schaukelpolitik, von der man
sich als Peso determinante eine Steigerung des eigenen internationalen Einflusses erhoffte. Mit der Proklamation der Achse hatte
Mussolini aus der Isolierung herauskommen wollen, in die er durch
den Abessinien-Krieg geraten war, gleichzeitig hatte er einen
deutsch-englischen Ausgleich verhindern wollen. Aber der Versuch,
das östliche Terrain als eigenen Einflußbereich zu sichern und
Deutschland in einen Viererpakt mit Italien, Österreich und Ungarn
hineinzuziehen, überschätzte dann allerdings die Möglichkeiten italienischer Politik. Die Gewichte zwischen Deutschland und Italien
waren durch das verlustreiche Engagement Mussolinis in Spanien,
das wesentlich größer war als das Deutschlands, ohnehin schon verschoben, und die Achse sollte den Radius Italiens erheblich ein-
engen und Mussolini stärker von der Politik Hitler-Deutschlands
abhängig machen. Da half auch nicht die faschistische Anciennität
des Duce.

Der italienische Vorschlag einer »Ergänzung der Achse« um den
Viererpakt fand weder den Beifall Hitlers noch der konservativen

Otto Dietrich veröffentlichte diese hellsichtige Karikatur 1937 in seinem Bändchen »Weltpresse ohne Maske« mit dem Kommentar: »Auf die machtvolle Friedenskundgebung des Duce und des Führers in Berlin reagierte die Weltpresse mit solchen verleumderischen Bildern.«

Kräfte im Auswärtigen Amt. Eine solche Konstruktion hätte die Unabhängigkeit Österreichs zementiert, und so lehnte man sie in Deutschland ab. Mit seiner Distanzierung vom Westen, als Folge der Achse, hatte Mussolini seinen Einfluß auf die Anschlußfrage »paralysiert«.[37] So blieb Italien nur, über die deutsche Haltung verstimmt zu sein, und Mussolini, sich auf dem Berliner Maifeld am 28. September feiern zu lassen als »einer jener einsamen Männer der Zeiten, an denen sich nicht die Geschichte erprobt, sondern die selbst Geschichte machen«.[38]

Dem entsprach die Kulissenwelt, die Hitler zum Empfang Mussolinis in Berlin hatte aufbauen lassen. Durch ein Spalier von Cäsarenbüsten führte er seinen Gast und verlieh ihm bei der ersten Unterredung den höchsten deutschen Orden und das goldene Hoheitsabzeichen der Partei, das er bisher als einziger trug. Es kamen in pausenloser Folge Paraden, Besichtigungen, Manöver, Bankette – das Festprogramm ließ kaum »eine ruhige Minute zu einer wirklich sachlichen Unterhaltung frei«.[39] Sein politischer Ertrag bestand in unverbindlichen Absichtserklärungen – und in der grandiosen Inszenierung einer faschistischen Aktionsgemeinschaft. »Aus der Gemeinsamkeit der faschistischen und nationalsozialistischen Revolution ist heute eine Gemeinsamkeit nicht nur der Ansichten, sondern auch des Handels gekommen«,[40] behauptete Hitler. Das nationalsozialistische Regime entfaltete allen Glanz und Pomp, dessen es fähig war, um für einen Moment vergessen zu machen, daß es sich um eine »brutale Freundschaft« zweier Mächte mit divergierendem machtpolitischen Interesse und Potential handelte.

Höhepunkt der nationalsozialistischen Regiekunst war dabei der Empfang in Berlin. Die Reichsbahn inszenierte eine technische Präzisionsleistung, damit der »Führer« seinen Gast feierlich in die Reichshauptstadt einholen konnte. Von der Berliner Stadtgrenze fuhren Hitlers Zug und Mussolinis Sonderzug über eine Viertelstunde genau auf gleicher Höhe nebeneinander her, bis Hitler endlich, unmerklich, ein Stück vorausfuhr, so daß er auf dem Bahnhof Heerstraße, an der vorbestimmten Stelle, rechtzeitig Mussolini die Hand zum Gruße entgegenstrecken konnte. Die Zentren der Stadt hatte der Bühnenbildner Benno von Arent für eine gigantische Opernaufführung hergerichtet: »Mit Pylonen, Liktorenbündeln, riesigen Adlern, Hakenkreuzen, Fahnenmasten und gerafften, geballten oder künstlerisch verknoteten Fahnentüchern in italienischen und deutschen Farben«[41] am Brandenburger Tor und am Pariser Platz; mit gewaltigen Drapierungen und Fahnentüchern in der Wilhelmstraße war eine Via triumphalis errichtet worden, als Staffage gewissermaßen für Hitlers Ausspruch »Deutschland ist wieder Weltmacht« und Mussolinis Prophetie, morgen werde Europa faschistisch sein.

Überwältigt von der Inszenierung der faschistischen Kampfgemeinschaft, schien Mussolini für eine Weile alle politischen Vorbehalte vergessen zu haben und sprach von der »Ethik des Faschismus«, die sich mit seiner »persönlichen Moral« decke: »... klar und offen reden, und wenn man einen Freund hat, mit ihm zusammen bis ans Ende marschieren.«[42]

Staatsbesuch Mussolinis, 1937

Aber zu Hause holten Mussolini die machtpolitischen Realitäten sehr bald wieder ein. Er war sich darüber im klaren, daß nach einem Anschluß Österreichs »Großdeutschland mit dem wachsenden Gewicht seiner siebzig Millionen auf unseren Grenzen lastet« und daß »die Fortführung unserer Verhandlungen mit den Engländern und erst recht deren Abschluß für uns immer schwieriger werden«.[43] Nicht weniger zwiespältig war das deutsche Verhalten nach dem Staatsbesuch, der sich als Vermählungsfest zweier verwandter Regime dargestellt hatte. Der »Völkische Beobachter« formulierte am 1. November in Richtung London, daß sicherlich noch nie ein politisches Bündnis derart gefeiert worden sei. »Und dabei ist hier das Besondere, daß gar keine Bündnisverpflichtungen vorliegen und auch keine neuen unterzeichnet wurden.« Der Artikel schloß mit der charakteristischen Mischung aus Drohung und Werbung: »Es wäre daher nur politisch klug und könnte vor Enttäuschungen bewahren, wenn man sich in London und Paris mit der tieferen Bedeutung des deutsch-italienischen Verhältnisses, nicht nur nach

David Lloyd George 1936 auf dem Obersalzberg

Der Weltkrieg-I-Premier Lloyd George besuchte als Privatmann Hitler 1936 in dessen Alpenresidenz. Die Besuche dieser Jahre brachten einen außerordentlichen Prestigegewinn, vor allem, da sich Lloyd George bemerkenswert beeindruckt nicht nur von den Aufbauleistungen des Regimes, sondern auch von der Persönlichkeit Hitlers zeigte.

seiner ideologischen, sondern auch realpolitischen Richtung hin, beschäftigen würde.«[44] Den Weg nach England sollte die Achse keineswegs versperren, sie sollte ihn im Gegenteil ein Stück weiter ebnen. Das Bündnis mit dem anderen, viel wichtigeren Partner, mit England, sollte eine umfassende, weiter in die Zukunft weisende Bedeutung haben.

Das britische Verhalten während der Rheinlandbesetzung, im Abessinien-Konflikt und schließlich auch im Spanischen Bürgerkrieg hatte Hitler hoffen lassen, daß London doch noch zu einer Übereinkunft mit ihm bereit sein könnte. Besucher von der Insel, die im olympischen Sommer 1936 nach Berlin gekommen waren, bekamen immer wieder seine Werbungen zu hören: Lord Rennel, Lord Monsell und auch Sir Robert Vansittart. Mehr noch, im August ernannte er seinen »Englandexperten« und bisherigen Sonderbotschafter Joachim von Ribbentrop zum Nachfolger des verstorbenen Botschafters von Hoesch und verabschiedete ihn im Oktober 1936 mit den Worten: »Ribbentrop, bringen Sie mir das englische Bündnis.«[45] Es war der »letzte Versuch«, doch vermutlich machte sich Ribbentrop selbst bei Antritt seiner neuen Tätigkeit kaum noch Illusionen über seine Mission, die britische Regierung und Öffentlichkeit für eine Zusammenarbeit gegen die Sowjetunion und einen Kreuzzug gegen den Bolschewismus zu gewinnen.

Der Auftrag an Ribbentrop war bezeichnend für die nationalsozialistische Außenpolitik, aus mehreren Gründen. Die Wahl war nicht auf einen Berufsdiplomaten aus dem Auswärtigen Amt gefallen, sondern auf einen Mann der Partei und des besonderen Vertrauens des »Führers«, der in dessen Auftrag seit 1934 mit seinem »Büro Ribbentrop« eine Privatdiplomatie betrieben hatte. Das entsprach ganz dem außenpolitischen Stil Hitlers, der die persönliche Begegnung dem diplomatischen Notenaustausch vorzog. Diese »Mann-zu-Mann«-Diplomatie hatte zudem den Vorteil, daß man die Diplomaten des Auswärtigen Amtes ausschalten konnte und über ein ständig auswechselbares Instrumentarium von Sonderbevollmächtigten und Parteidiplomaten verfügte, die auf unterschiedlichen politischen Ebenen für die deutsche Außenpolitik zu werben oder sie als friedfertig darzustellen hatten. Mindestens sechs Sonderbevollmächtigte hatte Hitler in unterschiedlichen Missionen nach London geschickt. Spätestens seit dem erfolgreichen Abschluß des Flottenabkommens hatte sich Ribbentrop als offenkundiges diplomatisches Talent und noch dazu als Englandexperte bei Hitler unentbehrlich gemacht; seine Ernennung zum Botschafter in London war nahezu unvermeidlich. Das Auswärtige Amt sah das mit gemischten Gefühlen; allenfalls der Gedanke, auf diese Weise einen unterwürfigen Exekutor Hitlerscher Außenpolitik in Berlin loszuwerden und die Erwartung, daß der parvenühafte Amateurdiplomat sich auf seinem schwierigen Posten allzubald blamieren und sodann seinen Einfluß auf Hitler verlieren würde, konnten über die politische Degradierung der Wilhelmstraße hinwegtrösten.

Schon vor seiner offiziellen diplomatischen Mission nach London hatte Ribbentrop über Mittelsmänner versucht, den englischen Premierminister Baldwin zu einem persönlichen Zusammentreffen mit dem »Führer« zu bewegen, um doch noch das Bündnis, den »größten Lebenswunsch« des deutschen Kanzlers, zustande zu bringen. Doch Baldwin zögerte 1936 ebenso wie bei früheren Einladungen nach Berlin. Mittlerweile hatte Hitler ein persönliches Zusammentreffen auf einem Schiff in der Nordsee vorgeschlagen und sich schließlich sogar bereit erklärt, »zu dem englischen Premierminister nach Chequers zu fliegen«.[46] Doch wieder lehnte Baldwin ab, nachdem er sich mit Eden und Vansittart beraten hatte. Hitler zeigte sich nach Aussagen seiner Umgebung »schwer enttäuscht« darüber, daß auch dieser Annäherungsversuch gescheitert war. »Er sei nun seit so vielen Jahren immer wieder und wieder für die deutsch-englische Verständigung eingetreten«, äußerte er Ribbentrop gegenüber, »er habe die Flottenfrage in einem für England so günstigen Sinne gelöst, er sei bereit, alles gemeinsam mit England zu machen, aber anscheinend wolle man ihn in seiner Einstellung, die für Generationen Bestand haben sollte, nicht verstehen.«[47]

Gleich nach seiner Ankunft in London verfiel der Parteidiplomat in seine alte Gewohnheit, sämtliche Karten gleich zu Anfang offen auf den Tisch zu legen. Noch auf dem Viktoria-Bahnhof, am 26. Oktober 1936, hielt Ribbentrop eine Brandrede gegen den Kommunismus und forderte zum Kreuzzug gegen den Bolschewismus auf. »Der Bolschewismus sei ohnehin die Weltpest, die ausgerottet werden müsse, und dort in Rußland lägen die deutschen Ziele. Gegen eine freie Hand im Osten wäre Hitler bereit, jedes Bündnis mit England zu schließen.«[48] Das war exakt das Angebot, das Hitler ihm mit auf den Weg gegeben hatte. So stellte er seine Mission denn sofort unter das Zeichen der Antibolschewismuskampagne, die seit dem Sommer 1936 die deutsche Politik bestimmte. Doch weder damit noch mit seiner unkonventionellen Diplomatie der »offenen Karten« hatte Ribbentrop Erfolg. Was beim Flottenabkommen nicht schaden konnte, weil der Vertrag ohnedies auch im britischen Interesse lag, scheiterte beim Bündnisangebot Hitlers. Denn ein Kreuzzug gegen die Sowjetunion mußte die Hegemonie des Deutschen Reiches unwiderruflich begründen. Das aber konnte Großbritannien nicht hinnehmen.

Ribbentrop und mit ihm Hitler haben hinter der Ablehnung »dunkle deutsch-feindliche Mächte« vermutet, »die über den Gang der britischen Politik entschieden«.[49] Nicht viel anders konnten sie sich die Abdankung des als deutschfreundlich bekannten Monarchen Edward VIII. erklären, der wegen seiner geplanten Ehe mit der zweimal geschiedenen Mrs. Simpson auf den Thron verzichtete. Hitler und sein Englandexperte sahen hinter der Affäre den Schlag einer »antideutschen, reaktionären und jüdischen Clique« gegen den »englischen Nationalsozialisten«.[50] Für Ribbentrop war das der Anlaß, seine Mission als gescheitert zu betrachten. »Die deutsch-englische Sache war mit der Thronentsagung Edwards VIII. um eine Möglichkeit ärmer geworden. Sie hatte auf der englischen Seite einen Faktor verloren, der meine Entsendung nach London mit veranlaßt hatte«, erklärte er während des Nürnberger Prozesses und stellte fest, »daß die Jahre 1935–36 die entscheidenden waren, in denen sich die politischen Wege Deutschlands und Englands endgültig zu trennen begannen.«[51]

Für Ribbentrop bedeuteten seine Erfahrungen in England die

Der Herzog und die Herzogin von Windsor 1937 zu Gast bei Hitler

Die Rolle des Monarchen im politischen System Großbritanniens völlig verkennend, versprach sich Hitler von der deutschfreundlichen Haltung König Edwards VIII., der unverkennbare Sympathien für manche Aspekte der deutschen Spielart eines nationalen Systems gezeigt hatte, einen Einfluß auf die Verständigungsbereitschaft der englischen Außenpolitik. Noch nach der Abdankung des Königs empfing Hitler den jetzigen Herzog von Windsor mit seiner Gemahlin mit allen Zeichen der Zuvorkommenheit auf dem Obersalzberg, in der Hoffnung, die englische öffentliche Meinung zu beeindrucken.

Notwendigkeit, ein Alternativkonzept aufzubauen. Das konnte nur von England wegführen und auf das weltpolitische Dreieck Berlin – Rom – Tokio zielen. In einem Bündnis von Hakenkreuz und Sonnenbanner, dem sich das faschistische Rutenbündel anschließen sollte, sah Ribbentrop die wichtigste Komponente eines solchen Alternativkonzeptes. Unabhängig und ohne Wissen des Auswärtigen Amtes bereitete er ein Bündnis mit Japan vor, das unter dem Leitgedanken des Antikommunismus bereits am 25. November 1936 abgeschlossen wurde. Der Antikomintern-Pakt sah gemeinsame Abwehrmaßnahmen gegen kommunistische Aktivitäten vor, verpflichtete die Vertragspartner, keine politischen Abkommen mit der Sowjetunion zu schließen und im Falle eines von der Sowjetunion ausgehenden Angriffs wohlwollende Neutralität zu üben.

Dem Auswärtigen Amt galt der Pakt als ein »Privatabenteuer von Dilettanten«;[52] die Weltöffentlichkeit sah vor allem die ideologische, antibolschewistische Stoßrichtung. Für Hitler bot sich die Allianz mit den fremdrassischen Japanern vor allem als machtpolitischer Hebel gegen die uneinsichtigen Engländer; vielleicht aber auch schon als Weg, seinen Grundplan notfalls ohne oder sogar gegen England durchzusetzen. Denn der Antikomintern-Pakt erhielt schließlich durch den Beitritt Italiens am 6. November 1937 die antiwestliche und damit antibritische Wendung, die Ribbentrop von Anfang an darin hatte sehen wollen.

Spätestens Ende 1937 sind dann aber wohl auch Hitler verstärkt Zweifel gekommen, ob seine Bündnispolitik mit England erstens überhaupt notwendig und zweitens realisierbar wäre. Auch von der neuen Regierung Chamberlain versprach sich Hitler offenbar keine grundsätzliche Änderung der britischen Positionen. Dies war nicht unbegründet, denn bei allem Entgegenkommen der neu formulierten »Appeasement-Politik« blieb die britische Regierung in den Grundsätzen unnachgiebig, also in der Ablehnung eines deutschen Griffs nach Osten und damit der Errichtung einer schrankenlosen deutschen Hegemonie. Das verdeutlichte bereits ein erstes Gespräch mit dem zukünftigen Außenminister Halifax am 19. November 1937 auf dem Berghof, also gerade vierzehn Tage nach der Ansprache Hitlers vor den Spitzen der Wehrmacht und der Diplomatie, in der er seine veränderte Haltung England gegenüber zu erkennen gegeben hatte. Der Abgesandte Chamberlains wollte seinen neuen Kurs erläutern: eine europäische Friedensordnung, in die Deutschland einzubinden sei. Als Preis dafür war London zu Konzessionen in Europa und in den Kolonien bereit. Was Halifax jetzt anbot, war eine europäische Flurbereinigung großen Stils, die mit einem Schlag alle deutschen Revisionsforderungen erfüllt hätte. Alle »notwendig gewordenen Änderungen«, und dazu zählte er Danzig, Österreich und die Tschechoslowakei, sollten aufgrund »einer vernünftigen Regelung« erfolgen.[53]

Hitler aber war für den Gedanken einer friedlichen, politischen und vor allem wirtschaftlich bestimmten deutschen Hegemonie in Mittel- und Südosteuropa, wie man sie ihm konzedieren wollte, nicht zu gewinnen. Revision und ein »general settlement«, das waren nicht die Kategorien, in denen Hitlers Außenpolitik sich bewegte. Das wäre eher nach dem Geschmack Schachts, des Auswärtigen Amtes und der Armee gewesen, den Vertretern einer konservativ-gemäßigten Variante deutscher Großmachtpolitik. In Hitlers Programm konnte das Angebot aus London allenfalls störend wirken, und darum hielt er sich mit eindeutigen Antworten auffallend zurück. Er beließ es bei lehrhaften Ausführungen und Andeutungen, die seine Entschlossenheit zur Gewalt nicht länger verbargen. So blieb es bis zum Kriegsbeginn bei Hoffnungen und Enttäuschungen zwischen London und Berlin.

Wenn Hitler auch danach noch immer wieder seine Fühler ausstreckte und bis weit in den Krieg hinein seine Bündnisbereitschaft zu erkennen gab, die Erfahrungen des intensiven Werbens zwischen 1935 und 1937 mußten ihn gelehrt haben, daß Großbritannien die angebotene Partnerschaft ausschlug, auch dort, wo dies nach Hitlers Meinung von der englischen Interessenlage her nicht notwendig gewesen wäre. Es blieb aber ja immer bei papierenen Protesten und kam nicht zu militärischen Gegenmaßnahmen – eben deshalb gewann Hitler die Überzeugung, daß er seine Ziele notfalls ohne eine globale Verständigung mit England verfolgen könnte. Hitlers Kurskorrektur ging dahin: »Nicht mehr mit England, wie er es in ›Mein Kampf‹ geplant hatte, sondern einfach ohne, möglichst aber nicht gegen England gedachte Hitler fortan sein ›Programm‹ zu verwirklichen.«[54] Das war zwar nicht der radikale Kurswechsel, den Ribbentrop in seiner »Notiz für den Führer« vom Jahreswechsel 1937/38 mit eindeutiger Stoßrichtung gegen Großbritannien empfohlen hatte; aber die Möglichkeit kriegerischer Auseinandersetzungen mit England, falls dieses sich den deutschen Ambitionen im Osten in den Weg stellen sollte, war jetzt nicht mehr ausgeschlossen. Die abweisende Haltung Londons hatte Hitler dazu veranlaßt, nach Alternativen zu suchen, nicht aber, von seinen außenpolitischen Leitzielen abzusehen.

2.4 Revisionspolitik und Expansionspläne

Nicht nur in der Englandpolitik hatten sich 1937 Standpunkte geklärt und neue Entwicklungen angekündigt. Das Jahr 1937 sollte überhaupt zum Jahr der endgültigen Weichenstellungen und einer forcierten Gangart in der deutschen Außenpolitik werden. Das paßte zwar gar nicht zu der Ankündigung Hitlers vom 30. Januar 1937, daß die »Zeit der sogenannten Überraschungen abgeschlossen« sei. Aber das war jetzt wirklich nichts anderes mehr als eine Strategie der Selbstverharmlosung, während hinter der Friedenspropaganda bisher doch stets die Hoffnung gestanden hatte, daß sich der Krieg durch eine Abmachung mit London vermeiden ließe. So spiegelt sich in dieser Aussage das Bewußtsein, daß man die anfängliche Risikozone mit großem Erfolg hinter sich gebracht und nun wieder den Großmachtstatus erlangt hatte. Jetzt konnte das Wagnis größer sein.

Das sah man in den alten Machtgruppen von Militär und Bürokratie nicht anders als in der NSDAP. Vier Jahre nach der nationalsozialistischen Machtübernahme konnte Hitler voller Stolz verkünden: »Wir sind heute wieder eine Weltmacht geworden«,[55] und zu Recht war er sich eines gewaltigen Prestiges sicher. Zu dem gesteigerten Selbstbewußtsein, das aus seinem Rechenschaftsbericht im Reichstag sprach, kamen immer wieder Töne der Ungeduld und der Herausforderung, die nur eines bedeuten konnten: Hitler hatte seine Zielvorstellung aus »Mein Kampf« nicht aus dem Auge gelassen, nämlich »Deutschland wird entweder Weltmacht oder überhaupt nicht sein«.

Nun wähnte er durch die innenpolitische Konsolidierung und die wiedergewonnene außenpolitische Handlungsfreiheit den Weg frei zur Realisierung seiner Expansionspläne. Hinzu kam, daß die Zäsuren und Veränderungen des Jahres 1936 auch in der internationalen Politik einen Bewegungsspielraum freigaben wie schon lange nicht mehr. Alles hing davon ab, wie das Deutsche Reich diese Möglichkeiten nutzen würde.

Auch im Auswärtigen Amt war man sich bewußt, an einem Wendepunkt angekommen zu sein. Ernst von Weizsäcker, Leiter der Politischen Abteilung im Auswärtigen Amt, sah in einer Aufzeichnung vom Januar 1937 ebenfalls den Übergang der auswärtigen Politik in eine neue Phase. »Sie ergibt sich von selbst aus der Tatsache, daß die äußeren Ziele des Reiches nach Ablauf der vier ersten Jahre seit der Machtergreifung jenseits unserer Grenzen liegen, während sie bisher innerhalb unserer Grenzen lagen und daher andere Methoden angezeigt waren.« Ziele und Mittel dieser »neuen Ära«, so wie sie der konservative Ministerialbeamte konzipierte, unterschieden sich bei aller scheinbaren Übereinstimmung dennoch fundamental von denen Hitlers. Allerdings wollte auch der künftige Staatssekretär im Auswärtigen Amt, der seiner Behörde wieder mehr Einfluß im außenpolitischen Entscheidungsprozeß sichern wollte und voller Unbehagen die »Schäden« registrierte, »welche das außenpolitische Amateurtum verschiedenster Stellen erzeugt hat, für Deutschland hoch hinaus«. Als Ziel stellte er sich ein »föderatives Großdeutschland« vor, »das Ostpreußen ... mit Deutschland wieder direkt verbände, Österreich u. das Sudetendeutschtum nahe an uns anschlösse u. gewisse Grenzkorrekturen in Oberschlesien, vielleicht auch bei Tondern, bei Eupen u.s.w. aufwiese«. Den Weg dahin konnte er sich nur als Folge großer europäischer Erschütterungen vorstellen. Dann nämlich könnte Deutschland, nachdem es bislang ein »friedliches Gesicht« gezeigt hatte, »um so überraschender handeln«. Sollten solche Erschütterungen ausbleiben, bliebe nur eine Politik der kleinen Schritte, von einer »ganz anderen Position als ... heute«, nämlich »der Stärke, der Stabilität, der Verläßlichkeit und der Würde.«

Alles hing für Ernst von Weizsäcker davon ab, ob der Nationalsozialismus »auf den Weg der Evolution« gelange; andernfalls drohe eine Politik, die unmittelbar in den Krieg oder eine innenpolitische radikale »Revolutionswelle« führen würde und die »sozialen Erfolge des III. Reichs aufs Spiel setzte«.[56] Konsolidierung des Erreichten und eine schrittweise territoriale Revision, wobei allerdings, trotz der planmäßig betriebenen und geförderten Aufrüstung, die Schwelle zum Krieg möglichst hoch gehalten werden sollte, das waren die Zielvorstellungen der traditionellen Machteliten.

Im Gegensatz dazu sprach Hitler immer unverhohlener von

Gewalt und dem Willen zur militärischen Eroberung. In den Jahren 1937/38 sollte sich endgültig entscheiden, welchen der beiden Wege die Außenpolitik des Dritten Reiches nehmen würde. Aber den hellsichtigeren Männern aus Wehrmacht, Wirtschaft und Bürokratie wurde immer deutlicher, daß die nationalsozialistische Außenpolitik unter Hitlers Führung keineswegs nur den Status einer Großmacht im bestehenden internationalen System anstrebte, daß sie nicht auf eine bloße Revision der Versailler Vertragsbestimmungen in Mitteleuropa und im kolonialen Bereich zusteuerte. Auch die Mittel der Außenpolitik waren jetzt andere; statt einer »unkriegerisch-ökonomischen Expansion mit dem Ziel indirekter Herrschaft über wirtschaftliche Einflußsphären«[57] plante Hitler die gewaltsame Eroberung und Beherrschung eines Großraumes, statt informeller Herrschaft nackte Gewalt. Das war nicht die Vorstellung von Neuraths und von Weizsäckers gewesen.

Das wachsende Gefühl der Stärke hatte Hitler schon im Sommer 1936 bewogen, unverhüllt auszusprechen, was ihn seit den zwanziger Jahren umgetrieben hatte, was er aber bisher nicht hatte realisieren können: die Erweiterung des deutschen Lebensraumes unter dem bewußten Risiko eines Krieges. Die deutsche Wehrmacht, so hatte er schon in seiner geheimen Denkschrift zum Vierjahresplan angeordnet, mußte dazu in vier Jahren einsatzfähig, die deutsche Wirtschaft in vier Jahren kriegsfähig sein. Auf der Ministerratssitzung vom 4. September 1936 hatte Göring Hitlers Denkschrift verlesen und zum Abschluß erklärt: »Alle Maßnahmen haben so zu erfolgen, als ob wir uns im Stadium drohender Kriegsgefahr befänden.«[58]

Ein Jahr später aber hatte Hitler die Zeitplanung des Vierjahresplans bereits über den Haufen geworfen; die Anwendung militärischer Gewalt sollte zum nächsten günstigen Zeitpunkt erfolgen, möglicherweise schon 1938. Voller Ungeduld nannte er auch den Zeitpunkt, bis zu dem »die deutsche Raumfrage zu lösen« sei: »spätestens 1943/45«.[59]

Dieser Zeitdruck und die erstmals ins Auge gefaßte militärische Auseinandersetzung mit Frankreich und England waren das Neue, was Hitler am 5. November 1937 den Teilnehmern einer Geheimkonferenz in der Reichskanzlei eröffnete. Im engsten Kreis, in Anwesenheit von Reichsaußenminister von Neurath und Reichskriegsminister von Blomberg, dem Oberbefehlshaber des Heeres von Fritsch, dem Oberbefehlshaber der Kriegsmarine Raeder und dem Oberbefehlshaber der Luftwaffe Göring entwickelte er in zweistündiger ununterbrochener Rede in gehobener Stimmung »seine grundlegenden Gedanken über die Entwicklungsmöglichkeiten und -notwendigkeiten unserer außenpolitischen Lage« und fügte den einleitenden Worten gleich hinzu, daß er »seine Ausführungen als seine testamentarische Hinterlassenschaft für den Fall seines Ablebens anzusehen bitte«.[60] Was Hitler vortrug und was uns nur durch die Niederschrift seines ebenfalls anwesenden Wehrmachtsadjutanten Oberst Hoßbach überliefert ist, war zunächst nichts anderes als das Konzept, das er in »Mein Kampf« entwickelt hatte und das seither Fixpunkt seiner Politik gewesen war.

Er begann mit den üblichen sozialdarwinistischen, geopolitischen und rassistischen Argumenten: das Ziel der deutschen Politik sei die Sicherung, Erhaltung und Vermehrung der »Volksmasse«. Sie erfordere die Vergrößerung des Herrschafts- und Einflußraumes um den »Rassekern« herum. Immer wieder stoße man auf die »Probleme des Raumes«. Alle wirtschaftlichen und sozialen Probleme, alle rassischen Gefahren könnten »ausschließlich durch die Lösung der Raumnot« behoben werden. »Die Gewinnung eines größeren Lebensraumes, ein Streben, das zu allen Zeiten die Ursache der Staatenbildung und Völkerbewegung gewesen« sei, könne nur in Europa gesucht werden, nicht aber »ausgehend von liberalistisch-kapitalistischen Auffassungen in der Ausbeutung von Kolonien«. Es gehe um den Aufbau eines großen Weltreiches, das räumlich geschlossen, von einem festen »Rassekern« beherrscht und verteidigt werden müsse.

Bevor sich Hitler der Frage zuwandte, wie die deutsche »Raumnot« zu beheben sei, erörterte er, »ob im Wege der Autarkie oder einer gesteigerten Beteiligung an der Weltwirtschaft eine zukunftssichere Lösung der deutschen Lage zu erreichen sei«. Nachdem er beides verneint hatte, zog er die Konsequenz: »Zur Lösung der deutschen Frage könne es nur noch den Weg der Gewalt geben.« Wenn man aber erst einmal dazu entschlossen sei, könne es nur noch um die Frage des »Wann und Wie« gehen. Aus rüstungs- wie aus bevölkerungspolitischen Gründen müsse die Gewaltlösung so bald wie möglich gesucht werden. Nach sechs bis acht Jahren könnten sich die Verhältnisse nur zuungunsten Deutschlands entwickelt haben. Sollte er daher »noch am Leben sein, so sei es sein unabänderlicher Entschluß, spätestens 1943/45 die deutsche Raumfrage zu lösen«. Bei günstiger Konstellation – sei es eine schwere innere Krise Frankreichs oder ein fortdauernder Konflikt im Mittelmeer beziehungsweise eine kriegerische Verwicklung der Westmächte – könne man diese Lösung schon 1938 herbeiführen; sie sollte auf jeden Fall mit der »blitzartigen« Zerschlagung der Tschechoslowakei und Österreichs beginnen. Auch für den Fall, daß die Voraussetzungen für eine schnelle Lösung nicht einträten, galt die Angriffsrichtung zunächst nur Prag und Wien.

Von einem Lebensraumkrieg gegen Rußland, auf den Hitler sich längst festgelegt hatte, war hier noch nicht die Rede, aber es war unüberhörbar, daß er sich nicht mit der Eingliederung des Sudetengebietes, also mit den Forderungen eines völkischen Revisionismus, begnügen wollte, sondern die Eroberung der gesamten Tschechoslowakei als Ausgangspunkt weiterer Eroberungspläne anstrebte. Revisionspolitik war für den Lebensraumideologen Hitler nur Mittel zum Zweck. Deutschland erlange mit der Niederwerfung der »Tschechei« nicht nur den strategischen Vorteil etwa auch im Hinblick auf Polen, sondern gewinne dadurch zwölf Divisionen wie die Ernährungsbasis für zusätzlich fünf bis sechs Millionen Menschen, sofern man davon ausginge, »daß eine zwangsweise Emigration aus der Tschechei von zwei, aus Österreich von einer Million Menschen zur Durchführung gelange«.[61]

Während dieser Erklärungen war Hitler darauf bedacht, den Führungsspitzen aus Auswärtigem Amt und Wehrmacht vor Augen zu führen, daß nach allen Erfahrungen mit einem Eingreifen der Westmächte nicht gerechnet zu werden brauchte. Frankreich würde

Auszug aus Hitlers Testament vom 2. Mai 1938

a.) An Fräulein Eva Braun – München auf Lebenszeit monatlich 1000 Mark (ein tausend Mark) also jährlich 12 000 Mark.

b.) An meine Schwester Angela – Dresden auf Lebenszeit monatlich 1000 Mark (eintausend Mark) also jährlich 12 000 Mark. Sie hat davon ihre Tochter Trial zu unterstützen.

c.) An meine Schwester Paula – Wien auf Lebenszeit monatlich 1000 Mark (eintausend Mark) also jährlich 12 000 Mark.

d.) An meinen Stiefbruder Alois Hitler einen einmaligen Betrag von 60 000 Mark (sechzigtausend Mark).

e.) An meine Haushälterin Frau Winter München auf Lebenszeit monatlich 150 Mark (einhundertfünfzig Mark).

f.) An meinen alten Julius Schaub den einmaligen Betrag von 10000 Mark

es nicht wagen, allein, ohne die Unterstützung Englands, eine Offensive im Westen zu eröffnen. Im übrigen halte er es für wahrscheinlich, daß England und Frankreich »die Tschechei bereits im stillen abgeschrieben« hätten.

Nun war gar nicht mehr die Rede davon, daß England umworben werden müsse oder daß man London entgegenkommen solle. Zum ersten Mal sprach Hitler vielmehr von der Möglichkeit eines Krieges mit England und Frankreich. Das war die Reaktion auf die bisherige enttäuschende Haltung Londons und die Berichte, die ihm Ribbentrop von dort übersandte. Mit einem Bündnis mit England war vorerst nicht zu rechnen, wenn Hitler auch seinen Lieblingsgedanken noch nicht endgültig fallenlassen wollte. Aber nach der kühlen Einschätzung künftiger Möglichkeiten und Entwicklungen schien ihm nur der Weg zu bleiben, den eingeschlagenen Kurs fortzusetzen, dies auch aus ökonomischen und technologischen Gründen. Die wirtschaftlichen Entscheidungen waren in der Tat schon längst gefallen. Hitler sah sich zur Offensive gezwungen, mit, ohne oder gegen England. Es blieb nur die Hoffnung, wenigstens nicht gegen England antreten zu müssen, wenn Deutschland zum frühestmöglichen Termin zur Expansion auf dem Kontinent überginge.

Die entscheidende Aussage des 5. November 1937 war nicht der Wille zum Krieg – der war für Hitler schon immer gegeben, nur hatte er ihn bisher noch nie so unverhohlen formuliert. Bemerkenswert war vielmehr, daß sich sein langfristiges außenpolitisches Programm nunmehr konkretisierte und unter dem Zwang innen- und außenpolitischer Umstände modifizierte. Einmal bestimmte ihn die offenkundige Stagnation in der Bündnispolitik mit England zu einem Zwischenkurs, der den Weg sowohl zu einer Absprache wie zu einer kriegerischen Auseinandersetzung mit England vorerst offen ließ; andererseits klang aus allem, was Hitler sagte, Ungeduld und Zeitangst heraus.

Das hatte mehrere Gründe. Vor den Führungsspitzen aus Diplomatie und Militär wies Hitler darauf hin, daß die Bewegung und ihre Führer älter würden; damit meinte er ganz offensichtlich sich selbst. Seitdem er sich als Mann der Vorsehung verstand, fühlte er sich persönlich unter Zeitdruck. Im Oktober 1937 eröffnete er in einer geheimen Ansprache vor Propagandaleitern der Partei, »er, Hitler, habe nach menschlichem Ermessen nicht mehr lange zu leben. In seiner Familie würden die Menschen nicht alt ... Es sei daher notwendig, die Probleme, die gelöst werden müßten [Lebensraum!], möglichst bald zu lösen, damit dies noch zu seinen Lebzeiten geschehe. Spätere Generationen würden dies nicht mehr können. Nur seine Person sei dazu noch in der Lage.«[62]

Wichtiger noch waren wirtschaftliche Probleme, die Hitler zur Eile drängten. »Deutschland lebt heute in Zeiten eines schweren Kampfes um Lebensmittel und Rohstoffe«, hatte er in seiner Reichstagsrede vom 30. Januar 1937 offen angedeutet.[63] Damit war das Dilemma gemeint, daß das vorgelegte Rüstungstempo die nationale Wirtschaft an die Grenzen ihrer materiellen und finanziellen Ressourcen getrieben hatte. Zwar versuchte der Vierjahresplan Rohstofflücken und Devisenknappheit zu beheben, ohne daß das Rüstungstempo gedrosselt würde, doch 1937 war die Grenze der Belastbarkeit und der Steigerung der Rüstungsproduktion erreicht. Es drohten eine Verschlechterung des Lebensstandards, die Einschränkung aller nicht rüstungswichtigen Importe und der Rückgang der Exportproduktion. Eine Entscheidung war notwendig, ob man das Rüstungstempo nun doch drosseln und folglich auf eine kriegerische Expansion verzichten oder ob man das volkswirtschaftlich ruinöse Rüstungstempo beibehalten sollte, mit dem Ziel, durch eine baldige Expansion im Osten die eigene Volkswirtschaft zu entlasten und die Versorgungslage zu entspannen.

Die geplante militärische Aggression mußte ein Beutekrieg sein, und nach Lage der Dinge mußte er bald ausgelöst werden, sollte er die nationale Volkswirtschaft entlasten und jene »Spannungen sozialer Art« vermeiden, mit denen Hitler die drohenden Versorgungsprobleme der deutschen Wirtschaft und Gesellschaft umschrieb. »Blitzartig schnell« müsse der Überfall auf die Tschechoslowakei erfolgen. Das bezog sich nicht nur auf den Zeitpunkt, sondern vor allem auf die Dauer der Gewaltanwendung.

Als Antwort auf die »wachsenden Widersprüche zwischen kriegerischen Absichten, ökonomischen Möglichkeiten und verstärktem sozialen Druck«[64] entstand 1937 die Blitzkrieg-Konzeption. Sie hatte eine ökonomische Dimension und war zugleich Ausdruck nationalsozialistischen Politikverständnisses überhaupt. Sie entsprang einerseits wirtschaftlichen Zwängen, weil die deutschen Kriegsvorbereitungen für einen längeren Krieg nicht ausreichend waren und jeder kurze, schnelle Beutekrieg zugleich die Voraussetzung für den nächsten Akt militärischer Expansion sein mußte. Andererseits war dies der einzige Weg, von dem sich eine rasche Rückkehr zu einer friedensähnlichen Wirtschaft und damit eine möglichst geringe materielle Belastung für die Bevölkerung erwarten ließ, und das hatte Priorität für Hitler – aufgrund seiner aus dem Jahr 1918 stammenden Furcht vor sozialen Konflikten und einem Zusammenbrechen der inneren Front. Aber der Blitzkriegs-Gedanke entsprach auch der Außen- und Innenpolitik des Regimes, weil die ungeklärte Bündnissituation und die politisch-strategische Planung ein kurzfristiges Umdisponieren erlauben mußten sowie auf das rasche Ausnutzen krisenhafter Entwicklungen angewiesen waren. Hinzu kam der Überraschungs- und Überrumpelungseffekt, mit dem man ja bisher alle Erfolge im Inneren und Äußeren erzielt hatte und der so ganz der sozialdarwinistischen Ideologie und der bürgerkriegsgeprägten Mentalität der Nationalsozialisten entsprach.

Tatsächlich waren der beschleunigte Rhythmus in der nationalsozialistischen Kriegsvorbereitung und das Konzept der Blitzkriege auch Resultat der inneren Widersprüche des Regimes – seiner sozialen Befriedungsstrategien auf der einen Seite, der ökonomischen Belastungen der forcierten Rüstungspolitik auf der anderen Seite. Und doch gab es keinen »ökonomischen Automatismus«, der von der inneren Krise zum Angriffskrieg führte. Die ruinöse Rüstungspolitik entsprang ja einer politischen Grundsatzentscheidung, nämlich der Autarkie- und Rüstungspolitik mit dem Zweck eines hegemonialen Eroberungskrieges, und diese Entscheidung war keineswegs eine zwangsläufige Folge der bisherigen nationalsozialistischen Wirtschaftspolitik; sie hätte revidiert werden können, ohne daß dadurch das Herrschaftssystem erschüttert worden wäre. Denn auch eine Politik der Revision und Friedenswahrung hätte einen breiten innenpolitischen Konsens herstellen und die wirtschaftlichen Folgen einer Kurskorrektur hätten »im Rahmen der westlichen Appeasement-Politik weitgehend abgefangen werden können«.[65] Doch die politischen Gewichte im nationalsozialistischen Herrschaftssystem hatten sich mittlerweile so weit verschoben, daß Hitlers Entscheidung für eine kriegerische Revisions- und Expansionspolitik von niemandem mehr korrigiert werden konnte.

Hitlers Ausführungen in der Reichskanzlei am 5. November riefen bei der Mehrheit der Anwesenden Betroffenheit und Bestürzung hervor; auf den Chef des Generalstabes Beck, den Hoßbach später informierte, machten sie einen »niederschmetternden« Eindruck.[66] Die anschließende Diskussion dauerte mehr als zwei Stunden und nahm »zeitweilig sehr scharfe Formen« an. Vor allem Neurath, Blomberg und Fritsch brachten Punkt um Punkt ihre Einwände gegen Hitlers Nahziele vor. Sie warnten nachdrücklich vor

Die Armee und das Dritte Reich: ein unentwirrbares Geflecht von Illusionen, Intrigen, Karrieren und Selbsttäuschungen. Die Natur des Regimes, dem sie dienten, scheint keiner der Oberstleutnants, die Generäle und der Generäle, die Feldmarschälle wurden, erkannt zu haben. Sie billigten das hegemoniale Ausgreifen des Neuen Reichs. Aber die Ernsthaftigkeit, mit der Hitler die Gründung eines »germanischen Großreiches Deutscher Nation« plante, scheinen sie nie begriffen zu haben; die Vulgaritäten und Bestialitäten kamen ihnen als unvermeidbares Nebenprodukt einer revolutionären Wiederherstellung der alten Reichsherrlichkeit vor.

Die drei Entscheidungsträger, die auf diesem Photo aus dem Jahr 1934 zusammenstehen, wurden alle auf die eine oder andere Weise in den Strudel gerissen, der jenes Deutsche Reich verschlang, dem sie zu dienen glaubten – der Reichswehrminister Generaloberst von Blomberg, der Chef der Heeresleitung General von Fritsch und der Chef der Marineleitung Admiral Raeder.

dem Risiko eines Krieges mit England und Frankreich; Hitler unterschätzte deren militärische Mittel vollkommen. Göring hatte sich zunächst aus der Erörterung herausgehalten. Ihm hatte Hitler bereits vor der Zusammenkunft seine Absicht angedeutet, »Dampf zu machen, weil er mit der Aufrüstung des Heeres in keiner Weise zufrieden sei«.[67] Im zweiten Teil der Diskussion entlud sich nach all dem, was wir darüber wissen, der Ärger der Teilnehmer vor allem auf Göring, dem Blomberg und Fritsch die mangelhafte Zuteilung von Rohstoffen vorhielten; darüber hinaus zogen sie Görings Leistung als Bevollmächtigter des Vierjahresplans in Zweifel. Sie überhäuften den zweiten Mann in Hitlers Staat derart mit Kritik, daß Göring zornig dagegenhielt: »Herr Generalfeldmarschall, ich muß doch auch mal meine Ansicht äußern dürfen.«[68] Hitler, der sich auf die Rolle des »aufmerksamen Zuhörers« beschränkte, mußte erkennen, wie tief die Meinungsverschiedenheiten zwischen ihm und den Vertretern der Diplomatie und Generalität waren und daß sich mit Neurath und Fritsch seine Expansionspolitik nicht machen ließ.

Vier Tage später bat Fritsch, der angesichts der veränderten Lage auf seinen Urlaub verzichten wollte, noch einmal um eine Unterredung. Auch Neurath, der tief erschüttert war und mehrere Herzanfälle erlitten hatte, versuchte, Hitler zu sprechen, um ihn von seinem Angriffsprogramm abzubringen. Doch Hitler hatte mittlerweile Berlin verlassen und, wie immer in solchen Krisen, sich nach Berchtesgaden zurückgezogen. Der Regierungschef weigerte sich, seinen Außenminister vor seiner Rückkehr Mitte Januar zu empfangen. Als dieser ihm dann darlegte, daß vieles von dem, was Hitler anstrebte, auch mit friedlichen Mitteln erreicht werden könnte, wenn auch langsamer, erhielt er nur die schroffe Antwort, für ein gemäßigtes Vorgehen sei keine Zeit mehr. So blieb Neurath nur die Erklärung, daß er für eine solche Politik nicht die Verantwortung mittragen wolle und daher um seine Entlassung bäte. Dazu war Hitler im Augenblick noch nicht bereit, da er das internationale Aufsehen ob eines solchen Schrittes fürchtete und offenbar eine günstige Gelegenheit abwarten wollte.

Die sollte bald kommen und mit ihr ein großes Revirement, bei dem die letzten verbliebenen Stützpunkte der konservativen Bündnispartner in die Hände der Nationalsozialisten fielen. Wieder kam der Zufall Hitler zu Hilfe, und wieder zeigte der Diktator seine Fähigkeit und Entschlossenheit, eine Situation schnell und taktisch geschickt auszunutzen.

Die Krise löste ausgerechnet derjenige aus dem Kreis der Opponenten vom 5. November 1937 aus, der sich als erster wieder willfährig erwiesen und schon im Dezember ohne Zutun Hitlers dem »Fall Grün«, dem Aufmarschplan der Wehrmachtsführung gegen die Tschechoslowakei, einen aggressiveren Anstrich gegeben hatte. Kriegsminister Werner von Blomberg. Im Gegensatz zu dem Oberbefehlshaber des Heeres, Freiherrn von Fritsch, war Blomberg bisher noch nicht durch eine kritische Haltung dem nationalsozialistischen Regime gegenüber aufgefallen. Seitdem die Reichswehr in die blutigen Säuberungen vom 30. Juni 1934 tief verstrickt war, hatte der Kriegsminister wenig getan, seinem obersten Lehensherrn zu mißfallen. Er hatte zusammen mit Reichenau die Wehrmacht näher an

den nationalsozialistischen Staat herangeführt. Seine schwärmerische Anpassung hatte sich in gläubige Bewunderung und Verehrung für Hitler verwandelt, zwischen dem »Führer« und seinem General war offensichtlich ein besonderes Vertrauensverhältnis entstanden. Am 1. April 1936 war Blomberg zum Feldmarschall ernannt worden und durfte das Reich bei dem glänzenden Schauspiel der Krönung Georgs VI. vertreten. Während einer der Wanderungen am Obersalzberg, an der die ganze Entourage teilzunehmen pflegte, beobachtete Speer, wie sich Hitler und Blomberg außer Hörweite des Trosses begaben, um sich auszutauschen. Hitler ließ sich bei einer Rast »vom Diener die Decken in ziemlicher Entfernung ausbreiten, um sich darauf mit dem Generaloberst auszustrecken – ein scheinbar friedliches und unverdächtiges Bild«.[69]

Anders Werner Freiherr von Fritsch, der Oberbefehlshaber des Heeres, der zu Hitler und zum Nationalsozialismus ein distanziert-ablehnendes Verhältnis hatte und bewahrte. »Ich trage ein Monokel«, sagte der Generaloberst einmal, »damit mein Gesicht unbewegt bleibt, besonders, wenn ich diesem Mann gegenüberstehe.«[70] Hitler hatte erheblichen Respekt vor den Fähigkeiten des Generals und wußte von der Hochachtung, ja beinahe Verehrung, die Fritsch im Heer genoß; gleichzeitig empfand er für den selbstbewußten aristokratischen Offizier die tiefe Abneigung der Außenseiter und Kleinbürger. Er haßte die förmliche Steifheit und den standesbewußten Hochmut seiner Generäle und Diplomaten; Eigenschaften, die er und seine Parteigenossen gerade in Fritsch verkörpert sahen. Irritieren mußte sie, daß Fritsch bei all denen, die dem Regime distanziert gegenüberstanden, als letzte Hoffnung galt. In den Ministerien und im Heer ging die Rede, wenn die Dinge einmal schlecht laufen sollten, werde Fritsch sie wieder in Ordnung bringen.

Aber die Tage Blombergs und Fritschs waren Ende 1937 schon gezählt. Seine Expansionspläne und seine Bereitschaft zum Vabanquespiel, das spürte Hitler, waren mit den starren und zögerlichen Repräsentanten der alten Offizierskaste nicht mehr zu verwirklichen. Gerade Blomberg hatte sich in den Krisensituationen der vergangenen Jahre als Zauderer erwiesen. Das entsprach gar nicht Hitlers Vorstellungen von einem Draufgänger und revolutionären Konspirateur, den er für seine Politik brauchte. »Ein Sammelsurium von Kreaturen«[71] nannte er das Auswärtige Amt, und seine Generäle entsprachen ebenfalls nicht seiner Vorstellung: »kalte Hundschnauzen« sollten sie sein, »unangenehme Leute, wie ich sie in der Partei habe«. Die Generalität hingegen sei »nichts weniger als ein Fleischerhund« und habe ihn immer daran gehindert, »das zu tun, was ich für nötig halte«.[72]

Weder Neurath noch Fritsch und Blomberg erfüllten seine Ansprüche, und ein Gefühl der Verpflichtung und Dankbarkeit, etwa Blomberg gegenüber, kannte Hitler nicht. Das hatte der Fall Röhm gezeigt, das sollte Mussolini bald erfahren. Die günstige Gelegenheit, die bislang noch weitgehend unabhängigen Bastionen von Armee und Diplomatie zu schleifen, bot sich, als Blomberg in einen Widerspruch zu den traditionellen Vorurteilen und Verhaltensformen des eigenen Standes geriet. Der verwitwete Feldmarschall wollte ein »Kind des Volkes« mit Namen Eva Gruhn, eine Dame mit einer »gewissen Vergangenheit« obendrein, wie er selbst einräumte, heiraten. Ausgerechnet dem Rivalen Göring vertraute Blomberg das Anfang Dezember an, obwohl er ihn gerade einige Wochen zuvor in Gegenwart Hitlers scharf angegriffen hatte und obwohl ihm bekannt sein mußte, wie gefährlich Göring bei aller Bonhomie sein konnte. Was folgte war eine Mischung von Schmierenkomödie und Kriminalstück. Zunächst versicherte ihm Göring, er werde die Heirat gegen alle Kritik verteidigen, und er sei sicher, daß auch Hitler zustimmen würde; schließlich setze diese Heirat ein Beispiel für die standesüberwindende Volksgemeinschaftsidee des Nationalsozialismus. Dann half er Blomberg, einen Nebenbuhler finanziell abzufinden und auf einen Auslandsposten abzuschieben. Die Trauung fand in aller Eile und Heimlichkeit am 12. Januar 1938 im Kriegsministerium statt; Hitler und Göring waren Trauzeugen.

Mittlerweile hatte Göring im Verein mit der Gestapo Nachforschungen über Fräulein Gruhns Vergangenheit angestellt; bald tauchten in Berlin Gerüchte auf, die Ehe des Feldmarschalls sei eine Mesalliance. Eine sittenpolizeiliche Akte Gruhn wurde ausfindig gemacht, die belegte, daß die frisch Vermählte angeblich einige Zeit als Prostituierte geführt worden (was nicht den Tatsachen entsprach) und außerdem einmal straffällig geworden war (was zutraf), daß sie zudem Modell gestanden hatte für pornographische Photos. Inzwischen war die Polizeiakte über den Berliner Polizeipräsidenten Graf Helldorff zu Göring gelangt, der sie Hitler am 24. Januar vorlegte. Der war, wie alle Zeugen versichern, offenbar tatsächlich »völlig überrascht und zutiefst schockiert«.[73] Tags darauf informierte Hitler seinen Heeresadjutanten Hoßbach, daß er sich von Blomberg trennen müsse, der ihn über die Person seiner zukünftigen Frau getäuscht habe. Dann wechselte das Thema von Blomberg zu Fritsch, und Hitler tat das, was ihn stets kennzeichnete: er nutzte die Affäre Blomberg, um sie zu einem Schlag gegen die gesamte Wehrmachtsführung auszuweiten. Der Oberbefehlshaber des Heeres, eröffnete er Hoßbach, müsse ebenfalls gehen; er sei als Homosexueller kompromittiert. Der Beweis sei seit Jahren in des »Führers« Hand.

Die Absicht war leicht zu erraten: Fritsch sollte auf keinen Fall Nachfolger Blombergs werden. Hoßbach, von der Unschuld Fritschs überzeugt, legte Hitler nahe, man müsse dem Kriegsminister die Gelegenheit geben, die Dokumente über seine Frau zu prüfen und Stellung zu nehmen. Damit wurde Göring beauftragt, der daraufhin Blomberg eröffnete, er sei untragbar geworden, und auch eine Annullierung der Ehe würde nichts daran ändern. Denn auch im Offizierskorps, so Göring weiter, sähe man keinen Anlaß, für den Feldmarschall einzutreten. Das war eine schamlose Lüge, denn ein Gespräch mit der Heeresführung über Blombergs Situation hatte noch gar nicht stattgefunden. Doch Göring erreichte, was er wollte. Blomberg resignierte, und am 26. Januar erklärte Hitler dem General, dem er mehr zu verdanken hatte als allen anderen Wehrmachtsoffizieren, die durch die Heirat für sie beide entstandene Belastung sei zu groß, und es gebe keine andere Wahl, als daß sich ihre Wege trennten. Dann kam die Rede auf einen möglichen Nachfolger, und Hitler erklärte, daß Fritsch nicht in Frage käme, weil er eines homosexuellen Deliktes wegen angeklagt sei, und auch Göring, den Blomberg daraufhin vorschlug, schloß Hitler als »absolut ungeeignet« aus. Blomberg scheute sich nicht, zu erklären, er könne sich ein perverses Verhalten von Fritschs durchaus vorstellen; anschließend zeigte er, von Hitler befragt, keine Neigung, einen jener Generäle der Heeresführung zu empfehlen, denen Göring ja eben die Schuld an seiner, Blombergs, Entlassung in die Schuhe geschoben hatte. So stellte er die Frage: »Und warum übernehmen Sie es nicht selbst?«[74] Nachdem der scheidende Kriegsminister seinem »Führer« noch seinen Chef des Wehrmachtsamtes Keitel als Stabschef empfohlen und zu guter Letzt auf Hitlers Aufforderung auch noch Namen von Generälen genannt hatte, die sich dem nationalsozialistischen Staat gegenüber weniger kooperativ gezeigt hatten, hatte Hitler allen Grund, Blombergs Abgang mit der Versicherung zu vergolden, daß Blomberg in der Stunde des Krieges wieder an seine Seite gerufen würde. Bis dahin werde er auch weiter seinen vollen Sold beziehen. Keitel wurde für 13 Uhr in Zivil in die Reichskanzlei bestellt.

Mittlerweile hatten Göring und Himmler alles vorbereitet, um den Schlag gegen Fritsch zu führen. Dabei störte sie keineswegs, daß eine erneute Überprüfung einer älteren Akte eindeutig ergeben hatte, daß es sich bei dem homosexuellen Offizier nicht um Generaloberst von Fritsch, sondern um einen Rittmeister von Frisch handelte. So kurz vor dem Ziel wollte Göring sich seine Pläne nicht durchkreuzen lassen.

Inzwischen hatte Hoßbach unerlaubterweise seinen Chef von Fritsch von den Vorwürfen gegen dessen Person informiert. Auch von anderer Seite hatte der Oberbefehlshaber des Heeres Warnungen erhalten, daß er sich in größter Gefahr befände. In der ersten Erregung hat von Fritsch wohl tatsächlich daran gedacht, die Truppe zur Loyalität und auch zur Gewaltanwendung aufzurufen, aber im Grunde waren das Gedankengänge, die seinem Herkommen und seinem Charakter fernlagen. Selbstzufrieden und kurzsichtig zugleich hatte er im Mai 1937 in einem Brief geschrieben: »Ich habe es mir zur Richtschnur gemacht, mich nur auf mein militärisches Gebiet zu beschränken und mich von jeder politischen Tätigkeit fernzuhalten ... Zur Politik fehlt mir alles.«[75] Schließlich drängte Hoßbach bei Hitler und Göring darauf, daß von Fritsch angehört werden müsse, was diese zusagten. Wie in einem schlechten Theaterstück wurde der Oberbefehlshaber am Abend des 26. Januar in der Reichskanzlei einem gedungenen Zeugen und vorbestraften Strichjungen gegenübergestellt, der mit unverschämter Bestimmtheit aussagte: »Ja, er war es.«[76] Fritsch, zunächst zu bestürzt, um irgend etwas hervorzubringen, hielt dann gefaßt dagegen und verlangte ein ehrengerichtliches Verfahren. Doch das Unglaubliche geschah: das Staatsoberhaupt schenkte einem Erpresser mehr Vetrauen als dem Oberbefehlshaber seines Heeres, obwohl die Beschuldigungen sich bereits zu diesem Zeitpunkt als haltlos erwiesen hatten. Wichtiger war ihr Zweck, nämlich eine Handhabe gegen alle unsicheren Kantonisten vom 5. November zu haben.

Fritsch wurde zunächst vom Dienst suspendiert, den Rücktritt sollte er selbst einreichen. Mehr als eine Woche schob Fritsch diese Entscheidung vor sich her, von Freunden wie Beck, Hoßbach und anderen bestürmt, Hitler das Rücktrittsgesuch zu verweigern. Doch dem Feldmarschall ging es auch nach Tagen des Grübelns nur darum, »Hitler davon zu überzeugen, wie grausam falsch er seinen Oberbefehlshaber beurteilt hatte«.[77] Das klingt naiv und kennzeichnet doch die Tragik dieser »Techniker des Krieges«, denen nach einem Urteil von Friedrich Meinecke »das volle Verständnis für das Ganze des geschichtlichen Lebens«[78] fehlte. Auch Fritsch wollte nicht sehen, daß es längst nicht mehr um ihn ging, sondern um die Ehre und Unabhängigkeit der gesamten Wehrmacht. Von dem Kesseltreiben gegen ihn, das bis zu einem unwürdigen Gestapo-Verhör geführt hatte, psychisch und geistig erschöpft, tat er Hitler am Ende den Gefallen und verzichtete: »Ich kann mit diesem Mann nicht länger arbeiten«,[79] erklärte er seinen Freunden.

Wenn auch nicht zum 30. Januar, so aber doch zum 4. Februar 1938 hatte Hitler die Krise so weit gemeistert, daß er zu einem großen Revirement ausholen konnte. Er selber übernahm nicht als Kriegsminister in Personalunion, sondern als Führer unmittelbar den Oberbefehl über die Wehrmacht. Das Kriegsministerium wurde aufgelöst; an seine Stelle trat das Oberkommando der Wehrmacht (OKW) mit General Wilhelm Keitel an der Spitze. Nachfolger von Fritschs wurde General von Brauchitsch, der wieder, wie zuvor von Blomberg, mit einer privaten Affäre kam; er machte die Scheidung von seiner Frau zur Vorbedingung für die Übernahme des Amtes und ließ sich für die Abwicklung dieser Angelegenheit noch dazu mit einer beträchtlichen Summe unter die Arme greifen. Einen willfährigeren und charakterschwächeren Oberbefehlshaber konnte sich Hitler kaum wünschen, zumal von Brauchitsch erklärte, er sei »zu allem bereit«, was man von ihm verlange.[80] Das konnte nichts anderes bedeuten als die engere Anbindung der Wehrmacht an den Nationalsozialismus. Im Zuge dieser Umorganisation wurden weitere sechzehn ältere Generäle pensioniert; Göring, der leer ausging, wurde mit dem klangvollen Titel des Generalfeldmarschalls abgefunden.

Mit einem Schlag hatte Hitler den letzten noch unabhängigen Machtfaktor von Gewicht gleichzuschalten gewußt, und wieder hatten die Schwäche und die Fehleinschätzungen der anderen Seite ihm dabei geholfen. Vor allem bewies die Affäre, daß die Geschlossenheit und Solidarität des Standes bereits zerbrochen war. Die Vorgänge des Spätjanuars 1938 setzten nur fort, was am 30. Juni 1934 begonnen hatte, diesmal zwar ohne Blutvergießen, aber mit viel weiter reichenden politisch-moralischen Folgen. Der Auflösungsprozeß der alten Offizierskaste sollte sich durch diese Vorgänge nur noch beschleunigen und Hitlers Verachtung für die einst so bewunderten Generäle verstärken. Nun sei er gewiß, äußerte er danach, daß alle Generäle feige seien. Um so ungehemmter meinte er sie nun zu seinen Werkzeugen machen zu können. Im Verlauf des Krieges sollten sie für ihn zu bloßen Handlangern werden, mit denen er umsprang wie mit Korporalen: »Hören Sie mal, Keitel« oder: »Jodl, das habe ich Ihnen immer gesagt, und Sie wollten nicht hören.«

Die Organisations- und Personalveränderungen blieben nicht auf die Wehrmacht beschränkt. Auf derselben Sitzung des Reichskabinetts, auf der Hitler die Veränderungen in der militärischen Führungsspitze bekanntgab, wurde auch die Ablösung von Neuraths verkündet; an seine Stelle trat von Ribbentrop. Hitler konnte die weit über seine bisherige Konzeption hinausgehende antibritische Einstellung seines neuen Außenministers nicht verborgen geblieben sein; so markierte diese Ernennung zugleich auch einen Kurswechsel im Hinblick auf England. Gleichzeitig wurden einige wichtige Botschafterposten, in Rom, Tokio und Wien, neu besetzt. Schließlich wurde dem Kabinett der treue Gefolgsmann aus alten Kampfzeiten, Walter Funk, als neuer Wirtschaftsminister und damit als Nachfolger des im November 1937 zurückgetretenen Hjalmar Schacht vorgestellt.

Spätestens jetzt war die nationalsozialistische Gleichschaltung abgeschlossen. Die letzten Bastionen der konservativen Machteliten waren in nationalsozialistischer Hand und die Voraussetzungen für eine weitere Radikalisierung der Politik geschaffen. Es war kein Zufall, daß mit diesem Ende der »konservativen Mäßigung und Stilisierung des Regimes«[81] auch die letzte Sitzung des Reichskabinetts in der Geschichte des Regimes stattgefunden hatte. Daß der spektakuläre Auftakt des Jahres 1938 nichts Gutes verheißen konnte, blieb zumindest einigen Beobachtern nicht verborgen. Der französische Botschafter in Berlin, François-Poncet, sah in dem großen Revirement den »Auftakt zu Operationen großen Stils«.[82] Er sollte recht behalten.

Den nächsten Krisenherd hatte Hitler schon im Visier, noch während er mit der Bewältigung der Blomberg-Fritsch-Krise beschäftigt war. Die eine Krise sollte von der anderen ablenken, auch wenn die Voraussetzungen für den nächsten Coup außenpolitisch schon länger gegeben waren. Am 31. Januar notierte Alfred Jodl in seinem Tagebuch: »Führer will die Scheinwerfer von der Wehrmacht ablenken, Europa in Atem halten u. durch Neubesetzung verschiedener Stellen nicht den Eindruck eines Schwächemomentes, sondern einer Kraftkonzentration erwecken. Schuschnigg soll nicht Mut fassen, sondern zittern.«[83]

2.5 Der »Anschluß« Österreichs

Seit dem Juli-Abkommen von 1936 war die deutsche Politik gegenüber Österreich darauf angelegt, die Alpenrepublik politisch und propagandistisch für die Angliederung reif zu machen. Mit dem Vertrag hatte das Land zwar eine Garantie seiner Unabhängigkeit erhalten, diese aber mit dem Zugeständnis erkauft, die »nationale Opposition« in die politische Verantwortung miteinbeziehen zu müssen. Der Vertrag war mithin das »trojanische Pferd«, mit dem die Nationalsozialisten schrittweise von innen die Macht erobern und eine spektakuläre außenpolitische Aktion zunächst vermeiden wollten. »Meine außenpolitischen Aktionen vertragen die Belastung mit Österreich nicht«, eröffnete Hitler einer Gruppe österreichischer Parteigenossen einige Tage nach Vertragsunterzeichnung. »Ich brauche noch zwei Jahre, um Politik machen zu können. Solange hat die Partei in Österreich Disziplin zu wahren.«[84] Sie sollte, gestützt auf die vertragliche Anerkennung, das politische Terrain für eine Machtergreifung nach deutschem Vorbild vorbereiten. Goebbels sah darum in dem Vertrag die »Voraussetzung für einen 30. Jänner in Österreich«.[85]

Als weitere Marschroute hatte Hitlers Botschafter in Wien, Franz von Papen, empfohlen: »... nach der taktischen Seite weiterhin geduldige psychologische Behandlung bei langsam zunehmendem Druck in der Richtung auf eine Änderung des Regimes«.[86] In bezug auf die Anschlußpolitik konnte sich das Regime einer breiten Zustimmung im Reich sicher sein und auch mit der Unterstützung der konservativen Machtgruppen rechnen. Die von Goebbels gelenkte Presse wurde darum nicht müde, Österreichs Zugehörigkeit zum »Großdeutschen Reich« zu propagieren, und der gesamte außenpolitische Apparat arbeitete darauf hin, Österreich außenpolitisch zu isolieren.

Im Laufe des Jahres 1937 spitzte sich das Verhältnis der Nachbarn zu. Die österreichischen Nationalsozialisten verhielten sich immer ungeduldiger und provozierender, denn Bundeskanzler von

Schuschnigg hatte den zugesagten Ausgleich mit der »nationalen Opposition« immer wieder hinausgeschoben. Das war Vorwand genug, um von deutscher Seite den Druck zu verstärken. Hinzu kam das verstärkte wirtschaftliche Interesse des Reiches; deshalb wurde vor allem der Beauftragte für den Vierjahresplan, Hermann Göring, die treibende Kraft in der Politik des Anschlusses. Die alten groß-deutschen Motive verbanden sich mit der Sorge des Wirtschaftslen-kers um die deutsche Rohstoff- und Devisenlage. Die Alpenrepublik konnte mit ihren vergleichsweise reichen Eisenerzbeständen eine große Lücke füllen und überdies den Weg zur deutschen Expansion nach Südosteuropa öffnen.

Der Ring um Österreich wurde zunehmend enger, seitdem die europäischen Mächte ihre Schutzgarantien für Wien zu lockern und zum Teil sogar aufzugeben begannen. Schon im Januar 1937 hatte Göring die Erkenntnis aus Rom mitgebracht, daß Italien nicht wie-der die »Wacht am Brenner« gegen Deutschland beziehen würde. Und schließlich hatte Lord Halifax im November 1937 zu verstehen gegeben, daß man sich einer friedlichen Lösung der Österreich-Frage nicht in den Weg stellen würde.

Seit dem Herbst 1937 stand die nationalsozialistische Politik ganz allgemein im Zeichen der baldigen Expansion; sichtbar wurde das aber zuerst in der Österreich-Politik. Vor allem Göring erlegte sich nun keine Hemmungen mehr auf. In seinem Landsitz Carinhall hatte er zur Begrüßung des österreichischen Staatssekretärs, Guido Schmidt, am 6. November eine Landkarte angebracht, auf der die Grenzen zwischen Österreich und Deutschland bereits verschwun-den waren. Seinem Gast erläuterte er dies unverblümt: »Ich habe sie gleich so angelegt, wie sie meinen Wünschen und auch der Auffas-sung, die ich über diese Entwicklung habe, entspricht.«[87] In einem Brief vom 11. November nannte er seine Forderungen an Österreich: völlige Koordination beider Staaten in der Außen- und Mili-tärpolitik wie in der Wirtschaftspolitik mit dem Ziel einer Zoll- und Währungsunion.[88] Einige Tage später verstärkte er den Druck, und er gab einem anderen österreichischen Besucher ganz unverhüllt zu verstehen, daß Österreich wohl kaum noch in der Lage sei, sich einem »Anschluß« zu widersetzen. »Ich kann Ihnen sagen«, trumpfte er auf, »dieser Zusammenschluß wird durchgeführt wer-den, geschehe was wolle, denn der Führer ist entschlossen, diese Frage unter allen Umständen zu bereinigen. Niemand könne sich dagegen auflehnen«;[89] wann der Zeitpunkt für die »Liquidierung« kommen werde, wisse er nicht genau, jedenfalls sei »das Frühjahr 1938 hierfür in Aussicht genommen«. Das war mehr als deutlich, auch wenn Bundeskanzler von Schuschnigg glaubte, die Ausbrüche Görings nicht besonders ernst nehmen zu müssen, und meinte, die-ser »habe scheinbar wieder seinen Rappel«.[90] Das Ausland sah das offenbar anders, denn seit dem Spätherbst war man nicht mehr bereit, Österreich weitere Kredite einzuräumen.

Was noch fehlte, war die günstige Gelegenheit. Bei einer Haus-durchsuchung bei österreichischen Nationalsozialisten fanden die Behörden im Januar 1938 Pläne und Aufzeichnungen, die eine gewaltsame Lösung der Anschlußfrage ankündigten. In Österreich sollte demnach »viel Wirbel und Unruhe erzeugt werden, damit dann Deutschland erklären könne, daß Österreich mit diesen inneren Wirren nicht fertig werde und es genötigt sei, zur Aufrechterhaltung der Ruhe und Ordnung selbst Schritte zu ergreifen«.[91] Die Blomberg-Fritsch-Krise war im Reich der Katalysator, der die Entwicklung in der Anschlußpolitik dramatisch beschleunigte und die verschiedenen Aktivitäten freisetzte. Umgekehrt hatte die Entdeckung der Umsturzpläne in Österreich Bundeskanzler von Schuschnigg bewogen zu versuchen, durch ein persönliches Gespräch mit Hitler eine Atempause zu gewinnen und die österreichische Unabhängigkeit zu retten.

Hitler aber hatte das Gegenteil im Auge und bereitete entsprechend das Szenarium für einen von Papen vermittelten Besuch Schuschniggs vor. An der österreichischen Grenze wurden militärische Scheinvorbereitungen getroffen, um Schuschnigg einzuschüchtern. Das war nur die Einstimmung auf das, was ihn in Berchtesgaden am 12. Februar 1938 erwartete. Gleich nach dem Empfang auf dem Berghof überfiel ihn sein Gastgeber mit Vorhaltungen, die sich zu Drohungen steigerten. Österreich betreibe keine deutsche Politik, das beweise allein schon die Tatsache, daß man nicht nach dem deutschen Vorbild aus dem Völkerbund ausgetreten sei. Überhaupt sei die ganze Geschichte Österreichs »ein ununterbrochener Volksverrat. Das war früher nichts anderes wie heute. Aber dieser geschichtliche Wahnsinn muß endlich sein längst fälliges Ende finden. Und das sage ich Ihnen, Herr Schuschnigg: Ich bin fest entschlossen, mit dem allen ein Ende zu machen. Das Deutsche Reich ist eine Großmacht, und es kann und wird ihm niemand dreinreden wollen, wenn es an seinen Grenzen Ordnung macht.« Damit nicht genug, beschwor Hitler seinen »geschichtlichen Auftrag, und den werde ich erfüllen, weil mich die Vorsehung dazu bestimmt hat ... Mir war meine Aufgabe vorgezeichnet; ich bin den schwersten Weg gegangen, den je ein Deutscher gehen mußte, und ich habe in der deutschen Geschichte das Größte geleistet, was je einem Deutschen zu leisten bestimmt war ... Ich brauche nur einen Befehl zu geben, und über Nacht ist der ganze lächerliche Spuk an der Grenze zerstoben. Sie werden doch nicht glauben, daß Sie mich auch nur eine halbe Stunde aufhalten können? Wer weiß – vielleicht bin ich über Nacht in Wien; wie der Frühlingssturm! Dann sollen Sie etwas erleben! Ich möchte es den Österreichern gerne ersparen; das wird viel Opfer kosten.«[92] Dann hielt er dem Bundeskanzler vor, wie wehrlos sein Land sei, weder Italien noch England und Frankreich würden einen »Finger für Österreich rühren«. Schließlich ließ er ihm im Nebenzimmer vom neuen Außenminister von Ribbentrop die Forderungen im einzelnen nennen, wobei er drohend hinzufügte: »Überlegen Sie es sich gut, Herr Schuschnigg; – ich habe nur mehr Zeit bis heute Nachmittag. Wenn ich Ihnen das sage, dann tun Sie gut daran, mich wörtlich zu nehmen.«[93] Ribbentrop erläuterte die Forderungen: freie Betätigung für die österreichischen Nationalsozialisten, die Ernennung des Nationalsozialisten Seyß-Inquart zum österreichischen Sicherheitsminister, eine allgemeine Amnestie sowie die Anpassung der österreichischen Außen- und Wirtschaftspolitik an die des Reiches und regelmäßige Konsultationen zwischen den Generalstäben.

Schuschnigg sah keinen anderen Weg als zu unterschreiben. Als er zu bedenken gab, daß er aufgrund der Verfassung seines Landes keine abschließende Zusage geben könne, geriet Hitler außer sich. Er riß die Tür auf und rief in einschüchterndem Ton in den Vorraum: »General Keitel!« Schuschnigg mußte derweil draußen warten. Als der General drinnen nach einem Befehl fragte, bekam er nur zu hören: »Gar nichts. Bitte setzen Sie sich.«[94]

Nach einer halben Stunde wurde Schuschnigg wieder gerufen und von Hitler so empfangen: »Ich habe mich entschlossen – zum ersten Mal in meinem Leben – von einem gefaßten Entschluß noch einmal abzugehen. Also! Ich wiederhole Ihnen: es ist der allerletzte Versuch. Innerhalb von drei Tagen erwarte ich die Durchführung.«[95] Dann unterschrieb Schuschnigg das Protokoll und verließ den Berghof. Hitlers Einladung zum Souper lehnten seine österreichischen Besucher dankend ab. Auf der Heimfahrt nach Salzburg kommentierte von Papen: »Ja, so kann der Führer sein, nun haben Sie es selber erlebt. Aber wenn Sie das nächste Mal kommen, werden Sie sicher sehr viel leichter sprechen. Der Führer kann ausgesprochen charmant sein.«[96]

Schuschnigg glaubte, in Berchtesgaden wenigstens die staatliche Unabhängigkeit seines Landes noch bewahrt zu haben; schließlich hatte Hitler zugesagt, in einer Reichstagsrede dies vor aller Welt zu bestätigen. Hitler war sich umgekehrt sicher, daß mit dem Abkommen »die Österreich-Frage automatisch gelöst werde«.[97] Ein gut unterrichtetes deutsches Informationsbüro stellte fest, entscheidend sei, daß »das trojanische Pferd nun einmal in Österreich ist und der Weg zur Durchdringung angetreten werden kann, wenn die, die ihn beschreiten müssen, nur einigermaßen taktisch operieren«.[98]

Die österreichischen Nationalsozialisten wußten, wie sie sich zu verhalten hatten. Ihr neuer »Sicherheitsminister« Seyß-Inquart begab sich sofort nach seiner Ernennung nach Berlin, um von Hitler und Frick Weisungen einzuholen. Im Lande selbst hatten die Nationalsozialisten nun freie Bahn, und sie zeigten sofort mit einer Serie von prahlerischen Demonstrationen und drohenden Gewalttaten, wie sie das Berchtesgadener Abkommen verstehen und nutzen wollten. Um der inneren Aushöhlung des Staates durch die Nationalsozialisten Einhalt zu gebieten, entschloß sich Schuschnigg in letzter Stunde, den Gegner mit dessen eigenen Waffen zu schlagen. Obwohl ihm Mussolini davon abgeraten hatte, rief Schuschnigg am 9. März das österreichische Volk zu einer Volksabstimmung »für ein freies und deutsches, unabhängiges und soziales, für ein christliches und einiges Österreich«[99] auf. Hitlers Behauptung, er habe die Mehrheit der Österreicher hinter sich, wollte der Bundeskanzler widerlegen und den Lebenswillen seines Landes demonstrieren.

Die Volksbefragung wurde bereits auf den 13. März angesetzt, obwohl weder Wählerlisten vorlagen noch eine korrekte Durchführung der Abstimmung gewährleistet war. Nicht weniger bezeichnend war die Bestimmung, daß nur Wähler über 24 Jahre zur Abstimmung zugelassen waren. Die österreichische Regierung wußte, wo die Nationalsozialisten ihre größte Anhängerschaft hatten: in der Jugend, in der der höheren Stände ganz besonders. Die offenkundigen Manipulationen, denen dieser plebiszitäre Rettungs-

Bedruckter Briefumschlag

Die Anbindung Österreichs an das Deutsche Reich wurde ganz konkret mit Nadel und Faden vorgeführt.

akt unterworfen werden sollte, waren für Hitler Vorwand genug, mit militärischen Interventionen für den Fall zu drohen, daß die Abstimmung nicht abgesetzt würde. Schuschnigg gab nach, aber die Situation war damit keineswegs bereinigt. Ciano notierte in sein Tagebuch, daß der Fehler Schuschniggs schicksalhaft sei: »Die Bombe des Volksentscheids war dazu bestimmt, ihm in der Hand zu explodieren.«[100]

Auf beiden Seiten gab es hektische diplomatische und auch militärische Vorbereitungen. Nun riß Göring die Initiative an sich und drängte auf eine rasche Lösung der Anschluß-Frage. Nicht ohne Stolz gab er nach Kriegsende beim Nürnberger Tribunal zu Protokoll, daß damals »weniger der Führer als ich selbst« es war, »der hier das Tempo angegeben hat und sogar über Bedenken des Führers hinweg die Dinge zur Entwicklung gebracht hat«.[101]

Hitler schien tatsächlich zu einer evolutionären Lösung zu tendieren, bis er die Gewißheit gewann, daß England keine Neigung verspürte, für dieses Relikt des Versailler Vertrages zu kämpfen. Frankreich, seit eh und je ein Hauptgegner des Anschlusses, war wieder einmal in einer Regierungskrise; ernste Gegenaktionen, zudem ohne England, waren nicht zu erwarten. Nur in Mussolini schienen alte Ängste und Abneigungen geweckt. Darauf schickte Hitler den Prinzen von Hessen noch einmal in einer Sondermission mit einem Brief an Mussolini nach Rom, um den Duce davon zu überzeugen, daß er als »Führer und Kanzler des Deutschen Reiches« und auch als Sohn dieser Scholle »nicht länger der Entwicklung in Österreich zusehen könnte«. Das Land versänke in der Anarchie, und das deutsche Eingreifen sei nichts anderes als ein »Akt nationaler Notwehr«. »Auch Sie, Exzellenz, würden nicht anders handeln können, wenn das Schicksal Italiens auf dem Spiele stünde.«[102] Wenn den Duce etwas beeindrucken konnte, dann war es eher Hitlers Erinnerung daran, daß auch er, Hitler, »in einer für Italien kritischen Stunde ... Ihnen die Festigkeit meiner Gefühle bewiesen« habe und daß sich auch in Zukunft daran genausowenig

ändern werde wie an seiner Anerkennung der Brennergrenze: »An diesem Beschluß wird niemals gerüttelt, noch etwas geändert werden.« Mussolini hielt still, und Österreich konnte, wie man in den europäischen Hauptstädten sarkastisch bemerkte, auf der »Achse« aufgespießt werden.

Am 10. März erließ Hitler schließlich die Weisung Nr. 1 unter dem Decknamen »Unternehmen Otto«: »Ich beabsichtige, wenn andere Mittel nicht zum Ziele führen, mit bewaffneten Kräften in Österreich einzurücken.«[103] Die »anderen Mittel« waren mehrere Ultimaten, die zunächst Seyß-Inquart und dann Göring an Schuschnigg richteten. Mit dem letzten forderte der ungeduldige Luftwaffenchef den Rücktritt Schuschniggs, da dieser nicht mehr das Vertrauen der Reichsregierung besitze; die Regierungsgewalt müsse an Seyß-Inquart übergeben werden. Da Schuschniggs Anfragen in Rom, Paris und London entmutigend verliefen, trat er in den Abendstunden des 11. März tatsächlich zurück.

Kurz nach der Abschiedsrede Schuschniggs trat Seyß-Inquart, dessen Ernennung zum Kanzler der Bundespräsident noch verweigerte, ans Mikrophon und erklärte, er sei als Sicherheitsminister weiter im Amt. Das war das Signal für eine Erhebung der österreichischen Nationalsozialisten, die alle wichtigen Ämter in kurzer Zeit besetzten. Obwohl so die Machtergreifung in Österreich längst im Gange war, gab Hitler am 11. März um 20.45 Uhr den Einmarschbefehl für den nächsten Tag. Gleichzeitig inszenierte Göring die Komödie eines Hilfe-Ersuchens Seyß-Inquarts, das dieser nie abgeschickt hatte und das Göring veröffentlichte, obwohl der österreichische Bundespräsident den Nationalsozialisten doch noch zum Kanzler ernannt und dieser sich nach dem Sieg im Inneren aus außen- und innenpolitischen Gründen gegen einen Einmarsch deutscher Truppen gesträubt hatte. Das »trojanische Pferd« mußte sich der reichsdeutschen Bruderpartei unterordnen und konnte sich dem Sog des großdeutschen Motivs nicht entziehen.

Noch in derselben Nacht erhielt Hitler das beruhigende Telephonat aus Rom, das die Spannungen des Tages mit einem Mal löste. »Ich komme eben zurück aus dem Palazzo Venezia«, meldete sich der Prinz von Hessen. »Der Duce hat die ganze Angelegenheit sehr freundlich aufgenommen. Er läßt Sie sehr herzlich grüßen.« Darauf Hitler: »Dann sagen Sie Mussolini bitte, ich werde ihm das nie vergessen ... Nie, nie, nie, es kann sein, was sein will.«[104]

Am 12. März marschierten, mit allen Zeichen der Improvisation, aber unter dem Jubel der Bevölkerung, die deutschen Truppen in Österreich ein. Unter Glockengeläut überschritt Hitler am selben Nachmittag bei seiner Geburtsstadt Braunau am Inn die Grenze und zog durch blumengeschmückte Dörfer und Spaliere von dicht gedrängten Menschen weiter nach Linz. Es ist nicht sicher, ob bis zu diesem Zeitpunkt eine konkrete Entscheidung über die politische Zukunft Österreichs gefallen war; lange scheint an eine formale Unabhängigkeit gedacht gewesen zu sein, wobei Hitler in Personalunion beide Staaten führen sollte. Einerseits war ja alles improvisiert, andererseits wollte sich der Taktiker Hitler bis zuletzt alle Wege offenlassen. Nun aber, unter dem Eindruck des spontanen Jubels und Vereinigungstaumels, verkündete er am Abend in Linz den unverzüglichen vollständigen Anschluß und unterzeichnete das »Gesetz über die Wiedervereinigung Österreichs mit dem Deutschen Reich«.

Mit dem feierlichen Einzug Hitlers in Wien am nächsten Tag und der Kundgebung auf dem Heldenplatz erfüllten sich nicht nur ein früher Traum des Außenseiters Adolf Hitler, sondern auch eine deutsche Sehnsucht nach Einheit. In der Stadt, die er gedemütigt und gescheitert verlassen hatte, konnte Hitler den größten Erfolg

Anstieg der Mitgliederzahlen der NSDAP, 1919-1945

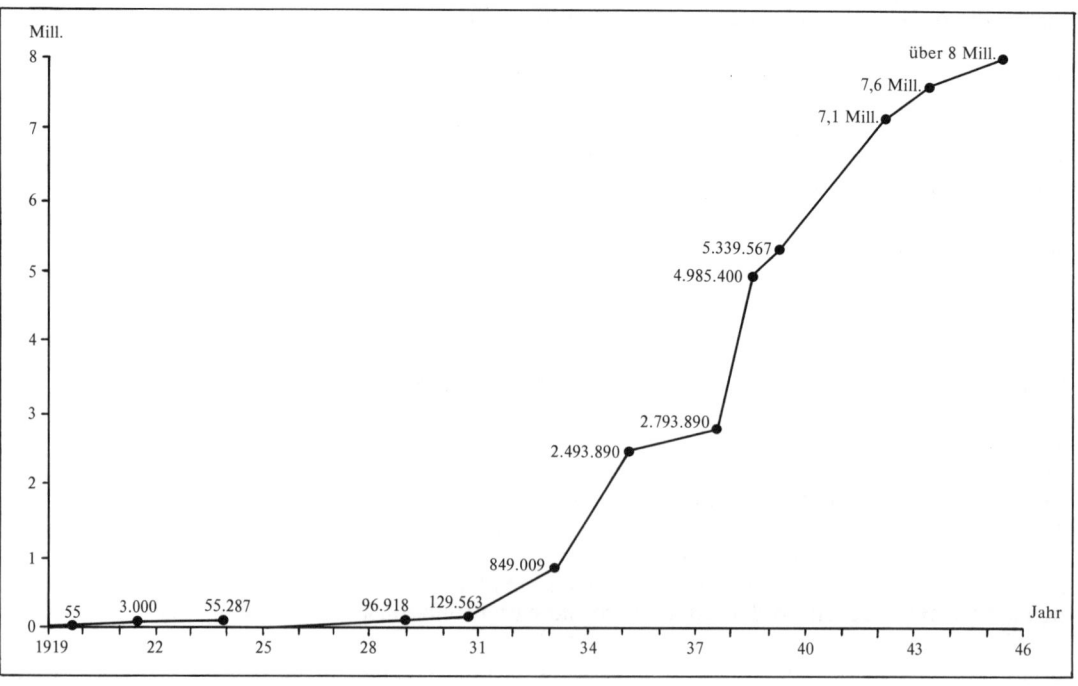

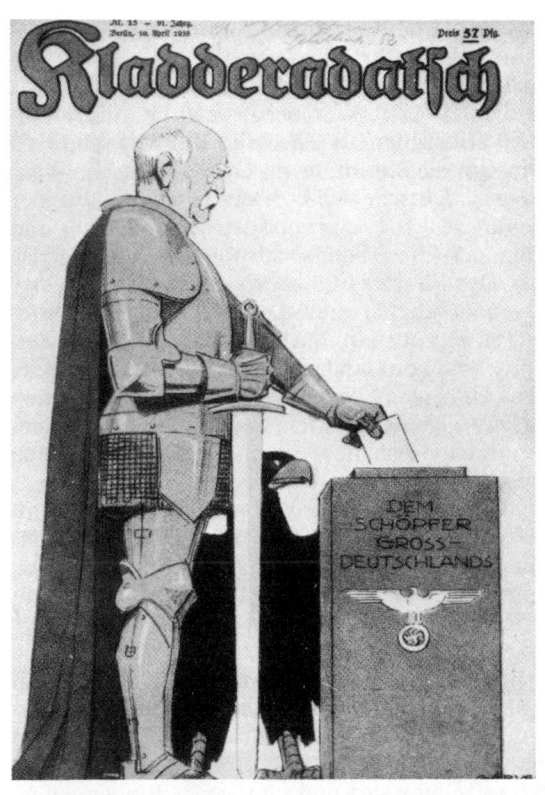

Karikatur auf der Titelseite des »Kladderadatsch« vom 10. April 1938

Nach dem Anschluß Österreichs wird das Bild Hindenburgs durch das Bild Bismarcks ersetzt. Neben den Schöpfer des kleindeutschen Reiches tritt Hitler als der Schöpfer des Großdeutschen Reiches.

seines Lebens protokollieren: »Als der Führer und Kanzler der deutschen Nation und des Reiches melde ich vor der Geschichte nunmehr den Eintritt meiner Heimat in das Deutsche Reich.«[105]

Ein deutscher Traum, seit dem 19. Jahrhundert geträumt, war für die Menschen erfüllt, die in Linz, Wien und Salzburg die Straßen säumten. Und nicht nur für sie. Die Begeisterung der Bevölkerung galt dem Mann, der sich selbst als Vollender und Überwinder Bismarcks feierte. Bismarck habe die widerstrebenden Stämme und Länder zum kleindeutschen Reich zusammengefaßt und zusammengezwungen, erklärte Hitler auf einer Wahlkundgebung in Linz am 7. April. »Die zweite Einigung konnte dann wahrscheinlich nur ein Süddeutscher vollziehen. Denn er mußte ja nun den großen Teil in das Reich zurückführen, der im Laufe der Entwicklung unserer Geschichte den Zusammenhang mit dem Reich verloren hatte.«[106] Als die Erfüllung der deutschen Geschichte seit dem Mittelalter, die Realisierung des »Traums von Jahrhunderten« feierte Hitler die »geschichtliche Wende« des Jahres 1938, und zur Bekräftigung der historischen Standortbestimmung ließ er während des Reichsparteitages im September 1938 die Insignien des alten Deutschen Reiches von Wien nach Nürnberg überführen, wo sie sich von 1424 bis 1796 befunden hatten. »Das Deutsche Reich«, rief er dabei aus, »hat lange Zeit geschlummert. Das deutsche Volk ist nun erwacht und hat seiner tausendjährigen Krone sich selbst als Träger gegeben.«[107] Kein Zweifel, die »Vereinigungseuphorie«[108] des Jahres 1938 war echt, auch wenn sie einem Manne galt, dem der Begriff der nationalen Selbstbestimmung fremd war.

Wahrscheinlich stand Hitler mit dem großdeutschen Triumph des Frühjahrs 1938 auf dem Höhepunkt seiner Popularität in Deutschland überhaupt. Die staatlichen Lageberichte mußten schon zu Superlativen greifen, um die Stimmung im Lande zu beschreiben: »Im März erlebte das deutsche Volk einen Höhepunkt seiner Geschichte, die Geburt des groß- und volksdeutschen Reiches und damit die Erfüllung der alten Sehnsucht aller Deutschen, das ›Deutsche Wunder‹. Des Führers ›größte Vollzugsmeldung seines Lebens‹ entfachte einen elementaren Lenzsturm der Begeisterung.«[109] Die Parole »Ein Volk, ein Reich, ein Führer«, die in Zeitungen und auf Spruchbändern landauf, landab verbreitet wurde, entsprach vermutlich zu keinem Zeitpunkt mehr der tatsächlichen Volksstimmung. »Nach allgemeiner Meinung«, stellte ein Lagebericht fest, kann »nur ein Boshafter« dem »Führer« jetzt seine Zustimmung verweigern.[110]

Tatsächlich übertraf das Ergebnis der Volksabstimmung im April 1938 alle bisherigen totalitären Traummarken: Es lag bei 99 Prozent und teilweise darüber. In dem Jubel und der Zustimmung schwang die Erleichterung mit, daß es wieder einmal gut gegangen war. Denn alle amtlichen Berichte erwähnen die »Erregung«, »Bestürzung« und »Beunruhigung«, die anfänglich überall geherrscht habe. Wie bei der Rheinland-Besetzung schlug die besorgte Stimmung erst in Begeisterung um, als die Gefahr einer militärischen Auseinandersetzung gebannt und der großdeutsche Traum ohne Blutvergießen verwirklicht schien. »Mit Rücksicht auf das große Geschehen, und weil die Sache sich so reibungslos und ohne jedes Blutvergießen abgespielt hat, wird die Sache nicht so tragisch genommen«, meldete ein oberbayerischer Gendarmerie-Beamter. »Die Bevölkerung hat deshalb ein unbegrenztes Vertrauen zu unserem Führer.«[111]

In der Woge der großdeutschen Gefühle gingen die spezifisch nationalsozialistischen Elemente der Anschluß-Politik unter. Übersehen wurden in der Hochstimmung von geschichtlicher Erfüllung und nationaler Größe die Akte der Gewalt, die das Geschehen begleiteten, ebenso wie die politisch-strategischen Ziele, die für Hitler maßgebend waren. Nach dem Heer war eine »zweite Welle« von SS-Verfügungstruppen und Polizei nach Österreich eingerückt, die an Verfolgung und Entrechtung dort in kurzer Zeit das nachholten, was im »Altreich« sich innerhalb mehrerer Jahre breitgemacht hatte. Begleitet wurde der systematische Terror von den wüsten antisemitischen Ausschreitungen und Racheakten der Österreichischen Legion, mit der Hitler Kurt von Schuschnigg auf dem »Berghof« gedroht hatte. »Mit nackten Händen«, erinnerte sich ein Augenzeuge, »mußten Universitätsprofessoren die Straßen reiben, fromme weißbärtige Juden wurden in den Tempel geschleppt und von johlenden Burschen gezwungen, Kniebeugen zu machen und im Chor ›Heil Hitler‹ zu schreien. Man fing unschuldige Menschen auf der Straße wie Hasen zusammen und schleppte sie, die Abtritte der SA-Kasernen zu fegen; alles, was krankhaft schmutzige Haßphantasie in vielen Nächten sich orgiastisch ersonnen, tobte sich am hellen Tage aus.«[112]

Der Anschluß war aber nicht nur deshalb alles andere als eine bloße friedliche Vereinigung zweier Brudervölker. Die Angliederung mitsamt ihren wehrwirtschaftlichen Konsequenzen war ein gewaltiger machtpolitischer Erfolg, der sowohl Hitlers Machtbewußtsein wie die politische Stellung seines Reiches gewaltig stärken mußte. Die »Neue Zürcher Zeitung« stellte dies klar heraus: »Der triumphale Einzug, den Adolf Hitler gestern in Wien feierte, ist von nicht geringerer Bedeutung wie der siegreiche Abschluß eines großen Krieges ... Im Zeitraum von 48 Stunden, vom Abend des 11. März ... bis zur Verkündung des Anschlußgesetzes am Abend des 13. März ist Hitler die Eroberung und Annexion eines Staates mit einem Flächeninhalt von 83.868 km^2 und einer Bevölkerung von rund 6¾ Millionen ohne Schwertstreich gelungen. Das ist ein Gewinn, der die Verluste übertrifft, die Deutschland im Jahre 1920 auf Grund des Friedensvertrags von Versailles ... erlitt. Da der Besitz Österreichs zugleich die Herrschaft über eine Schlüsselposition der europäischen Politik bedeutet, ist der tatsächliche Machtzuwachs für Deutschland unvergleichlich viel größer ... Wer in Wien sitzt, sagte in der Zeit der Friedenskonferenz ein italienischer Diplomat, wird letzten Endes den Weltkrieg gewonnen haben. Darin – ganz abgesehen von der zum Teil einmaligen, aber im Augenblick äußerst wichtigen Bereicherung, die der kriegsmäßigen Mangelwirtschaft des Nationalsozialismus mit der Aufsaugung der Rohstoff- und Devisenschätze Österreichs zufällt – ist das beispiellose Triumphgefühl und Selbstbewußtsein begründet, das sich Deutschlands bemächtigte, sobald der Erfolg des gewaltigen Handstreichs ... feststand ... Sowohl die Methoden, die dabei angewendet wurden, als auch die machtpolitischen Verschiebungen und die drohenden Konsequenzen des gestörten europäischen Gleichgewichts sind für die nächste Zukunft des Kontinents von der allergrößten Bedeutung.«[113]

In der Tat, Göring konnte fürs erste die größten Löcher in der Wehrwirtschaft stopfen, und Hitler konnte auf eine Machtbasis blicken, die ihm den Weg für größere Ziele freizumachen schien. Der deutschen Wirtschaft fiel insgesamt ein Gold- und Devisenbetrag von rund 1,4 Milliarden Reichsmark zu einem Zeitpunkt in die Hände, da die Reichsbank einen Barschatz von ganzen 76 Millionen besaß. Dazu kamen die österreichischen Eisenerzlager und die zahllosen brachliegenden Industriekapazitäten einschließlich einer industriellen Reservearmee von über einer halben Million Arbeitslosen, die eine Entlastung des überhitzten deutschen Arbeitsmarktes versprachen. Wichtiger noch war die militärstrategische Bedeutung des Anschlusses, um die es Hitler vor allem ging. »Der Anschluß brachte«, bilanzierte Jodl während des Krieges zutreffend, »sodann nicht nur die Erfüllung eines alten Zieles, sondern wirkte sich neben der Stärkung unserer Wehrkraft zugleich durch eine wesentliche Verbesserung unserer strategischen Lage aus. Während bisher der tschechoslowakische Raum in bedrohlichster Form nach Deutschland hineinragte [Wespentaille zu Frankreich hin und Luftbasis für die Alliierten, besonders Rußland], war nunmehr die Tschechei ihrerseits in die Zange genommen. Ihre eigene strategische Lage war jetzt so ungünstig geworden, daß sie einem energischen Angriff zum Opfer fallen mußte, bevor wirksame Hilfe vom Westen her zu erwarten war.«[114]

Der Anschluß bedeutete für Hitler weit mehr als einen revisionspolitischen Triumph. Der gelungene Coup, der in wenigen Stunden vor den Augen einer atemlos-verblüfften Welt gelungen war, markierte das endgültige Abgleiten Hitlers in ein übersteigertes Machtbewußtsein, das zu hybrider Selbstüberschätzung wurde, als dem Eroberer in den nächsten zwei Jahren die Erfolge in den Schoß zu fallen schienen. Der Anschluß Österreichs hatte für Hitler einen Testfall für die Reaktion der Westmächte auf eine Forcierung der deutschen Expansionspolitik dargestellt, und die »entrüstete Nachgiebigkeit«[115] in London und Paris konnte Hitler zufrieden stimmen. Seine nun scheinbar bestätigte Einschätzung der internationalen Stimmungslage sollte Hitler noch stärker dazu verleiten, alle internationalen Absicherungen beiseite zu schieben.

Die laue Reaktion der europäischen Mächte auf den Anschluß bestärkte ihn darin, sein weiteres Vorgehen nicht, wie ursprünglich vorgesehen, von der krisenhaften Entwicklung an anderen internationalen Brennpunkten abhängig zu machen; das hatte er ja in der Geheimbesprechung vom 5. November 1937 für ein Vorgehen gegen die Tschechoslowakei und Österreich ausdrücklich zur Voraussetzung gemacht. Jetzt aber hatte Großbritannien nach zwei Wochen schon den Anschluß anerkannt und damit die brüskierende Liquidierung einer der wichtigsten Bestimmungen von Versailles sanktioniert, allenfalls über die Methoden hatte es ein gewisses Unbehagen geäußert. Paris aber zeigte sich völlig machtlos und auch hilflos, nicht zuletzt angesichts der Woge der Begeisterung, auf der Hitler zu Hause schwamm. Um so besorgter war die französische Führung über die Folgen des Anschlusses für den Donauraum und die Tschechoslowakei. Doch kam es mehr denn je allein auf London an, und dort meinte Hitler nur noch Symptome eines schleichenden Verfalls zu entdecken. Am 1. Mai 1938 verkündete er ohne jede diplomatische oder wenigstens taktische Zurückhaltung voller Selbstbewußtsein beim Staatsakt im Berliner Lustgarten, die Westmächte würden wegen »Verkalkung« ohnehin zusammenbrechen.[116]

2.6 Sudetenkrise und Münchener Abkommen

Um so eiliger hatte es Hitler, sich seinem nächsten Ziel zuzuwenden. Schon vierzehn Tage nach dem Anschluß Österreichs traf er sich mit dem Führer der Sudetendeutschen Partei, Konrad Henlein, und zeigte sich entschlossen, jetzt auch die tschechische Frage in absehbarer Zeit zu lösen. Von Henlein verlangte er, der tschechischen Regierung immer so hohe Forderungen zu stellen, daß diese nicht annehmbar wären. Von nun an sollten die Sudetendeutsche Partei und deren Forderung nach Selbstbestimmung »zum Sprengsatz innerhalb der Tschechoslowakei«[117] werden. Wiederum vier Wochen später erörterte Hitler mit dem Chef des Oberkommandos der Wehrmacht, General Keitel, die Studie »Grün«, den Überfall auf die ČSR. Noch dachte er nicht an einen »Überfall aus heiterem

Himmel«; vielmehr müßten eventuelle diplomatische Verwicklungen den Vorwand zum Einmarsch bieten, zum Beispiel die »Ermordung des deutschen Gesandten im Anschluß an eine deutschfeindliche Demonstration«. In einem solchen Falle sei ein »blitzartiges Handeln«[118] der beste Weg.

Wie schon im Falle Österreichs konnte sich Hitler auch hier von zwei starken politischen Wellen tragen lassen: von den Widersprüchen des Versailler Systems und der englischen Appeasement-Politik. Nirgends waren die Prinzipien, auf denen die internationale Neuordnung nach dem Ersten Weltkrieg hatte basieren sollen, so eindeutig den strategischen und bündnispolitischen Interessen der Siegermächte geopfert worden wie im Falle der Tschechoslowakei. Noch deutlicher als im Falle Österreichs war bei der Bildung dieses kleinen Vielvölkerstaats die Problematik des Selbstbestimmungsrechtes der Völker hervorgetreten. Gegen ihren Willen sahen sich die Sudetendeutschen 1918/19 in den tschechoslowakischen Staat einbezogen, nachdem sie sich zunächst für Deutschösterreich entschieden hatten, das sich seinerseits zum »Bestandteil der deutschen Republik« erklärt hatte. Doch es war alles anders gekommen, und es war ein Staat entstanden, in dem verschiedene Minderheiten in Wirklichkeit eine Mehrheit ausmachten, die mehr oder weniger entschieden von der Kapitale wegstrebte. Auch wenn seit 1926 die slowakischen und deutschen Parteien an der Regierung beteiligt waren und ihnen ein weit höheres Maß an politischer Freiheit und Mitbestimmung gewährt worden war als in jedem anderen Staat Osteuropas, so wurde aus der Tschechoslowakei nie die »Schweiz des Ostens«; die zentrifugalen Kräfte in ihr ließen sich nicht dauerhaft binden.

Diese mußten vielmehr mit der wachsenden deutschen Stärke und Sogkraft neuen Auftrieb erhalten. Seit der Gründung der tschechoslowakischen Republik konnten sich die 3,5 Millionen Sudetendeutschen nur schwer mit der neuen Lage abfinden; die materielle Not der Nachkriegszeit führten sie immer entschiedener auf die Prager »Fremdherrschaft« zurück. So konnte die Prager Regierung zwar im Herbst 1933 die alte Deutsche Nationalsozialistische Arbeiterpartei (DNSAP) auflösen, aber Entstehung und Aufstieg von Konrad Henleins »Sudetendeutscher Heimatfront« zur stärksten politischen Partei des Landes seit den Wahlen von 1935 nicht verhindern. Nur zur Umbenennung in Sudetendeutsche Partei konnte die Regierung Henlein zwingen, der sich zunächst zurückhaltend und loyal gegeben hatte. Die Wahlerfolge stärkten das Selbstbewußtsein der Sudetendeutschen, und im November 1937 schrieb Henlein an Hitler, daß »eine Verständigung zwischen Deutschen und Tschechen in der Tschechoslowakei praktisch unmöglich und eine Lösung der sudetendeutschen Frage nur vom Reiche her denkbar« sei; die SdP wolle darum hinfort »Faktor der nationalsozialistischen Reichspolitik« sein.[119] Mit dieser Position gewann Henlein unter seinen Landsleuten allmählich die Oberhand gegenüber jenen eher national-konservativen Kräften, die sich lange nach Österreich orientiert hatten. Das war eine Wende, die Hitler gerade zur rechten Zeit kam. In einer Rede am 20. Februar 1938 verwies er auf die zehn Millionen Deutschen, die in Nachbarstaaten lebten, und erklärte,

Konrad Henlein am 2. September 1938 auf dem Obersalzberg

Der wichtigste nationale Führer der Sudetendeutschen, Konrad Henlein, war ursprünglich nach Wien orientiert gewesen, zu dem Böhmen und Mähren ja Jahrhunderte gehört hatten. Erst im Laufe der dreißiger Jahre vollzog Henlein und mit ihm ein Großteil der deutschen Bevölkerungsminderheit im Vielvölkerstaat Prags eine Schwenkung zum Reich und zum Nationalsozialismus. Nur kurze Zeit war Henlein Gesprächspartner der ausschlaggebenden Männer in Reichskanzlei und Auswärtigem Amt; sehr bald wurde er Befehlsempfänger und Handlungsgehilfe Hitlers, gelegentlich zum Rapport nach Berlin oder auf den Obersalzberg befohlen.

daß Deutschland ihrer »Verfolgung« nicht tatenlos zusehen werde. Der Anschluß Österreichs hatte im Sudetengebiet tatsächlich große Demonstrationen unter der Parole »Heim ins Reich!« ausgelöst und so Erwartungen deutlich werden lassen, die Hitler nun als Vorwand für seine Intervention zu nutzen gedachte.

Auch in England hatte Henlein mit einigem Erfolg für die Sache der Sudetendeutschen geworben; im Frühjahr 1938 sollen sich Chamberlain und Halifax herablassend über den tschechischen Staat geäußert haben als »einer Verbindung von Fetzen und Flicken, zusammengestückt durch den Versailler Vertrag, zu deren Schutz niemand sterben sollte«.[120] Spätestens seit dem Frühjahr 1938 hatte die britische Regierung das Sudetengebiet bereits abgeschrieben und dies auch gegenüber Paris, der ostmitteleuropäischen Schutzmacht, unmißverständlich zu verstehen gegeben. Auch nach dem Anschluß Österreichs zeigte Außenminister Halifax die Bereitschaft seiner Regierung, an der Beseitigung von Ungerechtigkeiten des Versailler Vertragssystems mitzuwirken, sofern Deutschland auf militärische Mittel verzichtete. Denn es waren mehr die Methoden als die – vermeintlichen – Ziele der nationalsozialistischen Außenpolitik, an denen sich die britische Regierung stieß. Darum ließ sie von ihrem Kurs auch dann nicht ab, als in der Anschluß-Politik die deutsche Taktik, einseitige Aktionen mit offenkundigen Lügen und kurzlebigen Täuschungsmanövern abzusichern, vor aller Augen decouvriert war. Halifax wußte, daß nur die Androhung militärischer Gewalt den Lauf der Dinge ändern konnte. Dazu aber war in Europa kaum jemand bereit. Ohne eine eigene massive Aufrüstung – die erst 1938 begann – gab es für die Regierung in London kaum eine Alternative.

Die Appeasement-Politik beruhte weniger auf Leichtfertigkeit und Naivität als auf einem rationalen Kalkül, das den vielfachen Belastungen eines im Niedergang befindlichen Weltreiches Rechnung zu tragen suchte. Großbritannien, sowohl von der weltwirtschaftlichen Depression als auch von überdehnten Verpflichtungen in seinem Empire beschwert, mußte aus nationalem Interesse darauf achten, den Frieden in Europa aufrechtzuerhalten. Im Mittelmeer wie im Fernen Osten befand es sich in der Defensive. Die internationalen Habenichtse Italien, Japan und Deutschland rückten enger zusammen und drohten mit einer Veränderung der internationalen Ordnung. Eine forcierte Nachrüstung als Antwort auf diese Herausforderung hätte jedoch finanzielle Belastungen mit sich gebracht, die Großbritannien im Interesse der notwendigen wirtschaftlichen und sozialen Modernisierung im Innern und im Interesse seiner internationalen Handelsverbindungen vermeiden wollte. Hinzu kam, daß die britischen Dominions ein militärisches Engagement des Mutterlandes auf dem europäischen Kontinent genauso ablehnten wie die Mehrheit der englischen Bevölkerung. Nur wenn alles unternommen würde, internationale Spannungen und Konflikte einzudämmen und am Verhandlungstisch abzubauen und damit den Frieden zu sichern, so das britische Kalkül, ließen sich Situationen vermeiden, die den Bestand des britischen Empire in Frage stellen würden. So sah die britische Regierung in der Erhaltung des Friedens den einzig gangbaren Weg, um der internationalen Krise ohne weitere Positionseinbußen zu begegnen und die überkommene Rolle einer Weltmacht behaupten zu können. Dies wiederum war wesentliche Voraussetzung für die Behauptung der britischen Sozialordnung. Es war eine konservative Strategie, deren Interesse vorrangig auf die Stabilisierung des politisch-gesellschaftlichen Systems gerichtet war und die darum auf die Beruhigung der internationalen Konfliktsituation hinarbeitete. Darum sollte die Befriedung Europas auch ohne die Sowjetunion erreicht werden, was freilich den Handlungsspielraum der britischen Regierung nicht unwesentlich einschränkte. Dissens herrschte innerhalb der britischen Führungsschichten nur darüber, zu welchem Zeitpunkt vitale britische Interessen gefährdet waren und wann die Schwelle zum Krieg als eines Mittels zur Verteidigung dieser Interessen überschritten werden mußte.

Wie sollte sich Großbritannien nun verhalten, da immer offenkundiger wurde, daß Hitler als nächstes die Tschechoslowakei im Visier hatte? Eine Garantie der territorialen Integrität der ČSR erschien London angesichts der militärischen Kräfteverhältnisse und strategischen Voraussetzungen illusorisch. Um so mehr konzentrierte man sich auf eine friedliche Lösung der Sudetenfrage, um Hitler den Vorwand für eine kriegerische Aktion zu nehmen. Die Alternative einer kollektiven Sicherheitslösung auf der Basis des Völkerbundes schied für London aus, hätte dies doch die Einbeziehung der Sowjetunion bedeutet. Außerdem fürchtete man in London den Automatismus von Bündnissystemen; man wollte die letzte Entscheidung selbst in der Hand haben und nicht von kleineren Verbündeten abhängig sein.

Darum warnte man Deutschland, sekundiert von Frankreich, vor militärischen Aktionen gegen die Tschechoslowakei; gleichzeitig drängte man diese zu Konzessionen an die Sudetendeutschen. Gegenstand der Diskussion waren die sogenannten Karlsbader Forderungen, die Henlein am 24. April nach Absprache mit Hitler vorgelegt hatte. Sie standen im völligen Gegensatz zu dem Entwurf eines »Nationalitätenstatuts«, den die tschechische Regierung Ende April vorgelegt hatte. Während dieser später sogenannte »1. Plan« die bisherige Verfassungsordnung zu wahren suchte, hatte die SdP Forderungen gestellt, die eine Annäherung oder gar Aufnahme in die Prager Regierung unmöglich machen mußten und dies auch sollten: Aufgabe der bisherigen Bündnispolitik, volle innenpolitische »Gleichberechtigung«, Anerkennung der sudetendeutschen Volksgruppe als »Rechtspersönlichkeit«, Feststellung und Anerkennung des deutschen Siedlungsgebietes, Selbstverwaltung und schließlich »die volle Freiheit des Bekenntnisses zum deutschen Volkstum und zur deutschen Weltanschauung«.[121] Das war das trojanische Pferd, mit dem Hitler nun nach Prag zu kommen gedachte.

Jede Form von Vermittlung oder Beteiligung der Westmächte in der tschechischen Frage kam Hitler daher ungelegen. Deshalb interpretierte er die britische Bereitschaft zu einer bilateralen Verständigung mit Deutschland als Einmischung und war immer stärker geneigt, dem antibritischen Kollisionskurs seines Außenministers zu folgen.

Um so wichtiger war ihm die Einstellung Mussolinis. Dies zu

klären und damit die Lösung der »tschechischen Frage« weiter zu bringen, war der politische Kern des glanzvollen Staatsbesuchs in Italien Anfang Mai. Während Mussolini alles tat, um den Aufwand zu überbieten, mit dem Hitler ihn in Deutschland empfangen hatte, wollte dieser wissen, ob er mit der Billigung Italiens einen Krieg riskieren könne. Denn noch meinte Hitler bei seinen Expansionsplänen nicht auf den Flankenschutz seines Achsenpartners verzichten zu können. Solange der Duce im Mittelmeer für Unruhe sorgte, hoffte Hitler seinerseits nach Ostmitteleuropa ausgreifen zu können. Er werde aus Italien mit leeren Taschen zurückkehren, vertraute er seinem Gefolge an, wenn der Duce »sein Werk« als abgeschlossen betrachte. Dann müsse die »Tschechei« in die »ferne Zukunft« rücken. Wolle Mussolini sein »Imperium« in Afrika vergrößern, dann sei dies nicht ohne deutsche Hilfe möglich. Eine Bedingung dafür aber sei die »Tschechei«. Für diesen Fall kalkulierte Hitler: »Rückkehr mit Tschechei in der Tasche.«[122] Tatsächlich scheint Hitler aus den wenigen politischen Gesprächen, die das Protokoll neben den prunkvollen Aufmärschen, Flottenparaden, Empfängen und Rundfahrten übriggelassen hatte, die Bereitschaft herausgehört zu haben, Deutschland freie Hand gegenüber der Tschechoslowakei zu gewähren.

Unterdessen hatten die Westmächte die Regierung in Prag aufgefordert, den Sudetendeutschen entgegenzukommen, und London hatte die deutsche Seite wissen lassen, daß die tschechische Frage lösbar sei. Dabei vergaß der britische Botschafter nicht, den deutschen Außenminister und auch Hermann Göring darauf hinzuweisen, daß »Deutschland auf der ganzen Linie siegen«[123] werde. Alles lief wunschgemäß, bis die Wochenendkrise vom 20. bis 22. Mai Hitler plötzlich die Initiative aus der Hand zu schlagen drohte.

Mit größter Besorgnis hatte man in Prag die wachsende Konzessionsbereitschaft Frankreichs und Englands beobachtet. Als Chamberlain in einem Interview völlig unerwartet eingestand, daß nach seiner Meinung »eine Grenzrevision ... eine kleinere, aber gesündere Tschechoslowakei schaffen«[124] könnte, entschloß sich Prag zur Flucht nach vorn. Am Nachmittag des 20. Mai verkündete die tschechische Regierung die Mobilmachung ihrer Streitkräfte, mit dem Hinweis auf eine angeblich unmittelbar bevorstehende militärische Aktion Deutschlands. England und Frankreich waren alarmiert; unter dem Eindruck, daß Berlin zum Einmarsch entschlossen sei, billigten sie den Schritt ausdrücklich und verwiesen, unterstützt von der Sowjetunion, auf ihre Beistandspflichten. Plötzlich schien der große Krieg unmittelbar bevorzustehen; London und Paris bekamen aus Berlin Widersprüchliches über die deutschen Absichten zu hören, und Ribbentrop steigerte durch seine Weigerung, Auskunft über die deutsche Wehrmacht zu geben, die Unruhe noch weiter. Als der Westen aber feststellen zu können meinte, daß Deutschland ganz offenkundig keinen Angriff plante, schlug die Stimmung zuungunsten der Tschechen um.

Hitler hatte mittlerweile am Sonntag, dem 22. Mai, eilig eine Konferenz auf den Berghof einberufen. Das befürchtete Eingreifen der Westmächte in den deutsch-tschechischen Konflikt drohte zur

Tatsache zu werden, und für einen Moment schien Hitler zu schwanken, zumal in der eigenen Umgebung die Einschätzung der Lage keineswegs einheitlich war. Wieder einmal war sich Hitler unsicher über das Maß der Entschlossenheit Großbritanniens, und daran sollte sich bis zum September nichts ändern. Die Mai-Krise hatte vor Augen geführt, daß ein Eingreifen der Westmächte nicht mehr auszuschließen war. Jetzt drohte Hitlers Terminplan durcheinanderzugeraten, und vor allem war er zum ersten Mal zurückgewichen. Die internationale Presse kehrte die Mai-Krise als erste erfolgreiche Zurückweisung Deutschlands heraus. Wie bei früheren Rückschlägen auch hielt sich Hitler einige Tage lang in seiner Bergwelt verborgen, um auf ein Durchschlagen des Knotens zu sinnen.

Dann erschien er am 28. Mai in Berlin zu einer Konferenz mit den militärischen und außenpolitischen Führungsspitzen des Reiches und instruierte sie in dreistündiger Rede, »daß die Vorbereitungen zu einer späteren Lösung der Tschechei-Frage unter größtem Nachdruck zu fördern seien«.[125] Die Beseitigung der Tschechoslowakei war damit ohne jeden Rückhalt zum verbindlichen Ziel der deutschen Politik erklärt worden. Die bisher vagen Angriffsabsichten waren damit auch in zeitlicher Hinsicht konkretisiert; überdies war Hitler auf den kriegerischen Kurs seines Außenministers eingeschwenkt. In der neuen Weisung zum »Fall Grün« vom 30. Mai hieß es: »Es ist mein unabänderlicher Entschluß, die Tschechoslowakei in absehbarer Zeit durch eine militärische Aktion zu zerschlagen.«[126] Die militärischen Vorbereitungen sollten bis zum 1. Oktober abgeschlossen und besonders der Westwall sollte verstärkt werden. Der Aufmarschplan ging vom Modell eines Blitzkrieges aus, das war für Hitlers Kalkül von entscheidender Bedeutung. Die ersten vier Tage des militärischen Handelns galten als politisch entscheidend. In diesem Zeitraum müßten greifbare Erfolge vorliegen, sonst trete »mit Sicherheit eine europäische Krise ein«.[127]

Wenn es auch eine momentane Erregung im Zusammenhang mit der demütigenden Mai-Krise gewesen sein mochte, die Hitler zu dem Entschluß trieb, sich selbst in Zugzwang zu setzen, so blieb er dennoch kühl genug, um alle taktischen Möglichkeiten zu erörtern, die ČSR politisch zu isolieren. Mehr noch, er verband seinen Entschluß, die Tschechoslowakei von der Landkarte verschwinden zu lassen, mit einer neuen Begründung, die er so noch nicht formuliert hatte. Der tschechische Staat müsse auch darum ausgelöscht werden, damit er den Rücken frei habe zum »Antreten gegen den Westen«, das hieß gegen Frankreich und England. Im Anschluß an diese Ansprache vom 28. Mai soll der Diktator seine veränderte Stoßrichtung gegenüber den Generälen von Brauchitsch und Keitel begründet haben: »Also zuerst machen wir die Sache im Osten, dann gebe ich Euch drei bis vier Jahre Zeit, und dann wird die Sache im Westen in Angriff genommen.«[128] Unter Osten verstand Hitler in diesem Falle einzig die »Tschechei«. Das aber bedeutete, daß er seine außenpolitische Planung unter dem Eindruck der britischen Weigerung, Deutschland im Osten freie Hand zu lassen, verändert hatte. Der programmatisch fixierte Lebensraumkrieg gegen die Sowjetunion sollte erst dann geführt werden, wenn in einem »Zwischenkrieg«[129] der Widerstand des Westens endgültig gebrochen sei.

Damit war Hitler nicht vollständig dem antibritischen Konfrontationskurs seines Außenministers gefolgt, der entschlossen war, es bereits bei der Auseinandersetzung mit der Tschechoslowakei auch auf den Konflikt mit Großbritannien ankommen zu lassen. Nach Ribbentrops Meinung war diese Auseinandersetzung auf die Dauer doch nicht zu vermeiden und darum müsse die gegenwärtige Schwächeperiode des britischen Empires konsequent genutzt werden, je früher desto besser.

Hitler hingegen hoffte noch immer, daß die »Zerschlagung« der Tschechei »möglichst ohne einen Konflikt mit Großbritannien« erfolgen könnte. Bis zu den dramatischen Tagen des September 1938 schwankte er immer wieder zwischen kalter Entschlossenheit und Unsicherheit darüber, ob sein Konzept eines isolierten Krieges wirklich erfolgreich sein würde. Selbstsicherheit und Zweifel über den Ausgang des Unternehmens lösten einander ab; dann kamen wieder Einschüchterungskampagnen und neue Bedenken. Es läßt sich schwer auseinanderhalten, was Hitler in diesen Wochen wirklich glaubte und was er vorspielte.

Dieses Wechselbad von Entschlossenheit und Unsicherheit wurde durch das Zögern, Vorantreiben und Warnen in seiner Umgebung noch verstärkt. Während Ribbentrop in der »tschechischen Frage eine sichere und starke Sprache« forderte, um dann angesichts der Bedenken der Militärs selbst wieder eine Verschiebung des Krieges gegen die Tschechei ins Auge zu fassen, wollte Göring unter allen Umständen eine kriegerische Auseinandersetzung mit Großbritannien vermeiden; zur großen Überraschung der konservativen Diplomaten im Auswärtigen Amt stand der Paladin Hitlers plötzlich »neben dem Militär« im Lager der »Pazifisten«.[130] Ribbentrop setzte alles daran, einen friedlichen Ausgang der Krise zu verhindern, weil die Weltlage für Deutschland nie mehr so günstig sein würde; auf der anderen Seite bildete sich eine »momentane Aktionsgemeinschaft«[131], zu der auch der Staatssekretär im Auswärtigen Amt, Ernst von Weizsäcker, gehörte, ferner Neurath, Schacht und das hohe Militär. Während Göring daran zweifelte, daß sich bei militärischer Gewaltanwendung die Sudetenkrise lokalisieren ließe und überdies angesichts der strategischen und rüstungstechnischen Situation das Risiko einer militärischen Aktion für zu groß hielt, traten von Neurath, Schacht und Schwerin von Krosigk unter Hinweis auf wirtschaftliche und finanzielle Schwächen des Reichs für die Wahrung des Friedens ein. Im Auswärtigen Amt plädierte Weizsäcker für politischen und wirtschaftlichen Druck auf die Tschechoslowakei, sprach sich aber gegen ein militärisches Unternehmen aus, weil die Westmächte auch bei einem erfolgreichen Blitzkrieg einer solchen Maßnahme nicht tatenlos zusehen würden; einen Krieg mit dem Westen könne Deutschland gegenwärtig jedoch nicht durchstehen. Dies war auch die Meinung von Generalstabschef Beck, der zwar Hitlers mittelfristiger Planung zu folgen bereit war, aber seiner Forderung, einen Krieg notfalls schon 1938 in Kauf zu nehmen, widersprach, da er am Erfolg des Blitzkriegkonzeptes zweifelte.

Diese Meinungsverschiedenheiten über das zweckmäßigste Verfahren zum Erreichen der außenpolitischen Ziele des Reiches betrafen nicht die allgemeine Richtung deutscher Großmachtpolitik, darin stimmten die konservativen Gruppierungen in der Armeeführung und im Auswärtigen Amt mit den vermuteten Zielen Hitlers weitgehend überein. Es ging vielmehr darum, ob Krieg das geeignete Mittel sei, um diese außenpolitischen Ziele zu erreichen, mithin um das immer schon ambivalente Verhältnis von Konservativismus und Nationalsozialismus. Die innere Bruchstelle lag dort, wo »die deutsche Politik unwiderruflich auf die Bahn des Krieges gelenkt wurde«,[132] wo der Krieg als der einzige, dem politischen Charakter des Regimes angemessene Weg erschien.

Für Hitler hatte es nie einen Zweifel an der entscheidenden Bedeutung von Gewalt und Krieg für jede politisch-historische Entwicklung gegeben; Krieg war für ihn Lebensgesetz, »das Natürlichste, Allertäglichste. Krieg ist immer, Krieg ist überall. Krieg ist Leben, Krieg ist jedes Ringen. Krieg ist Urzustand.«[133] Damit sprach er aus, was für alle Formen des europäischen Faschismus galt, für keinen freilich so radikal und nachhaltig wie für den Nationalsozialismus. Nationalsozialistische Politik bestand nach Hitlers Verständnis nur darin, günstige innere Bedingungen für diesen unausweichlichen Lebenskampf zu schaffen und eine entsprechende Entscheidungssituation abzuwarten oder selbst herbeizuführen.

Diese Lage war nach Hitlers Meinung 1938 gekommen. Darum war es ihm ernst mit dem, was er im Frühsommer 1938 seinem persönlichen Adjutanten Wiedemann gegenüber äußerte: »Jede Generation muß einmal einen Krieg mitgemacht haben ... Der Krieg ist die beste Erziehung für die deutsche Jugend.«[134]

In den national-konservativen Eliten schloß man den Krieg nicht grundsätzlich aus dem politischen Kalkül aus, aber Deutschland war nach dem Urteil von Staatssekretär von Weizsäcker »europäischen Konflikten noch nicht gewachsen«, und ähnlich urteilte Ludwig Beck, Chef des Generalstabs bis August 1938. Auch für ihn gab es keinen Zweifel, »daß Deutschland einen größeren Lebensraum braucht, und zwar sowohl in Europa wie auf kolonialem Gebiet. Der erstere Raum ist nur durch einen Krieg zu erwerben.«[135] Doch ein solcher Krieg dürfe nur dann eröffnet werden, wenn Aussicht auf Erfolg bestünde.

Weder die konservativen Militärs noch die Diplomaten sahen die Chance, einen kriegerischen Konflikt siegreich durchzustehen, und nicht anders urteilte Hermann Göring. »Das Militär will nicht marschieren, denn es sieht die Folgen eines Koalitionskrieges gegen uns klar genug. Auch Göring will nicht«, notierte Staatssekretär von Weizsäcker auf dem Höhepunkt der Mai-Krise in seinem Tagebuch.[136] In den Entscheidungen der Sudetenkrise kamen die unterschiedlichsten Auffassungen über die zukünftige deutsche Außenpolitik zum Ausdruck, die bisher unter dem Mantel einer vermeintlich gemeinsamen Revisionspolitik verdeckt gewesen waren. Denn bei allem Großmacht- und Hegemonialdenken der konservativen Militärs wußten diese zwischen Machtzuwachs und Raumeroberung sehr wohl zu unterscheiden, und von Hitlers Raumdenken trennten sie Abgründe. Nicht Eroberung und Vernichtung war das Ziel ihrer Großmachtpolitik, sondern eine Machtausdehnung Deutschlands in Mitteleuropa in Form einer Einfluß- und Vormachtstellung, aber ohne Annexionen von nicht deutschbesiedelten Gebieten. Denn das Lebensrecht anderer Völker blieb in diesem Denken, dem sozialdarwinistische Züge vollkommen fremd waren, unangetastet und auch die Solidarität der europäischen Mächte.

Alles kam darum nach Meinung der Nationalkonservativen, zu denen in dieser Hinsicht auch Göring gehörte, darauf an, Hitler »von der Straße der militärischen Expansion abzubringen und auf den Weg einer friedlichen, liberal-imperialistischen Politik des Aufbaus einer starken Stellung des Reiches in Europa und in Übersee zu führen«.[137]

Die Verhinderung eines großen Krieges, »welcher nicht nur das Ende des III. Reiches, sondern Finis Germaniae wäre«,[138] war das Motiv, das von Weizsäcker zur Übernahme des Staatssekretärpostens unter dem neuen Außenminister von Ribbentrop im März 1938 bestimmt hatte. Wenige Monate später, im Frühsommer 1938, war die Situation bereits gekommen, in der es galt, einen europäischen Krieg zu verhindern, der – und da war er sich mit General Beck einig – mit einer deutschen »Erschöpfung und Niederlage« enden mußte. Darum sei es die Aufgabe der deutschen Diplomatie, »diejenige Grenze klar zu erkennen, bis zu welcher die deutsche Politik jeweils vorgetrieben werden kann, ohne die Entente zum Einschreiten zu veranlassen«.[139]

Auf dem Dienstweg sollte diese alternative politische Konzeption zu Gehör gebracht werden, zunächst bei Ribbentrop und dann auch bei Hitler. Es war eine systemimmanente Opposition, der es zunächst darum ging, in dem politischen Machtkampf rivalisierender politischer Entscheidungsträger um die Beratung des Staatschefs größeren Einfluß zu gewinnen und auf dessen Entscheidungen in einem mäßigenden Sinne einzuwirken. Und nicht nur Weizsäcker war während der Sudetenkrise und noch bis zum Vorabend des Krieges der Meinung, Hitler sei einsichtig genug und müsse nur vor den radikalen Kriegstreibern seiner Umgebung geschützt werden.

Der Weg von der systemkonformen Alternative zur systemüberwindenden Opposition war noch weit, und er verlief weder immer geradlinig noch ging ihn die Mehrheit der Repräsentanten der national-konservativen Machtgruppen zu Ende. Er setzte Enttäuschungen und eine schließliche Desillusionierung voraus. Erst als ihre Versuche einer dienstlichen Einwirkungsmöglichkeit scheiterten, griffen Männer wie Beck und von Weizsäcker zu außergewöhnlichen Mitteln, die sie an den Rand der offenen Auflehnung oder des Landesverrats brachten. Die Sudetenkrise sollte zur Geburtsstunde einer national-konservativen Widerstandsbewegung werden. Die Vielfalt der Methoden und Ziele dieser Bewegung spiegelt die Unübersichtlichkeit der politischen Situation, ihre Formierung und ihre Aktivitäten gehören zur Innenseite der dramatischen Krisenwochen im Spätsommer 1938, ihr Scheitern schließlich war Konsequenz des großdeutschen Triumphes von Hitler und der Appeasement-Strategie des Westens.

Während Militärs und Diplomaten darüber nachsannen, wie der Krieg zu verhindern sei, ließ Hitler nichts unversucht, die Spannungen zu steigern. Ende Juni wurden Manöver in der Nähe der tschechischen Grenze abgehalten, gleichzeitig versuchte Hitler auf diplomatischem Wege, die Begehrlichkeit der anderen Nachbarn der Tschechoslowakei – Ungarns und Polens vor allem – zu wecken. Henlein wiederum schraubte weisungsgemäß die Forderungen an die Prager Regierung in die Höhe, während Großbritannien und Frankreich die Tschechen zu weiteren Konzessionen an die Sudetendeutschen drängten. Als auch der »2. Plan« der Prager Regierung von Ende Juli 1938 weder die deutschen Forderungen noch die britischen Erwartungen befriedigen konnte, drängte London der tschechischen Regierung Lord Runciman als »nicht-offiziellen Vermittler« auf. Das war ein offener Eingriff in die tschechische Souveränität, doch Prag war bereit, dies hinzunehmen, in der Hoffnung, mit dieser Mission die britische Regierung stärker in den Konflikt einbinden zu können. Während der Lord noch in Prag verhandelte, arbeitete Staatspräsident Benesch mit gemäßigten SdP-Politikern einen »3. Plan« aus, der die Bildung von drei deutschen Gauen vorsah. Doch der radikale Flügel hielt sich an die Anweisungen aus Berlin und lehnte wieder ab.

Ein einziges national abgegrenztes Gebiet der Sudeten forderte man nun. Und auch diesmal mußte die Prager Regierung nachgeben. Ein Artikel in der Londoner »Times« vom 7. September hatte die Abtretung des Sudetenlandes an das Reich vorgeschlagen und damit ein Signal gesetzt. Runciman tat ein übriges und drängte auf eine Entscheidung noch vor dem Nürnberger Parteitag der NSDAP, um den Vulkan zu besänftigen. Das Gegenteil war der Fall, und es ist nicht auszuschließen, daß die britische Nachgiebigkeit den verschärften Kurs noch mit herausgefordert hat. Die Forderungen der SdP waren mit dem »4. Plan« sämtlich erfüllt, doch sie durfte nicht zustimmen, sondern mußte statt dessen Zwischenfälle inszenieren, um die Verhandlungen abbrechen zu können. Hitler war an einer innerstaatlichen Lösung nicht interessiert, und entsprechend war der Tenor seiner vielen Nürnberger Reden. Das »freie Recht der Selbstbestimmung« forderte er und eröffnete den Feldzug gegen die ČSR mit seinen rhetorischen Ausfällen »gegen die bolschewistischen Kriminellen in Prag«.[140] Die Rede war das Signal für neue Demonstrationen im Sudetenland, die schließlich den Charakter eines Aufstandes annahmen.

Die Zeichen standen auf Sturm, als der britische Premier sich am 13. September zu persönlichen Verhandlungen mit Hitler unverzüglich und ohne Prestigefragen bereit erklärte. Der fast siebzigjährige Chamberlain kam seinem Gesprächspartner nicht nur in geographischer Hinsicht entgegen. Hitler, der sich ganz gegen seinen Willen genötigt sah, auf die überraschende Initiative Chamberlains einzugehen, fand sich mit entgegenkommenden Vorschlägen Londons konfrontiert. Aber er nutzte dessen Verhandlungsbereitschaft sofort zu neuen, scheinbar unannehmbaren ultimativen Forderungen. Als der Premier nach fast siebenstündiger Reise, zum ersten Mal in seinem Leben in einem Flugzeug, schließlich auf dem Berghof eingetroffen war, verlangte Hitler plötzlich ohne Umschweife die Angliederung des Sudetengebietes, und zwar sofort.

Chamberlain erklärte sich angesichts der neuen Situation zur Erörterung jeder Lösungsmöglichkeit bereit, nur müsse unter allen

Chamberlain am 15. September 1938 auf dem Obersalzberg

Neville Chamberlain war einer der brillantesten konservativen Führer der späten zwanziger Jahre, an Ansehen in Parlament und Öffentlichkeit dem Außenseiter Churchill weit überlegen. Die Appeasement-Politik, in die Chamberlain erst Frankreich und dann die Tschechoslowakei drängte und die bei der Masse so populär war wie in den meisten Zeitungen bis hin zur stets beschwichtigenden »Times«, hatte vielfache Wurzeln: die Empfindung, daß nicht wenige der Forderungen des entmachteten und gedemütigten Deutschland nicht ganz unbegründet waren; die Kriegsmüdigkeit im alliierten Lager; die innere Schwäche des französischen Bündnispartners; die desolate Wirtschaftslage in Großbritannien mit 12,9 Prozent Arbeitslosigkeit; das vollständig unzureichende militärische Potential, das nur in der Flotte über schlagkräftiges Instrument verfügte, und die Suche nach Zeitgewinn, um ab 1938 die eigene Rüstung in Gang zu bringen.

Umständen eine Gewaltanwendung ausgeschlossen bleiben. Darauf Hitler erregt: »Gewalt, wer spricht von Gewalt? Herr Benesch wendet diese Gewalt gegen meine Landsleute im Sudetenland an, Herr Benesch hat im Mai mobilisiert und nicht ich.« Und dann, in herausfordernder Steigerung: »Ich lasse mir das nicht länger bieten. Ich werde in kürzester Frist diese Frage – so oder so – aus eigener Initiative lösen.« Als Chamberlain ihm verärgert entgegenhielt, er sehe nicht ein, warum er ihn nach Berchtesgaden habe kommen lassen, um ihm nur mitzuteilen, daß er zur Gewaltanwendung entschlossen sei, zuckte Hitler zurück. »Wenn Sie für die Behandlung der Sudetenfrage den Grundsatz des Selbstbestimmungsrechtes der Völker anerkennen können, dann können wir uns anschließend darüber unterhalten, wie dieser Grundsatz in die Praxis umgesetzt werden kann.« Doch Chamberlain verwies auf die praktischen Schwierigkeiten, etwa bei einer entsprechenden Volksabstimmung, und man einigte sich darauf, daß Chamberlain zu einer Kabinettssitzung über diese Frage nach England zurückfliegen solle, während Hitler zusicherte, in der Zwischenzeit keine militärischen Maßnahmen zu ergreifen.[141]

Obwohl Hitler in den Tagen danach nichts unterließ, um die Krise weiter anzuheizen, einigten sich die britische und die französische Regierung auf ein Ultimatum an die tschechische Regierung, in dem sie die Abtretung aller Gebiete mit mehr als 50 Prozent deutscher Bevölkerung forderten und als Gegenleistung eine Garantie der neuen Staatsgrenzen anboten. Wieder blieb Prag kein anderer Weg, als sich den Verbündeten zu beugen. Mit dieser Nachricht kam Chamberlain am 22. September zu einem äußerst überraschten Hitler zurück; dieses Mal traf man sich auf halbem Wege in Bad Godesberg im Rheinhotel Dreesen. Der britische Premier hatte noch ein weiteres Angebot in seinem Gepäck: die Bündnisverträge der Tschechoslowakei mit Frankreich und der Sowjetunion könnten aufgelöst werden, um Deutschland nicht weiter zu beunruhigen. Statt dessen solle die Unabhängigkeit des Landes international garantiert werden. Verblüfft fragte Hitler nach, ob dieses Angebot auch von Prag akzeptiert sei, um dann ruhig zu erklären: »Es tut mir sehr leid, Herr Chamberlain, daß ich auf diese Dinge jetzt nicht mehr eingehen kann. Nach der Entwicklung der letzten Tage geht diese Lösung nicht mehr.«[142]

Damit waren die Gespräche an einem toten Punkt angelangt, und Chamberlain zog sich verärgert in das Hotel Petersberg auf der gegenüberliegenden Rheinseite zurück. Am folgenden Tag kam es nur zu einem brieflichen Meinungsaustausch, der keine neuen Ergebnisse brachte. Daraufhin verlangte der britische Premier ein deutsches Memorandum, in dem noch einmal alle Forderungen aufgelistet werden sollten. Im übrigen kündigte er seine Abreise an.

Der Ton des deutschen Memorandums, das der britischen Delegation in einem Abschlußgespräch übergeben wurde, glich einem Diktat. Chamberlain erwiderte: »Mit großer Enttäuschung und tiefem Bedauern muß ich feststellen, Herr Reichskanzler, daß Sie mich in meinen Bemühungen um die Erhaltung des Friedens auch nicht im geringsten unterstützt haben.«[143] Mitten in diese erregten

Abschlußgespräche platzte die Nachricht von der tschechoslowakischen Mobilmachung. Nach diesem Paukenschlag herrschte in der Verhandlungsrunde »ein paar Takte lang völliges Schweigen«.[144] Die Katastrophe schien unaufhaltsam. Immerhin schien Hitler danach zu einigen Zugeständnissen bezüglich der Räumungsfristen im Sudetengebiet bereit und versicherte, die Sudetenfrage sei das letzte große Problem, das noch zu lösen sei. Chamberlain blieb resigniert.

Das britische Kabinett, das sofort nach der Rückkehr des Premiers über Hitlers Memorandum beriet, lehnte die neuen Forderungen ab und ließ die deutsche Seite am folgenden Tag, dem 26. September, wissen, daß London der französischen Regierung eine aktive Unterstützung für den Fall einer kriegerischen Verwicklung zugesagt habe. Auch Prag wies die in dem Memorandum enthaltenen Vorschläge als unannehmbar zurück. In England und Frankreich richtete man sich auf einen Krieg ein.

Als der britische Botschafter Hitler diese Nachricht überbrachte, kam es zu turbulenten Szenen in der Reichskanzlei. »Die Deutschen würden wie Nigger behandelt; nicht einmal die Türkei wagt man so zu behandeln. Am 1. Oktober habe er die Tschechoslowakei da, wo er sie haben wolle.«[145] In dieser Stimmung hielt Hitler wenige Stunden später seine berühmte Sportpalastrede, die die Krise weiter verschärfte. Zunächst drohte er den Tschechen und ihrem Staatspräsidenten: »Er hat jetzt die Entscheidung in seiner Hand! Frieden oder Krieg! Er wird entweder dieses Angebot akzeptieren und den Deutschen jetzt endlich die Freiheit geben, oder wir werden diese Freiheit uns selbst holen.« Dann wiederholte er jene Lockungen, die auch schon Chamberlain in Godesberg zu hören bekommen hatte: »Und nun steht vor uns das letzte Problem, das gelöst werden muß und gelöst werden wird! Es ist die letzte territoriale Forderung, die ich Europa zu stellen habe, aber es ist die Forderung, von der ich nicht abgehe, und die ich, so Gott will, erfüllen werde.« Noch einmal verband er Drohungen mit Versprechungen. An der Auslöschung der Tschechoslowakei sei man gar nicht interessiert: »Wir wollen keine Tschechen.« Zum Schluß steigerte sich der Diktator in eine förmliche Ekstase. Er blickte wiederholt an die Saaldecke und schien von der Größe des Augenblicks und seinen eigenen Worten selbst überwältigt zu sein: »In dieser Stunde wird sich das ganze deutsche Volk mit mir verbinden! Es wird meinen Willen als seinen Willen empfinden, genau so wie ich seine Zukunft und sein Schicksal als den Auftraggeber meines Handelns ansehe! Und wir wollen diesen gemeinsamen Willen jetzt so stärken, wie wir ihn in der Kampfzeit besaßen, in der Zeit, in der ich als einfacher unbekannter Soldat auszog, um ein Reich zu erobern und niemals zweifelte an dem Erfolg und an dem endgültigen Sieg ... Und so bitte ich dich mein deutsches Volk: Tritt jetzt hinter mich Mann für Mann. Frau um Frau. In dieser Stunde wollen wir alle einen gemeinsamen Willen fassen. Er soll stärker sein als jede Not und jede Gefahr. Und wenn dieser Wille stärker ist als Not und Gefahr, dann wird er Not und Gefahr einst brechen. Wir sind entschlossen! Herr Benesch mag jetzt wählen!«[146]

Als er geendet hatte, gab es minutenlange Beifallstürme; die

Massen wiederholten in Sprechchören, die Goebbels anstimmte: »Führer befiehl, wir folgen.« Schließlich sprang Goebbels auf und nannte ein deutsches Trauma: »Niemals wird sich bei uns ein November 1918 wiederholen.« Der amerikanische Journalist William Shirer beobachtete, wie Hitler danach zu seinem Propagandaminister aufblickte, »als seien das die Worte, nach denen er den ganzen Abend gesucht hatte. Er sprang auf, beschrieb mit der rechten Hand einen großen Bogen durch die Luft, ließ sie auf den Tisch fallen und schrie, mit einem mir unvergeßlichen Fanatismus in seinen Augen, aus voller Kraft: ›Ja!‹ Dann sank er erschöpft in seinen Stuhl zurück.«[147]

Als Hitler den Sportpalast verließ, sangen die Massen: »Der Gott, der Eisen wachsen ließ, der wollte keine Knechte.« War es wirklich eine Begeisterung wie 1914, die hier inszeniert wurde? Hitler schien sich von der Hysterie noch am nächsten Tag mitreißen zu lassen, als er dem britischen Botschafter mit erhobener Stimme drohte: »Wenn Frankreich und England losschlagen wollen, dann sollen sie es nur tun. Mir ist das völlig gleichgültig. Ich bin auf alle Eventualitäten vorbereitet. Ich kann die Lage nur zur Kenntnis nehmen. Dann werden wir uns eben alle miteinander in der nächsten Woche im Kriege befinden!«[148]

Sofort danach befahl er weitere Mobilmachungsmaßnahmen, doch schon am gleichen Abend ließ er einen etwas versöhnlicher gehaltenen Brief an Chamberlain schreiben. Die Westmächte möchten Prag gegenüber eine Garantie übernehmen, daß die deutschen Vorschläge strikt eingehalten würden. Außerdem bot er eine Garantie für die Rest-Tschechei. Das alles waren Hinweise darauf, daß Hitler aus dem Konzept gebracht worden war und mit einem Mal einer Internationalisierung der Krisenlösung zuzustimmen schien. Was hatte den Stimmungsumschwung ausgelöst?

Noch am selben Nachmittag hatte Hitler die Kriegsbegeisterung nicht nur der fanatisierten Massen im Sportpalast, sondern die des Mannes auf der Straße testen lassen. Bei trübem Herbstwetter hatte er eine motorisierte Division durch die Reichshauptstadt befohlen, über die Ost-West-Achse durch die Wilhelmstraße vorbei an der Reichskanzlei. Von seinem Fenster aus konnte er jedoch nur die völlig apathische und bedrückte Stimmung der Bevölkerung beobachten. Keine Menschenmassen, die mit Jubelgeschrei und Blumen den kommenden Krieg kaum erwarten konnten. Die Menschen verharrten vielmehr in tiefem Schweigen. Alle staatlichen Berichte der letzten Wochen bestätigten diese Haltung; die Stimmung sei niedergedrückt, spannungsgeladen und voll von Gerüchten und Ängsten. Zum ersten Mal zeigten sich im Volk ernste Zweifel an der Politik Hitlers. Selbst Parteiberichterstatter konnten nicht umhin, eine Vertrauenskrise im Verhältnis zu Hitler in der Bevölkerung wie im Parteivolk zu konstatieren. Ein Kreisleiter aus Erding: »Als in den kritischen Tagen im September die Gefahr eines Krieges heranrückte, da zeigte sich, daß noch vielen Parteigenossen das nötige rückhaltlose Vertrauen zum Führer fehlte und daß im Ernstfall mit diesen nicht zu rechnen wäre.«[149]

Auch diplomatische Vorgänge und Nachrichten dieses Tages dämpften des »Führers« Euphorien. Die militärischen Vorbereitungen in England, Frankreich und der ČSR deuteten darauf hin, daß man es auf der anderen Seite dieses Mal ernst meinte. Der Krieg schien unvermeidlich.

Zum Widerstand entschlossen war in diesem Augenblick auch eine kleine Gruppe von Oppositionellen und Verschwörern aus Armee und Bürokratie, die sich einig waren, daß man den Krieg verhindern müsse. Die Radikalität, mit der Hitlers Politik auf den militärischen Konflikt zustrebte, trieb einige von ihnen zu immer entschiedeneren und außergewöhnlichen Gegenmaßnahmen, bis hin zu Attentats- und Umsturzplänen.

Als Staatssekretär von Weizsäcker die Erfolglosigkeit seiner »Einwirkung von innen« hatte feststellen müssen, entschloß er sich in der zweiten Augusthälfte zu einer »Beeinflussung von außen«. Auf verschiedenen Kanälen suchte er die britische Regierung von den gefährlichen außenpolitischen Absichten des eigenen Regimes zu überzeugen und dieser gleichsam »Leitlinien und Kniffe für den Umgang mit dem Diktator«[150] zu übermitteln. Am 1. September bat er den Hohen Kommissar des Völkerbundes für Danzig, Carl J. Burckhardt, seine Beziehungen zu nutzen und die britische Regierung zu einer »unzweideutigen Sprache« gegenüber Hitler zu veranlassen. »Es muß etwas geschehen, wir stehen am äußersten Rand.«[151]

Wenige Tage später schlug Erich Kordt, Chef des Ministerbüros im Auswärtigen Amt, dem Staatssekretär »einen besonderen Weg zur Warnung des Foreign Office und von Chamberlain« vor: sein Bruder Theodor Kordt, Botschaftsrat in London, sollte eine »umfassende Botschaft« an die britische Regierung übergeben. Tatsächlich sprach Theodor Kordt am 7. September mit Außenminister Halifax, wobei er sich als Mitglied »der deutschen Widerstandsbewegung« zu erkennen gab. Er schlug eine öffentliche britische Warnung Hitlers vor: »In der deutschen öffentlichen Meinung ebenso wie in den verantwortlich denkenden Kreisen der Armee ist Hitlers Krieg unpopulär und wird als Verbrechen gegen die Zivilisation angesehen. Wenn die erbetene Erklärung gegeben wird, sind die Führer der Armee bereit, gegen Hitlers Politik mit Waffengewalt einzutreten. Eine diplomatische Niederlage würde einen sehr ernst zu nehmenden politischen Rückschlag für Hitler in Deutschland nach sich ziehen und würde praktisch das Ende des nationalsozialistischen Regimes bedeuten.«[152] Damit war Kordt bereits weiter gegangen, als dies Weizsäcker zu tun bereit war. Dieser setzte sich weiterhin für eine nicht-öffentliche, diplomatisch-diskrete Warnung ein.

Kordt war es bei seinem Gespräch mit den Vertretern der Appeasement-Politik in London nicht anders ergangen als anderen Emissären, wie etwa dem konservativen Ewald von Kleist-Schmenzin, der im Auftrage von Generalstabschef Ludwig Beck im Sommer 1938 seine Verbindungen nach England genutzt hatte, um dort vor Hitlers Eroberungsplänen zu warnen. Beck an seinen Emissär: »Bringen Sie mir den sicheren Beweis, daß England kämpfen wird, wenn die Tschechoslowakei angegriffen wird, und ich will diesem Regime ein Ende machen.«[153] Vansittart hatte dem deutschen Besucher verblüfft entgegengehalten, was er da vortrage, sei ja Landesverrat. Nicht anders reagierte man auf Kordt. Er stieß auf Unver-

Theo Kordt mit Premierminister Chamberlain 1938 auf dem Londoner Flughafen

Staatssekretär Ernst von Weizsäcker, nach Ribbentrop der zweite Mann im Auswärtigen Amt, suchte lange von innen her mäßigend auf den Kurs des Reiches einzuwirken. Nach dem Scheitern dieser Versuche billigte er den Vorschlag der Brüder Kordt, die britische Regierung durch den Hinweis auf die Existenz einer Opposition im Reich zu einer entschiedenen Warnung an Hitler zu bewegen. Theo Kordt traf im September 1938 mit dem britischen Außenminister Halifax zusammen, wobei er weit über die von Weizsäcker genehmigte Botschaft hinausging und den Zusammenbruch des Regimes in Aussicht stellte, wenn London ein entschiedenes Zeichen gebe. Aber der Abgesandte des Staatssekretärs wurde so wenig ernst genommen wie vor ihm der Emissär Generalstabschefs Beck, der sogar die Entschlossenheit zu einem Putsch signalisiert hatte.

ständnis und Mißtrauen. Hinzu kam, daß sich den ausländischen Gesprächspartnern ein überaus uneinheitliches Bild von der deutschen Opposition bot, deren Aktivitäten nicht koordiniert und oft widersprüchlich waren.

Der entscheidende Grund für die Vergeblichkeit dieser Fühlungnahmen in London lag in der Doppeldeutigkeit der eigenen Position der deutschen Oppositionellen, die den ausländischen Diplomaten nicht verborgen geblieben war, hatten sie doch außenpolitische Vorstellungen zu erkennen gegeben, die mit den Revisions- und Großmachtvorstellungen Hitlers weitgehend übereinzustimmen schienen. Waren das, so konnte man sich in London fragen, nicht dieselben deutschen Militärs, die keine Skrupel gezeigt hatten, mit der Roten Armee zu paktieren und die möglicherweise zurück wollten zu einem wilhelminisch-monarchistischen Deutschland mit seinen kolonialen Expansionsabsichten? Warum sollte man diesen Kräften des alten Deutschland Unterstützung gewähren, wo doch der nationalsozialistische Diktator immer wieder seine kompromißlose antibolschewistische Haltung hervorgehoben und Großbritannien als Partner umworben hatte? Für Chamberlain lautete die Alternative darum nur »Hitler oder Preußen«.[154] Die Antwort darauf war klar, auch wenn man für den ungehobelten Faschistenführer nur tiefe Verachtung empfand.

Parallel dazu hatte die Anti-Kriegs-Partei versucht, im Innern Hitler entgegenzuwirken. Treibende Kraft war Ludwig Beck, für den die Wochenend-Krise vom Mai 1938 zum entscheidenden Wendepunkt geworden war. Seither hatte er nur den einen Gedanken: »Wie verhindere ich einen Krieg?«[155] Ähnlich wie Weizsäcker versuchte er zunächst durch Denkschriften und Vorträge sein Ziel zu erreichen. Er suchte den Oberbefehlshaber des Heeres zu veranlassen, auf Hitler einzuwirken, damit dieser seine Kriegspläne aufgebe. Am nachdrücklichsten geschah dies mit seiner Denkschrift vom 16. Juli 1938, die eindringlich vor der Gefahr eines weltweiten Krieges warnte und alle politischen, wirtschaftlichen und militärpolitischen Argumente gegen einen Krieg zusammenfaßte. Aber die rein militärisch-professionelle Argumentation Becks war zugleich die Schwäche seines Kurses.

Auf das hartnäckige Drängen seines Generalstabschefs hin zeigte sich Brauchitsch bereit, die Denkschrift in einer Generalkonferenz am 4. August zu verlesen. Gleichzeitig hatte Beck zu einem noch ungewöhnlicheren Mittel gegriffen und, offensichtlich unter dem Einfluß von Abwehrchef Admiral Canaris, Brauchitsch bedrängt, auf derselben Besprechung die Generäle zu einem kollektiven Rücktritt aufzufordern, um damit Hitler zur Einstellung der Kriegsvorbereitungen zu zwingen. Zwar stimmten die Generäle darin überein, daß ein Weltkrieg das Ende Deutschlands bedeuten müßte, doch Beck konnte sie mit seiner Lagebeurteilung nicht davon überzeugen, daß der von Hitler geplante militärische Konflikt tatsächlich nicht zu isolieren sei, sondern daß die Westmächte unweigerlich eingreifen würden. Weder die Berichte der Militär-Attachés noch die umfangreichen Studien des Generalstabs stützten Becks Prognose. Es war darum nicht erstaunlich, daß die höhere Generalität in dieser Lage sich scheute, den außergewöhnlichen Maßnahmen, die Beck vorschlug, zuzustimmen. Rein militärisch war ein Krieg gegen die »Tschechei« kein großes Risiko, und politisch war es keineswegs ausgemacht, daß der Westen wirklich eingreifen würde. Als Brauchitsch schließlich seinen Stabschef bloßstellte und Hitler selber die Denkschrift vorlegen ließ, blieb Beck nur noch die Resignation. Als Hitler zwei Wochen später auf einer Besprechung ankündigte, er werde bereits in den nächsten Wochen die Sudetenfrage mit Gewalt lösen, trat Beck zurück.

Der Amtsantritt von General Halder als neuer Chef des Generalstabs des Heeres am 1. September 1938 unterbrach jedoch die Planungen der militärischen Opposition durchaus nicht; sie erreichten jetzt vielmehr ein neues Stadium. Schon bei seiner Amtsübernahme machte Halder Brauchitsch deutlich, daß er Hitlers Kriegspläne ebenso ablehne wie sein Vorgänger Beck und daß er entschlossen sei, »jede Möglichkeit zum Kampf gegen Hitler auszunutzen«.[156] Zudem bekam die Kriegsverhinderungs-Politik durch die Kontakte zur Oster-Gisevius-Gruppe eine neue Dimension. Diese Gruppe um Oberstleutnant Hans Oster, dem Leiter der Zentralabteilung in der Abwehr, und Regierungsrat Dr. Hans Bernd Gisevius aus dem Reichsinnenministerium sah ihre vordringliche Aufgabe mehr und mehr im Sturz des Regimes; die Verhinderung des Krieges war für sie jetzt nur das Vehikel für ihre Staatsstreichpläne. In ihrem oppositionellen Wollen radikaler, waren sie durch ihre untergeordnete Funktion in ihren Möglichkeiten und Mitteln begrenzter. Darum suchten sie über Admiral Canaris, den Chef der Abwehr, der ihre Aktivitäten deckte, Kontakte direkt zu Halder. Während Halder die geheimen diplomatischen und politischen Bemühungen um eine Kriegsverhinderung weiterführte, plante der Oster-Gisevius-Kreis nun im Auftrage Halders den regelrechten Staatsstreich.

Die Absicht ging dahin, im Zusammenwirken mit General von Witzleben, dem Wehrkreisbefehlshaber von Berlin, Hitler und möglichst viele entscheidende Parteileute im Augenblick der Kriegserklärung durch eine handstreichartige Aktion festnehmen zu lassen und anschließend vor ein Gericht zu stellen. Der an der Verschwörung beteiligte Reichsgerichtsrat Dr. Hans von Dohnanyi hatte schon frühzeitig eine geheime Akte für einen solchen Prozeß angelegt. Mit einem solchen Verfahren hofften die Verschwörer, dem Hitler-Mythos in der Bevölkerung begegnen und der Gefahr einer neuen Dolchstoßlegende entgehen zu können.

Alles war für den Staatsstreich vorbereitet. Die Londoner Erklärung vom 26. September, daß England im Falle einer militärischen Aktion gegen die Tschechoslowakei Frankreich unterstützen werde, galt den Verschwörern als Beweis der englischen Entschlossenheit. Am Mittag des 27. September gab Hitler den Befehl für die Bereitstellung einer ersten Angriffswelle und bald darauf für eine Mobilmachung von 19 Divisionen. Die allgemeine Mobilmachung und damit der Krieg schien nur noch eine Frage von Tagen oder Stunden. Die Verschwörer warteten auf die Nachricht vom Angriffsbefehl, als am Vormittag des 28. September Hitler einlenkte und sich auf Drängen Mussolinis zur Teilnahme an einer Konferenz der vier Großmächte in München bewegen ließ. Diese Nachricht lähmte die Verschwörung.

Carl Goerdeler, bis 1937 noch Oberbürgermeister von Leipzig, der in die diplomatischen Bemühungen der Anti-Kriegspartei mit eingeschaltet gewesen war, formulierte wenige Tage später: »Chamberlain hat Hitler gerettet.«[157]

Die Verschwörer hatten ihre Planungen von dem Verhalten Hitlers und des westlichen Auslandes abhängig gemacht und vermutlich auch machen müssen; aber eben dadurch zerfiel nun die gemeinsame Aktionsgrundlage. München bedeutete einen Schlag für die Opposition, von der sich diese lange nicht erholen sollte. Die Kräfte, die sich um eine Kriegsverhinderung und einen Sturz des Regimes bemüht hatten, strebten auseinander, gaben ihre Kontakte untereinander wieder auf. Halder ging in der Folge auf Distanz zu den radikalen Verschwörern, von Witzleben wurde von Berlin nach Kassel versetzt, Oster und Gisevius vernichteten einen großen Teil ihrer Planungsunterlagen. Erst nach dem Polenfeldzug im Spätherbst 1939 wurde die Umsturzgruppe wieder aktiv; die Anti-Kriegs-Partei sollte dagegen bald wieder Gelegenheit bekommen, ihre vielfältigen politisch-diplomatischen Verbindungen neu zu knüpfen. Doch zu dem grundsätzlichen Dilemma ihrer Position und Strategie kam nun noch die belastende Erfahrung, daß der Diktator offenbar »mit der Geschichte selber im Bunde sei«.[158]

Zunächst war es noch einmal die Nachgiebigkeit einer konservativen Macht, mithin sein altes Erfolgsrezept, das Bündnis von faschistischer Gewalt und etablierten Mächten, das dem Eroberer weiterhalf. Da sich Chamberlain seinen großen Friedensplan nicht wegen ein paar Tausend Quadratkilometern Landes, die man ohnehin aufzugeben bereit war, durcheinanderbringen lassen wollte, lenkte er ein und schaltete den italienischen Duce dazu, der sich in der Pose des europäischen Maklers um eine Verhandlungslösung bemühte. Mussolini unterbreitete einen Vorschlag, der nicht sein eigener war. Die deutschen Truppen sollten nach einem Stufenplan zwischen dem 1. und dem 10. Oktober in das Sudetengebiet einmarschieren, und die Fragen der übrigen Minderheiten sollten gelöst werden. Hitler war dafür bereit, die Mobilmachung um 24 Stunden zu verschieben. Dieser Kompromiß war ein Entwurf, den das deutsche Auswärtige Amt unter Federführung von Staatssekretär von Weizsäcker und unter Mitwirkung Hermann Görings und von Neuraths formuliert und den Hitler widerwillig akzeptiert hatte. Der Vorschlag verband Elemente des deutschen Memorandums von Bad Godesberg mit einem britischen Zeitplan, der seit dem 27. September vorlag und den die tschechische Regierung mit Vorbehalten bereits angenommen hatte. Den zur militärischen Aktion drängenden Außenminister von Ribbentrop hatte man bei dem Entwurf einfach umgangen.

Hitler drängte immer mehr. Entschiedener denn je beharrte er darauf, am 1. Oktober in das Sudetengebiet einzurücken. So wurde die Konferenz schon für den folgenden Tag, den 29. September, nach München einberufen. Gegen Mittag trafen sich im Sitzungssaal des neuen Führerbaus am Münchener Königsplatz die Regierungschefs von England, Frankreich, Italien und Deutschland. Die tschechische Regierung war erst gar nicht eingeladen worden; sie war bloßes Objekt der großen Politik. Zu verhandeln gab es nicht

Geheime Reichssache

Abkommen

zwischen Deutschland, dem Vereinigt
Frankreich und Italien,
getroffen in München, am 29. September 1938.

Deutschland, das Vereinigte Königreich,
Frankreich und Italien sind unter Berücksichtigung
des Abkommens, das hinsichtlich der Abtretung des
sudetendeutschen Gebiets bereits grundsätzlich erzielt wurde, über folgende Bedingungen und Modalitäten dieser Abtretung und über die danach zu er-
greifenden Massnahmen übereingekommen und erklären
sich durch dieses Abkommen einzeln verantwortlich
für die zur Sicherung seiner Erfüllung notwendigen
Schritte.

1.) Die Räumung beginnt am 1.Oktober.

2.) Das Vereinigte Königreich, Frankreich und Italien
vereinbaren, dass die Räumung des Gebiets bis zum
10.Oktober vollzogen wird, und zwar ohne Zerstörung
irgendwelcher bestehender Einrichtungen, und dass
die Tschechoslowakische Regierung die Verantwortung
dafür trägt, dass die Räumung ohne Beschädigung der
bezeichneten Einrichtungen durchgeführt wird.

3.)

– 4 –

7.) Es wird ein Optionsrecht für den Übertritt in
die abgetretenen Gebiete und für den Austritt aus
ihnen vorgesehen. Die Option muss innerhalb von
sechs Monaten vom Zeitpunkt des Abschlusses dieses
Abkommens an ausgeübt werden. Ein deutsch-tsche-
choslowakischer Ausschuss wird die Einzelheiten der
Option bestimmen, Verfahren zur Erleichterung des
Austausches der Bevölkerung erwägen und grundsätzliche Fragen klären, die sich aus diesem Austausch
ergeben.

8.) Die Tschechoslowakische Regierung wird innerhalb
einer Frist von vier Wochen vom Tage des Abschlusses dieses Abkommens an alle Sudetendeutschen aus
ihren militärischen und polizeilichen Verbänden entlassen. die diese Entlassung wünschen. Innerhalb
derselben Frist wird die Tschechoslowakische Regierung
sudetendeutsche Gefangene entlassen, die wegen politischer Delikte Freiheitsstrafen verbüssen.

München, den 29. September 1938.

viel. Nach Meinung der Westmächte galt es vor allem Hitler davon
zu überzeugen, daß er das Sudetengebiet auch ohne Krieg erhalten
könne; es gehe nur noch darum, die sachliche Übereinstimmung
vertraglich zu fixieren.

So nahm die Konferenz einen seltsam zwanglosen Verlauf. Nur
Hitlers wütende Ausfälle unterbrachen die Atmosphäre des »allsei-
tig guten Einvernehmens«.[159] Bald nach den Eröffnungsreden der
Regierungschefs herrschte ein ständiges Kommen und Gehen im
Konferenzsaal, Botschafter und Berater stießen hinzu, die Konferenz löste sich zunehmend in Einzelverhandlungen und -gespräche
auf. Hitler war besonders um den französischen Ministerpräsidenten Daladier bemüht. »Mit Daladier kann ich mich sehr gut verständigen«, hörte Chefdolmetscher Schmidt Hitler am Rande zu Mussolini sagen, »er ist auch Frontsoldat gewesen wie wir, und man kann
daher vernünftig mit ihm reden.«[160] Am Nachmittag legte dann
Mussolini seinen Entwurf vor, der zur Grundlage des Abkommens
wurde.

Am 30. September zwischen 2 und 3 Uhr morgens wurde das
Papier schließlich unterzeichnet. Es sah die Besetzung des Sudeten-
gebiets nach dem abgesprochenen Zeitplan vor, Einzelheiten sollte
eine Kommission regeln. England und Frankreich betonten in
einem Zusatzpapier, das schließlich auch von Hitler und Mussolini

Münchener Abkommen vom
29. September 1938

597

unterzeichnet wurde, daß sie die neuen Grenzen der Tschechoslowakei gegen einen unprovozierten Angriff garantierten. Deutschland und Italien erklärten sich zu der Garantie bereit, nachdem die Probleme der polnischen und ungarischen Minderheiten geregelt waren.

Alle schienen erleichtert und zufrieden. Nur dem französischen Botschafter François-Poncet kamen Bedenken angesichts der Art und Weise, wie Frankreich mit einem treuen Bündnispartner umgegangen war. Aber auch Hitler stand unbeweglich und starr; seine Mißstimmung hatte andere Gründe. Man hatte ihm die Gelegenheit zum Losschlagen genommen. Die Unterredung, um die ihn Chamberlain bat, verstärkte diese Stimmung noch. Bleich und einsilbig hörte er am nächsten Morgen in seiner Münchener Privatwohnung den Ausführungen des britischen Premiers über das deutsch-englische Verhältnis, über die Abrüstung und Wirtschaftsfragen zu. Nicht ohne ein gewisses Zögern stimmte er dem Konsultationsangebot zu, das Chamberlain schließlich aus seiner Tasche holte. Das Münchener Abkommen und der Flottenvertrag, so hieß es darin, seien symbolisch für den Wunsch beider Völker, nie wieder gegeneinander Krieg zu führen. Auf dem Wege der Konsultationen sollten darum weiterhin Meinungsverschiedenheiten ausgeräumt werden, um auf diese Weise »zur Sicherung des Friedens in Europa beizutragen«.[161]

Hitlers Mißstimmung wuchs noch, als er erfuhr, daß auf der Fahrt durch München Chamberlain von der Bevölkerung als Friedensstifter begrüßt worden war. Das war weniger Mißgunst, denn auch Hitler selbst wurde ja von der Bevölkerung als Friedensbewahrer begeistert gefeiert. Vielmehr war es die unverkennbare Friedenssehnsucht der Deutschen, die ihn irritierte; es bestätigte sich, was er zwei Tage zuvor in Berlin bereits hatte erkennen müssen: »Mit diesem Volk kann ich noch keinen Krieg führen.«[162]

Und noch etwas kam hinzu. Oberflächlich betrachtet, konnte Hitler mit dem Ergebnis von München zwar zufrieden sein: ohne Anwendung von Gewalt hatte er einer überlegenen Mächtekonstellation ein Territorium von 28 291 Quadratkilometern mit 3,6 Millionen Menschen abgerungen. Strategisch war die Tschechoslowakei jetzt fast völlig ausgeschaltet. Ihr berühmtes Festigungssystem war genommen, praktisch war sie jetzt nicht mehr verteidigungsfähig. Deutschland aber hatte neue Industrien gewonnen. Bald nach der Münchener Konferenz kündigte die »Resttschechei« das Bündnis mit der Sowjetunion auf, verbot die kommunistische Partei, verhängte den Ausnahmezustand, die Pressezensur und erließ antijüdische Gesetze. Zur Bekräftigung des neuen Kurses erklärte der neue Prager Außenminister seinem deutschen Kollegen knapp vierzehn Tage nach der Eingliederung des Sudetenlandes: »Außenpolitisch möchten wir uns an Sie anlehnen, Herr Reichsaußenminister, wenn Sie gestatten.«[163] Nicht nur, weil man die Sowjetunion ausgeschlossen hatte, erschien München als der Triumph der faschistischen Mächte. Sie hatten den »dekadenten Demokratien« nun auch international ihren Willen so aufgezwungen wie einst auf nationaler Ebene.

Dennoch hatte Hitler, gemessen an seinen Zielen, einen Rück-

WIR DANKEN UNSERM FÜHRER

Postkarten mit bildlichen Darstellungen der Erfolge des Regimes oder Aufrufen zu den verschiedensten Parteiaktionen wurden in zunehmendem Maße verkauft und anstelle der herkömmlichen Ansichtspostkarten von der Bevölkerung verwendet. Der militante Charakter der Innen- und Außenpolitik des Dritten Reiches trat auf ihnen kaum in Erscheinung. Glückliche Sudetendeutsche dankten Hitler für die Heimkehr ins Reich.

schlag erlitten, und er selbst empfand dies nicht anders. Er hatte seine Unterschrift unter ein Abkommen gesetzt, an das er sich zwar nicht lange gebunden fühlte, aber gleichwohl setzte sich in ihm der Gedanke fest, von Chamberlain übervorteilt worden zu sein. Seinen Plan eines triumphalen Einzugs in Prag noch im Herbst hatte der britische Premier durchkreuzt, und er hatte, was noch mehr wog, seinen Zeitplan durcheinandergebracht. Auch zeigte ihm die Sudetenkrise die Grenzen seiner bisherigen »Ohne-England«-Politik. »Großbritannien war nicht gewillt gewesen, bei der Lösung der Sudetenfrage analog zu Österreich tatenlos zuzusehen.«[164] Zudem fürchtete er, England nur zusätzliche Zeit für die eigene Aufrüstung gewährt zu haben. Noch im Februar 1945, im Führerbunker, trauerte er der scheinbar verpaßten Gelegenheit nach: »Man mußte den Krieg 1938 machen. Damals war die letzte Gelegenheit, den Krieg zu lokalisieren. Aber sie akzeptierten alles; wie Schwächlinge gaben sie allen meinen Forderungen nach. Unter solchen Voraussetzungen war es tatsächlich schwierig, einen Krieg vom Zaune zu brechen. Wir haben in München eine einmalige Gelegenheit verpaßt, den unvermeidlichen Krieg leicht und rasch zu gewinnen.«[165]

Aus militärischer Sicht war dieses Kalkül wirklichkeitsfremd. Denn nach dem Urteil aller Fachleute hätte das Deutsche Reich im September 1938 eine bewaffnete Auseinandersetzung an mehreren Fronten nur wenige Tage durchhalten können. Hitlers Vorteil war vielmehr die Schwäche seiner Gegner und die Gemeinsamkeit des antibolschewistischen Motivs.

München war aus der Sicht einer herkömmlichen Revisionspolitik ein eindrucksvoller Erfolg. Die deutsche Hegemonialstellung in einem erweiterten Mitteleuropa war jetzt endgültig gesichert, der Weg zur politischen und ökonomischen Vorherrschaft in Südosteuropa vorgezeichnet.

Doch Hitler war kein traditioneller Revisionspolitiker, aber das sollte den Zeitgenossen erst nach München klar werden. Er schrieb andere Ziele vor, und seine forcierte Außenpolitik war nicht von innenpolitischen Notwendigkeiten bestimmt. »Der Zwang zum Handeln gegen Europa resultierte aus den ›Notwendigkeiten‹, die er in der Vierjahresplan-Denkschrift und am 5. November 1937 deutlich gemacht hatte, und aus den angelaufenen operativen Vorbereitungen.«[166] Nach München stand für Hitler fest, daß er sich nicht noch einmal durch eine internationale Konferenz auf Teillösungen beschränken und damit um die Ziele seiner Strategie bringen lassen wollte. München war daher nur eine Atempause, ein Pyrrhus-Sieg für die Sache des Friedens und die mäßigende Strategie der konservativen Mächte im Innern wie im Äußeren.

2.7 Vorbereitungen der Expansionspolitik

Kaum waren die Sudetengebiete unter dem Jubel der Bevölkerung dem Reich einverleibt, als Hitler durch aggressive Reden alle Hoffnungen auf eine längere Friedensphase zerstörte. Das Dritte Reich, machtpolitisch nach innen wie nach außen auf dem Höhepunkt angelangt, gab sich nun keine Mühe mehr, einen friedfertigen Eindruck zu machen. Am 9. Oktober erging sich der Diktator, nach einem Besuch des Westwalls, in Saarbrücken in Ausfällen sowohl gegen die »gouvernantenhafte Bevormundung« durch England wie gegen »Schwächlinge bei uns«, die nicht verstanden hatten, daß ein »harter Entschluß getroffen werden«[167] mußte. Noch eindeutiger demonstrierte das Regime seine Aggressivität bei den Pogromen der »Reichskristallnacht«. Was an internationalem Prestige durch München gefestigt war, wurde in einer Nacht zerstört.

Einen Tag später, am 10. November, forderte Hitler in einer Geheimrede vor den Vertretern der deutschen Presse einen radikalen Kurswechsel: weg von der Friedenspropaganda, hin zur psychologischen Vorbereitung des Krieges. »Die Umstände haben mich gezwungen, jahrzehntelang fast nur vom Frieden zu reden. Nur unter der fortgesetzten Betonung des deutschen Friedenswillens und der Friedensabsichten war es mir möglich, dem deutschen Volk Stück für Stück die Freiheit zu erringen und ihm die Rüstung zu geben, die immer wieder für den nächsten Schritt als Voraussetzung notwendig war. Es ist selbstverständlich, daß eine solche jahrzehntelang betriebene Friedenspropaganda auch ihre bedenklichen Seiten hat; denn es kann nur zu leicht dahin führen, daß sich in den Gehirnen vieler Menschen die Auffassung festsetzt, daß das heutige Regime an sich identisch sei mit dem Entschluß und dem Willen, den Frieden unter allen Umständen zu wahren.« Weil dies aber auf einer »falschen Beurteilung der Zielsetzung dieses Systems« beruhe, forderte Hitler von den Journalisten und Spitzenfunktionären des gesamten Propaganda-Apparates, »das deutsche Volk psychologisch umzustellen und ihm langsam klarzumachen, daß es Dinge gibt, die, wenn sie nicht mit friedlichen Mitteln durchgesetzt werden können, mit den Mitteln der Gewalt durchgesetzt werden müssen.« Sein Fazit: die »pazifistische Platte« habe sich jetzt »bei uns abgespielt«, weil man ihr ohnehin nicht mehr glaube.[168] Den eigentlichen Zweck dieser psychologischen Mobilisierung für den Krieg hatte Himmler zwei Tage zuvor in einer geheimen Ansprache vor den höchsten SS-Führern genannt: der »Führer« strebe ein »großgermanisches Imperium« an, das das »größte Reich« werden sollte, »das von dieser Menschheit errichtet wurde und das die Erde je gesehen hat«.[169]

In dieser Phase einer pathologischen Aufladung traten nicht nur die programmatischen Ziele des Nationalsozialismus unverhüllt hervor. Es fiel auch die Entscheidung über die nächsten Schritte, die das Münchener Abkommen, kaum geschlossen, sofort wieder aushöhlen und zerstören mußten. Zehn Tage nach der Münchener Konferenz fragte Hitler Keitel nach den militärischen Möglichkeiten des Reiches. Drei Wochen später gab er die Weisung zur militärischen »Erledigung der Resttschechei« (am 21. Oktober) sowie zur »Inbesitznahme des Memellandes«. Am 24. November ordnete er überdies Vorbereitungen für die Besetzung Danzigs an. Gleichzeitig traf er die politischen Vorbereitungen für den nächsten Coup: es sollte sich auf jeden Fall um eine »Befriedungsaktion und nicht um eine kriegerische Unternehmung«[170] handeln. Das resultierte aus politischen Überlegungen und hatte militärische Konsequenzen: der Griff nach Prag müsse ohne planmäßige Mobilmachung möglich gemacht werden. Das Ganze sei »auf Überfall abzustellen«. Gleichzeitig sollten für die übrigen Kräfte Aufmarschpläne gegen den Westen vorbereitet werden.

Die Blitzkrieg-Taktik zwang zu wechselnden »Prioritäten in Planung und Tarnung«,[171] je nach der politischen Situation. Außerdem mußten alle Versuche der Westmächte einer internationalen Garantie für den verbliebenen tschechischen Staat unterlaufen, die Internationale Kommission so bald wie möglich »zum Verschwinden«[172] gebracht werden. Hitler griff zur bewährten Auflösungsstrategie: es sollten mit der Tschechoslowakei möglichst bald zweiseitige Verhandlungen herbeigeführt werden. Gleichzeitig ermunterte er die slowakischen Nationalisten, in der neuen Resttschechoslowakei die Rolle zu übernehmen, die die Sudetendeutschen vor München gespielt hatten – nämlich mit der Forderung nach Selbstbestimmung den inneren Zerfall der Tschechoslowakei voranzutreiben.

Nach außen mußte darum der Geist von München scheinbar weiterleben. Doch alle Konsultationen und scheinbaren Annäherungen, etwa auch zwischen Deutschland und Frankreich, waren für Hitler nur Mosaiksteine in der politischen Vorbereitung des Krieges. Sie dienten der Beschwichtigung der französischen politischen Öffentlichkeit und der Rückendeckung für weitere Schritte im Osten. Denn alle deutsch-französischen Annäherungsversuche standen unter dem Vorbehalt, daß Paris die deutsche Interessensphäre im Osten respektiere. Vor allem aber war das Arrangement nur auf Zeit vorgesehen, denn von der Notwendigkeit eines Krieges der Achse gegen Frankreich und England war Hitler jetzt mehr denn je überzeugt.

Die gewünschte Situation, mit der ein Eingreifen in Prag propagandistisch gerechtfertigt werden konnte, ergab sich bald. Während die Tschechoslowakei auch in ihrem Bemühen um eine internationale Garantie ihrer neuen Grenzen völlig von der deutschen Gnade abhängig war und Hitler eine solche Garantieerklärung immer wieder hinausschob, eskalierten die inneren Spannungen. Die Prager

Regierung befand sich gegenüber den Slowaken in einer fast auswegslosen Situation, und Hitler tat alles, um die innertschechischen Konflikte anzuheizen. Ein Teil der slowakischen Führung strebte die Selbständigkeit an, wenn auch innerhalb des gemeinsamen Staatsverbandes. Als die Verhandlungen zwischen der Prager und der Preßburger Regierung über das Ausmaß der Autonomie gescheitert waren, setzte der neue tschechische Staatspräsident Hacha die slowakische Regierung unter Ministerpräsident Tiso ab und entsandte Truppen in die Slowakei.

In diesem Moment mischte sich Hitler ein. Nach vergeblichen Versuchen gelang es schließlich seinem Abgesandten, den Preßburger Regierungschef nach Berlin zu locken. Am 13. März informierte Hitler den in die Reichshauptstadt gekommenen Tiso über die bevorstehende Besetzung des tschechischen Landesteiles und drohte, daß er die Slowakei ihrem Schicksal überlassen werde, wenn diese sich nicht noch von Prag trenne. Damit konnte nach Lage der Dinge nur die Annexion der Slowakei durch Ungarn mit deutscher Unterstützung gemeint sein. Tiso blieb nichts anderes übrig, als zu versichern, der »Führer« könne sich auf die Slowakei verlassen. Am nächsten Tag erklärte das Parlament die Unabhängigkeit der Slowakei.

Am Abend des 14. März traf der tschechische Staatspräsident Hacha mit seinem Außenminister in Berlin ein, wo er Opfer eines Überrumpelungs- und Erpressungsmanövers werden sollte, das Hitler später nicht ohne Häme als »Hachaisieren« bezeichnet hat. Nach einer zermürbenden Wartezeit wurden die Besucher schließlich weit nach Mitternacht durch die respektheischenden Flure und Säle der neuen Reichskanzlei, Speers jüngster, den imperialen Anspruch Hitlers ausdrückender Schöpfung, zu Hitler geführt, ohne jedes konkrete Wissen darüber, was eigentlich der Verhandlungsgegenstand sein sollte. Das sollte spätestens Hitlers martialische Umgebung vermitteln; Hitler hatte nach erprobtem Einschüchterungsmuster wieder General Keitel und Feldmarschall Göring um sich gruppiert.

Die ganze Auswegslosigkeit des schutzlosen Landes sprach aus dem verzweifelten Versuch Hachas, durch Anpassung wenigstens ein Stück nationaler Identität zu retten. Er glaube, formulierte er am Ende seiner Begrüßungsworte, »daß das Schicksal [der Tschechoslowakei] in den Händen des Führers gut aufgehoben sei«.[173] Und dann schloß er mit der Bitte, seinem Volk gleichwohl das Recht auf eigene nationale Existenz zu gewähren. Das ermunterte Hitler wieder zu einem seiner schier endlosen Monologe, diesmal über die fortdauernde Feindseligkeit der Tschechei und die Ungebrochenheit des Benesch-Geistes, bis er seinen völlig versteinert vor ihm sitzenden Besuchern unmißverständlich drohte, seine Geduld sei nun erschöpft. »Um sechs Uhr rücke von allen Seiten her die deutsche Armee in die Tschechei ein, und die deutsche Luftwaffe werde die Flughäfen besetzen.« Es blieben nur zwei Möglichkeiten: Kampf oder eine gütliche Regelung, die einen Einmarsch deutscher Truppen in erträglicher Form erlaube. Dies sei »der letzte gute Dienst, den er dem tschechischen Volke erweisen könne«.[174] Als die tschechische Regierung, die mittlerweile in Prag zusammengetreten

> Der Führer und Reichskanzler hat heute in Gegenwart
> des Reichsministers des Auswärtigen von Ribbentrop den
> tschechoslowakischen Staatspräsidenten Dr. Hacha und den
> tschechoslowakischen Außenminister Dr. Chwalkowsky auf
> deren Wunsch in Berlin empfangen. Bei der Zusammenkunft
> ist die durch die Vorgänge der letzten Wochen auf dem
> bisherigen tschechoslowakischen Staatsgebiet entstandene
> ernste Lage in voller Offenheit einer Prüfung unterzogen
> worden. Auf beiden Seiten ist übereinstimmend die Über-
> zeugung zum Ausdruck gebracht worden, daß das Ziel aller
> Bemühungen die Sicherung von Ruhe, Ordnung und Frieden
> in diesem Teile Mitteleuropas sein müsse. Der tschecho-
> slowakische Staatspräsident hat erklärt, daß er, um die-
> sem Ziele zu dienen und um eine endgültige Befriedung
> zu erreichen, das Schicksal des tschechischen Volkes
> und Landes vertrauensvoll in die Hände des Führers des
> Deutschen Reiches legt. Der Führer hat diese Erklärung
> angenommen und seinem Entschlusse Ausdruck gegeben, daß
> er das tschechische Volk unter den Schutz des Deutschen
> Reiches nehmen und ihm eine seiner Eigenart gemäße auto-
> nome Entwicklung seines völkischen Lebens gewährleisten
> wird.
>
> Zu Urkund dessen ist dieses Schriftstück in doppel-
> ter Ausfertigung unterzeichnet worden.
>
> Berlin, den 15. März 1939.

Der lapidare Text des sogenannten Hitler-Hácha-Abkommens, mit dem die Annexion der »Resttschechei« nach der Unabhängigkeitserklärung der Slowakei völkerrechtlich maskiert wird.

war, in einem Telephonat mit Hacha diesen von der Unterschrift unter die von Hitler vorbereitete Erklärung abzuhalten versuchte, drohte Göring mit der Bombardierung von Prag. In diesem Moment erlitt der Präsident einen Herzanfall, doch Hitlers Arzt, Dr. Morell, half dem Zusammengebrochenen mit Spritzen wieder auf, damit er die Unterwerfungsurkunde noch unterschreiben und den tschechischen Widerstand gegen einen deutschen Einmarsch unterbinden konnte. So legte Hacha »das Schicksal des tschechischen Volkes und Landes vertrauensvoll in die Hände des Führers des Deutschen Reiches«. Und weiter hieß es in der Erklärung: »Der Führer hat diese Erklärung angenommen und dem Entschluß Ausdruck gegeben, daß er das tschechische Volk unter den Schutz des Deutschen Reiches nehmen und ihm eine seiner Eigenart gemäße autonome Entwicklung seines völkischen Lebens gewährleisten wird.«[175]

Zwei Stunden später überschritten deutsche Truppen die Grenze, gegen 9 Uhr morgens erreichten die ersten Verbände bereits Prag. Sie wurden nicht mehr wie in Wien mit Blumen, sondern mit grimmigem Schweigen begrüßt. Als Hacha nach Prag zurückkehrte, wurde er in seiner eigenen Hauptstadt bereits von einer deutschen Ehrenkompanie empfangen. Triumphierend konnte Hitler nun verkünden, was ihm Chamberlain, dieser »Kerl«, im Herbst 1938 noch verdorben hatte: »Die Tschechoslowakei hat damit aufgehört zu existieren.«[176] Am selben Abend noch zog der neue Machthaber selber in Prag ein; fast unbemerkt von der Bevölkerung fuhr er sofort zur Prager Burg, wo ihn Keitel, Himmler, Ribbentrop und Bormann begrüßten. Sofort machte man sich ans Werk: der »Erlaß des Führers und Reichskanzlers über das Protektorat Böhmen und Mähren« wurde erarbeitet und am folgenden Tag verkündet, noch ehe die westlichen Botschafter in Berlin am 18. März ihre Protestnoten überreichen konnten. Der Erlaß gewährte ein gewisses Maß an Autonomie, zumindest bis Kriegsbeginn: das Protektorat behielt eine eigene Regierung und eigene Behörden, allerdings unter einem deutschen Reichsprotektor. Dazu ernannte Hitler den als gemäßigt geltenden ehemaligen Außenminister und nachmaligen »Präsidenten des Geheimen Kabinettsrats« von Neurath, der damit zugleich endgültig aus dem Berliner Machtzentrum verbannt war. Die Slowakei aber wurde zu einem deutschen Satellitenstaat, mit deutschen Beratern in allen Ministerien.

Die Unterwerfung Böhmens und Mährens bedeutete vor allem einen strategischen und wehrwirtschaftlichen Gewinn. Böhmens Metall-, Maschinenbau- und Rüstungsunternehmen, alle in einem technisch guten Zustand, brachten der deutschen Wehrwirtschaft eine wesentliche Entlastung und Erweiterung. Durch den industriellen Zuwachs, den das Dritte Reich durch Österreich, das Sudetengebiet und das Protektorat Böhmen und Mähren erhielt, war der deutsche Anteil an der industriellen Weltproduktion auf 15 Prozent gestiegen. Das war in der Welt Platz zwei hinter den USA. Die Übernahme der tschechischen Industrie war ebenso bereits längst vorbereitet gewesen wie die Beschlagnahmung einer großen Menge von Waffen und militärischem Gerät, die nach dem Urteil des Generalquartiermeisters einen »ungeheueren Kraftzuwachs«[177] bedeutete. Nicht weniger wichtig war der strategische Vorteil: das Territorium bot einen weit nach Osten vorragenden Aufmarschplatz für künftige Ausgriffe in diese Richtung.

Die Besetzung Prags war ein Wendepunkt. Hitler hatte damit zum ersten Mal ein fremdes Volk unterworfen. Wenn es noch eines Beweises dafür bedurft hätte, daß für ihn Selbstbestimmungsrecht und Revisionsforderungen bloße Instrumente für die strategische Vorbereitung seiner Expansionspolitik gewesen waren, dann lieferte ihn der Griff nach Prag. In seiner ersten öffentlichen Reaktion gab sich Chamberlain denn auch entschlossen und sprach am 17. März in Birmingham drohend davon, daß damit »der Weltöffentlichkeit ... ein schwererer Schlag als je zuvor, selbst durch das gegenwärtige Regime in Deutschland, versetzt worden« sei. Er bezichtigte Hitler seiner zahllosen Wortbrüche und fragte schließlich, ob »dies das Ende eines alten Abenteuers oder der Anfang eines neuen«[178] sei. Am selben Tag rief er den britischen Botschafter für unbestimmte

Zeit aus Berlin zurück, und Lord Halifax äußerte verbittert gegenüber dem deutschen Botschafter, er habe Verständnis für Hitlers Geschmack an unblutigen Triumphen, das nächste Mal aber werde er gezwungen werden, Blut zu vergießen. Der Eroberer selbst gab sich zuversichtlich: »In zwei Wochen spricht kein Mensch mehr davon.«[179] Zum ersten Mal sollte er sich täuschen.

Schweigend, weinend und mit zurückgestautem Haß empfing die Prager Bevölkerung den Einmarsch der deutschen Truppen.

Die Westmächte mußten zwar die Eroberung Prags hinnehmen, schließlich hatten sie selbst die Tschechen in München entwaffnet und Hitler preisgegeben. Doch nun machte London deutlich, daß die Grenzen der Zumutungen und Konzessionen erreicht und daß man entschlossen war, jedem weiteren Übergriff Hitlers entgegenzutreten, auch wenn dies den großen Krieg bedeuten sollte. Zwar kehrte Chamberlain bald wieder zur Politik des Appeasement zurück, weil sich aus seiner Sicht die Prämissen dieses nüchternen Kalküls, bei dem es vor allem um Zeitgewinn ging, keinesfalls geändert hatten, doch die Opposition in der eigenen Regierung wie in der öffentlichen Meinung des Landes gegen den Kurs des Premiers wuchs. Auch wenn es bis zum Beginn des Krieges für die britische Regierung grundsätzlich keine Alternative zu dem Versuch der Friedenswahrung durch eine Verständigung mit dem Deutschen Reich gab, weitere Erpressungen und Gewaltakte von seiten Hitlers war man nicht mehr bereit hinzunehmen.

Damit aber war Hitlers taktischer Handlungsspielraum, ohne daß er sich dessen bewußt geworden wäre, sehr viel enger geworden. Denn während Hitler, ungeduldiger denn je, seine visionären Ziele eines weiträumigen Großreiches im Osten in politische Handlungs-

pläne umzusetzen suchte, erkannten seine Gegner und potentiellen Opfer hinter der Vieldeutigkeit seiner Politik, hinter der verwirrenden und lähmenden Verbindung von Drohung und Werbung,
von Friedensbeteuerungen und Gewaltakten zunehmend die Ein-
deutigkeit seiner Ziele. »Der Feldzug gegen Treu und Glauben« war
nicht länger zu gewinnen.

Zur selben Zeit, als seine Ziele und Mittel ihre Undurchsichtigkeit
zu verlieren begannen, richtete der Lebensraumideologe seine
Blicke in die ferne Zukunft und ließ seine Truppenkommandeure
ein Stück weit daran teilhaben. In einer geheimen Ansprache am
10. Februar warb er um Vertrauen für seine Entschlüsse. »Das Jahr
1938«, begann Hitler, »hat in großen Teilen des deutschen Volkes
vielleicht nicht vom ersten Augenblick an in seinen Handlungen das
volle Verständnis gefunden, daß (!) man hätte erwarten dürfen.
Auch Kreise der Wehrmacht sind (!) sicherlich manchen Vorgängen
von damals wenn schon nicht skeptisch, dann innerlich abwartend
gegenüber gestanden. Es wurde nicht verstanden, daß man in
einem Augenblick, da die deutsche Außenpolitik an sich auf zahlreiche Erfolge zurückweisen konnte, andererseits das Instrument
der Außenpolitik sich mitten im Aufbau befand –, es wurde nicht
verstanden, daß man in einem solchen Augenblick riskant weitere
Entschlüsse faßte, deren Ausgang zumindest zweifelhaft zu sein
schien ...« Dann stellte er diese Entschlüsse als stets durchdacht,
notwendig und unabänderlich dar. »Das Jahr 1938 ist in seinem
gesamten Handeln nur die konsequente Fortsetzung der Entschlüsse, die ihre Verwirklichung beginnend mit dem Jahre 1933 gefunden
hatten.« Allenfalls im Zeitpunkt und in der Reihenfolge der Aktionen habe es Abweichungen und Improvisationen gegeben. Die
Triumphe der Revisionspolitik, daran ließ er jetzt keinen Zweifel
mehr, waren für ihn nicht Endpunkt, sondern nur Etappe auf einem
Weg. »Wenn nun das Jahr 1938 mit dem vielleicht größten Erfolg
zunächst unserer Geschichte abgeschlossen hat, dann ist selbstverständlich auch das nur ein Schritt auf einem langen Weg, der uns,
meine Herren, vorgezeichnet ist und dessen Zwangsläufigkeit ich
Ihnen jetzt ganz kurz erläutern will. Als im Jahre 1918 der Zusammenbruch erfolgte, hat das ziffernmäßig stärkste Volk Europas
seine machtpolitische Stellung verloren und damit die Möglichkeit
einer Durchsetzung seiner wichtigsten und natürlichsten Lebensinteressen mit allen Mitteln und unter allen Umständen. Es handelt
sich wirklich um das stärkste Volk nicht nur Europas, sondern – es
werden manche von Ihnen vielleicht erstaunt sein – praktisch der
Welt.«[180] Die Konsequenz, die er aus seiner biologistisch-materiali-
stischen Ideologie ableitete, ließ Hitler nicht unerwähnt: Deutschland gebühre die Weltführungsrolle. Nicht anders begründete er die
schnelle zeitliche Abfolge seines Programms, nämlich mit der Verpflichtung, »die Interessen unseres Volkes so zu vertreten, als ob das
Schicksal unserer Rasse in kommenden Jahrhunderten ausschließlich heute in unsere Hand gelegt wäre. Wir können uns nicht frei-
sprechen von der Verpflichtung, so zu handeln, als ob tatsächlich
durch unser Handeln jetzt die ganze deutsche Zukunft ausschließlich gestaltet würde.«[181]

War das noch eine »deutsche Zukunft«, von der Hitler hier

sprach? Nicht der nationale Machtstaat der Deutschen war die Kategorie, in der Hitler dachte, sondern das »Schicksal unserer Rasse«. Nicht weniger deutlich wurde der Abgrund, der ihn von der europäischen Tradition und auch von seinen national-konservativen Generälen und Diplomaten trennte, als er daraus den Charakter des kommenden Krieges ableitete. »Der nächste Krieg wird ein reiner Weltanschauungskrieg sein, d. h. bewußt ein Volks- und ein Rassekrieg sein.«[182]

Weltanschauungskrieg, Weltführungsrolle: das waren die Vorstellungen, um die Hitlers außenpolitisches Denken schon immer gekreist hatte. Wien, München und Prag markierten für ihn nicht End- und Wendepunkte, sondern nur taktische Etappen. Nun freilich besaß er endgültig die innen- und außenpolitische Macht, um diese Ziele offen auszusprechen und ihre Verwirklichung ohne größere Widerstände ins Auge zu fassen. Während für die Masse der Deutschen die großdeutschen Träume gerade nahezu vollständig erfüllt worden waren, erklärte Hitler seinen Generälen, daß damit die Zeit reif geworden sei für eine Serie von Expansionskriegen. Sie sollten weit über das bekannte Maß des europäischen »Normalkrieges«[183] hinausgehen und den Charakter von Weltanschauungs- und Rassekriegen annehmen.

Es ist auffallend, daß die Verfasser aller Protokolle und Berichte, die uns von den Ansprachen Hitlers in den Jahren 1937 bis 1939 Kenntnis geben, diesen programmatischen Ankündigungen von wahrhaft revolutionärem Charakter keine besondere Bedeutung beigemessen haben. Nahmen sie die Tragweite und Radikalität solcher Entwürfe gar nicht wahr, weil sie außerhalb ihrer Vorstellungswelt lagen? Oder waren sie »bereits durch zu häufige Wiederholung immunisiert«,[184] so daß sie die Radikalität von Hitlers Ausführungen nicht begreifen konnten? Nur die Ungeduld und gleichzeitig die Unentschlossenheit Hitlers, wo »der Hebel zuerst angesetzt werden sollte«,[185] fiel den Diplomaten des Auswärtigen Amtes auf. Staatssekretär von Weizsäcker war sich im Dezember 1938 bewußt, daß Hitler und Ribbentrop auf einen Krieg zusteuerten. »Man schwanke nur, ob gleich gegen England, indem man sich dafür noch Polens Neutralität erhalte, oder zuerst im Osten zur Liquidation der deutsch-polnischen und der ukrainischen Frage.«[186] Eines war von Weizsäcker klar: »Jeder neue Zug unserer Politik wird uns irgendwie mit den Polen in Reibung bringen.«[187]

2.8 Die Entfesselung des Krieges

Einen Krieg mit Polen hatte Hitler für das Jahr 1939 ursprünglich nicht eingeplant. Er habe noch im Frühjahr, so erklärte er eine Woche vor dem Überfall auf Polen am 22. August 1939 seinen Oberbefehlshabern auf dem Obersalzberg, beabsichtigt, »die Lösung der polnischen Frage hinauszuschieben, sozusagen auf Eis zu legen, um erst die nach seiner Ansicht unvermeidbare Auseinandersetzung mit dem Westen auszutragen«.[188] In der Tat spricht alles dafür, daß bis zum März 1939 Hitler ein »tragbares Verhältnis« mit Polen herzustellen versuchte, »um zunächst gegen den Westen zu kämpfen«.[189] Auf jeden Fall aber stand seit der Sudetenkrise auch die Klärung des Verhältnisses zu Polen auf der Tagesordnung, denn durch den deutschen Griff erst nach Wien und dann nach Prag hatten sich die Machtverhältnisse in Ostmittel- und Südosteuropa entscheidend verändert, womit sich neue politische Orientierungen abzeichneten. Zunächst drängte Hitler auf eine Umgestaltung des deutsch-polnischen Nichtangriffsabkommens von 1934. Ein »großzügiges« Angebot an Polen hatte Göring schon im August 1938 angekündigt.

Im Verhältnis zu Polen waren die Nationalsozialisten von Anfang an unkonventioneller gewesen als die »Revisionisten« im Auswärtigen Amt und in der Wehrmacht. In seinem Pakt mit Polen, das doch der eigentliche Gewinner des Weltkrieges gewesen war und durch den Besitz Westpreußens das Reich von Ostpreußen getrennt hatte, sah Hitler nicht nur die Chance eines Weges aus der beginnenden außenpolitischen Isolierung, sondern er hoffte auch, über den Tag hinaus so einen Bundesgenossen für eine künftige Auseinandersetzung mit der Sowjetunion zu finden. Ein solches antibolschewistisches Bündnis blieb der Leitgedanke der nationalsozialistischen Polenpolitik bis zum März 1939. Seit dem Oktober 1938 suchte Berlin mit Drohungen, Schmeicheleien und Angeboten Warschau in die Rolle eines Juniorpartners zu drängen, um sich dadurch entweder den Rücken freizuhalten für einen Angriff gegen den Westen oder den Aufmarschplatz für den antibolschewistischen Kreuzzug im Osten zu erhalten. Denn die Vorteile einer polnischen Juniorpartnerschaft, wenn sie von deutscher Seite jemals ernst gemeint war, lagen auf Hitlers Seite. Er hätte sich damit alle Möglichkeiten, auch Polen gegenüber, offengehalten, und vieles spricht dafür, daß er dies nur als eine taktische Vereinbarung auf (kurze) Zeit verstand.

Am 24. Oktober 1938 empfing Reichsaußenminister von Ribbentrop den polnischen Botschafter Lipski, um »zwischen Deutschland und Polen zu einer Generalbereinigung aller bestehenden Reibungsmöglichkeiten zu kommen.« Zunächst meldete er die deutschen Forderungen an, die er als »bescheiden« charakterisierte: »Der Freistaat Danzig kehrt zum Deutschen Reich zurück. Durch den Korridor würde eine exterritoriale, Deutschland gehörige Reichsautobahn und eine ebenso exterritoriale mehrgleisige Eisenbahn gelegt. Polen erhält im Danziger Gebiet ebenfalls eine exterritoriale Straße oder Autobahn und Eisenbahn und einen Freihafen. Polen erhält eine Absatzgarantie für seine Waren im Danziger Gebiet.«[190] Außerdem sollte Polen dem Antikominternpakt beitreten. Als Gegenleistung wurden eine Verlängerung des Nichtangriffspaktes auf 25 Jahre und eine Grenzgarantie angeboten.

Die polnische Regierung mußte von diesen Vorschlägen irritiert sein, da sie das Land vor eine Entscheidung für einen der beiden großen Nachbarn stellten. Das aber, so die aus leidvoller Erfahrung gewonnene polnische Staatsräson, mußte vermieden werden. Die polnischen Gesprächspartner blieben darum zurückhaltend; den direkten und offenen Gegensatz zur Sowjetunion wollte man unter allen Umständen vermeiden. Bei dem Vorschlag bereite vor allem die Danzig-Frage Polen Schwierigkeiten, wich Lipski im Oktober aus, und nicht viel anders argumentierte sein Außenminister Beck, als Hitler ihn im Januar 1939 eigens nach Berchtesgaden eingeladen und ihn noch mit zusätzlichen territorialen Angeboten zu ködern versucht hatte, die freilich noch gar nicht erobert waren, und zwar in der Ukraine. Ganz sicherlich gingen die polnischen Ambitionen tatsächlich in diese Richtung und sogar noch weiter. Die polnischen Offiziere träumten von einem »Dritten Europa« als einem Block von der Ostsee bis an den Hellespont, der unter polnischer Führung stehen würde. Sowohl diese eigenen Großmachtvisionen wie das viel nüchternere machtpolitische Kalkül, daß eine Anlehnung an Berlin unter eindeutig antisowjetischem Vorzeichen scharfe russische Reaktionen hervorrufen mußte, schlossen die von Hitler angebotene Juniorpartnerschaft aus. Man wollte nicht zu einer Schachfigur Hitlers werden; dann würde man eher noch um die eigene Unabhängigkeit kämpfen.

Hitler und Ribbentrop ließen nicht locker. Am 21. März, nach der »Erledigung der Resttschechei«, erneuerten sie ihre Angebote beziehungsweise Forderungen, diesmal freilich in Form eines unbefristeten Ultimatums. Während Beck und Lipski bisher versucht hatten, sich den Werbungen zu entziehen, ohne es zum Eklat kommen zu lassen, fühlten sie sich seit Mitte März in ihrem politischen Selbstbewußtsein und damit auch in ihrer ablehnenden Haltung durch die außenpolitische Initiative der Westmächte bestärkt. Polen fühlte sich nicht länger politisch isoliert, seitdem Paris und London Hilfsversprechen abgegeben hatten. Am 31. März erklärte die britische Regierung offiziell, bei einer Bedrohung den Bestand Polens bewahren und für die nationale Souveränität des Landes eintreten zu wollen; eine ähnliche Garantie wurde Rumänien gegeben. Mit dieser Rückenstärkung sah sich Beck in der Lage, Ribbentrops drängenden Vorstößen ein Ende zu machen und am 26. März eine Regelung der Danzig-Frage kategorisch abzulehnen. Die Folge war nicht nur eine Wende der deutschen Polenpolitik; jetzt kündigten sich auch die neuen machtpolitischen Konstellationen des Kriegsausbruchs an.

Polen war nun endgültig zur Konfliktzone geworden. Noch während dieser Veränderung der Fronten hatte Hitler wieder einmal seine Ungeduld und Aggressivität demonstriert. Am 21. März hatte er nicht nur von Warschau eine Entscheidung verlangt, sondern gleichzeitig von Litauen die Rückgabe des Memellandes und die sofortige Entsendung eines litauischen Bevollmächtigten nach Berlin gefordert, der dort die Abtretungsurkunde zu unterzeichnen hätte. Die Antwort wartete Hitler erst gar nicht mehr ab, sondern begab sich sofort auf den Panzerkreuzer »Deutschland«, der Kurs auf Memel nahm. Während Ribbentrop in Berlin der litauischen Verhandlungsdelegation die Pistole auf die Brust setzte wie einige Tage zuvor dem Tschechen Hacha, bereitete sich Hitler darauf vor, als »Befreier« in Memel einzuziehen. Am 23. März, gegen 2 Uhr nachts, gab Litauen auf, zehn Stunden später war Hitler in der Stadt.

Eine Lösung der Danzig-Frage war nun, »nachdem wir in Prag u. Memel unser politisches Kapital aufgebraucht haben«,[191] auch nach Meinung des Auswärtigen Amtes nicht mehr möglich. Seit Anfang März war bei Hitler der Entschluß gereift, Polen militärisch auszuschalten. Am 25. März forderte er den Oberbefehlshaber des Heeres auf, die »polnische Frage« zu bearbeiten. Zwar müsse eine »in naher Zukunft erfolgende Lösung« besonders günstige politische Voraussetzungen haben, aber wenn es zum Konflikt käme, dann müsse Polen »so niedergeschlagen werden, daß es in den nächsten Jahrzehnten als polit[ischer] Faktor nicht mehr in Rechnung gestellt« zu werden brauche. Was er mit »naher Zukunft« meinte, geht aus der Weisung hervor, den »Fall Weiß«, das heißt die Vorbereitungen gegen Polen, so zu bearbeiten, »daß Durchführung ab 1.9.39 jederzeit möglich ist«.[192]

Die britische Garantieerklärung hatte Hitlers Entschlossenheit zum militärischen Eingreifen gegen Polen ganz offenkundig nur verstärkt. »Die gegenwärtige Haltung Polens erfordert es«, hieß es in der Weisung zum »Fall Weiß« vom 3. April, »über die bearbeitete ›Grenzsicherung Ost‹ hinaus die militärischen Vorbereitungen zu treffen, um nötigenfalls jede Bedrohung von dieser Seite für alle Zukunft auszuschließen.«[193] Die »endgültige Abrechnung« mit Polen in naher Zukunft schloß er nun nicht mehr aus. Zwei Monate später, als Hitler den obersten Befehlshabern der Wehrmacht seine künftige Politik darlegte, stand das »Problem Polen« nicht nur ganz im Vordergrund; es stellte sich auch in neuer Perspektive. Hatte Hitler noch in der Weisung zum »Fall Weiß« vom April von der Notwendigkeit gesprochen, Polen vor einem Feldzug politisch zu isolieren, so beurteilte er seinen politischen Handlungsspielraum nun offensichtlich als wesentlich enger. »Das Problem ›Polen‹ ist von der Auseinandersetzung mit dem Westen nicht zu trennen ... Es entfällt also die Frage, Polen zu schonen und bleibt der Entschluß, bei erster passender Gelegenheit Polen anzugreifen. An eine Wiederholung der Tschechei ist nicht zu glauben. Es wird zum Kampf kommen.«[194]

Je geringer die Chancen wurden, nach seinem alten Konzept die potentiellen Opfer eines nach dem anderen zu isolieren, um so hartnäckiger versteifte sich Hitler darauf, »mit überraschenden, starken Schlägen ... zu schnellen Erfolgen zu kommen«.[195] Neben der Taktik von Blitzkriegen, die jetzt auch den Westmächten galt, setzte er auf einen politischen Weg, um den drohenden Zweifrontenkrieg zu vermeiden; dem jeweiligen Konflikt sollte die zeitweilige Verständigung mit dem Gegner von morgen vorausgehen. Beide Wege zielten auf dasselbe: auf Krieg.

Auf einen Ausweg durch eine Verständigungslösung wollte sich Hitler auf keinen Fall mehr einlassen, obwohl die britische Initiative vom Frühjahr 1939 zum Schutze der ost- und südosteuropäischen Staaten diesen Weg durchaus noch offengelassen hatte. Denn Chamberlain hatte keineswegs eine Garantie der polnischen Grenzen um jeden Preis ausgesprochen und auch keine grundsätzliche Abkehr von der Appeasement-Politik vollzogen, auch wenn seine Eindämmungsversuche dies auf den ersten Blick suggerierten. Die Hoffnung, unter größten Zugeständnissen den Status quo auf einem eben noch erträglichen Niveau zu wahren, hatte man in London noch nicht aufgegeben und die Tür zu einer Verhandlungslösung noch einen Spalt weit offengelassen.

Darauf aber wollte sich Hitler um so weniger einlassen, als seine Ziele ohnehin weit über das hinausgingen, was man in London

Zu Hitlers 50. Geburtstag läßt Albert Speer ein vier Meter hohes Modell jenes überdimensionalen Triumphbogens erstellen, den Hitler als gescheiterter Putschist in ungebrochenem Selbstvertrauen 1925 für die Hauptstadt seines Großreiches entworfen hatte.

zuzugestehen bereit war. Denn um Danzig ging es ja gar nicht, sondern um den Lebensraumkrieg. Das machte er seinen Generälen am 23. Mai in aller Offenheit klar: »Danzig ist nicht das Objekt, um das es geht. Es handelt sich um die Erweiterung des Lebensraumes im Osten und Sicherstellung der Ernährung, sowie der Lösung des Baltikum-Problems.«[196] Vor allem wollte er diese Ziele jetzt zum ersten Mal entschlossen auf kriegerischem Wege erreichen; die Wehrmacht müsse endlich einmal erprobt werden, vertraute er seinem Heeresadjutanten am Vorabend des Krieges an. Und bis zuletzt fürchtete er, daß »noch im letzten Moment irgendein Schweinehund einen Vermittlungsplan« vorlegen könnte;[197] ein zweites München dürfte es nicht geben.

Diese Entschlossenheit sprach auch aus der waffenstarrenden Parade zu Hitlers 50. Geburtstag am 20. April 1939 auf der neu erbauten Ost-West-Achse in Berlin und aus der Reichstagsrede acht Tage später. Die Rede brachte die Kündigung des Nichtangriffspaktes mit Polen vom Jahre 1934 und des britisch-deutschen Flottenabkommens von 1935. Hitler begründete das mit einer britischen Einkreisungspolitik, und das war auch der Tenor der deutschen Propaganda in den folgenden Wochen. Alte Ängste des wilhelminischen Deutschland wurden mobilisiert, um die Bevölkerung psychologisch auf den Konflikt vorzubereiten. Rhetorischer Höhepunkt seines Reichstagsauftritts vom 28. April 1939 war Hitlers Auseinandersetzung mit einem Schreiben des amerikanischen Präsidenten Roosevelt, der Hitler und Mussolini aufgefordert hatte, für 31 namentlich genannte Staaten eine zehnjährige Nichtangriffsgarantie auszusprechen. Hitler zog alle Register seines rhetorischen Könnens, um den Friedensappell Roosevelts mit Sarkasmus, Spott und Heuchelei zu beantworten. Er gliederte Roosevelts Telegramm in 21 Punkte, die er kapitelweise beantwortete. Auf die allgemeine Kriegsfurcht habe ihn der amerikanische Präsident hingewiesen, doch Deutschland sei an keinem der vierzehn Kriege beteiligt gewesen, die seit 1919 geführt worden seien, »wohl aber Staaten der ›westlichen Halbkugel‹, in deren Namen Herr Präsident Roosevelt ebenfalls das Wort ergreift«. »Eine Erklärung über die Absichten der deutschen Politik« möchte der Präsident, »mit demselben Recht« würde dann »auch von unserer Seite an den Herrn Präsidenten die Frage gerichtet werden können, welche Ziele denn die amerikanische Außenpolitik ihrerseits verfolge und welche Absichten denn dieser Politik zugrunde liegen, sagen wir zum Beispiel den mittel- oder südamerikanischen Staaten gegenüber«. Die deutsche Regierung, so Hitler weiter, habe bei all den Staaten, die nach Meinung Roosevelts sich von Deutschland bedroht fühlten, nachgefragt, ob sie sich tatsächlich bedroht sähen. Die Antwort darauf sei eine »durchgehend negative, zum Teil schroff ablehnende« gewesen. »Allerdings konnte einigen der angeführten Staaten und Nationen diese Rückfrage von mir nicht zugeleitet werden, weil sie sich – wie zum Beispiel Syrien – zur Zeit nicht im Besitz ihrer Freiheit befinden, sondern von den militärischen Kräften demokratischer Staaten besetzt gehalten und damit rechtlos gemacht sind.« Noch auf eine Reihe weiterer »historischer Irrtümer« meinte Hitler den amerikanischen Präsidenten »aufmerksam machen« zu müssen und konnte sich des brüllenden Gelächters seiner uniformierten Reichstagsabgeordneten sicher sein. Dann fuhr er fort: »Herr Präsident Roosevelt! Ich verstehe ohne weiteres, daß es die Größe Ihres Reiches und der immense Reichtum Ihres Landes Ihnen erlauben, sich für die Geschicke der ganzen Welt und für die Geschicke aller Völker verantwortlich zu fühlen. Ich, Herr Präsident Roosevelt, bin in einen viel bescheideneren und kleineren Rahmen gestellt ... Ich kann mich nicht für das Schicksal einer Welt verantwortlich fühlen, denn diese Welt hat am jammervollen Schicksal meines eigenen Volkes keinen Anteil genommen. Ich habe mich als von der Vorsehung berufen angesehen, nur dem eigenen Volk zu dienen und es aus seiner furchtbaren Not zu erlösen.«[198] Über eines konnte die rhetorische Brillanz seiner polemischen Erwiderung nicht hinwegtäuschen: mit Roosevelts Appell kündigte sich ein angelsächsisches Bündnis und eine neue weltweite Dimension der Auseinandersetzung an – eine Konsequenz der universalen Herausforderung und Allfeindschaft der Hitlerschen Raumeroberungspolitik.

Zudem brachte die vom nationalsozialistischen Deutschland ausgehende, immer stärker drohende Gefahr eine Macht ins politische Spiel, die bisher am Rande gestanden hatte, beziehungsweise dorthin, wie noch auf der Münchener Konferenz, zurückgedrängt worden war: die Sowjetunion. Das Hitlersche Vorgehen führte dazu, daß an der Vorhut der Weltrevolution, dem eigentlichen Erzfeind des nationalsozialistischen Deutschland, nicht mehr vorbeigehandelt werden konnte. Während die polnische Regierung alles versuchte, an den Schlüssen aus dieser Erkenntnis vorbeizukommen, mußte sich die britische Politik nolens volens darauf einstellen. Das aber bedeutete eine Abkehr von der Appeasement-Politik und von deren entscheidenden Prämissen, daß man nämlich bei jeder europäischen Konfliktregelung die Sowjetunion ausklammern müsse. Doch nicht nur durch die britischen Versuche einer Konsolidierung in Ost- und Südosteuropa gegen Hitler kam Stalin ins politische Spiel, sondern auch durch Hitlers Entschlossenheit zum Krieg. In beiden Fällen besaß Stalin günstige Verhandlungspositionen. Seit dem April 1939 bewegte sich die gesamte euro-

Sogenannte „**satte**" Nationen und sogenannte „Habenichtse" (engl. Lesart)

Wie die Rohstoffe der Erde sich auf die Großmächte verteilen.

Die Anteile der Mächte an Rohstoffen sind in Prozenten der Weltvorkommen (100%) angegeben.

	Britisch. Empire	Frankreich	Verein. Staaten	Großdeutschland	Italien	Japan
Steinkohlen	20,8%	0,7%	50%	7%	0,004%	0,2%
Braunkohlen			95%	1,8%	0,005%	
Eisenerze	18%	9%	20%	3,2%	0,1%	0,1%
Erdöl	5%	0,1%	16,3%	0,3%	0,001%	2,9%

Die wichtigsten Kohle-Vorkommen in Großdeutschland (einschließl. Protektorat und Ost-Oberschlesien)

Steinkohle	Millionen t	Braunkohle	Millionen t
Niederrheinisch-Westfälischer Bezirk	55 100	Niederrheinischer Bezirk	17,7
Saargebiet	9 200	Lausitzer Bezirk	16,3
Nord-Krefelder Gebiet	7 100	Thüringisch-Sächsischer Bezirk	9,5
West-Oberschlesisches Gebiet	4 000	Ostdeutscher Bezirk	8,4
Gebiet bei Brüggen, Erkelenz	1 750	Braunschweig-Magdeburger Bezirk .	
Aachener Gebiet	1 570	Schlesisches Revier	
Niederschlesisch-Waldenburger Gebiet .	1 240	Norddeutsche Reviere	} 5,4
Deister Gebiet (Weser-Bergland) . . .	250	Ostmark	
Land und Provinz Sachsen	230	Gebiet bei Falkenau-Karlsbad-Eger .	
Bezirke der Ostmark	13	Dazu im Protektorat:	
Böhmen-Mähren	2 641	bei Teplitz-Brüx-Dux-Komotau . .	} 22,7
Ost-Oberschlesien	48 800	bei Budweis	
		bei Grottau	
zusammen etwa rund	131 800	zusammen etwa rund	80

Die land- und forstwirtschaftliche Nutzfläche Großdeutschlands
in 1000 ha   davon:

		Acker	Wiesen	Wald
Altreich	28 724	41,3%	18,1%	27,5%
Ostmark	4 355	23,6% "	26,7% "	37,4% "
Sudetenland	1 674	43,3% "	15,4% "	33,1% "
Memelland	173	46,2% "	12,3% "	—
Protektorat	3 200	52,2% "	12,1% "	27,3% "

Die Nutzung des Ackerlandes
Auf 100 ha Ackerland entfielen

	Roggen	Weizen	Gerste	Hafer	Kartoffeln	Zuckerrüben
Altreich	21	11	9	15	15	2
Ostmark	18	13	9	15	11	2
Sudetenland	20	9	9	17	12	2
Memelland	21	2	6	14	9	.
Protektorat	19	14	10	14	13	5

Aufstellung aus dem »Reichs-bürger-Handbuch«

päische Politik in dem »Dreieck Berlin – London – Moskau«. So sehr hatten die politischen Verhältnisse sich bereits verändert, und nun sollte sich, wie Ernst von Weizsäcker notierte, »eine Parforce-Jagd um die russische Gunst«[199] entwickeln, die letztlich über Krieg und Frieden entscheiden würde.

Den ersten Zug hatte Frankreich getan, indem es am 15. April der Sowjetunion die Anpassung des Vertrages von 1935 an die veränderte politische Lage vorschlug. Moskau erwiderte am 18. April, um mit seinem Vorschlag zu einer Allianz zu testen, wieweit die Westmächte, vor allem London, tatsächlich zu einer Änderung ihrer Politik bereit wären. Stalin bot einen gegenseitigen Beistandspakt gegen jeden Aggressor an sowie eine Beistandszusage an alle osteuropäischen Staaten zwischen Ostsee und Schwarzem Meer. Die Dinge waren tatsächlich dahin gekommen, daß nur die Teilnahme Moskaus an einem europäischen Abwehrsystem die Chance geboten hätte, Hitler vielleicht noch im letzten Moment von der Aussichtslosigkeit seiner weiteren Aggressionspläne zu überzeugen. Aber es war unübersehbar, daß Stalin für dieses Engagement einen Preis forderte, nämlich die Führungsrolle im osteuropäischen Raum. Doch London, das nun in die Verhandlungen eintrat, hatte allenfalls an eine Wirtschaftshilfe für Polen im Kriegsfalle gedacht, nicht aber an einen Pakt mit solch weitreichenden Konsequenzen. Und, so argwöhnte man in London, konnte man Stalin überhaupt trauen? Würde man nicht ein bloßes Versprechen gegen eine offene Zusammenarbeit mit Moskau eintauschen?

Von Anfang an litten die Verhandlungen unter dem Mißtrauen aller Beteiligten. Chamberlain zögerte, weil er seine tiefverwurzelte Abneigung gegen das bolschewistische Mekka nicht überwinden konnte. Stalin wiederum zweifelte an der Entschlossenheit der Westmächte und fürchtete ständig ein Komplott der kapitalistischen und faschistischen Mächte gegen das sozialistische Rußland. Noch entschiedener in ihrer Ablehnung waren die kleineren osteuropäischen Nationen, die sich dem Bündnis mit der Sowjetunion leidenschaftlich widersetzten, da sie fürchteten, daß aus ihrer neuen Schutzmacht bald ihr Unterdrücker werden könne.

Tatsächlich stellte sich bald heraus, daß Stalin nur durch beträchtliche politische und territoriale Konzessionen zu gewinnen war. Neben der Absicherung der Sowjetunion verfolgte er ganz offensichtlich das Ziel, die Grenzen der Sowjetunion nach Westen zu verschieben. Moskau hatte die baltischen Staaten, Finnland, Bessarabien und Teile Polens im Auge. Der Westen geriet in ein unauflösliches Dilemma: wollte er die kleinen, schwachen Nationen Ost- und Südosteuropas vor Hitlers Expansionsabsichten schützen, mußte er einen Pakt mit einer Macht schließen, deren Annexionsziele ebenso bedrohlich waren wie die Hitlers. Immerhin versprach die volle Einbeziehung der Sowjetunion in einen Abwehrpakt zunächst eine starke Front gegen den deutschen Aggressor. Eine sowjetische Neutralität aber würde Moskau nach dem Ende eines Krieges womöglich eine noch stärkere Position verschaffen.

Das waren die Überlegungen, die London schließlich doch dazu bewogen, ein Bündnis mit Stalin zu suchen. Am 7. Juni gab Chamberlain im Unterhaus bekannt, daß man in den wichtigsten Punkten

Bei den Aprilwahlen des Jahres 1939 zum dänischen Folketing erklärt die deutsche Minderheit unverhohlen, daß auch Nordschleswig heim ins Reich will.

12. März 1938

Oesterreich kehrt heim ins Reich!

September 1938

Sudetenland kehrt heim ins Reich!

März 1939

Böhmen und werden deutsches
Mähren Protektorat!

März 1939

Memel kehrt heim ins Reich!

3. April 1939

Nordschleswig
stimmt für
Slesvigsk Parti!

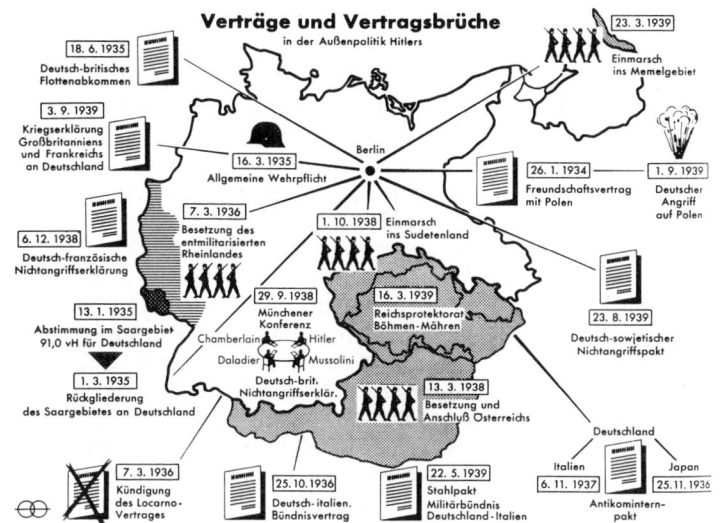

Verträge und Vertragsbrüche
in der Außenpolitik Hitlers

18. 6. 1935
Deutsch-britisches
Flottenabkommen

3. 9. 1939
Kriegserklärung
Großbritanniens
und Frankreichs
an Deutschland

6. 12. 1938
Deutsch-französische
Nichtangriffserklärung

13. 1. 1935
Abstimmung im Saargebiet
91,0 vH für Deutschland

1. 3. 1935
Rückgliederung
des Saargebietes an Deutschland

7. 3. 1936
Kündigung
des Locarno-
Vertrages

16. 3. 1935
Allgemeine Wehrpflicht

7. 3. 1936
Besetzung des
entmilitarisierten
Rheinlandes

Berlin

23. 3. 1939
Einmarsch
ins Memelgebiet

26. 1. 1934
Freundschaftsvertrag
mit Polen

1. 9. 1939
Deutscher
Angriff
auf Polen

1. 10. 1938 Einmarsch
ins Sudetenland

29. 9. 1938
Münchener
Konferenz
Chamberlain — Hitler
Daladier — Mussolini
Deutsch-brit.
Nichtangriffserklär.

16. 3. 1939
Reichsprotektorat
Böhmen-Mähren

23. 8. 1939
Deutsch-sowjetischer
Nichtangriffspakt

13. 3. 1938
Besetzung und
Anschluß Österreichs

25. 10. 1936
Deutsch-italien.
Bündnisvertrag

22. 5. 1939
Stahlpakt
Militärbündnis
Deutschland-Italien

Deutschland
Italien   Japan
6. 11. 1937   25. 11. 1936
Antikomintern-
pakt

Speer zufolge sollten Ribbentrop zum Geburtstag einmal Faksimiles aller von ihm für das Reich geschlossenen Verträge überreicht werden. Aber als der Geburtstag nahte, war die Peinlichkeit groß, denn fast alle Verträge waren von deutscher Seite bereits wieder gebrochen worden.

Übereinstimmung erzielt habe. Die entscheidende Frage allerdings, ob Polen, auf dessen Territorium sich der Konflikt abspielen würde und wo das russische Bündnis somit zum Tragen käme, russischen Truppen das Durchmarschrecht gewähren würde, blieb nach wie vor ungeklärt. Auch die britische Militärdelegation, die nach langem Zögern Mitte August in Moskau eintraf, hatte kaum Aussicht, diese Hürde zu überwinden. Vor allem aber kam sie bereits zu spät. Denn mittlerweile hatte sich Stalin mehr oder weniger für Hitler entschieden. Und diese strategische Prädisposition mußte alle weiteren britisch-sowjetischen Verhandlungsversuche scheitern lassen.

Hitler hatte inzwischen auf eines der vielen Signale reagiert, die Stalin seit einiger Zeit beharrlich auch in Richtung Berlin ausgesandt hatte. Denn als die Verhandlungen mit dem Westen nur schleppend vorankamen, hatte Stalin ein riskantes Doppelspiel begonnen. Schon in seiner Rede vom 10. März hatte er ein Zeichen gesetzt, als er erklärte, die Ukraine fühle sich nicht bedroht; obendrein hatte er noch hinzugefügt, ideologische Auseinandersetzungen seien kein Grund für außenpolitische Rivalitäten. Seither war die sowjetische Regierung noch direkter geworden und hatte der Reichsregierung ihr Interesse an einer Neuregelung der Beziehungen bekundet. Überdies ersetzte Stalin den langjährigen Außenminister Litwinow, einen Mann des Völkerbundes mit eindeutig westlicher Orientierung, durch Molotow und ließ in Berlin anfragen, ob dieser Wechsel die deutsche Haltung günstig beeinflussen könne.

Hitler erfaßte die Chance, denn die Initiative Moskaus kam ihm äußerst gelegen. Sein politischer Bewegungsraum war durch die britische Haltung nicht nur außerordentlich eingeschränkt, auch alle bündnispolitischen Alternativen brachten kaum einen Ausweg aus der Sackgasse, in die er sich selbst manövriert hatte. Zwar hatte er mit Italien unter großem zeremoniellen Aufwand am 22. Mai 1939 den »Stahlpakt« unterzeichnet, der jeden Partner verpflichtete, dem anderen bei Ausbruch von militärischen Verwicklungen Beistand zu leisten, doch das Militärbündnis war weit weniger schlagkräftig, als sein Name dies suggerierte. Schon kurz nach der überstürzten und leichtfertigen Unterzeichnung kamen Mussolini offenbar Bedenken, und er ließ den »Führer« wissen, daß dieser vor 1943 mit Italien aus ökonomischen und rüstungstechnischen Gründen nicht rechnen könne. Nachdem auch Japans Beitritt zu diesem Militärbündnis gescheitert war, stand Hitlers Strategie auf unsicherem Boden.

Das gab den Ausschlag dafür, daß schließlich doch trotz aller ideologischen Vorbehalte gegenüber dem »jüdischen Marxismus« Kontakte zu Stalin aufgenommen wurden, wozu Außenminister von Ribbentrop schon lange geraten hatte. War für den Machtpolitiker Ribbentrop eine deutsch-sowjetische Allianz die Krönung seiner antibritischen Bündnispläne, so bedeutete für den Dogmatiker Hitler ein Abkommen mit Stalin einen »Pakt mit dem Satan«. Schließlich war der Antibolschewismus seit den frühen zwanziger Jahren das beherrschende Thema seiner Ideologie und Propaganda gewesen. Ein Verrat an seinen ideologischen Grundpositionen ließe sich nur rechtfertigen, wenn das Fernziel, der Rasse- und Lebensraumkrieg gegen die Sowjetunion, dadurch nicht nur nicht aufgehoben, sondern sogar erst in den Bereich des politisch-militärisch Möglichen gerückt würde. Der Pakt mit dem Satan war allenfalls ein Umweg, um damit den »Teufel auszutreiben«, wie Hitler seinen sensationellen Entschluß im vertrauten Kreise erklärte.[200] Allem Machiavellismus, aller taktischen Skrupellosigkeit zum Trotz war Hitler zu sehr Ideologe, um nur dem machtpolitischen Kalkül einer langfristigen Allianz zu folgen, auch wenn ihm das die größeren außenpolitischen Erfolge eingebracht hatte. Der Zwang zur Rechtfertigung war so groß, daß er sich sogar einem ausländischen Besucher, Carl J. Burckhardt, kurz vor der Reise Ribbentrops nach Moskau, offenbarte: »Alles was ich unternehme, ist gegen Rußland gerichtet; wenn der Westen zu dumm und zu blind ist, um dies zu begreifen, werde ich gezwungen sein, mich mit den Russen zu verständigen, den Westen zu schlagen und dann nach seiner Niederlage mich mit meinen versammelten Kräften gegen die Sowjetunion zu wenden.«[201] Nein, von seinem »Programm« wollte Hitler nicht ablassen. Es mußte nur umgestellt werden. Aber er hoffte, am Ende doch noch zu seinem Ziel kommen zu können.

Nicht viel anders kalkulierte Stalin bei seinem Spiel mit den »faschistischen Bestien«. Durch den Pakt mit dem ideologischen Todfeind hoffte er am Ende über die besseren Karten zu verfügen. Auf diese Weise wollte er eine mögliche gemeinsame Front der kapitalistischen und faschistischen Staaten gegen die Sowjetunion verhindern und zugleich jene territoriale Expansion nach Westen durchsetzen, die ihm die Westmächte aus Rücksicht auf die kleinen osteuropäischen Nationen verwehrten.

Die Initiative zu der Annäherung zwischen Berlin und Moskau ging jedenfalls von russischer Seite aus. Nachdem Hitler jedoch die strategische Entlastung erkannt hatte, die ihm ein Abkommen mit Stalin bescheren konnte, drängte die deutsche Seite. Der Weg über Moskau war für Hitler ein Umweg, in den Augen überzeugter nationalsozialistischer Ideologen wie Rosenberg aber ein Irrweg. Doch er brachte einen kurzfristigen machtpolitischen Vorteil und einen Ausweg aus der strategischen Sackgasse. Hitler, der jetzt zum Krieg entschlossen war, konnte es nun entweder schon 1939 auf eine große Auseinandersetzung auch mit den Westmächten ankommen lassen, oder er konnte den Spieß im Verhältnis zu Warschau und Moskau umkehren und mit der Einwilligung der Sowjetunion zuerst einmal Polen ausschalten.

Die erste Möglichkeit deutete er in seiner Ansprache vom 23. Mai herausfordernd an: wenn es zu einem Bündnis Frankreich – England – Rußland käme, dann sähe er sich veranlaßt, »mit einigen vernichtenden Schlägen England und Frankreich anzugreifen«.[202] Doch mußten ihm selbst Bedenken gekommen sein, ob dies der erfolgversprechende Weg wäre. Schließlich hätte das von Anfang an eine hoffnungslose politische Überdehnung jenes Blitzkriegskonzepts bedeutet, das von einer Isolierung der Gegner ausging. Wie unsicher Hitler war, zeigt eine Tagebuchnotiz Weizsäckers am 30. Juli: »Die Entscheidung dieses Sommers über Krieg und Frieden will man bei uns davon abhängig machen, ob die schwebenden Verhandlungen in Moskau zum Beitritt in den Kreis der Westmächte führen. Wo nicht, wäre die Depression dort so groß, daß wir uns gegen Polen alles erlauben könnten.«[203]

Für die andere Möglichkeit, Polen politisch doch noch zu isolieren, gab es »ein altes, klassisches Rezept«: »Deutschland und Rußland mußten sich gegen Polen zusammentun, dann war Polen verloren.«[204] Bei diesem Weg konnte Hitler sich auch der Unterstützung des Auswärtigen Amtes und der Armee sicher sein, wenn das für ihn überhaupt noch zählte.

Anfangs mochte Hitler die Verhandlungen mit Moskau noch als bloßen Versuch verstanden haben, eine Verständigung zwischen dem Westen und Stalin zu unterlaufen. Doch Ribbentrop drängte und die Zeit und die Umstände ebenso. Wie sehr hinter dem Wunsch nach einer deutsch-russischen Verständigung der Zwang stand, aus der politischen Bewegungsunfähigkeit herauszukommen, ließ Ribbentrop in seinem Verhandlungsangebot vom 14. August 1938 erkennen: »Die durch die englische Politik hervorgerufene Zuspitzung der deutsch-polnischen Beziehungen sowie die englische Kriegstreiberei und die damit verbundenen Bündnisbestrebungen machen eine baldige Klärung des deutsch-russischen Verhältnisses erforderlich.«[205]

Schon Anfang August war der deutsche Außenminister direkt auf den russischen Geschäftsträger zugegangen und hatte diesem erklärt, er sähe »kein Problem von der Ostsee bis zum Schwarzen Meer, was zwischen uns nicht zu lösen sei«.[206] In seiner Offerte vom 14. August deutete er eine Abgrenzung der Interessensphäre zwischen Ostsee und Schwarzem Meer an; zynisch wies er gleichzeitig auf die gemeinsame Gegnerschaft zu den »kapitalistischen westlichen Demokratien«[207] hin. Berlins territoriale Verlockungen, besonders in der Baltikum-Frage, stießen auf russisches Interesse.

Am 16. August ließ Molotow durchblicken, daß man einem Besuch Ribbentrops in Moskau nicht abgeneigt sei. Aber es müßten, bremste er die plötzliche deutsche Ungeduld, zuvor noch wichtige Fragen geklärt werden. Er erkundigte sich nach der Bereitschaft der deutschen Seite zu einem Nichtangriffspakt und nach der Möglichkeit einer gemeinsamen Garantie für die baltischen Staaten. Als Termin für eine Moskaureise Ribbentrops nannte er den 26. oder 27. August. Doch nun konnte auch Hitler nicht mehr abwarten, zumal aus London beunruhigende Nachrichten über den Verlauf der russisch-britischen Verhandlungen kamen. Außerdem drängten ihn seine selbstgesetzten Aufmarschtermine gegen Polen. Er ließ Ribbentrop nach Moskau antworten, daß er eine »vorherige Klärung« des deutsch-russischen Verhältnisses, eine Klärung vor dem Ausbruch eines polnisch-deutschen Konfliktes, für notwendig hielte, »um bei diesem Konflikt russischen Interessen Rechnung tragen zu können«.[208] Dann wurde er noch direkter und schickte am 20. August ein Telegramm an »Herrn I. W. Stalin, Moskau« mit der Bitte, Ribbentrop schon am 22. oder 23. August zu empfangen. Der Außenminister käme mit der »umfassendsten Generalvollmacht zur Abfassung und Unterzeichnung des Nichtangriffspaktes sowie des Protokolls«.[209] Einen ganzen Tag mußte Hitler ungeduldig warten, derweil die Kriegsvorbereitungen weitergingen. Endlich kam am Abend des 21. August die ersehnte Antwort aus Moskau: die sowjetische Regierung sei »einverstanden mit dem Eintreffen des Herrn v. Ribbentrop in Moskau am 23. August«.[210]

In Moskau einigte man sich innerhalb von drei Stunden über den Nichtangriffspakt sowie über die Abgrenzung der Interessensphären. Diktaturen brauchen eben, wie Ribbentrop dem deutschen Botschafter in Moskau erklärte, »auf schwankende öffentliche Meinungen keine Rücksicht zu nehmen«.[211] Eine kurze Rückfrage Ribbentrops wegen unvorhergesehener sowjetischer Forderungen beantwortete Hitler telephonisch mit einem kurzen »Ja«. Mit einem Wort war über das Schicksal von halb Osteuropa entschieden. Das konnte der Westen nicht bieten, obwohl Polen in letzter Stunde unter dem Druck der Ereignisse sich zu einem Einlenken bereit erklärte und die Westmächte daraufhin Moskau zusagten, »daß die Polen versprechen würden, die begehrten Gebiete unter gewissen Umständen in beschränkter Weise für beschränkte Zeit als bloße Operationsbasis unter polnischer Kontrolle den Russen zu überlassen«.[212] Das war Stalin zu wenig, der Westen hatte den Wettlauf verloren.

Im Nichtangriffspakt, den Ribbentrop und Molotow noch in derselben Nacht unterzeichneten, versprach die eine Seite der anderen, im Falle kriegerischer Verwicklungen des anderen den Gegner des Vertragsschließenden nicht zu unterstützen. Der Vertrag wurde auf zehn Jahre geschlossen, und beide Seiten versprachen einander, sich nicht an Mächtegruppierungen zu beteiligen, die sich in irgendeiner Form gegen den anderen Teil richteten. Aber darauf kam es weniger an. Was zählte, war das geheime Zusatzprotokoll, das die Aufteilung des Baltikums und Polens in russische und deutsche Interessensphären vorsah. Offen blieb noch die Frage, »ob die beiderseitigen Interessen die Erhaltung eines unabhängigen polnischen Staates erwünscht erscheinen lassen, und wie dieser Staat abzugrenzen wäre«. Das sollte erst »im Laufe der weiteren politischen Entwicklung«[213] geklärt werden. Das war deutlich.

Der Nichtangriffspakt war nichts anderes als die Einladung zum Angriff auf Polen. Hitler konnte zufrieden sein, aber auch die freudige Stimmung auf russischer Seite war nicht unbegründet. Stalin hatte nicht nur die berühmte Atempause erhalten, auf die nach dem Krieg immer verwiesen wurde; er konnte erst einmal in der Hinterhand bleiben und die Auseinandersetzung der Westmächte mit den Achsenmächten abwarten. Die Langzeitstrategie einer Selbstzerfleischung des Kapitalismus und seiner »faschistischen Spätgeburt« schien sich bewährt zu haben. Dafür war Moskau bereit, Hitlers Aggression zu unterstützen und Polen preiszugeben. Das war das eigentliche Ergebnis: Hitler sollte sich mit diesem Pakt zum »größten Schrittmacher des Bolschewismus«[214] in Europa machen. Niemand öffnete Stalin den Weg nach Westen so weit wie der fanatische Antibolschewist Hitler.

Fürs erste war Hitler der Nutznießer des Paktes. Schon für den 22. August hatte er kurzfristig die höchsten militärischen Führer auf den Obersalzberg zitiert, um sie mit seinem »unwiderruflichen Entschluß zu handeln«[215] vertraut zu machen. Jetzt war er sich eines raschen Erfolges gegenüber Polen endgültig sicher. Den für den 1. September in Nürnberg angekündigten »Parteitag des Friedens« hatte er mittlerweile abgesagt, da er ihn nicht einmal mehr als diplomatische Rückzugslinie im Falle einer ungünstigen politischen Entwicklung gebrauchen konnte.

Die Bündnissituation wie die allgemeine politische Entwicklung, so Hitler vor seinen Generälen, zwängen zum Handeln. »Alle diese glücklichen Umstände bestehen in zwei bis drei Jahren nicht mehr. Niemand weiß, wie lange ich noch lebe, deshalb Auseinandersetzung besser jetzt«, notierte einer der Anwesenden.[216] Hitlers ganze Sorge galt nun nur noch einer propagandistischen Rechtfertigung des geplanten Überfalls und einer Möglichkeit der Isolierung Polens gegenüber den Westmächten. In beiden Fällen gab er sich ganz sicher: »Ich werde den propagandistischen Anlaß zur Auslösung des Krieges geben.« Dazu ließen sich noch einmal das Selbstbestimmungsrecht deutscher Minderheiten in Polen und die Danzig-Frage gebrauchen, gleichgültig, ob dies glaubwürdig erschiene. Der »Sieger wird später nicht danach gefragt, ob er die Wahrheit gesagt hat oder nicht«. Auch an eine ernsthafte Intervention der Westmächte wollte er nicht glauben. »Der Gegner hatte noch die Hoffnung, daß Rußland als Gegner auftreten würde nach Eroberung Polens. Die Gegner haben nicht mit meiner Entschlußkraft gerechnet. Unsere Gegner sind kleine Würmchen. Ich sah sie in München. Ich war überzeugt, daß Stalin nie auf das englische Angebot eingehen würde. Rußland hat kein Interesse an der Erhaltung Polens.«[217]

Am 23. August wurde, wie Hitler tags zuvor seinen Generälen angekündigt hatte, der 26. als erster Angriffstag festgelegt, obwohl Hitler mit dem Risiko eines Krieges gegen die Westmächte rechnete. Aber er hoffte einer militärischen Zwangslage durch den Blitzkrieg zu entgehen. Polen müßte niedergeworfen sein, bevor der Westen dem Land wirkliche Hilfe bringen konnte. »Das war die einzige zutreffende Kalkulation Hitlers in seiner Lagebeurteilung.«[218] Die Kriegsmaschinerie lief an. Auch die Vorbereitungen, einen »Anlaß« für den Krieg zu schaffen. Konzentrationslagerhäftlinge sollten in polnischen Uniformen einen polnischen Angriff fingieren, Agenten einen Angriff auf den Sender Gleiwitz vortäuschen; die SS

Als die Angriffspläne auf Polen längst verabschiedet waren, wurde der Reichsparteitag des Jahres 1939 unter den Titel »Parteitag des Friedens« gestellt. Im eleganten Klassizismus Arno Brekers zeigte die offizielle Plakette einen hingelagerten weiblichen Akt mit den Symbolen des Friedens: Ähre, Traube und spielendes Kind.

Die arkadischen Bilder kommender Friedenswelten verloren aber immer mehr an Wirkung. Die Meldungen des Sicherheitsdienstes berichteten von immer deutlicherer Kriegsfurcht der Bevölkerung.

bereitete diese »polnischen« Provokationen vor. Doch der Zeitplan des Blitzkrieges wurde noch einmal durchkreuzt.

Am 25. August machte Hitler plötzlich England noch einmal ein »großzügiges Angebot«. Er kündigte dem britischen Botschafter an, er wolle nach der Lösung der deutsch-polnischen Probleme mit London über eine Teilung der Welt in Interessensphären reden. Deutschland werde den Bestand des britischen Empire garantieren, die deutsche Westgrenze festschreiben und Rüstungsbeschränkungen einhalten, wenn das Reich dafür das Recht zur ungehinderten Wendung nach Osten erhielte. Freie Hand zum Krieg gegen Polen, das war es, was Hitler mit seinem »großen Angebot« bezweckte. Schon mit seinem Überraschungscoup in Moskau hatte er gehofft, die englische Regierung von ihren Garantiepflichten für Polen abzudrängen. »Der Führer rechnet damit«, notierte von Weizsäcker, »daß am 24. August unter dem Eindruck unseres Coup in Moskau Chamberlain stürze und die Garantie-Idee falle.«[219] Als die erhoffte Nachricht am 24. August ausgeblieben war, versuchte Hitler mit seinen alten Mitteln England von Polen zu trennen: Darum das »großzügige Angebot«. Kaum hatte der Botschafter den Raum verlassen, gab der Diktator den Angriffsbefehl für den folgenden Tag.

Gleichwohl war Hitler wieder einmal unsicher, das war auch seiner nächsten Umgebung nicht entgangen. Zwei Nachrichten trugen dazu bei. Die eine kam aus London und machte Hitler unmißverständlich klar, daß sein Versuch einer Isolierung Polens vom Westen gescheitert war. Ein britisch-polnischer Beistandspakt stand unmittelbar vor der Unterzeichnung. Damit war das »große Angebot« zurückgewiesen, kaum daß es unterbreitet worden war. Einige Stunden später brachte der italienische Botschafter die Absage Mussolinis. Das konnte für Hitler eigentlich nicht überraschend sein, hatte doch Außenminister Ciano verschiedentlich klargestellt, daß mit Italien nicht zu rechnen sei. Schließlich hatte Hitler den Bündnispartner auch mehrfach düpiert, zuletzt beim Vertrag mit Stalin.

»Führer ziemlich zusammengebrochen«, notierte Halder in seinem Tagebuch.[220] Erleichtert nahm Hitler in dieser Situation den Vorschlag Brauchitschs an, den Angriff zu verschieben. Nur wenige Stunden, nachdem der Befehl zum Vormarsch ausgegeben war, wurde die Maschinerie gestoppt. Im OKH herrschte ein »Entschluß- und Befehlschaos«;[221] ob die Rücknahme des Befehls endgültig sei, wollte Göring wissen. Darauf Hitler: »Nein, ich werde sehen müssen, ob wir Englands Einmischung ausschalten können.«[222] Es war nur eine Atempause, die Mobilmachung lief weiter.

Es folgten noch einmal hektische diplomatische Aktivitäten: Briefe, Botschaften, Kontakte mit Vertrauensmännern, Reisen zwischen den europäischen Hauptstädten. Aber was für Göring, von Weizsäcker, Beck und andere ein letzter Versuch war, den Frieden zu wahren, war für Hitler nur ein letztes Bemühen, England doch noch auszuschalten. Darum war das alles nur ein irreales Zwischenspiel. Görings Vermittlungsversuche über schwedische Vertraute verdeutlichten nur noch einmal, wie sehr sich auch innerhalb der nationalsozialistischen Führungsspitze die Geister schieden, was den Krieg und das Verhältnis zu England betraf. Eine Alternative zu

Hitlers Entschluß zum Krieg konnte es nicht mehr geben. Ein letzter Versuch Görings in den frühen Morgenstunden des 29. August erhellte die Divergenzen. »Wir wollen doch das va banque Spiel lassen«, mahnte Göring. Hitler aber sagte nur: »Ich habe in meinem Leben immer va banque gespielt.«[223] Besser hätte Hitler seine eigene Politik nicht charakterisieren können.

Als neuer Angriffstermin wurde der 1. September festgesetzt. Alle weiteren Verhandlungen wurden nur noch zum Schein geführt. So auch die Bereitschaft zu deutsch-polnischen Gesprächen, die Hitler in einem Antwortschreiben an die britische Regierung am 29. August plötzlich bekundete, nachdem seit dem April alle direkten Kontakte mit Polen vermieden worden waren. Die Fristen für ein solches Gespräch waren bewußt sehr kurz angesetzt. Binnen 24 Stunden sollte ein polnischer Unterhändler, mit umfangreichen Vollmachten ausgestattet, in Berlin erscheinen. Das erinnerte an die Vorbereitung zur Kapitulation der Tschechoslowakei. Auch der Katalog der Forderungen zeigte die alte Taktik von scheinbarer Konzessionsbereitschaft und gleichzeitiger Drohung. Nur Danzig sollte zurückgegeben werden, ansonsten wollte man sich auf Volks-abstimmungen, Minderheitenrechte und anderes einlassen, was die Weltmeinung noch einmal für die deutsche Sache einnehmen sollte. Wie sich Hitler die Wirkung vorstellte, hat Halder in einer Unter-redung am Nachmittag des 29. August von ihm erfahren: »Führer hat Hoffnung, daß er Spalt treibt zwischen England, Frankreich und Polen ... Grundgedanken: mit demographischen und demokrati-schen Forderungen nur so um sich werfen.« Der tatsächliche Ablauf sollte anders sein: »30.8. – Polen in Berlin. 31.8. – Zerplatzen. 1.9. – Gewaltanwendung«.[224]

Doch die Polen kamen nicht nach Berlin; auch der britische Bot-schafter in Berlin konnte sie nicht mehr umstimmen. Hitler meinte mit seinem Alibi zufrieden sein zu können. Erst nachdem er die

Kategorie	Gesamt-summe	Kalenderjahr					
		1940[1]	1941	1942	1943	1944	1945[2]
Gesamtkriegsprogramm	315,8	3,6	17,8	57,4	86,2	93,4	57,4
Gesamtrüstung[3]	184,5	2,1	8,6	30,5	52,4	57,7	33,2
davon:							
Flugzeuge	44,8	0,4	1,8	5,8	12,5	16,0	8,3
Schiffe	41,2	0,4	1,9	7,0	12,5	13,4	6,0
Munition	18,1	0,1	0,4	2,7	4,9	5,8	4,2
Kampf- u. Kraftfahrz.	20,3	0,2	1,3	4,8	5,9	5,0	3,1
Öffentlich finanzierte Kriegsbauten	31,4	0,8	4,9	12,7	8,5	2,9	1,6
davon:							
Industriebauten und Maschinen	16,1	0,2	2,1	6,4	4,7	1,7	1,0
Besoldung der Streit-kräfte und in Bundes-kriegsämtern tätiger Zivilisten	71,1	0,5	2,3	7,8	17,5	24,6	18,4

Hauptkategorien des amerikani-schen Kriegsprogramms vom 1. Juli 1940 bis 31. August 1945 (in Milliarden Dollar)

[1] 6 Monate
[2] 8 Monate
[3] Physische jährliche Produktions-mengen gewichtet mit den Stan-dard-Stückkosten von Mitte 1945.

Führerrede zum Kriegsbeginn

»Weisung Nr. 1 für die Kriegführung« am Mittag des 31. August unterschrieben hatte, ließ er die 16 Punkte seines Angebots am Abend über den Rundfunk verbreiten, mit der Erklärung, daß sie jetzt nicht mehr als Verhandlungsgegenstand betrachtet werden könnten. »Ich brauchte ein Alibi, vor allem dem deutschen Volke gegenüber«, erläuterte Hitler später sein Vorgehen.[225]

Die Weisung Nr. 1 lautete: »Nachdem alle politischen Möglichkeiten erschöpft sind, um auf friedlichem Wege eine für Deutschland unerträgliche Lage an seiner Ostgrenze zu beseitigen, habe ich mich zur gewaltsamen Lösung entschlossen. Der Angriff auf Polen ist nach den für den Fall Weiß getroffenen Vorbereitungen zu führen ... Angriffstag: 1.9.1939, Angriffszeit: 4.45 Uhr. Im Westen kommt es darauf an, die Verantwortung für die Eröffnung von Feindseligkeiten eindeutig England und Frankreich zu überlassen.«[226] Am frühen Morgen des 1. September um 4.45 Uhr eröffnete der Panzerkreuzer »Schleswig-Holstein« das Feuer auf die »Westerplatte«. Zur selben Zeit stießen deutsche Truppen aus ihren Bereitstellungen entlang der deutsch-polnischen Grenze vor. Der Zweite Weltkrieg hatte begonnen.

Die Bevölkerung hatte schon aus den Rundfunkmeldungen und Morgenzeitungen erfahren, daß Danzig »heimgekehrt« sei und daß deutsche Truppen »in Abwehr polnischer Angriffe« in Aktion getreten seien. Am Morgen waren die Straßen der Hauptstadt, wie der schwedische Vermittler Dahlerus beobachtete, »recht verlassen«, und die Passanten sahen »schweigend zu, wie Hitler zur Reichstagssitzung fuhr«.[227] Seine Rede war kürzer als üblich, er wirkte zerfahren und nervös. Wie immer beteuerte er seine Friedensliebe und seinen »endlosen Langmut« und vermied auch alle Schärfen gegen den Westen. Um so heftiger seine Tiraden gegen Polen, dem er einen langen Katalog von angeblichen Grenzzwischenfällen vorhielt. »Polen hat nun heute nacht zum erstenmal auf unserem eigenen Territorium auch durch reguläre Soldaten geschossen. Seit 5.45 Uhr wird jetzt zurückgeschossen! Und von jetzt ab wird Bombe mit Bombe vergolten.« Dann versicherte er, ganz der charismatische Führer: »Mein ganzes Leben gehört von jetzt ab erst recht meinem Volke. Ich will jetzt nichts anderes sein als der erste Soldat des Deutschen Reiches. Ich habe damit wieder jenen Rock angezogen, der mir selbst der heiligste und teuerste war. Ich werde ihn nur ausziehen, nach dem Sieg – oder – ich werde dieses Ende nicht mehr erleben.«[228]

Da war sie wieder, seine Maxime des »Alles oder Nichts«. Was sie tatsächlich bedeuten würde, konnten sich in diesem Moment nur wenige ausmalen. Gleichwohl war die Stimmung der Bevölkerung gedrückt. Keine nationale Begeisterung, kein Enthusiasmus wie im August 1914, sondern tiefe Beklemmung und stummer Gehorsam beherrschten die letzten Augusttage 1939. »Der Verstand aller sieht logisch Schritt für Schritt alles dem Krieg zudrängen, und das Gefühl keines einzigen hält es für möglich, daß er wirklich kommt«,[229] notierte Jochen Klepper in seinem Tagebuch. Bis zuletzt hatte man sich an die Hoffnung geklammert, die polnische Frage könne gelöst werden, der »Führer« fände sicher einen Weg. Der aber hatte, 25 Jahre nach dem Beginn des Ersten Weltkriegs, seinen Glauben in die politische Tat umgesetzt, daß der Große Krieg nicht zu Ende und auch nicht entschieden sei. Gleichwohl war der Polen-Krieg noch nicht »sein« Krieg.

Bis zuletzt hoffte er, den Konflikt auf Polen zu beschränken. Genährt wurde diese Illusion durch die zögernde Reaktion der Westmächte, die den deutschen Angriff nicht sofort, ihren Bündnisverpflichtungen entsprechend, mit einer Kriegserklärung an Deutschland beantworteten. Als dann zwei Tage später, am 3. September, die englische und die französische Kriegserklärung doch eintrafen, war der Schock um so größer, für die Bevölkerung wie für Hitler.

Jetzt war Deutschland in dem Großen Krieg, den Hitler für diesen Zeitpunkt und in dieser Konstellation nicht geplant hatte. Sein Konzept der getrennten Blitzkriege und der schrittweisen Eroberung Europas im Schatten der britischen Neutralität war endgültig gescheitert. Würde es ihm gelingen, die Verhältnisse noch einmal so zu wenden, daß sie der »programmgemäßen« Konstellation wieder entsprächen? Wenn nicht, dann mußte das nach seinen eigenen Prognosen der Anfang seines Unterganges sein.

IX.
Das Dritte Reich im Zweiten Weltkrieg

Eine Kriegsschuldfrage gibt es nicht, was den Zweiten Weltkrieg anbetrifft. Die Verantwortung für den Krieg trägt die Politik des Deutschen Reiches. Darüber können weder Versailles noch das Versagen des Westens und die Komplicenschaft Stalins hinwegtäuschen. Sie ließen allenfalls zu, daß das Hitler-Regime die Macht zusammenballen konnte, um den Krieg auszulösen, den es immer schon hatte führen wollen. Durch Täuschung und Gewalt, durch das Ausnutzen der Schwächen, Interessen und Illusionen der politischen Kontrahenten, zunächst im Inneren, dann im Äußeren, hatte Hitler sich die Machtstellung erobert, die ihm das lang ersehnte Losschlagen zu erlauben schien. Daran konnten ihn weder Chamberlains späte Entschlossenheit zur Garantie Polens noch Mussolinis Rückzieher, weder die Warnungen seiner Generäle und Diplomaten noch die gemäßigte Haltung Görings hindern. Und auch nicht sein eigenes politisches Kalkül.

Hitlers ganzes Denken war auf Krieg ausgerichtet, sein politisches Handeln seit der Machtübernahme und sein Verhalten in den internationalen Krisen von 1938 und 1939 einzig vom Drang zur Verschärfung und zum Kampf bestimmt. Zwar hatte es auch im spannungsgeladenen August 1939 Augenblicke gegeben, in denen Hitler an den eigenen Entschlüssen noch einmal zu zweifeln und in seiner Entscheidung zu schwanken schien. Doch schließlich setzten sich seine Ungeduld und sein dogmatischer Wille durch, die ihn zunehmend blind machten für die politischen Bedingungen und Risiken seines Handelns. Statt dessen berief er sich auf die Vorsehung und einen geschichtlichen Auftrag. Es war, als hätte ihn der Kriegsbeginn in die Unbedingtheit und dogmatische Starre seiner Anfänge zurückversetzt, als ob er die Fähigkeit zur taktischen Finesse und diplomatischen Verstellung vergessen hätte oder ihrer überdrüssig geworden wäre, die doch seinen Weg zur Macht eröffnet und ermöglicht hatten. Er hatte seinen Rückzug angetreten aus der Politik, in die er nie wieder zurückkehren sollte. Mit dem Entschluß zum Krieg setzten sich die nationalsozialistische Doktrin und der revolutionäre Wille zum Alles oder Nichts endgültig durch, die bisher von dem Zwang zur Anpassung verdeckt gewesen und nur in Krisenmomenten aufgeblitzt waren.

Das wurde bereits nach dem siegreichen Blitzkrieg gegen Polen deutlich, vollends aber im weltpolitischen Entscheidungsjahr 1941. Nicht der deutsche Militarismus oder die deutsche Industrie drängten im Spätherbst 1939, als es noch einmal um Krieg oder Frieden ging, zum neuen Schlag, sondern Hitler war die treibende Kraft – und er war freilich nichts anderes als die reinste Verkörperung der radikalfaschistischen Grundtendenz seiner Partei. Den Oberbefehlshabern der Wehrmacht entwickelte er am 23. November 1939 seine politische Programmatik: »Man wird mir vorwerfen: Kampf und wieder Kampf. Ich sehe im Kampf das Schicksal aller Wesen. Niemand kann dem Kampf entgehen, falls er nicht unterliegen will. Die steigende Volkszahl erforderte größeren Lebensraum. Mein Ziel war, ein vernünftiges Verhältnis zwischen Volkszahl und Volksraum herbeizuführen. Hier muß der Kampf einsetzen. Um die Lösung dieser Aufgabe kommt kein Volk herum, oder es muß verzichten und allmählich untergehen. Das lehrt die Geschichte.«[1]

THE TIMES SATURDAY SEPTEMBER 2 1939

INVASION OF POLAND

GERMAN ATTACK ACROSS ALL FRONTIERS

WARSAW AND OTHER CITIES BOMBED

PRIME MINISTER'S STATEMENT

BRITISH PURPOSE MADE PLAIN

"ONLY ONE COURSE"

AIR BOMBING OF CIVILIANS

MOBILIZING THE FORCES

ITALIAN CABINET'S DECISION

Und dann eröffnete er seinen zögernden Generälen, die wegen ihrer Einsicht in die Mängel der deutschen Kriegsvorbereitungen und der Erinnerungen an das blutige Ringen mit der französischen Armee im Ersten Weltkrieg äußerst besorgt und voller Zweifel waren: »Mein Entschluß ist unabänderlich. Ich werde Frankreich und England angreifen zum günstigsten und schnellsten Zeitpunkt ... Das Ganze bedeutet den Abschluß des Weltkrieges, nicht eine Einzelaktion. Es handelt sich nicht um eine Einzelfrage, sondern um Sein oder Nichtsein der Nation.«

Mit dem Krieg fanden Hitler und der Nationalsozialismus gleichsam zu sich selbst. Den Sinn des Krieges zu verteidigen war das Grundmotiv des europäischen Faschismus und ganz besonders des Nationalsozialismus. Darum führten Mussolini und Hitler mit ihren Parteiarmeen den Krieg als Bürgerkrieg weiter, bis sie die Macht erobert hatten, Hitler rascher und vollständiger als Mussolini. Darum brachen auch in Deutschland im Krieg der ideologische Vernichtungswille und schließlich die grundsätzliche »Allfeindschaft« (Nolte) des Nationalsozialismus durch und gaben der Kriegführung wie der Praxis des Herrschaftssystems, anders als in Italien, einen kräftigen Schub in eine weitere, noch radikalere Entwicklungsphase. Das zeigte sich nirgends so drastisch wie in der Vernichtungspolitik gegen das Judentum und alles »unwerte Leben«, das wurde greifbar in der Aufblähung des SS-Staates zum alles beherrschenden und kontrollierenden Instrument des Terrors, der »Ausmerzung« und der Rassenpolitik; aber auch in der Kriegsorganisation und Kriegführung.

Als bloße Neuaufnahme des Ersten Weltkrieges hat Hitler wiederholt den Krieg des nationalsozialistischen Deutschland dargestellt, so auch vor den Generälen an diesem 23. November: »Heute wird der zweite Akt dieses Dramas geschrieben.«[2] Das traf nur in einem oberflächlichen Sinne zu. In Wahrheit zeigte Hitlers Krieg von Anfang an einen fundamentalen andersartigen Charakter als der vergangene, und das wurde mit der Dauer dieses Ringens von Millionen von Menschen immer unverkennbarer. Sicherlich berief sich Hitler immer wieder auf die Erfahrungen des Ersten Weltkrieges und auf die Erfordernisse einer nationalen Restitution, einer Wiedergutmachung und Rache für die Schmach vom November 1918. Immer wieder beschworen die Nationalsozialisten die Geschlossenheit der Nation vom August 1914 und die traumatische Erfahrung des deutschen Zusammenbruchs. Ein November 1918 durfte sich nicht wiederholen, das war die Devise für die Wirtschafts- und Sozialpolitik während des Weltkriegs. Pausenlos wiederholten die Nationalsozialisten Motive und Visionen des wilhelminischen Imperialismus, die für eine Kontinuität der deutschen Geschichte von Wilhelm II. zu Hitler zu sprechen schienen. Das Einkreisungsmotiv tauchte auf, die Hoffnung, soziale Spannungen durch Expansion zu überwinden und der Gedanke, daß allein der Krieg vor dem schleichenden Untergang der Nation bewahren könne. Auf der einen Seite standen Weltmachtvisionen, auf der anderen die Alternative Weltmacht oder Untergang. Auch der Griff nach dem Osten war nicht neu, zumindest nicht für das alldeutsche Lager, aus dem ja auch der Nationalsozialismus hervorgegangen war.

Nationale Restitution und Erhaltung der inneren Machtstrukturen durch Großmachtpolitik, Großmachthoffnungen und Mitteleuropavisionen in der einen oder anderen Version waren die Zielvorstellungen, denen die konservativen Führungsschichten anhingen und deren Verwirklichung sie sich von Hitlers Bewegung und Regime erhofften. Doch jenseits dieser »Teilidentität der Interessen« begannen die charakteristischen Differenzen zwischen den etablierten Mächten und der faschistischen Revolution der deutschen Innen- und Außenpolitik. Was für die traditionellen Revisionisten in Armee, Diplomatie und Bürokratie das Ziel der deutschen Politik war, bedeutete für Hitler und die übrigen nationalsozialistischen Ideologen nur Voraussetzung und erste Stufe einer ganz anderen Politik. Sowohl in den Mitteln wie in den Zielen brach sich das Andersartige des Nationalsozialismus mehr und mehr Bahn. Das erkannten mit Entsetzen einige hellsichtige Konservative, als es

1. Jahrgang Nr. 7   Luftpost-Ausgabe

WOLKIGER BEOBACHTER

Im Dritten Reich

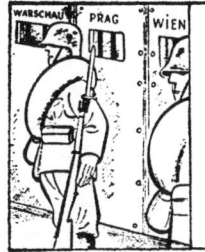  

Das Gefängnis   Die Fabrik   Die Küche

Die Freiheit wird siegen!

„England ist entschlossen: Die Freiheit muß siegen. England ist in den Krieg gezogen, weil Tyrannei und Gewaltandrohungen die Freiheit zu knechten versuchten."

„England wird weiterkämpfen v.t seiner ganzen Kraft und mit der seines gesamten Weltreiches, bis die Freiheit gesichert ist."

Mit diesen Worten schloß Mr. Chamberlain, der englische Premierminister, seine Rede in Birmingham am 24. Februar.

„England," so sagte er, „begehrt nicht die Länder anderer.... England kämpft, um den militaristischen Geist zu zerstören und die Anhäufung von Rüstung zu beseitigen, die ganz Europa und nicht zuletzt Deutschland verarmen. Nur so kann Europa die Sicherheit wiedergegeben werden: nur so können die Nationen Europas vor Bankrott und Ruin bewahrt werden."

Das andere Deutschland

„Unter der gegenwärtigen deutschen Regierung kann es für die Zukunft keine Sicherheit geben."

„Die Schichten Deutschlands, die bereit sind, am Neubau Europas mitzuarbeiten, sind in Acht und Bann getan. Das Volk ist selbst von neutralen Stimmen abgeschnitten, und seine Machthaber haben wiederholt gezeigt, daß auf das Wort, das sie anderen Regierungen oder dem eigenen Volk gegeben haben, kein Verlaß ist."

„Es ist an Deutschland, den nächsten Schritt zu tun und zu zeigen, daß es die Idee „Macht geht vor Recht!" ein für allemal aufgibt."

„Sobald Deutschland bereit ist, zuverlässige Beweise für seinen guten Willen zu geben, wird es in anderen die Hilfsbereitschaft finden, die wirtschaftlichen Schwierigkeiten nach dem Kriege zu überwinden."

„England," so sagte Mr. Chamberlain, „hat keine Ursache den Ausgang des Kampfes zu fürchten, wie lange er auch dauern mag."

Kurze Nachrichten

Truppenteile aus Australien und Neuseeland sind in Ägypten und Palästina eingetroffen und bilden einen Teil der unter General Weygand stehenden alliierten Streitkräfte.

England hat 150 Flugzeuge und grosse Mengen von Kriegsmaterial nach Finnland geliefert.

Englische Flugzeuge führten in der Nacht vom 22./23. Februar Erkundungsflüge über Österreich und in der Nacht vom 23./24. Februar über Böhmen aus.

Von 9 000 alliierten und neutralen Schiffen, die in Konvois gefahren sind, wurden nur 0,02 Prozent versenkt.

Auf Verlangen der deutschen Regierung ist in Holland ein Prozeßverfahren gegen Baron Felix von Papen, den Vetter des deutschen Gesandten in Ankara, wegen seines Buches über deutsche Konzentrationslager eingeleitet worden.

Flugblatt aus den ersten Monaten des Krieges, vermutlich von deutschen Emigranten in England hergestellt.

schon zu spät war. »Dieser Mensch«, äußerte der Historiker Otto Hintze seinem Kollegen Friedrich Meinecke gegenüber, »gehört ja eigentlich gar nicht zu unserer Rasse. Da ist etwas ganz Fremdes an ihm, etwas wie eine sonst ausgestorbene Urrasse, die völlig amoralisch noch geartet ist.«[3] Dieselbe beklommene Einsicht sprach aus den Worten Ludwig Becks: »Dieser Mensch hat ja gar kein Vaterland.«[4] Hitler war der eigentliche Sonderweg der deutschen

Geschichte, der freilich nicht ohne die vorherigen Verwerfungen der deutschen Gesellschaft und des deutschen Bewußtseins denkbar war.

Hinter der behaupteten Kontinuität deutscher Revisions- und Großmachtpolitik lagen grundsätzlich verschiedene Erfahrungen und Konsequenzen aus dem Weltkrieg und dem deutschen Zusammenbruch. Bei Hitler war der Glaube an die Nation durch den an die Rasse ersetzt, machtpolitisches Kalkül durch Endzeit- und Heilserwartungen, durch sozialdarwinistische und biologistische Geschichtsvisionen. Aus der Niederlage von 1918 wurde neben allen plebiszitären Verlockungen und Rücksichtnahmen auch die Lehre von der Herstellung eines geschlossenen Volkskörpers und Rasseblocks gezogen, das hieß aber Verfolgung und Ausschaltung aller tatsächlichen und vermeintlichen Opponenten, Ausmerzung und Vernichtung. Hatten Hitler und die Nationalsozialisten die Methoden des Krieges nach dem Krieg auf die Politik übertragen, so wurden sie nun »auf den Krieg zurückübertragen«. Das waren die totale Mobilisierung aller Kräfte auf ein Ziel hin und die »Unbedingtheit des Vernichtungswillens«.[5]

Auch wenn dies bereits in der Kriegführung wie der Eroberungs- und Besatzungspolitik seit dem Polenfeldzug erkennbar war, so verschwand diese Einsicht zunächst hinter der scheinbaren Kontinuität des europäischen Krieges der Jahre 1939 und 1940. Sowenig Hitler im September 1939 den großen Krieg zu diesem Zeitpunkt und in dieser Konstellation gewollt hat, sowenig war der Krieg, wie er am 1. September begann, zunächst im vollen Sinne der Krieg des Dritten Reichs – wie es vielleicht ein Krieg der Achsenmächte, möglicherweise unter Einschluß Polens und vor allem unter wohlwollender Neutralität der britischen Weltmacht, gegen das Zentrum der Revolution, die Sowjetunion, gewesen wäre. Doch die Wiederholung des innenpolitischen Erfolgsrezepts, des antikommunistischen Bündnisses mit den Konservativen, auf der außenpolitischen Ebene war an der Weigerung Londons gescheitert, auch wenn Hitler solche Hoffnungen im Herbst 1939 immer noch nicht aufgegeben hatte.

Der Krieg gegen Polen und mehr noch der gegen Frankreich glich in seiner Anlage zunächst noch dem vertrauten Muster eines europäischen »Normalkrieges«. Als Fortsetzung der nationalen Revisions- und Restitutionspolitik mit kriegerischen Mitteln wurde der Polenfeldzug ausgegeben, und nicht viel anders ließ sich auch der Krieg gegen den französischen Erbfeind in die Tradition europäischer Machtkonflikte einordnen. Die Verschiebung des Gleichgewichts zu sichern und zu bestätigen, darum schien es vor allem zu gehen, und das Waffenstillstandszeremoniell im Wald von Compiègne, an historischer Stätte von 1918, fügte sich in das Bild. Die nationale Schmach war getilgt, »deutsches Recht wiederhergestellt«, der deutsche Nationalstaat größer und stärker denn je.

Auch die Kriegführung entsprach anfangs noch ganz den traditionellen Konzeptionen der deutschen Generalität. Vollendete Tatsachen im Osten schaffen, einen Verteidigungskrieg im Westen führen, bis der Gegner die neue Grenzregelung im Osten anerkannte. Auch war Hitler an der unmittelbaren Heeresführung nur wenig beteiligt. Die Kämpfe der einzelnen Armeen und Divisionen, die Leistung und Haltung ihrer Soldaten und Offiziere, ihre Tapferkeit und ihre Opfer waren und blieben, für sich genommen, ganz in der Konvention. Sie hätten sich ohne Hitler und den Nationalsozialismus ganz ähnlich gezeigt haben können, wenn nicht der Zusammenhang mit jener unverwechselbar nationalsozialistischen Innen- und Außenpolitik gewesen wäre, die auf den Krieg ausgerichtet war und ihn als Eroberungs- und Vernichtungskrieg begriff. So gab es eine gleichsam »unspezifische« Seite des Krieges, und sie blieb bis 1945 eine Realität neben dem zunehmend nationalsozialistischen Charakter des Krieges. Es gab eine doppelte Wirklichkeit, ähnlich wie im Alltag und der Politik der sogenannten »Friedensjahre« bis 1939, die in Wahrheit doch nur die Phase des Krieges mitten im Frieden darstellte.

Wie sich bis zum Kriegsbeginn das Außergewöhnliche noch hinter dem Konventionellen hatte verbergen beziehungsweise sich mit diesem hatte verbinden können, so verstellte die konventionelle Seite des Krieges den Blick auf seinen radikalfaschistischen Charakter. Das scheinbar Konkrete des Krieges war gerade nicht die ganze Wirklichkeit des Dritten Reiches und seines Krieges. Die alltägliche Erfahrung der Kriegführung konnte, aber mußte nicht ablenken von seinen ideologischen Zielen und seinem Vernichtungsmotiv. Die Folge war nicht selten ein gespaltenes Bewußtsein, das in der überwältigenden Mehrheit der Kriegsliteratur und in den meisten Erinnerungen zum Ausdruck kommt. Die Berichte beschränkten sich auf Taten und Schlachten, nicht oder nur selten kam die Ausrottungs- und Kolonisationspolitik, besonders im Osten, in den Blick.

1. Der europäische Krieg

Schon das Fehlen einer Kriegserklärung an Polen war ungewöhnlich. Der überfallartige Charakter des deutschen Angriffs brachte der Wehrmacht Vorteile, die es der hochgerüsteten Industrienation erlaubten, ihre materielle Überlegenheit und größere Beweglichkeit gegenüber der traditionsverhafteten Armee einer Agrarnation auszuspielen. Der Blitzkrieg wurde mit Erfolg geprobt und ein neuer Mythos geschaffen, hinter dem sich die rüstungstechnischen Mängel und die fehlenden wehrwirtschaftlichen Reserven des Deutschen Reiches verbergen ließen. Zum schnellen Sieg führte auch die Tatsache, daß Polens Verbündete im Westen nicht, wie versprochen, eine zweite Front eröffneten. Noch einmal konnte Hitler einen Gegner politisch isolieren und so eine gefährliche Phase überstehen. Es waren verschiedene Gründe, die die militärischen Aktivitäten der Westmächte auf ein paar Spähtruppunternehmen und kleine Scharmützel begrenzten. Was die Franzosen als »drôle de guerre« bezeichneten, waren die Nachwirkungen von Appeasement und dafaitistischen Stimmungen. »Mourir pour Danzig?« hatte man sich in den Pariser Straßen gefragt und nicht wahrhaben wollen, daß es um mehr ging.

Den Beweis lieferten Hitler und Stalin. Bereits nach achtzehn Tagen stand der deutsche Erfolg fest, und schon am 19. September konnte Hitler in Danzig triumphierend erklären: »Polen wird niemals wieder auferstehen. Dafür garantiert ja letzten Endes nicht nur Deutschland, sondern dafür garantiert ja auch Rußland.«[6] In der Tat, Hitler und Stalin teilten sich die Beute. Am 17. September war die Rote Armee vereinbarungsgemäß in Ostpolen einmarschiert, und der »Grenz- und Freundschaftsvertrag« vom 28. September, von Ribbentrop und Molotow noch kurz vor der völligen Niederwerfung Polens ausgehandelt, sollte die vierte polnische Teilung besiegeln. Ein Stück Tradition und doch mehr als das. Kein polnischer Reststaat blieb übrig, es gab keine förmliche Kapitulation, sondern eine einfache Unterwerfung wie in archaischen Zeiten.

Die UdSSR erhielt mit einigen Erweiterungen jenes Gebiet, das sich Polen 1921 von der geschwächten Sowjetunion angeeignet hatte. Außerdem sahen sich die baltischen Länder dem »Schutz« Stalins ausgeliefert; mit dem Ergebnis, daß Estland, Lettland und Litauen schon im August 1940 in »Sozialistische Sowjetrepubliken« verwandelt wurden. Deutschland bekam West- und Zentralpolen. Es verleibte sich nicht nur alte preußische Gebiete in Westpolen ein, sondern dehnte das Reichsgebiet als »Wartheland« in das polnische Kernland bis kurz vor Warschau aus. Der Rest, das Gebiet bis zur Demarkationslinie mit der UdSSR, wurde zum »Generalgouvernement« erklärt, zu einer Art deutschen Nebenlandes – vor allem ein Reservoir für Arbeitssklaven und Ausbeutung sowie Aufnahmegebiet für Deportationen.

Eine Nation wurde zu einem rechtlosen Sklavenvolk erniedrigt, ohne gesellschaftliche Autonomie und ohne Bildungsmöglichkeiten. Auch in ihrer Besatzungspolitik zeigten Bolschewismus und Nationalsozialismus sowohl Affinitäten als auch charakteristische

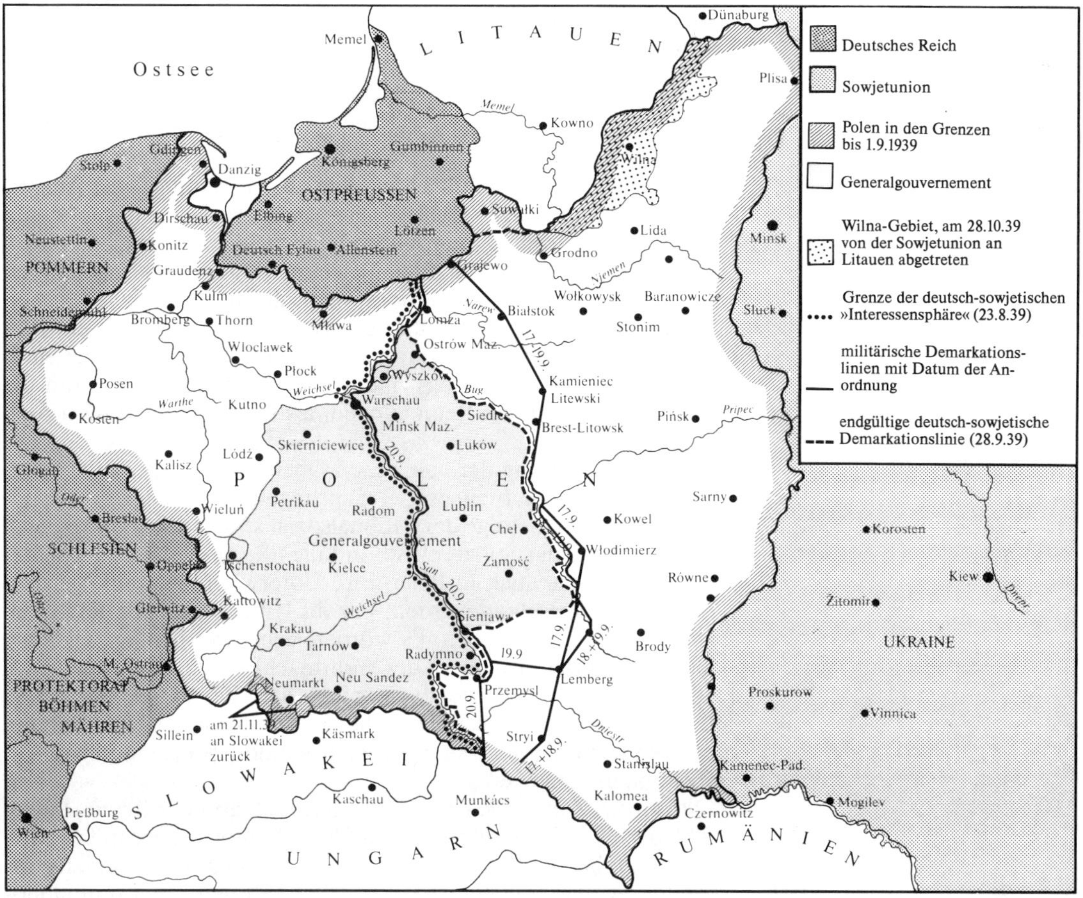

Map content:

Ostsee · Memel · LITAUEN · Dünaburg · Plisa · Kowno · Wilna · Minsk · Lida · Grodno · Suwalki · Gumbinnen · Königsberg · Danzig · Gdingen · Stolp · OSTPREUSSEN · Lötzen · Allenstein · Deutsch Eylau · Elbing · Dirschau · Konitz · Neustettin · POMMERN · Grudenz · Graudenz · Schneidemühl · Bromberg · Thorn · Kulm · Mlawa · Grajewo · Łomża · Ostrów Maz. · Wołkowysk · Baranowicze · Stonim · Słuck · Białystok · Kamieniec Litewski · Pińsk · Włocławek · Płock · Wyszków · Warschau · Minsk Maz. · Siedlce · Brest-Litowsk · Posen · Kutno · Skierniewice · Łuków · Sarny · Kosten · Warthe · Łódź · P O L E N · Kowel · Korosten · Glogau · Kalisz · Wielun · Petrikau · Radom · Lublin · Chel · Włodimierz · Kiew · Breslau · Generalgouvernement · Zamość · Kielce · Röwne · Żitomir · SCHLESIEN · Oppeln · Tschenstochau · Krakau · Tarnów · Radymno · Brody · UKRAINE · Gleiwitz · Katowitz · Biniawa · Lemberg · Proskurow · M. Ostrau · Neumarkt · Neu Sandez · Przemysl · Vinnica · PROTEKTORAT BÖHMEN MÄHREN · Sillein · am 21.11. an Slowakei zurück · Käsmark · Stryi · Stanislau · Kamenec-Pad. · Preßburg · Wien · SLOWAKEI · Kaschau · Munkács · Kalomea · Czernowitz · Mogilev · UNGARN · RUMÄNIEN · Kiew · Dnepr · Dnestr · Pripec · Weichsel · San · Njemen · Narew · Bug

Legend:
- Deutsches Reich
- Sowjetunion
- Polen in den Grenzen bis 1.9.1939
- Generalgouvernement
- Wilna-Gebiet, am 28.10.39 von der Sowjetunion an Litauen abgetreten
- Grenze der deutsch-sowjetischen »Interessensphäre« (23.8.39)
- militärische Demarkationslinien mit Datum der Anordnung
- endgültige deutsch-sowjetische Demarkationslinie (28.9.39)

Unterschiede. Im sowjetischen Herrschaftsgebiet richtete sich die Ausrottungspolitik gezielt gegen Angehörige der polnischen Oberschichten, der Intelligenz und des Offizierskorps. Die Massengräber von Katyn nahe Smolensk, in denen deutsche Truppen 1943 die Leichen von über 4000 polnischen Offizieren entdeckten, die im Frühjahr 1940 vom sowjetischen NKWD ermordet wurden, waren ein grausamer Beweis dieser sozialrevolutionären Umgestaltung durch Deportation und Liquidation. Daneben verstanden es die sowjetischen Machthaber, ihnen nahestehende Polen allmählich mit politischer Verantwortung zu betrauen – ein erster Schritt zur Einbeziehung Polens in den kommunistischen Herrschaftsbereich.

Verheerender noch war die systematische deutsche Ausrottungs- und Kolonisationspolitik in Polen – das war die andere, die nationalsozialistische Seite des Krieges und die Vorbereitung zugleich für die Besatzungspolitik in Rußland zwei Jahre später. In Polen bot sich die Gelegenheit, die Rassenideologie in die Tat umzusetzen. Rassisch angeblich minderwertige Völker sollten deportiert, physisch vernichtet oder auf dem kulturellen Niveau primitiver Arbeitssklaven gehalten werden. Noch im September 1939 entwickelte Hitler

Polen 1939

»Marching along the Eastern Frontier«
Karikatur von David Low,
November 1939

sein Versklavungsprogramm für Polen, das er dann später so umschrieb: »Für die Polen dürfte es nur einen Herren geben, und das sei der Deutsche... daher seien alle Vertreter der polnischen Intelligenz umzubringen. Dies klinge hart, aber es sei nun einmal das Lebensgesetz.«[7] Polnische Ausschreitungen gegenüber Volksdeutschen während des Krieges, wie etwa der »Bromberger Blutsonntag« vom 3. September 1939, dienten als Vorwand für die Ausrottungspolitik. Etwa 4500 Deutsche waren tatsächlich spontanen Lynch- und Mordaktionen zum Opfer gefallen. Verabscheuungswürdig gewiß, aber nicht zu vergleichen mit der staatlich gelenkten Deportations- und Vernichtungspolitik der nationalsozialistischen Machthaber. Geheime Führererlasse, Denkschriften und neue Organisationen belegen, worum es ging: um die Umsetzung eines ideologischen Vernichtungswillens in die Tat, keineswegs um die Folgen einer von den Bedingungen des Krieges bestimmten Ausnahmesituation.

Die Liquidierung der polnischen Oberschichten wurde Einsatzgruppen der Sicherheitspolizei übertragen, die ihr terroristisches Werk schon im Gefolge der nationalsozialistischen Expansion nach Österreich, in das Sudetenland und die »Resttschechei« verrichtet hatten. Daß sie auch in Polen ihre Unterwerfungs- und Vernichtungsarbeit fortsetzen würden, war für Hitler schon vor dem Feldzug beschlossene Sache. »Es würden sich dann Dinge ereignen«, hatte er den Befehlshabern der Wehrmacht am 22. August auf dem Obersalzberg angedeutet, »die nicht den Beifall der deutschen Generale finden würden. Er wolle deshalb nicht das Heer mit den notwendigen Liquidationen belasten, sondern [sie]... durch die SS vornehmen lassen.«[8]

In kurzer Zeit stellte Heydrich fünf Einsatzgruppen für den Polenfeldzug auf, in Felduniformen der SS-Verfügungstruppe mit der SD-Raute am linken Ärmel. SD-Führer, die jeweils einer vormarschierenden Armee zugeteilt wurden, übernahmen die Kommandos über dieses »Reichssicherheitshauptamt auf Rädern«.[9] Nach einer Absprache zwischen der Heeresführung und der Sicherheitspolizei, auf die Himmler und Heydrich aus taktischen Gründen nicht verzichten konnten, oblag den Einsatzgruppen die »Bekämpfung aller reichs- und deutschfeindlichen Elemente in Feindesland rückwärts der fechtenden Truppe, insbesondere Spionageabwehr, Festnahme von politisch unzuverlässigen Personen, Beschlagnahme von Waffen, Sicherstellung von abwehrpolizeilich wichtigen Unterlagen usw.«.[10] Derartige Formulierungen verschleierten die wahren Aufgaben der Einsatzgruppen und ließen sich großzügig auslegen. Zwar hätte die Wehrmacht in jedem Falle eingreifen können, denn die im militärischen Operationsgebiet tätigen Polizeiverbände unterlagen ihrer Gerichtsbarkeit. Tatsächlich kam es auch dazu, daß einzelne Befehlshaber einschritten und die Mordtaten der Einsatzgruppen mit Todesurteilen ahndeten. Doch ein geheimer Gnadenerlaß Hitlers stellte Taten, die angeblich als Reaktion auf »polnische Greuel« begangen worden waren, unter Straffreiheit. Der Oberbefehlshaber des Heeres, von Brauchitsch, schloß sich dem an.

Nach vorbereiteten Listen wurden polnische Ärzte, Beamte, Lehrer, Gutsbesitzer, Geistliche und Kaufleute in Auffanglagern zusammengetrieben, für viele wurden sie zur Liquidierungsstätte. Noch vor Kriegsbeginn hatte Heydrich die Zahlen festgelegt: 10 000 Verhaftungen in einer ersten Welle, bis zu 20 000 in einer zweiten. Über die tatsächliche Zahl der Opfer lassen sich keine genauen Angaben machen. Schätzungen sprechen von »einigen Zehntausenden«. Am 27. September meldete Heydrich: »... von dem polnischen Führertum sind in den okkupierten Gebieten höchstens noch 3 % vorhanden.«[11] Wer nicht den Einsatzgruppen in die Hände gefallen war, dem drohte Gefahr durch die Rachefeldzüge volksdeutscher Selbstschutzgruppen, die bald der SS angegliedert wurden. Denn das stand für Himmler von Anfang an fest: »Der Osten gehört der Schutzstaffel.«[12]

Die Verfolgungen blieben nicht auf die polnische Oberschicht beschränkt. Von Anfang an machten die Einsatzgruppen auch Jagd auf die jüdische Bevölkerung. Sie wurde zunächst ebenso aus den einzudeutschenden Gebieten in das Generalgouvernement vertrieben, wie dies mit der übrigen polnischen Bevölkerung passieren sollte. Doch während die Deportationen der Polen ins Stocken gerieten, weil es an Transportkapazitäten fehlte, ging die Austreibung der polnischen Juden ungeachtet aller militärischen Zwänge weiter. Schon Anfang 1940 wurde aus den einzudeutschenden Gebieten gemeldet, sie seien »judenfrei«. In großen Ghettos, vor allem in Warschau, Krakau, Lemberg, Lublin und Radom, wurde die jüdische Bevölkerung zusammengepfercht; dies war, wie sich bald herausstellen sollte, eine Etappe nur auf dem Wege zur »Endlösung«.

Auch manchem Nationalsozialisten war das Grauen der Verfolgung unfaßbar. Ob es denn wirklich der »Wille unseres Führers« sei, schrieb eine volksdeutsche Gutsbesitzersfrau und langjährige Parteigenossin an Hermann Göring, daß »Tausende und Abertausende unschuldige Menschen erschossen« würden.[13] Auch die Militärs nahmen schockiert zur Kenntnis, was Hitler ihnen ankündigte und was sich vor ihren Augen abspielte. »Harter Volkstumskampf gestattet keine gesetzlichen Bindungen«, notierte einer von ihnen aus einer Ansprache Hitlers am 17. Oktober 1939 im Beisein Keitels. »Die Methoden werden mit unseren Prinzipien unvereinbar sein ... Verhindern, daß eine polnische Intelligenz sich als Führerschicht aufmacht ... Das alte und neue Reichsgebiet säubern von Juden, Polacken und Gesindel.«[14]

Noch gab es Offiziere, die das Morden der SS registrierten und dagegen aufbegehrten. Aus der 14. Armee wurde gemeldet, in der Truppe herrsche große Unruhe, »die im Armeebereich durch die z. T. ungesetzlichen Maßnahmen der Einsatzgruppe ... Woyrsch entstanden ist [Massenerschießungen, insbesondere von Juden]. Die Truppe sei vor allem darüber verärgert, daß junge Leute, statt an der Front zu kämpfen, ihren Mut an Wehrlosen erprobten ...«[15]

Generaloberst Blaskowitz ließ die Meldungen über die Mißhandlungen von Juden und Polen, von Vergewaltigungen, Plünderungen und Morden sammeln und übte in verschiedenen Denkschriften an den Oberbefehlshaber des Heeres, die schließlich auch bei Hitler landeten, scharfe Kritik. Auch Zornesausbrüche seines obersten Befehlshabers konnten ihn davon nicht abhalten. Am 6. Februar

1940 bilanzierte er noch einmal: »Die Einstellung der Truppe zur SS und Polizei schwankt zwischen Abscheu und Haß. Jeder Soldat fühlt sich angewidert und abgestoßen durch diese Verbrechen, die in Polen von Angehörigen des Reiches und Vertretern der Staatsgewalt begangen werden.«[16] Eine Woche später wurde der lästige Kritiker, auf Drängen auch von Generalgouverneur Frank, an die Westfront abgeschoben. Sein Protest blieb wirkungslos.

Gewiß gab es viele Zeichen einer individuellen Scham, aber diejenigen Offiziere, die gegen den Terror von SS und Polizei protestierten, standen auf verlorenem Posten, innerhalb eines verbrecherischen Systems wie auch unter ihren Standesgenossen. Diese fühlten sich durch die preußisch-deutschen Tugenden von Gehorsam und Vertrauen in die Obrigkeit gebunden oder beschränkten sich auf die rein militärischen Aufgaben. Um so erleichterter war die militärische Führung, als sie ganz überraschend noch im Herbst 1939 die Verantwortung für die besetzten polnischen Gebiete in die Hand einer Zivilverwaltung legen mußte oder besser konnte. Aus der Mitwisserschaft freilich war die Wehrmacht damit nicht entlassen, und alle diejenigen, die von den Verbrechen Kenntnis besaßen, konnten sich hinfort keine Illusionen mehr machen über das Regime, dem sie dienten.

Für einige Offiziere wurden die Erfahrungen in Polen zur Grundlage eines moralisch-politischen Aufbegehrens. Einer von ihnen, Helmuth Stieff, Chef der Gruppe III der Operationsabteilung im Generalstab, formulierte die Konsequenzen im November 1939: »Ich schäme mich, ein Deutscher zu sein! Diese Minderheit, die durch Morden, Plündern und Sengen den deutschen Namen besudelt, wird das Unglück des ganzen deutschen Volkes werden, wenn wir ihr nicht bald das Handwerk legen.«[17]

Doch was sich in Polen abspielte, war nur erst ein Vorspiel. Auch beschränkte sich Himmler nicht auf die Massenliquidation, er sah sich vielmehr als Begründer eines neuen Deutschtums im Osten. Am 7. Oktober 1939 war er bereits durch geheimen Führererlaß mit der »Ausschaltung des schädigenden Einflusses von solchen volksfremden Bevölkerungsteilen« beauftragt worden, »die eine Gefahr für das Reich und die deutsche Volksgemeinschaft bedeuten«.[18] Der bürokratische Exekutor und Interpret des Führerwillens machte aus diesem Auftrag, der sicherlich absichtlich so schwammig formuliert war, eine neue zentrale Reichsbehörde und erklärte sich selbst zum »Reichskommissar für die Festigung des Deutschen Volkstums«. Damit betrachtete sich der Reichsführer-SS mit seinen Territorialbefehlshabern, den Höheren SS- und Polizeiführern, nicht nur für die Unterdrückungs- und Vernichtungspolitik, sondern für die gesamte Volkstumsarbeit im Osten als zuständig. Die Richtlinien einer zukünftigen »Ostpolitik« hatte das rassenpolitische Amt der NSDAP im November 1939 aufgestellt. »Erstens die vollständige und endgültige Eindeutschung der hierzu geeigneten Schichten, zweitens die Abschiebung aller nicht eindeutschbaren fremdvölkischen Kreise und drittens die Neubesiedlung durch Deutsche.«[19]

Himmler und die Reichsstatthalter in den Reichsgauen »Wartheland« und »Danzig-Westpreußen«, Arthur Greiser und Albert Forster, begannen sofort, ihre »Volkstumspolitik« in die Tat umzuset-

Plakat einer russischen Exilorganisation, das während des kurzlebigen Hitler-Stalin-Pakts ein imaginäres Versöhnungsfest entwirft.

Sonntag, den 2. Juli ab 3 Uhr nachm.

Bundesfest
der Russ. Nat.-Soz. Bewegung

卐 **ROND** 卐

Ansprache des Führers
Gr. orig. russ. u. deutsche Ballet-Vorführungen
4 gr. Kapellen
S. A. Kapelle — Standarte I
George Boulanger
Original russ. Balalaika-Orchester
u. a.
Scene vor Sanssousi
Galina Sazarina
Volksscene vor d. Moskauer Kreml
100 Mitwirkende
Finale
National- Tänze u. Chöre
Gr. Monstre Feuerwerk

Eintritt 60 Rpf.
Uniformierte S. A, S. S., Ehren-Anwohner- und Kinderkarten 30 Rpf.

Vorverkauf Lunapark und Meierottostraße 1, ROND

LUNAPARK

R. H. NOWMANN, CHARLOTTENBURG 4.   **Bitte weitergeben!**

Neusiedler im »Warthegau« umsorgt vom Beauftragten des Reichsnährstandes und der Führerin des Reichsarbeitsdienst-Lagers, September 1940

Große Gebiete Westpolens sollten nach dem siegreichen Blitzkrieg »eingedeutscht« werden. Dafür waren nicht nur Neusiedler aus dem »Altreich« vorgesehen; in einer zwangsweisen »Rücksiedlung« mußten auch die Baltendeutschen aus Estland, Litauen, Lettland ihre zum Teil jahrhundertealten Siedlungsgebiete zwischen Riga, Reval und Dorpat verlassen und ihre Gutshäuser und Bauernhöfe aufgeben, um im »Warthegau« die von Polen geräumten Höfe zu übernehmen. Insgesamt wurden so zwischen 1939 und der Niederlage der deutschen Armeen im Osten 1,4 Millionen Deutsche »umgesiedelt«, Beginn des Unterganges der Deutschen im Osten. Und dies sollte nur der Auftakt sein; für die Zeit nach dem Endsieg über die Sowjetunion sollten weitere 10 Millionen Deutsche, »Deutschstämmige« oder »eindeutschungsfähige« Tschechen, Flamen, Burgunder und Skandinavier im eroberten Großreich im Osten angesiedelt werden, die Südtiroler zum Beispiel auf der von Russen geräumten Krim, die ja ohnehin in der Völkwanderungszeit von Goten besiedelt gewesen sei.

zen; widersprüchlich und uneinheitlich zum Teil, denn jeder der Rivalen war auf Selbstprofilierung und Eigenständigkeit bedacht. Durchsetzen konnte sich bald der Reichsführer SS, der nach dem Rückzug der Militärverwaltung das Chaos unklarer Verantwortungen und Zuständigkeiten von Dienststellen der Partei, der staatlichen Administration, der Polizei und SS wie der Wirtschaft für sein schrankenloses Vorgehen nutzen konnte.

Im Mai 1940 legte Himmler eine Denkschrift »über die Behandlung der Fremdvölkischen im Osten« vor. »Für die nichtdeutsche Bevölkerung des Ostens darf es keine höhere Schule geben als die vierklassige Volksschule. Das Ziel dieser Volksschule hat lediglich zu sein: Einfaches Rechnen bis höchstens 500, Schreiben des Namens, eine Lehre, daß es ein göttliches Gebot ist, den Deutschen gehorsam zu sein und ehrlich, fleißig und brav zu sein. Lesen halte ich für nicht erforderlich ... Die Eltern der Kinder guten Blutes werden vor die Wahl gestellt, entweder das Kind herzugeben – sie werden dann wahrscheinlich keine weiteren Kinder mehr zeugen, so daß die Gefahr, daß dieses Untermenschenvolk des Ostens durch solche Menschen guten Blutes eine für uns gefährliche, da ebenbürtige Führerschicht erhält, erlischt – oder die Eltern verpflichten sich, nach Deutschland zu gehen und dort loyale Staatsbürger zu werden ... Es erfolgt jährlich insgesamt bei den 6–10jährigen eine Siebung aller Kinder des Generalgouvernements nach blutlich Wertwollen und Nichtwertvollen ... Die Bevölkerung des Generalgouvernements ... wird als führerloses Arbeitsvolk zur Verfügung stehen und Deutschland jährlich Wanderarbeiter und Arbeiter für besondere Arbeitsvorkommen (Straßen, Steinbrüche, Bauten) stellen.«[20]

Das blieben keine leeren Worte. Volksdeutsche aus dem Baltikum, Wolhynien, der Nordbukowina, Bessarabien, der Norddobrudscha wurden zur Rückwanderung aufgefordert und von SS-Ansiedlerstäben in das Wartheland verpflanzt. Dafür wurden bis zum Februar 1940 rund 300 000 Polen ins Generalgouvernement »umgesiedelt«; bis zum Sommer 1941 waren es eine Million Polen, die aus ihrer Heimat und von ihrem Besitz verjagt worden waren. Eine ungeheure Völkerwanderung wurde erzwungen, die sich 1945 in umgekehrter Weise fortsetzen sollte. Doch damit nicht genug. Deutsches Blut sollte überall gerettet, ja sogar aus dem polnischen Volkstum herausgepreßt werden. Eine »Deutsche Volksliste« wurde angelegt, in der alle deutschstämmigen Bewohner des Ostens einzutragen und zu kategorisieren waren. Von »passiven Volksdeutschen« war die Rede und von »aktiv verpolten Deutschstämmigen«; auch im Generalgouvernement wurde nach nordischen Wesenszügen gefahndet, damit der Prozeß der »Umvolkung« und »Wiedereindeutschung« eingeleitet werden konnte. Begehrtes Opfer der Rassefahnder waren blonde polnische Kinder, ganz wie es der Reichsführer in seiner Denkschrift vorgesehen hatte.

Während der Polenfeldzug der SS ein Experimentierfeld für deren Vernichtungs- und Volkstumspolitik eröffnete, ließ der erfolgreiche Blitzkrieg die anfängliche Beklemmung in der Bevölkerung in neue Zuversicht umschlagen. Ein Lagebericht aus dem oberfränkischen Ebermannstadt stand für viele andere: »Der niedergeschlagenen und ernsten Stimmung, welche Ende August allgemein festzustellen war, folgte in den letzten Wochen angesichts der raschen Siege in Polen eine frohe pflichtbewußte Zuversicht. Das Volk weiß sein Schicksal in guten Händen und glaubt an einen erfolgreichen Ausgang des dem Reiche aufgezwungenen Krieges.«[21] Die Zuversicht der Bevölkerung war freilich zu einem guten Teil darauf zurückzuführen, daß man an ein baldiges Ende des Krieges und ein Einlenken der Westmächte glaubte. Auch wenn im Winter die Begeisterung über den Sieg in Polen bald abflaute und die Entbehrungen des Krieges Unmut über die schlechte Versorgungslage wie Kritik an der mangelhaften Vorbereitung des Krieges wach werden ließen, konnte Hitler sich des Vertrauens und der Loyalität der Bevölkerung noch sicher sein.

Eine innere Revolution schloß Hitler zu diesem Zeitpunkt aus. Allerdings wußte er, daß die Moral des Volkes »nur schlechter werden kann«.[22] Auch darum schien eine baldige Fortsetzung des Krieges geboten. Seine plebiszitäre Sensibilität sagte ihm jedoch, daß es mit der »heiteren und problemlosen Hitler-Begeisterung«,[23] wie sie bis 1939 geherrscht hatte, nun vorbei sei, daß die Stabilität seines Regimes mehr denn je von Erfolgen und einer möglichst geringen materiellen und psychischen Belastung der Bevölkerung abhinge. Außerdem bezog sich der noch vorhandene Konsens, und das sollte immer deutlicher werden, allein auf die Person des »Führers«, nicht aber auf dessen politische Ziele, die weit über die traditionellen nationalen Vorstellungen und Interessen hinausgingen. Der Führer-Mythos, der nach dem siegreichen Frankreichfeldzug eine zusätzliche und letzte Steigerung erfahren sollte, blieb auch während des Krieges die entscheidende Integrationskraft des Regimes, die sich mit der Wende des Krieges jedoch immer rascher verbrauchen sollte.

»Nach dem polnischen Krieg erhob wieder die Politik ihr Haupt.«[24] Wie sollte es weitergehen? Hitlers Lage war trotz des erfolgreichen Blitzkrieges nicht problemlos. Die Stimmung in der

Bevölkerung war trotz der breiten Zustimmung verändert. Außenpolitisch drohte ein Alleingang: Italien hatte sich zur nicht-krieg-
führenden Macht erklärt, auch Japan blieb neutral. Die rüstungswirtschaftliche und militärische Vorbereitung auf einen großen
Krieg war unzureichend, die wirtschaftliche Abhängigkeit des Deutschen Reiches von ausländischen Lieferungen trotz aller Autarkie-
bemühungen noch immer groß. Es war eine paradoxe Konstellation: ohne die strategische Rückendeckung und ohne die wirtschaftliche Hilfe durch die Sowjetunion, der Macht also, die Hitler zu vernichten gedachte, »hätte Deutschland die Situation im Herbst 1939
nicht meistern können«.[25] Durch die wohlwollende Neutralität der
Sowjetunion konnte das Reich der britischen Blockade zum Trotz
weiter lebenswichtige Rohstoffe beziehen und dem Zwang des
Zweifrontenkriegs entgehen. Damit war der deutsche Diktator in
eine Abhängigkeit von Stalin geraten, aus der er sich seinem Selbstverständnis zufolge so schnell wie möglich befreien mußte. Wie sehr
er sich durch den von ihm selbst ausgelösten europäischen Krieg in
Zugzwang gesetzt sah, ging aus einer seiner wenigen Denkschriften
hervor, mit der er am 9. Oktober seinen Generälen die »Richtlinien
über die Führung des Krieges im Westen« erläuterte.

Obwohl die erste Oktoberhälfte »mit Friedensgerüchten ange-
füllt«[26] war und Hitler selbst in einem »Friedensappell« vom
6. Oktober den Alliierten eine Verständigung, allerdings zu seinen
Bedingungen, nämlich unter Anerkennung der in Polen geschaffenen Verhältnisse, anbot, war er zur Offensive im Westen entschlossen. Etwas anderes als eine Flucht nach vorn schloß sein politisches
Denken völlig aus. Ohne die Antwort auf seine Friedensrede abzuwarten – seine Offerte war für den Westen ohnehin unannehmbar –
bestellte er die drei Oberbefehlshaber sowie Keitel und Halder zu
sich, um ihnen seine Lagebeurteilung und seinen Entschluß mitzuteilen, den Zeitpunkt des Angriffs »wenn nur irgend möglich noch
in diesen Herbst zu legen«. Denn: »Nach Lage der Dinge kann . . .
die Zeit mit größerer Wahrscheinlichkeit als Verbündeter der Westmächte gelten denn als Verbündeter von uns.« Als Kriegsziel nannte
er die »Vernichtung der Kraft und Fähigkeit der Westmächte, noch
einmal der staatlichen Konsolidierung und Weiterentwicklung des
deutschen Volkes in Europa entgegentreten zu können«.[27] Durch
einen siegreichen Krieg gegen Frankreich, so Hitlers Kalkül, ließe
sich Großbritanniens Einfluß vom europäischen Festland verdrängen, und man könnte schließlich doch noch mit einer zur Vernunft
gekommenen britischen Regierung jene große Aufteilung in Interessensphären vornehmen, von der er immer geträumt hatte und die
nach seiner Meinung auch für die Seemacht Großbritannien von
Vorteil sein mußte.

Über die Auseinandersetzung mit Paris und London hinaus sah
Hitler im Oktober 1939 die »eigentliche Gefahr für sein Vorhaben,
ein europäisches Kontinentalreich unter deutscher Führung zu
errichten«, in der Einengung durch die beiden Flügelmächte des
internationalen Systems, die USA und die UdSSR, die sowohl seinen globalen Entfaltungszielen entgegenstehen wie Großbritannien in der Rolle als Weltmacht bedrohen und ablösen könnten.
»Durch keinen Vertrag und durch keine Abmachung«, erläuterte er

am 9. Oktober seine Befürchtungen, »kann mit Bestimmtheit eine dauernde Neutralität Sowjet-Rußlands sichergestellt werden ... Die größte Sicherheit vor irgendeinem russischen Eingreifen liegt in der klaren Herausstellung der deutschen Überlegenheit bzw. in der raschen Demonstration der deutschen Kraft ... Der Versuch gewisser Kreise der USA, den Kontinent in eine deutschfeindliche Richtung zu führen, ist im Augenblick sicher ergebnislos, kann aber in Zukunft doch noch zu dem gewünschten Ergebnis führen. Auch hier ist die Zeit als gegen Deutschland arbeitend anzusehen.«[28]

Nicht nur die Zeit drängte. Um durch einen raschen Sieg über Frankreich auch England »auf die Knie zu zwingen« und damit endlich die ersehnte Handlungsfreiheit im Osten zu bekommen, bedurfte es der Geschlossenheit der Wehrmacht und – der »günstigen Vorsehung«. Der letzteren Bedingung war sich Hitler sicher; die Zweifel und die Widerstände in den eigenen Reihen zu überwinden, war auch psychologische Absicht der Denkschrift wie der gleichzeitigen Weisung Nr. 6 für die Kriegführung. »Hauptsache ist der Wille, den Feind zu schlagen«,[29] appellierte er an die anwesenden Generäle, aber vermutlich auch an einige seiner Mitstreiter.

Noch einmal tauchten die internen politischen Konstellationen vom September 1938 auf, noch einmal das Mißtrauen der Generäle gegenüber einem militärischen Abenteuer, noch einmal der Konzeptionspluralismus innerhalb der nationalsozialistischen Führungsspitze. Und noch einmal sollte Hitler unter Beweis stellen, daß er der Herr des Dritten Reiches und seiner außenpolitischen Entscheidungen war.

Mit großen Zweifeln begegneten die führenden deutschen Militärs Hitlers überstürzten Angriffsplänen. Zu eindringlich war ihnen noch das blutige Ringen des deutschen und französischen Heeres in den vier langen Jahren des Ersten Weltkriegs in Erinnerung, zu hoch schätzten sie die Stärke der französischen Armee ein, und zu deutlich kannten sie die Schwächen der deutschen Rüstung. Hitler hingegen setzte auf die innere Schwäche Frankreichs und auf die Methoden der psychologischen Kriegführung. Die gemeinsame Erklärung mit der Sowjetunion vom 28. September 1939 war ein Teil davon, erweckte sie doch den Eindruck einer engen Allianz zwischen Hitler und Stalin, die so gar nicht gegeben war. In Frankreich hingegen erreichte die Erklärung ihren Zweck: sie steigerte die politische Verwirrung und Resignation.

Währenddessen versuchten der Oberbefehlshaber des Heeres, sein Stabschef und der Chef des Rüstungsamtes Hitler mit fachlichen Einwänden von seinem Angriffsplan abzubringen, was diesen aber nur noch ungeduldiger auf einen baldigen Angriffstermin drängen ließ. Den 12. November setzte er für den Westfeldzug fest, und wieder standen die Offiziere vor der Entscheidung zwischen Mitarbeit oder Opposition. Es waren dieselben Akteure wie im September 1938, die zum Staatsstreich entschlossen waren: Canaris, Beck, Oster und die Zivilisten Goerdeler und von Hassell; auch von Brauchitsch war informiert und versuchte bei einer Unterredung am 5. November noch einmal, Hitler umzustimmen. Auf die sachlichen Einwände seines Heeresbefehlshabers reagierte Hitler mit einem Wutausbruch und warf der Armeeführung Verschleppungstaktik vor. Er werde, drohte er, den »Geist von Zossen ausrotten«.[30] Das war das Generalstabsquartier, und Halder verstand die Drohung: er ließ die Staatsstreichpläne fallen.

»Alles ist zu spät und völlig verfahren«,[31] schrieb Oberstleutnant Groscurth, einer der Vertrauten Osters, in sein Tagebuch. Oster und andere wollten jedoch nicht lockerlassen, bis die Nachricht vom Attentat auf Hitler drei Tage später im Münchener Bürgerbräukeller die Verschwörer in Verwirrung und endgültig zum Aufgeben brachte. Die Furcht vor einer Großfahndung der Gestapo war zu groß, und noch war nicht sicher, ob das Attentat wirklich nur das Werk eines Einzelgängers, des Schreiners Georg Elser, war, oder ob es das Werk unzufriedener Parteiangehöriger oder gar der Gestapo selbst war, die mit einem »zweiten Reichstagsbrand« das Motiv für ein erneutes Losschlagen gehabt hätten. Auf jeden Fall war seither jeder Attentatsversuch erschwert; die Sicherheitsvorkehrungen um Hitler waren noch einmal verschärft worden.

Wenn der Angriff auf Frankreich dennoch am 7. November verschoben wurde, so lag das nicht an der internen Opposition, sondern vor allem an den ungünstigen Witterungsverhältnissen. Auch war Hitler nicht, wie seine Generäle forderten, zu einem langfristigen Aufschub bereit, sondern allenfalls zu einer Verschiebung um wenige Tage. Insgesamt neunundzwanzigmal wurde darum bis Anfang Mai der Angriffsbefehl verschoben. Das schlechte Wetter war auch Hermann Göring gelegen gekommen, der sich im Oktober 1939, ähnlich wie ein Jahr zuvor, für eine Verständigung mit den übrigen europäischen Großmächten und gegen eine Weiterführung des Krieges ausgesprochen hatte. Als sich Hitler dennoch zum

Während der Gedenkfeiern zum mißglückten Putsch des 9. November 1923 kam es zu dem Attentat eines Einzelgängers, dem Hitler durch Zufall entging. Die Sorge vor der Großfahndung der Gestapo lähmte die militärische Opposition, die gerade ihrerseits einen Staatsstreich vorbereitet hatte.

Angriff im Westen entschlossen zeigte, blieben seinem ersten Paladin nur noch der Hinweis auf das schlechte Wetter und der verzweifelte Versuch, sich ausgerechnet Außenminister von Ribbentrop anzuvertrauen, um mit diesem gemeinsam mäßigend auf Hitler einzuwirken. Es muß dem Beauftragten des Vierjahresplans und Reichsmarschall sehr ernst gewesen sein mit seinen wirtschaftlichen und militärischen Bedenken, wenn er diesen Ausweg suchte.

Denn der Reichsaußenminister drängte, wie sein Staatssekretär notierte, zum Krieg gegen den Westen, denn nur so »würden die Engländer weich«.[32] Das traf sich auch mit Hitlers Absichten, und darum fand der Außenminister mehr Gehör beim »Führer« als Göring. Die Gründe, die Ribbentrop zum Kampf gegen den Westen bewogen, waren freilich andere als diejenigen Hitlers. Einen starken antibritischen Kontinentalblock wollte der Reichsaußenminister bilden, und auch die Sowjetunion sollte darin einen festen Platz haben. Darum hatte er sofort nach dem Polenfeldzug versucht, den Nichtangriffspakt in ein festes Bündnis mit Stalin zu verwandeln, um damit für die »kommenden Kämpfe mit den Westmächten« gerüstet zu sein. Weltanschauliche Gegensätze zwischen Nationalsozialismus und Bolschewismus brauchten nach seiner Meinung diese machtpolitische Verbindung nicht zu stören, und das war es, was den »Realpolitiker« wilhelminischer Prägung von dem Ideologen Hitler trennte. Denn während Ribbentrop von ewiger Zusammenarbeit mit der Sowjetunion sprach, war für Hitler der Pakt mit Stalin nur ein Umweg und eine vorübergehende Verkehrung der eigentlichen Fronten. Solange England sich freilich gegen diesen Grundplan sperrte, kam Hitler die Konzeption Ribbentrops gerade recht.

Von militärischer Seite regte sich kein Widerspruch mehr, als Hitler am 23. November den Spitzen der Wehrmacht noch einmal seinen »unabänderlichen Entschluß« verkündete, Frankreich und England »zum günstigsten und schnellsten Zeitpunkt« anzugreifen. Der eigentliche Zweck der Zusammenkunft war es wohl, die Offiziere auf den Krieg einzustimmen und sie zugleich einzuschüchtern. Mangelnde Gläubigkeit hielt ihnen Hitler vor und forderte, daß die »Führung von oben [das] Beispiel einer fanatischen Entschlossenheit gibt«. Und schließlich drohte er: »Ich werde vor nichts zurückschrecken und jeden vernichten, der gegen mich ist.«[33] Die Wirkung unter den Offizieren war blankes Entsetzen. »Der Vorwurf der Feigheit hat die Mutigen wieder feige gemacht«,[34] stellte Oster erbittert fest. Von nun an fügte sich das Oberkommando des Heeres dem »Diktat vom 23. November«. Hinzu kam, daß die Verschiebung des Angriffstermins der militärischen Ausstattung und Ausbildung zugute kam, so daß der weit verbreitete Pessimismus der höheren Generäle einer allmählich wachsenden Zuversicht wich. Selbst Halder hatte nach einer Inspektionsreise Anfang Januar 1940 »einen sehr günstigen Eindruck von der Truppe« und sah »eine Reihe von großen Erfolgsmöglichkeiten«.[35]

Der innere Kreis der Opposition fühlte sich durch Hitlers Ausbruch im Willen zum Widerstand nur noch bestärkt. Sollten aber die OKH-Chefs noch im letzten Moment von einer Unterstützung des Westfeldzuges abgehalten werden, dann nur noch durch eine wirklich eindrucksvolle Zusage Englands, daß es zu einem anständigen

Mit dumpfem Fatalismus hatte die deutsche Bevölkerung den Kriegsbeginn vom 1. September 1939 erlebt; nirgendwo stellte sich die rauschhafte Begeisterung der Augusttage 1914 ein. Auch die Beschwörung eines kurzen Frankreichkrieges auf den Wehrmachtlastern nach dem siegreichen Feldzug gegen Polen, entsprach weder der Stimmung der Nation noch der Lagebeurteilung der Generalität, die bis zum letzten Tag vor einem Angriff auf die Maginotlinie warnte.

Frieden bereit wäre, falls es zu keiner militärischen Auseinandersetzung im Westen käme. Die unterschiedlichsten Kontakte zu London, oft unkoordiniert nebeneinander, wurden geknüpft, um die britischen Bedingungen für einen Frieden zu erfahren und um ein militärisches Stillhalten des Westens für den Fall eines Staatsstreichs gegen Hitler zu erreichen. Doch umsonst, die britische Regierung war zu einer solchen festen Zusage nicht bereit.

Statt eines Staatsstreichs im Reich fand am 9. April 1940 ein Überfall auf zwei neutrale Länder statt, nämlich auf Dänemark und Norwegen. Beide Seiten – die britische Regierung und die deutsche Opposition – waren voneinander gegenseitig enttäuscht, und das sollte die weitere Geschichte der nationalkonservativen Opposition gegen Hitler schwer belasten.

Mit dem handstreichartigen Überfall auf Dänemark und Norwegen, durch den der Zugang zu den schwedischen Erzlagern und eine günstige Operationsbasis gegen England gesichert werden sollte, war auch von deutscher Seite die Kriegspause beendet. Schon zuvor hatte Stalin den Stillstand des Krieges unterbrochen, als er mit dem Anspruch auf Karelien den russisch-finnischen Winterkrieg vom Zaune brach und der Westen Gewehr bei Fuß mit ansah, wie der russische Nachbar Finnland seine territorialen und militärischen Bedingungen diktierte.

Die deutschen Truppen in Norwegen kämpften noch gegen die am 14./15. April dort gelandeten Briten, als schließlich im Morgengrauen des 10. Mai die lang erwartete Offensive im Westen begann. Noch am Tag zuvor hatte Oberst Oster die Niederländer von dem unmittelbar bevorstehenden Angriff informiert. Aber zu oft hatte die deutsche Opposition Informationen über einen Angriffstermin weitergegeben, der dann doch wieder abgesagt wurde, als daß die Gegenseite diesen Hinweis noch ernst nahm. Noch eine andere Wirkung hatte die häufige Verschiebung des Angriffs: außer einer verbesserten militärischen Ausstattung hatte der Angreifer in der Zwischenzeit auch einen veränderten Operationsplan, eine entscheidende Voraussetzung für den raschen Erfolg.

Denn nicht etwa eine gar nicht vorhandene zahlenmäßige oder rüstungstechnische Überlegenheit machte den Feldzug zu einem einmaligen Triumph, sondern der überlegene und auf Verwirrung des Gegners angelegte deutsche Operationsplan und die innere Schwäche Frankreichs. In beiden Fällen hatte Hitler recht behalten und die Überlegenheit seiner politischen Intuition gegenüber den fachlichen militärischen Bedenken noch einmal – diesmal aber zum letzten Mal – demonstriert. Das sollte nicht ohne Auswirkung auf seine Machtstellung und das ihm zugeschriebene Charisma bleiben.

Der Generalstab des Heeres hatte ein konventionelles Feldzugskonzept entwickelt, das sich deutlich an den Schlieffen-Plan des Ersten Weltkriegs anlehnte, und nicht anders erwarteten die Westmächte einen deutschen Angriff. Das Moment der Überraschung fehlte diesem Plan; eben deshalb war die Gefahr so groß, daß der Angriff ähnlich wie im Ersten Weltkrieg im Stellungskrieg erstarrte. Das aber mußte Hitlers Kriegsplanung, die auf schnelle Entscheidungen in einem Blitzkrieg angewiesen war, völlig zuwiderlaufen. Um so angemessener war seiner Strategie ein Alternativkonzept General von Mansteins, das aus denselben Gründen im Oktober 1939 im OKH auf Ablehnung gestoßen war, aus denen es anschließend Hitlers Aufmerksamkeit fand: es war verwegen und unkonventionell ganz auf die Überraschung und Verwirrung des Gegners angelegt.

Manstein wollte das Hauptgewicht des Angriffs nicht auf den rechten Flügel, sondern auf die Mitte legen und mit Panzerverbänden dort vorstoßen, wo es die Franzosen am wenigsten erwarteten, in den Ardennen nämlich, die nach allgemeiner Auffassung als ein für Panzerfahrzeuge schwieriges Gelände galten und darum auch schwach gesichert waren. Darauf aber setzte Mansteins Konzept, das Hitler nun weiterentwickeln ließ und das Churchill zutreffend als »Sichelschnitt« charakterisierte. Hatte man erst die Ardennen überwunden, so sollte, ähnlich wie es bei der letzten deutschen Offensive im März 1918 geplant gewesen war, in einem schnellen Vorstoß die alliierte Front aufgerissen, deren Nordgruppe umstellt und in verkehrter Front mit dem Rücken zur Küste zum Kampf getrieben werden.

Der überlegene Operationsplan öffnete der deutschen Wehrmacht den Weg für einen triumphalen Erfolg in einem nationalen Restitutionskrieg, wiederum begonnen ohne Kriegserklärung und ohne Rücksicht auf bestehende Neutralitätsverträge. In einem technisch perfekten Zusammenwirken aller Waffengattungen wurde in fünf Tagen die »Festung Holland« eingenommen und das belgische Verteidigungssystem erobert. Der deutsche Angriff auf Rotterdam am 14. Mai eröffnete zugleich den Bombenkrieg auf die Zivilbevölkerung, der bald so schwer auf Deutschland zurückschlagen sollte.

Zunächst aber schien die deutsche Kriegsmaschinerie unwiderstehlich. Die Panzerverbände brachen rasch durch Luxemburg und die Ardennen nach Nordfrankreich zur Somme-Mündung durch und erreichten am 20. Mai Amiens und Abbeville. Die Sichelschnittbewegung war nahezu abgeschlossen; die Panzerspitzen brauchten nur noch an der Kanalküste nach Norden vorzustoßen. Die belgische Armee, die französische Nordgruppe und das bri-

Nach dem »Wunder von Dünkirchen«, das den Briten den Rückzug nahezu ihrer gesamten Expeditions-Armee aus dem zusammenbrechenden Frankreich erlaubt hatte, rüstete sich die Insel fieberhaft für die kommenden Ereignisse. General Sikorski stellte aus den versprengten Resten der polnischen Armee, die sich nach England durchgeschlagen hatten, neue Verbände zusammen, und der unbekannte französische Panzergeneral de Gaulle mobilisierte die Streitkräfte eines »Freien Frankreich«. 1941 inspizierten beide gemeinsam mit Winston Churchill die Truppen, mit denen man eine Invasion der Deutschen abzuwehren hoffte; wenig später brechen aber die Armeen des Dritten Reiches nicht nach Westen, sondern nach Osten auf. Das »Unternehmen Barbarossa« beginnt: Hitlers Angriff auf die Sowjetunion.

tische Expeditionskorps waren jetzt in Flandern eingeschlossen. Doch unerwartet befahl Hitler den Panzerverbänden General Guderians am 24. Mai, am La Bassée-Kanal südlich von Dünkirchen anzuhalten. Das gab den eingeschlossenen alliierten Truppen die Chance, einer schweren Niederlage zu entkommen und in einer abenteuerlichen Rettungsaktion innerhalb von acht Tagen nahezu dreihundertvierzigtausend Mann nach England überzusetzen. Es waren militärische Überlegungen, die Hitler zu dem Anhaltebefehl bewogen hatten, nicht politische Rücksichtnahmen auf den englischen Gegner.

Dünkirchen zeigte zweierlei: den englischen Widerstandswillen unter der neuen Regierung Churchill, der den Appeasement-Politiker Chamberlain am 10. Mai abgelöst hatte, und das massive Eingreifen Hitlers in die Operationsführung des Oberkommandos des Heeres. Hinfort hatte es die Heeresführung mit einem selbstbewußten Obersten Befehlshaber der Wehrmacht zu tun, der sein Amt nicht nur dem Namen nach auszuüben gedachte.

Am folgenden Tag begann die zweite Phase der deutschen Westoffensive: der Vorstoß an der Maas entlang nach Süden bis zur schweizerischen Grenze. Bereits am 14. Juni marschierten deutsche Truppen in Paris ein, drei Tage später waren Guderians Panzer an der Schweizer Grenze. Nun war die Maginotlinie vom Rücken her eingeschnürt und das Gros der französischen Armee von seinen Verbindungen abgeschnitten. Das Verteidigungswerk, Kernstück der französischen Strategie und darüber hinaus Ausdruck des französischen Defensivdenkens, fiel nahezu kampflos. Das Land war auf Verteidigung eingestellt, nicht auf den Untergang. Die Truppe, vom Debakel im Norden bereits entmutigt, war geschlagen, zersprengt und nicht selten im Zustand der Auflösung. Hinzu kamen die Millionen von Flüchtlingen, die die Straßen verstopften und die Stimmung drückten. Die politisch-moralische Krise der späten Dritten Republik, der Defaitismus der Rechten hatten den Boden bereitet für den Zusammenbruch eines politischen Systems, dessen Immobilismus Hitler und die Faschisten als Ausdruck demokratischer Dekadenz werteten.

Insofern war der Frankreichfeldzug eine politische Demonstration. Hitler machte deutlich, »daß die Hauptmacht der kontinentaleuropäischen Demokratie den Glauben an sich verloren hatte«[36] und daß das Land die hegemoniale Stellung, die es im Versailler System beansprucht hatte, längst nicht mehr ausfüllen konnte. Überdies hatte der nationalsozialistische Diktator der Welt noch einmal gezeigt, was ein rücksichtsloser Angriffswille in einer Welt auszurichten vermochte, die Frieden und politische Vernunft für eine natürliche Grundgegebenheit hielt.

Das Debakel der Dritten Republik bereitete den Weg für den autoritären Retter, den alten Marschall Pétain, der am 16. Juni die Regierungsgewalt übernahm, nachdem Ministerpräsident Reynaud mit seinem kühnen Plan gescheitert war, Frankreich von Nordafrika aus und an der Seite Englands zu verteidigen. Pétain und der Oberbefehlshaber Weygand waren überzeugt, daß auch England nicht lange Widerstand leisten würde und daß es besser sei, durch eine sofortige Kapitulation das Land vor dem Schlimmsten zu bewahren. Kaum zum Regierungschef ernannt, wandte sich Pétain mit der Bitte um Waffenstillstand an Hitler. Mittlerweile war auch Mussolini gegen den Wunsch Hitlers noch am 10. Juni in den Krieg gegen den Westen eingetreten – den deutschen Sieg vor Augen und in der Sorge, im Wettstreit mit der faschistischen Brudermacht völlig überholt zu werden.

Der Zusammenbruch Frankreichs führte Hitler auf den Höhepunkt seiner Macht. In nur sechs Wochen hatte er erreicht, woran die kaiserliche Armee in vier blutigen Jahren gescheitert war, und dort, wo die Deutschen 1918 um Waffenstillstand hatten bitten müssen, sollte in einem Akt der symbolischen Demütigung und Wiedergutmachung die nationale Schmach ausgelöscht werden. Der Salonwagen, in dem die historische Begegnung stattgefunden hatte, war eigens aus dem nationalen Museum geholt worden, und Hitler nahm am 21. Juni sofort auf dem Sessel Platz, den Marschall Foch einst eingenommen hatte.

Die Waffenstillstandsbedingungen waren moderat, gemessen an der Behandlung Polens. Frankreich behielt seine Flotte und sein Kolonialreich. Das Land wurde in eine besetzte Zone im Norden und Westen und in eine unbesetzte Zone im Süden aufgeteilt. Die Besatzungsgewalt unterstand einem deutschen Militärbefehlshaber, der neue Etat français im Süden behielt eine eigene Verwaltung und geringe Streitkräfte. Sitz der neuen Regierung Pétain wurde der Badeort Vichy. Elsaß-Lothringen wurde wie Luxemburg dem Reichsgebiet einverleibt; ebenso Eupen-Malmedy. Die Niederlande unterstanden einem Reichskommissar, Belgien dem deutschen Militärbefehlshaber. Der italienisch-französische Waffenstillstand vom 24. Juni gewährte Italien nur einen schmalen Grenzstreifen in den Alpen als Lohn für den späten Kriegseintritt. Alle weitergehenden Forderungen hatte Hitler Mussolini drei Tage zuvor in München verwehrt, da der Beutehunger Italiens seiner eigenen Politik der Mäßigung und des scheinbaren Verzichts nur schaden konnte.

Hitler besichtigt in den Morgenstunden des 25. Juni 1940 das eroberte Paris, links neben ihm Albert Speer, rechts Arno Breker. Er nennt es eine wunderschöne Stadt, aber Berlin müsse viel schöner werden.

Denn die Formen und Bedingungen des Waffenstillstands waren so gehalten, daß sie der britischen Bereitschaft zur Verlängerung des Kampfes keinen zusätzlichen Grund geben sollten. Auch alle Kolonialfragen waren darum im Vertrag, der nach einigen Verhandlungsrunden am 22. Juni unterzeichnet wurde, beiseite gelassen. Nach diesem Sieg meinte Hitler mehr denn je mit einem Einlenken Londons rechnen zu können.

In der Nacht vom 24. auf den 25. Juni trat der Waffenstillstand in Kraft. Hitler war auf dem Gipfel seiner Laufbahn angelangt. Noch einmal erwies sich die Macht des nationalen Ressentiments gegen den November 1918. Für einen Moment schien es, als sei Hitler selbst Opfer dieses Gefühls, das für ihn letztlich doch nur Instrument war. Kurz bevor die Waffenruhe eintrat, ließ er in seinem Hauptquartier in Bruly-le-Pêche das Licht löschen und die Fenster öffnen. Speer hörte ihn leise sagen: »Diese Verantwortung ...«[37]

Anfang Juli zog der Sieger unter Jubel, Blumen und Glockengeläut in Berlin ein: es sollte der letzte Triumphzug in seiner Karriere sein. Im Augenblick galt er nicht nur seinen Anhängern als eine der »größten Gestalten der deutschen Geschichte«. Ein Bericht aus Augsburg: »Man kann ruhig sagen, die ganze Nation ist nun von einem so gläubigen Vertrauen zum Führer erfüllt, wie dies vielleicht in diesem Ausmaße noch nie der Fall war ... Wenn überhaupt eine Steigerung der Gefühle für Adolf Hitler noch möglich war, so ist dies mit dem Tage der Rückkehr nach Berlin Tatsache geworden.«[38] Die SD-Berichte aus der zweiten Juni-Hälfte stellten »im gesamten deutschen Volke eine bisher noch nicht erreichte innere Geschlossenheit«[39] fest. Auch frühere Gegner des Nationalsozialismus konnten sich der nationalen Siegesstimmung kaum entziehen. Die Regierungspräsidenten meldeten, den Widerstandsgruppen in der Arbeiterschaft sei völlig der Wind aus den Segeln genommen; ehemalige SPD- und KPD-Angehörige zeigten eine »einwandfreie vaterländische Gesinnung« und wünschten einberufen zu werden.[40] Nur »bestimmte kirchliche Kreise« übten noch einen »gewissen defaitistischen Einfluß«[41] aus. Auch der nationalkonservative Widerstand war niedergeschlagen. »Man könnte verzweifeln unter der Last der Tragik, sich an den Erfolgen nicht freuen zu können.«[42] Den Offizieren war Hitler jetzt nicht mehr der Gefreite, sondern der Führer; die parteipolitische Konnotation des Begriffs war verschwunden. Keitel hatte schon unmittelbar nach dem französischen Waffenstillstandsgesuch das Motto ausgegeben: »größter Feldherr aller Zeiten«.[43] Der Erfolg des deutschen Feldzugplanes, dessen Änderung Hitler veranlaßt hatte, hatte den Diktator zum Feldherrn werden lassen, und dieser ließ sich als solcher feiern. Der Führermythos hatte eine neue, zusätzliche Dimension gewonnen: den Kult des militärischen Genies. Die Generäle hatten ihre letzte Sicherheit, ihr Expertentum, verloren und waren von nun an zum großen Teil bereit, sich Hitlers Führung anzuvertrauen, auch wenn sie aus ihrer fachlichen Sicht manches anders sahen als er und die Führungsfehler des größten Feldherrn unübersehbar waren und bleiben sollten.

Der militärische Triumph über Frankreich hatte eine beispiellose Machtsteigerung nach innen wie nach außen zur Folge. Für das kommende, für die weitere Entwicklung des Weltkrieges so entscheidende Jahr, vom Waffenstillstand am 22. Juni 1940 bis zum Überfall auf die Sowjetunion am 22. Juni 1941, war der »Primat der Politik ... in einem selten hohen Maße gesichert«.[44] Hitler hatte mit der tatsächlichen Übernahme des militärischen Oberbefehls endgültig und ohne Widerspruch alle Machtinstrumente des Deutschen Reiches in seiner Hand vereinigt. Unverwundbar gegen alle Kritik wurde diese Konzentration der Macht dadurch, daß der »Führer« sich nicht nur vom Konsens der Bevölkerung getragen fühlen, sondern sich nun zum ersten Mal auch der Anerkennung seiner Führung durch die traditionellen Eliten in Heer, Diplomatie und Wirtschaft sicher sein konnte. Darum konnte er so unabhängig und selbstherrlich »wie nie zuvor und wie nie mehr in der Folgezeit«[45] den Rahmen für alle weiteren militärischen, politischen und wirtschaftlichen Planungen abstecken und unangefochten aus einer Vielzahl von Konzepten und Denkschriften auswählen und die Entscheidungen treffen, die seine Herrschaftsziele zu verwirklichen versprachen.

Außenpolitisch blieb der Sieg über Frankreich nicht ohne Konsequenzen. Die Anziehungskraft des Deutschen Reiches nahm beträchtlich zu; nicht wenige Staaten sahen in der Anlehnung an die neue Führungsmacht ein Gebot politischer Klugheit. Die einen suchten mit der neuen Führungsmacht alte territoriale Hoffnungen und Revisionsforderungen durchzusetzen, die anderen erhofften sich von einer Anlehnung an Hitler-Deutschland Schutz vor den Annexionsgelüsten der Nachbarn. Eine Neuordnung Europas unter deutscher Führung zeichnete sich ab, wie sie sich wilhelminische Politiker nur in kühnsten Träumen hatten vorstellen können. Aber Hitler besaß kein »europäisches Programm«, und sein politisches Denken schloß eine politische Ordnung aus, die auf mehr als auf Unterwerfung und bloße Gewalt gegründet war. »Wir können die Erfolge dieses Feldzuges nur mit den Kräften erhalten, mit denen sie errungen wurden, also mit militärischer Gewalt«, hörte Staatssekretär von Weizsäcker Hitler Ende Juni 1940 sagen und kommentierte diese Auffassung zutreffend: »Die Schwierigkeiten liegen weniger in der augenblicklichen Lage als in der künftigen Entwicklung. Denn die Erhaltung unseres Erfolges durch militärische Machtmittel muß zur Überanstrengung führen.«[46]

Sollte es nicht möglich sein, das Reich in seiner machtpolitischen Entwicklung anzuhalten und zu konsolidieren? Eine Zusammenfassung »Mitteleuropas« unter deutscher Vorherrschaft schien möglich, und entsprechende Pläne wurden im Auswärtigen Amt, im Reichswirtschaftsministerium und auch in der Industrie entwickelt. Es waren wilhelminische Konzepte, Vorstellungen von einem »Großwirtschaftsraum« von »rund 200 Millionen Menschen« mit einem angeschlossenen deutschen Kolonialreich in Mittelafrika. Deutschlands Abhängigkeit von Rohstoffen und Absatzmärkten sollte durch eine territoriale Expansion und handelspolitische Regelungen behoben werden; eine Zoll- und Währungsunion mit West- und Nordeuropa, wirtschaftliche Einflußsphären in Südosteuropa und enge Wirtschaftsbeziehungen mit Rußland, das waren die Zielvorstellungen der traditionellen Machteliten.

Ließ sich Hitler auf solche Neuordnungskonzeptionen festlegen? Klassische Großmachtpolitik, nur ein bißchen umfassender als bisher? Das aber war es nicht, was Hitler umtrieb. Seine Ziele waren Rassenkampf und Lebensraum, das machten die Siedlungs- und Ausrottungskonzepte deutlich, die innerhalb der NSDAP vorbereitet wurden. Sie bedeuteten nichts weniger als eine Revolution des europäischen Staatensystems.

Die militärischen Triumphe Hitlers hatten die Suggestionskraft des europäischen Faschismus verstärkt. Ihm und seiner radikalen Verkörperung Hitler schienen die Macht und die Zukunft zu gehören, während die Niederlage Frankreichs auch allgemein als Beweis für die Dekadenz und Schwäche der Demokratie gewertet wurde. Das tat General Pétain, der die Niederlage seines Landes Parlamentarismus und Demokratie zuschrieb, das taten die radikaleren, nicht nur aus Opportunismus zur Kollaboration entschlossenen faschistischen Bewegungen in Frankreich und anderswo. Spätestens jetzt orientierten sich überall faschistische Gruppen um, weg vom Vorbild Mussolini hin zum Vorbild Hitler, und forderten die Einbeziehung ihres Landes in Hitlers »Neue Ordnung«. Sie alle, die Doriots und Déats in Frankreich, Degrelles in Belgien, Musserts in Holland oder Quislings in Norwegen sahen die Chance, im Sog und im Schutz der neuen faschistischen Vormacht von der Splitterpartei zur Regierungsmacht aufzusteigen. Aber sie alle, und am meisten Mussolini, mußten die Paradoxie des Faschismus erfahren, der bei aller Tendenz zur Internationalität immer und zuerst Nationalismus blieb. Nicht als gleichberechtigte Partner vom selben politischen Stamm oder zumindest als Juniorpartner behandelte Hitler die europäischen Faschisten, sondern allein als Objekte deutscher Macht- und Unterwerfungspolitik, die es zu kontrollieren oder nach Bedarf einzusetzen galt. Darum zog der deutsche Eroberer auch die Zusammenarbeit mit konservativ-autoritären Gruppen stets der mit einer faschistischen »Bruderpartei« vor. Das autoritäre Vichy-Regime war nur ein Beispiel dafür.

Von vorrangiger Wichtigkeit und belastend zugleich war für Hitlers Strategie das Verhalten Englands. Im Hochgefühl des Sieges hatte er zu seinem Glauben zurückgefunden, daß England in seiner hoffnungslosen Lage gar nichts anderes übrig bleiben werde als am Ende doch noch nachzugeben. In der Tat gab es in Großbritannien wie in den USA starke Kräfte, die bereit waren, sich mit der neuen Konstellation in Kontinentaleuropa abzufinden. Fast zwei Monate lang, von Ende Mai bis zur zweiten Julihälfte, standen die Dinge auf beiden Seiten des Atlantiks »auf des Messers Schneide«.[47] Doch Churchill setzte sich mit seinem Willen zur Selbstbehauptung und zum Widerstand durch. Hitler hatte einen Gegenspieler gefunden, der es an Entschlossenheit mit ihm aufnehmen konnte, dessen Überzeugungskraft in dem moralischen Anspruch lag, den er für seine Sache geltend machen konnte. Unterstützung fand Churchill beim amerikanischen Präsidenten Roosevelt, der sich gegen den Rat des amerikanischen Generalstabes für ein verstärktes Engagement zugunsten des bedrohten Großbritannien entschied.

Noch während Hitler ungeduldig auf ein Zeichen aus London wartete, demonstrierte Churchill seine Unnachgiebigkeit: am 3. Juli gab er den Befehl zur Zerstörung der französischen Kriegsflotte im Hafen von Oran, damit diese nicht in deutsche Hände fiele. Das war ein Signal, nach innen und nach außen: Großbritannien war bereit, aufs Ganze zu gehen. Ein Verhandeln mit Hitler gab es nicht. »Hier, in dieser mächtigen Freistatt, die die Urkunden des menschlichen Fortschritts birgt«, hatte Churchill schon am 14. Juni in einer Rundfunkansprache erklärt, »hier, umgürtet von den Meeren und Ozeanen, wo unsere Flotte herrscht, hier erwarten wir furchtlos den drohenden Ansturm ... Doch ob unsere Qual heftig oder lang sei, oder beides: wir werden keinen Ausgleich schließen, wir werden kein Parlamentieren zulassen; wir werden vielleicht Gnade walten lassen – um Gnade bitten werden wir nicht.«[48]

An dieser Haltung änderte auch Hitlers »Appell an die Vernunft«, wie er sie verstand, nichts mehr, mit dem er am 19. Juli im Reichstag, ganz in der Pose des generösen Siegers, Churchill antwortete. »Es tut mir fast weh, wenn mich das Schicksal dazu ausersehen hat, das zu stoßen, was durch diese Menschen zum Fallen gebracht wird; denn meine Absicht war es nicht Kriege zu führen, sondern

Während erst Churchill und Roosevelt zu Kriegskonferenzen an Bord des britischen Schlachtschiffes »Prince of Wales« auf dem Atlantik zusammengehen und sich dann die großen Drei auf den Konferenzen von Teheran und Jalta treffen, gerät Hitler immer deutlicher in eine nahezu totale Isolierung, nicht von mächtigen Alliierten, sondern von Vasallen umgeben.
Auf der anderen Seite die Koalition von Weltmächten, auf dieser der deutsche Diktator mit den Chefs bedeutungsloser Satellitenstaaten. Der britische Karikaturist Stephen Roth präsentiert Hitler mit Marschall Mannerheim von Finnland, Mussolini, dem Norweger Quisling, dem Franzosen Laval, Boris von Bulgarien, dem Ungarn Horthy und dem Slowaken Tiso. Unterschrift: »Kinder, laßt uns ein Familienfoto machen – wer weiß, ob wir nächstes Jahr noch alle beisammen sind.«

einen neuen Sozialstaat von höchster Kultur aufzubauen ... Mister Churchill hat es soeben wieder erklärt, daß er den Krieg will ... Und Herr Churchill sollte mir dieses Mal vielleicht ausnahmsweise glauben, wenn ich als Prophet jetzt folgendes ausspreche: Es wird dadurch ein großes Weltreich zerstört werden. Ein Weltreich, das zu vernichten oder auch nur zu schädigen niemals meine Absicht war. Allein ich bin mir darüber im klaren, daß die Fortführung dieses Kampfes nur mit der vollständigen Zertrümmerung des einen der beiden Kämpfenden enden wird. Mister Churchill mag glauben, daß dies Deutschland ist. Ich weiß, es wird England sein.«[49]

Es war kein »großzügiges Angebot«, das Hitler zu unterbreiten hatte, sondern nur die Aufforderung, den Kampf einzustellen. Daraus klang unüberhörbar die beginnende Einsicht, daß ein Ausgleich mit England nicht möglich sei. Dem hatte er schon drei Tage zuvor Rechnung getragen, als er mit der »Weisung Nr. 16« die Vorbereitung einer Landungsoperation in England, die »Operation Seelöwe«, befohlen hatte. »Da England, trotz seiner militärisch aus-

Die waffentechnische Rüstung des Dritten Reiches war auf die Führung von Blitzkriegen ausgerichtet. Bewegliche Panzerverbände, eine starke Jagdwaffe und leichte Mittelstrecken- und Sturzkampfbomber sollten den Gegner in schnellen Schlägen an der Front niederringen. Dieses Konzept bewährte sich im Polen- und Frankreichfeldzug, scheiterte aber beim Luftkrieg über London, als es weder gelang, die britischen Jagdflieger noch die Produktionsstätten und Versorgungseinrichtungen der Royal Air Force auszuschalten. Die deutschen Jagdflugzeuge waren nicht auf Operationen weit im gegnerischen Hinterland eingerichtet und mußten nach kurzem Luftkampf zu ihren Einsatzplätzen an der Kanalküste zurückkehren; so konnten sie von den britischen Flugzeugen, die über ihren eigenen Basen operierten, niedergerungen werden. Als man zur Ausschaltung dieser Basen übergehen wollte, wurde das Fehlen schwerer Bomberverbände offenkundig. Diese rüstungs- und waffentechnischen Versäumnisse einer Blitzkriegskonzeption führten im Rußlandkrieg zum Desaster.

sichtslosen Lage, noch keine Anzeichen einer Verständigungsbereitschaft zu erkennen gibt, habe ich mich entschlossen, eine Landungsoperation gegen England vorzubereiten, und, wenn nötig, durchzuführen.«[50]

Aber war das überhaupt ein ernsthafter Entschluß zur Invasion oder nur ein Mittel der psychologischen Kriegführung, um England mit der Drohung der Landung doch noch zum Einlenken zu bewegen? Vieles spricht dafür, daß Hitler eine Invasion eine Zeitlang ernsthaft in seine strategischen Überlegungen einbezog. Das war zwischen Ende Juli und Anfang September, als Hitler seinen Plan, noch im Herbst den Feldzug gegen die Sowjetunion zu führen, nach den begründeten Darlegungen des OKW hatte aufgeben müssen und er andererseits hatte einsehen müssen, daß ein amerikanisches Engagement für Großbritannien nicht zu verhindern sein würde. Doch entgegen seinen Gewohnheiten überließ Hitler die Vorbereitung der »Operation Seelöwe« seinen Generälen und den miteinander konkurrierenden Wehrmachtsteilen. Ganz identifizieren mochte er sich mit dem Unternehmen nicht, sei es, weil es seinem Grundkonzept widersprach, sei es, um sich eine Rückzugsmöglichkeit offenzuhalten, falls es scheiterte.

Die Zeit unmittelbar nach dem militärischen Triumph über Frankreich war eine Zeit wechselnder Lagebeurteilungen und des Pläneschmiedens. Ungeduldig suchte Hitler nach einem Weg, um doch noch programmgerecht zum »eigenen Krieg« zu kommen. Der Juli 1940 wurde mithin zur »eigentlichen Wendemarke«[51] des Krieges. Eine Möglichkeit war das Unternehmen »Seelöwe«, aber nur wenn die »Vorbereitungen … ganz bestimmt bis Anfang September abgeschlossen sein können«, ansonsten, stellte Hitler Ende Juli fest, »müssen andere Pläne erwogen werden«.[52] Eine der Voraussetzungen war die Luftüberlegenheit, die bis dahin hergestellt sein mußte. Am 13. August begann die Luftschlacht um England mit Großangriffen auf Flugplätze und Radarstationen, am 5. September steigerte sie sich mit Luftangriffen auf London, am 16. September mußte sie nach schweren Verlusten wegen der schlechten Wetterverhältnisse abgebrochen werden.

Göring hatte seine Versprechungen nicht halten können: weder war das englische Industriepotential zerstört noch die Bevölkerung zermürbt und friedensbereit, noch war die Luftüberlegenheit erreicht. Am 14. September hatte Hitler den Oberbefehlshabern der Wehrmacht schon mitgeteilt, daß »im ganzen … trotz aller Erfolge die Voraussetzungen für Seelöwe noch nicht gegeben seien«.[53] Ganz aufgeben wollte er das Unternehmen freilich nicht; nur sollte es jetzt wieder in den Rang eines psychologischen Druckmittels zurückfallen, den ihm Hitler zu Anfang zugedacht hatte. Die militärischen Mittel, mit denen Hitler das England-Problem in kurzer Zeit hatte lösen wollen, waren damit ausgeschieden.

Der Sieg im Westen hatte Hitlers Blick vor allem nach Osten gerichtet. Schon während der »Schlacht um Dünkirchen« Anfang Juni und dann noch einmal Ende Juni sprach er von einem baldigen Feldzug gegen die Sowjetunion: »Jetzt haben wir gezeigt, wozu wir fähig sind. Glauben Sie mir, Keitel, ein Feldzug gegen Rußland wäre dagegen nur ein Sandkastenspiel.«[54] Seit den ersten Julitagen ließ er militärische Planungen für einen Feldzug noch im Herbst 1940 anstellen. Fest davon überzeugt, daß auch der Krieg mit England in absehbarer Zeit beendet wäre und er dann den »Rücken ... für den Osten«[55] endlich frei hätte, wollte er nicht erst nach längerer »Pause«, sondern sofort das »Kernstück der kontinentalen Phase seines Programmes«[56] verwirklichen, die Eroberung des europäischen Rußland. Es waren nicht militärstrategische Zwänge, die den Blick nach Osten lenkten, sondern ideologische Motive.

An diesem Willen Hitlers änderte sich nichts, als wenige Wochen später sich eine grundlegende Veränderung der weltpolitischen Konstellationen abzeichnete, die Hitlers Chancen verschlechtern mußte. Seit der zweiten Julihälfte wurde der deutschen Führung bewußt, daß Roosevelt Churchill nicht nur den Rücken stärkte; es war erkennbar »das letzte Ziel« des amerikanischen Präsidenten, »die Führung der ›demokratischen‹ Kräfte gegen Deutschland zu übernehmen«.[57] Das war die Analyse des Auswärtigen Amtes nach einer grundlegenden Rede des amerikanischen Präsidenten

Das sich wandelnde Gesicht Großbritanniens
Karikatur aus dem »Punch« vom 17. Januar 1940

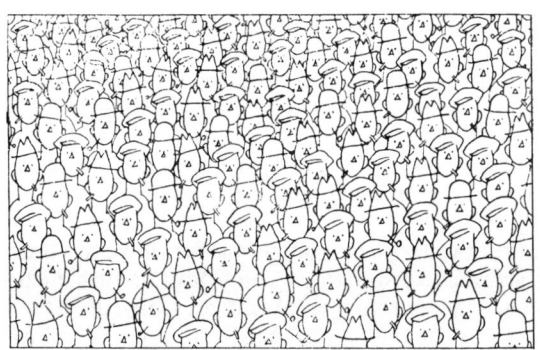 

vom 19. Juli, demselben Tag, an dem Hitler seinen »Appell« an England gerichtet hatte. Nun drohten sich die Dinge langfristig gegen ihn zu wenden, was den Eroberer aber nur zu einer weiteren Beschleunigung seines »Programms« trieb.

Das Konzept eines »Weltblitzkrieges« zeichnete sich jetzt ab. Nun mußte das Kontinentalimperium im Osten erobert sein, solange die USA rüstungstechnisch noch nicht hinreichend vorbereitet und durch die japanische Expansion in Ostasien noch gebunden waren. Früher als erwartet wurden die USA zum Angelpunkt von Hitlers Strategie. Nun mußte der deutsche Diktator noch zu seinen Lebzeiten mit einer Auseinandersetzung mit den USA rechnen, und er sah keinen Weg, wie er von seinem kontinentalen Herrschaftsgebiet aus die Seemacht entscheidend treffen könnte. So kam es zu dem Gedanken, die USA »indirekt« auszuschalten.

Das war das machtpolitische Kalkül, das er den militärischen Spitzen des Reiches am 31. Juli 1940 entwarf. »Englands Hoffnung ist Rußland und Amerika. Wenn Hoffnung auf Rußland wegfällt, fällt auch Amerika weg, weil Wegfall Rußlands eine Aufwertung Japans in ungeheurem Maße folgt ... Rußland Faktor, auf den England am meisten setzt ... Ist aber Rußland zerschlagen, dann ist Englands letzte Hoffnung getilgt. Der Herr Europas und des Balkan

Die Kinoerfolge der Jahre 1934 bis 1944		eingespielt RM
1934	Flüchtlinge	1,2 Mio.
1935	Maskerade	1,4 Mio.
1936	Schwarze Rosen	1,6 Mio.
1937	Verräter	2,4 Mio.
1938	Heimat	4,8 Mio.
1939	Es war eine rauschende Ballnacht	4,5 Mio.
1940	Mutterliebe	4,9 Mio.
1941	Wunschkonzert	7,6 Mio.
1942	Frauen sind doch bessere Diplomaten	7,0 Mio.
1943	Die große Liebe	8,0 Mio.
1944	Der weiße Traum	9,6 Mio.

ist dann Deutschland. Entschluß: Im Zuge dieser Auseinandersetzung muß Rußland erledigt werden. Frühjahr 1941. Je schneller wir Rußland zerschlagen, um so besser.«[58]

Einem Sieg über die Sowjetunion kam nach Hitlers Überlegungen nun eine doppelte Aufgabe zu: er war Ziel und Mittel zugleich. Er sollte die weltanschaulichen Ideen des Nationalsozialismus verwirklichen und zugleich Großbritannien zum Frieden zwingen. Danach wäre das deutsche Kontinentalimperium bereit und in der Lage, sich der Auseinandersetzung mit den USA zu stellen. Hitler war ganz offenkundig in ein strategisches Dilemma geraten. Seine Antwort war die eines Dogmatikers. Die verschiedenen, ursprünglich voneinander getrennten Stufen seines Grundprogramms wurden zusammengedrängt und zeitlich erheblich verkürzt.

Bevor der Lebensraumideologe sich freilich endgültig darauf festlegte, alles auf eine Karte zu setzen, schien er geneigt, wenn auch nur widerwillig, sich auf das Konzept seines Außenministers von Ribbentrop einzulassen. Einen Kontinentalblock gegen Großbritannien hatte dieser seinem »Führer« schon seit längerem empfohlen. Nun, nach dem Sieg über Frankreich, schien diese Idee realistischer denn je, und einige Wochen bestimmte diese Alternative auch die Überlegungen und diplomatischen Aktivitäten Hitlers. Italien, Frankreich und Spanien sollten in dieses Bündnis einbezogen werden, dessen weiterer Pfeiler aber Japan sein sollte.

Ein erster Schritt war der Dreimächtepakt zwischen Deutschland, Italien und Japan, der unter großem Propagandaaufwand am 27. September abgeschlossen wurde. Doch das faschistische Italien galt Hitler mittlerweile nicht nur als bloßer Juniorpartner; angesichts seiner Schwäche erwartete er von Rom nur zusätzliche politische und militärische Belastungen. Wichtiger schien die Annäherung Japans. Das war für Ribbentrop der Kern seines Bündnisgedankens, für Hitler lediglich ein politisches und militärisches Potential, das die USA im Pazifik binden und von Europa abhalten könnte. Aber das Verhältnis zur fernöstlichen Großmacht blieb locker, und zwar weniger aus rassenideologischen Skrupeln, sondern wegen der Eigenständigkeit der japanischen Kriegspläne. Als potentielle Verbündete oder Satelliten blieben noch Spanien und Frankreich, doch Hitlers Rundreise im Oktober 1940 sollte seine Vorurteile nur bestätigen. Pétain war nicht bereit, ohne einen endgültigen Friedensvertrag bindende Zusagen zu machen. Auch der vorsichtige General Franco wollte sich nicht auf Hitlers Doppelspiel einlassen.

Völlig unüberwindbar waren die Gegensätze zu Moskau. Schon eine Woche vor dem Besuch Molotows in Berlin erklärte Hitler, Rußland bleibe »das ganze Problem Europas«, und darum müsse alles getan werden, »um bereit zu sein zur Großen Abrechnung«.[59] An dem Tag, als die Gespräche mit dem sowjetischen Außenminister beginnen sollten, legte Hitler in einer Weisung fest: »Gleichgültig, welches Ergebnis diese Besprechungen haben werden, sind die mündlich befohlenen Vorbereitungen für den Osten fortzuführen.«[60]

Was Molotow dann am 12./13. November in Berlin ganz offen als territorialen Preis für eine weitere wohlwollende Haltung der

VÖLKISCHER BEOBACHTER   Freitag, 8. November 1940 • Nr. 313 • Seite

Das Münchener Kinoprogramm aus dem »Völkischen Beobachter« vom November 1940: die erste Garde der deutschen Schauspieler in dem Veit-Harlan-Film »Jud Süß«, den Goebbels persönlich gegen mancherlei Widerstände durchgesetzt hatte. Daneben dann »Egmont« und »Zauberflöte«, Karl Valentin und Liesl Karlstadt, amerikanische Akrobaten und spanische Tänzer. Daß das Reich Frankreich besiegt, daß es den »Blitz« über London verloren hat, wird nur in Kleinanzeigen greifbar: den Frontsoldaten soll man Mundharmonikas ins Feld schicken, und in den Vorstadtkinos läuft ein Film »Achtung Feind«.

Sowjetunion forderte, mußte die Interessen des Deutschen Reiches ja wirklich ganz erheblich berühren: die Kontrolle über Finnland, Rumänien, Bulgarien und die türkischen Meerengen. Für eine spätere Phase meldete er das Interesse Moskaus an Ungarn, Jugoslawien, dem westlichen Teil Polens und den Ostseeausgängen an. Damit lagen die sowjetischen Kriegsziele auf dem Tisch; sie waren kaum noch mit dem Blick auf ein Bündnis mit Hitler formuliert. Stalin dachte offenbar bereits an die Zeit danach. Für Hitler war der Molotow-Besuch nur ein letzter Test, ob Deutschland und die Sowjetunion »Rücken an Rücken oder Brust an Brust« stünden. Das Ergebnis war für ihn eindeutig und auch erleichternd, wie er seinem Heeresadjutanten mitteilte: »Er habe sich sowieso davon nichts versprochen. Besprechungen hätten gezeigt, wohin die Pläne der Russen gingen. M. habe Katze aus dem Sack gelassen. Er [Hitler] sei richtig erleichtert, dies würde nicht einmal eine Vernunftehe bleiben.«[61]

Ribbentrops Kontinentalblock war ein Intermezzo geblieben. Das Scheitern dieser »weltpolitischen Zwischenlösung« bestärkte Hitler nur in seinem Entschluß zum Ostfeldzug. Am 18. Dezember erging seine »Weisung Nr. 21 für den ›Fall Barbarossa‹«: »Die deutsche Wehrmacht muß darauf vorbereitet sein, auch vor Beendigung des Krieges gegen England Sowjetrußland in einem schnellen Feldzug niederzuwerfen.«[62] Seine Planungen gingen bereits über die Niederwerfung der Sowjetunion hinaus. Als er am 17. Dezember dem Chef des Wehrmachtsführungsstabes, Jodl, seine operativen Überlegungen erläuterte, schloß er mit der Bemerkung, »daß wir 1941 alle kontinentaleuropäischen Probleme lösen müßten, da ab 1942 [die] USA in der Lage wären einzugreifen«.[63] An der raschen Niederwerfung der Roten Armee gab es für ihn keinen Zweifel, und auch die militärischen Experten bestätigten, was Hitler schon immer zu wissen geglaubt hatte. Der Plan eines »Weltblitzkrieges« nahm Konturen an. Der Blitzkrieg in Rußland wurde in Hitlers Vision zum alles befreienden Schlag, der den Durchbruch zur Weltherrschaft bringen würde. Der Sieg in Rußland war das Kernstück, von dem aus über den blockadefesten Raum Kontinentaleuropas in kurzer Zeit hinauszugreifen wäre.

Einige Wochen nach dem Molotow-Besuch zeigte einer der Wehrmachtsadjutanten Albert Speer auf dem Berghof einen großen Globus, auf dem ein einfacher Bleistiftstrich von Nord nach Süd am Ural entlanglief. »Hitler hatte ihn zur Kennzeichnung der künftigen Abgrenzung seines Interessengebietes mit der japanischen Einflußsphäre eingezeichnet.«[64] Innerhalb eines halben Jahres, so die Weltmachtträume des Eroberers, sollten die Dreierpaktmächte die strategisch wichtigen Räume der gesamten »östlichen Hemisphäre« in Besitz nehmen. Die Eroberung Rußlands, so Hitler vor den militärischen Spitzen des Reiches am 9. Januar 1941, mache Deutschland »unangreifbar. Der russische Riesenraum berge unermeßliche Reichtümer. Deutschland müsse ihn wirtschaftlich und politisch beherrschen, jedoch nicht angliedern. Damit würde es über alle Möglichkeiten verfügen, auch den Kampf gegen Kontinente zu bestehen, es könne dann von niemandem mehr geschlagen werden.«[65] Der militärische Zusammenbruch Rußlands würde außerdem nicht ohne Wirkung auf Japan bleiben, das dann im Pazifik ausgreifen könnte und die USA binden würde. Damit wären die USA auf dem amerikanischen Kontinent isoliert, und schließlich müßte dann auch Großbritannien nachgeben. Schon bald nach der Eroberung Rußlands, im August 1941 etwa, könnte man das Gros der deutschen Verbände vom östlichen Kriegsschauplatz wieder abziehen. Der Rest könne dann den Riesenraum hinter dem »Ostwall« an der Linie Archangelsk – Astrachan sichern und darüber hinaus auch über den Ural und über den Kaukasus in Richtung Iran und Irak vorstoßen. In einer dreifachen weitausholenden Zangenbewegung über Nordafrika, Vorderasien und den Kaukasus könnten daneben die britischen Stellungen im Nahen Osten eingenommen werden. Ziel dieser Operation war Afghanistan, von dort aus sollte Indien bedroht werden. Das alles aber sollte noch immer vor allem Druck auf Großbritannien ausüben, um es in allerletzter Minute doch noch zum Einlenken zu bringen. Damit nicht genug, für den Herbst 1941 war auch noch die Eroberung Gibraltars vorgesehen und von dort der Sprung nach Nordwestafrika und zu den Azoren, dort sollte gegen die USA Stellung bezogen werden.

Das waren nicht nur weitreichende Vorstellungen und Phantasien, die alles bisher Gedachte überstiegen. Damit einher gingen

rassenpolitische Zielsetzungen, deren Radikalität die der Eroberungspläne noch übertraf. Hitler plante den »ungeheuerlichsten Eroberungs-, Versklavungs- und Vernichtungskrieg, den die moderne Geschichte kennt«.[66] Während er seinen Generälen seine Weltmachtstrategien entwickelte, gab er die Richtlinien der Besatzungs- und Vernichtungspolitik im Osten aus. Am 13. März 1941 erhielt Himmler den Auftrag: »Im Operationsgebiet des Heeres erhält der Reichsführer SS zur Vorbereitung der politischen Verwaltung Sonderaufgaben im Auftrage des Führers, die sich aus dem endgültig auszutragenden Kampf zweier entgegengesetzter politischer Systeme ergeben. Im Rahmen dieser Aufgaben handelt der Reichsführer SS selbständig und in eigener Verantwortung.«[67] Auch in einer Versammlung von rund 200 hohen Offizieren, den Befehlshabern und Stabschefs der für den Ostkrieg vorgesehenen Heeresgruppen und Armeen, machte Hitler deutlich, daß in dem bevorstehenden ideologischen Vernichtungskrieg im Osten die Maßstäbe des »europäischen Normalkrieges« nicht mehr gelten würden, daß auch die Trennung von Militär- und SS-Bereich aufgehoben würde. Halder notierte: »Kampf zweier Weltanschauungen gegeneinander. Vernichtendes Urteil über Bolschewismus, ist gleich asoziales Verbrechertum. Kommunismus ungeheuere Gefahr für die Zukunft. Wir müssen von dem Standpunkt des soldatischen Kameradentums abrücken. Der Kommunist ist vorher kein Kamerad und nachher kein Kamerad. Es handelt sich um einen Vernichtungskampf ... Kampf gegen Rußland: Vernichtung der bolschewistischen Kommissare und kommunistischen Intelligenz ... Der Kampf muß geführt werden gegen das Gift der Zersetzung. Das ist keine Frage der Kriegsgeschichte ... Der Kampf wird sich sehr unterscheiden vom Kampf im Westen. Im Osten ist Härte mild für die Zukunft.«[68]
Nie zuvor hatte Hitler vor einem so großen Kreis seine eigentlichen Kriegsziele angesprochen. Zwar argumentierte er nicht betont rassenideologisch, er betonte vielmehr die Notwendigkeit, den Bolschewismus zu vernichten, doch damit hob er auf das politische Denken seiner Truppenführer ab, deren Bereitschaft zur Teilnahme am ideologischen Vernichtungskrieg er ausloten wollte. War die Wehrmacht in Polen bereits zum Mitwisser der Versklavungs- und Ausrottungspolitik geworden, ohne daß die Truppenführer über die Aufgaben der Einsatzgruppen unterrichtet gewesen waren, so versuchte Hitler nun seine höheren Offiziere in die Durchführung seines Vernichtungskampfes miteinzubeziehen. Die Wehrmacht sollte zum Komplicen des Verbrechens gemacht werden.
Die Anwesenden reagierten teils reserviert, teils zustimmend; es scheint auch zu einzelnen Protesten gekommen zu sein. Gleichwohl gingen die Stäbe in OKW und OKH nach Hitlers Rede daran, dessen Forderung in Befehle umzusetzen. Der Sieg über Frankreich hatte geistige Dämme brechen lassen – und außerdem ging es nun um den Kampf gegen den Bolschewismus; da zählten für viele der höheren Offiziere die offenkundigen Verletzungen des Kriegsvölkerrechts weniger als tief verwurzelte Ängste und Ideologeme. Hitlers Parole vom Entscheidungskampf der beiden Weltanschauungen war auf fruchtbaren Boden gefallen. Selbst ein Mann wie General Hoepner, der später aktives Mitglied im Widerstand gegen Hitler wurde, hatte

in einem Aufmarschbefehl vom 2. Mai 1941 die gewünschte Folgerung aus Hitlers Rede gezogen: »Der Krieg gegen Rußland ist die zwangsläufige Folge des uns aufgedrungenen Kampfes um das Dasein. Es ist der alte Kampf der Germanen gegen das Slawentum, die Verteidigung europäischer Kultur gegen moskowitisch-asiatische Überschwemmung, die Abwehr des jüdischen Bolschewismus. Dieser Kampf muß die Zertrümmerung des heutigen Rußland zum Ziele haben und deshalb mit unerhörter Härte geführt werden. Jede Kampfhandlung muß ... von dem eisernen Willen zur erbarmungslosen, völligen Vernichtung des Feindes geleitet sein. Insbesondere gibt es keine Schonung für die Träger des heutigen russisch-bolschewistischen Systems.«[69]

Der Erlaß über die Ausübung der Gerichtsbarkeit im Gebiet »Barbarossa« vom 13. Mai wie der Kommissarbefehl vom 6. Juni zeigten, wie weit die Bereitschaft der Wehrmachtsführung ging, die nationalsozialistischen Feindbilder für das eigene Handeln zu übernehmen oder sie doch wenigstens apathisch hinzunehmen. Begründet wurde der Gerichtsbarkeit-Erlaß, nach dem die Truppe selbst »Freischärler schonungslos zu erledigen« hatte und Vergehen von Wehrmachtsangehörigen an sowjetischen Zivilpersonen nicht von den Gerichten verfolgt werden mußten, mit dem Hinweis, »daß der Zusammenbruch im Jahre 1918, die spätere Leidenszeit des deutschen Volkes und der Kampf gegen den Nationalsozialismus mit den zahllosen Blutopfern entscheidend auf bolschewistischen Einfluß zurückzuführen war und daß kein Deutscher dies vergessen hat ...« Ähnlich versuchten OKW und OKH den Truppenführern den Kommissarbefehl zu erläutern, der festlegte, daß gegen die politischen Kommissare der Roten Armee »sofort und ohne weiteres mit aller Schärfe vorgegangen werden« müsse. »Sie sind daher, wenn im Kampf oder bei Widerstand ergriffen«, grundsätzlich sofort mit der Waffe zu erledigen.«[70] Beide Erlasse suchten die Wehrmacht in die Ausrottungspraxis miteinzubeziehen und die Einsatzgruppen für einen Teil des Operationsgebietes und für bestimmte Gruppen des weltanschaulichen Gegners zu »entlasten«.

Aufgabe der Einsatzgruppen, die den Charakter des Ostkrieges entscheidend prägen sollten, war die Liquidierung der feindlichen politischen und geistigen Führungsschichten und, was immer deutlicher als eigentliche Aufgabe hervortrat, des Judentums als der »biologischen Wurzel« des Bolschewismus. Was Heeresführung und SS am 28. April über die Tätigkeit der Einsatzgruppen vereinbarten, ging weit über die Regelungen hinaus, die im Polenfeldzug getroffen worden waren. Unter der Aufsicht von Heydrich sollten die Einsatzgruppen »im Rahmen ihres Auftrages in eigener Verantwortung gegenüber der Zivilbevölkerung Exekutivmaßnahmen treffen« können, nur »hinsichtlich Marsch, Versorgung und Unterbringung«[71] waren sie den Armeen unterstellt. Damit war das Heer, wenn auch in diesem Fall nur mittelbar, einmal mehr in das Netz der verbrecherischen Befehle des nationalsozialistischen Regimes verstrickt, und viele, wenn auch nicht alle Heereseinheiten sollten bald deren Ausführung dulden oder gar technisch unterstützen.

Gut eine Woche nach der Generalversammlung erfuhr Ulrich

von Hassell durch Generaloberst Beck von den Vorgängen: »Es stiegen einem die Haare zu Berge, was urkundlich belegt wurde über die der Truppe erteilten, von Halder unterschriebenen Befehle betreffend das Vorgehen in Rußland ... Mit dieser Unterwerfung unter Hitlers Befehle opfert Brauchitsch die Ehre der deutschen Armee«.[72]

Die Bevölkerung wurde auf den Krieg gegen die Sowjetunion entgegen der bisherigen Praxis propagandistisch nicht vorbereitet. Sie wartete noch immer auf die entscheidende Auseinandersetzung mit England. Erst nach dem Angriff vom 22. Juni suchte die nationalsozialistische Propaganda den unerwarteten Krieg als eine rein militär- und machtpolitische Notwendigkeit und darüber hinaus als Abwehrkampf gegen die bolschewistische Gefahr darzustellen.

Hitlers Vision von der »Zertrümmerung« des Todfeindes und die ideologische Gewißheit von seinem sicheren Zusammenbruch ließ rationale Überlegungen darüber, wie eine politische Lösung des Krieges aussehen könnte, kaum noch zu. Auch die Generäle zweifelten kaum an einem militärischen Sieg über die Rote Armee, wohl aber daran, »wie die Sowjets zum Frieden zu zwingen seien«. Doch Hitler begegnete diesem Einwand des künftigen Oberbefehlshabers der Heeresgruppe Mitte, Feldmarschall von Bock, Mitte Februar mit dem vagen Hinweis, daß »nach der Eroberung der Ukraine, Moskaus und Leningrads ... die Sowjets sicher in einen Vergleich einwilligen«[73] würden. Einwände aus dem Reichswirtschaftsministerium, daß die Sowjetunion im Frieden mehr Rohstoffe liefern würde als sie durch einen Krieg je zu erobern wären, ließ er nicht gelten.

Die Zwischenfeldzüge im April und Mai 1941 nach Jugoslawien und Griechenland, militärisch notwendig geworden, seitdem Mussolinis Truppen in Albanien und Nordafrika in Bedrängnis geraten waren, konnten wohl den Zeitplan durcheinanderbringen, aber Hitler nicht mehr von seinem Hauptziel abbringen.

Der Ideologe in Hitler hatte sich durchgesetzt, zu dessen Erleichterung. In der Nacht vom 21. auf den 22. Juni ließ Hitler den Duce vom bevorstehenden Angriff informieren und sprach in dem Brief von den »Seelenqualen«, die er nun »los« sei. »Ich fühle mich, seit ich mich zu diesem Entschluß durchgerungen habe, innerlich wieder frei. Das Zusammengehen mit der Sowjetunion hat mich bei aller Aufrichtigkeit des Bestrebens, eine endgültige Entspannung herbeizuführen, doch oft schwer belastet; denn irgendwie schien es mir doch ein Bruch mit meiner ganzen Herkunft, meinen Auffassungen und meinen früheren Verpflichtungen zu sein.«[74] Dann aber gab es auch wieder Anzeichen von Sorge und Skepsis ob des ungeheuren Risikos. »Mir ist«, sagte er in der Nacht vor dem Angriff, »als ob ich die Tür zu einem dunklen, nie gesehenen Raum aufstoße, ohne zu wissen, was sich hinter der Tür befindet.«[75] Aber das waren kurze Irritationen, die jetzt und wann immer sie auf dem Weg in die Katastrophe auftauchten gleich wieder von dogmatischen Gewißheiten und Beschwörungen aufgefangen wurden.

2. Eroberungs- und Vernichtungskrieg im Osten

Am Morgen des 22. Juni 1941 eröffnete Hitler mit einer gewaltigen Streitmacht den Angriff auf die Sowjetunion. Auch diesmal gab es keine Kriegserklärung, und der Krieg war alles andere als ein Präventivkrieg. Nicht um einem drohenden sowjetischen Angriff zuvorzukommen, sondern um sein Programm mit einem großen Befreiungsschlag doch noch zu verwirklichen, hatte Hitler den Überfall befohlen. Um so überraschter war der Gegner, denn Stalin hatte, trotz zahlreicher Warnungen, nicht an Hitlers Angriff glauben wollen.

Das Überraschungsmoment brachte, wie beim Kampf gegen Polen, die größten Vorteile. Ein großer Teil der sowjetischen Luftwaffe wurde auf den Flugplätzen zerstört, die Brücken des Grenzgebietes fielen unversehrt in deutsche Hand. Die Panzerkeile drangen zunächst rasch in das sowjetische Hinterland vor, ganze feindliche Heeresgruppen wurden im Mittelabschnitt der Front eingekesselt und vernichtet. Die erstaunlichen Anfangserfolge schie-

Der Krieg in Europa

Ab 1938 wird ein immer stürmischeres Drängen Hitlers zum Kriege greifbar; völlig zutreffend ging er von der Einsicht aus, daß nach dem Beginn der gegnerischen Aufrüstung als Antwort auf seine Besetzung der Tschechoslowakei das Kräfteverhältnis sich unweigerlich zuungunsten des Reiches verschieben müsse. Tatsächlich war Deutschland der in einer gewaltigen Anstrengung aufgebauten neuen Wehrmacht zum Trotze rüstungswirtschaftlich der Gegenseite weit unterlegen, vor allem, wenn man deren Rohstoffbasis in den Kolonialreichen in Betracht zog. Dies galt auch, wenn man das Potential der 1940 ja noch verbündeten Sowjetunion und der noch neutralen Vereinigten Staaten außer Betracht ließ. Hitlers einzige Chance war das Blitzkriegskonzept, und zu Recht sah der zurückgetretene Generalstabschef Beck in ihm einen Hasardeur, der mit geringstem Einsatz die Bank zu sprengen sucht.

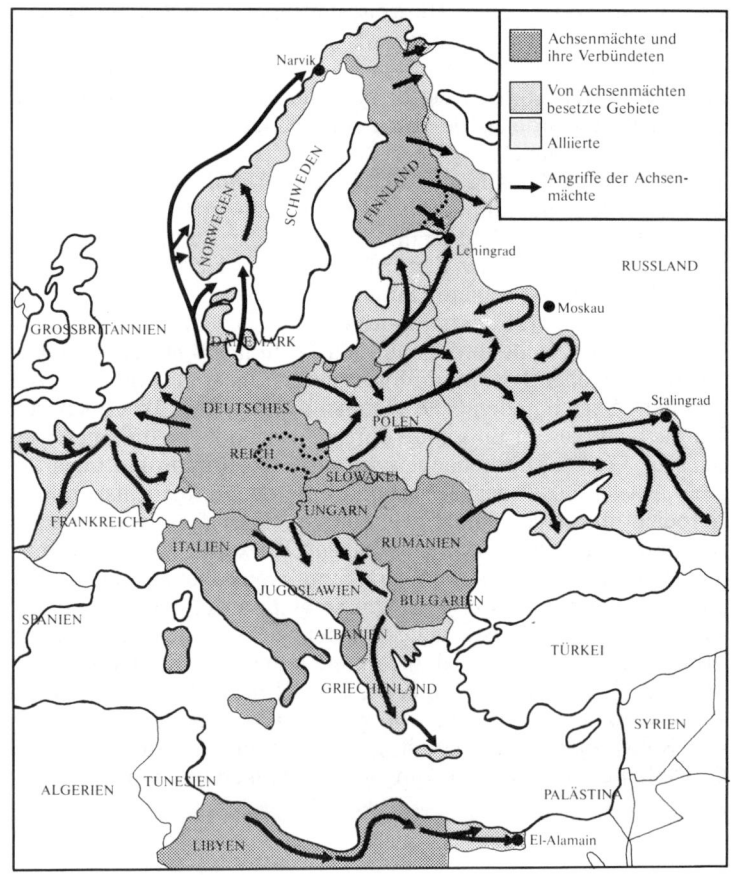

nen die Erwartungen Hitlers wie der Militärs zu bestätigen. Bereits am 3. Juli konstatierte ein sonst so vorsichtiger Mann wie Generalstabschef Halder: »Es ist wohl nicht zuviel gesagt, wenn ich behaupte, daß der Feldzug gegen Rußland innerhalb von vierzehn Tagen gewonnen wurde.«[76] Allerdings werde der hartnäckige Widerstand der Russen, die sich auf die Weite des Raumes stützten, die deutsche Wehrmacht noch viele Wochen beanspruchen. Dann würden die »weiteren Aufgaben der Kriegführung gegen England bald wieder in den Vordergrund treten und eingeleitet werden können«.

Hitler meinte einige Tage nach der Eröffnung der Operationen gegen die Sowjetunion zum japanischen Botschafter Oshima, »er glaube nicht, daß der Widerstand im europäischen Rußland noch länger als sechs Wochen dauern würde. Wohin die Russen dann gingen, wisse er nicht. Vielleicht in den Ural oder über den Ural hinaus. Aber wir würden ihnen folgen, und er, der Führer, würde auch nicht davor zurückschrecken über den Ural hinauszustoßen ... Er glaube nicht, daß er Mitte September noch kämpfen müsse: in sechs Wochen sei er so ziemlich fertig.«[77]

Welche zerstörerischen Energien der radikalfaschistische Krieg, Hitlers ureigenster Krieg, freisetzte, beweist die gedrängte Folge von Entscheidungen, Projekten und Phantasien innerhalb von wenigen Tagen und Wochen im Juli 1941. Das Ineinander der Weltmachtpläne, Unterwerfungs- und Vernichtungsbefehle ist zugleich deutlichster Hinweis auf deren inneren Zusammenhang. Sie waren »verschiedene Aspekte des rassenideologischen ›Weltkriegs‹-Konzepts«.[78]

Im Führerhauptquartier monologisierte Hitler in der Nacht vom 5./6. Juli über die deutsche Grenze am Ural und die völlige Zerstörung Moskaus als Sitz der bolschewistischen Lehre.[79] Zwei Tage später wiederholte er seine »grundsätzliche Entschlossenheit«, neben Moskau auch Leningrad »dem Erdboden gleichzumachen, um zu verhindern, daß Menschen darin bleiben, die wir dann im Winter ernähren müßten«. Er gedachte eine »Volkskatastrophe« herbeizuführen, »die nicht nur den Bolschewismus, sondern auch das Moskowitertum der Zentren beraubt«.[80] Am 14. Juli – nach der Umfassungsschlacht von Bialystok und Minsk – glaubte er, Rußland niedergeworfen zu haben. Die »Beherrschung des europäischen Raumes« erlaube es nun, den »Umfang des Heeres demnächst wesentlich zu verringern«[81] und das Schwergewicht der Rüstung auf die Marine und Luftwaffe zu verlegen zum anschließenden Krieg gegen die angelsächsischen Mächte.

Neue Visionen von einer Weltvorherrschaft tauchten auf, als er am selben Tag dem japanischen Botschafter Oshima ein umfassendes Offensivbündnis zwischen Japan und Deutschland gegen die USA vorschlug. Von der Dynamik der eigenen Eroberungen überwältigt, ließ er sich dazu hinreißen, Japan entgegen der ursprünglichen Absicht nicht nur doch noch zu einem Eingreifen in der Sowjetunion zu ermutigen, sondern nun auch den sofortigen Kampf gegen die USA ins Auge zu fassen. »Amerika drückte in seinem neuen imperialistischen Geist mal auf den europäischen, mal auf den asiatischen Lebensraum. Von uns aus gesehen drohte im Osten

Molotow, Stalin und Woroschilow bei der Maiparade 1941, wenige Wochen vor dem deutschen Angriff, den Stalin bis in die letzten Tage hinein trotz aller Geheimdienstmeldungen und britischen Warnungen für undenkbar hielt.

Rußland, im Westen Amerika, von Japan aus gesehen im Westen Rußland, im Osten Amerika. Daher sei er der Meinung, daß wir sie gemeinsam vernichten müßten.«[82]

Dann folgten neue koloniale Unterwerfungs- und Vernichtungspläne, die in bürokratischen Bilanzen und menschenverachtenden »wissenschaftlichen« Expertisen über das Schicksal ganzer Völker entschieden und die im Gegensatz zu allen früheren Tagträumen nun Chancen hatten, verwirklicht zu werden. Am 15. Juli legte Himmlers »Reichskommissariat für die Festigung des deutschen Volkstums« den »Generalplan Ost« vor. Darin wurden in dürren bürokratischen Auflistungen und Planspielen Millionen von Menschen vertrieben, »verstreut«, »rassisch ausgelaugt« und als unerwünschte Volksteile »verschrottet«. Innerhalb von dreißig Jahren sollten Ostpolen, das Baltikum, Weißruthenien und Teile der Ukraine durch Deutsche besiedelt werden. Von der einheimischen Bevölkerung sollten 31 Millionen Menschen nach Westsibirien vertrieben werden, nur 14 Millionen »Gutrassiger« in ihren Wohnsitzen bleiben.[83]

Einen Tag später legte Hitler Göring, Rosenberg, Keitel, Lammers und Bormann seine Vorstellungen von einer künftigen deutschen Besatzungspolitik im Osten vor, den er in vier Reichskommissariate (Ukraine, Ostland, Moskowien, Kaukasien) aufzuteilen gedachte, um den »riesenhaften Kuchen handgerecht zu zerlegen, damit wir ihn erstens beherrschen, zweitens verwalten und drittens ausbeuten können«. Die tatsächlichen Zielsetzungen sollten zwar nicht vor der ganzen Welt bekanntgegeben und es sollte auch verschleiert werden, daß sich damit »eine endgültige Regelung anbahnt! Alle notwendigen Maßnahmen – Erschießen, Aussiedeln etc. tun wir trotzdem und können wir trotzdem tun ... Uns muß aber dabei klar sein, daß wir aus diesen Gebieten nie wieder herauskommen.« Es folgten Hitlers ostpolitische Grundsätze, denen er den Charakter eines politischen Vermächtnisses zuschrieb: »Die Bildung einer militärischen Macht westlich des Ural darf nie wieder in Frage kommen und wenn wir hundert Jahre darüber Krieg führen müßten ... Eiserner Grundsatz muß sein und bleiben: Nie darf erlaubt werden, daß ein Anderer Waffen trägt als der Deutsche ... Immer muß der Soldat das Regime sicherstellen.«[84]

Bereits bei der anschließenden Unterredung gab es Kompetenzstreitigkeiten und Meinungsverschiedenheiten über die Behandlung der Besatzungsgebiete und zukünftigen Reichskommissariate. Rosenberg, nun »Reichsminister für die besetzten Ostgebiete«, plädierte dafür, in der Ukraine gewisse Selbständigkeitsbestrebungen zu fördern, was Bormann mit Mißtrauen registrierte. Sieger blieb Himmler, der am folgenden Tag mit der »politischen Sicherung der neubesetzten Ostgebiete« beauftragt wurde und damit die entscheidenden Exekutivbefugnisse erhielt. Der neue Herrschaftsraum der SS war gesichert und damit auch das Aufgabenfeld der Einsatzgruppen, die seit dem Beginn des Feldzuges ihr Verfolgungs- und Ausrottungswerk hinter der Front betrieben hatten. Am 21. Juli kündigte Hitler dem kroatischen Verteidigungsminister Kvaternik an, er wolle die systematische Vernichtung der Juden, die die Einsatzgruppen im Osten betrieben, bald auf ganz Europa ausweiten, denn:

»Wenn auch nur ein Staat aus irgendwelchen Gründen eine jüdische Familie bei sich dulde, so würde dieser der Bazillenherd für eine neue Zersetzung werden.«[85] Kein Zweifel, die Entscheidung zur systematischen Vernichtung der Juden war in diesen Tagen gefallen, und die organisatorischen Vorbereitungen dazu liefen an. Zehn Tage später, am 31. Juli, erhielt Heydrich von Göring ausdrücklich im Namen Hitlers den Befehl, »unter Beteiligung der dafür in Frage kommenden deutschen Zentralinstanzen alle erforderlichen Vorbereitungen für eine Gesamtlösung der Judenfrage in Europa zu treffen«.[86]

Alle alten Feindbilder und Haßvorstellungen brachte der Lebensraum- und Rassenkrieg nun voll zur Geltung, auch diejenigen, die aus Gründen der Opportunität bislang unterdrückt worden waren. Daß der Bolschewismus seinen Ursprung auch im Christentum haben könnte, das hatte bereits Dietrich Eckart Hitler in seiner Broschüre »Der Bolschewismus von Moses bis Lenin« aus dem Jahre 1924 in den Mund gelegt. Nun kam Hitler auf seine zentrale Feindfigur zurück: »Der schwerste Schlag, der die Menschheit getroffen hat, ist das Christentum; der Bolschewismus ist der uneheliche Sohn des Christentums«, erklärte er in der Nacht vom 11./12. Juli seinen engsten Mitarbeitern. »Beide sind eine Ausgeburt des Juden. Durch das Christentum ist in die Welt gekommen die bewußte Lüge in den Fragen der Religion; in gleicher Weise lügt der Bolschewismus, wenn er behauptet, die Freiheit zu bringen, wenn er nur Sklaven will.« Die Konsequenz daraus zog er ebenso unmißverständlich: »Auf die Dauer vermögen Nationalsozialismus und Kirche nicht nebeneinander zu bestehen.«[87]

Im Rahmen dieser pathologischen Entfaltungen des nationalsozialistischen Vernichtungswillens fielen auch Entscheidungen über die monumentalen Bauprojekte des Reiches. Speers Vorschlag, während des Vormarsches in Rußland alle nicht unbedingt kriegswichtigen Bauten stillzulegen, lehnte Hitler ab und bestand auf der Verwirklichung seiner steinernen Utopie, den Parteibauten in Nürnberg wie den Projekten für die Welthauptstadt Germania in Berlin. »Durch den Krieg lasse ich mich nicht abhalten«, sagte er seinem Architekten Speer noch am 29. November 1941, »meine Pläne zu verwirklichen.«[88] 1942 wurden die Großbauten in Nürnberg jedoch stillgelegt bis zur »Friedenszeit«; die großen Turmdrehkräne wurden zum Bau der IG-Farben-Werke in Auschwitz gebraucht.[89]

Im Oktober 1941 plante Hitler mit Todt den Bau einer Breitspurbahn von Berlin nach München und deren Fortführung bis in die Ukraine, um die russischen Rohstoffe besser ausbeuten zu können. Im Mai 1942 wurden die Pläne im Führerhauptquartier Wolfsschanze konkretisiert. An selbstgefertigten Skizzen erläuterte, wie sich Speer erinnert, Hitler ihm und Reichsverkehrsminister Dorpmüller die Trassen dieser »Gigantomanie auf Rädern«,[90] auf denen mit einer Spurbreite von vier Metern, getrennt für Personen- und Güterzüge, bis zu sechs Meter breite zweigeschossige Wagen mit einer Abteilhöhe von zwei bis zweieinhalb Metern quer durch Europa fahren sollten – ein rollender Beweis für die Kraft und Größe des Großdeutschen Reichs. »Zwei Ost-West-Trassen, ... von denen die nördliche am Ural, die südliche am Kaspischen Meer beginnen

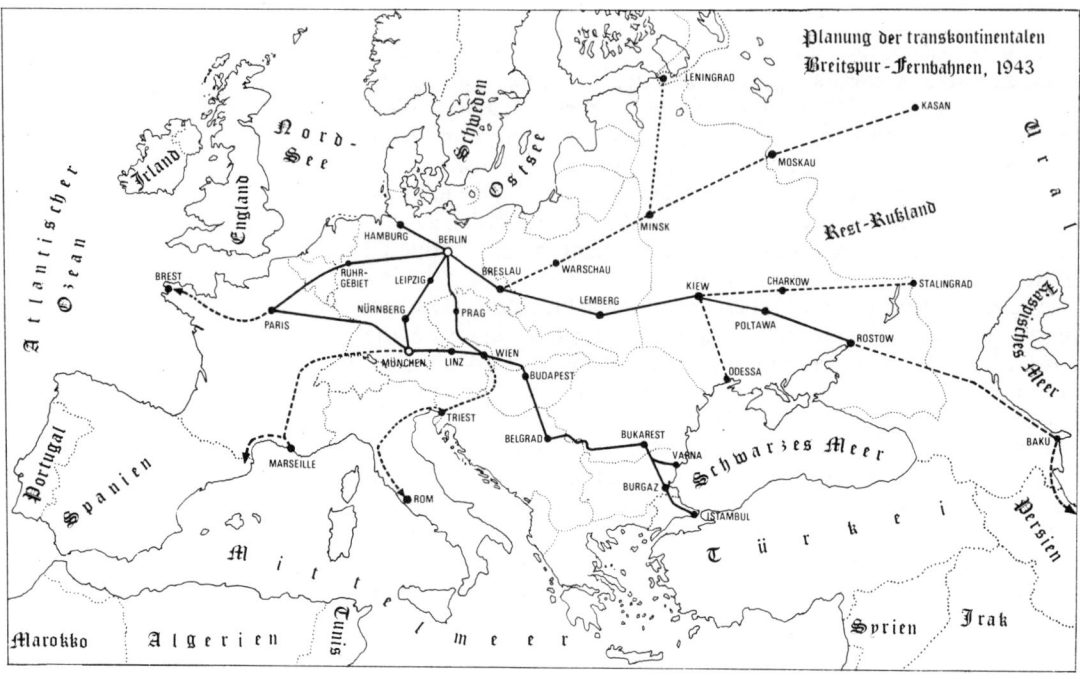

Plan für die Breitspur-Bahnlinien

sollte. Das wird der Vorteil unseres kolonialen Reiches sein.«[91] Dorpmüller wurde mit der weiteren Planung beauftragt; Mitte 1943 lag die Gesamtplanung vor, die weitergeführt wurde, obwohl seit dem Februar 1943 Rostow und die Gebiete im Donezbecken, wo die eine Bahn beginnen sollte, bereits wieder in russischer Hand waren.

»Im Schnittpunkt aller Triebkräfte ... stand nur Hitler allein.«[92] Von ihm gingen die Eroberungs-, Versklavungs- und Vernichtungspläne aus, auf ihn bezogen sich alle Ebenen des Krieges und die untereinander wettstreitenden Aktivitäten seiner nächsten Mitarbeiter, in ihm bündelten sie sich zu jener Unbedingtheit und revolutionären, destruktiven Kraft, die alle Traditionen europäischen Denkens und Lebens überstiegen. In ihm kamen die zerstörerischen Tendenzen einer Zeit zum Ausbruch, die aus den Fugen geraten war. Er war darum kein Einzeltäter, aber er allein brachte zur »vollen Konsequenz«, was an Ängsten und Aggressionen, an Möglichkeiten und Gefährdungen in seiner Epoche angelegt war.

Das alles wäre freilich nicht möglich gewesen ohne die vielen »halbkonsequenten Männer in Deutschland«, von denen es mehr gab, »als es später den Anschein hatte«.[93] Sie mochten sich nur als Fachleute und ausführende Organe auf einer der Ebenen des Krieges verstehen und zogen sich auf den technischen Vollzug zurück. Gerade das Prinzip der Arbeitsteilung, des Expertentums und auch des bürokratischen Kompetenzgerangels, ganz allgemein Erscheinungen der Moderne, hat dazu beigetragen, die radikalreaktionären, atavistischen Unterwerfungs- und Vernichtungsvisionen zu so großen Teilen Wirklichkeit werden zu lassen. Daß sie nicht alle – vor allem die Umsiedlungs- und »Umvolkungspläne« – in die Tat umgesetzt werden konnten, lag einzig und allein an der weiteren militärischen Entwicklung. Dabei zeigte sich freilich bald, daß die Pläne und Phantasien des Sommers 1941 nicht nur an militärischen Fehlkalkulationen scheiterten, sondern daß der Nationalsozialismus selbst, der Einbruch der Ideologie in die Macht- und Kriegspolitik, ein entscheidendes Hindernis für den Sieg in diesem Kriege wie auch für eine frühzeitige Friedenschance war.

Ende Juli kam der deutsche Vormarsch zum Stehen. Der Zeitplan der Eroberung mußte zurückgesteckt werden. Man hatte den russischen Raum wie die personellen und materiellen Reserven der Sowjetunion und schließlich auch die Stabilität des Regimes unterschätzt. Der fächerartig vorgetragene Angriff konnte nicht mehr an allen Frontabschnitten zugleich weitergeführt werden. So groß die Zahl der russischen Gefangenen auch war, die Masse der immer wieder herbeigeführten Reserven war noch größer. Zudem wuchs der Widerstandswille der russischen Bevölkerung mit der Erfahrung des Vernichtungscharakters von Hitlers Krieg. Umgekehrt geriet die deutsche Kriegsmaschinerie an die Grenzen ihrer Leistungsfähigkeit, und mit den Stockungen brachen die Gegensätze zwischen Hitler und seinen Generälen wieder auf.

Mitte Dezember erhielt von Brauchitsch den erbetenen Abschied. Nur »Ausdrücke der Verachtung« hatte Hitler für seinen Oberbefehlshaber des Heeres und für das gesamte höhere Offizierskorps noch übrig. »Ein eitler, feiger Wicht, der ... den ganzen Feldzugsplan im Osten durch sein dauerndes Dazwischenreden und durch seinen dauernden Ungehorsam vollkommen verkitscht und verdorben« hat.[94] Ein Sündenbock für die Winterkatastrophe vor Moskau war gefunden, und Hitler löste die militärische Führungskrise wie alle anderen Krisen vorher auch: er übernahm selbst den Oberbefehl des Heeres. Damit war eine Entwicklung an ihr Ziel

Die riesigen Räume des im Osten eroberten Reiches sollten durch ein neues Eisenbahnsystem mit überbreiter Spur erschlossen werden. Hitler selber hatte die Maße festgelegt und erläuternd festgestellt, daß sich die deutschen »Reichsbauern« auf den tagelangen Reisen zurück ins Altreich wie in einem komfortablen Hotel fühlen sollten mit Salons, Speisesälen, Schlafzimmern und Waschräumen. Der Streckenplan, im Verlaufe des Krieges immer mehr nach Osten vorgetrieben, sah zum Schluß Endstationen nicht nur auf der in Gotland umbenannten Krim vor, sondern auch am Kaspischen Meer, wo ein germanischer Limes die Grenze des neuen Großreichs gegen Asien markieren würde. Solche Visionen, mit denen die traditionelle imperialistische Politik in imperiale Utopien ausgeweitet wurde, kamen nirgends deutlicher zum Ausdruck als in diesem Eisenbahnplan, den der Reichsverkehrsminister noch 1943, lange nach den Niederlagen von Stalingrad und Kursk, Hitler zur Genehmigung vorlegte.

Entwurf für einen Speisewagen in der Breitspur-Bahn

gekommen, die schon vor Dünkirchen begonnen hatte. Bis in alle Einzelheiten meinte sich Hitler von nun an in die Entscheidungen über Operationen, auch von Divisionen und Regimentern, einmischen zu müssen. »ObdH ist kaum mehr Briefträger«, hatte Halder wenige Tage vor der Ablösung Brauchitschs bereits notiert.[95] Diktatorisch und sprunghaft bestimmte Hitler von nun an das militärische Handeln, ohne Rücksicht auf alle Grundsätze operativer Führung. Das bißchen Operationsführung könne jeder machen, hatte er nach Brauchitschs Rücktritt erklärt. Es komme darauf an, daß das Heer im Geiste des Nationalsozialismus erzogen würde. Auch die anderen Kritiker wurden abgelöst, ohne daß damit der Streit mit der Generalität abgeschlossen gewesen wäre. Während der Sommeroffensive 1942 sollte er sich wiederholen und sich zu einer ganzen Serie von Ablösungen, Maßregelungen und Führungswechseln steigern, die allesamt mit einer Machtsteigerung Hitlers endeten.

Etwa die Hälfte der deutschen Generäle wurde im Laufe des Krieges von Hitler verabschiedet oder versetzt, von Maßregelungen und Auseinandersetzungen nicht zu reden. Das führte freilich weder zu einer entschiedeneren Haltung der höheren Offiziere noch zu einer Steigerung der militärischen Effizienz. Die Generäle zogen sich in der Regel auf die Rolle von technischen Führungsgehilfen zurück, und umgekehrt legte die erneute Machtkonzentration bei Hitler die Schwächen der Führerverfassung in dem Augenblick bloß, als Hitlers Strategie der Improvisation und der blitzartigen, übermäßigen Kraftanstrengung gescheitert war, aber nicht mehr durch eine umsichtige, koordinierte Planung ersetzt werden konnte.

Einsatzgruppen in der Sowjetunion

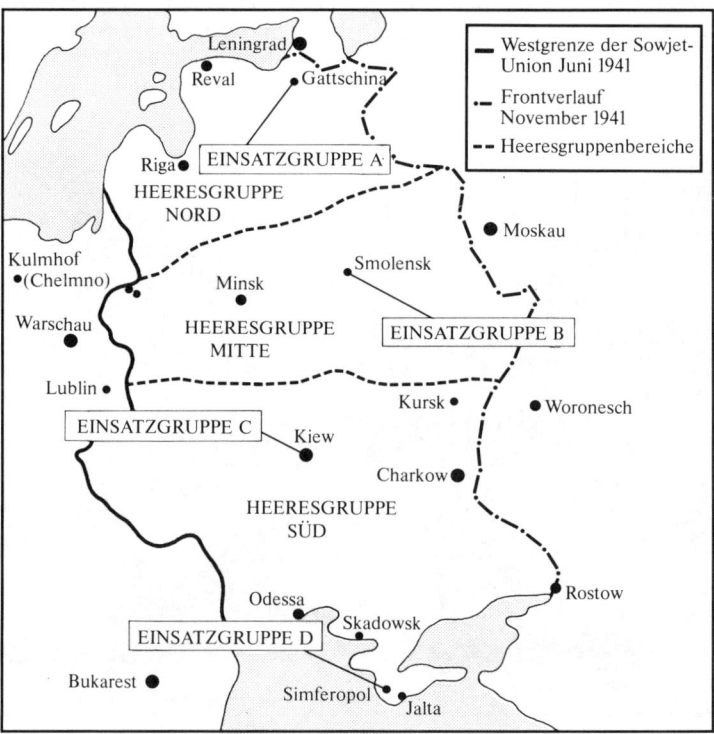

666

»In future the army will be guided by my intuition«.

Von grausiger Anschaulichkeit und präziser Realitätserfassung ist das unheimliche Blatt David Lows vom 23. Dezember 1941, als Hitler das Oberkommando auch des Heeres nach der Ablösung Feldmarschalls von Brauchitsch übernahm. Nach der Katastrophe vor Moskau wurde die Armeeführung tatsächlich entmachtet, und Hitler führte die sieggewohnte Wehrmacht mit nachtwandlerischer Sicherheit von einer Katastrophe zur nächsten.

Durch den großen Erfolg in der Kesselschlacht bei Kiew fühlte sich Hitler noch einmal als Feldherr bestätigt. Verführt vom Triumph, befahl er jetzt aber sofort den Angriff wieder an allen Abschnitten im Norden wie im Süden und gleichzeitig gegen Moskau vorzutragen. Doch Schlamm und bald auch der russische Winter brachten den Vormarsch zum Stehen, während Stalin frische Truppen aus Sibirien zu einer Gegenoffensive heranführte. Die deutsche Front drohte zu zerbrechen, die Generalität riet zu taktischen Absetzbewegungen, zum Aufbau einer Winterstellung. Hitler aber verlangte in einem Befehl vom 16. Dezember von jedem Soldaten »fanatischen Widerstand« in der jeweiligen Stellung, jeder Rückzug wurde verboten. Mit Verbissenheit stemmte er sich nicht nur gegen die anrollende Lawine, sondern vor allem gegen die Einsicht, daß der Weltblitzkrieg, ein Jahr zuvor konzipiert, im Winter 1941 vor Moskau gescheitert war.

Vermutlich hat Hitler mit seinem Befehl zum Halten der Stellungen die Front tatsächlich noch einmal stabilisiert, aber um welchen Preis? Bis zum 31. Dezember 1941 hatte das deutsche Ostheer bereits 831 000 Tote, Vermißte und Verwundete zu beklagen. Von den deutschen Luftkräften waren am 12. Dezember 1941 nur noch einsatzbereit: 690 Kampf- und 360 Jagdflugzeuge. 792 Maschinen waren allein im Dezember 1941 und Januar 1942 verlorengegangen. Von Oktober 1941 bis März 1942 hatte das Heer 74 183 Kraftfahrzeuge, 2340 Panzer und vieles andere Kriegsmaterial eingebüßt. Zu dem ungeheuren Substanzverlust der Truppe kam die Starre, mit der Hitler auf die Krise reagiert hatte. Von nun an gab es keine taktische Flexibilität in der Führung der Operationen mehr. Mit der Ahnung vom eigenen Scheitern wuchsen aber nur der Hang zum Dogmatischen und die Bereitschaft zum Alles oder Nichts.

Mitte November zeigte der Eroberer erste Zeichen der Resignation. Im kleinen Kreis sprach er davon, daß es vielleicht keinem der beiden Hauptgegner gelingen könnte, den anderen »vernichtend zu schlagen oder entscheidend niederzuringen«.[96] Die Illusion eines »Ausgleichs« mit England tauchte plötzlich wieder auf, der dann zu einem »Verhandlungsfrieden« führen könnte. Wie ernst die Lage

tatsächlich war, konnte dem Führerhauptquartier nicht verborgen bleiben. Am 27. November bilanzierte Halder nach einem Bericht des Generalquartiermeisters: »Wir sind am Ende unserer personellen und materiellen Kraft.«[97] Zwei Tage später versuchte Fritz Todt, der Reichsminister für Bewaffnung und Munition, Hitler klarzumachen, daß der Krieg rüstungswirtschaftlich verloren sei und daß er deshalb politisch beendet werden müsse. Schon am Tag zuvor hatte Hitler sich auswärtigen Besuchern gegenüber in düsteren und menschenverachtenden Endzeitbildern ergangen: »Wenn das deutsche Volk einmal nicht mehr stark und opferbereit genug sei, sein eigenes Blut für seine Existenz einzusetzen, so soll es vergehen und von einer anderen, stärkeren Macht vernichtet werden.«[98] Und am selben Abend fügte er, ganz der Außenseiter und Fremde in der Geschichte der deutschen Nation, kühl hinzu: »Er würde dann dem deutschen Volk keine Träne nachweinen«.[99]

Spätestens mit dem Beginn der sowjetischen Gegenoffensive am 5./6. Dezember mußte es Hitler zur Gewißheit geworden sein, daß sein ganzer Kriegsplan und nicht nur das »Unternehmen Barbarossa« gescheitert war: nach einer Aussage von Jodl, 1945 in Nürnberg, sei Hitler damals bewußt gewesen, daß vom »Kulminationspunkt des beginnenden Jahres 1942 an kein Sieg mehr errungen werden konnte«.[100] Die Sowjetunion hingegen hatte im Dezember 1941 die bedrohlichste Phase des Krieges überstanden und überdies aus eigener Kraft. Das stärkte das Selbstbewußtsein der Roten Armee und das politische Gewicht Stalins.

Noch während der Wende vor Moskau hatte sich durch den Angriff japanischer Truppen auf die amerikanische Flotte in Pearl Harbor am 7. Dezember der Krieg zum Weltkrieg ausgeweitet. Am 11. Dezember erklärte Hitler den USA den Krieg, ohne daß das Deutsche Reich durch den Dreimächtepakt dazu verpflichtet gewesen wäre. Bisher hatte Hitler alles getan, um den Kriegseintritt der USA hinauszuzögern. Nun aber, als er sich das Scheitern seines Weltblitzkriegs-Planes wohl schon eingestanden hatte, ließ er seinen Außenminister auf eine japanische Anfrage vom 21. November in Tokio ausrichten, Japan könnte auch »außerhalb der im Dreimächtepakt ins Auge gefaßten Fälle«[101] grundsätzlich mit deutscher Unterstützung rechnen. Das war ein »Blankoscheck«, dessen Folgen nicht übersehbar waren. Er sollte den europäischen Krieg mit dem ostasiatischen Konflikt verbinden. Hitler erklärte den USA den Krieg, obwohl er selbst besorgt war, »daß Japan den angelsächsischen Mächten nur nicht unterliege«, und eingestand, »wie man die USA besiege, wisse er noch nicht«.[102]

Das war wieder eine Flucht nach vorn; der verzweifelte Versuch, die letzte Chance zu nutzen, bevor das amerikanische Potential voll eingesetzt werden konnte. Wie gering der Handlungsspielraum der Achsenmächte war, zeigte die Alternative, vor die sich Hitler Anfang Dezember 1941 gestellt sah. Entweder hätte er die Gefahr einer Verständigung zwischen Japan und den USA in Kauf nehmen müssen, falls er die japanische Anfrage nach deutscher Unterstützung abgelehnt hätte. Dann aber hätten die USA den Rücken im Pazifik frei gehabt für ein rasches Eingreifen in Europa. Bei einem Konflikt zwischen Japan und den USA aber hätte das Deutsche Reich mit seinem Kriegseintritt die amerikanische Macht in einen Zweiozean-krieg zwingen können, dann hätte er in einem verzweifelten Wettlauf mit der Zeit in einer neuerlichen Kraftanstrengung die Entscheidung im Osten bis zum Sommer 1942 doch noch erzwingen und vielleicht dann auch England zum Sonderfrieden bringen können. Für Hitler kam nur der zweite Weg in Frage, denn nach dem Scheitern des Blitzkrieges vor Moskau galt für ihn mehr denn je seine Devise: Weltmacht oder Untergang. Hitler war vollends zum Gefangenen seines Programmes und seiner Zeitangst geworden. Die Kriegserklärung an die USA war eine stolze Geste, ganz im Sinne des nationalsozialistischen Bedürfnisses nach der heroischen Tat. Aber sie konnte nur mühsam verbergen, wie sehr sie bereits von außen und den selbstgeschaffenen Konstellationen erzwungen war.

Trotz der Winterkatastrophe wollte Hitler für den Sommer 1942 unbedingt am ursprünglichen Ostfeldzugsplan festhalten und, da die Zeit mehr denn je drängte, alles nur noch forcieren und auf ein-mal erzwingen. Das galt für die Kriegführung wie für die Besat-zungs- und Vernichtungspolitik. »Die bolschewistischen Horden«, hatte er am Heldengedenktag, dem 15. März 1942, öffentlich bekun-det, »werden von uns in dem kommenden Sommer bis zur Vernich-tung geschlagen.«[103]

Tatsächlich sah es so aus, als habe Hitler aus den Erfahrungen des Winters 1941/42 gelernt, und tatsächlich ließen die Anfangserfolge der im Juni einsetzenden deutschen Offensive die Siegeshoffnun-gen noch einmal keimen. Die deutschen Armeen stürmten, nun auf einen Schwerpunkt im Südabschnitt konzentriert, unaufhörlich vor. Dennoch hatte der Generalstab des Heeres in einer Denkschrift gewarnt, selbst bei einem Erfolg aller Angriffsoperationen ließe sich die Rote Armee 1942 nicht so entscheidend treffen, »daß ein militäri-scher Zusammenbruch wahrscheinlich ist«.[104] Überdies sei es aus-geschlossen, daß die deutschen Truppen im darauffolgenden Jahr 1943 noch einmal eine Offensive großen Stils im Osten würden eröff-nen können. Die Initiative läge dann beim Gegner.

Hitler tat ein übriges, um die Kräfte zu verzetteln. Als die deut-schen Truppen in der zweiten Julihälfte den Don erreicht hatten, ohne daß es gelungen war, die sowjetischen Truppen in der geplan-ten Kesselschlacht zu stellen, befahl er, von der eigenen Ungeduld und Uneinsichtigkeit wieder eingeholt, die Offensive in zwei gleich-zeitige Angriffsoperationen aufzuteilen: die Heeresgruppe B sollte über Stalingrad ans Kaspische Meer vorstoßen, die Heeresgruppe A in Richtung Baku vordringen. Zugleich sei außerdem noch die Eroberung und Vernichtung Leningrads vorzunehmen. Damit war die Front auf über viertausend Kilometer überdehnt; eine Einla-dung geradezu an den Gegner, in die Lücken einzudringen.

Im Spätsommer 1942 hatte Hitlers Imperium seine größte Aus-dehnung erreicht, und doch war die Niederlage jetzt endgültig unausweichlich geworden. Deutsche Truppen standen vom Nord-kap entlang der Atlantikküste, auf dem Balkan und in Nordafrika, wo General Rommel die Engländer bis an die ägyptische Grenze bei El Alamein zurückgeworfen hatte. Im Osten stießen deutsche Trup-pen im August bis an die Grenzen Asiens vor. Sie standen im Kaukasus und an den zerstörten Ölfeldern von Maikop im Süden

Die Briefmarken hatten von Anfang an im Dienst der Mobili-sierung der Bevölkerung gestanden. Im Kriege wurden sie eine Apotheose der verschie-denen Waffengattungen.

der Sowjetunion. Einheiten der 6. Armee hatten zur selben Zeit die Wolga bei Stalingrad erreicht. Damit aber war die äußerste Leistungsgrenze erreicht. Hitler versteifte sich, allen Warnungen seiner Generäle und eigenen Einsichten zum Trotz, darauf, beide vorgeschobenen Posten zu behaupten. »Wunschträume« wurden, wie der Ende September entlassene Halder es später formulierte, »zum Gesetz des Handelns«.[105] Stalingrad war längst zu einem Prestigeobjekt geworden, und mit seiner großspurigen Ankündigung zum Jahrestag des 9. November, »Wir haben Stalingrad schon«,[106] hatte der Propagandist Hitler dem Feldherrn Hitler jegliche Operations- und Entscheidungsfreiheit genommen.

Am 19./20. November eröffneten zwei sowjetische Heeresgruppen nördlich von Stalingrad den Gegenangriff und kesselten innerhalb von fünf Tagen die 6. Armee ein. Der November 1942 wurde zum Wendepunkt des Krieges, und dies gleich an drei Fronten. Einige Tage vor der sowjetischen Offensive bei Stalingrad war General Montgomery mit vielfacher Übermacht durch die deutsch-italienischen Stellungen bei El Alamein gebrochen, und am 7./8. November waren englische und amerikanische Truppen an den Küsten Marokkos und Algeriens gelandet und begannen eine zweite Front zu eröffnen. Zur selben Zeit hatte Hitler beim Gedenken an den Putsch von 1923 seine neue Strategie verkündet – mit der er bereits 1923 gescheitert war. Unnachgiebig wie nur in seinen revolutionären Anfängen, lehnte er jedes Nachgeben und jeden Friedensversuch ab. »Es gibt jetzt nur noch eines, und das heißt Kampf. Genau so wie ich von einem gewissen Augenblick an auch dem inneren Gegner sagte: Mit euch kann man sich also nicht friedlich verständigen, ihr wollt die Gewalt – folglich werdet ihr sie jetzt bekommen.« Im Unterschied zum kaiserlichen Deutschland stünde jetzt ein Mann an der Spitze des Reiches, der »immer nur Kampf und damit immer nur ein Prinzip gekannt hat: schlagen und wieder schlagen«. »In mir haben sie nun einen Gegner gegenüber, der an das Wort Kapitulieren überhaupt nicht denkt ... Und alle unsere Gegner können überzeugt sein: Das Deutschland von einst hat um ¾12 die Waffen niedergelegt – ich höre grundsätzlich immer erst 5 Minuten nach zwölf auf.«[107]

In Stalingrad sollte diese fanatische Durchhalte-Politik praktiziert werden, aber nicht nur dort. Die Bitte von General Paulus um Genehmigung zum Ausbruch lehnte Hitler ebenso ab wie den Rückzugswunsch von Rommel. »In der Lage, in der Sie sich befinden, kann es keinen anderen Gedanken geben als auszuharren ... Es wäre nicht das erste Mal in der Geschichte, daß der stärkere Wille über die stärkeren Bataillone des Feindes triumphierte. Ihrer Truppe aber können Sie keinen anderen Weg zeigen als den zum Siege oder zum Tode.«[108] Nicht viel anders wurde Mussolini beschieden, als er Hitler zu einem Verständigungsversuch mit Stalin aufforderte.

Im Jahr 1942 sollten auch die beiden anderen Dimensionen des Ostkrieges, der Versklavungs- und der Vernichtungskrieg, einen vorläufigen Kulminationspunkt erreichen. Die nur scheinbaren militärischen Erfolge verlängerten den Arm der Einsatzgruppen und Raumkommissare; die Rückschläge und Rückzüge aber spornten

Lageplan von Stalingrad

die Rassenfanatiker und deren bürokratische Werkzeuge nur zu noch höherem Einsatz und zu blutigeren Vernichtungsvisionen an. Auch darum bestand Hitler auf seiner Durchhaltestrategie: er mußte seine historische Mission erfüllen, die Ausrottung der Juden im besetzten Europa.

Das sollte vor allem Aufgabe der Einsatzgruppen sein, deren Funktion ja bewußt vage umschrieben worden war: die »Bekämpfung der staats- und reichsfeindlichen Bestrebungen beziehungsweise Elemente im Operationsgebiet«.[109] Deutlicher formulierte ein Unterführer der Einsatzgruppen deren Auftrag: »Neben der Vernichtung aktiv hervorgetretener Gegner sind durch vorbeugende Maßnahmen solche Elemente auszumerzen, die auf Grund ihrer Gesinnung oder Vergangenheit bei dazu günstigen Umständen als Feinde aktiv hervortreten können. Die Sicherheitspolizei führte diese Aufgabe entsprechend den allgemeinen Weisungen des Führers mit jeder erforderlichen Härte durch.«[110] Daß zu diesem Personenkreis nicht nur Funktionäre der kommunistischen Partei, Volkskommissare, Juden in Partei- und Staatsstellungen sowie andere »radikale Elemente«[111] gehörten, wie Heydrich den Auftrag schriftlich präzisierte, sondern alle im Osten lebenden Juden einschließlich ihrer Frauen und Kinder, erfuhren die Einsatzgruppen nur mündlich. Schwarz auf weiß wollten die Vernichtungskommissionen selbst ihren Weltanschauungstruppen das Ungeheuerliche nicht vor Augen führen, und das nicht nur, um einen solchen Befehl vor Wehrmachtsdienststellen zu verheimlichen.

»Die Weltanschauungsgarden des Nationalsozialismus schienen den Konsequenzen der eigenen Ideologie nicht gewachsen« zu sein.[112] Daß sie ihren Auftrag dennoch »richtig« verstanden hatten, beweisen die Bilanzen ihres Mordens, das sich ganz überwiegend gegen Juden richtete. Mindestens zwei Millionen der im Sommer 1941 in der Sowjetunion lebenden 4,7 Millionen Juden sind der nationalsozialistischen Vernichtungsarbeit zum Opfer gefallen, die immer stärker rationalisiert wurde: von den Massenerschießungen der mobilen Einsatzkommandos zum fabrikmäßigen Töten in den großen Vernichtungslagern in Belzec, Sobibor, Treblinka, Majdanek, Kulmhof und Auschwitz. Mit immer größerer Hast und Perfektion wurde die Ausrottung betrieben, »damit man nicht eines Tages mitten drin steckenbliebe«,[113] wie der Höhere SS- und Polizeiführer Globocnik erklärte.

Von den vier geplanten Reichskommissariaten Ostland, Ukraine, Kaukasien und Moskowien wurden die beiden ersten Mitte Juli und im August 1941 errichtet, die beiden anderen blieben bloßes Projekt. Während das Reichskommissariat Ostland durch Eindeutschung rassisch akzeptabler Gruppen und gezielte germanische Kolonisationspolitik vom Protektorat allmählich zum Reichsgebiet gemacht werden sollte, war die Ukraine nach dem Willen Hitlers einzig zur Ausbeutung bestimmt: ein Reservoir von Arbeitskräften und Rohstoffen. Alle Versuche Rosenbergs, diesem Land Autonomie zu gewähren, scheiterten an Hitler und Reichskommissar Erich Koch. Die Ukrainer galten als minderwertige Rasse, ihr Schicksal war das von Arbeitssklaven. »Jede staatliche Organisation«, so Hitler, »war zu vermeiden und die Angehörigen dieser Völkerschaften dadurch auf einem möglichst niedrigen Kulturniveau zu halten.«[114] Es genüge, wenn sie deutsche Befehle verstünden. Nicht anders wäre das Schicksal von Kaukasien und dem Kommissariat Moskowien gewesen: beide sollten Rohstoffe oder den Zugang zu ihnen sichern.

In seinen nächtlichen Monologen im Führerhauptquartier, den »Tischgesprächen«, wurde Hitler nicht müde, seine imperialen Träume in allen Einzelheiten auszumalen. Deutsche dürften auf keinen Fall in ukrainischen Städten wohnen, sie müßten auf lange Sicht in neu zu erbauenden Städten und Dörfern wohnen, »die ganz klar von der russischen beziehungsweise ukrainischen Bevölkerung abgesetzt seien«.[115] Von Städten mit großen Gouverneurs- und Verwaltungspalästen träumte er im Sommer 1942, mit 15–20 000 Einwohnern, stützpunktartig an den Kreuzungspunkten der Hauptverkehrswege angelegt, darum ein Kranz von ausschließlich deutschen Dörfern. Die russischen Städte sollten »keinesfalls irgendwie hergerichtet oder gar verschönert werden«, die deutschen Häuser dürften umgekehrt in nichts den russischen gleichen, weder »Lehmverputz noch Strohdächer« sollten an einheimische Vorbilder erinnern. Eine Gesundheitsfürsorge nach deutschem Muster für die nichtdeutsche Bevölkerung wäre »heller Wahnsinn«, man solle den Aberglauben ruhig unterstützen, »daß das Impfen und so weiter eine ganz gefährliche Sache sei«.[116]

Das eroberte Land sollte durch ein System breiter Straßen und Verbindungslinien erschlossen und beherrscht werden, auch in Gestalt der schon geplanten Breitspureisenbahnen. »Denn ohne einwandfreie Straßen sei der große russische Raum weder militä-

risch zu säubern noch auf Dauer zu sichern. Was an Arbeitskraft in den russischen Dörfern und Städten nicht für die Landwirtschaft oder Rüstungsindustrie gebraucht werde, habe daher in allererster Linie für den Bau von Straßen herangezogen zu werden.« Auch sollte bei der Anlage der Straßen und Siedlungen die Idylle nicht zu kurz kommen: durch die Dörfer sollte die Eintönigkeit des riesigen Straßensystems aufgelockert werden. Dorfeichen und Linden, Blumen und Sträucher sollten dem ganzen ein deutsches Gepräge geben, und auch die »Stromzuleitungen [sollten] ... in möglichst unauffälliger Form an die Gebäude«[117] herangeführt werden. Ausschließlich deutsch besiedelt werden sollte die Krim, die in »Gotenland« umzubenennen sei. Hitler verstand die Krim als den strategischen Hebel zur Beherrschung der Ukraine und des Schwarzen Meeres.

Gesichert und verwaltet würde das neue »Großgermanische Reich deutscher Nation« durch eine Kette von Garnisonen, Befestigungen, Parteiburgen von der französischen Atlantikküste bis in das Dnjepr-Gebiet, vom Nordkap bis nach Nordafrika. In der Nähe des norwegischen Drontheim beispielsweise sollte der größte deutsche Marinestützpunkt errichtet werden, neben Werften und Dockanlagen eine Stadt für 250 000 Deutsche.[118] Die Planung dafür hatte Hitler schon im Frühjahr 1941 Albert Speer übertragen; jetzt kam der Entwurf neuer Städte in den besetzten Gebieten der Sowjetunion hinzu. Er wurde Speer Ende November 1941 von Rosenbergs Ostministerium angetragen, als die Winterkatastrophe gerade begonnen hatte. Wilhelm Kreis erhielt den Auftrag, gewaltige Totenburgen zu planen, die an den Grenzen des Imperiums errichtet werden sollten. »Wuchtig und hochaufstrebend in die Ebenen des Ostens werden sie als Symbole für die Bändigung der chaotischen Gewalten der östlichen Steppen durch die disziplinierte Macht germanischer Ordnungskräfte entstehen – umgeben von den Grabstätten der Kriegsgeneration deutschen Blutes, die, wie schon so oft seit zweitausend Jahren, die Existenz der abendländischen Kulturwelt gegen die zerstörerischen Sturmfluten aus Innerasien gerettet hat.«[119]

Das Kompetenzwirrwarr und schließlich die Kriegsereignisse sorgten dafür, daß all diese Visionen und die Planungsbesessenheit

Links Ehrenmal, das zwischen Warschau und Posen errichtet werden sollte, daneben Totenburg für das Dnjepr-Gebiet.

Seit jeher hatte das Reich eine Tendenz zur düsteren Zeremonie des Todes gehabt; man gedachte in schaurig pathetischen nächtlichen Feiern der Toten des Krieges oder der Bewegung. Lodernde Fackeln, monotoner Trommelwirbel, aus dem Dunkel der Nacht mit Scheinwerfern geholte Fahnen und neue Formen des Zapfenstreichs schufen eine Liturgie, die sich aus Wagners Götterdämmerung und stabreimendem Edda-Geraune speiste: der Toten Tatenruhm. Vom Sieg des Reiches über den Kontinent sollten für alle Zeiten Totenburgen künden, deren einschüchternde Verewigungsnatur sich in einer Monumentalität ausdrücken sollte, wie sie seit der Architektur des alten Orients nicht mehr geschaffen worden war. Die architektonischen Pläne, von einem Architekten der Weimarer Epoche, Wilhelm Kreis, entworfen, sollten einem Kranz gleich die Grenze des Kommenden Großreichs abstecken. Die Pläne für die Totenburgen in Afrika, Polen, Norwegen und am Atlantik waren schon fertiggestellt.

der Raumkommissare nur in Ansätzen zum Tragen kamen. Die Dienststellen der Partei, der Wehrmacht, der Zivilverwaltung und der Wirtschaft folgten, wie so oft, keinem einheitlichen Konzept, auch nicht in der Besatzungs- und Neuordnungspolitik. Das bremste einige der radikalen ideologischen Zielsetzungen Hitlers, mußte aber das Schicksal der Unterdrückten und Verfolgten nicht unbedingt erleichtern. Nicht selten war es der Eifer von Unterführern, der Willkür und Terror eskalieren ließ. Die Katastrophe von Stalingrad und die Kette von Rückschlägen danach hinderten schließlich die Ausrottungs- und Züchtungsideologen und ihre bürokratischen Vollstrecker daran, ihren »historischen Auftrag« weiterzuführen.

Die erdrückende Übermacht, dazu Kälte, Hunger und Seuchen hatten Ende Januar 1943 die Lage der eingeschlossenen 6. Armee völlig aussichtslos werden lassen. Doch Hitler verbot die Kapitulation: »Die Armee hält ihre Position bis zum letzten Soldaten und zur letzten Patrone und leistet durch ihr heldenhaftes Aushalten einen unvergeßlichen Beitrag zum Aufbau der Abwehrfront und der Rettung des Abendlandes«, telegraphierte er General Paulus.[120] Aber am 2. Februar mußten die geschlagenen und zermürbten Reste der 6. Armee aufgeben. Über 90 000 Soldaten traten den Weg in die Gefangenschaft an. Stalingrad war eine der größten Katastrophen der deutschen Kriegführung, doch die nationalsozialistische Führung flüchtete sich in die Geschichte. Mit den Griechen an den Thermopylen verglich Hitler die 6. Armee, und Göring beeilte sich, die Opfer der nationalsozialistischen Durchhalte-Parolen durch die Indienstnahme der Antike zu rechtfertigen. In einer Rede zum 30. Januar verhieß er, es werde »auch einmal in der Geschichte unserer Tage heißen: Kommst du nach Deutschland, so berichte, du habest uns in Stalingrad kämpfen sehen, wie das Gesetz, das Gesetz für die Sicherheit unseres Volkes es befohlen hat«.[121] Goebbels gab die Anweisung, die Niederlage »psychologisch zu einer Kräftigung unseres Volkes« zu nutzen. »Jedes Wort über diesen Heldenkampf«, schärfte er seinen Mitarbeitern ein, »werde in die Geschichte eingehen.« Als Vorbild für Formulierungen, »die über Jahrhunderte hinweg noch die Herzen bewegen«,[122] empfahl er vor allem den Appell Friedrichs des Großen an seine Generäle vor der Schlacht von Leuthen; und von nun an sollte bis zum bitteren Ende immer eindringlicher das preußische Vorbild und ein neues Mirakel wie zu des großen Friedrichs Zeiten beschworen werden.

In der Bevölkerung löste die Nachricht vom Ende der 6. Armee einen Schock aus. Von »tiefer Niedergeschlagenheit« berichteten alle Beobachter, die Stimmung habe »einen bisher nie gekannten Tiefstand« erreicht.[123] »Die labilen Volksgenossen«, so ein SD-Bericht, sind »geneigt, im Fall von Stalingrad den Anfang vom Ende zu sehen.«[124] Die Ereignisse von Stalingrad hatten noch eine andere Wirkung, sie beschleunigten den Zerfall des Führermythos. Der Oberlandesgerichtspräsident von Bamberg stellte »eine starke Zunahme und Verschärfung der Kritik an der politischen und militärischen Führung« fest. »Diese Kritik richtet sich, was früher nie der Fall war, in steigendem Maße gegen die Person des Führers, der

Die Reste der 6. Armee ergeben sich, links Generalfeldmarschall Paulus

An Mauern der Pariser Häuser kann man jetzt häufig die mit Kreide geschriebene Jahreszahl »1918« sehen. Auch »Stalingrad«. Wer weiß, ob sie dort nicht mitbesiegt werden?

Ernst Jünger, Das zweite Pariser Tagebuch

besonders für die Ereignisse in Stalingrad und im Kaukasus verantwortlich gemacht wird. Man erzählt sich von erheblichen Meinungsverschiedenheiten zwischen dem Führer und seinen militärischen
Ratgebern, deren Warnungen der Führer in den Wind geschlagen
habe.«[125] Da und dort tauchten Hitler-Bilder mit der Unterschrift
»Stalingrad-Mörder« und Mauerinschriften »Hitler, Massenmör-
der« auf. In dem Maße, in dem der Führermythos zerbröckelte,
wurden Verfolgung und Gewalt zur letzten Stütze des Regimes.

3. Das Herrschaftssystem im Krieg

Der Krieg veränderte und verschärfte die innere Politik und Herrschaftsordnung des nationalsozialistischen Regimes noch einmal. Das lag weniger in den Notwendigkeiten der Kriegführung als vielmehr im Wesen des Nationalsozialismus selbst begründet. Der Krieg war seine eigentliche Natur. Je mehr sich die Aggressivität des Regimes nach außen entfalten konnte, um so mehr verschärften sich auch im Innern weltanschaulicher Herrschaftsanspruch und totalitäre Kontrolle. Das zeigte sich bereits in den Jahren 1937/38, und noch mehr galt es für den Kriegsbeginn. Mit der kriegerischen Ausdehnung der Herrschaft waren die politischen und psychologischen Bedingungen gegeben, die eine volle Entfaltung der nationalsozialistischen Gewalt- und Vernichtungspolitik erlaubten. Die letzten Dämme waren gebrochen. Das Strafrecht wurde radikalisiert, die Zuständigkeit der Sondergerichte erweitert, die Ausrottung von »Volksschädlingen« und die Vernichtung »unwerten Lebens« dekretiert, die europäischen Juden deportiert und millionenfach ermordet.

Mit jeder dieser Maßnahmen wuchs die Macht der SS. Ihre weitverzweigten institutionellen Apparate schränkten den Hoheitsbereich staatlicher und militärischer Instanzen immer mehr ein und übertrafen ihn an Einfluß. Der für die nationalsozialistische Führerdiktatur charakteristische Kompetenz- und Rivalitätswirrwarr wurde damit keineswegs aufgehoben, sondern vielmehr verstärkt. Neue Sonderinstanzen bildeten sich, neue Sonderbevollmächtigte und zusätzliche führerunmittelbare Befehlswege wurden geschaffen. Mit der Radikalisierung der Politik ging eine zunehmende Auflösung rationaler Entscheidungs- und Verwaltungsstrukturen einher. Kurzum, der Krieg war für den Staat Hitlers mehr als nur ein militärisches Ereignis, er war vielmehr die »zweite Etappe der nationalsozialistischen Revolution«.[126]

Auch die Bildung des »Reichsverteidigungsrates« unmittelbar vor Kriegsbeginn erwies sich als untauglicher Versuch, der Regierung wieder mehr Regelhaftigkeit zu geben. Seit 1937 war die Reichsregierung nicht mehr zusammengetreten, und mit Hitlers am Tage des Kriegsbeginns im Reichstag verkündetem Entschluß, den »feldgrauen Rock« anzulegen, waren Führergewalt und Reichsregierung nun auch räumlich voneinander getrennt. Denn der Feldherr Hitler hielt sich nun mehr denn je an wechselnden Orten auf, meist in weit entfernten Führerhauptquartieren. Darum sollten jetzt in einer Art engerem Kabinett unter Führung Görings zumindest die wichtigsten Machtbereiche vertreten und zentralisiert werden. Göring war damit formell als zweiter Mann im Staate anerkannt, Frick als Generalbevollmächtigter für die Reichsverwaltung (GBV), Funk als Generalbevollmächtigter für die Wirtschaft (GBW), soweit sie freilich nicht dem Kommando Görings als dem Chef der Kriegswirtschaft unterstand; hinzu kamen Keitel als Chef des OKW, Heß als Chef der Parteikanzlei und Lammers an der Spitze der Führerkanzlei.

Die Grenzen dieses Versuchs einer Vereinheitlichung und Zentralisation von Verwaltung und Politik waren freilich sehr eng, und das hatte seine Ursache in der Führerdiktatur selbst. Die Außen- und die Militärpolitik blieben dem »Führer« allein vorbehalten, überdies endeten die Kompetenzen des Ministerrates an den Grenzen des Deutschen Reiches, wozu jetzt auch das Generalgouvernement gezählt wurde. Die Zivilverwaltungen in den besetzten Gebieten handelten aus eigener Vollmacht, genauso wie die führerunmittelbaren Reichskommissare. Aus dem geplanten »Überkabinett« wurde eine neue Institution neben vielen anderen, die einander kaum noch über Verordnungen und Rechtssetzungen unterrichteten. So wurden Rechtsvorgänge zu bloßen Verordnungen erklärt und von den einzelnen Ressorts eigenmächtig erlassen. Ressortchefs traditioneller Ministerien wurden dabei mehr und mehr vom selbstherrlichen Anspruch der Sonderministerien, -organisationen und -bevollmächtigten übergangen. Überdies verloren die zentralen Verwaltungsinstanzen zunehmend die Kontrolle über die regionalen Entscheidungs- und Machtträger. Das waren zumeist die Gauleiter, die – in der Regel noch mit der zusätzlichen Funktion eines Reichsverteidigungskommissars betraut – während des Krieges ihren Einfluß durch die verschiedensten Sondervollmachten weiter ausdehnen konnten.

Selbst Martin Bormann, nach Heß' Englandflug mit dessen Nachfolge betraut und bald mächtiger »Sekretär des Führers«, beobachtete diesen Zustand mit Besorgnis: »War ursprünglich die Gesetzgebung des Reiches zu schwerfällig und an zu viele Formvorschriften gebunden, so hat sie im Laufe der letzten Jahre eine Auflockerung erfahren, deren mögliche Auswirkungen rechtzeitig erkannt werden müssen, wenn für die Staatsführung ernste Gefahren vermieden werden sollen.«[127]

Alle Klagen über die Zersplitterung des Verordnungs- und Rechtsetzungswesens prallten an der »Unzugänglichkeit« Hitlers ab. Nicht nur, daß er sich für nominelle Verwaltungsangelegenheiten, die den Kern der Verfassungsordnung des Regimes betrafen, überhaupt nicht mehr interessierte. Sie erreichten ihn gar nicht erst, da selbst Frick kaum noch Gelegenheit zum Vortrag beim »Führer« erhielt. Der direkte Zugang zu Hitler und eine so oder so erlangte Führerermächtigung wurden zu den »beherrschenden Faktoren der Machtausübung, nicht die nominelle Zuständigkeit und Organisation der Reichsregierung«.[128]

Eine solche »Auflockerung« der Regierungs- und Verwaltungstätigkeit mußte die Effizienz und Kontrollgewalt des Regimes nicht notwendigerweise schwächen, vielmehr konnte sie dessen Dynamik und Radikalität zumindest temporär noch steigern. Denn sie verlängerte und erweiterte den Ausnahmezustand, das Grundgesetz des Dritten Reiches im Frieden wie im Krieg. Nur die persönliche Vertrauensstellung und die Bedeutung der jeweiligen Vollmacht für die Herrschaftsziele und Kriegführung des Regimes zählten. Das war ein Hinweis auf das, worauf es Hitler ankam.

Um die Nähe zur Führergewalt zu behaupten, hatten Himmler und Ribbentrop sogar ihr eigenes Feldquartier neben dem Führerhauptquartier aufgeschlagen, der Reichsführer SS freilich mit größerem Erfolg als der Reichsaußenminister. Mit der Intensivierung der

Gewalt- und Vernichtungspolitik wuchs der Machtbereich des Exe-
kutors des Führerwillens, der den Osten zum Experimentierfeld
seines Ordens gemacht hatte. Der Weg dahin führte über geheime
Führererlasse wie über die Usurpation zusätzlicher staatlicher und
militärischer Ämter. Als Reichskommissar für die Festigung des
deutschen Volkstums errichtete sich Himmler eine neue zentrale
Reichsbehörde, die als konkurrierende Verwaltungsinstanz in den
besetzten Ostgebieten die Organe der Zivilverwaltung bald verdrängte. 1943 übernahm der Reichsführer SS und Chef der deutschen Polizei noch das Innenministerium und 1944 den Befehl über
das Ersatzheer. Damit gebot er über einen Machtapparat, der den
Görings und der Wehrmacht in den Schatten stellte.

Görings Prestige beim »Führer« hatte unterdes außerordentlich
gelitten. Seine »Immediatstellung« bei Hitler hatte sich einst auf
sein Imperium gegründet, das er sich zusammengerafft hatte, wie
auf seinen Ruf als militärischer Fachmann und Held. »Wenn ich mit
Göring spreche«, erklärte Hitler, »ist das für mich wie ein Stahlbad,
ich fühle mich danach frisch. Der Reichsmarschall hat eine mitrei-
ßende Art, die Dinge vorzutragen.«[129] Der Reichsmarschall, zu
Kriegsbeginn zweiter Mann im Reich, verlor in dem Maß an Einfluß,
in dem die Niederlage der Luftwaffe und die Schwächen der von
ihm organisierten Kriegswirtschaft unübersehbar wurden. Um so
mehr flüchtete er sich in einen schon grotesken Luxus. Wie ein
Renaissancefürst lebte er auf seinem Landsitz inmitten von geraub-
ten Kunstschätzen. Sein Tagesablauf begann mit den Besuchen
beim Schneider, Friseur, Kunsthändler und Juwelier. Mehrmals am
Tage wechselte er Kleider und Uniformen. Bei einem Empfang für
das Diplomatische Korps in der Schorfheide trug er »ein rostbraunes
Wams, hohe grüne Stiefel und in der Hand einen zwei Meter langen
Speer«.[130] Als er 1942 wieder einmal Italien besuchte, trug er, nach
einem Bericht Cianos, »einen großen Zobelpelz, ein Mittelding zwischen einem Autopelz von 1906 und dem Abendpelz einer
Kokotte«.[131] An Lagebesprechungen und Konferenzen nahm er
immer seltener teil. Als ihn der Essener Gauleiter Terboven an
einem Tag, an dem der »Himmel über Deutschland wieder schwarz
von amerikanischen Bombern« war, in Carinhall besuchte, ver-
gewisserte sich der Oberbefehlshaber der Luftwaffe beim dienst-
habenden Adjutanten, daß keine Luftwarnung für die Schorfheide
vorläge und wandte sich dann an seinen Gast: »Schön, lassen Sie uns
etwas jagen.«[132] Zum zehnten Jahrestag der Machtergreifung hatte
er seinen letzten öffentlichen Auftritt, danach widerlegte jeder
alliierte Bombenangriff die großspurigen Versprechen des einst
gefeierten Oberbefehlshabers der Luftwaffe. Für Hitler war er nur
noch ein Versager, der Rang und Stellung einzig aus äußeren Rücksichten behielt. Ganz anders Albert Speer, der sich als »kongenialer«
Architekt des besonderen Wohlwollens des verhinderten Künstlers
Hitler erfreute und seinen Einfluß im Führerhauptquartier durch
sein geschicktes und erfolgreiches Management als Rüstungsminister und Nachfolger von Fritz Todt noch steigern konnte. Kaum
einer wußte das Instrument des Führererlasses so virtuos zu hand-
haben wie dieser noch junge Technokrat, der seine Aufgabe als eine
unpolitische verstehen wollte.

»Sie werden lachen – ich weiß von nichts.« Karikatur von Bodo Gerstenberg, 1945

Die Phantasiegewandungen seines Paladins Göring übersah Hitler mit leichtem Spott und scheint weder an Lederwams und germanischem Dolch noch an brillantengeschmückten Fingern Anstoß genommen zu haben. Die Uniformlust und Ordenswut des zweiten Mannes im Reich wurde zwar gelegentlich belächelt, aber als Marotte hingenommen; es ist nicht ein einziger Verweis überliefert, der sich gegen Görings nach Dutzenden zählenden Phantasieuniformen gerichtet hätte. Dem Ausland war der ordensgeschmückte Göring bevorzugtes Ziel der Karikatur, was den »jovialen Mordwanst« aber nur verharmloste.

Häufiger und immer einflußreicherer Gast im Führerhauptquartier wurde jetzt Joseph Goebbels. Seit dem Rußlandfeldzug nahm er die Rolle ein, die Hitler selbst nicht mehr ausfüllte, die aber mit der drohenden Niederlage immer wichtiger wurde: die des ersten Propagandisten des Reiches. Seit Stalingrad scheute Hitler zusehends die Öffentlichkeit und kam aus seinem Bunker in der ostpreußischen »Wolfsschanze« kaum noch heraus. Vergeblich versuchte Goebbels den einsam und unsicher gewordenen »Führer« zu einem Besuch der zerstörten Städte und zu einem öffentlichen Appell an die Opfer- und Einsatzbereitschaft zu bewegen; auch der Hinweis auf das Beispiel Churchills half nichts. Instinktsicher wußte aber der Propagandaminister, wie wichtig und wirkungsvoll Propaganda auch nach der Wendung des Krieges sein konnte, wenn sie es nur verstand, die nationale Solidarität zu mobilisieren.

Die Sportpalastrede des Propagandaminsters vom 18. Februar 1943, kurz nach der Katastrophe von Stalingrad, war ein Versuch, den Opferwillen der Massen anzustacheln und in einem »Tohuwabohu von rasender Stimmung«,[133] wie er selber schrieb, sich die Zustimmung zum totalen Krieg zu holen. Bei seinen zehn Suggestivfragen vor sorgfältig ausgesuchter Zuhörerschaft ging es auch darum, die Hindernisse im eigenen Führungskreis und nicht zuletzt auch »Hitlers Unschlüssigkeit durch den radikalisierenden Appell an die Massen zu überwinden«.[134] Auch wenn seine Durchhalteparolen und Ovationen für den Führer Zweifel, Kritik und Resignation der Bevölkerung immer weniger verdrängen konnten, als »Propagandist des totalen Kriegseinsatzes«[135] wurde Goebbels für Hitler immer wichtiger. Vielleicht auch, weil er die Konsequenzen des eigenen Handelns klarer und zugleich zynischer sah als viele andere im Führungskorps: »Was uns betrifft«, schrieb er im November 1943 in seiner Zeitung »Das Reich«, »so haben wir die Brücken hinter uns abgebrochen. Wir können nicht mehr, aber wir wollen auch nicht mehr zurück. Wir sind zum Letzten gezwungen und darum zum Letzten entschlossen ... Wir werden als die größten Staatsmänner

»Faschistische Lügenkanone«

Das sowjetische Karikaturisten-team Kukriniksy stellte 1942 den Propagandaminister des Dritten Reiches als eine Art Maschinen-gewehr Hitlers dar: der eine drückt auf den Abzug und der andere brüllt die Parolen hinaus. Das sah die deutsche Wirklichkeit nur halbrichtig, denn bis zu den Niederlagen des Rußlandkrieges blieb Hitler der wirkungsmäch-tigste Rhetoriker des Reiches, dem Goebbels mit dämagogischer Suada nur die Bühne bereitete. Erst nach dem Verstummen Hit-lers trat Goebbels rhetorisch an die Stelle des Führers, über die Sportpalastrede »Wollt Ihr den totalen Krieg?« bis zur Apotheose des Führers in der Götterdämme-rungsatmosphäre des zusammen-brechenden Reiches.

in die Geschichte eingehen oder als ihre größten Verbrecher.«[136] Am Ende bestimmte Hitler in seinem politischen Testament seinen Propagandaminister zum künftigen Reichskanzler.

Mächtig waren schließlich auch all diejenigen, die über den Zugang zu Hitler und über dessen »schwindende Kontakte mit der realen Außenwelt«[137] verfügten. Das waren die amtlichen oder halbamtlichen Kanzleien, die Sekretäre und Adjutanten, an ihrer Spitze Bormann, der Leiter der Parteikanzlei und schließliche Sekre-tär des Führers, seit Errichtung der Führerhauptquartiere Hitlers ständiger Begleiter. Bormanns Aufstieg in die nationalsozialistische Elite hatte ja erst spät begonnen, mit dem Englandflug von Rudolf Heß und mit Hitlers Rückzug von den Schaltzentralen der Macht und von der Realität. Um so mächtiger war die Stellung dieses unauffälligen, vierschrötigen und verschlagenen Funktionärs, der Hitler von aller Routinearbeit entlastete und damit zum Über- und Kontrollminister der Reichsregierung aufrückte. Keine Parteiange-legenheit, keine Regierungssache, keine Ernennung oder Beförde-rung und keine Führererlasse, die nicht über seinen Schreibtisch liefen; kein Besucher bei Hitler, der sich nicht bei ihm anzumelden hatte.

Auch alle anderen Kanzleien mußten sich schließlich diesem unheimlichen Schatten Hitlers unterordnen. Das galt sowohl für die »Kanzlei des Führers« unter Reichsleiter Philipp Bouhler, der sich 1942 von Bormann sagen lassen mußte, daß er sich nur mit »Einzel-fällen«, aber »nicht mit grundsätzlichen Angelegenheiten« zu befas-sen habe.[138] Das galt auch für den Chef der Reichskanzlei Lammers, den Bormann im Sommer 1943 ersuchte, alle Regierungssachen, auch die eiligen, über ihn zu leiten, die Lammers Hitlers »Abwesen-heit wegen« dem »Führer« nicht vorlegen könne.[139] Dafür ver-sprach der Sekretär des Führers, in Zukunft den Geschäftsführer der Reichsregierung bei Vorträgen vor dem »Führer« mitzunehmen und nur ausnahmsweise allein bei Hitler vorstellig zu werden. Ganz auf den Vortrag verzichten wollte man, falls sich beide einigten, daß ein von einem Minister gewünschter »Vortrag beim Führer sich erübrige«. Nun entschied Bormann de facto auch über die Geschäfte der Reichsregierung. »Der Sekretär des Führers hatte die Regierung übernommen.«[140]

Das war die letzte Konsequenz einer personalistischen Herr-schaftsordnung, die alle regelhaften Vorgänge untergraben und deren monokratische Führungsspitze, bislang Bezugs- und Integra-tionspunkt aller Aktivitäten, sich mehr und mehr der politischen Realität entzogen hatte. Auch eine mächtige bürokratische Füh-rungszentrale der Partei nach kommunistischem Prinzip war in die-sem System persönlicher Vollmachten und der Verselbständigung machtvoller Amtsträger und Unterführer nicht möglich. Daran scheiterte auch der Sekretär des Führers, der seine Macht nur dem Amt im Vorzimmer Hitlers verdankte und der nach der Generation der revolutionären Machteroberer eine neue Generation der pedan-tischen Organisatoren und Kontrolleure der Macht repräsentierte, die freilich nicht weniger brutal und zynisch-doppelgesichtig war als die Figuren aus der alten nationalsozialistischen Garde.

Ein bürokratischer Verwalter einer inhumanen Ideologie, sandte

Drei Kennzeichen der deutschen Propaganda
‚Angriff'-Gespräch mit Dr. Goebbels
PK.: Sewastopol tags darauf

Der Sommer 1942 sah noch einmal weitausgreifende Offensiven der deutschen Armeen, die in einer berühmt gewordenen Operation die Krim mit der Festung Sewastopol nahmen, die Wolga erreichten und auf dem Elbrus die Reichskriegsfahne aufpflanzten. Da es nicht gelungen war, die sowjetischen Armeen einzukesseln, scheint Hitler zum zweiten Mal vor dem Winter vor Moskau gesehen zu haben, daß sein Konzept eines Blitzkrieges endgültig gescheitert war.

er seiner begeistert nationalsozialistischen Ehefrau, mit der er zehn Kinder hatte, auch die Briefe seiner Nebenfrau zu, damit sie diese abheftete. Als Gerda Bormann bereit war, die neue Eroberung ihres Mannes in den gemeinsamen Haushalt aufzunehmen und angesichts der durch den Krieg eingetretenen Bevölkerungsverluste ein System umschichtiger Mutterschaft zu entwickeln, war dieser voller Anerkennung: »Du bist von nationalsozialistischem Stamm; als eines Nazi Kind bist Du sozusagen in der Wolle gefärbt.«[141] Auch darin war der Sekretär der »treueste Parteigenosse« seines Führers, der die düsteren Bunkervisionen vom volklichen Ausbluten des deutschen Volkes durch den Krieg sofort in eine Denkschrift umsetzte und in der eigenen Praxis bereits vorwegnahm, was er nach dem Krieg allen Volksgenossen auferlegen wollte: daß Frauen, auch ohne verheiratet zu sein, dem Volk möglichst viele »Kinder der Liebe und Freundschaft« schenken sollten und daß jede »Diffamierung volklich erwünschter Verhältnisse« zu unterbleiben habe, ja sogar hart bestraft werden müsse.[142] Der Reichsführer SS, von ähnlichen Ängsten vor dem Aussterben des Ariers geplagt, präzisierte die Vorstellungen Bormanns und regte an, nur den Helden des Krieges das Recht einer zweiten Ehe einzuräumen. Der völkische Krieg setzte in den Köpfen seiner Verursacher nicht nur schauerliche Züchtungsvisionen frei, er verschaffte ihnen auch die Macht, sich an deren Verwirklichung zu machen, da alle institutionellen Dämme immer mehr einstürzten.

Völlig ungeklärt blieb dabei die Stellung des neuen Ostministeriums unter Rosenberg, das ebenfalls in Konkurrenz mit mehreren anderen Macht- und Entscheidungsträgern stand, nicht zuletzt auch mit dem SS-Staat, der sich seinerseits auf spezielle Sondervollmachten und Führererlasse stützte, die vor allem das Reichskommissariat für die Festigung des deutschen Volkstums stärkten, so daß es Rosenbergs Sonderverwaltung bald verdrängen konnte. Denn mit dem Reichskommissariat konnte sich Himmler für seine verschiedenen Zuständigkeiten ein von der regulären Zivilverwaltung unabhängiges Organisationsnetz schaffen, mit dem er ungestört und unabhängig von jeglicher Amtshilfe seinen Menschenvernichtungs- und Züchtungsplänen nachgehen konnte. Darum war es nur konsequent, daß er seine andere zusätzliche Kompetenz, die er zu Beginn des Rußlandfeldzuges erhalten hatte, die Planung und Durchführung der »Endlösung der Judenfrage« auch organisatorisch in den Raum verlegte, in dem er unumschränkt und gleichsam autark regieren konnte, ohne Einmischung von Justiz und Finanzverwaltung: in die eingegliederten Ostgebiete.

Aber auch außerhalb der Massenvernichtungslager, die von der SS in Polen errichtet wurden, wußte Himmler den Geltungsbereich der Justiz zu beschneiden. Die Strafrechtspflege gegenüber Polen und den anderen Angehörigen der »Ostvölker« sollte »ausschließlich in den Händen der Polizei« liegen, denn die in der Zivilverwaltung im Osten tätigen Richter sähen ihre Aufgabe nicht darin, »die Belange des deutschen Volkes in diesem Raum durchzusetzen, sondern ›Recht‹ zu sprechen«.[143] Damit müsse es ebenso ein Ende haben wie mit gerichtlichen Strafverfahren gegenüber polnischen und russischen Zivilarbeitern im Reich, deren Strafverfolgung ausschließlich durch Himmlers Polizei erfolgte. Damit wurde von den besetzten Ostgebieten aus, dem »Musterstaat der SS«, jene Verkehrung des Verhältnisses von Polizei und Justiz in das Altreich getragen, die für den Ausnahmezustand charakteristisch ist und dort dann zur weiteren Auflösung jeder Rechtssicherheit beitrug. So wurde auch in dieser Hinsicht der Vorgang der Radikalisierung von Recht und Justiz weitergetrieben, der mit Kriegsbeginn im Reich selbst schon seinen Anfang genommen hatte. Nicht nur, daß mit dem Krieg die Verschärfung der Kriegsstrafgesetze und die Zahl der todeswürdigen Delikte erheblich ausgeweitet wurde, bis hin zum Diebstahl von Nahrungsmitteln; sie galten jetzt als Wehrkraftzersetzung. Der Logik des Systems entsprechend wurden auch im Justizbereich Zuständigkeit und Zahl der Sondergerichte noch einmal erweitert, und mit der Institution des »außerordentlichen Einspruches« wurde die Drohung mit dem Eingriff in die Rechtsprechung zur Normalität.

Der permanente Ausnahmezustand war das eigentliche Lebensgesetz der SS, deren Ausbau und Legitimierung mit dem Krieg eng verbunden war. Dazu gehörten neben den Instrumenten der Ausrottungs- und Kolonisierungspolitik im Osten im militärischen Bereich der Aufstieg der Waffen-SS und verwaltungspolitisch der Ausbau des SS-Polizeiapparates sowie schließlich die Entwicklung der Konzentrationslager. Alle Vorstöße der verschiedenen Teilapparate der SS zielten darauf ab, die Träger staatlicher Gewalt aus ihrem überkommenen Zusammenhang zu lösen und sie dem totalen Gewaltanspruch der SS unterzuordnen. Der gründete sich auf die nationalsozialistische Lehre vom Feind, dessen Gleichartigkeit und Allgegenwart die Einheit und Totalität der gegen ihn gerichteten Gewalt erfordere. Die SS verstand sich als Verkörperung dieser totalen Kampfgemeinschaft, die in ihrer Organisation alle Bereiche gesellschaftlicher Herrschaft und Kontrolle in sich vereinigen und den traditionellen, nach Tätigkeitsbereichen voneinander getrennten Staats- und Militärapparat überwinden müsse. Die Verwirklichung dieses revolutionären Gewaltanspruches hing davon ab, welche Grenzen und Hindernisse ihm gesetzt waren.

Mit der wachsenden Aggressionsbereitschaft des Regimes während der letzten Friedensjahre wuchsen Stärke und Einfluß auch des militärischen Anspruches der SS, der bisher an dem Waffenmonopol der Wehrmacht abgeprallt war. Der Ausbau der SS-Verfügungstruppen und der daraus hervorgehenden Waffen-SS begann bezeichnenderweise mit dem Konfliktjahr 1938 und beschleunigte sich mit Kriegsbeginn. Die Rücksichten, die Hitler auf die Wehrmacht genommen hatte, fielen nun weg. Im August 1938 hatte er noch in einem Geheimbefehl den bewaffneten SS-Truppen einen Status als polizeiliche Sonderverbände direkt unter dem Führer »für besondere innerpolitische Aufgaben des Reichsführers-SS und Chefs der deutschen Polizei ... oder für die mobile Verwendung im Rahmen des Kriegsheeres«[144] eingeräumt. Um ihrem Anspruch einer politischen und militärischen Speerspitze des Nationalsozialismus gerecht zu werden und ihre Gleichwertigkeit als militärischer Verband gegenüber der Wehrmacht zu demonstrieren, mußten die Verfügungstruppen sich bei der Ausbildung auf den weltanschaulichen wie auf den militärischen Bereich gleichermaßen konzentrieren.

Die Konkurrenz der Wehrmacht ließ Himmler schon vor dem Krieg Ausschau halten nach zusätzlichen Rekrutierungsmöglichkeiten außerhalb der Grenzen des Deutschen Reiches. »Ich habe wirklich die Absicht«, erklärte er seinen Gruppenführern im November 1938, »germanisches Blut in der ganzen Welt zu holen, zu rauben und zu stehlen, wo ich kann. Die Standarte ›Germania‹ hat nicht umsonst ihren Namen ... Ich habe mir das Ziel gesetzt, daß in spätestens zwei Jahren die Standarte ›Germania‹ aus nichtdeutschen Germanen besteht.«[145] Krieg und Eroberung sollten die Idee von den »pangermanischen« Truppen der SS bald zur Wirklichkeit werden lassen und auch Himmlers Traum von der Waffen-SS als einem mächtigen Gegenspieler zur Wehrmacht.

Es war nicht die militärische Notwendigkeit, zusätzliche Truppen aufzustellen, die die Waffen-SS bald nach Kriegsbeginn entstehen ließ, und sie war auch nie ein bloßer vierter Wehrmachtsteil. Hinter dieser Entwicklung stand vielmehr der eindeutige politische Wille, eine politisch-weltanschauliche Sondertruppe aufzubauen, die das nationalsozialistische Leitbild vom politischen Soldaten in reinster Gestalt verkörperte und die ihren Anspruch auf Vorrangstellung gegenüber der Wehrmacht ebenso durchsetzen sollte wie die SS-Verwaltung gegenüber der traditionellen Verwaltung. Der Fronteinsatz sollte diesen Anspruch, der schon längst ausgebildet war, nur noch unterstreichen.

Der SS-Staat hatte zwei Gesichter: die gnadenlose Vernichtung des politischen und rassischen Gegners und die Pflege und Züchtung des zukünftigen Rassekerns der Deutschen. Dem dienten die Mutterschaftsheime ebenso wie die »Reichsbräuteschule« auf Schwanwerder – schräg gegenüber jener Wannseevilla, in der die »Endlösung« organisatorisch verabschiedet wurde.

Nach Kriegsbeginn legte Hitler 1940 die Bestimmung der Waffen-SS als Elitekader offen fest: eine »Staatstruppenpolizei« sollte sie sein, die »nach ihrer Bewährung im Felde« in einem Großdeutschen Reich der Zukunft die »Autorität im Innern« zu vertreten und gegen widerspenstige Völker durchzusetzen habe.[146]

Ihre »Bewährung im Felde« hatten die SS-Verfügungstruppen und Totenkopfverbände schon im Polenkrieg erbringen können, aber noch innerhalb von größeren Heeresverbänden. 1940 entstanden nun eigene SS-Divisionen mit den Namen »Viking«, »Das Reich« und »Totenkopfdivision«; die Bewachung der Konzentrationslager ging auf nichtkriegsdienstfähige SS-Leute über. Seit dieser Zeit hießen diese Verbände einschließlich der KZ-Mannschaften »Waffen-SS«, und das Tempo, mit dem sie aufgebaut wurden, weist hin auf die lange Vorbereitungszeit. Bis 1942 sollten sie sich auf rund 147 000 Mann verdoppeln. Am Ende des Krieges zählte die Waffen-SS etwa 1 Million Mann, darunter viele Ausländer, die Himmler bei seinen pangermanischen Fischzügen angeworben oder zwangsrekrutiert hatte, und auch deutsche Soldaten, von denen viele seit der Wende des Krieges ihren Dienst nicht mehr bei der Wehrmacht, sondern bei der SS ableisten mußten.

Damit war nicht nur das Prinzip der Freiwilligkeit durchbrochen, vor allem war der Elitecharakter der SS in Frage gestellt. Die Aufblähung zum Massenheer drohte den Führungsapparat der SS überzubeanspruchen wie den Ordenscharakter der SS überhaupt zu unterlaufen. Das galt für die bewaffnete SS wie für den Bereich der Polizei.

Auf dem Höhepunkt seiner Macht konnte Himmler einerseits zufrieden feststellen, daß er mit seiner Absicht, das Heer als politischen Entscheidungsfaktor zu verdrängen und es auf seine rein militärische Kompetenz zurückzuverweisen, ein gutes Stück vorangekommen war. Umgekehrt geriet mit der gewaltigen Ausdehnung auf alle Bereiche der gesellschaftlichen Herrschaft die SS zunehmend in eine Strukturkrise, da ihr Eliteanspruch sich im Zuge ihres eigenen Erfolges aufzulösen drohte. Diese Widersprüche galten auch für die innere Zusammensetzung der Waffen-SS, deren Unterführer mehr und mehr sich aus gesellschaftlichen Gruppen rekrutierten, die aufgrund ihrer Herkunft und Bildung bisher nicht als offiziersfähig gegolten hatten. Gehörten die höchsten Führungspersonen der Waffen-SS noch zu den großbürgerlichen Schichten, die für die SS in ihrem Behauptungswillen gegen die alten Machteliten der Wehrmacht anfangs unverzichtbar gewesen waren, so rückte nun eigener Führungsnachwuchs aus den Schichten des unteren Mittelstandes nach, für die der Eliteanspruch der SS Fixpunkt des eigenen Aufstiegswillens war. Die Waffen-SS war in dieser Hinsicht auch ein Ausdruck der nationalsozialistischen Revolution und von deren Widersprüchen.

Seine größte Ausdehnung erreichte der SS-Staat 1944. In zwölf Hauptämter gliederte der Reichsführer SS, nun auch Reichsinnenminister und Befehlshaber des Ersatzheeres, seinen bürokratischen Apparat, der alle staatlichen und militärischen Instanzen in den Schatten stellte. Er reichte vom persönlichen Stab des RFSS (Reichsführer SS) samt den Lieblingsprojekten Himmlers, der ger-

Heilig ist uns jede Mutter guten Blutes

Außenansicht des Lebensbornheims Klosterheide. — Bild unten: Der geschmackvolle Speisesaal in Klosterheide. — Bild rechts: Ein sauberes und hygienisches Säuglingszimmer im Heim Klosterheide   Aufnahmen: Ebert

Wenn man für die rechtliche Gleichstellung der ledigen Mutter und ihres Kindes eintritt, bekommt man sehr schnell eine Statistik vorgelegt, aus der sich ergibt, daß der Hundertsatz der kriminellen und asozialen Elemente unter den unehelich Geborenen viel größer ist als unter den ehelich Geborenen. Aber mit der Feststellung dieser Tatsache ist zur Lösung des Problems noch nicht das geringste getan. Über zehn Prozent aller Bewohner des Reiches entstammen unehelichen Verbindungen. Man kann nicht sieben Millionen Deutsche minder bewerten, weil sich unter ihnen auch fragwürdige Existenzen befinden. Wir bewerten ja auch die städtische Bevölke-

Lebensbornheim Wernigerode (Harz). Bild links: Einer der schönen aus Holz geschnitzten Leuchter im Heim Wernigerode. Bild rechts: Ein Aufenthaltsraum im Heim des „Lebensborn" eV., Wernigerode

rung nicht minder als die ländliche, obwohl es unter den Städtern mehr asoziale Elemente gibt als unter den Bauern.

Der Nationalsozialismus begnügt sich nicht mit der Feststellung von Tatsachen, sondern er geht ihren Ursachen nach. Fragen wir nach dem Wert oder Unwert unehelicher Kinder, so können wir uns nicht an die bequeme Milieutheorie der Liberalisten halten, die besagt, uneheliche Kinder würden eben leichter asozial, weil ihnen die ge-

sicherte Erziehung der Ehelichen fehlt. Wir meinen vielmehr, daß auch hier die biologischen Erbwerte der Eltern ausschlaggebend sind. Minderwertige Eltern werden — ob ehelich oder unehelich — minderwertige Kinder hervorbringen, hochwertige Eltern hochwertige Kinder. Ist der Hundertsatz der Minderwertigen unter den unehelich Geborenen größer, so beweist das, daß minderwertige Menschen häufiger und hemmungsloser sich zu unehelichen Verbindungen zusammenfinden. Und das erscheint auch ganz natürlich. Der minderwertige Mensch ist nicht nur zuchtlos, sondern ebenso verantwortungslos und asozial. Er ist ohne weiteres geneigt, die Sorge für die Frucht seiner „Liebe" der Volksgemeinschaft zu überlassen. Aber diese Menschen sind gottlob doch in der Minderheit. In ungezählten Fällen

(Fortsetzung auf Seite 9)

manischen Vorgeschichtsforschung »Ahnenerbe« wie dem Verein »Lebensborn« mit Entbindungsheimen für SS-Frauen und ledige Mütter über die verschiedenen Hauptämter für die Waffen-SS, die Allgemeine SS, das SS-Gericht, die Ordnungspolizei bis zum Rasse- und Siedlungshauptamt, zuständig für Heiratsgenehmigungen und Abstammungsgutachten aller SS-Leute und zum allmächtigen Terror- und Überwachungsinstrument, dem Reichssicherheitshauptamt, dem SD, Kripo und Gestapo unterstanden. Schließlich war da noch das Wirtschafts- und Verwaltungshauptamt, das die SS-eigenen Wirtschaftsunternehmungen und die Konzentrationslager lenkte. Ferner gab es die Dienststelle für die SS-Erziehungsorgane und die Apparate der Kolonisierungs- und Ausrottungspolitik, nämlich das bereits erwähnte Reichskommissariat für die Festigung des deutschen Volkstums und die Volksdeutsche Mittelstelle, zuständig für die deutschen Volksgruppen im Ausland und ihre Umsiedlung – das alles Ausdruck eines deutschen Verwaltungs- und Organisationsfanatismus und ein administrativ und technisch hoch entwickeltes Instrument zur Verwirklichung der archaischen, radikalreaktionären Utopie zugleich.

Schließlich schien es dem Organisator des Führerwillens unumgänglich, die verschiedenen Kompetenzen des SS-Imperiums im staatlichen und parteiinternen Bereich in einer Mittelinstanz zu verklammern. Das war die Geburtsstunde der Höheren SS- und Polizei-Führer, die – 1938 erstmals eingesetzt – erst während des Krieges zu mächtigen Territorialbefehlshabern Himmlers wurden. Ihre Aufgaben und ihre Macht wuchsen in dem Maße, in dem sich die nationalsozialistische Herrschaft radikalisierte und sich auf Eroberung und Vernichtung konzentrierte. Was immer an neuen politischen Vorhaben und Kompetenzen der SS zufiel, die Höheren SS- und Polizei-Führer sorgten für ihre Durchführung, von den Umsiedlungsprojekten über die rassische Beurteilung im Rahmen der Deutschen Volksliste bis hin zur Überwachung der »fremdvölkischen« Arbeitssklaven und zur »Endlösung« der Judenfrage.

Eine endgültige Ab- und Eingrenzung der Funktionen dieser unzähligen Apparate wurde vermieden, denn das Nebeneinander von Organisationen und Kompetenzen bot die Chance, immer weiter ausgreifen zu können. »Wir sind selbst eine wirkende Kraft in diesem Entwicklungsprozeß«, erläuterte der führende SS-Jurist Werner Best dieses Prinzip, »und wir dürfen deshalb nicht fertig und abgeschlossen sein wollen. Wir müssen unsere Organisation und unsere Tätigkeit und unser Denken und Wollen beweglich und offen halten für alle Möglichkeiten und Notwendigkeiten, die die Zukunft bringt.«[147]

Nirgends sollte diese Ausdehnung des Ausnahmezustandes so weitreichende und grausame Folgen haben wie in dem System der Konzentrationslager und in der Verschärfung der Judenpolitik. Auch für die Entwicklung der Konzentrationslager bedeutete der Kriegsbeginn eine deutliche Zäsur. Die Zahl der Häftlinge und der Lager wuchs ins Unvorstellbare, es vergrößerte sich auch der Personenkreis der Häftlinge. Zu den deutschen Gefangenen kamen mehr und mehr ausländische Häftlinge: Russen, Polen, Holländer, Belgier, Tschechen und Franzosen und Angehörige vieler anderer

```
Geheime Staatspolizei
Geheimes Staatspolizeiamt                           Berlin SW 11, den  22.Mai 1941
-IV C2- H.-Nr. Sch.9788-                            Prinz-Albrecht-Straße 8

                         Schutzhaftbefehl

Vor- und Zuname: Hans Schiftan  Geburtstag und -Ort: 8.12.99 Schöneberg
Beruf: Angestellter   Familienstand: verh.  Staatsangehörigkeit: DR
Religion: glaubenslos  Rasse (bei Nichtariern anzugeben): -.-
Wohnort und Wohnung: Berlin-Neukölln, Zietenstr.27
         wird in Schutzhaft genommen.
                         Gründe:
         Er gefährdet nach dem Ergebnis der staatspolizeilichen Feststellungen durch sein Ver-
         halten den Bestand und die Sicherheit des Volkes und Staates, indem er auf Grund
         seines politischen Vorlebens zu der Befürchtung Anlaß gibt,
         er werde sich nach Verbüßung einer Zuchthausstrafe von 2 Jahren
         wegen Vorbereitung zum Hochverrat erneut im marxistischen
         Sinne betätigen.
               gez. Heydrich.     Beglaubigt: Rottan
```

Die vorsorgliche Inhaftierung hatte schon die Schutzhaftpraxis der Anfangsjahre geprägt. Während des Kriegs wurde von ihr immer freizügiger Gebrauch gemacht, wenn auch nur die Möglichkeit zukünftiger Unzuverlässigkeit vorlag.

Nationalitäten – wer immer in Hitlers Machtbereich geraten war; die Zahl der jüdischen Häftlinge unter ihnen war besonders groß.

An der Wende 1941/42 beschleunigte und radikalisierte sich die Entwicklung ein weiteres Mal. Die Zahl der Häftlinge schwoll noch einmal gewaltig an, und auch die Funktion der Konzentrationslager wurde erweitert. Aus den Haft- und Arbeitslagern wurde ein riesiges Arsenal von Zwangsarbeitern, zur selben Zeit entstanden daneben aber jetzt Vernichtungslager zur sofortigen Liquidierung unerwünschter Gruppen. Der Arbeitseinsatz der Häftlinge unterstand dem Wirtschafts- und Verwaltungshauptamt, die Judenvernichtung dem Reichssicherheitshauptamt. Bis in die Versklavungs- und Vernichtungspolitik sollte sich das Neben- und Gegeneinander der Kompetenzen verlängern, das für das Schicksal von Hunderttausenden, ja Millionen entscheidend sein sollte.

Mit Kriegsbeginn kam es zu einer Flut von neuen Verordnungen und Strafrechtsänderungen und damit zu einer Welle von Verhaftungen. Nicht nur die Sondergerichtsbarkeit und die Strafgesetzgebung wurden erweitert und verschärft, auch der SS-Polizeiapparat erhielt eine pauschale Ermächtigung zur »inneren Staatssicherung«. Jeder Versuch, »die Geschlossenheit und den Kampfeswillen des deutschen Volkes zu zersetzen«, sollte rücksichtslos verfolgt werden; jede Person konnte verhaftet werden, »die in ihren Äußerungen am Sieg des deutschen Volkes zweifelt oder das Recht des Krieges in Frage stellt«. »Gegebenenfalls« werde, so der Runderlaß des Chefs der Sicherheitspolizei, »auf höhere Weisung brutale Liquidierung solcher Elemente« erfolgen.[148]

In einem Durchführungserlaß erweiterte Heydrich noch einmal den Katalog der zu verfolgenden Vergehen. Personen, deren Handlungen wegen ihrer Gefährlichkeit oder ihrer »propagandistischen Auswirkung« besonders schwerwiegend seien, müßten »ohne Ansehen der Person durch rücksichtslosestes Vorgehen [nämlich durch Exekution] ausgemerzt« werden. Dazu zählte er: »Sabotageversuche, Aufwiegelung oder Zersetzung von Heeresangehörigen oder eines größeren Personenkreises, Hamsterei in großen Mengen, aktive kommunistische oder marxistische Betätigung usw.«.[149]

Ein Erlaß an die Stapoleitstellen nannte auch bereits das Verfahren und die Tarnbezeichnung, mit der die Exekutionen verschleiert und der Justiz entzogen werden sollten: wenn eine »Sonderbehandlung« angezeigt erscheine, sei »sofort Schutzhaft zu verhängen« und damit einer Überstellung der Festgenommenen an den Ermittlungsrichter zuvorzukommen.[150] Die Hinrichtungen, die im September 1939 einsetzten, wurden von der Sipo (Sicherheitspolizei) in den Konzentrationslagern ohne rechtliches Verfahren und ohne Urteil vollzogen. Die KZ waren damit über ihre anderen Funktionen hinaus fortan auch »Stätten der physischen Vernichtung«[151] außerhalb des Justizbereiches. Im Namen des Reichsführers SS wurden zunehmend Hinrichtungen politisch Mißliebiger und von Arbeitsverweigerern vorgenommen. Reichsjustizminister Gürtner stellte, über die ersten Erschießungen informiert, »eine konkurrierende Zuständigkeit zwischen dem Volksgerichtshof, den Kriegsgerichten und Sondergerichten einerseits und der Polizei andererseits«[152] nur noch fest und gab sich mit einem Bescheid des »Führers« vom 14. Oktober 1939 zufrieden, er habe zwar eine »allgemeine Anweisung« nicht gegeben, könne aber »im Einzelfall« auf die Erschießungen »nicht verzichten, weil die Gerichte (Militär u. Civil) den besonderen Verhältnissen des Krieges sich nicht gewachsen zeigten«.[153]

Das Reichsjustizministerium nahm diese Brüskierung hin. Nach außen wurde die Fassade aufrechterhalten, tatsächlich aber hatte der SS-Vernichtungsapparat freie Hand, die rechtlosen Maßnahmen zur sogenannten »Staatssicherung« unbegrenzt anzuwenden und auszudehnen. Unter dem Vorwand des Krieges wurden jetzt politisch Verdächtige, vor allem ehemalige Kommunisten und Sozialdemokraten, die sich zum Teil schon vor 1939 in Schutzhaft befunden hatten, erneut verhaftet. Hinzu kamen andere mißliebige Gruppen, wie etwa deutsche Staatsangehörige polnischer Herkunft, die als polnische Funktionäre verdächtigt wurden. Neben der Liquidierung politischer Gegner wurde nun auch damit begonnen, »volkspolitisch-biologische Reinigungsaktionen« durchzuführen: Zigeuner, Arbeitsbummler und Psychopathen, »die auf Grund geistiger Störungen verdächtig erscheinen, in die Bevölkerung Unruhe zu tragen«,[154] wurden in Schutzhaft genommen.

Die Verfolgungs- und Vernichtungspraxis des Regimes verschärfte sich mit Kriegsbeginn in fast jeder Hinsicht und nahezu schlagartig. Schon am 24. Oktober 1939 stellte der Chef der Sicherheitspolizei in einem Runderlaß lapidar fest: »Entlassungen aus der Schutzhaft finden während des Krieges im allgemeinen nicht statt.«[155] Zur selben Zeit wurde der Kampf gegen die Kirchen wieder aufgenommen, zudem in verschärfter Form. Besonders der katholische Klerus, so führten Heydrich und Bormann in einer für Hitler bestimmten Denkschrift vom 20. Oktober 1939 aus, sei der »geschworene Feind des Staates«,[156] und sie empfahlen: rücksichtsloses Vorgehen der Gestapo in allen Fällen, wo die Absicht zur Aufwiegelung des Volkes und zur Sabotage ersichtlich sei, ohne Rücksicht auf Stellung und kirchlichen Rang der betreffenden Person. Die Verhaftungen von Geistlichen aller Konfessionen ließen nicht auf sich warten; in den Jahren 1940/41 erreichten sie schließlich einen Höhepunkt.

Die Zahlen der Gestapoverhaftungen im Reichsgebiet schnellten in die Höhe, im Oktober 1941 waren allein 15 160 Personen festgenommen worden. Das war das Zehnfache der monatlichen Durchschnittsquote in den Jahren 1935/36. Immer größer wurde die Zahl der Schutzhäftlinge aus den besetzten Ländern. Die Kommandeure und Befehlshaber der Sicherheitspolizei in den besetzten Ländern wurden im August 1941 angewiesen, »daß sämtliche hetzerische Pfaffen, deutschfeindliche Tschechen und Polen sowie Kommunisten und ähnliches Gesindel grundsätzlich auf längere Zeit einem Konzentrationslager zugeführt werden sollten«.[157]

Im September 1941 erging der berüchtigte Nacht- und Nebel-Erlaß, der bald auch vom OKW ausgefertigt wurde, daß alle des Widerstandes Verdächtigen »bei Nacht und Nebel« nach Deutschland deportiert werden sollten. Hier seien sie völlig zu isolieren; keine Nachricht über ihren Verbleib dürfe nach außen dringen, um die Bevölkerung in den besetzten Gebieten einzuschüchtern. Nach Abbüßung ihrer Strafe oder im Falle eines Freispruchs durch ein Sondergericht sollten die Gefangenen der Gestapo überstellt werden. Etwa 7000 Gefangene, die meisten von ihnen Franzosen, wurden auf diese Weise unmittelbar oder über Gefängnisse nach Deutschland in die Konzentrationslager gebracht, von denen einige besondere Abteilungen für die sogenannten N.N.-Häftlinge gründeten. Seit dem Herbst 1941 wurden den meisten Konzentrationslagern besondere Abteilungen für sowjetische Kriegsgefangene angegliedert, durch einen Drahtzaun abgegrenzt und als »SS-Kriegsgefangenen-Arbeitslager« einem eigenen Schutzhaftlagerführer unterstellt. Die Wehrmacht hatte sie der SS zum Arbeitseinsatz überlassen, bei dem der größte Teil von ihnen an Entkräftung starb.

Seit 1940 breiteten sich die Konzentrationslager mit ihren Neben- und Arbeitslagern wie ein Krebsgeschwür über das ganze Reich und besonders die annektierten Gebiete im Osten aus. Die Zahl der Häftlinge in den Konzentrationslagern war zwischen Kriegsbeginn und ihrer Übernahme durch das Wirtschafts- und Verwaltungshauptamt der SS im März 1942 von etwa 25 000 auf knapp 100 000 gestiegen. Die bereits bestehenden Lager wie Buchenwald waren schon im Winter 1939/40 überbelegt, so daß Himmler die Errichtung zusätzlicher Stätten der Verfolgung und Ausmerzung prüfen ließ. Daraufhin wurde im Frühjahr und Sommer 1940 eine Reihe neuer Lager errichtet. Das größte baute Rudolf Höß, Schüler von Theodor Eicke, seit Februar 1940 bei Auschwitz, im neueingegliederten Teil Oberschlesiens. Es war zunächst in alten Kasernen aus der k.u.k.-Zeit untergebracht und wurde zuerst vorwiegend als Durchgangslager für polnische Schutzhäftlinge genutzt. Seit einem ersten Besuch Himmlers im März 1941 wurde es zu einem Riesenlager von insgesamt 40 Quadratkilometern und mit einer Aufnahmefähigkeit für über 100 000 Häftlinge ausgebaut – hier konnte der Reichsführer SS noch ungestörter als im Altreich schalten und walten. Als Reichskommissar für die Festigung des deutschen Volkstums konnte er Grund und Boden beschlagnahmen, ganze polnische Dörfer aussiedeln, um SS-Versuchsstationen und Produktionsstätten zu errichten; aber auch das Buna-Werk der IG-Farben wurde hier gebaut und wurde mit billigen Arbeitskräften für den Bau wie für die Produktion aus dem Konzentrationslager »beliefert« und ließ sich damit, wie andere Unternehmen auch, zum Komplicen des Terrorsystems der SS machen.

Für den Ausbau von Auschwitz sprach die Nähe des oberschlesischen Industriegebietes, in dem ein großer Teil der Häftlinge als Arbeitssklaven eingesetzt war und das für die Kriegswirtschaft immer wichtiger wurde, da der Osten durch alliierte Luftangriffe weniger gefährdet war. Insgesamt 39 Arbeitslager des KL Auschwitz entstanden darum im weiteren Umkreis. Den endgültigen Anstoß zur Ausweitung des Lagerkomplexes gab der Entschluß, Auschwitz zur Hauptstädte der geplanten massenhaften Judenvernichtung zu machen. Dazu wurde in dem benachbarten Birkenau auf rund 175 Hektar ein riesiges Lager mit über 250 primitiven Stein- und Holzbaracken errichtet und von elektrisch geladenen Drahtzäunen sowie Ringgräben umgeben und in Unterabteilungen gegliedert. Auf dem Höhepunkt der Deportationen und Ausrottungsaktionen im Jahre 1943 waren dort rund 100 000 Häftlinge, auch Frauen und Kinder, zusammengepfercht, während im Stammlager Auschwitz durchschnittlich 18 000 Häftlinge untergebracht waren. In der Nähe von Birkenau wurden dann auch die Vergasungsanstalten und Krematorien errichtet, die der fabrikmäßigen Tötung dienten.

Neben Auschwitz entstanden 1940 weitere Konzentrationslager: in Neuengammen bei Hamburg zur Unterbringung von politischen

Die Konzentrationslager im Dritten Reich

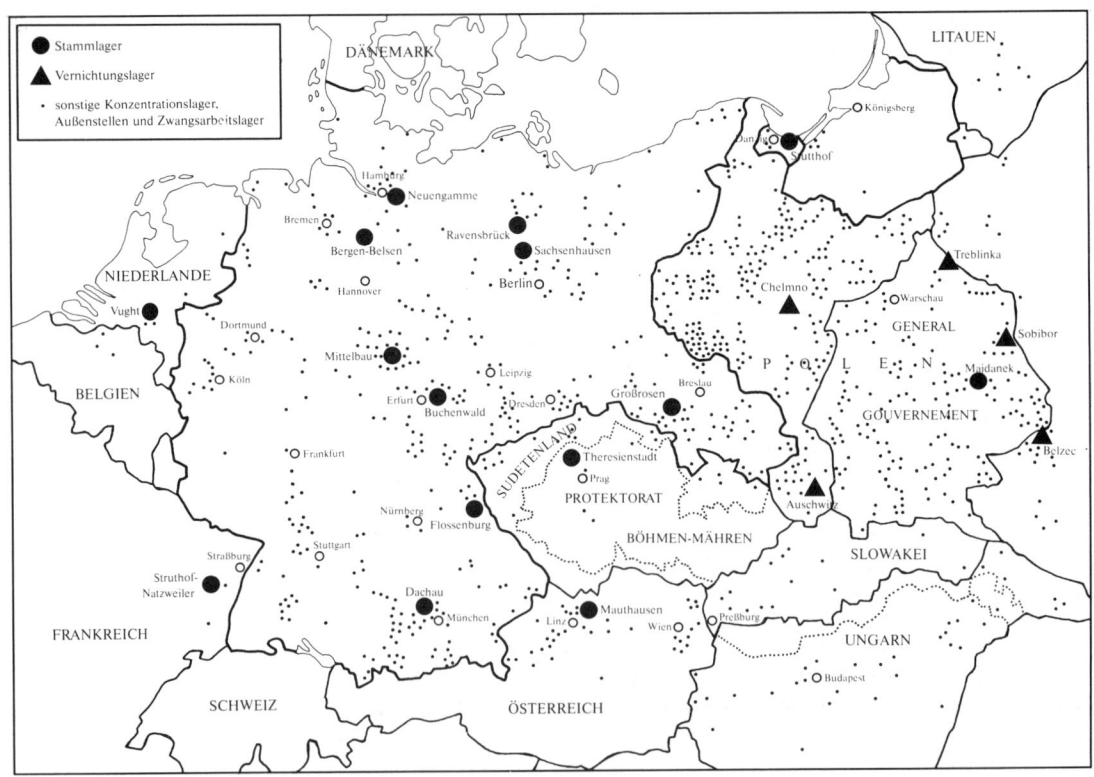

Häftlingen aus den besetzten Ländern Nord- und Westeuropas, ferner in Bergen-Belsen, im niederschlesischen Groß-Rosen, in Stutthof bei Danzig, im elsässischen Natzweiler. Ihre Funktionen wandelten sich mit den Phasen der gewaltigen Vertreibungs-, Versklavungs- und Ausrottungsmaßnahmen der Nationalsozialisten, die sich einen geschichts- und gestaltlosen Raum für ihre rassenideologischen Pläne und Experimente schaffen wollten. Einige dienten vorübergehend als Umsiedlungs- und Durchgangslager für die befohlene »Völkerwanderung«, andere wurden als »Arbeitserziehungslager« geführt, in die Gestapo- und Kripostellen widerspenstige ausländische »Fremdarbeiter« einlieferten. Hinzu kamen nicht-offizielle Lager, die von örtlichen SS- und Polizeiführern eingerichtet wurden, um dorthin zu bringen, wer immer sich des Widerstandes verdächtig machte. Sie unterschieden sich von den übrigen Konzentrationslagern nur dadurch, daß sie nicht als staatliche Lager anerkannt und im Reichsetat verbucht waren.

Schon Anfang Mai 1940 sorgte sich der Chef der Sicherheitspolizei darum, daß die verschiedenen »Kriegsgefangenen-, Internierungs-, Durchgangs- und Arbeitslager« von den eigentlichen Konzentrationslagern unterschieden wurden.[158] Kriterien waren die Unterstellung unter den Inspekteur der KL beziehungsweise das SS-Hauptamt für Wirtschaft und Verwaltung, ferner andere langfristige Arbeitsvorhaben, wie der Umbau der Wewelsburg zu einer SS-Kult- und Schulungsstätte, die den Arbeitseinsatz von Häftlin-

gen rechtfertigten. Das Interesse am Arbeitseinsatz der Häftlinge für SS-Wirtschaftsunternehmen führte dann auch dazu, daß die außerhalb des neuen Reichsgebietes liegenden Lager Lublin und Plaszwo bei Krakau, in denen von der »Endlösung« vorerst ausgenommene Juden für SS-Betriebe arbeiteten, zu Konzentrationslagern erhoben wurden.

Es war mehr bürokratischer Eifer als die unmenschliche Wirklichkeit, der diese Unterscheidungen diktierte. Nicht nur die Begriffe verschwammen, auch die Aufgaben und Zwecke, denen die Lager zu dienen hatten, vermehrten sich und gingen ineinander über. Für die Opfer unterschieden sich die Lager in der Regel kaum, denn überall regierten Barbarei und Tod: in den medizinisch-nahrungsmittelchemischen Versuchen durch SS-Ärzte wie in der Selektion von Geisteskranken, Invaliden zur »Sonderbehandlung«, die nichts anderes war als die verdeckte Fortsetzung der »Euthanasie« in den abgeschirmten Lagern. Dasselbe gilt für die Massenerschießungen von sowjetischen Funktionären und Kriegsgefangenen, die, von der Sicherheitspolizei aus den Kriegsgefangenenlagern ausgesucht, nur in die Konzentrationslager kamen, um hier erschossen zu werden.

Lagergeld

In den Kriegsjahren wurden die Lager einerseits Stätten der Kriegsproduktion und andererseits Orte der systematischen Ausrottung. Die verschiedenen Dienststellen führten einen erbitterten Kampf gegeneinander wegen der sich widersprechenden Aufgabenstellungen und Ziele der Lagerwelt.

Auch für die Legionen von Arbeitssklaven, die im brutalen Elf-stundeneinsatz bei oft ungewohnten Schwerstarbeiten und zusätzlichen langen Anmarschwegen rücksichtslos verbraucht wurden, war der Tod durch Erschöpfung oder Krankheit ständige Drohung, mitunter auch Erlösung. Daran änderte die Tatsache nichts, daß die quälenden Appelle und stundenlangen Exerzierübungen in den Lagern in dem Maße gelockert wurden, in dem die Konzentrationslagerhäftlinge seit 1941/42 zu wichtigen Arbeiten in der Kriegswirtschaft herangezogen wurden. Alle Erleichterungen und Anreize bis hin zu Arbeitsprämien änderten die Tatsachen nicht: je länger der Masseneinsatz der Zwangsarbeiter aus den Konzentrationslagern dauerte, um so größer waren die Verluste durch den »Verschleiß« der als bloßes Menschenmaterial behandelten Häftlinge.

Während einerseits im Osten seit dem Herbst 1941 auch neben Auschwitz spezielle Judenvernichtungslager in Chelmno, Treblinka, Belzec, Majdanek und Sobibor errichtet wurden, in denen die Häftlinge nach der Ankunft sofort fabrikmäßig ermordet wurden, verfolgte die SS, besonders ihr Wirtschafts- und Verwaltungshauptamt, das Ziel, den Arbeitseinsatz von Konzentrationslagerhäftlingen zu verstärken. Zum ideologischen Motiv der Vernichtung des Gegners kam nun das unternehmerische Interesse der SS, das in dem Maße dominierte, in dem die deutsche Kriegswirtschaft sich auf einen langen Abnutzungskrieg und einen erhöhten Arbeitskräftebedarf einstellen mußte. Zugleich verstärkte die SS damit ihren Einfluß und ihre Kontrolle über einen weiteren Bereich der Gesellschaft. Darum wurde ein Teil der deportierten Juden dem Zwangsarbeiterprogramm eingegliedert und damit wenigstens vorübergehend von der Vernichtung ausgenommen. »Nachdem russische Kriegsgefangene in der nächsten Zeit nicht zu erwarten sind«, teilte Himmler am 26. Januar 1942 dem Inspekteur der KL mit, »werde ich von den Juden und Jüdinnen, die aus Deutschland ausgewandert werden [!], eine große Anzahl in die Lager schicken. Richten Sie sich darauf ein, in den nächsten vier Wochen 100 000 männliche Juden und bis zu 50 000 Jüdinnen in die KL aufzunehmen. Große wirtschaftliche Aufträge werden in den nächsten Wochen an die Konzentrationslager herantreten.«[159]

Nirgends wurden Verbindung und Widersprüche der beiden Zwecke der rassenpolitisch vorgegebenen Vernichtung und der Ausbeutung der Juden durch Arbeitseinsatz, die in der zweiten Kriegshälfte das Bild der Konzentrationslager bestimmten, so sichtbar wie in Auschwitz. Nur hier »konkurrierten« die beiden Zwecke an einem Ort, nur hier wurde das berüchtigte Selektionsverfahren angewandt, bei dem jeder ankommende »Judentransport« noch an der Rampe durch SS-Führer und Ärzte in Arbeitsfähige und solche eingeteilt wurde, die sofort in das Vernichtungslager verbracht wurden. Denen, die in die benachbarten Arbeitslager gebracht wurden, blieb dieses Schicksal erspart, solange sie arbeitsfähig blieben.

Bald klagte der Chef des Wirtschafts- und Verwaltungshauptamtes Pohl über die hohe Häftlingssterblichkeit und das geringe Interesse der Schutzhaftlagerführer und ihrer Blockleiter an einem rationellen Arbeitseinsatz der Häftlinge. Um die niedrigen Arbeitsleistungen auszugleichen, bestand er auf einer verstärkten Ein-

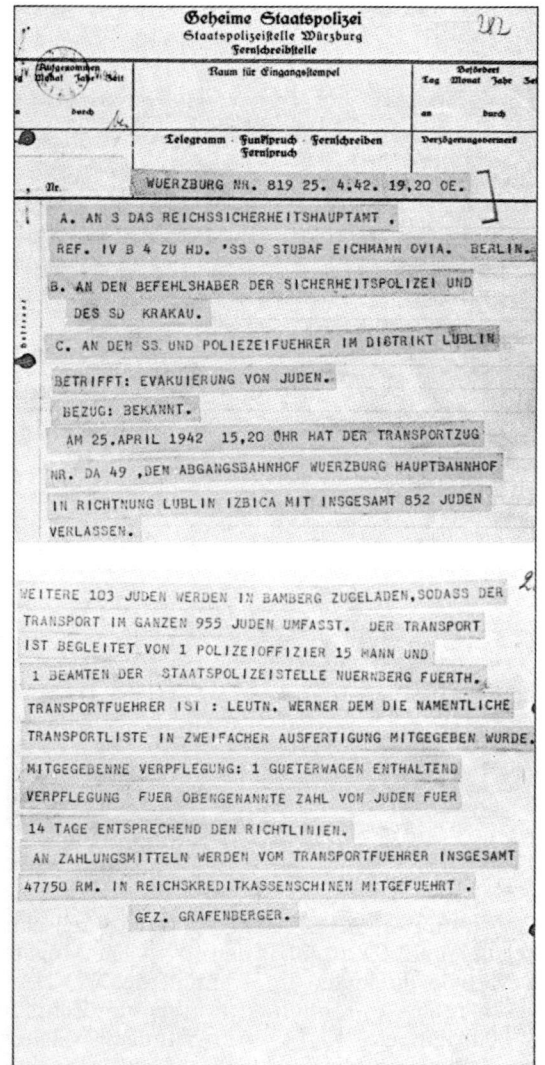

Der Abtransport der deutschen Juden in die Vernichtungslager des Ostens fand ungeachtet der Verkehrsengpässe auch auf dem Höhepunkt der Schlachten im Osten statt. Mit penibler Akkuratesse wurde Adolf Eichmann Bericht über jeden einzelnen Transport erstattet.

weisung in die Konzentrationslager. Diese Forderungen brachten Himmler in ideologische Konflikte; er bestand darauf, daß die KL auch weiterhin eine Erziehungsaufgabe haben müßten: »Es könnte sonst der Gedanke aufkommen, daß wir Menschen verhaften, oder wenn sie verhaftet sind, drinnen behalten, um Arbeiter zu haben.«[160]

Pohls Klage über die hohe Sterblichkeit erklärt, warum trotz zunehmender Masseneinweisungen die durchschnittliche Zahl der lebenden Häftlinge in den Konzentrationslagern bis 1942 mit rund 95 000, die Höchstzahl im Januar 1945 mit 714 211 angegeben wurde. Von den Millionen, die durch die Lager gingen, fand die Mehrheit den Tod, sei es durch sofortige Vernichtung, sei es durch Vernichtung durch Arbeit und Auszehrung oder durch medizinische Experi-

Konzentrationslager. In Konzentrationslagern befanden sich am 31.12.1942 insgesamt 9 127 Juden, in Justizvollzugsanstalten 458 Juden. Die Belegstärke der Konzentrationslager mit Juden war folgende:

		Mauthausen/Gusen	79
Lublin	7 342	Sachsenhausen	46
Auschwitz	1 412	Stutthof	18
Buchenwald	227	Ravensbrück	3.

Altersghetto. Im einzigen Altersghetto Theresienstadt gab es Anfang 1943 zusammen 49 392 Juden, die von den Bestandszahlen abgeschrieben sind.

Evakuierung aus anderen europäischen Ländern. Im deutschen Macht- und Einflußbereich außerhalb der Reichsgrenzen fanden folgende Evakuierungen von Juden statt:

Länder	bis 31.12.42	im 1.Vierteljahr 1943
Frankreich (soweit vor dem 10.11.42 besetzt)	41 911	7 995
Niederlande	38 571	13 832
Belgien	16 886	1 616
Norwegen	532	158
Griechenland	-	13 435
Slowakei	56 691	854
Kroatien	4 927	-
Bulgarien	-	11 364
Außerdem in den russischen Gebieten einschl. der früheren baltischen Länder seit Beginn des Ostfeldzuges	633 300	
Zusammen	792 818	49 254

Europäische Judenbilanz. Die Verminderung des Judentums in Europa dürfte damit bereits an 4 Millionen Köpfe betragen. Höhere Judenbestände zählen auf dem europ. Kontinent (neben Rußland mit etwa 4 Mill.) nur noc Ungarn (750 000) und Rumänien (302 000), vielleicht noch Frankreich. Berücksichtigt man neben dem angeführten Weggang die jüdische Auswanderung und den jüdischen Sterbeüberschu

mente. Im zweiten Halbjahr 1942 lag die durchschnittliche Sterblichkeit bei rund 60 Prozent, in den ersten acht Monaten des Jahres 1943 wurde sie durch die Intervention des WVHA zwar prozentual gesenkt, aber es starben auch in diesem Zeitraum abermals über 60 000 Häftlinge. Die Lagerverwaltungen erhielten bald die Anweisung, die bisherigen individuellen Todesnachrichten durch Sammellisten an das Reichssicherheitshauptamt zu ersetzen.

Aber auch beim Tod machten die bürokratischen Exekutoren des Vernichtungswillens noch Unterschiede. Während arbeitsunfähige Juden durch SS-Ärzte auszumustern und »der Vernichtung zuzuführen« waren, mußten bei der Liquidierung nichtjüdischer arbeitsunfähiger Häftlinge besondere Bestimmungen und Tarnungen eingehalten werden. Darum verlangte der Auschwitzer Schutzhaftlagerführer Aumeier, »daß nur arbeitsfähige Polen angeliefert werden sollen, um somit möglichst jede unnütze Belastung des Lagers sowie des Zubringerverkehrs zu vermeiden. Beschränkte, Idioten, Krüppel und kranke Menschen müssen in kürzester Zeit durch Liquidation zur Entlastung des Lagers aus demselben entfernt werden. Diese Maßnahme findet aber insofern eine Erschwerung, da nach Anweisung des RSHA, entgegen der bei

in den außerdeutschen Staaten Mittel- und Westeuropas, aber
auch die unbedingt vorkommenden Doppelzählungen infolge der
jüdischen Fluktuation, dann dürfte die Verminderung des Judentums in Europa von 1937 bis Anfang 1943 auf 4 ½ Millionen zu schätzen sein. Dabei konnte von den Todesfällen der
sowjet-russischen Juden in den besetzten Ostgebieten nur ein
Teil erfaßt werden, während diejenigen im übrigen europäischen Rußland und an der Front überhaupt nicht enthalten
sind. Dazu kommen die Wanderungsströme der Juden innerhalb
Rußlands in den asiatischen Bereich hinüber. Auch der Wan-
derungsstrom der Juden aus den europäischen Ländern außerhalb des deutschen Einflußbereichs nach Übersee ist eine
weitgehend unbekannte Größe.

Insgesamt dürfte das europäische Judentum seit 1933, also
im ersten Jahrzehnt der nationalsozialistischen Machtentfaltung, bald die Hälfte seines Bestandes verloren haben.
Davon ist wieder nur etwa die Hälfte, also ein Viertel des
europäischen Gesamtbestandes von 1937, den anderen Erdtei-
len zugeflossen.

Der Einsatz von Häftlingen für die industrielle Produktion war nicht nur ein Notbehelf für die Kriegszeit. Für die Friedenszeit nach dem Endsieg war eine nochmalige Steigerung der Sklavenheere auf insgesamt 12 Millionen vorgesehen, die als Gegengewicht zur privaten Industrie des Altreichs ein SS-eigenes Industrieimperium bedienen sollten. Auf der einen Seite wollte Himmler damit ein Gegengewicht zur privatwirtschaftlichen Industrie schaffen; auf der anderen Seite sollte die Selbstfinanzierung der SS auch für jene Zukunft gesichert werden, in der ein Nachfolger Hitlers möglicherweise die Zuwendungen an die SS aus dem Etat des Staates beschneiden oder einstellen würde. Die SS sollte auch in wirtschaftlicher Hinsicht ein unabhängiger Staat im Staate sein. Aus den Materialanforderungen Himmlers für die Häftlingsbauten der Nachkriegszeit errechnete Speer, daß damit 12 061 dauernde Baracken für insgesamt 4 016 000 ständige Arbeitssklaven hätten errichtet werden können.

den Juden angewendeten Maßnahmen, Polen eines natürlichen Todes sterben müssen.«[161] In solchen Fällen, so berichtet Höß, wurden die Häftlinge im Krankenbau »durch Injektionen unauffällig getötet«, und der zuständige Arzt pflegte auf den Todesbescheinigungen »eine rasch zum Tode führende Krankheit«[162] anzugeben. Hunderttausende von völlig erschöpften und ausgehungerten Häftlingen starben außerdem noch kurz vor ihrer Befreiung auf den chaotischen Evakuierungsmärschen, in wochenlang umherirrenden Transportzügen oder bei Erschießungen, nachdem Himmler angesichts der anrückenden alliierten Truppen im Frühjahr 1945 die Überführung der Häftlinge in rückwärtige Konzentrationslager befohlen hatte.

Was immer aus Rücksicht auf innere und äußere Mächte und Einflüsse bis 1939 an Gewalt und Vernichtung zurückgehalten worden oder nur latent vorhanden gewesen war, der Krieg setzte alle zerstörerischen Energien des Nationalsozialismus frei, und dies bis zum Untergang. Das gilt besonders für die Ermordung der europäischen Juden.

4. Die »Endlösung« der Judenfrage

Mit dem Beginn des völkischen Krieges 1941 ließ sich realisieren, was Hitler als seine »historische Mission« betrachtete und was neben allen macht- und raumpolitischen Zielen ein unabhängiges Kriegsziel war und darum auch dann noch weiter verfolgt werden sollte, als sich das militärische Blatt längst gewendet hatte. Alles »minderwertige Leben« sollte ausgerottet werden, um dem Sieg der arischen Rasse Dauerhaftigkeit zu verleihen, selbst wenn der Krieg zur Aufrichtung eines Großreiches verlorengehen sollte. Die Vision dieser »biologischen Revolution« überstieg, nach allem was wir wissen, auch die Vorstellungen der engeren nationalsozialistischen Führungszirkel, die bisher den Plan von Auswanderung und Vertreibung der Juden verfolgt hatten. Das Ziel einer rassischen Revolution hatte für Hitler immer schon unverrückbar festgestanden, nur die machtpolitischen und organisatorischen Voraussetzungen und Schritte waren bisher noch offengeblieben.

Mit der Eröffnung des Krieges setzte ein Suchen nach neuen Lösungen ein, die den veränderten Konstellationen angepaßt waren. Mehrere Ansätze liefen nebeneinander her. Zunächst dominierte der Gedanke einer »territorialen Endlösung« die Planungen der nationalsozialistischen Führungsspitzen. Nach Madagaskar sollten die europäischen Juden deportiert und dort unter die Bewachung der SS gestellt werden. Mit dem Sieg über Frankreich rückte der Madagaskar-Plan für das Reichssicherheitshauptamt wie für das Auswärtige Amt in greifbare Nähe. In der Wilhelmstraße versprach man sich, in Ergänzung zu den rassenideologischen Zielen der SS, von einem jüdischen Großghetto in Übersee zugleich ein »Faustpfand in deutscher Hand für ein zukünftiges Wohlverhalten ihrer Rassegenossen in Amerika«.[163]

Mit dem Rußlandfeldzug rückte der Madagaskar-Plan aber völlig in den Hintergrund, auch wenn er erst im Februar 1942 endgültig zu den Akten gelegt wurde, als das Auswärtige Amt vom »Entschluß des Führers« unterrichtet wurde, »daß die Juden nicht nach Madagaskar, sondern nach dem Osten abgeschoben werden sollten«.[164] Ähnliche Überlegungen hatte der neue Judenreferent im Reichssicherheitshauptamt, Adolf Eichmann, schon im Oktober 1939 entwickelt, als er vorschlug, die Juden aus dem Reichsgebiet nach Polen abzuschieben, und schon daranging, Durchgangslager für die Deportationen im Generalgouvernement zu errichten. Nun aber sollten die Juden Europas bis hinter den Ural getrieben werden; dieser letzte Plan einer »territorialen Endlösung« stellte von Anfang an die hohen physischen Verluste einer solchen Aktion in Rechnung.

Hitler hatte unterdessen seit der Jahreswende 1938/39 in öffentlichen Reden wie in Gesprächen mit europäischen Staatsmännern und engen Beratern mit der Vernichtung des europäischen Judentums für den Fall eines Krieges gedroht, und diese sogenannte »Prophetie des Führers« sollte später von ihm selbst und anderen Größen des Regimes immer wieder zitiert werden. »Wenn es dem internationalen Finanzjudentum innerhalb und außerhalb Europas

BERLIN ... 1. Sept. 1939.

ADOLF HITLER

Reichsleiter B o u h l e r und

Dr. med. B r a n d t

sind unter Verantwortung beauftragt, die Befug -

nisse namentlich zu bestimmender Ärzte so zu er -

weitern, dass nach menschlichem Ermessen unheilbar

Kranken bei kritischster Beurteilung ihres Krank -

heitszustandes der Gnadentod gewährt werden kann.

Der »Euthanasiebefehl« Hitlers vom 1. September 1939 ist der einzige Vernichtungsbefehl, den Hitler jemals selbst unterschrieben hat. Alle anderen Ausrottungsmaßnahmen wurden mündlich angeordnet, wobei ein verschleierndes Vokabular das eigentliche Geschehen unkenntlich machen sollte.

gelingen sollte, die Völker noch einmal in einen Weltkrieg zu stürzen, dann wird das Ergebnis nicht die Bolschewisierung der Erde und damit der Sieg des Judentums sein, sondern die Vernichtung der jüdischen Rasse in Europa.«[165] Das waren Hitlers Worte am 30. Januar 1939 im Reichstag gewesen, doch bezeichnenderweise wurde diese Drohung stets falsch datiert auf den Kriegsbeginn, den 1. September 1939, so auch von ihm selbst am 30. Januar 1941, als die Vorbereitungen für den Rußlandfeldzug in vollem Gange waren.

Zur selben Zeit ließ Hitler einen anderen Schritt zur biologischen Revolution vorbereiten und datierte den Befehl dazu ebenfalls auf den 1. September 1939 zurück. Tatsächlich gab Hitler aber erst Ende Oktober 1939 dem Chef der Führerkanzlei Philipp Bouhler und seinem Begleitarzt Dr. Karl Brandt den Auftrag, »die Befugnisse namentlich zu bestimmender Ärzte so zu erweitern, daß nach menschlichem Ermessen unheilbar Kranken bei kritischster Beurteilung ihres Krankheitszustandes der Gnadentod gewährt werden

kann«.[166] Die Entscheidung zum »Euthanasie«-Programm war freilich schon gut zwei Monate zuvor gefallen, und der Führerbefehl,
auf privatem Briefpapier ausgestellt, bedeutete eigentlich nur noch
die Legitimierung eines Vorganges, dessen organisatorische Vorbereitung bereits im Gange war. Doch der schriftliche Führerbefehl
war notwendig und nützlich zugleich: einmal konnte er die rechtlichen Bedenken von Ärzten ausräumen, die sonst ein Mordverfah-
ren befürchten mußten. Zum anderen erlaubte er die Geheimhaltung des Programmes, dessen gesetzliche Regelung Hitler eben der
Geheimhaltung wegen abgelehnt hatte.

Bouhlers Kanzlei errichtete sofort eine Tarnorganisation in der
Berliner Tiergartenstraße Nr. 4, die dem Euthanasie-Programm in
der Folge den Codenamen T 4 gab. Eine »Reichsarbeitsgemein-
schaft für Heil- und Pflegeanstalten« wurde gegründet, zuständig für
die Auswahl und Begutachtung der Opfer und das Verschicken der
Meldebögen; daneben eine »Gemeinnützige Stiftung für Anstalts-
pflege«, die das Personal für T 4 aussuchte und die Tötungsanstalten
organisierte; und schließlich die »Gemeinnützige Kranken-Trans-
port GmbH«, die die Fahrzeuge für die umfangreichen Transporte
von den Kliniken und Heimen zu den insgesamt sechs Tötungs-
zentren bereitstellte.

Zunächst wurden Kinder, dann auch Erwachsene mitten in
Deutschland, und zwar in Grafeneck in Württemberg beziehungsweise später in Hadamar bei Limburg, in Brandenburg an der Havel,
auf Schloß Hartheim bei Linz, in Sonnenstein bei Dresden, in Bern-
burg in Thüringen erschossen, vergast oder mit Injektionen umgebracht. Auf insgesamt 80 000 schätzt man die Zahl der Opfer. Nicht
nur die Tatsache, daß das Verfahren scheinbar objektiv und durch
»wissenschaftliche Gutachter« nachprüfbar war, bewog nicht
wenige Anstaltsärzte, die verschickten Fragebögen auszufüllen und
damit wissentlich oder unwissentlich ihre Patienten der Tötung
auszuliefern. Auch die geistigen Wurzeln für die pseudowissenschaftlichen Vorstellungen einer Rassenhygiene waren gelegt,
längst bevor die Nationalsozialisten die Macht zu deren Realisierung in den Händen hatten.

In den zwanziger Jahren hatte sich die Rassenhygiene gar zu einer
zunehmend angesehenen akademischen Disziplin entwickelt, und
die beiden renommierten Strafrechtler und Psychiater Karl Binding
und Alfred Hoche hatten, ohne Nationalsozialisten zu sein, mit
ihrem Buch »Die Freigabe der Vernichtung lebensunwerten
Lebens« (1920) eine breite Resonanz erhalten, vor allem, weil sie
ihre Forderung damit begründeten, daß im Weltkrieg die Besten des
Volkes gefallen seien, während die Schwachen überlebt hätten. Der
Unterhalt der »Ballastexistenz« belastet, so ihr Argument, nicht nur
die Überlebenden, sondern verhindere auch eine Gesundung des
Volksganzen. Die sozialdarwinistischen und rassistischen Ideologien des Nationalsozialismus schienen von solchen wissenschaftlichen Rechtfertigungen bestätigt zu werden, zumal selbst anerkannte Psychiater 1933 rieten, den »Rassengedanken als wertvollen
Grundsatz«[167] zu fördern. Auch der Zustimmung weiter Teile der
Bevölkerung, einschließlich vieler Ärzte, konnten sich die Nationalsozialisten sicher sein.

Schemazeichnungen sollten die
Notwendigkeit der Ausschaltung
»minderwertigen Lebens« der
Masse der Bevölkerung bildreich
vor Augen führen.

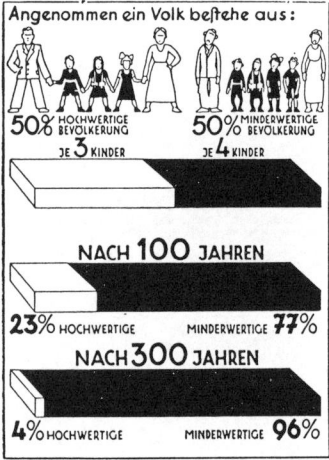

698

Auszug aus einem Brief des Grafen Galen an seine Nichte, in dem er auf die »Euthanasie-Predigt« vom 3. August 1941 hinweist

Der Bischof von Münster Münster i. W., den 7. 8. 1941

Ehrwürdige Schwester Gonza!

Besten Dank für Deinen Brief vom 4. 8., besonders aber für Deine treue Gebetshilfe. Ich glaube nach allem, was ich von der Wirkung meiner letzten Predigten höre, daß wirklich die Liebe Mutter von Guten Rat den Heiligen Geist mit Erfolg gebeten hat, mir die rechten Gedanken in den Sinn und die rechten Worte auf die Zunge zu legen; denn ich weiß schon aus langer Erfahrung: das kann ich nicht immer und nach eigenem Belieben. Es gibt Zeiten, wo ich so stumpf im Gedanken und so unberedt mit Worten bin, daß ich besser schweige. Und dann gibt der liebe Gott mir mal von Zeit zu Zeit, wenn Er es für nötig erkennt, Gedanken und Worte, die irgendwie nützen. Aber wir wollen allen Erfolg ruhig Gott überlassen, und froh und dankbar sein, wenn wir uns für Ihn plagen dürfen.

Ueber den Dom kannst Du aus der Anlage lesen, was ich meinen 225 Priestersoldaten dieser Tage geschrieben habe. Jetzt sind auch an den Galenschen Kapellen wieder Scheiben eingesetzt und soll auch dort wieder, nach gründlicher Reinigung, die hl. Messe gelesen werden. Bis das Hauptschiff und Chor wieder benutzt werden können, wird es wohl noch etwas dauern. Zunächst ist mal ein Notdach über das Loch im südlichen Seitenschiff gemacht; denn der Regen fing an, dem steken-gebliebenen Mauerwerk zu schaden.

Aber das alles ist ja gering neben den gräulichen Uebertretungen fast aller Gebote Gottes! Ich habe das näher ausgeführt in der Predigt vom letzten Sonntag, von der ich Dir ein Stenogramm beilege. Gott Dank, ich habe den Eindruck, daß jetzt doch Vielen die Augen aufgehen, und daß sich über den Kreis der eifrigen Katholiken hinaus eine Front

Die erste Maßnahme in dieser Richtung war am Ende der ersten Etappe der nationalsozialistischen Revolution das »Gesetz zur Verhütung erbkranken Nachwuchses« vom Juli 1933, das die Sterilisation von Schwachsinnigen, Schizophrenen und Epileptikern wie anderen Erbkranken erlaubte. Die Aktion T 4 gehörte zur zweiten Etappe der nationalsozialistischen Revolution, die mit Kriegsbeginn alle Hindernisse auf dem Weg zu einer biologisch reinen und dauerhaften Volksgemeinschaft beseitigen wollte.

Am 24. August 1941 ordnete Hitler in einer mündlichen Weisung an Dr. Brandt, ebenso formlos wie den Beginn, die Beendigung der Aktion T 4 an. Das verhinderte freilich nicht, daß die Erwachsenen-»Euthanasie« in den Lagern Osteuropas unter dem Decknamen »14 f13« fortgesetzt wurde. Die Vernichtung unwerten Lebens von Kindern ging in Deutschland sogar fast bis zum Ende des Krieges insgeheim weiter. Zum scheinbaren Rückzug gezwungen fühlte sich Hitler, als die Gerüchte über die Tötungen von Geisteskranken zu deutlichen Protesten führten. Theophil Wurm, der evangelische Landesbischof von Württemberg, schrieb im Juli 1940 an Innenminister Frick, Pastor Friedrich von Bodelschwingh von den Krankenanstalten in Bethel protestierte persönlich in Berlin. Auch Nationalsozialisten wandten sich empört an die Parteileitung. Die Krise trieb auf ihren Höhepunkt zu, als der Bischof Graf von Galen in Münster am 3. August 1941 in einer Predigt drohte, Anzeige wegen Mordes zu erstatten. Die Predigt des Bischofs wurde bis an die Ostfront bekannt, und Stimmungsberichte aus Bayern zeigten dem Regime, daß die Gerüchte über die »Euthanasie« auch das Vertrauen in den »Führer« erschütterten.

Hitler mußte handeln; aber er war vorsichtig genug, nicht den folgenden Rat Bormanns zu befolgen: »Ich schlage vor, daß wir in diesem Falle die einzige Maßnahme ergreifen, die sowohl propagandistisch wie strafrechtlich angemessen ist, nämlich den Bischof von Münster zu erhängen.«[168] Hitler ließ statt dessen die Aktion T 4 nach außen hin einstellen. Die Verfolgung Galens war indessen nur ausgesetzt; nach dem Kriege werde, so der Diktator in der vertrauten nächtlichen Runde im Hauptquartier, mit Galen »auf Heller und Pfennig abgerechnet«.[169]

Für sich zog Hitler ganz offenkundig eine Konsequenz: bei der Vernichtung der Juden verzichtete er überhaupt auf einen schriftlichen Befehl. Seit den Planungen für den Rußlandfeldzug, die im März 1941 immer konkretere Gestalt annahmen, waren der Gedanke einer »physischen Endlösung« der Judenfrage und der Gewinnung neuen Lebensraumes ganz im Sinne des nationalsozialistischen Feindbildes vom jüdischen Bolschewismus untrennbar miteinander verbunden. Nun war die Zeit des Suchens und Zögerns vorbei. Mitte Juni erteilte Heydrich mündlich dem Chef der vier Einsatzgruppen einen »Maximalauftrag«, der weit über den später schriftlich gegebenen Befehl hinausging, dem zufolge »alle ... Juden in Partei- und Staatsstellungen« zu exekutieren seien.[170] Das war nur der nach außen vertretbare »Minimalauftrag«, der für alle Zauderer und widerstrebenden Legalisten gedacht war. Daß die Einsatzgruppen Heydrichs mündliche Weisungen richtig verstanden hatten, beweisen die »Ereignismeldungen«, in denen die Mordkommandos ihre Erfolge an das Reichssicherheitshauptamt nach Berlin meldeten. Es gibt nicht den geringsten Zweifel daran, daß sich ihre Tötungsaktionen von Anfang an auf alle Juden ihres Gebietes bezogen, die sie in Massenerschießungen vernichteten. Bis zum November 1941 hatten die Einsatzgruppen rund 380 000 Juden liquidiert, bis zum April 1942, als sich die mobilen Einsatzgruppen zu stationären Einrichtungen wandelten, sah die Bilanz des Massenmordes so aus: Einsatzgruppe A 248 468, Einsatzgruppe B 71 555, Einsatzgruppe C 105 988, Einsatzgruppe D 91 678, Sonstige 44 124.

Vermutlich im Sommer 1941, auf dem Höhepunkt der Siegeshoffnungen, gab Hitler den Befehl, den Holocaust auf alle europäischen Juden im deutschen Machtbereich auszudehnen. Einen schriftlichen Beleg dafür gibt es zwar bis heute nicht, aber zum einen machen die Entscheidungsstrukturen im Führerstaat eine mündliche Weisung wahrscheinlich, zum anderen ist es undenkbar, daß die Entscheidung zur »physischen Endlösung« ohne Hitlers persönliche Beteiligung und Billigung zustande gekommen ist.

Dazu gibt es zu viele Belege, die Hitlers Verantwortung für den Befehl zur Vorbereitung und Durchführung des Massenmordes an den europäischen Juden beweisen. Mitte Juli enthüllte er dem kroatischen Verteidigungsminister Kvaternik seinen Plan, die Vernichtung der Juden auf ganz Europa auszudehnen, und beschwor diesen: »Wenn auch nur ein Staat aus irgendwelchen Gründen eine jüdische Familie bei sich dulde, so würde diese der Bazillenherd für eine neue Zersetzung werden.«[171] In nicht weniger als vier Reden des Jahres 1942 gab Hitler dunkle Hinweise darauf, daß seine Prophezeiung, die Juden würden im Falle eines Krieges vernichtet, zur Zeit erfüllt werde.

Tatsächlich ließ sich Hitler immer wieder über den Prozeß der Vernichtung informieren und griff von Fall zu Fall ein. Am 1. August 1941 gab Gestapo-Chef Heinrich Müller den Chefs der Einsatzgruppen die Order: »Dem Führer sollen von hier aus lfd. Berichte über die Arbeit der Einsatzgruppen im Osten vorgelegt werden.«[172] Ende Dezember 1942 übersandte ihm Himmler einen weiteren Bericht über die Operationen der Einsatzgruppen und erwähnte darin die Exekution von 336 211 Juden.

Auch für die Exekutoren selber und die nationalsozialistische Führungsspitze stand es fest, daß die »Endlösung« auf einen »Führerbefehl« zurückging. Immer wieder betonte Himmler vor SS-Führern wie Reichs- und Gauleitern, daß der »Führer« ihm diesen »sehr schweren Befehl« auf die Schultern gelegt habe. Auch Rudolf Höß erinnerte sich, daß Heydrich ihm im Sommer 1941 vertraulich eröffnete: »Der Führer hat die Endlösung der Judenfrage befohlen, wir – die SS – haben diesen Befehl durchzuführen.«[173] Auch vor einigen Abwehr-Offizieren berief sich der Chef des Reichssicherheitshauptamtes und neu ernannte Reichsprotektor von Böhmen und Mähren knapp ein Jahr später in einem hitzigen Disput über die Vernichtungsaktion darauf, daß diese auf den persönlichen Befehl des »Führers« hin durchgeführt werde. Als Ende Dezember 1941 der Referent für Judenfragen im Reichsinnenministerium, Bernhard Lösener, wegen der Vernichtung der Juden im Gebiet von Riga sein Amt niederlegen wollte, entgegnete ihm sein Staatssekretär Stukkart: »Wissen Sie nicht, daß diese Dinge auf höchsten Befehl geschehen?«[174]

Daß der Hinweis auf den »Führerbefehl« keineswegs nur eine Schutzbehauptung nach außen war, zeigt auch eine Tagebuchnotiz von Joseph Goebbels, der im März 1942 offenbar zum ersten Mal Zeuge der Vernichtungsaktionen durch Vergasung wurde und der sein eigenes Entsetzen darüber kaum in Worte fassen konnte. Um so willkommener war ihm die Bazillus-Theorie, die sich auch andere Exekutoren der Vernichtungsideologie zur eigenen Entlastung zurechtlegten: »Aus dem Generalgouvernement werden jetzt, bei Lublin beginnend, die Juden nach dem Osten abgeschoben. Es wird hier ein barbarisches, nicht mehr zu beschreibendes Verfahren angewandt, und von den Juden selbst bleibt hier nicht mehr viel übrig ... An den Juden wird ein Strafgericht vollzogen, das zwar barbarisch ist, das sie aber vollauf verdient haben. Die Prophezeiung, die der Führer ihnen für die Herbeiführung eines neuen Weltkrieges mit auf den Weg gegeben hat, beginnt sich in der fürchterlichsten Weise zu verwirklichen. Man darf in diesen Dingen keine Sentimentalität obwalten lassen ... Es ist ein Kampf auf Leben und Tod zwischen der arischen Rasse und dem jüdischen Bazillus. Keine andere Regierung, kein anderes Regime könnte die Kraft aufbringen, diese Frage generell zu lösen. Auch hier ist der Führer der unentwegte Vorkämpfer und Wortführer einer radikalen Lösung.«[175]

Alles deutet darauf hin, daß Hitler im Laufe des Sommers 1941 den Befehl zur Vorbereitung und Durchführung der »Endlösung« gegeben hat, und alles spricht dafür, daß der manische Judenhasser, der mit ideologischer Entschlossenheit den Krieg entfesselt und mit barbarischer Rücksichtslosigkeit eigenhändig die Tötung von Geisteskranken angeordnet hatte, auch alles daransetzte, zuerst und vor allem das zentrale Element seiner Weltanschauung, seinen rassenbiologischen Antisemitismus, zu verwirklichen. Warum sollte er, nachdem die Möglichkeiten dazu gegeben schienen, ausgerechnet die Realisierung seiner vermeintlichen historischen Mission sich selbst und allein den Anstrengungen seiner rivalisierenden Unterführer überlassen? Und umgekehrt, hätte eine Vernichtungsaktion von solch präzedenzlosen Ausmaßen und Folgen allein von einer untergeordneten Dienststelle in Gang gesetzt werden können? Das würde allen Erkenntnissen über die Herrschaftsstruktur und die Entscheidungsbildung im Führerstaat widersprechen. Auch wenn Hitler und mit ihm Himmler immer wieder den Vorgang der Vernichtung sprachlich zu tarnen und zu verdrängen suchten, so rühmte sich Hitler, den eigenen und des Reiches Untergang vor Augen, im April 1945 wiederholt und schließlich auch in seinem politischen Testament mit Nachdruck der Tat. Man werde »dem Nationalsozialismus ewig dafür dankbar sein, daß ich die Juden aus Deutschland und Mitteleuropa ausgerottet habe«.[176]

Hitlers zentrale Rolle bei der Entscheidung zur »Endlösung« herausstellen heißt nicht, das komplexe Mit- und Ineinander der verschiedenen Motive, Triebkräfte, Forderungen, Konzepte und Mechanismen der beteiligten Personen und Instanzen übersehen. Der ideologisch-pathologische Vernichtungsdrang Hitlers und seine Entscheidung für die »Endlösung« allein erklären den Holocaust nicht, wenn er denn überhaupt je ganz erklärt werden kann. Aber er wäre ohne diese Anstöße nicht in Gang gekommen. So wie Hitler seine monokratische Herrschaft insgesamt nicht ohne die Polykratie der Machtgruppen und rivalisierenden Ressorts, nicht ohne die Möglichkeit, sie gegeneinander auszuspielen und anzutreiben, auch nicht ohne die temporäre Rücksichtnahme auf ihre Interessen und Funktionen hätte errichten und behaupten können, so wenig war die schrittweise Vorbereitung und Durchführung der Vernichtung der Juden möglich ohne die Bereitschaft der nationalsozialistischen Führungsgruppen und Organisationen, einen »Führerbefehl« in die Tat umzusetzen. Unverkennbar ist allerdings bei den Handelnden das Bedürfnis, sich immer wieder als Vollzugsorgan einer Weltanschauungspolitik zu rechtfertigen. Natürlich setzte das alles die

Aushöhlung aller humanen und rechtsstaatlichen Normen voraus und die schrittweise Gewöhnung an Radikalismus und Gewalt im Namen einer rassischen Mission – und auch den Rückzug der staatlichen und halbstaatlichen Exekutiv- und Verwaltungsorgane auf reines Administrieren und technokratisches Expertentum. Die Überlegungen und Vorgaben der Spitze führten zu Planungen und Aktivitäten auf den verschiedenen administrativen Ebenen des Regimes, die den Prozeß der Vorbereitung und Durchführung der physischen »Endlösung« ihrerseits vorantrieben und seine Gewalttätigkeit mit steigerten, auch wenn die Handelnden mitunter selbst Gefangene ihres Tuns wurden.

Zur Verschränkung monokratischer und polykratischer Macht- und Entscheidungsstrukturen gehörte es auch, daß Hitler die Massenvernichtung etappen- und schubweise in Gang setzte und daß umgekehrt seine Gefolgsleute, nachdem das Massenmordprogramm genehmigt und eröffnet war, sich beim eigenen ungeheuerlichen Handeln immer wieder des »Führerbefehls« versicherten. Denn einmal konnte Hitler sich nicht sicher sein, ob Göring, Himmler, Goebbels und andere seinem radikalen Vernichtungskurs folgen würden; nach allem, was wir wissen, gab es selbst im engsten Kreis doch Bedenken gegen dieses Wörtlichnehmen der vertrauten Parolen; zum anderen betrat man mit dem Entschluß zur Ausrottung einer ganzen Kultur nicht nur in organisatorisch-technischer Hinsicht ein bislang unvorstellbares »Neuland« politisch-ideologischer Gewaltanwendung, für das es kaum noch eine Rechtfertigung und einen Vorwand gab.

In dieser Lage versicherte Himmler sich selbst und seinen Unterführern immer wieder, dies sei eine »weltgeschichtliche Aufgabe«, die man »heroisch durchstehen« und geheimhalten müsse. Denn die Masse der deutschen Bevölkerung, rechtfertigte die SS-Führung, wie alle revolutionären Avantgarden dies zu tun pflegen, ihren Auftrag, sei noch nicht reif dafür. »Ich will hier vor Ihnen«, bestärkte er seine SS-Gruppenführer am 4. Oktober 1943 in Posen, »auch ein ganz schweres Kapitel erwähnen. Unter uns soll es einmal ganz offen ausgesprochen sein, und trotzdem werden wir in der Öffentlichkeit nie darüber reden ... Ich meine jetzt die Judenevakuierung, die Ausrottung des jüdischen Volkes. Es gehört zu den Dingen, die man leicht ausspricht. – ›Das jüdische Volk wird ausgerottet‹, sagt ein jeder Parteigenosse, ›ganz klar, steht in unserem Programm, Ausschaltung der Juden, Ausrottung, machen wir.‹ Und dann kommen sie alle an, die braven 80 Millionen Deutschen, und jeder hat seinen anständigen Juden. Es ist ja klar, die anderen sind Schweine, aber dieser ist ein prima Jude. Von allen, die so reden, hat keiner zugesehen, keiner hat es durchgestanden. Von euch werden die meisten wissen, was es heißt, wenn 100 Leichen beisammenliegen, wenn 500 daliegen oder wenn 1000 daliegen. Dies durchgehalten zu haben und dabei – abgesehen von Ausnahmen menschlicher Schwächen – anständig geblieben zu sein, das hat uns hart gemacht. Dies ist ein niemals geschriebenes und niemals zu schreibendes Ruhmesblatt unserer Geschichte ... «[177] Das waren die letzten Konsequenzen des pervertierten Heroismus und der »Moral«, mit der die SS ihren Herrschaftsanspruch begründete.

Die Überlegungen und Planungen zur systematischen Vernichtung der europäischen Juden müssen im Frühsommer 1941 begonnen haben. Bereits am 20. Mai wurde die Sicherheitspolizei in einem Erlaß des Reichssicherheitshauptamtes angewiesen, die Auswanderung der Juden aus Frankreich und Belgien »im Hinblick auf die zweifellos kommende Endlösung der Judenfrage zu verhindern«.[178] In dieser Zeit müssen Himmler und Heydrich von Hitler in seine Überlegungen zur Massenvernichtung eingeweiht worden sein. Am Ende dieser Phase steht ein Schreiben vom 31. Juli 1941, mit dem Göring Heydrich den Auftrag erteilte, »alle erforderlichen Vorbereitungen in organisatorischer, sachlicher und materieller Hinsicht zu treffen für eine Gesamtlösung der Judenfrage im deutschen Einflußgebiet in Europa ... Ich beauftrage Sie weiter, mir in Bälde einen Gesamtentwurf über die organisatorischen, sachlichen und materiellen Vorausmaßnahmen zur Durchführung der angestrebten Endlösung der Judenfrage vorzulegen.«[179] Heydrich sah in diesem Auftrag die »Bestallungsurkunde«, auf die er sich immer wieder berufen konnte, auch bei der Einladung zur Wannsee-Konferenz. Es war die Vollmacht, mit der sich die SS die Kompetenz in der Judenfrage endgültig und vollständig zu sichern suchte; aber es war kein Auftrag, mit dem Heydrich zum ersten Male von einem ihm bisher unbekannten Entschluß erfuhr. Es war vermutlich eine »Legitimation für dritte«, nachdem der Entscheidungsbildungsprozeß an einem Punkt angelangt war, an dem »dritte beteiligt werden mußten, die ohne eine schriftliche Legitimation nicht beteiligt werden konnten«.[180]

So schwierig die Datierung der Entschlußbildung im einzelnen sein mag, eines ist sicher: die Entscheidung zur »Endlösung« der Judenfrage fiel innerhalb der höchsten nationalsozialistischen Führungsspitzen in einem Augenblick, in dem sich Hitler und seine Umgebung auf dem Höhepunkt ihrer Siegeszuversicht befanden. Nicht die Schwierigkeiten bei der Organisation der Judendeportationen, nicht die militärische Niederlage und ein daraus resultierender Versuch, in einem verzweifelten Akt zumindest einen Teil der »historischen Mission« zu erfüllen, gaben den letzten Anstoß zur »Endlösung«, sondern die Aussicht, daß sich mit einem Schlag Lebensraumeroberung und Judenvernichtung, die beiden zentralen Elemente in der nationalsozialistischen Weltanschauung, würden verwirklichen lassen.

Damit war aber noch nichts über die Durchführung des Mordplanes entschieden. Den Auftrag, eine Gesamtlösung vorzulegen, hatte Heydrich sich gerade erst geben lassen. Doch sahen sich die Ingenieure der »Endlösung«, Himmler und Heydrich, vor einer Fülle von organisatorischen und technischen Problemen, die die sofortige Umsetzung ihres Auftrages behinderten und den Eindruck hektischer Aktivitäten und auch von Konfusion hinterließen. Die Massenerschießungen durch die Einsatzgruppen in Rußland, die zu dieser Zeit ihren ersten Höhepunkt erreichten, ließen neben aller unglaublichen Brutalität auch die Grenzen dieser Methode erkennen, die sich für den Einsatz gegenüber Millionen nichtrussischer Juden nicht eignete. Hinzu kamen die improvisierten Deportationen deutscher Juden, die auf das Drängen vieler Gauleiter und

Reichskommissare hin im Herbst 1941 aufgrund einer Weisung Hitlers vom September begannen und für die Organisatoren der »Endlösung« nur eine Zwischenlösung sein konnten, denn ein fertiger Gesamtplan lag zu diesem Zeitpunkt offensichtlich noch nicht vor.

Mit bürokratischer Akribie wurden die deutschen Juden in den einzelnen Gauen des Reiches zusammengetrieben und in langen Transporten nach Lodz, Kowno, Minsk und Riga gebracht. Viele wurden dort sofort ermordet, die anderen weitergeschoben. Für die Buchhalter des Todes gab es eine Zeitlang ein einziges organisatorisches Chaos, was die Vorbereitungen zur industriellen Massenvernichtung noch beschleunigte.

Die Vorbereitungen im Reich waren zu diesem Zeitpunkt schon weit gediehen. Seit September 1941 war es jedem Juden, der das sechste Lebensjahr vollendet hatte, verboten, sich in der Öffentlichkeit ohne den gelben Judenstern zu zeigen und sich ohne polizeiliche Genehmigung von seinem Wohnort zu entfernen. Im Oktober wurde jede weitere Auswanderung von Juden verboten. Die Falle war zugeschnappt. Zur selben Zeit wurden die Stätten und Techniken der Massenvernichtung ausgewählt. Man kombinierte jene Vernichtungspraktiken, in denen die SS bereits Erfahrung hatte: das System der Konzentrationslager, die Vergasung im Rahmen des »Euthanasie«-Programms und die Deportation, für die bislang Eichmann zuständig gewesen war.

Im Oktober oder November 1941 muß der Vernichtungsplan in seiner endgültigen Form fertiggestellt worden sein und die Billigung Hitlers gefunden haben. Denn nun häuften sich die Aktionen, verzahnten sich die verschiedenen Tötungsformen. Im Spätherbst wurden die Vernichtungslager Chelmno und Belzec wie das Auschwitzer Lager Birkenau errichtet. Das »Sonderkommando Lange«, jene »Euthanasie«-Experten, die seit August beschäftigungslos gewesen waren, traf auf Anforderung von Gauleiter Greiser vom Warthegau Ende Oktober in Chelmno ein, um dort rund 100 000 nicht arbeitsfähige oder kranke Juden aus dem Ghetto Lodz »sonderzubehandeln«. Ein anderer Tötungspraktiker, Kriminalkommissar Wirth, der früher die »Euthanasie«-Anstalt Hartheim geleitet hatte, befand sich seit Ende Oktober in Belzec und errichtete dort ein provisorisches Lager. In Auschwitz begannen die Vergasungen im Januar 1942.

Auch Himmler und Heydrich blieben nicht untätig. Sie verschickten die ersten fünf »Ereignismeldungen UdSSR«, mit denen die verschiedensten Reichsministerien und Parteiämter über den Umfang der Massenexekutionen des Sommers unterrichtet wurden. Das war die psychologische Vorbereitung auf deren weitere Mitwirkung bei der »Endlösung«. Zu diesem Zweck verschickte Heydrich am 29. November die Einladungen zur Wannsee-Konferenz, die ursprünglich am 9. Dezember im Haus der Interpol in Berlin, Am Großen Wannsee 56–58, stattfinden sollte, dann aber auf den 20. Januar 1942 verschoben wurde. Mittlerweile waren die Entscheidungen in der Judenfrage gefallen, wie der Reichskommissar Ostland auf eine ungeduldige Anfrage am 18. Dezember aus Berlin erfuhr: »In der Judenfrage dürfte inzwischen durch mündliche Besprechungen Klarheit geschaffen sein: Wirtschaftliche Belange

In der Rue Royale begegnete ich zum ersten Mal in meinem Leben dem gelben Stern, getragen von drei jungen Mädchen, die Arm in Arm an mir vorbeikamen. Diese Abzeichen wurden gestern ausgegeben; übrigens mußten die Empfänger einen Punkt von ihrer Kleiderkarte dafür abliefern. Am Nachmittage sah ich den Stern dann häufiger. Ich halte derartiges, auch innerhalb der persönlichen Geschichte, für ein Datum, das einschneidet. Auch bleibt ein solcher Anblick nicht ohne Rückwirkung – so genierte es mich sogleich, daß ich mich in Uniform befand.

Ernst Jünger, »Strahlungen«

sollen bei der Regelung des Problems grundsätzlich unberücksichtigt bleiben.«[181] Generalgouverneur Frank war nach Prüfung der Entscheidungen in Berlin zu dem Ergebnis gekommen: »Wir müssen die Juden vernichten.« Nur über die Methoden war er sich noch im unklaren, doch würden »im Zusammenhang mit der vom Reich her zu besprechenden großen Maßnahme ... Eingriffe« vorgenommen, die zu einem »Vernichtungserfolg« führten.[182]

Auf der Wannsee-Konferenz wurde über die Mitwirkung der Reichs- und Parteibehörden an der Vernichtungsaktion gesprochen, nicht aber über Ziel und Ausdehnung der Judenpolitik. Die Politik der Endlösung war längst beschlossen, und auch der Vernichtungsplan war gebilligt. Nun ging es mehr um praktische Fragen der Endlösung und um die Vereinheitlichung des Vorgehens. Vertreten waren für das SS-Imperium das Reichssicherheitshauptamt, das Rasse- und Siedlungshauptamt sowie die Sicherheitspolizei; daneben nahmen teil die Parteikanzlei und die Reichskanzlei, das Ostministerium wie das Innen- und Justizministerium, das Auswärtige Amt, die Organisation des Vierjahresplanes und ein Vertreter des Generalgouvernements.

Heydrich legte den Parteifunktionären und Beamten seine von Göring am 31. Juli 1941 sanktionierte »Bestallung« zum »Beauftragten für die Vorbereitung der Endlösung der europäischen Judenfrage« und sein umfassendes gesamteuropäisches Programm vor. Das Ziel machte er unmißverständlich klar: kein Jude dürfe »als Keimzelle eines jüdischen Aufbaus«[183] überleben. Das war mehr als nur eine vage Vorstellung über die künftige Judenpolitik, sondern eine verbindliche Aussage über das bereits beschlossene Vernichtungsprogramm.

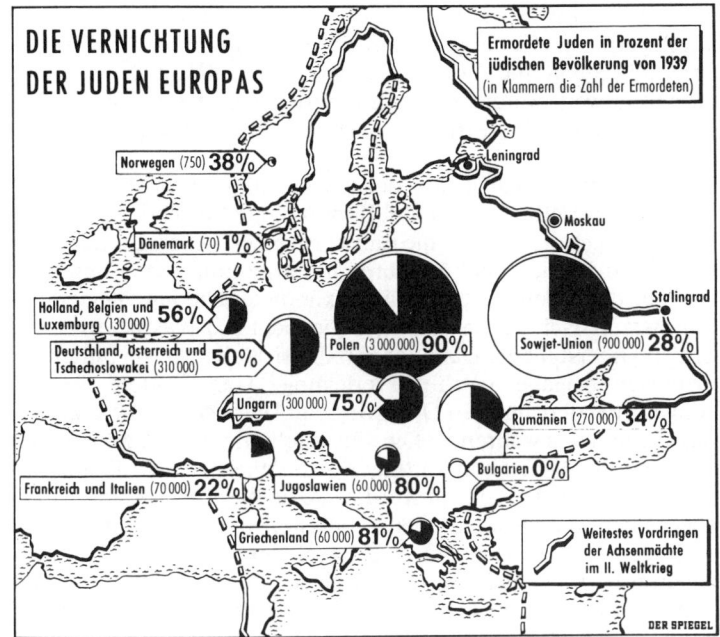

DIE VERNICHTUNG DER JUDEN EUROPAS

Ermordete Juden in Prozent der jüdischen Bevölkerung von 1939 (in Klammern die Zahl der Ermordeten)

Norwegen (750) **38%**

Dänemark (70) **1%**

Holland, Belgien und Luxemburg (130 000) **56%**

Deutschland, Österreich und Tschechoslowakei (310 000) **50%**

Polen (3 000 000) **90%**

Sowjet-Union (900 000) **28%**

Ungarn (300 000) **75%**

Rumänien (270 000) **34%**

Frankreich und Italien (70 000) **22%**

Jugoslawien (60 000) **80%**

Bulgarien **0%**

Griechenland (60 000) **81%**

Leningrad

Moskau

Stalingrad

Weitestes Vordringen der Achsenmächte im II. Weltkrieg

DER SPIEGEL

Schematische Darstellung der Eliminierung der europäischen Juden. Dieses Ziel Hitlers war selbst im Untergang des Dritten Reiches nahezu erreicht worden.

Daran änderte auch die Tarnsprache Heydrichs nichts, mit der er das Programm selbst vor dessen Exekutoren zu verharmlosen suchte. »Anstelle der Auswanderung«, so das Protokoll, »ist nunmehr als weitere Lösungsmöglichkeit nach entsprechender vorheriger Genehmigung durch den Führer die Evakuierung der Juden nach dem Osten getreten. Diese Aktionen sind jedoch lediglich als Ausweichmöglichkeiten anzusprechen, doch werden hier bereits jene praktischen Erfahrungen gesammelt, die im Hinblick auf die kommende Endlösung der Judenfrage von wichtiger Bedeutung sind.«[184] Dann deutete er, bürokratisch verklausuliert, den eigentlichen Zweck der Deportationen und den Zusammenhang von Arbeitseinsatz und Vernichtung an: »Unter entsprechender Leitung sollen im Zuge der Endlösung die Juden in geeigneter Weise im Osten zum Arbeitseinsatz kommen. In großen Arbeitskolonnen, unter Trennung der Geschlechter, werden die arbeitsfähigen Juden Straßen bauend in diese Gebiete geführt, wobei zweifellos ein Großteil durch natürliche Verminderung ausfallen wird. Der allfällig endlich verbleibende Restbestand wird, da es sich bei diesen zweifellos um den widerstandsfähigsten Teil handelt, entsprechend behandelt werden müssen.«[185]

Die bürokratische Terminologie diente nicht nur der internen Übereinkunft, mit der die Täter den ideologischen Massenmord für sich selbst erträglicher machen wollten, sie war zugleich auch Tarnung nach außen. Denn darüber war man sich einig: eine »Beunruhigung der Bevölkerung«[186] müsse vermieden werden. Worauf die verschiedenen »Lösungsmöglichkeiten« tatsächlich hinausliefen, hat Eichmann, technischer Organisator der Konferenz, vor dem Gericht in Jerusalem ausgesagt: »Es wurde von Töten und Eliminieren und Vernichten gesprochen.«[187] Die Errichtung von Vernichtungslagern im Generalgouvernement während der folgenden Monate beseitigt alle Zweifel über das, was am Wannsee gemeint war. Mittlerweile waren die Gaskammern voll einsatzbereit, die Vorbereitung für den industriellen Massenmord endgültig abgeschlossen.

Die gesamte Organisation der »Endlösung« einschließlich der Vernichtungsmethoden war auf Tarnung und Täuschung angelegt. Diesem Zweck diente auch die Einrichtung des »Altersghettos«, das Heydrich für Juden über 65 Jahre im nordböhmischen Theresienstadt auf derselben Besprechung ankündigte. Die »privilegierten« Opfer waren nach der SS-Terminologie nicht zu »evakuieren«, sondern zu »überstellen«. Dahinter verbarg sich ebenso wie hinter der harmlosen Angabe »Wohnsitzverlegung« keine andere Bestimmung als bei den anderen Deportierten. Alles war darauf angelegt, »das Gesicht« zu wahren.[188] Die »überstellten« Juden konnten sich mit fingierten Altersheim-Verträgen »auf Lebenszeit« in Theresienstadt einkaufen. Tatsächlich wurden sie damit ihres gesamten Vermögens beraubt. Die deutschen Dienststellen und das Ausland, die in einigen Fällen nach dem Schicksal der Evakuierten fragten, erhielten beruhigende Antworten. Nach sorgfältiger Tarnung mit Blumenkübeln wurde sogar einer Delegation des Internationalen Roten Kreuzes 1942 eine Besichtigung des Lagers gestattet. Tatsächlich war das Lager nichts anderes als eine Durchgangsstation zu den Vernichtungslagern. Von den 141 000 Juden, die in das »Vorzugslager« eingeliefert wurden, haben nur 23 000 überlebt. 33 000 starben in Theresienstadt, 85 000 in Auschwitz, Lublin, Minsk und Riga.

Der Täuschung diente auch die Anlage der Vernichtungslager selbst. Der Vorteil der Gaskammern lag, nach einer Weisung des Ostministeriums, in der Möglichkeit ihrer Geheimhaltung sowie in ihrer Vernichtungskapazität. SS-Obersturmführer Kurt Gerstein besichtigte das Lager Belzec im August 1942: »Ein eigener kleiner Bahnhof mit zwei Bahnsteigen liegt am Fuße des gelben Sandsteinhügels, unmittelbar nördlich der Straße und der Eisenbahnlinie Lublin – Lemberg. Südlich davon, in der Nähe der Landstraße, stehen einige Dienstgebäude, welche die Aufschrift tragen: ›Dienststelle Belzec der Waffen-SS‹. Neben dem kleinen Bahnhof stand eine große Baracke ›Garderobe‹ mit einem Schalter ›Wertsachen‹ sowie ein Raum mit 100 ›Friseurstühlen‹. Dann kam ein offener Gang von 150 m Länge, der zu beiden Seiten mit Stacheldraht eingefaßt war und Wegweiser mit der Aufschrift ›Zu den Bädern und Inhalationseinrichtungen‹ hatte. Vor uns lag ein Haus, das Badehaus, rechts und links standen große Betonblumentöpfe mit Geranien oder anderen Blumen. Nachdem man einige Stufen hinaufgestiegen war, traf man auf der rechten und der linken Seite auf je drei Räume, die wie Garagen aussahen, 4 auf 5 m, 1,90 m hoch.«

Am nächsten Morgen traf der erste Zug aus Lemberg ein: »45 Waggons mit 6700 Personen, von denen 1450 bei der Ankunft bereits tot waren. Hinter den kleinen mit Stacheldraht vergitterten Öffnungen sah man gelbe, verängstigte Kinder, Männer und Frauen ... Dann wurden durch einen großen Lautsprecher Anweisungen erteilt: Die Leute müssen sich im Freien – einige auch in der Baracke

- aller Kleidungsstücke entledigen und auch Prothesen und Brillen ablegen. Mit einem kleinen Stück Bindfaden, das ein kleiner vierjähriger Judenjunge reicht, müssen die Schuhe zusammengebunden werden. Alle Wertgegenstände und sämtliches Geld sind am Schalter für ›Wertsachen‹, ohne daß dafür eine Bescheinigung oder Quittung ausgestellt wird, abzugeben. Dann müssen die Frauen und Mädchen zum Friseur, wo ihnen mit ein oder zwei Schnitten die Haare gestutzt werden, die in großen Kartoffelsäcken verschwinden, ›um daraus etwas Besonderes für die U-Boote zu machen, Dichtungen und so weiter‹, erklärt mir der SS-Unterscharführer vom Dienst ... Männer, Frauen, Kinder, Säuglinge, Beinamputierte, alle nackt, vollkommen nackt, gehen an uns vorüber. In einer Ecke steht ein launenhafter SS-Mann, der diesen Armen mit salbungsvoller Stimme erklärt: Nicht das geringste wird euch passieren. Ihr müßt nur tief atmen, das stärkt die Lungen, diese Inhalation ist wegen der ansteckenden Krankheiten notwendig, es ist eine gute Desinfizierung. Auf die Frage nach ihrem Schicksal erklärt er ihnen: Die Männer werden natürlich arbeiten müssen, Straßen und Häuser bauen. Die Frauen brauchen jedoch nicht zu arbeiten. Sie können, lediglich wenn sie wollen, im Haushalt oder in der Küche helfen. Bei einigen dieser armen Menschen flackert noch einmal ein kleiner Hoffnungsschimmer auf, der dazu ausreicht, sie ohne Widerstand in die Todeskammern marschieren zu lassen. Die meisten wissen jedoch Bescheid, der Geruch verrät ihnen ihr Schicksal! Dann steigen sie die kleine Treppe hinauf und sehen die Wahrheit. Stillende Mütter mit dem Säugling an der Brust, nackt, zahlreiche Kinder jeden Alters, nackt; sie zögern, doch sie betreten die Todeskammern, die meisten wortlos, von den nachfolgenden geschoben, getrieben durch die Peitschenhiebe der SS-Männer ... Nach 2 Stunden 49 Minuten – die Stoppuhr hat alles registriert – läuft der Diesel an ... Nach 32 Minuten endlich ist alles tot.«[189]

Die Spuren des Mordes wurden anschließend durch jüdische Arbeitskommandos sorgfältig getilgt, die Leichen verbrannt. Ähnlich funktionierte das Vernichtungslager in Sobibor, dem 250 000 Juden aus Ost- und Westeuropa zum Opfer fielen. In Treblinka waren es noch mehr, 700 000 bis 800 000. Das größte Vernichtungszentrum war Auschwitz-Birkenau. Dort wurden durch das Blausäure-Präparat Zyklon B mindestens zwei Millionen Juden umgebracht, nach Schätzungen von Höß sogar drei Millionen. Nach den Erfolgsbilanzen von Eichmann wurden bis zum Sommer 1944 insgesamt sechs Millionen europäische Juden ermordet, davon vier Millionen in Vernichtungslagern.

Wir kennen die Ereignisse, die Zahl der Opfer und auch die möglichen Zusammenhänge, die zur »Endlösung« geführt haben. Wir wissen, daß der Völkermord an den europäischen Juden nicht möglich war ohne das direkte oder indirekte Mitwirken einer Vielzahl von Behörden, Organisationen und Dienststellen, mithin einer großen Zahl von Menschen. Sie waren nicht Teil einer Massenbewegung zur Ausrottung des Judentums, wohl aber Elemente von unterschiedlichen Bürokratien, die der Vernichtung zwar gleichgültig gegenüberstanden, aber sich einer Führungsclique und letztlich einem Führer unterworfen hatten, der von einem ideologisch-pathologischen Vernichtungsdrang getrieben wurde.

Wir wissen auch, daß der Genozid nicht möglich war ohne »die Hinnahme des zumindest dunkel geahnten grauenhaften Geschehens durch die Masse der Bevölkerung«.[190] Zwar blieben Ausmaß und Einzelheiten der Ausrottung der Juden während des Krieges unbekannt, aber die Tatsache der Vernichtung hätte bekannt sein können. Doch die wenigsten wagten es, die Hinweise weiter zu verfolgen und zu Ende zu denken. Informationen oder Bruchstücke davon, dunkle Vermutungen und Gerüchte gab es genug: die Deportationen der Juden spielten sich in aller Öffentlichkeit unter Beteiligung der örtlichen Polizei und Behörden ab; der Abtransport der Juden nach Osten war bekannt; Hunderttausende von Fronturlaubern aus Rußland berichteten zumindest über Massenerschießungen. Auch die düsteren Prophezeiungen und Andeutungen, die Hitler in öffentlichen Reden und Proklamationen mehrfach machte, wurden von der Bevölkerung wahrgenommen und gedeutet.

Ein SD-Bericht vom 2. Februar 1942 gab die Reaktion der Bevölkerung auf die berüchtigte Rede vom 30. Januar wieder: »Die erneute Anprangerung des Judentums und die Herausstellung des alttestamentarischen Satzes: ›Auge um Auge und Zahn um Zahn‹ wurden dahingehend gedeutet, daß der Kampf des Führers gegen das Judentum mit unerbittlicher Konsequenz zu Ende geführt und schon bald der letzte Jude vom europäischen Boden vertrieben werde.«[191] Die Parteikanzlei sah sich im Oktober 1942 schließlich veranlaßt, eine interne Sprachregelung an die Gau- und Kreisleiter herauszugeben, da »im Zuge der Arbeiten an der Endlösung der Judenfrage ... neuerdings innerhalb der Bevölkerung in verschiedenen Teilen des Reichsgebietes Erörterungen über ›sehr scharfe Maßnahmen‹ gegen Juden besonders in den Ostgebieten angestellt« werden.[192]

Es war ein eingeübter Verdrängungsmechanismus, mit dem die meisten auf das offene Geheimnis reagierten, so wie sie in anderen Fällen auch auf die Nachrichten von Gewalt und Terror reagierten, zumal wenn es den vermeintlichen Feind betraf. Und als solchen hatte die nationalsozialistische Propaganda »den« Juden lange genug herausgestellt. Doch neben allen Verdrängungen und Scheinrechtfertigungen war und blieb der Vorgang selbst ebenso präzedenzlos wie letztlich unvorstellbar. Es ist die Gleichzeitigkeit völlig ungleichzeitiger Phänomene, eines »messianischen Fanatismus und bürokratischer Strukturen, von pathologischen Handlungsantrieben und administrativen Erlassen, von archaischen Denkweisen in einer hochentwickelten Industriegesellschaft«,[193] die das Begreifen erschwert. Das gilt für die Zeitgenossen wie für die Nachgeborenen.

5. Wirtschaft und Gesellschaft im totalen Krieg

Während das nationalsozialistische Regime im Krieg seinen ganzen Vernichtungswillen entfaltete und mit dem Entschluß zur »Endlösung« der Judenfrage noch einen zusätzlichen Kriegsschauplatz eröffnete, war es darum bemüht, der eigenen Bevölkerung möglichst wenig Opfer zuzumuten. So viel Normalität wie möglich, so viel Krieg wie nötig, das war die Devise zumindest der ersten Kriegsjahre. Aber auch nach der Wende 1941/42 konnte sich das Regime nur zögernd und schubweise zur totalen Mobilisierung seiner wirtschaftlichen Kräfte entschließen, ganz im Unterschied nicht nur zur Sowjetunion, sondern auch zum demokratischen Großbritannien.

»Ein November 1918 wird sich niemals mehr in der deutschen Geschichte wiederholen«, hatte Hitler in seiner Reichstagsrede vom 1. September 1939 versichert.[194] Das bezog sich auf die Kriegführung wie auf die Innenpolitik. Weder eine Kapitulation noch eine Revolution wie 1918 sollte es geben. Die ständige Furcht vor einer revolutionären Situation, vor Unzufriedenheit, mangelnder Arbeitsmoral, Streiks und inneren Unruhen äußerte sich auf doppelte Weise: in der Rücksichtnahme auf die materiellen und zivilisatorischen Grundbedürfnisse der Deutschen wie in der zunehmenden Einschüchterung durch Überwachung, Terror und Propaganda. Das eine war die Ergänzung des anderen. Soziale Zugeständnisse und brutale Gewalt ergänzten einander.

Der nationalsozialistischen »Kriegswirtschaft in Friedenszeiten« folgte 1939 eine »friedensähnliche Kriegswirtschaft«. Das hatte mehrere Gründe: die »Wehrwirtschaft« des Regimes schien wesent-

Staatslotterie 1941

Während der ersten Kriegsjahre suchte man im Rausch der Erfolge selbst mit heiteren Darbietungen die immensen Kriegskosten aufzubringen. »Staatslotterien« wurden in allen größeren Städten des Reiches abgehalten.

Wie aus dem Ei gepellt
bin Ich, die Pellkartoffel, rundlich, glatt,
ohne Schälverluste bei vollem Nährwert.
Schälverluste sind vergeudetes Volksnahrungsgut. – Haushalten ist die Parole!
Daher:

Nur Pellkartoffeln

Wöchentliche Lebensmittelrationen eines »Normal-Verbrauchers«* in Gramm

*»Unproduktive« wie Angestellte,
Hausfrauen

liche Forderungen des Krieges schon im Frieden erfüllt zu haben. Der Staat besaß bereits wirksame Instrumente zur Lenkung der Investitionen, Rohstoffe und Arbeitskräfte wie zur Kontrolle von Preisen und Löhnen. Auch Verordnungen zur Bewirtschaftung der Verbrauchsgüter lagen in den Schubladen bereit und wurden mit Kriegsbeginn schrittweise eingesetzt. Zunächst gab es lediglich Fleisch, Fett, Butter, Käse, Vollmilch, Zucker und Marmelade nur noch auf Lebensmittelkarten, bald auch Brot und Eier. Das führte zu empfindlichen Einschränkungen und zum Rückgriff auf Kartoffeln, Hülsenfrüchte und Mehl. Doch die Ernährung war einstweilen gesichert. Auch die Vorräte an Rohstoffen – Achillesferse der deutschen Wehrwirtschaft – reichten für eine Kriegsdauer von einem Jahr.

Zeitpunkt	Brot	Fleisch	Fett
Ende September 1939	2 400	500	270
Mitte April 1942	2 000	300	206
Anfang Juni 1943	2 325	250	218
Mitte Oktober 1944	2 225	250	218
Mitte März 1945	1 778	222	109

Zudem beanspruchten die raschen Erfolge der »Blitzkriege« das wehrwirtschaftliche Potential kaum, und, was für die Zukunft wichtiger war, die Eroberungen und veränderten politischen Konstellationen erlaubten die rasche Ergänzung und Entlastung der Rohstoffversorgung wie des Arbeitsmarktes.

Bereits bei Kriegsbeginn war die Rohstoffabhängigkeit durch einen intensiveren Handel mit den südosteuropäischen Staaten gemildert. Ein Wirtschaftsabkommen mit der UdSSR, Folge des Nichtangriffspaktes vom 23. August 1939, brachte eine noch größere Entlastung. Die Sowjets lieferten dem Nazi-Reich bis zum Sommer 1941 große Mengen an Futtergetreide, Hülsenfrüchten, Erdöl, Baumwolle und Erz. Auf dem Transit durch die Sowjetunion gelangten andere lebenswichtige Importe nach Deutschland.

Die Siege öffneten den Weg zu früheren Handelspartnern und zwangen die besetzten Länder zu verstärkten Lieferungen an Rohstoffen und Lebensmitteln. Schweden, Norwegen, Frankreich, Spanien und Nordafrika deckten den Bedarf an Eisenerzen fast vollständig, mit Abstrichen galt das auch für andere Rohstoffe. Dänemark, Frankreich und die Niederlande mußten ihre Nahrungsmitteleinfuhren in das Deutsche Reich verdreifachen. Ernsthafte Versorgungsprobleme gab es in Deutschland bis 1944 nicht mehr. Hinzu kam, daß die deutschen Armeen aus den besetzten Ländern ernährt wurden, was kein Land so hart traf wie Rußland.

Nur im Frühjahr 1942 wurde die Versorgungslage kritisch, so daß im April die erste spürbare Kürzung der Rationen seit Kriegsbeginn notwendig wurde. Die Wochenration pro Kopf wurde bei Brot von 2250 auf 2000 Gramm, bei Fleisch von 400 auf 300 Gramm, bei Fett von 269 auf 206 Gramm reduziert. Im Juni wurden auch die Kartoffeln rationiert, was die Lage weiter verschärfte. Sofort registrierten die geheimen SD-Berichte aus allen Teilen des Reiches einen merklichen Stimmungsumschwung. Die Herabsetzung der Lebensmit telkartenzuteilungen habe »große Enttäuschungen ausgelöst und insbesondere in Arbeiterkreisen zu einer nicht unbeträchtlichen Beunruhigung geführt ... Die Stimmung in diesen Bevölkerungskreisen sei auf einem im Verlauf des Krieges bisher noch nicht festgestellten Tiefpunkt angelangt«.[195] Doch die neue Ernte und vor allem eine verstärkte Ausbeutung der besetzten Gebiete, die durch den Vormarsch in Rußland zudem beträchtlich erweitert waren, erlaubten im Herbst und auch im folgenden Jahr eine schrittweise Erhöhung der Rationen für Fleisch und Brot, so daß Ende 1943 »die Arbeiter im allgemeinen nicht schlechter genährt [waren] als im ersten Kriegsjahr«.[196]

Nur die rücksichtslose Besatzungs- und Ausbeutungspolitik, die besiegte Völker notfalls dem Hunger preisgab, sicherte dem Deutschen Reich und seiner Bevölkerung so lange eine ausreichende Versorgung mit Rohstoffen und Nahrungsmitteln. Ohne das Millionenheer deportierter »Fremdarbeiter« und Kriegsgefangener hätte sich überdies die landwirtschaftliche und industrielle Produktion nicht aufrechterhalten lassen, es sei denn, man hätte sich zu der totalen Mobilisierung aller Arbeitskräfte bereit gefunden. Das aber wollten die nationalsozialistischen Machthaber aus ideologischen wie machtpolitischen Gründen vermeiden. So schuf der Zustrom ausländischer Zwangsarbeiter und Gefangener nicht nur Ersatz für diejenigen Beschäftigten, die an der Front dienten, sondern bot ein Reservoir an billigem »Menschenmaterial«, das immer wieder neue und zusätzliche Arbeitskräfte für die Rüstungsindustrie bereitstellte.

Knapp sieben Millionen Zivilarbeiter wurden im Verlauf des Krieges nach Deutschland gebracht, davon kamen rund vier Millionen aus der UdSSR, über eine Million aus Polen, die anderen aus Frankreich, Belgien, den Niederlanden und Italien. Erhielten die Ausländer aus »Freundstaaten« noch Verträge, die ihren Aufenthalt regelten und auch die Ausreise ermöglichten, so waren die Zwangsarbeiter aus den »Feindstaaten« in ihrem Status von den Kriegsgefangenen kaum zu unterscheiden. Das galt besonders für die »Ostarbeiter«. Sie standen außerhalb jeden Rechts und konnten, sofern sie sich mißliebig machten, in Konzentrationslager eingewiesen werden. Auf das Existenzminimum beschränkt, fristeten sie in der Regel ein Helotendasein bei Schwerstarbeit in Steinbrüchen, auf Baustellen oder in der Landwirtschaft. Wie wenig die Machthaber das Leben dieser »slawischen Untermenschen« schätzten, beweist eine Erklärung des »Generalbevollmächtigten für den Arbeitseinsatz« Fritz Sauckel: »Diese sind mir so gleichgültig wie irgend etwas, und wenn sie sich das geringste Vergehen im Betrieb zuschulden kommen lassen, dann bitte sofort Anzeige an die Polizei, aufhängen, totschießen! Das kümmert mich gar nicht! Wenn sie gefährlich werden, muß man sie auslöschen.«[197]

Bald wurden die Arbeitssklaven verstärkt in der Industrie eingesetzt, wo sie dringend benötigt wurden und zudem leichter überwacht werden konnten. 1944 stammte gut ein Fünftel aller zivilbeschäftigten Arbeitskräfte aus dem Reservoir der »Fremdarbeiter« und Kriegsgefangenen. In der Landwirtschaft lag ihr Anteil bei 44 Prozent, im Maschinenbau bei 28, in der chemischen

Die deutsche Organisation, die selbst Weihnachtsschmuck und Hundefutter rationierte, hielt die bürgerliche Normalität bis in die Monate der Katastrophe hin aufrecht. Nichts scheute Hitler so wie Mißstimmung an der Heimatfront, denn die Hungerrevolte der großen Streiks von 1917 und die Marinerevolte von 1918 waren zum Trauma seines Lebens geworden.

Industrie bei 26 Prozent. Jeder vierte Panzer, Lastwagen und Granatwerfer war 1944, statistisch gesehen, von einem ausländischen Zwangsarbeiter angefertigt. Nur dank ihres Einsatzes war es möglich, daß das größte Arbeitskräftereservoir relativ ungenutzt blieb, daß die deutschen Frauen, die bisher nicht berufstätig waren, nicht in die Fabrikhallen der Rüstungsbetriebe einrücken mußten.

Auch in der Steuer- und Sozialpolitik konnte das Regime sich nur zu halbherzigen Maßnahmen entschließen. Auf Bier, Tabak, Branntwein und Schaumwein wurde ein Kriegszuschlag erhoben, die Einkommenssteuer oberhalb einer Freigrenze von 234 Reichsmark mit einem Zuschlag von 50 Prozent belastet. »Gemessen an den Notwendigkeiten der Kriegsfinanzierung war dies wenig.«[198] Nicht durch öffentliche Kriegsanleihen wie im Ersten Weltkrieg, sondern auf dem geräuschlosen Weg der Kreditbeschaffung wurde mehr als die Hälfte des Geldbedarfs gedeckt. Hinzu kamen die Tribute aus dem Protektorat wie die Besatzungskosten aus den unterworfenen Gebieten. Auch die Arbeiterschaft wollte man nur wenig belasten. Statt eines ursprünglich vorgesehenen Lohnabbaus beschränkte man sich auf den Lohnstopp und die Aussetzung aller Zuschläge für Mehrarbeit sowie Feiertags- und Nachtarbeit. Im

DAS REICH

30 PFENNIG

Nr. 14 JAHR 1943 * DEUTSCHE WOCHENZEITUNG * BERLIN 4. APRIL

NOTWEHR DES ABENDLANDES

November 1939 wurden selbst diese Einschränkungen wieder zurückgenommen. Auch Urlaub wurde wieder gewährt. Robert Ley, der Reichsleiter der Deutschen Arbeitsfront, meldete triumphierend: »... nur ein Bruchteil der Vollmachten brauchte ausgenützt zu werden«.[199]

Selbst die Umstellung von der Verbrauchsgüter- auf die Rüstungsgüterproduktion vollzog sich auffallend langsam. Noch 1943 erreichte man den Stand des Jahres 1938, erst 1944 fiel der Index deutlich. Nur die Qualität der Produkte ging merklich zurück. Auch als der Blitzkrieg vor Moskau gescheitert war und sich das Regime auf einen langen Abnutzungskrieg gegen einen wirtschaftlich überlegenen Gegner einstellen mußte, sorgte die Ausbeutung der eroberten Gebiete in bezug auf Rohstoffe und Arbeitskräfte dafür, daß die deutsche Wehrwirtschaft nicht zusammenbrach, daß Ernährung und Versorgung bis 1944 gesichert waren. Wie wichtig die ausländischen Rohstoffe waren, zeigt der Verlust der rumänischen Erdölquellen im August 1944. Allen Anstrengungen zum Trotz war die synthetische Treibstofferzeugung weit davon entfernt, auch nur annähernd Ersatz zu schaffen. Der Krieg war nach dem Urteil Todts und Speers unter wehrwirtschaftlichem Gesichtspunkt damit bereits 1942 verloren.

Den totalen Krieg, die Mobilisierung aller Kräfte und Reserven, hatten die Nationalsozialisten vermeiden wollen; die Wende des Krieges zwang sie zum Kurswechsel. Jede Niederlage brachte sie, bei allem Zögern, ein Stück weiter zur Totalisierung des Krieges. Aber auch nach der Katastrophe von Stalingrad war Goebbels' Proklamation des totalen Krieges vom 18. Februar 1943 mehr Absicht als Wirklichkeit.

Seit dem Rückschlag vor Moskau hatte man damit begonnen, die Wirtschaft auf die Erfordernisse einer Kriegswirtschaft umzustellen.

Demonstration des neuen »Tigers«, 1943

Angesichts der Kriegswende ging man auf persönlichen Befehl Hitlers an die Entwicklung von Fernbombern und Schwerstpanzern, die in dieser Phase des Krieges beide von den militärischen Fachleuten für unzweckmäßig und überflüssig gehalten wurden. Weder der Superpanzer »Maus« noch die interkontinentalen Bomber zum Luftkrieg gegen die USA kamen über Prototypen hinaus, vor allem da ständig neue Direktiven Hitlers die Entwicklung neuer Waffen immer wieder um Jahre zurückwarfen.

Albert Speer, 1931 mit 28 Jahren zur Partei gestoßen, wurde nach dem frühen Tod Troosts der eigentliche Baumeister des Dritten Reiches, weit über seinen offiziellen Titel »Generalinspekteur für die geplante Neugestaltung Berlins« hinaus. Der begabte Lieblingsassistent Tessenows entwickelte einen Neoklassizismus, der auf dem oberen Niveau der gleichzeitigen europäischen Tendenzen lag; auf der Pariser Weltausstellung 1937 erhielt Speer die Goldene Medaille. Nach dem Molotow-Ribbentrop-Pakt erbat Stalin eine Ausstellung seines Werkes im Kreml, was Hitler allerdings untersagte, da man seinen Lieblingsarchitekten möglicherweise in Moskau festhalten und ihn zwingen werde, Staatsarchitektur für die Sowjetunion zu errichten. Nach dem Tode Todts 1942 ernannte Hitler den zufälligerweise gerade im Führerhauptquartier anwesenden Speer zu dessen Überraschung zum Reichsminister für Bewaffnung und Munition. Das organisatorische Improvisationsgenie Speers, der die Reorganisationspläne Todts weiterführte und auf Rathenaus Produktionsformen aus der Zeit des Ersten Weltkrieges zurückgriff, bewährte sich tatsächlich in einer extremen Steigerung der Rüstungsproduktion, die unmittelbar vor dem endgültigen Untergang im Herbst 1944 auf dem Höhepunkt des Luftkrieges ihren Zenit erreichte.

Als Instrument dazu diente das 1940 geschaffene Ministerium für Bewaffnung und Rüstung, dessen Zuständigkeiten schrittweise erweitert wurden. Zwei Konsequenzen zog Minister Fritz Todt, und sein Nachfolger Albert Speer folgte ihm seit dem Februar 1942 darin: Konzentration und Rationalisierung der Rüstungsproduktion sowie die Stärkung der Selbstverwaltung der Wirtschaft, was die Effizienz der Rüstungswirtschaft fördern sollte. Damit setzte sich die Verflechtung privater und staatlicher Lenkungsapparate, ein Charakteristikum der Organisation des Vierjahresplanes, weiter fort und gab der Großindustrie verstärkte wirtschaftspolitische Verantwortung. Fünf Ausschüsse zur Lenkung der Produktion richtete Todt bereits Ende 1941 ein, jeweils unter Leitung eines führenden Industriellen: den Hauptausschuß für Munition, für Panzerwagen und Zugmaschinen, für Waffen, für allgemeines Wehrmachtsgerät und für Maschinen.

Speer ergänzte das System der Ausschüsse, die bislang nur für die Endfertigung zuständig waren, durch ein System von Ringen, die die Produktion der wichtigsten Zulieferprodukte lenkten. Auch das System der »Selbstverwaltung der Industrie« führte er fort wie den Gedanken, die Produktion in den »Bestbetrieben« zu konzentrieren, den Betrieben mit der rationellsten Fertigung also. Dazu richtete er Rationalisierungskommissionen ein, die über den rationellen Einsatz von Rohstoffen, Arbeitskräften und Energie wachten sowie die Typisierung und Normierung der Produkte vorantrieben.

Seine Immediatstellung bei Hitler erlaubte es Speer, auch beträchtliche Schritte zur Koordination der Kriegswirtschaft zu unternehmen und die noch unabhängige Marine- und Luftwaffenrüstung seiner Kontrolle zu unterstellen. Zudem hatte er sich das Wehrwirtschaftsamt des OKW unter General Thomas als Mittelinstanz unterstellt. Seit dem September 1943 konnte sich Speer Reichsminister für Rüstung und Kriegsproduktion nennen und ein Zentrales Planungsamt im Ministerium einrichten. Mit dem Mut zur Improvisation, einer gewissen unbürokratischen Großzügigkeit und unterstützt von dem besonderen Vertrauen Hitlers, lenkte der achtunddreißigjährige Architekt, der in Verwaltungs- und Regierungsaufgaben bis 1942 ziemlich unerfahren war und bis dahin auch keine einzige politische Rede gehalten hatte, nun die deutsche Kriegswirtschaft. Sein Einfluß, der bisher fast ausschließlich aus der engen persönlichen Beziehung zu Hitler herrührte, gründete sich bald auch auf den Respekt vor der organisatorischen Leistung des Rüstungsministers.

Als »genialen Architekten« hatte Hitler Speer schon frühzeitig anerkannt und bald ihm gegenüber jenes Mißtrauen abgelegt, das er sonst gegenüber Menschen bürgerlicher Herkunft hegte. Speer später selbst: »Wenn Hitler Freunde gehabt hätte, dann wäre ich sein Freund gewesen.«[200] Speer stammte aus einer alten Baumeisterfamilie; er hatte sich bereits 1931 der NSDAP angeschlossen, der er bald einige kleinere Bauaufträge verdankte. Durch Zufall erhielt er die Möglichkeit, einen Entwurf für die Ausstattung der Großkundgebung zum 1. Mai 1933 auf dem Tempelhofer Feld anzufertigen. Dieser Entwurf entsprach ziemlich genau die Propagandavorstellungen und Stimmungen seiner Auftraggeber, und damit begann sein Aufstieg zum Architekten des Nationalsozialismus; er prägte den Stil der nationalsozialistischen Massenfeiern und realisierte Hitlers Architekturträume.

Speer verstand sich als unpolitischer Fachmann und hatte sich stets den Machtkämpfen und Aufdringlichkeiten des Regimes entzogen. Das entsprach durchaus der »traditionellen antigesellschaftlichen Gleichgültigkeit«[201] von Künstlern und Technikern. Auch sein neues Amt als Reichsminister gedachte er als Technokrat zu führen, ganz im Sinne jener jüngeren Führungsgeneration, die im Staat Adolf Hitlers hinter der Garde der Alten Kämpfer allmählich nachrückte. Bald sollte sich jedoch zeigen, daß sich weder die Machtkämpfe im polykratischen Dschungel des Führerstaates umgehen ließen, noch das technokratische Argument sich angesichts der Radikalisierung des untergehenden Regimes aufrechterhalten ließ.

Mit unkonventionellen Vorstellungen und Methoden ging Speer 1942 daran, die Beamtenhierarchie durch eine Gruppe von relativ unabhängigen Fachleuten zu ersetzen, die sich weniger durch Gesinnung als durch Initiative und Sachkenntnis auszeichneten. Entscheidend war die Stärkung der industriellen Selbstverwaltung, die nun über das »Wie« der Produktion mitzubestimmen hatte.

Hitler und Albert Speer

»Jetzt gab es wieder Gremien, in denen diskutiert, Mängel und Fehlgriffe aufgedeckt und ihre Beseitigung besprochen werden konnte.«[202] Was Speer halb ironisch als »Parlamentarisierung« darstellte, offenbarte die Schwächen eines autoritären Lenkungsapparates, der zudem durch rivalisierende Kompetenzen blockiert werden konnte.

Doch so beeindruckend die Leistungssteigerung bei der Rüstungsproduktion war, die Erfolge in der Koordination der Zuständigkeiten waren eher bescheiden und nur temporär. Der Ausstoß an Rüstungsgütern hatte sich von Anfang 1942 bis Mitte 1944 mehr als verdreifacht und das trotz wachsender Zerstörung der Industrieanlagen durch Luftangriffe. Auch die Alliierten waren von dieser Leistungssteigerung, die ihren Höhepunkt im August 1944 erreichte, überrascht. Denn sie hatten sich von Hitlers Propaganda verführen lassen und angenommen, daß Deutschland schon vor Kriegsbeginn zur totalen Kriegswirtschaft übergegangen sei.

Das Chaos der Kompetenzen blieb und wurde von Hitler nicht geändert. Das Wehrwirtschafts- und Rüstungsamt wachte weiterhin eifersüchtig über seine Aufgaben, auch wenn es Speer untergeordnet war. Umgekehrt blieb Speer als »Generalbevollmächtigter für Rüstungsaufgaben im Vierjahresplan« dem Wirtschaftsdiktator Hermann Göring formell unterstellt, der sich seinerseits als Oberbefehlshaber der Luftwaffe Speers Vollmachten im Bereich der Luftwaffenrüstung entzog. Noch eigenmächtiger und für Speers Stellung auch immer bedrohlicher entfaltete Sauckel seine Vollmachten für den Arbeitseinsatz, bis er schließlich zusammen mit dem mächtigen »Sekretär des Führers« Martin Bormann an der Jahreswende 1944/45 den Organisator der Rüstungswirtschaft immer mehr in den Hintergrund drängte.

Begleitet wurde die Rationalisierung der Kriegswirtschaft von einer Mobilisierung aller Bereiche der Gesellschaft mit dem Ziel, möglichst viele Arbeitskräfte und Soldaten bereitzustellen. Fritz Sauckel hatte kurz nach seiner Ernennung zum Generalbevollmächtigten für den Arbeitseinsatz im März 1942 die »totale Erfassung der deutschen Arbeitskräfte« wie die »Hereinnahme fremder Arbeitskräfte zur dringendsten Notwendigkeit«[203] erklärt. Zunächst trieb er in den berüchtigten »Sauckelaktionen« immer mehr ausländische Arbeiter mehr oder weniger gewaltsam nach Deutschland. Doch Krieg und Rüstungswirtschaft verschlangen immer mehr Menschen, so daß seit der Katastrophe von Stalingrad die Mobilisierung aller deutschen Kräfte unausweichlich wurde. »Der Bedarf an Kräften für Aufgaben der Reichsverteidigung macht es notwendig, alle Männer und Frauen, deren Arbeitskraft für diese Zwecke nicht oder nicht voll ausgenutzt ist, zu erfassen und ihre Leistungsfähigkeit entsprechend zum Einsatz zu bringen. Das Ziel ist, die wehrfähigen Männer für den Fronteinsatz frei zu machen«, ließ Hitler in einem Geheimerlaß vom 13. Januar 1943 anordnen.[204] Die Lücken an der Front sollten aus dem Potential der etwa 5,2 Millionen »unabkömmlich« gestellten Männer gefüllt werden, dafür sollten neue Arbeitskräfte durch verstärkte Frauenarbeit und durch Umschichtungen gewonnen werden. Die Stillegaktionen von nicht kriegswichtigen Betrieben und Behörden setzten zusätzlich 161 000 Arbeitskräfte frei, die aber ebenfalls nicht vollständig in der Rüstungswirtschaft eingesetzt werden konnten.

Die Bilanz der Mobilisierung war mager, vor allem die Ausweitung der Frauenarbeit scheiterte. Speer mahnte in einer Denkschrift vom 12. Juli 1944: »Wir dürfen uns jedoch unter keinen Umständen auf diese ausländischen Arbeitskräfte allein verlassen, sondern müssen bereits jetzt rücksichtslos und mit aller Schärfe jede innerdeutsche Maßnahme ergreifen, die geeignet ist, die deutsche

Die deutsche Industrieproduktion, 1939-1944

*Mengenindex

Jahr	Insgesamt	Waffen u. Gerät	Konsumgüter	Wohnungsbau*
1939	100	100	100	100
1940	97	176	95	53
1941	99	176	96	36
1942	100	254	86	23
1943	112	400	91	–
1944	110	500	86	14

Mobilisierung der Arbeitskräfte im Deutschen Reich einschließlich Österreich, Sudeten- und Memelgebiet (in Mill.), 1939-1944

Jahr	Arbeitskräfte				Wehrmacht			Gesamtzahl der erfaßten Deutschen	Gesamtzahl der Arbeitskräfte	Gesamte aktive Kräfte
	Deutsche			Ausländer und Kriegsgefangene	insges. einberufen	Kumulierte Verluste	Aktivbestand			
	Männer	Frauen	zus.							
1939 (Ende Mai)	24,5	14,6	39,1	0,3	1,4	–	1,4	40,5	39,4	40,8
1940 –	20,4	14,4	34,8	1,2	5,7	0,1	5,6	40,5	36,0	41,6
1941 –	19,0	14,1	33,1	3,0	7,4	0,2	7,2	40,5	36,1	43,3
1942 –	16,9	14,4	31,3	4,2	9,4	0,8	8,6	40,7	35,5	44,1
1943 –	15,5	14,8	30,3	6,3	11,2	1,7	9,5	41,5	36,6	46,1
1944 –	14,2	14,8	29,0	7,1	12,4	3,3	9,1	41,4	36,1	45,2
1944 (Ende Sept.)	13,5	14,9	28,4	7,5	13,0	3,9	9,1	41,4	35,9	45,0

Rüstung zu verstärken und gleichzeitig darüber hinaus deutsche Soldaten für die Front frei zu machen.«[205] Am 25. Juli 1944, fünf Tage nach dem fehlgeschlagenen Staatsstreich, wurde noch einmal der totale Krieg ausgerufen. Speer, Goebbels und Himmler zeichneten für einen letzten Mobilisierungsschub verantwortlich, der überdies mit ihrer weiteren Machtsteigerung einherging. Goebbels wurde zum »Reichsbevollmächtigten für den totalen Kriegseinsatz« ernannt und sollte den gesamten Verwaltungsapparat durchkämmen, um das »Höchstmaß von Kräften für die Wehrmacht und Rüstung frei zu machen«;[206] Himmler legte als neuer Oberbefehlshaber des Ersatzheeres nicht nur seine Hand jetzt auch auf die Wehrmacht, sondern er wollte auch in Heer, Waffen-SS und der »Organisation Todt« Kräfte einsparen für den letzten Einsatz. »Aktion Heldenklau« nannte der Volksmund die hektischen und mitunter planlosen Auskämmaktionen, die noch einmal Tausende an die Front schickten. Diejenigen, die für die Kriegswirtschaft freigestellt wurden, konnten dort manchmal kaum noch Aufnahme finden, da sie sich mittlerweile im Zustand der allmählichen Auflösung befand.

Der totale Krieg fand nur bedingt statt. Gleichwohl wurde der Krieg zum Motor wirtschaftlicher und gesellschaftlicher Modernisierung. Das geschah eher ungewollt als gewollt, eher aus der Notwendigkeit, die kriegswirtschaftliche Leistungsfähigkeit und die militärische Schlagkraft zu steigern beziehungsweise den Durchhaltewillen der Bevölkerung zu stützen, denn aus programmatisch-weltanschaulichen Zielsetzungen. Indem das revolutionäre Regime auf Rationalität und Modernität setzte, beschleunigte es die kapitalistische Organisation der Produktion. Das verstärkte die Konzentration der Unternehmen, trieb immer mehr Arbeitskräfte vom Kleingewerbe in die Großindustrie und beschleunigte den sozialen Wandel. Die staatliche Lenkung des Arbeitseinsatzes setzte sich über traditionelle Berufsschranken und die räumliche Enge des Arbeitsmarktes hinweg.

Begleitet wurde dieser Schub zu einer größeren interregionalen

Rüstungsbetrieb unter Tage

U-Boot-Bunker »Valentin«, 1944

In der letzten Phase des Krieges, als sich abzeichnete, daß der Luftkrieg endgültig verloren war, suchte man Produktionsstätten und Militäranlagen unter die Erde oder zumindest unter Beton zu bringen. Die Raketenwaffe V2, mit der man das Kriegsglück in letzter Minute zu wenden hoffte, sollte in unterirdischen Werken in den Mittelgebirgen gefertigt werden. In den allerletzten Monaten des Krieges entwickelte Himmler in Dilettantenmanier abenteuerliche Pläne, große Teile der Rüstungsindustrie auf den Grund der Seen zu verlegen, wozu deren Wasser ausgepumpt oder abgeleitet werden sollte, um nach der Fertigstellung der Rüstungswerke wieder geflutet zu werden. Da Himmler Speer nicht zutraute, so weit ausgreifende Zukunftspläne zu verwirklichen, übertrug er die Planungen seinen eigenen SS-Dienststellen. In diesen Wochen, als die gesamte Treibstoffindustrie der Restgebiete des Deutschen Reiches zusammengebrochen war, entwickelte er auch den Plan, aus Tannenwurzeln künstliches Benzin zu gewinnen, da Tannenwurzeln sehr harzhaltig seien.

Der Krieg war für Hitler rüstungswirtschaftlich bereits endgültig verloren, als der russische Blitzkrieg im Winter 1941 vor Moskau scheiterte, und Hitler scheint das nach der Aussage seines Generalstabschefs Jodl vor dem Nürnberger Tribunal auch sofort gesehen zu haben. Speers Bericht zufolge war es in der Nacht vor seinem tödlichen Absturz zu einem heftigen Zusammenstoß zwischen Rüstungsminister Todt und Hitler gekommen, als Todt Zahlen über die feindliche Waffenproduktion vorlegte und den Schluß zog, daß der Krieg militärisch nicht mehr zu gewinnen war. Der Krieg ging noch Jahre weiter, weil Hitler auf ein Wunder hoffte – sei es in Gestalt eines Auseinanderfallens der feindlichen Koalition, sei es die Ausblutung der Russen, seien es ganz zuletzt deutsche Wunderwaffen: ein verzweifelt festgehaltenes Hoffen bis in die Bunkertage hinein.

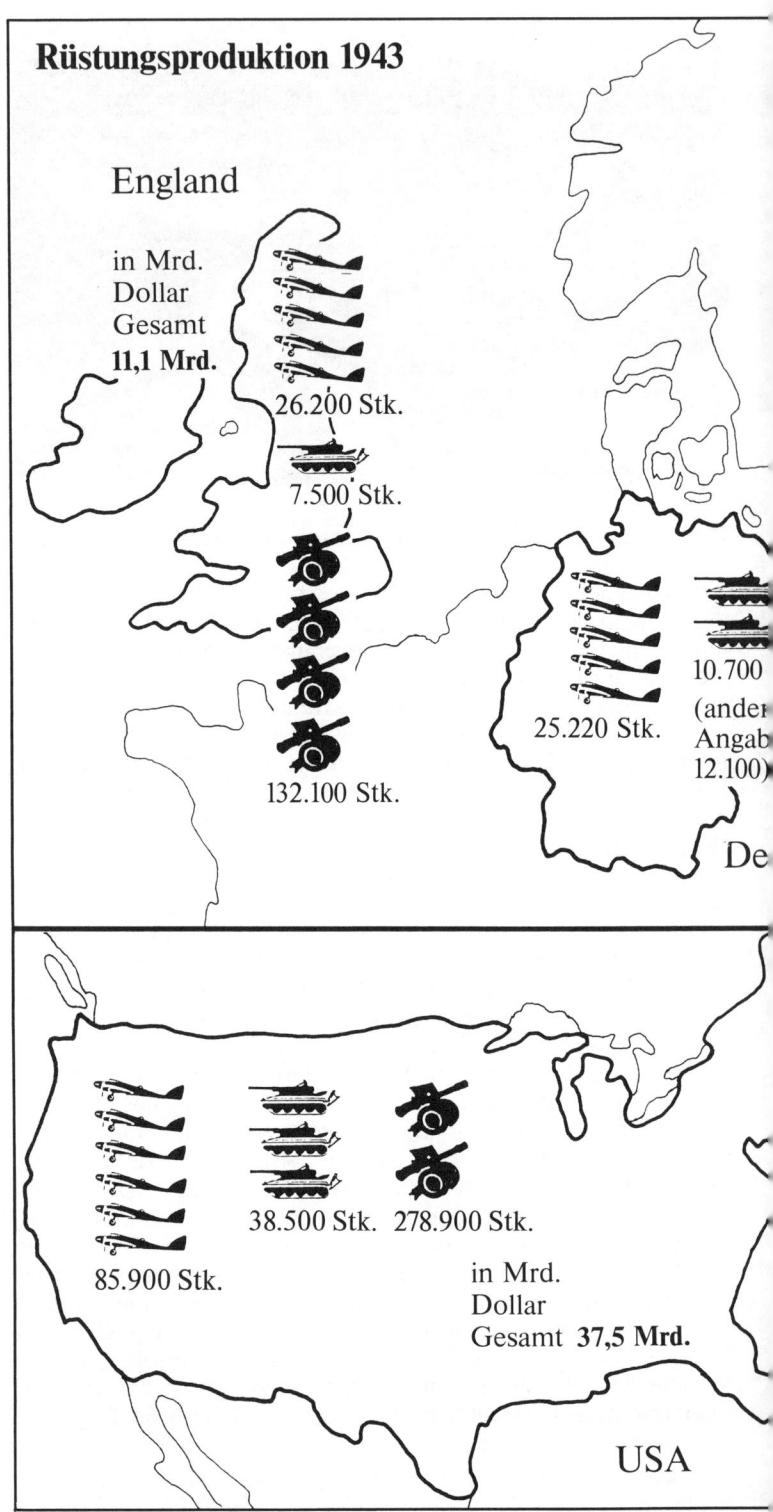

Rüstungsproduktion 1943

England

in Mrd.
Dollar
Gesamt
11,1 Mrd.

26.200 Stk.

7.500 Stk.

132.100 Stk.

25.220 Stk.

10.700
(ander
Angab
12.100)

De

38.500 Stk.   278.900 Stk.

85.900 Stk.

in Mrd.
Dollar
Gesamt **37,5 Mrd.**

USA

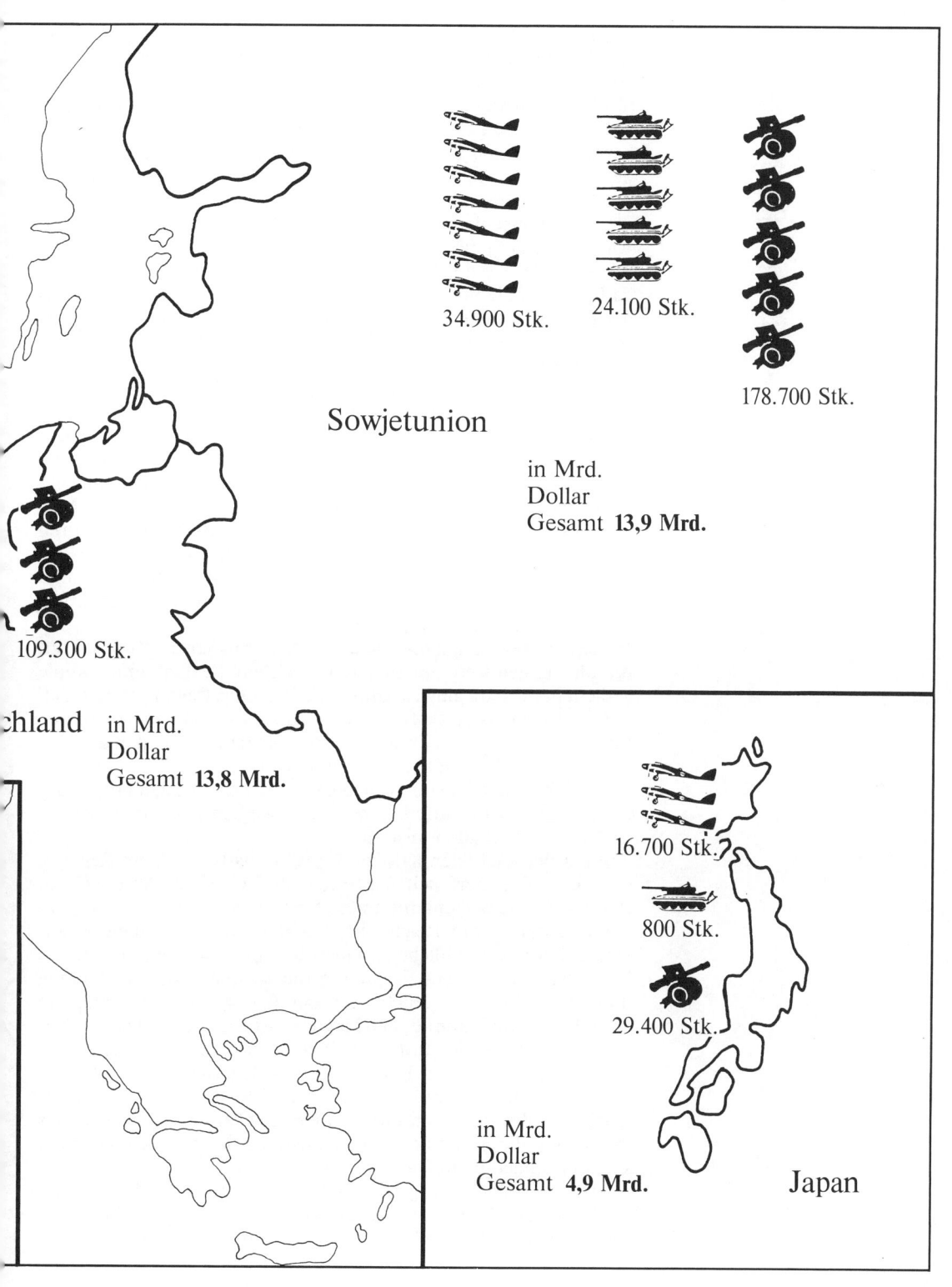

34.900 Stk.

24.100 Stk.

178.700 Stk.

Sowjetunion

in Mrd.
Dollar
Gesamt **13,9 Mrd.**

109.300 Stk.

...chland in Mrd.
Dollar
Gesamt **13,8 Mrd.**

16.700 Stk.

800 Stk.

29.400 Stk.

in Mrd.
Dollar
Gesamt **4,9 Mrd.**

Japan

und sozialen Mobilität durch arbeitsrechtliche Maßnahmen, die die überkommenen Barrieren zwischen Arbeitern und Angestellten einebneten. So wurde ein Kündigungsschutz für Arbeiter eingeführt; im Krankheitsfalle wurden die Löhne fortgezahlt und betriebliche Zuschüsse gewährt. Im letzten Kriegsjahr wurden schließlich Leistungsverbesserungen im Bereich der Sozialversicherung diskutiert, »nach denen die Renten aus der Invaliden- an die aus der Angestelltenversicherung angeglichen und damit die überkommenen Unterschiede in den Ruhegeldbezügen für Arbeiter und Angestellte aufgehoben werden sollten«.[207] Selbst zwischen sonst rivalisierenden Ministerien und Dienststellen bestand Einigkeit darüber, daß die »Gleichstellung der Arbeiter und Angestellten in der Rentenversicherung« eine Forderung sei, »die unseren neuen Anschauungen von der einheitlichen Behandlung aller schaffenden Volksgenossen entspricht«.[208]

Bald mußten die versteckten Meinungsforscher des Regimes, die Informanten und Beobachter des SD, feststellen, daß die Unzufriedenheit über die Folgen der Kriegswirtschaft gerade in den sozialen Gruppen wuchs, die einst Rückgrat der nationalsozialistischen Bewegung gewesen waren und Träger der Volksgemeinschaft im zukünftigen Großgermanischen Reich hätten sein sollen. Die Notwendigkeit zu wirtschafts- und gesellschaftspolitischen Korrekturen wurde um so dringlicher, als mit der Wende des Krieges die Hoffnung schwand, alle Widersprüche zwischen den Interessen und Erwartungen der mittelständischen Anhängerschaft und den Erfordernissen einer staatlich gelenkten Großwirtschaft dereinst in den Weiten des Ostens aufzulösen, der gewissermaßen als Passepartout für alle ungelösten Spannungen zwischen Realität und Utopie gedient hatte. Nun ging es darum, die Ordnungsfragen des nationalsozialistischen Wirtschafts- und Soziallebens unabhängig von den Raumeroberungen zu lösen oder so weit zu beheben, daß das Vertrauen in das Regime nicht weiter abnahm.

Das Unbehagen an den wirtschaftlichen und sozialen Folgen des totalen Krieges institutionalisierte sich vor allem in der SS, aber auch im Reichswirtschaftsministerium.

Einer der schärfsten Kritiker der Wirtschaftspolitik des Regimes war Otto Ohlendorf, seit September 1939 Chef des Amtes III im Reichssicherheitshauptamt und seit 1943 gleichzeitig stellvertretender Staatssekretär im Reichswirtschaftsministerium. Ohlendorf war eine der widersprüchlichsten Gestalten im nationalsozialistischen Herrschaftssystem, ein Fachmann mit akademischer Ausbildung und Leiter einer der berüchtigten Einsatzgruppen in Rußland, ein – verglichen mit Himmler und Heydrich – junger Intellektueller, der unschuldig schuldig wurde, ein überzeugter Nationalsozialist, der auch den ideologischen Kern des Nationalsozialismus, den Rassismus, in sich aufgenommen hatte, gleichwohl nie einen Hehl daraus machte, daß er in vielen Punkten von der Parteilinie abwich. Das machte ihn für Himmler und Heydrich suspekt, dennoch schätzten sie ihn als Fachmann.

1925 war der achtzehnjährige Sohn eines Landwirts – Student der Rechtswissenschaften und Volkswirtschaft – in die NSDAP eingetreten und hatte sich in Northeim aktiv an dem Aufbau der lokalen

Parteiorganisation beteiligt. Ein Stipendium erlaubte ihm 1931 das Studium der faschistischen Wirtschaft in Italien; als Kritiker des Faschismus kehrte er zurück. 1933 wurde er Assistent bei seinem Freund und Gönner Jessen, dem neuen Direktor des Kieler Weltwirtschaftsinstituts. 1934 wechselte er als Abteilungsleiter an das Institut für angewandte Wirtschaftswissenschaften in Berlin und trat in den SD ein, um sich am Aufbau der Inlandsabteilung zu beteiligen. »Ich legte die Grundlage für einen Nachrichtendienst«, sagte er nach dem Krieg in Nürnberg, »indem eine Bestandsaufnahme der Wirtschaftsfaktoren in Deutschland veranlaßt wurde, und ich versuchte entsprechende Fachkräfte zu finden, die in der Lage seien, die wirtschaftlichen Bewegungen zu analysieren und bewertend in Nachrichten zusammenzufassen«.[209] Ein Analytiker mit der Absicht, das totalitäre System zu stabilisieren. Gleichwohl wuchs seit dieser Zeit Ohlendorfs Einsicht, daß die Wirtschaftspolitik des Regimes in Widerspruch zu den ideologischen Grundforderungen des Nationalsozialismus geriet. Eine Erkenntnis, die ihn nicht mehr losließ und die er hartnäckig vertrat, was ihm bald bei Himmler und Heydrich das ironische Attribut eines »Gralshüters« des Nationalsozialismus einbrachte. Allen Querelen zum Trotz benötigte ihn die SS bei Kriegsbeginn als Fachmann für Meinungsforschung. Doch 1941 wurde er als Leiter einer Einsatzgruppe nach Rußland beordert; ganz offensichtlich verfolgte Heydrich damit die Absicht, den Kritiker und Theoretiker in die schmutzige Vernichtungspraxis der SS zu verstricken. 1942 war der »Bewährungsprozeß« offenbar bestanden, Ohlendorf kehrte zurück in das Reichssicherheitshauptamt und wurde als engagierter Mittelstandsideologe bald auch in das Reichswirtschaftsministerium als stellvertretender Staatssekretär und sicherlich als verlängerter Arm der SS beordert. Bald wurde der tatkräftige Fachmann zum heimlichen Minister und Gegenspieler Speers. Bei den Intellektuellen der SS deutete sich eine spektakuläre Korrektur der Wirtschaftspolitik an; man besann sich gegen Ende des Krieges wieder auf die mittelständisch-antikapitalistischen Tendenzen der »Kampfzeit«, auch wenn man dem völkischen Antimodernismus der Frühzeit nicht ganz folgte. Denn das Regime hatte viel zu sehr auf Technik und moderne Industrie gesetzt und deren Potential erkannt, um das Rad noch einmal ganz zurückdrehen zu können.

1944 wurden Pläne zur Entflechtung der Großkonzerne und auch zur Trennung von Bürokratie und Wirtschaft entwickelt. Von seiten der SS war das eindeutig gegen die Lenkungsmethoden des Ministeriums Speer gerichtet und somit Teil des internen Machtkampfes. Für Wirtschaftswissenschaftler und Industrie, die durch die Rationalisierung der Kriegswirtschaft in eine immer stärkere administrative Funktion hineingewachsen waren, ging es nun mit dem Blick auf die Nachkriegszeit um eine Abkoppelung vom Nationalsozialismus und um die Bewahrung der kapitalistischen Wirtschafts- und Gesellschaftsordnung. Das alles waren mehr als nur taktische Überlegungen und Versuche der Selbstbehauptung angesichts des Untergangs des Hitler-Regimes.

Diese Überlegungen aus der Schlußzeit des Dritten Reiches berührten die Frage, wie sich das nationalsozialistische Herrschaftssystem ganz prinzipiell in einer industriellen Leistungsgesellschaft behaupten ließe, deren Ausbildung durch dieses Regime selbst ja ein gutes Stück vorangetrieben worden war. Würde sich der Nationalsozialismus damit nicht selbst die eigene Massenbasis entziehen? Diese Frage mußte sich um so dringlicher stellen, je deutlicher die Integrationskraft des charismatischen Führers nachließ, die diese Widersprüche bisher überdeckt hatte. Die Diskussion um die Wirtschafts- und Gesellschaftspolitik einer kommenden Nachkriegszeit zeigte, wie weit Hitler diese Kraft verloren hatte und der Realität entrückt war.

Der Krieg beschleunigte den Prozeß der sozialen und kulturellen Einebnung. Nicht nur regionale Verwurzelungen wurden aufgelöst, auch Werte und Verhaltensmuster einzelner Gruppen und Klassen wurden abgeschliffen. »Konventionen allerdings sind weggefegt«, schrieb Ursula von Kardorff in der »Deutschen Allgemeinen Zeitung« im März 1944.[210] Das System der Rationierung, von der Bevölkerung argwöhnisch beobachtet und mit Fortschreiten des Krieges zentrales Problem des Daseins, befriedigte die »antikapitalistische Sehnsucht« der breiten Masse, die feststellte, »daß die ›besseren Leute‹ praktisch aufhören, welche zu sein«.[211]

Das Regime verstand es, bei der Rationierung Neid und Klassengegensätze für sich zu nutzen. Als im vornehmen Berliner Westen eine Frau »mit modischer Kleidung und reichlich vorhandenen Schmuckstücken« Bezugsscheine für Kleidungsstücke beantragte, wurde sie als nicht bedürftig abgewiesen, was den Beifall der »kleinen Leute« fand.[212] Immer lauter wurde an die volksgemeinschaftliche Solidarität und Gerechtigkeit appelliert. Nach wie vor gab es Klagen über die »Plutokraten«, die sich in den Ferienorten »ein üppiges Leben leisten konnten und sich in Bars nach Herzenslust bei Sekt und Schnaps vergnügten«.[213] Auch beim Arbeitseinsatz im totalen Krieg wollte Goebbels »keinen Unterschied zwischen hoch und niedrig, arm und reich« machen und keine »Drückebergerei« dulden. Solche Töne fanden große Zustimmung, doch die arbeitenden Frauen beobachteten auch danach allenthalben »Drückebergerinnen«[214] auf Ferienreisen, im Café oder auf dem Tennisplatz. Gerade die Wirklichkeit der Frauenarbeit im Krieg zeigte die Grenzen der Volksgemeinschafts-Rhetorik.

Es verstärkte sich eine soziale Reaktion, die das Leben im Dritten Reich schon in den »Friedensjahren« zunehmend geprägt hatte, der Rückzug ins Private. War das Ausmaß dieses Rückzugs bislang von der jeweils verschiedenen Betroffenheit vom Totalitätsanspruch des Regimes abhängig gewesen, so war es nun die Betroffenheit von den Auswirkungen des Krieges, die diese Entwicklung beschleunigte. Rückzug ins Private, Abkapselung nach außen und Beschränkung auf das Nächstliegende, die Sicherung des Überlebens, ließen »keine Vorstellung von einer aktiven Befreiung aufkommen«.[215] Nur dort, wo auch die private Sphäre bedroht schien, gab es Formen der Verweigerung. Als sich die Nationalsozialisten anschickten, die Kinder aus den bombenbedrohten Großstädten zu evakuieren, gab es gereizte Reaktionen und stumme Proteste. Bürgertum wie Arbeiterschaft verstanden die »Kinderlandverschickung« auch als einen Versuch, die Kinder ihren Eltern zu entfremden und sie zu indok-

Presseaufruf 1943

Kinder in Sicherheit!

Zur Räumung Bielefelds, die in einer Reihe von Versammlungen erörtert wurde, erläßt der Kreisleiter i. V. Heidemann folgenden Aufruf:

Bielefelder Mütter! Gebt Euch keinen Illusionen hin!

Ich fordere Euch hiermit auf, Eure Kinder in Sicherheit zu bringen. Ihr habt die Stadt zu verlassen.

Dieses gilt für alle, die hier nicht durch Beruf oder durch andere hohe Pflichten zwingend notwendig gebunden sind.

Eure schulpflichtigen Kinder, vom 10. bis 14. Lebensjahre, sind ohne Bedenken der KLV. anzuvertrauen. Alle Mütter mit ihren jüngeren Kindern wenden sich an die NSV.

Ich erwarte von jedem Quartiergeber im Kreise Bielefeld-Land und Halle bereitwilligste Aufnahme ohne Bedenken und Einwände.

Jeder hat zu helfen, und keiner hat zu fordern! Dieses gilt für alle.

Jeden Widerstand gegen diese Anordnung werde ich mit Gewalt brechen!

---

trinieren. Die empfindlichen Reaktionen vieler Eltern bewogen Hitler im November 1942 zur Anweisung, »auf Eltern keinerlei Druck« auszuüben; vielmehr hoffe man, mit propagandistischen Mitteln die Evakuierung vornehmen zu können.[216] Aber selbst unter dem Eindruck der alliierten Flächenbombardements auf die deutschen Städte und einer massiven Propaganda durch Partei und HJ, die zusammen mit der NSV die Kinderlandverschickung organisierte, blieben Skepsis und Ablehnung. Viele Eltern holten ihre Kinder trotz Gefährdung in den Städten nach Hause zurück. Neben »Gerüchten über mangelhafte Verpflegung und schlechte Unterbringung und Behandlung« wurde der Wunsch, »unter allen Umständen zusammen[zu]bleiben« als Grund dafür genannt sowie das den Eltern »zugestandene Bestimmungsrecht über den Aufenthalt ihrer Kinder«:[217] mithin das Bedürfnis, »die Privatwelt als letzten Lebenswärme spendenden Ort nicht zu gefährden«.[218]

Es war die alte Verbindung von Verführung und Gewalt, die die Stabilität des Regimes bis in die Katastrophe hinein sicherte. Die Rücksichtnahme auf die materiellen und emotionalen Bedürfnisse der Menschen, verbunden mit Einschüchterung und Terror, die

Atomisierung der Gesellschaft und der weitgehende Verzicht auf gesellschaftliche Verantwortung, eine sich verstärkende Realitätsflucht wie das Eingeständnis einer partiellen Komplicenschaft mit dem Regime, der sich nur langsam aufzehrende Führermythos wie patriotische Loyalitäten. Es war ein Bündel von Einstellungen, Motiven und Zwängen, die einen offenen Widerstand fast ganz ausschlossen, die auch jede Kraft schwächten, eine andere politische Wirklichkeit zu denken.

»Ich habe niemanden getroffen, der mir eine einigermaßen klare Antwort auf die Frage geben konnte, was nach Hitler kommen soll«, hatte ein amerikanischer Beobachter schon 1940 festgestellt.[219] Das war 1943/44 nicht viel anders, nun kamen allerdings eine tiefe Friedenssehnsucht und die Vorstellung hinzu, dies sei nur noch Hitlers Krieg und es gelte, ihn so schnell wie möglich zu beenden. Aber zugleich wuchs das Gefühl der Resignation und der Lähmung, verbunden mit einem fatalistischen Durchhaltewillen.

6. Deutscher Widerstand gegen Hitler

Seitdem die Kräfte der Hitlerschen Kriegsmaschinerie nachgelassen hatten, regte sich überall in Europa der Widerstand. Das war in den besetzten Ländern nicht anders als in Deutschland selbst. Der entscheidende Unterschied bestand freilich darin, daß in Frankreich, Jugoslawien, Polen und auch später in Italien politische Freiheit und nationale Befreiung zusammenfielen; in Deutschland hatte der Aufstand des Gewissens erst eine Chance, als sowohl die Verbrechen des Regimes als auch seine militärische Niederlage ganz sichtbar wurden und damit die Popularität Hitlers, der Eckstein der Herrschaftsordnung, dahinschwand. Die befreiende Tat des deutschen Widerstandes konnte zunächst nicht auf die nationale Freiheit hoffen, sie mußte vielmehr einer Niederlage und dem Vorwurf des Landesverrates ins Auge sehen. Von einem »Nessushemd«, das die Verschwörer zu tragen hätten, sprach Henning von Tresckow, und in der Tat war das ein Dilemma des deutschen Widerstandes. Jeder Versuch, Hitler zu entmachten oder zu beseitigen, betraf gleichzeitig die Loyalitäten des deutschen Volkes zum »Führer« und mußte sich damit der Gefahr aussetzen, des Hochverrats – eines neuen Dolchstoßes – bezichtigt zu werden. Allein aus diesem Grund war der deutsche Widerstand in der Bevölkerung völlig isoliert: Offiziere ohne Mannschaften, eine Verschwörung ohne Massenbasis und -legitimation.

Keine der oppositionellen Gruppen konnte auf eine breite Unterstützung in der Bevölkerung zählen. Die Masse der Arbeiter und Angestellten stand loyal zum Regime, desgleichen waren bei aller partiellen Kritik weite Teile des Mittelstandes nach wie vor dem Hitler-Mythos erlegen. Auch Vertreter der Industrie fehlten fast völlig im Widerstand, von indirekten Unterstützungen Goerdelers durch Bosch und Krupp abgesehen. Den entscheidenden Schritt von partieller Kritik und nichtkonformem Verhalten zum politischen Widerstand taten nur Personen und Gruppen, die eigene moralische, politische und soziale Wertmaßstäbe hatten, aufgrund derer sie sich in ihrem Denken und Handeln vom Nationalsozialismus unabhängig machen konnten. Das waren auf der einen Seite Angehörige der politischen Linken, die feste ideologische und solidarische Bindungen besaßen, auf der anderen Angehörige der oberen Mittelschicht und der Oberschichten, Offiziere, Diplomaten, hohe Beamte und unabhängige Intellektuelle, daneben auch einzelne Geistliche. Allein diese Gruppen hatten die Kraft zum abweichenden Denken, hatten überhaupt eine Vorstellung von einem anderen Deutschland und waren noch nicht oder nur teilweise vom alles zersetzenden Zugriff des nationalsozialistischen Regimes erfaßt. Sie allein auch hatten ja noch Zugang zu den Machtapparaten des Staates.

Das soziale Profil des deutschen Widerstandes war darum nicht gleichmäßig von allen Schichten der Bevölkerung geprägt, sondern vor allem von den Angehörigen traditioneller Eliten, von hohen Staatsdienern und ehemaligen Verbandsfunktionären. Das galt vor allem für den nationalkonservativen Widerstand, dessen Angehö-

rige sich in der Mehrheit aus Militär, Diplomatie und höherer Bürokratie rekrutierten, die außerdem durch Herkunft, Verwandtschaft
und Konvention ein Gefühl der Zusammengehörigkeit besaßen,
das wichtiger und verläßlicher war als eine konspirative Organisation, wie sie von der KPD aufrechterhalten wurde. Diese war
ungleich leichter zu unterwandern als das vorpolitische, von ständischen Wert- und Verhaltensmustern geprägte Netzwerk der Aristokratie und der ihr durch Beruf und Bildung nahestehenden Honoratioren. Die Liste der Verschwörer las sich wie Seiten aus dem
Gotha, und auch die bürgerlichen Vertreter hatten oft schon seit
Jahrzehnten vertrauten Umgang miteinander; man kannte sich vom
Militär oder aus der Verwaltung oder war sich in gesellschaftlichen
und akademischen Zirkeln begegnet.

Ein solcher Zirkel war die »Mittwochs-Gesellschaft«; eine »kleine
Akademie und noch mehr als das, ein Stück deutsches Leben«,[220]
hatte sie der Historiker Hermann Oncken, selbst Mitglied des Kreises, beschrieben. Sie war 1932 von prominenten Gelehrten, Beamten, Ministern und Offizieren gegründet worden; ihr Ende sollte mit
dem 20. Juli kommen. Die Mitglieder, »Männer der verschiedensten
Richtungen und Weltanschauungen«,[221] trafen sich vierzehntägig
zu einem Vortrag und zum freien wissenschaftlichen Gespräch,
unter ihnen der Präsident des Preußischen Oberverwaltungsgerichts
Drews, der ehemalige Reichsminister Wilhelm Groener, der Kir-
chenhistoriker Hans Lietzmann, der Germanist Petersen, die Historiker Meinecke, Wilcken und Oncken, der Botaniker Diels, Direktor
des Berliner Botanischen Gartens, der Chirurg Sauerbruch und der
preußische Finanzminister Johannes Popitz. Anhänger und Gegner
Hitlers vereinte dieser Kreis, ein Stück bürgerliches Deutschland.
Mit dezidiert politischen Themen hielten sie sich nach der Machtergreifung in den ruhigeren Jahren des Regimes zurück; wie weite
Teile der deutschen Gesellschaft auch, schwankten sie zwischen der
Ablehnung der nationalsozialistischen Ideologie und der Anerkennung der außen- und innenpolitischen Erfolge Hitlers. Als freilich
der Kunsthistoriker Werner Weisbach, das einzige jüdische Mitglied
des Kreises, 1935 nicht zur Reichsschrifttumskammer zugelassen
wurde, bekannte sich der Kreis zu ihm: »In unserem Kreis herrscht
noch die alte Auffassung von Recht und Gerechtigkeit.«[222]

Im Laufe des Jahres 1939 verstärkten sich die Bindungen zwischen einigen Mitgliedern, die teilweise gerade erst in den Kreis
gewählt worden waren und die bald zum bürgerlich-konservativen
Flügel des deutschen Widerstandes gehören sollten. Ein Kreis im
Kreis, der sich an die Regeln des akademischen Zirkels hielt und aus
der »Mittwochs-Gesellschaft« keine Verschwörergesellschaft zu
machen versuchte. Zu diesem inneren Kreis gehörten neben Popitz
der ehemalige deutsche Botschafter in Rom, Ulrich von Hassell, und
Generaloberst Ludwig Beck, der 1939 als Nachfolger Groeners in die
Gesellschaft gewählt wurde. Im selben Jahr stieß auch der nationalsozialistische Nationalökonom Jens Jessen dazu, der 1933 seinen
Lehrer Bernd Harms als Direktor des Kieler Instituts für Weltwirtschaft abgelöst hatte, 1939 aber wohl schon entschlossen war, sich
den Bemühungen um den Sturz des Regimes anzuschließen. Aus
der Kieler Zeit hatte er gute Beziehungen zur SS, vor allem zu sei-

Auszug aus dem Sitzungsproto-
koll der Mittwochs-Gesellschaft
vom 26. November 1941. Der Vor-
tragende ist Ulrich von Hassell,
sein Thema – ein »Bild des wohl
interessantesten Mannes zu zeichnen, mit dem er draußen zu tun
gehabt habe, nämlich Mussolinis«.

nem Freund und ehemaligen Schüler Otto Ohlendorf. Nun stand Jessen auf der anderen Seite der Barrikaden, aber der Kontakt zwischen beiden Männern riß nicht ab. Als Jessen 1944 hingerichtet wurde, gelobte Ohlendorf, dessen Familie zu unterstützen.

In diesem inneren Kreis der Mittwochs-Gesellschaft entstand im Februar 1940 ein »Regierungsprogramm«, das Hassell nach intensiven Beratungen mit Popitz, Beck und Goerdeler (der der Mittwochs-Gesellschaft nicht angehörte) entworfen hatte, und gleichzeitig ein »vorläufiges Staatsgrundgesetz«, das Popitz zusammen mit Hassell, Beck und Jessen verfaßt hatte. Beide Papiere waren wichtige Marksteine bei der Selbstfindung des nationalkonservativen Widerstands.

Im Unterschied zu den Kommunisten, Linkssozialisten, Sozialdemokraten und Gewerkschaftlern hatte die nationalkonservative Opposition nur zögernd und schrittweise den Weg von systemstabilisierenden Korrekturen und Verhinderungsstrategien zu systemsprengenden Umsturzstrategien und umfassenden Neuordnungsplänen beschritten. Bis zum Kriegsbeginn hatte in der nationalkonservativen Opposition die Vorstellung dominiert, die radikalen Tendenzen des Regimes, vor allem auf außenpolitischem Gebiet, abfangen zu können, auch wenn sich die inneren Herrschaftsstrukturen nicht prinzipiell ändern lassen sollten. Es bedurfte erst bitterer Erfahrungen, die das Illusionäre dieser Vorstellungen und damit den wahren Charakter des Regimes aufdeckten und den geringen Handlungsspielraum sichtbar werden ließen, der für die Opposition noch gegeben war.

Eine bloße Regierungsumbildung schied ja ebenso aus wie die Ausschaltung von nur einzelnen Machtzentren des Nationalsozialismus wie der SS oder des Propagandaministeriums. Dazu hatte sich der Maßnahmestaat schon zu weit in den Normenstaat hineingefressen, hatten sich zu viele führerunmittelbare Apparate gebildet, die eine rationale Herrschaftsausübung unmöglich machten. Auch die Homogenität des Offizierskorps war, wie sich bald zeigen sollte, schon teilweise aufgelöst, und die Wehrmacht hatte ihre Autonomie im polykratischen Mächtespiel bereits weitgehend eingebüßt. Auch hatte die schleichende Auflösung überkommener Herrschaftsformen durch die nationalsozialistische Revolution alle Institutionen außer Kraft gesetzt, auf die sich ein Umsturzversuch hätte stützen und berufen können. Es gab keine Monarchie mehr, wie in Italien, oder einen unabhängigen Staatspräsidenten, es gab auch keinen faschistischen Großrat, wie er 1943 über Mussolinis Sturz entschied. Es gab nur den Diktator, der sich auf einen zwar langsam gewachsenen, aber auch sehr beständigen Führermythos stützen konnte.

Dank dieses Mythos war bisher alle Kritik und Unzufriedenheit an Hitler abgeprallt und hatte sich an der Partei und deren Repräsentanten festgemacht. Warum sollte dies im Falle einer öffentlichen Aufdeckung der Verbrechen des Regimes anders sein? Darauf setzte der Plan Goerdelers, der den »Führer« von den Massen isolieren wollte. Doch warum sollten diese anders reagieren als bisher, wenn sie alle Zweifel an dem Objekt ihrer Identifikation mit dem Satz abtaten: »Wenn das der Führer wüßte!« Darum gab es nur einen Ausweg, um die integrative Kraft des Hitler-Mythos zu beseitigen: den revolutionären Akt der Verschwörung und der Beseitigung des Staatsoberhauptes. Aber ein Mord stellte gerade die älteren, in der preußischen Tradition des Eides und des Gehorsams aufgewachsenen Offiziere und Beamten vor schwere innere Gewissensprobleme. Erst die Aktivitäten jüngerer, vorurteilsfreierer Offiziere haben den vielen Skrupeln und Selbstzweifeln ein Ende gemacht. »Ihr wollt ihn wohl totschlagen?« fragte erschrocken Feldmarschall von Manstein die Verschwörer, denen er sich darum nicht anzuschließen vermochte. Die Antwort, die er darauf erhielt, kennzeichnete die neuen Energien Stauffenbergs, Tresckows und anderer: »Jawohl, Herr Feldmarschall, wie einen tollen Hund.«[223]

Es bedurfte eines langen, grundlegenden Umdenkens, um die zerstörerische und kriminelle Natur des Regimes hinter der Fassade der Tradition zu entdecken und die entsprechenden Konsequenzen zu ziehen. Nicht alle Militärs, die noch 1939 mit der Opposition um Beck, Hassell und Goerdeler sympathisiert hatten, um den Krieg zu verhindern oder einzudämmen, waren zu diesem Schritt bereit. Schließlich hatten die militärischen Erfolge bis 1941 den Nimbus Hitlers noch gesteigert, schließlich weckte der Ostfeldzug im Zeichen des Antibolschewismus neue Sympathien und Solidaritäten, schließlich waren einige in die Politik der verbrecherischen Befehle zu sehr verstrickt. Am Ende stellte sich für viele die Frage, ob angesichts der alliierten Invasion in Frankreich und des sowjetischen Durchbruchs an der Ostfront im Juni 1944 nicht alles bereits zu spät sei, ob eine militärische Stabilisierung durch einen inneren Umsturz überhaupt noch möglich war oder dadurch nicht umgekehrt der Zusammenbruch nur beschleunigt würde.

All das engte den Handlungsspielraum des Widerstandes erheblich ein. Und auch der Zeitraum, der für Organisation und Durchführung zur Verfügung stand, war eng – und die Zeit drängte immer mehr. Auf der einen Seite war ein Wiedererstarken der politischen Opposition erst möglich, als der Nimbus des »Führers«, der sich ja seit dem Frankreichfeldzug auch noch mit der Aura des militärischen Genies umgeben hatte, zerbröckelte, als die Verbrechen des Regimes hinter der Ostfront erkennbar wurden. Es bestand eine Dialektik von Widerstand und Krieg, die völlig verkennt, wer meint, der deutsche Widerstand habe sich erst gebildet, als das Regime ohnehin schon fiel, weshalb die Handelnden des Staatsstreichs nur die eigene Machtstellung, nicht aber das Land hätten retten wollen. Eine solche Argumentation übersieht die zahlreichen Ansätze einer politischen Opposition auch von nationalkonservativen Gruppen bereits vor dem Krieg und deren innen- und auch außenpolitische Isolierung; sie verkennt auch die bedrückende Lage, in die die Oppositionsgruppen nach den Siegen in den Feldzügen gegen Polen und Frankreich geraten waren.

Erst seit der Niederlage vor Moskau, also mit dem Beginn des Jahres 1942, konnte der Widerstand erstarken, konnte er sich in personeller Hinsicht wie in Planung und Aktion erweitern. Ein neues Zentrum der militärischen Opposition bildete sich unter Henning von Tresckow beim Oberkommando der Heeresgruppe Mitte an der Ostfront, der in Verbindung trat zu dem Berliner Kreis um Beck und Goerdeler sowie zu Oppositionsgruppen innerhalb einiger militärischer Dienststellen in Berlin. Zur selben Zeit verstärkten sich die Kontakte zum sogenannten Kreisauer Kreis, der die politische und soziale Basis der Verschwörung noch einmal entscheidend erweitern sollte.

Mit der Verbreiterung der Widerstandsbewegung wuchs die Vielfalt ihrer Positionen. Der deutsche Widerstand war zu keiner Zeit ein Block, sondern ein loser Zusammenschluß zahlreicher Gruppen, die zwar mitunter von sachlichen wie persönlichen Gegensätzen bestimmt, aber in der Ablehnung des Regimes einig waren. Im deutschen Widerstand setzten sich die politische Vielfalt und die Gegensätze der zwanziger und dreißiger Jahre fort, wenn auch in charakteristischer Brechung. Zwar berührten sich die getrennten Wege der deutschen Opposition gegen Hitler im Vorfeld des 20. Juli für kurze Zeit, doch standen sich der kommunistische Widerstand auf der einen, die verschiedenen nationalkonservativen, christlichen und sozialistischen Gruppen auf der anderen Seite mißtrauisch und unversöhnlich gegenüber.

Auch innerhalb der Widerstandsbewegung des 20. Juli lassen sich mindestens drei Gruppierungen ausmachen: die Gruppe nationalkonservativer Honoratioren um Goerdeler und Beck, denen es vor allem um die rasche Beendigung des Krieges und um die Rettung des preußisch-deutschen Nationalstaates als europäischer Großmacht ging. Ihr Denken bewegte sich in den Bahnen der autoritären Präsidialregierungen am Ende der Republik, es war von obrigkeitsstaatlichen, autoritären und hegemonialen Vorstellungen bestimmt. Erst unter dem Einfluß der Kreisauer wandelte es sich ab 1942 vorsichtig, hin zu einer europäischen Orientierung und zu einer größeren Aufgeschlossenheit für sozialpolitische Fragen. Dennoch blieben manche Unterschiede in Zielen und Methoden zwischen beiden Gruppen bestehen.

Der Kreisauer Kreis, benannt nach dem schlesischen Landgut eines seiner führenden Mitglieder, des Grafen Helmuth James von Moltke, vereinigte Angehörige von politischen und sozialen Gruppen, die während der Weimarer Republik oft noch weit voneinander entfernt gewesen waren. Darum kam ihm die Rolle eines Vermittlers und eines intellektuellen Vorreiters im Widerstand zu. Gegründet wurde der Kreis schon im Herbst 1940, auf dem Höhepunkt der deutschen Siege; ein Beweis dafür, wie stark hier das politisch-moralische Motiv war. Jüngere, sozial engagierte preußische Adlige, katholische und protestantische Geistliche und Dozenten, katholische Arbeiterführer, sozialdemokratische Politiker und Gewerkschaftler, hohe Beamte und Diplomaten gehörten dem Kreis an.

Berghaus des Gutes Kreisau. Hier führen die »Verschwörer« ihre Gespräche.

Im Gegensatz zur Goerdeler-Gruppe waren die Kreisauer Angehörige der jüngeren Generation, die meist von den Erfahrungen des Ersten Weltkriegs, der Wirtschaftskrise und Massenarbeitslosigkeit, von den zivilisationskritischen, sozialromantischen Vorstellungen der Jugendbewegung und ihren Arbeitslagern, teilweise auch von einem religiösen Sozialismus geprägt waren. Einig waren sie sich darin, daß das Rad der Geschichte nicht mehr zurückgedreht werden könne, daß vielmehr eine grundlegende Erneuerung des politischen, sozialen, wirtschaftlichen und kulturellen Lebens notwendig sei.

Auf drei größeren Tagungen im Herbst 1942 wie im Frühjahr und Herbst 1943 erarbeitete der Kreis Reform- und Neuordnungspläne für »den Tag danach«. Auch wenn man sich noch nicht über alle Punkte verständigen konnte, die Grundsätze des »antitotalitären Reformprogramms«[224] zeigen, wie weit man sich von überkommenen Konzeptionen entfernt hatte, und zwar ebenso von autoritären und hegemonialen Vorstellungen der preußisch-deutschen Staatstradition wie von liberal-bürgerlichen oder kommunistischen Modellen und auch von der politisch-sozialen Realität des Nationalsozialismus. In einer Denkschrift vom April 1941 nannte Moltke die Ziele einer Neuordnung: »Das Ende der Machtpolitik; das Ende des Nationalismus; das Ende des Rassegedankens; das Ende der Gewalt des Staates über den Einzelnen.«[225]

Nicht der Staat, sondern das Individuum stand im Mittelpunkt ihres Denkens. Darum sollten Gesellschaft, Wirtschaft und Staat auf der Grundlage kleiner, überschaubarer Gemeinschaften aufgebaut und dann nach föderalistischen Prinzipien auf nationaler wie auf europäischer Ebene zusammengeschlossen werden. In der künftigen Wirtschafts- und Gesellschaftsordnung suchte man nach einem dritten Weg zwischen Kapitalismus und Sozialismus und glaubte ihn in korporativistischen Modellen und einer breiten betrieblichen Mitbestimmung finden zu können. Man hat den Kreisauer Kreis oft als bloßen Diskussionszirkel angesehen und saß damit der taktischen Selbstverharmlosung seiner verhafteten Mitglieder vor der Gestapo auf. Tatsächlich aber waren die Kreisauer auch zum aktiven Eingreifen bereit. Das beweisen ihre »Weisungen für die Landesverweser«, mit denen nach einem Umsturz ein einheitliches politisches Handeln gesichert werden sollte. Das beweisen die Querverbindungen zu anderen Gruppen und die Beteiligung prominenter Mitglieder des Kreises, wie der Grafen Moltke und Yorck von Wartenburg und der Sozialdemokraten Leber und Reichwein, an verschiedenen Staatsstreichplanungen.

Die dritte Gruppe, jüngere Offiziere wie von Stauffenberg, von Tresckow oder Olbricht, drängte auf rasches Handeln und konzentrierte ihre Kraft auf die vordringlichsten Ziele: Beseitigung des Hitler-Regimes, Beendigung des Krieges, Wiederherstellung von Recht und Freiheit. Stauffenbergs Weg zum Widerstand war ein weiter gewesen. Sein politischer Werdegang steht geradezu idealtypisch für den Lernprozeß, den er und seine Standesgenossen durchmachten. Aus altem süddeutschen Adel, mit verwandtschaftlichen Beziehungen zu den Yorcks und Gneisenaus, war er im katholisch-konservativen Milieu aufgewachsen und später von der intellektuellen Welt um Stefan George angezogen worden. Sein Verhältnis zum hochkommenden Nationalsozialismus war zwiespältig. Für die plebejische Massenbewegung empfand er nur Widerwillen und Verachtung, aber manches an ihrem Gedankengut war von seinen eigenen Vorstellungen einer konservativen Revolution nicht weit entfernt: »Der Gedanke des Führertums, der selbstverantwortlichen und sachverständigen Führung, verbunden mit dem einer gesunden Rangordnung und dem der Volksgemeinschaft, der Grundsatz ›Gemeinnutz geht vor Eigennutz‹ und der Kampf gegen die Korruption, die Betonung des Bäuerlichen und der Kampf gegen den Geist der Großstädte, der Rassegedanke und der Wille zu einer neuen deutschbestimmten Rechtsordnung erschienen uns gesund und zukunftsträchtig.«[226]

Der junge Stauffenberg beobachtete die revolutionären Ansätze und ersten Erfolge des Regimes nicht ohne Sympathie. Erst der Eindruck der Judenpogrome von 1938 und vollends die Erfahrungen des Vernichtungskrieges radikalisierten seine Skepsis und machten ihn schließlich zum entschiedenen Gegner von fast revolutionärer Entschlossenheit. »Ich betreibe mit allen mir zur Verfügung stehenden Mitteln den Hochverrat«,[227] erklärte er unumwunden einem Mitstreiter. Damit waren nicht nur die Methoden des konservativen Widerstandes entschlossen weitergetrieben; der Siebenunddreißigjährige sprengte auch dessen politische Grenzen und suchte ein breites Bündnis unterschiedlicher Kräfte, vor allem die Verbindung zur politischen Linken. Die enge Zusammenarbeit zwischen dem Sozialdemokraten Leber und dem adligen Offizier war ein solcher Brückenschlag und für die Entwicklung zum 20. Juli überaus wichtig.

Auf der anderen Seite beruhte die Annäherung ehemaliger sozialdemokratischer Funktionäre wie Theodor Haubach, Adolf Reichwein, Wilhelm Leuschner, Carlo Mierendorff und besonders Julius Leber an die bürgerlich-konservativen Widerstandsgruppen auf der Einsicht, daß der Nationalsozialismus an seinen offenkundigen inneren Widersprüchen nicht zerbrechen würde und auch mit den Mitteln eines Arbeiterwiderstandes kaum zu erschüttern sei. Denn der starke Arm der Arbeiterbewegung, ihre Massenbasis, war unter den Bedingungen des totalitären Regimes der Nationalsozialisten nicht zu mobilisieren; das hatte auch die Geschichte des gescheiterten kommunistischen Widerstandes gezeigt.

Darum hatte sich die Sozialdemokratie sehr bald darauf beschränkt, den lockeren Kontakt zwischen Gesinnungsgenossen aufrechtzuerhalten und so politisch zu »überwintern«. Diese Strategie war durchaus realistisch, und ebenso konsequent war der Schritt der sozialdemokratischen Politiker hin zum bürgerlich-militärischen Lager. Denn ein Umsturz in Deutschland war nur noch mit Unterstützung der Militärs möglich. Zugleich verdeutlichen beide sozialdemokratischen Positionen, daß die Grenzen zwischen partieller Kritik am Regime, gesellschaftlicher Verweigerung, offener Gegnerschaft und politisch aktivem Widerstand unter den gegebenen Bedingungen durchaus fließend waren. Für die Gestapo waren all diese Formen der Opposition gleichermaßen suspekt; was davon als Widerstand anzusehen war, bestimmten letztlich die nationalsozialistischen Machthaber und ihre Verfolgungsorgane.

Die Pauschalität des nationalsozialistischen Gegnerbegriffs änderte nichts an den internen Gegensätzen und Meinungsverschiedenheiten der Widerstandsgruppen. So blieb auch unter Sozialdemokraten das Mißtrauen gegenüber kommunistischen Widerstandsgruppen; ebenso war die Zusammenarbeit der Sozialdemokraten Leber, Leuschner und Reichwein mit den nationalkonservativen Gruppen durch die Gegensätze früherer Tage belastet. Darum meinte Leuschner als Vertreter der illegalen Reichsleitung der Gewerkschaften den Militärs die Zusage für eine aktive Mitarbeit nur nach einem erfolgreichen Umsturz und für die dann notwendige Neuordnung geben zu können. Den ersten Schlag mußten die Militärs führen. Denn: »Wir haben Hitler nicht in den Sattel gehoben und auch diesen Krieg, der über kurz oder lang zu einer Katastrophe führen muß, nicht angefangen. Wir werden uns auch nicht, um Hitler zu beseitigen und den Krieg zu beenden, in irgendwelche Abenteuer stürzen, bei denen wir obendrein noch damit rechnen müssen, daß die Generäle auf die Arbeiterschaft schießen lassen, wenn wir sie zum Generalstreik aufrufen.«[228]

Auch die kommunistischen Widerstandsgruppen waren aktiv geblieben, Verbindungen zu der Bewegung des 20. Juli stellten sich freilich erst im letzten Moment her. Der kommunistische Widerstand war durch den Hitler-Stalin-Pakt vollends in die Isolation geraten, und erst nach dem deutschen Überfall auf die Sowjetunion hatten sich mehrere regionale Widerstandsgruppen um einige prominente Kommunisten gebildet, zum Teil unabhängig von der Emigrationsleitung: um Anton Saefkow in Berlin, Franz Jacob in Hamburg, Theodor Neubauer und Magnus Poser in Thüringen. Daneben war ein linksintellektueller Zirkel um den Oberleutnant Harro Schulze-Boysen und den Oberregierungsrat Arvid Harnack entstanden, der mit der Sowjetunion in Verbindung stand und eine zukünftige Zusammenarbeit mit der UdSSR anstrebte, ohne daß die Beteiligten orthodoxe Kommunisten gewesen wären. Die Gestapo nannte diesen Kreis, der im August 1942 aufgedeckt und verhaftet wurde, Rote Kapelle.

Die Enttarnung der Roten Kapelle hat die Bemühungen um eine Zusammenarbeit zwischen Kommunisten und Sozialisten im Widerstand neu belebt; das galt besonders für Anhänger sozialistischer Splittergruppen. Leber und Reichwein trafen sich trotz erheblicher Bedenken schließlich am 22. Juni 1944 mit Vertretern der Saefkow-Gruppe in Berlin, um sich über Ziele und Verhalten der kommunistischen Widerstandsgruppen einschließlich des in der Sowjetunion mit deutschen Kriegsgefangenen gebildeten »Nationalkomitees Freies Deutschland« zu informieren. Bevor es zu einem Treffen kommen konnte, schlug die Gestapo zu. Die Verschwörer zogen aus der Verhaftung von Leber und Reichwein den Schluß, nun alle Vorbereitungen zum Schlag gegen das Hitler-Regime noch weiter beschleunigen zu müssen, schon weil die Gestapo-Verhöre zur Aufdeckung der Putschpläne führen konnten.

Leber und seine Freunde hatten seit dem Frühjahr auch das Netz der Vertrauensleute in den Betrieben und Bezirken aktiviert und erweitert, um in Verbindung mit örtlichen Wehrmachtsstellen nach dem Putsch sofort politische Initiativen ergreifen zu können. Zu den Vertretern der sozialistischen Gewerkschaftsbewegung traten Angehörige der früheren christlichen, liberalen und deutschnationalen Gewerkschaftsverbände, alle von dem Wunsch nach einer zukünftigen Einheitsgewerkschaft beseelt.

Repräsentanten der Weimarer Republik waren in den Widerstandsgruppen kaum vertreten, sieht man von einigen Sozialdemokraten und Zentrumspolitikern ab. Aber den Widerständlern lag es ja fern, an die Verfassungsordnung der Weimarer Republik anzuknüpfen, die formal nie außer Kraft gesetzt worden war. Zur

Weimarer Republik wollte niemand mehr zurück. Für die Verschwörer war die plebiszitäre Diktatur des Nationalsozialismus im
Rückblick nichts anderes als die äußerste Konsequenz des Weimarer
Parteienstaates, der furchtbarste Beleg für Krise und Niedergang des
parlamentarischen Systems überall im Europa der Zwischenkriegszeit. Alle Furcht vor der »Massendemokratie«, alle Warnungen vor
ihren plebiszitären und egalitären Tendenzen schienen eindringlich
bestätigt.

So galten alle Anstrengungen des Widerstands der Suche nach
»nicht verbrauchten Alternativen«[229] zum parlamentarischen
System und zur Massendemokratie. Sie fanden sich in den unterschiedlichsten Traditionen, in neokonservativen und korporativistischen Ideen der Weimarer Zeit, im preußischen Sozialismus eines
Spengler oder noch weiter zurückgreifend in den preußischen
Reformen zu Beginn des 19. Jahrhunderts oder ganz einfach in der
preußischen Tradition insgesamt. Es ging darum, entweder die
Neuordnungspläne, die 1918/19 nicht zum Zuge gekommen waren,
in ihr Recht zu setzen oder im Gegenteil die Elemente traditionellen
Staats- und Gesellschaftsdenkens, die vom Nationalsozialismus per-
vertiert worden waren, diesem wieder zu entwinden. Das konnte
bedeuten, wieder dort ansetzen zu wollen, wo 1933 die nationale
Revolution von der nationalsozialistischen Revolution überspielt
worden war; es konnte aber auch heißen, einen grundlegenden
gesellschaftlichen und politischen Umbruch zu planen, wie es die
Kreisauer wagten.

Die Mehrheit der konservativen Widerständler dachte so wenig
an einen grundlegenden gesellschaftlichen und politischen
Umbruch wie sie den bevorstehenden völligen Zusammenbruch
der politischen Ordnung für möglich hielt. Was der rechte Flügel der
Opposition vielmehr ins Auge faßte, war eine Scheidung der autoritären Elemente des bestehenden politischen Systems von allen spezifisch nationalsozialistischen Erscheinungen und Abirrungen. Das
»kommende Reich« in nationalkonservativer Sicht stand eher in der
Tradition des Bismarck-Reiches und der Präsidialregierungen der
Jahre 1930–32; es war ein starker, autoritärer Staat, aber vor allem
ein Rechtsstaat; es war Ordnungsmacht und mitteleuropäische Führungsmacht, aber es sollte sich von der hemmungslosen Expansionspolitik Hitlers unterscheiden und nicht dem Gedanken des
ewigen Kampfes, sondern dem des Ausgleichs in einem Konzert
europäischer Mächte verpflichtet sein.

Die konservativen Widerständler dachten machtpolitisch, aber
das taten die englischen Politiker auch. Sie dachten eurozentrisch
und waren auf einen englisch-sowjetischen Gegensatz fixiert. Dabei
war ihnen nicht bewußt, daß ihre Vorstellungen von einer deutschen
Hegemonialmacht, auch als Bollwerk gegen die sowjetische Gefahr,
sie in den Augen Londons in die Nähe von Hitlers Politik rückten,
von der sie sich gerade absetzen wollten.

Vieles an diesen außenpolitischen Vorstellungen mutet im Rückblick realitätsfremd an, aber in den Jahren 1941 und 1943 war man
von den Erfahrungen des Jahres 1945, des völligen Verlustes deutscher Staatlichkeit und Souveränität, noch weit entfernt, und auch in
den Vorstellungen der Kreisauer nahm sich eine Tabula rasa als

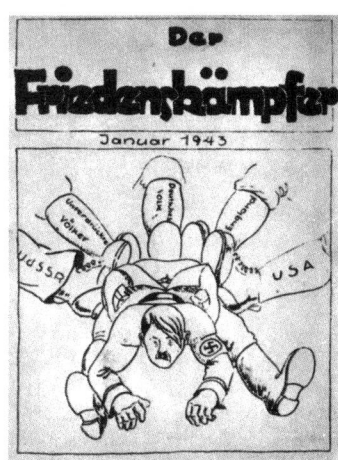

Titelblatt einer illegalen KPD-
Zeitung, 1943

735

Folge der nationalsozialistischen Politik und als Voraussetzung für einen Neuanfang jenseits des deutschen nationalen Machtstaates anders aus als die Wirklichkeit der totalen Niederlage des Deutschen Reiches, die ebenso präzedenzlos war wie der Eroberungs- und Vernichtungskrieg, den Hitler führte.

Auch waren die Neuordnungspläne der Widerständler zu keinem Zeitpunkt definitiv, sondern sie wandelten sich mit der Situation und den Anstößen, die andere Gruppen und Personen mit in den Widerstand brachten. So wurden die hochkonservativen Verfassungspläne von Hassells und Popitz' aus der Anfangsphase, die an Papens Neuen Staat erinnerten, durch Goerdelers Denkschrift »Das Ziel« von 1941 abgelöst, die stärker vom Willen zur politischen Integration bestimmt war. Das sollte ein gestuftes System von repräsentativen Willensbildungsorganen, begleitet von berufsständischen Interessenvertretungen garantieren und erlaubte den Brückenschlag zu den Gewerkschaften. Gleichwohl blieb auch in Goerdelers Vorstellung der Machtübergang sozusagen ein Regierungswechsel; die massenhaften, möglicherweise revolutionären Erschütterungen eines solchen Vorganges zog er nicht in Betracht.

Das unterschied Goerdeler von den Kreisauern, wo man die Möglichkeit einkalkulierte, daß eine zentrale Regierung nicht mehr vorhanden wäre, und den Willen besaß, die neue politische Autorität von unten nach oben aufzubauen. Noch einen Schritt weiter gingen die Kreisauer, als sie auf Anregung der Sozialdemokraten Mierendorff und Haubach auch daran dachten, den Umsturz durch eine »demokratische Volksbewegung« abzustützen. Sie sollte eine Sammlung aller »überlebenden und lebensfähigen sozialen und demokratischen Kräfte« sein, eine Bewegung jenseits der überkommenen Parteibindungen. Das war als zeitgemäße Antwort auf die faschistischen Massenbewegungen gedacht.

Auch wenn das Konzept der »überparteilichen Volksbewegung« nicht mehr ausreifen konnte und möglicherweise »ahistorische«, »utopische« Züge trug,[230] es zeigt die Lernfähigkeit der nationalkonservativen Widerstandsbewegung und weist in die Zukunft einer nachfaschistischen Ordnung. Es atmete den visionären Geist eines grundlegenden Neuanfanges, ohne den der Widerstand gegen ein alles aufsaugendes und alles zerstörendes Regime nicht möglich, ohne den eine Rechtfertigung für den Umsturz und die Wiederherstellung des Rechtsstaates und der Menschenwürde nicht zu finden war. Gerade das war aber ein Ziel des Widerstands und trotz aller Differenzen der Verfassungspläne des 20. Juli zu den tatsächlichen Verfassungsentwürfen der Nachkriegszeit der entscheidende Schritt zur Begründung eines demokratischen Systems.

Einigkeit bestand unter den verschiedenen Gruppen des nationalkonservativen Widerstandes, daß ein solcher Schritt nur auf dem Wege des militärischen Staatsstreichs erfolgen konnte. Das entsprach der eigenen Tradition, aber auch den Machtverhältnissen im totalitären Regime.

Ähnlich sah auch die studentische Oppositionsbewegung »Weiße Rose«, die ohnmächtig in Flugblättern zur Beendigung des Krieges und zur Ablösung des nationalsozialistischen Regimes aufgerufen hatte, die Lage. Der Aufstand der Geschwister Hans und Sophie

Erste Seite eines Flugblattes der
Weißen Rose

Flugblätter der Weissen Rose.

I

Nichts ist eines Kulturvolkes unwürdiger, als sich ohne Widerstand von einer verantwortungslosen und dunklen Trieben ergebenen Herrscherclique "regieren" zu lassen. Ist es nicht so, dass sich jeder ehrliche Deutsche heute seiner Regierung schämt, und wer von uns ahnt das Ausmass der Schmach, die über uns und unsere Kinder kommen wird, wenn einst der Schleier von unseren Augen gefallen ist und die grauenvollsten und jegliches Mass unendlich überschreitenden Verbrechen ans Tageslicht treten? Wenn das deutsche Volk schon so in seinem tiefsten Wesen korrumpiert und zerfallen ist, dass es ohne eine Hand zu regen, im leichtsinnigen Vertrauen auf eine fragwürdige Gesetzmässigkeit der Geschichte, das Höchste, das ein Mensch besitzt, und das ihn über jede andere Kreatur erhöht, nämlich den freien Willen, preisgibt, die Freiheit des Menschen preisgibt, selbst mit einzugreifen in das Rad der Geschichte und es seiner vernünftigen Entscheidung unterzuordnen, wenn die Deutschen so jeder Individualität bar, schon so sehr zur geistlosen und feigen Masse geworden sind, dann, ja dann verdienen sie den Untergang.

Goethe spricht von den Deutschen als einem tragischen Volke, gleich dem der Juden und Griechen, aber heute hat es eher den Anschein, als sei es eine seichte, willenlose Herde von Mitläufern, denen das Mark aus dem Innersten gesogen und nun ihres Kernes beraubt, bereit sind sich in den Untergang hetzen zu lassen. Es scheint so - aber es ist nicht so; vielmehr hat man in langsamer, trügerischer, systematischer Vergewaltigung jeden einzelnen in ein geistiges Gefängnis gesteckt, und erst, als er darin gefesselt lag, wurde er sich des Verhängnisses bewusst. Wenige nur erkannten das drohende Verderben, und der Lohn für ihr heroisches Mahnen war der Tod. Ueber das Schicksal dieser Menschen wird noch zu reden sein.

Wenn jeder wartet, bis der Andere anfängt, werden die Boten der rächenden Nemesis unaufhaltsam näher und näher rücken, dann wird auch das letzte Opfer sinnlos in den Rachen des unersättlichen Dämons geworfen sein. Daher muss jeder Einzelne seiner Verantwortung als Mitglied der christlichen und abendländischen Kultur bewusst in dieser letzten Stunde sich wehren so viel er kann, arbeiten gegen die Geisel der Menschheit, wider den Faschismus und jedes ihm ähnliche System des absoluten Staates. Leistet passiven Widerstand - Widerstand - wo immer Ihr auch seid, verhindert das Weiterlaufen dieser atheistischen Kriegsmaschine, ehe es zu spät ist, ehe die letzten Städte ein Trümmerhaufen sind, gleich Köln, und ehe die letzte Jugend des Volkes irgendwo für die Hybris eines Untermenschen verblutet ist. Vergesst nicht, dass ein jedes Volk diejenige Regierung verdient, die es erträgt!

Aus Friedrich Schiller, "Die Gesetzgebung des Lykurgus und Solon":

"....Gegen seinen eigenen Zweck gehalten, ist die Gesetzgebung des Lykurgus ein Meisterstück der Staats- und Menschenkunde. Er wollte einen mächtigen, in sich selbst gegründeten, unzerstörbaren Staat; politische Stärke und Dauerhaftigkeit waren das Ziel, wonach er strebte, und dieses Ziel hat er so weit erreicht, als unter seinen Umständen möglich war. Aber hält man den Zweck, welchen Lykurgus sich vorsetzte, gegen den Zweck der Menschheit, so muss eine tiefe Missbilligung an die Stelle der Bewunderung treten, die uns der erste, flüchtige Blick abgewonnen hat. Alles darf dem Besten des Staates zum Opfer gebracht werden, nur dasjenige nicht, dem der Staat selbst nur als Mittel dient. Der Staat selbst ist niemals Zweck, er ist nur wichtig als eine Bedingung, unter welcher der Zweck der Menschheit erfüllt werden kann, und dieser Zweck der Menschheit ist kein anderer, als Ausbildung aller Kräfte des Menschen, Fort-

Scholl, von Christoph Probst, Alexander Schmorell und anderen Studenten um den Münchener Musikprofessor Kurt Huber war ein Aufbäumen gegen das Versagen der deutschen Bildungsschichten und eine Abkehr der jungen Generation von den Verführungskräften des Regimes, ein Dokument des Erschreckens über dessen Verbrechen. Doch waren es keine realitätsfremden Idealisten, die dazu aufriefen, den Anfang zu machen, ehe alle schuldig würden. Sie wußten vielmehr um die moralische Dimension, die dem Widerstand auch zukam: »Obgleich wir wissen, daß die nationalsozialistische Macht militärisch gebrochen werden muß, suchen wir eine Erneuerung des schwer kranken Geistes von innen zu erreichen. Dieser Wiedergeburt muß aber die klare Erkenntnis aller Schuld, die das deutsche Volk auf sich geladen hat, und ein rücksichtsloser Kampf gegen Hitler und seine allzu vielen Helfershelfer ... vorausgehen.«[231]

Die »Weiße Rose« hatte Kontakte zu anderen Universitäten, auch zu katholischen Oppositionszirkeln aufgenommen. Verbindungen

zu den Kreisauern kamen nicht mehr zustande, da die Gestapo am 18. Februar 1943 die Geschwister Scholl beim Verteilen von Flugblättern in der Münchener Universität verhaftete und bald die gesamte Gruppe aufdeckte. Ein ähnliches Schicksal erlitten nicht wenige andere jugendliche Widerstandszirkel, die teils noch an die alte Jugendbewegung anknüpften, teils sich in Opposition zu den Totalitätsansprüchen der Hitler-Jugend neu gebildet hatten.

Seit dem Frühjahr 1943 versuchte der militärische Widerstand in immer neuen Attentatsversuchen, Hitler und die Spitzen seines Regimes aus dem Weg zu räumen. Sie alle scheiterten, sei es durch technisches Versagen, sei es durch Zufälle und Hitlers unheimlich wirkende Witterung, die ihn plötzlich einen Besuch abbrechen oder eine geplante Reise verschieben ließ. Auch die Versuche, einen prominenten Frontgeneral zum Abfall von Hitler zu bewegen, scheiterten. Nicht minder erfolglos, ja für den inneren Zusammenhalt wie für die Moral der Widerstandsbewegung schädlich und ihr Renommee bei den westlichen Alliierten diskreditierend, war der Kontakt des konservativen preußischen Finanzministers Johannes Popitz mit Himmler am 26. August 1943, der zu nichts führte und der Opposition allenfalls einen Eindruck von den inneren Rivalitäten und Unsicherheiten des Regimes gab.

Alle Überlegungen und Planungen konzentrierten sich nun auf die militärische Zentrale in Berlin und das Ersatzheer in Deutschland. Die generalstabsmäßige Vorbereitung des Staatsstreiches begann, als Tresckow im Juli 1943 für längere Zeit nach Berlin kam und der an der Afrikafront schwer verwundete Graf Schenck von Stauffenberg zum Stab im Allgemeinen Heeresamt nach Berlin versetzt wurde. Damit verdichteten sich nicht nur die Fäden zwischen den einzelnen Widerstandsgruppen, es fiel auch die Entscheidung, den Erfolg des Staatsstreiches durch die Verhängung des Belagerungszustandes abzusichern. Das kam den Legalitätserwartungen vieler Offiziere und der Tarnung des Unternehmens entgegen.

Ein alter Operationsplan Walküre sah vor, daß im Falle von inneren Unruhen die Armee das Kommando übernehmen sollte; das wurde nun durch einige Geheimbefehle so ergänzt, daß man mit ihm einen Umsturz inszenieren konnte, ohne daß die Beteiligten wissen mußten, daß sie in einen Staatsstreich verwickelt waren. Man gab vor, die SS könne einen Aufstand gegen Hitler wagen, der von der Wehrmacht niedergeschlagen werden sollte. Auf das Stichwort »Walküre« sollten deswegen alle Rundfunksender und Ministerien besetzt sowie die SS überall im Reich und in den besetzten Gebieten durch die Militärbefehlshaber entwaffnet werden. »Ein militärischer Befehl sollte in der entscheidenden Stunde die Gesinnung ersetzen.«[232]

Ende September 1943 waren die Planungen abgeschlossen, doch mittlerweile war die Lage Deutschlands immer hoffnungsloser geworden. Auf der Konferenz von Casablanca im Januar 1943 hatten sich die Alliierten auf ihr Kriegsziel festgelegt: die bedingungslose Kapitulation der Achsenmächte. Auch eine »Nach-Hitler-Regierung«, das ergaben politische Sondierungen, würde keine anderen Bedingungen erhalten. Als Bestätigung diente das Schicksal Italiens, dem nach dem Sturz Mussolinis unter der Regierung des Marschall Badoglio Bedingungen für einen Waffenstillstand im September 1943 aufgezwungen worden waren, die einer Kapitulation gleichkamen. Zudem hatte das Schicksal Mussolinis Hitlers Argwohn und Vorsicht noch verstärkt.

Im Oktober 1943 war Feldmarschall von Kluge durch einen schweren Autounfall ausgefallen. Damit verlor der Widerstand nicht nur einen der wenigen Heeresgruppenkommandeure, der angesichts der verzweifelten militärischen Lage für eine rasche Beendigung des Krieges plädierte und auch ein Attentat auf Hitler nicht völlig ausschließen wollte. Tresckow verlor damit überdies einen Vorgesetzten, der ihm genügend Handlungsraum hatte eröffnen können.

Die Lage wurde noch verzweifelter. Im Januar 1944 wurde Graf von Moltke verhaftet, damit war der Kreisauer Kreis gesprengt. Im Februar wurde die mächtige Bastion Canaris ausgeschaltet und damit ein weiteres Gegengewicht gegen den SS-Apparat vernichtet. Seit dem Frühjahr 1944 mußten die Verschwörer täglich mit der Aufdeckung des Komplotts rechnen. Schließlich hatte Himmler Canaris gegenüber geäußert, er wisse, daß in Wehrmachtskreisen eine Revolte geplant sei und werde im geeigneten Augenblick zuschlagen. Als die Gestapo Ende Juni noch Leber und Reichwein verhaftete, trieben die Ereignisse zur Entscheidung. Denn mittlerweile hatte am 6. Juni auch die alliierte Invasion in Frankreich begonnen und die militärische und technische Unterlegenheit der deutschen Wehrmacht ebenso an den Tag gebracht wie die Konfusion und Lähmung in der deutschen Führung. Damit war auch das letzte Faustpfand gefallen, das die Verschwörer nach ihrer Tat den Alliierten in Waffenstillstandsverhandlungen hätten bieten können.

In dieser Situation ließ Stauffenberg bei Tresckow anfragen, ob das Attentat angesichts der militärischen Lage überhaupt noch einen Sinn habe. Die Antwort Tresckows offenbarte den innersten Antrieb der Verschwörer: »Das Attentat muß erfolgen, coûte que coûte. Sollte es nicht gelingen, so muß trotzdem in Berlin gehandelt werden. Denn es kommt nicht mehr auf den praktischen Zweck an, sondern darauf, daß die deutsche Widerstandsbewegung vor der Welt und vor der Geschichte den entscheidenden Wurf gewagt hat. Alles andere ist daneben gleichgültig.«[233]

Neue Spannungen und Meinungsverschiedenheiten innerhalb der Opposition tauchten auf, auch Diskussionen über die praktische Ausführung von Attentat und Staatsstreich. Als Stauffenberg, schon seit einiger Zeit die treibende Kraft, im Juni Chef des Generalstabes des Ersatzheeres wurde und damit Zutritt zu den Lagebesprechungen Hitlers erhielt, gerieten die Planungen in ein entscheidendes Stadium. Damit kam es zu dem verhängnisvollen, aber unvermeidlichen Entschluß, daß Stauffenberg, als Haupt der Verschwörung in Berlin unentbehrlich, zugleich das Attentat ausführen müsse, denn nur er konnte in die Nähe Hitlers gelangen.

Nach den vielen Fehlschlägen bot sich nun die einzige Möglichkeit zur raschen Ausführung des Attentats. Am 11. Juli hatte Stauffenberg bei einer Führerbesprechung bereits eine Bombe in seiner Aktentasche, doch löste er sie nicht aus, da weder Himmler noch

Göring im Besprechungsraum waren, die mit beseitigt werden sollten. Ein erneuter Versuch am 15. Juli, diesmal im ostpreußischen Führerhauptquartier, scheiterte, weil Stauffenberg keine Gelegenheit fand, vor Beginn der Lagebesprechung den Zünder zu betätigen. In beiden Fällen waren die für die Besetzung Berlins vorgesehenen Truppen in Alarmzustand versetzt, beide Male mußte der Befehl rückgängig gemacht und als Übung getarnt werden.

Ein weiterer Aufschub war unmöglich, zumal, wie die Verschwörer erfuhren, ein Haftbefehl gegen Goerdeler unmittelbar bevorstand. Auch war am 17. Juli der Befehlshaber der Heeresgruppe B in Nordfrankreich, Generalfeldmarschall Erwin Rommel, der auf seiten der Verschwörer stand, bei einem Luftangriff schwer verwundet worden, womit eine wichtige Person für die geplanten Waffenstillstandsverhandlungen und die Konsolidierung der Armee ausgefallen war. Stauffenberg war nun zu einem letzten Versuch entschlossen. Diesmal sollte freilich die Operation »Walküre« erst nach der Erfolgsmeldung anlaufen. Stauffenberg wurde für den 20. Juli erneut zum Vortrag ins Führerhauptquartier in Rastenburg befohlen.

Das Attentat und die weiteren dramatischen Vorgänge dieses Tages sind oft beschrieben worden: Stauffenbergs Flug nach Ostpreußen; die unerwartete Verlegung der Lagebesprechung in eine Baracke mit ungünstigeren Verdämmungswirkungen; Stauffenbergs Verspätung, nachdem er in riskantem Manöver im Vorraum noch den Zeitzünder mit einer Zange ausgelöst hatte; die Placierung der Bombe unter dem schweren Kartentisch in der Nähe Hitlers; die Suche nach Stauffenberg, nachdem er den Raum vorzeitig unter einem Vorwand verlassen hatte; dann die Explosion der Bombe, die Stauffenberg mit seinem Adjutanten von Haeften aus einiger Entfernung in dem Wagen beobachtete, mit dem sie, wieder unter einem Vorwand, den inneren Sperrkreis verließen; schließlich ihre fälschliche Gewißheit, daß Hitler tot sei; dann der zeitraubende Flug zurück nach Berlin.

Eine gewaltige Druckwelle mit einer »infernalisch hellen Stichflamme« und einem ohrenbetäubenden Knall hatte die Teilnehmer der Lagebesprechung zu Boden geworfen. Viele waren bewußtlos, fast allen wurden die Trommelfelle zerrissen. Inmitten der Scherben und rauchenden Trümmer war Keitel zu hören: »Wo ist der Führer?« Nach wenigen Sekunden hatte er ihn ausfindig gemacht, das Gesicht geschwärzt, den Hinterkopf angesengt, die schwarze Tuchhose zerrissen. Ganz der unterwürfige Gehilfe, stützte der Chef des Oberkommandos der Wehrmacht zusammen mit Ordonnanzen den Diktator beim Verlassen des Raumes. In großer Erregung drückte er jedem, dem er begegnete, die Hand und wiederholte immerzu: »Der Führer lebt, nun erst recht.«[234]

Die ärztliche Untersuchung ergab, daß Hitler am rechten Ellenbogen einen Bluterguß und Hautabschürfungen an der linken Hand erlitten hatte. Er war ganz offensichtlich durch die schwere Tischplatte geschützt worden, über die er sich im Augenblick der Detonation gebeugt hatte. Von den 24 Personen, die sich zur Zeit der Explosion im Lageraum befunden hatten, waren vier so schwer verletzt, daß sie noch im Laufes des Tages beziehungsweise einige Wochen später starben.

Hitler war erregt und zugleich seltsam erleichtert. Er habe längst gewußt, daß eine Verschwörung gegen ihn vorbereitet würde; nun könne er die Verräter entlarven. Ein Gefühl »wunderbarer Errettung« überkam ihn und steigerte das Bewußtsein, vom Schicksal zu Großem berufen zu sein. Das jedenfalls teilte er Mussolini mit, der am Nachmittag zu seinem angekündigten Besuch in Rastenburg eintraf, und dieser pflichtete ihm bei: »Das war ein Zeichen des Himmels.«[235] Danach hatte niemand mehr für die italienischen Gäste Zeit.

Sofort nach dem Attentat waren die höchsten Würdenträger des Reiches zusammengerufen worden, nicht nur weil über den Täter zunächst Unklarheit herrschte und auch keine Klarheit über das Ausmaß der Verschwörung bestand, sondern auch weil ein gewisses Mißtrauen gegenüber einigen Paladinen bestand, gegen Göring und Himmler vor allem. Bis zum späten Nachmittag trafen Göring, von Ribbentrop, Dönitz, Keitel und Jodl ein. Dönitz schimpfte über das verräterische Heer, Göring pflichtete ihm bei, um gleich selbst den Vorwurf zu erhalten, die Luftwaffe habe jämmerlich versagt. Göring suchte nach einer Entlastung und machte seinerseits dem Außenminister, den er noch nie geschätzt hatte, heftige Vorwürfe wegen seiner gescheiterten Außenpolitik. Schließlich bedrohte er ihn mit seinem Marschallstab und rief erregt: »Sie Sektreisender, halten Sie doch den Mund.« Darauf Ribbentrop: »Ich bin noch immer Außenminister und heiße von Ribbentrop.«[236] Hitler hatte zunächst schweigend und apathisch zugehört, bis einer der Streithähne die Röhm-Affäre erwähnte. Da brach es aus ihm hervor: das Strafgericht, das er damals über die Verräter abgehalten habe, sei nichts im Vergleich zur Vergeltung, die er nun üben werde. Er werde alle Schuldigen, ihre Frauen und Kinder ausrotten.

Aus dem Führerhauptquartier hatte inzwischen der mitverschworene Nachrichtenchef Fellgiebel nach Berlin durchgegeben, daß Hitler lebe und daß »etwas Furchtbares« geschehen sei. Doch die Verschwörer erhielten diese Nachricht nicht, und Fellgiebel konnte überdies die Nachrichtensperre nicht lange aufrechterhalten. Gerüchte liefen um. In der konspirativen Zentrale in der Bendlerstraße wurde daher beschlossen, erst einmal Stauffenbergs Bericht abzuwarten. Damit war wertvolle Zeit verloren.

Als Stauffenberg nach zweieinhalbstündigem Flug in Berlin landete, ließ er sofort die Operation »Walküre« auslösen und fuhr unverzüglich ins Kriegsministerium in der Bendlerstraße. Friedrich Olbricht, Chef des Allgemeinen Heeresamtes, gab nun, da das Stichwort gefallen war, die vorbereiteten Befehle an die Einheiten. Zugleich veranlaßte er den Stadtkommandanten von Berlin, Generalleutnant von Hase, ein Onkel des seit 1943 eingekerkerten Dietrich Bonhoeffer, die ihm verfügbaren Truppen in Bewegung zu setzen. Danach eröffnete Olbricht dem Befehlshaber des Ersatzheeres, Friedrich Fromm, Hitler sei einem Attentat zum Opfer gefallen und er, Olbricht, schlage vor, das Stichwort für innere Unruhen auszugeben und die Exekutive durch das Heer übernehmen zu lassen. Aber Fromm zögerte und wollte sich erst selbst von Hitlers Tod überzeugen. Ahnungslos ließ Olbricht eine Blitzgesprächsverbindung zum Führerhauptquartier herstellen. Von dort teilte Keitel Fromm mit, daß Hitler bei dem Attentat nur leicht verletzt worden sei.

Obwohl Olbricht den wartenden Verschwörern nur melden konnte: »Der Fromm will nicht unterschreiben«,[237] ließ sein Stabschef Oberst Merz von Quirnheim das vorbereitete Fernschreiben absetzen, das auf Rückfrage des zuständigen Nachrichtenoffiziers chiffrierte wurde, obwohl in diesem Falle Geheimhaltung gerade nicht notwendig gewesen wäre und wieder kostbare Zeit vertan wurde. Das Schreiben begann mit der Erklärung, daß Hitler tot sei, »eine gewissenlose Clique frontfremder Parteiführer« habe in dieser Lage versucht, der schwerringenden Front in den Rücken zu fallen. Darum habe die Reichsregierung den militärischen Ausnahmezustand verhängt und dem Unterzeichneten, Generalfeldmarschall von Witzleben, den Oberbefehl über die Wehrmacht und die Vollziehende Gewalt übertragen. Diese delegiere Witzleben auf den Befehlshaber des Ersatzheeres und auf die Wehrkreisbefehlshaber. Alle Dienststellen der Wehrmacht, der Waffen-SS, des Reichsarbeitsdienstes, der gesamten Polizei und der NSDAP seien diesen damit unterstellt.[238] Mindestens drei Stunden benötigten die Schreibkräfte, um die Nachricht in ihren Geheimschreiber zu geben.

Inzwischen zeigte sich, daß Fromm auch von Stauffenberg nicht zum Mitmachen zu bewegen war, selbst nicht als Stauffenberg behauptete: »Der Feldmarschall Keitel lügt wie immer, ich habe selbst gesehen, wie man Hitler tot hinausgetragen hat.«[239] Als Olbricht den letzten Trumpf ausspielte und Fromm davon in Kenntnis setzte, daß man das Stichwort »Walküre« bereits ausgegeben habe, geriet dieser außer sich: das sei glatter Ungehorsam, das sei Revolution und Hochverrat; er erklärte Olbricht, Stauffenberg und Mertz von Quirnheim für verhaftet. Als Stauffenberg kühl erwiderte, daß umgekehrt Fromm verhaftet sei, kam es zu einem Handgemenge. Die beiden Ordonnanzoffiziere Haeften und Kleist eilten mit gezogener Pistole zu Hilfe. Fromm wurde im Nebenraum festgesetzt, seine Telephonleitung durchschnitten.

Stauffenberg ließ nun die Bendlerstraße von einer Gruppe des herbeibeorderten Wachregiments sichern. Als um 17 Uhr ein SS-Offizier im Auftrage des Reichssicherheitshauptamtes erschien, um Stauffenberg verhaften zu lassen, wurde dieser samt Gefolge festgenommen. Eine halbe Stunde später war das Regierungsviertel durch das Wachregiment unter Major Remer abgeriegelt, der freilich nicht in die Verschwörung eingeweiht war. Alles schien auf gutem Wege, in den Wehrkreisen setzten die ersten Maßnahmen ein und auch in Paris war durch ein Telephonat aus der Bendlerstraße die Aktion Stülpnagels gestartet worden. Gegen 18 Uhr verdichteten sich die Gerüchte, daß Hitler das Attentat überlebt habe. Um 18.30 Uhr brachte der Deutschlandsender die Nachricht über das gescheiterte Attentat. Doch Stauffenberg und der mittlerweile in der Bendlerstraße eingetroffene Beck, das präsumptive Staatsoberhaupt, hielten dies für eine bewußte Irreführung. Man dürfe sich, so Beck, unter keinen Umständen durch Dementis der Gegenseite verunsichern lassen. Aus allen Teilen des Reiches trafen dringende Gespräche von Kommandeuren in der Bendlerstraße ein, die wissen wollten, was von den Berliner Befehlen tatsächlich zu halten sei. Stauffenberg verbürgte sich noch einmal für Hitlers Tod und gab entsprechende Fernschreiben an die Kommandeure hinaus. Aber gerade das vergrößerte die Unsicherheit, denn inzwischen hatte Keitel vom Führerhauptquartier aus kategorisch verboten, noch irgendwelche Befehle aus der Bendlerstraße entgegenzunehmen. Die Verschwörer im Ministerium hatten bald alle Hände voll zu tun, die Anfragen von draußen zu beantworten und die ständig eintreffenden Offiziere festzuhalten und zu bewachen und so waren in Berlin selbst die wichtigsten Anfangsmaßnahmen der Aktion bis 20 Uhr noch nicht abgeschlossen oder schon gescheitert: weder das Rundfunkhaus noch das Propagandaministerium waren besetzt, die wichtigsten SS-Führer nicht verhaftet, und Major Remer, der Goebbels verhaften sollte, war von diesem zu einem Ferngespräch mit Hitler überredet und dabei von Hitler persönlich beauftragt worden, den Putsch niederzuschlagen.

Stauffenberg und Hoepner hatten seit dem frühen Abend versucht, weitere Truppen für ihre Aktion zu gewinnen. Doch die Verunsicherung bei den Befehlshabern war schon zu groß. Erste Ein-

Fernschreiben der Verschwörer in der Bendlerstraße

heiten wurden sogar wieder zurückgezogen. Gegen 21 Uhr kam eine Rundfunkmeldung, daß Hitler im Verlauf des Abends zum deutschen Volk sprechen werde und daß Himmler zum Oberbefehlshaber des Ersatzheeres ernannt worden sei. Während Olbricht die Offiziere des Stabes nun vage in die Verschwörung einweihte und sie zum Schutz des Hauses aufforderte, unternahm Fromm eine Gegenaktion, indem er die Offiziere sammelte, die sich an den Eid auf Hitler gebunden fühlten und entschlossen waren, den Putsch niederzuschlagen. Sie brachen mit Pistolen, Maschinenpistolen und Handgranaten in Olbrichts Zimmer ein, Schüsse fielen. Trotz der Schießerei gelangte Olbricht in das Dienstzimmer Fromms, wo er Hoepner und Merz von Quirnheim, schließlich auch Beck, Haeften und Stauffenberg traf, die ratlos auf Befehle von Witzleben warteten, der sich auf den Weg nach Zossen in das Hauptquartier des Heeres begeben hatte. Stauffenberg, resigniert und mit abgenommener Augenklappe, sagte bald darauf zur Sekretärin von Fromm: »Sie haben mich alle im Stich gelassen.«[241]

Gegen 22 Uhr erklärte Fromm die Verschwörer für verhaftet: »So, meine Herren, jetzt mache ich es mit Ihnen so, wie Sie es heute mittag mit mir gemacht haben.«[242] Die Herren seien auf frischer Tat bei Hochverrat ertappt worden und daher durch ein Standgericht abzuurteilen. Der Staatsstreich war zu Ende, auch wenn in Paris und Wien die Aktionen noch weiterliefen und plangemäß SS und SD ausgeschaltet wurden. Doch Oberbefehlshaber Kluge in Paris nutzte die Gunst der Stunde nicht. Er mochte sich nicht entschließen, das Signal für die Frankreicharmee zu geben. Stülpnagel und vor allem Hofacker, der unmittelbaren Kontakt mit den Verschwörern in der Bendlerstraße gehalten hatte, bestürmten ihn vergeblich, durch ein Waffenstillstandsangebot an die Alliierten den aussichtslosen Kampf im Westen zu beenden, solange noch SS und SD in ihrer Gewalt seien. Als der Zusammenbruch in Berlin bekannt wurde, war auch die Sache in Paris verloren. Stülpnagel wurde nach Berlin beordert, Kluge mußte ein Ergebenheitstelegramm an Hitler senden.

Im Hof des Bendlerblocks wurden gegen Mitternacht beim Licht eines Autoscheinwerfers Stauffenberg, Haeften, Olbricht und Merz von Quirnheim durch ein Kommando Remers erschossen. Seinen ehemaligen Freund Hoepner hatte Fromm in ein Wehrmachtsgefängnis bringen lassen. Sein einstiger Vorgesetzter, der vierundsechzigjährige Generaloberst Beck, der gerade eine schwere Krebsoperation überstanden hatte und davon noch geschwächt war, unternahm zwei mißlingende Selbstmordversuche, bis ihn Fromm von einem Feldwebel erschießen ließ. Dann nahm Fromm auf dem Hof die Vollzugsmeldung entgegen und brachte einen Heilruf auf den »Führer« aus. Seinen Kopf konnte er damit nicht retten: der Versuch, die Mitwisser seiner eigenen Unsicherheit möglichst rasch auszuschalten, war allzu offenkundig gewesen.

Gegen ein Uhr nachts kam Hitlers Stimme über alle deutschen Sender: »Eine ganz kleine Clique ehrgeiziger, gewissenloser und zugleich verbrecherischer, dummer Offiziere hat ein Komplott geschmiedet, um mich zu beseitigen und zugleich mit mir den Stab praktisch der deutschen Wehrmachtführung auszurotten ... Die Bombe, die von dem Oberst Graf von Stauffenberg gelegt wurde, krepierte zwei Meter an meiner rechten Seite. Sie hat eine Reihe mir teurer Mitarbeiter sehr schwer verletzt, einer ist gestorben. Ich selbst bin völlig unverletzt bis auf ganz kleine Hautabschürfungen, Prellungen oder Verbrennungen. Ich fasse es als weitere Bestätigung des Auftrages der Vorsehung auf, mein Lebensziel weiter zu verfolgen, so wie ich es bisher getan habe ... Der Kreis, den diese Usurpatoren darstellen, ist ein denkbar kleiner. Er hat mit der deutschen Wehrmacht und vor allem auch mit dem deutschen Heer nichts zu tun ... Diesmal wird nun so abgerechnet, wie wir das als Nationalsozialisten gewohnt sind.«[243]

Kurz darauf begann eine Verhaftungswelle, die gegen alle Verdächtigen gerichtet war, gleich ob sie mit dem gescheiterten Staatsstreich zu tun hatten oder nicht. Das Regime entfaltete seine ganze Grausamkeit, die alte Bürgerkriegsmentalität kam wieder hoch. Ein

»Ehrenhof« der Wehrmacht hatte die verdächtigen Offiziere aus der Wehrmacht auszuschließen, damit sie dem Volksgerichtshof und seinem Präsidenten Freisler ausgeliefert werden konnten. »Das ist unser Wyschinski«, hatte Hitler schon am Abend des 20. Juli erklärt[244] und damit das Vorbild der Stalinschen Schauprozesse in Anspruch genommen. Freisler erhielt den Auftrag: »Ich will, daß sie gehängt werden, aufgehängt wie Schlachtvieh.«[245] Am 8. August wurden die ersten acht Verschwörer in der Strafanstalt Plötzensee hingerichtet, so wie es der oberste Gerichtsherr befohlen hatte. Die Prozesse und alle folgenden Hinrichtungen wurden in Filmen festgehalten, die sich Hitler stets noch am selben Abend vorführen ließ. Gierig stürzte er sich auf die Verhörprotokolle und die täglichen Vernichtungsberichte Freislers. Bald wurde der Rachefeldzug um eine Sippenhaft erweitert, die sich auf alle Angehörigen Stauffenbergs, Goerdelers, Tresckows und der anderen Familien des Verschwörerkreises erstreckte.

Es war ein tödlicher Schlag gegen Repräsentanten des alten Deutschland. »Ich habe von Anfang gewußt, daß ihr das nicht gewesen seid«, hatte Hitler noch am Abend des 20. Juli zu Bauarbeitern gesagt, als er Mussolini zum Bahnhof Rastenburg beglei-

tete: »Es ist mein tiefer Glaube, daß meine Feinde die ›vons‹ sind, die sich Aristokraten nennen.«[246] Der gescheiterte Putsch setzte die letzten revolutionären, antikonservativen Energien des Radikalfaschismus frei. Hitler hatte eine traditionsreiche Schicht verführt, korrumpiert, sich dienstbar gemacht; nun wurde sie liquidiert. Das gescheiterte Attentat war das Ende des organisierten Widerstandes und die letzte Etappe der nationalsozialistischen Revolution zugleich.

Die Bevölkerung reagierte auf die Nachricht vom Attentat mit Bestürzung und Empörung – ein nachträglicher Beleg dafür, wie isoliert der Widerstand gegen Hitler tatsächlich gewesen war. Das Attentat »wurde auch von denen abgelehnt, die keine ausgesprochenen Nationalsozialisten sind, und zwar nicht nur aus Abscheu vor dem Verbrechen als solchem, sondern weil sie überzeugt sind, daß nur der Führer die Lage meistern kann und daß sein Tod das Chaos und den Bürgerkrieg zur Folge gehabt hätten«.[247] Der Stimmungsbericht aus Nürnberg wird durch viele andere Beobachtungen bestätigt. Überall dieselbe Erleichterung über den glimpflichen Ausgang: »Gott sei Dank, der Führer lebt.«[248] Überall ein merklicher Loyalitätsgewinn Hitlers, nachdem sein Führermythos seit Stalingrad deutlich gelitten hatte. Die Machthaber spürten die kurzfristige Stärkung des Regimes und taten alles, um diesen Stimmungsumschwung, der freilich bald einer völligen Resignation und Apathie weichen sollte, propagandistisch zu verlängern und zur weiteren Radikalisierung des Regimes zu nutzen. Überall wurden »Treuebekenntnisse« zum Führer inszeniert, und alle Beobachter stimmten darin überein, daß durch das Attentat »die Widerstandskraft des Volkes und der Glaube an die geschichtliche Sendung des Führers nur noch verstärkt worden sind«.[249]

Für die Machthaber war das eine zusätzliche Legitimation, den Weg für eine letzte Mobilisierung und Radikalisierung des Regimes zu öffnen. Unter dem Motto »Das Volk will es« verfügte Goebbels als neuer »Reichsbevollmächtigter für den totalen Kriegseinsatz« einen ganzen Katalog von Einschränkungen, Sperrungen, Stillegungen und Arbeitsverpflichtungen. Bald nach der totalen Mobilmachung wurden alle annähernd tauglichen Männer zwischen fünfzehn und sechzig Jahren in einer hektischen Aktion zum »Deutschen Volkssturm« einberufen, Hitlers letztem Aufgebot.

Damit brach zugleich jede langfristig geregelte Rüstungsproduktion zusammen.

Himmler, der nach dem Putsch zum neuen Befehlshaber des Ersatzheeres ernannt worden war, tat alles, um das Offizierskorps zu demütigen. Die letzte »1933/34 von uns nicht aufgelöste Freimaurerloge« Generalstab sei nun entlarvt.[250] Die Generäle hätten nie an den Sieg geglaubt und ihn auch nicht gewünscht. Jetzt war die letzte Etappe im Verhältnis zwischen dem Heer und Hitler erreicht. Die Formel von Partei und Wehrmacht als den beiden Säulen des nationalsozialistischen Staates verschwand von nun an völlig aus dem offiziellen Sprachgebrauch. Nun konnte sich die Partei daran machen, die einst autonome Position der Wehrmacht in Führungsfragen völlig auszuhöhlen.

Die Nachrichten von der blutigen Rache an den Verschwörern und ihren Familien, von den Verfolgungsmaßnahmen überall im Reich schüchterten die Bevölkerung ein. Das erklärt nicht nur die vorsichtige Schweigsamkeit, die nun mehr denn je das Verhalten aller bestimmte. Es erklärt vor allem, weshalb in dieser Atmosphäre der Angst und des Terrors die Masse der Bevölkerung Hitler bis zum Ende gefolgt ist, obwohl dieser aus der Realitätsferne seines Führerbunkers immer sinnlosere Durchhalte- und Vernichtungsbefehle ergehen ließ. Doch die Berichte verstärkten sich, daß die Bevölkerung sich gar nicht mehr mit dem »Führer« beschäftigte, sondern nur noch mit dem eigenen Überleben.

Ein Gelingen des Umsturzes hätte möglicherweise Millionen Menschen das Leben retten und jene Zerstörungen ohne Beispiel verhindern können, die nun bevorstanden. Denn in den letzten Monaten des Krieges forderten die Verschleppung und Ermordung der Verfolgten und die zusammenbrechenden Fronten mehr Menschenleben als während des ganzen bisherigen Krieges. Noch in seinem Untergang entfaltete das Regime seine ganze Destruktionskraft. Aber auch der Gegner steigerte seine Vernichtungswut. In den allerletzten Monaten und Wochen des Krieges radikalisierte er den Luftkrieg, der längst schon keine militärischen Ziele mehr verfolgte. Dutzende von deutschen Städten wurden dem Erdboden gleichgemacht – mitunter, wie im Falle Dresdens, wenigen Wochen oder wie im Falle Potsdams einige Tage vor dem Einmarsch der Sieger. Nun wüteten die Alliierten wie das Hitler getan hatte, solange er die Macht dazu besaß.

Hitler und Mussolini besichtigen den Ort des Attentats

Hinrichtungsstätte in Berlin-Plötzensee

Volksgerichtspräsident Roland Freisler

Stationen einer Unternehmung, die alles zugleich war: Sammlungsbewegung aller Widerstandsgruppen, militärischer Coup und politischer Staatsstreich. Das Scheitern des Putsches illustrierte die Jahrzehnte zuvor von Friedrich Engels formulierte Erkenntnis, daß mit der Erfindung des Maschinengewehrs Revolutionen unmöglich geworden seien. Speer ergänzte 1947 im Nürnberger Prozeß dies mit der Erfahrung, daß die Kontrolle der Opposition durch die Mittel des technisch ausgestatteten Staates total sei; die Revolte von unten sei nicht mehr möglich, die Rebellion von oben fast aussichtslos. Hinzu kam in der deutschen Situation die Ideologisierung und Fanatisierung der Bevölkerung, die nach den Erhebungen des SD die »Errettung des Führers« weiterhin begrüßte.

747

7. Untergänge

Warnung vor Spionen, die an Hauswänden, in Schaufenstern und Telephonzellen angebracht wurde.

Was für die klassische Machtpolitik selbstverständlich war, galt nicht für Hitler. Der Weg zu einer raschen Beendigung des Krieges, wie ihn die Widerständler hatten beschreiten wollen, war für ihn nicht gangbar. Noch während der Stalingrad-Krise hatte er dem rumänischen Staatsführer Antonescu erläutert, daß ein Ausweg wie 1918, als man »mit politischem Geschick und diplomatischen Schlichen« noch einmal davongekommen sei, diesmal nicht bestehe. Jetzt heiße die Alternative nur: »... ein klarer Sieg oder eine restlose Vernichtung«.[251]

So blieben Hitler strategisch nur noch zwei Möglichkeiten, wenn er allen Ernstes daran festhalten wollte, den Krieg in letzter Minute doch noch militärisch zu gewinnen: Er konnte die Kräfte im Osten zu einem »Bollwerk gegen den Bolschewismus« versammeln oder aber noch einmal zu einem Schlag gegen den Westen ausholen. Die eine Möglichkeit hätte sich mit seinem Anspruch gedeckt, Retter Europas vor dem »bolschewistischen Chaos« zu sein, die andere knüpfte an Überlegungen an, auf die er sein Leben lang fixiert war: auf den Gedanken eines Ausgleichs mit dem Westen, eines Angebots in letzter Minute zum gemeinsamen Handeln gegen den Osten. Eine Demonstration der deutschen Schlagkraft schwebte ihm vor, mit der vor allem die Briten doch noch dazu gebracht werden sollten, von der Koalition mit der Sowjetunion und den USA abzulassen und kurz vor zwölf noch auf Hitlers Bündnisangebot einzugehen; noch immer hielt er fest an der Vorstellung, daß London die Bolschewisten mehr als die Nationalsozialisten fürchten müsse.

Auch im Heer und in der SS stand man der Idee eines Separatfriedens mit dem Westen positiv gegenüber. Was Hitler in seiner Erwartung bestärkte, die gegnerische Koalition werde auseinanderbrechen, waren jene bündnispolitischen Grundüberzeugungen, an denen er wie an einer wahnhaften Idee bis zum Untergang im Führerbunker festhielt. Auch häuften sich jetzt Nachrichten von ideologischen und machtpolitischen Konflikten zwischen den Alliierten, die sich auf der Teheraner Konferenz Ende November 1943 offenbar zugespitzt hatten. Was Hitler und die ihm treuen Generäle übersahen, war die Tatsache, daß spätestens die rassen- und besatzungspolitischen Untaten des Nazi-Regimes jede Möglichkeit des Ausgleichs unmöglich gemacht hatten.

Es war eine Mischung von dogmatischem Starrsinn, Verzweiflungstrotz und Kalkül, die Hitler zu dem Entschluß bewog, dem westlichen Kriegsschauplatz den Vorrang vor dem Osten zu geben. Daran sollte sich über alle Niederlagen der Wehrmacht bis zum April 1945 nichts mehr ändern. »Im Osten«, so erläuterte er in der Führerweisung Nr. 51 vom 3. November 1943, »läßt die Größe des Raumes äußerstenfalls einen Bodenverlust auch größeren Ausmaßes zu, ohne den deutschen Lebensnerv tödlich zu treffen. Anders im Westen.«[252] Im Westen bot sich die letzte Chance zu einer erneuten Offensive und zu einer möglichen Wende des Krieges. Darauf mußte alles gesetzt werden. Das war dem Feldherrn Hitler wichtiger als die Sorge um den deutschen Osten, der mit dieser Entscheidung der vorrückenden Roten Armee preisgegeben war.

„Wir werden ihre Städte ausradieren"

sagte Hitler im Sportpalast am 5. September, 1940.

„Diese neue deutsche Luftwaffe ist das schärfste Kriegsinstrument, das wir auszubilden vermochten. Furchtbar wenn der Einsatz befohlen wird . . . dann wird es nichts mehr geben, was uns vor einem rücksichtslosen Draufgängertum zurückschreckt."

Göring in seinem Tagesbefehl an die Luftwaffe am 1.3.38.

„In den Londoner U-Bahn-Schächten liegen Menschen fast übereinander, Männer, Frauen und Kinder zu Tausenden und Abertausenden zusammengepfercht, verkommend in Schmutz und Elend, ein Inferno menschlichen Leids."

Göbbels am 1.5.41.

Wer trägt die Schuld am Bombenkrieg?

USG-22

Hitlers Sorglosigkeit »entsprach ein mangelndes Empfinden für die Größe der Gefahren, die hier drohten, sowohl bei der Wehrmacht- und Heeresführung als auch bei den zivilen Instanzen und in der Bevölkerung«.[253] Im deutschen Ostheer hatte sich bis 1944 trotz Stalingrad ein Gefühl der Überlegenheit gegenüber »dem Russen« erhalten, da man seither keine weiteren großen militärischen Niederlagen hatte hinnehmen müssen, sondern sich nur in Etappen und in geordneter Form auf rückwärtige Stellungen zurückgezogen hatte. Im Heer wie in der Bevölkerung war der »Tannenberg-Mythos« noch immer lebendig und gab das trügerische Gefühl der Sicherheit. Wie im Ersten Weltkrieg auch werde man die russische Dampfwalze aufhalten und letztlich doch bezwingen.[254]

Die Lage änderte sich grundlegend, als am dritten Jahrestag des deutschen Überfalles auf die Sowjetunion die Rote Armee zu einer Großoffensive ausholte. Nach wenigen Tagen kam es im Juni 1944 zum völligen Zusammenbruch der Heeresgruppe Mitte mit ihren 28 Divisionen; die Niederlage stellte Stalingrad weit in den Schatten. »Es handelte sich um nicht weniger als bereits um die entscheidende Niederlage des deutschen Heeres im Ostkrieg.«[255] Von nun an war es nur noch eine Frage der Zeit, bis die deutsche Ostfront völlig zusammenbrach und der deutsche Osten von der Roten Armee überrollt wurde.

Fast gleichzeitig waren Amerikaner und Briten an der normannischen Kanalküste gelandet. Am D-day, dem 6. Juni 1944, hatten sie mit Tausenden von Flugzeugen die deutschen Stellungen bombardiert und von See her mit schwerem Schiffsfeuer das Landungsgebiet eingedeckt. Eine Armada von fünftausend Landungsbooten und Transportschiffen steuerte das französische Festland an. Am

Alliiertes Propaganda-Flugblatt

Das brennende Rotterdam, Mai 1940

Das zerstörte Belgorod, 1943

Der Bombenkrieg gegen zivile Ziele in England und Frankreich kam gegen die ursprünglichen Absichten zustande, zum Teil durch Mißverständnisse. Mit einer Rücksichtslosigkeit, wie sie der Erste Weltkrieg nicht gekannt hatte, wurden dagegen die militärischen Operationen in Polen, Holland und Frankreich geführt, wobei auch Großstädte wie Warschau, Rotterdam, Orléans und Belgorod mit äußerstem Einsatz von Artillerie und Sturzkampfbombern dem Erdboden gleichgemacht wurden, wenn es die militärische Lage zweckmäßig erscheinen ließ. Das Scheitern des Jäger-Luftkampfes über England führte dann zu Bombardements von Produktions- und Versorgungseinrichtungen der Royal Air Force, die allmählich zu Flächenbombardierungen von Industrie- und Hafenstädten übergingen. Die zielbewußte Zerschlagung der jeweils gegnerischen Moral durch mehr oder minder offen als Terrorangriffe deklarierte Bombardierungen aller erreichbaren Großstädte gehört einer späteren Phase des Krieges an.

Thomas Mann notierte unter dem Datum des 20.VI.40 dazu in sein Tagebuch: Entsetzliche Bombardements des von Flüchtlingen überfüllten Bordeaux. Mitleid gebe es nicht mehr in Europa, sagen die Deutschen. Auch sie werden es noch zu spüren bekommen. Ihr Maß ist voll. In Deutschland selbst wurde das Mitleid zuerst abgeschafft. Wer weiß, wie das Elend, das sie jetzt schaffen, auf sie noch zurückschlagen wird!

Abend dieses »längsten Tages« des Krieges hatten die Alliierten zwei Brückenköpfe gebildet und einen Streifen von 300 Quadratkilometern besetzt. Der Sturm auf Hitlers »Festung Europa« begann, und allein die zahlenmäßige und materialmäßige Überlegenheit ließ erwarten, daß die Festung bald zusammenbrechen würde.

Hinzu kam, daß die »Festung« kein Dach besaß, wie Präsident Roosevelt triumphierend feststellte. Seit 1942 hatten die Briten mit dem Flächenbombardement von Industrieanlagen und Städten begonnen, ein Jahr später hatten sie ihre Luftherrschaft endgültig etabliert; der Luftraum über dem Reich gehörte den Engländern und Amerikanern. Seit der Zerstörung von Rostock Ende April 1942 sprach die deutsche Propaganda von »Terrorangriffen«, womit die Absicht der britischen und amerikanischen Bombenflüge zutref-

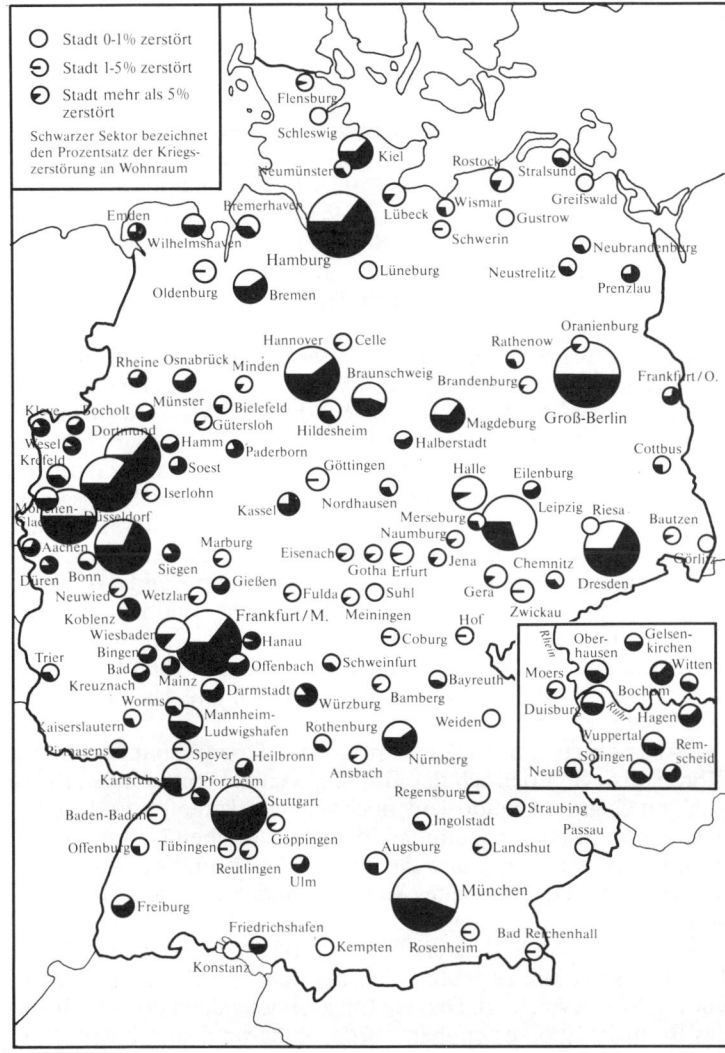

Stadt 0-1% zerstört
Stadt 1-5% zerstört
Stadt mehr als 5% zerstört
Schwarzer Sektor bezeichnet den Prozentsatz der Kriegszerstörung an Wohnraum

Kriegszerstörungen in den deutschen Städten

In der allerletzten Phase des bereits gewonnenen Krieges, als die russischen Armeen schon Ostpreußen, Pommern und Schlesien gewonnen hatten und kurz vor Berlin standen, während die westalliierten Truppen den Rhein überschritten, weiteten sich die Bombenangriffe gegen die letzten intakten deutschen Städte zu einer schwer begreiflichen Orgie von Haß und Rache aus. Dresden wurde am 13./14. Februar ausgelöscht, wenig später wurden Würzburg, Paderborn, Hildesheim, Münster und Potsdam durch Luftangriffe zerstört. Oft ging es nur noch um Wochen, mitunter um Tage, bis die Sieger in die zur Vernichtung ausgewählten Städte einziehen würden, die oft ohne jede rüstungswirtschaftliche oder verkehrsstrategische Bedeutung waren. Der Brechtsche Satz bewahrheitete sich, daß auch der Haß auf das Böse das Antlitz verzerrt. Insgesamt starben im Bombenkrieg auf deutscher Seite 500 000 Menschen, der größte Teil davon Frauen und Kinder.

Fahrt durch die ausgebrannten Städte Westdeutschlands, die sich in dunkler Kette aneinanderreihen, und dabei wieder der Gedanke: So sieht es in den Köpfen aus. Der Eindruck wurde durch die Gespräche der Reisegefährten noch verstärkt, in denen der Anblick dieser Schuttwelt nur den Wunsch nach ihrer Vergrößerung erweckte; sie hofften London bald in dem gleichen Zustand zu sehen und munkelten von ungeheuren Batterien, die man zur Beschießung dieser Stadt an der Kanalküste errichten soll.

Ernst Jünger, Das zweite Pariser Tagebuch

fend beschrieben wurde. Sie sollten die Moral der deutschen Bevölkerung brechen, doch gelang das nur sehr begrenzt. Und dies trotz der verheerenden Wirkung des Bombenkrieges, der seit dem Jahre 1943 das Gesicht der deutschen Städte und das Leben ihrer Bewohner drastisch veränderte. Ungefähr 500 000 Menschen kamen bei den Luftangriffen ums Leben, noch einmal so viele wurden verletzt. Rund vier Millionen Wohnungen wurden zerstört, die Bevölkerung der großen Städte wurde evakuiert: aus Hamburg etwa 40 Prozent, aus Berlin rund 30 Prozent. Es waren nicht nur Propaganda und Zwang, die zum Durchhalten und Aufräumen nach jeder Angriffswelle bewogen. Erich Nossack beschrieb die Haltung nach der Zerstörung Hamburgs: »Es ging alles sehr ruhig und durchaus mit einem Willen zur Ordnung her, und der Staat richtete sich nach dieser aus den Umständen gewachsenen Ordnung.«[256] Das bedeutete keineswegs ein Bekenntnis zum Regime und seiner Ideologie, es war vielmehr Ausdruck eines elementaren Selbsterhaltungswillens und der Beschränkung der bürokratischen Apparate auf die materielle Daseinsfürsorge.

Strategische Bedeutung gewannen erst die Bombenangriffe vom Mai und Juni 1944 auf die Hydrierwerke und vom September auf das Transportsystem. In mehreren Denkschriften mahnte Speer, daß damit jede militärische Operation bald unmöglich und ein Ende des Krieges unvermeidbar würde. Keitel entgegnete mit dem »Standardargument Hitlers«: »Wie viel schwere Situationen haben wir schon überstanden« – und dann zu Hitler: »Wir werden diese auch überstehen, mein Führer.«[257]

Auch auf die Nachrichten von der erfolgreichen alliierten Invasion reagierte Hitler mit einer realitätsfernen Gelassenheit, obwohl er selbst einige Monate zuvor erklärt hatte: »Wenn die Invasion nicht abgeschlagen wird, ist der Krieg für uns verloren.«[258] Als es dann soweit war, klammerte er sich an seinen illusionären Glauben, mit einem mächtigen Schlag gegen den Westen das Kriegsglück noch einmal wenden zu können. Das sollten vor allem die »Wunderwaffen« V 1 und V 2 bewirken, deren Einsatz im umgekehrten Verhältnis zu ihrer propagandistischen Verwendung stand. Alle Versprechungen und blinden Hoffnungen auf einen »Endsieg« gründeten sich auf diese Fernwaffen wie auf die Beschwörung der Vorsehung und der Geschichte. Kaum ein Durchhalteappell Hitlers, in dem er nicht das Beispiel des großen Friedrich und das seiner eigenen Errettung am 20. Juli bemühte.

»Wir werden unter allen Umständen diesen Kampf so lange führen, bis, wie Friedrich der Große gesagt hat, einer unserer verfluchten Gegner es müde wird, noch weiter zu kämpfen, und bis wir dann einen Frieden bekommen, der der deutschen Nation für die nächsten 50 oder 100 Jahre das Leben sichert und der vor allem unsere Ehre nicht ein zweites Mal so schändet, wie es im Jahre 1918 geschehen ist.«[259]

Nüchterner sah Hitlers erster operativer Berater, Generaloberst Jodl, die Situation. Er wußte, daß der deutsche Zusammenbruch unmittelbar bevorstand. Daß die Entscheidung dann doch noch auf das Frühjahr 1945 verschoben wurde, »hing weniger mit dem Einsatz letzter deutscher Reserven aus dem Reichsgebiet, als vor allem mit den strategischen Erwägungen der Alliierten, mit ihrer unzutreffenden Lage-Einschätzung der noch vorhandenen deutschen Möglichkeiten und wohl auch mit dem kritischen Stand ihrer Beziehungen zur Sowjetunion innerhalb der ›Anti-Hitler-Koalition‹ zusammen«.[260]

Auch wenn sich die deutschen Fronten noch einmal kurzfristig stabilisieren konnten, seitdem die alliierten Truppen im Westen wie im Osten fast bis an die Reichsgrenzen vorgedrungen waren, war das Deutsche Reich vom Subjekt zum Objekt des Krieges geworden; schon überlagerten die Fragen der künftigen Nachkriegsordnung die gemeinsame Kriegführung der ungleichen Anti-Hitler-Koalition. Sicher war, daß die Sowjetunion ihr weltpolitisches Gewicht durch die Siege der Roten Armee ganz erheblich gesteigert hatte und daß sie eine »Wiederholung des 22. Juni 1941« auf jeden Fall

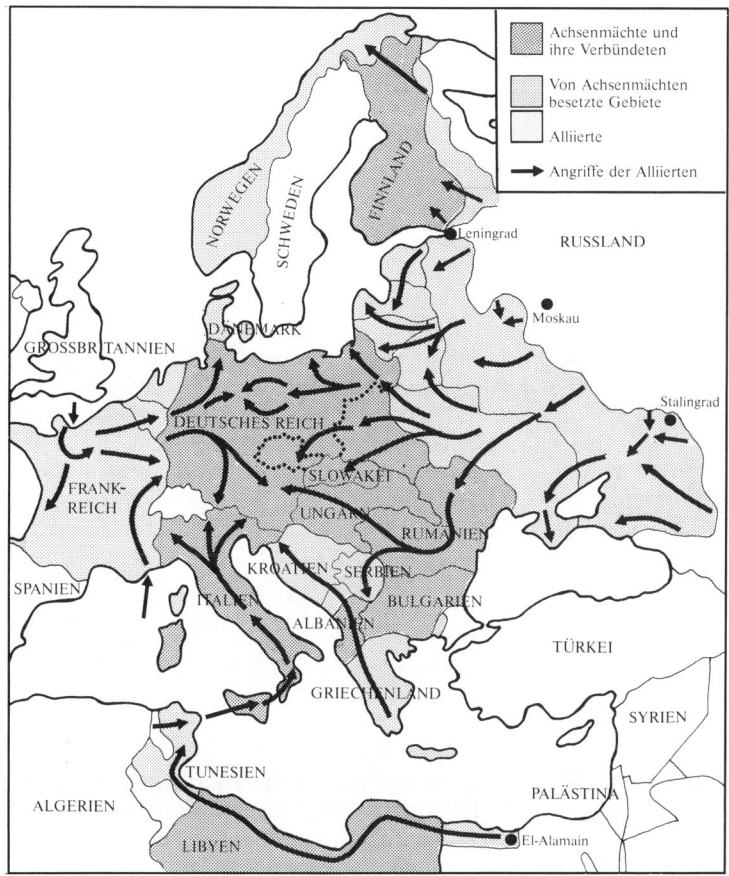

Der militärische Zusammenbruch

Das System der Stoßkeile und Kesselschlachten, mit dem Hitler den Krieg eröffnet hatte, sollte ihn auch abschließen. Von Ost und West und aus dem Süden drangen die siegreichen Armeen der Kriegskoalition in das Reich vor, das zum Schluß in zwei Teile gespalten wurde.

vermeiden wollte, also eine Situation, in der der gegnerische Machtbereich unmittelbar an den eigenen angrenzte. Um dies zu verhindern, wollte Stalin einmal das sowjetische Territorium nach Westen ausdehnen und zum anderen sich in Ostmitteleuropa ein Sicherheits-Glacis schaffen. Kern dieses neuen »Cordon Sanitaire« war wieder einmal Polen, dessen Grenzen ebenfalls nach Westen verschoben werden mußten und dessen künftiges politisches System dem sowjetischen angeglichen werden sollte.

Seit der Konferenz von Teheran Ende November 1943 hatten sich die Westmächte mit dieser Ostmitteleuropa-Konzeption Stalins und mit den veränderten machtpolitischen Verhältnissen abgefunden. Seither stand fest, daß mit einer deutschen Niederlage auch über das Schicksal eines größeren Teils der preußisch-deutschen Ostprovinzen entschieden war. Auch auf britischer Seite bestand wenig Interesse, sich für die Zugehörigkeit dieser Gebiete zu Deutschland zu engagieren. Waren sie doch Bestandteil jenes Preußens, in dessen Militarismus nach Meinung vieler westlicher Staatsmänner der Kern allen deutschen Hegemonialstrebens lag. Die Zerstückelung Deutschlands und eine noch nie dagewesene Bevölkerungsverschiebung waren damit beschlossene Sache; im Sommer 1944 mach-

25. August 1944 – de Gaulle zieht
an der Spitze der Mitglieder des
Widerstandes in das befreite Paris
ein.

ten sich die Alliierten in einer »Europäischen Beratenden Kommission« daran, einen Entwurf über die politische Kapitulation Deutschlands, ein Zonen-Aufteilungsprotokoll und ein Abkommen über die Kontrolleinrichtungen in Deutschland zu verabschieden.

Während Stalin alles tat, um in Polen vollendete Tatsachen zu schaffen und die Rote Armee bis an die Rigaer Bucht und die Grenzen Ostpreußens vorstieß, versteifte sich Hitler auf seinen letzten Gegenschlag im Westen, eine Offensive durch die Ardennen. Alles, was sich an verfügbaren Reserven zusammenziehen ließ, wurde in die Eifel beordert, ohne Rücksicht auf die Schwächung der Ostfront. Wieder, wie im Mai 1940, sollten deutsche Truppen über die Ardennen in Richtung Antwerpen, dem wichtigsten Nachschubhafen der Alliierten, vorstoßen und anschließend alle gegnerischen Verbände nördlich davon einkesseln und zerschlagen. Noch einmal ein großes Vabanquespiel, nur daß die Karten diesmal viel schlechter waren. Aber im Hintergrund stand ja die Hoffnung auf den Bruch der Anti-Hitler-Koalition: »Es gab in der Weltgeschichte niemals Koalitionen, die wie die unserer Gegner aus so heterogenen Elementen mit so völlig auseinanderstrebender Zielsetzung zusammengesetzt sind«, machte Hitler auf einer Lagebesprechung am 12. Dezember sich und seinen Offizieren Mut. »Es sind Staaten, die in ihrer Zielsetzung schon jetzt Tag für Tag aneinandergeraten. Und wer so wie eine Spinne, möchte ich sagen, im Netz sitzend, diese Entwicklung verfolgt, der kann sehen, wie von Stunde zu Stunde sich diese Gegensätze mehr und mehr entwickeln. Wenn hier noch ein paar ganz schwere Schläge erfolgen, so kann es jeden Augenblick passieren, daß diese künstlich aufrechterhaltene Front plötzlich mit einem riesigen Donnerschlag zusammenfällt ..., immer unter der Voraussetzung, daß dieser Kampf unter keinen Umständen zu einem Schwächemoment Deutschlands führt.«[261] Vier Tage darauf begann der Angriff, nach weiteren vier Tagen kam er zum Stehen, und wenig später war er unter hohen Verlusten gescheitert.

Am 28. Dezember 1944, als die alliierte Gegenoffensive bereits begonnen hatte, beschwor Hitler noch einmal die Divisionskommandeure: »Ich habe den Begriff Kapitulation in meinem Leben nie kennengelernt ... Ich könnte noch so von Sorgen gequält sein und meinetwegen auch von Sorgen gesundheitlich erschüttert werden: es würde das nicht im geringsten etwas an meinem Entschluß ändern zu kämpfen.«[262] Am nächsten Tag bekräftigte er das: »Weltgeschichte kann man nur machen, wenn man tatsächlich hinter eine kluge Vernunft, hinter ein lebendiges Gewissen und eine ewige Wachsamkeit doch eine fanatische Beharrlichkeit setzt, eine Glaubensstärke, die einen Menschen zum inneren Streiter werden läßt ... Denn noch einmal so lange, wie der Krieg gedauert hat, dauert er nicht mehr. Das ist ganz sicher. Das kann kein Mensch aushalten,

Die Millionenheere von Kriegsgefangenen, die Deutschland nach den siegreichen Feldzügen im Westen und Osten gemacht hatte, traten nur in abgeschiedenen Lagern und als Landarbeiter oder Industriearbeiter in Erscheinung. Nach den Wochenschauen, die die Züge der gefangenen Engländer, Franzosen und Russen vorgeführt hatten, verschwanden sie aus der Propaganda des Regimes. Nach der Befreiung von Minsk führte die Sowjetunion dagegen die Überlebenden in einem Massenzug durch Moskau: lebende Demonstration des gewandelten Kriegsglücks. Das Schicksal der Gefangenen war hier wie da dasselbe, von den 5,7 Millionen sowjetischen Gefangenen gingen in den deutschen Lagern fast 3,3 Millionen zugrunde. Von 3,2 Millionen deutschen Kriegsgefangenen kamen aus Rußland nur 2,1 Millionen zurück. Von solcher Grausamkeit hatte der Erste Weltkrieg nichts gewußt. Der Rassen- und Weltanschauungskrieg, den Hitler programmiert hatte, hatte tatsächlich sein Ziel erreicht.

wir nicht, die anderen auch nicht. Es ist nur die Frage, wer es länger aushält. Derjenige muß es länger aushalten, bei dem alles auf dem Spiel steht. Bei uns steht alles auf dem Spiel ... Wenn wir heute sagen würden: Wir haben es satt, wir hören auf, dann hört Deutschland auf zu existieren.«[263]

Das waren die politischen Glaubenssätze eines Mannes, der sich als Deutschlands Retter und größter Feldherr hatte feiern lassen. Nun nannte er die Nachrichten von russischen Bereitstellungen an der Ostfront einen »Riesenbluff«. »Ich bin fest überzeugt, daß im Osten nichts passiert.«[264] Am 12. Januar 1945, als die Ardennenoffensive nach einem letzten Aufbäumen endgültig gescheitert war, begann die neue sowjetische Offensive. Eine gewaltige Kriegsmaschinerie überrollte das ausgeblutete deutsche Ostheer zwischen der Memel und den Karpaten und drang in drei Wochen bis an die Oder vor. Eine riesige Menschenlawine schob die Rote Armee vor sich her, endlose Trecks von Flüchtlingen, voller Entsetzen angesichts des Zusammenbruchs der deutschen Ostfront, in panischer Angst vor den Racheakten der sowjetrussischen Truppen, vor Vergewaltigungen in kaum vorstellbarem Ausmaß, vor tausendfachem Mord und Deportationen.

Das war die Vergeltung für die von Deutschen auf sowjetischem Boden 1941 bis 1944 begangenen Verbrechen, eine Reaktion auf den nationalsozialistischen Rassenwahn. Aber solche Exzesse begleiteten auch den Einmarsch der Roten Armee in Rumänien, Ungarn und den anderen doch »befreiten« Ländern. Der Weltbürgerkrieg hatte, von der sowjetischen Kriegspropaganda verstärkt, alle Dämme brechen lassen.

Die Vergeltung traf Schuldige und Unschuldige in gleicher Weise. Überall herrschten unsagbares Leid, übermenschliche Entbehrungen, Hunger, Untergangsstimmung, aber auch Mut und Opferbereitschaft vieler Unbekannter, die in der hereinbrechenden Katastrophe über sich hinauswuchsen. Eine Abiturientin beschrieb Ende Januar 1945 die Flucht aus Ostpreußen, das von den Russen eingeschlossen war: »Auf dem Güterbahnhof von Rastenburg fanden wir drei Zuflucht in einem Güterwagen, der Soldaten in Richtung Königsberg/Pr. transportierte. In Korschen mußten wir raus, hatten jedoch das Glück, sofort einen neuen Güterzug, der mit Flüchtlingen überfüllt war, zu erwischen. Unterwegs starben Säuglinge vor Hunger ... In ihrer Angst, den vordringenden Russen in die Hände zu fallen, hatten es zahlreiche Flüchtlinge trotz der starken Kälte fertig bekommen, sich in offenen Lorenwagen an den Transport anzuhängen. In Bartenstein waren viele bereits erfroren.« Die Flucht führte weiter über Braunsberg nach Passarge am Frischen Haff. »Das Eis war brüchig; stellenweise mußten wir uns mühsam durch 25 cm hohes Wasser hindurchschleppen. Mit Stöcken tasteten wir ständig die Fläche vor uns ab. Zahllose Bombentrichter zwangen uns zu Umwegen. Häufig rutschte man aus und glaubte sich bereits verloren. Die Kleider, völlig durchnäßt, ließen nur schwerfällige Bewegungen zu. Aber die Todesangst vertrieb die Frostschauer, die über den Körper jagten. Ich sah Frauen Übermenschliches leisten. Als Treckführerinnen fanden sie instinktiv den sichersten Weg für ihre Wagen. Überall auf der Eisfläche lag verstreuter

Im Schatten der sich abzeichnenden Katastrophe hatten Reichsstatthalter, Gauleiter und Festungskommandanten das Räumen bedrohter Gebiete unter schwerste Strafen gestellt. Als die Fronten dann wenig später zusammenbrachen, war an einen geordneten Abtransport der Bevölkerung aus Ostpreußen, Schlesien, Pommern und dem Sudetenland gar nicht mehr zu denken. Wohin hätten 15 Millionen auch ziehen sollen, da im Westen die Armeen der Alliierten ebenfalls schon tief ins Reich vorgedrungen waren? So kam das Ende als Chaos. Schätzungsweise 2,8 Millionen Zivilisten gingen auf der Flucht aus dem Osten zugrunde, die Seerettungsaktionen aus dem eingekesselten Ostpreußen verhalfen 1,5 Millionen Flüchtlingen und einer halben Million Soldaten und Verwundeten zum Entkommen.

Hausrat herum; Verwundete krochen mit bittenden Gebärden zu uns heran, schleppten sich an Stöcken dahin, wurden auf kleinen Schlitten von Kameraden weitergeschoben. Sechs Stunden dauerte unser Weg durch dieses Tal des Todes. Dann hatten wir, zu Tode ermattet, die Frische Nehrung erreicht. In einem winzigen Hühnerstall sanken wir in einen flüchtigen Schlaf... Am nächsten Tag liefen wir in Richtung Danzig weiter. Unterwegs sahen wir grauenvolle Szenen. Mütter warfen ihre Kinder im Wahnsinn ins Meer. Menschen hängten sich auf; andere stürzten sich auf verendete Pferde, schnitten sich Fleisch heraus, brieten die Stücke über offenem Feuer; Frauen wurden im Wagen entbunden.«[265]

Die Flüchtlingszüge, aus Ostpreußen über die eisige Ostsee kommend oder in langen Trecks sich fortbewegend, von Panzern und Tieffliegern gejagt und überrollt, drängten in die Städte des immer kleiner werdenden »Großdeutschen Reiches«. Einige, wie Königsberg, Kolberg und Breslau, wurden von Hitler zu Festungen erklärt; fanatische Gauleiter wie Erich Koch in Ostpreußen und Karl Hanke in Niederschlesien ließen Bürgermeister und andere Amtsträger, die eine Verteidigung ihrer Städte um jeden Preis für sinnlos und selbstmörderisch erklärten, hinrichten. »Wer den Tod in Ehren fürchtet, stirbt in Schande«, erklärte Hanke, als der Breslauer Bürgermeister Spielhagen sich gegen die sinnlose Opferung der Stadt und ihrer Menschen wandte; der Königsberger Festungskommandant, General Lasch, wurde »wegen feiger Übergabe an den Feind« in Abwesenheit durch ein Kriegsgericht »zum Tode durch den Strang verurteilt. Seine Sippe wird haftbar gemacht.«[266]

Tod und Zerstörung drohten in den überfüllten Städten auch durch die Flächenbombardements der westalliierten Bomberflotten. Dresden, vollgestopft mit schutzlosen Flüchtlingen, verbrannte in einer einzigen Nacht im Februar. »Dresden ein Riesengrab«, schrieb ein Hitlerjunge in sein Tagebuch. »Was haben wir auch erleben müssen. Kein Wunder, daß man gefühllos wird.«[267] Im Januar war schon Nürnberg ausradiert worden, einst Symbol nationalsozialistischer Pracht- und Machtentfaltung; noch im März 1945 ereilte

Würzburg dasselbe Schicksal, ganz am Schluß folgte Potsdam, unmittelbar vor dem Einmarsch der Russen.

Auch im Westen war der Krieg in das Deutsche Reich zurückgekehrt. Im Februar und März 1945 eroberten Amerikaner und Briten die linksrheinischen Gebiete, am 7. März überschritten sie bei Remagen und am 24. März bei Wesel den Rhein, rückten nach schweren Kämpfen um das Ruhrgebiet in das Zentrum des Reiches und nach Süddeutschland vor. Im Norden erreichten die Engländer am 19. April die Elbe bei Lauenburg, während amerikanische Verbände am 25. April bei Torgau an der Elbe mit den Sowjets zusammentrafen. General Eisenhower, der alliierte Oberbefehlshaber, wollte aus politischen und militärischen Gründen nicht weiter marschieren, da er mit dem Großteil seiner Streitkräfte jene deutsche »Alpenfestung« erobern zu müssen glaubte, eine Propagandaschimäre der Nationalsozialisten, die die Alliierten ebenso überschätzten wie die am 2. April 1945 ausgerufene Untergrundarmee, den »Werwolf« – Schreckensgebilde nationalsozialistischer Widerstands- und Untergangsstrategien, die nicht mehr Wirklichkeit wurden.

Auf die Nachricht vom Beginn der sowjetischen Winteroffensive war Hitler am 16. Januar in die Reichskanzlei nach Berlin zurückgekehrt, in den acht Meter tiefen und unermüdlich verstärkten Bunker in deren Garten. Berlin, das einmal Hauptstadt des Großgermanischen Reiches hatte werden sollen, war pausenlos Luftangriffen ausgesetzt. Bald näherte sich auch die Front der Reichshauptstadt, die im März mit notdürftigen Schützengräben und Panzersperren zur »Festung« ausgebaut wurde. Durch Erdwälle und Beton von der Wirklichkeit isoliert, entwickelte Hitler seine Durchhalte- und Beschwörungsappelle und seine menschenverachtenden Endzeit- und Untergangsvisionen. Noch einmal kreuzten sich Einsichten in die Niederlage mit »fanatischen« Anstrengungen zum Widerstand und verzweifelten Hoffnungen auf eine Wende der Koalitionen.

Am 30. Januar 1945, zwölf Jahre nach der Machtübernahme, hielt der einst gefeierte Volkstribun seine letzte, müde Rundfunkrede. Beim Ausbleiben des Erfolges hatte auch seine Stimme an Überzeugungskraft verloren. Noch einmal appellierte er an den Widerstandsgeist des einzelnen, noch einmal beschwor er das »Gespenst des asiatischen Bolschewismus«, das vor zwölf Jahren genauso gedroht habe wie heute. »Und so wie jetzt im Großen war in den Jahren vor der Machtübernahme im kleinen Innern die bürgerliche Welt völlig unfähig, dieser Entwicklung einen wirksamen Widerstand entgegenzusetzen.« Noch einmal versuchte er sich den Briten als Retter zu empfehlen. »England wird nicht in der Lage sein, den Bolschewismus zu bezähmen, sondern seine eigene Entwicklung wird zwangsläufig mehr und mehr im Sinne dieser auflösenden Krankheit verlaufen.«[268]

Doch die bürgerliche Welt Europas hatte erfahren müssen, daß der radikale Versuch, die Revolution mit den Mitteln der Revolution zu vernichten, ihr selbst nur Zerstörung und Auflösung beschert hatte. Der vermeintliche Retter war längst zum Zerstörer dessen geworden, was er hatte verteidigen wollen. Vor allem wurde er zum

Verräter an seiner eigenen Nation, die ihm eigentlich, wie sich nun zeigen sollte, immer fremd geblieben war.

Ebenfalls am 30. Januar hatte Speer Hitler eine Denkschrift überreichen lassen, in der er den Krieg für unwiderruflich verloren erklärte und forderte, daß in dieser Lage Ernährung, Hausbrand und Elektrizität den Vorrang vor Panzern und Munition haben müßten. Hitler reagierte tagelang überhaupt nicht. In den Exzessen des Untergangs offenbarte sich, wie gering die Effektivität und Ordnungskraft der totalen Diktatur tatsächlich war. Auf Einwände und Aufforderungen, dem Krieg ein Ende zu machen, reagierten der Diktator und seine engsten Vertrauten nur noch mit Entlassungen, Standgerichten, Aushalte- und Vernichtungsbefehlen, nun auch gegen das eigene Volk. »Wir überlassen den Amerikanern, Engländern und Russen nur eine Wüste«[269] war, wie sich Speer erinnert, die Konsequenz, die Goebbels, Bormann, Ley und andere aus der verheerenden Lage zogen. Die Zerstörungen des Krieges brachten den revolutionären Zerstörungswillen des ursprünglichen Nationalsozialismus ans Licht. Goebbels gewann dem Bombenkrieg eine sozialrevolutionäre Qualität ab: »Der Bombenterror verschont weder die Wohnstätten der Reichen noch die der Armen; vor den Arbeitsämtern des totalen Krieges mußten die letzten Klassenschranken fallen.«[270] »Unter den Trümmern unserer verwüsteten Städte«, frohlockte die Presse, »sind die letzten sogenannten Errungenschaften des bürgerlichen neunzehnten Jahrhunderts endgültig begraben worden.«[271]

Auch Hitler berauschte sich schon seit längerem am Untergang. Ende November 1944 hatte er Speer gegenüber zynisch die Zerstörungen Berlins durch die alliierten Bomben kommentiert: »Was hat das alles schon zu sagen, Speer. Für unseren neuen Bebauungsplan hätten Sie allein in Berlin achtzigtausend Häuser abreißen müssen. Leider haben die Engländer diese Arbeiten nicht genau nach Ihren Plänen durchgeführt. Aber immerhin ist ein Anfang gemacht.«[272]

Als das Reichsgebiet zwischen Rhein und Oder immer weiter zusammenschrumpfte, wurde aus den Untergangsvisionen Wirklichkeit. Speer hatte noch einmal, in einer Denkschrift vom 15. März, den Zusammenbruch der deutschen Wirtschaft »mit Sicherheit« für die nächsten vier bis acht Wochen angekündigt und gefolgert: »Wenn der Gegner das Volk und seine Lebensbasis zerstören will, dann soll er dieses Werk selbst durchführen. Wir müssen alles tun, um dem Volk, wenn vielleicht auch in primitivsten Formen, bis zuletzt eine Lebensbasis zu erhalten.«[273] Vier Tage später verordnete Hitler im »Kampf um die Existenz unseres Volkes« die Zerstörung der Lebenssubstanz des deutschen Volkes: »Alle militärischen Verkehrs-, Nachrichten-, Industrie- und Versorgungsanlagen sowie Sachwerte innerhalb des Reiches, die sich der Feind für die Fortsetzung seines Kampfes irgendwie sofort oder in absehbarer Zeit nutzbar machen kann, sind zu zerstören.«[274] Die Durchführung seiner »Nero-Befehle« übertrug der Diktator nicht mehr den Generälen oder Beamten, sondern seinen engsten Getreuen, den Gauleitern und Reichsverteidigungskommissaren.

Es kam nicht mehr zur vollständigen Durchführung der Zerstörungsbefehle, nicht zuletzt weil Speer alles daran setzte, die

Letzter Brief Speers an Hitler, in dem er ihm mitteilt, daß er den Befehl zur Zerstörung des gesamten deutschen Industriepotentials und Verkehrssystems mit Rücksicht auf das Weiterleben des deutschen Volkes nicht befolgen wird.

Die Blöcke werden durchflutet von den Wellen Eingezogener. Zwei Sorten unterscheiden sich: die Sechzehnjährigen, unterernährt, dürftig, armselige Arbeitsdiensttypen, ängstlich, ergeben, beflissen, und die Alten, die Fünfzig- bis Sechzigjährigen aus Berlin. Am ersten Tage sind diese noch Herren, tragen Zivil, kaufen sich Zeitungen, flotter Gang, der besagt: wir sind Syndikusse, selbständige Handelsvertreter, Versicherungsagenten, haben hübsche Frauen, Zentralheizung, dieser vorübergehende Zustand berührt uns nicht, sogar ganz humoristisch – am zweiten Tag sind sie eingekleidet und der letzte Dreck.

Jetzt müssen sie durch die Gänge flitzen, wenn ein Unteroffizier brüllt, auf dem Kasernenhof springen, Kasten schleppen, Stahlhelme aufquetschen. Die Ausbildung ist kurz, zwei bis drei Wochen, interessant dabei, sie lernen schon vom zweiten Tag an schießen, früher begann das erst nach vier bis sechs Wochen. Dann eines Nachts, wird angetreten mit Tornister, zusammengerolltem Mantel, Zelttuch, Gasmaske, Maschinenpistole, Gewehr – fast ein Zentner Gewicht –, und fort geht es zur Verladung, ins Dunkle. Dieser Abmarsch im

örtlichen Behörden von der Sinnlosigkeit der Weisungen zu überzeugen. Die Erläuterungen, die der Architekt der Welt- und Rassenherrschaft seinem protestierenden Lieblingsbaumeister gab, enthüllten den ideologischen Wurzelgrund von Hitlers Herrschaft und deren Distanz zur Tradition des deutschen Nationalstaates: »Wenn der Krieg verlorengeht, wird auch das Volk verloren sein. Es ist nicht notwendig, auf die Grundlagen, die das deutsche Volk zu seinem primitivsten Weiterleben braucht, Rücksicht zu nehmen. Im Gegenteil sei es besser, selbst diese Dinge zu zerstören. Denn das Volk hätte sich als das schwächere erwiesen, und dem stärkeren Ostvolk gehöre dann ausschließlich die Zukunft. Was nach diesem Kampf übrigbleibe, seien ohnehin nur die Minderwertigen, denn die Guten seien gefallen.«[275] Nach Hitler hatte das deutsche Volk seine historische Aufgabe verfehlt, darum mußte es sterben.

Die bis in die letzte Stunde dauernde ideologische Fixierung von Hitlers Politik, die Gültigkeit seiner sozialdarwinistischen und rassenbiologischen Glaubenssätze bis zum bitteren Ende werden in einem »politischen Testament« greifbar, das in der Stunde des Untergangs, unmittelbar vor dem Selbstmord, zum letzten Mal die Grundelemente seines Denkens zusammenfaßt und deren revolutionäres Potential freilegt. Von seinem Vernichtungskampf gegen den Bolschewismus war in den Bunkermonologen, die Bormann protokollierte, die Rede, vom Bündnis mit England, von seinem Entschluß zum Krieg, den er besser 1938 hätte beginnen sollen, von seinen Weltmachtgedanken und von seinen eigenen Halbherzigkeiten und Versäumnissen. Die sah er darin, daß er den Kampf um die Weltherrschaft nicht mit der Radikalität eines Revolutionskrieges geführt, sondern sich statt dessen mit einem »reaktionären Spießbürgertum«, mit vorsichtigen Diplomaten und Militärs alter Schule eingelassen hätte; die Bündnistreue zu Mussolini habe ihn nur behindert.[276] Ein weiteres »schicksalhaftes Verhängnis« für sich als Führer sah er darin, »ein Volk führen« zu müssen, »unbeständig und beeinflußbar wie kein zweites, das in seiner Vergangenheit jeweils von einem Extrem in das andere verfallen ist«. Das Werk, das er sich vorgenommen habe, sei »zuviel für einen einzelnen Mann, zu gewaltig umfassend für eine Generation«. Aber: »Ich habe dem deutschen Volk ... das Wissen um seine Sendung vermittelt und ihm die Erkenntnis eingeimpft der ungeheuren Möglichkeiten der Vereinigung aller Deutschen in einem Großdeutschen Reich.«[277] Vor allem aber müsse »das mit Füßen getretene deutsche Volk sich in seiner nationalen Ohnmacht stets bemühen, die Gesetze der Rassenlehre hochzuhalten, die wir ihm gaben. In einer moralisch mehr und mehr durch das jüdische Gift verseuchten Welt muß ein gegen dieses Gift immunes Volk schließlich und endlich die Oberhand gewinnen«.[278]

Das war die Glaubensgewißheit, an der er noch mitten in der Katastrophe festhielt. Nicht das Schicksal des deutschen Volkes interessierte ihn; das ließ ihn, wie er beim Scheitern des Blitzkrieges im November 1941 schon erklärt hatte, »eiskalt. Ich werde dem deutschen Volk keine Träne nachweinen.«[279] Dieses Volk war nur sein Instrument gewesen, für den Kampf um die »Weltgesundung« und zur Wiederherstellung des Sinns der Geschichte. Das

deutsche Volk aber hatte sich dieses Rettungswerkes nicht als würdig erwiesen.

Begleitet waren die Untergangsvisionen von Ausbrüchen des Mißtrauens und Hasses. Immer wieder beklagten Hitler und Goebbels, die in diesen Wochen noch enger zusammenrückten, daß sie ihre Revolution nicht konsequent genug geführt und vor allem nicht gegen die Reaktionäre gerichtet hätten. »Wir haben die linken Klassenkämpfer liquidiert, aber leider haben wir dabei vergessen, auch den Schlag gegen rechts zu führen. Das ist unsere große Unterlassungssünde«,[280] gestand Hitler vor seinen alten Mitkämpfern, den Reichs- und Gauleitern, die er am 24. Februar 1945, dem 25. Jahrestag der Parteigründung, noch einmal in der halb zerbombten Reichskanzlei um sich versammelte. Voll innerer Spannung war die Runde, wie sich Hitlers Luftwaffenadjutant von Below erinnerte: »Der Gauleiter von Dresden, Mutschmann, wurde umringt und mußte über das Schicksal der Stadt Dresden berichten. Die Gauleiter aus dem Rheinländischen standen Rede und Antwort über die Kämpfe im Westen. Der Gauleiter Erich Koch aus Ostpreußen erschien nicht. Sein Gau war schon fast von den Russen eingeschlossen. Ebenso fehlte der Gauleiter Hanke aus dem belagerten Breslau. Es herrschte eine Stimmung der Anklage gegen Hitler. Hitler betrat den Raum und machte auf die Besucher einen Mitleid erregenden Eindruck. Er ging gebeugt und war alt geworden.«[281] Er begann seine Rede mit Erzählungen aus der Kampfzeit der Bewegung, um dann auf die Gegenwart zu kommen, auf die Entscheidungsstunde des Krieges. Auf die Idee eines germanischen Heldenkampfes bis zum letzten Mann suchte er seine Getreuen zu verpflichten, auf die Wende des Krieges, die durch neue Waffen herbeigeführt werden würde. Nur er allein könne die kommende Entwicklung richtig beurteilen und meistern. »Wenn auch meine Hand zittert«, versicherte er seinen sichtlich betroffenen Besuchern, »und selbst wenn mein Kopf zittern sollte – mein Herz wird niemals zittern.«[282] Aber, so der Augenzeuge von Below, »die einstige Suggestivkraft, die diesen Kreis immer wieder mitgerissen hatte, war dahin.«[283]

Der »Verrat« der Offiziere und die »Enttäuschung« über das deutsche Volk waren auch die Themen von Goebbels' letzten Auftritten. Am 21. April 1945 hielt er eine letzte Mitarbeitersitzung ab. »Übernächtigt und frierend sitzen zwanzig bis dreißig Männer im arg demolierten Filmsaal der Villa des Ministers in der damaligen Hermann-Göring-Straße. Die zerbrochenen Fenster sind mit Holz vernagelt. Da es keinen elektrischen Strom gibt, brennen drei Kerzen auf einer langen Tafel, zwei runden Tischchen, an denen noch prächtige, aber nicht mehr ganz heile Sessel stehen; so, wie sie einst standen, als noch der Glanz festlicher Veranstaltungen über ihnen lag.« Goebbels, wie immer korrekt gekleidet, diesmal im dunklen Zivilanzug, begann noch im Niedersetzen zu sprechen. »Seine Worte sind zunächst gehalten und leise, dann wird er lauter und leidenschaftlicher. Er spricht zu dieser kleinen, gespenstischen Versammlung wie im Sportpalast. Seine Rede ist eine einzige Anklage gegen die alten Offiziere und gegen die ›Reaktion‹. Er wirft ihnen Verrat vor. Verrat, den sie seit Jahren begangen hätten. Damals, als sie Hitler abrieten, im Jahre 1940 noch den Versuch einer Landung in

Dunkeln ist unheimlich. Eine Kapelle, die man nicht sieht, führt vorneweg, spielt Märsche, flotte Rhythmen, hinter ihr der lautlose Zug, der für immer ins Vergessen zieht. Das Ganze geht sehr schnell, es ist nur ein Riß in Schweigen und Schwarz, dann liegt das Plateau wieder in der dunklen, erde- und himmellosen Nacht. Am nächsten Morgen kommen Neue. Auch diese gehen wieder. Es wird kälter draußen, beim Exerzieren. Jetzt erhalten sie Befehl, die Handflächen zu reiben, mit den Fäusten auf die Knie zu schlagen, Anregung der Zirkulation, das Leben wird wachgehalten, militaristische Biologie. Die Blöcke stehn, die Wogen rauschen. Immer neue Wogen von Männern, neue Wogen von Blut, bestimmt, nach einigen Schüssen und Handgriffen in Richtung sogenannter Feinde in den östlichen Steppen zu verrinnen. Unbegreiflich das Ganze, stände dahinter nicht so eindrucksvoll der General, hinreißend in seinem Purpur und Gold, und der schießt und läßt schießen, sein Ruhegehalt ist noch nicht unmittelbar bedroht.

Aus Gottfried Benn, »Doppelleben«

England zu machen. Damals, als sie in Rußland die Nerven verloren hätten; als sie vor und während des Krieges nicht großzügig genug rüsteten und planten; als sie der Invasion nicht Herr wurden und als sie Kräfte pflegten, die am 20. Juli 1944 sichtbar wurden. Kein falscher Entschluß, kein unglückliches Ereignis der ganzen Kriegszeit ist vergessen. Alle werden sie aufgezählt, alle werden sie angeführt als Beweis für den ›Verrat‹, den alte Offiziere und die ›Reaktion‹ begangen hätten.«

Als ein Mitarbeiter auf die Treue und Opferbereitschaft des deutschen Volkes verwies, steigerte sich der Minister in einen Wutausbruch. »Was fange ich mit einem Volke an, dessen Männer nicht einmal mehr kämpfen, wenn ihre Frauen vergewaltigt werden!?« »Das deutsche Volk, so der Propagandist, der nach einer Selbstrechtfertigung suchte, habe versagt. Im Osten läuft es davon, im Westen hindert es die Soldaten am Kampf und empfängt den Feind mit weißen Fahnen. Das bleiche Gesicht wird zornrot. Adern und Augen quellen vor, als er ausruft, das deutsche Volk habe das Schicksal verdient, das es jetzt erwarte. Und, plötzlich erkaltend, meint er zynisch, das deutsche Volk habe sich dieses Schicksal ja auch selbst gewählt. Und dann, als er die Versammlung verläßt, dreht er sich noch einmal um und schreit: ›Aber wenn wir abtreten, dann soll der Erdkreis erzittern.‹«[284]

Am 16. April hatte die Rote Armee von der Ausgangsbasis an der Oder und Neiße ihre Endoffensive begonnen. Vier Tage später feierte Hitler seinen 56. Geburtstag im Kreis der Führung des untergehenden Reiches, die sich noch einmal versammelt hatte, Göring, Goebbels, Himmler, Bormann, Speer, Ley, Ribbentrop und die Spitzen der Wehrmacht. Auch Hitlers langjährige Geliebte, Eva Braun, die einstige Verkäuferin im Photogeschäfts seines Leibphotographen Hoffmann, war in Berlin eingetroffen.

Am Abend desselben Tages »begann der Exodus«.[285] Speer, Ribbentrop, Göring und viele der Militärs verließen die Hauptstadt, die unter schwerem Artilleriefeuer lag. Die Führerdiktatur löste sich endgültig in das Chaos von Diadochenkämpfen und Überlebensmanövern auf. Der »Führer« selbst schwankte noch immer zwischen illusionären Hochstimmungen und Niedergeschlagenheit, unterbrochen von Wutausbrüchen und Zusammenbrüchen, die sich häuften, als die aussichtslose Wirklichkeit auch in die künstliche Bunkerwelt drang.

Am 22. April fand eine der letzten Lagebesprechungen bei Hitler statt. »Die Meldungen der Oberbefehlshaber der um Berlin kämpfenden Armeen widersprachen einander. Man hatte den Eindruck, daß jeder für sich kämpfte, aber keinerlei geordneter Widerstand mehr möglich war... Es wurde nicht klar, ob diese Entwicklung eine Folge des russischen Übergewichts oder des Zusammenbruchs der eigenen Führung war – als hätte dies noch getrennt werden können.«[286] Hitler unterbrach den Lagevortrag und wollte wissen, wo der SS-General Steiner mit seinen Angriffsverbänden stünde, von denen er sich eine Entlastung und schließlich eine Wende versprochen hatte. »Sie werden sehen,« hatte er einem Zweifler entgegengehalten, »der Russe erleidet die größte Niederlage, die blutigste Niederlage seiner Geschichte vor den Toren der Stadt Berlin.«[287] Nun mußte er erfahren, daß der Angriff Steiners, den er am 20. April befohlen hatte, noch gar nicht begonnen hatte, daß die russischen Truppen dort, wo man Verbände für Steiners Operation zusammengezogen hatte, im Norden der Stadt, in die Außenbezirke Berlins vorgedrungen waren. Hitler unterbrach und bat sämtliche Konferenzteilnehmer, bis auf Keitel, Krebs, Jodl, Burgdorf und Bormann, den Raum zu verlassen. Nach einem spannungsgeladenen Schweigen hörte man im Nebenraum ein Schreien und Toben Hitlers. Teilnehmer berichteten anschließend, daß Hitler abwechselnd kreidebleich und puterrot im Gesicht geworden war und an sämtlichen Gliedern zitterte. »Seine Stimme überschlug sich, und er kreischte von Untreue, Feigheit, Verrat und Ungehorsam. Vorwürfe gegen Wehrmacht und Waffen-SS ... folgten. Sein Ausbruch gipfelte darin, daß er gleichsam schwor, er bleibe in Berlin, bei den Berlinern, er werde den Kampf hier persönlich leiten, wer gehen wolle, solle ihn und Berlin verlassen ... Hitler fand langsam zu seinem Stuhl zurück, und so kraftvoll, wie dieser Ausbruch begonnen hatte, so endete er jetzt im völligen Zusammenbruch. In sich zusammengesunken schluchzte er wie ein kleines Kind ... ›Es ist alles aus ... der Krieg ist verloren ... ich erschieße mich.‹«[288] Anschließend, in Hitlers Privaträumen, wurde die Debatte im kleineren Kreis fortgeführt; Goebbels kam nun hinzu. Hitler blieb, wie Jodl kurz darauf notierte, bei dem Entschluß, in Berlin zu bleiben. Auch den Vorschlag Keitels und Jodls, die Truppen vom Westen im Osten zum Kampf einzusetzen, lehnte er ab, da »doch alles auseinanderginge, er könnte das nicht, das solle dann der Reichsmarschall machen. Auf eine Bemerkung aus dem Kreise, daß kein Soldat mit dem Reichsmarschall kämpfen würde, hat Hitler gesagt: ›Was heißt: Kämpfen!, da ist nicht mehr viel zu kämpfen.‹«[289]

Am 23. April fragte Göring von Berchtesgaden aus telegraphisch an, ob das Nachfolgegesetz vom Juni 1941 noch gültig sei und er angesichts des in Berlin eingeschlossenen »Führers« Handlungs-

In den letzten Monaten des Krieges stellte die Supreme Headquarters Allied Expeditionary Force eine viersprachige Zeitung für bereits besetzte Gebiete des Deutschen Reiches her, wobei Auflagenanteile allem Anschein nach auch über den verbliebenen Herrschaftsgebieten des Dritten Reiches abgeworfen wurden. Am 20. April 1945, Hitlers letztem Geburtstag, meldete das Blatt die Kapitulation des Ruhrkessels, die Eroberung Leipzigs und die beginnende Einschließung Berlins; in der russischen und französischen Version wurde die Repatriierung der Kriegsgefangenen und Zwangsarbeiter angekündigt. Neun Tage später nahm sich der Diktator das Leben. Flugblätter der Sowjets und Westalliierten spielten während der letzten Jahre des Krieges eine zunehmende Rolle. Ihre Lektüre und Weitergabe war wie das Abhören feindlicher Radiosender mit der Todesstrafe bedroht.

Stalinorgel in Berlin

vollmacht habe. Bormann flüsterte seinem »Führer« ein, das sei eine Art Staatsstreich, offener Verrat. Hitler geriet wieder außer sich. Er warf Göring Faulheit und Versagen vor: »Er hat die Luftwaffe verludern lassen. Er war korrupt. Sein Beispiel hat die Korruption in unserem Staate möglich gemacht. Zu allem ist er seit Jahren Morphinist. Ich weiß es schon lange.«[290] Und dann weiter resigniert und geringschätzig zugleich: »Aber von mir aus. Göring kann ruhig die Kapitulationsverhandlungen führen. Wenn der Krieg verlorengeht, dann ist es sowieso gleichgültig, wer das macht.« Es war schon fast ein Akt der Ohnmacht, als er dann den »zweiten Mann« im Regime aus der Bewegung ausstieß, von dessen Fehlern und Versagen er also schon lange gewußt hatte. Als Trumpfkarte im inneren Machtkampf ließ sich dieses Wissen um Göring ohnehin nicht mehr einsetzen.

Und dann wieder Euphorien. »Wenn es wirklich stimmt«, erklärte Hitler am 25. April auf einer der letzten Lagebesprechungen seinen Entschluß zum Durchhalten in Berlin, »daß in San Franzisko unter den Alliierten Differenzen entstehen – und sie werden entstehen –, dann kann eine Wende nur eintreten, wenn ich dem bolschewistischen Koloß an einer Stelle einen Schlag versetze. Dann kommen die anderen vielleicht doch zu der Überzeugung, daß es nur einer sein kann, der dem bolschewistischen Koloß Einhalt zu gebieten in der Lage ist, und das bin ich und die Partei und der heutige deutsche Staat. Wenn das Schicksal anders entscheidet, dann würde ich als ruhmloser Flüchtling vom Parkett der Weltgeschichte verschwinden. Ich würde es aber für tausendmal feiger halten, am Obersalzberg einen Selbstmord zu begehen als hier zu stehen und zu fallen. – Man soll nicht sagen: Sie als der Führer ... Der Führer bin ich, solange ich wirklich führen kann. Führen kann ich nicht dadurch, daß ich mich irgendwo auf einen Berg setze, sondern dazu muß ich Autorität über Armeen besitzen, die gehorchen. Lassen Sie mich hier einen Sieg erringen, und mag es noch so schwierig und hart sein, dann habe ich wieder ein Recht, die trägen Elemente, die dauernd Obstruktion machen, zu beseitigen.«[291]

Und dann erläuterte er, wie er sich den Kampf gegen die Russen nun vorstellte. Im Häuserkampf um Berlin müßten sie »zum Ausbluten gezwungen« werden, das versprach für ihn die Möglichkeit eines Erfolges, mit dem er die »Geschichte ... reparieren«[292] könne. Und härter wollte er in Zukunft mit denen umgehen, von denen er Widerspruch erführe. »Man bereut es hinterher, daß man so gut ist.« Er habe sich »von einem Kompromiß zum andern durchschlängeln« müssen, darin sah er auf der letzten Führerlage im Beisein von Goebbels und Reichsjugendführer Axmann am 27. April sein Dilemma und seinen größten Fehler. »Wenn man derartige Rechnungen nicht gleich begleicht, bekommt man Mitleid und begleicht sie nie mehr ... Ich hatte vorher [vor dem Tode Hindenburgs, d. Vf.] die Absicht, Leute wie Hammerstein, Schleicher u. a. rücksichtslos zur Verantwortung zu ziehen, und den ganzen Klüngel um dieses Geschmeiß. Aber nach anderthalb Jahren ist dieser Entschluß allmählich milder geworden. Es kam die große Aufbauarbeit. Sonst wären Tausende damals beseitigt worden. Unterdes haben sich diese assimiliert.« Goebbels, ganz der revolutionäre Zerstörer, pflichtete bei: »Auch alle ostmärkischen Gauleiter sagten damals, die Revolution hätte einen Schönheitsfehler. Es wäre besser gewe-

Am Tage von Hitlers Selbstmord erschien die letzte Nummer der improvisierten Zeitung für die eingeschlossene Reichshauptstadt; sie scheint nur noch in wenigen Exemplaren verteilt worden zu sein.

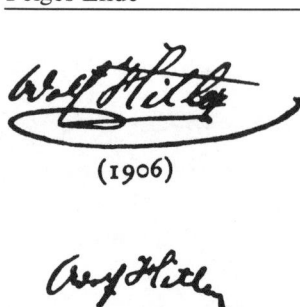

(1906)

(1908)

(1913)

(1914)

(1920)

(1925)

(1929)

(1934)

(1937)

sen, Wien hätte [1938 beim Anschluß, d. Vf.] Widerstand geleistet und wir hätten alles kaputtschlagen können.« Hitlers Antwort: »Ich bleibe deswegen auch hier, damit ich etwas mehr moralisches Recht bekomme, gegen Schwäche vorzugehen.«[293]

Gelegenheit dazu bot sich, als ein neutraler Sender meldete, daß der Reichsführer SS auf eigene Faust einen Separatfrieden mit dem Westen anstrebe. Es folgte ein erneuter Wutausbruch Hitlers, noch heftiger als die anderen. »Er tobte wie ein Verrückter«, erinnerte sich die populäre Fliegerin Hanna Reitsch, die tags zuvor mit einem kleinen Flugzeug in die umzingelte Stadt zusammen mit Generaloberst Ritter von Greim gekommen war, nur damit dieser von Hitler persönlich zum Nachfolger des Verräters Göring ernannt werden konnte. Nach diesem neuen Verrat »wurde er purpurrot, und sein Gesicht war fast unkenntlich«.[294] Nach kurzer Zeit verließ ihn die Kraft, und er zog sich mit Goebbels und Bormann zu einer Unterredung zurück.

Er verfügte den Parteiausschluß Himmlers und bekräftigte dies in seinem Testament vom 29. April. Zum Chef der neuen Reichsregierung bestellte er Goebbels, zum Parteiminister Bormann. Zu seinem Nachfolger als Reichspräsident und Kriegsminister ernannte Hitler keinen seiner einstigen Mitkämpfer aus der Zeit des Aufstiegs seiner Bewegung, sondern Admiral Dönitz. Damit löste Hitler selbst die Konstruktion des nationalsozialistischen Führerstaats auf und unterstrich zugleich die Einmaligkeit seiner Stellung.

Kurz bevor er sein politisches Testament unterzeichnete, hatte Hitler Eva Braun in einer Kriegstrauung geheiratet. Das war ein »Akt definitiver Selbstabdankung«.[295] Der charismatische Führer gab seine Selbststilisierung zum übermenschlichen Wesen auf und entschloß sich zu einer Demonstration jener Bürgerlichkeit, die er sein Leben lang zugleich verachtet und bewundert hatte. Wenig später traf die Nachricht vom Ende Mussolinis ein, der zwei Tage zuvor, ebenfalls in der Gesellschaft seiner Geliebten, von Partisanen ergriffen und erschossen und anschließend auf der Piazzale Loreto in Mailand an den Füßen aufgehängt worden war.

Hitler dagegen bereitete sein Ende sorgfältig vor: er ließ die Wirkung des vorgesehenen Giftes an seinem Schäferhund ausprobieren und befahl seiner Umgebung, dafür zu sorgen, daß auch seine Überreste nicht dem Feind in die Hände fielen. Am Nachmittag des 30. April 1945, gegen 15.30 Uhr, nahm sich Hitler das Leben. Anschließend suchten SS-Leute die Leiche zu verbrennen, während russische Granaten in den Garten des Gebäudes einschlugen, von dem aus Hitler die Welt hatte regieren wollen.

Am 1. Mai 1945 meldete der Rundfunk, »daß unser Führer Adolf Hitler heute nachmittag in seinem Befehlsstand in der Reichskanzlei, bis zum letzten Atemzug gegen den Bolschewismus kämpfend, für Deutschland gefallen ist«.[296] Anschließend verlas Dönitz eine Proklamation an das deutsche Volk, in der sich das Regime mit einer Lüge von der Welt verabschiedete, da es vom »Heldentod« Hitlers im Kampf sprach. Eine Woche später, im letzten Wehrmachtsbericht, verkündeten Dönitz und seine Übergangsregierung ganz lapidar: »Die Einheit von Staat und Partei besteht nicht mehr. Die Partei ist vom Schauplatz ihrer Wirksamkeit abgetreten.«[297] War das der

Versuch, die nationalsozialistische Herrschaft durch einen Feder-strich von der Geschichte des deutschen Nationalstaates und seiner Wehrmacht zu trennen und die ursächlichen Zusammenhänge der deutschen Katastrophe durch eine Legende zu verschleiern, kaum daß das Dritte Reich zusammengebrochen war?

Raum für eine neue Dolchstoßlegende war kaum geblieben. Dazu war die militärische Niederlage zu total, die Desillusionierung der Bevölkerung zu groß, die Erschöpfung und Resignation zu über-mächtig. Die Kapitulation vollzog sich in Etappen, und die Regie-rung Dönitz setzte mit Geschick alles daran, Zeit zu gewinnen, um möglichst große Teile des Ostheeres und mit ihm möglichst viele Flüchtlinge in den Machtbereich der Westalliierten gelangen zu las-sen. Denn es gab nur noch einen Wunsch: daß es die Briten und Amerikaner waren, die die Deutschen eroberten und nicht die Rote Armee. Dahinter stand zugleich jener Gedanke, der wie ein Irrlicht am Ende Hitler und die Mehrheit der führenden Schichten des untergehenden deutschen Reiches angezogen hatte, daß man sich nämlich zu guter Letzt doch noch mit den Westmächten gegen die Sowjetunion verbünden könne. Es war ein Gedanke, den politische Kultur und Erfahrungen des Krieges nahelegten; er war aber auch die Grundlage des Machtbündnisses, das die nationalsozialistische Diktatur eröffnet hatte, und er war darum diskreditiert.

Deren totalen Herrschafts- und Vernichtungsanspruch, deren ideologischer und praktischer Allfeindschaft, deren Alles oder Nichts entsprach die totale Niederlage, die nicht nur der Untergang des nationalsozialistischen Regimes, sondern auch der des deut-schen Nationalstaates werden sollte. Die Einzigartigkeit der natio-nalsozialistischen Herrschaftsziele erklärt zu einem großen Teil die Einzigartigkeit auch der Kriegsfolgen für Deutschland. Freilich kamen die Alliierten nicht nur als Befreier vom Faschismus, son-dern auch mit eigenen machtpolitischen Zielen und Interessen. Freilich wurde ihre labile Koalition nicht nur vom Widerstand gegen die totale Herausforderung durch Hitler zusammengehalten, son-dern auch vom Verlangen nach der Befestigung neuer Einflußsphä-ren und Ordnungssysteme. Solche Unterscheidungen wurden jedoch von der Übermacht der Ideologien, in deren Namen der Krieg schließlich geführt wurde, überlagert. Und es war das natio-nalsozialistische Deutschland, das diesen Weltanschauungskampf entfacht und ihn begonnen hatte.

Am 2. Mai kapitulierte die Reichshauptstadt, nachdem sich kurz vorher auch Goebbels durch Selbstmord der Verantwortung ent-zogen hatte und Bormann den Führerbunker verlassen hatte, um sich zu deutschen Truppen durchzuschlagen. Seine Leiche wurde Jahrzehnte nach dem Kriege in Berlin gefunden. Am 7. Mai 1945 unterschrieb Generaloberst Jodl die Gesamtkapitulation der deut-schen Wehrmacht in Reims, im Hauptquartier General Eisenho-wers. Am 8. Mai wurde dieser Akt durch Generalfeldmarschall Kei-tel, Generaloberst Stumpf und Generaladmiral von Friedeburg im sowjetischen Hauptquartier in Berlin-Karlshorst wiederholt. Das Mißtrauen und die Gegensätze in der Anti-Hitler-Koalition wuch-sen, seitdem der gemeinsame Gegner verschwunden war. Die Kapi-tulation trat am 9. Mai 1945, eine Minute nach Mitternacht in Kraft.

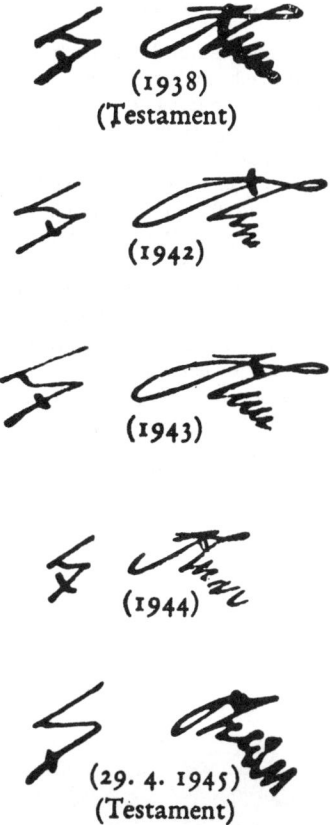

(1938)
(Testament)

(1942)

(1943)

(1944)

(29. 4. 1945)
(Testament)

Mit etwa dreißig Jahren findet Hitler zum Duktus seiner Unter-schrift; was vorausgeht, ist stili-sierte Unbeholfenheit, was nach der endgültigen Wende des Krie-ges 1943 folgt, ist nur noch Verfall. Erlasse und Ordensurkunden kann er nicht mehr selber signie-ren, weshalb eine eigens kon-struierte Maschine die Schriftzüge nachahmt. Nur unmittelbar vor seinem Selbstmord schreibt er noch einmal seinen Namen sel-ber. Der Sechsundfünfzigjährige, zum körperlichen Wrack verfal-len, bringt nur noch ein unleserli-ches Gekleckse aufs Papier.

Kapitulationsurkunde

Die Kapitulation der deutschen
Wehrmacht mußte zweimal vollzogen werden: nachdem im Auftrag der Regierung Dönitz die
deutschen Bevollmächtigten mit
Generaloberst Jodl an der Spitze
am 7. Mai 1945 im Hauptquartier
Eisenhowers in Reims die Unterschrift ohne Gegenwart russischer
Delegierter vollzogen hatten, verlangte Stalin eine zweite Kapitula-
tionszeremonie vor den Vertretern der sowjetischen Armee. Sie
wurde am darauffolgenden Tag,
dem 8. Mai, von einer Delegation
unter Generalfeldmarschall Keitel
in Karlshorst bei Berlin vollzogen
und trat um Mitternacht in Kraft.

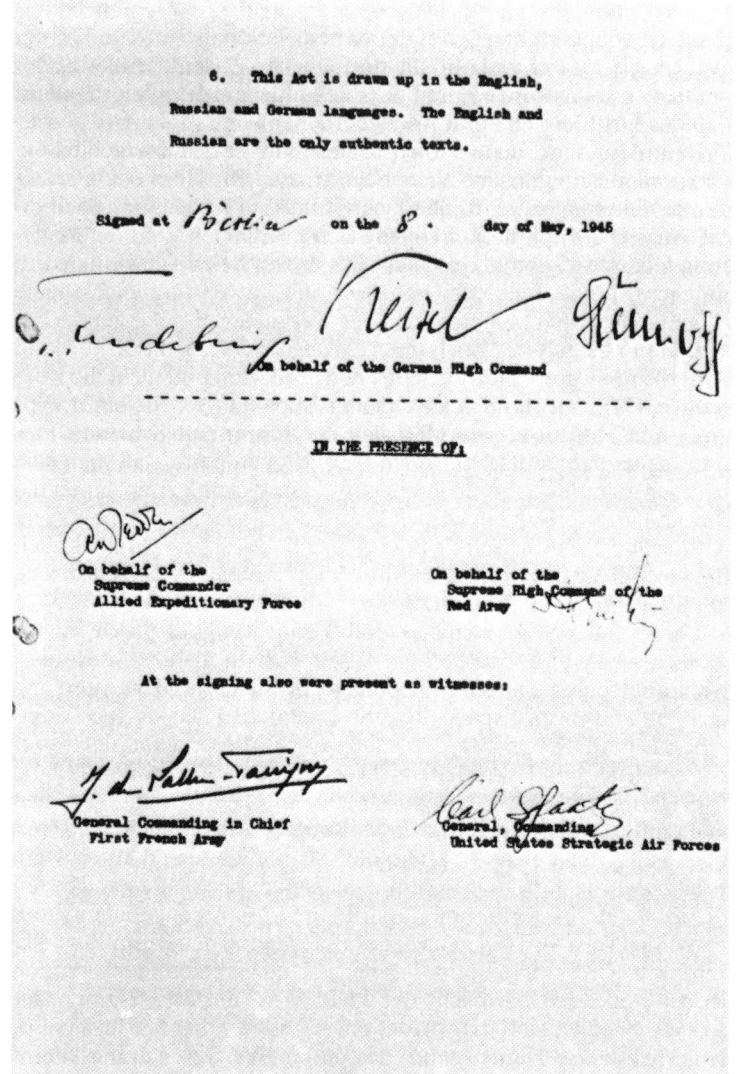

Der von Hitler entfesselte Weltkrieg war damit in Europa zu Ende,
aber auch die Epoche des Faschismus.

Das deutsche Volk, das der »Führer« des Reiches für unwürdig
erklärt hatte, reagierte auf die Nachricht vom Tode des Diktators mit
Erleichterung und Teilnahmslosigkeit. Mit Hitler verschwand der
Nationalsozialismus fast über Nacht. Es waren nicht nur Angst und
Opportunismus, die vor dem Eintreffen der Besatzungstruppen
Führerbilder und Parteiabzeichen verschwinden ließen. »Sie hatten
sich ebenso überlebt, wie der Führer-Mythos noch vor dem Tode
Hitlers aufgezehrt war.«[298] Das letzte Vertrauen in die Führung war
mit dem Vordringen der alliierten Truppen in Deutschland »lawi-
nenartig abgerutscht«.[299] Was interessierte, war das nackte Überleben. Mit seiner weltanschaulichen Erziehung hatte der National-

sozialismus am Ende das Gegenteil erreicht: eine vollkommene Entpolitisierung und die Sehnsucht nach dem kleinen individuellen Glück. Ein SD-Bericht vom März 1945: »Es ist der breiten Masse derzeit ganz einerlei, wie das künftige Europa aussieht. Aus allen Gesprächen ist zu entnehmen, daß sich die Volksgenossen aller Schattierungen sobald als möglich den Lebensstandard der Vorkriegszeit herbeiwünschen und gar keinen Wert darauf legen, in die Geschichte einzugehen.«[300]

Mit dem Verlust des Charisma war auch die Wirkung Hitlers fast spurlos dahin, wie sein »zu Asche verbrannter physischer Rest«.[301] Im August 1945 schrieb der neue Landrat aus dem fränkischen Gunzenhausen, einer alten Hochburg des Nationalsozialismus, in seinem ersten Nachkriegsbericht: »Obwohl der Krieg erst seit einigen Monaten beendet ist, wird vom Nationalsozialismus fast nicht mehr, und wenn schon, dann im nachteiligen Sinne gesprochen. Bei Leuten, die in ihren Heimen Zeichen des nationalsozialistischen Staates in jeglicher Form zeigten, ist keine Spur davon zu sehen.«[302] Mit dem Verfall des Hitler-Mythos und der »Privatisierung« des Adolf Hitler war die Anziehungs- und Integrationskraft des Nationalsozialismus erloschen und damit ein Kristallisationskern, der Hitlers Ende hätte überdauern können.

Denn es waren nicht weltanschaulich-politische Überzeugungen, die den Massenkonsens herbeigeführt und bewahrt hatten, es war der Mythos des Führers und Retters gewesen. Der aber war in nichts zerfallen, wie Hitler mit seinem Dogma gescheitert war. Damit war die Epoche des Faschismus zu Ende. Hitler selbst hatte die politischen, sozialen und mentalen Bedingungen für seinen Aufstieg ebenso zerstört wie die nationalen und internationalen Konstellationen, die sein Weltmachtstreben über eine lange Strecke hinweg gefördert hatten. Mit seinem und des Reiches Untergang verlor sich die Ungleichzeitigkeit der deutschen politischen Kultur, wurde das Prinzip nationalstaatlicher Souveränität und Hegemonie als Grundlage nationaler Agitation und Aggression in Deutschland für lange Zeit ausgelöscht.

Die Bilanz des Krieges war schrecklich. Weltweit forderte er etwa 55 Millionen Menschenleben. Allein auf deutscher Seite gab es 3,76 Millionen toter Soldaten und Offiziere der Wehrmacht, rund eine halbe Million Vermißter, vier Millionen Verwundeter. Im Reich starben nicht nur Deutsche, sondern Legionen von Ausländern, Zwangsarbeitern, Kriegsgefangenen, Konzentrationslagerhäftlingen. Von den rund 5,7 Millionen russischen Kriegsgefangenen überlebten 3,3 Millionen die deutsche Gefangenschaft nicht. Mit der Kapitulation hatte das Leiden und Sterben noch kein Ende: für Millionen Besiegter folgten Gefangenschaft, Flucht und Vertreibung; für beinahe ebenso viele Befreite die Rückkehr aus Deportationen und Zwangsumsiedlung – die größte »Völkerwanderung« der Neuzeit.

Die Bilanz des Krieges übertraf nicht nur in quantitativer Hinsicht alles Dagewesene. Beispiellos war auch der Verlust der deutschen Staatlichkeit. Die bedingungslose Kapitulation, ein in der modernen Geschichte einzigartiger Vorgang, nahm der deutschen Nation ihr staatliches Gehäuse. In einer Rundfunkansprache vom 8. Mai 1945 beschrieb Großadmiral Dönitz die Lage des eroberten Deutschen Reiches: »Mit der Besetzung Deutschlands liegt die Macht bei den Besatzungsmächten.«[303] Nicht nur Deutschlands Großmachtrolle war zu Ende, sondern auch sein Nationalstaat. Das Zusammenwachsen der Deutschen zu einem Nationalstaat war abrupt unterbrochen.

Die Folgen von Hitlers Expansion und ihrem Scheitern gingen über den deutschen Nationalstaat hinaus. Mit dem Deutschen Reich endete auch die Epoche, in der europäische Geschichte Weltgeschichte war. »Ich bin für Europa die letzte Chance«,[304] hatte Hitler trotzig und hybrid in seinen letzten Tagen im Bunker verkündet. Sein welthistorisches »Erlösungswerk« hatte sich Deutschland als Machtinstrument auserkoren, es bedurfte jedoch der Verfügung und Kontrolle über ganz Europa, um dem universalen »Erreger« von Zersetzung und Verfall zu begegnen. Europas letzte Gelegenheit, gemeinsam seine durch den Ersten Weltkrieg ins Wanken geratene Weltvormachtstellung zu retten, hatte Hitler mit dem Versuch beantwortet, ganz Europa seiner rassenideologisch begründeten Herrschaft zu unterwerfen, um auf den Trümmern der Sowjetunion ein dauerhaftes Imperium zu errichten.

In gewissem Sinne war die nationalsozialistische Großraumordnung möglicherweise tatsächlich der Versuch gewesen, »von Europa aus antirevolutionäre Weltpolitik zu machen«.[305] Aber damit waren die Ressourcen Deutschlands ebenso überdehnt wie die Fähigkeiten des übrigen Europa überfordert waren, dieser Herausforderung aus eigener Kraft zu begegnen. Nur die Flügelmächte, die in den zwanziger und dreißiger Jahren noch oder wieder abseits gestanden hatten, waren in der Lage, Hitlers Kontinental-Imperium zu zertrümmern. Der europäische Bürgerkrieg, der 1914 begonnen hatte und dessen radikalstes Produkt Hitler und der Nationalsozialismus waren, hatte ein Ende gefunden; aber auch die europäischen Staaten waren abgekämpft und ausgeblutet. Mitteleuropa wurde zwischen den Siegern geteilt; die Mitte Europas verlor ihre Mittlerstellung in Kultur und Politik, sie wurde zum Vorfeld der neuen Weltmächte, deren weltpolitische Auseinandersetzung bald beginnen sollte, wenn sie nicht schon längst latent angelaufen war.

Aber es waren Hitler und der nationalsozialistische Wille zur Welt- und Rassenherrschaft, die die Rote Armee bis an die Elbe gebracht hatten und die den deutschen Nationalstaat und das europäische Staatensystem zerstört haben. Sein Versuch, das Alte und Bedrohte zu bewahren, war mit ganzen Strömen revolutionären Öls gesalbt gewesen und hat die Welt revolutionär verändert.

Epilog:
Der Nationalsozialismus
in der deutschen Geschichte

Das »Tausendjährige Reich«« währte nur zwölf Jahre, gleichwohl hat es das Gesicht Deutschlands und Europas tief verändert. Die Nationalsozialisten hatten Rettung und Vollendung versprochen: Fortsetzung der nationalen Einigung und Wiederherstellung der deutschen Großmacht, Behauptung Europas unter deutscher Hegemonie; Rettung vor dem »unmenschlichen« Bolschewismus und dem »seelenlosen« Kapitalismus, beides Erscheinungsformen jüdischer Zersetzung; Schutz vor dem permanenten politischen und sozialen Wandel, Wiederherstellung des Sinns der Geschichte.

Das Ergebnis ihrer Herrschaft war das Gegenteil von alledem. Das Dritte Reich wurde nicht zum Retter, sondern zum Folterknecht und Henker Deutschlands und Europas. In einer letzten Übersteigerung europäischer Machtpolitik wollte Hitler das deutsche Reich zu globaler Herrschaft führen und zerstörte damit für lange Zeit, möglicherweise für immer, die Existenz einer souveränen deutschen Großmacht. Er wollte noch einmal von Europa aus die Welt organisieren und beherrschen und öffnete damit das Zeitalter amerikanisch-sowjetischer Vorherrschaft und bipolarer Weltgegensätze. Er wollte die Juden vernichten und förderte mit seinem Völkermord die Gründung des Staates Israel.

Auch in innen- und gesellschaftspolitischer Hinsicht verfehlte der Nationalsozialismus seine Ziele und bewirkte gerade ihr Gegenteil. Die Nationalsozialisten haben die Dynamik der industriellen Revolution nicht gebremst, sondern eher verstärkt. Sie haben Hunderttausende aus ihren herkömmlichen landsmannschaftlichen, sozialen und konfessionellen Bindungen gerissen, Privilegien beseitigt und Machtverhältnisse aufgelöst – sofern sie nicht vom Regime und seinem »Führer« abgeleitet und legitimiert waren. Sie haben den sozialen Wandel in unvorstellbarem Maße vorangetrieben, wo sie doch den Stillstand des »Tausendjährigen Reiches« wollten. Sie haben Standesunterschiede abgebaut und die Verheißung einer sozialpsychologischen Egalisierung in Gestalt der Volksgemeinschaft zwar nicht wirklich realisiert, aber als Erwartung und Maßstab aufgerichtet und bestärkt. Sie haben die politische Emanzipation und Mobilisierung vorangetrieben, auch wenn unter den Bedingungen der Führerdiktatur die traditionelle Unmündigkeit gegen eine plebiszitäre Manipulation eingetauscht wurde.

Es waren die Hybris der Herrschaftsziele und die Radikalität der politischen Mittel, die Hitlers Programm und Regime scheitern ließen. Der Plan, die Herrschaft über den alten Kontinent zu erringen und im Osten jene kolonialen Expansionsräume zu gewinnen, die die verspätete Nation Deutschland bisher zu erobern versäumt hatte, um dann zur Auseinandersetzung um die Weltherrschaft mit den USA gerüstet zu sein, trug ebenso anachronistische wie irreale Züge. Er konnte nicht gelingen, auch wenn der vorübergehende Rückzug beziehungsweise die Schwächung der beiden Flügelmächte im internationalen System, der USA beziehungsweise der Sowjetunion, wie die europäische Furcht vor der bolschewistischen Bedrohung eine gewisse Zeit die Chance zu einer letzten Steigerung europäischer, antirevolutionärer Machtpolitik zu bieten schien. Hitlers gewaltsamer Versuch, die nationalsozialistische Utopie einer Rassenherrschaft im globalen Maßstab durchzusetzen und damit die Weltherrschaft für ein germanisches Reich zu erobern und zu sichern, rief im letzten Moment den Widerstand sehr heterogener Bündnispartner hervor und verhalf Entwicklungen zum Durchbruch, die für Deutschland und Europa revolutionäre Folgen hatten.

Der nationalsozialistische Aufstand gegen die Moderne war eine Revolution gegen die Revolution. Die nationalsozialistischen Retter und Erlöser waren trotz ihrer defensiven und radikal rückwärtsgewandten Ziele und Züge Figuren der Moderne. Sie waren Kinder der technischen Zivilisation, die konsequenter als viele andere sich der Möglichkeiten und der Faszination von Technik und Massenkommunikation bedienten, sie umgaben sich mit der Aura der Jugendlichkeit und des Stars, sie verkörperten überzeugend die kollektivistisch-militärische Antwort auf die gemeineuropäische Krise des liberal-parlamentarischen Systems. Sie waren Kinder des demokratischen Zeitalters, allerdings in seiner plebiszitären, antiliberalen Variante. Durch ihre Fähigkeiten, eine wenn nicht klassenlose, so doch klassenunspezifische Massenbewegung zu mobilisieren und divergierende Ängste, Erwartungen und Hoffnungen zu integrieren, waren sie den etablierten politischen Lagern überlegen und überrannten damit Liberalismus wie Sozialismus und Konservativismus. Durch eine bis dahin ungekannte Verbindung von plebiszitärem Konsens und brutaler Gewalt, von Terror und Legalität setzten sie eine politische Revolution ins Werk, die schließlich auch Aufbau und Wertmuster der deutschen Gesellschaft unterhöhlte und selbst nicht vor den politisch-sozialen Einflußsphären traditioneller Machteliten halt machte, auch wenn nach außen die Fassade der alten Elitenherrschaft bis in die Kriegsjahre bestehen blieb.

Es war eine politische wie eine soziale Revolution, was sich im Namen der Gegenrevolution in Deutschland zwischen 1933 und 1945 ereignete, nur daß diese Revolution sich lange hinter dem Schein der Tradition und Legalität versteckte und wenig mit dem aus dem 19. Jahrhundert überkommenen Typus der Revolution zu tun hatte, die Humanität und Fortschritt auf ihre Fahne geschrieben hatte.

Die Nationalsozialisten waren Retter und Revolutionäre, Erlöser und Zerstörer, aber auch Vollender und Modernisten und als solche bewundert und gefeiert, denn ihre Führerdiktatur beruhte ebenso auf Hoffnung und Zustimmung wie auf Terror und Angst. Die wachsende Attraktivität des Nationalsozialismus und die Zustimmung, die seine Herrschaft fand, gründete nicht auf dessen Weltanschauung, sondern auf der nationalen Erbauung wie der Veränderung der sozialen Lage, die das Regime nicht selten ermöglicht und noch häufiger versprochen hatte. Das Regime gewährte Einkommen und Sicherheit, es verhieß Optimismus und Dynamik sowie

Emanzipation von den engen traditionellen Lebensverhältnissen. Das war für seine Stabilität mindestens ebenso wichtig wie die Verfolgung und Überwachung, deren Bedeutung erst dann wieder wuchs, als die militärische Niederlage das Charisma des Führers und das breite Zustimmungskapital der Führerdiktatur aufzehrte.

In seiner janusköpfigen Gestalt war das Wesen des Nationalsozialismus und des europäischen Faschismus insgesamt verkörpert. Der Zwiespalt seiner Einstellungen und Bedürfnisse, seiner Haltungen und Wirkungen war der Zwiespalt seiner Epoche. Der Nationalsozialismus repräsentierte glaubhaft wie keine andere Gruppierung im Spektrum der »konservativen Revolution« die Sehnsucht nach neuer Bindung und Autorität wie das gleichzeitige Verlangen, aus überkommenen Bindungen auszubrechen – das Bedürfnis nach Erneuerung und Erlösung wie nach Bewahrung. Seine charakteristische Verbindung von sozial-konservativen und revolutionären Elementen entsprach den Erwartungen weiter Teile einer Gesellschaft, die sich auf halbem Wege zur Moderne befand – den Aufstiegsambitionen und Partizipationshoffnungen von Gruppen, die bisher nicht zum Zuge gekommen waren, wie den Ängsten, Ressentiments und Rettungsbedürfnissen von Gruppen, die sich erschöpft und bedroht fühlten. Ihre emotionalen Stimmungen, ihr Aktivismus und Integrationshunger wie ihre materiellen und zivilisatorischen Bedürfnisse berührten oder deckten sich mit der rückwärtsgewandten Ideologie wie mit den modernen Antriebskräften der fortschrittsbewußten Gestik des Nationalsozialismus.

Die Vielfalt, die scheinbaren Widersprüche und Unvereinbarkeiten vieler Züge und Erscheinungsformen des Nationalsozialismus verwirrten die Zeitgenossen wie die Nachgeborenen, sie erschweren die Diskussion und halten sie zugleich in Gang. Nicht selten ließen sich atavistische Ziele und modernistische Mittel dieser Politik kaum auseinanderhalten, weil die politischen Instrumente der nationalsozialistischen Herrschaft sich verselbständigten und die eigentlichen ideologischen Bewegungsgesetze des Regimes verdeckten. In den Paradoxien des Nationalsozialismus liegen gewichtige Gründe für die Unsicherheit und Orientierungslosigkeit, mit denen die Zeitgenossen dem Nationalsozialismus gegenüberstanden und die sie zwar nicht zu Anhängern der NSDAP wohl aber zu Gefolgsleuten Hitlers machten. In den Paradoxien des Nationalsozialismus liegt auch die Schwierigkeit begründet, Hitler, seine Partei und sein Regime in die deutsche Geschichte einzuordnen. Das Nebeneinander von Rassen-, Blut- und Bodenmythen einerseits und von Technikbegeisterung und Massenpropaganda andererseits, von brutaler Gewalt und populistischer Sensibilität, von wirtschaftlichen und außenpolitischen Erfolgen und von massenhaften, ideologisch-pathologischen Verfolgungs- und Vernichtungsfeldzügen, von Leistungsmobilisation und Destruktion deckt sich nicht mit den gewohnten politischen Denkmustern und sperrt sich einer einfachen historischen Einordnung.

Die Betroffenheit über die »deutsche Katastrophe« und die kriminellen Energien des Regimes haben lange dazu gezwungen, das Regime ausschließlich von seiner verbrecherischen Praxis und seiner kriminellen Weltanschauung her zu sehen und dem eine historische

Zwangsläufigkeit zuzuerkennen. Eine solche Perspektive verstellt jedoch den Blick für die Vielfalt der Erwartungen und Wahrnehmungen, für die Anpassungszwänge und Zustimmungsbereitschaft der Zeitgenossen, für die Anziehungskraft und die Problemlösungen des Regimes unterhalb der Ebene der Weltanschauungspolitik. Sie trübt den Blick für die schritt- und schubweise Radikalisierung, die sektorale Ungleichmäßigkeit der Herrschaftspraxis des Regimes, dessen Gewaltkumulation nicht unbedingt vorhersehbar war, dessen opportunistische und populistische Herrschaftstechniken es ihm geraten scheinen ließ, viele Bereiche kultureller und zivilisatorischer Bedürfnisse und Massenvergnügungen vom totalitären Zugriff auszusparen oder sich dem Massengeschmack und der Suggestion etwa von Technik und Sport anzupassen. Sie übersieht die Fähigkeit des Nationalsozialismus, des ideologischen Nachzüglers, sich den verschiedensten und teilweise widersprüchlichsten Entwicklungssträngen der Geschichte anzupassen und diese durch die Person des charismatischen Führers zu integrieren. Dazu gehören Modernisierungstendenzen ebenso wie Sozialpathologien der deutschen Gesellschaft. Eine solche Perspektive übersieht mithin die »Banalität des Bösen«, wie die Verschränkung von Verführung und Gewalt.

Es war vielmehr ein Bündel von historischen Voraussetzungen und Entwicklungssträngen – teils nationalen Ursprungs, teils gemeineuropäischer Natur –, von politischen, sozialen, wirtschaftlichen und mentalen Wirkungszusammenhängen, die eintrafen und sich verdichteten, die aber auch getrennt verliefen und von den Zeitgenossen nur isoliert wahrgenommen werden konnten.

Der Nationalsozialismus war Resultat der deutschen Ungleichzeitigkeit, des unaufgelösten Spannungsverhältnisses von industriegesellschaftlicher Modernität und vorindustrieller politischer Kultur und Denktradition. Er war Konsequenz des immer schwerer zu realisierenden Versuches der vorindustriellen, großagrarischen Führungsgruppen in Armee, Bürokratie und Diplomatie, ihre politischsoziale Machtstellung zu behaupten und durch klassische Großmachtpolitik abzusichern. Er führte schließlich zum Versuch dieser Führungsgruppen, nach dem Scheitern aller anderen Integrationsmöglichkeiten sich die notwendige politische Massenbasis bei einer Bewegung zu sichern, die sich ähnlich ungleichzeitig darstellte wie sie selbst. Die lange Vorherrschaft vormoderner Führungsgruppen und ihre Chance der politischen Rückversicherung bei anderen verspäteten Stützgruppen war einer der Gründe dafür, daß die europäische Krise des liberalen Systems in Deutschland zu einer faschistisch-totalitären Lösung führte. Sie brachte eine Bündniskonstellation zwischen alten Machteliten und einer jungen, populistischen Massenbewegung, die sich freilich schrittweise von ihren Bündnispartnern aus Großwirtschaft, Bürokratie und Armee löste und ihre eigene, ungleich radikalere Zielsetzung entfaltete. Der deutsche Sonderweg begann 1933 und wurde 1936/37 immer unausweichlicher, nachdem zuvor die Verwerfungen und Spannungen deutschen politischen Denkens und Verhaltens, mithin jenes überkommene Sonderbewußtsein, die Abkehr von parlamentarisch-demokratischen Krisenlösungen beschleunigt und die totalitäre Versuchung immer verlockender gemacht hatte. Getragen wurde die nationalso-

zialistische Protest- und Glaubensbewegung von bürgerlich kulturpessimistischen Ressentiments und der Suche nach einem dritten
Weg zwischen kapitalistischem Liberalismus und marxistischem
Kommunismus wie nach einer Versöhnung von Nationalstaat und
Sozialismus. Die Anziehungskraft des Nationalsozialismus lag in
seinem jugendbewegten Habitus, seinem Aktivismus und seinem
Gemeinschafts- wie Mobilisierungsangebot, ferner in seinem Versprechen von volksgemeinschaftlicher Gerechtigkeit und Ordnung,
das ebenso Abstiegsängste beruhigte, indem es an den Solidarpro-
tektionismus des Kaiserreichs erinnerte. Gleichzeitig verhieß der
Nationalsozialismus soziale Mobilisierung und Aufstieg durch die
Befreiung von überkommenen Autoritäten und Normen, die 1918
begonnen hatte, aber in der krisenhaften Entwicklung der zwanziger
Jahre gebremst worden war, er war mithin Schuldner der Reaktion
wie der Revolution.

Die Vielschichtigkeit der Erwartungen und Versprechungen, der
historischen Entwicklungslinien, die den Nationalsozialismus groß
gemacht hatten, wirkten in der politischen und gesellschaftlichen
Verfassung und Politik des Dritten Reiches fort, die ebenfalls
mehrere Ebenen und Möglichkeiten besaß. Diese wurden vom
Regime aus politischen Zweckmäßigkeitsüberlegungen voneinander getrennt gehalten und den diktatorischen Herrschaftszielen
nicht unbedingt unterworfen und dienstbar gemacht, konnten vom
weltanschaulichen Dogma aber jederzeit überlagert und verdrängt
werden.

Die unterschiedlichen Ebenen konnten einander kreuzen und
sich wechselseitig verstärken. So lag die Dynamik des Regimes nicht
ausschließlich im Führerwillen und dem politisch-ideologischen
Durchsetzungsdrang der nationalsozialistischen Führungsgruppen
begründet; sie kam auch aus den Aufstiegs- und Partizipationsbe-
dürfnissen junger Kräfte aus dem Mittelstand, denen der Nationalsozialismus Amt und soziale Anerkennung, neue Führungsmög-
lichkeiten und den Aufstieg in eine neue Elite versprach. Das waren
Schichten, die sich der nationalsozialistischen Ideologie zur Legitimation ihres Durchsetzungswillens bedienten; ihre Dynamik, die
sich auf langfristige soziale Schubkräfte gründete, machte den alten
Machtgruppen Rang und Einfluß streitig. Damit trugen sie zu jener
Unterhöhlung des Normenstaates bei, ohne die eine Verselbständigung und Durchsetzung der nationalsozialistischen Weltanschauungspolitik schließlich gar nicht möglich gewesen wäre.

Aber solcher Aufstiegswille und elitärer Ehrgeiz machten ihrerseits empfänglich für elitäre Ideologien, für Ordensgedanken mit
einer spezifischen Vorstellung von »Ehre« und »Treue«. Das war das
Schicksal nicht weniger junger Akademiker und Techniker, die,
berauscht von dem Gedanken, einer neuen Führungselite anzugehören, SS und Sicherheitspolizei beitraten und sich dort – befreit
von allen bürgerlichen und humanitären Skrupeln – zur weltanschaulichen Tat mitreißen ließen. In der Perversion der ideologisch-
bürokratischen Massenvernichtung wird der unheimliche Zusammenhang von sozialer und psychologischer »Existenzerweiterung«[1]
mit den rassenpolitischen Herrschaftszielen deutlich. Gewiß, das
war das Extrem, doch die Doppeldeutigkeiten des Regimes konnten

allemal dazu beitragen, das Räderwerk des Verfolgungs- und Vernichtungssystems entweder nicht zu stören oder es funktionstüchtig zu erhalten, ohne daß die Zusammenhänge deutlich, die Konsequenzen bewußt wurden.

Die zwölf Jahre nationalsozialistischer Herrschaft haben die deutschen Verhältnisse teils vorsätzlich, teils unbeabsichtigt in höherem Maße umgestürzt, als es die Errichtung des Kaiserreichs und dessen Untergang getan hatten. Sie haben langfristige Tendenzen der Modernisierung von Politik und Gesellschaft aufgenommen, weitergeführt und verstärkt. Wie die Ursachen des Nationalsozialismus in tiefere Zeitschichten zurückreichen, so reichen die Wirkungen der zwölf Jahre seiner Herrschaft über die »Stunde Null« des Jahres 1945 hinaus. Das gilt sogar in dem Sinne, daß sie nicht nur die politische Kultur und die nationale Identität im Nachkriegsdeutschland schwer belasten, sondern daß sie den Weg zum modernen deutschen Sozial- und Wohlfahrtsstaat ebneten, allerdings mit menschlichen, sozialen und politischen Kosten, die ein bis dahin unbekanntes Ausmaß erreichten.

Es waren vor allem Krieg und Zusammenbruch, die diesen Stoß in die Moderne verstärkt haben, in dem sich die zerstörerischen Tendenzen des Nationalsozialismus radikalisierten und verselbständigten. »Im Krieg, den er entfesselte und der ihn verschlang, kulminiert die historische Wirkung des Nationalsozialismus.«[2] Bis dahin war die überkommene gesellschaftliche Ordnung zumindest als äußere Fassade noch erhalten geblieben, auch wenn sie jederzeit dem Zugriff des Maßnahmestaates und seinen auflösenden Eingriffen unterlag. Im Krieg jedoch gingen die alten Eliten unter, wurden überkommene Barrieren und Wertmuster niedergerissen oder eingeebnet.

Der Krieg war mit alledem, was er zerstörte und freisetzte, die entscheidende Phase des Wandels. Das unterstreicht den Hinweis auf die hohen Kosten dieser Modernisierung und verweist auf den Zusammenhang von Krieg und gesellschaftlichem Wandel, auf die Katalysatorwirkung des Krieges, der im Deutschland der ersten Hälfte des 20. Jahrhunderts zweimal die Rolle übernahm, die anderswo Revolutionen gespielt haben. Das belegt andererseits aber auch die Behauptung vom Nationalsozialismus als einem Phänomen der deutschen Revolution. Denn der Krieg – die totale Mobilisierung und Gleichschaltung der Gesellschaft für den Krieg – gehört zum innersten Wesenskern des Nationalsozialismus.

Das alles bewirkte die ungeheure Zerstörungskraft des Nationalsozialismus, seine beispiellose Vernichtungswirkung. Er war nicht zur Stabilisierung und dauerhaften Integration seiner widersprüchlichen Triebkräfte fähig. In seiner Gestalt kulminierten lange vorher angelegte Verwerfungen und Spannungen, und in vielerlei Hinsicht war seine Herrschaft eine pathologische Reaktion ebenso auf persönliche Ängste und unterdrückte Hoffnungen wie auf nationale Ressentiments. In ihm traf das alles zusammen und wurde zu radikaler Gewaltsamkeit gebündelt. Medium dieser Erwartungen, Ängste und Hoffnungen wie Integrationsfigur der unterschiedlichen politischen Strömungen und Machtansprüche war die charismatische Führerfigur Adolf Hitlers. Mit seinem Scheitern und den

Katastrophen, die er verursachte, zerfiel der eigentliche Bezugspunkt der Bevölkerung zum Nationalsozialismus und seiner Herrschaft. Mit dem Tode der beiden faschistischen Führer Hitler und Mussolini war darum auch die Epoche des Faschismus zu Ende, der nun über kein suggestives Bild eines zukünftigen Weltzustandes mehr verfügte.

Vergleichbares wird in dieser Form nicht wiederkehren, zumal es zu den Paradoxien des Nationalsozialismus gehört, daß seine Herrschaft selbst die wichtigsten Voraussetzungen seines Aufstieges zerstört hatte. Nämlich die Ungleichzeitigkeit der deutschen Gesellschaft und einen radikalen Nationalismus als politisch-gesellschaftliches Integrationsinstrument. Denn die vorindustriellen Faktoren, die das politische Leben der Weimarer Republik schwer belastet hatten, wurden von der »Braunen Revolution« ebenso nivelliert, wie die nationalstaatliche Souveränität und Isolierung als Bezugspunkt für eine nationalistische Massenbewegung durch Hitlers Krieg zerstört wurde. Gleichwohl mahnt der kurzlebige Triumph des nationalsozialistischen Protests gegen alles Bestehende, wie dünn die Decke sein kann zwischen technischer Zivilisation und Barbarei.

Anmerkungen

Einleitung

1 K. v. Schuschnigg, Dreimal Österreich, Wien ³1938, S. 165
2 Frankfurter Zeitung, 1.1.1933, Morgenausgabe; zit. nach W. Eschenhagen (Hrsg.), Die »Machtergreifung«. Tagebuch einer Wende nach Presseberichten vom 1. Januar bis 6. März 1933, Darmstadt / Neuwied 1983,
  S. 28
3 Simplicissimus, München Nr. 1, 1933; zit. nach Eschenhagen, Machtergreifung, S. 37.
4 Zit. nach H. Schulze (Hrsg.), Anpassung oder Widerstand? Aus den
  Akten des Parteivorstands der deutschen Sozialdemokratie 1932/33,
  Bonn-Bad Godesberg 1975, S. 71
5 Zit. nach Schulze, Anpassung, S. 135
6 Berliner Tageblatt, 16.9.1930
7 Ebd., 21.9.1930
8 Frankfurter Zeitung, 15.9.1930, zit. nach E. Deuerlein (Hrsg.), Der Aufstieg der NSDAP in Augenzeugenberichten, München 1974, S. 318
9 Th. Heuss, Hitlers Weg. Neu hrsg. u. eingel. von E. Jäckel, Tübingen
  1958, S. 50
10 Weltbühne, 24.3.1931, zit. nach P. W. Fabry, Mutmaßungen über Hitler.
   Urteile von Zeitgenossen, Königstein / Ts. 1979, S. 58
11 Weltbühne, 21.10.1930, zit. nach Fabry, Mutmaßungen, S. 56
12 Zit. nach R. Koplin, Carl von Ossietzky als politischer Publizist, Berlin
   1964, S. 154 f.
13 Ebd.
14 Weltbühne, 24.11.1931, zit. nach Fabry, Mutmaßungen, S. 59
15 Th. Geiger, Panik im Mittelstand, in: Die Arbeit, 1930, S. 654
16 Ernst Bloch, Erbschaft dieser Zeit, Frankfurt a. M. 1962, S. 65 f.
17 Zit. nach W. Laqueur, Deutschland und Rußland, Berlin 1965, S. 154
18 Zit. nach W. Wippermann, Zur Analyse des Faschismus. Die sozialistischen und kommunistischen Faschismustheorien 1921-1945, Frankfurt a. M. / Berlin / München 1981, S. 76
19 Ebd.
20 Bloch, Erbschaft, S. 155
21 Zit. nach Schulze, Anpassung, S. 141 f.
22 Zit. nach O. E. Schüddekopf, Das Heer und Hitler. Quellen zur Politik
   der Reichswehrführung 1918 bis 1933, Hannover / Frankfurt a. M. 1955,
   S. 329
23 Graf Schwerin-Krosigk, Es geschah in Deutschland. Menschenbilder
   und Zeitkräfte unseres Jahrhunderts, Tübingen / Stuttgart 1951, S. 141
24 Zit. nach E. v. Kleist-Schmenzin, Die letzte Möglichkeit, In: Politische
   Studien 10 (1959), S. 92
25 Zit. nach W. Breucker, Die Tragik Ludendorffs. Eine kritische Studie
   auf Grund persönlicher Erinnerungen an den General und seine Zeit,
   Stollhamm o. J., S. 136
26 Zit. nach B. Scheurig, Ewald von Kleist-Schmenzin. Ein Konservativer
   gegen Hitler, Oldenburg 1968, S. 200 f.
27 Zit. nach E. Matthias / R. Morsey (Hrsg.), Das Ende der Parteien 1933.
   Darstellungen und Dokumente, Düsseldorf 1960, S. 160
28 Zit. nach B. Granzow, A Mirror of Nazism. British Opinion and the
   Emergence of Hitler 1929-1933, London 1964, S. 188

29 Documents on British Foreign Policy 1919-1939. Second Series, Bd. IV, London 1950, S. 47-55

30 Documents Diplomatiques Français 1932-1939. I^{re}Serie (1932-1935), Bd. II, Paris 1966, S. 543

31 Foreign Relations of the United States. Diplomatic Papers 1933, Bd. II, Washington 1949, S. 198; ebd. 1932, Bd. II, S. 276

32 F. von Prittwitz und Gaffron, Zwischen Petersburg und Washington. Ein Diplomatenleben, München 1952, S. 159

33 Heuss, Hitlers Weg, S. 126

34 Adolf Hitler, Monologe im Führerhauptquartier 1941-1944. Die Aufzeichnungen Heinrich Heims. Hrsg. von W. Jochmann, Hamburg 1980, S. 43

35 Adolf Hitler, Sämtliche Aufzeichnungen 1905-1924. Hrsg. von E. Jäckel, Stuttgart 1980, S. 726

36 Staat und NSDAP 1930-1932. Quellen zur Ära Brüning. Eingel. von G. Schulz, bearb. von I. Maurer und U. Wengst, Düsseldorf 1977, S. 53

37 Vorwärts, 8.2.1933, zit. nach Matthias/Morsey, Ende der Parteien, S. 101

38 C. Malaparte, Der Staatsstreich, Leipzig/Wien 1932, zit. nach J. Petersen, Hitler – Mussolini. Die Entstehung der Achse Berlin – Rom 1933-36, Tübingen 1973, S. 101

39 H. Heller, Europa und der Faschismus, Berlin 1929; jetzt in H. Heller, Gesammelte Schriften, Bd. 2, Leiden 1971, S. 498

40 W. Hellpach, Das Bündnis des Faschismus mit dem Geist. Versuch einer staatspolitischen Würdigung der Volta-Tagung der Kgl. Italienischen Akademie zu Rom, In: Reich und Länder 7 (1933), S. 10-18

41 Ebd.

42 Zit. nach H. Schulze, Weimar. Deutschland 1917-1933, Berlin 1982, S. 136

43 Berliner Tageblatt 11.5.1930, S. 2, zit. nach W. Köhler, Der Chef-Redakteur Theodor Wolff. Ein Leben in Europa 1868-1943, Düsseldorf 1978, S. 226

44 Bericht des Reichskanzlers an den Reichspräsidenten über das Stahlhelm-Verbot, 10.11.1929; zit. nach H. Schulze, Otto Braun oder Preußens demokratische Sendung, Frankfurt a.M./Berlin/Wien 1977, S. 614

45 Weltbühne, 16.9.1930, zit. nach Fabry, Mutmaßungen, S. 57

46 Zit. nach Petersen, Hitler – Mussolini, S. 32f.

47 Documents Diplomatiques Français 1932-1939. Ire Serie (1932-1935), Bd. III, Paris 1966, S. 822

Anmerkungen zu Kapitel I

1 Zit. nach W. Wippermann, Europäischer Faschismus im Vergleich (1922-1982), Frankfurt a.M. 1983, S. 7

2 J. Goebbels, Revolution der Deutschen, Oldenburg 1933, S. 155

3 J. Goebbels, vom Kaiserhof zur Reichskanzlei, München 1937, S. 254

4 Th. Mann, Doktor Faustus. Das Leben des deutschen Tonsetzers Adrian Leverkühn erzählt von einem Freunde; in: Th. Mann, Gesammelte Werke. Frankfurter Ausgabe. Hrsg. von P. de Mendelssohn, Bd. 6, Frankfurt a.M. 1980, S. 473

5 R. Luxemburg, Spartakusbriefe. Hrsg. von der Kommunistischen Partei Deutschlands. Neudruck o.O. u. J., S. 159; zit. nach E. Nolte, Die Krise des liberalen Systems und die faschistischen Bewegungen, München 1968, S. 11

6 O. Malagodi, Conversazioni della guerra 1914-1918, a cura di B. Vigezzi, Milano/Napoli 1960, Bd. 2, S. 455; zit. nach Nolte, Krise, S. 11

7 Bloch, Erbschaft, S. 113 f.

8 G. Freytag, Karl Mathy. Geschichte seines Lebens, Leipzig 1870, S. 110; zit. nach B. Faulenbach, »Deutscher Sonderweg«. Zur Geschichte und Problematik einer zentralen Kategorie des deutschen geschichtlichen Bewußtseins; in: Aus Politik und Zeitgeschichte, B33/81, 15.8.1981, S. 6

9 P. de Lagarde, Deutsche Schriften, 2 Bde., 1978-81, S. 355, zit. nach F. Stern, Kulturpessimismus als politische Gefahr, Bern/Stuttgart/Wien 1963, S. 176 f.

10 H. Langbehn, Rembrandt als Erzieher, Dresden 1892, S. 184; zit. nach Stern, Kulturpessimismus, S. 176 f.

11 R. Vierhaus, Die Ideologie eines deutschen Weges der politischen und sozialen Entwicklung, in: R. v. Thadden (Hrsg.), Die Krise des Liberalismus zwischen den Weltkriegen, Göttingen 1978, S. 107

12 B. Faulenbach, Deutscher Sonderweg, S. 9

13 Zit. nach »Juden in Preußen«. Ein Kapitel deutscher Geschichte, Dortmund 1981, S. 252

14 Zit. nach G. Schulz, Aufstieg des Nationalsozialismus. Krise und Revolution in Deutschland, Berlin 1975, S. 312

15 J. Lesser, Von deutscher Jugend, Berlin 1932, S. 47; zit. nach K. Sontheimer, Antidemokratisches Denken in der Weimarer Republik, München 1962, S. 186 f.

16 O. Spengler, Preußentum und Sozialismus, München 1920, S. 10; zit. nach G. Schulz, Aufstieg, S. 185

17 Edgar E. Jung, Die Herrschaft der Minderwertigen, Berlin 1927

Anmerkungen zu Kapitel II

1 Zit. nach A. Tyrell, Vom »Trommler« zum »Führer«. Der Wandel von Hitlers Selbstverständnis zwischen 1919 und 1924 und die Entwicklung der NSDAP, München 1975, S. 21

2 A. Hitler, Mein Kampf, München 1925/27; 188. Aufl. 1936, S. 243

3 E. Deuerlein, Hitlers Eintritt in die Politik und die Reichswehr, in: VfZG 7 (1959), S. 206 (Dok. 14)

4 Hitler, Sämtliche Aufzeichnungen, S. 95

5 Ebd., S. 110

6 R. Phelps, Hitler als Parteiredner im Jahre 1920, in: VfZG 11 (1963), S. 305, 329

7 Zit. nach Deuerlein, Aufstieg, S. 126

8 Ebd., S. 130

9 H. Picker, Hitlers Tischgespräche im Führerhauptquartier, hrsg. von P. E. Schramm, Stuttgart ^{2}1965, S. 261 f.

10 Hitler, Mein Kampf, S. 229

11 A. Krebs, Tendenzen und Gestalten der NSDAP, Erinnerungen an die Frühzeit der Partei, Stuttgart 1959, S. 179

12 K. A. von Müller, Im Wandel einer Welt. Erinnerungen 1919-1932, München 1966, S. 129

13 S. Haffner, Anmerkungen zu Hitler, München 1978, S. 8 f.

14 Zit. nach M. Domarus, Hitler, Reden und Proklamationen 1932-1945, Bd. I, 2. Halbband, München 1965, S. 643

15 Zit. nach J. Fest, Hitler. Eine Biographie, Berlin 1973, S. 31

16 A. Speer, Erinnerungen, Frankfurt a. M. 1969, S. 111 f.

17 H. Frank, Im Angesicht des Galgens, München-Gräfelfing 1953, S. 330

18 Hitler, Mein Kampf, S. 16

19 A. Kubizek, Adolf Hitler. Mein Jugendfreund, Graz 1953, S. 140
20 E. Nolte, Der Faschismus in seiner Epoche. Die Action Française. Der italienische Faschismus. Der Nationalsozialismus, München ²1965, S. 361
21 Ebd. S. 361
22 W. Maser, Adolf Hitler. Legende, Mythos, Wirklichkeit, München ⁶1974, S. 70
23 Hitler, Mein Kampf, S. 19
24 Maser, Hitler, S. 72
25 Ebd., S. 74
26 Ebd., S. 75
27 Zit. nach W. Daim, Der Mann, der Hitler die Ideen gab, München 1958, S. 147ff.
28 Fest, Hitler, S. 60
29 Hitler, Mein Kampf, S. 41f.
30 J. Greiner, Das Ende des Hitler-Mythos, Zürich 1947; zit. nach Fest, Hitler, S. 79
31 Hitler, Mein Kampf, S. 74
32 Ebd., S. 44f.
33 Hitler, Sämtliche Aufzeichnungen, S. 55
34 Maser, Hitler, S. 12
35 Hitler, Mein Kampf, S. 177
36 Ebd., S. 179
37 Frank, Im Angesicht, S. 40
38 F. Wiedemann, Der Mann, der Feldherr werden wollte. Erlebnisse und Erfahrungen des Vorgesetzten Hitlers im I. Weltkrieg und seines späteren Adjutanten, Velbert 1964, S. 29
39 Hitler, Sämtliche Aufzeichnungen, S. 69
40 Hitler, Mein Kampf, S. 211
41 Ebd., S. 211f.
42 Ebd., S. 186
43 Ebd.
44 Ebd., S. 194
45 Ebd., S. 203
46 K. D. Bracher, Die deutsche Diktatur. Entstehung, Struktur, Folgen des Nationalsozialismus, Köln 1969, S. 71
47 Hitler, Mein Kampf, S. 223
48 R. Binion, Daß ihr mich gefunden habt. Hitler und die Deutschen. Eine Psychohistorie, Stuttgart 1978, S. 32-37
49 Ebd., S. 36
50 Ebd., S. 41
51 Ebd., S. 119
52 Ebd., S. 167
53 Ebd., S. 168
54 Hitler, Mein Kampf, S. 226
55 Ebd., S. 227
56 Ebd.
57 Zit. nach Deuerlein, Aufstieg, S. 85
58 Maser, Hitler, S. 148
59 Hitler, Sämtliche Aufzeichnungen, S. 88ff.
60 Phelps, Hitler als Parteiredner, S. 325
61 Tyrell, Vom Trommler, S. 39
62 Ebd., S. 63
63 Hitler, Sämtliche Aufzeichnungen, S. 279
64 Ebd., S. 437
65 Ebd., S. 438

66 Zit. nach W. Horn, Führerideologie und Parteiorganisation in der NSDAP, 1919-1933, Düsseldorf 1972, S. 58
67 Ebd., S. 61
68 Ebd., S. 63
69 Tyrell, Vom Trommler, S. 138
70 Ebd., S. 151
71 J. Kershaw, Der Hitler-Mythos. Volksmeinung und Propaganda im Dritten Reich, Stuttgart 1980, S. 28
72 Hitler, Sämtliche Aufzeichnungen, S. 726
73 Hitler, Monologe, S. 43
74 Hitler, Sämtliche Aufzeichnungen, S. 1197
75 Zit. nach J. Fest, Das Gesicht des Dritten Reiches. Profile einer totalitären Herrschaft, München 1963, S. 107
76 Hitler, Sämtliche Aufzeichnungen, S. 643
77 Horn, Führerideologie, S. 71
78 Völkischer Beobachter vom 14.8.1921; zit. nach Horn, Führerideologie, S. 71
79 Hitler, Sämtliche Aufzeichnungen, S. 786
80 Horn, Führerideologie, S. 102
81 Zit. nach ebd., S. 104
82 Zit. nach K. Gossweiler, Kapital, Reichswehr und NSDAP, 1919-1924, Berlin (Ost) 1982, S. 442
83 Zit. nach E. Deuerlein (Hrsg.), Der Hitlerputsch. Bayerische Dokumente zum 9. Nov. 1923, Stuttgart 1962, S. 272
84 Zit. nach ebd., S. 493
85 E.F. Hanfstaengl, Hitler. The missing Years, London 1957; genauer Wortlaut nicht überliefert
86 Zit. nach Fest, Hitler, S. 261
87 Deuerlein, Hitler-Putsch (Dok. 182), S. 496
88 Zit. nach ebd.
89 Zit. nach ebd.
90 Zit. nach ebd.
91 E. Röhm, Die Geschichte eines Hochverräters, München ⁵1934, S. 235
92 Zit. nach Fest, Hitler, S. 266
93 Deuerlein, Hitler-Putsch, S. 357f.
94 Der Hitler-Prozeß vor dem Volksgericht in München, München 1924, S. 28
95 Ebd., S. 264
96 Ebd., S. 265

Anmerkungen zu Kapitel III

1 Völkischer Beobachter vom 7.5.1925; zit. nach Fest, Hitler, S. 322
2 E. Jäckel, Hitlers Weltanschauung. Entwurf einer Herrschaft, Tübingen 1969, S. 157ff.
3 Jäckel, Hitlers Weltanschauung, S. 142, dem die weitere Darstellung folgt
4 Hitler, Mein Kampf, S. 324
5 Ebd., S. 312
6 A. Hitler, Hitlers Zweites Buch. Ein Dokument aus dem Jahre 1929. Eingel. und kommentiert von G.L. Weinberg, Stuttgart 1961, S. 46f.
7 Ebd.
8 Ebd., S. 47
9 Hitler, Mein Kampf, S. 312f.
10 Ebd., S.. 422

11 Ebd., S. 318f.
12 Hitler, Zweites Buch, S. 47
13 Ebd., S. 62
14 Hitler, Mein Kampf, S. 317
15 Ebd., S. 61, 62, 135, 212, 331, 334
16 Jäckel, Hitlers Weltanschauung, S. 75
17 Adolf Hitler in Franken. Reden aus der Kampfzeit. Hrsg. von H. Preiss, o. O., o. J., S. 99f.
18 Nolte, Faschismus in seiner Epoche, S. 489
19 Hitler, Mein Kampf, S. 144
20 Nolte, Faschismus in seiner Epoche, S. 507
21 Zit. nach ebd.
22 Ebd., S. 165
23 Ebd., S. 69
24 Ebd., S. 361
25 Ebd., S. 352
26 Ebd., S. 490
27 Ebd., S. 358
28 Ebd., S. 70
29 Hitlers Politisches Testament. Die Bormann-Diktate vom Februar und April 1945. Hrsg. und eingel. von H. Trevor-Roper, Hamburg 1981, S. 70
30 Hitler, Sämtliche Aufzeichnungen, S. 959
31 Ebd., S. 737
32 Hitler, Mein Kampf, S. 143
33 Ebd., S. 154
34 Ebd., S. 766f.
35 Ebd., S. 742
36 Ebd.
37 Ebd., S. 156f.
38 Ebd., S. 257
39 Ebd., S. 743
40 M. Broszat, Die Machtergreifung. Der Aufstieg der NSDAP und die Zerstörung der Weimarer Republik, München 1984, S. 84
41 K. Hildebrand, Deutsche Außenpolitik 1933-1945. Kalkül oder Dogma?, Stuttgart [3]1976
42 Hitler, Mein Kampf, S. 230
43 Ebd., S. 231f.
44 Ebd., S. 234
45 Ebd., S. 418f.
46 Ebd., S. 197
47 Ebd., S. 198
48 Ebd., S. 202
49 Ebd., S. 653
50 Ebd., S. 662
51 W. Jochmann, Nationalsozialismus und Revolution. Ursprung und Geschichte der NSDAP in Hamburg 1922-1933. Dokumente, Frankfurt a. M. 1963, S. 134
52 Dazu Horn, Führerideologie, S. 201ff.
53 Ebd., S. 293
54 Ebd., S. 292
55 Völkischer Beobachter vom 7.7.1927, zit. nach H. Höhne, Der Orden unter dem Totenkopf. Die Geschichte der SS, Hamburg 1969, München [3]1981, S. 29
56 Höhne, Orden, S. 30
57 Ebd., S. 28
58 Ebd.

59 Ebd.
60 Vgl. dazu Horn, Führerideologie, S. 279
61 Zit. nach Fest, Hitler, S. 288
62 H. Heiber (Hrsg.), Das Tagebuch von Joseph Goebbels 1925/26, Stuttgart 1961, S. 30 bzw. 95
63 Zit. nach Fest, Hitler, S. 330
64 Zit. nach ebd., S. 330f.
65 Heiber, Tagebuch Goebbels 1925/26, S. 56
66 Völkischer Beobachter vom 25.2.1926, vgl. Horn, Führerideologie, S. 241
67 Heiber, Tagebuch Goebbels 1925/26, S. 60
68 Zit. nach Horn, Führerideologie, S. 251
69 Zit. nach A. Tyrell (Hrsg.), Führer befiehl ... Selbstzeugnisse aus der Kampfzeit der NSDAP, Düsseldorf 1969, S. 135
70 Heiber, Tagebuch Goebbels 1925/26, S. 70
71 Völkischer Beobachter vom 7.7.1926, zit. nach Tyrell, Führer befiehl, S. 159
72 Zit. nach ebd., S. 154
73 Ebd.
74 Zit. nach Horn, Führerideologie, S. 276
75 Zit. nach Krebs, Tendenzen und Gestalten, S. 57f.
76 Hitler, Mein Kampf, S. 654
77 M. Broszat, Der Staat Hitlers. Grundlegung und Entwicklung seiner inneren Verfassung, München 1969, S. 35
78 Zit. nach Schulz, Aufstieg, S. 968
79 H. Freyer, Revolution von rechts, Jena 1931; zit. nach Schulz, Aufstieg, S. 567
80 R. Pechel, Deutscher Widerstand, Erlenbach/Zürich 1947, S. 278f.
81 Heiber, Tagebuch Goebbels 1925/26, S. 48
82 Der Angriff, April/Mai 1928, zit. nach W. Michalka, G. Niedhardt (Hrsg.), Die ungeliebte Republik. Dokumentation zur Innen- und Außenpolitik Weimars 1918-1933, München 1980, S. 251
83 Ebd.
84 Hitler, Sämtliche Aufzeichnungen, S. 280
85 F. Terveen (Hrsg.), Aus einer Wahlrede Hitlers in Eberswalde, 27. Juli 1932, Göttingen 1958, S. 12-15
86 Ebd.
87 Zit. nach Staat und NSDAP 1930-1932, S. 72
88 Zit. nach Tyrell, Führer befiehl, S. 256
89 Zit. nach W. Allen, Das haben wir nicht gewollt. Die nationalsozialistische Machtergreifung in einer Kleinstadt 1930-1935, Gütersloh 1966, S. 25
90 Zit. nach E. Bramstedt, Goebbels und die nationalsozialistische Propaganda 1925-1945, Frankfurt a.M. 1971, S. 282
91 Der Angriff, 20.4.1929, zit. nach Kershaw, Hitler-Mythos, S. 32
92 Der Angriff, 12.2.1932, zit. nach Schulz, Aufstieg, S. 413
93 Bracher, Diktatur, S. 161
94 Zit. nach Schulze, Otto Braun, S. 614
95 K. Jaspers, Die geistige Situation der Zeit, Berlin 1931; Neudruck Berlin 1971, S. 23
96 K. Borchardt, Diskussionsbeitrag in: Deutschlands Weg in die Diktatur, Internationale Konferenz zur nationalsozialistischen Machtübernahme, Berlin 1983, S. 124
97 F. Dickmann, Die Regierungsbildung in Thüringen als Modell der Machtergreifung. Ein Brief Hitlers aus dem Jahre 1930, in: VfZG 14 (1966), S. 454-464 (insb. S. 464)

98 Vgl. dazu R. Heberle, Landbevölkerung und Nationalsozialismus. Eine soziologische Untersuchung der politischen Willensbildung in Schleswig-Holstein, Stuttgart 1963

99 Zit. nach H. Gies, NSDAP und landwirtschaftliche Organisationen in der Endphase der Weimarer Republik, in: VfZG 15 (1967), S. 344 f.

100 Ebd.

101 Vgl. dazu K. Schaap, Die Endphase der Weimarer Republik im Freistaat Oldenburg 1928-1932, Düsseldorf 1978, S. 117 f.

102 Vgl. dazu R. Hambrecht, Der Aufstieg der NSDAP in Mittel- und Oberfranken 1925-1933, Nürnberg 1976, S. 190 f.

103 Schulz, Aufstieg, S. 477

104 Dickmann, Regierungsbildung, S. 462

105 Ebd., S. 461

106 Ebd., S. 462

107 R. Morsey, Hitler als braunschweigischer Regierungsrat, in: VfZG 8 (1960), S. 419-448

108 Fest, Hitler, S. 400

109 Frankfurter Zeitung vom 15.9.1930; zit. nach Deuerlein, Aufstieg, S. 317

110 Ebd.

111 Zit. nach Fest, Hitler, S. 462

112 H. G. Schumann, Nationalsozialismus und Gewerkschaftsbewegung, Hannover/Frankfurt a. M. 1958, S. 38 ff.

113 G. Strasser, Kampf um Deutschland. Reden und Aufsätze eines Nationalsozialisten, München 1932, S. 345 f; zit. nach Horn, Führerideologie, S. 358

114 C. Mierendorff, Gesicht und Charakter der nationalsozialistischen Bewegung, in: Die Gesellschaft I (1930)

115 M. Broszat, Zur Struktur der NS-Massenbewegung, in: VfZG 31 (1983), S. 58

116 Zit. nach Tyrell, Führer befiehl, S. 297 f.

117 Broszat, NS-Massenbewegung, S. 60

118 Ebd., S. 66

119 M. Maschmann, Fazit, München 1979, S. 8 f.

120 Broszat, NS-Massenbewegung, S. 66

Anmerkungen zu Kapitel IV

1 Schulze, Otto Braun, S. 627 f.

2 Goebbels, Kaiserhof, S. 94

3 Aktennotiz Meißners über die Parteiführerbesprechung bei Hindenburg am 30./31. Mai 1932; zit. nach Broszat, Machtergreifung, S. 145

4 Jung, Die Herrschaft der Minderwertigen; zit. nach Schulze, Weimar, S. 374

5 Zit. nach H. Horn, Strukturschwächen der Weimarer Demokratie und der Aufstieg des Nationalsozialismus, Tübingen 1983, S. 135 f.

6 Zit. nach Staat und NSDAP 1930-1932, S. 267 f.

7 Documents of British foreign policy 1919-1939. 2nd series, Bd. I, London 1946, S. 512

8 P. Bucher, Der Reichswehrprozeß. Der Hochverrat der Ulmer Reichswehroffiziere 1929/30, Bippard 1967, S. 237 f.

9 Ebd., S. 262 f.

10 Vgl. ebd., S. 260

11 R. Scheringer, Das große Los. Unter Soldaten, Bauern und Rebellen, Hamburg 1959, S. 236

12 Tyrell, Führer befiehl, S. 296
13 Zit. nach ebd., S. 297f.
14 Zit. nach O. E. Schüddekopf, Linke Leute von rechts. Die nationalrevolutionären Minderheiten und der Kommunismus in der Weimarer Republik, Stuttgart 1960, S. 323
15 Zit. nach Höhne, Orden, S. 65f.
16 Zit. nach Horn, Strukturschwächen, S. 82
17 Zit. nach Höhne, Orden, S. 67
18 Horn, Strukturschwächen, S. 83
19 Schulze, Weimar, S. 381
20 Goebbels, Kaiserhof, S. 131
21 Ebd., S. 133
22 Ebd., S. 136f.
23 Ebd., S. 139
24 Ebd., S. 140
25 F. von Papen, Der Wahrheit eine Gasse, München 1952, S. 224
26 Zit. nach Th. Vogelsang, Reichswehr, Staat und NSDAP. Beiträge zur deutschen Geschichte 1930-1932, Stuttgart 1962, S. 263f.
27 Vogelsang, Reichswehr, S. 479f.
28 Ebd., S. 480
29 Reichsgesetzblatt 1932, S. 441; zit. nach K. D. Bracher, Die Auflösung der Weimarer Republik, Villingen [4]1964, S. 629
30 Zit. nach Horn, Führerideologie, S. 383
31 Goebbels, Kaiserhof, S. 87
32 Ebd., S. 97
33 Zit. nach: Ursachen und Folgen. Vom deutschen Zusammenbruch 1918 und 1945 bis zur staatlichen Neuordnung Deutschlands in der Gegenwart. Hrsg. von R. Michaelis und E. Schraepler, Berlin o. J., Bd. VIII, S. 702
34 M. Horkheimer, Die Juden und Europa, in: Zeitschrift für Sozialforschung 8 (1939), S. 115
35 Zit. nach E. Czichon, Wer verhalf Hitler zur Macht? Köln [5]1978, S. 64
36 Zit. nach H. A. Turner, Faschismus und Kapitalismus in Deutschland, Göttingen 1972, S. 56
37 Zit. nach Domarus, Hitler, Bd. I, 1, S. 68-90
38 Zit. nach R. Neebe, Großindustrie, Staat und NSDAP 1930-1933. Paul Silverberg und der Reichsverband der Deutschen Industrie in der Krise der Weimarer Republik, Göttingen 1981, S. 123
39 Neebe, Großindustrie, S. 118
40 Zit. nach D. Stegmann, Kapitalismus und Faschismus in Deutschland, 1929-1934. Thesen und Materialien zur Restituierung des Primats der Großindustrie zwischen Weltwirtschaftskrise und beginnender Rüstungskonjunktur, in: Gesellschaft. Beiträge zur Marxschen Theorie Bd. 6, Frankfurt a. M. 1976, S. 89f.
41 Zit. nach Ursachen und Folgen, Bd. VIII, S. 702
42 Zit. nach F. L. Carstens, Reichswehr und Politik, 1918-1933, Köln 1964, S. 433
43 Ebd., S. 275f.
44 Ebd., S. 217f.
45 U. Kissenkoetter, Gregor Strasser und die NSDAP, Stuttgart 1978, S. 203
46 Goebbels, Kaiserhof, S. 219
47 Ebd., S. 220
48 Ebd., S. 219f.
49 Ebd., S. 299
50 K. Heiden, in: Vossische Zeitung vom 10.12.1932; zit. nach Deuerlein, Aufstieg, S. 408

51 Nach O. Meißner, Staatssekretär unter Ebert – Hindenburg – Hitler. Der Schicksalsweg des deutschen Volkes von 1918-1945, wie ich ihn erlebte, Hamburg 1950, S. 251 f.

52 Goebbels, Kaiserhof, S. 243

53 Bericht von Heinrich von Sybel; zit. nach Bracher, Auflösung, S. 607

54 Frankfurter Zeitung vom 12.1.1933; zit. nach Broszat, Machtergreifung, S. 165

55 J. v. Ribbentrop, Zwischen London und Moskau. Erinnerungen und letzte Aufzeichnungen, hrsg. v. A. v. Ribbentrop, Leoni 1953, S. 39

56 K. J. Müller, Die Reichswehr und die Machtergreifung, in: W. Michalka (Hrsg.), Die nationalsozialistische Machtergreifung, Paderborn 1984, S. 137-151

57 Zit. nach Bracher, Auflösung, S. 719

58 Papen, Der Wahrheit eine Gasse, S. 269

59 Bracher, Auflösung, S. 727

60 J. Isensee, in: Deutschlands Weg in die Diktatur, S. 213

61 Bracher, Diktatur, S. 212

62 Goebbels, Kaiserhof, S. 252

63 Ebd., S. 253

64 Zit. nach Schulze, Weimar, S. 408

65 H. Graf Kessler, Tagebücher 1918-1937. Hrsg. W. Pfeiffer-Belli, Frankfurt a. M. 1961, S. 703 f.

66 J. Klepper, Unter dem Schatten Deiner Flügel. Aus den Tagebüchern 1932-1942, Stuttgart 1956, S. 36

67 E. Czech-Jochberg, Vom 30. Januar zum 31. März. Die Tage der nationalen Erhebung, Leipzig 1933, S. 49 ff.

Anmerkungen zu Kapitel V

1 Goebbels, Kaiserhof, S. 251

2 E. von Kleist-Schmenzin, Die letzte Möglichkeit. Zur Ernennung Hitlers zum Reichskanzler am 30. Januar 1933, in: Politische Studien, H. 106, S. 92

3 Zit. nach J. und R. Becker (Hrsg.), Hitlers Machtergreifung. Dokumente vom Machtantritt Hitlers 30. Januar 1933 bis zur Besiegelung des Einparteienstaates 14. Juli 1933, München 1983, S. 217

4 Ebd., S. 366

5 Goebbels, Kaiserhof, S. 302

6 Akten der Reichskanzlei. Regierung Hitler 1933-1938. Hrsg. von Konrad Repgen u. Hans Boom. Teil I: 1933/34, Bd. 1, Boppard 1983, S. 2

7 Ebd.

8 Ebd.

9 G. R. Treviranus, Das Ende von Weimar. Heinrich Brüning und seine Zeit, Düsseldorf 1968, S. 360

10 Akten der Reichskanzlei, Regierung Hitler I/1, S. 9

11 Goebbels, Kaiserhof, S. 256

12 Domarus, Hitler, Bd. I, 1, S. 191 ff.

13 Goebbels, Kaiserhof, S. 260

14 Reichsgesetzblatt, I, 1933, S. 35 ff.

15 Goebbels, Kaiserhof, S. 262

16 Zit. nach Ursachen und Folgen, Bd. IX, S. 74

17 Zit. nach Broszat, Staat Hitlers, S. 95

18 Th. Vogelsang (Hrsg.), Neue Dokumente zur Geschichte der Reichswehr 1930-1933, in: VfZG 2 (1954), S. 434 ff.

19 Nürnberger Prozesse. Der Prozeß gegen die Hauptkriegsverbrecher vor dem Internationalen Militärgerichtshof (Abkürzung: IMT), Bd. 35, Nürnberg 1947, S. 42 ff.

20 Ebd.

21 Goebbels, Kaiserhof, S. 267

22 Ebd.

23 Zit. nach Ursachen und Folgen, Bd. IX, S. 38 f.

24 Zit. nach Broszat, Staat Hitlers, S. 95

25 K. D. Bracher / W. Sauer / G. Schulz, Die nationalsozialistische Machtergreifung. Studien zur Errichtung des totalitären Herrschaftssystems in Deutschland 1933/34, Frankfurt a. M. 1974, S. 4

26 Allen, Das haben wir nicht gewollt, S. 153 f.

27 Zit. nach Matthias / Morsey, Ende der Parteien, S. 234 f.

28 Germania Nr. 53, 22.2.1933; zit. nach R. Morsey, Die deutsche Zentrumspartei, in: Matthias / Morsey, Ende der Parteien, S. 356

29 F. Meinecke, Werke, Bd. VI: Ausgewählter Briefwechsel, hrsg. v. L. Dehio und P. Classen, Stuttgart 1962, S. 137 f.

30 Akten der Reichskanzlei, Regierung Hitler I/1, S. 55

31 K. Klasen, in: R. Italiaander (Hrsg.), Wir erlebten das Ende der Weimarer Republik, Düsseldorf 1982, S. 181

32 W. Frick, Wahlkampfrede am 19. Februar, zit. nach Broszat, Staat Hitlers, S. 97

33 H. Heiber, Goebbels Reden 1932-1945, Bd. 1, Düsseldorf 1971, S. 67 ff.

34 Zit. nach Kershaw, Hitler-Mythos, S. 47

35 Ebd., S. 48

36 Zit. nach Becker, Machtergreifung, S. 62

37 Zit. nach H. Höhne, Die Machtergreifung. Deutschlands Weg in die Hitler-Diktatur, Hamburg 1983, S. 286

38 M. Sommerfeldt, Ich war dabei, Darmstadt 1949; zit. nach H. Mommsen, Der Reichstagsbrand und seine politischen Folgen, in: G. Jasper, (Hrsg.), Von Weimar zu Hitler, Köln / Berlin 1968, S. 448

39 R. Diels, Lucifer ante portas. Es spricht der erste Chef der Gestapo, Stuttgart 1950, S. 194

40 IMT, Bd. 9, S. 481 f.

41 Zit. nach Becker, Machtergreifung, S. 107

42 Ebd.

43 Bracher / Sauer / Schulz, NS-Machtergreifung, S. 85

44 Zit. nach Broszat, Staat Hitlers, S. 103

45 Ebd.

46 Goebbels, Kaiserhof, S. 271

47 Ebd.

48 H. Brüning, Memoiren 1918-1934, Stuttgart 1970, S. 689

49 Kershaw, Hitler-Mythos, S. 49

50 Zit. nach ebd., S. 50

51 Akten der Reichskanzlei, Regierung Hitler I/1, S. 146

52 Zit. nach Becker, Machtergreifung, S. 116 f.

53 Ebd.

54 Goebbels, Kaiserhof, S. 274

55 Broszat, Staat Hitlers, S. 106

56 Zit. nach Bayern in der NS-Zeit, hrsg. v. M. Broszat, E. Fröhlich u. F. Wiesemann, Bd. 1: Soziale Lage und politisches Verhalten der Bevölkerung im Spiegel vertraulicher Berichte, München 1977, S. 336

57 Goebbels, Kaiserhof, S. 275

58 Akten der Reichskanzlei, Regierung Hitler I/1, S. 160

59 Ebd., S. 161

60 E. Nolte, Europäische Revolution des 20. Jahrhunderts, in: Michalka, Nationalsozialistische Machtergreifung, S. 397
61 Goebbels, Kaiserhof, S. 273
62 M. Miller, Eugen Bolz. Staatsmann und Bekenner, Stuttgart 1959, S. 440
63 Bracher/Sauer/Schulz, NS-Machtergreifung, S. 143
64 Goebbels, Kaiserhof, S. 277
65 Zit. nach K. Schwend, Bayern zwischen Monarchie und Diktatur. Beitr. zur bayrischen Frage in der Zeit v. 1918-1933, München 1954, S. 539
66 Bracher/Sauer/Schulz, NS-Machtergreifung, S. 141
67 Akten der Reichskanzlei, Regierung Hitler I/1, S. 190
68 Zit. nach P. Loewenberg, The Unsuccessful Adolescence of Heinrich Himmler, in: American Historical Review 76, 3 (1971), S. 619
69 Zit. nach Studien zur Geschichte der Konzentrationslager. Eingel. v. M. Broszat, Stuttgart 1970, S. 9
70 Zit. nach Becker, Machtergreifung, S. 140
71 Ebd.
72 Diels, Lucifer, S. 255
73 Zit. nach H. Jamin, Zur Rolle der SA; in: G. Hirschfeld/L. Kettenacker (Hrsg.), Der »Führer-Staat«, Mythos und Realität, Stuttgart 1981, S. 335
74 Akten der Reichskanzlei, Regierung Hitler I/1, S. 206 ff.
75 Völkischer Beobachter vom 11./12.3.1933
76 Zit. nach Ursachen und Folgen, Bd. IX, S. 82
77 Fest, Hitler, S. 551
78 Zit. nach Becker, Machtergreifung, S. 149
79 Akten der Reichskanzlei, Regierung Hitler I/1, S. 159
80 Zit. nach Ursachen und Folgen, Bd. IX, S. 429
81 Ebd., S. 430 f.
82 Akten der Reichskanzlei, Regierung Hitler I/1, S. 213
83 Zit. nach Fest, Hitler, S. 556
84 Zit. nach Ursachen und Folgen, Bd. IX, S. 134
85 Ebd., S. 135
86 Goebbels, Kaiserhof, S. 285
87 Zit. nach Fest, Hitler, S. 557
88 Kershaw, Hitler-Mythos, S. 52
89 Ebd., S. 51
90 Akten der Reichskanzlei, Regierung Hitler I/1, S. 216
91 Ebd., S. 213
92 Ebd., S. 239
93 Zit. nach Bracher/Sauer/Schulz, NS-Machtergreifung, S. 159
94 Zit. nach Ursachen und Folgen, Bd. IX, S. 145
95 Ebd.
96 Brüning, Memoiren, S. 696
97 Zit. nach Ursachen und Folgen, Bd. IX, S. 146 ff.
98 Ursachen und Folgen, Bd. IX, S. 151 ff.
99 Goebbels, Kaiserhof, S. 287
100 Fest, Hitler, S. 562
101 Zit. nach Ursachen und Folgen, Bd. IX, S. 148 f.
102 Zit. nach Fest, Hitler, S. 563
103 Goebbels, Kaiserhof, S. 287
104 L. Hill (Hrsg.), Die Weizsäcker-Papiere 1933-1950, Berlin 1974, S. 70
105 C. Horkenbach, Das deutsche Reich von 1918 bis heute, Berlin 1930, S. 168 f.
106 Goebbels, Kaiserhof, S. 295
107 Ebd.

108 Broszat, Staat Hitlers, S. 117
109 Frankfurter Zeitung, 24.3.33, zit. nach Matthias/Morsey, Ende der Parteien, S. 178
110 Gewerkschaftszeitung, 25.3.33, zit. nach Matthias/Morsey, Ende der Parteien, S. 177
111 Matthias/Morsey, Ende der Parteien, S. 178
112 Goebbels, Kaiserhof, S. 287
113 Zit. nach Ursachen und Folgen, Bd. IX, S. 631
114 Rundschreiben des Stabsleiters der Politischen Organisation der NSDAP, 21.4.1933; zit. nach Ursachen und Folgen, Bd. IX, S. 629
115 Zit. nach G. Rühle, Das Dritte Reich. Das erste Jahr. 1933, Berlin o.J. (1934), S. 125
116 Zit. nach W. Michalka (Hrsg.), Das Dritte Reich. Bd. 1: Volksgemeinschaft und Großmachtpolitik 1933-1939, München 1985, S. 74
117 Aufruf des Leiters des Aktionskomitees zum Schutze der deutschen Arbeit zur Besetzung der Gewerkschaftshäuser am 2. Mai, in: Arbeitertum, Jg. 1933, Folge 6, S. 5; zit. nach Michalka, Drittes Reich, Bd. 1, S. 73
118 Goebbels, Kaiserhof, S. 299
119 Zit. nach Matthias/Morsey, Ende der Parteien, S. 239
120 Ebd.
121 Ebd.
122 Erklärung des stellvertr. Vorsitzenden der DVP, Dr. Hugo, 12.4.1933; zit. nach Ursachen und Folgen, Bd. IX, S. 204
123 Zit. nach Matthias/Morsey, Ende der Parteien, S. 615
124 H. Witetschek (Hrsg.), Die kirchliche Lage in Bayern nach den Regierungspräsidentenberichten 1933-43, Bd. I, Mainz 1966, S. 3ff.
125 Akten der Reichskanzlei, Regierung Hitler I/1, S. 683
126 Zit. nach Becker, Machtergreifung, S. 229
127 Ebd., S. 365
128 Bayern in der NS-Zeit, Bd. I, S. 432
129 Zit. nach Becker, Machtergreifung, S. 193
130 Goebbels, Kaiserhof, S. 288
131 Akten der Reichskanzlei, Regierung Hitler I/1, S. 270f.
132 Zit. nach F.J. Heyen, Nationalsozialismus im Alltag, Boppard/Rh. 1967, S. 134
133 Halbmonatsbericht des Regierungspräsidenten Ober- und Mittelfrankens vom 7.4.1933; in: Bayern in der NS-Zeit, Bd. I, S. 435
134 Zit. nach H. Uhlig, Die Warenhäuser im Dritten Reich, Köln/Opladen 1956, S. 72
135 NS-Landpost Nr. 18, 30.4.1933; zit. nach H. Gies, Die NS-Machtergreifung auf dem agrarpolitischen Sektor; in: Zeitschrift für Agrargeschichte und Agrarsoziologie 1968, S. 221
136 Westdeutsche Bauernzeitung v. 13.5.1933; zit. nach Gies, NS-Machtergreifung, S. 222
137 Zit. nach Neebe, Großindustrie, S. 313
138 Ebd., S. 185
139 Zit. nach Broszat, Staat Hitlers, S. 220
140 Ebd., S. 194
141 Zit. nach Becker, Machtergreifung, S. 313
142 Zit. nach Allen, Das haben wir nicht gewollt, S. 224
143 E. Krieck, Nationalpolitische Erziehung, Leipzig 1937; zit. nach Bracher/Sauer/Schulz, NS-Machtergreifung, S. 264
144 G. Benn, Antwort an die literarischen Emigranten (1933); in: G. Benn, Gesammelte Werke in acht Bänden, hrsg. v. B. Wellershof, Bd. 7, München 1975, S. 1701

145 Zit. nach Fest, Hitler, S. 582
146 Th. Mann, Tagebücher, hrsg. von P. de Mendelssohn, Bd. 2, Frankfurt a. M. 1977, S. 7-8
147 Ebd., S. 463
148 Ebd., S. 160
149 Ebd., S. 46
150 Ebd., S. 54
151 Zit. nach D. Beck, Julius Leber, Sozialdemokrat zwischen Reform und Widerstand, Berlin 1983, S. 234
152 Ebd., S. 244
153 Ebd., S. 294
154 Ebd., S. 247 f.
155 Zit. nach Ursachen und Folgen, Bd. IX, S. 453 f.
156 Zit. nach ebd., S. 482, Anm. 3
157 Ebd., S. 490
158 Ebd., S. 491
159 H. Heine, Almansor; zit. nach G. Sauder, Die Bücherverbrennung 10. Mai 1933, München / Wien 1983, S. 7
160 Zit. nach W. Köhler, Theodor Wolff, S. 264 f.
161 Zit. nach Ursachen und Folgen, Bd. IX, S. 429 f.
162 Ebd., S. 234
163 Ebd.
164 Völkischer Beobachter v. 8.7.1933; zit. nach Bracher / Sauer / Schulz, NS-Machtergreifung, S. 116 f.
165 Broszat, Staat Hitlers, S. 144
166 Schreiben des Staatssekretärs Lammers an das Reichsinnenministerium vom 27.6.1934; in: Akten der Reichskanzlei, Regierung Hitler I / 2, S. 1306
167 Reichsgesetzblatt 1933, T I, Nr. 135, S. 1016; in: Ursachen und Folgen, Bd. IX, S. 237
168 E. Röhm, SA und deutsche Revolution; in: Nationalsozialistische Monatshefte 4 (1933), S. 251-254; zit. nach Becker, Machtergreifung, S. 329
169 Geheime Erklärung von Goebbels am 5.4.1940 vor Vertretern der deutschen Presse. Zit. nach H. A. Jacobsen, Der Zweite Weltkrieg, Darmstadt [5]1961, S. 180 f.
170 Zit. nach Ursachen und Folgen, Bd. X, S. 85
171 Zit. nach ebd., S. 9 ff.
172 Ebd., S. 114
173 Ebd., S. 41
174 Domarus, Hitler, Bd. I, 1, S. 324
175 Horkenbach, Das deutsche Reich, zit. nach Fest, Hitler, S. 605
176 Zit. nach Ursachen und Folgen, Bd. X, S. 108
177 Akten der Reichskanzlei, Regierung Hitler I / 2, S. 838
178 Kershaw, Hitler-Mythos, S. 73
179 Ebd., S. 78
180 Völkischer Beobachter (Berl. Ausg.) Nr. 182 / 183, 1. / 2.7.1934, zit. nach H. Höhne, Mordsache Röhm. Hitlers Durchbruch zur Alleinherrschaft 1933-34, Hamburg 1984, S. 24
181 N. Reynolds, Der Fritsch-Brief vom 11. Dezember 1938; in: VfZG 28 (1980), S. 358 ff.
182 F. Hoßbach, Zwischen Wehrmacht und Hitler, Wolfenbüttel [2]1965, S. 104
183 Zit. nach K. J. Müller, Das Heer und Hitler. Armee und nationalsozialistisches Regime 1933-1940, Stuttgart 1969, S. 53
184 Liebmann-Notizen, Bl. 79 (Befehlshaberbesprechung 2. / 3. Februar 1934); zit. nach Müller, Heer und Hitler, S. 81

185 Diels, Lucifer, S. 379f.
186 Zit. nach Müller, Heer und Hitler, S. 99
187 Zit. nach Bracher / Sauer / Schulz, NS-Machtergreifung, S. 944
188 Zit. nach Höhne, Mordsache, S. 206
189 Müller, Heer und Hitler, S. 72
190 Zit. nach Ursachen und Folgen, Bd. X, S. 157f.
191 Bayern in der NS-Zeit, Bd. I, S. 221
192 HStA München, MA 106670, Halbmonatsberichte des Regierungspräsidenten von Oberbayern, 18.5.1934
193 Kershaw, Hitler-Mythos, S. 83
194 Nationalsozialistische Korrespondenz v. 7.7.1934; zit. nach Höhne, Mordsache, S. 246
195 K. J. Müller, Reichswehr und Röhm-Affäre; in: Militärgeschichtliche Mitteilungen 3 / 4 (1968), S. 125
196 Lutze-Tagebuch; zit. nach Höhne, Mordsache, S. 256
197 Zit. nach H. Krausnick, Der 30. Juni 1934, in: Aus Politik und Zeitgeschichte, 30.6.1954, S. 323
198 Bericht Erich Kempka; abgedr. in: Ursachen und Folgen, Bd. X, S. 169ff.
199 Zit. nach: Das politische Tagebuch Alfred Rosenbergs aus den Jahren 1934/35 und 1939/40. Hrsg. und eingel. von H.-G. Seraphim, Göttingen / Berlin / Frankfurt a. M. 1956, S. 46
200 Bracher / Sauer / Schulz, NS-Machtergreifung, S. 934
201 Akten der Reichskanzlei, Regierung Hitler I / 2, S. 1357
202 Ebd., S. 1358
203 Ebd.
204 Zur Ermordung des Generals Schleicher, Dokumentation, in: VfZG 1 (1953), S. 89
205 Zit. nach Ursachen und Folgen, Bd. X, S. 221
206 H. Rauschning, Gespräche mit Hitler, Wien 1973 (¹1940), S. 148
207 Zit. nach Höhne, Mordsache, S. 309
208 C. Schmitt, Der Führer schützt das Recht; in: Deutsche Juristenzeitung 39 (1934); zit. nach Ursachen und Folgen, Bd. X, S. 221
209 Ebd., S. 218
210 Zit. nach Kershaw, Hitler-Mythos, S. 74
211 Ebd., S. 79
212 Zit. nach M. Jamin, Ende der »Machtergreifung«. Der 30. Juni 1934 und seine Wahrnehmung in der Bevölkerung, in: Michalka, Nationalsozialistische Machtergreifung, S. 213
213 Deutschland-Berichte der Sozialdemokratischen Partei Deutschlands (Sopade) 1934-1940, 7 Bde., Salzhausen / Frankfurt a. M. 1980, hier: Jg. 1934, S. 201
214 Akten der Reichskanzlei, Regierung Hitler I / 2, S. 1385
215 Fest, Hitler, S. 651

Anmerkungen zu Kapitel VI

1 Domarus, Hitler, Bd. I, S. 445
2 Ebd.
3 Ebd., S. 443
4 Broszat, Staat Hitlers, S. 383f.
5 Ebd., S. 393
6 Zit. nach Bracher, Diktatur, S. 370
7 G. Neeße, Führergewalt, Tübingen 1940, S. 54; zit. nach Bracher, Diktatur, S. 371

8 Werner Best, Deutsche Polizei, Darmstadt ²1941, zit. nach Bracher, ebd.

9 K. D. Bracher, Zeitgeschichtliche Kontroversen. Um Faschismus, Totalitarismus, Demokratie, München ²1976, S. 85

10 Zit. nach Mommsen, Hitlers Stellung, in: Hirschfeld/Kettenacker, Führerstaat, S. 54

11 Zit. nach Broszat, Staat Hitlers, S. 202

12 Ebd., S. 326f.

13 Otto Dietrich, Zwölf Jahre mit Hitler, München 1955, S. 150

14 Chefbesprechung vom 25.11.1933, in: Akten der Reichskanzlei, Regierung Hitler I/2, S. 972f.

15 Broszat, Staat Hitlers, S. 332

16 Ebd.

17 Zit. nach Mommsen, Hitlers Stellung, S. 52

18 Nicolaus v. Below, Als Hitlers Adjutant, 1937-45, Wiesbaden 1980, S. 34

19 Zit. nach Kershaw, Hitler-Mythos, S. 62

20 Zit. nach ebd., S. 65

21 Ebd., S. 66

22 Ebd., S. 69f.

23 Domarus, Hitler, Bd. I/2, S. 606

24 Fest, Hitler, S. 714

25 Parteitag der Freiheit vom 10.-16. September 1935. Offizieller Bericht über den Verlauf des Reichsparteitags mit sämtlichen Kongreßreden, München 1936, S. 287; zit. nach Kershaw, Hitler-Mythos, S. 89

26 Franz Neumann, Behemoth. Struktur des Nationalsozialismus. 1933 bis 1944, Vorwort zur 2. Aufl. Frankfurt a. M. 1977, S. 21f.

27 J. Goebbels, Tagebücher aus den Jahren 1942-1943. Hrsg. von L. P. Lochner, Zürich 1948, S. 441

28 Zit. nach P. Diehl-Thiele, Partei und Staat im Dritten Reich. Untersuchungen zum Verhältnis von NSDAP und allgemeiner innerer Staatsverwaltung 1933-1945, München 1969, S. 19

29 Die Reden Hitlers am Parteitag der Freiheit 1935, München 1936, zit. nach Diehl-Thiele, Partei und Staat, S. 20

30 E. Kordt, Wahn und Wirklichkeit. Die Außenpolitik des Dritten Reiches, Stuttgart ²1948, S. 44f.

31 Zit. nach Diehl-Thiele, Partei und Staat, S. 166f.

32 Völkischer Beobachter v. 27.2.1935; zit. nach Bracher, Diktatur, S. 380

33 Zit. nach M. Wortmann, Baldur v. Schirach. Hitlers Jugendführer, Köln 1982, S. 142f.

34 Ebd., S. 147

35 Zit. nach Broszat, Staat Hitlers, S. 397

36 Ursachen und Folgen, Bd. XI, S. 128

37 Nolte, Faschismus in seiner Epoche, S. 473

38 Die Schutzstaffel, Vortrag am 18. Januar 1945, zit. nach Höhne, Orden, S. 53

39 IMT, Bd. XXIX, S. 208

40 Der Weg des SS-Mannes, S. 6f., zit. nach Höhne, Orden, S. 146

41 Zit. nach ebd., S. 127

42 Ebd., S. 128

43 Zit. nach Fest, Gesicht des Dritten Reiches, S. 142

44 Ebd., S. 139

45 Ebd., S. 147

46 F. Kersten, Totenkopf und Treue. Heinrich Himmler ohne Uniform, Hamburg o. J., S. 129

47 Ursachen und Folgen, Bd. XI, S. 7f.

48 Ebd.

49 Nolte, Faschismus in seiner Epoche, S. 481
50 In: Dr. Wilhelm Frick und sein Ministerium, München 1937; zit. nach
    H. Buchheim, Die SS – Das Herrschaftsinstrument, Befehl und Gehorsam, in: Anatomie des SS-Staates, Bd. 1, Olten und Freiburg i. Br. 1965,
    S. 97
51 Runderlaß des RSHA v. 15.4.1940, zit. nach ebd., S. 99
52 Zit. nach ebd., S. 108 f.
53 Ebd., S. 111 f.
54 IMT, Bd. XXIX, S. 219
55 Buchheim, SS, S. 114 f.
56 Ebd.
57 J. Hohlfeld, Dokumente der deutschen Politik und Geschichte von
    1848 bis zur Gegenwart, Bd. III, München 1953, S. 32 ff.
58 Nolte, Faschismus in seiner Epoche, S. 47
59 Zit. nach Broszat, Nationalsozialistische Konzentrationslager 1939 bis
    1945, in: Anatomie des SS-Staates II, S. 24 f.
60 Zit. nach ebd., S. 30
61 Zit. nach ebd., S. 33
62 Zit. nach G. Kimmel, Das Konzentrationslager Dachau, in: Bayern in
    der NS-Zeit, Bd. II, S. 361 f.
63 Rudolf Höß, Kommandant in Auschwitz. Autobiographische Aufzeichnungen, hrsg. v. M. Broszat, Stuttgart ⁴1978, S. 56
64 Ebd., S. 65
65 Zit. nach Broszat, Konzentrationslager, S. 95
66 Höß, Kommandant, S. 69
67 Domarus, Hitler, Bd. I, 1, S. 233
68 Zit. nach L. Gruchmann, Rechtssystem und nationalsozialistische
    Justizpolitik, in: Broszat/Möller, Das Dritte Reich, München 1983,
    S. 90
69 Zit. nach U. D. Adam, Judenpolitik im Dritten Reich, Düsseldorf 1972,
    S. 119 ff.
70 Ebd., S. 122 f.
71 B. Loesener, Als Rassereferent im Reichsministerium des Inneren, in:
    VfZG 9 (1961), S. 273
72 Domarus, Hitler, Bd. I, 2, S. 537
73 Zit. nach Krausnick, Judenverfolgung, in: Anatomie des SS-Staates II,
    S. 325
74 Ebd., S. 324
75 Zit. nach H. v. Kotze/H. Krausnick: »Es spricht der Führer.« 7 exemplarische Hitler-Reden, Gütersloh 1966, S. 148
76 Adam, Judenpolitik, S. 204
77 Zit. nach Krausnick, Judenverfolgung, S. 333
78 IMT, Bd. XXXII, S. 20 ff.
79 Zit. nach H. Graml, Der 9. November 1938, Bonn 1958, S. 38
80 Ebd., S. 54
81 Zit. nach Krausnick, Judenverfolgung, S. 338
82 Zit. nach J. Kershaw, Antisemitismus und Volksmeinung. Reaktion auf
    die Judenverfolgung, in: Bayern in der NS-Zeit, Bd. II, S. 342
83 Speer, Erinnerungen, S. 126
84 Kershaw, Antisemitismus, S. 335
85 G. Strasser, Kampf um Deutschland, München 1932, S. 171
86 Hitler vor der Reichsstatthalter-Konferenz am 6.7.1933; zit. nach
    P. Stachura, Das Dritte Reich und die Jugenderziehung, in: K. D. Bracher/M. Funke/H. A. Jacobsen, Nationalsozialistische Diktatur. Eine
    Bilanz, Düsseldorf 1983, S. 225
87 Rauschning, Gespräche mit Hitler, S. 237

88 B. v. Schirach, Revolution der Erziehung, 1938, S. 195

89 Zit. nach Stachura, Jugenderziehung, S. 232

90 Fest, Gesicht des Dritten Reiches, S. 309

91 I. Scholl, Die Weiße Rose, Frankfurt a. M. / Hamburg 1953, S. 19

92 Zit. nach Wortmann, Schirach, S. 10

93 Schirach, Die Hitler-Jugend, Idee und Gestalt, Berlin 1934, zit. nach H. Scholtz, Erziehung und Unterricht unterm Hakenkreuz, Göttingen 1985, S. 98

94 Scholtz, Erziehung und Unterricht, S. 127

95 Rede Hitlers in Reichenberg, 2. Dez. 1938, zit. nach Ursachen und Folgen, Bd. XI, S. 138 f.

96 Zit. nach D. Rossmeissl, »Ganz Deutschland wird zum Führer halten«. Zur politischen Erziehung in den Schulen des Dritten Reiches, Frankfurt a. M. 1985, S. 63 f.

97 Maschmann, Fazit, S. 31

98 Schirach, Revolution der Erziehung, S. 125

99 Zit. nach Rossmeissl, Ganz Deutschland, S. 142 ff.

100 Scholtz, Erziehung und Unterricht, S. 23

101 M. Reich-Ranicki (Hrsg.), Meine Schulzeit im Dritten Reich. Erinnerungen deutscher Schriftsteller, Köln 1982, S. 93

102 Zit. nach Wortmann, Schirach, S. 10

103 H. Geisow, Der Sport im völkischen Staat, in: F. Mildner (Hrsg.), Olympia 1936 und die Leibesübungen im nationalsozialistischen Staat, Bd. 1, Berlin 1936; zit. nach D. Klinksiek, Herrschafts- und Manipulationstechniken des Nationalsozialismus, Tübingen 1983, S. 46

104 Zit. nach K. Vondung, Magie und Manipulation, Göttingen 1971, S. 87

105 Zit. nach Fabry, Mutmaßungen, S. 105

106 V. Klemperer, LTI (Lingua Tertii Imperii), Frankfurt a. M. 1975, S. 56

107 H.V. v. Meyenn, Die politische Feier, Hamburg 1938; zit. nach Klinksiek, Herrschaftstechnik, S. 49

108 Zit. nach H. Weberstedt / K. Langner, Gedenkhalle für die Gefallenen des Dritten Reiches, München 1935, S. 228, zit. nach Bracher / Sauer / Schulz, NS-Machtergreifung, S. 263

109 Zit. nach K.-H. Schmeer, Die Regie des öffentlichen Lebens im Dritten Reich, München 1956, S. 110 ff.

110 Ebd., S. 113

111 Ebd., S. 112

112 N. Henderson, Fehlschlag einer Mission. Berlin 1937-1939, Zürich o. J., S. 80; auch zit. bei Speer, Erinnerungen, S. 72

113 Zit. nach Speer, Spandauer Tagebücher, S. 403

114 Zit. nach H. Teut, Architektur im Dritten Reich 1933-1945, Berlin / Frankfurt a. M. 1967, S. 192

115 Zit. nach J. Thies, Architekt der Weltherrschaft. Die Endziele Hitlers, Düsseldorf 1976, S. 79

116 Zit. nach ebd., S. 76

117 Parteitag der Freiheit, Offizieller Bericht, München 1935, S. 48

118 Staatsarchiv Bremen, N 1 / 74: Erfahrungsberichte vom Reichsparteitag 1937

119 A. François-Poncet, Als Botschafter in Berlin 1931-1938, Mainz 1947, S. 267

120 Ebd., S. 270

121 Ebd., S. 271

122 Zit. nach Ursachen und Folgen, Bd. X, S. 542

123 Zit. nach Bramstedt, Goebbels, S. 585

124 Deutschland-Berichte, S. 1237 f.

125 Zit. nach G. Rühle, Das Dritte Reich. Dokumentarische Darstellung des Aufbaus der Nation. Mit Unterstützung des Deutschen Reichsarchivs, 7 Bde., Berlin 1934-1939, S. 82

126 Zit. nach J. Hagemann, Die Presselenkung im Dritten Reich, Bonn 1970, S. 309

127 Ebd., S. 321

128 Ebd., S. 116

129 Zit. nach H. Sündermann, Tagesparolen. Deutsche Presseanweisungen 1939-1945. Hitlers Propaganda und Kriegführung. Aus dem Nachlaß hrsg. von G. Sudholt, Leoni 1973, S. 40

130 N. Frei, Nationalsozialistische Presse und Propaganda, in Broszat / Möller, Das Dritte Reich, S. 170

131 Zit. nach Hagemann, Presselenkung, S. 285

132 Zit. nach Bramstedt, Goebbels, S. 150

133 H. Boberach (Hrsg.), Meldungen aus dem Reich. Die geheimen Lageberichte des Sicherheitsdienstes der SS 1938-1945, Herrsching 1984, Bd. 13, S. 4892

134 Ebd., S. 4893

135 Zit. nach K. Scholder, Die Kirchen im Dritten Reich, Bd. I. Vorgeschichte und Zeit der Illusionen 1918-1934, Berlin 1977, S. 180

136 Ebd., S. 167

137 Ebd., S. 170

138 Ebd., S. 169

139 Zit. nach Ursachen und Folgen, Bd. IX, S. 538 f.

140 Ebd., S. 561

141 Ebd.

142 Zit. nach Scholder, Kirchen, Bd. I, S. 383

143 Das politische Tagebuch Alfred Rosenbergs, S. 56

144 Zit. nach H. G. Hockerts, Die Sittlichkeitsprozesse gegen katholische Ordensangehörige und Priester 1936/37, Mainz 1971, S. 13 f.

145 K. Scholder, Die Kirchen im Dritten Reich, in: Aus Politik und Zeitgeschichte, 15 / 1971, S. 25

146 K. D. Schmidt (Hrsg.), Dokumente des Kirchenkampfes, Bd. II: Die Zeit des Reichskirchenausschusses. 1. Teil, Göttingen 1964, S. 703

147 H. Müller, Katholische Kirche und Nationalsozialismus. Dokumente 1930-1935, München 1963, S. 379

148 Zit. nach D. Albrecht, Der Notenwechsel zwischen dem Heiligen Stuhl und der deutschen Reichsregierung, Bd. I, Mainz 1965, S. 404 ff.

149 Zit. nach D. Galinski / U. Lachauer (Hrsg.), Alltag im Nationalsozialismus 1933 bis 1939, Braunschweig 1982, S. 288 ff.

150 Scholder, Kirchen im Dritten Reich, in: Aus Politik und Zeitgeschichte, S. 28

151 Ebd., S. 29

152 Ebd.

153 Zit. nach R. Vespignani, Faschismus, Berlin 1979, S. 87

154 Zit. nach H. Weber, Die KPD in der Illegalität, in: R. Löwenthal / P. v. zur Mühlen (Hrsg.), Widerstand und Verweigerung in Deutschland 1933-1945, Berlin / Bonn 1984, S. 86

155 Zit. nach D. Peukert, Die KPD im Widerstand. Verfolgung und Untergrundarbeit an Rhein und Ruhr 1933 bis 1945, Wuppertal 1980, S. 114

156 Zit. nach G. Weissenborn, Der lautlose Aufstand. Bericht über die Widerstandsbewegung des deutschen Volkes 1933-1945, Hamburg 1953, S. 153

157 Zit. nach W. Röder, Emigration nach 1933, in: Broszat / Möller, Das Dritte Reich, S. 233 f.

158 Ebd., S. 232
159 K. Tucholsky, Juden und Deutsche (1936), zit. nach W. Frühwald / W. Schieder (Hrsg.), Leben im Exil. Probleme der Integration deutscher Flüchtlinge im Ausland 1933-1945, Hamburg 1981, S. 17
160 Thomas Mann, zit. nach H. Koopmann, Das Phänomen der Fremde bei Thomas Mann. Überlegungen zu dem Satz »Wo ich bin, ist die deutsche Kultur«, in: Frühwald / Schieder, Leben im Exil, S. 10
161 Ebd.
162 Zit. nach Ursachen und Folgen, Bd. XI, S. 364
163 Zit. nach Frühwald / Schieder, Leben im Exil, S. 17
164 Ebd.
165 H. Koopmann, Phänomen der Fremde, S. 109
166 Thomas Mann (1938), zit. nach ebd.
167 Ebd., S. 110
168 Mit dem Gesicht nach Deutschland. Eine Dokumentation über die sozialdemokratische Emigration. Aus dem Nachlaß von F. Stampfer, hrsg. von E. Matthias, Düsseldorf 1968, S. 216 ff.
169 Zit. nach Röder, Emigration, in: Broszat / Möller, Das Dritte Reich, S. 240
170 H. Möller, Exodus der Kultur. Schriftsteller, Wissenschaftler und Künstler in Emigration nach 1933, München 1984, S. 36

Anmerkungen zu Kapitel VII

1 Domarus, Hitler, Bd. I, 1, S. 193
2 Schultheß' europäischer Geschichtskalender 1933, München 1934, S. 195
3 Zit. nach Heeresadjutant bei Hitler. Aufzeichnungen des Major Engel, hrsg. v. H. v. Kotze, Stuttgart 1974, S. 35 f.
4 Akten der Reichskanzlei, Regierung Hitler I/1, S. 50 f.
5 Ebd., S. 51
6 Der Präsident des Reichsbank-Direktoriums an Hitler, 7.1.1935, in: IMT, Bd. XXXVI, S. 366
7 Denkschrift Schachts über die Finanzierung der Aufrüstung, 3.5.1935, in: IMT, Bd. XXVII, S. 50
8 H. Schacht, Deutschland in der Weltwirtschaftskrise, Berlin 1935, S. 15
9 Denkschrift Schachts, in: IMT, Bd. XXVII, S. 50
10 Zeitschriftendienst des Reichsnährstands v. 19.12.1934, zit. nach H.E. Volkmann, Die NS-Wirtschaft in Vorbereitung des Krieges, in: Das Deutsche Reich und der Zweite Weltkrieg, hrsg. vom Militärgeschichtlichen Forschungsamt, Bd. 1: Ursachen und Voraussetzungen der Deutschen Kriegspolitik, Stuttgart 1979, S. 266
11 Zit. nach G. Kroll, Von der Weltwirtschaftskrise zur Staatskonjunktur, Berlin 1958, S. 499
12 Zit. nach Volkmann, NS-Wirtschaft, S. 277
13 Zit. nach Ursachen und Folgen, Bd. X, S. 536
14 H. Schacht, 76 Jahre meines Lebens, Bad Wörishofen 1953, S. 464
15 Zit. nach Volkmann, NS-Wirtschaft, S. 285
16 Zit. nach W. Treue, Hitler-Denkschrift im Vierjahresplan 1936, in: VfZG 3 (1955), S. 209
17 Bericht Darrés über die Ernte- und Versorgungslage, November 1937, zit. nach Volkmann, NS-Wirtschaft, S. 302
18 Rede Schachts v. 22.1.1937, in: Deutsche Wirtschaftszeitung 34 (1937), S. 153, zit. nach Volkmann, NS-Wirtschaft, S. 309
19 Domarus, Hitler, Bd. I, 2, S. 681

20 Robert Ley, Durchbruch der sozialen Ehre, München 1935, S. 71, zit. nach T.W. Mason, Arbeiterklasse und Volksgemeinschaft. Dokumente und Materialien zur deutschen Arbeiterpolitik 1936-1939, Opladen 1975, S. 7

21 Speer, Erinnerungen, S. 229

22 Ebd.

23 Speer, Erinnerungen, S. 173

24 R. Smelser, Die nationalsozialistische Machtergreifung als sozialintegrierender Prozeß: Überlegungen zur NS-Sozialpolitik in: Michalka, Nationalsozialistische Machtergreifung, S. 224

25 Die Reden Hitlers am Parteitag der Freiheit 1935, zit. nach P. Diehl-Thiele, Partei und Staat, S. 162f.

26 Robert Ley auf der 5. Jahrestagung der DAF, September 1937, in: Der Parteitag der Arbeit vom 6. bis 13. September 1937, München 1938, S. 264f.

27 Hitler, Mein Kampf, S. 672ff.

28 Mason, Arbeiterklasse und Volksgemeinschaft, S. 40

29 Ebd., S. 40f.

30 Zit. nach Broszat, Staat Hitlers, S. 193

31 L. Preller, Sozialpolitik in der Weimarer Republik, Stuttgart 1949, S. 37

32 Zit. nach H. Spode, »Der deutsche Arbeiter reist«: Massentourismus im Dritten Reich, in: G. Huck (Hrsg.), Sozialgeschichte der Freizeit, Wuppertal 1980, S. 291

33 Zit. nach W. Buchholz, Die nationalsozialistische Gemeinschaft »Kraft durch Freude«. Freizeitgestaltung und Arbeiterschaft im Dritten Reich, Diss. München 1976, S. 7

34 H. Krapfenbauer, Die sozialpolitische Bedeutung der NS-Gemeinschaft »Kraft durch Freude«, Diss. Nürnberg 1937, S. 22

35 Zit. nach Spode, Massentourismus, S. 298

36 Meißner, Staatssekretär unter Ebert, Hindenburg, Hitler, S. 332

37 Zit. nach Buchholz, Nationalsozialistische Gemeinschaft, S. 40

38 O. Kalbus, Vom Werden deutscher Filmkunst, 2. Teil, zit. nach Courtade/P. Cadars, Geschichte des Films im Dritten Reich, München 1975, S. 13

39 J. Günther, Rückblick und Rechenschaft, in: L. Marcuse, War ich ein Nazi?, München/Bern/Wien 1968, S. 33; zit. nach H.D. Schäfer, Das gespaltene Bewußtsein. Deutsche Kultur und Lebenswirklichkeiten 1933-1945, Frankfurt a.M. ²1981, S. 10

40 Westermanns Monatshefte 82, Jan. 1938, S. 417, zit. nach Schäfer, Gespaltenes Bewußtsein, S. 15

41 Buchhändler im neuen Reich 1 (1936), H. 1, S. 29; zit. nach Schäfer, Gespaltenes Bewußtsein, S. 14

42 HStA München/MA 106685, Polizeidirektion München 1934/35

43 F. Hartlaub, Das Gesamtwerk. Hrsg. von G. Hartlaub, Frankfurt a.M. 1955, S. 454; zit. nach Schäfer, Gespaltenes Bewußtsein, S. 9

44 I. Jens (Hrsg.), Max Kommerell, Briefe und Aufzeichnungen 1919 bis 1944, Olten/Freiburg i.Br. 1967, S. 35; zit. nach Schäfer, Gespaltenes Bewußtsein, S. 9

45 K. Korn, Lange Lehrzeit, Frankfurt a.M. 1975, S. 251; zit. nach Schäfer, Gespaltenes Bewußtsein, S. 13

46 Bayern in der NS-Zeit, Bd. I, S. 282

47 Ebd., S. 284

48 Mason, Arbeiterklasse und Volksgemeinschaft, S. 722

49 Ebd., S. 847

50 Deutsche Volkswirtschaft 45 (1936), S. 991, zit. nach D. Winkler, Frauenarbeit im Dritten Reich, Hamburg 1977, S. 57

51 Zit. nach Winkler, Frauenarbeit, S. 121
52 Zit. nach J. Stephenson, The Nazi Organization of Women, London /
    Totowa N. J. 1981, S. 185
53 M. Kater, Frauen in der NS-Bewegung, in: VfZG 31 (1983), 219 f.

Anmerkungen zu Kapitel VIII

  1 P. Schmidt, Statist auf diplomatischer Bühne 1923-45. Erlebnisse des
     Chefdolmetschers im Auswärtigen Amt mit den Staatsmännern Euro-
     pas, Bonn 1949, S. 313 ff.
  2 Zit. nach J. Dülffer, Weimar, Hitler und die Marine. Reichspolitik und
     Flottenbau 1920-1939, Düsseldorf 1973, S. 326
  3 J. v. Ribbentrop, Zwischen London und Moskau. Erinnerungen und
     letzte Aufzeichnungen, Leoni 1953, S. 64
  4 Hildebrand, Außenpolitik, S. 44
  5 I. Kirckpatrick, Mussolini, Berlin 1965, S. 275; zit. nach Fest, Hitler,
     S. 678
  6 Private Aufzeichnung des deutschen Botschafters in Rom, Ulrich von
     Hassell, 23.2.1936, zit. nach Ursachen und Folgen, Bd. X, S. 417
  7 Ebd.
  8 Ebd., S. 427
  9 Zit. nach Ursachen und Folgen, Bd. X, S. 416
 10 Zit. nach IMT, Bd. XV, S. 386 f.
 11 Schmidt, Statist, S. 320
 12 Ebd.
 13 Ebd.
 14 Vierteljahresbericht des Reichs- und Preußischen Ministers des Inne-
     ren (Juni-August 1935) über die wirtschaftlichen Verhältnisse als
     Quelle politischer Unruhe; zit. nach Ursachen und Folgen, Bd. X,
     S. 511
 15 Verordnung über die Auflösung und Neuwahl des Reichstages,
     Reichsgesetzblatt Jg. 1936, T. I, S. 133
 16 Stimmungsbericht der Staatspolizeistelle Hannover an das Geheime
     Staatspolizeiamt Berlin vom 16.3.1936; zit. nach Ursachen und Folgen,
     Bd. X, S. 454
 17 Zit. nach Kershaw, Hitler-Mythos, S. 114
 18 Ebd., S. 115
 19 Ebd., S. 116
 20 Ebd.
 21 Ebd., S. 68
 22 Domarus, Hitler, Bd. I, 2, S. 606
 23 Schmidt, Statist, S. 325
 24 Kershaw, Hitler-Mythos, S. 114
 25 H. H. Abendroth, Deutschlands Rolle im Spanischen Bürgerkrieg, in:
     M. Funke (Hrsg.), Hitler, Deutschland und die Mächte, Düsseldorf
     1976, S. 475
 26 Ribbentrop, Zwischen London und Moskau, S. 88 f.
 27 Denkschrift zum Vierjahresplan, zit. nach Ursachen und Folgen,
     Bd. X, S. 535
 28 Ribbentrop, Zwischen London und Moskau, S. 88
 29 Ebd., S. 89
 30 M. Messerschmidt, Außenpolitik und Kriegsvorbereitung, in: Das
     Deutsche Reich und der Zweite Weltkrieg, Bd. 1, S. 609
 31 C. Ciano, L'Europa verso la catastrofe, Bd. 1, Milano 1964, S. 99; zit.
     nach Petersen, Hitler – Mussolini, S. 491

32 B. Mussolini, Opera omnia, Bd. XXVIII, S. 69f.; zit. nach der Übersetzung von Petersen, Hitler – Mussolini, S. 492

33 Hitler, Monologe, S. 144

34 Ebd., S. 246

35 Denkschrift zum Vierjahresplan, in: Ursachen und Folgen, Bd. X, S. 534

36 ADAP, Ser. D, Bd. 1 (1937/38). Von Neurath zu Ribbentrop, S. 310f.

37 Messerschmidt, Außenpolitik und Kriegsvorbereitung, S. 621f.

38 Domarus, Hitler, Bd. I, 2, S. 436

39 Schmidt, Statist, S. 367

40 Domarus, Hitler, Bd. I, 2, S. 737

41 Schmidt, Statist, S. 368

42 Domarus, Hitler, Bd. I, 2, S. 738

43 Zit. nach R. De Felice, Beobachtungen zu Mussolinis Außenpolitik, in: Saeculum 1973, S. 325

44 M. Funke, Die deutsch-italienischen Beziehungen – Antibolschewismus und außenpolitische Interessenkonkurrenz als Strukturprinzip der Achse, in: ders., Hitler, S. 838f.

45 Ribbentrop, Zwischen London und Moskau, S. 93

46 Ebd., S. 67

47 Ebd., S. 68

48 F. Hesse, Das Spiel um Deutschland, München 1953, S. 77; zit. nach W. Michalka, Ribbentrop und die deutsche Weltpolitik 1933-1940. Außenpolitische Konzeptionen und Entscheidungsprozesse im Dritten Reich, München 1980, S. 121

49 Speer, Erinnerungen, S. 86

50 Schmidt, Statist, S. 47

51 Ribbentrop, Zwischen London und Moskau, S. 100

52 E. Kordt, Nicht aus den Akten. Die Wilhelm-Straße in Frieden und Krieg. Erlebnisse, Begegnungen und Eindrücke 1928-1945, Stuttgart 1950, S. 156

53 J. Henke, Hitlers England-Konzeption. Formulierung und Realisierungsversuche, in: Funke, Hitler, S. 593

54 Ebd., S. 594

55 Zit. nach Domarus, Hitler, Bd. I, 2, S. 668

56 Die Weizsäcker-Papiere, S. 119f.

57 G. Niedhardt, Deutsche Außenpolitik im Entscheidungsjahr 1937, in: Deutschland und Frankreich 1936-1939, hrsg. v. K. Hildebrand und K. F. Werner, München 1981, S. 479 (= Beihefte der Francia, 10)

58 Niederschrift der Sitzung des Ministerrates vom 4.9.1936, in: IMT, Bd. XXXVI, Dok. 416 EC (S. 491)

59 Zit. nach Domarus, Hitler, Bd. I, 2, S. 748

60 Ebd., S. 749

61 Ebd., S. 753

62 Ebd., S. 745

63 Ebd., S. 673

64 Messerschmidt, Außenpolitik und Kriegsvorbereitung, S. 626

65 Niedhardt, Deutsche Außenpolitik, S. 483

66 F. Hoßbach, Zwischen Wehrmacht und Hitler 1934-1938, Wolfenbüttel 1949, S. 218

67 Ebd., S. 219

68 Zit. nach H. C. Deutsch, Das Komplott oder die Entmachtung der Generale, Zürich 1974, S. 66

69 Speer, Erinnerungen, S. 61

70 Zit. nach Deutsch, Komplott, S. 32

71 Hitler, Monologe, S. 117

72 Ebd., S. 210
73 Aussagen des Heeresadjutanten Engel, zit. nach Deutsch, Komplott, S. 98
74 Zit. nach Deutsch, Komplott, S. 106ff.
75 Zit. nach H. Foertsch, Schuld und Verhängnis. Die Fritschkrise im Frühjahr 1938 als Wendepunkt in der Geschichte der nationalsozialistischen Zeit, Stuttgart 1951, S. 41
76 Zit. nach Deutsch, Komplott, S. 143
77 Ebd., S. 182
78 F. Meinecke, zit., nach ebd.
79 Ebd.
80 Jodl-Tagebuch, in: IMT, Bd. XXVIII, S. 358
81 Broszat, Staat Hitlers, S. 363
82 François-Poncet, Als Botschafter in Berlin, S. 298
83 Jodl-Tagebuch, in: IMT, Bd. XXVIII, S. 362
84 Schausberger, Österreich und die nationalsozialistische Anschlußpolitik, in: Funke, Hitler, S. 740
85 Der Hochverratsprozeß gegen Dr. G. Schmidt, Wien 1947, S. 7, 71f., bei Schausberger, Österreich, in: Funke, Hitler, ebd.
86 Schmidt-Prozeß, S. 14, zit. nach Schausberger, Österreich, in: Funke, Hitler, S. 747
87 Ebd.
88 Ebd.
89 Schmidt-Prozeß, S. 292f., zit. nach ebd.
90 Ebd., S. 747f.
91 Jedlicka, Die außen- und militärpolitische Vorgeschichte des 13. März 1938, in: Österreichische Militärische Zeitschrift 2 (1968), S. 81
92 K. v. Schuschnigg, Ein Requiem in Rot-Weiß-Rot, Zürich 1946, S. 39f.
93 Ebd., S. 43
94 IMT, Bd. X, S. 567f.
95 Schuschnigg, Requiem, S. 49
96 Ebd., S. 59f.
97 Akten zur Deutschen Auswärtigen Politik (ADAP) 1918-1945, Ser. D, Bd. I (1937/38), Baden-Baden 1950: Von Neurath zu Ribbentrop, S. 450
98 Zit. nach H. A. Jacobsen, Nationalsozialistische Außenpolitik 1933 bis 1938, Frankfurt a. M./Berlin 1968, S. 440
99 Schausberger, Österreich, in: Funke, Hitler, S. 752
100 Ebd., S. 792f.
101 IMT, Bd. IX, S. 333
102 ADAP, Ser. D, Bd. I, S. 470
103 IMT, Bd. XXXIV, S. 336
104 Ebd., S. 368f.
105 Zit. nach Ursachen und Folgen, Bd. XI, S. 674
106 Zit. nach Domarus, Hitler, Bd. I, 2, S. 847
107 Ebd., S. 905
108 Fest, Hitler, S. 754
109 Zit. nach Kershaw, Hitler-Mythos, S. 116
110 Ebd., S. 117
111 Ebd., S. 118
112 S. Zweig, Die Welt von gestern, Frankfurt a. M. 1949; zit. nach Fest, Hitler, S. 755
113 Neue Zürcher Zeitung vom 15.3.1938, zit. nach Schausberger, Österreich, in: Funke, Hitler, S. 755f.
114 IMT, Bd. XXXVII, Dok. 172-L, S. 634
115 G. Ciano, Tagebücher 1937/38, Hamburg 1949, S. 124
116 Zit. nach Domarus, Hitler, Bd. I, 2, S. 856

117 Jacobsen, NS-Außenpolitik, S. 443

118 IMT, Bd. XXV, S. 415 f.

119 Zit. nach Brandes, Die Politik des Dritten Reiches gegenüber der Tschechoslowakei, in: Funke, Hitler, S. 510 f.

120 Foreign Relations of the United States, Diplomatic Papers, Vol. I (1938), S. 500 f.

121 Zit. nach Aufzeichnungen Major Schmunds »Erwägungen des Führers«, in: ADAP, Ser. D, Bd. II (1937/38), Deutschland und die Tschechoslowakei, S. 192

122 Zit. nach ebd., S. 189 f.

123 ADAP, Ser. D, Bd. I, Nr. 750, S. 886

124 Zit. nach S. Martens, Hermann Göring. »Erster Paladin des Führers« und »Zweiter Mann im Reich«, Paderborn 1985, S. 134

125 Zit. nach Die Weizsäcker-Papiere, 31.5.1938, S. 129

126 IMT, Bd. XXV, S. 415 f.

127 Ebd., S. 416

128 Wiedemann, Der Mann, der Feldherr werden wollte, S. 128

129 W. Michalka, Die Außenpolitik des Dritten Reiches vom österreichischen »Anschluß« bis zur Münchener Konferenz 1938, in: Deutschland und Frankreich 1936-1939, S. 504

130 Die Weizsäcker-Papiere, S. 129

131 Vgl. W. Michalka, Die nationalsozialistische Außenpolitik im Zeichen eines »Konzeptionenpluralismus«, in: Funke, Hitler, S. 59

132 Messerschmidt, Außenpolitik und Kriegsvorbereitung, S. 626

133 H. Rauschning, Gespräche mit Hitler, Zürich 1973, S. 12

134 Wiedemann, Der Mann, der Feldherr werden wollte, S. 171

135 Denkschrift Ludwig Beck vom 29.5.1938, in: K.J. Müller, General Ludwig Beck. Studien und Dokumente zur politisch-militärischen Vorstellungswelt und Tätigkeit des Generalstabschefs des deutschen Heeres 1933-1938, Boppard a. Rh. 1980, Dok. 43

136 Die Weizsäcker-Papiere, S. 128

137 Hildebrand, Deutsche Außenpolitik, S. 75

138 Die Weizsäcker-Papiere, S. 122

139 Ebd., S. 129 ff.

140 Zit. nach Ursachen und Folgen, Bd. XII, S. 320

141 Schmidt, Statist, S. 396 ff.

142 Ebd., S. 401

143 Ebd., S. 405

144 Schmidt, Statist, S. 406

145 Zit. nach A. Bullock, Hitler. Eine Studie über Tyrannei, Düsseldorf 1960, S. 463

146 Zit. nach Domarus, Hitler, Bd. I, 2, S. 932

147 W. Shirer, Berlin Diary, London 1941, zit. nach der Übersetzung von Domarus, Hitler, Bd. I, 2, S. 933

148 Zit. nach Schmidt, Statist, S. 409

149 Zit. nach Kershaw, Hitler-Mythos, S. 120

150 R. A. Blasius, Weizsäcker kontra Ribbentrop: »München« statt des großen Krieges, in: F. Knipping / K. J. Müller (Hrsg.), Machtbewußtsein in Deutschland am Vorabend des Zweiten Weltkrieges, Paderborn 1984, S. 103 f.

151 Ebd., S. 106

152 Ebd., S. 108

153 Zit. nach P. Hoffmann, Widerstand, Staatsstreich, Attentat. Der Kampf der Opposition gegen Hitler, München 1969, S. 83

154 B.-J. Wendt, München 1938. England zwischen Hitler und Preußen, Frankfurt a. M. 1965, S. 72

155 Zit. nach K. J. Müller, Armee, Politik und Gesellschaft in Deutschland 1933-1945, Paderborn 1979, S. 94

156 Zit. nach E. Kosthorst, Die deutsche Opposition gegen Hitler zwischen Polen- und Frankreichfeldzug, Bonn ³1957, S. 50

157 Zit. nach G. Ritter, Goerdeler und die deutsche Widerstandsbewegung, Stuttgart 1954, S. 198

158 Fest, Hitler, S. 774

159 Schmidt, Statist, S. 414

160 Ebd.

161 ADAP, Ser. D, Bd. II (1937/38), Deutschland und die Tschechoslowakei, Dok. 675, S. 812 ff.

162 Zit. nach Kordt, Nicht aus den Akten, S. 260

163 H. K. G. Roennefarth, Die Sudetenkrise in der internationalen Politik. Entstehung, Verlauf, Auswirkung, Wiesbaden 1961, S. 705

164 Michalka, Machtpolitik und Machtbewußtsein politischer Entscheidungsträger in Deutschland 1938, in: Knipping/Müller, Machtbewußtsein in Deutschland am Vorabend des Zweiten Weltkrieges, S. 66

165 Hitlers politisches Testament, S. 99 f.

166 Messerschmidt, Außenpolitik und Kriegsvorbereitung, S. 658

167 Domarus, Hitler, Bd. I, 2, S. 954 ff.

168 Ebd., S. 974

169 H. Himmler, Geheimreden 1933-1945 und andere Ansprachen, hrsg. v. Bradley, F. Smith u. A. F. Peterson, Frankfurt a. M. 1974, S. 45

170 ADAP, Ser. D, Bd. IV (1938/39). Die Nachwirkungen von München, Dok. 53, S. 52

171 Messerschmidt, Außenpolitik und Kriegsvorbereitung, S. 663

172 ADAP, Ser. D, Bd. IV (1938/39), Die Nachwirkungen von München, Dok. 53, S. 52

173 Zit. nach Ursachen und Folgen, Bd. XIII, S. 72

174 ADAP, Ser. D, Bd. IV (1938/39). Die Nachwirkungen von München, Dok. 228, S. 229-234

175 Ebd., Dok. 229, S. 235

176 Zit. nach Domarus, Hitler, Bd. II, 1, S. 1095

177 Der Generalquartiermeister. Briefe und Tagebuchaufzeichnungen des Generalquartiermeisters des Heeres General der Artillerie Eduard Wagner. Hrsg. v. E. Wagner, München/Wien 1963, S. 144

178 Zit. nach Ursachen und Folgen, Bd. XIII, S. 98

179 Zit. nach Kordt, Wahn und Wirklichkeit, S. 144

180 Zit. nach Thies, Architekt, S. 112 ff.

181 Ebd., S. 115

182 Ebd.

183 Nolte, Faschismus in seiner Epoche, S. 433

184 Thies, Architekt, S. 118

185 Messerschmidt, Außenpolitik und Kriegsvorbereitung, S. 668

186 U. von Hassell, Vom Anderen Deutschland, Aus den nachgelassenen Tagebüchern 1938-1944, Zürich/Freiburg 1946, S. 37

187 Die Weizsäcker-Papiere, S. 146

188 Aufzeichnungen von General-Admiral Böhm über Hitlers Rede vom 22.8.1939, zit. in: Hohlfeld, Dokumente, Bd. 5, S. 74-80

189 Zit. nach Domarus, Hitler, Bd. II, 1, S. 1234

190 ADAP, Ser. D., Bd. V, Nr. 81

191 Die Weizsäcker-Papiere, S. 153

192 ADAP, Ser. D., Bd. VI, Nr. 99

193 Zit. nach Ursachen und Folgen, Bd. XIII, S. 725

194 ADAP, Ser. D, Bd. VI, Nr. 433

195 Ebd., Nr. 185, Anlage F, S. 186 f.

196 Ebd., Nr. 433, S. 477ff.
197 IMT, Bd. XXVI, Dokument 798 – PS, S. 338f.
198 Zit. nach Domarus, Hitler, Bd. II, 1, S. 1173ff.
199 Die Weizsäcker-Papiere, S. 159
200 F. Halder, Kriegstagebuch. Tägliche Aufzeichnungen des Chefs des Generalstabs des Heeres 1938-1942, Stuttgart 1962/64, Bd. 1, S. 38
201 C. J. Burckhardt, Meine Danziger Mission 1937-1939, München 1969, S. 348
202 ADAP, Ser. D., Bd. VI, Nr. 435, S. 477
203 Die Weizsäcker-Papiere, S. 157
204 S. Haffner, Der Teufelspakt. 50 Jahre deutsch-russische Beziehungen, Reinbek 1968, S. 94
205 ADAP, Ser. D., Bd. VII, Nr. 56, S. 52
206 ADAP, Ser. D., Bd. VI, 760, S. 884 f.
207 ADAP, Ser. D., Bd. VII, Nr. 56, S. 52
208 ADAP, Ser. D., Bd. VII, Nr. 113, S. 101
209 Zit. nach Ursachen und Folgen, Bd. XIII, S. 452
210 Weltgeschichte in Dokumenten, bearb. v. M. Freund und W. Frauendienst, Bd. 1-5, Essen 1936-1944, hier Bd. III, S. 115
211 Zit. nach A. Seidl (Hrsg.), Die Beziehungen zwischen Deutschland und der Sowjetunion 1939-1941, Tübingen 1949, S. 44
212 Zit. nach M. Freund, Weltgeschichte der Gegenwart in Dokumenten, Bd. III, Freiburg i. Brsg. 1956, S. 124
213 Zit. nach Ursachen und Folgen, Bd. XIII, S. 458
214 W. Hofer, Die Entfesselung des Zweiten Weltkrieges. Eine Studie über die internationalen Beziehungen im Sommer 1939. Mit Dokumenten, Frankfurt a. M. 1964, S. 136
215 Zit. nach Ursachen und Folgen, Bd. XIII, S. 477
216 Zit. nach Domarus, Hitler, Bd. II, 1, S. 1235
217 Ebd., S. 1236
218 Messerschmidt, Außenpolitik und Kriegsvorbereitung, S. 695
219 Die Weizsäcker-Papiere, S. 159
220 Halder, Kriegstagebuch, Bd. I, S. 34
221 Wagner, Generalquartiermeister, S. 96
222 IMT, Bd. XXXIX, S. 107
223 Die Weizsäcker-Papiere, S. 162
224 Halder, Kriegstagebuch, Bd. I, S. 42
225 Schmidt, Statist, S. 460
226 Zit. nach Ursachen und Folgen, Bd. XIII, S. 594
227 Zit. nach Domarus, Hitler, Bd. II, 1, S. 1310f.
228 Ebd., S. 1315f.
229 Zit. nach M. Steinert, Hitlers Krieg und die Deutschen. Stimmung und Haltung der deutschen Bevölkerung im Zweiten Weltkrieg, Düsseldorf/Wien 1970, S. 87

Anmerkungen zu Kapitel IX

1 Zit. nach Domarus, Hitler, Bd. II, 1, S. 1422
2 Ebd., S. 1422ff.
3 Zit. nach F. Meinecke, Die deutsche Katastrophe, Wiesbaden 1946, S. 89
4 Ebd.; vgl. auch die Äußerung Becks bei Hoßbach, Zwischen Wehrmacht und Hitler, S. 158: »Was macht der Hund aus unserem schönen Deutschland!«
5 Nolte, Faschismus in seiner Epoche, S. 435

6 Zit. nach Domarus, Hitler, Bd. II, 1, S. 1362
7 H. Krausnick / H. H. Wilhelm, Die Truppe des Weltanschauungskrie- ges. Die Einsatzgruppen der Sicherheitspolizei und des SD 1938-1942, Stuttgart 1981, S. 33
8 Zit. nach Hohlfeld (Hrsg.), Dokumente der deutschen Politik, Bd. 5, S. 74-80
9 Höhne, Orden, S. 274
10 H. Krausnick, Judenverfolgung, in: Anatomie des SS-Staates II, S. 348
11 Zit. nach Höhne, Orden, S. 276
12 Ebd., S. 271
13 Zit. nach M. Broszat, Nationalsozialistische Polenpolitik 1939-1945, Stuttgart 1961, S. 42f.
14 Ebd., S. 22
15 Zit. nach Höhne, Orden, S. 278
16 Zit. ebd., S. 282
17 Zit. nach Michalka, Das Dritte Reich, Bd. 2: Weltmachtanspruch und nationaler Zusammenbruch, S. 159
18 Broszat, Staat Hitlers, S. 395
19 Broszat, Nationalsozialistische Polenpolitik, S. 23
20 Zit. nach Michalka, Das Dritte Reich, Bd. 2, S. 163 ff.
21 Zit. nach Kershaw, Hitler-Mythos, S. 128
22 Hitler vor Oberbefehlshabern der Wehrmacht, 23.11.1939, zit. nach Domarus, Hitler, Bd. II, 1, S. 1426
23 Kershaw, Hitler-Mythos, S. 129
24 Die Weizsäcker-Papiere, S. 179
25 A. Hillgruber, Der Zweite Weltkrieg. Kriegsziele und Strategien der großen Mächte, Stuttgart / Berlin / Köln / Mainz [3]1983, S. 26
26 Die Weizsäcker-Papiere, S. 179
27 Zit. nach W. Hubatsch (Hrsg.), Hitlers Weisungen für die Kriegführung 1939-1945. Dokumente des Oberkommandos der Wehrmacht, Frank- furt a. M. [2]1983, S. 32f; auch Michalka, Das Dritte Reich, Bd. 2, S. 19
28 Zit. nach H. A. Jacobsen (Hrsg.), Dokumente zur Vorgeschichte des Westfeldzuges 1939-1940, Göttingen / Berlin / Frankfurt a. M. 1956, S. 7ff.
29 Halder, Kriegstagebuch, Bd. 1, S. 102
30 Zit. nach H. Groscurth, Tagebücher eines Abwehroffiziers 1938-1940. Mit weiteren Dokumenten zur Militäropposition gegen Hitler, hrsg. von H. Krausnick und H. C. Deutsch, Stuttgart 1970, S. 224
31 Ebd., S. 225
32 Die Weizsäcker-Papiere, S. 180
33 Zit. nach Domarus, Hitler, Bd. II, 1, S. 1426
34 Kordt, Nicht aus den Akten, S. 377
35 Groscurth, Tagebücher, S. 239 bzw. 241
36 Nolte, Faschismus in seiner Epoche, S. 435
37 Speer, Erinnerungen, S. 186
38 Kershaw, Hitler-Mythos, S. 137
39 Meldungen aus dem Reich, Bd. 4, S. 1305
40 Kershaw, Hitler-Mythos, S. 137
41 Meldungen aus dem Reich, Bd. 4, S. 1305
42 Hassell, Vom Anderen Deutschland, S. 157
43 A. Zoller, Hitler privat. Erlebnisbericht seiner Geheimsekretärin, Düs- seldorf 1949, S. 141
44 A. Hillgruber, Grundzüge der nationalsozialistischen Außenpolitik 1933-1945, in: Saeculum 24 (1973), S. 338
45 Ebd.
46 Halder, Kriegstagebuch, Bd. I, S. 374f.

47 Hillgruber, Grundzüge, S. 338
48 Zit. nach Ursachen und Folgen, Bd. XV, S. 68
49 Zit. nach Domarus, Hitler, Bd. II, 1, S. 1557f.
50 Zit. nach Ursachen und Folgen, Bd. XV, S. 70
51 Hillgruber, Der Zweite Weltkrieg, S. 44
52 Besprechung vom 21. Juli 1940; zit. nach Bullock, Hitler, S. 598
53 Halder, Kriegstagebuch, Bd. II, S. 99
54 Speer, Erinnerungen, S. 188
55 Zit. nach Hildebrand, Deutsche Außenpolitik, S. 95
56 Hillgruber, Grundzüge, S. 339
57 ADAP, Ser. D., Bd. X, S. 296
58 Zit. nach Ursachen und Folgen, Bd. XV, S. 581f.
59 Halder, Kriegstagebuch, Bd. II, S. 165ff.
60 Hubatsch, Hitlers Weisungen, S. 71
61 Zit. nach Heeresadjutant bei Hitler. Aufzeichnungen des Majors Engel, S. 91
62 Zit. nach Ursachen und Folgen, Bd. XVII, S. 41
63 P.E. Schramm (Hrsg.), Kriegstagebuch des Oberkommandos der Wehrmacht, Bd. I, Frankfurt a.M. 1961, S. 996
64 Speer, Erinnerungen, S. 194f.
65 Zit. nach Ursachen und Folgen, Bd. XVII, S. 47
66 Nolte, Faschismus in seiner Epoche, S. 436
67 Krausnick/Wilhelm, Truppe des Weltanschauungskrieges, S. 117
68 Halder, Kriegstagebuch, Bd. II, S. 336f.
69 Krausnick/Wilhelm, Truppe des Weltanschauungskrieges, S. 217
70 H. A. Jacobsen, Kommissarbefehl und Massenexekution sowjetischer Kriegsgefangener, in: Anatomie des SS-Staates II, S. 216f.
71 Ebd., S. 225
72 Hassell, Vom Anderen Deutschland, S. 200
73 Zit. nach A. Hillgruber, Hitlers Strategie. Politik und Kriegführung 1940-1941, Frankfurt a.M. 1965, S. 373
74 ADAP, Ser. D., Bd. XII, 2, S. 892
75 Zit. nach H.B. Gisevius, Adolf Hitler, Versuch einer Deutung, München 1963, S. 471
76 Halder, Kriegstagebuch, Bd. III, S. 38
77 A. Hillgruber (Hrsg.), Staatsmänner und Diplomaten bei Hitler. Vertrauliche Aufzeichnungen und Unterredungen mit Vertretern des Auslandes 1939-1944, Frankfurt a.M. 1967-1970, Bd. I, S. 603
78 Hillgruber, Grundzüge, S. 341
79 Hitler, Monologe, S. 39
80 Halder, Kriegstagebuch, Bd. III, S. 53
81 Zit. nach Domarus, Hitler, Bd. II, 2, S. 1745
82 Hillgruber, Staatsmänner, Bd. I, S. 606
83 H. Heiber (Hrsg.), Der Generalplan Ost, in: VfZG 1958, S. 281-325
84 Zit. nach Ursachen und Folgen, Bd. XVII, S. 312
85 Zit. nach ebd., S. 308
86 Krausnick, Judenverfolgung, in: Anatomie des SS-Staates II, S. 372
87 Hitler, Monologe, S. 40f.
88 Speer, Erinnerungen, S. 196
89 Stadtarchiv Nürnberg, C 32, Zweckverband Reichsparteitag, Nr. 95
90 A. Joachimsthaler, Gigantomanie auf Rädern, in: Zug der Zeit. Zeit der Züge. Deutsche Eisenbahn 1835-1985, Berlin 1985, Bd. 2, S. 704
91 A. Speer, Spandauer Tagebücher, Frankfurt a.M. 1975, S. 239f.
92 C. Streit, Keine Kameraden. Die Wehrmacht und die sowjetischen Kriegsgefangenen 1941-45, Stuttgart 1981, S. 46
93 Nolte, Faschismus in seiner Epoche, S. 438

94 Goebbels, Tagebücher aus den Jahren 1942 bis 1943, S. 132
95 Halder, Kriegstagebuch, Bd. III, S. 332
96 Ebd., S. 295
97 Ebd., Bd. IV, S. 311
98 Zit. nach Hillgruber, Staatsmänner, Bd. I, S. 657
99 Ebd., S. 661
100 Kriegstagebuch OKW, Bd. IV, S. 1503
101 Zit. nach Hillgruber, Grundzüge, S. 343
102 Ebd.
103 Zit. nach Domarus, Hitler, Bd. II, 1, S. 1850
104 Kriegstagebuch OKW, Bd. II, S. 51f.
105 F. Halder, Hitler als Feldherr, München 1949, S. 50f.
106 Zit. nach Domarus, Hitler, Bd. II, 2, S. 193
107 Ebd., S. 1935 u. S. 1937
108 Zit. nach Jacobsen, Der Zweite Weltkrieg, S. 352
109 Krausnick/Wilhelm, Truppe des Weltanschauungskriegs, S. 151
110 Ebd.
111 Ebd., S. 157
112 Fest, Hitler, S. 931
113 Zit. nach Krausnick, Judenverfolgung, in: Anatomie des SS-Staates II, S. 417
114 H. Picker (Hrsg.), Hitlers Tischgespräche im Führerhauptquartier. Neu hrsg. von P. E. Schramm, Stuttgart ²1965, S. 270
115 Ebd., S. 470
116 Ebd., S. 469
117 Zit. nach Ursachen und Folgen, Bd. XIV, S. 154f.
118 Speer, Erinnerungen, S. 196
119 Zit. nach H. Brenner, Die Kunstpolitik des Nationalsozialismus, Hamburg 1963, S. 128f.
120 Zit. nach Fest, Hitler, S. 909
121 Zit. nach Ursachen und Folgen, Bd. XVIII, S. 96
122 Zit. nach W. A. Boelcke (Hrsg.), »Wollt ihr den totalen Krieg?« Die geheimen Goebbels-Konferenzen 1939-1943, Stuttgart 1967, S. 329
123 Zit. nach Kershaw, Hitler-Mythos, S. 168
124 Zit. nach Steinert, Hitlers Krieg und die Deutschen, S. 329
125 Zit. nach Kershaw, Hitler-Mythos, S. 170
126 Broszat, Staat Hitlers, S. 381
127 Zit. nach ebd., S. 383f.
128 Broszat, Staat Hitlers, S. 387
129 Zit. nach Speer, Erinnerungen, S. 190
130 Schwerin-Krosigk, Es geschah in Deutschland, S. 226
131 Ciano, Tagebücher, S. 401
132 Zit. nach Fest, Gesicht des Dritten Reiches, S. 115
133 Ebd., S. 135
134 Fest, Hitler, S. 924
135 Broszat, Staat Hitlers, S. 387
136 Zit. nach Fest, Gesicht des Dritten Reiches, S. 137
137 Fest, Hitler, S. 925
138 Zit. nach Broszat, Staat Hitlers, S. 390
139 Ebd., S. 394
140 Ebd., S. 395
141 Zit. nach Fest, Gesicht des Dritten Reiches, S. 186
142 Denkschrift des Reichsleiters M. Bormann vom 29. Januar 1944, zit. nach H. A. Jacobsen, Der Weg zur Teilung der Welt. Politik und Strategie 1939-1945. Koblenz/Bonn 1977, S. 274
143 Broszat, Staat Hitlers, S. 422

144 B. Wegner, Hitlers Politische Soldaten. Die Waffen-SS 1935-1945, Paderborn 1982, S. 118

145 Himmler, Geheimreden 1933 bis 1945, S. 37

146 Höhne, Orden, S. 424

147 Zit. nach R. Birn, Die Höheren SS- und Polizeiführer, Diss. Tübingen (ms) 1984, S. 118 f.

148 Zit. nach Broszat, Nationalsozialistische Konzentrationslager, in: Anatomie des SS-Staates II, S. 105

149 Ebd.

150 Ebd.

151 Ebd., S. 106

152 Ebd., S. 108

153 Ebd., S. 109

154 Ebd., S. 110

155 Ebd., S. 145

156 Ebd., S. 111

157 Ebd., S. 112

158 Ebd.

159 Ebd., S. 130

160 Ebd., S. 150

161 Ebd., S. 156

162 Ebd., S. 157

163 Aufzeichnungen des Legationsrates Fritz Rademacher vom 2. Juli 1940, in: D. Schmid / G. Schneider / W. Sommer, Juden unterm Hakenkreuz. Dokumente und Berichte zur Verfolgung der Juden durch die Nationalsozialisten 1933-1945, Düsseldorf 1983, Bd. 2, S. 29

164 Ebd., S. 43

165 Zit. nach Domarus, Hitler, Bd. II, 1, S. 1058

166 IMT, Bd. XXVI, S. 169

167 Zit. nach J. Ackermann, Heinrich Himmler als Ideologe, Göttingen 1970, S. 110

168 Zit. nach K. Schleunes, Nationalsozialistische Entschlußbildung und die Aktion T 4, in E. Jäckel / J. Rohwer (Hrsg.), Der Mord an den Juden im Zweiten Weltkrieg. Entschlußbildung und Verwirklichung, Stuttgart 1985, S. 77

169 Picker, Hitlers Tischgespräche, S. 416

170 Zit. nach H. Krausnick, Hitler und die Befehle an die Einsatzgruppen im Sommer 1941, in: Der Mord an den Juden, S. 90

171 Zit. nach Hillgruber, Staatsmänner, Bd. I, S. 614

172 Zit. nach S. Friedländer, Vom Antisemitismus zur Ausrottung, in: Der Mord an den Juden, S. 46

173 Höß, Kommandant in Auschwitz, S. 153

174 Loesener, Rassereferent, S. 311

175 Zit. nach Ursachen und Folgen, Bd. XIX, S. 470 f.

176 Hitlers Politisches Testament, S. 122

177 Zit. nach IMT, Bd. XXIX, S. 122 ff.

178 Zit. nach Krausnick, Judenverfolgung, in: Anatomie des SS-Staates, Bd. II, S. 305

179 Zit. nach IMT, Bd. XXVI, S. 266

180 E. Jäckel, Die Entschlußbildung als historisches Problem, in: Der Mord an den Juden, S. 15

181 Zit. nach C. R. Browning, Zur Genesis der »Endlösung«. Eine Antwort auf Martin Broszat, in: VfZG 29 (1981), S. 107

182 W. Präg / W. Jacobmeyer (Hrsg.), Das Diensttagebuch des deutschen Generalgouverneurs in Polen 1939-1945, Stuttgart 1975, S. 457

183 Zit. nach Schmid u. a., Juden unterm Hakenkreuz, Bd. II, S. 38

184 Ebd., S. 36
185 Ebd., S. 38
186 Ebd., S. 43
187 Zit. nach Friedländer, Vom Antisemitismus zur Ausrottung, in: Der Mord an den Juden, S. 44
188 Zit. nach Schmid u. a., Juden unterm Hakenkreuz, Bd. II, S. 39
189 Zit. nach Michalka, Das Dritte Reich, Bd. II, S. 248 f.
190 A. Hillgruber, Der geschichtliche Ort der Judenvernichtung, in: Der Mord an den Juden im Zweiten Weltkrieg, S. 223
191 Meldungen aus dem Reich, Bd. 9, S. 3235
192 Zit. nach Steinert, Hitlers Krieg und die Deutschen, S. 252
193 Friedländer, Vom Antisemitismus zur Ausrottung, in: Der Mord an den Juden, S. 48 f.
194 Zit. nach Domarus, Hitler, Bd. II, S. 1316
195 Meldungen aus dem Reich, Bd. 9, S. 3504
196 J. Kuczynski, zit. nach L. Herbst, Deutschland im Krieg 1939-1945, in: Ploetz. Das Dritte Reich, Ursprünge, Ereignisse, Wirkungen. Hrsg. v. M. Broszat u. N. Frei, Freiburg/Würzburg 1983, S. 65
197 Zit. nach K. J. Bade, Vom Auswanderungsland zum Einwanderungsland? Deutschland 1880-1980, Berlin 1983, S. 57
198 Herbst, Deutschland im Krieg, S. 65
199 Aufruf des Reichsleiters der DAF, 19.11.1939, zit. nach Michalka, Das Dritte Reich, Bd. 2, S. 276
200 Zit. nach Fest, Gesicht des Dritten Reiches, S. 278
201 Ebd., S. 273
202 Speer, Erinnerungen, S. 226
203 Zit. nach D. Eichholtz/W. Schumann, Anatomie des Krieges, Berlin 1969, S. 394
204 Zit. nach Michalka, Das Dritte Reich, Bd. 2, S. 294
205 Ebd., S. 315 f.
206 Zit. nach Jacobsen, Der Zweite Weltkrieg, S. 488 f.
207 M.-L. Recker, Nationalsozialistische Sozialpolitik im Zweiten Weltkrieg, München 1985, S. 296
208 Ebd.
209 Zit. nach L. Herbst, Der totale Krieg und die Ordnung der Wirtschaft. Die Kriegswirtschaft im Spannungsfeld von Politik, Ideologie und Propaganda 1939-1945, Stuttgart 1982, S. 183
210 Deutsche Allgemeine Zeitung Nr. 73, 14.3.1944
211 Deutschland-Berichte der Sozialdemokratischen Partei, 7. Jg., Januar 1940, S. 40
212 Ebd.
213 Meldungen aus dem Reich, Bd. 10, S. 3587
214 Winkler, Frauenarbeit im »Dritten Reich«, S. 144
215 H. D. Schäfer, Berlin im Zweiten Weltkrieg. Der Untergang der Reichshauptstadt in Augenzeugenberichten, München 1985, S. 44
216 Schäfer, Berlin, S. 45
217 Meldungen aus dem Reich, Bd. 15, S. 5917 f.
218 Schäfer, Berlin, S. 46
219 Deutschland-Berichte der Sozialdemokratischen Partei 7. Jg., Januar 1940, S. 11; zit. nach Schäfer, Berlin, S. 44
220 K. Scholder (Hrsg.), Die Mittwochs-Gesellschaft. Protokolle aus dem geistigen Deutschland, Berlin 1982, S. 8
221 Ebd., S. 13 u. 16
222 Ebd., S. 26
223 Zit. nach E. Ehlers, Technik und Moral einer Verschwörung, Frankfurt a. M./Bern 1964, S. 92

224 K.J. Müller, Die nationalkonservative Opposition in Deutschland, in: H. Mommsen/K.J. Müller, Widerstand und Opposition im Dritten Reich, Tübingen 1984, S. 69

225 Zit. nach G. van Roon, Neuordnung und Widerstand. Der Kreisauer Kreis innerhalb der deutschen Widerstandsbewegung, München 1967, S. 501

226 Zit. nach Steven Krolack, Der Weg zum Neuen Reich. Die politischen Vorstellungen von Claus Stauffenberg, in: J. Schmädeke/P. Steinbach (Hrsg.), Der Widerstand gegen den Nationalsozialismus. Die deutsche Gesellschaft gegen Hitler, München/Zürich 1985, S. 550

227 Zit. nach Ehlers, Technik und Moral, S. 143

228 Löwenthal/von zur Mühlen, Widerstand und Verweigerung, S. 49

229 H. Mommsen, Der Widerstand gegen Hitler und die deutsche Gesellschaft, in: HZ 241 (1985), S. 92

230 Zit. nach H. Mommsen, Verfassungs- und Verwaltungsreformpläne der Widerstandsgruppen des 20. Juli 1944, in: Schmädecke/Steinbach, Widerstand, S. 585, 588

231 Scholl, Die Weiße Rose, S. 151f.

232 Mommsen, Widerstand, S. 98

233 Zit. nach F. v. Schlabrendorff, Offiziere gegen Hitler, Frankfurt a.M. 1959, S. 138

234 Zit. nach E. Zeller, Geist der Freiheit. Der 20. Juli, München 1965, S. 419

235 Zit. nach Schmidt, Statist, S. 582

236 Zit. nach Zeller, Geist der Freiheit, S. 422

237 P. Hoffmann, Widerstand, Staatsstreich, Attentat, S. 49

238 Ebd., S. 495

239 Ebd., S. 499

240 Ebd., S. 595

241 Ebd., S. 601

242 Ebd.

243 Zit. nach Michalka, Das Dritte Reich, Bd. II, S. 365

244 Zit. nach Fest, Hitler, S. 970

245 Zit. nach Ehlers, Technik und Moral, S. 113

246 Zit. nach Domarus, Hitler, Bd. II, 2, S. 2127

247 Kershaw, Hitler-Mythos, S. 187f.

248 Ebd., S. 187

249 Ebd.

250 Zit. nach H. Krausnick, Wehrmacht im nationalsozialistischen Deutschland, in: Broszat/Möller, Das Dritte Reich, S. 207

251 Hillgruber, Staatsmänner, Bd. II, S. 202

252 Hubatsch, Hitlers Weisungen, S. 233

253 A. Hillgruber, Der Zusammenbruch im Osten 1944/45 als Problem der deutschen Nationalgeschichte und der europäischen Geschichte, Opladen 1985, S. 12

254 Ebd., S. 13

255 Ebd., S. 14

256 E. Nossack, Der Untergang, Frankfurt a.M. 1976, S. 40; zit. nach Schäfer, Berlin, S. 43

257 Speer, Erinnerungen, S. 557

258 Zit. nach Fest, Hitler, S. 963

259 H. Heiber (Hrsg.), Hitlers Lagebesprechungen, Stuttgart 1962, S. 615, 620

260 Hillgruber, Zusammenbruch, S. 14

261 Heiber, Lagebesprechungen, S. 721ff.

262 Ebd., S. 740

263 Zit. nach Jacobsen, Der Zweite Weltkrieg, S. 709
264 H. Guderian, Erinnerungen eines Soldaten, Heidelberg 1951, S. 347
265 Zit. nach Ursachen und Folgen, Bd. XXII, S. 388 ff.
266 Zit. nach Hillgruber, Zusammenbruch, S. 17
267 K. Granzow, Tagebuch eines Hitler-Jungen 1943-1945, Bremen 1965, S. 26; zit. nach Michalka, Das Dritte Reich, Bd. 2, S. 321
268 Domarus, Hitler, Bd. II, 2, S. 2195 f.
269 Speer, Erinnerungen, S. 434
270 Zit. nach H. Trevor-Roper, Hitlers letzte Tage, Frankfurt a. M. 1965, S. 79 f.
271 Ebd., S. 80
272 Speer, Spandauer Tagebücher, S. 309
273 Zit. nach Michalka, Das Dritte Reich, Bd. II, S. 325
274 Ebd., S. 326
275 Zit. nach Kriegstagebuch OKW, Bd. 4, S. 1581 f.
276 Hitlers Politisches Testament, S. 110
277 Ebd., S. 110 f.
278 Hitlers Politisches Testament, S. 111
279 Zit. nach Hillgruber, Staatsmänner, Bd. I, S. 661
280 Below, Hitlers Adjutant, S. 403
281 Ebd., S. 402
282 Zit. nach W. Görlitz / H. A. Quint, Adolf Hitler, Stuttgart 1952, S. 616
283 Below, Hitlers Adjutant, S. 403
284 Zit. nach Ursachen und Folgen, Bd. XIII, S. 115
285 Fest, Hitler, S. 1004
286 »Warum dann überhaupt noch leben.« Hitlers Lagebesprechung am 23., 25. und 27. April 1945, in: Der Spiegel, Nr. 3, 10. Jan. 1966
287 Ebd.
288 Ebd.
289 Ebd.
290 Ebd.
291 Zit. nach Ursachen und Folgen, Bd. XXIII, S. 160
292 Ebd., S. 161
293 Ebd., S. 170
294 Ebd., S. 178
295 Fest, Hitler, S. 1016
296 Zit. nach Ursachen und Folgen, Bd. XXIII, S. 225
297 Ebd.
298 Kershaw, Hitler-Mythos, S. 194
299 Meldungen aus dem Reich, Bd. 14, S. 6738
300 Zit. nach Kershaw, Hitler-Mythos, S. 193
301 Ebd., S. 194
302 Ebd.
303 Zit. nach Ursachen und Folgen, Bd. XXII, S. 242
304 Hitlers Politisches Testament, S. 117
305 M. Stürmer, Das industrielle Deutschland, in: H. Boockmann u. a., Mitten in Europa. Deutsche Geschichte, Berlin 1984, S. 365

Anmerkungen zum Epilog

1 M. Broszat, Das weltanschauliche und gesellschaftliche Kräftefeld, in: Ploetz. Das Dritte Reich, S. 168
2 P. Graf Kielmannsegg, Hitler und die deutsche Revolution, in: ders., Nachdenken über die Demokratie, Stuttgart 1980, S. 214

Literaturhinweise

Bibliographie zur Zeitgeschichte. Beilage der Vierteljahreshefte für Zeitgeschichte, Stuttgart 1953 ff.

P. Hüttenberger, Bibliographie zum Nationalsozialismus, Göttingen 1980

L. Rasmussen Phillips, Adolf Hitler and the Third Reich: An Annotated Bibliography, New York 1977

The Nazi Era 1919–1945. A Select Bibliography of Published Works from the Early Roots to 1980. Compiled by H. Kehr and J. Langmaid, London 1982

Gedruckte Quellen

Akten der Reichskanzlei: Die Regierung Hitler, bearb. v. K.-H. Minuth, T. A, 1933/34, Bd. 1: 30.1 bis 31.8.1933, Bd. 2: 12.9.1933–27.8.1934, Boppard/Rh. 1983

Akten zur deutschen auswärtigen Politik. Serie C (1933–1937): Bde. 1-6, Göttingen 1971–81; Serie D (1937 bis 1941): Bde. 1–13, Baden-Baden/Frankfurt a.M./Göttingen/Bonn 1950–1970; Serie E (1941–1945): Bde. 1-8, Göttingen 1969–1979

Anatomie des Krieges. Neue Dokumente über die Rolle des deutschen Monopolkapitalismus bei der Vorbereitung und Durchführung des Zweiten Weltkrieges, hrsg. v. D. Eichholtz und W. Schumann, Berlin 1969

J. u. R. Becker (Hrsg.): Hitlers Machtergreifung. Dokumente vom Machtantritt Hitlers 30. Januar 1933 bis zur Besiegelung des Einparteienstaates 14. Juli 1933, München 1983

H. Boberach (Hrsg.): Berichte des SD und der Gestapo über Kirchen und Kirchenvolk in Deutschland 1933–1944, Mainz 1971

H. Boberach (Hrsg.): Meldungen aus dem Reich. Auswahl aus den geheimen Lageberichten des Sicherheitsdienstes der SS 1939–1944,

München 1968 (jetzt auch vollst. Ausg. in 17 Bd., Herrsching 1984)

W.A. Boelcke (Hrsg.): Deutschlands Rüstung im Zweiten Weltkrieg. Hitlers Konferenzen mit Albert Speer 1942–1945, Frankfurt a.M. 1969

W.A. Boelcke (Hrsg.): Kriegspropaganda 1939–1941. Geheime Ministerkonferenzen im Reichspropagandaministerium, Stuttgart 1966

W.A. Boelcke (Hrsg.): Wollt Ihr den totalen Krieg? Die geheimen Goebbels-Konferenzen 1939–1943, München 1969

Der Hitler-Prozeß vor dem Volksgericht in München. 1. u. 2. Teil, München 1924 (Nachdr. Glashütten/Ts. 1973)

E. Deuerlein (Hrsg.): Der Aufstieg der NSDAP in Augenzeugenberichten, München 1974

E. Deuerlein (Hrsg.): Der Hitlerputsch. Bayerische Dokumente zum 8./9. November 1923, Stuttgart 1962

Deutschland-Berichte der Sozialdemokratischen Partei Deutschlands (Sopade) 1934–1940, 7 Bde., Salzhausen/Frankfurt a.M. 1980

W. Eschenhagen (Hrsg.): Die »Machtergreifung«. Tagebuch einer Wende, nach Presseberichten vom 1. Januar bis 6. März 1933, Darmstadt/Neuwied 1982

H. Heiber (Hrsg.): Hitlers Lagebesprechungen. Die Protokollfragmente seiner militärischen Konferenzen 1942–1945, Stuttgart 1962

M. von Hellfeld/A. Klönne: Die betrogene Generation. Jugend in Deutschland unter dem Faschismus. Quellen und Dokumente, Köln 1985

A. Hillgruber (Hrsg.): Staatsmänner und Diplomaten bei Hitler. Vertrauliche Aufzeichnungen über Unterredungen mit Vertretern des Auslandes 1939–1944, 2 Bde., Frankfurt a.M. 1967–1970

W. Hofer (Hrsg.): Der Nationalso-

zialismus. Dokumente 1933–1945, überarb. Neuausg., Frankfurt a.M. 1982

W. Hubatsch (Hrsg.): Hitlers Weisungen für die Kriegführung 1939 bis 1945. Dokumente des Oberkommandos der Wehrmacht, Frankfurt a.M. ²1983

H.-A. Jacobsen/W. Jochmann (Hrsg.): Ausgewählte Dokumente zur Geschichte des Nationalsozialismus 1933–1945, 2 Bde. u. Kommentar, Bielefeld 1960–1966

H.-A. Jacobsen (Hrsg.): »Spiegelbild einer Verschwörung«. Die Opposition gegen Hitler und der Staatsstreich vom 20. Juli 1944 in der SD-Berichterstattung. Geheime Dokumente aus dem ehemaligen Reichssicherheitshauptamt, 2 Bde., Stuttgart 1984

H.-A. Jacobsen: Der Weg zur Teilung der Welt. Politik und Strategie von 1933–1945, Koblenz/Bonn 1977

H.-A. Jacobsen: 1939–1945. Der Zweite Weltkrieg in Chronik und Dokumenten, Darmstadt ⁵1961

T. Klein (Hrsg.): Die Lageberichte der Geheimen Staatspolizei über die Provinz Hessen-Nassau 1933–1936, Köln/Wien 1985

Kriegstagebuch des Oberkommandos der Wehrmacht (Wehrmachtführungsstab) 1940-1945, hrsg. v. P. Schramm, 4 Bde., Frankfurt a.M. 1961–1965

Die kirchliche Lage in Bayern nach den Regierungspräsidentenberichten 1933–1943. Bearb. v. H. Witetschek (Bd. 4: W. Ziegler u.a.), 7 Bde., Mainz 1966–1981

W. Michalka (Hrsg.): Das Dritte Reich. Dokumente zur Innen- und Außenpolitik, 2 Bde., München 1985

W. Michalka/G. Niedhart (Hrsg.): Die ungeliebte Republik. Dokumente zur Innen- und Außenpolitik Weimars 1918–1933, München ³1984

Nürnberger Prozesse. Der Prozeß gegen die Hauptkriegsverbrecher vor dem Internationalen Militärgerichtshof. Nürnberg 14.11.1945 bis 1.10.1946, 42 Bde., Nürnberg 1947 bis 1949

Staat und NSDAP 1930-32. Quellen zur Ära Brüning. Eingel. v. G. Schulz, bearb. v. I. Maurer/U. Wengst, Düsseldorf 1977

Ursachen und Folgen. Vom deutschen Zusammenbruch 1918 und 1945 bis zur staatlichen Neuordnung Deutschlands in der Gegenwart. Eine Urkunden- und Dokumentensammlung zur Zeitgeschichte, hrsg. v. H. Michaelis u. E. Schraepler, Bde. 9-23, Berlin 1964-1976

Memoiren, Tagebücher, Briefe, Reden, zeitgenössische Publizistik

N. v. Below: Als Hitlers Adjutant 1937-1945, Wiesbaden 1980

H. Brüning: Memoiren 1918-1934, Stuttgart 1970

C.J. Burckhardt: Meine Danziger Mission 1937-1939, München 1969

G. Ciano: Tagebücher 1937/38, Hamburg 1949

I. Deutschkron: Ich trug den gelben Stern, Köln 1978

R. Diels: Lucifer ante portas. Es spricht der erste Chef der Gestapo, Stuttgart 1950

H. Frank: Im Angesicht des Galgens. Deutung Hitlers und seiner Zeit auf Grund eigener Erlebnisse und Erkenntnisse, München-Gräfelfing 1953

H.-B. Gisevius: Bis zum bitteren Ende, 2 Bde., Hamburg 1947

J. Goebbels: Tagebuch aus den Jahren 1942 bis 1943, hrsg. v. P. Lochner, Zürich 1948

J. Goebbels: Tagebücher 1945. Die letzten Aufzeichnungen, Hamburg 1977

J. Goebbels: Vom Kaiserhof zur Reichskanzlei. Eine historische Darstellung in Tagebuchblättern, vom 1. Januar 1932 bis 1. Mai 1933, München 1934

H. Göring: Aufbruch einer Nation, Berlin 1934

H. Göring: Reden und Aufsätze, hrsg. v. E. Gritzbach, München 1938

H. Groscurth: Tagebücher eines Abwehroffiziers 1938-1940. Mit weiteren Dokumenten zur Militäropposition gegen Hitler, hrsg. v. H. Krausnick und H.C. Deutsch, Stuttgart 1970

D. Güstrow: Tödlicher Alltag. Strafverteidiger im Dritten Reich, Berlin 1981

F. Halder: Kriegstagebuch. Tägliche Aufzeichnungen des Chefs des Generalstabs des Heeres 1939-1942, bearb. v. H.-A. Jacobsen, 3 Bde., Stuttgart 1962-1964

E. Hanfstaengl: Zwischen Weißem und Braunem Haus. Erinnerungen eines politischen Außenseiters, München 1970

U. v. Hassell: Vom anderen Deutschland. Tagebuchaufzeichnungen 1938-1944. Nach der Handschrift rev. u. erw. Ausg., hrsg. v. F. Frhr. Hiller von Gaertringen, Berlin 1986

H. Heiber (Hrsg.): Das Tagebuch des Joseph Goebbels 1925/26, Stuttgart 1961

H. Heiber (Hrsg.): Goebbels-Reden 1932-1945, 2 Bde., Düsseldorf 1971/72

H.v. Herwarth: Zwischen Hitler und Stalin. Erlebte Zeitgeschichte 1931 bis 1945, Frankfurt a.M./Berlin/Wien 1982

L.E. Hill (Hrsg.): Die Weizsäcker-Papiere 1933-1950, Frankfurt a.M./Berlin/Wien 1974

H. Himmler: Geheimreden 1933 bis 1945 und andere Ansprachen, hrsg. v. B.F. Smith und A.F. Peterson, Frankfurt a.M./Berlin/Wien 1974

H. Himmler: Reichsführer! ... Briefe an und von Himmler, hrsg. v. H. Heiber, Stuttgart 1968

A. Hitler: Mein Kampf, 2 Bde., München 1925/27

G.L. Weinberg (Hrsg.): Hitlers Zweites Buch. Ein Dokument aus dem Jahre 1928, Stuttgart 1961

Adolf Hitler. Monologe im Führerhauptquartier 1941-1944. Die Aufzeichnungen Heinrich Heims, hrsg. v. W. Jochmann, Hamburg 1980

Hitler. Sämtliche Aufzeichnungen 1905-1924, hrsg. v. E. Jäckel/A. Kuhn, Stuttgart 1980

Hitlers Politisches Testament. Die Bormann-Diktate vom Februar und April 1945. Mit e. Essay v. H.R. Trevor-Roper, Hamburg 1981

R. Hoess: Kommandant in Auschwitz. Autobiographische Aufzeichnungen, hrsg. v. M. Broszat, Stuttgart [4]1978

F. Hoßbach: Zwischen Wehrmacht und Hitler, Wolfenbüttel [2]1965

H. Kehrl: Krisenmanager im Dritten Reich. 6 Jahre Frieden - 6 Jahre Krieg. Erinnerungen, Düsseldorf 1973

E. Kordt: Nicht aus den Akten. Die Wilhelmstraße in Frieden und Krieg. Erlebnisse, Begegnungen und Eindrücke 1928-1945, Stuttgart 1950

H. von Kotze (Hrsg.): Heeresadjutant bei Hitler, 1938-1943. Aufzeichnungen des Majors Engel, Stuttgart 1974

H. von Kotze/H. Krausnick (Hrsg.): Es spricht der Führer. 7 exemplarische Hitler-Reden, Gütersloh 1966

A. Krebs: Tendenzen und Gestalten der NSDAP. Erinnerungen an die Frühzeit der Partei, Stuttgart 1959

J. Leber: Schriften, Reden, Briefe. Hrsg. v. D. Beck u. W.F. Schoeller. Mit einem Vorwort v. W. Brandt u. einer Gedenkrede v. G. Mann, München 1976

M. Maschmann: Fazit. Mein Weg in der Hitler-Jugend, München 1979

H. Meier-Welcker: Aufzeichnungen eines Generalstabsoffiziers 1939-1942, Freiburg 1982

Die Mittwochs-Gesellschaft. Protokolle aus dem geistigen Deutschland 1932 bis 1944, hrsg. u. eingel. v. K. Scholder, Berlin 1982

F.v. Papen: Der Wahrheit eine Gasse, München 1952

W. Präg/W. Jacobmeyer (Hrsg.): Das Diensttagebuch des deutschen Generalgouverneurs in Polen 1939 bis 1945, Stuttgart 1975

H. Pünder: Politik in der Reichskanzlei. Aufzeichnungen aus den Jahren 1929–1932, hrsg. v. Th. Vogelsang, Stuttgart 1961

H. Rauschning: Gespräche mit Hitler, Wien 1973 ([1] 1940)

A. Rosenberg: Der Mythus des 20. Jahrhunderts, München 1930

H. Schacht, 76 Jahre meines Lebens, Bad Wörishofen 1953

L. Graf Schwerin von Krosigk: Memoiren, Stuttgart 1977

H.-G. Seraphim (Hrsg.): Das politische Tagebuch Alfred Rosenbergs aus den Jahren 1934/35 und 1939/40, Göttingen/Berlin/Frankfurt a.M. 1956

A. Speer: Der Sklavenstaat. Meine Auseinandersetzungen mit der SS, Stuttgart 1981

A. Speer: Erinnerungen, Frankfurt a.M. [7]1969

A. Tyrell: Führer befiehl ... Selbstzeugnisse aus der »Kampfzeit« der NSDAP, Düsseldorf 1969

O. Wagener: Hitler aus nächster Nähe. Aufzeichnungen eines Vertrauten 1929–1932. Hrsg. v. H.A. Turner, Jr., Frankfurt a.M. 1978

E. Wagner: Der Generalquartiermeister. Briefe und Tagebuchaufzeichnungen des Generalquartiermeisters des Heeres, General der Artillerie Eduard Wagner, München/Wien 1963

E. v. Weizsäcker, Erinnerungen, München/Leipzig/Freiburg 1950

F. Wiedemann: Der Mann, der Feldherr werden wollte. Erlebnisse und Erfahrungen des Vorgesetzten Hitlers im ersten Weltkrieg und seines späteren persönlichen Adjutanten, Velbert-Kettwig 1964

Darstellungen

K.-D. Abel: Presselenkung im NS-Staat. Eine Studie zur Geschichte der Publizistik in der nationalsozialistischen Zeit, Berlin 1968

H.H. Abendroth: Hitler in der spanischen Arena. Die deutsch-spanischen Beziehungen im Spannungsfeld der europäischen Interessenpolitik vom Ausbruch des Bürgerkrieges bis zum Ausbruch des Weltkrieges (1936–1939), Paderborn 1973

R. Absolon: Die Wehrmacht im Dritten Reich, bisher 4 Bde., Boppard/Rh. 1969–1979

U.D. Adam: Judenpolitik im Dritten Reich, Düsseldorf 1972

H.-G. Adler: Der verwaltete Mensch. Studien zur Deportation der Juden aus Deutschland, Tübingen 1974

G. Albrecht: Nationalsozialistische Filmpolitik. Eine soziologische Untersuchung über die Spielfilme des Dritten Reiches, Stuttgart 1969

W.S. Allen: Das haben wir nicht gewollt! Die nationalsozialistische Machtergreifung in einer Kleinstadt 1930–1935, Gütersloh 1965

H. Arendt: Elemente und Ursprünge totalitärer Herrschaft, Frankfurt a. M. 1958

S. Aronson: Reinhard Heydrich und die Frühgeschichte von Gestapo und SD, Stuttgart 1971

A. Barkai: Das Wirtschaftssystem des Nationalsozialismus. Der historische und ideologische Hintergrund 1933–1936, Köln 1977

Bayern in der NS-Zeit. Hrsg. v. M. Broszat u.a., 6 Bde., München/Wien 1977–1983

R. Binion: »... daß ihr mich gefunden habt«. Hitler und die Deutschen: eine Psychohistorie, Stuttgart 1978

Biographisches Handbuch der deutschsprachigen Emigration nach 1933, hrsg. v. Institut für Zeitgeschichte u.v.d. Research Foundation for Jewish Immigration, 3 Bde., München/New York/London/Paris 1980–1983

H. Boberach: Jugend unter Hitler, Düsseldorf 1982

W.A. Boelcke: Die Kosten von Hitlers Krieg. Kriegsfinanzierung und finanzielles Kriegserbe in Deutschland 1933–1948, Paderborn 1985

W.A. Boelcke: Die deutsche Wirtschaft 1930–1945. Interna des Reichswirtschaftsministeriums, Düsseldorf 1983

R. Bollmus: Das Amt Rosenberg und seine Gegner. Studien zum Machtkampf im nationalsozialistischen Herrschaftssystem, Stuttgart 1970

H. Boockmann u.a., Mitten in Europa. Deutsche Geschichte, Berlin 1984

K.D. Bracher: Die Auflösung der Weimarer Republik. Eine Studie zum Problem des Machtverfalls in der Demokratie, Villingen [5]1971

K.D. Bracher: Die deutsche Diktatur. Entstehung, Struktur, Folgen des Nationalsozialismus, Köln/Berlin [6]1980

K.D. Bracher: Europa in der Krise. Innengeschichte und Weltpolitik seit 1917, Frankfurt a.M. 1979

K.D. Bracher: Zeit der Ideologien. Eine Geschichte politischen Denkens im 20. Jahrhundert, Stuttgart [3]1984

K.D. Bracher: Zeitgeschichtliche Kontroversen. Um Faschismus, Totalitarismus, Demokratie, München [2]1976

K.D. Bracher/M. Funke/H.-A. Jacobsen (Hrsg.): Nationalsozialistische Diktatur 1933–1945. Eine Bilanz, Bonn 1983

K.D. Bracher / W. Sauer / G. Schulz: Die nationalsozialistische Machtergreifung. Studien zur Errichtung des totalitären Herrschaftssystems in Deutschland 1933/34, 3 Bde., Frankfurt a.M. 1979

E.K. Bramstedt: Goebbels und die nationalsozialistische Propaganda 1925–1945, Frankfurt a.M. 1971

M. Broszat: Der Staat Hitlers. Grundlegung und Entwicklung seiner inneren Verfassung, München [9]1981

M. Broszat: Die Machtergreifung. Der Aufstieg der NSDAP und die Zerstörung der Weimarer Republik, München 1984

M. Broszat: Hitler und die Genesis der »Endlösung«. Aus Anlaß der Thesen von David Irving, in: VfZG 25 (1977), S. 739–775

M. Broszat: Plädoyer für eine Historisierung des Nationalsozialismus, in: Merkur 39 (1985) H. 5, S. 373-385

M. Broszat: Nationalsozialistische Polenpolitik 1939-1945, Stuttgart 1961

M. Broszat: Soziale Motivation und Führerbindung des Nationalsozialismus, in: VfZG 18 (1970), S. 392-409

M. Broszat: Zur Struktur der NS-Massenbewegung, in: VfZG 31 (1983), S. 52-76

M. Broszat / H. Buchheim / H.-A. Jacobsen / H. Krausnick: Anatomie des SS-Staates, 2 Bde., Olten/Freiburg 1965

M. Broszat / H. Möller (Hrsg.): Das Dritte Reich. Herrschaftsstruktur und Geschichte, München 1983

C.R. Browning: Zur Genesis der »Endlösung«. Eine Antwort an Martin Broszat, in: VfZG 29 (1981), S. 97 bis 109

W. Buchholz: Die nationalsozialistische Gemeinschaft »Kraft durch Freude«. Freizeitgestaltung und Arbeiterschaft im Dritten Reich, Diss. München 1976

A. Bullock: Hitler. Eine Studie über Tyrannei, Neubearb. d. dt. Ausg. unter Mitarbeit v. H. Teufel, Kronberg/Ts. 1977

B.A. Carroll: Design for Total War: Arms and Economics in the Third Reich, The Hague/Paris 1968

U. Cartarius: Opposition gegen Hitler. Ein erzählender Bildband. Mit e. Essay v. K.O. v. Aretin, Berlin 1984

Th. Childers: The Nazi Voter. The Social Foundations of Fascism in Germany, 1919-1933, Chapel Hill, N.C. 1984

A. Dallin: Deutsche Herrschaft in Rußland 1941-1945. Eine Studie über Besatzungspolitik, Düsseldorf 1958

Das Deutsche Reich und der Zweite Weltkrieg. Hrsg. v. Militärgeschichtlichen Forschungsamt, bisher 4 Bde., Stuttgart 1979-1983

H. Denkler / K. Prümm: Die deutsche Literatur im Dritten Reich.

Themen – Traditionen – Wirkungen, Stuttgart 1976

E. Deuerlein: Hitlers Eintritt in die Politik und die Reichswehr, in: VfZG 7 (1959), S. 177-227

H.C. Deutsch: Verschwörung gegen den Krieg. Der Widerstand in den Jahren 1939-1940, München 1969

Deutscher Sonderweg – Mythos oder Realität?, München/Wien 1982

Deutschland im Zweiten Weltkrieg. Von einem Autorenkollektiv unter Leitung von W. Schumann, bisher 6 Bde., Berlin(O)/Köln 1975 bis 1985

Deutschlands Weg in die Diktatur. Internationale Konferenz zur nationalsozialistischen Machtübernahme im Reichstagsgebäude zu Berlin. Referate und Diskussionen. Ein Protokoll, hrsg. v. M. Broszat u.a., Berlin 1983

F. Dickmann: Die Regierungsbildung in Thüringen als Modell der Machtergreifung. Ein Brief Hitlers aus dem Jahre 1930, in: VfZG 14 (1966), S. 454-464

P. Diehl-Thiele: Partei und Staat im Dritten Reich. Untersuchungen zum Verhältnis von NSDAP und allgemeiner innerer Staatsverwaltung 1933-1945, München 1969

C. Dipper: Der Deutsche Widerstand und die Juden, in: GuG 9 (1983), S. 349-380

J. Dülffer: Weimar, Hitler und die Marine. Reichspolitik und Flottenbau 1920-1939, Düsseldorf 1973

J. Dülffer / J. Thies / J. Henke: Hitlers Städte. Baupolitik im Dritten Reich, Köln/Wien 1978

D. Eichholtz: Geschichte der deutschen Kriegswirtschaft 1939 bis 1945, 2 Bde., Berlin(O) 1984/85

R. Eilers: Die nationalsozialistische Schulpolitik. Eine Studie zur Funktion der Erziehung im totalitären Staat, Köln/Opladen 1963

Elite für die Diktatur. Die Nationalpolitischen Erziehungsanstalten 1933-1945. Ein Dokumentarbericht, hrsg. v. H. Ueberhorst, Düsseldorf 1980

K.D. Erdmann: Deutschland unter der Herrschaft des Nationalsozialismus und der Zweite Weltkrieg, in: Ders.: Die Zeit der Weltkriege. Gebhardt, Handbuch der Deutschen Geschichte, 9., neu bearb. Aufl., hrsg. v. H. Grundmann, Bd. 4,2, Stuttgart 1976

K.D. Erdmann/Schulze (Hrsg): Weimar. Selbstpreisgabe einer Demokratie. Eine Bilanz heute, Düsseldorf 1980

J.W. Falter: Wer verhalf der NSDAP zum Sieg? Neuere Forschungsergebnisse zum parteipolitischen und sozialen Hintergrund der NSDAP-Wähler 1924-1933, in: Aus Politik und Zeitgeschichte B 28-29/79 v. 14.7.1979, S. 3-21

J.E. Farquharson, The Plough and the Swastika. The NSDAP and Agriculture in Germany 1929-1945, London/Beverly Hills 1976

J.C. Fest: Das Gesicht des Dritten Reiches. Profile einer totalitären Herrschaft, München [7] 1980

J.C. Fest: Hitler. Eine Biographie, Berlin/Frankfurt a.M. 1973

E. Forndran / F. Golczewski / D. Riesenberger (Hrsg.): Innen- und Außenpolitik unter nationalsozialistischer Bedrohung. Determinanten internationaler Beziehungen in historischen Fallstudien, Opladen 1977

F. Forstmeier / H.-E. Volkmann (Hrsg.): Kriegswirtschaft und Rüstung 1939-1945, Düsseldorf 1977

F. Forstmeier/H.-E. Volkmann (Hrsg.): Wirtschaft und Rüstung am Vorabend des Zweiten Weltkrieges, Düsseldorf 1975

E. Fraenkel: Der Doppelstaat. Ein Beitrag zur Theorie der Diktatur, Frankfurt a.M. / Köln 1974

C. Friemert: Produktionsästhetik im Faschismus. Das Amt »Schönheit der Arbeit« von 1933 bis 1939, München 1980

M. Funke (Hrsg.): Hitler, Deutschland und die Mächte. Materialien zur Außenpolitik des Dritten Reiches, Düsseldorf 1976

H. Genschel: Die Verdrängung der Juden aus der Wirtschaft im Dritten Reich, Göttingen 1966

E. Georg: Die wirtschaftlichen Unternehmungen der SS, Stuttgart 1963

H. Gies: NSDAP und landwirtschaftliche Organisationen in der Endphase der Weimarer Republik, in: VfZG 15 (1967), S. 341-376

R. Grunberger: Das zwölfjährige Reich. Eine Sozialgeschichte des nationalsozialistischen Deutschland, Wien 1971

F. Grundmann: Agrarpolitik im »Dritten Reich«. Anspruch und Wirklichkeit des Reichserbhofgesetzes, Hamburg 1979

S. Haffner: Anmerkungen zu Hitler, München 1978

R.F. Hamilton: Who voted for Hitler?, Princeton/N.J. 1981

✗ O. Hauser (Hrsg.): Weltpolitik 1933-1939. 13 Vorträge, Göttingen 1973

O. Hauser (Hrsg.): Weltpolitik II 1939-1945. 14 Vorträge, Göttingen 1975

H. Heiber: Joseph Goebbels, Berlin 1962

H. Heiber: Walter Frank und sein Reichsinstitut für Geschichte des neuen Deutschlands, Stuttgart 1966

M. Heinemann (Hrsg.): Erziehung und Schulung im Dritten Reich, 2 Bde., Stuttgart 1980

✗ J. Henke: England in Hitlers politischem Kalkül. Vom Scheitern der Bündniskonzeption bis zum Kriegsbeginn (1935-1938), Boppard/Rh. 1973

E. Hennig: Thesen zur deutschen Sozial- und Wirtschaftsgeschichte 1933-1938, Frankfurt a.M. 1973

F.-W. Hennig (Hrsg.): Probleme der nationalsozialistischen Wirtschaftspolitik, Berlin 1976

U. Herbert: Fremdarbeiter. Politik und Praxis des »Ausländer-Einsatzes« in der Kriegswirtschaft des Dritten Reiches, Berlin/Bonn 1985

L. Herbst: Der Totale Krieg und die Ordnung der Wirtschaft. Die Kriegswirtschaft im Spannungsfeld von Politik, Ideologie und Propaganda 1939-1945, Stuttgart 1982

R. Hilberg: Die Vernichtung der europäischen Juden. Die Gesamtgeschichte des Holocaust, Berlin 1982

K. Hildebrand: Das Dritte Reich, München/Wien ²1980

✗ K. Hildebrand: Deutsche Außenpolitik 1933-1945. Kalkül oder Dogma? Stuttgart ⁴1980

K. Hildebrand: Hitlers Ort in der Geschichte des preußisch-deutschen Nationalstaates, in: HZ 217 (1973), S. 584-632

K. Hildebrand: Vom Reich zum Weltreich. Hitler, NSDAP und koloniale Frage 1919-1945, München 1969

A. Hillgruber: Der Zweite Weltkrieg. Kriegsziele und Strategie der großen Mächte, Stuttgart/Berlin/Köln/Mainz ³1983

A. Hillgruber: Die »Endlösung« und das deutsche Ostimperium als Kernstück des rasseideologischen Programms des Nationalsozialismus, in: Ders.: Deutsche Großmacht- und Weltpolitik im 19. und 20. Jahrhundert, Düsseldorf 1977, S. 252-275

A. Hillgruber: Endlich genug über Nationalsozialismus und Zweiten Weltkrieg? Forschungsstand und Literatur, Düsseldorf 1982

A. Hillgruber: Hitlers Strategie. Politik und Kriegführung 1940-1941, Frankfurt a.M. ²1982

A. Hillgruber: Tendenzen, Ergebnisse und Perspektiven der gegenwärtigen Hitler-Forschung, in: HZ 226 (1978), S. 600-621

A. Hillgruber: Zur Entstehung des Zweiten Weltkriegs. Forschungsstand und Literatur, Düsseldorf 1980

A. Hillgruber: Der Zusammenbruch im Osten 1944/45 als Problem der deutschen Nationalgeschichte und der europäischen Geschichte, Opladen 1985

G. Hirschfeld: Fremdherrschaft und Kollaboration. Die Niederlande unter deutscher Besatzung 1940 bis 1945, Stuttgart 1984

✗ G. Hirschfeld / L. Kettenacker (Hrsg.): Der »Führerstaat«. Mythos und Realität. Studien zur Struktur und Politik des Dritten Reiches, Stuttgart 1981

H. Höhne: Mordsache Röhm.

Hitlers Durchbruch zur Alleinherrschaft 1933-34, Reinbek b. Hamburg 1984

H. Höhne: Der Orden unter dem Totenkopf. Die Geschichte der SS, München ³1981

W. Hofer: Die Entfesselung des Zweiten Weltkrieges. Eine Studie über die internationalen Beziehungen im Sommer 1939. Mit Dokumenten (stark erw. Neuausgabe), Frankfurt 1964

P. Hoffmann: Widerstand, Staatsstreich, Attentat. Der Kampf der Opposition gegen Hitler, 4., neu bearb. u. erg. Aufl., München 1985

W. Horn: Der Marsch zur Machtergreifung. Die NSDAP bis 1933, Königstein, Ts./Düsseldorf 1980

P. Hüttenberger: Die Gauleiter. Studie zum Wandel des Machtgefüges in der NSDAP, Stuttgart 1969

H.-A. Jacobsen: Nationalsozialistische Außenpolitik 1933-1938, Frankfurt a.M. 1968

E. Jäckel: Frankreich in Hitlers Europa. Die deutsche Frankreichpolitik im Zweiten Weltkrieg, Stuttgart 1966

E. Jäckel/J. Rohwer (Hrsg.): Der Mord an den Juden im Zweiten Weltkrieg. Entschlußbildung und Verwirklichung, Stuttgart 1985

E. Jäckel: Hitlers Weltanschauung. Entwurf einer Herrschaft, erw. u. überarb. Neuausg., Stuttgart 1981

M. Jamin: Zwischen den Klassen. Zur Sozialstruktur der SA-Führerschaft, Wuppertal 1984

L. de Jong: Die deutsche Fünfte Kolonne im Zweiten Weltkrieg, Stuttgart 1959

J.-Chr. Kaiser: Das Frauenwerk der Deutschen Evangelischen Kirche. Zum Problem des Verbandsprotestantismus im Dritten Reich, in: Weltpolitik–Europagedanke–Regionalismus, Festschrift Heinz Gollwitzer, hrsg. v. H. Dollinger / H. Gründer / H. Hanschmidt, Münster 1982, S. 483-508

J.-Chr. Kaiser: Frauen in der Kirche. Evangelische Frauenverbände im Spannungsfeld von Kirche und

Gesellschaft 1890–1945. Quellen und Materialien, hrsg. v. A. Kuhn, Düsseldorf 1985

M.H. Kater: Frauen in der NS-Bewegung, in: VfZG 31 (1983), S. 202 bis 241

M.H. Kater: The Nazi Party. A Social Profile of Members and Leaders 1919–1945, Oxford 1983

M.H. Kele: Nazis and Workers. National Socialist Appeals to German Labor 1919–1939, Chapel Hill 1972

I. Kershaw: Der Hitler-Mythos. Volksmeinung und Propaganda im Dritten Reich, Stuttgart 1980

X I. Kershaw: The Nazi dictatorship. Problems and perspectives of interpretation, London 1985

F.-W. Kersting:»Schulnot – Volksnot!« Eine Denkschrift Hans Frießners vom Oktober 1939, in: MGM 36 (1984), S. 77-103

L. Kettenacker (Hrsg.): Das »Andere Deutschland« im Zweiten Weltkrieg. Emigration und Widerstand in internationaler Perspektive, Stuttgart 1977

U. Kissenkoetter: Gregor Strasser und die NSDAP, Stuttgart 1978

A. Klönne: Jugend im Dritten Reich. Die Hitler-Jugend und ihre Gegner, Düsseldorf/Köln 1982

F. Knipping/K.-J. Müller (Hrsg.): Machtbewußtsein in Deutschland am Vorabend des Zweiten Weltkrieges, Paderborn 1984

E. Kogon: Der SS-Staat. Das System der deutschen Konzentrationslager, Neuausg., München 1979 (1947)

E. Kolb: Die Weimarer Republik, München/Wien 1984

E. Kosthorst/B. Walter: Konzentrations- und Strafgefangenenlager im Dritten Reich. Beispiel Emsland. Zusatzteil: Kriegsgefangenenlager. Dokumentation und Analyse zum Verhältnis von NS-Regime und Justiz, 3 Bde., Düsseldorf 1983

A. Kranig: Lockung und Zwang. Zur Arbeitsverfassung im Dritten Reich, Stuttgart 1983

H. Krausnick/H.-H. Wilhelm: Die Truppe des Weltanschauungs-

krieges. Die Einsatzgruppen der Sicherheitspolizei und des SD 1938 bis 1942, Stuttgart 1981

Kriegswende Dezember 1941. Referate und Diskussionsbeiträge des internationalen historischen Symposiums in Stuttgart v. 17.-19. Sept. 1981, hrsg. v. J. Rohwer/E. Jäckel, Koblenz 1984

R. Kühnl: Die nationalsozialistische Linke 1925–1930, Meisenheim a.G. 1966

O.D. Kulka: Die deutsche Geschichtsschreibung über den Nationalsozialismus und die »Endlösung«. Tendenzen und Entwicklungsphasen 1924–1984, in: HZ 240 (1985), S. 599-640

K. Kwiet: Zur historiographischen Behandlung der Judenverfolgung im Dritten Reich, in: MGM 1 (1980), S. 149-192

K. Kwiet / H. Eschwege: Selbstbehauptung und Widerstand. Deutsche Juden im Kampf um die Existenz und Menschenwürde 1933 bis 1945, Hamburg 1984

J.v. Lang: Das Eichmann-Protokoll. Tonbandaufzeichnungen der israelischen Verhöre, Berlin 1982

K. Lange: Hitlers unbeachtete Maximen. »Mein Kampf« und die Öffentlichkeit, Stuttgart 1968

R. Lill / H. Oberreuther (Hrsg.): 20. Juli. Portraits des Widerstandes, Düsseldorf/Wien 1984

X R. Lill / H. Oberreuther (Hrsg.): Machtverfall und Machtergreifung. Aufstieg und Herrschaft des Nationalsozialismus, München 1983

R. Löwenthal / P. v. z. Mühlen (Hrsg.): Widerstand und Verfolgung in Deutschland 1933 bis 1945, Berlin/Bonn 1982

S. Martens: Hermann Göring. »Erster Paladin des Führers« und »Zweiter Mann im Reich«, Paderborn 1985

T.W. Mason: Arbeiterklasse und Volksgemeinschaft. Dokumente und Materialien zur deutschen Arbeiterpolitik 1936–1939, Opladen 1975

T.W. Mason: Sozialpolitik im Dritten Reich. Arbeiterklasse und Volksgemeinschaft, Opladen [2]1978

E. Matthias/R. Morsey (Hrsg.): Das Ende der Parteien 1933. Darstellungen und Dokumente, Neudr. Königstein, Ts./Düsseldorf 1979

K. Meier: Der Evangelische Kirchenkampf. Gesamtdarstellung in drei Bänden, Halle, S./Göttingen 1976–1984

F. Meinecke: Die deutsche Katastrophe, Wiesbaden 1946

P.H. Merkl: Political Violence under the Swastika. 581 early Nazis, Princeton N.J. 1975

P.H. Merkl: The Making of a Stormtrooper, Princeton N.J. 1980

M. Messerschmidt: Die Wehrmacht im NS-Staat. Zeit der Indoktrination, Hamburg 1969

W. Michalka (Hrsg.): Die nationalsozialistische Machtergreifung, Paderborn / München / Wien / Zürich 1984

W. Michalka (Hrsg.): Nationalsozialistische Außenpolitik, Darmstadt 1978

X W. Michalka: Ribbentrop und die deutsche Weltpolitik 1933–1940. Außenpolitische Konzeptionen und Entscheidungsprozesse im Dritten Reich, München 1980

A.S. Milward: Die deutsche Kriegswirtschaft 1939–1945, Stuttgart 1966

A. u. M. Mitscherlich: Die Unfähigkeit zu trauern. Grundlagen kollektiven Verhaltens, München 1968

H. Möller: Exodus der Kultur. Schriftsteller, Wissenschaftler und Künstler in der Emigration nach 1933, München 1984

H. Mommsen: Beamtentum im Dritten Reich, Stuttgart 1966

H. Mommsen: Zur Realisierung des Utopischen: Die »Endlösung der Judenfrage« im »Dritten Reich«, in: GuG 9 (1983), S. 381-420

X H. Mommsen: Der Widerstand gegen Hitler und die deutsche Gesellschaft, in: HZ 241 (1985), S. 81-104

W.J. Mommsen / L. Kettenacker (Hrsg.): The Fascist Challenge and the Policy of Appeasement, London 1983

R. Morsey: Der Untergang des politischen Katholizismus. Die Zentrumspartei zwischen christlichem Selbstverständnis und »Nationaler Erhebung« 1932/1933, Stuttgart/Zürich 1977

G.L. Mosse: Nazi-Alltag. So lebte man unter Hitler, 2. überarb. Aufl., Königstein, Ts. 1978

L.V. Moyer: The Kraft durch Freude Movement in Nazi Germany: 1933-1939, Ann Arbor 1984

K.-J. Müller: Armee, Politik und Gesellschaft in Deutschland 1933 bis 1940. Studien zum Verhältnis von Armee und NS-System, Paderborn [2]1979

K.-J. Müller: Das Heer und Hitler. Armee und nationalsozialistisches Regime 1933-1940, Stuttgart 1969

K.-J. Müller: General Ludwig Beck. Studien und Dokumente zur politisch-militärischen Vorstellungswelt und Tätigkeit des Generalstabschefs des deutschen Heeres 1933-1938, Boppard/Rh. 1980

Nationalsozialistische Massentötungen durch Giftgas. Eine Dokumentation. Hrsg. v. E. Kogon u.a., Frankfurt a.M. 1983

R. Neebe: Großindustrie, Staat und NSDAP 1930-33. Paul Silverberg und der Reichsverband der deutschen Industrie in der Krise der Weimarer Republik, Göttingen 1981

F. Neumann: Behemoth. Struktur und Praxis des Nationalsozialismus 1933-1944, Frankfurt a.M. 1977

G. Niedhart (Hrsg.): Kriegsausbruch 1939. Entfesselung oder Ausbruch des Zweiten Weltkrieges?, Darmstadt 1976

Th. Nipperdey: 1933 und Kontinuität der deutschen Geschichte, in: HZ 227 (1978), S. 86-111

E. Nolte: Der Faschismus in seiner Epoche. Die Action française. Der italienische Faschismus. Der Nationalsozialismus, Neuausg. München/Zürich 1984

E. Nolte: Die Krise des liberalen Systems und die faschistischen Bewegungen, München 1968

E. Nolte (Hrsg.): Theorien über den Faschismus, Köln [5]1979

E. Nolte: Zur Typologie des Verhaltens der Hochschullehrer im Dritten Reich, in: Ders.: Marxismus, Faschismus, Kalter Krieg. Vorträge und Aufsätze 1964-1976, Stuttgart 1977, S. 136-152

E. Nolte: Der Faschismus von Mussolini zu Hitler. Texte, Bilder und Dokumente, München 1968

K. Nowak: »Euthanasie« und Sterilisierung im »Dritten Reich«. Die Konfrontation der evangelischen und katholischen Kirche mit dem »Gesetz zur Verhütung erbkranken Nachwuchses« und der »Euthanasie«-Aktion, Göttingen [3]1984

K. Nowak: Kirche und Widerstand gegen den Nationalsozialismus 1933-1945 in Deutschland, in: C. Nicolaisen (Hrsg.): Nordische und deutsche Kirche im 20. Jahrhundert, Göttingen 1982, S. 228-270

D. Orlow: The History of the Nazi Party, 2 Bde., Pittsburgh 1969/1973

J. Petersen: Hitler - Mussolini. Die Entstehung der Achse Berlin–Rom 1933-1936, Tübingen 1973

D. Petzina: Autarkiepolitik im Dritten Reich. Der nationalsozialistische Vierjahresplan, Stuttgart 1968

D. Petzina: Die deutsche Wirtschaft in der Zwischenkriegszeit, Wiesbaden 1977

D. Petzina / W. Abelshauer / A. Faust: Sozialgeschichtliches Arbeitsbuch III. Materialien zur Statistik des Deutschen Reiches 1914 bis 1945, München 1978

D. Peukert: Die KPD im Widerstand. Verfolgung und Untergrundarbeit an Rhein und Ruhr 1933-1945, Wuppertal 1980

D. Peukert, Volksgenossen und Gemeinschaftsfremde. Anpassung, Ausmerze und Aufbegehren unter dem Nationalsozialismus, Köln 1982

D. Peukert / J. Reulecke (Hrsg.): Die Reihen fest geschlossen: Beiträge zur Geschichte des Alltags unterm Nationalsozialismus, Wuppertal 1981

R.H. Phelps: Hitler als Parteiredner im Jahre 1920, in: VfZG 11 (1963), S. 274-330

E. Pingel: Häftlinge unter SS-Herrschaft. Widerstand, Selbstbehauptung und Vernichtung im Konzentrationslager, Hamburg 1978

Ploetz. Das Dritte Reich. Ursprünge, Ereignisse, Wirkungen, hrsg. v. M. Broszat und N. Frei, Freiburg/Würzburg 1983

M.-L. Recker: Nationalsozialistische Sozialpolitik im Zweiten Weltkrieg, München 1985

N. Rich: Hitler's War Aims, 2 Bde., London 1973/74

M. Richarz: Jüdisches Leben in Deutschland, 3 Bde., Stuttgart/New York 1976-1982

G. Ritter: Carl Goerdeler und die deutsche Widerstandsbewegung, Stuttgart [4]1984

G. van Roon: Neuordnung im Widerstand. Der Kreisauer Kreis innerhalb der deutschen Widerstandsbewegung, München 1967

G. van Roon: Widerstand im Dritten Reich. Ein Überblick, München 1979

H. Rothfels: Die deutsche Opposition gegen Hitler. Eine Würdigung, Frankfurt a.M./Hamburg 1958

A.v. Saldern: Mittelstand im »Dritten Reich«. Handwerk - Einzelhändler - Bauern, Frankfurt a.M. 1979

H.D. Schäfer: Berlin im Zweiten Weltkrieg. Der Untergang der Reichshauptstadt in Augenzeugenberichten, München/Zürich 1985

H.D. Schäfer: Das gespaltene Bewußtsein. Über deutsche Kultur und Lebenswirklichkeit 1933-1945, München/Wien [2]1982

W. Schieder: Faschismus als soziale Bewegung. Deutschland und Italien im Vergleich, Göttingen [2]1983

J. Schmädeke / P. Steinbach (Hrsg.): Der Widerstand gegen den Nationalsozialismus. Die deutsche Gesellschaft und der Widerstand gegen Hitler, München/Zürich 1985

H.D. Schmid / G. Schneider / W. Sommer: Juden unterm Hakenkreuz. Dokumente und Berichte zur Verfolgung der Juden durch die Nationalsozialisten 1933-1945, 2 Bde., Düsseldorf 1983

W. Schmitthenner / H. Buchheim

(Hrsg.): Der deutsche Widerstand gegen Hitler. Vier historisch-kritische Studien, Köln/Berlin 1966

D. Schoenbaum: Die braune Revolution. Eine Sozialgeschichte des Dritten Reiches, München 1980

K. Scholder: Die Kirchen und das Dritte Reich. Bd. 1: Vorgeschichte und Zeit der Illusionen 1918–1934, Frankfurt a.M./Berlin/Wien 1977; Bd. 2: Das Jahr der Ernüchterung 1934. Barmen und Rom, Berlin 1985

H. Scholtz: Erziehung und Unterricht unterm Hakenkreuz, Göttingen 1985

H. Scholtz: Nationalsozialistische Ausleseschulen. Internatsschulen als Herrschaftsmittel des Führerstaates, Göttingen 1973

G. Schreiber: Hitler. Interpretationen 1923–1983. Ergebnisse, Methoden und Probleme der Forschung, Darmstadt 1984

G. Schulz: Aufstieg des Nationalsozialismus. Krise und Revolution in Deutschland, Berlin/Frankfurt a.M. 1975

H. Schulze: Weimar. Deutschland 1917–1933, Berlin 1982

H.-G. Schumann: Nationalsozialismus und Gewerkschaftsbewegung. Die Vernichtung der deutschen Gewerkschaften und der Aufbau der »Deutschen Arbeitsfront«, Hannover/Frankfurt a.M. 1958

A. Schweitzer: Big Business in the Third Reich, Bloomington/Ind. [2]1965

P.D. Stachura (Hrsg.): The Nazi Machtergreifung, London 1983

L. Steinbach: Ein Volk, Ein Reich, Ein Glaube? Ehemalige Nationalsozialisten und Zeitzeugen berichten über ihr Leben im Dritten Reich, Berlin/Bonn 1983

M.G. Steinert: Hitlers Krieg und die Deutschen. Stimmung und Haltung der deutschen Bevölkerung im Zweiten Weltkrieg, Düsseldorf/Wien 1970

J. Stephenson: The Nazi Organization of Women, London/Totowa N.J. 1981

J. Stephenson: Women in Nazi Society, London 1975

L.D. Stokes: The German People and the Destruction of the European Jews, in: CEH 6 (1973), S. 167–191

C. Streit: Keine Kameraden. Die Wehrmacht und die sowjetischen Kriegsgefangenen 1941–1945, Stuttgart [2]1981

D. Strothmann: Nationalsozialistische Literaturpolitik. Ein Beitrag zur Publizistik im Dritten Reich, Bonn 1963

M. Stürmer (Hrsg.): Die Weimarer Republik. Belagerte Civitas, Königstein/Ts. 1980

R. Stumpf: Die Wehrmacht-Elite. Rang und Herkunftsstruktur der deutschen Generale und Admirale 1933–1945, Boppard/Rh. 1982

J. Sywottek: Mobilmachung für den Krieg. Die propagandistische Vorbereitung der deutschen Bevölkerung auf den Zweiten Weltkrieg, Opladen 1976

E. Teichert: Autarkie und Großraumwirtschaft in Deutschland 1930–1939. Außenwirtschaftspolitische Konzeptionen zwischen Wirtschaftskrise und Zweitem Weltkrieg, München 1984

R.v. Thadden (Hrsg.): Die Krise des Liberalismus zwischen den Weltkriegen, Göttingen 1978

H.-U. Thamer: Nationalsozialismus – Faschismus (= Nationalsozialismus im Unterricht, hrsg. v. Deutschen Institut für Fernstudien Tübingen, Bd. 12), Tübingen 1983

H.-U. Thamer/W. Wippermann: Faschistische und neofaschistische Bewegungen. Probleme empirischer Faschismusforschung, Darmstadt 1977

M. Thielenhaus: Zwischen Anpassung und Widerstand. Deutsche Diplomaten 1938–1941. Die politischen Aktivitäten der Beamtengruppe um Ernst v. Weizsäcker im Auswärtigen Amt, Paderborn/München/Wien/Zürich 1984

J. Thies: Architekt der Weltherrschaft. Die »Endziele« Hitlers, Düsseldorf [2]1976

G. Thomas: Geschichte der deutschen Wehr- und Rüstungswirtschaft (1918–1943/45), hrsg. v. W. Birkenfeld, Boppard/Rh. 1966

W. Treue: Hitlers Denkschrift zum Vierjahresplan 1936, in: VfZG 3 (1955), S. 184–210

J. Tröger (Hrsg.): Hochschule und Wissenschaft im Dritten Reich, Frankfurt a.M./New York 1984

T. Trumpp: Zur Finanzierung der NSDAP durch die deutsche Großindustrie. Versuch einer Bilanz, in: GWU 32 (1981), S. 223–241

H.A. Turner, Jr.: Faschismus und Kapitalismus in Deutschland. Studien zum Verhältnis zwischen Nationalsozialismus und Wirtschaft, Göttingen 1972

A. Tyrell: Vom »Trommler« zum »Führer«. Der Wandel von Hitlers Selbstverständnis zwischen 1919 und 1924 und die Entstehung der NSDAP, München 1975

G.R. Ueberschär / W. Wette (Hrsg.): »Unternehmen Barbarossa«. Der deutsche Überfall auf die Sowjetunion 1941, Paderborn 1984

B. Vollmer: Volksopposition im Polizeistaat. Gestapo- und Regierungsberichte 1934–1936, Stuttgart 1957

K. Vondung: Magie und Manipulation. Ideologischer Kult und politische Religion des Nationalsozialismus, Göttingen 1971

W. Walberer (Hrsg.): 10. Mai 1933. Bücherverbrennung in Deutschland und die Folgen, Frankfurt a.M. 1983

J. Walk (Hrsg.): Das Sonderrecht für die Juden im NS-Staat. Eine Sammlung der gesetzlichen Maßnahmen und Richtlinien – Inhalt und Bedeutung, Heidelberg/Karlsruhe 1981

B. Wegner: Hitlers Politische Soldaten. Die Waffen-SS 1933–1945, Paderborn 1982

G.L. Weinberg: The Foreign Policy of Hitler's Germany, 2 Bde., London/Chicago 1970/1980

R.v. Weizsäcker: Zum 40. Jahrestag der Beendigung des Krieges in Europa und der nationalsozialistischen Gewaltherrschaft. Ansprache am 8. Mai 1985 in der Gedenkstunde im Plenarsaal des Deutschen Bundestages, Bonn 1985

K.F. Werner: Das NS-Geschichts-

bild und die deutsche Geschichtswissenschaft, Stuttgart 1967

H.H. Wilhelm: Wie geheim war
die »Endlösung«? in: W. Benz
(Hrsg.): Miscellanea. Festschrift für
H. Krausnick zum 75. Geburtstag,
München 1980, S. 131-148

D. Winkler: Frauenarbeit im
»Dritten Reich«, Hamburg 1977

H.A. Winkler: Der entbehrliche
Stand. Zur Mittelstandspolitik im
»Dritten Reich«, in: AfS XVII
(1977), S. 1-40

H.A. Winkler: Extremismus der
Mitte? Sozialgeschichtliche Aspekte
der nationalsozialistischen Machtergreifung, in: VfZG 20 (1972), S. 175
bis 191

H.A. Winkler: Mittelstand, Demokratie und Nationalsozialismus.
Die politische Entwicklung von
Handel und Kleinhandel in der Weimarer Republik, Köln 1972

W. Wippermann: Europäischer
Faschismus im Vergleich 1922–1982,
Frankfurt a.M. 1983

W. Wippermann: Faschismustheorien. Zum Stand der gegenwärtigen Diskussion, Darmstadt ⁴1980

G. Wollstein: Vom Weimarer Re-
visionismus zu Hitler. Das Deutsche
Reich und die Großmächte in
Deutschland, Bonn 1973

M. Wortmann: Baldur von Schirach. Hitlers Jugendführer, Köln
1982

J. Wulf (Hrsg.): Die bildenden

Künste im Dritten Reich. Eine Dokumentation, Gütersloh 1963

J. Wulf (Hrsg.): Literatur und
Dichtung im Dritten Reich. Eine
Dokumentation, Gütersloh 1963

J. Wulf (Hrsg.): Musik im Dritten
Reich. Eine Dokumentation, Gütersloh 1963

J. Wulf (Hrsg.): Presse und Funk
im Dritten Reich. Eine Dokumentation, Gütersloh 1964

J. Wulf (Hrsg.): Theater und Film
im Dritten Reich. Eine Dokumentation, Gütersloh 1964

F. Zipfel: Kirchenkampf in
Deutschland 1933–1945. Religions-
verfolgung und Selbstbehauptung
der Kirchen in der nationalsozialistischen Zeit, Berlin 1965

Abkürzungen:

AfS	Archiv für Sozialgeschichte
CEH	Central European History
GuG	Geschichte und Gesellschaft
GWU	Geschichte in Wissenschaft und Unterricht
HZ	Historische Zeitschrift
MGM	Militärgeschichtliche Mitteilungen
VfZG	Vierteljahreshefte für Zeitgeschichte

Register

Abbildungsnachweis

Archive und Leihgeber
Archiv der israelischen Kultusgemeine, Nürnberg: 693. – Archiv für Kunst und Geschichte, Berlin: 36, 37, 41, 263, 460, 461, 483, 754. – Archiv der Sozialdemokratie, Bonn: 451. – Bayrisches Hauptstaatsarchiv, München: 511, 641. – Bildarchiv Preußischer Kulturbesitz, Berlin: 359, 411 M., 433, 715, 750, 757. – Bundesarchiv, Koblenz: 154, 155, 501. – Deutsche Kinemathek, Berlin: 654. – Erich Schmidt Verlag, Berlin: 352, 353, 405, 406, 407, 615. – Evangelisches Zentralarchiv, Berlin: 440. – Hauptstaatsarchiv Stuttgart: 385, 500. – Josef-Teusch-Werk e.V.: 404. – Landesarchiv Berlin: 52, 53, 65 re., 66, 118, 192, 229, 259, 292 re., 297, 299, 324, 338, 421, 423, 426, 428, 429, 437, 457 o., 475 o., 476, 493, 497, 506 f., 629, 636, 655, 691, 714, 745, 749, 763 f. – Privatbesitz: 200, 367, 502, 574, 575, 593, 599, 614, 619, 627, 664, 665, 668, 669, 699, 731. – Senatsbibliothek, Berlin: 67, 165 li., 165 M., 180. – Stadtarchiv München: 737. – Stadtarchiv Würzburg: 445. – Stiftung Studienbibliothek zur Geschichte der Arbeiterbewegung, Zürich: 453. – Süddeutscher Verlag, München: 342, 671, 748. – Ullstein Bilderdienst, Berlin: 68 li., 203, 269, 379, 411 o., 501, 529, 553, 554, 565, 581, 589, 637, 645, 647, 651 o., 652, 661, 674, 681, 706, 716, 719, 746, 747, 756, 764, 765.

Bücher, Zeitschriften und Zeitungen
Adolf Hitler, Bilder aus dem Leben des Führers, hrsg. vom Cigaretten-Bilderdienst, Altona-Bahrenfeld 1936: 128, 129, 138, 139, 142, 143, 157, 349, 432, 516 li. – Almanach der nationalsozialistischen Revolution, Berlin 1934: 305, 331, 455. – Below, Nicolaus von, Als Hitlers Adjutant 1937–1945, Mainz 1980: 611. – Bergner, Peter, Widerstand gegen ein braunes Braunschweig, Hannover 1980: 201. – Berlin am Morgen, 1931: 509 re. – Binder, Gerhard, Geschichte im Zeitalter der Weltkriege, Bd. 1 und 2, Stuttgart 1977: 391, 597, 602, 697, 743, 759, 768. – Blankenburg, Paul/Dreyer, Max, Nationalsozialistischer Wirtschaftsaufbau und seine Grundlagen, Berlin 1934: 626, 698. – Bremer Arbeiterbewegung 1918–1945, hrsg. von Hartmut Müller, Berlin 1983: 261, 381. – Daim, W., Der Mann, der Hitler die Ideen gab, München 1958: 79. – Die Bücherverbrennung, hrsg. von Gerhard Sauder, München/Wien 1983: 304. – Deutsche Chronik: 1933 - 1945, hrsg. von Heinz Bergschicker, Berlin 1983: 135, 270, 312, 486, 487, 504 u., 505, 537, 735, 755. – Dietrich, Otto, Weltpresse ohne Maske, o.O. 1937: 552. – Das Dritte Reich, hrsg. von Eberhard Aleff, Hannover [4]1963: 279, 448 o., 687, 707, 761. – Das Dritte Reich in der Karikatur, hrsg. von Zbyněk Zeman, dt. Ausgabe München 1984: 95, 288, 303, 651 u., 653, 667, 679 re., 680. – Eichler, Max, Du bist sofort im Bilde. Lebendig-anschauliches Reichsbürger-Handbuch, Erfurt 1940: 122 f., 150 f., 234 f., 335, 410, 419 li., 420, 613. – Engelmann, Bernt, Bis alles in Scherben fällt, Köln 1983: 713 – Erziehung zur Volksgemeinschaft, hrsg. von der Reichsverwaltung des NS-Lehrerbundes, o.O. (1939): 482. – Evening Standard, 1939: 633 u. – Facsimile-Querschnitt durch das »Schwarze Korps«, hrsg. von Helmut Heiber und Hildegard von Kotze, München/Bern/Wien 1968: 369, 675, 685. – Flämig, Gerhard, Hanau im Dritten Reich, Hanau 1983: 51. – Flensburger Nachrichten, 1933: 292 li. – Fragen an die deutsche Geschichte, hrsg. vom Deutschen Bundestag, Bonn 1983: 187, 605. – Franz-Willing, Georg, Putsch und Verbotszeit der Hitlerbewegung, Pr.-Oldendorf (1977): 110. – Graff, G. u.a., Unterwegs zur mündigen Gemeinde, Stuttgart 1982: 441. – Hamburger Nachrichten, 1933: 202. – Heyen, Franz Josef, Nationalsozialismus im Alltag, Boppard/Rhein 1967: 448 M. – Hilfe Schule. Ein Bilder-Lese-Buch über Schule und Alltag, hrsg. von der Arbeits-

gruppe Pädagogisches Museum, Ausstellungskatalog Berlin 1981: 411u., 622.
– Hitler in der Karikatur der Welt - Tat gegen Tinte, hrsg. von Ernst Hanfstaengl, Bd. 1, Berlin 1933: 126, 215, 247, 313. – Illustrierter Beobachter, 1933:
245f. – Unsere verlorenen Jahre. Frauenalltag in Kriegs- und Nachkriegszeit
1939–1949, hrsg. und eingel. von Klaus-Jörg Ruhl, Darmstadt/Neuwied 1985:
712. – Nach den zwanziger Jahren: Faschismus. Renzo Vespignani, hrsg. von
der Neuen Gesellschaft für Bildende Künste und dem Kunstamt Kreuzberg,
Berlin 1976: 343, 458re., 459re., 515, 679li. – Kindler, Helmut, Berlin – Brandenburger Tor, Brennpunkt deutscher Geschichte, München 1956: 255,
427u., 431, 547. – Kleist, Peter, Aufbruch und Sturz des 3. Reiches, Göttingen
1968: 32, 33, 334, 555. – Kubizek, August, Adolf Hitler, mein Jugendfreund,
Graz/Göttingen 1953: 73, 77. – Deutsche Kunst und entartete »Kunst«, hrsg.
von Adolf Dresler, München (1938): 490f. – Lang, Jochen von (Hrsg.); Das
Eichmann-Protokoll. Tonbandaufzeichnungen der israelischen Verhöre,
Berlin 1982: 694, 695. – Lübecker Beobachter, 1932: 509li. – Maser, Werner,
Adolf Hitler. Legende, Mythos, Wirklichkeit, München/Esslingen 1971:
766f. – Maser, Werner, Hitlers Briefe und Notizen, Düsseldorf/Wien [2]1973:
111, 119, 561. – Die Mittwochs-Gesellschaft, hrsg. und eingel. von Klaus
Scholder, Berlin [2]1982: 728. – Meyer, Gertrud, Nacht über Hamburg, Frank-
furt a.M. 1971: 449. – Nationalismus und Faschismus, Antiquariats-Katalog
Sauer & Auvermann KG, 9/1969: 164, 165re., 401. – Pennick, Nigel, Hitlers
Secret Sciences, Suffolk 1981: 375. – Picker, Henry, Hitlers Tischgespräche
im Führerhauptquartier, Stuttgart [3]1976: 75, 516M., 516re. – Reichert, Hans
Ulrich, Europa unterm Hakenkreuz. Städte und Stationen, Köln 1982: 427. –
Reventlow, Ernst Graf zu, Der Weg zum neuen Deutschland, Essen [6]1933:
89li., 89re., 107. – Rittich, Werner, Architektur und Bauplastik der Gegenwart, Berlin 1937: 362, 363, 409, 413o., 481. – Rosenberg, Alfred, Letzte
Aufzeichnungen, Göttingen 1955: 413M. – Ruhl, Klaus-Jörg, Brauner Alltag, Düsseldorf 1981: 339, 357, 374, 394, 419re., 475u., 577. – Rundfunk in
Deutschland, hrsg. von Hans Bausch, Bd. 2: Ansgar Diller, Rundfunkpo-
litik im Dritten Reich, München 1980: 541u. – Schriftenreihe des Reichsausschusses für Volksgesundheitsdienst, Heft 16: Das Reichsbürgergesetz, Berlin 1936ff.: 390. – Siemens-Nachrichten, 1933: 207. – Simplicissimus, 1930:
504o. – Smith, R.E., The Army and Economic Mobilization, Washington,
D.C. 1959: 621. – Strothmann, Dietrich, Nationalsozialistische Literaturpolitik, Bonn [2]1963: 463, 464. – Stuttgart im Dritten Reich. Die Machtergreifung,
hrsg. vom Kulturamt Stuttgart, Stuttgart 1983: 195, 265. – Tat gegen Tinte,
hrsg. von Ernst Hanfstaengl, Bd. 2, Berlin 1935: 317, 321. – o. Verf., Nationalsozialismus in Staat, Gemeinde und Wirtschaft, Essen (1934): 473, 541o. –
Weberstedt, Hans/Langner, Kurt, Gedenkhalle für die Gefallenen des Dritten Reiches, München 1935: 177, 189, 199. – 1933 – Wege zur Diktatur, Supple-
mentband zum Katalog der Ausstellung, hrsg. von der Staatlichen
Kunsthalle Berlin, Berlin 1983: 105, 225, 268, 285, 293, 344, 502u., 520. – Weimarer Republik, hrsg. vom Kunstamt Kreuzberg und dem Institut für Thea-
terwissenschaft der Universität Köln, Berlin 1977: 65, 310, 458li., 508. – Wulf,
Joseph, Die Bildenden Künste im Dritten Reich, Gütersloh 1963: 64,
358, 456, 457u., 673re. – Im Zeichen des Hakenkreuzes. Bielefeld 1933–1945,
Ausstellungskatalog Bielefeld 1983: 181, 219, 250, 251, 643, 675. – Ziegler, Hans
Severus, Adolf Hitler aus dem Erleben dargestellt, Göttingen [3]1965: 459li.

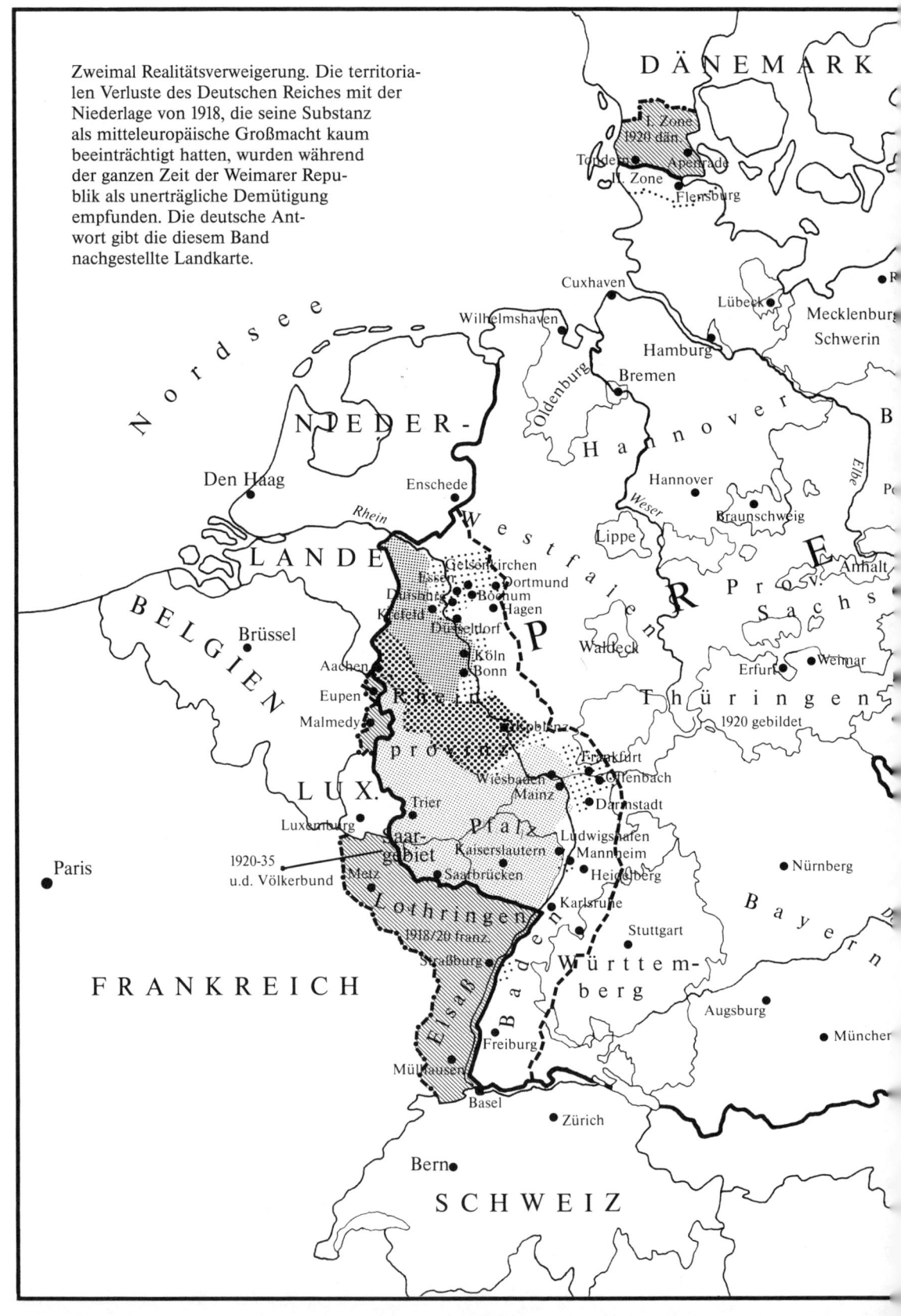

Zweimal Realitätsverweigerung. Die territorialen Verluste des Deutschen Reiches mit der Niederlage von 1918, die seine Substanz als mitteleuropäische Großmacht kaum beeinträchtigt hatten, wurden während der ganzen Zeit der Weimarer Republik als unerträgliche Demütigung empfunden. Die deutsche Antwort gibt die diesem Band nachgestellte Landkarte.

DÄNEMARK

I. Zone 1920 dän.
Tondern
II. Zone
Flensburg

Cuxhaven
Wilhelmshaven
Hamburg
Lübeck
Mecklenburg
Schwerin

N o r d s e e

NIEDER-

Oldenburg
Bremen

Hannover

Hannover
Braunschweig

Den Haag
Enschede
Rhein

Weser

W e s t f a l e n

Lippe

Elbe

LANDE

Gelsenkirchen
Dortmund
Duisburg
Bochum
Krefeld
Hagen
Düsseldorf

Pro v. Sachs

Anhalt

BELGIEN

Brüssel

Waldeck

Weimar

Aachen
Köln
Bonn

Erfurt

Eupen
R h e i n

T h ü r i n g e n

Malmedy

p r o v i n z

1920 gebildet

Koblenz

Frankfurt

LUX.

Offenbach

Wiesbaden
Mainz
Darmstadt

Trier

P f a l z

Luxemburg

Ludwigshafen

Saar-
gebiet
1920-35
u.d. Völkerbund

Kaiserslautern

Mannheim

Nürnberg

Metz
Saarbrücken

Heidelberg

B a y e r n

Paris

Karlsruhe

L o t h r i n g e n
1918/20 franz.

W ü r t t e m-
b e r g

Stuttgart

Augsburg

Straßburg

E l s a ß

B a d e n

München

FRANKREICH

Mülhausen

Freiburg

Basel

Zürich

Bern

SCHWEIZ

SCHWEDEN

Memelgebiet
1920-23 alliierte Verwaltung
1923 v. Litauen annektiert
1924 Autonomiestatus

Memel

LITAUEN

Ostsee

Tilsit

Königsberg

Ost-preußen

Gdingen

Danzig

DANZIG

1920
Freie Stadt
unt. d.
Völkerbund

Elbing

N

Pommern

E

Mecklenburg-Strelitz

West-preußen

Posen-West-preußen
1919/2
poln.

Thorn

sk

S

Weichsel

Branden-burg

Berlin

U

Frankfurt

Grenz-mark

Oder

Posen
1918/20 poln.

Posen

Warschau

S

POLEN

Nieder-schlesien

zig

Sachsen

Görlitz

Breslau

Oder

Ober-

Tschenstochau
1921 poln.

Dresden

Elbe

schlesien

Beuthen
Hindenbg.
Gleiwitz

arnowitz
Königshütte
Kattowitz

Krakau

rlsbad

Prag

1921 poln.

1920 poln.

Hultschin
1920 tschech.

Techen

TSCHECHOSLOWAKEI

Linz

Wien

Donau

Salzburg

ÖSTERREICH

Deutschland
nach dem Versailler Vertrag

·—· Grenze des Deutschen Reiches 1914

—— Grenze des Deutschen Reiches 1920

▨ Verlorene Gebiete

Laut Versailler Vertrag besetzte Gebiete:
1. Zone (besetzt 1926)

2. Zone (besetzt 1929)

3. Zone (besetzt 1930)

Nach Abschluß des Versailler Vertrages
besetzte Gebiete:
Sanktionen (1920-1925)
und französische Besetzung
des Ruhrgebietes (1923-1925)

- - - Ostgrenze der entmilitarisierten Zone

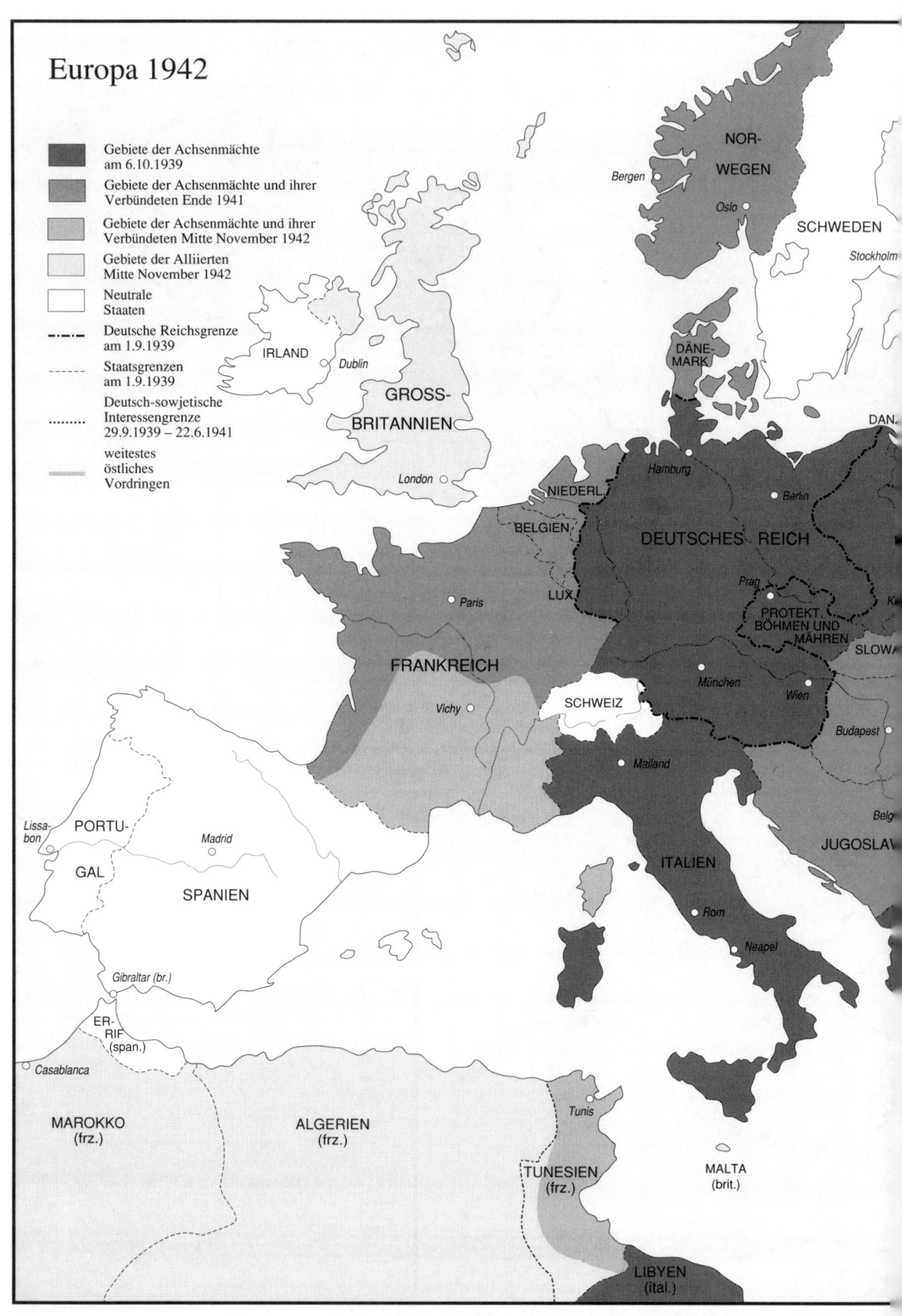

Europa 1942

Gebiete der Achsenmächte
am 6.10.1939

Gebiete der Achsenmächte und ihrer
Verbündeten Ende 1941

Gebiete der Achsenmächte und ihrer
Verbündeten Mitte November 1942

Gebiete der Alliierten
Mitte November 1942

Neutrale
Staaten

Deutsche Reichsgrenze
am 1.9.1939

Staatsgrenzen
am 1.9.1939

Deutsch-sowjetische
Interessengrenze
29.9.1939 – 22.6.1941

weitestes
östliches
Vordringen

NOR-
WEGEN

Bergen

Oslo

SCHWEDEN

Stockholm

DÄNE-
MARK

DAN.

Hamburg

Berlin

DEUTSCHES REICH

Prag

K

PROTEKT.
BÖHMEN UND
MÄHREN

SLOW

München

Wien

Budapest

Belg

JUGOSLAV

IRLAND

Dublin

GROSS-
BRITANNIEN

London

NIEDERL.

BELGIEN

LUX

Paris

FRANKREICH

Vichy

SCHWEIZ

Mailand

ITALIEN

Rom

Neapel

Lissa-
bon

PORTU-

Madrid

GAL

SPANIEN

Gibraltar (br.)

ER-
RIF
(span.)

Casablanca

MAROKKO
(frz.)

ALGERIEN
(frz.)

Tunis

TUNESIEN
(frz.)

MALTA
(brit.)

LIBYEN
(ital.)

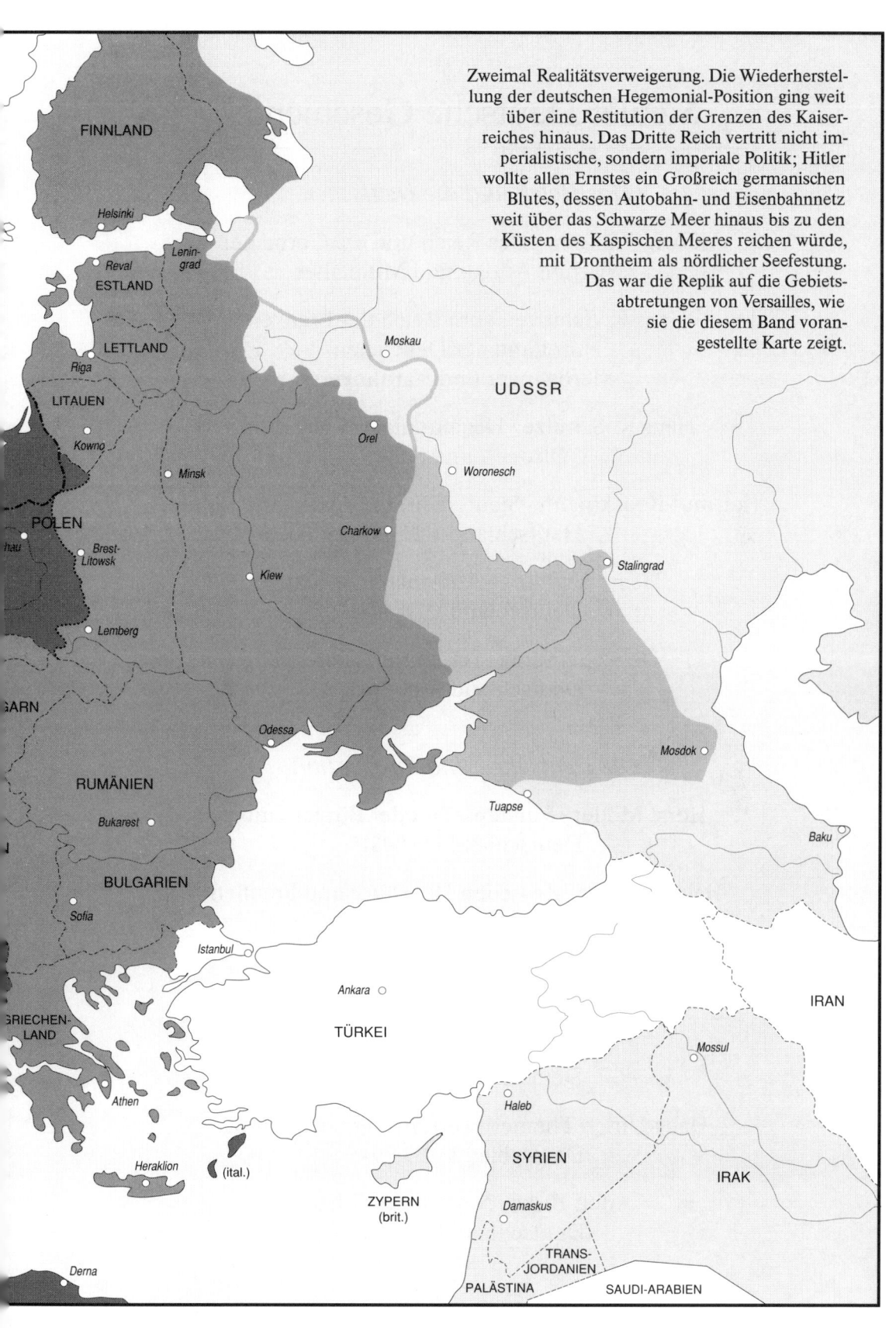

Zweimal Realitätsverweigerung. Die Wiederherstellung der deutschen Hegemonial-Position ging weit über eine Restitution der Grenzen des Kaiserreiches hinaus. Das Dritte Reich vertritt nicht imperialistische, sondern imperiale Politik; Hitler wollte allen Ernstes ein Großreich germanischen Blutes, dessen Autobahn- und Eisenbahnnetz weit über das Schwarze Meer hinaus bis zu den Küsten des Kaspischen Meeres reichen würde, mit Drontheim als nördlicher Seefestung. Das war die Replik auf die Gebietsabtretungen von Versailles, wie sie die diesem Band vorangestellte Karte zeigt.

FINNLAND

Helsinki

Reval
Leningrad
ESTLAND

LETTLAND
Riga

LITAUEN
Kowno

Minsk

POLEN
Brest-
Litowsk
hau

Kiew

Lemberg

GARN

Odessa

RUMÄNIEN

Bukarest

BULGARIEN

Sofia

Istanbul

Ankara

GRIECHEN-
LAND

TÜRKEI

Athen

Heraklion   (ital.)

ZYPERN
(brit.)

Derna

UDSSR

Moskau

Orel

Woronesch

Charkow

Stalingrad

Mosdok

Tuapse

Baku

IRAN

Mossul

Haleb

SYRIEN

IRAK

Damaskus

TRANS-
JORDANIEN
PALÄSTINA   SAUDI-ARABIEN

Siedler Deutsche Geschichte

Umweltschutzhinweis:
Alle bedruckten Materialien dieses Taschenbuchs
sind chlorfrei und umweltschonend.

Siedler Taschenbücher erscheinen im Goldmann Verlag,
einem Unternehmen der Verlagsgruppe Bertelsmann.

1. Auflage
Vollständige Taschenbuchausgabe Oktober 1998
© 1986, © der durchgesehenen und aktualisierten Ausgabe 1994
Wolf Jobst Siedler Verlag GmbH, Berlin
Karten: Charlotte Diehl, Berlin
Umschlag: Design Team München
Umschlagabbildung: Archiv für Kunst und Geschichte, Berlin
Satz: Bongé+Partner, Berlin
Printed in Austria 1998
ISBN 3-442-75528-X
Gesamtkassette: ISBN 3-442-90565-6